注释法典丛书
新五版·2

中华人民共和国
民法典

注释法典

中国法制出版社
CHINA LEGAL PUBLISHING HOUSE

我国的立法体系[①]

主体	权限
全国人民代表大会	修改宪法，制定和修改刑事、民事、国家机构的和其他的基本法律
全国人民代表大会常务委员会	制定和修改除应当由全国人民代表大会制定的法律以外的其他法律；在全国人民代表大会闭会期间，对全国人民代表大会制定的法律进行部分补充和修改；根据全国人民代表大会授权制定相关法律；解释法律。
国务院	根据宪法、法律和全国人民代表大会及其常务委员会的授权，制定行政法规。
省、自治区、直辖市的人民代表大会及其常务委员会	根据本行政区域的具体情况和实际需要，在不同宪法、法律、行政法规相抵触的前提下，制定地方性法规。
设区的市、自治州的人民代表大会及其常务委员会	在不同上位法相抵触的前提下，可对城乡建设与管理、生态文明建设、历史文化保护、基层治理等事项制定地方性法规。
经济特区所在地的省、市的人民代表大会及其常务委员会	根据全国人民代表大会的授权决定，制定法规，在经济特区范围内实施。
上海市人民代表大会及其常务委员会	根据全国人民代表大会常务委员会的授权决定，制定浦东新区法规，在浦东新区实施。
海南省人民代表大会及其常务委员会	根据法律规定，制定海南自由贸易港法规，在海南自由贸易港范围内实施。
民族自治地方的人民代表大会	依照当地民族的政治、经济和文化的特点，制定自治条例和单行条例。对法律和行政法规的规定作出变通的规定，但不得违背法律或者行政法规的基本原则，不得对宪法和民族区域自治法的规定以及其他有关法律、行政法规专门就民族自治地方所作的规定作出变通规定。
国务院各部、委员会、中国人民银行、审计署和具有行政管理职能的直属机构以及法律规定的机构	根据法律和国务院的行政法规、决定、命令，在本部门的权限范围内，制定规章。
省、自治区、直辖市和设区的市、自治州的人民政府	根据法律、行政法规和本省、自治区、直辖市的地方性法规，制定规章。设区的市、自治州人民政府制定的地方政府规章限于城乡建设与管理、生态文明建设、历史文化保护、基层治理等方面的事项。
中央军事委员会	根据宪法和法律制定军事法规，在武装力量内部实施。
中国人民解放军各战区、军兵种和中国人民武装警察部队	根据法律和中央军事委员会的军事法规、决定、命令，在其权限范围内制定军事规章，在武装力量内部实施。
国家监察委员会	根据宪法和法律、全国人民代表大会常务委员会的有关决定，制定监察法规。
最高人民法院、最高人民检察院	作出属于审判、检察工作中具体应用法律的解释。

[①] 本图表为编者根据《立法法》相关规定编辑整理，供参考。

■ 因为专业　所以卓越

出版说明

"注释法典"丛书是我社集数年法规编撰经验，创新出版的大型实用法律工具书。本套工具书不仅全面反映我国立法成果与现状，全面收录相关领域重要法律文件，而且秉持权威、实用的理念，从条文【注释】、【实务问答】及【裁判规则】多角度阐释重要法律规定，相信能够成为广大读者理解、掌握、适用法律的首选工具书。

本套工具书以中国特色社会主义法律体系为主线，结合实践确定分册，独家打造七重法律价值：

一、内容全面

本分册涵盖民法典领域重要的法律、法规、部门规章、司法解释等文件，收录的文件均为现行有效文本，方便读者全面、及时掌握相关规定。

二、注释精炼

在重要法律文件前设【理解与适用】，介绍该法历史沿革、主要内容、适用注意事项；以【注释】形式对重难点条文进行详细阐释。注释内容在吸取全国人大常委会法制工作委员会、最高人民法院等权威解读的基础上，结合最新公布的相关规定及司法实践全新撰写，保证注释内容的准确性与时效性。另外，在重要条文注释中，提炼简明小标题，并予以加粗，帮助读者快速把握条文注释主要内容。

三、实务问答

在相关法条下设【实务问答】，内容来源于最高人民法院司法观点、相关函复等，解答法律适用中的重点与难点。

四、案例指导

在相关法条下设【案例】，案件主要来源于最高人民法院、最高人民检察院指导性案例及公报案例，整理【裁判规则】，展示解决法律问题的权威实例。

五、关联法规链接

在相关法条下以【链接】的方式索引关联条文，提供相关且有效的条文援引，全面体现相关法律规定。

六、层级清晰　检索便捷

（1）目录按照法律文件的效力等级分为法律及文件、行政法规及文件、部门规章及文件、司法解释及文件四个层级。（2）每一层级下法律文件大多按公布或者最后一次修改时间排列，以方便读者快速定位目标文件，但为了方便读者对某一类问题进行集中查找，本书将一些联系紧密的文件进行了集中排版。

七、超值增值服务

为了使读者能够全面了解解决法律问题的实例，准确适用法律，同时及时充分了解我国立法的动态信息，凡是购买本书的读者，均可获得以下超值增值服务：（1）扫码添加书后"法规编辑部"公众号→点击菜单栏→进入资料下载栏→选择注释法典资料项→点击网址或扫码下载，即可获取最高人民法院、最高人民检察院指导性案例电子版；（2）通过"法规编辑部"公众号，及时了解最新立法信息，并可线上留言，编辑团队会就图书相关疑问进行动态解答。

能够为大家学习法律、解决法律难题提供实实在在的帮助，是我们全心努力的方向，衷心欢迎广大读者朋友反馈意见、建议。

中国法制出版社
2023 年 12 月

目录[*]

一、综 合

● **法律及文件**

中华人民共和国民法典 ……………… 1
　（2020 年 5 月 28 日）

● **司法解释及文件**

最高人民法院关于适用《中华人民共和国民法典》时间效力的若干规定 ……… 256
　（2020 年 12 月 29 日）

最高人民法院关于印发《全国法院民商事审判工作会议纪要》的通知(节录) … 258
　（2019 年 11 月 8 日）

最高人民法院关于印发修改后的《民事案件案由规定》的通知 ……………… 283
　（2020 年 12 月 29 日）

二、总则编

● **司法解释及文件**

最高人民法院关于适用《中华人民共和国民法典》总则编若干问题的解释 …… 298
　（2022 年 2 月 24 日）

最高人民法院关于适用《中华人民共和国民法典》有关担保制度的解释 …… 302
　（2020 年 12 月 31 日）

最高人民法院关于审理民事案件适用诉讼时效制度若干问题的规定 …………… 311
　（2020 年 12 月 23 日）

最高人民法院关于债务人在约定的期限届满后未履行债务而出具没有还款日期的欠款条诉讼时效期间应从何时开始计算问题的批复 ………………… 313
　（2020 年 12 月 23 日）

三、物权编

● **法律及文件**

中华人民共和国农村土地承包法 ………… 314
　（2018 年 12 月 29 日）

● **行政法规及文件**

不动产登记暂行条例 ……………………… 322
　（2019 年 3 月 24 日）

国有土地上房屋征收与补偿条例 ………… 325
　（2011 年 1 月 21 日）

● **司法解释及文件**

最高人民法院关于适用《中华人民共和国民法典》物权编的解释(一) ……… 328
　（2020 年 12 月 29 日）

---

[*] 编者按：本目录中的时间为法律文件的公布时间或最后一次修正、修订公布时间。

最高人民法院关于审理建筑物区分所有权纠纷案件适用法律若干问题的解释 …… 330
（2020年12月29日）

最高人民法院关于审理矿业权纠纷案件适用法律若干问题的解释 …… 331
（2020年12月29日）

最高人民法院关于审理涉及农村土地承包纠纷案件适用法律问题的解释 …… 333
（2020年12月29日）

最高人民法院关于审理涉及农村土地承包经营纠纷调解仲裁案件适用法律若干问题的解释 …… 335
（2020年12月29日）

最高人民法院关于审理森林资源民事纠纷案件适用法律若干问题的解释 …… 337
（2022年6月13日）

最高人民法院关于国有土地开荒后用于农耕的土地使用权转让合同纠纷案件如何适用法律问题的批复 …… 339
（2020年12月29日）

四、合同编

● 司法解释及文件

最高人民法院关于适用《中华人民共和国民法典》合同编通则若干问题的解释 …… 340
（2023年12月4日）

最高人民法院关于审理买卖合同纠纷案件适用法律问题的解释 …… 350
（2020年12月29日）

最高人民法院关于审理商品房买卖合同纠纷案件适用法律若干问题的解释 …… 353
（2020年12月29日）

最高人民法院关于审理民间借贷案件适用法律若干问题的规定 …… 355
（2020年12月29日）

最高人民法院关于审理城镇房屋租赁合同纠纷案件具体应用法律若干问题的解释 …… 359
（2020年12月29日）

最高人民法院关于审理融资租赁合同纠纷案件适用法律问题的解释 …… 360
（2020年12月29日）

最高人民法院关于审理建设工程施工合同纠纷案件适用法律问题的解释（一） …… 362
（2020年12月29日）

最高人民法院关于审理涉及国有土地使用权合同纠纷案件适用法律问题的解释 …… 365
（2020年12月29日）

最高人民法院关于审理旅游纠纷案件适用法律若干问题的规定 …… 367
（2020年12月29日）

最高人民法院关于审理物业服务纠纷案件适用法律若干问题的解释 …… 369
（2020年12月29日）

最高人民法院关于审理银行卡民事纠纷案件若干问题的规定 …… 369
（2021年5月24日）

最高人民法院关于审理食品安全民事纠纷案件适用法律若干问题的解释（一） …… 371
（2020年12月8日）

五、人格权编

● 法律及文件

中华人民共和国个人信息保护法 …… 373
（2021年8月20日）

● 司法解释及文件

最高人民法院关于审理使用人脸识别技术处理个人信息相关民事案件适用法律若干问题的规定 …… 379
（2021年7月27日）

最高人民法院关于审理利用信息网络侵
害人身权益民事纠纷案件适用法律若
干问题的规定 ·················· 381
（2020 年 12 月 29 日）

六、婚姻家庭编

● 行政法规及文件
婚姻登记条例 ······················ 383
（2003 年 8 月 8 日）
● 部门规章及文件
婚姻登记档案管理办法 ··········· 385
（2006 年 1 月 23 日）
民政部关于贯彻落实《中华人民共和国
民法典》中有关婚姻登记规定的通知 ··· 387
（2020 年 11 月 24 日）

出国人员婚姻登记管理办法 ·········· 388
（1997 年 5 月 8 日）
● 司法解释及文件
最高人民法院关于适用《中华人民共和
国民法典》婚姻家庭编的解释（一） ··· 390
（2020 年 12 月 29 日）
最高人民法院关于办理人身安全保护令
案件适用法律若干问题的规定 ·········· 396
（2022 年 7 月 14 日）

七、继承编

● 部门规章及文件
遗嘱公证细则 ······················ 398
（2000 年 3 月 24 日）

● 司法解释及文件
最高人民法院关于适用《中华人民共和
国民法典》继承编的解释（一） ········ 400
（2020 年 12 月 29 日）

八、侵权责任编

● 司法解释及文件
最高人民法院关于确定民事侵权精神损
害赔偿责任若干问题的解释 ········ 403
（2020 年 12 月 29 日）
最高人民法院关于审理人身损害赔偿案
件适用法律若干问题的解释 ········ 403
（2022 年 4 月 24 日）
最高人民法院关于审理道路交通事故损
害赔偿案件适用法律若干问题的解释 ··· 405
（2020 年 12 月 29 日）
最高人民法院关于审理医疗损害责任纠
纷案件适用法律若干问题的解释 ······ 408
（2020 年 12 月 29 日）

最高人民法院关于审理食品药品纠纷案
件适用法律若干问题的规定 ·········· 411
（2021 年 11 月 18 日）
最高人民法院关于产品侵权案件的受害
人能否以产品的商标所有人为被告提
起民事诉讼的批复 ······················ 412
（2020 年 12 月 29 日）
最高人民法院关于审理铁路运输损害赔
偿案件若干问题的解释 ··············· 413
（2020 年 12 月 29 日）
最高人民法院关于审理铁路运输人身损
害赔偿纠纷案件适用法律若干问题的
解释 ····································· 414
（2021 年 12 月 8 日）

最高人民法院关于审理环境侵权责任纠纷案件适用法律若干问题的解释 ………… 415
（2020年12月29日）

最高人民法院关于审理生态环境损害赔偿案件的若干规定（试行） ………… 417
（2020年12月29日）

最高人民法院关于审理生态环境侵权纠纷案件适用惩罚性赔偿的解释 ………… 419
（2022年1月12日）

最高人民法院关于审理生态环境侵权责任纠纷案件适用法律若干问题的解释 … 421
（2023年8月14日）

最高人民法院关于生态环境侵权案件适用禁止令保全措施的若干规定 ………… 423
（2021年12月27日）

九、其　他

1. 商事类
● 法律及文件

中华人民共和国公司法 …………… 428
（2018年10月26日）

中华人民共和国合伙企业法 ……… 458
（2006年8月27日）

中华人民共和国企业破产法 ……… 497
（2006年8月27日）

中华人民共和国保险法 …………… 508
（2015年4月24日）

中华人民共和国消费者权益保护法 … 546
（2013年10月25日）

● 司法解释及文件

最高人民法院关于适用《中华人民共和国公司法》若干问题的规定（一） ……… 551
（2014年2月20日）

最高人民法院关于适用《中华人民共和国公司法》若干问题的规定（二） ……… 552
（2020年12月29日）

最高人民法院关于适用《中华人民共和国公司法》若干问题的规定（三） ……… 555
（2020年12月29日）

最高人民法院关于适用《中华人民共和国公司法》若干问题的规定（四） ……… 558
（2020年12月29日）

最高人民法院关于适用《中华人民共和国公司法》若干问题的规定（五） ……… 560
（2020年12月29日）

最高人民法院关于审理证券市场虚假陈述侵权民事赔偿案件的若干规定 ……… 561
（2022年1月21日）

最高人民法院关于审理独立保函纠纷案件若干问题的规定 ………………… 566
（2020年12月29日）

最高人民法院关于审理存单纠纷案件的若干规定 ……………………………… 568
（2020年12月29日）

最高人民法院关于审理票据纠纷案件若干问题的规定 ………………………… 571
（2020年12月29日）

最高人民法院关于审理期货纠纷案件若干问题的规定 ………………………… 576
（2020年12月29日）

最高人民法院关于审理期货纠纷案件若干问题的规定（二） ………………… 580
（2020年12月29日）

最高人民法院关于审理信用证纠纷案件若干问题的规定 ……………………… 581
（2020年12月29日）

最高人民法院关于审理与企业改制相关的民事纠纷案件若干问题的规定 ……… 583
（2020年12月29日）

最高人民法院关于破产企业国有划拨土地使用权应否列入破产财产等问题的批复 ……………………………………… 585
（2020年12月29日）

最高人民法院关于审理军队、武警部队、
政法机关移交、撤销企业和与党政机
关脱钩企业相关纠纷案件若干问题的
规定 …………………………………… 585
　（2020年12月29日）

最高人民法院关于适用《中华人民共和
国企业破产法》若干问题的规定（一）… 586
　（2011年9月9日）

最高人民法院关于适用《中华人民共和
国企业破产法》若干问题的规定（二）… 587
　（2020年12月29日）

最高人民法院关于适用《中华人民共和
国企业破产法》若干问题的规定（三）… 592
　（2020年12月29日）

最高人民法院关于对因资不抵债无法继
续办学被终止的民办学校如何组织清
算问题的批复 ………………………… 594
　（2020年12月29日）

最高人民法院关于适用《中华人民共和
国保险法》若干问题的解释（一）……… 595
　（2009年9月21日）

最高人民法院关于适用《中华人民共和
国保险法》若干问题的解释（二）……… 595
　（2020年12月29日）

最高人民法院关于适用《中华人民共和
国保险法》若干问题的解释（三）……… 597
　（2020年12月29日）

最高人民法院关于适用《中华人民共和
国保险法》若干问题的解释（四）……… 599
　（2020年12月29日）

最高人民法院关于适用《中华人民共和
国涉外民事关系法律适用法》若干问
题的解释（一）………………………… 601
　（2020年12月29日）

最高人民法院关于适用《中华人民共和
国涉外民事关系法律适用法》若干问
题的解释（二）………………………… 603
　（2023年11月30日）

最高人民法院关于审理涉台民商事案件
法律适用问题的规定 ………………… 604
　（2020年12月29日）

最高人民法院关于审理海上保险纠纷案
件若干问题的规定 …………………… 604
　（2020年12月29日）

最高人民法院关于审理无正本提单交付
货物案件适用法律若干问题的规定 … 605
　（2020年12月29日）

最高人民法院关于审理海事赔偿责任限
制相关纠纷案件的若干规定 ………… 606
　（2020年12月29日）

最高人民法院关于审理海上货运代理纠
纷案件若干问题的规定 ……………… 608
　（2020年12月29日）

最高人民法院关于审理船舶碰撞和触碰
案件财产损害赔偿的规定 …………… 609
　（2020年12月29日）

最高人民法院关于审理船舶油污损害赔
偿纠纷案件若干问题的规定 ………… 611
　（2020年12月29日）

最高人民法院关于审理船舶碰撞纠纷案
件若干问题的规定 …………………… 614
　（2020年12月29日）

2. 知识产权类

● 法律及文件

中华人民共和国商标法 …………………… 615
　（2019年4月23日）

中华人民共和国专利法 …………………… 623
　（2020年10月17日）

中华人民共和国著作权法 ………………… 630
　（2020年11月11日）

● 司法解释及文件

最高人民法院关于审理商标案件有关管
辖和法律适用范围问题的解释 ……… 637
　（2020年12月29日）

最高人民法院关于审理商标民事纠纷案
件适用法律若干问题的解释 ………… 638
　（2020年12月29日）

最高人民法院关于审理注册商标、企业
名称与在先权利冲突的民事纠纷案件
若干问题的规定 ……………………… 640
　（2020年12月29日）

最高人民法院关于审理涉及驰名商标保
护的民事纠纷案件应用法律若干问题
的解释 ………………………………… 641
　（2020年12月29日）

最高人民法院关于商标法修改决定施行
后商标案件管辖和法律适用问题的解
释 ·· 642
(2020 年 12 月 29 日)
最高人民法院关于审理商标授权确权行
政案件若干问题的规定 ··············· 643
(2020 年 12 月 29 日)
最高人民法院关于人民法院对注册商标
权进行财产保全的解释 ··············· 647
(2020 年 12 月 29 日)
最高人民法院关于审理侵犯专利权纠纷
案件应用法律若干问题的解释(二) ····· 647
(2020 年 12 月 29 日)
最高人民法院关于审理专利纠纷案件适
用法律问题的若干规定 ··············· 650
(2020 年 12 月 29 日)
最高人民法院关于审理技术合同纠纷案
件适用法律若干问题的解释 ········· 652
(2020 年 12 月 29 日)
最高人民法院关于审理著作权民事纠纷
案件适用法律若干问题的解释 ······ 658
(2020 年 12 月 29 日)
最高人民法院关于审理侵害信息网络传
播权民事纠纷案件适用法律若干问题
的规定 ···································· 660
(2020 年 12 月 29 日)
最高人民法院关于审理植物新品种纠纷
案件若干问题的解释 ·················· 662
(2020 年 12 月 29 日)
最高人民法院关于审理侵害植物新品种
权纠纷案件具体应用法律问题的若干
规定 ······································· 663
(2020 年 12 月 29 日)

最高人民法院关于审理侵害植物新品种
权纠纷案件具体应用法律问题的若干
规定(二) ································· 664
(2021 年 7 月 5 日)
最高人民法院关于审理涉及计算机网络
域名民事纠纷案件适用法律若干问题
的解释 ···································· 666
(2020 年 12 月 29 日)
最高人民法院关于涉网络知识产权侵权
纠纷几个法律适用问题的批复 ······ 667
(2020 年 9 月 12 日)
最高人民法院关于审理侵害知识产权民
事案件适用惩罚性赔偿的解释 ······ 667
(2021 年 3 月 2 日)
最高人民法院关于知识产权侵权诉讼中
被告以原告滥用权利为由请求赔偿合
理开支问题的批复 ····················· 668
(2021 年 6 月 3 日)
最高人民法院关于审理申请注册的药品
相关的专利权纠纷民事案件适用法律
若干问题的规定 ························ 669
(2021 年 7 月 4 日)
最高人民法院关于适用《中华人民共和
国反不正当竞争法》若干问题的解释 ··· 670
(2022 年 3 月 16 日)
最高人民法院关于审理因垄断行为引发
的民事纠纷案件应用法律若干问题的
规定 ······································· 672
(2020 年 12 月 29 日)

一、综 合

中华人民共和国民法典

- 2020年5月28日第十三届全国人民代表大会第三次会议通过
- 2020年5月28日中华人民共和国主席令第45号公布
- 自2021年1月1日起施行

理 解 与 适 用

编纂民法典是党的十八届四中全会确定的一项重大政治任务和立法任务,是以习近平同志为核心的党中央作出的重大法治建设部署。编纂民法典,就是通过对我国现行的民事法律制度规范进行系统整合、编订纂修,形成一部适应新时代中国特色社会主义发展要求,符合我国国情和实际,体例科学、结构严谨、规范合理、内容完整并协调一致的法典。这是一项系统的、重大的立法工程。

民法是中国特色社会主义法律体系的重要组成部分,是民事领域的基础性、综合性法律,它规范各类民事主体的各种人身关系和财产关系,涉及社会和经济生活的方方面面,被称为"社会生活的百科全书"。建立健全完备的法律规范体系,以良法保障善治,是全面依法治国的前提和基础。民法通过确立民事主体、民事权利、民事法律行为、民事责任等民事总则制度,确立物权、合同、人格权、婚姻家庭、继承、侵权责任等民事分则制度,来调整各类民事关系。民法与国家其他领域法律规范一起,支撑着国家制度和国家治理体系,是保证国家制度和国家治理体系正常有效运行的基础性法律规范。编纂民法典,就是全面总结我国的民事立法和司法的实践经验,对现行民事单行法律进行系统编订纂修,将相关民事法律规范编纂成一部综合性法典,不断健全完善中国特色社会主义法律体系。这对于以法治方式推进国家治理体系和治理能力现代化,更好地发挥法治固根本、稳预期、利长远的保障作用,具有重要意义。

编纂民法典不是制定全新的民事法律,也不是简单的法律汇编,而是对现行的民事法律规范进行编订纂修,对已经不适应现实情况的规定进行修改完善,对经济社会生活中出现的新情况、新问题作出有针对性的新规定。编纂民法典采取"两步走"的工作思路进行:第一步,制定民法总则,作为民法典的总则编;第二步,编纂民法典各分编,经全国人大常委会审议和修改完善后,再与民法总则合并为一部完整的民法典草案。

民法典的主要内容

《民法典》共7编、1260条,各编依次为总则、物权、合同、人格权、婚姻家庭、继承、侵权责任,以及附则。

(一)总则编

第一编"总则"规定民事活动必须遵循的基本原则和一般性规则,统领民法典各分编。第一编基本保持现行民法总则的结构和内容不变,根据法典编纂体系化要求对个别条款作了文字修改,并将"附则"部分移到民法典草案的最后。第一编共10章、204条,主要内容有:

1.关于基本规定。第一编第一章规定了民法典的立法目的和依据。其中,将"弘扬社会主义核心价值观"作为一项重要的立法目的,体现坚持依法治国与以德治国相结合的鲜明中国特色(第一条)。同时,规定了民事权利及其他合法权益受法律保护,确立了平等、自愿、公平、诚信、守法和公序良俗等民法基本原则(第四条至第八条)。为贯彻习近平生态文明思想,将绿色原则确立为民法的基本原则,规定民事主体从事民事活动,应当有利于节约资源、保护生态环境(第九条)。

2. 关于民事主体。民事主体是民事关系的参与者、民事权利的享有者、民事义务的履行者和民事责任的承担者,具体包括三类:一是自然人。自然人是最基本的民事主体。草案规定了自然人的民事权利能力和民事行为能力制度、监护制度、宣告失踪和宣告死亡制度,并对个体工商户和农村承包经营户作了规定(第一编第二章)。结合疫情防控工作,对监护制度作了进一步完善,规定因发生突发事件等紧急情况,监护人暂时无法履行监护职责,被监护人的生活处于无人照料状态的,被监护人住所地的居民委员会、村民委员会或者民政部门应当为被监护人安排必要的临时生活照料措施(第三十四条第四款)。二是法人。法人是依法成立的,具有民事权利能力和民事行为能力,依法独立享有民事权利和承担民事义务的组织。草案规定了法人的定义、成立原则和条件、住所等一般规定,并对营利法人、非营利法人、特别法人三类法人分别作了具体规定(第一编第三章)。三是非法人组织。非法人组织是不具有法人资格,但是能够依法以自己的名义从事民事活动的组织。草案对非法人组织的设立、责任承担、解散、清算等作了规定(第一编第四章)。

3. 关于民事权利。保护民事权利是民事立法的重要任务。第一编第五章规定了民事权利制度,包括各种人身权利和财产权利。为建设创新型国家,草案对知识产权作了概括性规定,以统领各个单行的知识产权法律(第一百二十三条)。同时,对数据、网络虚拟财产的保护作了原则性规定(第一百二十七条)。此外,还规定了民事权利的取得和行使规则等内容(第一百二十九条至第一百三十二条)。

4. 关于民事法律行为和代理。民事法律行为是民事主体通过意思表示设立、变更、终止民事法律关系的行为,代理是民事主体通过代理人实施民事法律行为的制度。第一编第六章、第七章规定了民事法律行为制度、代理制度:一是规定民事法律行为的定义、成立、形式和生效时间等(第一编第六章第一节)。二是对意思表示的生效、方式、撤回和解释等作了规定(第一编第六章第二节)。三是规定民事法律行为的效力制度(第一编第六章第三节)。四是规定了代理的适用范围、效力、类型等代理制度的内容(第一编第七章)。

5. 关于民事责任、诉讼时效和期间计算。民事责任是民事主体违反民事义务的法律后果,是保障和维护民事权利的重要制度。诉讼时效是权利人在法定期间内不行使权利,权利不受保护的法律制度,其功能主要是促使权利人及时行使权利、维护交易安全、稳定法律秩序。第一编第八章、第九章、第十章规定了民事责任、诉讼时效和期间计算制度:一是规定了民事责任的承担方式,并对不可抗力、正当防卫、紧急避险、自愿实施紧急救助等特殊的民事责任承担问题作了规定(第一编第八章)。二是规定了诉讼时效的期间及其起算、法律效力,诉讼时效的中止、中断等内容(第一编第九章)。三是规定了期间的计算单位、起算、结束和顺延等(第一编第十章)。

(二)物权编

物权是民事主体依法享有的重要财产权。物权法律制度调整因物的归属和利用而产生的民事关系,是最重要的民事基本制度之一。2007年第十届全国人民代表大会第五次会议通过了物权法。第二编"物权"在现行物权法的基础上,按照党中央提出的完善产权保护制度,健全归属清晰、权责明确、保护严格、流转顺畅的现代产权制度的要求,结合现实需要,进一步完善了物权法律制度。第二编共5个分编、20章、258条,主要内容有:

1. 关于通则。第一分编为通则,规定了物权制度基础性规范,包括平等保护等物权基本原则,物权变动的具体规则,以及物权保护制度。党的十九届四中全会通过的《中共中央关于坚持和完善中国特色社会主义制度推进国家治理体系和治理能力现代化若干重大问题的决定》对社会主义基本经济制度有了新的表述,为贯彻会议精神,草案将有关基本经济制度的规定修改为:"国家坚持和完善公有制为主体、多种所有制经济共同发展,按劳分配为主体、多种分配方式并存,社会主义市场经济体制等社会主义基本经济制度。"(第二百零六条第一款)

2. 关于所有权。所有权是物权的基础,是所有人对自己的不动产或者动产依法享有占有、使用、收益和处分的权利。第二分编规定了所有权制度,包括所有权人的权利,征收和征用规则,国家、集体和私人的所有权,相邻关系、共有等所有权基本制度。针对近年来群众普遍反映业主大会成立难、公共维修资金使用难等问题,并结合疫情防控工作,在现行物权法规定的基础上,进一步完善了业主的建筑物区分所有权制度:一是明确地方政府有关部门、居民委员会应当对设立业主大会和选举业主委员会给予指导和协助(第二百七十七条第二款)。二是适当降低业主共同决定事项,特别是使用建筑物及其附属设施维修资金的表决门槛,并增加规定紧急情况下使用维修资金的特别程序(第二百七十八条、第二百八十一条第二款)。三是结合疫情防控工作,在征用组织、个人的不动产或者动产的事由中增加"疫情防控";明确物业服务企业和业主的相关责任和义务,增加规定物业服务企业或者其他管理人应当执行政府依法实施的应急处置措施和其他管理措施,积极配合开展相关工作,业主应当依法予以配合(第二百四十五条、第二百八十五条第二款、第二百八十六条第一款)。

3. 关于用益物权。用益物权是指权利人依法对他人的物享有占有、使用和收益的权利。第三分编规定了用益物权制度,明确了用益物权人的基本权利和义务,以及建设用地使用权、宅基地使用权、地役权等用益物权。草案还在现行物权法规定的基础上,作了进一步完善:一是落实党中央关于完善产权保护制度依法保护产权的要求,明确住宅建设用地使用权期限届满的,自动续期;续期费用的缴纳或者减免,依照法律、行政法规的规定办理(第三百五十九条第一款)。二是完善农村集体产权相关制度,落实农村承包地"三权分置"改革的要求,对土地承包经营权的相关规定作了完善,增加土地经营权的规定,并删除耕地使用权不得抵押的规定,以适应"三权分置"后土地经营权人市的需要(第二编第十一章、第三百九十九条)。考虑到农村集体建设用地和宅基地制度改革正在推进过程中,草案与土地管理法等作了衔接性规定(第三百六十一条、第三百六十三条)。三是为贯彻党的十九大提出的加快建立多主体供给、多渠道保障住房制度的要求,增加规定"居住权"这一新型用益物权,明确居住权原则上无偿设立,居住权人有权按照合同约定或者遗嘱,经登记占有、使用他人的住宅,以满足其稳定的生活居住需要(第二编第十四章)。

4. 关于担保物权。担保物权是指为了确保债务履行而设立的物权,包括抵押权、质权和留置权。第四分编对担保物权作了规定,明确了担保物权的含义、适用范围、担保范围等共同规则,以及抵押权、质权和留置权的具体规则。草案在现行物权法规定的基础上,进一步完善了担保物权制度,为优化营商环境提供法治保障:一是扩大担保合同的范围,明确融资租赁、保理、所有权保留等非典型担保合同的担保功能,增加规定担保合同包括抵押合同、质押合同和其他具有担保功能的合同(第三百八十八条第一款)。二是删除有关担保物权具体登记机构的规定,为建立统一的动产抵押和权利质押登记制度留下空间。三是简化抵押合同和质押合同的一般条款(第四百条第二款、第四百二十七条第二款)。四是明确实现担保物权的统一受偿规则(第四百一十四条)。

5. 关于占有。占有是指对不动产或者动产事实上的控制与支配。第五分编对占有的调整范围、无权占有情形下的损害赔偿责任、原物及孳息的返还以及占有保护等作了规定。(第二编第二十章)

(三)合同编

合同制度是市场经济的基本法律制度。1999年第九届全国人民代表大会第二次会议通过了合同法。第三编"合同"在现行合同法的基础上,贯彻全面深化改革的精神,坚持维护契约、平等交换、公平竞争,促进商品和要素自由流动,完善合同制度。第三编共3个分编、29章、526条,主要内容有:

1. 关于通则。第一分编为通则,规定了合同的订立、效力、履行、保全、转让、终止、违约责任等一般性规则,并在现行合同法的基础上,完善了合同总则制度:一是通过规定非合同之债的法律适用规则、多数人之债的履行规则等完善债法的一般性规则(第四百六十八条、第五百一十七条至第五百二十一条)。二是完善了电子合同订立规则,增加了预约合同的具体规定,完善了格式条款制度等合同订立制度(第四百九十一条、第四百九十五条至第四百九十八条)。三是结合新冠肺炎疫情防控工作,完善国家订货合同制度,规定国家根据抢险救灾、疫情防控或者其他需要下达国家订货任务、指导性计划的,有关民事主体之间应当依照有关法律、行政法规规定的权利和义务订立合同(第四百九十四条第一款)。四是针对实践中一方当事人违反义务不办理报批手续影响合同生效的问题,草案明确了当事人违反报批义务的法律后果,健全合同效力制度(第五百零二条第二款)。五是完善合同履行制度,落实绿色原则,规定当事人在履行合同过程中应当避免浪费资源、污染环境和破坏生态(第五百零九条第三款)。同时,在总结司法实践经验的基础上增加规定了情势变更制度(第五百三十三条)。六是完善代位权、撤销权等合同保全制度,进一步强化对债权人的保护,细化了债权转让、债务移转制度,增加了债务清偿抵充规则,完善了合同解除等合同终止制度(第三编第五章、第五百四十五条至第五百五十六条、第五百六十条、第五百六十三条至第五百六十六条)。七是通过吸收现行担保法有关定金规则的规定,完善违约责任制度(第五百八十六条至第五百八十八条)。

2. 关于典型合同。典型合同在市场经济活动和社会生活中应用普遍。为适应现实需要,在现行合同法规定的买卖合同、赠与合同、借款合同、租赁合同等15种典型合同的基础上,第二分编增加了4种新的典型合同:一是吸收了担保法中关于保证的内容,增加了保证合同(第三编第十三章)。二是适应我国保理行业发展和优化营商环境的需要,增加了保理合同(第三编第十六章)。三是针对物业服务领域的突出问题,增加规定了物业服务合同(第三编第二十四章)。四是增加规定合伙合同,将民法通则中有关个人合伙的规定纳入其中(第三编第二十七章)。

第三编还在总结现行合同法实践经验的基础上,完善了其他典型合同:一是通过完善检验期限的规定和所有权保留规则等完善买卖合同(第六百二十二条、第六百二十三条、第六百四十一条至第六百四十三条)。二是为维护正常的金融秩序,明确规定禁止高利放贷,借款的利率不得违反国家有关规定(第六百八十条第一款)。三是落实党中央提出的建立租购同权住房制度的要求,保护承租人利益,增加规定房屋承租人的优先承租权(第七百三十四条第二款)。四是针对近年来客运合同领域出现的旅客霸座、不配合承运人采取安全运输措施等严重干扰运输秩序和危害运输安全的问题,维护正常的运输秩序,草案细化了客运合同当事人的权利义务(第八百一十五条第一款、第八百一十九条、第八百二十条)。五是根据经济社会发展需要,修改完善了赠与合同、融资租赁合同、建设工程合同、技术合同等典型合同(第三编第十一章、第十五章、第十八章、第二十章)。

3. 关于准合同。无因管理和不当得利既与合同规则同属债法性质的内容,又与合同规则有所区别,第三分编"准合同"分别对无因管理和不当得利的一般性规则作了规定。(第三编第二十八章、第二十九章)

(四)人格权编

人格权是民事主体对其特定的人格利益享有的权利,关系到每个人的人格尊严,是民事主体最基本的权利。第四编"人格权"在现行有关法律法规和司法解释的基础上,从民事法律规范的角度规定自然人和其他民事主体人格权的内容、边界和保护方式,不涉及公民政治、社会等方面权利。第四编共6章、51条,主要内容有:

1. 关于一般规定。第四编第一章规定了人格权的一般性规则:一是明确人格权的定义(第九百九十条)。二是规定民事主体的人格权受法律保护,人格权不得放弃、转让或者继承(第九百九十一条、第九百九十二条)。三是规定了对死者人格利益的保护(第九百九十四条)。四是明确规定人格权受到侵害后的救济方式(第九百九十五条至第一千条)。

2. 关于生命权、身体权和健康权。第四编第二章规定了生命权、身体权和健康权的具体内容,并对实践中社会比较关注的有关问题作了有针对性的规定:一是为促进医疗卫生事业的发展,鼓励遗体捐献的善行义举,草案吸收行政法规的相关规定,确立器官捐献的基本规则(第一千零六条)。二是为规范与人体基因、人体胚胎等有关的医学和科研活动,明确从事此类活动应遵守的规则(第一千零九条)。三是近年来,性骚扰问题引起社会较大关注,草案在总结既有立法和司法实践经验的基础上,规定了性骚扰的认定标准,以及机关、企业、学校等单位防止和制止性骚扰的义务(第一千零一十条)。

3. 关于姓名权和名称权。第四编第三章规定了姓名权、名称权的具体内容,并对民事主体尊重保护他人姓名权、名称权的基本义务作了规定:一是对自然人选取姓氏的规则作了规定(第一千零一十五条)。二是明确对具有一定社会知名度,被他人使用足以造成公众混淆的笔名、艺名、网名等,参照适用姓名权和名称权保护的有关规定(第一千零一十七条)。

4. 关于肖像权。第四编第四章规定了肖像权的权利内容及许可使用肖像的规则,明确禁止侵害他人的肖像权:一是针对利用信息技术手段"深度伪造"他人的肖像、声音,侵害他人人格权益,甚至危害社会公共利益等问题,规定禁止任何组织或者个人利用信息技术手段伪造等方式侵害他人的肖像权。并明确对自然人声音的保护,参照适用肖像权保护的有关规定(第一千零一十九条第一款、第一千零二十三条第二款)。二是为了合理平衡保护肖像权与维护公共利益之间的关系,草案结合司法实践,规定肖像权的合理使用规则(第一千零二十条)。三是从有利于保护肖像权人利益的角度,对肖像许可使用合同的解释、解除等作了规定(第一千零二十一条、第一千零二十二条)。

5. 关于名誉权和荣誉权。第四编第五章规定了名誉权和荣誉权的内容:一是为了平衡个人名誉权保护与新闻报道、舆论监督之间的关系,草案对行为人实施新闻报道、舆论监督等行为涉及的民事责任承担,以及行为人是否尽到合理核实义务的认定等作了规定(第一千零二十五条、第一千零二十六条)。二是规定民事主体有证据证明报刊、网络等媒体报道的内容失实,侵害其名誉权的,有权请求更正或者删除(第一千零二十八条)。

6. 关于隐私权和个人信息保护。第四编第六章在现行有关法律规定的基础上,进一步强化对隐私权和个人信息的保护:一是规定了隐私的定义,列明禁止侵害他人隐私权的具体行为(第一千零三十二条、第一千零三十三条)。二是界定了个人信息的定义,明确了处理个人信息应遵循的原则和条件(第一千零三十四条、第一千零三十五条)。三是构建自然人与信息处理者之间的基本权利义务框架,明确处理个人信息不承担责任的特定情形,合理平衡保护个人信息与维护公共利益之间的关系(第一千零三十六条至第一千零三十八条)。四是规定国家机关及其工作人员负有保护自然人的隐私和个人信息的义务(第一千零三十九条)。

(五)婚姻家庭编

婚姻家庭制度是规范夫妻关系和家庭关系的基本准则。1980年第五届全国人民代表大会第三次会议通过了新的婚姻法,2001年进行了修改。1991年第七届全国人大常委会第二十三次会议通过了收养法,1998年作了修改。第五编"婚姻家庭"以现行婚姻法、收养法为基础,在坚持婚姻自由、一夫一妻等基本原则的前提下,结合社会发展需要,修改完善了部分规定,并增加了新的规定。第五编共 5 章、79 条,主要内容有:

1. 关于一般规定。第五编第一章在现行婚姻法规定的基础上,重申了婚姻自由、一夫一妻、男女平等等婚姻家庭领域的基本原则和规则,并在现行婚姻法的基础上,作了进一步完善:一是为贯彻落实习近平总书记有关加强家庭文明建设的重要讲话精神,更好地弘扬家庭美德,规定家庭应当树立优良家风,弘扬家庭美德,重视家庭文明建设(第一千零四十三条第一款)。二是为了更好地维护被收养的未成年人的合法权益,将联合国《儿童权利公约》关于儿童利益最大化的原则落实到收养工作中,增加规定了最有利于被收养人的原则(第一千零四十四条第一款)。三是界定了亲属、近亲属、家庭成员的范围(第一千零四十五条)。

2. 关于结婚。第五编第二章规定了结婚制度,并在现行婚姻法的基础上,对有关规定作了完善:一是将受胁迫一方请求撤销婚姻的期间起算点由"自结婚登记之日起"修改为"自胁迫行为终止之日起"(第一千零五十二条第二款)。二是不再将"患有医学上认为不应当结婚的疾病"作为禁止结婚的情形,并相应增加规定一方隐瞒重大疾病的,另一方可以向人民法院请求撤销婚姻(第一千零五十三条)。三是增加规定婚姻无效或者被撤销的,无过错方有权请求损害赔偿(第一千零五十四条第二款)。

3. 关于家庭关系。第五编第三章规定了夫妻关系、父母子女关系和其他近亲属关系,并根据社会发展需要,在现行婚姻法的基础上,完善了有关内容:一是明确了夫妻共同债务的范围。现行婚姻法没有对夫妻共同债务的范围作出规定。2003年最高人民法院出台司法解释,对夫妻共同债务的认定作出规定,近年来成为社会关注的热点问题。2018年1月,最高人民法院出台新的司法解释,修改了此前关于夫妻共同债务认定的规定。从新司法解释施行效果看,总体上能够有效平衡各方利益,各方面总体上赞同。因此,草案吸收新司法解释的规定,明确了夫妻共同债务的范围(第一千零六十四条)。二是规范亲子关系确认和否认之诉。亲子关系问题涉及家庭稳定和未成年人的保护,作为民事基本法律,草案对此类诉讼进行了规范(第一千零七十三条)。

4. 关于离婚。第五编第四章对离婚制度作出了规定,并在现行婚姻法的基础上,作了进一步完善:一是增加离婚冷静期制度。实践中,轻率离婚的现象增多,不利于婚姻家庭的稳定。为此,草案规定了提交离婚登记申请后三十日的离婚冷静期,在此期间,任何一方可以向登记机关撤回离婚申请(第一千零七十七条)。二是针对离婚诉讼中出现的"久调不判"问题,增加规定,经人民法院判决不准离婚后,双方又分居满一年,一方再次提起离婚诉讼的,应当准予离婚(第一千零七十九条第五款)。三是关于离婚后子女的抚养,将现行婚姻法规定的"哺乳期内的子女,以随哺乳的母亲抚养为原则"修改为"不满两周岁的子女,以由母亲直接抚养为原则",以增强可操作性(第一千零八十四条第三款)。四是将夫妻采用法定共同财产制的,纳入适用离婚经济补偿的范围,以加强对家庭负担较多义务一方权益的保护(第一千零八十八条)。五是将"有其他重大过错"增加规定为离婚损害赔偿的适用情形(第一千零九十一条第五项)。

5. 关于收养。第五编第五章对收养关系的成立、收养的效力、收养关系的解除作了规定,并在现行收养法的基础上,进一步完善了有关制度:一是扩大被收养人的范围,删除被收养的未成年人仅限于不满十四周岁的限制,修改为符合条件的未成年人均可被收养(第一千零九十三条)。二是与国家计划生育政策的调整相协调,将收养人须无子女的要求修改为收养人无子女或者只有一名子女(第一千零九十八条第一项)。三是为进一步强化对被收养人利益的保护,在收养人的条件中增加规定"无不利于被收养人健康成长的违法犯罪记录",并增加规定民政部门应当依法进行收养评估(第一千零九十八条第四项、第一千一百零五条第五款)。

(六)继承编

继承制度是关于自然人死亡后财富传承的基本制度。1985年第六届全国人民代表大会第三次会议通过了继承法。随着人民群众生活水平的不断提高,个人和家庭拥有的财产日益增多,因继承引发的纠纷也越来越多。根据我国社会家庭结构、继承观念等方面的发展变化,第六编"继承"在现行继承法的基础上,修改完善了继承制度,以满足人民群众处理遗产的现实需要。第六编共4章、45条,主要内容有:

1. 关于一般规定。第六编第一章规定了继承制度的基本规则,重申了国家保护自然人的继承权,规定了继承的基本制度。并在现行继承法的基础上,作了进一步完善:一是增加规定相互有继承关系的数人在同一事件中死亡,且难以确定死亡时间的继承规则(第一千一百二十一条第二款)。二是增加规定对继承人的宽恕制度,对继承权法定丧失制度予以完善(第一千一百二十五条第二款)。

2. 关于法定继承。法定继承是在被继承人没有对其遗产的处理立有遗嘱的情况下,继承人的范围、继承顺序等均按照法律规定确定的继承方式。第六编第二章规定了法定继承制度,明确了继承权男女平等原则,规定了法定继承人的顺序和范围,以及遗产分配的基本制度。同时,在现行继承法的基础上,完善代位继承制度,增加规定被继承人的兄弟姐妹先于被继承人死亡的,由被继承人的兄弟姐妹的子女代位继承(第一千一百二十八条第二款)。

3. 关于遗嘱继承和遗赠。遗嘱继承是根据被继承人生前所立遗嘱处理遗产的继承方式。第六编第三章规定了遗嘱继承和遗赠制度,并在现行继承法的基础上,进一步修改完善了遗嘱继承制度:一是增加了打印、录像等新的遗嘱形式(第一千一百三十六条、第一千一百三十七条)。二是修改了遗嘱效力规则,删除了现行继承法关于公证遗嘱效力优先的规定,切实尊重遗嘱人的真实意愿。

4. 关于遗产的处理。第六编第四章规定了遗产处理的程序和规则,并在现行继承法的基础上,进一步完善了有关遗产处理的制度:一是增加遗产管理人制度。为确保遗产得到妥善管理、顺利分割,更好地维护继承人、债权人利益,草案增加规定了遗产管理人制度,明确了遗产管理人的产生方式、职责和权利等内容(第一千一百四十五条至第一千一百四十九条)。二是完善遗赠扶养协议制度,适当扩大扶养人的范围,明确继承人以外的组织或者个人均可以成为扶养人,以满足养老形式多样化需求(第一千一百五十八条)。三是完善无人继承遗产的归属制度,明确归国家所有的无人继承遗产应当用于公益事业(第一千一百六十条)。

(七)侵权责任编

侵权责任是民事主体侵害他人权益应当承担的法律后果。2009年第十一届全国人大常委会第十二次会议通过了侵权责任法。侵权责任法实施以来,在保护民事主体的合法权益、预防和制裁侵权行为方面发挥了重要作用。第七编"侵权责任"在总结实践经验的基础上,针对侵权领域出现的新情况,吸收借鉴司法解释的有关规定,对侵权责任制度作了必要的补充和完善。第七编共10章、95条,主要内容有:

1. 关于一般规定。第七编第一章规定了侵权责任的归责原则、多数人侵权的责任承担、侵权责任的减轻或者免除等一般规则。并在现行侵权责任法的基础上作了进一步的完善:一是确立"自甘风险"规则,规定自愿参加具有一定风险的文体活动,因其他参加者的行为受到损害的,受害人不得请求没有故意或者重大过失的其他参加者承担侵权责任(第一千一百七十六条第一款)。二是规定"自助行为"制度,明确合法权益受到侵害,情况紧迫且不能及时获得国家机关保护,不立即采取措施将使其合法权益受到难以弥补的损害的,受害人可以在保护自己合法权益的必要范围内采取扣留侵权人的财物等合理措施,但是应当立即请求有关国家机关处理。受害人采取的措施不当造成他人损害的,应当承担侵权责任(第一千一百七十七条)。

2. 关于损害赔偿。第七编第二章规定了侵害人身权益和财产权益的赔偿规则、精神损害赔偿规则等。同时,在现行侵权责任法的基础上,对有关规定作了进一步完善:一是完善精神损害赔偿制度,规定因故意或者重大过失侵害自然人具有人身意义的特定物造成严重精神损害的,被侵权人有权请求精神损害赔偿(第一千一百八十三条第二款)。二是为加强对知识产权的保护,提高侵权违法成本,草案增加规定,故意侵害他人知识产权,情节严重的,被侵权人有权请求相应的惩罚性赔偿(第一千一百八十五条)。

3. 关于责任主体的特殊规定。第七编第三章规定了无民事行为能力人、限制民事行为能力人及其监护人的侵权责任,用人单位的侵权责任,网络侵权责任,以及公共场所的安全保障义务等。同时,草案在现行侵权责任法的基础上作了进一步完善:一是增加规定委托监护的侵权责任(第一千一百八十九条)。二是完善网络侵权责任制度。为了更好地保护权利人的利益,平衡好网络用户和网络服务提供者之间的利益,草案细化了网络侵权责任的具体规定,完善了权利人通知规则和网络服务提供者的转通知规则(第一千一百九十五条、第一千一百九十六条)。

4. 关于各种具体侵权责任。第七编的其他各章分别对产品生产销售、机动车交通事故、医疗、环境污染和生态破坏、高度危险、饲养动物、建筑物和物件等领域的侵权责任规则作出了具体规定。并在现行侵权责任法的基础上,对有关内容作了进一步完善:一是完善生产者、销售者召回缺陷产品的责任,增加规定,依照相关规定采取召回措施的,生产者、销售者应当负担被侵权人因此支出的必要费用(第一千二百零六条第二款)。二是明确交通事故损害赔偿的顺序,即先由机动车强制保险理赔,不足部分由机动车商业保险理赔,仍不足的由侵权人赔偿(第一千二百一十三条)。三是进一步保障患者的知情同意权,明确医务人员的相关说明义务,加强医疗机构及其医务人员对患者隐私和个人信息的保护(第一千二百一十九条、第一千二百二十六条)。四是贯彻落实习近平生态文明思想,增加规定生态环境损害的惩罚性赔偿制度,并明确规定了生态环境损害的修复和赔偿规则(第一千二百三十二条、第一千二百三十四条、第一千二百三十五条)。五是加强生物安全管理,完善高度危险责任,明确占有或者使用高致病性危险物造成他人损害的,应当承担侵权责任(第一千二百三十九条)。六是完善高空抛物坠物治理规则。为保障好人民群众的生命财产安全,草案对高空抛物坠物治理规则作了进一步的完善,规定禁止从建筑物中抛掷物品,同时针对此类事件处理的主要困难是行为人难以确定的问题,强调有关机关应当依法及时调查,查清责任人,并规定物业服务企业等建筑物管理人应当采取必要的安全保障措施防止此类行为的发生(第一千二百五十四条)。

(八)附则

草案最后部分"附则"明确了民法典与婚姻法、继承法、民法通则、收养法、担保法、合同法、物权法、侵权责任法、民法总则的关系。民法典施行后,上述民事单行法律将被替代。因此,草案规定在民法典施行之时,同步废止上述民事单行法律。需要说明的是,2014年第十二届全国人大常委会第十一次会议通过的《全国人民代表大会常务委员会关于〈中华人民共和国民法通则〉第九十九条第一款、〈中华人民共和国婚姻法〉第二十二条的解释》,作为与民法通则、婚姻法相关的法律解释,也同步废止。

第一编 总 则

第一章 基本规定

第一条 【立法目的和依据】[①]为了保护民事主体的合法权益,调整民事关系,维护社会和经济秩序,适应中国特色社会主义发展要求,弘扬社会主义核心价值观,根据宪法,制定本法。

注释 本条规定了《民法典》五个方面的立法目的:

一是保护民事主体的合法权益。民事主体的合法权益包括人身权利,财产权利,兼具人身和财产性质的知识产权等权利,以及其他合法权益。保护公民的各项基本权利是宪法的基本原则和要求,保护民事主体的合法权益是民法的首要目的,也是落实和体现宪法精神的表现。可以说,《民法典》的全部规定都是围绕保护民事主体的合法权益而展开的。

二是调整民事关系。民事权益存在于特定社会关系之中,民法保护民事权利,是通过调整民事关系来实现的。

三是维护社会和经济秩序。民法保护单个主体的民事权利,调整民事主体之间的关系,从而确立并维护整个社会的民事生活秩序。

四是适应中国特色社会主义发展要求。法律是上层建筑,由经济基础决定的,并与经济基础相适应。编纂民法典就是为了满足人民群众的这种法治需求。社会主义市场经济本质上是法治经济,通过编纂民法典不断完善中国特色社会主义法律体系,健全市场秩序,维护交易安全,促进社会主义市场经济持续健康发展。

五是弘扬社会主义核心价值观。社会主义核心价值观是民族精神和时代精神的高度凝练,是中国特色社会主义法治的价值内核,是中国特色社会主义法治建设的灵魂,是坚持中国特色社会主义法治发展道路的基本遵循。社会主义核心价值观包括富强、民主、文明、和谐、自由、平等、公正、法治、爱国、敬业、诚信、友善。社会主义核心价值观要融入法治建设的全过程,要将社会主义核心价值观的基本要求融入法律,转化为法律规范性要求,将法律规范作为践行社会主义核心价值观的制度载体,使法律更好地体现国家的价值目标、社会的价值取向、公民的价值追求。编纂民法典,健全民事基本法律制度,可以强化全社会的契约精神。按照党中央关于把社会主义核心价值观融入法治建设的要求,应当强调在民事活动中弘扬中华优秀文化,践行社会主义核心价值观,大力弘扬自由、平等、公正、诚信等社会主义核心价值观。

宪法是国家的根本大法,是母法,是其他法律制定的依据。我国《立法法》明确规定,宪法具有最高的法律效力,一切法律、行政法规、地方性法规、自治条例和单行条例、规章都不得同宪法相抵触。"根据宪法,制定本法"的规定明确了《民法典》的立法依据。宪法是民法的立法根据,民法的

---

① 条文主旨为编者所加,下同。

规定必须体现宪法精神,落实宪法的要求,不得违背宪法。不仅民法的实体内容应当落实宪法的原则和要求,民法制定的立法程序也必须符合宪法关于立法制度和程序的规定。

第二条　【调整范围】民法调整平等主体的自然人、法人和非法人组织之间的人身关系和财产关系。

注释　民事主体是民事关系的参与者、民事权利的享有者、民事义务的履行者和民事责任的承担者。本条首先列举了民事主体的具体类型,包括自然人、法人和非法人组织三类。自然人是最为重要的民事主体,民法上使用这个概念,主要是与法人相区别。法人是法律上拟制的人,法人是一种社会组织,法律基于社会现实的需要,赋予符合一定条件的组织法人资格,便于这些组织独立从事民事活动,归根结底是为了扩展自然人从事民事活动的广度。《民法总则》创设了第三类民事主体非法人组织,包括个人独资企业、合伙企业等不具有法人资格的组织,《民法典》予以了延续。赋予这些组织以民事主体地位,有利于其开展民事活动,也与其他法律的规定相衔接。

自然人、法人、非法人组织之间的社会关系多种多样,并非所有社会关系都由民法调整。民法仅调整他们之间的民事关系,即作为平等主体的自然人、法人、非法人组织之间发生的社会关系。比如,行政机关在从事行政管理活动时,会与自然人或法人形成行政法律关系,这种行政法律关系双方的地位是不平等的,不由民法调整。机关从事民事活动,比如因购买商品而与公司签订买卖合同,民法要求其必须以机关法人的身份进行,此时机关法人与其他民事主体之间的法律地位是平等的,这种买卖合同关系则由民法调整。

民法所调整的民事关系根据权利义务所涉及的内容不同可以分为两大类,即民事主体之间的财产关系和人身关系。人身关系是指民事主体之间基于人格和身份形成的无直接物质利益因素的民事法律关系。人身关系有的与民事主体的人格利益相关,有的与民事主体的特定身份相关。如配偶之间的婚姻关系,父母子女之间抚养和赡养关系。财产关系是指民事主体之间基于物质利益而形成的民事法律关系。财产关系包括静态的财产支配关系,如所有权关系,还包括动态的财产流转关系,如债权债务关系等。从财产关系所涉及

的权利内容而言,财产关系包括物权关系、债权关系等。

链接　《民事诉讼法》第3条

第三条　【民事权利及其他合法权益受法律保护】民事主体的人身权利、财产权利以及其他合法权益受法律保护,任何组织或者个人不得侵犯。

注释　民事权利及其他合法权益受法律保护是民法的基本精神,也是民事立法的出发点和落脚点,统领整部《民法典》和各民商事特别法。

人身权利包括生命权、健康权、姓名权、名誉权、荣誉权、肖像权、隐私权、婚姻自主权、监护权等,财产权利包括所有权、用益物权、担保物权、股权等。民法除保护人身权利和财产权利外,兼具有人身和财产性质的知识产权、继承权等也受法律保护。除列明的民事权利外,《民法典》还规定保护其他合法权益,原因在于,有些民事权益法律并未明确规定,但确有必要予以保护的,法律也应当予以保护。民事权利及其他合法权益受法律保护,就要求任何组织或者个人不得侵犯。不得侵犯就是任何组织或者个人不得非法侵占、限制、剥夺他人的民事权利及其他合法权益,也不得干涉他人正常行使民事权利及其他合法权益。当然,这并非意味着民事主体的民事权利可以毫无限制,是绝对自由的。相反,民事主体行使民事权利要受到法律、公序良俗的约束,民事主体不得滥用民事权利,且国家基于公共利益的需要,在法律权限范围内经法定程序,在给予公平合理补偿的前提下,可以对民事主体的财产予以征收或者征用。

第四条　【平等原则】民事主体在民事活动中的法律地位一律平等。

注释　平等原则,是指民事主体在从事民事活动时,相互之间在法律地位上都是平等的,合法权益受到法律的平等保护。当事人之间地位平等是民法区别于其他法律部门的最为重要的特征。

民事主体的法律地位一律平等。首先,体现为自然人的权利能力一律平等。权利能力就是自然人享有民事权利、承担民事义务的法律资格,这种法律资格,不因自然人的出身、身份、职业、性别、年龄、民族、种族等而不同,所有自然人从法律人格上而言都是平等的、没有差别的。其次,体现为所有民事主体之间在从事民事活动时双方的法律地位平等。虽然国家行政机关在从事行政管理时,作为管理者,与被管理的行政相对人的地位是

不平等的,存在隶属关系或管理与被管理的关系。但当机关法人与其他民事主体包括自然人、法人或者非法人组织从事交易时,二者的法律地位则是平等的。民法为了维护和实现民事主体之间法律地位的平等性,确保民事主体之间能平等协商交易条款,规定当事人一方利用优势地位强加给另一方的不公平的"霸王条款"无效。最后,平等原则的平等还体现为所有民事主体的合法权益受到法律的平等保护。平等保护就是民事主体权利在法律上都一视同仁受到保护。平等保护还意味着民事主体的权利受到侵害时,在法律适用上是平等的、能够获得同等的法律救济。

链接《宪法》第33条;《消费者权益保护法》第4条;《合伙企业法》第5条

第五条 【自愿原则】民事主体从事民事活动,应当遵循自愿原则,按照自己的意思设立、变更、终止民事法律关系。

注释 自愿原则,也被称为意思自治原则,就是民事主体有权根据自己的意愿,自愿从事民事活动,按照自己的意思自主决定民事法律关系的内容及其设立、变更和终止,自觉承受相应的法律后果。平等原则是民法的前提和基础,自愿原则即意思自治原则,是民法的核心。

自愿原则,可以从以下四个方面来理解。首先,民事主体有权自愿从事民事活动。民事主体参加或不参加某一民事活动由其自己根据自身意志和利益自由决定,其他民事主体不得干预,更不能强迫其参加。其次,民事主体有权自主决定民事法律关系的内容。民事主体决定参加民事活动后,可以根据自己的利益和需要,决定与谁建立民事法律关系,并决定具体的权利、义务内容,以及民事活动的行为方式。再次,民事主体有权自主决定民事法律关系的变动。民事法律关系的产生、变更、终止应由民事主体自己根据本人意志自主决定。最后,民事主体应当自觉承受相应法律后果。与民事主体自愿参加民事活动、自主决定民事法律关系相伴的是,民事主体需要自觉承受相应法律后果。自愿或者说意思自治的必然要求就是,每个人对自己的行为负责。自愿原则要求民事主体在行使权利的同时自觉履行约定或法定的义务,并承担相应的法律后果。

需要进一步说明的是,自愿或意思自治不是毫无约束的绝对的自由与放任。民事主体实现自愿、自主或意思自治的前提是民事主体之间的平等法律地位。因此,民事主体的自愿建立在相互尊重的基础上,必须尊重其他民事主体的自主意志。民事主体的意思自治,还受到民法的公平原则、诚信原则、守法原则等基本原则的约束,这些原则要求民事主体从事民事活动,要公平合理、诚实守信,不得违反法律,不得违背公序良俗。

链接《证券法》第4条;《反不正当竞争法》第2条;《电子商务法》第5条

第六条 【公平原则】民事主体从事民事活动,应当遵循公平原则,合理确定各方的权利和义务。

注释 公平原则要求民事主体从事民事活动时要秉持公平理念,公正、平允、合理地确定各方的权利和义务,并依法承担相应的民事责任。公平原则体现了民法促进社会公平正义的基本价值,对规范民事主体的行为发挥着重要作用。公平原则作为民法的基本原则,不仅仅是民事主体从事民事活动应当遵守的基本行为准则,也是人民法院审理民事纠纷应当遵守的基本裁判准则。

链接《公司法》第126条;《拍卖法》第4条;《渔业法》第22条

案例 朱兆龙诉东台市许河安全器材厂侵权责任纠纷案[1](《最高人民法院公报》2020年第2期)

裁判规则:个人经营的淘宝网店绑定企业营业执照后变更为企业性质网店的,虽仍由个人经营,但因淘宝店披露的信息均为该企业信息,导致该淘宝店实际已经有属于企业所有权的权利外观。在企业不再允许该绑定,且绑定不能被取消的情况下,企业径自取得该淘宝店经营权的,并不构成对个人经营权的侵权。鉴于个人对网店信用升级有一定贡献,企业将店铺经营权收回的同时,根据公平理念和利益平衡原则,应当对原经营者给予适当的补偿。

第七条 【诚信原则】民事主体从事民事活动,应当遵循诚信原则,秉持诚实,恪守承诺。

注释 诚信原则要求所有民事主体在从事任何民事活动,包括行使民事权利、履行民事义务、承担民事责任时,都应该秉持诚实、善意,信守自己的承诺。

---

[1] 本书收集的发生于《民法典》公布之前的案例,援引的法条为当时有效的条文,其中的裁判规则与《民法典》生效后的内容并不冲突,仍可作为参考。——编者注

诚信原则作为民法最为重要的基本原则,被称为民法的"帝王条款",是各国民法公认的基本原则。

诚信原则具有高度抽象性和概括性,使得诚信原则对民事主体从事民事活动、司法机关进行民事裁判活动都具有重要作用。诚信原则为民事主体开展民事活动提供指导,是民事主体从事民事活动的行为规则,要求民事主体行使权利、履行义务都应善意不欺、恪守信用。同时,诚信原则对司法机关裁判民事纠纷也具有积极作用,在当事人没有明确约定或法律没有具体规定时,司法机关可以根据诚信原则填补合同漏洞、弥补法律空白,平衡民事主体之间、民事主体与社会之间的利益,进而实现社会的公平正义。

链接 《反不正当竞争法》第2条;《拍卖法》第4条
案例 韩龙梅等诉阳光人寿保险股份有限公司江苏分公司保险合同纠纷案(《最高人民法院公报》2010年第5期)

裁判规则:《保险法》规定:"订立保险合同,保险人应当向投保人说明保险合同的条款内容,并可以就保险标的或者被保险人的有关情况提出询问,投保人应当如实告知。"保险人或其委托的代理人出售"自助式保险卡"未尽说明义务,又未对相关事项向投保人提出询问,自行代替投保人激活保险卡形成数据电文形式的电子保险单,在保险合同生效后,保险人以电子保险单内容不准确、投保人违反如实告知义务为由主张解除保险合同的,人民法院不予支持。

第八条 【守法与公序良俗原则】民事主体从事民事活动,不得违反法律,不得违背公序良俗。

注释 守法和公序良俗原则,是现代民法的一项重要基本原则。

公序良俗是指公共秩序和善良习俗。守法和公序良俗原则要求自然人、法人和非法人组织在从事民事活动时,不得违反各种法律的强制性规定,不违背公共秩序和善良习俗:(1)民事主体从事民事活动不得违反法律。不得违反法律中的法律不仅包括民事法律,还包括其他部门法。所谓不得违反法律,就是要求不违反法律的强制性规定。民事主体在从事民事活动时,只要法律未明文禁止,又不违背公序良俗,就可以根据自己的利益和需要创设权利、义务内容。民事主体在从事民事活动时享有较大的自主空间,实现充分的意思自治。由于民法的基本原则之一就是意思自治,民法通常情况下不会干预民事主体的行为自由,民法的大多数规范都是任意性规范。对于任意性规范,民事主体可以结合自身的利益需要,决定是否纳入自己的意思自治范围。但是,任何人的自由并非毫无限制的,民法同样需要维护社会基本的生产、生活秩序,需要维护国家的基本价值追求,法律的强制性规范就是为实现这一目的而制定的,民事主体在从事民事活动时,应当遵守法律的强制性规定。(2)民事主体从事民事活动不得违背公序良俗。不得违背公序良俗原则,就是不得违背公共秩序和善良习俗。公共秩序,是指政治、经济、文化等领域的基本秩序和根本理念,是与国家和社会整体利益相关的基础性原则、价值和秩序,在以往的民商事立法中被称为社会公共利益。善良习俗是指基于社会主流道德观念的习俗,也被称为社会公共道德,是全体社会成员所普遍认可、遵循的道德准则。善良习俗具有一定的时代性和地域性,随着社会成员的普遍道德观念的改变而改变。公共秩序强调的是国家和社会层面的价值理念,善良习俗突出的则是民间的道德观念,二者相辅相成,互为补充。

链接 《公司法》第5条;《妇女权益保障法》第7条;《保险法》第4条

第九条 【绿色原则】民事主体从事民事活动,应当有利于节约资源、保护生态环境。

注释 绿色原则贯彻宪法关于保护环境的要求,同时落实党中央关于建设生态文明、实现可持续发展理念的要求,将环境资源保护上升为民法基本原则的地位,具有鲜明的时代特征,将全面开启环境资源保护的民法通道,有利于构建生态时代下人与自然的新型关系,顺应绿色立法潮流。

链接 《宪法》第9条;《森林法》第3条;《土地管理法》第38条;《环境保护法》第6条

第十条 【处理民事纠纷的依据】处理民事纠纷,应当依照法律;法律没有规定的,可以适用习惯,但是不得违背公序良俗。

注释 本条规定,人民法院、仲裁机构等在处理民事纠纷时,首先应当依照法律。这里的法律是指广义的法律,包括全国人大及其常委会制定的法律和国务院制定的行政法规,也不排除地方性法规、自治条例和单行条例等。根据《立法法》第8条第8项规定,民事基本制度只能由全国人民代表大会及其常委会制定的法律规定。行政法规可以根据法律的规定或经法律的授权,针对特定领域的民事关系作出具体的细化规定。

本条还规定,法律没有规定的,可以适用不违背公序良俗的习惯。习惯是指在一定地域、行业范围内长期为一般人从事民事活动时普遍遵守的民间习俗、惯常做法等。适用习惯受到两个方面的限制:一是适用习惯的前提是法律没有规定。所谓法律没有规定,就是相关的法律、行政法规、地方性法规对特定民事纠纷未作出规定。二是所适用的习惯不得违背公序良俗。

链接 《最高人民法院关于适用〈中华人民共和国民法典〉总则编若干问题的解释》(以下简称《总则编解释》)第2条

案例 李金华诉立融典当公司典当纠纷案(《最高人民法院公报》2006年第1期)

裁判规则:绝当后,消灭当户基于典当合同对当物的回赎权,既不违反法律规定,也符合典当行业的惯例和社会公众的一般理解。

第十一条 【特别法优先】其他法律对民事关系有特别规定的,依照其规定。

注释 《立法法》第103条规定,同一机关制定的法律,特别规定与一般规定不一致的,适用特别规定。《民法典》出台后,将作为一般法,各民商事单行法作为特别法,根据《立法法》的规定,特别法的规定将优先适用。本条明确强调了特别法优先的法律适用规则。

如关于诉讼时效,总则编规定的一般诉讼时效期间为3年。而《海商法》第260条规定,有关海上拖航合同的请求权,时效期间为1年,自知道或者应当知道权利被侵害之日起计算。《保险法》第26条第2款规定,人寿保险的被保险人或者受益人向保险人请求给付保险金的诉讼时效期间为5年,自其知道或者应当知道保险事故发生之日起计算。上述规定就具有优先适用的地位。

链接 《立法法》第103条、第105条;《涉外民事关系法律适用法》第2条;《票据法》第96条;《总则编解释》第1条

第十二条 【民法的效力范围】中华人民共和国领域内的民事活动,适用中华人民共和国法律。法律另有规定的,依照其规定。

链接 《涉外民事关系法律适用法》第3条

第二章 自 然 人

第一节 民事权利能力和民事行为能力

第十三条 【自然人民事权利能力的起止时间】自然人从出生时起到死亡时止,具有民事权利能力,依法享有民事权利,承担民事义务。

注释 民事权利能力是指民事主体享有民事权利、承担民事义务的法律资格。法律规定了自然人民事权利能力,也即确认了自然人的民事主体地位,这是自然人依法享有民事权利,承担民事义务的前提。自然人的民事权利能力既包括自然人享有民事权利的资格,也包括自然人承担民事义务的资格。

民事权利能力具有不可剥夺的特征。民事权利能力始于出生,终于死亡。自然人生存期间,其民事权利能力不因任何原因丧失、消灭。自然人受到刑事处罚、丧失民事行为能力等,都不能导致民事权利能力的减损或者消灭。法律包括公法都不得对自然人的民事权利能力进行限制或者剥夺。

第十四条 【民事权利能力平等】自然人的民事权利能力一律平等。

第十五条 【出生和死亡时间的认定】自然人的出生时间和死亡时间,以出生证明、死亡证明记载的时间为准;没有出生证明、死亡证明的,以户籍登记或者其他有效身份登记记载的时间为准。有其他证据足以推翻以上记载时间的,以该证据证明的时间为准。

注释 本条将出生证明、死亡证明记载的时间作为判断自然人出生时间、死亡时间的最基本依据。出生证明,即出生医学证明,记载有新生儿的姓名、性别、出生时间、父母亲姓名等。

死亡证明是指有关单位出具的证明自然人死亡的文书。主要包括以下几类:公民死于医疗单位的,由医疗单位出具死亡医学证明书;公民正常死亡但无法取得医院出具的死亡证明的,由社区、村(居)委会或者基层卫生医疗机构出具证明;公民非正常死亡或者卫生部门不能确定是否属于正常死亡的,由公安司法部门出具死亡证明;死亡公民已经火化的,殡葬部门出具火化证明。死亡证明是记载死亡时间的原始凭证,具有证明死亡时间的准确性和规范性,因此本条将死亡证明记载

的时间作为判断自然人死亡时间的最基本的依据。

依据本条规定，没有出生证明、死亡证明的，以户籍登记或者其他有效身份登记记载的时间为准。户籍登记是国家公安机关按照国家户籍管理法律法规，对公民的身份信息进行登记记载的制度。

户籍登记以外的其他有效身份登记，包括我国公民居住证、港澳同胞回乡证、台湾居民的有效旅行证件、外国人居留证等。

链接《户口登记条例》第7条

第十六条 【胎儿利益保护】涉及遗产继承、接受赠与等胎儿利益保护的，胎儿视为具有民事权利能力。但是，胎儿娩出时为死体的，其民事权利能力自始不存在。

注释 自然人的民事权利能力始于出生，胎儿尚未与母体分离，不是独立的自然人，不能依据民事权利能力的一般规定进行保护。

本条从法律上明确胎儿在特定情形下视为具有民事权利能力。胎儿自母亲怀孕之日起就应当被视为具有民事权利能力，无须待到其出生之时，即可行使继承权等权利。但如"胎儿娩出时为死体"的，则溯及怀胎期间消灭其民事权利能力。胎儿享有的部分民事权利能力，除本条明确规定的遗产继承、接受赠与，还可能包括人身损害赔偿请求权、抚养损害赔偿请求权以及其他基于身份的请求权。

链接《总则编解释》第4条

第十七条 【成年时间】十八周岁以上的自然人为成年人。不满十八周岁的自然人为未成年人。

注释 在民法中区分成年人与未成年人的法律意义主要有以下几个方面：一是判断民事法律行为的效力。成年人可以独立实施民事法律行为，未成年人只可以独立实施部分民事法律行为，实施其他民事法律行为要经过法定代理人的同意或者追认。二是确定婚姻家庭关系中的权利义务。三是设立监护。为了保护未成年人的人身、财产权利及其他合法权益，对未成年人应当设立监护人。父母是未成年人的监护人，未成年人的父母已经死亡或者没有监护能力的，依法由其他有监护能力的人担任监护人。《民法典》将成年人年龄确定为18周岁。这也与我国宪法的相关规定相一致。我国宪法将选举权和被选举权这一重要的政治权利，赋予年满18周岁的公民。

链接《宪法》第34条；《未成年人保护法》第2条

第十八条 【完全民事行为能力人】成年人为完全民事行为能力人，可以独立实施民事法律行为。

十六周岁以上的未成年人，以自己的劳动收入为主要生活来源的，视为完全民事行为能力人。

注释 民事行为能力是指民事主体独立参与民事活动，以自己的行为取得民事权利或者承担民事义务的法律资格。民事行为能力与民事权利能力不同，民事权利能力是民事主体从事民事活动的前提，民事行为能力是民事主体从事民事活动的条件。所有的自然人都有民事权利能力，但不一定都有民事行为能力。自然人一经出生即当然享有民事权利能力，但要独立从事民事活动，实施民事法律行为，还必须要具有相应的民事行为能力。自然人的辨识能力因年龄、智力、精神健康等因素不同而有差异。《民法典》根据自然人辨识能力的不同，将自然人的民事行为能力分为完全民事行为能力、限制民事行为能力和无民事行为能力。完全民事行为能力人具有健全的辨识能力，可以独立进行民事活动；限制民事行为能力人只能独立进行与其辨识能力相适应的民事活动；无民事行为能力人应当由其法定代理人代理实施民事活动。

依据本条规定，成年人，即年满18周岁的自然人，具有完全民事行为能力，可以独立实施民事法律行为，并独立对民事法律行为的法律后果负责。但是，本条规定的成年人指辨认识别能力正常的成年人，对于辨认识别能力不足的成年人则根据具体情况的不同归为限制民事行为能力人或者无民事行为能力人。16周岁以上的未成年人，如果以自己的劳动收入为主要生活来源的，表明其已经具备成年人的辨识能力，可以独立实施民事法律行为，独立承担民事法律行为的后果，因此法律将其视为完全民事行为能力人。

链接《劳动法》第15条；《预防未成年人犯罪法》第27条

第十九条 【限制民事行为能力的未成年人】八周岁以上的未成年人为限制民事行为能力人，实施民事法律行为由其法定代理人代理或者经其法定代理人同意、追认；但是，可以独立实施纯获利益的民事法律行为或者与其年龄、智力相适应的民事法律行为。

【注释】依据本条规定,8周岁以上的未成年人为限制民事行为能力人,心智发育仍然不够成熟,实施民事法律行为一般应当由其法定代理人代理,或者经其法定代理人同意、追认。同意是指事前同意,即限制民事行为能力的未成年人实施民事法律行为要经法定代理人的事前同意;追认是指事后追认,即限制民事行为能力的未成年人实施的民事法律行为要经过法定代理人的事后追认,才能对该未成年人发生效力。但是,8周岁以上的未成年人已经具有一定的辨认识别能力,法律应当允许其独立实施一定的民事法律行为。可以独立实施的民事法律行为包括两类:一类是纯获利益的民事法律行为,例如接受赠与等。限制民事行为能力的未成年人通常不会因这类行为遭受不利益,可以独立实施。另一类是与其年龄、智力相适应的民事法律行为,例如8周岁的儿童购买学习用品等。限制民事行为能力的未成年人对实施这类行为有相应的认知能力,可以独立实施。

【链接】《广告法》第33条;《公证法》第31条;《保险法》第39条

第二十条　【无民事行为能力的未成年人】不满八周岁的未成年人为无民事行为能力人,由其法定代理人代理实施民事法律行为。

【注释】无民事行为能力是指不具有以自己的行为取得民事权利或者承担民事义务的资格。8周岁以下的未成年人,生理心理发育仍然很不成熟,对自己行为的辨认识别能力以及行为后果的预见能力仍然非常不够,为了避免他们的权益受到损害,法律将其规定为无民事行为能力人。依据本条规定,8周岁以下的儿童不具有独立从事民事法律行为的资格,要由其法定代理人代理实施民事法律行为。

第二十一条　【无民事行为能力的成年人】不能辨认自己行为的成年人为无民事行为能力人,由其法定代理人代理实施民事法律行为。

八周岁以上的未成年人不能辨认自己行为的,适用前款规定。

【注释】原《民法通则》规定,只有完全不能辨认自己行为的精神病患者为无民事行为能力人,不完全正确。除了精神病患者之外,还有植物人、老年痴呆症患者等成年人也没有民事行为能力。根据实际情况,《民法典》采取了新的成年人无民事行为能力的标准,即不能辨认自己行为。已满18周岁的成年人,只要是不能辨认自己行为的,就是无民事行为能力人,而不再区分是因何原因而不能辨认自己的行为。

8周岁以上的未成年人原本是限制民事行为能力人,如果8周岁以上的未成年人不能辨认自己的行为,与不能辨认自己行为的成年人一样,也是无民事行为能力人。

无民事行为能力的成年人或者8周岁以上不能辨认自己行为的未成年人,在实施民事法律行为时,都须由其法定代理人代理,不得自己独立实施,否则为无效。

第二十二条　【限制民事行为能力的成年人】不能完全辨认自己行为的成年人为限制民事行为能力人,实施民事法律行为由其法定代理人代理或者经其法定代理人同意、追认;但是,可以独立实施纯获利益的民事法律行为或者与其智力、精神健康状况相适应的民事法律行为。

【注释】因智力障碍、精神障碍以及其他疾病导致不能完全辨认自己行为的成年人,均为限制民事行为能力人。限制民事行为能力的成年人实施民事法律行为一般由其法定代理人代理或者经其法定代理人同意、追认,但也可以独立实施一定的民事法律行为。关于"与其智力、精神健康状况相适应"的认定,可以从行为与本人生活相关联的程度,本人的智力、精神健康状况能否理解其行为并预见相应的后果,以及标的、数量、价款或者报酬等方面认定。

【链接】《总则编解释》第5条

第二十三条　【非完全民事行为能力人的法定代理人】无民事行为能力人、限制民事行为能力人的监护人是其法定代理人。

第二十四条　【民事行为能力的认定及恢复】不能辨认或者不能完全辨认自己行为的成年人,其利害关系人或者有关组织,可以向人民法院申请认定该成年人为无民事行为能力人或者限制民事行为能力人。

被人民法院认定为无民事行为能力人或者限制民事行为能力人的,经本人、利害关系人或者有关组织申请,人民法院可以根据其智力、精神健康恢复的状况,认定该成年人恢复为限制民事行为能力人或者完全民事行为能力人。

本条规定的有关组织包括:居民委员会、村民委员会、学校、医疗机构、妇女联合会、残疾人联合会、依法设立的老年人组织、民政部门等。

注释 本条规定针对的是不能辨认或者不能完全辨认自己行为的成年人。无民事行为能力或者限制民事行为能力的成年人辨认识别能力不足,往往是因为先天因素或者疾病、事故等原因造成的,短时期内难以恢复,有的甚至是不可逆转的。将不能辨认或者不能完全辨认自己行为的成年人,认定为无民事行为能力人或者限制民事行为能力人,一是对该成年人可以依照法定程序选任监护人,以保护其人身权益、财产权益及其他合法权益。二是法定代理人可以通过主张该成年人所实施的民事法律行为无效,或者撤销该民事法律行为,从而避免该成年人的权益受到损害。三是有利于保护交易安全。交易相对人可以事先决定是否与该成年人进行交易,如果在不知情的情况下进行了交易,相对人也可以通过催告法定代理人及时予以追认或者依法撤销民事法律行为,尽快确定民事法律行为的效力。

依据本条规定,该认定需要向人民法院提出申请,并需要由人民法院作出判决,主要原因是无民事行为能力或者限制民事行为能力的认定对成年人的权益影响重大。将成年人认定为无民事行为能力或者限制民事行为能力,既是对辨认识别能力不足的成年人的保护,也是对这些成年人自由实施民事法律行为的限制,因此必须通过法定程序进行。此外,这些成年人辨认识别能力缺失的程度也有所不同,一般人难以认定,宜由人民法院综合各方面情况作出判断。

需要注意的是,本条中关于利害关系人的具体范围无法通过立法明确规定,应当具体情况具体分析。一般而言,对于第1款规定的"利害关系人"的范围,主要包括本人的近亲属、债权债务人等。对于第2款规定的"利害关系人"的范围,主要包括本人的监护人、债权债务人等。但具体案件中,这些主体是否都有资格向人民法院提出申请,也要在个案中根据实际情况作出判断。认定利害关系人是否是适格的申请主体,需要看本人的民事行为能力状况对其是否有重要意义或者影响。例如,本人的债务人如果不是为了确定民事法律行为的效力,也不得向人民法院申请认定其为无民事行为能力人、限制民事行为能力人。

链接 《民事诉讼法》第198—200条

第二十五条 【自然人的住所】自然人以户籍登记或者其他有效身份登记记载的居所为住所;经常居所与住所不一致的,经常居所视为住所。

注释 住所是指民事主体进行民事活动的中心场所或者主要场所。自然人的住所一般指自然人长期居住、较为固定的居所。自然人的住所对婚姻登记、宣告失踪、宣告死亡、债务履行地、司法管辖、诉讼送达等具有重要的法律意义。居所指自然人实际居住的一定处所,其与住所的区别是,一个自然人可以同时有两个或多个居所,但只能有一个住所。一般的居所都是自然人临时居住,为暂时性的,住所则为长期固定的。依据本条规定,自然人以户籍登记或者其他有效身份登记记载的居所为住所。户籍登记是国家公安机关按照国家户籍管理法律法规,对公民的身份信息进行登记记载的制度。本条中的"其他有效身份登记"主要包括居住证和外国人的有效居留证件等。

链接 《民事诉讼法》第22、23条

第二节 监 护

第二十六条 【父母子女之间的法律义务】父母对未成年子女负有抚养、教育和保护的义务。

成年子女对父母负有赡养、扶助和保护的义务。

注释 监护制度是我国基本的民事法律制度之一,在整个《民法典》中都占有重要地位。《民法典》构建了以家庭监护为基础、社会监护为补充、国家监护为兜底的监护制度。

依据本条规定,父母对未成年子女的抚养、教育和保护义务,主要包括进行生活上的照料,保障未成年人接受义务教育,以适当的方式方法管理和教育未成年人,保护未成年人的人身、财产不受到侵害,促进未成年人的身心健康发展等。成年子女对父母的赡养、扶助和保护义务,主要包括子女对丧失劳动能力或生活困难的父母,要进行生活上的照料和经济上的供养,从精神上慰藉父母,保护父母的人身、财产权益不受侵害。本法婚姻家庭编、老年人权益保障法等对此作出了较为具体的规定。

链接 《宪法》第49条;《老年人权益保障法》第14条;《教育法》第50条;《未成年人保护法》第7条

第二十七条 【未成年人的监护人】父母是未成年子女的监护人。

未成年人的父母已经死亡或者没有监护能力的,由下列有监护能力的人按顺序担任监护人:

(一)祖父母、外祖父母;

(二)兄、姐;

(三)其他愿意担任监护人的个人或者组织,但是须经未成年人住所地的居民委员会、村民委员会或者民政部门同意。

注释 监护是保障无民事行为能力人和限制民事行为能力人的权益,弥补其民事行为能力不足的法律制度。被监护人包括两类:一类是未成年人;另一类是无民事行为能力和限制民事行为能力的成年人。

本条是关于未成年人的监护人的规定。

本条第1款规定,父母是未成年人的监护人。只有在父母死亡或者没有监护能力的情况下,才可以由其他个人或者有关组织担任监护人。

本条第2款对父母之外的其他个人或者组织担任监护人作出规定。一是规定父母之外具有监护能力的人按顺序担任监护人;二是增加了有关组织担任监护人的规定。

本条明确具有监护资格的人按照顺序担任监护人,主要目的在于防止具有监护资格的人之间互相推卸责任。当出现两个或者两个以上具有监护资格的人都愿意担任监护人,或者应当担任监护人的人认为自己不适合担任或认为其他具有监护资格的人更适合担任,则可以按照本条规定的顺序确定监护人,或者依照本法第30条规定进行协商;协商不成,按照本法第31条规定的监护争议解决程序处理,由居民委员会、村民委员会、民政部门或者人民法院按照最有利于被监护人的原则指定监护人,不受本条规定的顺序的限制,但仍可作为依据。

第二十八条 【非完全民事行为能力成年人的监护人】 无民事行为能力或者限制民事行为能力的成年人,由下列有监护能力的人按顺序担任监护人:

(一)配偶;

(二)父母、子女;

(三)其他近亲属;

(四)其他愿意担任监护人的个人或者组织,但是须经被监护人住所地的居民委员会、村民委员会或者民政部门同意。

注释 本条规定的需要设立监护的成年人为无民事行为能力人或者限制民事行为能力人,包括因智力、精神障碍以及因年老、疾病等各种原因,导致辨识能力不足的成年人。监护是对失智成年人人身、财产等各方面权益的保护和安排。

第二十九条 【遗嘱指定监护】 被监护人的父母担任监护人的,可以通过遗嘱指定监护人。

注释 依据本条规定,被监护人(包括未成年人、无民事行为能力或者限制民事行为能力的成年人)的父母可以通过立遗嘱的形式为被监护人指定监护人,但前提是被监护人的父母正在担任着监护人。父母如果因丧失监护能力没有担任监护人,或者因侵害被监护人合法权益被撤销监护人资格等不再担任监护人的,已不宜再通过立遗嘱的形式为被监护人指定监护人。

关于遗嘱指定监护与法定监护的关系,一般来说,遗嘱指定监护具有优先地位。遗嘱指定监护是父母通过立遗嘱选择值得信任并对保护被监护人权益最为有利的人担任监护人,应当优先于本法第27条、第28条规定的法定监护。遗嘱指定监护指定的监护人,也应不限于本法第27条、第28条规定的具有监护资格的人。但是,遗嘱指定的监护人应当具有监护能力,能够履行监护职责。如果遗嘱指定后,客观情况发生变化,遗嘱指定的监护人因患病等原因丧失监护能力,或者因出国等各种原因不能够履行监护职责,就不能执行遗嘱指定监护,应当依法另行确定监护人。担任监护人的被监护人父母通过遗嘱指定监护人,遗嘱生效时被指定的人不同意担任监护人的,人民法院应当适用本法第27条、第28条的规定确定监护人。

链接 《总则编解释》第7条

第三十条 【协议确定监护人】 依法具有监护资格的人之间可以协议确定监护人。协议确定监护人应当尊重被监护人的真实意愿。

注释 协议监护是确定监护人的方式之一。依据本条规定,协议监护具有以下几个特点:第一,协议主体必须是依法具有监护资格的人。即本法第27条、第28条规定的具有监护资格的人。未成年人的父母有监护能力的,不得与其他人签订协议,确定由其他人担任监护人,推卸自身责任。对于未成年人,协议监护只限于父母死亡或者没有监护能力的情况。父母丧失监护能力的,可以不作为协议监护的主体,但对协议确定监护人也可以提出自己的意见。具有监护资格的人在协议确定未成年人的监护时,从有利于保护被监护人的利益出发,对被监护人的意愿应当尽予以尊重。第二,协议确定的监护人必须在具有监护资格的人之间产生,不得在法律规定的具有监护资格的人之外确定监护人。在具有监护资格的人之外确定监护人的,协议监护无效。第三,协议监护是具有监护资格的人合意的结果,合意产生后,由协议确定的监护人担任监护人,履行监护职责。监护人一旦确定,即不得擅自变更,否则要承担相应的法律责任。协议确定监护人对被监护人的利益影响重大,应当充分尊重被监护人的真实意愿。"尊重被监护人的真实意愿"不是简单地征求被监护人的意见,要结合多种情况进行综合考量判断,探求其内心真实的愿望。限制民事行为能力的未成年人和成年人已经具备了一定的认知判断能力以及较强的表达能力,协议确定监护人应当直接听取其意见,并对其意见是否反映其真实意愿,结合其他一些因素进行判断,如是否受到胁迫等。无民事行为能力的被监护人,不具有独立的认知判断能力,但这并不意味着这些被监护人没有真实意愿。对于无民事行为能力的被监护人的真实意愿,也应当结合各种情况判断,如被监护人与哪一个具有监护资格的人生活联系最为密切等。发现并充分尊重被监护人的真实意愿,对于保护被监护人的身心健康,具有重要意义。

链接 《总则编解释》第8条

第三十一条 【监护争议解决程序】对监护人的确定有争议的,由被监护人住所地的居民委员会、村民委员会或者民政部门指定监护人,有关当事人对指定不服的,可以向人民法院申请指定监护人;有关当事人也可以直接向人民法院申请指定监护人。

居民委员会、村民委员会、民政部门或者人民法院应当尊重被监护人的真实意愿,按照最有利于被监护人的原则在依法具有监护资格的人中指定监护人。

依据本条第一款规定指定监护人前,被监护人的人身权利、财产权利以及其他合法权益处于无人保护状态的,由被监护人住所地的居民委员会、村民委员会、法律规定的有关组织或者民政部门担任临时监护人。

监护人被指定后,不得擅自变更;擅自变更的,不免除被指定的监护人的责任。

注释 本条规定不再保留《民法通则》规定的诉前指定程序。按照《民法通则》规定,对担任监护人有争议的案件,在向法院提起诉讼前,必须先经有关单位或者居民委员会、村民委员会进行指定。在实践中,因相关单位不愿指定、迟迟不指定监护人的情况较为常见,导致监护人长期不确定,诉讼程序难以启动,给妥善解决监护争议增加了难度,不利于保护被监护人的权益。鉴于此,本法不再规定监护诉讼的指定前置程序,对监护人的确定有争议的,有关当事人可以不经指定,直接向人民法院提出申请,由人民法院指定。本条还删去了《民法通则》规定的未成年人父母所在单位或者成年被监护人所在单位指定监护人的内容。

本条第1款规定了对监护人的确定有争议情况下的两种解决途径:一是由被监护人住所地的居民委员会、村民委员会或者民政部门指定监护人。该指定并没有终局效力。有关当事人对该指定不服的,可以向法院提出申请,由法院指定监护人。法院的指定具有终局效力,被指定的监护人应当履行监护职责,不得推卸。二是有关当事人可以不经居民委员会、村民委员会或者民政部门的指定,直接向法院提出申请,由法院指定监护人。本款规定的"对监护人的确定有争议的",既包括争当监护人的情况,也包括推卸拒不担当监护人的情况。主要有以下几类情形:一是具有监护资格的人均认为自己适合担任监护人,争当监护人;二是按照本法第27条、第28条规定的顺序应当担任监护人的,认为自己没有监护能力,无法履行监护职责或者认为其他具有监护资格的人更宜担任监护人;三是后一顺序具有监护资格的人要求前一顺序具有监护资格的人依法履行监护职责;四是具有监护资格的人均推卸监护职责,拒不担当监护人的情况。对此,居民委员会、村民委员会或者民政部门应当介入,切实履行起指定监护的职责,依法指定监护人。本款中的两处"有关当事人"指对监护人的确定有争议的当事人。

第2款规定了居民委员会、村民委员会、民政部门或者人民法院指定监护人的原则:一是应当尊重被监护人的真实意愿;二是要按照最有利于被监护人的原则指定。具体参考因素如下:(1)与被监护人生活、情感联系的密切程度;(2)依法具有监护资格的人的监护顺序;(3)是否有不利于履行监护职责的违法犯罪等情形;(4)依法具有监护资格的人的监护能力、意愿、品行等。

第3款规定了临时监护制度。临时监护人由被监护人住所地的居民委员会、村民委员会、法律规定的有关组织或者民政部门担任。本款中的"依照本条第一款规定指定监护人前"应当从宽理解，不能仅限于监护争议解决期间。从时间点上，应当包括以下两个期间：一是监护争议解决程序启动之后，即居民委员会、村民委员会、民政部门开始处理监护争议或者人民法院受理监护申请之后，至指定监护人之前的期间；二是监护争议解决程序启动之前，只要发现因无人履行监护职责，被监护人的合法权益处于无人保护状态的，就由本条规定的居民委员会、村民委员会、法律规定的有关组织或者民政部门担任临时监护人，随后再依法启动监护争议解决程序，指定监护人。

第4款规定了指定监护的法律效力。依照监护争议解决程序，由居民委员会、村民委员会、民政部门或者人民法院指定监护人后，被指定的监护人应当履行监护职责，不得推卸，不得擅自变更。如果擅自变更为由其他人担任监护人的，不免除被指定的监护人的责任。被监护人侵害他人的合法权益，或者被监护人自身受到损害的，被指定的监护人仍应当承担责任，擅自变更后的监护人也要根据过错程度承担相应的责任。

链接 《总则编解释》第9、10条

第三十二条 【公职监护人】 没有依法具有监护资格的人的，监护人由民政部门担任，也可以由具备履行监护职责条件的被监护人住所地的居民委员会、村民委员会担任。

注释 本条是关于在监护人缺位时由政府民政部门担任兜底监护人的规定。"没有依法具有监护资格的人的"主要指没有本法第27条、第28条规定的具有监护资格的人的情况，即被监护人的父母死亡或者没有监护能力，也没有其他近亲属，或者其他近亲属都没有监护能力，而且还没有符合条件的其他愿意担任监护人的个人或者组织。如果存在具有监护资格的人，但其拒绝担任监护人的，不适用本条规定。

第三十三条 【意定监护】 具有完全民事行为能力的成年人，可以与其近亲属、其他愿意担任监护人的个人或者组织事先协商，以书面形式确定自己的监护人，在自己丧失或者部分丧失民事行为能力时，由该监护人履行监护职责。

注释 意定监护是在监护领域对自愿原则的贯彻落实，是具有完全民事行为能力的成年人对自己将来的监护事务，按照自己的意愿事先所做的安排。依据本条规定，具有完全民事行为能力的成年人确定自己丧失或者部分丧失民事行为能力时的监护人，可以事先取得被选择方的认可，即双方协商一致。意定监护对被监护人的权益影响很大，应以书面方式为宜，明确写明经双方认可的内容，对于其真实性、合法性加以保障，从根源上减少意定监护纠纷。

需要注意的是，意定监护不同于本法第30条规定的协议确定监护人，后者仍然属于法定监护方式，协议的主体是具有监护资格的人。一般而言，意定监护优先于法定监护予以适用。法律设立意定监护制度即是要尊重成年人自己的意愿，当然具有优先适用的地位。只有在意定监护协议无效或者因各种原因，例如协议确定的监护人丧失监护能力，监护协议无法履行的情况下，再适用法定监护。

链接 《老年人权益保障法》第26条；《总则编解释》第11条

第三十四条 【监护职责及临时生活照料】 监护人的职责是代理被监护人实施民事法律行为，保护被监护人的人身权利、财产权利以及其他合法权益等。

监护人依法履行监护职责产生的权利，受法律保护。

监护人不履行监护职责或者侵害被监护人合法权益的，应当承担法律责任。

因发生突发事件等紧急情况，监护人暂时无法履行监护职责，被监护人的生活处于无人照料状态的，被监护人住所地的居民委员会、村民委员会或者民政部门应当为被监护人安排必要的临时生活照料措施。

注释 本条第1款规定了监护人的职责。监护人保护被监护人的人身权利、财产权利以及其他合法权益的职责，主要包括：保护被监护人的身心健康，促进未成年人的健康成长，对成年被监护人也要积极促进其健康状况的恢复；照顾被监护人的生活；管理和保护被监护人的财产；对被监护人进行教育和必要的管理；在被监护人合法权益受到侵害或者与人发生争议时，代理其进行诉讼等。

相关单行法也对监护人的监护职责作出较为具体

的规定。例如,《未成年人保护法》专章对未成年人的父母或者其他监护人的监护职责作出具体规定。《精神卫生法》对精神障碍患者的监护人职责作出规定。

第2款规定了监护人因履行监护职责所产生的权利。例如,监护人为保护被监护人的人身权益,享有医疗方案的同意权;监护人为了保护被监护人财产权益,享有财产的管理和支配权;被监护人合法权益受到侵害或者与人发生争议时,代理被监护人参加诉讼的权利等。监护人享有这些权利,是为履行监护职责所需要,目的还是保护被监护人的人身、财产权利及其他合法权益。监护人行使这些权利时,其他人不得侵害或者剥夺。相关单行法也对监护人因履行监护职责所产生的权利作出规定。《广告法》第33条规定,广告主或者广告经营者在广告中使用无民事行为能力人、限制民事行为能力人的名义或者形象的,应当事先取得其监护人的书面同意。《母婴保健法》第19条规定,依照本法规定施行终止妊娠或者结扎手术,本人无行为能力的,应当经其监护人同意,并签署意见。

第3款规定了监护人的责任。监护人如果不履行监护职责或者侵害被监护人合法权益的,应当承担相应的责任,主要包括两个方面:一是对被监护人的侵权行为承担责任。二是监护人不履行监护职责或者侵害被监护人合法权益,造成被监护人人身、财产损害的,应当承担民事责任。

第4款是新增条款,这里的"突发事件",是指突发事件应对法中规定的突然发生,造成或者可能造成严重社会危害,需要采取应急处置措施予以应对的自然灾害、事故灾难、公共卫生事件和社会安全事件。需要注意的是,安排临时生活照料措施与民事监护中的临时监护制度不同。安排临时生活照料措施主要就是对被监护人进行生活照料,而临时监护除了照料生活之外,还有许多情况需要处理,可能包括一些涉及被监护人的权利义务的重大决定。

第三十五条 【履行监护职责应遵循的原则】监护人应当按照最有利于被监护人的原则履行监护职责。监护人除为维护被监护人利益外,不得处分被监护人的财产。

未成年人的监护人履行监护职责,在作出与被监护人利益有关的决定时,应当根据被监护人的年龄和智力状况,尊重被监护人的真实意愿。

成年人的监护人履行监护职责,应当最大程度地尊重被监护人的真实意愿,保障并协助被监护人实施与其智力、精神健康状况相适应的民事法律行为。对被监护人有能力独立处理的事务,监护人不得干涉。

注释 本条第1款确立了最有利于被监护人的原则。依据本款规定,对未成年人和成年人的监护,均要遵循最有利于被监护人的原则,即监护人在保护被监护人的人身权利、财产权利及其他合法权益的过程中,要综合各方面因素进行权衡,选择最有利于被监护人的方案,采取最有利于被监护人的措施,使被监护人的利益最大化。

第2款规定了尊重未成年人意愿的原则。依据本款规定,未成年人的监护人在作出与未成年人的利益有关的决定时,应当征求未成年人的意见,在未成年人提出自己的意见后,再根据未成年人的年龄、社会经验、认知能力和判断能力等,探求、尊重被监护人的真实意愿。

第3款规定了最大限度地尊重成年被监护人意愿的原则。最大限度地尊重被监护人的真实意愿是成年人的监护人履行监护职责的基本原则,贯穿于履行监护职责的方方面面。如果某项民事法律行为,根据被监护人的智力、精神健康状况,被监护人可以独立实施,监护人不得代理实施,要创造条件保障、支持被监护人独立实施。监护人不得干涉被监护人有能力独立处理的事务,促进被监护人按照自己的意愿独立、正常生活。

链接 《未成年人保护法》第16条

第二十六条 【监护人资格的撤销】监护人有下列情形之一的,人民法院根据有关个人或者组织的申请,撤销其监护资格,安排必要的临时监护措施,并按照最有利于被监护人的原则依法指定监护人:

(一)实施严重损害被监护人身心健康的行为;

(二)怠于履行监护职责,或者无法履行监护职责且拒绝将监护职责部分或者全部委托给他人,导致被监护人处于危困状态;

(三)实施严重侵害被监护人合法权益的其他行为。

本条规定的有关个人、组织包括:其他依法具有监护资格的人、居民委员会、村民委员会、学校、医疗机构、妇女联合会、残疾人联合会、未成年人保护组织、依法设立的老年人组织、民政部门等。

前款规定的个人和民政部门以外的组织未及时向人民法院申请撤销监护人资格的，民政部门应当向人民法院申请。

注释 本条第1款规定了撤销监护人资格诉讼的适用情形。一是实施严重损害被监护人身心健康行为的，例如性侵害、出卖、遗弃、虐待、暴力伤害被监护人等。二是怠于履行监护职责，或者无法履行监护职责且拒绝将监护职责部分或者全部委托给他人，导致被监护人处于危困状态的。例如，父母有吸毒、赌博等恶习，怠于履行监护职责，导致儿童面临严重危险等；父母外出打工，也没有将监护职责委托给他人，留下年龄较小的儿童独立在家生活，处于危困状态等。三是兜底性规定，只要有严重侵害被监护人合法权益行为的，均可以撤销监护人资格。例如，教唆、利用未成年人实施违法犯罪行为等。

撤销监护人资格诉讼往往要持续一定的时间。在此期间内，如果被监护人的人身、财产等合法权益处于无人保护状态，人民法院应当安排必要的临时监护措施。依据本法第31条第3款的规定，人民法院可以指定被监护人住所地的居民委员会、村民委员会、法律规定的有关组织或者民政部门担任临时监护人。

第2款对有权向法院申请撤销监护人资格的主体作出规定。第3款对兜底性的申请主体作出规定。当第2款规定的个人和民政部门以外的组织因各种原因未及时向人民法院提出撤销监护人资格的申请，导致被监护人的合法权益无法得到保护，则民政部门应当承担起向法院申请撤销监护人资格的职责。要正确理解本款与第2款赋予民政部门申请主体资格的关系。民政部门只要是发现具有严重侵害被监护人合法权益的情形，即可依据本条第2款规定，向法院申请撤销监护人资格，不需要等到其他个人或者组织都不向法院申请之后再行申请。如果其他个人或者组织都不向法院申请撤销监护人资格，此时，民政部门应当依照第3款规定，主动向法院提出申请。

链接 《总则编解释》第9—11条

第三十七条【监护人资格撤销后的义务】依法负担被监护人抚养费、赡养费、扶养费的父母、子女、配偶等，被人民法院撤销监护人资格后，应当继续履行负担的义务。

注释 实践中，监护人往往由父母、子女、配偶等法定扶养义务人担任。监护人被撤销监护人资格后，就不能再继续履行监护职责。但法定扶养义务是基于血缘、婚姻等关系确立的法律义务，该义务不因监护人资格的撤销而免除。

第三十八条【监护人资格的恢复】被监护人的父母或者子女被人民法院撤销监护人资格后，除对被监护人实施故意犯罪的外，确有悔改表现的，经其申请，人民法院可以在尊重被监护人真实意愿的前提下，视情况恢复其监护人资格，人民法院指定的监护人与被监护人的监护关系同时终止。

注释 依据本条规定，恢复监护人资格必须要向人民法院申请，由人民法院决定是否予以恢复。父母与子女是最近的直系亲属关系，本条适用的对象仅限于被监护人的父母或者子女，其他个人或者组织的监护人资格一旦被撤销，即不再恢复。被监护人的父母或者子女被撤销监护人资格后，再恢复监护人资格还需要满足以下几个条件：1.没有对被监护人实施故意犯罪的情形。如对被监护人实施性侵害、虐待、遗弃被监护人等构成刑事犯罪的，不得恢复监护人资格。但对因过失犯罪，例如因过失导致被监护人受到伤害等被撤销监护人资格的，则可以根据具体情况来判断是否恢复监护人资格。2.确有悔改表现，即被监护人的父母或者子女不但要有悔改的意愿，还要有实际的悔改表现，这需要由人民法院根据具体情形予以判断。3.要尊重被监护人的真实意愿。如被监护人不愿意其父母或者子女继续担任监护人的，则不得恢复。4.即使符合以上条件，法院也还需要综合考虑各方面情况，从有利于被监护人权益保护的角度，决定是否恢复监护人资格。

第三十九条【监护关系的终止】有下列情形之一的，监护关系终止：

（一）被监护人取得或者恢复完全民事行为能力；

（二）监护人丧失监护能力；

（三）被监护人或者监护人死亡；

（四）人民法院认定监护关系终止的其他情形。

监护关系终止后，被监护人仍然需要监护的，应当依法另行确定监护人。

注释 监护法律关系消灭，发生的法律后果是：1.

被监护人脱离监护,即为完全民事行为能力人,可以独立行使民事权利,独立承担民事义务,人身、财产权益均由自己维护,民事行为的实施亦独立为之。2. 在财产上,监护关系的消灭引起财产的清算和归还。

在监护法律关系相对消灭,即监护关系终止后,被监护人仍然需要监护的,实际上是监护关系的变更,应当依照法律规定另行确定监护人。

链接《总则编解释》第 12 条

第三节 宣告失踪和宣告死亡

第四十条 【宣告失踪】自然人下落不明满二年的,利害关系人可以向人民法院申请宣告该自然人为失踪人。

注释 宣告失踪是指自然人下落不明达到法定的期限,经利害关系人申请,人民法院依照法定程序宣告其为失踪人的一项制度。本条规定的宣告失踪的条件包含三个层次:

1. 自然人下落不明满 2 年。所谓下落不明,是指自然人持续不间断地没有音讯的状态。

2. 利害关系人向人民法院申请。利害关系人的范围界定较宽,包括:被申请人的近亲属,依据本法第 1128、1129 条规定对被申请人有继承权的亲属;债权人、债务人、合伙人等与被申请人有民事权利义务关系的民事主体,但是不申请宣告失踪不影响其权利行使、义务履行的除外。宣告失踪的申请可由这些利害关系人中的一人提出或数人同时提出,没有先后顺序的区别。

3. 由人民法院依据法定程序进行宣告。宣告失踪在法律效果上对自然人的财产利益产生重大影响,必须由司法机关经过严格程序来进行。因此,宣告失踪只能由人民法院作出,其他任何机关和个人无权作出宣告失踪的决定。依照《民事诉讼法》的规定,人民法院审理宣告失踪案件,适用特别程序。人民法院受理宣告失踪案件后,应当发出寻找下落不明人的公告。宣告失踪的公告期间为 3 个月。公告期间届满,人民法院应当根据被宣告失踪的事实是否得到确认,作出宣告失踪的判决或者驳回申请的判决。《最高人民法院关于适用〈中华人民共和国民事诉讼法〉的解释》第 345 条规定:"寻找下落不明人的公告应当记载下列内容:(一)被申请人应当在规定期间内向受理法院申报其具体地址及其联系方式。否则,被申请人将被宣告失踪、宣告死亡;(二)凡知悉被申请人生存现状的人,应当在公告期间内将其所知道情况向受理法院报告。"

链接《民事诉讼法》第 190、192 条;《总则编解释》第 14 条

第四十一条 【下落不明的起算时间】自然人下落不明的时间自其失去音讯之日起计算。战争期间下落不明的,下落不明的时间自战争结束之日或者有关机关确定的下落不明之日起计算。

注释 宣告自然人失踪,最重要的条件就是达到法定的下落不明的时间要求。下落不明的起算时间,为其失去音讯之日,也是最后获得该自然人音讯之日。本条规定中的"自然人下落不明的时间自其失去音讯之日起计算",失去音讯之日作为起算日不算入,从下一日开始计算。

需要说明的是,本条关于下落不明的时间如何计算的规定,虽然在宣告失踪条件的规定之后,但不仅适用于宣告失踪的情形,也适用于宣告死亡的情形。

第四十二条 【财产代管人】失踪人的财产由其配偶、成年子女、父母或者其他愿意担任财产代管人的人代管。

代管有争议,没有前款规定的人,或者前款规定的人无代管能力的,由人民法院指定的人代管。

注释 法律设立宣告失踪制度,主要就是为了结束失踪人财产无人管理以及其应当履行的义务不能得到及时履行的不确定状态,这既是对失踪人利益的保护,同时也是对失踪人的债权人等利害关系人合法权益的保护。

本条规定的"其他愿意担任财产代管人的人",既包括其他亲属、朋友,也包括有关组织。

链接《总则编解释》第 15 条

第四十三条 【财产代管人的职责】财产代管人应当妥善管理失踪人的财产,维护其财产权益。

失踪人所欠税款、债务和应付的其他费用,由财产代管人从失踪人的财产中支付。

财产代管人因故意或者重大过失造成失踪人财产损失的,应当承担赔偿责任。

注释 财产代管人负有像对待自己事务一样的注意义务,来管理失踪人的财产,这种代管直接来自法律的规定,代管财产的目的也不是从中获利,该种管理财产的行为通常是无偿的。因此,只要尽到善良管理人的义务,即能够像管理自己的事务

一样管理失踪人的财产即可。只有在代管人故意或重大过失造成失踪人的财产损害时,才应当承担赔偿责任,对于一般的过失造成的损害不承担赔偿责任。存在这种情形的,在失踪人失踪期间,失踪人的利害关系人可以向人民法院请求财产代管人承担民事责任,并可以依照本法第44条的规定,向人民法院申请变更财产代管人。

本条第2款中的"其他费用",包括赡养费、扶养费、抚育费和因代管财产所需的管理费等必要的费用。

第四十四条 【财产代管人的变更】财产代管人不履行代管职责、侵害失踪人财产权益或者丧失代管能力的,失踪人的利害关系人可以向人民法院申请变更财产代管人。

财产代管人有正当理由的,可以向人民法院申请变更财产代管人。

人民法院变更财产代管人的,变更后的财产代管人有权请求原财产代管人及时移交有关财产并报告财产代管情况。

注释 变更财产代管人需要有法定的事由。依照本条第1款的规定,如果出现财产代管人不履行代管职责、侵害失踪人财产权益或者丧失代管能力等事由,表明该财产代管人已经不再适格,则失踪人的利害关系人就可以向人民法院申请变更财产代管人。这里的利害关系人既包括失踪人的近亲属,也包括其他利害关系人,如失踪人的债权人。

《最高人民法院关于适用〈中华人民共和国民事诉讼法〉的解释》第342条第1款规定:"失踪人的财产代管人经人民法院指定后,代管人申请变更代管的,比照民事诉讼法特别程序的有关规定进行审理。申请理由成立的,裁定撤销申请人的代管人身份,同时另行指定财产代管人;申请理由不成立的,裁定驳回申请。"第2款规定:"失踪人的其他利害关系人申请变更代管的,人民法院应当告知其以原指定的代管人为被告起诉,并按普通程序进行审理。"

第四十五条 【失踪宣告的撤销】失踪人重新出现,经本人或者利害关系人申请,人民法院应当撤销失踪宣告。

失踪人重新出现,有权请求财产代管人及时移交有关财产并报告财产代管情况。

注释 本条第1款规定了失踪宣告撤销的条件:1.失踪人重新出现,即重新得到了失踪人的音讯,从而消除了其下落不明的状态。2.经本人或者利害关系人申请。这里利害关系人的范围应当与申请宣告失踪的利害关系人范围一致,包括被申请宣告失踪人的配偶、父母、子女、兄弟姐妹、祖父母、外祖父母、孙子女、外孙子女以及其他与失踪人有民事权利义务关系的人。应当向下落不明人住所地基层人民法院提出申请。3.撤销失踪宣告应当由人民法院作出。自然人失踪只能由人民法院依据法定程序进行宣告,因此,该宣告的撤销也应当由人民法院通过法定程序来作出。

本条第2款规定了失踪人重新出现后的法律效果。宣告失踪一经撤销,原被宣告失踪的自然人本人就应当恢复对自己财产的控制,财产代管人的代管职责应当相应结束,即停止代管行为,移交代管的财产并向本人报告代管情况。只要代管人非出于恶意,其在代管期间支付的各种合理费用,失踪人不得要求代管人返还。

链接《民事诉讼法》第193条

第四十六条 【宣告死亡】自然人有下列情形之一的,利害关系人可以向人民法院申请宣告该自然人死亡:

(一)下落不明满四年;

(二)因意外事件,下落不明满二年。

因意外事件下落不明,经有关机关证明该自然人不可能生存的,申请宣告死亡不受二年时间的限制。

注释 宣告死亡是自然人下落不明达到法定期限,经利害关系人申请,人民法院经过法定程序在法律上推定失踪人死亡的一项民事制度。宣告自然人死亡,是对自然人死亡的法律上的推定,这种推定将产生与生理死亡基本一样的法律效果,因此,宣告死亡必须具备法律规定的条件:

1.自然人下落不明的时间要达到法定的长度。一般情况下,下落不明的时间要满4年。如果是因意外事件而下落不明,下落不明的时间要满2年。而对于因意外事件下落不明的自然人,如果与该意外事件有关的机关证明该自然人不可能生存的,利害关系人就可以据此申请宣告该自然人死亡,而不必等到下落不明满2年。

2.必须要由利害关系人提出申请。此处所说的利害关系人,是与被宣告人是生存还是死亡的法律后果有利害关系的人,包括:被申请人的配偶、父母、子女,以及依据本法第1129条规定对被申请人有继承权的亲属。在被申请人的配偶、父母、子女均已死亡或者下落不明,或者不申请宣告死亡不能保护其相应合法权益的情况下,被申请人的其他近亲属,以及依据本法第1128条规定对被申请人有继承权的亲属,也都应当认定为本条规定的利害关系人。此外,被申请人的债权人、债务人、合伙人等民事主体一般不能认定为本条规定的利害关系人,但是不申请宣告死亡不能保护其相应合法权益的除外。申请宣告死亡的利害关系人没有顺序要求。依照《民事诉讼法》第191条的规定,利害关系人申请宣告其死亡的,向下落不明人住所地基层人民法院提出。申请书应当写明下落不明的事实、时间和请求,并附有公安机关或者其他有关机关关于该公民下落不明的书面证明。

3. 只能由人民法院经过法定程序,宣告自然人死亡。依照民事诉讼法的规定,人民法院审理宣告死亡案件,适用民事诉讼法关于特别程序的规定。人民法院受理宣告死亡案件后,应当发出寻找下落不明人的公告,公告期间为1年。因意外事件下落不明,经有关机关证明该公民不可能生存的,宣告死亡的公告期间为3个月。公告期间届满,人民法院应当根据被宣告死亡的事实是否得到确认,作出宣告死亡的判决或者驳回申请的判决。

链接《民事诉讼法》第192条;《总则编解释》第16、17条

第四十七条 【宣告失踪与宣告死亡申请的竞合】对同一自然人,有的利害关系人申请宣告死亡,有的利害关系人申请宣告失踪,符合本法规定的宣告死亡条件的,人民法院应当宣告死亡。

注释 本条明确了宣告死亡和宣告失踪的关系,宣告死亡并不以宣告失踪为前提。

第四十八条 【死亡日期的确定】被宣告死亡的人,人民法院宣告死亡的判决作出之日视为其死亡的日期;因意外事件下落不明宣告死亡的,意外事件发生之日视为其死亡的日期。

第四十九条 【被宣告死亡人实际生存时的行为效力】自然人被宣告死亡但是并未死亡的,不影响该自然人在被宣告死亡期间实施的民事法律行为的效力。

第五十条 【死亡宣告的撤销】被宣告死亡的人重新出现,经本人或者利害关系人申请,人民法院应当撤销死亡宣告。

注释 宣告死亡是人民法院经过法定程序作出的,具有宣示性和公信力,产生相应的法律后果。即使被宣告人事实上没有死亡,也不能在重新出现后使得与其相关的民事法律关系当然地回复到原来的状态,而必须经本人或者利害关系人申请,同样由人民法院通过法定程序,作出新判决,撤销原判决。

第五十一条 【宣告死亡及其撤销后婚姻关系的效力】被宣告死亡的人的婚姻关系,自死亡宣告之日起消除。死亡宣告被撤销的,婚姻关系自撤销死亡宣告之日起自行恢复。但是,其配偶再婚或者向婚姻登记机关书面声明不愿意恢复的除外。

注释 死亡宣告被撤销后,对当事人婚姻关系发生的法律效果是:1. 被宣告死亡的自然人的配偶没有再婚的,死亡宣告被撤销后,原来的婚姻关系可以自行恢复,仍与原配偶为夫妻关系,不必再进行结婚登记;2. 其配偶向婚姻登记机关书面声明不愿意与被宣告死亡的配偶恢复婚姻关系的,则不能自行恢复夫妻关系;3. 被宣告死亡的自然人的配偶已经再婚,即使再婚后又离婚或再婚后新配偶已经死亡的,也不得因为撤销死亡宣告而自动恢复原来的婚姻关系。

第五十二条 【死亡宣告撤销后子女被收养的效力】被宣告死亡的人在被宣告死亡期间,其子女被他人依法收养的,在死亡宣告被撤销后,不得以未经本人同意为由主张收养行为无效。

第五十三条 【死亡宣告撤销后的财产返还与赔偿责任】被撤销死亡宣告的人有权请求依照本法第六编取得其财产的民事主体返还财产;无法返还的,应当给予适当补偿。

利害关系人隐瞒真实情况,致使他人被宣告死亡而取得其财产的,除应当返还财产外,还应当对由此造成的损失承担赔偿责任。

第四节 个体工商户和农村承包经营户

第五十四条 【个体工商户】自然人从事工商业经营,经依法登记,为个体工商户。个体工商户可以起字号。

注释 个体工商户与法人和非法人组织的最大区别就是不具有组织性:1. 个体工商户没有"设立"过程,不存在"出资"行为,法律也不要求个体工商户一定要具有"字号"或"名称"。2. 个体工商户

经登记机关登记的经营场所只能为一处,不得设立分支机构。3. 个体工商户的经营形式仅包括个人经营和家庭经营,进行工商业经营的自然人本身须参与具体经营活动;在家庭经营的情况下,"家庭"不是作为进行经营活动的"组织"出现。4. 个体工商户缴纳的税种是个人所得税。

有经营能力的自然人或家庭,经依法登记,领取个体工商户营业执照,从事工商业经营的,可以成为个体工商户。个体工商户应当依法登记下列事项:组成形式、经营范围、经营场所、经营者姓名、住所。个体工商户可以使用名称,也可以不使用名称。个体工商户使用名称的,登记事项还应当包括名称。一户个体工商户只能使用一个名称。个体工商户名称组织形式不得使用"企业""公司"和"农民专业合作社"字样。

链接 《促进个体工商户发展条例》;《市场主体登记管理条例》;《市场主体登记管理条例实施细则》

第五十五条 【农村承包经营户】 农村集体经济组织的成员,依法取得农村土地承包经营权,从事家庭承包经营的,为农村承包经营户。

注释 农村承包经营户是指在法律允许的范围内,按照农村土地承包经营合同的约定,利用农村集体土地从事种植业以及副业生产经营的农村集体经济组织的成员或者家庭。

农村土地家庭承包的承包方是本集体经济组织的农户。农户是农村中以血缘和婚姻关系为基础组成的农村最基本的社会单位。它既是独立的生活单位,又是独立的生产单位。作为生产单位的农户,一般是依靠家庭成员的劳动进行农业生产与经营活动。对农村土地实行家庭承包的,农户成为农村集体经济中一个独立的经营层次,是农村从事生产经营活动的基本单位。以户为生产经营单位,与一般的自然人个人作为民事主体有所区别,但又不同于非法人组织这类民事主体。因此法律对其单独进行规定,即农村集体经济组织的成员,依法取得农村土地承包经营权,从事家庭承包经营的,为农村承包经营户。

链接 《农村土地承包法》第5、16条

第五十六条 【"两户"的债务承担】 个体工商户的债务,个人经营的,以个人财产承担;家庭经营的,以家庭财产承担;无法区分的,以家庭财产承担。

农村承包经营户的债务,以从事农村土地承包经营的农户财产承担;事实上由农户部分成员经营的,以该部分成员的财产承担。

注释 对于实践中无法区分是个人经营还是家庭经营,是个人投资还是家庭投资,是个人享用经营收益还是家庭共同享用经营收益,进而确定债务是以个人财产承担还是以家庭财产承担的问题,司法实践中一般有以下认定标准:1. 以公民个人名义申请登记的个体工商户,用家庭共有财产投资,或者收益的主要部分供家庭成员享用的,其债务应以家庭共有财产清偿。2. 夫妻关系存续期间,一方从事个体经营,其收入为夫妻共有财产,债务亦应以夫妻共有财产清偿。此外,个体工商户的债务,如以其家庭共有财产承担责任,应当保留家庭成员的生活必需品和必要的生产工具。

对于农村土地承包经营需要说明的是:1. 家庭承包中,是按人人有份分配承包地,按户组成一个生产经营单位作为承包方。2. 本集体经济组织的农户作为承包方的,主要是针对耕地、草地和林地等适宜家庭承包的土地的承包。3. 农户内的成员分家析产的,单独成户的成员可以对原家庭承包的土地进行分别耕作,但承包经营权仍是一个整体,不能分割。

在承包期内,无论承包户内人口发生什么样的变化,是增是减,只要作为承包户的家庭还存在,承包户就是一个生产经营单位,是一个对外承担责任的主体。考虑到随着我国城乡经济结构的调整和城镇化的发展,农村剩余劳动力向城镇的转移会不断增加,有的家庭成员进城务工就业,分门立户,已完全不参与家庭土地承包经营,也不分享承包家庭的收益,在这种情况下,可以不再承担原所在家庭承包经营的债务。因此本条规定,"事实上由农户部分成员经营的,以该部分成员的财产承担"。需要指出的是,在实践中,这一规定要严格掌握,防止借本条规定逃避应承担的债务。

第三章 法 人

第一节 一般规定

第五十七条 【法人的定义】 法人是具有民事权利能力和民事行为能力,依法独立享有民事权利和承担民事义务的组织。

注释 法人是"自然人"的对称,是自然人之外最为重要的民事主体,有自身独立的法律人格,可以自己的名义起诉与应诉、拥有财产、进行交易、承担责任。法人制度是近现代民法上一项极为重要的法律制度。

所谓法人的民事权利能力，是指法人作为民事主体，享受民事权利并承担民事义务的资格。法人的民事权利能力与法人的民事主体资格是同一的，法人之所以具有民事主体资格，就是因为其具有民事权利能力。法人的民事权利能力是法人实施民事行为和从事民事活动的前提和基础。法人和自然人均具有民事权利能力，但是法人的民事权利能力不同于自然人的民事权利能力。法人是组织体，不是生命体，因此，某些与自然人的人身不可分离的人身权如生命权、健康权等不可能由法人享有，以性别、年龄、身份及亲属关系等为前提的权利义务，也不可能由法人享有和承担。

所谓法人的民事行为能力，是指法人作为民事主体，以自己的行为取得民事权利并承担民事义务的资格。法人作为一个统一的组织体，有自己的内部机构，能够产生并实现自己的意思，从而决定了法人具有民事行为能力。董事作为法人的机关，其在职务上的行为，视为法人本身的行为。法人的团体意志并不同于个人的意志，也不是个人意志的简单总和，而是一种意志的综合。

链接《公司法》第3条

第五十八条【法人的成立】法人应当依法成立。

法人应当有自己的名称、组织机构、住所、财产或者经费。法人成立的具体条件和程序，依照法律、行政法规的规定。

设立法人，法律、行政法规规定须经有关机关批准的，依照其规定。

注释 法人成立，是指法人开始取得民事主体资格，享有民事权利能力。法人的成立，表现为营利法人、非营利法人以及特别法人开始具有法人的人格，是其成为民事权利主体的始期。法人成立的条件是：1.须有设立行为。法人必须经过设立人的设立行为，才可成立。2.须符合设立的要求：(1)法人要有自己的名称，确定自己法人人格的文字标识；(2)要有能够进行经营活动的组织机构；(3)必须有自己固定的住所；(4)须有必要的财产或者经费，能够进行必要的经营活动和承担民事责任。3.须有法律依据或经主管机关的批准。中国的法人设立不采取自由设立主义，凡是成立法人，均须依据相关的法律，以法律规定作为成立的依据。4.须经登记。法人的设立，原则上均须经过登记方能取得法人资格。机关法人成立不须登记。事业单位法人和社会团体法人，除法律规定不需要登记的外，也要办理登记。成立法人，须完成以上条件才能够取得法人资格。法人的成立与法人的设立是不同的概念。设立是行为，成立是结果；设立尚未成立，成立必须经过设立。设立成功，方为成立，法人成立前尚无法人资格。

链接《公司法》第6—8条、第23条；《社会团体登记管理条例》第3条

第五十九条【法人的民事权利能力和民事行为能力】法人的民事权利能力和民事行为能力，从法人成立时产生，到法人终止时消灭。

注释 法人的民事权利能力是法人具有民事主体资格的表现，一旦成立即具有民事权利能力，在法人终止前，其民事权利能力始终存在。法人的民事权利能力因法人成立而取得，因法人终止而消灭。

法人的民事行为能力是法人自己实施民事法律行为的资格。法人作为社会组织体，没有无民事行为能力、限制民事行为能力、完全民事行为能力的划分，一旦成立，即具有民事行为能力。一旦终止，其民事行为能力立即消灭。也就是说，法人的民事权利能力与民事行为能力在取得和消灭的时间上是一致的。

本条规定"法人的民事权利能力和民事行为能力，从法人成立时产生，到法人终止时消灭"。之所以用"成立"而非"登记"，是因为在我国，"登记"并非各类法人成立的统一必备程序要件。比如，机关法人的成立无须履行登记程序。具备法人条件的事业单位和社会团体，经依法登记成立，取得法人资格；依法不需要办理法人登记的，从成立之日起，具有法人资格。之所以用"终止"而非"解散"，是因为法人解散后进入清算，清算中的法人仍是法人，法人资格继续存在，只是其民事行为能力被限制在了清算目的范围内，不得从事与清算无关的活动。清算结束并完成法人注销登记时，法人终止；依法不需要办理法人登记的，清算结束时，法人终止。法人终止，意味着其民事主体资格消灭。

第六十条【法人的民事责任承担】法人以其全部财产独立承担民事责任。

注释 法人以其全部财产独立承担民事责任,即承担有限责任。无论法人应当承担多少责任,最终都以其全部财产来承担,不承担无限责任。法人以其全部财产独立承担民事责任,这就是法人的民事责任能力。民事责任能力,是指民事主体据以独立承担民事责任的法律地位或法律资格,也叫作侵权行为能力。我国民法采取法人实在说,承认法人的民事责任能力。法人作为一个实在的组织体,对其法定代表人及成员在执行职务中的行为造成他人的损害,承担民事责任。

链接 《公司法》第3、14条

第六十一条 【法定代表人】 依照法律或者法人章程的规定,代表法人从事民事活动的负责人,为法人的法定代表人。

法定代表人以法人名义从事的民事活动,其法律后果由法人承受。

法人章程或者法人权力机构对法定代表人代表权的限制,不得对抗善意相对人。

注释 法人的章程或者权力机构对法定代表人的代表权范围的限制,对于法定代表人有完全的效力,即法定代表人不得超出其法人章程或者权力机构对其的限制。法人的章程或者权力机构对法定代表人的代表权范围的限制,对于第三人不具有完全的效力。只要与其进行民事活动的相对人是善意的,对其超出职权范围不知情且无过失,法人就不能以超越职权为由对抗该善意相对人;如果相对人知情,则可以主张该民事法律行为无效或者撤销。

链接 《公司法》第13条;《民事诉讼法》第51条

第六十二条 【法定代表人职务行为的法律责任】 法定代表人因执行职务造成他人损害的,由法人承担民事责任。

法人承担民事责任后,依照法律或者法人章程的规定,可以向有过错的法定代表人追偿。

注释 法定代表人因执行职务造成他人损害的,由法人承担责任,此处法人承担的责任形态是替代责任。法定代表人因执行职务造成他人损害的责任承担规则是:1. 法定代表人因执行职务造成他人的损害,由法人承担赔偿责任。2. 法人承担了赔偿责任以后,如果法定代表人在执行职务中,对造成他人损害是有过错的,法人可以向法定代表人要求追偿。

链接 《公司法》第149条;《保险法》第83条

第六十三条 【法人的住所】 法人以其主要办事机构所在地为住所。依法需要办理法人登记的,应当将主要办事机构所在地登记为住所。

注释 住所是民事主体从事民事活动所产生的各种权利义务的归属地点,是发生民事法律关系的中心地域。法人若要从事民事活动,形成各种民事法律关系,则与自然人一样,也需要以一定的地域作为中心,即也需要住所。一个法人有可能拥有数个活动场所或者办事机构,但法人的住所只有一个。法人的住所在法律上具有重要意义,如决定债务履行地、登记管辖、诉讼管辖、法律文书送达之处所、涉外民事关系之准据法等。

法人登记是指法人依法将其内部情况向国家登记机关报告登记的制度,是将法人内部情况公布于外的一种方法。通过法人登记进行公示,既是保护交往相对人的需要,也是对法人进行必要的管理监督,以实现对社会经济秩序有效间接调控的目的。除依法不需要办理法人登记即可成立的少数法人外,绝大多数法人只有经登记机关依法登记,方能取得法人资格。同时在我国还存在着依法不需要办理法人登记的法人,比如依法不需要办理法人登记的事业单位和社会团体等。

链接 《公司法》第10条;《最高人民法院关于适用〈中华人民共和国民事诉讼法〉的解释》第3条

第六十四条 【法人的变更登记】 法人存续期间登记事项发生变化的,应当依法向登记机关申请变更登记。

注释 市场主体变更登记事项,应当自作出变更决议、决定或者法定变更事项发生之日起30日内向登记机关申请变更登记。市场主体变更登记事项属于依法须经批准的,申请人应当在批准文件有效期内向登记机关申请变更登记。

依法登记成立的法人,在其取得法人资格的同时,其在登记机关登记的事项亦产生对外公示的效力。这些登记的事项在法人的运行过程中可能发生变化。如果不及时到登记机关办理变更登记,就会出现对外公示的登记信息与法人的实际信息不一致的情况,从而危及交易安全和交往安全。因此,法人存续期间登记事项发生变化的,应当依法向登记机关申请变更登记。

链接 《公司法》第7条;《市场主体登记管理条例》第24—29条;《事业单位登记管理暂行条例》第10

条;《社会团体登记管理条例》第18条;《基金会管理条例》第15条

第六十五条　【法人登记的对抗效力】法人的实际情况与登记的事项不一致的,不得对抗善意相对人。

链接 《公司法》第32条;《最高人民法院关于适用〈中华人民共和国公司法〉若干问题的规定(三)》第25—28条

案例 北京公达房地产有限责任公司诉北京市祥和三峡房地产开发公司房地产开发合同纠纷案(《最高人民法院公报》2010年第11期)

裁判规则:公司的法定代表人依法代表公司对外进行民事活动。法定代表人发生变更的,应当在工商管理部门办理变更登记。公司的法定代表人在对外签订合同时已经被上级单位决定停止职务,但未办理变更登记,公司以此主张合同无效的,人民法院不予支持。

第六十六条　【法人登记公示制度】登记机关应当依法及时公示法人登记的有关信息。

链接 《公司法》第6条;《企业信息公示暂行条例》第3、6—8条;《慈善法》第70条

第六十七条　【法人合并、分立后的权利义务承担】法人合并的,其权利和义务由合并后的法人享有和承担。

法人分立的,其权利和义务由分立后的法人享有连带债权,承担连带债务,但是债权人和债务人另有约定的除外。

注释 法人合并,是指两个以上的法人不经清算程序而合并为一个法人的法律行为。按合并方式的不同,法人合并分为吸收合并和新设合并。吸收合并,是指一个或多个法人归并到一个现存的法人中,被合并的法人资格消灭,存续法人的主体资格仍然存在。新设合并,是指两个以上的法人合并为一个新法人,原来的法人消灭,新的法人产生。法人分立,是指一个法人分成两个或两个以上法人的法律行为。按分立方式的不同,法人分立分为派生分立和新设分立两种方式。派生分立,是指原法人仍然存在,但从原法人中分立出去一个新的法人;新设分立,是指原法人分立为两个或者两个以上新的法人,原法人不复存在。因合并、分立而存续的法人,其登记事项发生变化的,应当申请变更登记;因合并、分立而解散的法人,应当申请注销登记;因合并、分立而新设立的法

人,应当申请设立登记。

链接 《公司法》第174、176条

第六十八条　【法人的终止】有下列原因之一并依法完成清算、注销登记的,法人终止:

(一)法人解散;

(二)法人被宣告破产;

(三)法律规定的其他原因。

法人终止,法律、行政法规规定须经有关机关批准的,依照其规定。

注释 法人的终止也叫法人的消灭,是指法人丧失民事主体资格,不再具有民事权利能力与民事行为能力。法人终止后,其民事权利能力和民事行为能力消灭,民事主体资格丧失,终止后的法人不能再以法人的名义对外从事民事活动。

链接 《公司法》第180条;《企业破产法》第2、7条

第六十九条　【法人的解散】有下列情形之一的,法人解散:

(一)法人章程规定的存续期间届满或者法人章程规定的其他解散事由出现;

(二)法人的权力机构决议解散;

(三)因法人合并或者分立需要解散;

(四)法人依法被吊销营业执照、登记证书,被责令关闭或者被撤销;

(五)法律规定的其他情形。

案例 林方清诉常熟市凯莱实业有限公司、戴小明公司解散纠纷案(最高人民法院指导案例8号)

裁判规则:《公司法》第183条将"公司经营管理发生严重困难"作为股东提起解散公司之诉的条件之一。判断"公司经营管理是否发生严重困难",应从公司组织机构的运行状态进行综合分析。公司虽处于盈利状态,但其股东会机制长期失灵,内部管理有严重障碍,已陷入僵局状态,可以认定为公司经营管理发生严重困难。对于符合公司法及相关司法解释规定的其他条件的,人民法院可以依法判决公司解散。

第七十条　【法人解散后的清算】法人解散的,除合并或者分立的情形外,清算义务人应当及时组成清算组进行清算。

法人的董事、理事等执行机构或者决策机构的成员为清算义务人。法律、行政法规另有规定的,依照其规定。

清算义务人未及时履行清算义务,造成损害的,应当承担民事责任;主管机关或者利害关系人

可以申请人民法院指定有关人员组成清算组进行清算。

注释 本条第1款规定了清算义务人的及时清算义务。法人的清算义务人应当及时履行其负有的启动清算程序即组成清算组的义务，即便司法强制解散情形下也不例外。经研究认为，法人的类型多样，不同类型的法人解散后需要组成清算组的时间不尽相同。比如，依照《公司法》第183条的规定，公司应当在解散事由出现之日起15日内成立清算组，开始清算。但是，依照《慈善法》第18条的规定，慈善组织的决策机构应当在终止情形出现之日起30日内成立清算组进行清算。

本条第2款规定了清算义务人的担当主体。清算义务人与清算人的概念不同。清算义务人是指法人解散后依法负有启动清算程序的主体，其义务在于根据法律规定及时启动相应的清算程序以终止法人。清算义务人也可称为法人清算的组织主体。清算人，在我国通常被称为清算组，是指具体负责清算事务的主体，其义务在于依照法定程序进行清算。如果法人解散后未进行清算，也就不存在清算人，但始终存在着清算义务人。需要说明的是，清算义务人直接担任清算人进行清算时，在具体民事主体上存在竞合的情形。明确清算义务人的概念及其责任，对于督促清算义务人及时履行清算义务，从源头上减少僵尸企业等，具有重要意义。

本条第3款规定了清算义务人未及时履行清算义务的后果。

在理解本条第3款时应当注意以下三点：1. 清算义务人未及时履行清算义务，会引发两种不同性质的法律后果：一是程序方面的法律后果，即强制清算程序的启动，具体规定于本款后半段"主管机关或者利害关系人可以申请人民法院指定有关人员组成清算组进行清算"。二是实体责任方面的法律后果，即"清算义务人未及时履行清算义务，造成损害的，应当承担民事责任"。2. 关于强制清算程序的启动主体，包括主管机关和利害关系人。主管机关作为启动主体，比如《慈善法》第18条第2款规定，不成立清算组或者清算组不履行职责的，民政部门可以申请人民法院指定有关人员组成清算组进行清算。利害关系人作为启动主体，比如《公司法》第183条规定，逾期不成立清算组进行清算的，债权人可以申请人民法院指定有关人员组成清算组进行清算。审判实务中，最高人民法院通过司法解释又将申请强制清算的主体作了扩展。《最高人民法院关于适用〈中华人民共和国公司法〉若干问题的规定（二）》第7条第2款规定："有下列情形之一，债权人、公司股东、董事或其他利害关系人申请人民法院指定清算组进行清算的，人民法院应予受理：（一）公司解散逾期不成立清算组进行清算的；（二）虽然成立清算组但故意拖延清算的；（三）违法清算可能严重损害债权人或者股东利益的。" 3. 关于实体责任方面的法律后果，乃是基于侵权责任原理，在判断责任构成时，应当按照清算义务人主观上有过错、客观上未及时履行清算义务、造成损害、损害与清算义务人未及时履行清算义务之间存在因果关系进行把握。

链接 《公司法》第183条；《慈善法》第18条；《保险法》第89、149条；《事业单位登记管理条例》第13条；《社会团体登记管理条例》第20条；《基金会管理条例》第18条；《民办非企业单位登记管理暂行条例》第16条；《宗教事务条例》第60条；《最高人民法院关于适用〈中华人民共和国公司法〉若干问题的规定（二）》第18—20条

第七十一条 【法人清算的法律适用】法人的清算程序和清算组职权，依照有关法律的规定；没有规定的，参照适用公司法律的有关规定。

链接 《公司法》第184、186—189条；《最高人民法院关于适用〈中华人民共和国公司法〉若干问题的规定（二）》第7条

第七十二条 【清算的法律效果】清算期间法人存续，但是不得从事与清算无关的活动。

法人清算后的剩余财产，按照法人章程的规定或者法人权力机构的决议处理。法律另有规定的，依照其规定。

清算结束并完成法人注销登记时，法人终止；依法不需要办理法人登记的，清算结束时，法人终止。

链接 《公司法》第186条

第七十三条 【法人因破产而终止】法人被宣告破产的，依法进行破产清算并完成法人注销登记时，法人终止。

注释 与法人解散后进行的清算不同，法人被宣告破产后，依法进行破产清算。

需要注意的是，目前我国并无统一的破产法，《企业破产法》的适用范围是企业。但《企业破产

法》为企业法人以外的法人和非法人组织破产时的清算程序，预留了接口。该法第135条规定："其他法律规定企业法人以外的组织的清算，属于破产清算的，参照适用本法规定的程序。"

链接 《企业破产法》；《民办教育促进法》第58、59条

第七十四条　【法人的分支机构】法人可以依法设立分支机构。法律、行政法规规定分支机构应当登记的，依照其规定。

分支机构以自己的名义从事民事活动，产生的民事责任由法人承担；也可以先以该分支机构管理的财产承担，不足以承担的，由法人承担。

注释 法人的分支机构，是指企业法人投资设立的、有固定经营场所、以自己名义直接对外从事经营活动的、不具有法人资格，其民事责任由其隶属企业法人承担的经济组织。包括企业法人或公司的分厂、分公司、营业部、分理处、储蓄所等机构。

法人设立分支机构，可以根据自己的实际需要确定。只有法律、行政法规规定，分支机构应当办理登记的时候，设立的分支机构才需要按照规定办理登记。

法人的分支机构是法人的组成部分，其产生的责任，本应由法人承担有限责任，由于法人的分支机构单独登记，又有一定的财产，具有一定的责任能力，因而法人的分支机构自己也能承担一定的责任。相对人可以根据自己的利益，选择法人承担民事责任；或者选择法人的分支机构承担民事责任，法人承担补充责任。

链接 《公司法》第14条；《商业银行法》第19、22条；《保险法》第74条；《社会团体登记管理条例》第17条；《基金会管理条例》第12条；《民办非企业单位登记管理暂行条例》第13条；《市场主体登记管理条例》第23条

第七十五条　【法人设立行为的法律后果】设立人为设立法人从事的民事活动，其法律后果由法人承受；法人未成立的，其法律后果由设立人承受，设立人为二人以上的，享有连带债权，承担连带债务。

设立人为设立法人以自己的名义从事民事活动产生的民事责任，第三人有权选择请求法人或者设立人承担。

链接 《公司法》第94条；《最高人民法院关于适用〈中华人民共和国公司法〉若干问题的规定（三）》第2—5条

第二节　营利法人

第七十六条　【营利法人的定义和类型】以取得利润并分配给股东等出资人为目的成立的法人，为营利法人。

营利法人包括有限责任公司、股份有限公司和其他企业法人等。

注释 营利法人区别于非营利法人的重要的特征，不是"取得利润"，而是"利润分配给出资人"。如果利润归属于法人，用于实现法人目的，则不是营利法人；如果利润分配给出资人，则属于营利法人。是否从事经营活动并获取利润，与法人成立的目的没有直接关系，也不影响营利法人与非营利法人的分类。例如，基金会法人是非营利法人，但为了维持财产价值或者升值，也会将管理的资金用于经营活动；有些寺庙也会收取门票等。

链接 《公司法》第4、8、34条

第七十七条　【营利法人的成立】营利法人经依法登记成立。

注释 营利法人取得法人资格只有一种方式，即经过登记程序成立。经过依法登记后，营利法人取得法人资格。

链接 《公司法》第6条

第七十八条　【营利法人的营业执照】依法设立的营利法人，由登记机关发给营利法人营业执照。营业执照签发日期为营利法人的成立日期。

注释 本条明确了营利法人成立的时间点，也就是营利法人营业的起始点——营业执照的签发日期。在此之前的设立阶段，营利法人还没有正式成立，不具有法人资格，不能以营利法人名义参与民事活动。营利法人经登记成立后，需要由登记机关颁发营业执照。登记机关核准营利法人的标志是颁发给其营业执照，营利法人营业执照的颁发日期是公司的成立日期。营业执照除经营资格证明这一功能外，还具有法人资格证明的功能，集经营资格和法人资格于一身，成为法人资格合法存在的身份证明和直接表现。

营业执照上应该记载相应的法定事项，是作为营利法人必须具备的条件，在营业执照上予以明确能够使与其交易的市场主体了解它的信息，对该法人做出切实的评价。所以这些信息必须与实际情况相符，不能任意变更，一旦发生变化，营

利法人应当向登记机关做出变更登记申请,依法予以变更。

链接《市场主体登记管理条例》第21条

第七十九条　【营利法人的章程】设立营利法人应当依法制定法人章程。

注释 法人章程是关于法人组织和行为的自治规则。设立营利法人必须有法人章程,章程是营利法人设立的法定必备文件之一。《公司法》第11条就明确规定,设立公司必须依法制定公司章程。法人章程是法人的行为准则,对法人具有约束力,法人的权力机构、执行机构和监督机构及其成员等也都要受到章程的制约。

链接《公司法》第12、25条

第八十条　【营利法人的权力机构】营利法人应当设权力机构。

权力机构行使修改法人章程,选举或者更换执行机构、监督机构成员,以及法人章程规定的其他职权。

链接《公司法》第36、66、98条

第八十一条　【营利法人的执行机构】营利法人应当设执行机构。

执行机构行使召集权力机构会议,决定法人的经营计划和投资方案,决定法人内部管理机构的设置,以及法人章程规定的其他职权。

执行机构为董事会或者执行董事的,董事长、执行董事或者经理按照法人章程的规定担任法定代表人;未设董事会或者执行董事的,法人章程规定的主要负责人为其执行机构和法定代表人。

链接《公司法》第13、44、50、67条

第八十二条　【营利法人的监督机构】营利法人设监事会或者监事等监督机构的,监督机构依法行使检查法人财务,监督执行机构成员、高级管理人员执行法人职务的行为,以及法人章程规定的其他职权。

链接《公司法》第51、70、117条

第八十三条　【出资人滥用权利的责任承担】营利法人的出资人不得滥用出资人权利损害法人或者其他出资人的利益;滥用出资人权利造成法人或者其他出资人损失的,应当依法承担民事责任。

营利法人的出资人不得滥用法人独立地位和出资人有限责任损害法人的债权人的利益;滥用法人独立地位和有限责任,逃避债务,严重损害法人债权人的利益的,应当对法人债务承担连带责任。

注释 滥用出资人权利,是指营利法人的出资人为自己的利益或者第三人谋取利益,利用自己作为出资人的权利,损害法人或者其他出资人利益的行为。构成滥用出资人权利的要件是:1.行为的主体是营利法人的出资人;2.营利法人的出资人实施了不正当地利用自己出资人权利的行为;3.出资人滥用自己权利的目的,是为自己的利益或者第三人谋取利益,是故意所为;4.出资人滥用自己权利的行为,给法人或者其他出资人造成损失,滥用权利的行为与损害后果之间具有引起与被引起的因果关系。滥用出资人权利的法律后果是依法承担损害赔偿责任。损害赔偿请求权人,是因此受到损害的法人或其他出资人。

法人人格否认,是指法人虽为独立的民事主体,承担独立于其成员的责任,但当出现有悖于法人存在目的及独立责任的情形时,如果在坚持形式上的独立人格与独立责任将有悖于公平时,在具体个案中视法人的独立人格于不顾,直接将法人的责任归结为法人成员的责任。法人人格否认的构成要件是:1.法人人格否认的行为人是营利法人的出资人;2.法人人格否认的行为,是营利法人的出资人滥用法人独立地位和出资人有限责任而逃避债务;3.营利法人的出资人滥用其权利逃避债务的目的,是为自己或者其他第三人谋取利益;4.出资人滥用法人独立地位和出资人有限责任的行为,损害了法人债权人的利益,滥用行为与损害后果之间具有因果关系。法人的债权人是实际损害的受害人,其受到的损害应当达到严重的程度。构成法人人格否认,应当承担损害赔偿责任,请求权人是受到严重损害的法人债权人。责任主体是滥用权利地位的出资人和法人,共同对受到损害的法人债权人承担连带责任。

链接《公司法》第20条

案例 1.徐工集团工程机械股份有限公司诉成都川交工贸有限责任公司等买卖合同纠纷案(最高人民法院指导案例15号)

裁判规则:关联公司的人员、业务、财务等方面交叉或混同,导致各自财产无法区分,丧失独立人格的,构成人格混同。

关联公司人格混同,严重损害债权人利益的,关联公司相互之间对外部债务承担连带责任。

2. 邵萍与云南通海昆通工贸有限公司、通海兴通达工贸有限公司民间借贷纠纷案(《最高人民法院公报》2017年第3期)

裁判规则:依据《公司法》第20条第3款的规定,认定公司滥用法人人格和有限责任的法律责任,应综合多种因素作出判断。在实践中,公司设立的背景,公司的股东、控制人以及主要财务人员的情况,该公司的主要经营业务以及公司与其他公司之间的交易目的,公司的纳税情况以及具体债权人与公司签订合同时的背景情况和履行情况等因素,均应纳入考察范围。

第八十四条　【利用关联关系造成损失的赔偿责任】营利法人的控股出资人、实际控制人、董事、监事、高级管理人员不得利用其关联关系损害法人的利益;利用关联关系造成法人损失的,应当承担赔偿责任。

注释　法人的关联交易一般是指具有投资关系或者合同关系的不同主体之间所进行的交易,又称为关联方交易。

根据本条规定,与营利法人有关联关系的五种人不得利用其与营利法人的关联关系损害营利法人的利益,包括:1. 营利法人的控股出资人。比如,出资额占有限责任公司资本总额50%以上或者有的股份占股份有限公司股本总额50%以上的股东;出资额或者持有股份的比例虽然不足50%,但依其出资额或者持有的股份所享有的表决权已足以对股东会、股东大会的决议产生重大影响的股东。2. 实际控制人。是指虽然不是营利法人的出资人,但通过投资关系、协议或者其他安排,能够实际支配营利法人行为的人。3. 董事。是指营利法人权力机构选举出来的董事会成员。4. 监事。是指营利法人权力机构选举出来的监事会成员。5. 高级管理人员。是指营利法人的经理、副经理、财务负责人,上市公司董事会秘书以及营利法人章程规定的其他人员。所谓关联关系,是指营利法人的控股出资人、实际控制人、董事、监事、高级管理人员与其直接或者间接控制的营利法人之间的关系,以及可能导致营利法人利益转移的其他关系;但是,国家控股的营利法人之间不仅仅因为同受国家控股而具有关联关系。利用关联关系给法人造成损失的,应当就损失承担赔偿责任。

链接《公司法》第21条;《最高人民法院关于适用〈中华人民共和国公司法〉若干问题的规定(三)》第12条

第八十五条　【营利法人出资人对瑕疵决议的撤销权】营利法人的权力机构、执行机构作出决议的会议召集程序、表决方式违反法律、行政法规、法人章程,或者决议内容违反法人章程的,营利法人的出资人可以请求人民法院撤销该决议。但是,营利法人依据该决议与善意相对人形成的民事法律关系不受影响。

注释　根据本条的规定,可以请求人民法院撤销的营利法人权力机构、执行机构决议,分为存在程序瑕疵和存在内容瑕疵两类。程序瑕疵是指营利法人权力机构、执行机构作出决议的会议召集程序、表决方式违反法律、行政法规、法人章程。内容瑕疵是指营利法人的权力机构、执行机构决议内容违反法人章程。无论存在程序瑕疵还是内容瑕疵,营利法人的任何出资人都可以请求人民法院撤销该决议。

要注意的是,根据本条规定,即使决议被人民法院撤销,营利法人依据该决议与善意相对人形成的民事法律关系不受影响。

链接《公司法》第22条

案例　李建军诉上海佳动力环保科技有限公司公司决议撤销纠纷案(最高人民法院指导案例10号)

裁判规则:人民法院在审理公司决议撤销纠纷案件中应当审查:会议召集程序、表决方式是否违反法律、行政法规或者公司章程,以及决议内容是否违反公司章程。在未违反上述规定的前提下,解聘总经理职务的决议所依据的事实是否属实,理由是否成立,不属于司法审查范围。

第八十六条　【营利法人的社会责任】营利法人从事经营活动,应当遵守商业道德,维护交易安全,接受政府和社会的监督,承担社会责任。

第三节　非营利法人

第八十七条　【非营利法人的定义和范围】为公益目的或者其他非营利目的成立,不向出资人、设立人或者会员分配所取得利润的法人,为非营利法人。

非营利法人包括事业单位、社会团体、基金会、社会服务机构等。

注释 非营利法人，是"营利法人"的对称，指为公益目的或者其他非营利目的成立，不向其成员或者设立人分配利润的法人。非营利法人既包括面向社会大众，以满足不特定多数人的利益为目的的公益法人，如中华慈善总会、中国红十字会、环境保护协会、保护妇女儿童组织、各类基金会等；也包括为其他非营利目的成立的法人，比如为互助互益目的（即既非为公益又非为成员的经济利益，而是为成员的非经济利益）而成立的互益性法人（又称为共益性法人），仅面向成员提供服务，如商会、行业协会、学会、俱乐部等。非营利法人均不得分配利润，这是由其设立目的决定的。非营利法人如果在其存续期间分配利润，则与营利人难以区分，背离非营利法人的设立目的。尽管非营利法人均不得分配利润，但在法人终止后能否分配剩余财产方面，为公益目的设立的非营利法人与其他目的设立的非营利法人不同。为其他目的设立的非营利法人可以分配剩余财产，但为公益目的设立的非营利法人不得分配剩余财产。将非营利法人按照为公益目的设立和为其他非营利目的设立进行区分，有助于国家针对不同性质的非营利法人，制定不同的法律规范和政策措施，更好地促进各类非营利法人的发展。

第八十八条 【事业单位法人资格的取得】 具备法人条件，为适应经济社会发展需要，提供公益服务设立的事业单位，经依法登记成立，取得事业单位法人资格；依法不需要办理法人登记的，从成立之日起，具有事业单位法人资格。

链接 《事业单位登记管理暂行条例》第2、3、6、11条

第八十九条 【事业单位法人的组织机构】 事业单位法人设理事会的，除法律另有规定外，理事会为其决策机构。事业单位法人的法定代表人依照法律、行政法规或者法人章程的规定产生。

第九十条 【社会团体法人资格的取得】 具备法人条件，基于会员共同意愿，为公益目的或者会员共同利益等非营利目的设立的社会团体，经依法登记成立，取得社会团体法人资格；依法不需要办理法人登记的，从成立之日起，具有社会团体法人资格。

链接 《社会团体登记管理条例》第2、3、6、9条

第九十一条 【社会团体法人章程和组织机构】 设立社会团体法人应当依法制定法人章程。

社会团体法人应当设会员大会或者会员代表大会等权力机构。

社会团体法人应当设理事会等执行机构。理事长或者会长等负责人按照法人章程的规定担任法定代表人。

第九十二条 【捐助法人】 具备法人条件，为公益目的以捐助财产设立的基金会、社会服务机构等，经依法登记成立，取得捐助法人资格。

依法设立的宗教活动场所，具备法人条件的，可以申请法人登记，取得捐助法人资格。法律、行政法规对宗教活动场所有规定的，依照其规定。

注释 捐助法人，是指由自然人或者法人、非法人组织为实现公益目的，自愿捐助一定资金为基础而成立，以对捐助资金进行专门管理为目的的非营利法人。捐助法人的特点是：1. 捐助法人是财产集合体，是以财产的集合为基础成立的法人；2. 捐助法人没有成员或者会员，不存在通常的社会团体法人由会员大会组成的权力机构，只设立理事会和监事会；3. 捐助法人具有非营利性，活动宗旨是通过资金资助促进科学研究、文化教育、社会福利和其他公益事业的发展，不具有营利性，为公益法人。

捐助法人的类型是：1. 基金会，是利用自然人、法人或者非法人组织捐赠的财产，以从事公益事业为目的，按照基金会管理条例成立的非营利法人。2. 社会服务机构，是由社会公益性资金或政府财政拨款举办的以公益为目的，运用专业技能在某些专业领域提供社会服务的机构。3. 宗教捐助法人。宗教捐助法人也是捐助法人，由于具有特殊性，本条第2款专门规定宗教捐助法人。

依法设立的宗教活动场所，具有法人条件的，可以申请法人登记，取得捐助法人资格。故宗教捐助法人是依法设立，具有法人条件的宗教活动场所，经过登记成立的捐助法人。其特点是：1. 是依法设立的宗教活动场所，包括寺院、道观、教会等；2. 应当具备法人条件，有自己的名称、组织机构、住所、财产和经费；3. 依照宗教活动场所自己的意愿，可以申请登记成立捐助法人，也可以不申请登记成立捐助法人，愿意登记为宗教捐助法人的须经过登记，登记后取得宗教捐助法人资格，成为民事主体，享有民事权利能力和民事行为能力，能够自己承担民事责任。

链接 《宗教事务条例》第7、19条；《基金会管理条例》第2条

第九十三条　【捐助法人章程和组织机构】设立捐助法人应当依法制定法人章程。

捐助法人应当设理事会、民主管理组织等决策机构，并设执行机构。理事长等负责人按照法人章程的规定担任法定代表人。

捐助法人应当设监事会等监督机构。

第九十四条　【捐助人的权利】捐助人有权向捐助法人查询捐助财产的使用、管理情况，并提出意见和建议，捐助法人应当及时、如实答复。

捐助法人的决策机构、执行机构或者法定代表人作出决定的程序违反法律、行政法规、法人章程，或者决定内容违反法人章程的，捐助人等利害关系人或者主管机关可以请求人民法院撤销该决定。但是，捐助法人依据该决定与善意相对人形成的民事法律关系不受影响。

注释　捐助法人的财产，由捐助人提供，因而捐助人尽管不从捐助法人的活动中获得利益，但是对于捐助法人享有部分权利。捐助人对捐助法人享有的权利是：1.查询捐助财产使用、管理情况。捐助法人对此负有义务，应当及时、如实答复。2.对捐助法人使用和管理捐助财产有权提出意见和建议，便于改进工作，使捐助财产发挥更好的公益效益。3.对于捐助法人错误的决定有权向人民法院主张撤销。捐助法人的决策机构、执行机构或者其法定代表人作出的决定违反了捐助法人章程的规定，不符合捐助人捐助财产设置捐助法人的意愿，捐助人享有向人民法院请求予以撤销的权利，查证属实的，人民法院应当予以撤销。与捐助法人有关的利害关系人或者捐助法人的主管机关，对此也享有撤销权，可以请求人民法院予以撤销。

基于维护交易安全的考虑，相关决定被人民法院撤销后，捐助法人依据该决定与善意相对人形成的民事法律关系不受影响。这并不意味着撤销权的行使没有效果。如果决定存在瑕疵并被人民法院撤销，造成损失的，可要求有过错的决策机构成员、执行机构成员或者法定代表人赔偿。这方面的立法精神在《基金会管理条例》中已有体现。《基金会管理条例》第43条第1款规定："基金会理事会违反本条例和章程规定决策不当，致使基金会遭受财产损失的，参与决策的理事应当承担相应的赔偿责任。"当然，如果表决时投了反对票，则该投反对票者不应当承担赔偿责任。

链接《基金会管理条例》第39、43条；《宗教事务条例》第57、58条

第九十五条　【公益性非营利法人剩余财产的处理】为公益目的成立的非营利法人终止时，不得向出资人、设立人或者会员分配剩余财产。剩余财产应当按照法人章程的规定或者权力机构的决议用于公益目的；无法按照法人章程的规定或者权力机构的决议处理的，由主管机关主持转给宗旨相同或者相近的法人，并向社会公告。

注释　非营利法人终止时，能否向出资人、设立人或者会员等分配剩余财产，是区别为公益目的成立的非营利法人和其他非营利法人的主要标准。

链接《慈善法》第18条；《民办教育促进法》第46、59条；《基金会管理条例》第10、33条；《宗教事务条例》第60条

第四节　特别法人

第九十六条　【特别法人的类型】本节规定的机关法人、农村集体经济组织法人、城镇农村的合作经济组织法人、基层群众性自治组织法人，为特别法人。

注释　特别法人，是指我国现实生活中存在的，既不属于营利法人，也不属于非营利法人，具有民事权利能力和民事行为能力，依法独立享有民事权利和承担民事义务的组织。其特点是：1.特别法人既不属于营利法人，也不属于非营利法人。特别法人是为公益目的或者其他非营利目的而成立的，但又不具有出资人和设立人，而是依据国家法律或者政府的命令而设立的法人。2.特别法人具有法人的组织形式。特别法人有自己的名称、组织机构、住所，有一定的财产或者经费，也有其法定代表人，并且依照法律的规定而设立，具备法人的所有组织形式，是一个具有法人资格的组织体。3.特别法人具有民事权利能力和民事行为能力，能够以自己的财产或者经费承担民事责任。4.法律只规定了四类特别法人，包括机关法人、农村集体经济组织法人、合作经济组织法人和基层群众性自治组织法人。

第九十七条　【机关法人】有独立经费的机关和承担行政职能的法定机构从成立之日起，具有机关法人资格，可以从事为履行职能所需要的民事活动。

第九十八条　【机关法人的终止】机关法人被

撤销的,法人终止,其民事权利和义务由继任的机关法人享有和承担;没有继任的机关法人的,由作出撤销决定的机关法人享有和承担。

注释 机关法人,是指依照法律和行政命令组建,享有公权力,有独立的经费,以从事国家管理活动为主的各级国家机关。这种机关从成立之日起,即具有法人资格。机关法人作为民事主体,只有在其从事为履行职能所需要的民事活动时,才有意义。

链接 《行政诉讼法》第26条

第九十九条 【农村集体经济组织法人】农村集体经济组织依法取得法人资格。

法律、行政法规对农村集体经济组织有规定的,依照其规定。

注释 农村集体经济组织法人,是指在自然乡村范围内,农民将其各自所有的生产资料投入集体所有,集体组织农业生产经营,集体劳动或者个人承包,按劳分配,具有民事权利能力和民事行为能力的特别法人。农村集体经济组织法人与营利法人和非营利法人最大的区别是,农村集体经济组织法人的成员具有天然性和身份性。所谓天然性和身份性是指集体经济组织的成员与土地有依附关系,与农民的身份也有依附关系。因此,农村集体成员的加入、退出与其他法人有很大的区别,营利法人和非营利法人的成员原则上讲都是加入自愿,退出自由;而农村集体经济组织的成员原则上讲,其加入和退出都是与土地和农民的身份密切相关的。

链接 《农村土地承包法》第13条

第一百条 【合作经济组织法人】城镇农村的合作经济组织依法取得法人资格。

法律、行政法规对城镇农村的合作经济组织有规定的,依照其规定。

注释 城镇农村的合作经济组织法人,是指城市居民或者农民等小生产者,为了维护和改善各自的生产及生活条件,在自愿互助和平等互利的基础上,遵守合作社的法律和规章制度,联合从事特定经济活动所组成的具有企业性质的特别法人。合作经济组织依法成立后,符合法律要求的,就具有法人资格,具有民事权利能力和民事行为能力,依法承担民事责任。

链接 《农民专业合作社法》第2、10、11条

第一百零一条 【基层群众性自治组织法人】居民委员会、村民委员会具有基层群众性自治组织法人资格,可以从事为履行职能所需要的民事活动。

未设立村集体经济组织的,村民委员会可以依法代行村集体经济组织的职能。

注释 村民委员会和居民委员会都是我国的基层群众性自治组织。

与其他法人相比,具有下列特殊性:1.设立特殊。村民委员会、居民委员会都是依据法律直接设立的。村民委员会是各行政村依据村民委员会组织法设立的;居民委员会是依据居民委员会组织法设立的。2.变更和终止特殊。除非村乡合并或者居民社区的区划发生变化,否则村民委员会和居民委员会不终止。3.行使职能特殊。村民委员会和居民委员会主要从事公益事业和提供公共服务,这与营利法人和非营利法人的职能有较大的不同。4.组织机构特殊。村民委员会一般由村主任等村干部组成,居民委员会一般由居委会主任等干部组成,根据村民委员会组织法和居民委员会组织法,这些成员都是经过公开选举产生的。5.责任承担上特殊。根据《城市居民委员会组织法》的规定,居民委员会办理本居住地区公益事业所需的费用,经居民会议讨论决定,可以根据自愿原则向居民筹集,也可以向本居住地区的受益单位筹集,但是必须经受益单位同意;收支账目应当及时公布,接受居民监督。居民委员会的工作经费和来源,由不设区的市、市辖区的人民政府或者上级人民政府规定并拨付;经居民会议同意,可以从居民委员会的经济收入中给予适当补助。因此,其债务也只能以居民筹集的费用、政府拨付的工作经费和居民委员会的经济收入补填来承担。村民委员会原则上也应当以其办公经费承担债务,该债务是其代表村集体从事经济活动所欠,可以以村集体财产承担,但不得处分村集体所有的土地。

链接 《村民委员会组织法》第2条;《城市居民委员会组织法》第2—4条

第四章 非法人组织

第一百零二条 【非法人组织的定义】非法人组织是不具有法人资格,但是能够依法以自己的名义从事民事活动的组织。

非法人组织包括个人独资企业、合伙企业、不具有法人资格的专业服务机构等。

注释 非法人组织的特征有：(1)虽然不具有法人资格，但能够依法以自己的名义从事民事活动。这类组织没有法人资格，不能独立承担民事责任，是介于自然人和法人之间的一种社会组织。但该类组织具有民事权利能力和民事行为能力，能够以自己的名义从事民事活动。(2)依法成立。非法人组织在设立程序上须履行法定的登记手续，经有关机关核准登记，这是非法人组织的合法性要件。只有依法成立，才具有民事权利能力和民事行为能力。(3)有一定的组织机构。即拥有符合法律规定的名称、固定的从事生产经营等业务活动的场所，以及相应的组织管理机构和负责人，使之能够以该组织的名义对外从事相应的民事活动。(4)有一定的财产或经费。虽然非法人组织不能独立承担民事责任，也不要求其有独立的财产，但由于它是经依法登记的组织，可以自己的名义对外从事民事活动，享受民事权利、承担民事义务，因此它应该有与其经营活动和经营规模相适应的财产或者经费，作为其参与民事活动，享受民事权利、承担民事义务的物质基础和财产保证。应当指出的是，非法人组织的财产或经费，与法人的财产或者经费不同，即它不是独立的，是其所属法人或公民财产的组成部分，归该法人或公民所有。(5)不具有独立承担民事责任的能力。由于非法人组织没有独立的财产或经费，因而它不具有独立承担民事责任的能力。该类组织与法人的最大区别，就是不能独立承担民事责任，当其因对外进行民事活动而需要承担民事责任时，如其自身所拥有的财产能够承担责任，则由其自身承担；如其自身所拥有的财产不足以承担责任，则由其出资人或设立人承担连带责任。

第一百零三条　【非法人组织的设立程序】非法人组织应当依照法律的规定登记。

设立非法人组织，法律、行政法规规定须经有关机关批准的，依照其规定。

第一百零四条　【非法人组织的债务承担】非法人组织的财产不足以清偿债务的，其出资人或者设立人承担无限责任。法律另有规定的，依照其规定。

第一百零五条　【非法人组织的代表人】非法人组织可以确定一人或者数人代表该组织从事民事活动。

第一百零六条　【非法人组织的解散】有下列情形之一的，非法人组织解散：

（一）章程规定的存续期间届满或者章程规定的其他解散事由出现；

（二）出资人或者设立人决定解散；

（三）法律规定的其他情形。

链接 《合伙企业法》第85条；《个人独资企业法》第26条

第一百零七条　【非法人组织的清算】非法人组织解散的，应当依法进行清算。

注释 出资人或设立人在非法人组织出现解散事由后，应当解散非法人组织，指定清算人开展清算活动。非法人组织的清算人可以由非法人组织的设立人或出资人确定，或者按照法律规定的方式确定。清算人可以由非法人组织的出资人或者设立人担任，也可以是设立人或出资人委托的人，还可能是法律规定的其他人员。清算期间，非法人组织不得开展与清算目的无关的活动。非法人组织清算完成后，依法需要登记的非法人组织，还需要到登记机关办理注销登记手续，完成注销登记手续后非法人组织终止。

链接 《个人独资企业法》第27—30、32条；《合伙企业法》第86—88条

第一百零八条　【非法人组织的参照适用规定】非法人组织除适用本章规定外，参照适用本编第三章第一节的有关规定。

第五章　民事权利

第一百零九条　【一般人格权】自然人的人身自由、人格尊严受法律保护。

注释 人格权是指民事主体专属享有，以人格利益为客体，为维护民事主体独立人格所必备的固有民事权利。

链接 《宪法》第37、38条；《刑法》第238条

第一百一十条　【民事主体的人格权】自然人享有生命权、身体权、健康权、姓名权、肖像权、名誉权、荣誉权、隐私权、婚姻自主权等权利。

法人、非法人组织享有名称权、名誉权和荣誉权。

第一百一十一条　【个人信息受法律保护】自然人的个人信息受法律保护。任何组织或者个人需要获取他人个人信息的，应当依法取得并确保信息安全，不得非法收集、使用、加工、传输他人个人信息，不得非法买卖、提供或者公开他人个人信息。

注释 个人信息权利是公民在现代信息社会享有的重要权利，承载着信息主体的人格利益，也与信息主体的其他人身、财产利益密切相关。因此，明确对个人信息的保护，对于保护公民的人格尊严、人格自由，使公民免受非法侵扰，维护正常的社会秩序具有现实意义。

链接 《消费者权益保护法》第14、29、50条；《个人信息保护法》；《刑法》第253条之一；《最高人民法院、最高人民检察院关于办理侵犯公民个人信息刑事案件适用法律若干问题的解释》

案例 河北省保定市人民检察院诉李某侵害消费者个人信息和权益民事公益诉讼案（最高人民检察院发布11件检察机关个人信息保护公益诉讼典型案例）

裁判规则：保定市院在审查案件时发现，李某被判处侵犯公民个人信息罪的同时，存在利用非法获取的公民个人信息进行消费欺诈的行为。调查期间，保定市院通过调取刑事侦查卷宗、审查电子数据、询问被调查人和证人，查清李某非法获取、出售个人信息事实；通过委托公安机关依托异地协查平台调取46名消费者陈述，审查电话客服证言、话术音频、商品检测报告，证实李某利用个人信息批量、随机进行电话滋扰和欺诈的事实；通过调取快递公司快递收发记录、资金结算书证和李某银行账户流水资料，并委托出具会计专业分析报告，查清李某消费欺诈金额。同时，保定市院邀请河北大学公益诉讼研究基地的专家对该案进行论证并开展问卷调查，专家论证和调查结果均支持检察机关对李某的侵权行为提起民事公益诉讼并提出惩罚性赔偿诉讼请求。

第一百一十二条 【婚姻家庭关系等产生的人身权利】 自然人因婚姻家庭关系等产生的人身权利受法律保护。

第一百一十三条 【财产权受法律平等保护】 民事主体的财产权利受法律平等保护。

注释 财产权利平等保护原则，是指不同的民事主体对其所享有的财产权利，享有平等地位，适用规则平等和法律保护平等的民法原则。其内容是：1. 财产权利的地位一律平等，最主要的含义是强调自然人和其他权利人的财产权利受到平等保护。2. 适用规则平等，对于财产权利的取得、设定、移转和消灭，都适用共同规则，体现法律规则适用的平等性。3. 保护的平等，在财产权利出现争议时，平等保护所有受到侵害的财产权利，不受任何歧视。

财产权利的内容是：1. 物权；2. 债权；3. 知识产权；4. 继承权；5. 股权和其他投资性权利；6. 其他财产权利与利益。

链接 《宪法》第12、13条

第一百一十四条 【物权的定义及类型】 民事主体依法享有物权。

物权是权利人依法对特定的物享有直接支配和排他的权利，包括所有权、用益物权和担保物权。

注释 物权，是对物的权利。物权是一种财产权，财产权主要有物权、债权、继承权和知识产权中的财产权。财产可分为有形财产和无形财产，物权是对有形财产的权利。这种权利是权利人在法律规定的范围内对特定的物享有的直接支配和排他的权利。由于物权是直接支配物的权利，因而物权又被称为"绝对权"；物权的权利人享有物权，任何其他人都不得非法干预，物权的权利人以外的任何人都是物权的义务人，因此物权又被称为"对世权"。

物权的权利人对物享有直接支配的权利，是物权的主要特征之一。各种物权均以直接支配物作为其基本内容。"直接"即权利人实现其权利不必借助于他人，在法律规定的范围内，完全可以按照自己的意愿行使权利。"支配"有安排、利用的意思，包括占有、使用、收益和处分的权能总和。"直接支配"指的是对于物不需要他人的协助、配合，权利人就能对物自主利用。对所有权来说，权利人可以按照自己的意愿行使占有、使用、收益和处分的权利。直接支配还有排除他人干涉的含义，其他人负有不妨碍、不干涉物权人行使权利的义务。

物权的排他性是指一物之上不能有相互冲突的物权，比如所有权，一物之上只能有一个所有权，此物是我的就不是你的（建筑物区分所有权等是特例）；即使一物之上可以设定若干个抵押权，但由于是按照抵押权设定的先后顺序优先受偿，其间也不存在冲突。

1. 所有权。所有权是指权利人依法对自己的不动产和动产享有全面支配的权利。所有权具有四项权能，即占有、使用、收益和处分。"占有"是对于财产的实际管领或控制，拥有一个物的一般前提就是占有,这是财产所有者直接行使所有权的表现。"使用"是权利主体对财产的运用,发挥财产的使用价值。拥有物的目的一般是使用。"收益"是通过财产的占有、使用等方式取得的经济效益。使用物并获益是拥有物的目的之一。"处分"是指财产所有人对其财产在事实上和法律上的最终处置。

2. 用益物权。用益物权是权利人对他人所有的不动产或者动产,依法享有占有、使用和收益的权利。本法中规定了土地承包经营权、建设用地使用权、宅基地使用权和地役权这几种用益物权。用益物权是以对他人所有的不动产或者动产为使用、收益的目的而设立的,因而被称作"用益"物权。用益物权制度是物权法律制度中一项非常重要的制度,与所有权制度、担保物权制度一同构成了物权制度的完整体系。

3. 担保物权。担保物权是为了确保债务履行而设立的物权,当债务人不履行债务时,债权人就担保财产依法享有优先受偿的权利。担保物权对保证债权实现、维护交易秩序、促进资金融通,具有重要作用。担保物权包括抵押权、质权和留置权。

第一百一十五条 【物权的客体】物包括不动产和动产。法律规定权利作为物权客体的,依照其规定。

注释 法律上所指的物,主要是不动产和动产。不动产是不可移动的物,比如土地以及房屋、林木等土地附着物。动产是不动产以外的可移动的物,比如机动车、电视机等。物权法上的物指有体物或者有形物,有体物或者有形物是物理上的物,包括固体、液体、气体,也包括电等没有形状的物。所谓有体物或者有形物主要是与精神产品相对而言的,著作、商标、专利等是精神产品,是无体物或者无形物,精神产品通常不是物权制度规范的对象。同时,并非所有的有体物或者有形物都是物权制度规范的对象,能够作为物权制度规范对象的还必须是人力所能控制、有利用价值的物。随着科学技术的发展,一些原来无法控制且无法利用的物可以控制和利用了,也就纳入了物权制度的调整范围,物权制度规范的物的范围也在不断扩大。

精神产品不属于物权制度的调整范围,但是在有些情况下,财产权利可以作为担保物权的标的,比如可以转让的注册商标专用权、专利权、著作权等知识产权中的财产权,可以出质作为担保物权的标的,形成权利质权,由此权利也成为物权的客体。因此,本条规定,法律规定权利作为物权客体的,依照规定。

第一百一十六条 【物权法定原则】物权的种类和内容,由法律规定。

注释 物权法定中的"法",指法律,即全国人民代表大会及其常务委员会制定的法律,除法律明确规定可以由行政法规、地方性法规规定的外,一般不包括行政法规和地方性法规。需要说明的是,物权法定中的法律,除本法物权编外,还包括其他法律,如《土地管理法》《城市房地产管理法》《矿产资源法》《草原法》《森林法》《海域使用管理法》《渔业法》《海商法》《民用航空法》等,这些法律中都有对物权的规定。

物权法定,有两层含义:一是物权由法律规定,当事人不能自由创设物权;二是违背物权法定原则,所设"物权"没有法律效力。本条规定"物权的种类和内容,由法律规定",需要注意以下几点:(1)设立哪些物权的种类,只能由法律规定,当事人之间不能创立。物权的种类大的分所有权、用益物权和担保物权,用益物权中还可分为土地承包经营权、建设用地使用权、宅基地使用权和地役权;担保物权中还可分为抵押权、质权和留置权。(2)物权的权利内容,一般也只能由法律规定,物权的内容指物权的权利义务,如土地承包经营权的承包期多长、何时设立、流转权限、承包地的调整、收回,被征收中的权利义务等。有关物权的规定许多都是强制性规范,当事人应当严格遵守,不能由当事人约定排除,除非法律规定了"有约定的按照约定""当事人另有约定的除外"这些例外情形。

第一百一十七条 【征收与征用】为了公共利益的需要,依照法律规定的权限和程序征收、征用不动产或者动产的,应当给予公平、合理的补偿。

注释 征收是国家以行政取得集体、单位和个人的财产所有权的行为。征收的主体是国家,通常是政府以行政命令的方式从集体、单位和个人手中取得土地、房屋等财产。在物权法上,征收是物权变动的一种特殊的情形,涉及所有权人的所有权丧失。征用是国家为了抢险、救灾等公共利益需要,在紧急情况下强制性地使用单位、个人的不动产或者动产。征用的目的只在获得使用权,征用不导致所有权移转,被征用的不动产或者动产使用后,应当返还被征用人。征收、征用属于政府行使行政权,属于行政关系,不属于民事关系,但由于征收、征用是对所有权或者使用权的限制,同时又是国家取得所有权或者使用权的一种方式,因此民法通常从这一民事角度对此作原则性规定。

需要说明的是,征收和征用是两个不同的法律概念。征收是指为了公共利益需要,国家将他人所有的财产强制地征归国有;征用是指为了公共利益需要而强制性地使用他人的财产。征收和征用共同之处在于,都是为了公共利益需要,都要经过法定程序,并都要给予补偿。不同之处在于,征收主要是所有权的改变,征用只是使用权的改变。征收是国家从被征收人手中直接取得所有权,其结果是所有权发生了移转;征用则主要是国家在紧急情况下对他人财产的强制使用,一旦紧急情况结束,被征用的财产应返还原权利人。

链接《国有土地上房屋征收与补偿条例》第2条;《宪法》第10、13条;《土地管理法》第45—49条

第一百一十八条 【债权的定义】民事主体依法享有债权。

债权是因合同、侵权行为、无因管理、不当得利以及法律的其他规定,权利人请求特定义务人为或者不为一定行为的权利。

注释 债是因合同、侵权行为、无因管理、不当得利以及法律的其他规定,在特定当事人之间发生的权利义务关系。首先,债是一种民事法律关系,是民事主体之间以权利义务为内容的法律关系。其次,债是特定当事人之间的法律关系。债的主体各方均为特定当事人。再次,债是特定当事人之间得请求为或者不为一定行为的法律关系。享有权利的人是债权人,负有义务的人是债务人。债是以请求权为特征的法律关系,债权人行使债权,只能通过请求债务人为或者不为一定行为得以实现。最后,债是因合同、侵权行为、无因管理、不当得利以及法律的其他规定而发生的法律关系。债权是因合同、侵权行为、无因管理、不当得利以及法律的其他规定,权利人请求特定义务人为或者不为一定行为的权利。债权是现代社会生活中民事主体的一项重要财产权利。

合同是平等主体的自然人、法人、非法人组织之间设立、变更、终止民事权利义务关系的协议。合同依法成立后,即在当事人之间产生债权债务关系。基于合同所产生的债为合同之债。债权人有权按照合同约定,请求合同义务人履行合同义务。合同之债是民事主体为自己利益依自己意思自行设定的,合同之债属于意定之债。

侵权行为,是指侵害他人民事权益的行为。本法第3条规定,民事主体的人身权利、财产权利以及其他合法权益受法律保护,任何组织或者个人不得侵犯。在民事活动中,民事主体的合法权益受法律保护,任何人都负有不得侵害的义务。行为人侵害他人人身权利、财产权利以及其他合法权益的,应依法承担民事责任。民事权益受到侵害的,被侵权人有权请求侵权人承担侵权责任。因侵权行为,侵权人与被侵权人之间形成债权债务关系。侵权行为之债不是侵权人所愿意发生的法律后果,法律确认侵权行为之债的目的在于通过债权和民事责任使侵权行为人承担其不法行为所造成的不利后果,给被侵权人以救济,从而保护民事主体的合法民事权益。

无因管理,是指没有法定的或者约定的义务,为避免他人利益受损失进行管理的行为。无因管理行为虽为干预他人事务,但却是以避免他人利益受损失为目的,有利于社会的互助行为。法律为鼓励这一行为赋予管理人请求受益人偿还因管理行为支出的必要费用的权利。因无因管理产生的债称为无因管理之债。无因管理之债并不是基于当事人的意愿设定的,而是根据法律的规定,为法定之债。

不当得利,是指没有法律根据,取得不当利益,造成他人损失的情形。在社会生活中,任何民事主体不得没有法律根据,取得利益而致他人损害,因此,法律规定受损失的人有权请求取得不当得利的人返还不当利益。不当得利为债的发生原因,基于不当得利而产生的债称为不当得利之债。不当得利之债既不同于合同之债,也不同于无因管理之债。不当得利不是当事人双方间的合意,并非当事人寻求的法律目的,也不以当事人的意志为转移,而是法律为纠正不当得利,直接赋予当事人的权利义务,也是法定之债。

合同、侵权行为、无因管理、不当得利是债的发生的主要原因,除此以外,法律的其他规定也会引起债的发生,民事主体依法享有债权。如本法

第26条规定,父母对未成年子女负有抚养、教育和保护的义务。成年子女对父母负有赡养、扶助和保护的义务。父母不履行抚养义务时,未成年的或不能独立生活的子女,有要求父母付给抚养费的权利。子女不履行赡养义务时,无劳动能力的或生活困难的父母,有要求子女付给赡养费的权利。此时,未成年的或不能独立生活的子女和无劳动能力的或生活困难的父母依据法律的规定享有债权。

第一百一十九条 【合同之债】依法成立的合同,对当事人具有法律约束力。

注释 合同是双方或多方的民事法律行为,只有各方的意思表示一致才能成立。合同之债是当事人在平等基础上自愿设定的,订不订合同、与谁订合同、合同的内容如何等,由当事人自愿约定。但是,合同依法成立以后,对当事人就具有了法律约束力。所谓法律约束力,是指当事人应当按照合同的约定履行自己的义务,非依法律规定或者取得对方同意,不得擅自变更或者解除合同。如果不履行合同义务或者履行合同义务不符合约定,应当承担违约责任。只有依法成立的合同才能产生合同之债。

第一百二十条 【侵权之债】民事权益受到侵害的,被侵权人有权请求侵权人承担侵权责任。

注释 被侵权人在其民事权益被侵权人侵害构成侵权时,有权请求侵权人承担侵权责任。这种权利是一种请求权。所谓请求权,是指请求他人为一定行为或不为一定行为的权利。请求权人自己不能直接取得作为该权利内容的利益,必须通过他人的特定行为间接取得。在侵权人的行为构成侵权,侵害了被侵权人的民事权益时,被侵权人有权请求侵权人承担侵权责任。被侵权人可以直接向侵权人行使请求权,也可以向法院提起诉讼,请求法院保护自己的合法权益。

被侵权人可以是所有具有民事权利能力的民事主体,只要是具有实体法上的民事权利能力,又因侵权行为而使其民事权益受到侵害的人,就具有被侵权人的资格,包括自然人、法人和非法人组织。被侵权人的资格不在于其是否具有民事行为能力,但是有无民事行为能力关系到其是否可以自己行使请求侵权人承担侵权责任的权利。

第一百二十一条 【无因管理之债】没有法定的或者约定的义务,为避免他人利益受损失而进行管理的人,有权请求受益人偿还由此支出的必要费用。

注释 构成无因管理,有以下几个要件:

1. 管理他人事务。管理他人事务,即为他人进行管理,这是成立无因管理的首要条件。如将自己的事务误认为他人事务进行管理,即使目的是为他人避免损失,也不能构成无因管理。

2. 为避免他人利益受损失。一般来说,在既无法定义务又无约定义务的情况下,管理他人的事务,属于干预他人事务的范畴。而法律规定的无因管理,是为避免他人利益受损失而进行管理的行为。符合助人为乐、危难相助的道德准则的行为,应该得到鼓励和受到保护。

3. 没有法定的或者约定的义务。无因,指没有法定的或者约定的义务。没有法定的或者约定的义务是无因管理成立的重要条件。如果行为人负有法定的或者约定的义务进行管理,则不能构成无因管理。

根据本条规定,符合以上三个要件,构成无因管理。无因管理发生后,管理人享有请求受益人偿还因管理行为支出的必要费用,受益人有偿还该项费用的义务。

第一百二十二条 【不当得利之债】因他人没有法律根据,取得不当利益,受损失的人有权请求其返还不当利益。

注释 构成不当得利,有以下几个要件:

1. 民事主体一方取得利益。取得利益,是指财产利益的增加。既包括积极的增加,即财产总额的增加;也包括消极的增加,即财产总额应减少而未减少,如本应支付的费用没有支付等。

2. 民事主体他方受到损失。受到损失,是指财产利益的减少。既包括积极损失,即财产总额的减少;也包括消极损失,即应当增加的利益没有增加。

3. 一方取得利益与他方受到损失之间有因果关系。一方取得利益与他方受到损失之间有因果关系是指他方的损失是因一方获得利益造成的。

4. 没有法律根据。没有法律根据是构成不当得利的重要要件。如果一方取得利益和他方损失之间有法律根据,民事主体之间的关系就受到法律的认可和保护,不构成不当得利。

第一百二十三条 【知识产权及其客体】民事主体依法享有知识产权。

知识产权是权利人依法就下列客体享有的专有的权利：

（一）作品；

（二）发明、实用新型、外观设计；

（三）商标；

（四）地理标志；

（五）商业秘密；

（六）集成电路布图设计；

（七）植物新品种；

（八）法律规定的其他客体。

注释 知识产权是国际上广泛使用的一个法律概念，是民事主体对其创造性的客体依法享有的专有权利。知识产权有以下特征：1. 知识产权是一种无形财产权。2. 知识产权具有财产权和人身权的双重属性，如作者享有发表权、署名权、修改权等人身权。3. 知识产权具有专有性。本条规定，知识产权是权利人依法就下列客体享有的专有的权利。法律规定知识产权为权利人专有，除权利人同意或法律规定外，权利人以外的第三人不得享有或者使用该项权利，否则为侵害他人的知识产权。4. 知识产权具有地域性，法律确认和保护的知识产权，除该国与他国条约或参加国际公约外，只在一国领域内发生法律效力。5. 知识产权具有时间性，各国法律对知识产权的保护都有严格的时间限制。丧失效力的知识产权客体进入公有领域，成为全人类共有的财富。

根据本条规定，知识产权是权利人依法就下列客体所享有的专有权利：

1. 作品。对作品的知识产权保护主要规定在著作权相关法律法规中。《著作权法》第3条规定，本法所称的作品，是指文学、艺术和科学领域内具有独创性并能以一定形式表现的智力成果，包括：(1) 文字作品；(2) 口述作品；(3) 音乐、戏剧、曲艺、舞蹈、杂技艺术作品；(4) 美术、建筑作品；(5) 摄影作品；(6) 视听作品；(7) 工程设计图、产品设计图、地图、示意图等图形作品和模型作品；(8) 计算机软件；(9) 符合作品特征的其他智力成果。权利人依法就作品享有的专有权利是著作权。根据著作权法的规定，著作权是指著作权人对其作品享有的人身权和财产权，包括发表权、署名权、修改权、保护作品完整权、复制权、发行权、出租权、展览权、表演权、放映权、广播权、信息网络传播权、摄制权、改编权、翻译权、汇编权和应当由著作权人享有的其他权利。

2. 发明、实用新型、外观设计。《专利法》第2条规定，本法所称的发明创造是指发明、实用新型和外观设计。发明，是指对产品、方法或者其改进所提出的新的技术方案。实用新型，是指对产品的形状、构造或者其结合所提出的适于实用的新的技术方案。外观设计，是指对产品的整体或者局部的形状、图案或者其结合以及色彩与形状、图案的结合所作出的富有美感并适于工业应用的新设计。

3. 商标。《商标法》第3条规定，经商标局核准注册的商标为注册商标，包括商品商标、服务商标和集体商标、证明商标。本法所称集体商标，是指以团体、协会或者其他组织名义注册，供该组织成员在商事活动中使用，以表明使用者在该组织中的成员资格的标志。本法所称证明商标，是指由对某种商品或者服务具有监督能力的组织所控制，而由该组织以外的单位或者个人使用于其商品或者服务，用以证明该商品或者服务的原产地、原料、制造方法、质量或者其他特定品质的标志。

4. 地理标志。地理标志是指标示某商品来源于某地区，该商品的特定质量、信誉或者其他特征，主要由该地区的自然因素或者人文因素所决定的标志。权利人依法就地理标志享有专有权。

5. 商业秘密。商业秘密是指不为公众所知悉、能为权利人带来经济利益、具有实用性并经权利人采取保密措施的技术信息和经营信息。权利人依法对商业秘密享有专有权。

6. 集成电路布图设计。集成电路布图设计是指集成电路中至少有一个是有源元件的两个以上元件和部分或者全部互连线路的三维配置，或者为制造集成电路而准备的上述三维配置。权利人依法对集成电路布图设计享有专有权。

7. 植物新品种。植物新品种是指植物品种保护名录内经过人工选育或者发现的野生植物加以改良，具备新颖性、特异性、一致性、稳定性和适当命名的植物品种。

8. 法律规定的其他客体。除了前述明确列举的知识产权的客体，本条第2款第8项规定了"法律规定的其他客体"，为未来知识产权客体的发展留出了空间。

链接《著作权法》第3条；《专利法》第2条；《商标法》第3、16、57条；《商标法实施条例》第4条；《反不正当竞争法》第5、10条

第一百二十四条 【继承权及其客体】自然人依法享有继承权。

自然人合法的私有财产,可以依法继承。

第一百二十五条 【投资性权利】民事主体依法享有股权和其他投资性权利。

注释 股权是指民事主体因投资于公司成为公司股东而享有的权利。股权根据行使目的和方式的不同可分为自益权和共益权两部分。自益权指股东基于自身利益诉求而享有的权利,可以单独行使,包括资产收益权、剩余财产分配请求权、股份转让权、新股优先认购权等;共益权指股东基于全体股东或者公司的利益诉求而享有的权利,包括股东会表决权、股东会召集权、提案权、质询权、公司章程及账册的查阅权、股东会决议撤销请求权等。

其他投资性权利是指民事主体通过投资享有的权利。如民事主体通过购买证券、基金、保险等进行投资,而享有的民事权利。根据本条规定,民事主体依法享有其他投资性权利。这些投资性权利的具体权利内容根据证券法等具体法律规定依法享有。

链接《公司法》第4条

第一百二十六条 【其他民事权益】民事主体享有法律规定的其他民事权利和利益。

第一百二十七条 【对数据和网络虚拟财产的保护】法律对数据、网络虚拟财产的保护有规定的,依照其规定。

注释 数据可以分为原生数据和衍生数据。原生数据是指不依赖于现有数据而产生的数据,衍生数据是指原生数据被记录、存储后,经过算法加工、计算、聚合而成的系统的、可读取、有使用价值的数据,例如购物偏好数据、信用记录数据等。能够成为知识产权客体的数据是衍生数据。网络虚拟财产是指虚拟的网络本身以及存在于网络上的具有财产性的电磁记录,是一种能够用现有的度量标准度量其价值的数字化的新型财产。网络虚拟财产作为一种新型的财产,具有不同于现有财产类型的特点。

链接《网络安全法》第10条

第一百二十八条 【对弱势群体的特别保护】法律对未成年人、老年人、残疾人、妇女、消费者等的民事权利保护有特别规定的,依照其规定。

第一百二十九条 【民事权利的取得方式】民事权利可以依据民事法律行为、事实行为、法律规定的事件或者法律规定的其他方式取得。

注释 民事权利的取得,是指民事主体依据合法的方式获得民事权利。根据本条规定,民事权利可以依据民事法律行为、事实行为、法律规定的事件或者法律规定的其他方式取得。

1. 民事法律行为。民事法律行为是指民事主体通过意思表示设立、变更、终止民事法律关系的行为,民法理论一般称为法律行为。如订立买卖合同的行为、订立遗嘱、放弃继承权、赠与等。本法本编第六章专章规定了民事法律行为,对民事法律行为的概念、成立、效力等作了规定。

2. 事实行为。事实行为是指行为人主观上没有引起民事法律关系发生、变更或者消灭的意思,而依照法律的规定产生一定民事法律后果的行为。如自建房屋、拾得遗失物、无因管理行为、劳动生产等。事实行为有合法的,也有不合法的。拾得遗失物等属于合法的事实行为,侵害他人的人身、财产的侵权行为是不合法的事实行为。民事权利可以依据事实行为取得,如民事主体因无因管理行为取得对他人的无因管理债权等。

3. 法律规定的事件。法律规定的事件是指与人的意志无关而根据法律规定能引起民事法律关系变动的客观情况,如自然人的出生、死亡,自然灾害,生产事故、果实自落以及时间经过等。民事权利可以依据法律规定的事件取得,如民事主体因出生取得继承权等。

4. 法律规定的其他方式。除了民事法律行为、事实行为、法律规定的事件,民事权利还可以依据法律规定的其他方式取得。如本法第229条规定,因人民法院、仲裁机构的法律文书或者人民政府的征收决定等,导致物权设立、变更、转让或者消灭的,自法律文书或者征收决定等生效时发生效力。

第一百三十条 【权利行使的自愿原则】民事主体按照自己的意愿依法行使民事权利,不受干涉。

注释 本条是自愿原则在行使民事权利中的体现,民事主体按照自己的意愿依法行使民事权利,不受干涉。体现在:一是民事主体有权按照自己的意愿依法行使民事权利或者不行使民事权利。二是民事主体有权按照自己的意愿选择依法行使的民事权利内容。三是民事主体有权按照自己的意愿选择依法行使民事权利的方式。民事主体按照自己的意愿行使权利，任何组织和个人不得非法干涉。

第一百三十一条　【权利人的义务履行】民事主体行使权利时，应当履行法律规定的和当事人约定的义务。

第一百三十二条　【禁止权利滥用】民事主体不得滥用民事权利损害国家利益、社会公共利益或者他人合法权益。

注释 不得滥用民事权利，指民事权利的行使不得损害国家利益、社会公共利益或者他人合法权益。权利的行使，有一定界限。行使民事权利损害国家利益、社会公共利益或者他人合法权益的，为滥用民事权利。滥用民事权利和侵权存在区别，权利滥用的前提是有正当权利存在，且是权利行使或与权利行使有关的行为，侵权行为一般事先没有正当权利存在；权利不得滥用原则是对民事主体行使民事权利的一定限制，通过限制民事主体不得滥用权利损害国家利益、社会公共利益或者他人合法权益达到民事权利与国家利益、社会公共利益、他人合法权益的平衡，而侵权责任制度设置的目的是保护民事主体的权利。

链接 《总则编解释》第3条；《最高人民法院关于印发〈全国法院贯彻实施民法典工作会议纪要〉的通知》第1条

第六章　民事法律行为

第一节　一般规定

第一百三十三条　【民事法律行为的定义】民事法律行为是民事主体通过意思表示设立、变更、终止民事法律关系的行为。

注释 民事法律行为是对合同行为、婚姻行为、遗嘱行为等一系列能够产生具体权利义务关系的行为的抽象和概括，是民事主体在民事活动中实现自己意图的一项重要民事制度。

相较于《民法通则》，《民法典》对"民事法律行为"的内涵作了调整，使其既包括合法的法律行为，也包括无效、可撤销和效力待定的法律行为，同时强调了民事法律行为是民事主体通过意思表示设立、变更、终止民事法律关系的行为，突出了"意思表示"这一核心要素。

民事法律行为具有以下特征：

1. 民事法律行为是民事主体实施的行为。民事法律行为作为一种法律事实，其必须是由自然人、法人和非法人组织这些民事主体实施的行为，非民事主体实施的行为不是民事法律行为，例如司法机关作出的裁决、行政机关作出的处罚决定等也会产生法律后果，但其不是以民事主体身份作出的行为，因而裁决和处罚决定不属于民事法律行为。但机关在履行公共管理职能过程中可能会进行一些民事活动，例如行政机关购买办公用品、修建办公大楼等，这些行为属于民事法律行为。

2. 民事法律行为应当是以发生一定的法律效果为目的的行为。民事主体在社会生产生活中会从事各种各样的活动，但并非任何行为都是民事法律行为。根据本条的规定，只有以设立、变更、终止民事法律关系为目的的行为才是民事法律行为，其最终结果是让民事主体具体地享受民事权利、承担民事义务。所谓设立民事法律关系，是指民事主体通过民事法律行为形成某种法律关系，例如在合同领域，双方当事人通过要约和承诺形成的买卖关系、租赁关系、委托关系等合同关系。所谓变更民事法律关系，是指民事主体在保持原有民事法律关系效力的基础上，通过民事法律行为对其内容作出一些调整。这里需要注意的是，如果民事主体改变了原有民事法律关系的效力，就不属于这里的变更，而是消灭了原有民事法律关系，设立了一个新的民事法律关系。所谓消灭民事法律关系，是指民事主体通过民事法律行为消灭原民事法律关系，终止其效力。这里需要强调的是，民事法律行为虽然是民事主体期望发生一定法律效果而实施的行为，但并非任何民事法律行为都能最终产生民事主体所期望的法律效果。民事主体所从事的民事法律行为既可能是合法的，也可能是非法的，这与《民法通则》关于法律行为的规定有很大的不同。根据本章第三节关于民事法律行为效力的规定，合法有效的民事法律行为能产生民事主体所期望发生的法律效果，但是非法的民事法律行为则不一定能产生民事主体所期望的法律效果，例如无效的民事法律行为就确定地不发生民事主体所期望发生的法律效果；如果当事人提出撤销的申请，可撤销的民事法律行为也不能实现民事主体所期望的法律效果。非法的民事法律行为虽然可能不能实现民主体意欲实现的法律效果,但是都可能产生一定的法律后果,例如根据本章的规定,欺诈、胁迫等民事法律行为是非法的,可能产生民事法律行为被撤销的法律后果;又如根据本章的规定,恶意串通损害他人合法权益的民事法律行为会产生无效的法律后果。

3. 民事法律行为是以意思表示为核心要素的行为。意思表示是指民事主体意欲发生一定法律效果的内心意思的外在表达,是民事法律行为最为核心的内容。民事法律行为之所以能对民事主体产生法律约束力,就是因为其是民事主体按照自己的意思作出的。这也是民事法律行为与事实行为最根本的区别。

第一百三十四条 【民事法律行为的成立】民事法律行为可以基于双方或者多方的意思表示一致成立,也可以基于单方的意思表示成立。

法人、非法人组织依照法律或者章程规定的议事方式和表决程序作出决议的,该决议行为成立。

注释 本条第1款根据不同的民事法律行为类型对其不同的成立条件和成立时间作了规定:

1. 双方民事法律行为。双方民事法律行为是指双方当事人意思表示一致才能成立的民事法律行为。最为典型的双方民事法律行为是合同。双方民事法律行为与单方民事法律行为的最大区别是行为的成立需要双方的意思表示一致,仅凭一方的意思表示而没有经过对方的认可或者同意不能成立。

2. 多方民事法律行为。多方民事法律行为是指根据两个以上的民事主体的意思表示一致而成立的行为。订立公司章程的行为和签订合伙协议的行为就是较为典型的多方民事法律行为。

3. 单方民事法律行为。单方民事法律行为是指根据一方的意思表示就能成立的行为。与双方民事法律行为不同,单方民事法律行为不存在相对方,其成立不需要其他人的配合或者同意,而是依据行为人自己一方的意志就可以产生自己所期望的法律效果。在现实生活中单方民事法律行为也不少,这些民事法律行为从内容上划分,主要可以分为两类:(1)行使个人权利而实施的单方行为,例如所有权人抛弃所有权的行为等,这些单方民事法律行为仅涉及个人的权利变动,不涉及他人的权利变动;(2)涉及他人权利变动的单方民事法律行为,例如立遗嘱,授予代理权,行使撤销权、解除权、选择权等处分形成权的行为。

本条第2款规定了一种较为特殊的民事法律行为,即决议行为。决议行为是两个或者两个以上的当事人基于共同的意思表示、意图实现一定法律效果而实施的行为,其满足民事法律行为的所有条件,是一种民事法律行为。但是与多方民事法律行为、双方民事法律行为和单方民事法律行为相比,其又具有特殊性,这种特殊性体现在三个方面:1. 双方民事法律行为或者多方民事法律行为需要所有当事人意思表示一致才能成立,决议行为一般并不需要所有当事人意思表示一致才能成立,而是多数人意思表示一致就可以成立。2. 双方民事法律行为或者多方民事法律行为的设立过程一般不需要遵循特定的程序,而决议行为一般需要依据一定的程序才能设立,根据本条的规定,决议行为应当依照法律或者章程规定的议事方式和表决程序。3. 双方民事法律行为或者多方民事法律行为适用的范围一般不受限制,而根据本条的规定,决议行为原则上仅适用于法人或者非法人组织内部的决议事项。

第一百三十五条 【民事法律行为的形式】民事法律行为可以采用书面形式、口头形式或者其他形式;法律、行政法规规定或者当事人约定采用特定形式的,应当采用特定形式。

注释 民事法律行为的形式是民事法律行为的核心要素意思表示的外在表现形式。

根据本条的规定,民事法律行为可以采用书面形式、口头形式或者其他形式。书面形式是指以文字等可以以有形形式再现民事法律行为内容的形式。书面形式的种类很多,根据本法第469条的规定,书面形式是合同书、信件、电报、电传、传真等可以有形地表现所载内容的形式。以电子数据交换、电子邮件等方式能够有形地表现所载内容,并可以随时调取查用的数据电文,视为书面形式。随着互联网技术的发展,微信、QQ等已成为人们社会交往的重要载体,也可以成为民事法律行为的载体,有的也属于书面形式的种类。所谓口头形式,是指当事人以面对面的谈话或者以电话交流等方式形成民事法律行为的形式。除了书面形式和口头形式外,本条还规定民事法律行为可以采用其他形式。如实施的行为本身表明已经作出相应意思表示,并符合民事法律行为成立条件的,人民法院可以认定为本条规定的采用其他形式实施的民事法律行为。例如在合同领域,可以根据当事人的行为或者特定情形推定合同的成立,即默示合同。这类合同在现实生活中很多,例如租房合同的期限届满后,出租人未提出让承租人退房,承租人也未表示退房而是继续交房租,出租人接受了租金。根据双方的行为,可以推定租赁合同继续有效。对于民事法律行为是采用书面形式、口头形式还是其他形式,由当事人自主选择,法律原则上不干涉。

链接《总则编解释》第18条

第一百三十六条 【民事法律行为的生效】民事法律行为自成立时生效,但是法律另有规定或者当事人另有约定的除外。

行为人非依法律规定或者未经对方同意,不得擅自变更或者解除民事法律行为。

注释 民事法律行为的生效是指民事法律行为产生法律约束力。

根据本条规定,民事法律行为从成立时具有法律拘束力。也就是说,民事法律行为自成立时生效,但是,民事法律行为成立和生效的时间,既有相一致的情形,也有不一致的情形:1. 民事法律行为的成立和生效处于同一个时间点,依法成立的民事法律行为,具备法律行为生效要件的,即时生效。2. 民事法律行为的成立和生效并非同一时间,有三种情形:(1)法律规定民事法律行为须批准、登记生效的,成立后须经过批准、登记程序才能发生法律效力。(2)当事人约定民事法律行为生效条件的,约定的生效条件成就的,才能发生法律效力。(3)附生效条件、附生效期限的民事法律行为,其所附条件成就,或者所附期限到来时,该民事法律行为才能生效,其成立和生效也并非同一时间。

第二节 意思表示

第一百三十七条 【有相对人的意思表示的生效时间】以对话方式作出的意思表示,相对人知道其内容时生效。

以非对话方式作出的意思表示,到达相对人时生效。以非对话方式作出的采用数据电文形式的意思表示,相对人指定特定系统接收数据电文的,该数据电文进入该特定系统时生效;未指定特定系统的,相对人知道或者应当知道该数据电文进入其系统时生效。当事人对采用数据电文形式的意思表示的生效时间另有约定的,按照其约定。

注释 意思表示是指行为人为了产生一定民法上的效果而将其内心意思通过一定方式表达于外部的行为。意思是指设立、变更、终止民事法律关系的内心意图,表示是指将内心意思以适当方式向适当对象表示出来的行为。意思表示具有如下特征:1. 意思表示的表意人具有使民事法律关系发生变动的意图。通过这种意图,表意人可以依据自己的主观意志发生法律关系,所以从这种角度讲,意思表示是实现意思自治的工具。2. 意思表示是一个将意思由内到外的表示过程。一个人内心可能有很多的主观意思,但是若不通过适当的方式表示出来,让他人知晓,其内心意思就没有任何法律意义。3. 意思表示可以产生一定的法律效果。符合法定生效要件的意思表示可以发生当事人预期的法律效果。意思表示作为民事法律行为中最为核心的要素,对于确定民事法律行为的效力具有重要作用。

本条是对有相对人的意思表示生效时间的规定。对于此类情况,本条根据是否采用对话方式作了不同规定:

1. 以对话方式作出的意思表示。所谓以对话方式作出的意思表示是指采取使相对方可以同步受领的方式进行的意思表示,例如面对面交谈、电话等方式。在以这种方式进行的意思表示中,表意人作出意思表示和相对人受领意思表示是同步进行的,没有时间差,因此,表意人作出意思表示并使相对人知道时即发生效力。基于此,本条第1款规定,以对话方式作出的意思表示,相对人知道其内容时生效。

2. 以非对话方式作出的意思表示。以非对话方式作出的意思表示,是指表意人作出意思表示的时间与相对人受领意思表示的时间不同步,二者之间存在时间差。非对话的意思表示在现实生活中存在的形式多样,例如传真、信函等。对于非对话的意思表示的生效时间,我国采用到达主义,规定意思表示到达相对人时生效。需要强调的是,这里"到达"并不意味着相对人必须亲自收到,只要进入相对人通常的地址、住所或者能够控制的地方(如信箱)即可视为到达,意思表示被相对人的代理人收到也可以视为到达。送达相对人时生效还意味着即使在意思表示送达相对人前相对人已经知道该意思表示内容的,该意思表示也不生效。

3. 以非对话方式作出的采用数据电文形式的意思表示。数据电文系指经由电子手段、电磁手段、光学手段或类似手段生成、发送、接收或存储的信息,这些手段包括但不限于电子数据交换、电子邮件、电报、电传或传真。采用数据电文方式作出的意思表示虽然也是以非对话方式进行的,但由于其发出和到达具有自动性、实时性等特点,意思表示发出即到达,其生效时间也与一般的非对话方式作出的意思表示的生效时间有所区别。采用数据电文形式订立合同,收件人指定特定系统接收数据电文的,该数据电文进入该特定系统的时间,视为到达时间;未指定特定系统的,该数据电文进入收件人的任何系统的首次时间,视为到达时间。当事人对采用数据电文形式的意思表示的生效时间另有约定的,按照其约定。这主要是为了尊重当事人对意思表示生效时间的约定,体现意思自治。在现实生活中,当事人可以约定数据电文形式意思表示的生效时间不是该意思表示进入特定系统的时间。有这种约定的,从其约定。

链接 《电子签名法》第 11 条

第一百三十八条 【无相对人的意思表示的生效时间】无相对人的意思表示,表示完成时生效。法律另有规定的,依照其规定。

注释 本条对无相对人的意思表示的生效时间作了规定。无相对人的意思表示在完成时生效,这是无相对人意思表示生效的一般性规则。但有时法律对无相对人的意思表示的生效时间会作出特别规定,例如《民法典》继承部分就明确规定,遗嘱这种无相对人的意思表示自遗嘱人死亡时发生效力。所以,本条还规定,法律对无相对人意思表示的生效时间另有规定的,依照其规定。

第一百三十九条 【公告的意思表示的生效时间】以公告方式作出的意思表示,公告发布时生效。

注释 实践中,在意思表示有相对人的情况下,可能会发生意思表示的表意人不知道相对人的具体地址、相对人下落不明的情形。对表意人来说,要通过信函、邮件等方式送达相对人是困难的,其意思表示就有可能迟迟不能生效,影响其利益。对此,必须允许表意人采取特殊方式送达其意思表示。本条明确规定了表意人在这种情况下可以公告方式作出意思表示。本条规定,对于以公告方式作出的意思表示,公告发布时生效。这里的公告方式既可以是在有关机构的公告栏,例如人民法院的公告栏;也可以是在报纸上刊登公告的方式。以公告方式作出的意思表示,表意人一旦发出公告能够为社会公众所知道,就认为意思表示已经到达,即发生效力。理解本条还需要注意两点:本条所规定的表意人并不是在任何情况都可以采用公告方式作出意思表示,只有在表意人非因自己的过错而不知相对人的下落或者地址的情况下才可以采用公告方式作出意思表示,否则对相对人很不公平。在表意人知道相对人下落的情况下,表意人不得采用公告方式作出意思表示,除非相对人同意。

第一百四十条 【意思表示的方式】行为人可以明示或者默示作出意思表示。

沉默只有在有法律规定、当事人约定或者符合当事人之间的交易习惯时,才可以视为意思表示。

注释 意思表示可以明示的方式或默示的方式做出。所谓明示的意思表示就是行为人以作为的方式,使得相对人能够直接了解到意思表示的内容。比较典型的是表意人采用口头、书面方式直接向相对人进行的意思表示。以默示方式作出的意思表示,又称为行为默示,是指行为人虽没有以语言或文字等明示方式作出意思表示,但以行为的方式作出了意思表示。这种方式虽不如明示方式那么直接表达出了意思表示的内容,但通过其行为可以推定出其作出一定的意思表示。在现实生活中,以默示方式作出的意思表示也比较常见。例如某人向自动售货机投入货币的行为即可推断其作出了购买物品的意思表示。又比如某人乘坐无人售票的公交车时,其投币行为就可以视为其具有缔结运输合同的意思表示。

在现实生活中也会出现一种特殊情形,即行为人以沉默的方式作出意思表示。沉默是一种既无语言表示也无行为表示的纯粹的缄默,是一种完全的不作为。沉默原则上不得作为意思表示的方式。只有在有法律规定、当事人约定或者符合当事人之间的交易习惯时,才可以视为意思表示。例如本法典合同编第 638 条第 1 款规定,试用买卖的买受人在试用期内可以购买标的物,也可以拒绝购买。试用期间届满,买受人对是否购买标的物未作表示的,视为购买。在这条规定中,试用期间届满后,买受人对是否购买标的物未作表示就是一种沉默,但这种沉默就可以视为买受人作出了购买的意思表示。

链接《最高人民法院关于适用〈中华人民共和国民法典〉合同编通则若干问题的解释》(以下简称《合同编通则解释》)第2条

第一百四十一条 【意思表示的撤回】行为人可以撤回意思表示。撤回意思表示的通知应当在意思表示到达相对人前或者与意思表示同时到达相对人。

注释 意思表示的撤回,是指在意思表示作出之后但在发生法律效力之前,意思表示的行为人欲使该意思表示不发生效力而作出的意思表示。意思表示之所以可以撤回,是因为意思表示生效才能发生法律约束力,在其尚未生效之前,不会对意思表示的相对人产生任何影响,也不会对交易秩序产生任何影响。

行为人可以撤回意思表示,但不是在任何情况下都可以,而是有条件的。根据本条的规定,撤回意思表示的通知应当在意思表示到达相对人前或者与意思表示同时到达相对人。如果撤回意思表示的通知在意思表示到达相对人之后到达的,该意思表示已经生效,是否能够使其失效,则取决于相对人是否同意。因此,行为人若要撤回意思表示,必须选择以快于意思表示作出的方式发出撤回的通知,使之能在意思表示到达之前到达相对人。如果意思表示的行为人作出意思表示后又立即以比作出意思表示更快的方式发出撤回通知,按照通常情况,撤回的通知应当先于或者最迟会与意思表示同时到达相对人,但因为其他原因耽误了,撤回的通知在意思表示到达相对人后才到达相对人,在这种情况下,相对人应当根据诚信原则及时通知意思表示的行为人,告知其撤回的通知已经迟到,意思表示已经生效;如果相对人怠于通知行为人,行为人撤回意思表示的通知视为未迟到,仍发生撤回表示的效力。

理解本条需要注意两点:

1. 意思表示的撤回原则上只有在该意思表示有相对人的情况下才有意义,若是无相对人的意思表示,在表示作出时就发生效力,不可能撤回,只可能撤销。

2. 意思表示的撤回与意思表示的撤销是不同的。根据本条的规定,意思表示的撤回是在意思表示未生效前使其不发生效力,而意思表示的撤销是指在意思表示作出并生效之后,行为人又作出取消其意思表示的表示。由于意思表示在到达后已经生效,相对人已知悉了意思表示的内容,甚至可能已经对该意思表示产生了合理的信赖,因此,行为人能否在意思表示生效后取消其意思表示,需要考虑保障相对人合理信赖的问题。这与意思表示撤回中仅考虑保护意思表示行为人对其意思表示的自由处分权利存在较大区别。考虑到意思表示生效后,已经对行为人产生了法律约束力,能否撤销,要平衡行为人和相对人的利益,不宜泛泛规定行为人可以撤销意思表示,基于此,合同编规定,要约可以撤销,但撤销要约的通知应当在受要约人发出承诺通知之前到达受要约人。同时还规定,有下列情形之一的,要约不得撤销:(1)要约人确定了承诺期限或者以其他形式明示要约不可撤销;(2)受要约人有理由认为要约是不可撤销的,并已经为履行合同作了准备工作。所以,本条只规定了意思表示的撤回,未规定意思表示的撤销。

第一百四十二条 【意思表示的解释】有相对人的意思表示的解释,应当按照所使用的词句,结合相关条款、行为的性质和目的、习惯以及诚信原则,确定意思表示的含义。

无相对人的意思表示的解释,不能完全拘泥于所使用的词句,而应当结合相关条款、行为的性质和目的、习惯以及诚信原则,确定行为人的真实意思。

注释 所谓意思表示的解释是指因意思表示不清楚或者不明确发生争议时,由人民法院或者仲裁机构对意思表示进行的解释。解释的目的就是明确意思表示的真实含义。意思表示的解释具有以下特征:1. 意思表示解释的对象是当事人已经表示出来的、确定的意思,而非深藏于当事人内心的意思。深藏于当事人内心的意思无法作为认识的对象,是无法解释的。2. 对意思表示进行解释的主体是人民法院或者仲裁机构,并不是任何机构或者个人都可以对意思表示作出有权解释。只有人民法院或者仲裁机构对意思表示作出的解释才是有权解释,才会对当事人产生法律约束力。3. 人民法院或者仲裁机构对意思表示的解释不是任意的主观解释,而是必须遵循一定的规则进行解释,这些规则就是解释意思表示的方法。

本条区分有相对人的意思表示和无相对人的意思表示,分别规定了不同的解释规则,主要基于以下考虑:有相对人的意思表示中,需要有意思表示的受领人,意思表示一旦为相对人所受领,相对人就会对此产生合理信赖。如果出现表意人的内心真实意思和外在表示出来的意思不一致的情况,就需要平衡保护相对人的信赖利益与保护表意人的内心真实意思;同时,在这种情况下还需要考虑相对人对意思表示的理解水平。而在无相对人的意思表示的情况下,因不存在受领人,则不需要考虑受领人的理解水平问题。因此,对无相对人的意思表示的解释就是主要探究表意人的内心真实意思。这里需要强调一点,对无相对人的意思表示的解释,不能完全拘泥于意思表示所使用的词句,但不是完全抛开意思表示所使用的词句,这主要是为了防止在解释这类意思表示时自由裁量权过大,影响当事人的利益。例如在对遗嘱进行解释时,虽说主要是探究遗嘱人作遗嘱的真实意思,但也不能完全不考虑遗嘱本身的词句。

链接 《合同编通则解释》第1条

第二节 民事法律行为的效力

第一百四十三条 【民事法律行为的有效条件】 具备下列条件的民事法律行为有效:

(一)行为人具有相应的民事行为能力;

(二)意思表示真实;

(三)不违反法律、行政法规的强制性规定,不违背公序良俗。

注释 根据本条规定,民事法律行为应当具备的有效条件包括:

1. 行为人具有相应的民事行为能力。民事行为能力是行为人通过自己行为参与民事活动,享有权利和承担义务的能力。与作为法律资格的民事权利能力相比,民事行为能力是行为人实施民事法律行为的相应保证。

2. 意思表示真实。意思表示作为民事法律行为的核心要素,其真实性对于保证行为人正确实现行为目的至关重要。应当注意,此处的真实应作扩大解释,实际上还包含了传统民法理论意思表示自由的含义。比如,在因欺诈、胁迫实施民事法律行为的情形,受欺诈人、受胁迫人的意思表示虽然从表面看是真实的,但实际上并非其内心自

由意志的体现。在意思表示不真实的情况下,民事法律行为不能具有完全有效的效力。

3. 不违反法律、行政法规的强制性规定,不违背公序良俗。

链接 《消费者权益保护法》第26条;《最高人民法院关于国有土地开荒后用于农耕的土地使用权转让合同纠纷案件如何适用法律问题的批复》

案例 云南福运物流有限公司与中国人寿财产保险股份有限公司曲靖中心支公司财产损失保险合同纠纷案(《最高人民法院公报》2016年第7期)

裁判规则: 当事人就货物保险损失达成的《赔偿协议书》及《货运险赔偿确认书》是对财产损害赔偿金额的自认,是真实意思表示,是有效的民事法律行为。

第一百四十四条 【无民事行为能力人实施的民事法律行为】 无民事行为能力人实施的民事法律行为无效。

第一百四十五条 【限制民事行为能力人实施的民事法律行为】 限制民事行为能力人实施的纯获利益的民事法律行为或者与其年龄、智力、精神健康状况相适应的民事法律行为有效;实施的其他民事法律行为经法定代理人同意或者追认后有效。

相对人可以催告法定代理人自收到通知之日起三十日内予以追认。法定代理人未作表示的,视为拒绝追认。民事法律行为被追认前,善意相对人有撤销的权利。撤销应当以通知的方式作出。

注释 限制民事行为能力人所从事的民事法律行为,须经法定代理人同意或者追认才能有效。如果没有经过同意或者追认,民事法律行为即使成立,也并不实际生效,而处于效力待定状态。这里对法定代理人补正限制民事行为能力人的行为能力规定了两种方式:一种是同意,指的是法定代理人事先对限制民事行为能力人实施某种民事法律行为予以明确认可;另一种是追认,指的是法定代理人事后明确无误地对限制民事行为能力人实施某种民事法律行为表示同意。无论是事先的同意还是事后的追认,都是法定代理人的单方意思表示,无须行为相对人的同意即可发生效力。需要说明的是,法定代理人对限制民事行为能力人行为的同意或者追认应当采用明示的方式作出,同时应当为行为相对人所知晓才能发生效力。

限制民事行为能力人实施民事法律行为后，与其从事民事法律行为的相对人可以催告限制民事行为能力人的法定代理人在30日内予以追认。法定代理人未作表示的，视为拒绝追认。所谓催告，是指民事法律行为的相对人要求法定代理人在一定期限内就是否认可限制民事行为能力人所实施民事法律行为的效力作出表示，逾期不作表示的，视为法定代理人拒绝承认行为的效力。催告在民法理论上被称为"准法律行为"，因为尽管催告具有类似意思表示的行为外观，但其最终效力的发生却仍然来自法律规定。限制民事行为能力人在其行为能力范围之外实施的民事法律行为属于效力待定，此种效力不确定的状态不应一直持续。立法赋予相对人以催告权，可以避免这种效力不确定的状态长期持续，从而保护相对人权益，维护交易安全。在相对人催告法定代理人对行为是否予以追认的期间内，如果法定代理人不对此作出表示，意味着法定代理人对通过追认补足行为效力的态度是消极的、放任的，此时应视为其拒绝追认，因此该行为不发生效力。需要说明的是，相对人的催告应当以明示方式作出，期间也应从法定代理人收到通知之日起算。本条确定的期间为30日，法定代理人超过30日未作表示的，视为拒绝追认。

本条第2款除规定相对人的催告权外，还规定了善意相对人的撤销权，即民事法律行为被追认前，善意相对人有撤销的权利。此处的撤销权在性质上属于形成权，即相对人可以直接通过自己的行为而无须借助他人即可行使的权利。本条撤销权的行使应注意以下几点：1.相对人撤销权的行使须在法定代理人追认之前，法定代理人一经追认，相对人不得再行使这一权利。2.仅善意相对人可行使撤销权。所谓善意，是指相对人实施民事法律行为时并不知晓对方为限制民事行为能力人，且此种不知晓不构成重大过失。3.相对人行使撤销权时，应当通过通知的方式作出，这种通知必须是明示的、明确的，不得通过默示的方式。

链接《票据法》第6条；《总则编解释》第29条

第一百四十六条 【虚假表示与隐藏行为效力】行为人与相对人以虚假的意思表示实施的民事法律行为无效。

以虚假的意思表示隐藏的民事法律行为的效力，依照有关法律规定处理。

注释 虚假意思表示又称伪表示，是指行为人与相对人都知道自己所表示的意思并非真意，通谋作出与真意不一致的意思表示。虚假表示的特征在于，双方当事人都知道自己所表示出的意思不是真实意思，民事法律行为本身欠缺效果意思，双方均不希望此行为能够真正发生法律上的效力。一般而言，虚假表示在结构上包括内外两层行为：外部的表面行为是双方当事人共同作出与真实意思不一致的行为，也可称作伪装行为；内部的隐藏行为则是被隐藏于表面行为之下，体现双方真实意思的行为，也可称作非伪装行为。比如，双方名为买卖实为赠与，买卖并非双方的真实意思表示，属于表面行为或伪装行为；赠与是双方的真实意思表示，属于隐藏行为或者非伪装行为。尽管隐藏行为的存在与虚假表示联系在一起，但虚假表示与隐藏行为并不总是一一对应。具体而言，无虚假表示就无所谓隐藏行为，有隐藏行为也就存在虚假表示，但存在虚假表示，并不一定有隐藏行为。比如，以逃避债务为目的假装财产赠与，赠与行为是虚假表示，但并不存在隐藏行为。

本条第1款是对双方以虚假意思表示作出的民事法律行为效力的规定，即行为人与相对人以虚假的意思表示实施的民事法律行为无效。这一规定的含义是：双方通过虚假的意思表示实施的民事法律行为是无效的。之所以对通过伪伪表示实施的民事法律行为的效力予以否定，是因为这一意思表示所指向的法律效果并非双方当事人的内心真意，双方对此相互知晓，如果认定其为有效，有悖于意思自治的原则。本款虽未明确规定行为人与相对人须通谋而为虚假的意思表示，实际上双方对虚假意思表示达成一致的结果反映出二者必须有一个意思联络的过程。这也是虚伪表示区别于真意保留的重要一点，真意保留的相对人并不知晓行为人表示的是虚假意思。

本条第2款是对隐藏行为效力的规定：行为人以虚假的意思表示隐藏的民事法律行为的效力，依照有关法律规定处理。当同时存在虚伪表示与隐藏行为时，虚伪表示无效，隐藏行为并不因此无效，其效力如何，应当依据有关法律规定处理。具体来说，如果这种隐藏行为本身符合该行为的生效要件，那么就可以生效。如在名为赠与实为买卖的行为中，赠与行为属于双方共同以虚假意思表示实施的民事法律行为，无效；而隐藏于赠与形式之下的买卖则是双方共同的真实意思表示,其效力能否成就取决于其是否符合买卖合同有关的法律规定:如果符合买卖合同生效要件的法律规定,则为有效;反之,则无效。

案例 日照港集团有限公司煤炭运销部与山西焦煤集团国际发展股份有限公司借款合同纠纷案(《最高人民法院公报》2017年第6期)

裁判规则:在三方或三方以上的企业间进行的封闭式循环买卖中,一方在同一时期先卖后买同一标的物,低价卖出高价买入,明显违背营利法人的经营目的与商业常理,此种异常的买卖实为企业间以买卖形式掩盖的借贷法律关系。企业间为此而签订的买卖合同,属于当事人共同实施的虚伪意思表示,应认定为无效。

在企业间实际的借贷法律关系中,作为中间方的托盘企业并非出于生产、经营需要而借款,而是为了转贷牟利,故借贷合同亦应认定为无效。借款合同无效后,借款人应向贷款人返还借款的本金和利息。因贷款人对合同的无效也存在过错,人民法院可以相应减轻借款人返还的利息金额。

第一百四十七条 【重大误解】 基于重大误解实施的民事法律行为,行为人有权请求人民法院或者仲裁机构予以撤销。

注释 本条是关于基于重大误解实施的民事法律行为的效力规定。传统民法理论与重大误解相关的概念是错误。错误是指表意人非故意地使意思与表示不一致。按照意思表示本身的两个阶段,可以划分为意思形成阶段的错误和意思表达阶段的错误。其中,意思表达阶段的错误,是错误制度的主要规范对象,又可细分为表示错误与内容错误。所谓表示错误,是指表意人错误使用表示符号,该表示符号所表达的法律后果并非表意人内心的真实想法,典型的如将合同价款10000元写成1000元、误将A画当作B画取走等。所谓内容错误,不同于表示错误,它是指表意人使用的表示符号并没有错,但对该符号所表示的内容产生理解错误。典型的内容错误,又可细分为同一性错误和行为类型错误。同一性错误如甲想和乙订立合同,却误将丙当作乙。行为类型错误如甲想把画卖给乙,对乙说:"我有一幅画,你要不要?"由于没有约定价格,乙理解为赠与而予以接受。此时,买卖合同因未形成合意而不成立,赠与因符合表示

主义而成立。甲可以基于行为类型错误而主张撤销赠与合同。意思形成阶段的错误,是指表意人在形成意思表示时所产生的错误,也称为动机错误。原则上,法律行为的效力与动机错误无关。比如,当事人对相对人的履约能力是否符合自己需求产生错误认识,不应作为错误主张撤销。但是,动机错误一律不得作为错误予以撤销的原则也有例外,当有关人或物的性质错误被视为对交易具有重要作用时,这种情形下的动机错误视为内容错误,同样可以适用错误规则。性质错误典型的例子如,甲以为A赛马赢得过竞赛冠军,故以重金买下,但实际上赢得竞赛冠军的是B赛马。此时甲对A赛马是否赢得过竞赛冠军的能力产生错误认识,属于性质错误。

认定重大误解需满足以下几个条件:一是行为人主观上存在错误认识,这种错误可以是关于行为的性质,也可以是关于行为的相对人、交易标的的质量、数量等;二是行为的结果与行为人的意思相悖;三是行为人的错误认识与行为后果之间存在因果关系,即如果没有这种错误认识,将不会产生该行为后果;四是行为人在客观上遭受了较大损失,如果没有损失或者损失较小,也不能构成重大误解。行为人对行为的性质、对方当事人或者标的物的品种、质量、规格、价格、数量等产生错误认识,按照通常理解如果不发生该错误认识行为人就不会作出相应意思表示的,人民法院可以认定为本条规定的重大误解。

行为人能够证明自己实施民事法律行为时存在重大误解,并请求撤销该民事法律行为的,人民法院依法予以支持;但是,根据交易习惯等认定行为人无权请求撤销的除外。

链接 《总则编解释》第19、20条;《最高人民法院关于印发〈全国法院贯彻实施民法典工作会议纪要〉的通知》第2条

第一百四十八条 【欺诈】 一方以欺诈手段,使对方在违背真实意思的情况下实施的民事法律行为,受欺诈方有权请求人民法院或者仲裁机构予以撤销。

注释 民法中的欺诈,一般是指行为人故意欺骗他人,使对方陷入错误判断,并基于此错误判断作出意思表示的行为。欺诈的构成要件一般包括四项:一是行为人须有欺诈的故意。这种故意既包括使对方陷入错误判断的故意,也包括诱使对方

基于此错误判断而作出意思表示的故意。二是行为人须有欺诈的行为。这种行为既可以是故意告知虚假情况,也可以是负有告知义务的人故意隐瞒真实情况。三是受欺诈人因行为人的欺诈行为陷入错误判断,即欺诈行为与错误判断之间存在因果关系。四是受欺诈人基于错误判断作出意思表示。

欺诈的构成并不需要受欺诈人客观上遭受损害后果的事实,只要受欺诈人因欺诈行为作出了实施民事法律行为的意思表示,即可成立欺诈。故意告知虚假情况,或者故意隐瞒真实情况,诱使当事人作出错误意思表示的,人民法院可以认定为本条规定的欺诈。欺诈的法律后果为可撤销,享有撤销权的是受欺诈人。其应通过人民法院或者仲裁机构行使撤销权。

[案例] 1. 刘向前诉安邦财产保险公司保险合同纠纷案(《最高人民法院公报》2013 年第 8 期)

裁判规则:保险事故发生后,保险公司作为专业理赔机构,基于专业经验及对保险合同的理解,其明知或应知保险事故属于赔偿范围,而在无法律和合同依据的情况下,故意隐瞒被保险人可以获得保险赔偿的重要事实,对被保险人进行诱导,在此基础上双方达成销案协议的,应认定被保险人作出了不真实的意思表示,保险公司的行为违背诚信原则构成保险合同欺诈。被保险人请求撤销该销案协议的,人民法院应予支持。

2. 中国农业银行长沙市先锋支行与湖南金帆投资管理有限公司、长沙金霞开发建设有限公司借款担保合同纠纷案(《最高人民法院公报》2009 年第 1 期)

裁判规则:导致合同当事人分别持有的合同文本内容有出入的原因复杂多样,不能据此简单地认定合同某一方当事人存在故意欺诈的情形。合同一方当事人如果据此主张对方当事人恶意欺诈,还应当提供其他证据予以证明。

第一百四十九条 【第三人欺诈】第三人实施欺诈行为,使一方在违背真实意思的情况下实施的民事法律行为,对方知道或者应当知道该欺诈行为的,受欺诈方有权请求人民法院或者仲裁机构予以撤销。

[注释] 本条中的第三人,一般是指民事法律行为的双方当事人之外、与一方存在某种关系的特定人。当事人之外的第三人对其中一方当事人实施欺诈,有可能是仅仅为了帮助对方当事人达成交易,也有可能是最终为实现自己的目的。

但其根本目的在于使受欺诈人陷入错误认识,作出"若了解真实情况便不会作出的"意思表示。此时,受欺诈人享有对民事法律行为的撤销权,但该撤销权行使须满足一定条件。具体来说,第三人实施欺诈行为,只有在受欺诈人的相对方非属于善意时,受欺诈人才能行使撤销权。相对方的这种非善意表现为,对于第三人的欺诈行为,其知道或者应当知道。撤销权的行使仍须通过人民法院或者仲裁机构行使。

需注意的是,在第三人欺诈而相对人是善意的情况下,受欺诈人尽管不能通过行使撤销权的方式保护其自身权益,但如果其权益因此受损,并不妨碍其向实施欺诈的第三人主张赔偿。

[链接]《总则编解释》第 21 条;《合同编通则解释》第 5 条

第一百五十条 【胁迫】一方或者第三人以胁迫手段,使对方在违背真实意思的情况下实施的民事法律行为,受胁迫方有权请求人民法院或者仲裁机构予以撤销。

[注释] 所谓胁迫,是指行为人通过威胁、恐吓等不法手段对他人思想上施加强制,由此使他人产生恐惧心理并基于恐惧心理作出意思表示的行为。在民法理论中,胁迫与欺诈一样,都属于意思表示不自由的情形。当事人因受胁迫而作出意思表示,其意思表示并没有产生错误,受胁迫人在作出符合胁迫人要求的意思表示时,清楚地意识到自己意思表示的法律后果,只是这种意思表示的作出并非基于受胁迫人的自由意志。胁迫的构成要件一般应当包括:1. 胁迫人主观上有胁迫的故意,即故意实施胁迫行为使他人陷入恐惧以及基于此恐惧心理作出意思表示。2. 胁迫人客观上实施了胁迫的行为,即以将要实施某种加害行为威胁受胁迫人,以此使受胁迫人产生心理恐惧。这种加害既可以是对自然人及其近亲属等的人身权利、财产权利以及其他合法权益造成损害,也可以是对法人、非法人组织的名誉、荣誉、财产权益等造成损害,客观上使受胁迫人产生了恐惧心理。3. 胁迫须具有不法性,包括手段或者目的的不法性,反之则不成立胁迫。4. 受胁迫人基于胁迫产生的恐惧心理作出意思表示。换言之,意思表示的作出与胁迫存在因果关系。此处因果关系的判断,

应以受胁迫人自身而非其他人为标准。

从民法理论上讲,胁迫行为具有不法性,且构成对受胁迫人利益的侵害,应当认定因胁迫实施的民事法律行为无效。但考虑到民事活动的复杂性以及意思自治的民事基本原则,受胁迫人在其权益受损时,有权基于自身的利益衡量对民事法律行为的效力作出选择。因此,本条将因胁迫实施的民事法律行为效力规定为可撤销,同时赋予受胁迫人以撤销权。

需要注意的是,根据本条规定,无论是一方胁迫还是第三人胁迫,受胁迫人均享有对民事法律行为的撤销权。

链接《总则编解释》第22条

第一百五十一条 【乘人之危导致的显失公平】 一方利用对方处于危困状态、缺乏判断能力等情形,致使民事法律行为成立时显失公平的,受损害方有权请求人民法院或者仲裁机构予以撤销。

注释 本条的显失公平将原《民法通则》和《合同法》中的"显失公平"与"乘人之危"合并规定,并赋予了其新的内涵。

本条所规定的显失公平须包括两项要件:1.主观上,民事法律行为的一方当事人利用了对方处于危困状态、缺乏判断能力等情形。这意味着,一方当事人主观上意识到对方当事人处于不利情境,且有利用这一不利情境之故意。所谓危困状态,一般指因陷入某种暂时性的急迫困境而对于金钱、物的需求极为迫切者。如一方利用对方家有重病患者、为治疗病患出卖房产之机,以远低于市场价格购买该房产。所谓缺乏判断能力,是指缺少基于理性考虑而实施民事法律行为或对民事法律行为的后果予以评估的能力,如金融机构的从业人员向文化水平较低的老年人兜售理财产品,由于缺少判断能力,这些老年人以高昂价格购买了实际收益率较低的理财产品。2. 客观上,民事行为成立时显失公平。此处的显失公平是指双方当事人在民事法律行为中的权利义务明显失衡、显著不相称。至于"失衡""不相称"的具体标准,则需要结合民事法律行为的具体情形,如市场风险、交易行情、通常做法等加以判断。同时,需要说明的是,对于显失公平的判断时点,应以民事法律行为成立时为限。由于民事法律行为从成立到实际履行往往有一个过程,这一过程中的许多因素都可能对双方当事人的权利义务产生影响,如果不限定判断的时点,对于显失公平的判定将会缺少客观标准,也无法将原已存在的"权利义务失衡"结果与民事法律行为成立后当事人以外因素对权利义务产生的影响相区分。

链接《合同编通则解释》第11条

案例 1. 黄仲华诉刘三明债权人撤销权纠纷案(《最高人民法院公报》2013年第1期)

裁判规则:用人单位与劳动者就工伤事故达成赔偿协议,但约定的赔偿金额明显低于劳动者应当享受的工伤保险待遇的,应当认定为显失公平。劳动者请求撤销该赔偿协议的,人民法院应予支持。

2. 家园公司诉森得瑞公司合同纠纷案(《最高人民法院公报》2007年第2期)

裁判规则:合同的显失公平,是指合同一方当事人利用自身优势,或者利用对方没有经验等情形,在与对方签订合同中设定明显对自己一方有利的条款,致使双方基于合同的权利义务和客观利益严重失衡,明显违反公平原则。双方签订的合同中设定了某些看似对一方明显不利的条款,但设立该条款是双方当事人真实的意思表示,其实质恰恰在于衡平双方的权利义务。在此情形下,合同一方当事人以显失公平为由请求撤销该合同条款的,不应予以支持。

第一百五十二条 【撤销权的消灭期间】 有下列情形之一的,撤销权消灭:

(一)当事人自知道或者应当知道撤销事由之日起一年内、重大误解的当事人自知道或者应当知道撤销事由之日起九十日内没有行使撤销权;

(二)当事人受胁迫,自胁迫行为终止之日起一年内没有行使撤销权;

(三)当事人知道撤销事由后明确表示或者以自己的行为表明放弃撤销权。

当事人自民事法律行为发生之日起五年内没有行使撤销权的,撤销权消灭。

注释 民事法律行为因不同事由被撤销的,其撤销权应当在一定期间内行使。这一点是由撤销权的性质决定的。在民法理论上,撤销权属于形成权,行为人可以通过自己的行为直接行使权利,实现权利目的。但是,撤销权的行使将使得可撤销的民事法律行为效力终局性地归于无效,这将对相对人的利益产生重大影响。因此,享有撤销权的权利人必须在一定期间内决定是否行使这一权利,从而保护相对人的利益,维护交易安全。这一期间被称为除斥期间,除斥期间经过,撤销权终局性地归于消灭,可撤销的民事法律行为自此成为完全有效的民事法律行为。

由于导致民事法律行为可撤销的事由多样,因此不同情况下除斥期间的起算以及期间的长短也应有所不同。本条在《民法通则》和《合同法》规定的基础上,对撤销权的除斥期间作了以下规定:1. 撤销权原则上应在权利人知道或者应当知道撤销事由之日起1年内行使,但自民事法律行为发生之日起5年内没有行使的,撤销权消灭。将期间起算的标准规定为"当事人自知道或者应当知道撤销事由之日",有利于撤销权人的利益保护,防止其因不知撤销事由存在而错失撤销权的行使。同时,辅之以"自民事法律行为发生之日起五年"的客观期间,有助于法律关系的稳定,稳定交易秩序,维护交易安全。2. 对于因重大误解享有撤销权的,权利人应在知道或者应当知道撤销事由之日起90日内行使,否则撤销权消灭。同欺诈、胁迫、显失公平等影响意思表示自由的情形相比,重大误解权利人的撤销事由系自己造就,不应赋予其与其他撤销事由同样的除斥期间。3. 对于因胁迫享有撤销权的,应自胁迫行为终止之日起1年内行使,否则撤销权消灭。同欺诈、重大误解等其他撤销事由相比,胁迫具有特殊性。受胁迫人在胁迫行为终止前,即使知道胁迫行为的存在,事实上仍然无法行使撤销权。考虑到这一特殊情况,本条将因胁迫享有撤销权的除斥期间起算规定为"自胁迫行为终止之日起",期间仍为1年。4. 对于权利人知道撤销事由后明确表示或者以自己的行为表明放弃撤销权的,撤销权消灭,不受1年期间的限制。权利人无论是明确表示还是通过行为表示对撤销权的放弃,均属于对自己权利的处分,依据意思自治的原则,法律予以准许。

第一百五十三条 【违反强制性规定及违背公序良俗的民事法律行为的效力】违反法律、行政法规的强制性规定的民事法律行为无效。但是,该强制性规定不导致该民事法律行为无效的除外。

违背公序良俗的民事法律行为无效。

注释 民事法律行为虽然是彰显意思自治、保障权利实现的主要制度,但这种自由必须限定在不损害国家利益、社会公共利益的范围之内。民事主体的民事法律行为一旦超越法律和道德所容许的限度,构成对国家利益、社会公共利益的侵害,其效力就必须被否定。而法律、行政法规的强制性规定以及公共秩序和善良习俗,即是对民事主体意思自治施加的限制。

本法第143条规定了民事法律行为的有效要件,属于对民事法律行为有效的一般性要求,而本条则属于可以直接判定行为效力的裁判性规范。

本条第1款规定,违反法律、行政法规的强制性规定的民事法律行为无效,但是该强制性规定不导致该民事法律行为无效的除外。法律规范分为强制性规范与任意性规范。任意性规范的目的是引导、规范民事主体的行为,并不具备强制性效力,民事法律行为与任意性规范不一致的,并不影响其效力。任意性规范体现的是法律对主体实施民事法律行为的一种指引,当事人可以选择适用,也可以选择不适用。与任意性规范相对的是强制性规范,后者体现的是法律基于对国家利益、社会公共利益等的考量,对私人意思自治领域所施加的一种限制。民事主体在实施民事法律行为时,必须服从这种对行为自由的限制,否则会因对国家利益、社会公共利益等的侵害而被判定无效。但是,民事法律行为违反强制性规定无效有一种例外,即当该强制性规定本身并不导致民事法律行为无效时,民事法律行为并不无效。这里实际上涉及对具体强制性规定的性质判断问题。某些强制性规定尽管要求民事主体不得违反,但其并不导致民事法律行为无效。违反该法律规定的后果应由违法一方承担,没有违法的当事人不应承受一方违法的后果。比如,一家经营水果的商店出售种子,农户购买了该种子,该商店违法经营种子,必须承担相应违法责任,但出于保护农户的目的,不宜认定该买卖行为无效。

本条第2款规定,违背公序良俗的民事法律行为无效。公序良俗是公共秩序和善良习俗的简称,属于不确定概念。民法学说一般采取类型化研究的方式,将裁判实务中依据公序良俗裁判的典型案件,区别为若干公序良俗违反的行为类型。人民法院或者仲裁机构在审理案件时,如果发现待决案件事实与其中某一个类型相符,即可判定行为无效。这些类型包括但不限于:(1)危害国家政治、经济、财政、税收、金融、治安等秩序类型;(2)危害家庭关系行为类型;(3)违反性道德行为类型;(4)违反人权和人格尊重行为类型;(5)限制经济自由行为类型;(6)违反公正竞争行为类型;(7)违反消费者保护行为类型;(8)违反劳动者保护行为类型等。同强制性规定一样,公序良俗也体现了国家对民事领域意思自治的一种限制。因此,对公序良俗的违背也构成民事法律行为无效的理由。

链接《合同编通则解释》第14、16—18条;《最高人民法院关于审理建设工程施工合同纠纷案件适用法律问题的解释(一)》第1条

案例 1. 四川金核矿业有限公司与新疆临钢资源投资股份有限公司特殊区域合作勘查合同纠纷案(《最高人民法院公报》2017年第4期)

裁判规则: 当事人关于在自然保护区、风景名胜区、重点生态功能区、生态环境敏感区和脆弱区等区域内勘查开采矿产资源的合同约定,不得违反法律、行政法规的强制性规定或者损害环境公共利益,否则应依法认定无效。环境资源法律法规中的禁止性规定,即便未明确违反相关规定将导致合同无效,但若认定合同有效并继续履行将损害环境公共利益的,应当认定合同无效。

2. 饶国礼诉某物资供应站等房屋租赁合同纠纷案(最高人民法院指导案例170号)

裁判规则: 违反行政规章一般不影响合同效力,但违反行政规章签订租赁合同,约定将经鉴定机构鉴定存在严重结构隐患,或将造成重大安全事故的应当尽快拆除的危房出租用于经营酒店,危及不特定公众人身及财产安全,属于损害社会公共利益、违背公序良俗的行为,应当依法认定租赁合同无效,按照合同双方的过错大小确定各自应当承担的法律责任。

第一百五十四条 【恶意串通】 行为人与相对人恶意串通,损害他人合法权益的民事法律行为无效。

注释 所谓恶意串通,是指行为人与相对人互相勾结,为牟取私利而实施的损害他人合法权益的民事法律行为。恶意串通的民事法律行为在主观上要求双方有互相串通、为满足私利而损害他人合法权益的目的,客观上表现为实施了一定形式的行为来达到这一目的。

需注意的是,在虚伪表示的民事法律行为中,行为人与相对人所表示出的意思均非真意,而恶意串通的双方当事人所表达的都是内心真意,二者尽管在法律后果上相同,但不可混淆。尽管在某些情况下,双方通谋的虚伪表示也表现为主观上的恶意,且同时损害了他人的合法权益,但二者的侧重点不同,不能相互替代。

案例 1. 上海欧宝生物科技有限公司诉辽宁特莱维置业发展有限公司企业借贷纠纷案(最高人民法院指导案例68号)

裁判规则: 人民法院审理民事案件中发现存在虚假诉讼可能时,应当依职权调取相关证据,详细询问当事人,全面严格审查诉讼请求与相关证据之间是否存在矛盾,以及当事人诉讼中言行是否违背常理。经综合审查判断,当事人存在虚构事实、恶意串通、规避法律或国家政策以谋取非法利益,进行虚假民事诉讼情形的,应当依法予以制裁。

2. 广东龙正投资发展有限公司与广东景茂拍卖行有限公司委托拍卖执行复议案(最高人民法院指导案例35号)

裁判规则: 拍卖行与买受人有关联关系,拍卖行为存在以下情形,损害与标的物相关权利人合法权益的,人民法院可以视为拍卖行与买受人恶意串通,依法裁定该拍卖无效:(1)拍卖过程中没有其他无关联关系的竞买人参与竞买,或者虽有其他竞买人参与竞买,但未进行充分竞价的;(2)拍卖标的物的评估价明显低于实际价格,仍以该评估价成交的。

3. 瑞士嘉吉国际公司诉福建金石制油有限公司等确认合同无效纠纷案(最高人民法院指导案例33号)

裁判规则: 债务人将主要财产以明显不合理低价转让给其关联公司,关联公司在明知债务人欠债的情况下,未实际支付对价的,可以认定债务人与其关联公司恶意串通、损害债权人利益,与此相关的财产转让合同应当认定为无效。

《合同法》第59条规定适用于第三人为财产所有权人的情形,在债权人对债务人享有普通债权的情况下,应当根据《合同法》第58条的规定,判令因无效合同取得的财产返还原财产所有人,而不能根据第59条规定直接判令债务人的关联公司因"恶意串通,损害第三人利益"的合同而取得的债务人的财产返还债权人。

第一百五十五条 【无效或者被撤销民事法律行为自始无效】 无效的或者被撤销的民事法律行为自始没有法律约束力。

注释 无效和被撤销的民事法律行为是自始无效的,具有溯及力。即民事法律行为一旦无效或者被撤销后,双方的权利义务状态应当回复到这一行为实施之前的状态,已经履行的,应当恢复原状。

关于本条,还有两点需要进一步说明:1. 无效的民事法律行为除自始无效外,还应当是当然无效、绝对无效。所谓当然无效,是指只要民事法律行为具备无效条件,其便当然产生无效的法律后果,无须经过特定程序的确认才无效。所谓绝对无效,是指这种民事法律行为的无效是绝对而非相对的,对包括当事人在内的其他任何人而言均是无效的。2. 对于诸如劳动关系、合伙关系等特别领域中存在的某些持续性民事法律行为无效以及被撤销的效力问题,可以考虑在具体单行法中作出特别规定。

链接《总则编解释》第 23 条

第一百五十六条 【民事法律行为部分无效】 民事法律行为部分无效,不影响其他部分效力的,其他部分仍然有效。

注释 民事法律行为的无效事由既可以导致其全部无效,也可以导致其部分无效。在部分无效时,如果不影响其他部分的效力,其他部分仍可有效。这意味着,只有在民事法律行为的内容效力可分且相互不影响的情况下,部分无效才不会导致其他部分同时无效。反之,当部分无效的民事法律行为会影响其他部分效力的,其他部分也应无效。

本条所规定的"民事法律行为部分无效,不影响其他部分效力"的情形,主要包括以下几种:一是民事法律行为的标的数量超过国家法律许可的范围。比如,借贷合同中,双方当事人约定的利息高于国家限定的最高标准,则超过部分无效,不受法律保护,但在国家所限定的最高标准以内的利息仍然有效。又如,遗嘱继承中,被继承人将其全部遗产均遗赠他人,并未给胎儿保留必要的遗产份额,违反了继承法律相关规定。因此,在遗产的应继份范围内的那部分遗赠是无效的,但其他部分的遗赠仍然有效。二是民事法律行为的标的可分,其中一项或数项无效。比如,同一买卖合同的标的物有多个,其中一个或数个标的物因属于国家禁止流通物而无效,其他标的物的买卖仍为有效。三是民事法律行为的非根本性条款因违法或违背公序良俗而无效。比如,雇佣合同中有条款约定"工作期间发生的一切人身伤害,雇主概不负责"。这一条款因违反相关劳动法律以及公序良俗原则而无效,但雇佣合同的其他权利义务条款并不因此无效。

链接《劳动法》第 18 条;《劳动合同法》第 27 条

第一百五十七条 【民事法律行为无效、被撤销、不生效力的法律后果】 民事法律行为无效、被撤销或者确定不发生效力后,行为人因该行为取得的财产,应当予以返还;不能返还或者没有必要返还的,应当折价补偿。有过错的一方应当赔偿对方由此所受到的损失;各方都有过错的,应当各自承担相应的责任。法律另有规定的,依照其规定。

链接《合同编通则解释》第 24、25 条

第四节 民事法律行为的附条件和附期限

第一百五十八条 【附条件的民事法律行为】 民事法律行为可以附条件,但是根据其性质不得附条件的除外。附生效条件的民事法律行为,自条件成就时生效。附解除条件的民事法律行为,自条件成就时失效。

注释 民事法律行为中所附的条件,是指当事人以未来客观上不确定发生的事实,作为民事法律行为效力的附款。所附条件具有以下特点:1. 条件系当事人共同约定,并作为民事法律行为的一部分内容。条件体现的是双方约定一致的意思,这是与法定条件最大的不同之处,后者是指由法律规定的、不由当事人意思决定并具有普遍约束力的条件。当事人不得以法定条件作为其所附条件。2. 条件是未来可能发生的事实。这意味着,已经过去的、现在的以及将来确定不会发生的事实不能作为民事法律行为的所附条件。如果是将来必然发生的事实,应当作为附期限。应当注意,这种条件事实发生的不确定性应当是客观存在的,如果仅仅是当事人认为事实发生与否不确定,但实际上必然发生或者不发生的,也不能作为所附条件。3. 所附条件是当事人用以限定民事法律行为效力的附属意思表示。应当将所附条件与民事法律行为中的供货条件、付款条件等相互区分,后者是民事法律行为自身内容的一部分而非决定效力的附属意思表示。4. 所附条件中的事实应为合法事实,违法事实不能作为民事法律行为的附条件。如不能约定以故意伤害他人作为合同生效

的条件。

以所附条件决定民事法律行为效力发生或消灭为标准,条件可以分为生效条件和解除条件。所谓生效条件,是指使民事法律行为效力发生或者不发生的条件。生效条件具备之前,民事法律行为虽已成立但未生效,其效力是否发生处于不确定状态。条件具备,民事法律行为生效;条件不具备,民事法律行为就不生效。比如,甲乙签订房屋买卖合同,同意甲将所居住的房产出卖给乙,但条件是甲出国定居,不在国内居住。当条件具备时,此房屋买卖合同才生效。所谓解除条件,又称消灭条件,是指对已经生效的民事法律行为,当条件具备时,该民事法律行为失效;如果该条件确定不具备,则该民事法律行为将继续有效。

在附条件的民事法律行为中,所附条件的出现与否将直接决定民事法律行为的效力状态。附生效条件的民事法律行为,自条件成就时生效。附解除条件的民事法律行为,自条件成就时失效。需要特别指出的是,附条件的民事法律行为虽然在所附条件出现时才生效或失效,但在条件尚未具备时,民事法律行为对于当事人仍然具有法律约束力,当事人不得随意变更或者撤销。因此,可以将附条件的民事法律行为的效力分为条件成就前效力和条件成就后效力。对于附生效条件的民事法律行为来说,条件成就前的效力表现为当事人不得随意变更、撤销民事法律行为以及对于民事法律行为生效的期待权;对于附解除条件的民事法律行为来说,条件成就前的效力表现为条件具备后民事法律行为效力归于消灭的期待权。

链接《总则编解释》第24条

第一百五十九条 【条件成就或不成就的拟制】附条件的民事法律行为,当事人为自己的利益不正当地阻止条件成就的,视为条件已经成就;不正当地促成条件成就的,视为条件不成就。

注释 在附条件的民事法律行为中,条件的成就或不成就直接关系到民事法律行为的效力状况。对附生效条件的民事法律行为来说,条件成就,民事法律行为就开始生效;条件不成就,民事法律行为就确定不发生效力。对附解除条件的民事法律行为来说,条件成就,民事法律行为就失效,反之民事法律行为继续有效。

根据本条规定,当事人为自己的利益不正当地阻止条件成就的,视为条件已经成就;不正当地促成条件成就的,视为条件不成就。对本条的把握应当注意以下几点:第一,当事人主观上有为自己利益人为改变条件状态的故意。换言之,当事人从自己利益角度考虑,主观上具有使条件成就或者不成就的故意。第二,当事人为此实施了人为改变条件成就状态的行为。民事法律行为中所附条件,其成就与否本不确定。当事人为自己利益实施了促成或阻止条件成就的行为。第三,该行为具有不正当性。这主要是指当事人的此种行为违反了诚信原则,不符合事先约定。

第一百六十条 【附期限的民事法律行为】民事法律行为可以附期限,但是根据其性质不得附期限的除外。附生效期限的民事法律行为,自期限届至时生效。附终止期限的民事法律行为,自期限届满时失效。

注释 附期限的民事法律行为的生效或失效本身并不具有或然性,是将来一定能够发生的事实。期限的到来是必然确定的,但到来的具体时日却未必十分确定。生效期限,是指决定民事法律行为效力发生的期限。期限届至,民事法律行为生效;期限届至前,民事法律行为虽已成立但并未生效。终止期限,是指决定民事法律行为效力消灭的期限。期限届至,民事法律行为失效;期限届至前,民事法律行为始终有效。

链接《保险法》第13条

第七章 代 理

第一节 一般规定

第一百六十一条 【代理的适用范围】民事主体可以通过代理人实施民事法律行为。

依照法律规定、当事人约定或者民事法律行为的性质,应当由本人亲自实施的民事法律行为,不得代理。

注释 代理是指代理人代被代理人实施民事法律行为,其法律效果直接归属于被代理人的行为。

代理的适用范围原则上限于民事法律行为。但一般认为,一些与合同密切相关的准民事法律行为、事实行为和程序行为,如要约邀请、要约撤回、订约时样品的交付和受领、办理合同公证等,也允许代理。但不是所有民事法律行为都允许代理。根据本条第2款的规定,下列三类民事法律行为不得代理:1.依照法律规定应当由本人亲自实施的民事法律行为。2. 依照当事人约定应当由本人亲自实施的民事法律行为。当事人双方基于某种原因，约定某一民事法律行为必须由本人亲自实施的，当事人自然应当遵守这一约定，不得通过代理人实施该民事法律行为。3. 依照民事法律行为的性质，应当由本人亲自实施的民事法律行为。这主要是指具有人身性质的身份行为，比如结婚、离婚、收养、遗嘱、遗赠等。

链接《海关法》第 11 条；《保险法》第 117 条；《拍卖法》第 26、34 条

第一百六十二条 【代理的效力】代理人在代理权限内，以被代理人名义实施的民事法律行为，对被代理人发生效力。

第一百六十三条 【代理的类型】代理包括委托代理和法定代理。

委托代理人按照被代理人的委托行使代理权。法定代理人依照法律的规定行使代理权。

注释 委托代理是指按照被代理人的委托来行使代理权的代理，有的学者又称为"意定代理""授权代理"等。

法定代理是指依照法律的规定来行使代理权的代理。法定代理人的代理权来自法律的直接规定，无需被代理人的授权，也只有在符合法律规定条件的情况下才能取消代理人的代理权。《民法通则》将代理分为委托代理、法定代理和指定代理。本法取消了指定代理这一类型，本条规定的法定代理，涵盖了《民法通则》规定的法定代理和指定代理。法定代理人的类型主要有：1. 监护人。2. 失踪人的财产代管人。3. 清算组。

第一百六十四条 【不当代理的民事责任】代理人不履行或者不完全履行职责，造成被代理人损害的，应当承担民事责任。

代理人和相对人恶意串通，损害被代理人合法权益的，代理人和相对人应当承担连带责任。

第二节 委托代理

第一百六十五条 【授权委托书】委托代理授权采用书面形式的，授权委托书应当载明代理人的姓名或者名称、代理事项、权限和期限，并由被代理人签名或者盖章。

第一百六十六条 【共同代理】数人为同一代理事项的代理人的，应当共同行使代理权，但是当事人另有约定的除外。

注释 共同代理是指数个代理人共同行使一项代理权的代理。共同代理有几个特征：1. 有数个代理人。2. 只有一个代理权。如果数个代理人有数个代理权，属于集合代理，而不是共同代理。比如，被代理人授权甲为其购买一台电视机、乙为其购买一台电冰箱，即为集合代理。被代理人授权甲、乙一起为其购买一台电视机和一台电冰箱，才属于共同代理。3. 共同行使代理权。数人应当共同实施代理行为，享有共同的权利义务。任何一个代理人单独行使代理权，均属于无权代理。如果数个代理人对同一个代理权可以单独行使，也属于单独代理，而不是共同代理。

链接《信托法》第 31 条；《总则编解释》第 25 条

第一百六十七条 【违法代理的责任承担】代理人知道或者应当知道代理事项违法仍然实施代理行为，或者被代理人知道或者应当知道代理人的代理行为违法未作反对表示的，被代理人和代理人应当承担连带责任。

注释 被代理人、代理人利用委托代理关系从事的违法行为可分为两类：一是代理事项本身违法，如委托代理人销售假冒伪劣产品；二是代理事项不违法，但代理人实施的代理行为违法，如委托代理人销售合法产品，代理人将该产品贴上假冒商标进行销售。代理违法造成第三人损害的，自应承担民事责任，但由被代理人承担还是由代理人承担应当根据不同情形来确定。

第一百六十八条 【禁止自己代理和双方代理】代理人不得以被代理人的名义与自己实施民事法律行为，但是被代理人同意或者追认的除外。

代理人不得以被代理人的名义与自己同时代理的其他人实施民事法律行为，但是被代理的双方同意或者追认的除外。

第一百六十九条 【复代理】代理人需要转托第三人代理的，应当取得被代理人的同意或者追认。

转委托代理经被代理人同意或者追认的，被代理人可以就代理事务直接指示转委托的第三人，代理人仅就第三人的选任以及对第三人的指示承担责任。

转委托代理未经被代理人同意或者追认的，代理人应当对转委托的第三人的行为承担责任；但是，在紧急情况下代理人为了维护被代理人的利益需要转委托第三人代理的除外。

注释 本条是关于转委托代理的规定。转委托代理,又称再代理、复代理,是指代理人为了实施其代理权限内的行为,而以自己的名义为被代理人选任代理人的代理。

转委托代理具有以下几个特征:1. 以本代理的存在为前提。2. 转委托的第三人是原代理人以自己的名义选任的代理人。此为转委托代理的重要特征。3. 转委托的第三人行使的代理权是原代理人的代理权,但原代理人的代理权并不因此丧失。转委托的第三人是由原代理人以自己名义选任的,其代理权直接来源于原代理人的代理权,而且权限范围不得大于原代理权的权限范围。4. 转委托的第三人是被代理人的代理人,而不是代理人的代理人。转委托的第三人以被代理人的名义实施民事法律行为,其法律效果直接归属于被代理人。如果转委托的第三人以代理人的名义实施民事法律行为,就不是转委托代理,而属于一般代理。

本条明确只有在两种情况下才允许转委托代理:1. 被代理人允许。被代理人的允许,包括事先同意和事后追认。2. 出现紧急情况。根据本条第3款的规定,在紧急情况下代理人为了维护被代理人利益的需要,可以转委托第三人代理。

原代理人选任了转委托代理人后,转委托代理人所实施的民事法律行为的效力直接对被代理人发生,如果出现问题造成被代理人损害的,原则上原代理人不再承担任何责任。但根据本条第2款规定,在两种情况下原代理人仍然需要承担责任:1. 原代理人在选任转委托代理人时存在过错,比如明知转委托代理人的品德或者能力难以胜任代理工作仍然选任;2. 转委托代理人的行为是根据原代理人的指示来实施的。

根据本条第3款的规定,在原代理人未经代理人同意或者追认而选任转委托的第三人时,转委托的第三人实施的代理行为就构成无权代理,除符合本法第172条规定的表见代理外,其行为对被代理人不发生效力,代理人应当对转委托的第三人的行为承担责任。

链接 《总则编解释》第26条

第一百七十条 【职务代理】 执行法人或者非法人组织工作任务的人员,就其职权范围内的事项,以法人或者非法人组织的名义实施的民事法律行为,对法人或者非法人组织发生效力。

法人或者非法人组织对执行其工作任务的人员职权范围的限制,不得对抗善意相对人。

注释 本条是关于职务代理的规定。职务代理,顾名思义,是指根据代理人所担任的职务而产生的代理,即执行法人或者非法人组织工作任务的人员,就其职权范围内的事项,以法人或者非法人组织的名义实施的民事法律行为,无须法人或者非法人组织的特别授权,对法人或者非法人组织发生效力。

第一百七十一条 【无权代理】 行为人没有代理权、超越代理权或者代理权终止后,仍然实施代理行为,未经被代理人追认的,对被代理人不发生效力。

相对人可以催告被代理人自收到通知之日起三十日内予以追认。被代理人未作表示的,视为拒绝追认。行为人实施的行为被追认前,善意相对人有撤销的权利。撤销应当以通知的方式作出。

行为人实施的行为未被追认的,善意相对人有权请求行为人履行债务或者就其受到的损害请求行为人赔偿。但是,赔偿的范围不得超过被代理人追认时相对人所能获得的利益。

相对人知道或者应当知道行为人无权代理的,相对人和行为人按照各自的过错承担责任。

注释 本条将无权代理分为三种类型:1. 没有代理权的无权代理。指行为人根本没有得到被代理人的授权,就以被代理人名义从事的代理。比如,行为人伪造他人的公章、合同书或者授权委托书等,假冒他人的名义实施民事法律行为,就是典型的无权代理。2. 超越代理权的无权代理。指行为人与被代理人之间有代理关系存在,行为人有一定的代理权,但其实施的代理行为超出了代理权的范围的代理。比如,甲委托乙购买300台电视机,但是乙擅自与他人签订了购买500台电视机的合同;或者甲委托乙购买电视机,但是乙购买了电冰箱,这些都是超越代理权的无权代理。3. 代理权终止后的无权代理。指行为人与被代理人之间原本有代理关系,由于法定情形的出现使得代理权终止,但是行为人仍然从事的代理。法定情形主要指本法第173条规定的情形,包括代理期限届满、代理事务完成或者被代理人取消委托等。

行为人没有代理权却以被代理人的名义实施

民事法律行为,不合被代理人意愿,法律效果不能直接及于被代理人,本当无效。但是,考虑到行为人实施的民事法律行为并非都是对被代理人不利,有些对被代理人可能是有利的;而且,既然代理行为已经完成,行为人有为被代理人实施民事法律行为的意思表示,相对人有意与被代理人缔约,如果被代理人愿意事后承认,从鼓励交易、维护交易秩序稳定以及更好地保护各方当事人利益的角度出发,也没有必要一概否定其效力。因此,法律规定如果符合法定条件的,允许行为人实施的民事法律行为对被代理人发生效力。

无权代理发生后,根据本条规定,被代理人有追认和拒绝的权利。这里所指的追认,是指被代理人对无权代理行为事后予以承认的一种单方意思表示。被代理人的追认应当以明示的意思表示向相对人作出,如果仅向行为人作出意思表示,也必须使相对人知道后才能产生法律效果。追认必须在相对人催告期限尚未届满前以及善意相对人未行使撤销权前行使。

无权代理经被代理人追认即产生效力,拒绝便不生效力,这是为了更好地保护被代理人的合法权益。但同时为保护相对人的合法权益,法律赋予了相对人催告权和善意相对人撤销权。所谓催告权,是指相对人催促被代理人在一定期限内明确答复是否承认无权代理行为。根据本条第2款的规定,催告权的行使一般具有以下要件:1.要求被代理人在一定的期限内作出答复,本条第2款规定的期限为30日;2.催告应当以通知的方式作出;3.催告的意思必须是向被代理人作出。这里的撤销权,是指相对人在被代理人未追认无权代理行为之前,可撤回其对行为人所作的意思表示。相对人撤销权的行使必须满足以下条件:1.必须在被代理人作出追认之前作出,如果被代理人已经对无权代理行为作出了追认,该民事法律行为就对被代理人产生了效力,相对人就不能再撤销其意思表示了;2.相对人在行为人实施民事法律行为时必须是善意的,也就是说,相对人在作出意思表示时,并不知道对方是无权代理的。

链接 《总则编解释》第25、27、29条

第一百七十二条 【表见代理】行为人没有代理权、超越代理权或者代理权终止后,仍然实施代理行为,相对人有理由相信行为人有代理权的,代理行为有效。

注释 表见代理是指行为人虽无代理权而实施代理行为,如果相对人有理由相信其有代理权,该代理行为有效。构成表见代理需要满足以下条件:1. 存在代理权的外观;2. 相对人不知道行为人行为时没有代理权,且无过失。所谓无过失,是指相对人的这种不知道不是因为其疏忽大意造成的。

链接 《总则编解释》第28条

案例 王见刚与王永安、第三人岚县大源采矿厂侵犯出资人权益纠纷案(《最高人民法院公报》2013年第5期)

裁判规则:夫妻一方转让个人独资企业,即使未经另一方同意,相对人有理由相信行为人有代理权的,则构成表见代理,该代理行为有效。个人独资企业的投资人发生变更的,应向工商登记机关申请办理变更登记,但该变更登记不属于转让行为有效的前提条件,未办理变更登记,依照法律规定应当受到相应的行政处罚,但并不影响转让的效力。《个人独资企业法》第15条的规定应视为管理性的强制性规范而非效力性的强制性规范。

第三节 代理终止

第一百七十三条 【委托代理的终止】有下列情形之一的,委托代理终止:

(一)代理期限届满或者代理事务完成;

(二)被代理人取消委托或者代理人辞去委托;

(三)代理人丧失民事行为能力;

(四)代理人或者被代理人死亡;

(五)作为代理人或者被代理人的法人、非法人组织终止。

第一百七十四条 【委托代理终止的例外】被代理人死亡后,有下列情形之一的,委托代理人实施的代理行为有效:

(一)代理人不知道且不应当知道被代理人死亡;

(二)被代理人的继承人予以承认;

(三)授权中明确代理权在代理事务完成时终止;

(四)被代理人死亡前已经实施,为了被代理人的继承人的利益继续代理。

作为被代理人的法人、非法人组织终止的,参照适用前款规定。

第一百七十五条 【法定代理的终止】有下列情形之一的,法定代理终止:

(一)被代理人取得或者恢复完全民事行为能力;

(二)代理人丧失民事行为能力;

(三)代理人或者被代理人死亡;

(四)法律规定的其他情形。

第八章 民事责任

第一百七十六条 【民事责任】民事主体依照法律规定或者按照当事人约定,履行民事义务,承担民事责任。

注释 民事责任的基本特征有两个方面:

1. 民事责任是民事主体违反民事义务所应承担的责任,是以民事义务为基础的。法律规定或者当事人约定民事主体应当做什么和不应当做什么,即要求应当为一定的行为或者不为一定的行为,这就是民事主体的义务。法律也同时规定了违反民事义务的后果,即应当承担的责任,这就是民事责任。民事责任不同于民事义务,民事责任是违反民事义务的后果,而不是民事义务本身。

本条规定民事主体依照法律规定或者按照当事人约定履行民事义务,根据这一规定,民事义务包括法律直接规定的义务和在法律允许的范围内民事主体自行约定的义务。

2. 民事责任具有强制性。强制性是法律责任的重要特征。民事责任的强制性表现在对不履行民事义务的行为予以制裁,要求民事主体承担民事责任。

链接 《建筑法》第15条;《劳动合同法》第39条

第一百七十七条 【按份责任】二人以上依法承担按份责任,能够确定责任大小的,各自承担相应的责任;难以确定责任大小的,平均承担责任。

注释 按份责任,是指责任人为多人时,各责任人按照一定的份额向权利人承担民事责任,各责任人之间无连带关系。也就是说,责任人各自承担不同份额的责任,不具有连带性,权利人只能请求属于按份责任人的责任份额。按份责任产生的前提,是两个以上的民事主体不依照法律规定或者当事人约定履行民事义务,产生的民事责任。

第一百七十八条 【连带责任】二人以上依法承担连带责任的,权利人有权请求部分或者全部连带责任人承担责任。

连带责任人的责任份额根据各自责任大小确定;难以确定责任大小的,平均承担责任。实际承担责任超过自己责任份额的连带责任人,有权向其他连带责任人追偿。

连带责任,由法律规定或者当事人约定。

注释 连带责任,是指依照法律规定或者当事人约定,两个或者两个以上当事人对共同产生的不履行民事义务的民事责任承担全部责任,并因此引起内部债务关系的一种民事责任。连带责任是一项重要的责任承担方式。连带责任可能基于合同产生,也可能基于侵权行为导致。

连带责任对外是一个整体的责任。连带责任中的每个主体都需要对被损害者承担全部责任。被请求承担全部责任的连带责任主体,不得因自己的过错程度而只承担自己的责任。连带责任给了被损害者更多的选择权,被损害者可以请求一个或者数个连带责任人承担全部或者部分的赔偿责任。连带责任是法定责任,连带责任人之间不能约定改变责任的性质,对于内部责任份额的约定对外不发生效力。

在一个或者数个连带责任人清偿了全部责任后,实际承担责任的人有权向其他连带责任人追偿。行使追偿权的前提是连带责任人实际承担了超出自己责任的份额。

第一百七十九条 【民事责任的承担方式】承担民事责任的方式主要有:

(一)停止侵害;

(二)排除妨碍;

(三)消除危险;

(四)返还财产;

(五)恢复原状;

(六)修理、重作、更换;

(七)继续履行;

(八)赔偿损失;

(九)支付违约金;

(十)消除影响、恢复名誉;

(十一)赔礼道歉。

法律规定惩罚性赔偿的,依照其规定。

本条规定的承担民事责任的方式,可以单独适用,也可以合并适用。

注释 根据本条规定,承担民事责任的方式主要有:

1. 停止侵害。停止侵害主要是要求行为人不实施某种侵害。这种责任方式能够及时制止侵害,防止侵害后果的扩大。

2. 排除妨碍。排除妨碍是指行为人实施的行为使他人无法行使或者不能正常行使人身、财产权利,受害人可以要求行为人排除妨碍权利实施的障碍。

3. 消除危险。消除危险是指行为人的行为对他人人身、财产权益造成现实威胁,他人有权要求行为人采取有效措施消除这种现实威胁。

4. 返还财产。返还财产责任是因行为人无权占有他人财产而产生。没有法律或者合同根据占有他人财产,就构成无权占有,侵害了他人财产权益,行为人应当返还该财产。

5. 恢复原状。恢复原状是指行为人通过修理等手段使受到损坏的财产恢复到损坏发生前的状况的一种责任方式。采取恢复原状责任方式要符合以下条件:一是受到损坏的财产仍然存在且有恢复原状的可能性。受到损坏的财产不存在或者恢复原状不可能的,受害人可以请求选择其他责任方式如赔偿损失。二是恢复原状有必要,即受害人认为恢复原状是必要的且具有经济上的合理性。恢复原状若没有经济上的合理性,就不宜适用该责任方式。如果修理后不能或者不能完全达到受损前状况的,义务人还应当对该财产价值贬损的部分予以赔偿。

6. 修理、重作、更换。修理、重作、更换主要是违反合同应当承担的民事责任形式,是违反合同后所采取的补救措施。修理包括对产品、工作成果等标的物质量瑕疵的修补,也包括对服务质量瑕疵的改善,这是最为普遍的补救方式。在存在严重的质量瑕疵,以致不能通过修理达到约定的或者法定的质量情形下,受损害方可以选择更换或者重作的补救方式。修理、重作、更换不是恢复原状。如果违法行为人将损坏的财产修理复原,则是承担恢复原状的责任。

7. 继续履行。继续履行就是按照合同的约定继续履行义务。当事人订立合同都是追求一定的目的,这一目的直接体现在对合同标的履行,义务人只有按照合同约定的标的履行,才能实现权利人订立合同的目的。所以,继续履行合同是当事人一方违反合同后,应当负的一项重要的民事责任。对合同一方当事人不能自觉履行合同的,另一方当事人有权请求违约方继续履行合同或者请求人民法院、仲裁机构强制违约当事人继续履行合同。

8. 赔偿损失。赔偿损失是指行为人向受害人支付一定数额的金钱以弥补其损失的责任方式,是运用较为广泛的一种责任方式。赔偿的目的,最基本的是补偿损害,使受到损害的权利得到救济,使受害人能恢复到未受到损害前的状态。

9. 支付违约金。违约金是当事人在合同中约定的或者由法律直接规定的一方违反合同时应向对方支付一定数额的金钱,这是违反合同可以采用的承担民事责任的方式,只适用于合同当事人有违约金约定或者法律规定违反合同应支付违约金的情形。违约金的标的物通常是金钱,但是当事人也可以约定违约金标的物为金钱以外的其他财产。违约金根据产生的来源可以分为法定违约金、约定违约金。法定违约金是由法律直接规定违约的情形和应当支付违约金的数额。只要当事人一方发生法律规定的违约情况,就应当按照法律规定的数额向对方支付违约金。如果违约金是由当事人约定的,为约定违约金。约定违约金是一种合同关系,有的称为违约金合同。约定违约金又被看成为一种附条件合同,只有在违约行为发生的情况下,违约金合同生效;违约行为不发生,违约金合同不生效。当事人约定违约金的,一方违约时,应当按照该约定支付违约金。如果约定的违约金低于造成的损失的,当事人可以请求人民法院或者仲裁机构予以增加;约定的违约金过分高于造成的损失的,当事人可以请求人民法院或者仲裁机构予以适当减少。如果当事人专门就迟延履行约定违约金的,该种违约金仅是违约方对其迟延履行所承担的违约责任,因此,违约方支付违约金后还应当继续履行义务。

10. 消除影响、恢复名誉。消除影响、恢复名誉是指人民法院根据受害人的请求,责令行为人在一定范围内采取适当方式消除对受害人名誉的不利影响,以使其名誉得到恢复的一种责任方式。具体适用消除影响、恢复名誉,要根据侵害行为所造成的影响和受害人名誉受损的后果决定。处理的原则是,行为人应当根据造成不良影响的大小,采取程度不同的措施给受害人消除不良影响,例如在报刊上或者网络上发表文章损害他人名誉权的,就应当在该报刊或者网站上发表书面声明,对错误内容进行更正。消除影响、恢复名誉主要适用于侵害名誉权等情形,一般不适用侵犯隐私权的情形,因为消除影响、恢复名誉一般是公开进行的,如果适用于隐私权的保护,有可能进一步披露受害人的隐私,造成进一步的影响。

11. 赔礼道歉。赔礼道歉是指行为人通过口头、书面或者其他方式向受害人进行道歉,以取得谅解的一种责任方式。

本条第2款规定,法律规定惩罚性赔偿的,依照其赔偿。惩罚性赔偿是指当侵权人(义务人)以恶意、故意、欺诈等的方式实施加害行为而致权利人受到损害的,权利人可以获得实际损害赔偿之外的增加赔偿。其目的是通过对义务人施以惩罚,阻止其重复实施恶意行为,并警示他人不要采取类似行为。

本条规定了11种承担民事责任的方式,各有特点,可以单独采用一种方式,也可以采用多种方式。具体适用民事责任的方式掌握的原则是,如果一种方式不足以救济权利人的,就应当同时适用其他方式。

案例 秦家学滥伐林木刑事附带民事公益诉讼案(最高人民法院指导案例172号)

裁判规则: 1. 人民法院确定被告人森林生态环境修复义务时,可以参考专家意见及林业规划设计单位、自然保护区主管部门等出具的专业意见,明确履行修复义务的树种、树龄、地点、数量、存活率及完成时间等具体要求。2. 被告人自愿交纳保证金作为履行生态环境修复义务担保的,人民法院可以将该情形作为从轻量刑情节。

第一百八十条 【不可抗力】 因不可抗力不能履行民事义务的,不承担民事责任。法律另有规定的,依照其规定。

不可抗力是不能预见、不能避免且不能克服的客观情况。

注释 不可抗力是指不能预见、不能避免且不能克服的客观情况。对不能预见的理解,应是根据现有的技术水平,一般对某事件发生没有预知能力。人们对某事件的发生的预知能力取决于当代的科学技术水平。不能避免并不能克服,应是指当事人已经尽到最大努力和采取一切可以采取的措施,仍不能避免某种事件的发生并不能克服事件所造成的后果。其表明某个事件的发生和事件所造成的后果具有必然性。

通常情况下,因不可抗力不能履行民事义务的,不承担民事责任。但法律规定因不可抗力不能履行民事义务,也要承担民事责任的则需要依法承担民事责任。例如《民用航空法》规定,民用航空器造成他人损害的,民用航空器的经营人只有能够证明损害是武装冲突、骚乱的直接后果,或者是因受害人故意造成的,才能免除其责任。因不可抗力的自然灾害造成的,不能免除民用航空器经营人的责任。举例来说,民用飞机在空中遭雷击坠毁,造成地面人员伤亡。航空公司不能以不可抗力为由,对受害人予以抗辩。

链接《电力法》第60条;《旅游法》第67条;《水污染防治法》第96条;《铁路法》第18条

第一百八十一条 【正当防卫】 因正当防卫造成损害的,不承担民事责任。

正当防卫超过必要的限度,造成不应有的损害的,正当防卫人应当承担适当的民事责任。

注释 正当防卫,是指为了使国家利益、社会公共利益、本人或者他人的人身权利、财产权利以及其他合法权益免受正在进行的不法侵害,而针对实施侵害行为的人采取的制止不法侵害的行为。正当防卫作为行为人不承担责任和减轻责任的情形,其根据是行为的正当性、合法性,表明行为人主观上没有过错。正当防卫是法律赋予当事人自卫的权利,属于受法律鼓励的行为,目的是保护当事人本人、他人不受侵犯。

正当防卫应当同时具备以下六个要件:1. 必须是为了使国家利益、社会公共利益、本人或者他人的人身权利、财产权利以及其他合法权益免受不法侵害而实施的。《刑法》第20条第1款规定,为了使国家、公共利益、本人或者他人的人身、财产和其他权利免受正在进行的不法侵害,而采取的制止不法侵害的行为,对不法侵害人造成损害的,属于正当防卫,不负刑事责任。2. 必须有不法侵害行为发生。所谓不法侵害行为,是指对某种权利或者利益的侵害为法律所明文禁止,既包括犯罪行为,也包括其他违法的侵害行为。3. 必须是正在进行的不法侵害。正当防卫的目的是制止不法侵害,避免危害结果的发生,因此,不法侵害必须是正在进行的,而不是尚未开始,或者已经实施完毕,或者实施者确已自动停止。否则,就是防卫不适时,应当承担民事责任。4. 必须是国家利益、社会公共利益、本人或者他人的人身权利、财产权利以及其他合法权益遭受不法侵害,在来不及请求有关国家机关救助的情况下实施的防卫行为。5. 必须是针对不法侵害者本人实行。即正当防卫行为不能对没有实施不法侵害行为的第三者（包括不法侵害者的家属）造成损害。6. 不能明显超过必要限度造成损害。正当防卫是有益于社会的合法行为，但应受一定限度的制约，即正当防卫应以足以制止不法侵害为限。只有同时满足以上六个要件，才能构成正当防卫，防卫人才能免予承担民事责任。

对于正当防卫是否超过必要的限度，人民法院应当综合不法侵害的性质、手段、强度、危害程度和防卫的时机、手段、强度、损害后果等因素判断。经审理，正当防卫没有超过必要限度的，人民法院应当认定正当防卫人不承担责任。正当防卫超过必要限度的，人民法院应当认定正当防卫人在造成不应有的损害范围内承担部分责任；实施侵害行为的人请求正当防卫人承担全部责任的，人民法院不予支持。实施侵害行为的人不能证明防卫行为造成不应有的损害，仅以正当防卫人采取的反击方式和强度与不法侵害不相当为由主张防卫过当的，人民法院不予支持。

链接《总则编解释》第30、31条

第一百八十二条【紧急避险】 因紧急避险造成损害的，由引起险情发生的人承担民事责任。

危险由自然原因引起的，紧急避险人不承担民事责任，可以给予适当补偿。

紧急避险采取措施不当或者超过必要的限度，造成不应有的损害的，紧急避险人应当承担适当的民事责任。

注释 紧急避险，是指为了使国家利益、社会公共利益、本人或者他人的人身权利、财产权利以及其他合法权益免受正在发生的急迫危险，不得已而采取的紧急措施。危险有时来自人的行为，有时来自自然原因。不管危险来源于哪儿，紧急避险人避让风险、排除危险的行为都有其正当性、合法性。

紧急避险的构成要件：1. 必须是为了使国家利益、社会公共利益、本人或者他人的人身权利、财产权利以及其他合法权益免受危险的损害。我国《刑法》第21条规定，为了使国家、公共利益、本人或者他人的人身、财产和其他权利免受正在发生的危险，不得已采取的紧急避险行为，造成损害的，不负刑事责任。2. 必须是针对正在发生的急迫危险。倘若危险已经消除或者尚未发生，或者

虽然已经发生但不会对合法权益造成损害，则不得采取紧急避险措施。某人基于对危险状况的误解、臆想而采取紧急避险措施，造成他人利益损害的，应向他人承担民事责任。3. 必须是在不得已情况下采取避险措施。所谓不得已，是指当事人面对突然而遇的危险，不得不采取紧急避险措施，以保全更大的利益，且这个利益是法律所保护的。4. 避险行为不能超过必要的限度。所谓不能超过必要的限度，是指在面临急迫危险时，避险人须采取适当的措施，以尽可能小的损害保全更大的利益，即紧急避险行为所引起的损害应轻于危险所可能带来的损害。对于紧急避险是否采取措施不当或者超过必要的限度，人民法院应当综合危险的性质、急迫程度、避险行为所保护的权益以及造成的损害后果等因素判断。

紧急避险人造成本人或者他人损害的，由引起险情发生的人承担责任。而当危险是由自然原因引起的，则区分两种情况：1. 紧急避险人是为了他人的利益而由受益人给予适当补偿。造成第三人利益损害的，免予对第三人承担责任。例如甲、乙、丙系邻居，丙的房子因雷击失火，甲为了引消防车进入灭火，推倒了乙的院墙，使消防车进入后及时扑灭了丙家的大火。按照紧急避险的抗辩事由，甲对乙不承担责任。2. 紧急避险人是为了本人的利益造成第三人利益损害的，则其不承担责任，但应当对第三人的损害给予补偿。

经审理，紧急避险采取措施并无不当且没有超过必要限度的，人民法院应当认定紧急避险人不承担责任。紧急避险采取措施不当或者超过必要限度的，人民法院应当根据紧急避险人的过错程度、避险措施造成不应有的损害的原因力大小、紧急避险人是否为受益人等因素认定紧急避险人在造成的不应有的损害范围内承担相应的责任。

链接《总则编解释》第32、33条

第一百八十三条【因保护他人民事权益而受损的责任承担】 因保护他人民事权益使自己受到损害的，由侵权人承担民事责任，受益人可以给予适当补偿。没有侵权人、侵权人逃逸或者无力承担民事责任，受害人请求补偿的，受益人应当给予适当补偿。

注释 本条的目的在于保护见义勇为者，鼓励见义勇为行为。

本条适用的情形是受害人为了保护他人的民

事权益不受非法侵害遭受损害,通常情况下,应当由侵权人承担民事责任。但是,侵权人逃逸或者没有承担民事责任的能力,为了公平起见,由受益人给受害人适当的补偿。需注意的是,补偿不是赔偿,赔偿一般是填平原则,即损失多少赔偿多少,而补偿仅是其中的一部分。"给予适当的补偿",人民法院可以根据受害人所受损失和已获赔偿的情况、受益人受益的多少及其经济条件等因素确定受益人承担的补偿数额。

链接《总则编解释》第 34 条

案例 1. 张庆福、张殿凯诉朱振彪生命权纠纷案(最高人民法院指导案例 98 号)

裁判规则:行为人非因法定职责、法定义务或约定义务,为保护国家、社会公共利益或者他人的人身、财产安全,实施阻止不法侵害者逃逸的行为,人民法院可以认定为见义勇为。

2. 重庆市涪陵志大物业管理有限公司诉重庆市涪陵区人力资源和社会保障局劳动和社会保障行政确认案(最高人民法院指导案例 94 号)

裁判规则:职工见义勇为,为制止违法犯罪行为而受到伤害的,属于《工伤保险条例》第 15 条第 1 款第 2 项规定的为维护公共利益受到伤害的情形,应当视同工伤。

第一百八十四条 【紧急救助的责任豁免】因自愿实施紧急救助行为造成受助人损害的,救助人不承担民事责任。

注释 本条规定包括以下几个方面:(1)救助人自愿实施紧急救助行为。自愿实施紧急救助行为是指一般所称的见义勇为或者乐于助人的行为,不包括专业救助行为。本条所称的救助人是指非专业人员,即一般所称的见义勇为或者乐于助人的志愿人员。专业救助人员通常掌握某一领域内的专业知识、专业技能,并根据其工作性质有义务救助并专门从事救助工作。因此,为与专业救助人员实施救助行为相区别,本条明确了"自愿"的前提条件。(2)救助人以救助为目的实施紧急救助行为。救助人不承担民事责任的条件之一是救助人需以"救助"受助人为行为的主观目的。当受助人由于自身健康等原因处于紧急情况需要救助时,救助人是以救助受助人为目的,为了受助人的利益实施的紧急救助行为。(3)受助人的损害与救助人的行为有因果关系,即在紧急救助过程中,因为救助人的行为造成受助人的损害。(4)救助人对因救助行为造成受助人的损害不承担民事责任。

第一百八十五条 【英雄烈士人格利益的保护】侵害英雄烈士等的姓名、肖像、名誉、荣誉,损害社会公共利益的,应当承担民事责任。

案例 杭州市上城区人民检察院诉某网络科技有限公司英雄烈士保护民事公益诉讼案[人民法院贯彻实施民法典典型案例(第一批)]

裁判规则:英雄的事迹和精神是中华民族共同的历史记忆和精神财富,雷锋同志的姓名作为一种重要的人格利益,应当受到保护。某网络科技有限公司使用的"雷锋"文字具有特定意义,确系社会公众所广泛认知的雷锋同志之姓名。该公司明知雷锋同志的姓名具有特定的意义,仍擅自将其用于开展网络商业宣传,会让公众对"雷锋社群"等称谓产生误解,侵犯了英雄烈士的人格利益。将商业运作模式假"雷锋精神"之名推广,既曲解了"雷锋精神",与社会公众的一般认知相背离,也损害了承载于其上的人民群众的特定感情,对营造积极健康的网络环境产生负面影响,侵害了社会公共利益。

第一百八十六条 【违约责任与侵权责任的竞合】因当事人一方的违约行为,损害对方人身权益、财产权益的,受损害方有权选择请求其承担违约责任或者侵权责任。

注释 本条是关于违约责任与侵权责任竞合的规定。违约责任与侵权责任的竞合,是指义务人的违约行为既符合违约要件,又符合侵权要件,导致违约责任与侵权责任一并产生。从另一方面来说,受损害方既可以就违约责任行使请求权,也可以就侵权责任行使请求权。这就又产生两种请求权竞合的情况。根据公平原则,本条规定,受损害方可以在两种请求权中选择行使一种请求权。这意味着受损害方只能行使一种请求权,如果受损害方选择行使一种请求权并得到实现,那么另一种请求权即告消灭。但是,如果受损害方行使一种请求权未果,而另一种请求权并未因时效而消灭,则受损害方仍可行使另一种请求权。由于合同纠纷与侵权纠纷在管辖法院和适用法律方面存在区别,允许受损害方选择有利于自己的一种诉由提起诉讼,对受损害方比较方便,也有利于对受损害方的保护。对违约方来说,这两种责任无论对方要求其承担哪一种,都是合理的。

案例 东京海上日动火灾保险（中国）有限公司上海分公司与新杰物流集团股份有限公司保险人代位求偿纠纷案（《最高人民法院公报》2019年第12期）

裁判规则：货物运输合同履行过程中托运人财产遭受损失，在承运人存在侵权责任与合同违约责任竞合的情形下，允许托运人或其保险人依据《合同法》第122条选择侵权诉讼或合同违约诉讼。但是，托运人要求承运人承担侵权责任的，承运人仍然可以依据货物运输合同的有关约定进行抗辩。法院应依据诚实信用原则，综合考虑合同条款效力、合同目的等因素确定赔偿范围。

第一百八十七条 【民事责任优先】民事主体因同一行为应当承担民事责任、行政责任和刑事责任的，承担行政责任或者刑事责任不影响承担民事责任；民事主体的财产不足以支付的，优先于承担民事责任。

链接《产品质量法》第64条；《食品安全法》第147条；《公司法》第214条；《刑法》第36条

第九章 诉讼时效

第一百八十八条 【普通诉讼时效】向人民法院请求保护民事权利的诉讼时效期间为三年。法律另有规定的，依照其规定。

诉讼时效期间自权利人知道或者应当知道权利受到损害以及义务人之日起计算。法律另有规定的，依照其规定。但是，自权利受到损害之日起超过二十年的，人民法院不予保护，有特殊情况的，人民法院可以根据权利人的申请决定延长。

注释 诉讼时效是权利人在法定期间内不行使权利，该期间届满后，发生义务人可以拒绝履行其给付义务效果的法律制度。该制度有利于促使权利人及时行使权利，维护交易秩序和安全。

本法将《民法通则》规定的普通诉讼时效期间从2年延长为3年，自权利人知道或者应当知道权利受到损害以及义务人之日起计算。法律另有规定的，根据特别规定优于一般规定的原则，优先适用特别规定。

考虑到如果权利人知悉权利受到损害较晚，以致诉讼时效过分迟延不能完成，会影响到该制度的稳定性和宗旨。极端情况下，可能发生从权利被侵害的事实出现到权利人知道这一事实，超过普通诉讼时效期间的情况。因此，有必要配套规定客观主义起算点的最长权利保护期间加以限制。应当指出，这种最长权利保护期间并非一种独立的期间类型，是制度设计上的一种补足，在性质上是不变期间，本条将最长权利保护规定为20年。如20年期间仍不够用的，人民法院可以根据权利人的申请决定延长。

链接《民事诉讼法》第57条；《保险法》第26条；《拍卖法》第61条；《环境保护法》第66条；《总则编解释》第35条

第一百八十九条 【分期履行债务诉讼时效的起算】当事人约定同一债务分期履行的，诉讼时效期间自最后一期履行期限届满之日起计算。

注释 分期履行债务是按照当事人事先约定，分批分次完成一个债务履行的情况。分期付款买卖合同是最典型的分期履行债务。分期履行债务具有整体性和唯一性，系本条规定的同一债务，诉讼时效期间自该一个债务履行期限届满之日起计算。

第一百九十条 【对法定代理人请求权诉讼时效的起算】无民事行为能力人或者限制民事行为能力人对其法定代理人的请求权的诉讼时效期间，自该法定代理终止之日起计算。

链接《总则编解释》第36、37条

第一百九十一条 【未成年人遭受性侵害的损害赔偿诉讼时效的起算】未成年人遭受性侵害的损害赔偿请求权的诉讼时效期间，自受害人年满十八周岁之日起计算。

注释 需注意的是，如果年满18周岁之前，其法定代理人选择与侵害人私了的方式解决纠纷，受害人在年满18周岁之后，可以依据本条的规定请求损害赔偿。未成年人遭受性侵害的损害赔偿请求权的诉讼时效期间，自受害人年满18周岁之日起计算。其具体的诉讼时效期间，适用本法第188条3年的普通诉讼时效期间的规定，即从年满18周岁之日起计算3年；符合本法第194条、第195条诉讼时效中止、中断情形的，可以相应中止、中断。

第一百九十二条 【诉讼时效届满的法律效果】诉讼时效期间届满的，义务人可以提出不履行义务的抗辩。

诉讼时效期间届满后，义务人同意履行的，不得以诉讼时效期间届满为由抗辩；义务人已经自愿履行的，不得请求返还。

注释 根据本条规定，诉讼时效期间届满的，义务人可以提出不履行义务的抗辩。这就意味着，权利人享有起诉权,可以向法院主张其已过诉讼时效之权利,法院应当受理。如果义务人不提出时效完成的抗辩,法院将以公权力维护权利人的利益;如果义务人行使抗辩权,法院审查后会依法保护义务人的抗辩权,不得强制义务人履行义务。但是,义务人行使时效抗辩权不得违反诚实信用原则,否则即使诉讼时效完成,义务人也不能取得时效抗辩权。例如在诉讼时效期间届满前,义务人通过与权利人协商,营造其将履行义务的假象,及至时效完成后,立即援引时效抗辩拒绝履行义务。该种行为违反诚实信用,构成时效抗辩权的滥用,不受保护。

诉讼时效期间届满后,权利人虽不能请求法律的强制性保护,但法律并不否定其权利的存在。若义务人放弃时效利益自愿履行的,权利人可以受领并保持,受领不属于不当得利,义务人不得请求返还。诉讼时效期间届满后,义务人同意履行的,不得以诉讼时效期间届满为由抗辩。这是因为诉讼时效届满后,义务人可以处分自己的时效利益。此时义务人同意履行义务,属于对时效利益的放弃。义务人放弃时效利益的行为属于单方法律行为,并且是处分行为,自义务人放弃时效利益的意思表示到达权利人时起即发生时效利益放弃的法律效果,不以权利人同意为条件。

第一百九十三条 【诉讼时效援用】人民法院不得主动适用诉讼时效的规定。

注释 本条将诉讼时效的客体明确为抗辩权,诉讼时效期间届满的直接效果是义务人取得抗辩权。抗辩权属于私权的一种,可以选择行使,也可以选择不行使。义务人对时效利益的处分不违反法律的规定,也没有侵犯国家、集体及他人的合法权益,人民法院不应当主动干预。

需要注意的是,关于诉讼时效的释明。《最高人民法院关于审理民事案件适用诉讼时效制度若干问题的规定》第2条规定,当事人未提出诉讼时效抗辩,人民法院不应对诉讼时效问题进行释明。

第一百九十四条 【诉讼时效的中止】在诉讼时效期间的最后六个月内,因下列障碍,不能行使请求权的,诉讼时效中止:

(一)不可抗力;

(二)无民事行为能力人或者限制民事行为能力人没有法定代理人,或者法定代理人死亡、丧失民事行为能力、丧失代理权;

(三)继承开始后未确定继承人或者遗产管理人;

(四)权利人被义务人或者其他人控制;

(五)其他导致权利人不能行使请求权的障碍。

自中止时效的原因消除之日起满六个月,诉讼时效期间届满。

注释 诉讼时效中止,是因法定事由的存在使诉讼时效停止进行,待法定事由消除后继续进行的制度。在诉讼时效进行中的某一时间内,出现了权利人主张权利的客观障碍,导致权利人无法在诉讼时效期间内行使权利,可能产生不公平的结果,因此法律规定了诉讼时效中止制度。

链接《国防动员法》第67条;《海商法》第266条

第一百九十五条 【诉讼时效的中断】有下列情形之一的,诉讼时效中断,从中断、有关程序终结时起,诉讼时效期间重新计算:

(一)权利人向义务人提出履行请求;

(二)义务人同意履行义务;

(三)权利人提起诉讼或者申请仲裁;

(四)与提起诉讼或者申请仲裁具有同等效力的其他情形。

注释 诉讼时效期间中断,指诉讼时效期间进行过程中,出现了权利人积极行使权利的法定事由,从而使已经经过的诉讼时效期间归于消灭,重新计算期间的制度。

诉讼时效中断的特征表现为,一是发生于诉讼时效的进行中,诉讼时效尚未开始计算或者已经届满的情况下排除其适用。二是发生了一定的法定事由导致诉讼时效存在的基础被推翻。三是它使已经进行的诉讼时效重新起算,以前经过的期间归于消灭。

链接《最高人民法院关于审理民事案件适用诉讼时效制度若干问题的规定》第8—17条;《最高人民法院关于印发〈全国法院贯彻实施民法典工作会议纪要〉的通知》第5条;《总则编解释》第38条

第一百九十六条 【不适用诉讼时效的情形】下列请求权不适用诉讼时效的规定:

(一)请求停止侵害、排除妨碍、消除危险;

(二)不动产物权和登记的动产物权的权利人请求返还财产;

(三)请求支付抚养费、赡养费或者扶养费;

(四)依法不适用诉讼时效的其他请求权。

案例 上海市虹口区久乐大厦小区业主大会诉上海环亚实业总公司业主共有权纠纷案（最高人民法院指导案例65号）

裁判规则：专项维修资金是专门用于物业共用部位、共用设施设备保修期满后的维修和更新、改造的资金，属于全体业主共有。缴纳专项维修资金是业主为维护建筑物的长期安全使用而应承担的一项法定义务。业主拒绝缴纳专项维修资金，并以诉讼时效提出抗辩的，人民法院不予支持。

第一百九十七条 【诉讼时效法定】诉讼时效的期间、计算方法以及中止、中断的事由由法律规定，当事人约定无效。

当事人对诉讼时效利益的预先放弃无效。

第一百九十八条 【仲裁时效】法律对仲裁时效有规定的，依照其规定；没有规定的，适用诉讼时效的规定。

第一百九十九条 【除斥期间】法律规定或者当事人约定的撤销权、解除权等权利的存续期间，除法律另有规定外，自权利人知道或者应当知道权利产生之日起计算，不适用有关诉讼时效中止、中断和延长的规定。存续期间届满，撤销权、解除权等权利消灭。

第十章　期间计算

第二百条 【期间的计算单位】民法所称的期间按照公历年、月、日、小时计算。

第二百零一条 【期间的起算】按照年、月、日计算期间的，开始的当日不计入，自下一日开始计算。

按照小时计算期间的，自法律规定或者当事人约定的时间开始计算。

链接《民事诉讼法》第85条

第二百零二条 【期间结束】按照年、月计算期间的，到期月的对应日为期间的最后一日；没有对应日的，月末日为期间的最后一日。

第二百零三条 【期间计算的特殊规定】期间的最后一日是法定休假日的，以法定休假日结束的次日为期间的最后一日。

期间的最后一日的截止时间为二十四时；有业务时间的，停止业务活动的时间为截止时间。

链接《劳动法》第44、45条；《民事诉讼法》第85条；《全国年节及纪念日放假办法》；《国务院关于职工工作时间的规定》第7条

第二百零四条 【期间法定或约定】期间的计算方法依照本法的规定，但是法律另有规定或者当事人另有约定的除外。

第二编　物　权

第一分编　通　则

第一章　一般规定

第二百零五条 【物权编的调整范围】本编调整因物的归属和利用产生的民事关系。

注释 本条是对物权编调整范围的规定。物权法律关系，是因对物的归属和利用在民事主体之间产生的权利义务关系。物包括不动产和动产。法律规定权利作为物权客体的，依照其规定。物权是权利人依法对特定的物享有直接支配和排他的权利，包括所有权、用益物权和担保物权。

链接《民法典》第2、114、115条

第二百零六条 【我国基本经济制度与社会主义市场经济原则】国家坚持和完善公有制为主体、多种所有制经济共同发展，按劳分配为主体、多种分配方式并存，社会主义市场经济体制等社会主义基本经济制度。

国家巩固和发展公有制经济，鼓励、支持和引导非公有制经济的发展。

国家实行社会主义市场经济，保障一切市场主体的平等法律地位和发展权利。

链接《宪法》第6、11、15条

第二百零七条 【平等保护原则】国家、集体、私人的物权和其他权利人的物权受法律平等保护，任何组织或者个人不得侵犯。

注释 本条是对物权平等保护原则的规定。物权平等保护原则表现为：(1)物权的主体平等，不得歧视非公有物权的主体；(2)物权平等，无论是国家的、集体的、私人的还是其他权利人的物权，都是平等的物权，受法律规则的约束，不存在高低之分；(3)平等受到保护，当不同的所有权受到侵害时，在法律保护上一律平等，不得对私人的物权歧视对待。

链接《宪法》第12、13条；《民法典》第3、113条

第二百零八条 【物权公示原则】不动产物权的设立、变更、转让和消灭，应当依照法律规定登记。动产物权的设立和转让，应当依照法律规定交付。

注释 物权公示,是指在物权变动时,必须将物权变动的事实通过一定的公示方法向社会公开,使第三人知道物权变动的情况,以避免第三人遭受损害并保护交易安全。

链接 《城市房地产管理法》第60、61条;《不动产登记暂行条例》

第二章 物权的设立、变更、转让和消灭

第一节 不动产登记

第二百零九条 【不动产物权的登记生效原则及其例外】不动产物权的设立、变更、转让和消灭,经依法登记,发生效力;未经登记,不发生效力,但是法律另有规定的除外。

依法属于国家所有的自然资源,所有权可以不登记。

注释 不动产物权的设立、变更、转让和消灭,统称为不动产物权变动。不动产物权变动必须依照法律规定进行登记,只有经过登记,才能够发生物权变动的效果,才具有发生物权变动的外部特征,才能取得不动产物权变动的公信力。除法律另有规定外,不动产物权变动未经登记,不发生物权变动的法律效果,法律不承认其物权已经发生变动,也不予以保护。

"法律另有规定的除外",主要包括三方面的内容:(1)本条第2款所规定的,依法属于国家所有的自然资源,所有权可以不登记,至于在国家所有的土地、森林、海域等自然资源上设立用益物权、担保物权,则需要依法登记生效。(2)本章第三节规定的物权设立、变更、转让或者消灭的一些特殊情况,即主要是非依法律行为而发生的物权变动的情形:第一,因人民法院、仲裁机构的法律文书或者人民政府的征收决定等,导致物权设立、变更、转让或者消灭的,自法律文书或者征收决定等生效时发生效力;第二,因继承取得物权的,自继承开始时发生效力;第三,因合法建造、拆除房屋等事实行为设立和消灭物权的,自事实行为成就时发生效力。(3)考虑到现行法律的规定以及我国的实际情况尤其是农村的实际情况,本法并没有对不动产物权的设立、变更、转让和消灭,一概规定必须经依法登记才发生效力。例如,在土地承包经营权一章中规定,"土地承包经营权互换、转让的,当事人可以向登记机构申请登记;未经登记,不得对抗善意第三人"。这里规定的是"未经登记,不得对抗善意第三人",而不是"不发生效力"。在宅基地使用权一章,对宅基地使用权的变动,也并未规定必须登记,只是规定"已经登记的宅基地使用权转让或者消灭的,应当及时办理变更登记或者注销登记"。地役权一章规定,"地役权自地役权合同生效时设立。当事人要求登记的,可以向登记机构申请地役权登记;未经登记,不得对抗善意第三人"。

链接 《不动产登记暂行条例》;《不动产登记暂行条例实施细则》;《民法典》第374条;《森林法》第15条;《土地管理法》第12条;《草原法》第11条

案例 大连羽田钢管有限公司与大连保税区弘丰钢铁工贸有限公司、株式会社羽田钢管制造所、大连高新技术产业园区龙王塘街道办事处物权确认纠纷案(《最高人民法院公报》2012年第6期)

裁判规则:在物权确权纠纷案件中,根据物权变动的基本原则,对于当事人依据受让合同提出的确权请求应当视动产与不动产区别予以对待。人民法院对于已经交付的动产权属可以予以确认。对于权利人提出的登记于他人名下的不动产物权归其所有的确权请求,人民法院不宜直接判决确认其权属,而应当判决他人向权利人办理登记过户。

第二百一十条 【不动产登记机构和不动产统一登记】不动产登记,由不动产所在地的登记机构办理。

国家对不动产实行统一登记制度。统一登记的范围、登记机构和登记办法,由法律、行政法规规定。

注释 不动产登记实行属地原则,即不动产登记由不动产所在地的登记机构专属管辖,不得在异地进行不动产物权变动登记。

链接 《不动产登记暂行条例》;《不动产登记暂行条例实施细则》

第二百一十一条 【申请不动产登记应提供的必要材料】当事人申请登记,应当根据不同登记事项提供权属证明和不动产界址、面积等必要材料。

注释 申请不动产登记的,申请人应当提交下列材料,并对申请材料的真实性负责:(1)登记申请书;(2)申请人、代理人身份证明材料、授权委托书;(3)相关的不动产权属来源证明材料、登记原因证

明文件、不动产权属证书;(4)不动产界址、空间界限、面积等材料;(5)与他人利害关系的说明材料;(6)法律、行政法规以及不动产登记暂行条例实施细则规定的其他材料。不动产登记机构应当在办公场所和门户网站公开申请登记所需材料目录和示范文本等信息。

链接《不动产登记暂行条例》第14—16条

第二百一十二条【不动产登记机构应当履行的职责】登记机构应当履行下列职责:

(一)查验申请人提供的权属证明和其他必要材料;

(二)就有关登记事项询问申请人;

(三)如实、及时登记有关事项;

(四)法律、行政法规规定的其他职责。

申请登记的不动产的有关情况需要进一步证明的,登记机构可以要求申请人补充材料,必要时可以实地查看。

链接《不动产登记暂行条例》第17—22条

第二百一十三条【不动产登记机构的禁止行为】登记机构不得有下列行为:

(一)要求对不动产进行评估;

(二)以年检等名义进行重复登记;

(三)超出登记职责范围的其他行为。

链接《不动产登记暂行条例》第29、30条

第二百一十四条【不动产物权变动的生效时间】不动产物权的设立、变更、转让和消灭,依照法律规定应当登记的,自记载于不动产登记簿时发生效力。

链接《不动产登记暂行条例》第21条

第二百一十五条【合同效力和物权效力区分】当事人之间订立有关设立、变更、转让和消灭不动产物权的合同,除法律另有规定或者当事人另有约定外,自合同成立时生效;未办理物权登记的,不影响合同效力。

注释 以发生物权变动为目的的基础关系,主要是合同,它属于债权法律关系的范畴,成立以及生效应该依据合同法来判断。民法学将这种合同看成是物权变动的原因行为。不动产物权的变动一般只能在登记时生效,依法成立生效的合同也许不能发生物权变动的结果。这可能是因为物权因客观情势发生变迁,使得物权的变动成为不可能;也可能是物权的出让人"一物二卖",其中一个买受人先行进行了不动产登记,其他的买受人便不可能取得合同约定转让的物权。有关设立、变更、转让和消灭不动产物权的合同和物权的设立、变更、转让和消灭本身是两个应当加以区分的情况。除非法律有特别规定,合同一经成立,只要不违反法律的强制性规定和社会公共利益,就可以发生效力。合同只是当事人之间的一种合意,并不必然与登记联系在一起。登记是针对民事权利的变动而设定的,它是与物权的变动联系在一起的,是一种物权变动的公示方法。登记并不是针对合同行为,而是针对物权的变动所采取的一种公示方法,如果当事人之间仅就物权的变动达成合意,而没有办理登记,合同仍然有效。例如,当事人双方订立了房屋买卖合同之后,合同就已经生效,但如果没有办理登记手续,房屋所有权不能发生移转。当然,违约的合同当事人一方应该承担违约责任。依不同情形,买受人可以请求债务人实际履行合同,即请求出卖人办理不动产转让登记,或者请求债务人赔偿损失。

链接《民法典》第502条

案例 中信银行股份有限公司东莞分行诉陈志华等金融借款合同纠纷案(最高人民法院指导案例168号)

裁判规则:以不动产提供抵押担保,抵押人未依抵押合同约定办理抵押登记的,不影响合同的效力。债权人依据抵押合同主张抵押人在抵押物的价值范围内承担违约赔偿责任的,人民法院应予支持。抵押权人对未能办理抵押登记有过错的,相应减轻抵押人的赔偿责任。

第二百一十六条【不动产登记簿效力及管理机构】不动产登记簿是物权归属和内容的根据。

不动产登记簿由登记机构管理。

注释 不动产登记簿,是不动产登记机构按照国务院自然资源主管部门规定设立的统一的不动产权属登记簿。不动产登记簿应当记载以下事项:(1)不动产的坐落、界址、空间界限、面积、用途等自然状况;(2)不动产权利的主体、类型、内容、来源、期限、权利变化等权属状况;(3)涉及不动产权利限制、提示的事项;(4)其他相关事项。

由于不动产登记簿是物权归属和内容的根据,因而在不动产登记簿上记载某人享有某项物权时,就直接推定该人享有该项物权,其物权的内容也以不动产登记簿上的记载为准。这就是不动产登记簿所记载的权利的正确性推定效力规则。

但当事人有证据证明不动产登记簿的记载与真实权利状态不符，其为该不动产物权的真实权利人，请求确认其享有物权的，应予支持。

链接《不动产登记暂行条例》第8—10条；《最高人民法院关于适用〈中华人民共和国民法典〉物权编的解释（一）》（以下简称《物权编解释（一）》）第2条

案例 江西省南昌百货总公司、湖南赛福尔房地产开发公司与南昌新洪房地产综合开发有限公司合资、合作开发房地产合同纠纷案（《最高人民法院公报》2013年第1期）

裁判规则： 一、在审理合作开发房地产纠纷时，判断争议房屋产权的归属应当依据合作协议的约定以及房地产管理部门的登记情况全面分析。在没有证据证明双方变更了合作协议约定的情况下，一方当事人仅以为对方偿还部分债务或向对方出借款项、对争议房产享有优先受偿权，以及"五证"登记在其名下等事实为由，主张确认全部房产归其所有的，人民法院不予支持。

二、合作双方在签订合作合同之后，合作项目在双方共同努力下得以优化变更，建筑面积在土地面积不变的情况下因容积率变化而得以增加。由于土地价值与容积率呈正相关，提供土地一方的出资部分因容积率增加而增值，其应分获的房产面积亦应相应增加，该方当事人可按照原合同约定的分配比例请求分配新增面积部分。当事人对于应分得但未实际获得的不足部分，如让另一方实际交付已不现实，可根据市场行情认定该部分房产价值，由另一方以支付现金的方式补足该部分面积差。

第二百一十七条 【不动产登记簿与不动产权属证书的关系】不动产权属证书是权利人享有该不动产物权的证明。不动产权属证书记载的事项，应当与不动产登记簿一致；记载不一致的，除有证据证明不动产登记簿确有错误外，以不动产登记簿为准。

注释 不动产权属证书是权利人享有该不动产物权的证明。不动产登记机构完成登记后，依法向申请人核发不动产权属证书。不动产权属证书与不动产登记簿的关系是：完成不动产物权公示的是不动产登记簿，不动产物权的归属和内容以不动产登记簿的记载为根据；不动产权属证书只是不动产登记簿所记载的内容的外在表现形式。简言之，不动产登记簿是不动产权属证书的母本，不动产权属证书是不动产登记簿登记内容的证明书。故不动产权属证书记载的事项应当与不动产登记簿一致；如果出现记载不一致的，除有证据证明并且经过法定程序认定不动产登记簿确有错误的外，物权的归属以不动产登记簿为准。

链接《不动产登记暂行条例》第21条

案例 四川省聚丰房地产开发有限责任公司与达州广播电视大学合资、合作开发房地产合同纠纷案（《最高人民法院公报》2014年第10期）

裁判规则： 根据《物权法》的规定，不动产物权应当依不动产登记簿的内容确定，不动产权属证书只是权利人享有该不动产物权的证明。行政机关注销国有土地使用证但并未注销土地登记的，国有土地的使用权人仍然是土地登记档案中记载的权利人。国有土地使用权转让法律关系中的转让人以国有土地使用证被注销、其不再享有土地使用权为由主张解除合同的，人民法院不应支持。

第二百一十八条 【不动产登记资料的查询、复制】权利人、利害关系人可以申请查询、复制不动产登记资料，登记机构应当提供。

链接《不动产登记暂行条例》第27条

第二百一十九条 【利害关系人的非法利用不动产登记资料禁止义务】利害关系人不得公开、非法使用权利人的不动产登记资料。

注释 本条是对利害关系人不得公开、非法使用不动产登记资料的规定。查询不动产登记资料的单位、个人应当向不动产登记机构说明查询目的，不得将查询获得的不动产登记资料用于其他目的；未经权利人同意，不得泄露查询获得的不动产登记资料。

链接《不动产登记暂行条例》第28条

第二百二十条 【更正登记和异议登记】权利人、利害关系人认为不动产登记簿记载的事项错误的，可以申请更正登记。不动产登记簿记载的权利人书面同意更正或者有证据证明登记确有错误的，登记机构应当予以更正。

不动产登记簿记载的权利人不同意更正的，利害关系人可以申请异议登记。登记机构予以异议登记，申请人自异议登记之日起十五日内不提起诉讼的，异议登记失效。异议登记不当，造成权利人损害的，权利人可以向申请人请求损害赔偿。

注释 更正登记，是指已经完成的登记，由于当初登记手续的错误或者遗漏，致使登记与原始的实体权利关系不一致，为消除这种不一致的状态，对既存的登记内容进行修正补充的登记。故更正登记的目的是对不动产物权登记订正错误、补充遗漏。更正登记有两种方式，一种是经权利人（包括登记上的权利人和事实上的权利人）以及利害关系人申请作出的更正登记，另一种是登记机关自己发现错误后作出的更正登记。

所谓异议登记，就是将事实上的权利人以及利害关系人对不动产登记簿记载的权利所提出的异议记入登记簿。异议登记的法律效力是，登记簿上所记载的权利失去正确性推定的效力，第三人也不得主张依照登记的公信力而受到保护。异议登记虽然可以对真正权利人提供保护，但这种保护应当是临时性的，因为它同时也给不动产物权交易造成了一种不稳定的状态。为使不动产物权的不稳定状态早日恢复正常，法律必须对异议登记的有效期间作出限制。因此，本条规定，申请人在异议登记之日起15日内不提起诉讼，异议登记失效。由于异议登记可以使登记簿上所记载的权利失去正确性推定的效力，同时，异议登记的申请人在提出异议登记申请时也无需充分证明其权利受到了损害，如果申请人滥用异议登记制度，将可能给登记簿上记载权利人的利益造成损害。所以，本条规定，异议登记不当，造成权利人损害的，权利人可以向申请人请求损害赔偿。

链接《物权编解释（一）》第3条

第二百二十一条 【预告登记】当事人签订买卖房屋的协议或者签订其他不动产物权的协议，为保障将来实现物权，按照约定可以向登记机构申请预告登记。预告登记后，未经预告登记的权利人同意，处分该不动产的，不发生物权效力。

预告登记后，债权消灭或者自能够进行不动产登记之日起九十日内未申请登记的，预告登记失效。

注释 预告登记，是指为了保全债权的实现、保全物权的顺位请求权等而进行的提前登记。预告登记与一般的不动产登记的区别在于：一般的不动产登记都是在不动产物权变动已经完成的状态下所进行的登记，而预告登记则是为了保全将来发生的不动产物权变动而进行的登记。预告登记完成后，并不导致不动产物权的设立或者变动，只是使登记申请人取得请求将来发生物权变动的权利。纳入预告登记的请求权，对后来发生与该项请求权内容相同的不动产物权的处分行为，具有排他的效力，以确保将来只发生该请求权所期待的法律后果。

未经预告登记的权利人同意，转让不动产所有权等物权，或者设立建设用地使用权、居住权、地役权、抵押权等其他物权的，应当依照本条第1款的规定，认定其不发生物权效力。预告登记的买卖不动产物权的协议被认定无效、被撤销，或者预告登记的权利人放弃债权的，应当认定为本条第2款所称的"债权消灭"。

预告登记适用于有关不动产物权的协议，在我国主要适用于商品房预售。在商品房预售中，预售登记作出以后，使期房买卖得到了公示，这种期待权具有对抗第三人的效力。也就是说，在办理了预售登记后，房屋所有人不得进行一房多卖，否则，其违反房屋预售登记内容作出的处分房屋所有权的行为无效。值得注意的是，预售登记主要是为了保护买受人的利益，如果买受人不愿意进行预售登记，法律不宜强制其办理登记手续。

链接《物权编解释（一）》第4、5条

第二百二十二条 【不动产登记错误损害赔偿责任】当事人提供虚假材料申请登记，造成他人损害的，应当承担赔偿责任。

因登记错误，造成他人损害的，登记机构应当承担赔偿责任。登记机构赔偿后，可以向造成登记错误的人追偿。

案例 杨光群诉四川省泸州市规划建设局房屋行政登记案（《人民法院案例选（月版）》2009年第3辑）

裁判规则 申请人以隐瞒真实情况、提交虚假申请等非法手段获取房屋登记的，属于申报不实，即便房屋登记机构无过错，人民法院在诉讼中也应依法予以纠正。

第二百二十三条 【不动产登记收费标准的确定】不动产登记费按件收取，不得按照不动产的面积、体积或者价款的比例收取。

注释 不动产登记以件计费，而不是按照不动产的面积、体积或者价款的比例收取。

目前，根据2016年12月6日国家发展改革委员会、财政部发布《关于不动产登记收费标准等有关问题的通知》，规划用途为住宅的房屋及其建设用地使用权申请办理不动产登记事项的，提供具

体服务内容,据实收取不动产登记费,收费标准为每件80元。

第二节 动产交付

第二百二十四条 【动产物权变动生效时间】动产物权的设立和转让,自交付时发生效力,但是法律另有规定的除外。

注释 动产物权的设立和转让,主要是指当事人通过合同约定转让动产所有权和设立动产质权两种情况。交付,是指动产的直接占有的转移,即一方按照法律行为的要求,将动产转移给另一方直接占有。

法律另有规定的除外条款是指:(1)关于动产观念交付的法律规定,即《民法典》第226—228条规定;(2)本章关于依非法律行为而发生物权变动的第229—231条规定;(3)本编担保物权分编对动产抵押权和留置权的规定。这些情形不适用本条的规定。

案例 中国长城资产管理公司乌鲁木齐办事处与新疆华电工贸有限责任公司、新疆华电红雁池发电有限责任公司、新疆华电苇湖梁发电有限责任公司等借款合同纠纷案(《最高人民法院公报》2009年第2期)

裁判规则:注册资本是公司最基本的资产,确定和维持公司一定数额的资本,对于奠定公司基本的债务清偿能力,保障债权人利益和交易安全具有重要价值。股东出资是公司资本确定、维持原则的基本要求,出资是股东最基本、最重要的义务,股东应当按期足额缴纳公司章程中规定的各自所认缴的出资额,以货币出资的,应当将货币出资足额存入公司在银行开设的账户;以非货币财产出资的,应当依法办理财产权的转移手续。

根据《物权法》第23条的规定,动产物权的设立和转让自交付时发生效力,动产所有权的转移以实际交付为准。股东以动产实物出资的,应当将作为出资的动产按期实际交付给公司。未实际交付的,应当认定股东没有履行出资义务,其出资没有实际到位。

第二百二十五条 【船舶、航空器和机动车物权变动采取登记对抗主义】船舶、航空器和机动车等的物权的设立、变更、转让和消灭,未经登记,不得对抗善意第三人。

注释 根据《海商法》的规定,船舶所有权的取得、转让和消灭,应当向船舶登记机关登记;未经登记的,不得对抗第三人。根据《民用航空法》的规定,民用航空器所有权的取得、转让和消灭,应当向国务院民用航空主管部门登记;未经登记的,不得对抗第三人。

所谓善意第三人,就是指不知道也不应当知道物权发生了变动的其他人。

链接《海商法》第3、9、10、13条;《民用航空法》第5、11、12、14、16条;《道路交通安全法》第8、12条;《物权编解释(一)》第6、19条

第二百二十六条 【简易交付】动产物权设立和转让前,权利人已经占有该动产的,物权自民事法律行为生效时发生效力。

注释 本条是对简易交付的规定。简易交付,是指交易标的物已经为受让人占有,转让人无须进行现实交付的无形交付方式。简易交付的条件,须在受让人已经占有了动产的场合,仅需当事人之间就所有权让与达成合意,即产生物权变动的效力。转让人将自主占有的意思授予受让人,以代替现实交付行为,受让人就从他主占有变为自主占有,就实现了动产交付,实现了动产物权的变动。当事人以本条规定的简易交付方式交付动产的,转让动产民事法律行为生效时为动产交付之时。

链接《物权编解释(一)》第17条

第二百二十七条 【指示交付】动产物权设立和转让前,第三人占有该动产的,负有交付义务的人可以通过转让请求第三人返还原物的权利代替交付。

注释 指示交付,又叫返还请求权让与,是指在交易标的物被第三人占有的场合,出让人与受让人约定,出让人将其对占有人的返还请求权移转给受让人,由受让人向第三人行使,以代替现实交付的动产交付方式。举例说明,甲将自己的自行车出租给乙使用,租期一个月,租赁期未满之时,甲又将该自行车出售给丙,由于租期未满,自行车尚由乙合法使用,此时为使得丙享有对该自行车的所有权,甲应当将自己享有的针对乙的返还原物请求权转让给丙以代替现实交付。当事人以本条规定的方式交付动产的,出让人与受让人之间有关转让返还原物请求权的协议生效时为动产交付之时。

指示交付的适用条件是:(1)双方当事人达成动产物权变动协议;(2)作为交易标的的动产在物

权交易之前就由第三人占有;(3)出让人对第三人占有的动产享有返还原物请求权;(4)出让人能将对第三人占有的动产返还请求权转让给受让人。

移转请求权的交付方式只是通过当事人之间的约定而产生的,并且标的物仍然处于第三人占有之下,因此占有发生移转,还需要第三人实际交付标的物。如果第三人因行使抗辩权拒绝交付财产,则请求权的转让只能在出让人和受让人之间产生效力,并不能因此对抗第三人。除抗辩权之外,如果第三人对出让人享有法定或约定的抵销权,或者因为出让人对第三人负有债务而使第三人享有留置权,第三人也可通过行使这些权利而拒绝向买受人作出交付。

链接《物权编解释(一)》第17条

第二百二十八条 【占有改定】动产物权转让时,当事人又约定由出让人继续占有该动产的,物权自该约定生效时发生效力。

注释 占有改定,是指在转让动产物权时,转让人希望继续占有该动产,当事人双方订立合同并约定转让人可以继续占有该动产,而受让人因此取得对标的物的间接占有以代替标的物的实际交付。

以占有改定的方式实现所有权移转仅仅是通过当事人的合意在观念中完成的。无论约定采取何种形式,口头或者书面,第三人都无从察知物权的变动,所以对于因信赖出让人直接占有动产这一事实状态,而与之交易的第三人就必须通过善意取得制度加以保护。

案例 青岛源宏祥纺织有限公司诉港润(聊城)印染有限公司取回权确认纠纷案(《最高人民法院公报》2012年第4期)

裁判规则:《物权法》第23条规定:"动产物权的设立和转让,自交付时发生效力,但法律另有规定的除外。"同时,该法第27条规定:"动产物权转让时,双方又约定由出让人继续占有该动产的,物权自该约定生效时发生效力。"依据上述规定,动产物权的转让,以交付为公示要件,无论交付的方式是现实交付还是以占有改定方式交付。当事人之间仅就物权的转移达成协议,但未就该动产成出让人继续占有该动产的占有改定协议的,不能构成《物权法》第27条规定的占有改定,故不能发生物权转移的效力。

第三节 其他规定

第二百二十九条 【法律文书、征收决定导致物权变动效力发生时间】因人民法院、仲裁机构的法律文书或者人民政府的征收决定等,导致物权设立、变更、转让或者消灭的,自法律文书或者征收决定等生效时发生效力。

注释 人民法院、仲裁机构在分割共有不动产或者动产等案件中作出并依法生效的改变原有物权关系的判决书、裁决书、调解书,以及人民法院在执行程序中作出的拍卖成交裁定书、以物抵债裁定书,应当认定为本条所称导致物权设立、变更、转让或者消灭的人民法院、仲裁机构的法律文书。

链接《物权编解释(一)》第7、8条

第二百三十条 【因继承取得物权的生效时间】因继承取得物权的,自继承开始时发生效力。

注释 本条是对因继承取得的物权发生效力的时间的规定。本条与原《物权法》相比,删除了因受遗赠取得物权的,自受遗赠开始时发生效力的规定。这一修改主要是考虑到受遗赠取得物权存在受遗赠人是否接受遗赠的问题,且接受遗赠还有可能会与继承人之间发生争议。

发生继承的事实取得物权的,本条规定自继承开始时发生物权变动的效力。根据《民法典》第1121条第1款的规定,继承从被继承人死亡时开始。尽管在被继承人死亡时好像并未直接发生继承,还要办继承手续,有的还要进行诉讼通过裁判确定。无论在被继承人死亡之后多久才确定继承的结果,继承人取得被继承人的遗产物权都是在被继承人死亡之时,因为法律规定被继承人死亡的时间,就是继承开始的时间,该继承开始的时间,就是遗产的物权变动时间。

链接《民法典》第1121条;《物权编解释(一)》第8条

第二百三十一条 【因事实行为设立或者消灭物权的生效时间】因合法建造、拆除房屋等事实行为设立或者消灭物权的,自事实行为成就时发生效力。

注释 所谓事实行为是指不以意思表示为要素的能够产生民事法律后果的法律事实。如用钢筋、水泥、砖瓦、木石建造房屋或者用布料缝制衣服,用木料制作家具,将缝制好的衣物抛弃或者将制作好的家具烧毁等能引起物权设立或消灭的行

为。首先,事实行为是人的行为,是人的一种有意识的活动,与自然事实有别;其次,事实行为是一种法律事实,即能够在人与人之间产生、变更或终止民事法律关系;最后,事实行为不以意思表示为要素,即行为人是否表达了某种心理状态,法律不予考虑,只要有某种事实行为存在,法律便直接赋予其法律效果。本条即是对事实行为导致物权变动效力的规定。

第二百三十二条 【非依民事法律行为享有的不动产物权变动】 处分依照本节规定享有的不动产物权,依照法律规定需要办理登记的,未经登记,不发生物权效力。

注释 物权变动须以法律规定的公示方法进行,如动产交付、不动产登记等。在本节规定的非以法律行为导致物权变动的情况下,不必遵循依照法律行为导致物权变动应当遵循的一般公示方法,这三种不动产物权的变动方式并不按照法律规定的物权变动公示方法进行。为维护交易秩序和交易安全,本条明确规定,因本节规定的三种非以法律行为导致物权变动的,尽管权利人享有该物权,但是在处分该不动产物权时,依照法律规定应当登记而未登记的,不发生物权效力,故在处分该物权之前,一定要办理不动产登记,否则无法取得转让物权的效力。

第三章 物权的保护

第二百三十三条 【物权保护争讼程序】 物权受到侵害的,权利人可以通过和解、调解、仲裁、诉讼等途径解决。

注释 和解是当事人之间私了。调解是通过第三人调停解决纠纷。仲裁是当事人协议选择仲裁机构,由仲裁机构裁决解决争端。诉讼包括民事、行政、刑事三大诉讼,物权保护的诉讼主要指提起民事诉讼。

链接 《物权编解释(一)》第1条

第二百三十四条 【物权确认请求权】 因物权的归属、内容发生争议的,利害关系人可以请求确认权利。

注释 物权的确认是物权保护的前提,它包括对所有权归属的确认和对他物权的确认这两方面的内容。确认所有权归属,即确认产权,是一种独立的保护方法,不能以其他方法代替之;同时,确认产权又是采取其他保护方法的最初步骤。在物权归属问题未得到确定时,其他的保护方法也就无从适用。

确认物权的归属必须向有关行政机关或者人民法院提出请求,而不能实行自力救济,即不能单纯以自身的力量维护或者恢复物权的圆满状态。在很多情形中,确认物权往往是行使返还原物请求权的前提,物权的归属如果没有得到确认,根本就无法行使返还原物请求权。

链接 《最高人民法院关于审理森林资源民事纠纷案件适用法律若干问题的解释》第2条

第二百三十五条 【返还原物请求权】 无权占有不动产或者动产的,权利人可以请求返还原物。

注释 本条是对返还原物请求权的规定。返还原物请求权,是指物权人对于无权占有标的物之人的请求返还该物的权利。所有权人在其所有物被他人非法占有时,可以向非法占有人请求返还原物,或请求法院责令非法占有人返还原物。适用返还原物保护方法的前提,需原物仍然存在,如果原物已经灭失,只能请求赔偿损失。

财产所有权人只能向没有法律根据而侵占其所有物的人,即非法占有人请求返还。如果非所有权人对所有权人的财产的占有是合法占有,对合法占有人在合法占有期间,所有权人不能请求返还原物。由于返还原物的目的是追回脱离所有权人占有的财产,故要求返还的原物应当是特定物。如果被非法占有的是种类物,除非该种类物的原物仍存在,否则就不能要求返还原物,只能要求赔偿损失,或者要求返还同种类及同质量的物。所有权人要求返还财产时,对由原物所生的孳息可以同时要求返还。

第二百三十六条 【排除妨害、消除危险请求权】 妨害物权或者可能妨害物权的,权利人可以请求排除妨害或者消除危险。

注释 排除妨害请求权,是指当物权的享有和行使受到占有以外的方式妨害时,物权人对妨害人享有请求排除妨害,使自己的权利恢复圆满状态的物权请求权。被排除的妨害需具有不法性,倘若物权人负有容忍义务,则无排除妨害请求权。排除妨害的费用应当由非法妨害人负担。

消除危险请求权,是指由于他人的非法行为足以使财产有遭受毁损、灭失的危险时,物权人有请求人民法院责令其消除危险,以免造成财产损失的物权请求权。采用消除危险这种保护方法时，应当查清事实，只有危险客观存在，且这种违法行为足以危及财产安全时，才能运用消除危险的方法来保护其所有权，其条件是根据社会一般观念确认危险有可能发生。危险的可能性主要是针对将来而言，只要将来有可能发生危险，所有人便可行使此项请求权。对消除危险的费用，由造成危险的行为人负担。

案例 黄星煌、沈红梅与无锡市锦江旅游客运有限公司、无锡城建物业管理有限公司排除妨碍纠纷案（《人民法院案例选（月版）》2009年第2辑）

裁判规则： 楼宇外墙设立广告牌属于在区分所有权建筑物的共有部位设定地役权，应当取得建筑物全体业主或授权管理单位的许可，地役权的行使对特定业主的物权造成妨害的，地役权人应当承担排除妨害、赔偿损失等法律责任。

第二百三十七条 【修理、重作、更换或者恢复原状请求权】 造成不动产或者动产毁损的，权利人可以依法请求修理、重作、更换或者恢复原状。

第二百三十八条 【物权损害赔偿请求权】 侵害物权，造成权利人损害的，权利人可以依法请求损害赔偿，也可以依法请求承担其他民事责任。

第二百三十九条 【物权保护方式的单用和并用】 本章规定的物权保护方式，可以单独适用，也可以根据权利被侵害的情形合并适用。

第二分编 所有权

第四章 一般规定

第二百四十条 【所有权的定义】 所有权人对自己的不动产或者动产，依法享有占有、使用、收益和处分的权利。

注释 占有，就是对于财产的实际管领或控制，拥有一个物的一般前提就是占有，这是财产所有者直接行使所有权的表现。使用，是权利主体对财产的运用，发挥财产的使用价值。收益，是通过财产的占有、使用等方式取得经济效益。处分，是指财产所有人对其财产在事实上和法律上的最终处置。

第二百四十一条 【所有权人设立他物权】 所有权人有权在自己的不动产或者动产上设立用益物权和担保物权。用益物权人、担保物权人行使权利，不得损害所有权人的权益。

注释 所有权人在自己的不动产或者动产上设立用益物权和担保物权，是所有权人行使其所有权的具体体现。由于用益物权与担保物权都是对他人的物享有的权利，因此统称为"他物权"，与此相对应，所有权称为"自物权"。

他物权分为用益物权和担保物权。用益物权包括土地承包经营权、建设用地使用权、宅基地使用权、地役权、居住权；担保物权包括抵押权、质权和留置权，还包括所有权保留、优先权、让与担保等非典型担保物权。由于用益物权和担保物权都是在他人所有之物上设置的物权，因此，在行使用益物权和担保物权的时候，权利人不得损害所有权人的权益。

第二百四十二条 【国家专有】 法律规定专属于国家所有的不动产和动产，任何组织或者个人不能取得所有权。

注释 国家专有是指只能为国家所有而不能为任何其他人所拥有的。国家专有的财产由于不能为他人所拥有，因此不能通过交换或者赠与等任何流通手段转移所有权。

国家专有的不动产和动产的范围主要是：（1）国有土地；（2）海域；（3）水流；（4）矿产资源；（5）野生动物资源；（6）无线电频谱资源。

第二百四十三条 【征收】 为了公共利益的需要，依照法律规定的权限和程序可以征收集体所有的土地和组织、个人的房屋以及其他不动产。

征收集体所有的土地，应当依法及时足额支付土地补偿费、安置补助费以及农村村民住宅、其他地上附着物和青苗等的补偿费用，并安排被征地农民的社会保障费用，保障被征地农民的生活，维护被征地农民的合法权益。

征收组织、个人的房屋以及其他不动产，应当依法给予征收补偿，维护被征收人的合法权益；征收个人住宅的，还应当保障被征收人的居住条件。

任何组织或者个人不得贪污、挪用、私分、截留、拖欠征收补偿费等费用。

第二百四十四条 【保护耕地与禁止违法征地】 国家对耕地实行特殊保护，严格限制农用地转为建设用地，控制建设用地总量。不得违反法律规定的权限和程序征收集体所有的土地。

第二百四十五条 【征用】 因抢险救灾、疫情防控等紧急需要，依照法律规定的权限和程序可以征用组织、个人的不动产或者动产。被征用的不动产或者动产使用后，应当返还被征用人。组织、个人的不动产或者动产被征用或者征用后毁损、灭失的,应当给予补偿。

第五章 国家所有权和集体所有权、私人所有权

第二百四十六条 【国家所有权】法律规定属于国家所有的财产,属于国家所有即全民所有。

国有财产由国务院代表国家行使所有权。法律另有规定的,依照其规定。

第二百四十七条 【矿藏、水流和海域的国家所有权】矿藏、水流、海域属于国家所有。

第二百四十八条 【无居民海岛的国家所有权】无居民海岛属于国家所有,国务院代表国家行使无居民海岛所有权。

注释 无居民海岛,是指不属于居民户籍管理的住址登记地的海岛。2010年3月1日,我国《海岛保护法》通过施行,明确规定无居民海岛属国家所有,由国务院代表国家行使无居民海岛所有权,凡是开发利用无居民海岛的,都必须报经省级人民政府或者国务院批准并取得海岛使用权、缴纳海岛使用金。

链接 《海岛保护法》第4、5条

第二百四十九条 【国家所有土地的范围】城市的土地,属于国家所有。法律规定属于国家所有的农村和城市郊区的土地,属于国家所有。

第二百五十条 【国家所有的自然资源】森林、山岭、草原、荒地、滩涂等自然资源,属于国家所有,但是法律规定属于集体所有的除外。

第二百五十一条 【国家所有的野生动植物资源】法律规定属于国家所有的野生动植物资源,属于国家所有。

第二百五十二条 【无线电频谱资源的国家所有权】无线电频谱资源属于国家所有。

第二百五十三条 【国家所有的文物的范围】法律规定属于国家所有的文物,属于国家所有。

注释 中华人民共和国境内地下、内水和领海中遗存的一切文物,属于国家所有。古文化遗址、古墓葬、石窟寺属于国家所有。国家指定保护的纪念建筑物、古建筑、石刻、壁画、近代现代代表性建筑等不可移动文物,除国家另有规定的以外,属于国家所有。国有不可移动文物的所有权不因其依附的土地所有权或者使用权的改变而改变。

下列可移动文物,属于国家所有:(1)中国境内出土的文物,国家另有规定的除外;(2)国有文物收藏单位以及其他国家机关、部队和国有企业、事业组织等收藏、保管的文物;(3)国家征集、购买的文物;(4)公民、法人和其他组织捐赠给国家的文物;(5)法律规定属于国家所有的其他文物。属于国家所有的可移动文物的所有权不因其保管、收藏单位的终止或者变更而改变。

链接 《文物保护法》第5条

第二百五十四条 【国防资产、基础设施的国家所有权】国防资产属于国家所有。

铁路、公路、电力设施、电信设施和油气管道等基础设施,依照法律规定为国家所有的,属于国家所有。

第二百五十五条 【国家机关的物权】国家机关对其直接支配的不动产和动产,享有占有、使用以及依照法律和国务院的有关规定处分的权利。

第二百五十六条 【国家举办的事业单位的物权】国家举办的事业单位对其直接支配的不动产和动产,享有占有、使用以及依照法律和国务院的有关规定收益、处分的权利。

第二百五十七条 【国有企业出资人制度】国家出资的企业,由国务院、地方人民政府依照法律、行政法规规定分别代表国家履行出资人职责,享有出资人权益。

链接 《公司法》第64—70条;《企业国有资产法》;《企业国有资产监督管理暂行条例》

第二百五十八条 【国有财产的保护】国家所有的财产受法律保护,禁止任何组织或者个人侵占、哄抢、私分、截留、破坏。

第二百五十九条 【国有财产管理法律责任】履行国有财产管理、监督职责的机构及其工作人员,应当依法加强对国有财产的管理、监督,促进国有财产保值增值,防止国有财产损失;滥用职权,玩忽职守,造成国有财产损失的,应当依法承担法律责任。

违反国有财产管理规定,在企业改制、合并分立、关联交易等过程中,低价转让、合谋私分、擅自担保或者以其他方式造成国有财产损失的,应当依法承担法律责任。

第二百六十条 【集体财产范围】集体所有的不动产和动产包括:

(一)法律规定属于集体所有的土地和森林、山岭、草原、荒地、滩涂;

（二）集体所有的建筑物、生产设施、农田水利设施；

（三）集体所有的教育、科学、文化、卫生、体育等设施；

（四）集体所有的其他不动产和动产。

第二百六十一条 【农民集体所有财产归属及重大事项集体决定】农民集体所有的不动产和动产，属于本集体成员集体所有。

下列事项应当依照法定程序经本集体成员决定：

（一）土地承包方案以及将土地发包给本集体以外的组织或者个人承包；

（二）个别土地承包经营权人之间承包地的调整；

（三）土地补偿费等费用的使用、分配办法；

（四）集体出资的企业的所有权变动等事项；

（五）法律规定的其他事项。

链接《土地管理法》第9—10条；《农村土地承包法》第28、52条；《村民委员会组织法》第21—24条

第二百六十二条 【行使集体所有权的主体】对于集体所有的土地和森林、山岭、草原、荒地、滩涂等，依照下列规定行使所有权：

（一）属于村农民集体所有的，由村集体经济组织或者村民委员会依法代表集体行使所有权；

（二）分别属于村内两个以上农民集体所有的，由村内各该集体经济组织或者村民小组依法代表集体行使所有权；

（三）属于乡镇农民集体所有的，由乡镇集体经济组织代表集体行使所有权。

注释"村"是指行政村，即设立村民委员会的村，而非自然村。"分别属于村内两个以上农民集体所有"主要是指该农民集体所有的土地和其他财产在改革开放以前就分别属于两个以上的生产队，现在其土地和其他集体财产仍然分别属于相当于原生产队的各该农村集体经济组织或者村民小组的农民集体所有。"村民小组"是指行政村内的由村民组成的自治组织。根据村民委员会组织法的规定，村民委员会可以根据居住地区划分若干个村民小组。如果村内有集体经济组织，就由村内的集体经济组织行使所有权；如果没有村内的集体经济组织，则由村民小组来行使所有权。

属于乡镇农民集体所有的，由乡镇集体经济组织代表集体行使所有权。这种情况包括：一是指改革开放以前，原来以人民公社为核算单位的土地，在公社改为乡镇以后仍然属于乡镇农民集体所有；二是在人民公社时期，公社一级掌握的集体所有的土地和其他财产仍然属于乡镇农民集体所有。上述两种情况下，由乡镇集体经济组织来行使所有权。

链接《土地管理法》第11条；《农村土地承包法》第13条

第二百六十三条 【城镇集体财产权利】城镇集体所有的不动产和动产，依照法律、行政法规的规定由本集体享有占有、使用、收益和处分的权利。

第二百六十四条 【集体财产状况的公布】农村集体经济组织或者村民委员会、村民小组应当依照法律、行政法规以及章程、村规民约向本集体成员公布集体财产的状况。集体成员有权查阅、复制相关资料。

第二百六十五条 【集体财产的保护】集体所有的财产受法律保护，禁止任何组织或者个人侵占、哄抢、私分、破坏。

农村集体经济组织、村民委员会或者其负责人作出的决定侵害集体成员合法权益的，受侵害的集体成员可以请求人民法院予以撤销。

注释集体所有的财产，不论是农村集体所有的财产，还是城镇集体所有的财产，都平等地受到法律保护，他人不得侵害。故本条规定禁止任何组织或者个人侵占、哄抢、私分、破坏集体所有的财产。

本条特别授予集体组织成员一项权利，即在农村集体经济组织、村民委员会或者其负责人作出的决定侵害集体成员合法权益的时候，受侵害的集体成员享有撤销权，可以请求人民法院对侵害集体成员合法权益的决定予以撤销。本条中集体成员享有的撤销权原则上应当适用《民法典》第152条有关除斥期间为1年的规定。

第二百六十六条 【私人所有权】私人对其合法的收入、房屋、生活用品、生产工具、原材料等不动产和动产享有所有权。

注释私人是和国家、集体相对应的物权主体，不但包括我国的公民，也包括在我国合法取得财产的外国人和无国籍人。

（1）收入。是指人们从事各种劳动获得的货币收入或者有价物。主要包括：工资，指定期支付

给员工的劳动报酬,包括计时工资、计件工资、职务工资、级别工资、基础工资、工龄工资、奖金、津贴和补贴、加班加点工资和特殊情况下支付的报酬等;从事智力创造和提供劳务所取得的物质权利,如稿费、专利转让费、讲课费、咨询费、演出费等;因拥有债权、股权而取得的利息、股息、红利所得;出租建筑物、土地使用权、机器设备、车船以及其他财产所得;转让有价证券、股权、建筑物、土地使用权、机器设备、车船以及其他财产所得;得奖、中奖、中彩以及其他偶然所得;从事个体经营的劳动收入、从事承包土地所获得的收益等。

（2）房屋。包括依法购买的城镇住宅,也包括在农村宅基地上依法建造的住宅,也包括商铺、厂房等建筑物。根据土地管理法、城市房地产管理法以及本法的规定,房屋仅指在土地上的建筑物部分,不包括其占有的土地。

（3）生活用品。是指用于生活方面的物品,如家用电器、私人汽车、家具等。

（4）生产工具和原材料。生产工具是指人们在进行生产活动时所使用的器具,如机器设备、车辆、船舶等运输工具。原材料是指生产产品所需的物质基础材料,如矿石、木材、钢铁等。生产工具和原材料是重要的生产资料,是生产所必需的基础物质。

除上述外,私人财产还包括其他的不动产和动产,如图书、个人收藏品、牲畜和家禽等。

链接《宪法》第13条;《刑法》第92条

案例 汪秉诚等六人诉淮安市博物馆返还祖宅的埋藏文物纠纷案（《最高人民法院公报》2013年第5期）

裁判规则:《民法通则》第79条规定:所有人不明的埋藏物,归国家所有;《文物保护法》第5条也将中华人民共和国境内地下遗存的文物一般推定为"属于国家所有"。但对于埋藏或隐藏于公民祖宅且能够基本证明属于其祖产的埋藏物,在无法律明文规定禁止其拥有的情况下,应判定属于公民私人财产。

第二百六十七条 【私有财产的保护】私人的合法财产受法律保护,禁止任何组织或者个人侵占、哄抢、破坏。

第二百六十八条 【企业出资人的权利】国家、集体和私人依法可以出资设立有限责任公司、股份有限公司或者其他企业。国家、集体和私人所有的不动产或者动产投到企业的,由出资人按照约定或者出资比例享有资产收益、重大决策以及选择经营管理者等权利并履行义务。

第二百六十九条 【法人财产权】营利法人对其不动产和动产依照法律、行政法规以及章程享有占有、使用、收益和处分的权利。

营利法人以外的法人,对其不动产和动产的权利,适用有关法律、行政法规以及章程的规定。

链接《民法典》第57、76条

第二百七十条 【社会团体法人、捐助法人合法财产的保护】社会团体法人、捐助法人依法所有的不动产和动产,受法律保护。

链接《民法典》第87、90、92条

第六章　业主的建筑物区分所有权

第二百七十一条 【建筑物区分所有权】业主对建筑物内的住宅、经营性用房等专有部分享有所有权,对专有部分以外的共有部分享有共有和共同管理的权利。

注释 建筑物区分所有权人,对建筑物内的住宅、商业用房等专有部分享有所有权,对专有部分以外的共有部分如电梯、过道、楼梯、水箱、外墙面、水电气的主管线等享有共有和共同管理的权利。业主可以自行管理建筑物及其附属设施,也可以委托物业服务企业或者其他管理人管理。业主可以设立业主大会,选举业主委员会,制定或者修改业主大会议事规则和建筑物及其附属设施的管理规约,选举业主委员会和更换业主委员会成员,选聘和解聘物业服务企业或者其他管理人,筹集和使用建筑物及其附属设施的维修资金,改建和重建建筑物及其附属设施等。业主大会和业主委员会,对任意弃置垃圾、排放大气污染物或者噪声、违反规定饲养动物、违章搭建、侵占通道、拒付物业费等损害他人合法权益的行为,有权依照法律、法规以及管理规约,要求行为人停止侵害、消除危险、排除妨害、赔偿损失。

链接《物业管理条例》第6条;《最高人民法院关于审理建筑物区分所有权纠纷案件适用法律若干问题的解释》第1条

案例 孙庆军诉南京市清江花苑小区业主委员会业主知情权纠纷案（《最高人民法院公报》2015年第12期）

裁判规则:业主作为建筑物区分所有人,享有知情权,享有了解本小区建筑区划内涉及业主共有权及共同管理权等相关事项的权利,业主委员会应全面、合理公开其掌握的情况和资料。对于业主行使知情权亦应加以合理限制,防止滥用权利,其范围应限于涉及业主合法权益的信息,并遵循简便的原则。

第二百七十二条 【业主对专有部分的专有权】 业主对其建筑物专有部分享有占有、使用、收益和处分的权利。业主行使权利不得危及建筑物的安全,不得损害其他业主的合法权益。

注释 建筑区划内符合下列条件的房屋,以及车位、摊位等特定空间,应当认定为本章所称的专有部分:(1)具有构造上的独立性,能够明确区分;(2)具有利用上的独立性,可以排他使用;(3)能够登记成为特定业主所有权的客体。规划上专属于特定房屋,且建设单位销售时已经根据规划列入该特定房屋买卖合同中的露台等,应当认定为本章所称专有部分的组成部分。

对于建筑物区分所有权人对专有部分享有的权利,一方面,应明确其与一般所有权相同,具有绝对性、永久性、排他性。所有权人在法律限制范围内可以自由使用、收益、处分专有部分,并排除他人干涉。另一方面,也应注意到其与一般所有权的不同:业主的专有部分是建筑物的重要组成部分,与共有部分具有一体性、不可分离性,例如没有电梯、楼道、走廊,业主不可能出入自己的居室、经营性用房等专有部分;没有水箱、水、电等管线,业主无法使用自己的居室、经营性用房等专有部分。因此业主对专有部分行使所有权应受到一定限制。例如,业主对专有部分装修时,不得拆除房屋内的承重墙,不得在专有部分内储藏、存放易燃易爆的危险物品,危及整个建筑物的安全,损害其他业主的合法权益。

链接《最高人民法院关于审理建筑物区分所有权纠纷案件适用法律若干问题的解释》第2条

案例 1. 郑州二建公司诉王良础公有住房出售协议违约纠纷案(《最高人民法院公报》2006年第1期)

裁判规则: 建筑物区分所有权人只能在该建筑物中自己专有的部位行使所有权四项权能,未经该建筑物的其他区分所有权人和物业经营管理者、维修者许可,不得对该建筑物的共用部位行使权利。

公有住房售出单位对公有住房的共用部位承担着维修责任。售出单位在与公有住房买受人签订的售房协议中,为了不加重自己一方在住房售出后的维修负担,约定买受人不得实施有碍公有住房共用部位安全的行为,这样的约定没有限制买受人正当行使自己的权利,因此是合法有效的。

2. 庄某某与赵某某建筑物专有权纠纷上诉案[广东省深圳市中级人民法院(2011)深中法民一终字第59号民事判决书]

裁判规则: 根据《最高人民法院关于审理建筑物区分所有权纠纷案件具体应用法律若干问题的解释》的规定,认定为建筑区划内专有部分的空间,应当符合具有构造上的独立性,可以明确区分、具有利用上的独立性,可以排他使用、能够登记为特定业主所有权的客体,或者规划上属于特定房屋,且建设单位销售时已经根据规划列入该特定房屋买卖合同。

第二百七十三条 【业主对共有部分的共有权及义务】 业主对建筑物专有部分以外的共有部分,享有权利,承担义务;不得以放弃权利为由不履行义务。

业主转让建筑物内的住宅、经营性用房,其对共有部分享有的共有和共同管理的权利一并转让。

注释 关于业主对共有部分的权利,主要应注意,业主对专有部分以外的共有部分既享有权利,又承担义务。并且,业主不得以放弃权利为由不履行义务。例如,业主不得以不使用电梯为由,不交纳电梯维修费用;在集中供暖的情况下,不得以冬季不在此住宅居住为由,不交纳暖气费用。关于如何行使该项共有权利、承担义务还要依据本法及相关法律、法规和建筑区划管理规约的规定。

对于本条,值得强调第2款的规定,即业主对其建筑物专有部分的所有权不能单独转让,而必须与其共用部分持分权和成员权一同转让。业主的建筑物区分所有权是一个集合权,包括对专有部分享有的所有权、对建筑区划内的共有部分享有的共有权和共同管理的权利,这三种权利具有不可分离性。在这三种权利中,业主对专有部分的所有权占主导地位,是业主对专有部分以外的共有部分享有共有权以及对共有部分享有共同管理权的前提与基础。而且,区分所有人所有的专有部分的大小,也决定了其对建筑物共有部分享有的共有和共同管理权利的份额大小。因此本条规定,业主转让建筑物内的住宅、经营性用房,其对共有部分享有的共有和共同管理的权利一并转让。

链接 《物业管理条例》第54条;《最高人民法院关于审理建筑物区分所有权纠纷案件适用法律若干问题的解释》第3、4条

案例 1. 无锡市春江花园业主委员会诉上海陆家嘴物业管理有限公司等物业管理纠纷案(《最高人民法院公报》2010年第5期)

裁判规则:根据《物权法》第72条的规定,业主对建筑物专有部分以外的共有部分,享有权利,承担义务。共有部分在物业服务企业物业管理(包括前期物业管理)期间所产生的收益,在没有特别约定的情况下,应属全体业主所有,并主要用于补充小区的专项维修资金。物业服务企业对共有部分进行经营管理的,可以享有一定比例的收益。

2. 徐州西苑艺君花园(一期)业主委员会诉徐州中川房地产开发有限公司物业管理用房所有权确认纠纷案(《最高人民法院公报》2014年第6期)

裁判规则:业主委员会依照《物权法》第75条第1款规定成立,具有一定目的、名称、组织机构与场所,管理相应财产,是《民事诉讼法》第49条第1款规定的"其他组织"。业主委员会依据业主共同或业主大会决议,在授权范围内,以业主委员会名义从事法律行为,具备诉讼主体资格。

物业管理用房依规划定点建造,为区分所有权建筑物管理人进行管理维护业务必需的场所,依照《物权法》第72条第1款的规定,为业主共有。在建筑物竣工验收交付后,物业管理用房的分割、转移、调整或重新配置,应当由业主共同或业主大会决定。

第二百七十四条 【建筑区划内的道路、绿地等场所和设施属于业主共有财产】建筑区划内的道路,属于业主共有,但是属于城镇公共道路的除外。建筑区划内的绿地,属于业主共有,但是属于城镇公共绿地或者明示属于个人的除外。建筑区划内的其他公共场所、公用设施和物业服务用房,属于业主共有。

注释 本条是对建筑区划内设施的归属的规定。需要强调的,一是本条规定的绿地、道路归业主所有,不是说绿地、道路的土地所有权归业主所有,而是说绿地、道路作为土地上的附着物归业主所有;二是业主对"建筑区划内的其他公共场所、公用设施和物业服务用房"的共有包括对这部分场所、公用设施和用房本身的所有权和对其地基的土地使用权。

链接 《物业管理条例》第37条;《最高人民法院关于审理建筑物区分所有权纠纷案件适用法律若干问题的解释》第3条

案例 1. 长城宽带网络服务有限公司江苏分公司诉中国铁通集团有限公司南京分公司恢复原状纠纷案(《最高人民法院公报》2019年第12期)

裁判规则:小区内的通信管道在小区交付后属于全体业主共有。通信运营公司与小区房地产开发公司签订的小区内通信管线等通信设施由通信运营公司享有专有使用权的条款,侵犯了业主的共有权和选择电信服务的自由选择权,应属无效。

2. 青岛中南物业管理有限公司南京分公司诉徐献太、陆素侠物业管理合同纠纷案(《最高人民法院公报》2007年第9期)

裁判规则:业主与所在小区的物业管理公司签订物业管理服务协议后,即与物业管理公司之间建立了物业管理服务合同关系。物业管理公司作为提供物业管理服务的合同一方当事人,有义务依约进行物业管理,要求业主遵守业主公约及小区物业管理规定,有权对于违反业主公约及物业管理规定的行为加以纠正,以维护小区正常的物业管理秩序,维护小区全体业主的共同利益。当业主不按照整改要求纠正违反业主公约和物业管理规定的行为时,物业管理公司作为合同一方当事人,有权依法提起诉讼。

对于与业主所购房屋毗邻庭院绿地的权属问题,不能仅仅依据房地产开发商的售楼人员曾向业主口头承诺"买一楼房屋送花园",以及该庭院绿地实际为业主占有、使用的事实,即认定业主对该庭院绿地享有独占使用权。该庭院绿地作为不动产,其使用权的归属必须根据房屋买卖双方正式签订的商品房买卖协议及物权登记情况加以确定。

业主不得违反业主公约及物业管理规定,基于个人利益擅自破坏、改造与其房屋毗邻的庭院绿地。即使业主对于该庭院绿地具有独占使用

权,如果该庭院绿地属于小区绿地的组成部分,业主在使用该庭院绿地时亦应遵守业主公约、物业管理规定关于小区绿地的管理规定,不得擅自破坏该庭院绿地,损害小区其他业主的合法权益。

第二百七十五条 【车位、车库的归属规则】 建筑区划内,规划用于停放汽车的车位、车库的归属,由当事人通过出售、附赠或者出租等方式约定。

占用业主共有的道路或者其他场地用于停放汽车的车位,属于业主共有。

注释 建筑区划内,规划用于停放汽车的车位和车库的权属应当依据合同确定。通过出售和附赠取得车库车位的,所有权归属于业主;车库车位出租的,所有权归属于开发商,业主享有使用权。确定出售和附赠车位、车库的所有权属于业主的,车库车位的所有权和土地使用权也应当进行物权登记,在转移专有权时,车库车位的所有权和土地使用权并不必然跟随建筑物的权属一并转移,须单独进行转让或者不转让。

链接 《最高人民法院关于审理建筑物区分所有权纠纷案件适用法律若干问题的解释》第6条

第二百七十六条 【车位、车库优先满足业主需求】 建筑区划内,规划用于停放汽车的车位、车库应当首先满足业主的需要。

链接 《最高人民法院关于审理建筑物区分所有权纠纷案件适用法律若干问题的解释》第5条

第二百七十七条 【设立业主大会和选举业主委员会】 业主可以设立业主大会,选举业主委员会。业主大会、业主委员会成立的具体条件和程序,依照法律、法规的规定。

地方人民政府有关部门、居民委员会应当对设立业主大会和选举业主委员会给予指导和协助。

注释 业主大会是业主的自治组织,是基于业主的建筑物区分所有权的行使产生的,由全体业主组成,是建筑区划内建筑物及其附属设施的管理机构。业主大会的职责是:对外,代表该建筑物的全体业主,其性质为非法人组织性质的管理团体,代表全体所有人为民事法律行为和诉讼行为,具有非法人组织的功能;对内,对建筑物的管理工作作出决策,对共同事务进行决议,如制定管理规约,选任、解任管理人,共有部分的变更,建筑物部分毁损的修建等。业主大会应当定期召开,每年至少召开一次至两次。

业主委员会是业主大会的执行机构,由业主大会选举产生,执行业主会议的决议,履行下列职责:(1)召集业主大会会议,报告物业管理的实施情况;(2)代表业主与业主大会选聘的物业服务企业签订物业服务合同;(3)及时了解业主、物业使用人的意见和建议,监督和协助物业服务企业履行物业服务合同;(4)监督业主公约的实施;(5)业主大会赋予的其他职责。

链接 《物业管理条例》第8—20条

第二百七十八条 【由业主共同决定的事项以及表决规则】 下列事项由业主共同决定:

(一)制定和修改业主大会议事规则;

(二)制定和修改管理规约;

(三)选举业主委员会或者更换业主委员会成员;

(四)选聘和解聘物业服务企业或者其他管理人;

(五)使用建筑物及其附属设施的维修资金;

(六)筹集建筑物及其附属设施的维修资金;

(七)改建、重建建筑物及其附属设施;

(八)改变共有部分的用途或者利用共有部分从事经营活动;

(九)有关共有和共同管理权利的其他重大事项。

业主共同决定事项,应当由专有部分面积占比三分之二以上的业主且人数占比三分之二以上的业主参与表决。决定前款第六项至第八项规定的事项,应当经参与表决专有部分面积四分之三以上的业主且参与表决人数四分之三以上的业主同意。决定前款其他事项,应当经参与表决专有部分面积过半数的业主且参与表决人数过半数的业主同意。

注释 本条规定中的专有部分面积,按照不动产登记簿记载的面积计算;尚未进行登记的,暂按测绘机构的实测面积计算;尚未进行实测的,暂按房屋买卖合同记载的面积计算。业主人数,按照专有部分的数量计算,一个专有部分按一人计算。建设单位尚未出售和虽已出售但尚未交付的部分,以及同一买受人拥有一个以上专有部分的,按一人计算。

链接 《最高人民法院关于审理建筑物区分所有权纠纷案件适用法律若干问题的解释》第7—9条;《业主大会和业主委员会指导规则》

第二百七十九条 【业主将住宅转变为经营性用房应当遵循的规则】 业主不得违反法律、法规以及管理规约，将住宅改变为经营性用房。业主将住宅改变为经营性用房的，除遵守法律、法规以及管理规约外，应当经有利害关系的业主一致同意。

注释 业主负有维护住宅建筑物现状的义务，其中包括不得将住宅改变为经营性用房。如果业主要将住宅改变为经营性用房，除了应当遵守法律、法规以及管理规约外，还应当经过有利害关系的业主的一致同意，有利害关系的业主只要有一人不同意，就不得改变住宅用房的用途。业主将住宅改变为经营性用房，本栋建筑物内的其他业主，应当认定为本条所称"有利害关系的业主"。业主将住宅改变为经营性用房，未依据本条的规定经有利害关系的业主一致同意，有利害关系的业主请求排除妨害、消除危险、恢复原状或者赔偿损失的，人民法院应予支持。将住宅改变为经营性用房的业主以多数有利害关系的业主同意其行为进行抗辩的，人民法院不予支持。

链接《最高人民法院关于审理建筑物区分所有权纠纷案件适用法律若干问题的解释》第10、11条

案例 张一诉郑中伟、中国联合网络通信有限公司武汉市分公司建筑物区分所有权纠纷案（《最高人民法院公报》2014年第11期）

裁判规则：在审理建筑物区分所有权案件时，即使业主对房屋的使用没有给其他区分所有权人造成噪音、污水、异味等影响，只要房屋的用途发生改变，由专供个人、家庭日常生活居住使用改变为用于商业、工业、旅游、办公等经营性活动，即可认定该行为影响了业主的安宁生活，属于将住宅改变为经营性用房，应依照《物权法》第77条关于业主改变住宅用途的规定处理。

房屋使用人将住宅改变为经营性用房的，应承担与业主相同的法定义务，除遵守法律、法规和管理规约外，还应当经有利害关系的业主同意。

第二百八十条 【业主大会、业主委员会决定的效力】 业主大会或者业主委员会的决定，对业主具有法律约束力。

业主大会或者业主委员会作出的决定侵害业主合法权益的，受侵害的业主可以请求人民法院予以撤销。

注释 对业主具有约束力的业主大会或者业主委员会的决定，必须是依法设立的业主大会、业主委员会依据法定程序作出，不违反法律，不违背公序良俗，不损害国家利益、公共利益和他人利益的决定。

本条第2款赋予了业主请求人民法院撤销业主大会或者业主委员会作出的不当决定的权利。业主以业主大会或者业主委员会作出的决定侵害其合法权益或者违反了法律规定的程序为由，依据本条第2款的规定请求人民法院撤销该决定的，应当在知道或者应当知道业主大会或者业主委员会作出决定之日起1年内行使。

链接《物业管理条例》第12、19条；《最高人民法院关于审理建筑物区分所有权纠纷案件适用法律若干问题的解释》第12条

第二百八十一条 【建筑物及其附属设施维修资金的归属和处分】 建筑物及其附属设施的维修资金，属于业主共有。经业主共同决定，可以用于电梯、屋顶、外墙、无障碍设施等共有部分的维修、更新和改造。建筑物及其附属设施的维修资金的筹集、使用情况应当定期公布。

紧急情况下需要维修建筑物及其附属设施的，业主大会或者业主委员会可以依法申请使用建筑物及其附属设施的维修资金。

注释 建筑物及其附属设施的维修资金属于业主共有，专项用于物业保修期满后共有部分、共用设施设备的维修、更新、改造，不得挪作他用。维修资金的使用方法是：(1)经业主共同决定，可以用于电梯、屋顶、外墙、无障碍设施等共有部分的维修、更新和改造。(2)紧急情况下需要维修建筑物及其附属设施的，业主大会或者业主委员会可以依法申请使用维修资金。(3)维修资金的筹集、使用情况，应当向全体业主公布，增加透明度，便于监督管理。

链接《物业管理条例》第53、54、60条；《最高人民法院关于审理建筑物区分所有权纠纷案件适用法律若干问题的解释》第13条

案例 夏浩鹏等人诉上海市闸北区精文城市家园小区业主委员会业主知情权纠纷案（《最高人民法院公报》2011年第10期）

裁判规则：业主知情权是指业主了解建筑区划内涉及业主共有权以及共同管理权相关事项的权利。根据最高人民法院《关于审理建筑物区分所有权纠纷案件具体应用法律若干问题的解释》第13条的规定，业主请求公布、查阅建筑物及其附

属设施的维修基金使用、业委会的决定及会议记录、共有部分的收益、物业服务合同等情况和资料的，人民法院应予支持。司法解释对于业主知情权的范围作出了明确的规定，业主以合理的方式行使知情权，应当受到法律保护。

第二百八十二条　【业主共有部分产生收入的归属】建设单位、物业服务企业或者其他管理人等利用业主的共有部分产生的收入，在扣除合理成本之后，属于业主共有。

注释　本条是《民法典》新增的条文，是关于建筑物共有部分产生收益的归属的规定。区分所有建筑物的共有部分属于业主共有，如果共有部分发生收益，应当归全体业主所有。建设单位物业服务企业或其他管理人将这些收益作为自己的经营收益，侵害全体业主的权利的，构成侵权行为。

链接　《物业管理条例》第54、63条

第二百八十三条　【建筑物及其附属设施的费用分摊和收益分配确定规则】建筑物及其附属设施的费用分摊、收益分配等事项，有约定的，按照约定；没有约定或者约定不明确的，按照业主专有部分面积所占比例确定。

第二百八十四条　【建筑物及其附属设施的管理】业主可以自行管理建筑物及其附属设施，也可以委托物业服务企业或者其他管理人管理。

对建设单位聘请的物业服务企业或者其他管理人，业主有权依法更换。

注释　在业主、业主大会选聘物业服务企业之前，建设单位选聘物业服务企业的，应当签订书面的前期物业服务合同。建设单位与物业买受人签订的买卖合同应当包含前期物业服务合同约定的内容。前期物业服务合同可以约定期限，但是，期限未满，业主委员会与物业服务企业签订的物业服务合同生效的，前期物业服务合同终止。

链接　《物业管理条例》第2、32—36条

第二百八十五条　【物业服务企业或其他接受业主委托的管理人的管理义务】物业服务企业或者其他管理人根据业主的委托，依照本法第三编有关物业服务合同的规定管理建筑区划内的建筑物及其附属设施，接受业主的监督，并及时答复业主对物业服务情况提出的询问。

物业服务企业或者其他管理人应当执行政府依法实施的应急处置措施和其他管理措施，积极配合开展相关工作。

注释　业主委员会应当与业主大会选聘的物业服务企业订立书面的物业服务合同。物业服务合同应当对物业管理事项、服务质量、服务费用、双方的权利义务、专项维修资金的管理与使用、物业管理用房、合同期限、违约责任等内容进行约定。物业服务企业应当按照物业服务合同的约定，提供相应的服务。物业服务企业未能履行物业服务合同的约定，导致业主人身、财产安全受到损害的，应当依法承担相应的法律责任。

本条第2款为《民法典》新增条款，规定了物业服务企业或其他管理人对政府依法实施的应急处置和管理措施的积极配合义务。

链接　《民法典》第937—950条

第二百八十六条　【业主守法义务和业主大会与业主委员会职责】业主应当遵守法律、法规以及管理规约，相关行为应当符合节约资源、保护生态环境的要求。对于物业服务企业或者其他管理人执行政府依法实施的应急处置措施和其他管理措施，业主应当依法予以配合。

业主大会或者业主委员会，对任意弃置垃圾、排放污染物或者噪声、违反规定饲养动物、违章搭建、侵占通道、拒付物业费等损害他人合法权益的行为，有权依照法律、法规以及管理规约，请求行为人停止侵害、排除妨碍、消除危险、恢复原状、赔偿损失。

业主或者其他行为人拒不履行相关义务的，有关当事人可以向有关行政主管部门报告或者投诉，有关行政主管部门应当依法处理。

注释　业主守法义务，除了遵守法律、行政法规之外，还要遵守管理规约的规定。对物业服务企业或其他管理人执行政府实施的应急处置和其他管理措施，业主也应积极予以配合。管理规约是业主大会制定的区分所有建筑物管理的自治规则，内容是业主为了增进共同利益，确保良好的生活环境，经业主大会决议的共同遵守事项。管理规约的订立、变更，都必须经过业主大会决议，且须经参与表决专有部分面积过半数的业主且参与表决人数过半数的业主同意。

业主或者其他行为人违反法律、法规、国家相关强制性标准、管理规约，或者违反业主大会、业委员会依法作出的决定，实施下列行为的，可以认定为本条第2款所称的其他"损害他人合法权益的行为"：（1）损害房屋承重结构，损害或者违章

使用电力、燃气、消防设施，在建筑物内放置危险、放射性物品等危及建筑物安全或者妨碍建筑物正常使用；(2)违反规定破坏、改变建筑物外墙面的形状、颜色等损害建筑物外观；(3)违反规定进行房屋装饰装修；(4)违章加建、改建，侵占、挖掘公共通道、道路、场地或者其他共有部分。

第二百八十七条 【业主请求权】业主对建设单位、物业服务企业或者其他管理人以及其他业主侵害自己合法权益的行为，有权请求其承担民事责任。

链接《最高人民法院关于审理物业服务纠纷案件适用法律若干问题的解释》第2—3条

案例 宜兴市新街街道海德名园业主委员会诉宜兴市恒兴置业有限公司、南京紫竹物业管理股份有限公司宜兴分公司物权确认纠纷、财产损害赔偿纠纷案（《最高人民法院公报》2018年第11期）

裁判规则：开发商与小区业主对开发商在小区内建造的房屋发生权属争议时，应由开发商承担举证责任。如开发商无充分证据证明该房屋系其所有，且其已将该房屋建设成本分摊到出售给业主的商品房中，则该房屋应当属于小区全体业主所有。开发商在没有明确取得业主同意的情况下，自行占有使用该房屋，不能视为业主默示同意由开发商无偿使用，应认定开发商构成侵权。业主参照自该房屋应当移交时起的使用费向开发商主张赔偿责任的，人民法院应予支持。

第七章 相邻关系

第二百八十八条 【处理相邻关系的原则】不动产的相邻权利人应当按照有利生产、方便生活、团结互助、公平合理的原则，正确处理相邻关系。

注释 相邻关系，是指相互毗邻的不动产权利人之间在行使所有权或者使用权时，因相互给予便利或者接受限制所发生的权利义务关系。

相邻关系是法定的：不动产权利人对相邻不动产权利人有避免妨害的注意义务；不动产权利人在非使用邻地就不能对自己的不动产进行正常使用时，有权在对邻地损害最小的范围内使用邻地，邻地权利人不能阻拦。

本条规定的相邻权利人的范围，既包括不动产的所有权人，也包括不动产的用益物权人和占有人。

第二百八十九条 【处理相邻关系的依据】法律、法规对处理相邻关系有规定的，依照其规定；法律、法规没有规定的，可以按照当地习惯。

注释 处理相邻关系，首先是依照法律、法规的规定。当没有法律和行政法规的规定时，可以适用习惯作为处理相邻关系的依据。习惯，是指在长期的社会实践中逐渐形成的，被人们公认的行为准则，具有普遍性和认同性，一经国家认可，就具有法律效力，成为调整社会关系的行为规范。民间习惯虽然没有上升为法律，但它之所以存在，被人们普遍接受和遵从，有其社会根源、思想根源、文化根源和经济根源，只要不违反法律的规定和公序良俗，人民法院在规范民事裁判尺度时就应当遵从。

链接《民法典》第10条

第二百九十条 【相邻用水、排水、流水关系】不动产权利人应当为相邻权利人用水、排水提供必要的便利。

对自然流水的利用，应当在不动产的相邻权利人之间合理分配。对自然流水的排放，应当尊重自然流向。

注释 关于生产、生活用水的排放，相邻一方必须使用另一方的土地排水的，应当予以准许；但应在必要限度内使用并采取适当的保护措施排水，如仍造成损失的，由受益人合理补偿。相邻一方可以采取其他合理的措施排水而未采取，向他方土地排水毁损或者可能毁损他方财产，他方要求致害人停止侵害、消除危险、恢复原状、赔偿损失的，应当予以支持。

案例 杨某与王某相邻用水、排水纠纷上诉案[山东省青岛市中级人民法院（2011）青民五终字第405号民事判决书]

裁判规则：关于自然排水，水往低处流是一种自然规律，在相邻各方形成自然排水相邻关系，对于自然水流，低地所有权人不得阻碍，即低地所有权人负有不作为的承水义务。

第二百九十一条 【相邻关系中的通行权】不动产权利人对相邻权利人因通行等必须利用其土地的，应当提供必要的便利。

注释 一方必须在相邻一方使用的土地上通行的，应当予以准许；因此造成损失的，应当给予适当补偿。

对于一方所有的或者使用的建筑物范围内历

史形成的必经通道,所有权人或者使用权人不得堵塞。因堵塞影响他人生产、生活,他人要求排除妨碍或者恢复原状的,应当予以支持。但有条件另开通道的,可以另开通道。

案例 1. 屠福炎诉王义炎相邻通行权纠纷案(《最高人民法院公报》2013 年第 3 期)

裁判规则:买卖合同中,买受人取得的只能是出卖人有处分权的标的物或权利。如果出卖人无权处分,即使买卖双方在合同中进行了约定,买受人也无法通过该买卖合同而取得相应的权属。

出卖人出卖不动产时,其基于相邻关系而在他人不动产上享有的通行等权利不应成为转让标的。即使双方在买卖合同中对该通行权进行了所谓的约定,对第三人也不具有约束力。买受人享有的通行权权源基础同样是相邻关系,而并非买卖合同的约定。当客观情况发生变化,买受人不再符合相邻关系要件时,第三人得拒绝买受人的通行要求,买受人无权以买卖合同中关于通行权的约定约束第三人。

2. 田甲与田乙相邻通行纠纷上诉案[张家界市中级人民法院(2011)张中民一终字第 86 号民事判决书]

裁判规则:《民法通则》和《物权法》规定了不动产的相邻各方,应当按照有利生产、方便生活、团结互助、公平合理的原则,正确处理相邻关系,对一方所有的或者使用的建筑物范围内历史形成的必经通道,所有权人或者使用权人不得堵塞,因堵塞影响他人生产、生活,他人要求排除妨碍或者恢复原状的,应当予以支持,但有条件另开通道的,可以另开通道。

第二百九十二条 【相邻土地的利用】不动产权利人因建造、修缮建筑物以及铺设电线、电缆、水管、暖气和燃气管线等必须利用相邻土地、建筑物的,该土地、建筑物的权利人应当提供必要的便利。

注释 相邻一方因施工临时占用另一方土地的,占用的一方如未按照双方约定的范围、用途和期限使用的,应当责令其及时清理现场,排除妨碍,恢复原状,赔偿损失。

在邻地上安设管线。从建筑工程学角度上讲,土地权利人,非经过邻人的土地而不能安设电线、水管、煤气等管线,而此等管线又是土地权利人所必需的,该土地权利人有权通过邻人土地为上下安设,但应选择损害最小的处所及方法安设,仍有损害的,应支付赔偿金。

第二百九十三条 【相邻建筑物通风、采光、日照】建造建筑物,不得违反国家有关工程建设标准,不得妨碍相邻建筑物的通风、采光和日照。

第二百九十四条 【相邻不动产之间不得排放、施放污染物】不动产权利人不得违反国家规定弃置固体废物,排放大气污染物、水污染物、土壤污染物、噪声、光辐射、电磁辐射等有害物质。

第二百九十五条 【维护相邻不动产安全】不动产权利人挖掘土地、建造建筑物、铺设管线以及安装设备等,不得危及相邻不动产的安全。

第二百九十六条 【相邻权的限度】不动产权利人因用水、排水、通行、铺设管线等利用相邻不动产的,应当尽量避免对相邻的不动产权利人造成损害。

第八章 共 有

第二百九十七条 【共有及其形式】不动产或者动产可以由两个以上组织、个人共有。共有包括按份共有和共同共有。

注释 共有权,是指两个以上的民事主体对同一项财产共同享有的所有权。其特征是:(1)共有权的主体具有非单一性,须由两个或两个以上的自然人、法人或非法人组织构成。(2)共有物的所有权具有单一性,共有权的客体即共有物是同一项财产,共有权是一个所有权。(3)共有权的内容具有双重性,包括所有权具有的与非所有权人构成的对世性的权利义务关系,以及内部共有人之间的权利义务关系。(4)共有权具有意志或目的的共同性,基于共同的生活、生产和经营目的,或者基于共同的意志发生共有关系。

共有权包括的类型有:(1)按份共有,即对同一项财产,数个所有人按照既定的份额,享有权利,负担义务。(2)共同共有,即对同一项财产,数个所有人不分份额地享有权利、承担义务。(3)准共有,即共有的权利不是所有权,而是所有权之外的他物权和知识产权。

第二百九十八条 【按份共有】按份共有人对共有的不动产或者动产按照其份额享有所有权。

注释 按份共有,又称分别共有,指数人按应有份额(部分)对共有物共同享有权利和分担义务的共有。

按份共有的法律特征有:第一,各个共有人对共有物按份额享有不同的权利。各个共有人的份额又称为应有份额,其数额一般由共有人事先约定,或按出资比例决定。如果各个共有人应有部分不明确,则应推定为均等。第二,各个共有人对共有财产享有权利和承担义务是根据其不同的份额确定的。份额不同,各个共有人对共同财产的权利和义务各不相同。第三,各个共有人的权利不是局限于共有财产某一具体部分,或就某一具体部分单独享有所有权,而是及于财产的全部。

第二百九十九条 【共同共有】共同共有人对共有的不动产或者动产共同享有所有权。

注释 共同共有是指两个或两个以上的民事主体,根据某种共同关系而对某项财产不分份额地共同享有权利并承担义务。

共同共有的特征是:第一,共同共有根据共同关系而产生,以共同关系的存在为前提,例如夫妻关系、家庭关系。第二,在共同共有关系存续期间内,共有财产不分份额,这是共同共有与按份共有的主要区别。第三,在共同共有中,各共有人平等地对共有物享受权利和承担义务,共同共有人的权利及于整个共有财产,行使全部共有权。第四,共同共有人对共有物享有连带权利、承担连带义务。基于共有物而设定的权利,每个共同共有人都是权利人,该权利为连带权利;基于共有关系而发生的债务,亦为连带债务,每个共同共有人都是连带债务人;基于共有关系发生的民事责任,为连带民事责任,每个共有人都是连带责任人。

第三百条 【共有物的管理】共有人按照约定管理共有的不动产或者动产;没有约定或者约定不明确的,各共有人都有管理的权利和义务。

第三百零一条 【共有人对共有财产重大事项的表决权规则】处分共有的不动产或者动产以及对共有的不动产或者动产作重大修缮、变更性质或者用途的,应当经占份额三分之二以上的按份共有人或者全体共同共有人同意,但是共有人之间另有约定的除外。

注释 本条对原物权法第97条进行了修改,增加规定对共有的不动产或动产变更性质或用途的,亦应当经占份额三分之二以上的按份共有人或者全体共同共有人同意。

第三百零二条 【共有物管理费用的分担规则】共有人对共有物的管理费用以及其他负担,有约定的,按照其约定;没有约定或者约定不明确的,按共有人按照其份额负担,共同共有人共同负担。

注释 共有财产的管理费用,是指因保存、改良或者利用共有财产的行为所支付的费用。管理费用也包括其他负担,如因共有物致害他人所应支付的损害赔偿金。

对管理费用的负担规则是:(1)对共有物的管理费用以及其他负担,有约定的,按照约定处理。(2)没有约定或者约定不明确的,按共有人按照其份额负担,共同共有人共同负担。(3)共有人中的一人支付管理费用,该费用是必要管理费用的,其超过应有份额所应分担的额外部分,对其他有人可以按其各应分担的份额请求偿还。

第三百零三条 【共有物的分割规则】共有人约定不得分割共有的不动产或者动产,以维持共有关系的,应当按照约定,但是共有人有重大理由需要分割的,可以请求分割;没有约定或者约定不明确的,按份共有人可以随时请求分割,共同共有人在共有的基础丧失或者有重大理由需要分割时可以请求分割。因分割造成其他共有人损害的,应当给予赔偿。

注释 在共有关系存续期间,共有人负有维持共有状态的义务。分割共有财产的规则是:

(1)约定不得分割共有财产的,不得分割。共有人约定不得分割共有的不动产或者动产以维持共有关系的,应当按照约定,维持共有关系,不得请求分割共有财产,消灭共有关系。共同共有的共有关系存续期间,原则上不得分割。

(2)有不得分割约定,但有重大理由需要分割共有财产的。共有人虽有不得分割共有的不动产或者动产以维持共有关系的协议,但有重大理由需要分割的,可以请求分割。至于请求分割的共有人究竟是一人、数人还是全体,则不问。共有人全体请求分割共有财产的,则为消灭共有关系的当事人一致意见,可以分割。

(3)没有约定或者约定不明确的,按份共有人可以随时请求分割;共同共有的共有人在共有的基础丧失或者有重大理由需要分割时,也可以请求分割。

(4)造成损害的赔偿。不论是否约定保持共有关系,共有人提出对共有财产请求分割,在分割共有财产时对其他共有人造成损害的,应当给予赔偿。

第三百零四条 【共有物分割的方式】共有人可以协商确定分割方式。达不成协议，共有的不动产或者动产可以分割且不会因分割减损价值的，应当对实物予以分割；难以分割或者因分割会减损价值的，应当对折价或者拍卖、变卖取得的价款予以分割。

共有人分割所得的不动产或者动产有瑕疵的，其他共有人应当分担损失。

注释（1）实物分割。在不影响共有物的使用价值和特定用途时，可以对共有物进行实物分割。（2）变价分割。如果共有物无法进行实物分割，或实物分割将减损物的使用价值或者改变物的特定用途，例如甲乙共有一头牛或者一辆汽车，应当将共有物进行拍卖或者变卖，对所得价款进行分割。（3）折价分割。折价分割方式主要存在于以下情形，即对于不可分割的共有物或者分割将减损其价值的，如果共有人中的一人愿意取得共有物，可以由该共有人取得共有物，并由该共有人向其他共有人折价赔偿。

瑕疵担保责任，包括权利的瑕疵担保责任和物的瑕疵担保责任。前者指共有人应担保第三人就其他共有人分得之物不得主张任何权利；后者指共有人对其他共有人应担保其分得部分于分割前未隐含物上瑕疵。

第三百零五条 【按份共有人的优先购买权】按份共有人可以转让其享有的共有的不动产或者动产份额。其他共有人在同等条件下享有优先购买的权利。

注释 在一般情况下，按份共有人转让其享有的共有份额，无需得到其他共有人同意，但不得侵害其他共有人的利益。法律有特别规定的，共有人处分其份额应遵守法律的规定。

这里的"同等条件"是指，其他共有人就购买该份额所给出的价格等条件与欲购买该份额的非共有人相同。同等条件应当综合共有份额的转让价格、价款履行方式及期限等因素确定。值得注意的是，优先购买权是共有人相对于非共有人而言的，在共有人之间并无优先的问题，当数个共有人均欲行使其优先购买权时，应协商确定各自购买比例。

链接《物权编解释（一）》第9—13条

第三百零六条 【按份共有人行使优先购买权的规则】按份共有人转让其享有的共有的不动产或者动产份额的，应当将转让条件及时通知其他共有人。其他共有人应当在合理期限内行使优先购买权。

两个以上其他共有人主张行使优先购买权的，协商确定各自的购买比例；协商不成的，按照转让时各自的共有份额比例行使优先购买权。

第三百零七条 【因共有产生的债权债务承担规则】因共有的不动产或者动产产生的债权债务，在对外关系上，共有人享有连带债权、承担连带债务，但是法律另有规定或者第三人知道共有人不具有连带债权债务关系的除外；在共有人内部关系上，除共有人另有约定外，按份共有人按照份额享有债权、承担债务，共同共有人共同享有债权、承担债务。偿还债务超过自己应当承担份额的按份共有人，有权向其他共有人追偿。

第三百零八条 【共有关系不明时对共有关系性质的推定】共有人对共有的不动产或者动产没有约定为按份共有或者共同共有，或者约定不明确的，除共有人具有家庭关系等外，视为按份共有。

注释 共有人对共有的不动产或者动产没有约定为按份共有或者共同共有，或者约定不明确的，就是共有关系性质不明。在共有关系性质不明的情况下，确定的规则是，除共有人具有婚姻、家庭关系或者合伙关系之外，都视为按份共有，按照按份共有确定共有人的权利义务和对外关系。本条使用的是"视为"，如果共有人之一能够推翻"视为"的推定，则应当按照证据认定共有的性质。

第三百零九条 【按份共有人份额不明时份额的确定】按份共有人对共有的不动产或者动产享有的份额，没有约定或者约定不明确的，按照出资额确定；不能确定出资额的，视为等额享有。

第三百一十条 【准共有】两个以上组织、个人共同享有用益物权、担保物权的，参照适用本章的有关规定。

第九章 所有权取得的特别规定

第三百一十一条 【善意取得】无处分权人将不动产或者动产转让给受让人的，所有权人有权追回；除法律另有规定外，符合下列情形的，受让人取得该不动产或者动产的所有权：

（一）受让人受让该不动产或者动产时是善意；

（二）以合理的价格转让；

(三)转让的不动产或者动产依照法律规定应当登记的已经登记,不需要登记的已经交付给受让人。

受让人依据前款规定取得不动产或者动产的所有权的,原所有权人有权向无处分权人请求损害赔偿。

当事人善意取得其他物权的,参照适用前两款规定。

注释 善意取得,指受让人以财产所有权转移为目的,善意、对价受让且占有该财产,即使出让人无转移所有权的权利,受让人仍取得其所有权。善意取得既可适用于动产,也可适用于不动产;既可适用于所有权的取得,也可适用于他物权的取得,特别是用益物权的善意取得。一方未经另一方同意出售夫妻共同所有的房屋,第三人善意购买、支付合理对价并已办理不动产登记,另一方主张追回该房屋的,人民法院不予支持。

善意取得的条件:第一,受让人需是善意的,不知出让人是无处分权人。第二,受让人支付了合理的价款。第三,受让人已经完成了取得物权的公示,即转让的财产应当登记的已经登记,不需要登记的已经交付给受让人。三项条件必须同时具备,否则不构成善意取得。

受让人受让不动产或者动产时,不知道转让人无处分权,且无重大过失的,应当认定受让人为善意。真实权利人主张受让人不构成善意的,应当承担举证证明责任。具有下列情形之一的,应当认定不动产受让人知道转让人无处分权:(1)登记簿上存在有效的异议登记;(2)预告登记有效期内,未经预告登记的权利人同意;(3)登记簿上已经记载司法机关或者行政机关依法裁定、决定查封或以其他形式限制不动产权利的有关事项;(4)受让人知道登记簿上记载的权利主体错误;(5)受让人知道他人已经依法享有不动产物权。真实权利人有证据证明不动产受让人应当知道转让人无处分权的,应当认定受让人具有重大过失。

链接《物权编解释(一)》第14—20条;《最高人民法院关于适用〈中华人民共和国民法典〉婚姻家庭编的解释(一)》第28条;《最高人民法院关于适用〈中华人民共和国民法典〉有关担保制度的解释》第37条

案例 刘志兵诉卢志成财产权属纠纷案(《最高人民法院公报》2008年第2期)

裁判规则:善意取得是指无处分权人将不动产或者动产转让给受让人,受让人是善意的且付出合理的价格,依法取得该不动产或者动产的所有权。因此,善意取得应当符合以下三个条件:一、受让人受让该财产时是善意的;二、以合理的价格受让;三、受让的财产依照法律规定应当登记的已经登记,不需要登记的已经交付给受让人。

机动车虽然属于动产,但存在一些严格的管理措施使机动车不同于其他无需登记的动产。行为人未在二手机动车交易市场内交易取得他人合法所有的机动车,不能证明自己为善意并付出相应合理价格的,对其主张善意取得机动车所有权的请求,人民法院不予支持。

第三百一十二条 【遗失物的善意取得】所有权人或者其他权利人有权追回遗失物。该遗失物通过转让被他人占有的,权利人有权向无处分权人请求损害赔偿,或者自知道或者应当知道受让人之日起二年内向受让人请求返还原物;但是,受让人通过拍卖或者向具有经营资格的经营者购得该遗失物的,权利人请求返还原物时应当支付受让人所付的费用。权利人向受让人支付所付费用后,有权向无处分权人追偿。

注释 本条规定了遗失物的处理规则:(1)所有权人或者其他权利人有权追回遗失物,这是一般性原则。(2)如果该遗失物通过转让被他人占有的,权利人可以选择,或者向无处分权人请求损害赔偿,这是承认善意取得的效力;或者自知道或者应当知道受让人之日起2年内向受让人请求返还原物,这是在行使物权请求权,但是受让人通过拍卖或者向具有经营资格的经营者购得该遗失物的,权利人请求返还原物时应当支付受让人所付的费用。(3)如果权利人取得了返还的遗失物,又向受让人支付了所付费用后,有权向无处分权人进行追偿。

第三百一十三条 【善意取得的动产上原有的权利负担消灭及其例外】善意受让人取得动产后,该动产上的原有权利消灭。但是,善意受让人在受让时知道或者应当知道该权利的除外。

第三百一十四条 【拾得遗失物的返还】拾得遗失物,应当返还权利人。拾得人应当及时通知权利人领取,或者送交公安等有关部门。

第三百一十五条 【有关部门收到遗失物的处理】有关部门收到遗失物,知道权利人的,应当及时通知其领取;不知道的,应当及时发布招领公告。

第三百一十六条　【遗失物的妥善保管义务】拾得人在遗失物送交有关部门前,有关部门在遗失物被领取前,应当妥善保管遗失物。因故意或者重大过失致使遗失物毁损、灭失的,应当承担民事责任。

第三百一十七条　【权利人领取遗失物时的费用支付义务】权利人领取遗失物时,应当向拾得人或者有关部门支付保管遗失物等支出的必要费用。

权利人悬赏寻找遗失物的,领取遗失物时应当按照承诺履行义务。

拾得人侵占遗失物的,无权请求保管遗失物等支出的费用,也无权请求权利人按照承诺履行义务。

第三百一十八条　【无人认领的遗失物的处理规则】遗失物自发布招领公告之日起一年内无人认领的,归国家所有。

注释 本条规定,遗失物自发布招领公告之日起1年内无人认领的,归国家所有。对此,原物权法规定的是6个月,《民法典》物权编改为1年,更有利于保护遗失人的权利。

遗失物归国家所有的,属于原始取得。

第三百一十九条　【拾得漂流物、埋藏物或者隐藏物】拾得漂流物、发现埋藏物或者隐藏物的,参照适用拾得遗失物的有关规定。法律另有规定的,依照其规定。

注释 漂流物,是指在河流等水域漂流的无主物或者所有权人不明的物。埋藏物,是指藏附于土地中的物。隐藏物,是指隐匿于土地之外的其他包藏物中的物。

对于漂流物、埋藏物或者隐藏物的权属取得规则,本条规定适用拾得遗失物的规则处理。漂流物、埋藏物和隐藏物归还失主的,不发生原始取得;归国家所有的,属于原始取得。法律另有规定的,依照法律的规定确定。例如属于国家所有的资源,属于国家所有,他人不能取得。

第三百二十条　【从物随主物转让规则】主物转让的,从物随主物转让,但是当事人另有约定的除外。

注释 主物是指独立存在,与同属于一人的他物结合在一起使用而起主要作用的物。从物是指与主物相对称,指独立存在,与同属于一人的他物合并使用而起辅助作用的物。

主物和从物的关系及划分标准一般有如下几个方面:(1)主物和从物在物理意义上看是两个独立的物,而不是整体与部分的关系;(2)主物和从物结合在一起发挥作用,即必须有从物附着于主物的事实,并且从物对主物发挥辅助性的作用;(3)主物和从物必须具有可分性;(4)主物和从物应为同一人所有。

值得强调的是,当事人的约定可以排除"从物随主物转让"规则的适用。

链接 《民法典》第631条

第三百二十一条　【孳息的归属】天然孳息,由所有权人取得;既有所有权人又有用益物权人的,由用益物权人取得。当事人另有约定的,按照其约定。

法定孳息,当事人有约定的,按照约定取得;没有约定或者约定不明确的,按照交易习惯取得。

注释 天然孳息,是指按照原物的自然规律而自然滋生和繁衍的新的独立的物。天然孳息的范围非常广,主要来源于种植业和养殖业,如耕作土地获得粮食和其他出产物,种植果树产生果实,养殖牲畜获得各种子畜和奶产品等。

法定孳息,是指物依据法律规定或当事人的法律行为而产生的孳息,如利息、租金等。法定孳息,当事人有约定的,应当按照约定取得;如果没有约定或者约定不明确的,按照交易习惯取得。交易习惯通常是,孳息在没有与原物分离以前,由原物所有权人享有,原物所有权转移后,孳息的所有权随之转移。

第三百二十二条　【添附】因加工、附合、混合而产生的物的归属,有约定的,按照约定;没有约定或者约定不明确的,依照法律规定;法律没有规定的,按照充分发挥物的效用以及保护无过错当事人的原则确定。因一方当事人的过错或者确定物的归属造成另一方当事人损害的,应当给予赔偿或者补偿。

注释 本条是《民法典》新增的条款,是对添附的规定。

添附,是指不同所有权人的物被结合、混合在一起成为一个新物,或者利用别人之物加工成为新物的事实状态。把添附作为取得所有权的根据,原因在于添附发生后,要回复各物的原状在事实上已不可能或者在经济上是不合理的,有必要使添附物归一方所有或各方共有,以解决双方的争执。

添附物的归属因添附情况的不同,分为三种类型:

(1)加工:是指一方使用他人的物,将其加工改造为具有更高价值的物。原物因为加工人的劳动而成为新物,如在他人的木板上作画。加工物的所有权归属,如果当事人有约定的依约定处理;无约定的,加工所增价值未超过原材料价值,则加工物归原材料所有权人;如果加工价值显然大于原材料的价值,新物可以加工人所有;如果加工价值与原材料价值相当,可由双方共有。除共有外,不论哪种情况,取得加工物所有权的一方应对对方的加工劳动或原材料的价值予以补偿。

(2)附合:是指不同所有权人的物密切结合在一起而成为一种新物。在附合的情况下,各原所有权人的物虽可识别,但非经拆毁不能恢复原来的状态。如砖、木的附合构建成房屋。附合物的所有权归属应区分两种情况:第一,当动产附合于不动产之上时,由不动产所有权人取得附合物的所有权,原动产所有人则可取得与其原财产价值相当的补偿。第二,当动产与动产附合时,附合的动产有主从之别的,由主物的所有权人取得附合物的所有权,同时给对方以价值上的补偿。无主从之别,则由各动产所有权人按其动产附合时的价值共有附合物。

(3)混合:是指不同所有权人的物互相结合在一起,难以分开并形成新的财产。如米与米的混合,酒与酒的混合。混合与附合不同,在混合的情况下,已无法识别原各所有权人的财产,而附合则是原各所有权人的财产仍然能够识别。混合物一般应由原物价值量较大的一方取得所有权,给另一方以相应的补偿。如果原物价值量相差不多,也可由各方共有。

添附的所有权归属规则是:(1)因加工、附合、混合而产生的物的归属,有约定的按照约定。(2)没有约定或者约定不明确的,依照法律规定。(3)当事人没有约定,法律也没有规定的,按照充分发挥物的效用以及保护无过错当事人的原则确定。发挥物的效用原则,是指物归属于哪一方更能够发挥物的效用,就归属于哪一方的规则。保护无过错当事人的原则,是指对于无过错一方当事人

给予更好的保护。两个原则,应当首先考虑物的效用原则。(4)因一方当事人的过错或者确定物的归属给另一方当事人造成损失的,应当给予赔偿或者补偿。

案例 胡田云诉汤锦勤、王剑峰所有权确认纠纷案(《最高人民法院公报》2011年第12期)

裁判规则: 房屋拆迁安置权益属房屋所有权的综合性权能,一般包括被拆房屋补偿款、搬迁费用、新建房屋补贴、新建房屋土地使用权等在内。应以被拆迁房屋的所有权权属决定拆迁安置权益的归属,共有人之间有权通过协议予以分割。

在他人享有使用权之土地上建造房屋而形成附合的,房屋所有权一般归属于土地使用权人。对实施房屋建造的非土地使用权人所进行的补偿不仅仅包括金钱给付,在特定身份关系下亦应包括居住使用权益。

第三分编 用益物权

第十章 一般规定

第三百二十三条 【用益物权的定义】 用益物权人对他人所有的不动产或者动产,依法享有占有、使用和收益的权利。

注释 作为物权体系的重要组成部分,用益物权具备物权的一般特征,如以对物的实际占有为前提、以使用收益为目的,此外还有以下几个方面的特征:(1)用益物权是一种他物权,是在他人所有之物上设立一个新的物权。(2)用益物权是以使用和收益为内容的定限物权,目的就是对他人所有的不动产的使用和收益。(3)用益物权为独立物权,一旦依当事人约定或法律直接规定设立,用益物权人便能独立地享有对标的物的使用和收益权,除了能有效地对抗第三人以外,也能对抗所有权人。

用益物权的基本内容,是对用益物权的标的物享有占有、使用和收益的权利,是通过直接支配他人之物而占有、使用和收益。这是从所有权的权能中分离出来的权能,表现的是对财产的利用关系。用益物权人享有用益物权,就可以占有用益物、使用用益物,对用益物直接支配并进行收益。

第三百二十四条 【国家和集体所有的自然资源的使用规则】 国家所有或者国家所有由集体

使用以及法律规定属于集体所有的自然资源，组织、个人依法可以占有、使用和收益。

第三百二十五条 【自然资源有偿使用制度】国家实行自然资源有偿使用制度，但是法律另有规定的除外。

第三百二十六条 【用益物权的行使规范】用益物权人行使权利，应当遵守法律有关保护和合理开发利用资源、保护生态环境的规定。所有权人不得干涉用益物权人行使权利。

第三百二十七条 【被征收、征用时用益物权人的补偿请求权】因不动产或者动产被征收、征用致使用益物权消灭或者影响用益物权行使的，用益物权人有权依据本法第二百四十三条、第二百四十五条的规定获得相应补偿。

第三百二十八条 【海域使用权】依法取得的海域使用权受法律保护。

注释 海域使用权是指单位或者个人依法取得对国家所有的特定海域排他性的使用权。单位和个人使用海域，必须依法取得海域使用权。海域使用权取得的方式主要有三种：一是单位和个人向海洋行政主管部门申请；二是招标；三是拍卖。

链接《海域使用管理法》第19—26条

第三百二十九条 【特许物权依法保护】依法取得的探矿权、采矿权、取水权和使用水域、滩涂从事养殖、捕捞的权利受法律保护。

第十一章　土地承包经营权

第三百三十条 【农村土地承包经营】农村集体经济组织实行家庭承包经营为基础、统分结合的双层经营体制。

农民集体所有和国家所有由农民集体使用的耕地、林地、草地以及其他用于农业的土地，依法实行土地承包经营制度。

链接《农村土地承包法》第1—3条

第三百三十一条 【土地承包经营权内容】土地承包经营权人依法对其承包经营的耕地、林地、草地等享有占有、使用和收益的权利，有权从事种植业、林业、畜牧业等农业生产。

链接《土地管理法》第13条；《农村土地承包法》第8—11、17条

第三百三十二条 【土地的承包期限】耕地的承包期为三十年。草地的承包期为三十年至五十年。林地的承包期为三十年至七十年。

前款规定的承包期限届满，由土地承包经营权人依照农村土地承包的法律规定继续承包。

第三百三十三条 【土地承包经营权的设立与登记】土地承包经营权自土地承包经营权合同生效时设立。

登记机构应当向土地承包经营权人发放土地承包经营权证、林权证等证书，并登记造册，确认土地承包经营权。

注释 土地承包经营合同生效后，发包方不得因承办人或者负责人的变动而变更或者解除，也不得因集体经济组织的分立或者合并而变更或者解除。

链接《农村土地承包法》第22—24条

第三百三十四条 【土地承包经营权的互换、转让】土地承包经营权人依照法律规定，有权将土地承包经营权互换、转让。未经依法批准，不得将承包地用于非农建设。

链接《农村土地承包法》第9、10、29—47条；《国务院办公厅关于引导农村产权流转交易市场健康发展的意见》；《国务院关于开展农村承包土地的经营权和农民住房财产权抵押贷款试点的指导意见》；《农村土地经营权流转管理办法》；《农村土地承包经营权证管理办法》

第三百三十五条 【土地承包经营权流转的登记对抗主义】土地承包经营权互换、转让的，当事人可以向登记机构申请登记；未经登记，不得对抗善意第三人。

第三百三十六条 【承包地的调整】承包期内发包人不得调整承包地。

因自然灾害严重毁损承包地等特殊情形，需要适当调整承包的耕地和草地的，应当依照农村土地承包的法律规定办理。

注释 承包期内，因自然灾害严重毁损承包地等特殊情形对个别农户之间承包的耕地和草地需要适当调整的，必须经本集体经济组织成员的村民会议三分之二以上成员或者三分之二以上村民代表的同意，并报乡（镇）人民政府和县级人民政府农业农村、林业和草原等主管部门批准。承包合同中约定不得调整的，按照其约定。

链接《农村土地承包法》第28—31条

第三百三十七条 【承包地的收回】承包期内发包人不得收回承包地。法律另有规定的，依照其规定。

链接《农村土地承包法》第27条

第三百三十八条 【征收承包地的补偿规则】承包地被征收的,土地承包经营权人有权依据本法第二百四十三条的规定获得相应补偿。

链接《土地管理法》第47、48条;《农村土地承包法》第17条

第三百三十九条 【土地经营权的流转】土地承包经营权人可以自主决定依法采取出租、入股或者其他方式向他人流转土地经营权。

注释 本条为《民法典》为与《农村土地承包法》相衔接新增的条文,是对土地经营权流转的规定。

土地经营权,是建立在农村土地承包经营的"三权分置"制度之上产生的权利,即在农村土地集体所有权的基础上,设立土地承包经营权;再在土地承包经营权之上设立土地经营权,构成"三权分置"的农村土地权利结构。其中,土地所有权归属于农村集体经济组织所有,土地承包经营权归属于承包该土地的农民家庭享有。由于土地承包经营权流转性不强,因而在土地承包经营权之上,再设立一个土地经营权,属于土地承包经营权人享有的,可以进行较大范围流转并且能够保持土地承包经营权不变的用益物权。

链接《农村土地承包法》第36条

第三百四十条 【土地经营权人的基本权利】土地经营权人有权在合同约定的期限内占有农村土地,自主开展农业生产经营并取得收益。

注释 本条为《民法典》新增条文。由于土地经营权是建立在土地承包经营权之上的用益物权,其期限受到原来的用益物权即土地承包经营权期限的制约,因而土地经营权人的权利行使期限是在合同约定的期限内,即设置土地经营权的期限不得超过土地承包经营权的期限,土地经营权的期限受制于设置土地经营权合同的期限。在合同约定的期限内,土地经营权人享有用益物权的权能,即占有、使用、收益的权利,有权占有该农村土地,自主开展农业生产经营活动,获得收益。

第三百四十一条 【土地经营权的设立与登记】流转期限为五年以上的土地经营权,自流转合同生效时设立。当事人可以向登记机构申请土地经营权登记;未经登记,不得对抗善意第三人。

注释 本条为《民法典》新增条文,是关于土地经营权设立时间及登记的规定。

土地经营权作为用益物权,其设立的方式是出让方和受让方签订土地经营权出租、入股等合同,在合同中约定双方各自的权利义务。对于流转期限为五年以上的土地经营权流转,当该合同生效时土地经营权就设立,受让方取得土地经营权。对于土地经营权的登记问题,本条规定采登记对抗主义,即当事人可以向登记机构申请土地经营权登记,未经登记的,不得对抗善意第三人。

链接《农村土地承包法》第41条

第三百四十二条 【以其他方式承包取得的土地经营权流转】通过招标、拍卖、公开协商等方式承包农村土地,经依法登记取得权属证书的,可以依法采取出租、入股、抵押或者其他方式流转土地经营权。

链接《农村土地承包法》第48、49条

第三百四十三条 【国有农用地承包经营的法律适用】国家所有的农用地实行承包经营的,参照适用本编的有关规定。

链接《土地管理法》第13条

第十二章 建设用地使用权

第三百四十四条 【建设用地使用权的概念】建设用地使用权人依法对国家所有的土地享有占有、使用和收益的权利,有权利用该土地建造建筑物、构筑物及其附属设施。

注释 建设用地包括住宅用地、公共设施用地、工矿用地、交通水利设施用地、旅游用地、军事设施用地等。本条中的建筑物主要是指住宅、写字楼、厂房等;构筑物主要是指不具有居住或者生产经营功能的人工建造物,比如道路、桥梁、隧道、水池、水塔、纪念碑等;附属设施主要是指附属于建筑物、构筑物的一些设施。

链接《城市房地产管理法》第二章

第三百四十五条 【建设用地使用权的分层设立】建设用地使用权可以在土地的地表、地上或者地下分别设立。

第三百四十六条 【建设用地使用权的设立原则】设立建设用地使用权,应当符合节约资源、保护生态环境的要求,遵守法律、行政法规关于土地用途的规定,不得损害已经设立的用益物权。

第三百四十七条 【建设用地使用权的出让方式】设立建设用地使用权,可以采取出让或者划拨等方式。

工业、商业、旅游、娱乐和商品住宅等经营性

用地以及同一土地有两个以上意向用地者的,应当采取招标、拍卖等公开竞价的方式出让。

严格限制以划拨方式设立建设用地使用权。

注释 建设用地使用权设立的方式主要有两种:有偿出让和无偿划拨。有偿出让是建设用地使用权设立的主要方式,是指出让人将一定期限的建设用地使用权出让给建设用地使用权人使用,建设用地使用权人向出让人支付一定的出让金。有偿出让的方式主要包括拍卖、招标和协议等。划拨是无偿取得建设用地使用权的一种方式,是指县级以上人民政府依法批准,在建设用地使用权人缴纳补偿、安置等费用后将该幅土地交付其使用,或者将建设用地使用权无偿交付给建设用地使用权人使用的行为。划拨土地没有期限的规定。

链接 《土地管理法》第54条;《城市房地产管理法》第8、13、23、24条

第三百四十八条 【建设用地使用权出让合同】通过招标、拍卖、协议等出让方式设立建设用地使用权的,当事人应当采用书面形式订立建设用地使用权出让合同。

建设用地使用权出让合同一般包括下列条款:

(一)当事人的名称和住所;

(二)土地界址、面积等;

(三)建筑物、构筑物及其附属设施占用的空间;

(四)土地用途、规划条件;

(五)建设用地使用权期限;

(六)出让金等费用及其支付方式;

(七)解决争议的方法。

链接 《城市房地产管理法》第15条;《城镇国有土地使用权出让和转让暂行条例》第11、12条

第三百四十九条 【建设用地使用权的登记】设立建设用地使用权的,应当向登记机构申请建设用地使用权登记。建设用地使用权自登记时设立。登记机构应当向建设用地使用权人发放权属证书。

链接 《土地管理法》第12条;《城市房地产管理法》第60条

第三百五十条 【土地用途限定规则】建设用地使用权人应当合理利用土地,不得改变土地用途;需要改变土地用途的,应当依法经有关行政主管部门批准。

链接 《土地管理法》第4、56条;《城市房地产管理法》第18、44条

第三百五十一条 【建设用地使用权人支付出让金等费用的义务】建设用地使用权人应当依照法律规定以及合同约定支付出让金等费用。

第三百五十二条 【建设用地使用权人建造的建筑物、构筑物及其附属设施的归属】建设用地使用权人建造的建筑物、构筑物及其附属设施的所有权属于建设用地使用权人,但是有相反证据证明的除外。

注释 本条应注意以下几点:

(1)这里规定的建筑物、构筑物及其附属设施必须是合法建造产生的。违章建筑是要被没收和强制拆除的,就不会产生合法的所有权。因此,并不在本条的调整范围内。

(2)本条所说的例外情况,主要是针对在现在的城市房地产建设中,一部分市政公共设施,是通过开发商和有关部门约定,由开发商在房地产项目开发中配套建设,但是所有权归国家。这部分设施,其性质属于市政公用,其归属就应当按照有充分的证据证明的事先约定来确定,而不是当然地归建设用地使用权人。后续通过房地产交易成为建设用地使用权人的权利人也应当尊重这种权属划分。

(3)本条解决的是建筑物的原始取得问题。在实践中还存在以下情况:地上建筑物不是建设用地使用权人建造;是建设用地使用权人建造,但是基于与他人设立的其他法律关系,如合资、合作等,并约定建筑物权利归属的;建设用地使用权人已经将建筑物预售予他人等。在这些情况下,如果当事人只是未办理土地使用权变更登记,而其他方面均合法的情况下,建筑物可归于他人,但应责令双方办理建设用地使用权变更登记手续。

第三百五十三条 【建设用地使用权的流转方式】建设用地使用权人有权将建设用地使用权转让、互换、出资、赠与或者抵押,但是法律另有规定的除外。

链接 《土地管理法》第2条;《城市房地产管理法》第39、40、48、51条

第三百五十四条 【建设用地使用权流转的合同形式和期限】建设用地使用权转让、互换、出资、赠与或者抵押的,当事人应当采用书面形式订立相应的合同。使用期限由当事人约定,但是不得超过建设用地使用权的剩余期限。

链接 《城镇国有土地使用权出让和转让暂行条例》第20—22条

第三百五十五条 【建设用地使用权流转登记】建设用地使用权转让、互换、出资或者赠与的,应当向登记机构申请变更登记。

第三百五十六条 【建设用地使用权流转之房随地走】建设用地使用权转让、互换、出资或者赠与的,附着于该土地上的建筑物、构筑物及其附属设施一并处分。

第三百五十七条 【建设用地使用权流转之地随房走】建筑物、构筑物及其附属设施转让、互换、出资或者赠与的,该建筑物、构筑物及其附属设施占用范围内的建设用地使用权一并处分。

注释 本条和上一条规定了建设用地使用权与其地上不动产一并处分的规则。这两条实际上是一个整体,只要建设用地使用权和地上房屋有一个发生了转让,另外一个就要相应转让。从法律后果上说,不可能也不允许,把"房"和"地"分别转让给不同的主体。此外,本条中所讲的附属设施占用范围内的建设用地使用权有可能是一宗单独的建设用地使用权,也有可能是共同享有的建设用地使用权中的份额,特别是在建筑物区分所有的情况下。转让占用范围内的建设用地使用权不可能也不应该导致对业主共同享有的建设用地使用权的分割。在这种情况下,除了本条外,还要依据业主的建筑物区分所有权的有关规定,全面确定当事人的权利义务。

链接 《城市房地产管理法》第32条
案例 中国信达资产管理公司西安办事处与陕西省粮油食品进出口公司西安中转冷库、陕西省粮油食品进出口公司借款担保合同纠纷案(《最高人民法院公报》2009年第12期)

裁判规则:根据《城市房地产管理法》第32条的规定,房地产转让、抵押时,房屋的所有权和该房屋占用范围内的土地使用权同时转让、抵押。据此,房产转让人负有将所售房屋占用范围内的土地使用权移转给受让人的义务,受让人享有要求将所购房屋占用范围内的土地使用权移转给自己的权利。在土地使用权变更登记完成之前,转让人为登记的名义权利人,但受让人为实质权利人的,可以请求将土地使用权变更至自己名下。

第三百五十八条 【建设用地使用权的提前收回及其补偿】建设用地使用权期限届满前,因公共利益需要提前收回该土地的,应当依据本法第二百四十三条的规定对该土地上的房屋以及其他不动产给予补偿,并退还相应的出让金。

第三百五十九条 【建设用地使用权期限届满的处理规则】住宅建设用地使用权期限届满的,自动续期。续期费用的缴纳或者减免,依照法律、行政法规的规定办理。

非住宅建设用地使用权期限届满后的续期,依照法律规定办理。该土地上的房屋以及其他不动产的归属,有约定的,按照约定;没有约定或者约定不明确的,依照法律、行政法规的规定办理。

注释 根据《城镇国有土地使用权出让和转让暂行条例》的规定,建设用地使用权出让的最高年限为:居住用地70年。本条对住宅建设用地使用权和非住宅建设用地使用权的续期分别作出了规定,明确规定住宅建设用地使用权期间届满的,自动续期。

第三百六十条 【建设用地使用权注销登记】建设用地使用权消灭的,出让人应当及时办理注销登记。登记机构应当收回权属证书。

第三百六十一条 【集体土地作为建设用地的法律适用】集体所有的土地作为建设用地的,应当依照土地管理的法律规定办理。

第十三章 宅基地使用权

第三百六十二条 【宅基地使用权内容】宅基地使用权人依法对集体所有的土地享有占有和使用的权利,有权依法利用该土地建造住宅及其附属设施。

第三百六十三条 【宅基地使用权的法律适用】宅基地使用权的取得、行使和转让,适用土地管理的法律和国家有关规定。

注释 农村村民一户只能拥有一处宅基地,其宅基地的面积不得超过省、自治区、直辖市规定的标准。人均土地少、不能保障一户拥有一处宅基地的地区,县级人民政府在充分尊重农村村民意愿的基础上,可以采取措施,按照省、自治区、直辖市规定的标准保障农村村民实现户有所居。农村村民建住宅,应当符合乡(镇)土地利用总体规划、村庄规划,不得占用永久基本农田,并尽量使用原有的宅基地和村内空闲地。编制乡(镇)土地利用总体规划、村庄规划应当统筹并合理安排宅基地用地,改善农村村民居住环境和条件。农村村民住宅用地,由乡(镇)人民政府审核批准;其中,涉及占用农用地的,依照《土地管理法》第44条的规定办理审批手续。农村村民出卖、出租、赠与住宅后,再申请宅基地的,不予批准。国家允许进城落户的农村村民依法自愿有偿退出宅基地,鼓励农村集体经济组织及其成员盘活利用闲置宅基地和闲置住宅。国务院农业农村主管部门负责全国农村宅基地改革和管理有关工作。

第三百六十四条　【宅基地灭失后的重新分配】宅基地因自然灾害等原因灭失的,宅基地使用权消灭。对失去宅基地的村民,应当依法重新分配宅基地。

第三百六十五条　【宅基地使用权的变更登记与注销登记】已经登记的宅基地使用权转让或者消灭的,应当及时办理变更登记或者注销登记。

第十四章　居住权

第三百六十六条　【居住权的定义】居住权人有权按照合同约定,对他人的住宅享有占有、使用的用益物权,以满足生活居住的需要。

注释　本章内容为《民法典》新增内容。本条是对居住权概念的规定。

居住权,是指自然人依照合同的约定,对他人所有的住宅享有占有、使用的用益物权。民法的居住权与公法的居住权不同。在公法,国家保障人人有房屋居住的权利也叫居住权,或者叫住房权。民法的居住权是民事权利,是用益物权的一种,其特征是:(1)居住权的基本属性是他物权,具有用益性;(2)居住权是为特定自然人基于生活用房而设立的物权,具有人身性;(3)居住权是一种长期存在的物权,具有独立性;(4)居住权的设定是一种恩惠行为,具有不可转让性。

我国历史上没有规定过居住权,居住权存在的必要性表现在:(1)充分发挥房屋的效能。(2)充分尊重所有权人的意志和利益。(3)有利于发挥家庭职能,体现自然人之间的互帮互助。

居住权作为用益物权具有特殊性,即居住权人对于权利的客体即住宅只享有占有和使用的权利,不享有收益的权利,不能以此进行出租等营利活动。

第三百六十七条　【居住权合同】设立居住权,当事人应当采用书面形式订立居住权合同。

居住权合同一般包括下列条款:

(一)当事人的姓名或者名称和住所;
(二)住宅的位置;
(三)居住的条件和要求;
(四)居住权期限;
(五)解决争议的方法。

注释　居住权可以通过合同方式设立,也可以通过遗嘱方式设立。通过合同设立居住权,是房屋所有权人通过书面合同的方式与他人协议,设定居住权。例如,夫妻双方离婚时在离婚协议中约定,离婚后的房屋所有权归一方所有,另一方对其中的一部分房屋享有一定期限或者终身的居住权。

第三百六十八条　【居住权的设立】居住权无偿设立,但是当事人另有约定的除外。设立居住权的,应当向登记机构申请居住权登记。居住权自登记时设立。

注释　居住权是用益物权,对其设立采用登记发生主义,只有经过登记才能设立居住权。之所以对居住权采取登记发生主义,是因为居住权与租赁权相似,但租赁权是债权,而居住权是物权,性质截然不同,如果不采取登记发生主义,可能会与租赁权相混淆。规定居住权须经登记而发生,就能够确定其与租赁权的界限,不会发生混淆,一旦没有登记,就没有发生居住权。

案例　邱某光与董某军居住权执行案[人民法院贯彻实施民法典典型案例(第一批)]

裁判规则:案涉房屋虽为董某军所有,但是董某峰通过遗嘱方式使得邱某光享有案涉房屋的居住使用权。执行法院裁定将董某军所有的案涉房屋的居住权登记在邱某光名下。本案申请执行人作为丧偶独居老人,其对案涉房屋的居住使用权益取得于民法典实施之前,执行法院依照民法典规定的居住权登记制度,向不动产登记机构发出协助执行通知书,为申请执行人办理了居住权登记,最大限度地保障了申请执行人既有的房屋居住使用权利。

第三百六十九条　【居住权的限制性规定及例外】居住权不得转让、继承。设立居住权的住宅不得出租,但是当事人另有约定的除外。

第三百七十条　【居住权的消灭】居住权期限届满或者居住权人死亡的,居住权消灭。居住权消灭的,应当及时办理注销登记。

**第三百七十一条　【以遗嘱设立居住权的法

律适用】以遗嘱方式设立居住权的,参照适用本章的有关规定。

注释 依据遗嘱方式设立居住权,包括遗嘱继承和遗赠。不论是依据遗嘱继承方式还是遗赠方式取得居住权,都是依据遗嘱取得居住权。遗嘱生效后,还须进行居住权登记,否则不能取得居住权。

第十五章 地役权

第三百七十二条 【地役权的定义】地役权人有权按照合同约定,利用他人的不动产,以提高自己的不动产的效益。

前款所称他人的不动产为供役地,自己的不动产为需役地。

注释 地役权是一种独立的物权,在性质上属于用益物权的范围,是按照合同约定利用他人的不动产,以提高自己不动产效益的权利。因使用他人不动产而获得便利的不动产为需役地,为他人不动产的便利而供使用的不动产为供役地。地役权的"役",即"使用"的意思。

第三百七十三条 【地役权合同】设立地役权,当事人应当采用书面形式订立地役权合同。

地役权合同一般包括下列条款:
(一)当事人的姓名或者名称和住所;
(二)供役地和需役地的位置;
(三)利用目的和方法;
(四)地役权期限;
(五)费用及其支付方式;
(六)解决争议的方法。

第三百七十四条 【地役权的设立与登记】地役权自地役权合同生效时设立。当事人要求登记的,可以向登记机构申请地役权登记;未经登记,不得对抗善意第三人。

第三百七十五条 【供役地权利人的义务】供役地权利人应当按照合同约定,允许地役权人利用其不动产,不得妨害地役权人行使权利。

第三百七十六条 【地役权人的义务】地役权人应当按照合同约定的利用目的和方法利用供役地,尽量减少对供役地权利人物权的限制。

第三百七十七条 【地役权的期限】地役权期限由当事人约定;但是,不得超过土地承包经营权、建设用地使用权等用益物权的剩余期限。

第三百七十八条 【在享有或者负担地役权的土地上设立用益物权的规则】土地所有权人享有地役权或者负担地役权的,设立土地承包经营权、宅基地使用权等用益物权时,该用益物权人继续享有或者负担已经设立的地役权。

第三百七十九条 【土地所有权人在已设立用益物权的土地上设立地役权的规则】土地上已经设立土地承包经营权、建设用地使用权、宅基地使用权等用益物权的,未经用益物权人同意,土地所有权人不得设立地役权。

第三百八十条 【地役权的转让规则】地役权不得单独转让。土地承包经营权、建设用地使用权等转让的,地役权一并转让,但是合同另有约定的除外。

第三百八十一条 【地役权不得单独抵押】地役权不得单独抵押。土地经营权、建设用地使用权等抵押的,在实现抵押权时,地役权一并转让。

第三百八十二条 【需役地部分转让效果】需役地以及需役地上的土地承包经营权、建设用地使用权等部分转让时,转让部分涉及地役权的,受让人同时享有地役权。

第三百八十三条 【供役地部分转让效果】供役地以及供役地上的土地承包经营权、建设用地使用权等部分转让时,转让部分涉及地役权的,地役权对受让人具有法律约束力。

第三百八十四条 【供役地权利人解除权】地役权人有下列情形之一的,供役地权利人有权解除地役权合同,地役权消灭:
(一)违反法律规定或者合同约定,滥用地役权;
(二)有偿利用供役地,约定的付款期限届满后在合理期限内经两次催告未支付费用。

注释 针对地役权而言,当地役权合同出现本条规定的两项法定事由时,供役地权利人有权解除地役权合同,地役权随之消灭。

(1)违反法律规定或者合同约定,滥用地役权。地役权设定后,地役权人与供役地权利人的任何一方都不得擅自解除地役权合同,但如果地役权人违反法律规定或者合同约定,法律赋予了供役地权利人解除地役权合同的权利。如地役权人超越土地利用的范围不按约定的方法利用供役地等,就属于滥用地役权。

(2)有偿利用供役地,约定的付款期限届满后在合理期限内经两次催告未支付费用。地役权合同通常为有偿,那么,地役权人应当按照合同的约定履行付款义务。如果地役权人无正当理由,在合同约定的付款期限届满后,仍没有按照合同约定支付费用,而且在供役地权利人确定的一个合理期限内经两次催告,地役权人仍不履行付款义务的,表明地役权人没有履行合同的诚意,或者根本不可能再履行合同,供役地权利人可以解除地役权合同,地役权随之消灭。

第三百八十五条 【地役权变动后的登记】已经登记的地役权变更、转让或者消灭的,应当及时办理变更登记或者注销登记。

第四分编 担保物权

第十六章 一般规定

第三百八十六条 【担保物权的定义】担保物权人在债务人不履行到期债务或者发生当事人约定的实现担保物权的情形,依法享有就担保财产优先受偿的权利,但是法律另有规定的除外。

注释 担保物权以确保债权人的债权得到完全清偿为目的。这是担保物权与其他物权的最大区别。

担保物权是在债务人或者第三人的财产上成立的权利。债务人既可以自己的财产,也可以第三人的财产为债权设立担保物权。

担保物权具有物上代位性。债权人设立物权并不以使用担保财产为目的,而是以取得该财产的交换价值为目的,因此,担保财产灭失、毁损,但代替该财产的交换价值还存在的,担保物权的效力仍存在,但此时担保物权的效力转移到了该代替物上。

案例 深圳市奕之帆贸易有限公司、侯庆宾与深圳兆邦基集团有限公司、深圳市康诺富信息咨询有限公司、深圳市鲤鱼门投资发展有限公司、第三人广东立兆电子科技有限公司合同纠纷案(《最高人民法院公报》2020年第2期)

裁判规则 让与担保的设立应在债务履行期届满之前,但就让与担保的实现问题,参照《物权法》第170条的规定则需要满足债务人不履行到期债务或者发生当事人约定的实现权利的情形等条件。双方当事人在设立让与担保的合同中约定,如担保物的价值不足以覆盖相关债务,即使债务履行期尚未届满,债权人亦有权主张行使让与

担保权利。该约定不违反法律行政法规的强制性规定,应当认定合法有效。

为防止出现债权人取得标的物价值与债权额之间差额等类似于流质、流押之情形,让与担保权利的实现应对当事人课以清算义务。双方当事人就让与担保标的物价值达成的合意,可认定为确定标的物价值的有效方式。在让与担保标的物价值已经确定,但双方均预见债权数额有可能发生变化的情况下,当事人仍应在最终据实结算的债务数额基础上履行相应的清算义务。

第三百八十七条 【担保物权适用范围及反担保】债权人在借贷、买卖等民事活动中,为保障实现其债权,需要担保的,可以依照本法和其他法律的规定设立担保物权。

第三人为债务人向债权人提供担保的,可以要求债务人提供反担保。反担保适用本法和其他法律的规定。

注释 本条第1款规定了担保的适用范围,即在借贷、买卖等民事活动中发生的债权债务关系。对该适用范围的规定,应当注意以下几点:第一,担保物权适用于民事活动,不适用于国家行政行为(如税款)、司法行为(如扣押产生的费用)等不平等主体之间产生的关系。这是由担保物权本身的性质所决定的,担保物权是平等主体之间为确保债权的实现而设定的。第二,为了引导当事人设定担保物权,本法列举了借贷、买卖两种典型的可以设定担保物权的民事活动,但可以设定担保物权的民事活动很广泛,并不仅限于这两种民事活动。在其他民事活动中,如货物运输、加工承揽等都可以设定担保物权。第三,对因侵权行为已经产生的债权,属于普通债权的范围,可以用设定担保物权的方式确保债权的实现。

本条提到的依照本法和其他法律的规定设立担保物权,这里的"其他法律"主要指海商法、民用航空法、农村土地承包法等对船舶抵押、航空器抵押、土地经营权抵押等作规定的法律,"其他法律"的表述也为今后相关特别法规定设立担保物权留下接口。因此,设立担保物权还应当依据这些特别法。

反担保是维护担保人的合法权益、保障将来可能发生的追偿权实现的措施,是担保活动中普遍使用的方法。在由第三人提供担保物权的债权债务关系中,在债务人未清偿到期债务或者出现

当事人约定的可以实现担保物权的情形时,提供担保财产的第三人应当承担担保责任,债权人可以就第三人提供的担保财产实现自己的债权。第三人基于担保合同以及替代债务人清偿债务这一法律事实,成为债务人的新债权人,其有权向债务人追偿。第三人为保障自己追偿权的实现,可以要求债务人向自己提供担保,这里的担保可以是债务人或者其他人提供的担保物权,也可以是其他人提供的保证。需要注意的是,第三人替债务人为债权人设定的担保物权是为了实现债权而设立,反担保也是为了实现债权而设立,只不过在同一法律关系中,第三人承担担保责任后,成为债务人的新债权人而已。

链接 《最高人民法院关于适用〈中华人民共和国民法典〉有关担保制度的解释》第19条

第三百八十八条 【担保合同及其与主合同的关系】设立担保物权,应当依照本法和其他法律的规定订立担保合同。担保合同包括抵押合同、质押合同和其他具有担保功能的合同。担保合同是主债权债务合同的从合同。主债权债务合同无效,担保合同无效,但是法律另有规定的除外。

担保合同被确认无效后,债务人、担保人、债权人有过错的,应当根据其过错各自承担相应的民事责任。

注释 对此首先应注意,担保合同随主债权债务合同无效而无效只是一般规则,但并不是绝对的,在法律另有规定的情况下,担保合同可以作为独立合同存在,不受主债权债务合同效力的影响。例如,在本法规定的最高额抵押权中,最高额抵押合同就具有相对的独立性。

本条只规定了主合同无效,导致担保合同无效的情形。需特别强调的是,导致担保合同无效的原因很多,主债权债务合同无效导致担保合同无效只是原因之一。在主债权债务合同有效的情况下,担保合同也有可能无效。例如,担保合同违反社会公共利益或者国家利益无效,担保合同因债权人与债务人的恶意串通而无效等。因为主合同与担保合同都是民事法律行为,因此其适用民事法律行为无效的规则。也就是说,判断担保合同是否有效,不能仅以主债权债务合同是否有效为标准。

链接 《最高人民法院关于适用〈中华人民共和国民法典〉有关担保制度的解释》第2、27条

第三百八十九条 【担保范围】担保物权的担保范围包括主债权及其利息、违约金、损害赔偿金、保管担保财产和实现担保物权的费用。当事人另有约定的,按照其约定。

注释 担保物权的担保范围包括:

(1)主债权。主债权指债权人与债务人之间因债的法律关系所发生的原本债权,例如金钱债权、交付货物的债权或者提供劳务的债权。主债权是相对于利息和其他附随债权而言,不包括利息以及其他因主债权而产生的附随债权。

(2)利息。利息指实现担保物权时主债权所应产生的收益。一般来说,金钱债权都有利息,因此其当然也在担保范围内。利息可以按照法律规定确定,也可以由当事人自己约定,但当事人不能违反法律规定约定过高的利息,否则超过部分的利息无效。

(3)违约金。违约金指按照当事人的约定,一方当事人违约的,应向另一方支付的金钱。

(4)损害赔偿金。损害赔偿金指一方当事人因违反合同或者因其他行为给债权人造成的财产、人身损失而给付的赔偿额。损害赔偿金的范围可以由法律直接规定,或由双方约定,在法律没有特别规定或者当事人另有约定的情况下,应按照完全赔偿原则确定具体赔偿数额。

(5)保管担保财产的费用。保管担保财产的费用指债权人在占有担保财产期间因履行善良保管义务而支付的各种费用。

(6)实现担保物权的费用。实现担保物权的费用指担保物权人在实现担保物权过程中所花费的各种实际费用,如对担保财产的评估费用、拍卖或者变卖担保财产的费用、向人民法院申请强制变卖或者拍卖的费用等。

链接 《最高人民法院关于适用〈中华人民共和国民法典〉有关担保制度的解释》第3条

第三百九十条 【担保物权的物上代位性】担保期间,担保财产毁损、灭失或者被征收等,担保物权人可以就获得的保险金、赔偿金或者补偿金等优先受偿。被担保债权的履行期限未届满的,也可以提存该保险金、赔偿金或者补偿金等。

注释 本条是对担保物权物上代位性的规定。关于代位物的范围应注意:(1)这里的损害赔偿金是担保财产因第三人的侵权行为或者其他原因毁损、灭失时,担保人所获得的赔偿。(2)担保财产

毁损、灭失或者被征收后担保人所得的损害赔偿金、保险金或者补偿金只是代位物的几种形态,但并不仅仅以此为限,如担保财产的残留物也属于代位物的范围。

第三百九十一条 【债务转让对担保物权的效力】第三人提供担保,未经其书面同意,债权人允许债务人转移全部或者部分债务的,担保人不再承担相应的担保责任。

注释 正确理解本条应当注意:(1)本条只适用于第三人提供担保财产的情况,如果担保财产是由债务人自己提供的,除非债权人明确放弃担保物权或者债务的受让人明确表示愿意代为提供新的担保,否则债权人同意债务人转移债务的行为并不意味着债务人担保责任的免除。(2)债权人允许债务人转移债务必须要经提供担保的第三人的书面同意。担保合同为要式合同,设立担保需要书面形式,担保人如果继续为新的债务人担保,这种变更也应当秉承要式合同的规则。如果不是书面形式,而是其他形式,视为不存在担保人的同意。(3)本条规定的债务转移不仅包括债务人将债务全部转移给他人,也包括将部分债务转移给他人。债权人许可债务人部分转移的,原债务人并不退出债务关系,只是其所应承担的债务额发生减少,新债务人与原债务人共同向债权人承担债务。部分转移债务的也必须经担保人同意,否则担保人对转移出去的部分债务不承担担保责任。(4)未经担保人书面同意,债权人许可债务人转移全部债务的,可以免除担保人全部担保责任;债权人许可债务人转移部分债务的,可以免除担保人部分担保责任,担保人不得要求免除全部担保责任,其还是要对债务人未转移的债务承担担保责任。这就是本条中"不再承担相应的担保责任"的内涵。

第三百九十二条 【人保和物保并存时的处理规则】被担保的债权既有物的担保又有人的担保的,债务人不履行到期债务或者发生当事人约定的实现担保物权的情形,债权人应当按照约定实现债权;没有约定或者约定不明确,债务人自己提供物的担保的,债权人应当先就该物的担保实现债权;第三人提供物的担保的,债权人可以就物的担保实现债权,也可以请求保证人承担保证责任。提供担保的第三人承担担保责任后,有权向债务人追偿。

注释 本条区分三种情况对同一债权上既有物的担保又有人的担保作了规定:(1)在当事人对物的担保和人的担保的关系有约定的情况下,应当尊重当事人的意思,按约定实现。这充分尊重了当事人的意愿。(2)在没有约定或者约定不明确,债务人自己提供物的担保的情况下,应当先就该物的担保实现担保权。(3)在没有约定或者约定不明确,既有第三人提供物的担保,又有人的担保的情况下,应当允许当事人进行选择。

实践中,对同一债权,还可能出现债务人和第三人均提供了物的担保,还有第三人提供人的担保的情形。在这种情况下,无论是从公平的角度,还是从防止日后追索权的烦琐、节约成本的角度,债权人都应当先行使债务人提供的物的担保,再行使第三人提供的人的担保,否则保证人可以有抗辩权。

链接 《最高人民法院关于适用〈中华人民共和国民法典〉有关担保制度的解释》第18条

第三百九十三条 【担保物权消灭的情形】有下列情形之一的,担保物权消灭:

(一)主债权消灭;

(二)担保物权实现;

(三)债权人放弃担保物权;

(四)法律规定担保物权消灭的其他情形。

第十七章 抵 押 权

第一节 一般抵押权

第三百九十四条 【抵押权的定义】为担保债务的履行,债务人或者第三人不转移财产的占有,将该财产抵押给债权人的,债务人不履行到期债务或者发生当事人约定的实现抵押权的情形,债权人有权就该财产优先受偿。

前款规定的债务人或者第三人为抵押人,债权人为抵押权人,提供担保的财产为抵押财产。

案例 中国长城资产管理公司济南办事处与中国重汽集团济南卡车股份有限公司、山东小鸭集团有限责任公司借款抵押合同纠纷案(《最高人民法院公报》2008年第3期)

裁判规则: 抵押担保是物的担保。在抵押人不是主债务人的情况下,抵押权人可以请求拍卖、变卖抵押财产优先受偿,但不得请求抵押人直接承担债务人的债务。

第三百九十五条 【可抵押财产的范围】债务人或者第三人有权处分的下列财产可以抵押：

（一）建筑物和其他土地附着物；

（二）建设用地使用权；

（三）海域使用权；

（四）生产设备、原材料、半成品、产品；

（五）正在建造的建筑物、船舶、航空器；

（六）交通运输工具；

（七）法律、行政法规未禁止抵押的其他财产。

抵押人可以将前款所列财产一并抵押。

注释 抵押财产，也称为抵押权标的物或者抵押物，是指被设置了抵押权的不动产、动产或者权利。抵押财产的特点是：（1）抵押财产包括不动产、特定动产和权利。抵押财产主要是不动产，也包括特定的动产，以及建设用地使用权、土地经营权等物权。（2）抵押财产须具有可转让性，抵押权的性质是变价权，供抵押的不动产或者动产如果有妨害其使用的目的，具有不得让与的性质或者即使可以让与但让与会导致其变价受到影响的，都不能设置抵押权。

链接《城市房地产管理法》第32、48条；《农村土地承包法》第53条

第三百九十六条 【浮动抵押】企业、个体工商户、农业生产经营者可以将现有的以及将有的生产设备、原材料、半成品、产品抵押，债务人不履行到期债务或者发生当事人约定的实现抵押权的情形，债权人有权就抵押财产确定时的动产优先受偿。

注释 浮动抵押权，是指企业、个体工商户、农业生产经营者作为抵押人，以其所有的财产包括现有的以及将有的生产设备、原材料、半成品、产品为标的而设立的动产抵押权。债务人不履行到期债务或者发生当事人约定的实现抵押权的情形，债权人有权就抵押财产确定时的动产优先受偿。比如企业以现有的以及未来可能买进的机器设备、库存产成品、生产原材料等动产担保债务的履行。

浮动抵押权设定后，抵押人可以将抵押的原材料投入成品生产，也可以卖出抵押的财产。当发生债务履行期届满未清偿债务、当事人约定的实现抵押权的情形成就时，抵押财产确定，也就是说此时企业有什么财产，这些财产就是抵押财产。抵押财产确定前企业卖出的财产不追回，买进的财产算作抵押财产。

浮动抵押具有不同于固定抵押的两个特征：第一，浮动抵押设定后，抵押的财产不断发生变化，直到约定或者法定的事由发生，抵押财产才确定。第二，浮动抵押期间，抵押人处分抵押财产不必经抵押权人同意，除抵押人恶意实施损害抵押权人利益的行为外，抵押权人对抵押财产无追及的权利，只能就约定或者法定事由发生后确定的财产优先受偿。

设定浮动抵押需注意：

（1）设定浮动抵押的主体仅限于企业、个体工商户、农业生产经营者。只要是注册的企业都可以设定浮动抵押。除了上述三项主体，国家机关、社会团体、事业单位、非农业生产者的自然人不可以设立浮动抵押。

（2）设立浮动抵押的财产仅限于生产设备、原材料、半成品和产品。除此之外的动产、不动产、知识产权以及债权等不得设立浮动抵押。

（3）设立浮动抵押要有书面协议。该协议一般包括担保债权的种类和数额、债务履行期间、抵押财产的范围、实现抵押权的条件等。

（4）实现抵押权的条件是债务人不履行到期债务或者发生当事人约定的实现抵押权的事由。

链接《民法典》第411条

第三百九十七条 【建筑物和相应的建设用地使用权一并抵押规则】以建筑物抵押的，该建筑物占用范围内的建设用地使用权一并抵押。以建设用地使用权抵押的，该土地上的建筑物一并抵押。

抵押人未依据前款规定一并抵押的，未抵押的财产视为一并抵押。

第三百九十八条 【乡镇、村企业的建设用地使用权与房屋一并抵押规则】乡镇、村企业的建设用地使用权不得单独抵押。以乡镇、村企业的厂房等建筑物抵押的，其占用范围内的建设用地使用权一并抵押。

注释 乡镇、村企业不能仅以集体所有的建设用地使用权抵押，但可以将乡镇、村企业的厂房等建筑物抵押，以厂房等建筑物抵押的，其占用范围内的建设用地使用权一并抵押。以乡镇、村企业的厂房等建筑物占用范围内的建设用地使用权抵押的，实现抵押权后，未经法定程序不得改变土地所有权的性质和土地的用途。

第三百九十九条 【禁止抵押的财产范围】下列财产不得抵押：

（一）土地所有权；

（二）宅基地、自留地、自留山等集体所有土地的使用权，但是法律规定可以抵押的除外；

（三）学校、幼儿园、医疗机构等为公益目的成立的非营利法人的教育设施、医疗卫生设施和其他公益设施；

（四）所有权、使用权不明或者有争议的财产；

（五）依法被查封、扣押、监管的财产；

（六）法律、行政法规规定不得抵押的其他财产。

注释 土地所有权既包括国有土地所有权，也包括集体土地所有权。

依法被查封、扣押的财产，指被人民法院或者行政机关采取强制措施就地贴上封条或者运到另外的处所，不准任何人占有、使用或者处分的财产。依法被监管的财产，指行政机关依照法律规定监督、管理的财产。比如海关依照有关法律、法规，监管进出境的运输工具、货物、行李物品、邮递物品和其他物品，对违反海关法和其他有关法律法规规定的进出境货物、物品予以扣留。依法被查封、扣押、监管的财产，其合法性处于不确定状态，国家法律不能予以确认和保护。因此禁止以依法被查封、扣押、监管的财产抵押。但已经设定抵押的财产被采取查封、扣押等财产保全或者执行措施的，不影响抵押权的效力。

链接《最高人民法院关于适用〈中华人民共和国民法典〉有关担保制度的解释》第6条

第四百条 【抵押合同】设立抵押权，当事人应当采用书面形式订立抵押合同。

抵押合同一般包括下列条款：

（一）被担保债权的种类和数额；

（二）债务人履行债务的期限；

（三）抵押财产的名称、数量等情况；

（四）担保的范围。

第四百零一条 【流押条款的效力】抵押权人在债务履行期限届满前，与抵押人约定债务人不履行到期债务时抵押财产归债权人所有的，只能依法就抵押财产优先受偿。

注释 本条是对禁止流押的规定。

流押，是指抵押权人与抵押人约定，当债务人届期不履行债务时，抵押权人有权直接取得抵押财产的所有权的协议。抵押权人在债务履行期届满前，不得与抵押人约定在债务人不履行到期债务时，抵押财产归债权人所有。抵押权人和抵押人订立的流押契约、流押的条款一律无效。即使是在抵押权实现时订立的实现抵押权协议，也不得出现流押契约。只有当事人以抵押财产折价方式清偿债务的，才是正常的抵押权实现方法。

订立流押条款的，虽然流押条款无效，但是抵押权仍然成立，因而只能依法就抵押财产优先受偿，使债务得到清偿。

第四百零二条 【不动产抵押登记】以本法第三百九十五条第一款第一项至第三项规定的财产或者第五项规定的正在建造的建筑物抵押的，应当办理抵押登记。抵押权自登记时设立。

注释 抵押权是担保物权，设定抵押权除了要订立抵押合同之外，对某些财产设置抵押权还须进行抵押权登记，并且只有经过抵押权登记，才能发生抵押权的效力。本条规定，以下列财产抵押的，应办理抵押登记，抵押权自登记时设立：(1)建筑物和其他土地附着物；(2)建设用地使用权；(3)海域使用权；(4)正在建造的建筑物。

链接《城市房地产管理法》第62条

案例 中国光大银行股份有限公司上海青浦支行诉上海东鹤房地产有限公司、陈思绮保证合同纠纷案（《最高人民法院公报》2014年第9期）

裁判规则：开发商为套取银行资金，与自然人串通签订虚假的预售商品房买卖合同，以该自然人的名义与银行签订商品房抵押贷款合同而获得银行贷款，当商品房买卖合同被依法确认无效后，开发商与该自然人应对银行的贷款共同承担连带清偿责任。

预售商品房抵押贷款中，虽然银行与借款人（购房人）对预售商品房作了抵押预告登记，但该预告登记并未使银行获得现实的抵押权，而是待房屋建成交付借款人后银行就该房屋设立抵押权的一种预先的排他性保全。如果房屋建成后的产权未登记至借款人名下，则抵押权设立登记无法完成，银行不能对该预售商品房行使抵押权。

第四百零三条 【动产抵押的效力】以动产抵押的，抵押权自抵押合同生效时设立；未经登记，不得对抗善意第三人。

注释 以动产抵押的，例如《民法典》第395条规定的生产设备、原材料、半成品、产品、正在建造的船舶、航空器、交通运输工具等,采取登记对抗主义,抵押权自抵押合同生效时设立;未经抵押权登记的,抵押权亦设立,只是不得对抗善意第三人。需要说明的是,本条既适用于一般的动产抵押,也适用于浮动抵押。

不得对抗善意第三人,包括两方面含义:(1)合同签订后,如果抵押人将抵押财产转让,对于善意取得该财产的第三人,抵押权人无权追偿,抵押权人将失去在该财产上的抵押权,只能要求抵押人重新提供新的担保,或者要求债务人及时偿还债务。(2)抵押合同签订后,如果抵押人以该财产再次设定抵押或者质押,而后位抵押权人进行了抵押登记或者后位质权人因交付取得了对该动产的实际占有,那么,实现抵押权时,后位抵押权人以及后位质权人可以优先于前位未进行抵押登记的抵押权人受偿。办理抵押登记的,抵押权具有对抗第三人的法律效力,也就是说,抵押财产登记后,不论抵押财产转移到谁手中,只要债务履行期限届满债务人没有履行债务,抵押权就具有追及效力,抵押权人可以就该抵押财产实现抵押权。同时在受偿顺序上,已登记的抵押权优先于未登记的抵押权、后设立的抵押权以及质权受偿。

第四百零四条 【动产抵押权对抗效力的限制】以动产抵押的,不得对抗正常经营活动中已经支付合理价款并取得抵押财产的买受人。

第四百零五条 【抵押权和租赁权的关系】抵押权设立前,抵押财产已经出租并转移占有的,原租赁关系不受该抵押权的影响。

第四百零六条 【抵押期间抵押财产转让应当遵循的规则】抵押期间,抵押人可以转让抵押财产。当事人另有约定的,按照其约定。抵押财产转让的,抵押权不受影响。

抵押人转让抵押财产的,应当及时通知抵押权人。抵押权人能够证明抵押财产转让可能损害抵押权的,可以请求抵押人将转让所得的价款向抵押权人提前清偿债务或者提存。转让的价款超过债权数额的部分归抵押人所有,不足部分由债务人清偿。

注释 在抵押关系存续期间,抵押人转让抵押财产的,原《物权法》第191条采取比较严格的规则,即抵押期间,抵押人经抵押权人同意转让抵押财产的,应当将转让所得的价款向抵押权人提前清偿债务或者提存。转让的价款超过债权数额部分归抵押人所有,不足部分由债务人清偿。抵押期间,抵押人未经抵押权人同意,不得转让抵押财产,但受让人代为清偿债务消灭抵押权的除外。

事实上,在财产上设置抵押权,只要抵押权跟随抵押财产一并移转,就能够保障抵押权人的权利。故《民法典》在规定抵押期间转让抵押财产的规则时,改变了原《物权法》的规定,采纳了从宽的规则,具体为:(1)抵押期间,抵押人可以转让抵押财产,只是在转让时应当及时通知抵押权人。(2)如果当事人对此另有约定的,按照其约定。(3)抵押期间,抵押人将抵押财产转让的,抵押权不受影响,即抵押财产是设有抵押权负担的财产,进行转让,抵押权随着所有权的转让而转让,取得抵押财产的受让人在取得所有权的同时,也负有抵押人所负担的义务,受到抵押权的约束。(4)抵押权人能够证明抵押财产转让可能损害抵押权的,可以请求抵押人将转让所得的价款向抵押权人提前清偿债务或者提存。转让的价款超过债权数额的部分归抵押人所有,不足部分由债务人清偿。

第四百零七条 【抵押权的从属性】抵押权不得与债权分离而单独转让或者作为其他债权的担保。债权转让的,担保该债权的抵押权一并转让,但是法律另有规定或者当事人另有约定的除外。

注释 抵押权不是独立的物权,是附随于被担保的债权的从权利,因而抵押权不得与债权分离而单独转让或者作为其他债权的担保。所以,债权转让的,担保该债权的抵押权一并转让。但是法律另有规定或者当事人另有约定的除外,例如《民法典》第421条规定,最高额抵押担保的债权确定前,部分债权转让的,最高额抵押权不得转让,但是当事人另有约定的除外。

第四百零八条 【抵押财产价值减少时抵押权人的保护措施】抵押人的行为足以使抵押财产价值减少的,抵押权人有权请求抵押人停止其行为;抵押财产价值减少的,抵押权人有权请求恢复抵押财产的价值,或者提供与减少的价值相应的担保。抵押人不恢复抵押财产的价值,也不提供担保的,抵押权人有权请求债务人提前清偿债务。

注释 本条规定的抵押财产价值减少,均是由于抵押人的行为造成的,即只有在抵押人对抵押财产价值减少有过错时,才按照本条的规定处理。这种侵害行为必须是抵押人的行为,故意和过失、作为与不作为均包括在内。

第四百零九条 【抵押权人放弃抵押权或抵押权顺位的法律后果】抵押权人可以放弃抵押权或者抵押权的顺位。抵押权人与抵押人可以协议变更抵押权顺位以及被担保的债权数额等内容。但是，抵押权的变更未经其他抵押权人书面同意的，不得对其他抵押权人产生不利影响。

债务人以自己的财产设定抵押，抵押权人放弃该抵押权、抵押权顺位或者变更抵押权的，其他担保人在抵押权人丧失优先受偿权益的范围内免除担保责任，但是其他担保人承诺仍然提供担保的除外。

注释 抵押权人放弃抵押权，不必经过抵押人的同意。抵押权人放弃抵押权的，抵押权消灭。此时抵押权人变成普通债权人，其债权应当与其他普通债权人按照债权的比例受偿。

抵押权的顺位是抵押权人优先受偿的顺序，作为抵押权人享有的一项利益，抵押权人可以放弃其顺位，即放弃优先受偿的次序利益。抵押权人放弃抵押权顺位，放弃人处于最后顺位，所有后顺位抵押权人的顺位依次递进。但在放弃人弃抵押权顺位后新设定的抵押权不受该放弃的影响，其顺位仍应在放弃人的抵押权顺位之后。

抵押权顺位的变更，是指将同一抵押财产上的数个抵押权的清偿顺序互换。抵押权的顺位变更后，各抵押权人只能在其变更后的顺序上行使优先受偿权。抵押权顺位的变更对其他抵押权人产生不利影响时，必须经过他们的书面同意。

第四百一十条 【抵押权实现的方式和程序】债务人不履行到期债务或者发生当事人约定的实现抵押权的情形，抵押权人可以与抵押人协议以抵押财产折价或者以拍卖、变卖该抵押财产所得的价款优先受偿。协议损害其他债权人利益的，其他债权人可以请求人民法院撤销该协议。

抵押权人与抵押人未就抵押权实现方式达成协议的，抵押权人可以请求人民法院拍卖、变卖抵押财产。

抵押财产折价或者变卖的，应当参照市场价格。

注释 本条提供了三种抵押财产的处理方式供抵押权人与抵押人协议时选择：

（1）折价方式

抵押财产折价，是指在抵押权实现时，抵押权人与抵押人协议，或者协议不成经由人民法院判决，按照抵押财产自身的品质、参考市场价格折算为价款，把抵押财产所有权转移给抵押权人，从而实现抵押权的方式。

（2）拍卖方式

拍卖也称为竞卖，是指以公开竞争的方法将标的物卖给出价最高的买者。拍卖又分为自愿拍卖和强制拍卖两种，自愿拍卖是出卖人与拍卖机构，一般为拍卖行订立委托合同，委托拍卖机构拍卖；强制拍卖是债务人的财产基于某些法定的原因由司法机关如人民法院强制性拍卖。抵押权人与抵押人协议以抵押财产拍卖来实现债权的方式属于第一种方式，双方达成一致意见，即可选择拍卖机构进行拍卖。

（3）变卖方式

变卖的方式就是以拍卖以外的生活中一般的买卖形式出让抵押财产来实现债权的方式。为了保障变卖的价格公允，变卖抵押财产应当参照市场价格。

链接《最高人民法院关于适用〈中华人民共和国民法典〉有关担保制度的解释》第45条

第四百一十一条 【浮动抵押财产的确定】依据本法第三百九十六条规定设定抵押的，抵押财产自下列情形之一发生时确定：

（一）债务履行期限届满，债权未实现；

（二）抵押人被宣告破产或者解散；

（三）当事人约定的实现抵押权的情形；

（四）严重影响债权实现的其他情形。

注释 浮动抵押权在以下情形时确定：

（1）债务履行期限届期，债权未实现：应当对浮动抵押的抵押财产进行确定，不得再进行浮动。

（2）抵押人被宣告破产或者解散：抵押财产必须确定，这种确定被称为自动封押，浮动抵押变为固定抵押，无论浮动抵押权人是否知道该事由的发生或者有没有实现抵押权，都不影响抵押权的自动确定。

（3）当事人约定的实现抵押权的情形：实现抵押权，抵押的财产必须确定，浮动抵押必须经过确定变为固定抵押，抵押权的实现才有可能。

（4）严重影响债权实现的其他情形。例如，抵押人因经营管理不善而导致经营状况恶化或严重亏损，或者抵押人为了逃避债务而故意低价转让财产或隐匿、转移财产，都属于严重影响债权实现的情形。

浮动抵押财产被确定后,变成固定抵押,在抵押权实现的规则上,与普通抵押没有区别。

第四百一十二条 【抵押财产孳息归属】债务人不履行到期债务或者发生当事人约定的实现抵押权的情形,致使抵押财产被人民法院依法扣押的,自扣押之日起,抵押权人有权收取该抵押财产的天然孳息或者法定孳息,但是抵押权人未通知应当清偿法定孳息义务人的除外。

前款规定的孳息应当先充抵收取孳息的费用。

注释 当出现债务人不履行到期债务或者发生当事人约定的实现抵押权情形,致使抵押财产被人民法院依法扣押的,等于抵押权人对抵押财产已经开始主张权利,因而自抵押财产被扣押之日起,抵押权人有权收取该抵押财产的天然孳息或者法定孳息,但是抵押权人未通知应当清偿法定孳息的义务人的除外,故抵押权人自抵押财产被扣押后,如果要收取抵押财产的法定孳息,应当通知清偿法定孳息的义务人。

已经被扣押的孳息,尽管抵押权人可以收取,但是仍然是抵押人的财产,扣押的孳息仍然应当用于清偿抵押权人的债务,实现抵押权人的债权。

链接《最高人民法院关于适用〈中华人民共和国民法典〉有关担保制度的解释》第40、41条

第四百一十三条 【抵押财产变价款的归属原则】抵押财产折价或者拍卖、变卖后,其价款超过债权数额的部分归抵押人所有,不足部分由债务人清偿。

第四百一十四条 【同一财产上多个抵押权的效力顺序】同一财产向两个以上债权人抵押的,拍卖、变卖抵押财产所得的价款依照下列规定清偿:

(一)抵押权已经登记的,按照登记的时间先后确定清偿顺序;

(二)抵押权已经登记的先于未登记的受偿;

(三)抵押权未登记的,按照债权比例清偿。

其他可以登记的担保物权,清偿顺序参照适用前款规定。

注释 同一财产向两个以上的债权人抵押的,拍卖、变卖抵押财产所得价款的清偿顺位有三项标准:(1)抵押权都已经登记的,按照登记的先后顺序清偿。顺序相同的,按照债权比例清偿。(2)抵押权已经登记的,先于未登记的受偿。已经登记的优先清偿,没有登记的,只能在经过登记的抵押权实现后,以剩余的抵押财产受偿。(3)抵押权未登记的,不具有对抗效力,无优先受偿权,仍按照债权比例清偿。

第四百一十五条 【既有抵押权又有质权的财产的清偿顺序】同一财产既设立抵押权又设立质权的,拍卖、变卖该财产所得的价款按照登记、交付的时间先后确定清偿顺序。

注释 本条在具体适用时,主要有以下几种情况:

1. 在动产上先设立质权后设立抵押权的,例如甲将其所有的汽车出质给质权人乙,后来甲又将该汽车抵押给抵押权人丙,由于质权以动产的交付作为生效要件,并且交付具有公示效力,因此先设立的乙的质权应当优先受偿。后设立的丙的抵押权无论是否登记都不影响在先设立的乙的质权的优先受偿顺序。在动产质权和动产抵押权中,交付和登记都是公示方式,本身并不存在效力的强弱之分,都具有对抗后面产生的权利的效力。动产抵押权虽然进行了登记,但是其登记对抗效力仅能向后发生,不能影响成立在先的质权。因此,乙的质权优先于丙的抵押权受偿。

2. 在动产上先设立抵押权后设立质权的,例如甲将其所有的汽车抵押给乙,签订了抵押合同,由于动产抵押不需要转移抵押财产的占有,甲又将该汽车继续出质给丙,在这种情况下,乙的抵押权和丙的质权的清偿顺序会因先设立的抵押权是否登记而有所不同。(1)动产抵押权已登记,则该抵押权便具有了对抗第三人的效力,并且为设立在先的权利,则优先于质权受偿。(2)动产抵押权未登记,则同一个财产上并存的抵押权和质权的清偿顺序取决于权利公示的时间先后,抵押权没有登记即没有公示,质权因交付行为而设立并取得公示效力,因此质权优先于抵押权受偿。因此,抵押权人在取得动产抵押权后应当及时进行登记,否则可能会失去优先清偿的顺位。

第四百一十六条 【买卖价款抵押权】动产抵押担保的主债权是抵押物的价款,标的物交付后十日内办理抵押登记的,该抵押权人优先于抵押物买受人的其他担保物权人受偿,但是留置权人除外。

第四百一十七条 【抵押权对新增建筑物的效力】建设用地使用权抵押后,该土地上新增的建筑物不属于抵押财产。该建设用地使用权实现抵

押权时,应当将该土地上新增的建筑物与建设用地使用权一并处分。但是,新增建筑物所得的价款,抵押权人无权优先受偿。

第四百一十八条 【集体所有土地使用权抵押权的实现效果】以集体所有土地的使用权依法抵押的,实现抵押权后,未经法定程序,不得改变土地所有权的性质和土地用途。

第四百一十九条 【抵押权的存续期间】抵押权人应当在主债权诉讼时效期间行使抵押权;未行使的,人民法院不予保护。

注释 抵押权的受保护期间与其担保的主债权的诉讼时效期间一致。主债权诉讼时效一直没有届满的,抵押权就一直存续而不消灭。主债权适用特殊诉讼时效的,抵押权的行使期间也与之相同。

链接《民法典》第188条

案例 王军诉李睿抵押合同纠纷案(《最高人民法院公报》2017年第7期)

裁判规则:抵押权人在主债权诉讼时效期间未行使抵押权将导致抵押权消灭,而非胜诉权的丧失。抵押权消灭后,抵押人要求解除抵押权登记的,人民法院应当支持。

第二节 最高额抵押权

第四百二十条 【最高额抵押规则】为担保债务的履行,债务人或者第三人对一定期间内将要连续发生的债权提供担保财产的,债务人不履行到期债务或者发生当事人约定的实现抵押权的情形,抵押权人有权在最高债权额限度内就该担保财产优先受偿。

最高额抵押权设立前已经存在的债权,经当事人同意,可以转入最高额抵押担保的债权范围。

注释 最高额抵押具有以下特征:

(1)最高额抵押是限额抵押。设定抵押时,抵押人与抵押权人协议约定抵押财产担保的最高债权限额,无论将来实际发生的债权如何增减变动,抵押权人只能在最高债权额范围内对抵押财产享有优先受偿权。实际发生的债权超过最高限额的,以抵押权设定时约定的最高债权额为限优先受偿;不及最高限额的,以实际发生的债权额为限优先受偿。

(2)最高额抵押是为将来发生的债权提供担保。最高额抵押设定时,不以主债权的存在为前提,是典型的担保将来债权的抵押权。这里的

"将来债权",是指设定抵押时尚未发生,在抵押期间将要发生的债权。

(3)最高额抵押所担保的最高债权额是确定的,但实际发生额不确定。设定最高额抵押时,债权尚未发生,为担保将来债权的履行,抵押人和抵押权人协议确定担保的最高数额,在此额度内对债权担保。

(4)最高额抵押是对一定期间内连续发生的债权作担保。这里讲的一定期间,不仅指债权发生的期间,也是指抵押权担保的期间。连续发生的债权,是指所发生的债权次数不确定,且接连发生。

链接《最高人民法院关于适用〈中华人民共和国民法典〉有关担保制度的解释》第15条

案例 中国工商银行股份有限公司宣城龙首支行诉宣城柏冠贸易有限公司、江苏凯盛置业有限公司等金融借款合同纠纷案(最高人民法院指导案例95号)

裁判规则:当事人另行达成协议将最高额抵押权设立前已经存在的债权转入该最高额抵押担保的债权范围,只要转入的债权数额仍在该最高额抵押担保的最高债权额限度内,即使未对该最高额抵押权办理变更登记手续,该最高额抵押权的效力仍然及于被转入的债权,但不得对第三人产生不利影响。

第四百二十一条 【最高额抵押权担保的部分债权转让效力】最高额抵押担保的债权确定前,部分债权转让的,最高额抵押权不得转让,但是当事人另有约定的除外。

第四百二十二条 【最高额抵押合同条款变更】最高额抵押担保的债权确定前,抵押权人与抵押人可以通过协议变更债权确定的期间、债权范围以及最高债权额。但是,变更的内容不得对其他抵押权人产生不利影响。

第四百二十三条 【最高额抵押所担保债权的确定事由】有下列情形之一的,抵押权人的债权确定:

(一)约定的债权确定期间届满;

(二)没有约定债权确定期间或者约定不明确,抵押权人或者抵押人自最高额抵押权设立之日起满二年后请求确定债权;

(三)新的债权不可能发生;

(四)抵押权人知道或者应当知道抵押财产被

查封、扣押;

(五)债务人、抵押人被宣告破产或者解散;

(六)法律规定债权确定的其他情形。

第四百二十四条 【最高额抵押的法律适用】最高额抵押权除适用本节规定外,适用本章第一节的有关规定。

第十八章 质 权

第一节 动产质权

第四百二十五条 【动产质权概念】为担保债务的履行,债务人或者第三人将其动产出质给债权人占有的,债务人不履行到期债务或者发生当事人约定的实现质权的情形,债权人有权就该动产优先受偿。

前款规定的债务人或者第三人为出质人,债权人为质权人,交付的动产为质押财产。

第四百二十六条 【禁止出质的动产范围】法律、行政法规禁止转让的动产不得出质。

注释 合法拥有的并且依法可以转让的动产,都可以作为设定质权的标的。但是,法律、行政法规规定禁止流通的动产不得设定质权,例如毒品、管制枪支等。规定禁止转让的依据只能是全国人大及其常委会制定的法律以及国务院制定的行政法规。其他规范性文件,不能作为规定禁止转让动产的依据。

第四百二十七条 【质押合同形式及内容】设立质权,当事人应当采用书面形式订立质押合同。

质押合同一般包括下列条款:

(一)被担保债权的种类和数额;

(二)债务人履行债务的期限;

(三)质押财产的名称、数量等情况;

(四)担保的范围;

(五)质押财产交付的时间、方式。

第四百二十八条 【流质条款的效力】质权人在债务履行期限届满前,与出质人约定债务人不履行到期债务时质押财产归债权人所有的,只能依法就质押财产优先受偿。

注释 流质,也称绝押,是指转移质物所有权的预先约定。订立质押合同时,出质人和质权人在合同中不得约定在债务人履行期限届满质权人未受清偿时,将质物所有权转移为债权人所有。当事人在质押合同中约定流质条款的,流质条款无效,但是质押合同还是有效的,因此,只能依法就质押财产优先受偿。

第四百二十九条 【质权的设立】质权自出质人交付质押财产时设立。

注释 出质人与质权人订立动产质押合同,该合同自成立时生效。但是在移转质押财产的占有之前,并不发生担保物权的效力;出质人只有将质押财产通过交付的形式实际移转给质权人占有时,质权才发生效力。根据本条的规定,质押财产是否移转是质权是否生效的判断标准:当事人没有移转质押财产,质权无效。其质押合同是否有效要根据本法合同编的有关规定判断,质权无效并不当然导致合同无效,不应将质权有效与否与质押合同的效力合二为一混同判断。

案例 中国农业发展银行安徽省分行诉张大标、安徽长江融资担保集团有限公司执行异议之诉纠纷案(最高人民法院指导案例54号)

裁判规则 当事人依约为出质的金钱开立保证金专门账户,且质权人取得对该专门账户的占有控制权,符合金钱特定化和移交占有的要求,即使该账户内资金余额发生浮动,也不影响该金钱质权的设立。

第四百三十条 【质权人的孳息收取权】质权人有权收取质押财产的孳息,但是合同另有约定的除外。

前款规定的孳息应当先充抵收取孳息的费用。

注释 质权人有权收取质押财产的孳息。孳息不仅包括天然孳息,也包括法定孳息。质权合同另有约定的,按照其约定。不过,质权人收取质物的孳息,并不是取得孳息的所有权,而是取得质物孳息的质权,取得对质物孳息的占有,但质物孳息的所有权仍然归属于出质人。

第四百三十一条 【质权人对质押财产处分的限制及其法律责任】质权人在质权存续期间,未经出质人同意,擅自使用、处分质押财产,造成出质人损害的,应当承担赔偿责任。

第四百三十二条 【质物保管义务】质权人负有妥善保管质押财产的义务;因保管不善致使质押财产毁损、灭失的,应当承担赔偿责任。

质权人的行为可能使质押财产毁损、灭失的,出质人可以请求质权人将质押财产提存,或者请求提前清偿债务并返还质押财产。

注释 质权人对质押财产负有妥善保管的义务,所谓妥善保管,即以善良管理人的注意义务加以保管。善良管理人的注意义务,是指依照一般交易上的观念,认为有相当的知识经验及诚意的人所应负的注意义务,即以一种善良的心和应当具备的知识来保管质押财产。例如,对于字画的保管应当注意防潮、防虫蛀、防灰尘等,对于贵重珠宝的保管应当注意防盗窃、防碎裂等。如果达不到应当注意的保管标准的,就不是妥善保管。

质权人违反保管义务造成质押财产毁损、灭失的,应当承担赔偿责任,该项赔偿责任是基于出质人的所有权而产生的请求权。对质权人的民事责任承担应当采用过错推定原则,即出质人只要证明质押财产遭受毁损、灭失的事实即可。质权人应当举证证明自己已经尽了妥善保管的义务,否则就应当承担赔偿责任。

如果出质人认为质权人的行为可能使质押财产毁损、灭失的,出质人可以请求质权人将质押财产提存,或者请求提前清偿债务并返还质押财产。本条第2款的这一规定,是为了更好地保护质押财产,以保护出质人与质权人双方的利益不受损失。"可能"即也许、或许,而不是已经发生。这种可能性是否产生,不能仅凭出质人的想象,要有一定的事实发生。如字画出质后,出质人发现质权人存放字画的房屋漏雨,可能危及字画。

第四百三十三条 【质押财产保全】 因不可归责于质权人的事由可能使质押财产毁损或者价值明显减少,足以危害质权人权利的,质权人有权请求出质人提供相应的担保;出质人不提供的,质权人可以拍卖、变卖质押财产,并与出质人协议将拍卖、变卖所得的价款提前清偿债务或者提存。

注释 在质权存续期间,质权人对质押财产享有保全请求权。因不可归责于质权人的事由可能使质押财产毁损或者价值明显减少,足以危害质权人权利的,质权人可以行使质押财产保全请求权,请求出质人提供相应的担保,以保障自己债权的实现。质权保全权的行使规则是:

(1)质权人不能直接将质押财产加以拍卖或变卖,而须先要求出质人提供相应的担保,如果出质人提供了担保,质权人不得行使物上代位权。

(2)出质人拒不提供担保时,质权人才能行使物上代位权,拍卖、变卖质押财产;质权人可以自行拍卖、变卖质押财产,无需出质人同意。

(3)质权人对于拍卖或变卖质押财产的价金,应当与出质人协商,作出选择:或者将价金用于提前清偿质权人的债权,或者将价金提存,在债务履行期届满之时再行使质权。

第四百三十四条 【转质】 质权人在质权存续期间,未经出质人同意转质,造成质押财产毁损、灭失的,应当承担赔偿责任。

注释 转质,是指质权人为自己或他人债务提供担保,将质物再度设定新的质权给第三人的行为。质物的转质可以分成承诺转质和责任转质。

承诺转质,指经出质人同意,质权人在占有的质物上为第三人设定质权的行为。承诺转质是经出质人同意的行为,质权人对因转质权人的过错而造成的损失承担责任,并不因转质而加重法律责任。

责任转质,指质权人不经出质人同意,以自己的责任将质物转质于第三人的行为。责任转质因未经出质人同意将质物转质,不仅要承担质物因转质权人的过失而灭失、毁损的责任,而且要承担转质期间发生的因不可抗力产生的质物的风险责任,其责任要比未转质的情况沉重得多。本条规定属于责任转质的情形。

转质的后果是:(1)转质权担保的债权范围,应当在原质权所担保的债权范围之内,超过的部分不具有优先受偿的效力。(2)转质权的效力优于原质权。

第四百三十五条 【放弃质权】 质权人可以放弃质权。债务人以自己的财产出质,质权人放弃该质权的,其他担保人在质权人丧失优先受偿权益的范围内免除担保责任,但是其他担保人承诺仍然提供担保的除外。

注释 质权人放弃质权,是指质权人放弃其因享有质权而优先于普通债权人就质物受清偿的权利的行为。质权人有权处分自己的质权,当质权人以放弃质权的方式处分质权时,应当符合法律的规定。质权人放弃质权应当明示,质权人不行使质权或者怠于行使质权的,不能推定为质权人放弃质权。质权人放弃质权,原因可能是多方面的,是质权人单方的意思表示,无须取得出质人的同意。质权因质权人放弃质权而消灭。

案例 黑龙江北大荒投资担保股份有限公司与黑龙江省建三江农垦七星粮油工贸有限责任公司、黑龙江省建三江农垦宏达粮油工贸有限公司等担

保合同纠纷案(《最高人民法院公报》2018年第1期)

裁判规则：同一债权上既有人的担保，又有债务人提供的物的担保，债权人与债务人的共同过错致使本应依法设立的质权未设立，保证人对此并无过错的，债权人应对质权未设立承担不利后果。《物权法》第176条对债务人提供的物保与第三人提供的人保并存时的债权实现顺序有明文规定，保证人对先以债务人的质物清偿债务存在合理信赖，债权人放弃质权损害了保证人的顺位信赖利益，保证人应依《物权法》第218条的规定在质权人丧失优先受偿权益的范围内免除保证责任。

第四百三十六条 【质物返还与质权实现】债务人履行债务或者出质人提前清偿所担保的债权的，质权人应当返还质押财产。

债务人不履行到期债务或者发生当事人约定的实现质权的情形，质权人可以与出质人协议以质押财产折价，也可以就拍卖、变卖质押财产所得的价款优先受偿。

质押财产折价或者变卖的，应当参照市场价格。

第四百三十七条 【出质人请求质权人及时行使质权】出质人可以请求质权人在债务履行期限届满后及时行使质权；质权人不行使的，出质人可以请求人民法院拍卖、变卖质押财产。

出质人请求质权人及时行使质权，因质权人怠于行使权利造成出质人损害的，由质权人承担赔偿责任。

注释 本法未规定质权时效，但为了避免质权人怠于行使权利，本条赋予了出质人行使质权的请求权及质权人怠于行使质权的责任。适用本条时注意：

(1)出质人的质权行使请求权。出质人在债务履行期届满，不能偿还债务时，有权请求质权人及时行使质权，如果质权人经出质人请求后仍不行使的，出质人可以请求人民法院拍卖、变卖质物，以清偿债务。

(2)质权人怠于行使质权的责任。质物存在随着市场风险变化价值下跌或者意外毁损、灭失的风险。因此，一旦债务履行期届满而债务人未清偿债务的，质权人应当及时行使质权，以免给出质人造成损失，出质人也有权请求质权人行使权利。因质权人怠于行使权利致使质物价格下跌，或者发生其他毁损、灭失等情形使质物无法实现其原有的变价额的，质权人对于出质人的损失要承担赔偿责任。

第四百三十八条 【质押财产变价款归属原则】质押财产折价或者拍卖、变卖后，其价款超过债权数额的部分归出质人所有，不足部分由债务人清偿。

第四百三十九条 【最高额质权】出质人与质权人可以协议设立最高额质权。

最高额质权除适用本节有关规定外，参照适用本编第十七章第二节的有关规定。

注释 最高额质权，是指对于一定期间内连续发生的不特定的债权预定一个限额，由债务人或者第三人提供质物予以担保而设定的特殊质权。

第二节　权利质权

第四百四十条 【可出质的权利的范围】债务人或者第三人有权处分的下列权利可以出质：

（一）汇票、本票、支票；

（二）债券、存款单；

（三）仓单、提单；

（四）可以转让的基金份额、股权；

（五）可以转让的注册商标专用权、专利权、著作权等知识产权中的财产权；

（六）现有的以及将有的应收账款；

（七）法律、行政法规规定可以出质的其他财产权利。

注释 权利质权，是指以所有权以外的依法可转让的债权或者其他财产权利为标的物而设定的质权。权利质权是以所有权以外的财产权为标的物的质权，能够作为权利质权标的物的权利须符合以下几项条件：(1)仅以财产权利为限；(2)必须是依法可以转让的财产权利；(3)必须是不违背现行法规定及权利质权性质的财产权利。权利质权的设定以登记或者权利凭证的交付作为生效要件。

案例 福建海峡银行股份有限公司福州五一支行诉长乐亚新污水处理有限公司、福州市政工程有限公司金融借款合同纠纷案(最高人民法院指导案例53号)

裁判规则：特许经营权的收益权可以质押，并可作为应收账款进行出质登记。特许经营权的收益权依其性质不宜折价、拍卖或变卖，质权人主张优先受偿权的,人民法院可以判令出质债权的债务人将收益权的应收账款优先支付质权人。

第四百四十一条 【有价证券质权】以汇票、本票、支票、债券、存款单、仓单、提单出质的,质权自权利凭证交付质权人时设立;没有权利凭证的,质权自办理出质登记时设立。法律另有规定的,依照其规定。

注释 以汇票、本票、支票、债券、存款单、仓单、提单出质的,其质权设立的情形可以分为两种:

(1)有权利凭证的,质权自权利凭证交付质权人时设立。权利凭证是指记载权利内容的象征性的证书,通常采用书面形式,如汇票、本票、支票、存款单、仓单、提单和一部分实物债券等都有权利凭证。此时出质人需要将该权利凭证交付给质权人,质权自交付时设立。

(2)没有权利凭证的,质权自有关部门办理出质登记时设立。在我国,部分债券如记账式国库券和在证券交易所上市交易的公司债券等都已经实现无纸化,这些债券没有权利凭证,如果要出质,就必须到法律、法规规定的有关登记部门办理出质登记,质权自登记时设立。债券质押登记,基于不同的债券品种,以及交易所债券市场和银行间债券市场的区分等,分别到中国证券登记结算机构、中央国债登记结算有限责任公司、上海清算所等登记。

法律另有规定的,依照其规定。例如,《票据法》第35条第2款规定,汇票可以设定质押;质押时应当以背书记载"质押"字样。被背书人依法实现其质权时,可以行使汇票权利。

案例 中国建设银行股份有限公司广州荔湾支行诉广东蓝粤能源发展有限公司等信用证开证纠纷案(最高人民法院指导案例111号)

裁判规则:提单持有人是否因受领提单的交付而取得物以及取得何种类型的物权,取决于合同的约定。开证行根据其与开证申请人之间的合同约定持有提单时,人民法院应结合信用证交易的特点,对案涉合同进行合理解释,确定开证行持有提单的真实意思表示。

开证行对信用证项下单据中的提单以及提单项下的货物享有质权的,开证行行使提单质权的方式与行使提单项下货物动产质权的方式相同,即对提单项下货物折价、变卖、拍卖后所得价款享有优先受偿权。

第四百四十二条 【有价证券质权人行使权利的特别规定】汇票、本票、支票、债券、存款单、仓单、提单的兑现日期或者提货日期先于主债权到期的,质权人可以兑现或者提货,并与出质人协议将兑现的价款或者提取的货物提前清偿债务或者提存。

注释 以有价证券为标的设定质权,在质押中会存在两个债权的有效期。一个是票据债权的履行期,另一个是质权担保债权的履行期。本条所指兑现日期,是指汇票、支票、本票、债券、存款单上所记载的票据权利得以实现的日期。

第四百四十三条 【基金份额质权、股权质权】以基金份额、股权出质的,质权自办理出质登记时设立。

基金份额、股权出质后,不得转让,但是出质人与质权人协商同意的除外。出质人转让基金份额、股权所得的价款,应当向质权人提前清偿债务或者提存。

注释 以证券登记结算机构登记的股权出质的,质权自证券登记结算机构办理出质登记时设立。依法应当在证券登记结算机构登记的股权,包括上市公司的股权、公开发行股份的公司的股权、非公开发行但股东在200人以上的公司的股权等,这些股权的表现形式都为股票。

以其他股权出质的,质权自市场监管部门办理出质登记时设立。其他股权,指不在证券登记结算机构登记的股权,包括有限责任公司的股权、非公开发行的股东在200人以下的股份有限公司的股权等。

注意以股权设质的,是以其全部权能,包括共益权和自益权为标的,并不仅仅是其中的自益权(财产权)。实现质权时,将发生转让股权的效力。

原则上基金份额和股权出质后,不能转让,但如果出质人与质权人协商一致,都同意转让出质基金份额和股权,这属于双方当事人对自己权利的自由处分,法律自然允许。但转让基金份额和股权所得的价款,并不当然用于清偿所担保的债权,因为此时债务清偿期尚未届至,出质人应当与质权人协商,将所得的价款提前清偿所担保的债权或者提存。提前清偿债权的,质权消灭。提存的,质权继续存在于提存的价款上。出质人只能在提前清偿债权和提存中选择,不能既不同意提前清偿债权,也不同意提存。

第四百四十四条 【知识产权质权】以注册商标专用权、专利权、著作权等知识产权中的财产权出质的,质权自办理出质登记时设立。

知识产权中的财产权出质后,出质人不得转让或者许可他人使用,但是出质人与质权人协商同意的除外。出质人转让或者许可他人使用出质的知识产权中的财产权所得的价款,应当向质权人提前清偿债务或者提存。

第四百四十五条 【应收账款质权】以应收账款出质的,质权自办理出质登记时设立。

应收账款出质后,不得转让,但是出质人与质权人协商同意的除外。出质人转让应收账款所得的价款,应当向质权人提前清偿债务或者提存。

第四百四十六条 【权利质权的法律适用】权利质权除适用本节规定外,适用本章第一节的有关规定。

第十九章 留置权

第四百四十七条 【留置权的定义】债务人不履行到期债务,债权人可以留置已经合法占有的债务人的动产,并有权就该动产优先受偿。

前款规定的债权人为留置权人,占有的动产为留置财产。

注释 留置权,是对于法律规定可以留置的债权,债权人依债权占有属于债务人的动产,在债务人未按照约定的期限履行债务时,债权人有权依法留置该财产,以该财产折价或者以拍卖、变卖的价款优先受偿的法定担保物权。留置权具有以下几项特征:

(1)从属性。留置权依主债权的存在而存在,依主债权的转移而转移,并因主债权的消灭而消灭。

(2)法定性。留置权只能直接依据法律的规定发生,不能由当事人自由设定。只要债务人不履行到期债务,债权人即可以依照法律规定留置已经合法占有的债务人的动产,并在满足法律规定的条件的情况下,折价或者拍卖、变卖留置财产以受偿。

(3)不可分性。留置权的不可分性表现为:一是留置权所担保的是债权的全部,而不是部分;二是留置权的效力及于债权人所留置的全部留置财产,留置权人可以对留置财产的全部行使留置权,而不是部分。只要债权未受全部清偿,留置权人就可以对全部留置财产行使权利,不受债权分割或者部分清偿以及留置财产分割的影响。当然,为了公平起见,依据本法第450条规定,留置财产为可分物的,债权人留置的财产的价值应当相当于债务的金额,而不应留置其占有的债务人的全部动产。

第四百四十八条 【留置财产与债权的关系】债权人留置的动产,应当与债权属于同一法律关系,但是企业之间留置的除外。

注释 所谓"同一法律关系",是指动产的占有和债权的发生之间有关联,动产的占有与债权的发生均基于同一法律关系。同一法律关系不以合同关系为限,合同关系以外的其他法律关系,诸如因不当得利、无因管理、侵权行为而发生的债权关系,若与动产的占有之间存在关联,亦属于存在同一法律关系。

案例 长三角商品交易所有限公司诉卢海云返还原物纠纷案(《最高人民法院公报》2017年第1期)

裁判规则:留置权是平等主体之间实现债权的担保方式;除企业之间留置的以外,债权人留置的动产,应当与债权属于同一法律关系。

劳动关系主体双方在履行劳动合同过程中处于管理与被管理的不平等关系。劳动者以用人单位拖欠劳动报酬为由,主张对用人单位供其使用的工具、物品等动产行使留置权,因此类动产不是劳动合同关系的标的物,与劳动债权不属于同一法律关系,故人民法院不予支持该主张。

第四百四十九条 【留置权适用范围的限制性规定】法律规定或者当事人约定不得留置的动产,不得留置。

第四百五十条 【可分留置物】留置财产为可分物的,留置财产的价值应当相当于债务的金额。

链接《最高人民法院关于适用〈中华人民共和国民法典〉有关担保制度的解释》第38条

第四百五十一条 【留置权人保管义务】留置权人负有妥善保管留置财产的义务;因保管不善致使留置财产毁损、灭失的,应当承担赔偿责任。

注释 适用本条需注意:(1)这里的"妥善保管",理论上是指留置权人应当以善良管理人的注意保管留置财产。留置权人对保管未予以善良管理人之注意的,即为保管不善。而在实际中应当依据一般交易上的观念,以一个有知识有经验的理性人所应具有的标准来加以衡量。(2)对留置权人保管义务的责任实行过错推定。只要留置物毁损、灭失，而留置权人又不能证明自己对留置物进行了妥善保管的，就应当承担赔偿责任。(3)妥善保管留置物是留置权人的法定义务，原则上未经债务人同意，不得使用、出租留置财产或者擅自把留置财产作为其他债权的担保物。但是，留置权人出于保管的需要，为使留置财产不因闲置而生损害，在必要的范围内有使用留置财产的权利。

第四百五十二条　【留置财产的孳息收取】留置权人有权收取留置财产的孳息。

前款规定的孳息应当先充抵收取孳息的费用。

注释　留置权人对收取的孳息只享有留置权，并不享有所有权。留置财产孳息抵充债权清偿顺序的一般规则是：先充抵收取孳息的费用，次及利息，然后是原债权。

第四百五十三条　【留置权的实现】留置权人与债务人应当约定留置财产后的债务履行期限；没有约定或者约定不明确的，留置权人应当给债务人六十日以上履行债务的期限，但是鲜活易腐等不易保管的动产除外。债务人逾期未履行的，留置权人可以与债务人协议以留置财产折价，也可以就拍卖、变卖留置财产所得的价款优先受偿。

留置财产折价或者变卖的，应当参照市场价格。

第四百五十四条　【债务人请求留置权人行使留置权】债务人可以请求留置权人在债务履行期限届满后行使留置权；留置权人不行使的，债务人可以请求人民法院拍卖、变卖留置财产。

注释　值得注意的是，本条规定的"债务履行期限届满"无宽限期的限制。也就是说，债务履行期限届满，留置权成立后，债务履行的宽限期届满前，债务人可以要求留置权人行使留置权。留置权人不行使的，债务人可以请求人民法院对留置财产拍卖、变卖，从而清偿债务。

第四百五十五条　【留置权实现方式】留置财产折价或者拍卖、变卖后，其价款超过债权数额的部分归债务人所有，不足部分由债务人清偿。

第四百五十六条　【留置权优先于其他担保物权效力】同一动产上已经设立抵押权或者质权，该动产又被留置的，留置权人优先受偿。

注释　本条是关于留置权与抵押权或者质权关系的规定。适用本条应注意：在同一动产上，无论留置权是产生于抵押权或者质权之前，还是产生于抵押权或者质权之后，其效力都优先于抵押权或者质权。

第四百五十七条　【留置权消灭】留置权人对留置财产丧失占有或者留置权人接受债务人另行提供担保的，留置权消灭。

第五分编　占　有

第二十章　占　有

第四百五十八条　【有权占有法律适用】基于合同关系等产生的占有，有关不动产或者动产的使用、收益、违约责任等，按照合同约定；合同没有约定或者约定不明确的，依照有关法律规定。

注释　占有是指占有人对物具有事实上的管领和控制的状态。导致占有发生的法律关系多种多样：一种是有权占有，主要指基于合同等债的关系而产生的占有，例如根据运输或者保管合同，承运人或者保管人对托运或者寄存货物发生的占有；一种是无权占有，主要发生在占有人对不动产或者动产的占有无正当法律关系，或者原法律关系被撤销或者无效时占有人对占有物的占有，包括误将他人之物认为己有或者借用他人之物到期不还等。

第四百五十九条　【恶意占有人的损害赔偿责任】占有人因使用占有的不动产或者动产，致使该不动产或者动产受到损害的，恶意占有人应当承担赔偿责任。

第四百六十条　【权利人的返还请求权和占有人的费用求偿权】不动产或者动产被占有人占有的，权利人可以请求返还原物及其孳息；但是，应当支付善意占有人因维护该不动产或者动产支出的必要费用。

注释　无论是善意占有人还是恶意占有人，对于权利人都负有返还原物及其孳息的义务；返还原物及其孳息之后，善意占有人对于因维护该不动产或者动产而支出的必要费用，可以要求权利人返还，而恶意占有人无此项请求权。值得注意的是，善意占有人求偿权的范围限于必要费用。必要费用是指因保存、管理占有物所必需支出的费用。如占有物的维修费、饲养费等。

第四百六十一条　【占有物毁损或者灭失时占有人的责任】占有的不动产或者动产毁损、灭失,该不动产或者动产的权利人请求赔偿的,占有人应当将因毁损、灭失取得的保险金、赔偿金或者补偿金等返还给权利人;权利人的损害未得到足够弥补的,恶意占有人还应当赔偿损失。

注释 占有的不动产或者动产毁损、灭失,不论是不可抗力,还是被遗失或者盗窃,其责任规则是:(1)如果该不动产或者动产即占有物的权利人请求赔偿的,占有人应当将因毁损、灭失取得的保险金、赔偿金或者补偿金等代位物如数返还权利人,对此,不论是善意占有人还是恶意占有人,均负此责任。(2)占有物因毁损、灭失取得的保险金、赔偿金或者补偿金全部返还权利人,权利人的损害未得到足够弥补的,恶意占有人应当承担赔偿损失的责任,善意占有人不负此责任。

第四百六十二条 【占有保护的方法】占有的不动产或者动产被侵占的,占有人有权请求返还原物;对妨害占有的行为,占有人有权请求排除妨害或者消除危险;因侵占或者妨害造成损害的,占有人有权依法请求损害赔偿。

占有人返还原物的请求权,自侵占发生之日起一年内未行使的,该请求权消灭。

注释 占有保护请求权以排除对占有的侵害为目的,因而属于一种物权的请求权。1. 占有物返还请求权。占有物返还请求权发生于占有物被侵夺的情形。此种侵夺占有而构成的侵占,是指非基于占有人的意思,采取违法的行为使其丧失对物的控制与支配。需要注意的是,非因他人的侵夺而丧失占有的,如因受欺诈或者胁迫而交付的,不享有占有物返还请求权。此外,还需说明一点,即本条所规定占有物返还请求权的要件之一为侵占人的行为必须是造成占有人丧失占有的直接原因,否则不发生依据本条规定而产生的占有物返还请求权。例如,遗失物之拾得人,虽然拾得人未将遗失物交送有关机关而据为己有,但此种侵占非本条所规定的情形。拾得人将遗失物据为己有的行为,并非是失主丧失占有的直接原因(失主最初丧失对物的占有,可能是由于疏忽大意遗忘物品等),因此失主对于拾得人不得依占有物返还请求权为据提起诉讼,而应依其所有权人的地位提请行使返还原物请求权。2. 排除妨害请求权。排除妨害的费用应由妨害人负担。占有人自行除去妨害的,其费用可依无因管理的规定向相对人请求返还。3. 消除危险请求权。消除危险请求权中

的危险,应为具体的事实的危险;对于一般抽象的危险,法律不加以保护。具体的事实的危险,指其所用的方法,使外界感知对占有的妨害。例如违反建筑规则建设高危建筑、接近邻地开掘地窖等产生对邻地的危险。

第三编 合 同

第一分编 通 则

第一章 一般规定

第四百六十三条 【合同编的调整范围】本编调整因合同产生的民事关系。

第四百六十四条 【合同的定义及身份关系协议的法律适用】合同是民事主体之间设立、变更、终止民事法律关系的协议。

婚姻、收养、监护等有关身份关系的协议,适用有关该身份关系的法律规定;没有规定的,可以根据其性质参照适用本编规定。

注释 根据本条规定,合同是民事主体之间设立、变更、终止民事法律关系的协议。其特征是:1. 合同的主体是民事主体,包括自然人、法人和非法人组织;2. 合同的内容是民事主体设立、变更、终止民事法律关系;3. 合同是协议,是民事主体之间就上述内容达成的协议。因此,合同的本质是民事主体就民事权利义务关系的变动达成合意而形成的协议。

婚姻、收养、监护等有关身份关系的协议也是民事合同,由于其内容的性质不同,因而应当适用有关该身份关系的法律规定。当这些具有身份关系、人格关系的协议在总则编、人格权编、婚姻家庭编等或者其他法律中没有规定的,可以根据其性质参照适用本编关于合同的规定。

链接《保险法》第10条

第四百六十五条 【依法成立的合同受法律保护及合同相对性原则】依法成立的合同,受法律保护。

依法成立的合同,仅对当事人具有法律约束力,但是法律另有规定的除外。

注释 依法成立的合同受法律保护,说的是合同成立后即在当事人之间产生了法律效力,当事人必须受到合同的约束。如果当事人在合同依法成立后,不履行合同义务,或者不完全履行合同义务,

法律将强制其履行,并科以违约责任。当然,合同的法律约束力是有限度的,即只对合同当事人发生,对合同以外的人不发生法律约束力。这就是合同的相对性原则。

本条第2款规定的但书,含义是在法律另有规定的情况下,可以打破合同相对性原则。比如涉他合同,合同约定为他人设置权利的,债务人应当向第三人履行义务,突破了合同相对性原则拘束。

第四百六十六条 【合同的解释规则】当事人对合同条款的理解有争议的,应当依据本法第一百四十二条第一款的规定,确定争议条款的含义。

合同文本采用两种以上文字订立并约定具有同等效力的,对各文本使用的词句推定具有相同含义。各文本使用的词句不一致的,应当根据合同的相关条款、性质、目的以及诚信原则等予以解释。

注释 《民法典》第142条第1款的适用具体到合同领域,对合同争议条款的解释规则,可作以下理解:1. 首先要按照条款所使用的词句进行解释,这种解释方法又被称为文义解释。一些词句在不同的场合可能表达出不同的含义,对条款中词句的理解首先应当按照一个合理人通常的理解来进行。也就是说,法官应当考虑一个合理人在通常情况下对有争议的条款所能理解的含义作为解释词句含义的标准。对于何谓"合理人"应当结合具体情况来判断,如果是一般的民事活动,则"合理人"就是社会一般人;如果是某种特殊交易,则"合理人"就是该领域内的人。2. 对条款中词句的理解不能孤立进行,要结合其他相关条款、行为的性质和目的、习惯以及诚实信用原则,综合判断、确定争议条款的含义。合同条款是合同整体的一部分,条款之间有着密切联系,因此对争议条款的解释不仅要从该条款本身词句的含义去理解,还要结合其他相关条款进行分析判断,即应当整体考虑合同的上下文,根据不同条款之间的关联性来进行解释。行为的性质或者合同的性质,指该合同所体现的显著区别于其他合同的本质特征。合同的性质不同,那么在合同的成立、履行、解除、违约责任等方面也就有所不同。根据行为目的即合同目的进行解释是指在对争议条款进行解释时,应当基于当事人订立合同所追求的目的对争议条款进行解释。当事人签订合同都是为达到一

定的目的,合同中的各条款都是为达到合同目的而制定的。合同目的包括了整个合同的真实意图。因此,在解释争议条款时,应当从符合合同目的的原则的角度进行剖析,当条款表达意见含混不清或相互矛盾时,作出与合同目的协调一致的解释。按照习惯进行解释是指在条款发生争议以后,应当根据当事人所知悉的生活和交易习惯来对争议条款进行解释。交易习惯也称为交易惯例,它是人们在长期实践的基础上形成的,是某一地区、某一行业在经济交往中普遍采用的做法,成为这一地区、这一行业的当事人所公认并遵守的规则。按照交易习惯确定合同条款的含义是国际贸易中普遍承认的原则。在运用交易习惯进行解释时,双方当事人应当对运用的交易习惯是否存在以及其内容进行举证证明,在当事人未举证的情况下,人民法院也可以主动适用交易习惯进行解释。依照诚信原则解释是指根据诚信原则对有争议的条款进行解释。《民法典》第7条将诚信原则作为民法基本原则,这一基本原则贯穿合同从订立到终止的整个过程。在解释合同条款时也应遵从诚信原则。诚信原则也要求法官实事求是地考虑各种因素,将自己作为一个诚实守信的当事人来理解争议条款的内容,平衡双方当事人的利益,合理地判断、确定争议条款的含义。

链接 《合同编通则解释》第1条

第四百六十七条 【非典型合同及特定涉外合同的法律适用】本法或者其他法律没有明文规定的合同,适用本通则的规定,并可以参照适用本编或者其他法律最相类似合同的规定。

在中华人民共和国境内履行的中外合资经营企业合同、中外合作经营企业合同、中外合作勘探开发自然资源合同,适用中华人民共和国法律。

注释 无名合同又叫非典型合同,是指法律尚未规定,也未赋予其一定名称的合同。本法或者其他法律没有明文规定的合同就是无名合同。依照合同自由原则,在不违反法律强制性规定和公序良俗的前提下,当事人可以根据实际生活需要,选择订立法律没有规范的无名合同。

链接 《合同编通则解释》第15条

第四百六十八条 【非合同之债的法律适用】非因合同产生的债权债务关系,适用有关该债权债务关系的法律规定;没有规定的,适用本编通则的有关规定,但是根据其性质不能适用的除外。

注释 非因合同产生的债权债务关系,是合同以外的债权债务关系,依照《民法典》第118条第2款规定,包括无因管理之债、不当得利之债、侵权行为之债以及法律的其他规定的债,例如单方允诺之债。

本条规定的主要目的,是为合同编第三分编规定的无因管理之债和不当得利之债的法律适用,提供一般规则的法律依据,同时,也对侵权行为之债以及其他法律规定的债与合同编通则规定的关系予以明确。

第二章 合同的订立

第四百六十九条 【合同形式】当事人订立合同,可以采用书面形式、口头形式或者其他形式。

书面形式是合同书、信件、电报、电传、传真等可以有形地表现所载内容的形式。

以电子数据交换、电子邮件等方式能够有形地表现所载内容,并可以随时调取查用的数据电文,视为书面形式。

链接《民法典》第135条;《电子签名法》第4条;《仲裁法》第16条

第四百七十条 【合同主要条款及示范文本】合同的内容由当事人约定,一般包括下列条款:

(一)当事人的姓名或者名称和住所;
(二)标的;
(三)数量;
(四)质量;
(五)价款或者报酬;
(六)履行期限、地点和方式;
(七)违约责任;
(八)解决争议的方法。

当事人可以参照各类合同的示范文本订立合同。

注释 合同条款是表达合同当事人约定的合同内容的具体条款。本条第1款列举了合同应当包含的条款,没有规定合同的主要条款。合同的主要条款是合同的必备条款,缺少必备条款,合同不能成立,缺少其他条款,则可以通过法律规定的确定方法等予以确定,不能导致合同不能成立。合同的主要条款就是标的和数量。

链接《保险法》第18条;《著作权法》第26、27条

第四百七十一条 【订立合同的方式】当事人订立合同,可以采取要约、承诺方式或者其他方式。

注释 合同订立,是缔约人为意思表示并达成合意的状态。合同订立是当事人为实现预期目的,为意思表示并达成合意的动态过程,包含当事人各方为了进行交易,与对方进行接触、洽谈,最终达成合意的整个过程,是动态行为和静态协议的统一体。合同订立与合同成立不同,合同成立是合同订立的组成部分。

合同订立的方式是要约和承诺。在订立合同中,一方当事人提出要约,另一方当事人予以承诺,双方就交易目的及其实现达成合意,合同即告成立。因此,要约和承诺既是合同订立的方式,也是合同订立的两个阶段,其结果是合同成立。

合同成立的其他方式,主要是指格式条款和悬赏广告等。

第四百七十二条 【要约的定义及其构成】要约是希望与他人订立合同的意思表示,该意思表示应当符合下列条件:

(一)内容具体确定;
(二)表明经受要约人承诺,要约人即受该意思表示约束。

注释 要约是在合同订立过程中,要约人希望与他人订立合同的意思表示。一方当事人以缔结合同为目的,向对方当事人提出合同条件,希望对方当事人接受的意思表示,就是要约,亦称发价、发盘、出盘、出价或者报价。要约的性质,是一种与承诺结合后成立一个民事法律行为的意思表示,本身并不构成一个独立的法律行为。

要约发生法律效力,应当符合下列构成要件:1. 要约的内容具体、确定。内容具体,是指要约必须具有足以确定合同成立的内容,包含合同的主要条款。要约人发出要约后,受要约人一旦承诺,合同就告成立。内容确定,是指要约的内容必须明确,不能含混不清,应当达到一般人能够理解其真实含义的水平,否则合同将无法履行。2. 表明经受要约人承诺,要约人即受该意思表示约束。不论要约人向特定的还是不特定的受要约人发出要约,要约的内容都须表明,一旦该要约经受要约人承诺,要约人即受该意思表示约束,约束的具体表现是要约被承诺后合同即告成立,要约人要受合同效力的约束。在实践中,不可能要求所有的要约都能够明确地、直截了当地写明自己接受要约内容约束的文字,但是,只要当事人发出要约,就意味着自己愿意接受要约意思表示的约束。只

要依据要约的条文能够合理分析出要约人在要约中含有已经承诺即受拘束的意旨，或者通过要约人明确的订立合同的意图可以合理推断该要约包含了要约人愿意接受承诺后果的意思表示，即可认为符合该要件。

第四百七十三条　【要约邀请】要约邀请是希望他人向自己发出要约的表示。拍卖公告、招标公告、招股说明书、债券募集办法、基金招募说明书、商业广告和宣传、寄送的价目表等为要约邀请。

商业广告和宣传的内容符合要约条件的，构成要约。

注释　要约邀请，即要约引诱，也称为邀请要约，是一方希望他人向自己发出要约的表示。

在实践中，要约和要约邀请较为相似，有时难以区分，其实这两个概念有着本质的不同。要约邀请只是订立合同的预备行为，发出要约邀请时，当事人仍然处于订立合同的准备阶段，既不能因相对人的承诺而成立合同，也不能因自己作出某种承诺而约束要约人。要约邀请是一种事实行为，在发出要约邀请后，要约邀请人撤回其要约邀请，只要没有给善意相对人造成信赖利益的损失，要约邀请人一般不承担法律责任。

要约邀请与要约的主要区别是：(1)要约是一种法律行为，具有法律意义；要约邀请是一种事实行为，不具有法律意义。(2)要约是当事人自己主动提出愿意与他人订立合同的意思表示；要约邀请是希望他人向自己发出要约的意思表示。(3)要约中表明经受要约人承诺，要约人即受该意思表示约束的意思，要约一旦被承诺，合同即告成立，要约人受其要约的约束；而要约邀请则不包括发出要约邀请的当事人表示愿意接受要约邀请内容约束的意思，受要约邀请的人依要约邀请发出要约，要约邀请人仍然享有是否作出承诺的选择权。(4)要约的内容应当包括合同的主要条款，这样才能因受要约人的承诺而成立合同；而要约邀请只是希望对方向自己发出要约，无需具备合同的主要条款。

拍卖公告、招标公告、招股说明书、债券募集办法、基金招募说明书、商业广告和宣传、寄送的价目表，都是要约邀请，因而具有这些形式的意思表示都不是要约，而是要约邀请。

在这些形式的意思表示中，只有商业广告和宣传才有特例，即在一般情况下，它们是要约邀请，但是，如果商业广告和宣传具备了要约的条件，就构成了要约。比如，在商品房买卖中，商品房的销售广告和宣传资料为要约邀请，但是出卖人就商品房开发规划范围内的房屋及相关设施所作的说明和允诺具体确定，并对商品房买卖合同的订立以及房屋价格的确定有重大影响的，构成要约。该说明和允诺即使未载入商品房买卖合同，亦应当为合同内容，当事人违反的，应当承担违约责任。(参见《最高人民法院关于审理商品房买卖合同纠纷案件适用法律若干问题的解释》第3条)

链接《公司法》第85、86条；《招标投标法》第10、16、17条；《拍卖法》第45—48条

案例 1. 时间集团公司诉浙江省玉环县国土局土地使用权出让合同纠纷案(《最高人民法院公报》2005年第5期)

裁判规则：根据《合同法》第15条第1款的规定，国有土地使用权出让公告属于要约邀请，竞买人在竞买申请中提出报价，并按要约邀请支付保证金的行为，属于要约，双方当事人尚未形成土地使用权出让合同关系。国有土地使用权出让因出让公告违反法律的禁止性规定，撤销公告后，造成竞买人在缔约阶段发生信赖利益损失的，应对竞买人的实际损失承担缔约过失责任。

2. 成都鹏伟实业有限公司与江西省永修县人民政府、永修县鄱阳湖采砂管理工作领导小组办公室采矿权纠纷案(《最高人民法院公报》2010年第4期)

裁判规则：当事人在网站发布公开拍卖推介书的行为，实质上是就公开拍卖事宜向社会不特定对象发出的要约邀请。在受要约人与之建立合同关系，且双方对合同约定的内容产生争议时，该要约邀请对合同的解释可以产生证据的效力。

第四百七十四条　【要约的生效时间】要约生效的时间适用本法第一百三十七条的规定。

第四百七十五条　【要约的撤回】要约可以撤回。要约的撤回适用本法第一百四十一条的规定。

第四百七十六条　【要约不得撤销情形】要约可以撤销，但是有下列情形之一的除外：

(一)要约人以确定承诺期限或者其他形式明示要约不可撤销；

（二）受要约人有理由认为要约是不可撤销的，并已经为履行合同做了合理准备工作。

注释 要约撤销，是指要约人在要约生效之后，受要约人作出承诺之前，宣布取消该项要约，使该要约的效力归于消灭的行为。

要约的撤回与要约的撤销是不同的。要约的撤回是在要约未生效前使其不发生效力，而要约的撤销是指在要约作出并生效之后，行为人又作出取消其要约的意思表示。由于要约在到达后已经生效，相对人已知悉了要约的内容，甚至可能已经对该要约产生了合理的信赖，因此，行为人能否在要约生效时取消其意思表示，需要考虑保障相对人合理信赖的问题。这与要约撤回中仅考虑保护意思表示行为人对其意思表示的自由处分权利存在较大区别。考虑到要约生效后，已经对行为人产生了法律约束力，能否撤销，要平衡行为人和相对人的利益，不宜泛泛规定行为人可以撤销意思表示，基于此，本法规定，要约可以撤销，但撤销要约的通知应当在受要约人发出承诺通知之前到达受要约人。

本条在规定要约可以撤销的同时，规定了以下限制性的条件：1. 要约人以确定承诺期限或者以其他形式明示要约不可撤销。（1）要约中确定了承诺期限，就意味着要约人向受要约人允诺在承诺期限内要约是可以信赖的。在承诺期限内，发生不利于要约人的变化，应当视为商业风险，也意味着受要约人在承诺期限内取得了承诺资格和对承诺期限的信赖，只要在承诺期限内作出承诺，就可以成立合同。即便受要约人没有发出承诺，但受要约人可能已经在为履行做准备，待准备工作就绪后再向要约人承诺，订立合同。因此，在承诺期限内，不得撤销要约。（2）以其他形式明示要约不可撤销。例如，标明"保证现货供应""随到随买"等字样的要约，根据交易习惯就是不得撤销的要约。2. 受要约人有理由认为要约不可撤销，并且已经为履行合同做了准备工作。

第四百七十七条　【要约撤销条件】撤销要约的意思表示以对话方式作出的，该意思表示的内容应当在受要约人作出承诺之前为受要约人所知道；撤销要约的意思表示以非对话方式作出的，应当在受要约人作出承诺之前到达受要约人。

注释 要约人行使要约撤销权，应在要约生效之后，受要约人作出承诺之前。如果受要约人已经发出承诺通知，即使承诺通知仍然在途中，要约人撤销要约无异于撕毁合同，要约人应当承担违约责任或者缔约过失责任。

本条对于要约撤销生效时间分以下两种情形：1. 撤销要约的意思表示以对话方式作出的，该意思表示的内容应当在受要约人作出承诺之前为受要约人所知道，即仍然采取知道主义。2. 撤销要约的意思表示以非对话方式作出的，应当在受要约人作出承诺之前到达受要约人。如果在承诺之后要约撤销的意思表示才到达受要约人的，就不再是要约撤销，而是违约行为，因为要约一经承诺，合同即成立。

第四百七十八条　【要约失效】有下列情形之一的，要约失效：

（一）要约被拒绝；

（二）要约被依法撤销；

（三）承诺期限届满，受要约人未作出承诺；

（四）受要约人对要约的内容作出实质性变更。

注释 要约在特定的情形下会丧失效力，对要约人和受要约人不再产生约束力。此时，受要约人不再有承诺的资格，即使作出"承诺"，也不再发生承诺的效力，这就是要约失效。

要约失效的事由是：1. 要约被拒绝。受要约人直接向要约人明确表示对要约予以拒绝，拒绝的通知到达要约人时要约失效。2. 要约被依法撤销。要约人依照法律的规定撤销要约，发生要约失效的法律效力。撤销要约后，如果收到受要约人拒绝要约的通知，可以免除要约人撤销要约的法律责任。3. 承诺期限届满，受要约人未作出承诺。凡是要约规定了承诺期限的，必须在该期限内作出承诺，超过承诺期限受要约人未作出承诺，要约失效。4. 受要约人对要约的内容作出实质性变更。承诺是对要约内容的全部接受，凡是对要约的内容进行实质性变更的，都是新的要约，受要约人变成要约人，原要约人成为受要约人，原要约人发出的要约失效。

链接《拍卖法》第36条

第四百七十九条　【承诺的定义】承诺是受要约人同意要约的意思表示。

注释 承诺以接受要约的全部条件为内容，其目的在于与要约人订立合同。

承诺应当符合下列条件：

1. 承诺须由受要约人或者其代理人向要约人作出。承诺是受要约人的权利，在承诺期限内，要约人不得随意撤销要约，受要约人一旦承诺，就成立合同，要约人不得否认。这种权利是直接由要约人赋予的。

2. 承诺是受要约人同意要约的意思表示。同意要约，是以接受要约的全部条件为内容，是无条件的承诺，对要约的内容既不得限制，也不得扩张，更不能变更，但对要约的非实质性变更除外。

3. 承诺必须在规定的期限内到达要约人。承诺必须遵守承诺期间，没有规定承诺期间的，按照《民法典》第481条第2款规定确定。

4. 承诺的方式必须符合要约的要求。承诺应当以通知的方式作出。要约规定承诺须以特定方式作出，否则承诺无效，承诺人承诺时须符合要约人规定的承诺方式。

第四百八十条　【承诺的方式】承诺应当以通知的方式作出；但是，根据交易习惯或者要约表明可以通过行为作出承诺的除外。

注释　承诺的方式是指要约人将承诺的意思送达要约人的具体方式。

承诺的法定形式是通知方式，称为积极的承诺方式，是受要约人以明示的方式明确无误地表达承诺意思表示内容的形式。

选择通知以外的行为方式进行承诺的是：1.根据交易习惯或要约表明可以通过行为的形式作出承诺的，也是符合要求的承诺方式。交易习惯是指某种合同的承诺适合以行为作为承诺方式，例如悬赏广告，或者当事人之间进行交易的某种习惯。2.要约人在要约中表明可以通过行为作出承诺。只要这种表明没有违背法律和公序良俗，就对受要约人产生约束力，受要约人应当依照要约人规定的方式进行承诺。如果要约人在要约中明确表明"同意上述条件，即可在某期限内发货"的，就表明了要约人同意受要约人以发货行为作为承诺的意思表示。

缄默或者不行为不能作为承诺的方式，以缄默或者不行为回应要约的，承诺不成立，而不是承诺无效。因为要约人没有权利为受要约人设定义务。

第四百八十一条　【承诺的期限】承诺应当在要约确定的期限内到达要约人。

要约没有确定承诺期限的，承诺应当依照下列规定到达：

（一）要约以对话方式作出的，应当即时作出承诺；

（二）要约以非对话方式作出的，承诺应当在合理期限内到达。

注释　承诺期限，实际上是受要约人资格的存续期限，在该期限内受要约人具有承诺资格，可以向要约人发出具有约束力的承诺。承诺资格是要约人依法赋予受要约人的有期限的权利。

本条中的"合理期限"，应当根据交易性质、交易习惯和要约采用的传递方式进行综合考虑予以确定，一般为依通常情形可期待承诺到达时期，大致可由三段构成：(1)要约到达受要约人的期间；(2)作出承诺所必要的期间；(3)承诺的通知到达要约人所必要的期间。其中，第(1)段与第(3)段的期间，根据通讯方式的不同而有所差别，如以信件或电报的方式进行要约或承诺通常所必要的期间。第(2)段的期间，是自要约到达受要约人起至受要约人发送承诺通知的期间，是受要约人考虑是否承诺所必需的时间。这个时间可以通常人为标准确定，但依要约的内容不同有所差异，内容复杂，考虑的时间一般就长。

第四百八十二条　【承诺期限的起算】要约以信件或者电报作出的，承诺期限自信件载明的日期或者电报交发之日开始计算。信件未载明日期的，自投寄该信件的邮戳日期开始计算。要约以电话、传真、电子邮件等快速通讯方式作出的，承诺期限自要约到达受要约人时开始计算。

注释　以电话、传真、电子邮件等快捷通讯方式发出的要约，承诺期限从要约到达受要约人的时间开始计算，电话以接听为准，传真、电子邮件则适用本法总则编第137条第2款规定的该数据电文进入受要约人的特定系统时生效的规则。

第四百八十三条　【合同成立时间】承诺生效时合同成立，但是法律另有规定或者当事人另有约定的除外。

注释　合同成立的时间是双方当事人的磋商过程结束、达成共同意思表示的时间界限。

合同成立的时间标志是承诺生效。承诺生效，意味着受要约人完全接受要约的意思表示，订约过程结束，要约、承诺的内容对要约人和受要约人产生法律约束力。承诺生效时，合同即告成立。如果当事人对合同是否成立存在争议，则以能够确定当事人名称或者姓名、标的和数量的达成合意的时间为认定合同成立的标准,其他内容依照有关合同内容确定和合同内容解释的规定予以确定。

链接 《合同编通则解释》第3、4条

第四百八十四条 【承诺生效时间】以通知方式作出的承诺,生效的时间适用本法第一百三十七条的规定。

承诺不需要通知的,根据交易习惯或者要约的要求作出承诺的行为时生效。

注释 承诺生效时间,是承诺在何时发生法律约束力。承诺生效时间在合同法的理论和实践中具有重大意义:1. 由于承诺的时间就是合同成立的时间,因而承诺在什么时间生效,就直接决定了合同在什么时间成立。2. 由于合同的成立时间和生效时间的一致性,承诺生效之时又是合同生效之日,是双方享有合同权利、承担合同义务之日。3. 合同的生效时间可能涉及诉讼时效、履行期限利益等问题。4. 合同的成立涉及合同签订地以及法院管辖权、准据法的确定等问题。

根据需要通知和不需要通知,确定承诺的生效时间的方法是:1. 承诺是以通知方式作出的,承诺生效的时间依照《民法典》第137条规定确定,采用到达主义。2. 承诺不需要通知的,应当根据交易习惯或者要约的要求作出承诺的行为时生效。根据交易习惯,某种承诺的性质可以确定用行为的方式承诺,该承诺行为实施的时间,就是承诺生效的时间。如果要约已经表明承诺可以由行为作出的意思表示确立,则实施该行为的时间就是承诺生效时间。

第四百八十五条 【承诺的撤回】承诺可以撤回。承诺的撤回适用本法第一百四十一条的规定。

注释 承诺的撤回,是指在发出承诺之后,承诺生效之前,宣告收回发出的承诺,取消其效力的行为。法律规定承诺人的承诺撤回权,是由于承诺的撤回发生在承诺生效之前,要约人还未曾知晓受要约人承诺的事实,合同没有成立,一般不会造成要约人的损害,因而允许承诺人根据市场的变化、需求等各种经济情势,改变发出的承诺,以保护承诺人的利益。

第四百八十六条 【逾期承诺及效果】受要约人超过承诺期限发出承诺,或者在承诺期限内发出承诺,按照通常情形不能及时到达要约人的,为新要约;但是,要约人及时通知受要约人该承诺有效的除外。

注释 逾期承诺,是指受要约人在超过承诺期限发出承诺,或者在承诺期限内发出承诺,按照通常情形不能及时到达要约人的。因受要约人原因的承诺迟到,是受要约人虽然在承诺期限内发出承诺,但是按照通常情形,该承诺不能及时到达要约人,从而使承诺到达要约人时超过承诺期限。本条将其纳入逾期承诺中,一并规定法律效果。

逾期承诺的效力是:

1. 逾期承诺不发生承诺的法律效力。由于在承诺期限届满之后,受要约人不再有承诺的资格,因而逾期承诺的性质不是承诺,对要约人没有承诺的约束力,不能因此而成立合同。

2. 逾期承诺是一项新要约。逾期承诺因时间因素而不具有承诺的性质,但它还是对要约人的要约内容作出了响应,故应视为新要约。该新要约须以原来的要约和逾期承诺的内容为内容。对方可以在合理的时间内给予承诺,即按照一般的承诺期限作出承诺的,合同成立。

3. 要约人及时通知受要约人该承诺有效的情况下,逾期承诺具有承诺的法律效力。逾期承诺到达要约人,要约人认为该逾期承诺可以接受的,应当按照当事人的意志,承认承诺的效力,合同成立。

第四百八十七条 【迟到的承诺】受要约人在承诺期限内发出承诺,按照通常情形能够及时到达要约人,但是因其他原因致使承诺到达要约人时超过承诺期限的,除要约人及时通知受要约人因承诺超过期限不接受该承诺外,该承诺有效。

注释 承诺迟延,是承诺人在承诺期限内发出承诺,按照通常情形能够及时到达要约人,但是因其他原因致使承诺到达要约人时超过了承诺期限。承诺迟延和逾期承诺不同,逾期承诺的受要约人发出承诺的时间就已经超过了承诺期限。

非因受要约人原因的承诺迟延的法律效力是,原则上该承诺发生承诺的法律效力,但要约人及时通知受要约人因承诺超过期限不接受的,不发生承诺的效力。

第四百八十八条 【承诺对要约内容的实质性变更】承诺的内容应当与要约的内容一致。受要约人对要约的内容作出实质性变更的,为新要约。有关合同标的、数量、质量、价款或者报酬、履行期限、履行地点和方式、违约责任和解决争议方法等的变更，是对要约内容的实质性变更。

注释 承诺与要约内容一致性原则，是承诺的一般规则。承诺是以接受要约的全部条件为内容的，是对要约的无条件认可，因而承诺的内容须与要约的内容一致。这就是英美法的"镜像原则"，即要求承诺如同镜子一般照出要约的内容。

随着社会经济的发展，在保证交易安全的前提下，合同规则对传统有所修正，区分承诺变更的实质性和非实质性，规定不同的效果。本条后段规定的是受要约人对要约的内容作出实质性变更及效果的规定。

受要约人对要约的内容作出实质性变更的效果，是成立新要约。凡是对要约的内容进行了实质性变更的，都意味着受要约人不同意要约人的要约，因此一律作为新要约处理，在学理上称为反要约。

判断受要约人是否对要约内容作出实质性变更，根据以下项目进行：1.合同标的的变更，改变了要约人的根本目的，发生根本的变化；2.数量、质量的变更，对要约人的权利义务有重大影响；3.价款或者报酬的变更，对要约人将来的权利义务有重大影响；4.履行期限的变更，改变了当事人的期限利益；5.履行地点的变更，关系到运费的负担、标的物所有权的转移和意外灭失风险的转移；6.履行方式的变更，对双方的权利有不同影响；7.违约责任的变更，有可能不利于要约人；8.解决争议方法的变更，有可能不利于要约人。这些变更都属于对要约内容的实质性变更。

第四百八十九条 【承诺对要约内容的非实质性变更】承诺对要约的内容作出非实质性变更的，除要约人及时表示反对或者要约表明承诺不得对要约的内容作出任何变更外，该承诺有效，合同的内容以承诺的内容为准。

注释 承诺对要约的内容作出非实质性变更的，原则上为有效承诺，合同的内容以承诺的内容为准。对要约的非实质性变更在下列情况下无效：1.变更了要约内容的承诺到达要约人后，要约人及时对承诺人表示反对，该"承诺"不发生承诺的效力，是一种新要约。2.要约人在要约中明确表示承诺不得对要约的内容作出任何变更的，承诺对要约的非实质性变更，为反要约即新要约。

第四百九十条 【采用书面形式订立合同的成立时间】当事人采用合同书形式订立合同的，自当事人均签名、盖章或者按指印时合同成立。在签名、盖章或者按指印之前，当事人一方已经履行主要义务，对方接受时，该合同成立。

法律、行政法规规定或者当事人约定合同应当采用书面形式订立，当事人未采用书面形式但是一方已经履行主要义务，对方接受时，该合同成立。

注释 根据本条规定，签名、盖章或者按指印是订约人最终对合同书或者确认书的承认，是自愿接受其约束的意思表示，也是当事人签署合同书的三种形式，除非有特别约定，只要有其中一种签署形式，就发生合同成立的效力。当事人各方签名、盖章或者按指印不在同一时间的，以最后一方签名、盖章或者按指印的时间为合同成立的时间。

本条还规定了两个特殊情形：1.在合同书签名、盖章或者按指印之前，如果当事人一方已经履行主要义务，对方予以接受时，该合同成立。2.法律、行政法规规定或者当事人约定合同应当采用书面形式订立，当事人未采用书面形式，但是一方已经履行主要义务，对方接受时，该合同也成立。

链接 《电子签名法》第13、14条；《电子商务法》第49条；《保险法》第13条；《信托法》第8条；《最高人民法院关于审理买卖合同纠纷案件适用法律问题的解释》（以下简称《买卖合同解释》）第1条

第四百九十一条 【签订确认书的合同及电子合同成立时间】当事人采用信件、数据电文等形式订立合同要求签订确认书的，签订确认书时合同成立。

当事人一方通过互联网等信息网络发布的商品或者服务信息符合要约条件的，对方选择该商品或者服务并提交订单成功时合同成立，但是当事人另有约定的除外。

注释 对于采用信件和电子数据订立合同的，实际上在符合要求的承诺作出之后，合同就成立了。不过，如果当事人约定还要签订确认书的，则在签订确认书时，该合同成立。因此，双方签署确认书的时间，是信件、数据电文合同成立的时间。

根据网络交易的特点（线上签订合同，缺少明显的要约、承诺的行为标志），确认网络交易中的合同订立，一方在互联网等信息网络发布的商品或者服务信息，只要符合要约的条件，就认为是网

络交易合同的要约。对方也就是消费者在网络上选择该商品或者服务,并提交订单的,为承诺。当网络交易服务界面显示提交订单成功时,合同成立。因而,界面显示"提交订单成功"时,就是网络交易合同的成立时间。

链接 《电子商务法》第49条;《拍卖法》第52条;《合同编通则解释》第4条

第四百九十二条 【合同成立的地点】 承诺生效的地点为合同成立的地点。

采用数据电文形式订立合同的,收件人的主营业地为合同成立的地点;没有主营业地的,其住所地为合同成立的地点。当事人另有约定的,按照其约定。

注释 合同成立地点,是当事人经过对合同内容的磋商,最终意思表示一致的地点。最终意思表示一致以承诺的生效为标志。确定合同生效地点的一般原则,是以承诺生效的地点为合同成立的地点。合同成立地点成为缔约地,对于合同的纠纷管辖、法律适用等具有重要意义。

采用数据电文形式订立合同,没有明显的承诺生效地点,因而以收件人的主营业地为合同成立的地点;如果收件人没有主营业地,其住所地为合同成立的地点。如果采用数据电文形式订立合同的当事人对合同成立地点另有约定的,按照其约定确定合同成立地点。

第四百九十三条 【采用合同书订立合同的成立地点】 当事人采用合同书形式订立合同的,最后签名、盖章或者按指印的地点为合同成立的地点,但是当事人另有约定的除外。

链接 《电子签名法》第12条;《民事诉讼法》第35条

第四百九十四条 【强制缔约义务】 国家根据抢险救灾、疫情防控或者其他需要下达国家订货任务、指令性任务的,有关民事主体之间应当依照有关法律、行政法规规定的权利和义务订立合同。

依照法律、行政法规的规定负有发出要约义务的当事人,应当及时发出合理的要约。

依照法律、行政法规的规定负有作出承诺义务的当事人,不得拒绝对方合理的订立合同要求。

第四百九十五条 【预约合同】 当事人约定在将来一定期限内订立合同的认购书、订购书、预订书等,构成预约合同。

当事人一方不履行预约合同约定的订立合同义务的,对方可以请求其承担预约合同的违约责任。

注释 预约,也叫预备合同或合同预约,是指当事人之间约定在将来一定期限内应当订立合同的预先约定。而将来应当订立的合同叫本约,或者本合同。预约是订立合同的意向,本约是订立的合同本身。预约的表现形式,通常是认购书、订购书、预订书等。预约成立之后,产生预约的法律效力,即当事人在将来一定期限内订立本约的债务。预约的成立应当遵循合同成立的一般规则。

判断一个约定是预约还是本约,应探求当事人的真意,真意不明的,应当通观合同的全部内容确定:1.合同要素已经明确、合致,其他事项规定明确,已无另行订立合同必要的,为本约。2.如果将来系依所订合同履行而无须另订本约,即使名为预约,也应认定为本约。3.预约在交易上属于例外,当对一个合同是预约还是本约有疑问时,应认定为本约。4.只要不具有将来订立本约的法律效力,不认为是预约;具有将来订立本约的效力的,应当认定为预约。

预约成立,当事人即负有履行预约所规定的订立本约的义务,只要本约未订立,就是预约没有履行。预约的当事人一方不履行预约约定的订立合同义务的,对方当事人可以请求其承担预约的违约责任。预约违约责任的确定,依照预约的约定或者参照违约责任的法律规定。

链接 《合同编通则解释》第6—8条

第四百九十六条 【格式条款】 格式条款是当事人为了重复使用而预先拟定,并在订立合同时未与对方协商的条款。

采用格式条款订立合同的,提供格式条款的一方应当遵循公平原则确定当事人之间的权利和义务,并采取合理的方式提示对方注意免除或者减轻其责任等与对方有重大利害关系的条款,按照对方的要求,对该条款予以说明。提供格式条款的一方未履行提示或者说明义务,致使对方没有注意或者理解与其有重大利害关系的条款的,对方可以主张该条款不成为合同的内容。

注释 格式条款合同,是指当事人为了重复使用而预先拟定,并在订立合同时未与对方协商的条款。格式条款合同与一般合同不同,其主要特征是:1.格式条款合同一般由居于垄断地位的一方所拟定;2.格式条款合同的对方当事人处于从属地位;

3. 格式条款合同可以用不同的但必须是明确的书面形式表达出来。

格式条款的优点是便捷、易行、高效，缺点是无协商余地，双方地位不平等。故对提供格式条款的一方当事人规定了法定义务：1. 遵循公平原则确定当事人权利义务的义务；2. 采取合理的方式提示对方注意免除或者减轻其责任等与对方有重大利害关系条款的义务；3. 按照对方的要求对该条款予以说明的义务。

提供格式条款的一方对格式条款中免除或者减轻其责任等与对方有重大利害关系的内容，在合同订立时采用足以引起对方注意的文字、符号、字体等特别标识，并按照对方的要求以常人能够理解的方式对该格式条款予以说明的，人民法院应当认定符合上述的"采取合理的方式"。提供格式条款一方对已尽合理提示及说明义务承担举证责任。

提供格式条款的一方未尽上述第2项和第3项规定的提示义务和说明义务，致使对方当事人没有注意或者理解与其重大利害关系的条款的，对方当事人可以提出主张，认为该条款不成为合同的内容，即不对当事人发生约束力。对此，法院和仲裁机构应当支持对方当事人的这一主张。

链接《合同编通则解释》第9、10条
案例 刘超捷诉中国移动通信集团江苏有限公司徐州分公司电信服务合同纠纷案（最高人民法院指导案例64号）

裁判规则：经营者在格式合同中未明确规定对某项商品或服务的限制条件，且未能证明在订立合同时已将该限制条件明确告知消费者并获得消费者同意，该限制条件对消费者不产生效力。

电信服务企业在订立合同时未向消费者告知某项服务设定了有效期限限制，在合同履行中又以该项服务超过有效期限为由限制或停止对消费者服务的，构成违约，应当承担违约责任。

第四百九十七条【格式条款无效的情形】有下列情形之一的，该格式条款无效：

（一）具有本法第一编第六章第三节和本法第五百零六条规定的无效情形；

（二）提供格式条款一方不合理地免除或者减轻其责任、加重对方责任、限制对方主要权利；

（三）提供格式条款一方排除对方主要权利。

注释 具有以下情形之一的格式条款无效：

1. 格式条款具备《民法典》第一编第六章第三节和第506条规定的情形，即无民事行为能力人实施的民事法律行为、虚假的民事法律行为、违反法律强制性规定的民事法律行为、违背公序良俗的民事法律行为、恶意串通的民事法律行为，以及造成对方人身损害、因故意或者重大过失造成对方财产损害的免责条款，一律无效。

2. 提供格式条款一方不合理地免除或者减轻责任、加重对方责任、限制对方主要权利。这些情形都不是合同当事人订立合同时所期望的，与当事人订立合同的目的相悖，严重地损害对方当事人的合法权益，明显违背公平原则等民法基本原则，因而都是导致格式条款无效的法定事由，只要出现其中一种情形，格式条款就无效。

3. 提供格式条款一方排除对方主要权利。排除对方当事人的主要权利，将导致对方当事人订立合同的目的不能实现，因而属于格式条款绝对无效的情形。

链接《民用航空法》第130条；《保险法》第19条；《消费者权益保护法》第26条；《海商法》第126条

案例 1. 周显治、俞美芳与余姚众安房地产开发有限公司商品房销售合同纠纷案（《最高人民法院公报》2016年第11期）

裁判规则：商品房买卖中，开发商的交房义务不仅仅局限于交钥匙，还需出示相应的证明文件，并签署房屋交接单等。合同中分别约定了逾期交房与逾期办证的违约责任，但同时又约定开发商承担了逾期交房的责任之后，逾期办证的违约责任就不予承担的，应认定该约定属于免除开发商按时办证义务的无效格式条款，开发商仍应按照合同约定承担逾期交房、逾期办证的多项违约之责。

2. 孙宝静诉上海一定得美容有限公司服务合同纠纷案（《最高人民法院公报》2014年第11期）

裁判规则：在消费者预先支付全部费用、经营者分期分次提供商品或服务的预付式消费模式中，如果经营者提供的格式条款载明"若消费者单方终止消费，则经营者对已经收费但尚未提供商品或服务部分的价款不予退还"的，该类格式条款违反我国合同法、消费者权益保护法的相关规定，应属无效。

在预付式消费中，如果消费者单方终止消费，经营者并无违约或过错行为的，应结合消费者过错程度、经营者已经提供的商品或服务量占约定

总量的比例、约定的计价方式等因素综合确定消费者的违约责任。

第四百九十八条 【格式条款的解释方法】对格式条款的理解发生争议的,应当按照通常理解予以解释。对格式条款有两种以上解释的,应当作出不利于提供格式条款一方的解释。格式条款和非格式条款不一致的,应当采用非格式条款。

注释 格式条款解释,是在当事人对格式条款的含义存在不同理解时,应当依据何种事实、原则对该条款作出合理的说明。当对格式条款的理解发生争议时,应当对格式条款的内容进行解释。

格式条款解释的方法是:

1. 通常解释原则。格式条款解释的一般原则,是对有争议的合同条款按照通常的理解予以解释。

2. 不利解释原则。对格式条款有两种以上解释的,应当作不利于格式条款的提供方的解释。这是由于格式条款是由特定的一方当事人提供的,其服从性和不可协商性有可能使对方当事人的意思表示不真实,因而使其利益受到损害。格式条款在整体上会出现有利于提供者而不利于相对方的问题。

3. 格式条款和非格式条款不一致的,应当采用非格式条款。这是指在格式条款合同中,既存在格式条款,又存在非格式条款,内容不一致,采用不同的条款会对双方当事人的利益产生重大影响。对此,非格式条款处于优先地位,应当采用非格式条款确认合同内容,与该非格式条款相矛盾的格式条款无效。

链接 《保险法》第30条;《旅行社条例》第29条;《最高人民法院关于适用〈中华人民共和国保险法〉若干问题的解释(三)》第14、17条

案例 1. 曹连成、胡桂兰、曹新建、曹显忠诉民生人寿保险股份有限公司江苏分公司保险合同纠纷案(《最高人民法院公报》2014年第10期)

裁判规则:在保险人责任免除条款及保险条款释义中,没有对机动车的认定标准作出规定的情况下,基于轻便摩托车生产厂家产品说明书、产品检验合格证(均显示该车为助力车)的误导,以及被保险人客观上无法取得机动车号牌的事实,作出案涉车辆不属于保险人免责条款中所规定的机动车之解释,符合一个普通车辆购买人及使用人的认知标准,应作出有利于被保险人的解释,案涉车辆应认定为不属于保险人免责条款中所规定的机动车。此时,被保险人在不领取驾驶证的情况下驾驶上述车辆,亦不属于免责条款规定的无证驾驶情形。

2. 顾善芳诉张小君、林兴钢、钟武军追偿权纠纷案(《最高人民法院公报》2017年第10期)

裁判规则:对格式条款的理解发生争议的,首先应当按照通常理解予以解释。只有按照通常理解对格式条款有两种以上解释的,才应采用不利解释原则。连带共同保证中保证人减少时,应按实际保证人人数平均分配保证份额。

第四百九十九条 【悬赏广告】悬赏人以公开方式声明对完成特定行为的人支付报酬的,完成该行为的人可以请求其支付。

注释 依据本条规定,悬赏广告的构成要满足以下几个条件:一是要以公开的方式作出声明。公开的具体方式,可以是通过广播电视、报纸期刊或者互联网等媒介发布,也可以是在公众场所发传单、在公开的宣传栏张贴广告等。二是悬赏人在声明中提出明确的要求,即要完成特定行为。该要求,要有具体、明确的表达,不能含混不清。三是悬赏人具有支付报酬的意思表示,即对完成特定行为的人给付一定报酬。悬赏人应当对报酬的形式、给付方式等作出明确的表达。如果报酬是给付金钱,应当明确金钱的币种、数额等。对于满足以上条件的悬赏广告,完成该特定行为的人可以请求悬赏人支付报酬,悬赏人不得拒绝。

第五百条 【缔约过失责任】当事人在订立合同过程中有下列情形之一,造成对方损失的,应当承担赔偿责任:

(一)假借订立合同,恶意进行磋商;

(二)故意隐瞒与订立合同有关的重要事实或者提供虚假情况;

(三)有其他违背诚信原则的行为。

注释 本条是对缔约过失责任的规定。缔约过失责任,也称为先契约责任或者缔约过失中的损害赔偿责任,是指在合同缔结过程中,一方当事人违反了以诚实信用为基础的先契约义务,造成了另一方当事人的损害,因此应承担的法律后果。

缔约过失责任的法律特征是:1. 是缔结合同过程中发生的民事责任;2. 是以诚实信用原则为基础的民事责任;3. 是以补偿缔约相对人损害后果为特征的民事责任。

缔约过失责任的主要表现是：1. 假借订立合同，恶意进行磋商。恶意磋商实际上已经超出了缔约过失的范围，而是恶意借订立合同之机而加害于对方当事人或第三人。对此造成的损失应当予以赔偿。2. 故意隐瞒与订立合同有关的重要事实或者提供虚假情况。故意隐瞒构成缔约过失，如知道或者应当知道合同无效的原因存在而不告知对方，使对方产生信赖而造成损失。3. 有其他违背诚信原则的行为。这是缔约过失责任的主要部分，只要当事人在缔约过程中具有违背诚信原则的过失，使对方相信合同已经成立，因而造成损失的，都构成缔约过失责任。

缔约过失责任的形式是损害赔偿。对方因基于对对方当事人的信赖，而相信合同成立产生的信赖利益损失，有过失的一方缔约人应当全部予以赔偿。

案例 深圳市标榜投资发展有限公司与鞍山市财政局股权转让纠纷案（《最高人民法院公报》2017年第12期）

裁判规则：合同约定生效要件为报批允准，承担报批义务方不履行报批义务的，应当承担缔约过失责任。

缔约过失人获得利益以善意相对人丧失交易机会为代价，善意相对人要求缔约过失人赔偿的，人民法院应予支持。

除直接损失外，缔约过失人对善意相对人的交易机会损失等间接损失，应予赔偿。间接损失数额应考虑缔约过失人过错程度及获得利益情况、善意相对人成本支出及预期利益等，综合衡量确定。

第五百零一条 【合同缔结人的保密义务】 当事人在订立合同过程中知悉的商业秘密或者其他应当保密的信息，无论合同是否成立，不得泄露或者不正当地使用；泄露、不正当地使用该商业秘密或者信息，造成对方损失的，应当承担赔偿责任。

注释 商业秘密，是指不为公众所知悉、能为权利人带来经济利益、具有实用性并经权利人采取保密措施的技术信息和经营信息。经营者不得采用下列手段侵犯商业秘密：(1) 以盗窃、利诱、胁迫或者其他不正当手段获取权利人的商业秘密；(2) 披露、使用或者允许他人使用以前项手段获取的权利人的商业秘密；(3) 违反约定或者违反权利人有关保守商业秘密的要求，披露、使用或者允许他人使用其所掌握的商业秘密。第三人明知或者应知侵犯商业秘密的违法行为，获取、使用或者披露他人的商业秘密，视为侵犯商业秘密。

知悉对方当事人的商业秘密或者其他应当保密的信息的当事人，如果违反保密义务，向他人泄露该秘密，或者自己不正当地使用该商业秘密或者信息，凡是给对方造成损失的，都应当承担损害赔偿责任。

链接 《反不正当竞争法》第9、21条

第三章　合同的效力

第五百零二条 【合同生效时间及未办理批准手续的处理规则】 依法成立的合同，自成立时生效，但是法律另有规定或者当事人另有约定的除外。

依照法律、行政法规的规定，合同应当办理批准等手续的，依照其规定。未办理批准等手续影响合同生效的，不影响合同中履行报批等义务条款以及相关条款的效力。应当办理申请批准等手续的当事人未履行义务的，对方可以请求其承担违反该义务的责任。

依照法律、行政法规的规定，合同的变更、转让、解除等情形应当办理批准等手续的，适用前款规定。

注释 合同的效力是法律赋予依法成立的合同对当事人的法律强制力。合同生效，是指已经成立的合同在当事人之间产生法律约束力。合同生效时间，是合同在什么时间发生法律约束力。同时成立之原则，是合同生效时间的基本规则，即合同的成立与其效力同时发生。

合同生效时间包含两个内容：1. 合同生效的一般时间界限，是合同依法成立。这里的"依法"，为承诺生效，合同即告成立。在这种情况下，合同成立和合同生效的时间是一致的。2. 法律另有规定或者当事人另有约定的，按照法律规定或者当事人约定的合同生效时间发生法律效力。例如当事人约定合同经过公证后生效，则在办理公证后合同生效。

本条第2款规定的是法律规定的合同生效时间。依照法律、行政法规规定应当办理批准等手续才生效的合同，在办理了相关的手续时生效。如果没有办理批准等手续，该合同不生效，但不是合同无效，仍然可以通过补办报批手续而使其生效。因此，未办理批准等手续，并不影响合同中履行报批等义务条款以及相关条款的效力。负有履行报批义务的当事人拒不履行该义务，致使合同无法生效的，应当承担损害赔偿责任，对对方当事人因此造成的损失，承担违约责任。

本条第3款规定的是，依照法律、行政法规的规定，合同的变更、转让、解除等情形也应当办理批准等手续的，也应当按照第2款规定的规则处理。

链接《城市房地产管理法》第44条；《民用航空法》第14条；《海商法》第13条；《合同编通则解释》第12、14条；《最高人民法院关于审理建设工程施工合同纠纷案件适用法律问题的解释（一）》第3条；《最高人民法院关于审理矿业权纠纷案件适用法律若干问题的解释》第6条；《最高人民法院关于审理商品房买卖合同纠纷案件适用法律若干问题的解释》第2、6条；《最高人民法院关于审理涉及国有土地使用权合同纠纷案件适用法律问题的解释》第2、8、13条

案例 1. 陈付全与确山县团山矿业开发有限公司采矿权转让合同纠纷案（2016年7月12日最高人民法院发布十起审理矿业权民事纠纷案件典型案例）

裁判规则：对矿业权的转让进行审批，是国家规范矿业权有序流转、实现矿产资源科学保护、合理开发的重要制度。矿业权转让合同未经国土资源主管部门批准并办理矿业权变更登记手续，不发生矿业权物权变动的效力，但应确认转让合同中的报批义务条款自合同成立时起即具有法律效力，报批义务人应依约履行。在转让合同不具有法定无效情形且报批义务具备履行条件的情况下，相对人有权请求报批义务人履行报批义务；人民法院依据案件事实和相对人的请求，也可以判决由相对人自行办理报批手续。允许相对人自行办理报批手续既符合诚实信用和鼓励交易的原则，也有利于衡平双方当事人的利益。

2. 陈允斗与宽甸满族自治县虎山镇老边墙村民委员会采矿权转让合同纠纷案（《最高人民法院公报》2012年第3期）

裁判规则：租赁采矿权属于一种特殊的矿业权转让方式，采矿权转让合同属于批准后才生效的合同。根据国务院《探矿权采矿权转让管理办法》第10条第3款的规定，出租采矿权须经有权批准的机关审批，批准转让的，转让合同自批准之日起生效。

诉讼中，采矿权租赁合同未经批准，人民法院应认定该合同未生效。采矿权合同虽未生效，但合同约定的报批条款依然有效。如果一方当事人据此请求对方继续履行报批义务，人民法院经审查认为客观条件允许的，对其请求应予支持；继续报批缺乏客观条件的，依法驳回其请求。

第五百零三条　【被代理人以默示方式追认无权代理】 无权代理人以被代理人的名义订立合同，被代理人已经开始履行合同义务或者接受相对人履行的，视为对合同的追认。

注释 对于无权代理人以被代理人的名义订立的合同，尽管被代理人没有明示表示追认，但是被代理人已经开始履行该合同约定的义务，或者对对方当事人的履行行为予以受领的，就表明他已经接受了该合同订立的事实，并且承认其效力，因而视为被代理人对该合同的追认。被代理人不得再主张该合同对其不发生效力，善意相对人也不得对该合同行使撤销权。

第五百零四条　【超越权限订立合同的效力】 法人的法定代表人或者非法人组织的负责人超越权限订立的合同，除相对人知道或者应当知道其超越权限外，该代表行为有效，订立的合同对法人或者非法人组织发生效力。

注释 本条是对法人的法定代表人、非法人组织的负责人超越权限订立合同效力的规定。

《民法典》第61条第3款规定："法人章程或者法人权力机构对法定代表人代表权的限制，不得对抗善意相对人。"而本条是对法人的法定代表人等超越权限订立合同的效力问题的进一步规定。

与第61条规定相衔接，本条规定，判断法人的法定代表人或者非法人组织的负责人超越权限订立的合同是否具有法律效力，主要的标准是相对人是否知道或者应当知道其超越权限。如果相对人知道或者应当知道对方的法定代表人或者负责人超越权限，这个相对人就是非善意的，订立的合同不发生效力，法人或者非法人组织可以以此对抗非善意的相对人，主张合同无效或者不生效。如果相对人不知道也不应当知道法定代表人或者负责人订立合同超越权限，且无过失，即相对人为善意，则该合同发生法律效力，法人或者非法人组

织不得以法定代表人或者负责人超越权限而对抗善意相对人,不得主张该合同无效。

链接 《合同编通则解释》第20—23条;《最高人民法院关于适用〈中华人民共和国民法典〉有关担保制度的解释》第7条

第五百零五条 【超越经营范围订立的合同效力】 当事人超越经营范围订立的合同的效力,应当依照本法第一编第六章第三节和本编的有关规定确定,不得仅以超越经营范围确认合同无效。

注释 本条确定的规则是,当事人超越经营范围订立的合同的效力,应当依照总则编第六章关于民事法律行为效力问题的规定,以及本编关于合同效力的规定来确定:如果具有无效的事由,则应当确定合同无效;如果属于可撤销民事法律行为,则依照撤销权人的意志确定撤销还是不撤销;如果是效力待定的民事法律行为,则应当依照具体规则处理。如果不存在这些方面的法定事由,那么,这个合同就是有效的,不能仅仅以订立合同超越了该法人或者非法人组织的经营范围而确认合同无效。这样的规则延续了《民法典》第65条规定的不得对抗善意相对人的要求。如果相对人是非善意的,则应当依据上述民事法律行为效力的基本规则确定合同的效力。

链接 《最高人民法院关于审理建设工程施工合同纠纷案件适用法律问题的解释(一)》第4条

案例 招商银行股份有限公司大连东港支行与大连振邦氟涂料股份有限公司、大连振邦集团有限公司借款合同纠纷案(《最高人民法院公报》2015年第2期)

裁判规则:《公司法》第16条第2款规定,公司为公司股东或者实际控制人提供担保的,必须经股东会或者股东大会决议。该条款是关于公司内部控制管理的规定,不应以此作为评价合同效力的依据。担保人抗辩认为其法定代表人订立抵押合同的行为超越代表权,债权人以其对相关股东会决议履行了形式审查义务,主张担保人的法定代表人构成表见代理的,人民法院应予支持。

第五百零六条 【免责条款无效情形】 合同中的下列免责条款无效:

(一)造成对方人身损害的;

(二)因故意或者重大过失造成对方财产损失的。

注释 合同免责条款,是指双方当事人在合同中预先达成的免除将来可能发生损害的赔偿责任的合同条款。合同免责条款的特点是:1.由双方约定;2.以明示方式作出,并规定在合同中;3.对当事人具有相当的约束力。

人身损害免责条款,是约定因履行合同对一方当事人造成人身伤害,而对方当事人对此不负责任、免除其赔偿责任的条款。这种免责条款是无效的。比如在劳动合同中,双方当事人约定免除人身伤害赔偿责任的条款都没有法律上的约束力,不能预先免除雇主的赔偿责任。不过这一规定有特例,例如在竞技体育中,对于某些有严重危险的项目,事先约定免除竞赛者的民事责任,为有效。如拳击、散打、跆拳道、搏击等项目,一方过失造成对方的人身伤害,不需承担赔偿责任,只有故意伤害对方当事人的,才应当承担赔偿责任。

财产损害免责条款,是约定一方当事人因故意或者重大过失造成对方损失,而免除其赔偿责任的条款。这样的免责条款,将会给对方当事人以损害他人财产的合法理由,因而也是无效的。

现有法律规定中免责条款无效的情形:

保险合同。订立保险合同,采用保险人提供的格式条款的,保险人向投保人提供的投保单应当附格式条款,保险人应当向投保人说明合同的内容。对保险合同中免除保险人责任的条款,保险人在订立合同时应当在投保单、保险单或者其他保险凭证上作出足以引起投保人注意的提示,并对该条款的内容以书面或者口头形式向投保人作出明确说明;未作提示或者明确说明的,该条款不产生效力。

安全生产。生产经营单位不得以任何形式与从业人员订立协议,免除或者减轻其对从业人员因生产安全事故伤亡依法应当承担的责任。

航空运输。任何旨在免除《民用航空法》规定的承运人责任或者降低《民用航空法》规定的赔偿责任限额的条款,均属无效;但是,此种条款的无效,不影响整个航空运输合同的效力。

海上旅客运输合同。海上旅客运输合同中的以下条款无效:(1)免除承运人对旅客应当承担的法定责任;(2)降低《海商法》关于海上旅客运输合同中规定的承运人责任限额;(3)对《海商法》关于海上旅客运输合同中规定的举证责任作出相反的约定;(4)限制旅客提出赔偿请求的权利。

合同条款的无效,不影响合同其他条款的效力。

链接《民用航空法》第 130 条；《保险法》第 19 条；《消费者权益保护法》第 26 条；《海商法》第 126 条

第五百零七条　【争议解决条款的独立性】 合同不生效、无效、被撤销或者终止的，不影响合同中有关解决争议方法的条款的效力。

注释 仲裁协议独立存在，合同的变更、解除、终止或者无效，不影响仲裁协议的效力。（参见《仲裁法》第 19 条第 1 款）

合同成立后未生效或者被撤销的，仲裁协议效力的认定适用《仲裁法》第 19 条第 1 款的规定。当事人在订立合同时就争议达成仲裁协议的，合同未成立不影响仲裁协议的效力。（参见《最高人民法院关于适用〈中华人民共和国仲裁法〉若干问题的解释》第 10 条）

案例 1. 苏州东宝置业有限公司、苏州市金城担保有限责任公司、苏州市东宝金属材料有限公司、苏州市东宝有黑色金属材料有限公司、徐阿大与苏州百货总公司、江苏少女之春集团公司资产转让合同纠纷案（《最高人民法院公报》2007 年第 2 期）

裁判规则：当事人签订的多份合同中，有的约定了仲裁条款，有的既没有约定仲裁条款，也没有明确将其列为约定了仲裁条款的合同的附件，或表示接受约定了仲裁条款的合同关于仲裁管辖的约定。尽管上述合同之间具有一定的关联性，但不能因此否认各自的独立性。

根据仲裁法的相关规定，当事人采用仲裁方式解决纠纷，应当自愿达成仲裁协议；未达成仲裁协议，一方当事人申请仲裁的，仲裁委员会不予受理。因此，当事人约定仲裁管辖必须有明确的意思表示并订立仲裁协议，仲裁条款也只在达成仲裁协议的当事人之间产生法律效力。

2. 招商银行股份有限公司无锡分行与中国光大银行股份有限公司长春分行委托合同纠纷管辖权异议案（《最高人民法院公报》2016 年第 7 期）

裁判规则：合同效力是对已经成立的合同是否具有合法性的评价，依法成立的合同，始对当事人具有法律约束力。《合同法》第 57 条关于"合同无效、被撤销或者终止的，不影响合同中独立存在的有关解决争议方法的条款的效力"的规定适用于已经成立的合同，"有关解决争议方法的条款"应当符合法定的成立条件。

审查管辖权异议，注重程序公正和司法效率，既要妥当保护当事人的管辖异议权，又要及时矫正、遏制当事人错用、滥用管辖异议权。确定管辖权应当以起诉时为标准，结合诉讼请求对当事人提交的证据材料进行形式要件审查以确定管辖。

从双方当事人在两案中的诉讼请求看，后诉的诉讼请求如果成立，存在实质上否定前诉裁判结果的可能，如果后诉的诉讼请求不能完全涵盖于前诉的裁判结果之中，后诉和前诉的诉讼请求所依据的民事法律关系并不完全相同，前诉和后诉并非重复诉讼。

案件移送后，当事人的诉讼请求是否在另案中通过反诉解决，超出了管辖异议的审查和处理的范围，应由受移送的人民法院结合当事人对诉权的处分等情况，依据《最高人民法院关于适用〈中华人民共和国民事诉讼法〉的解释》第 232 条、第 233 条等的有关规定依法处理。

3. 中国恒基伟业集团有限公司、北京北大青鸟有限责任公司与广晟投资发展有限公司、香港青鸟科技发展有限公司借款担保合同纠纷案（《最高人民法院公报》2008 年第 1 期）

裁判规则：《最高人民法院关于适用〈中华人民共和国仲裁法〉若干问题的解释》第 16 条规定："对涉外仲裁协议的效力审查，适用当事人约定的法律；当事人没有约定适用的法律但约定了仲裁地的，适用仲裁地法律；没有约定适用的法律也没有约定仲裁地或者仲裁地约定不明的，适用法院地法律。"据此，在涉外合同纠纷案件中，当事人在合同中约定有仲裁条款的，可以同时对确定该仲裁条款效力的准据法作出明确约定。因仲裁条款的独立性，故合同中约定的适用于解决合同争议的准据法，不能用以判定该仲裁条款的效力。如果当事人在合同中没有约定确定仲裁条款效力的准据法，也没有约定仲裁地或者对仲裁地约定不明，应当适用法院地法律审查仲裁协议的效力。

第五百零八条　【合同效力适用指引】 本编对合同的效力没有规定的，适用本法第一编第六章的有关规定。

注释 本条是对认定合同效力适用民事法律行为效力规则的规定。

在原《民法通则》和原《合同法》之间，曾经存在民事法律行为效力规则和合同效力规则的双重规制，部分规定之间存在冲突。这是在松散型民法中不可避免的问题，故只能采取新法优于旧法的原则处理。

第四章 合同的履行

第五百零九条 【合同履行的原则】当事人应当按照约定全面履行自己的义务。

当事人应当遵循诚信原则,根据合同的性质、目的和交易习惯履行通知、协助、保密等义务。

当事人在履行合同过程中,应当避免浪费资源、污染环境和破坏生态。

注释 本条是对履行合同原则的规定。

合同履行是合同债务人全面地、适当地完成其合同义务,债权人的合同债权得到完全实现。

合同履行的原则,是指当事人在履行合同债务时应当遵循的基本准则。当事人在履行合同债务中,只有遵守这些基本准则,才能够实现债权人的债权,当事人期待的合同利益才能实现。

本条规定了三个合同履行原则:

1. 遵守约定原则,亦称约定必须信守原则。依法订立的合同对当事人具有法律约束力。双方的履行过程一切都要服从约定,信守约定,约定的内容是什么就履行什么,一切违反约定的履行行为都属于对该原则的违背。遵守约定原则包括:(1)适当履行原则,合同当事人按照合同约定的履行主体、标的、时间、地点以及方式等履行,且均须适当,完全符合合同约定的要求。(2)全面履行原则,要求合同当事人按照合同所约定的各项条款,全部而完整地完成合同义务。

2. 诚实信用原则,对于一切合同及合同履行的一切方面均应适用,根据合同的性质、目的和交易习惯履行合同义务。具体包括:(1)协作履行原则,要求当事人基于诚实信用原则的要求,对对方当事人的履行债务行为给予协助:一是及时通知,二是相互协助,三是予以保密。(2)经济合理原则,要求当事人在履行合同时追求经济效益,付出最小的成本,取得最佳的合同利益。

3. 绿色原则,依照《民法典》第9条规定,履行合同应当避免浪费资源、污染环境和破坏生态,遵守绿色原则。

案例 1. 陆永芳诉中国人寿保险股份有限公司太仓支公司保险合同纠纷案(《最高人民法院公报》2013年第11期)

裁判规则:人寿保险合同未约定具体的保费缴纳方式,投保人与保险人之间长期以来形成了较为固定的保费缴纳方式,应视为双方成立了特定的交易习惯。保险公司单方改变交易习惯,违反最大诚信原则,致使投保人未能及时缴纳保费的,不应据此认定保单失效,保险公司无权终止合同效力并解除保险合同。

2. 周培栋诉江东农行储蓄合同纠纷案(《最高人民法院公报》2006年第2期)

裁判规则:对于商业银行法规定的保证支付、取款自由、为储户保密应当进行全面理解。保证支付不仅是指银行不得拖延、拒绝支付,还包括银行应当以适当的方式履行支付义务;取款自由,不仅包括取款时间、取款数额上的自由,在有柜台和自动取款机等多种取款方式的情况下,还应当包括选择取款方式的自由;为储户保密不仅是指银行应当对储户已经提供的个人信息保密,也包括应当为到银行办理交易的储户提供必要的安全、保密的环境。

第五百一十条 【约定不明时合同内容的确定】合同生效后,当事人就质量、价款或者报酬、履行地点等内容没有约定或者约定不明确的,可以协议补充;不能达成补充协议的,按照合同相关条款或者交易习惯确定。

注释 合同的标的和数量是主要条款,其他条款属于非主要条款。当事人就合同的主要条款达成合意即合同成立,非主要条款没有约定或者约定不明确,并不影响合同成立。

链接《买卖合同解释》第2条

案例 罗某某诉张某某买卖合同纠纷案(最高人民法院民事审判第一庭《民事审判指导与参考》2010年第1辑)

裁判规则:双方当事人签订的《石料供应合同》合法有效,在出卖方不能证明供货的具体数量,仅能证明送货次数的情况下,则以运输车辆的核定载重吨位为准来确定。

第五百一十一条 【质量、价款、履行地点等内容的确定】当事人就有关合同内容约定不明确,依据前条规定仍不能确定的,适用下列规定:

(一)质量要求不明确的,按照强制性国家标准履行;没有强制性国家标准的,按照推荐性国家标准履行;没有推荐性国家标准的,按照行业标准履行;没有国家标准、行业标准的,按照通常标准或者符合合同目的的特定标准履行。

(二)价款或者报酬不明确的,按照订立合同时履行地的市场价格履行;依法应当执行政府定价或者政府指导价的,依照规定履行。

(三)履行地点不明确,给付货币的,在接受货币一方所在地履行;交付不动产的,在不动产所在地履行;其他标的,在履行义务一方所在地履行。

(四)履行期限不明确的,债务人可以随时履行,债权人也可以随时请求履行,但是应当给对方必要的准备时间。

(五)履行方式不明确的,按照有利于实现合同目的的方式履行。

(六)履行费用的负担不明确的,由履行义务一方负担;因债权人原因增加的履行费用,由债权人负担。

链接《标准化法》第10—12条

第五百一十二条 【电子合同交付时间的认定】通过互联网等信息网络订立的电子合同的标的为交付商品并采用快递物流方式交付的,收货人的签收时间为交付时间。电子合同的标的为提供服务的,生成的电子凭证或者实物凭证中载明的时间为提供服务时间;前述凭证没有载明时间或者载明时间与实际提供服务时间不一致的,以实际提供服务的时间为准。

电子合同的标的物为采用在线传输方式交付的,合同标的物进入对方当事人指定的特定系统且能够检索识别的时间为交付时间。

电子合同当事人对交付商品或者提供服务的方式、时间另有约定的,按照其约定。

注释 确定网络交易合同的交付时间,分为三种情形:

1. 网络买卖合同的商品交付,采用快递物流方式交付标的物的,应当以收货人的签收时间为交付时间。网络服务合同,由于没有明显的交付标志,因此以生成的电子凭证或者实物凭证中载明的时间为提供服务时间;如果前述凭证没有载明时间或者载明时间与实际提供服务时间不一致的,以实际提供服务的时间为准。

2. 电子合同的标的为采用在线传输方式交付的,例如网络咨询服务合同,合同标的物(如咨询报告)在进入对方当事人指定的且能够检索识别的时间为交付时间。

3. 电子合同当事人对交付商品或者提供服务的方式、时间另有约定的,按照其约定。例如网络买卖合同的买受人主张自己选择快递物流取货的,将买卖标的物交付买受人自己选择的快递

物流单位的时间为交付时间。

链接《电子商务法》第51—57条

第五百一十三条 【执行政府定价或指导价的合同价格确定】执行政府定价或者政府指导价的,在合同约定的交付期限内政府价格调整时,按照交付时的价格计价。逾期交付标的物的,遇价格上涨时,按照原价格执行;价格下降时,按照新价格执行。逾期提取标的物或者逾期付款的,遇价格上涨时,按照新价格执行;价格下降时,按照原价格执行。

注释 合同的标的物属于政府定价或者政府指导价的,必须按照政府定价和政府指导价确定其价格,当事人不得另行约定价格。

政府定价是国家对少数关乎国计民生的产品由政府直接确定价格,企业不得违背的定价。政府指导价是政府对少数产品确定一个中准价,各地根据当地情况作出具体定价,按照当地政府确定的定价进行交易,当事人应当执行这种定价。

合同在履行过程中,如果遇到政府定价或者政府指导价作调整时,确定产品价格的原则是保护按约履行合同的一方。具体办法是:1. 执行政府定价和政府指导价的,在履行中遇到政府定价或者政府指导价作调整时,应按交付时的政府定价或者政府指导价计价,即按新的价格执行:交付货物时,该货物提价的,按已提的价格执行;降价的,则按所降的价格计算。2. 当事人逾期交货的,该产品的政府定价或者政府指导价提高时,按原定的价格执行;该产品政府定价或者政府指导价降低时,按已降低的价格执行。3. 当事人超过合同规定时间提货或付款的,该产品的政府定价或者政府指导价提高时,按已提高的价格计价付款;该产品政府定价或者政府指导价降低时,则按原来合同所议定的价格执行。

第五百一十四条 【金钱之债给付货币的确定规则】以支付金钱为内容的债,除法律另有规定或者当事人另有约定外,债权人可以请求债务人以实际履行地的法定货币履行。

注释 本条是新增条文。金钱债务,又称为金钱之债、货币之债,是指以给付一定数额的金钱为标的的债务。金钱债务的履行,涉及清偿时用何种货币支付的问题。

本条规定的规则是:1. 法律规定或者当事人有约定的,依照法律规定或者当事人约定的货币

种类予以支付。例如法律规定在中国境内不能以外币支付的就应当以人民币结算；当事人约定的支付币种不违反国家法律规定的，依当事人约定。

2. 除前述情形外，债权人可以请求债务人以实际履行地的法定货币履行。

第五百一十五条　【选择之债中债务人的选择权】 标的有多项而债务人只需履行其中一项的，债务人享有选择权；但是，法律另有规定、当事人另有约定或者另有交易习惯的除外。

享有选择权的当事人在约定期限内或者履行期限届满未作选择，经催告后在合理期限内仍未选择的，选择权转移至对方。

注释　选择之债，是指债的关系在成立之时，确定的标的有数个，当事人在履行时可以选定其中一个为给付的债。其要件是：1. 须预定数种给付债务；2. 债务人只需于数种给付债务中选定其一为给付。凡在债的给付标的、履行时间、方式、地点等诸方面可供选择的债，都为选择之债。

选择之债因选择权的行使，而最终确定一个给付为债的标的，并因此产生溯及既往的效力。在数种给付中确定其一为给付，就是选择之债的确定。选择权也叫择定权，是指在选择之债中，一方当事人享有的因自己的意思表示而引起选择之债变更为简单之债的形成权。

选择权以属于债务人为原则，因为债务毕竟是要由债务人实际履行的，将选择权归属于债务人，既有利于保护债务人的利益，也有利于债务的履行。如果法律另有规定或者当事人另有约定，则从其规定或者约定。

选择权也可以转移，转移的条件是：享有选择权的当事人在约定期限内或者履行期限届满未作选择，经催告后在合理期限内仍未选择。

第五百一十六条　【选择权的行使】 当事人行使选择权应当及时通知对方，通知到达对方时，标的确定。标的确定后不得变更，但是经对方同意的除外。

可选择的标的发生不能履行情形的，享有选择权的当事人不得选择不能履行的标的，但是该不能履行的情形是由对方造成的除外。

注释　选择权是形成权，一经行使，即发生选择的效力，被选择的债就被特定化，其他选项的债务消灭。故享有选择权的当事人在行使选择权时，以对相对人作出意思表示而发生效力，即及时通知对方，通知到达对方时，标的确定，从而使该选择之债自始成为简单之债。该意思表示非经相对人同意，不得变更，也不得撤销，除非对方当事人同意。

如果在选择之债的数种给付中，其中一个或数个因不可抗力等原因而履行不能时，则选择权人只能就剩余的给付加以选择。尤其是只有一种可以履行而其他均发生履行不能时，则当事人丧失选择的余地，只能按可以履行的标的履行，选择之债变更为简单之债，无须另行选择。此种不能履行应当以不可归责于无选择权的当事人为限。如果该履行不能因无选择权的当事人的行为所致，则选择权人仍然有权就该不能履行的给付加以选择。如果选择权人为债务人，可以通过选择不能履行的给付而免予承担自己的债务；如果选择权人为债权人，则其可以通过选择不能履行的给付而解除合同，追究对方的违约责任。

第五百一十七条　【按份债权与按份债务】 债权人为二人以上，标的可分，按照份额各自享有债权的，为按份债权；债务人为二人以上，标的可分，按照份额各自负担债务的，为按份债务。

按份债权人或者按份债务人的份额难以确定的，视为份额相同。

注释　可分之债，是指在债的关系中，债权或者债务是可以分割的债。可分之债的性质为复数之债，且只是因为标的的同一而联系在一起，各债权或者债务并无共同目的，故各债权人或者债务人发生的事项，原则上不对其他债权人或者债务人产生效力。债权或者债务是否可以分割的标准是：1. 债权或者债务的分割是否损害债的目的。分割不损害债的目的的，为可分给付；否则为不可分给付。2. 债权或者债务的分割是否在约定中予以禁止。3. 债权或者债务分割是否符合交易习惯和标的物的用途。比如钥匙与锁的关系，不能仅交付其一。

可分之债分为可分债权和可分债务。债权人为二人以上，标的可分，按照份额各自享有债权的，为按份债权；债务人为二人以上，标的可分，按照份额各自负担债务的，为按份债务。

第五百一十八条　【连带债权与连带债务】 债权人为二人以上，部分或者全部债权人均可以请求债务人履行债务的，为连带债权；债务人为二人以上，债权人可以请求部分或者全部债务人履行全部债务的,为连带债务。

连带债权或者连带债务,由法律规定或者当事人约定。

注释 本条是对连带债权和连带债务的规定。

连带之债,是指在一个债的关系中,债权人或者债务人有数人时,各个债权人均得请求债务人履行全部债务,各个债务人均负有履行全部债务的义务,且全部债务因一次全部履行而归于消灭的债。

连带之债产生于两种原因:1. 法定连带之债,例如合伙债务、代理上的连带债务、共同侵权行为的损害赔偿责任为连带之债,以及法律规定的其他连带之债。2. 意定连带之债,当事人通过协议,约定为连带债权或者连带债务,如数个借款合同债务人就同一借贷,约定各负清偿全部债务的义务。

链接《合伙企业法》第39、40条

第五百一十九条 【连带债务份额的确定及追偿】连带债务人之间的份额难以确定的,视为份额相同。

实际承担债务超过自己份额的连带债务人,有权就超出部分在其他连带债务人未履行的份额范围内向其追偿,并相应地享有债权人的权利,但是不得损害债权人的利益。其他连带债务人对债权人的抗辩,可以向该债务人主张。

被追偿的连带债务人不能履行其应分担份额的,其他连带债务人应当在相应范围内按比例分担。

注释 连带债务对外不分份额,只有对内才分份额,连带债务人在内部对自己的份额承担最终责任。连带债务人可以事先约定份额,或者根据实际情况确定份额。如果债务份额难以确定的,视为份额相同,各个债务人以同等份额承担最终责任。

在连带债务中,由于每一个债务人对外均负有履行全部债务的义务,债权人有权向连带债务人中的数人或者全体请求履行。被请求的债务人不得以还有其他债务人而互相推诿,也不得以自己仅负担债务中的一定份额为由而拒绝履行全部债务。连带债务人这时承担的清偿责任,是中间责任。在承担中间责任时,如果实际承担债务的连带债务人承担了超过自己的份额的,有权就超出部分在其他连带债务人未履行的份额范围内向其追偿。在行使追偿权时,承担了超出自己份额的中间责任的债务人,实际上相应地享有了债权人的权利,但是,行使这种债权,不得损害债权人的利益。连带债务人在行使追偿权时,如果其他连带债务人对连带债务的债权人享有抗辩权的,可以向该债务人主张对债权人的抗辩,对抗该债务人的追偿权。

本条第3款为新增条文,进一步明确了被追偿的连带债务人不能履行其应分担份额时,其他连带债务人的分担规则。

第五百二十条 【连带债务人之一所生事项涉他效力】部分连带债务人履行、抵销债务或者提存标的物的,其他债务人对债权人的债务在相应范围内消灭;该债务人可以依据前条规定向其他债务人追偿。

部分连带债务人的债务被债权人免除的,在该连带债务人应当承担的份额范围内,其他债务人对债权人的债务消灭。

部分连带债务人的债务与债权人的债权同归于一人的,在扣除该债务人应当承担的份额后,债权人对其他债务人的债权继续存在。

债权人对部分连带债务人的给付受领迟延的,对其他连带债务人发生效力。

注释 在连带债务中,就一债务人所生的事项,效力有的及于其他债务人,有的不及于其他债务人。前者称为有涉他效力的事项,后者称为无涉他效力的事项。

在连带债务中,有涉他效力的事项包括:

1. 部分连带债务人履行、抵销债务或者提存标的物的,其他债务人对债权人的债务在相应范围内消灭;该债务人可以依照前条规定向其他债务人追偿。

2. 部分连带债务人的债务被债权人免除的,在该连带债务人所应承担的份额范围内,其他债务人对债权人的债务消灭。

3. 部分连带债务人的债务与债权人的债权同归于一人的,在扣除该债务人所应承担的份额后,债权人对其他债务人的债权继续存在。

4. 债权人对部分连带债务人的给付受领迟延的,对其他连带债务人发生效力。

第五百二十一条 【连带债权内外部关系】连带债权人之间的份额难以确定的,视为份额相同。

实际受领债权的连带债权人,应当按比例向

其他连带债权人返还。

连带债权参照适用本章连带债务的有关规定。

第五百二十二条 【向第三人履行】当事人约定由债务人向第三人履行债务，债务人未向第三人履行债务或者履行债务不符合约定的，应当向债权人承担违约责任。

法律规定或者当事人约定第三人可以直接请求债务人向其履行债务，第三人未在合理期限内明确拒绝，债务人未向第三人履行债务或者履行债务不符合约定的，第三人可以请求债务人承担违约责任；债务人对债权人的抗辩，可以向第三人主张。

注释 向第三人履行，即第三人代债权人受领。合同当事人约定向第三人履行合同的，只要该第三人符合法律或合同规定的接受履行资格能够受领的，该第三人就成为合同的受领主体，是合格的受领主体，有权接受履行。第三人接受履行时，只是接受履行的主体，而不是合同当事人。第三人替债权人接受履行不适当或因此给债务人造成损失的，应由债权人承担民事责任。当债务人向第三人履行清偿义务，履行增加的费用，应当由债权人负担。债务人未向第三人履行债务或者履行债务不符合约定的，构成违约行为，债务人应向债权人承担违约责任。第三人替债权人接受履行，通常是因为第三人与债权人之间存在一定关系，但第三人并不是债权人的代理人，不应当适用关于代理的规定。

本条在原《合同法》第64条的基础上增加规定了第2款。法律规定或者当事人约定第三人可以直接请求债务人向其履行债务，第三人未在合理期限内明确拒绝，债务人未向第三人履行债务或者履行债务不符合约定的，第三人可以请求债务人承担违约责任；债务人如果对债权人享有抗辩的权利，可以直接向第三人主张其对债权人的抗辩以抗辩，发生向债权人抗辩的效力。

链接《合同编通则解释》第29条

第五百二十三条 【第三人履行】当事人约定由第三人向债权人履行债务，第三人不履行债务或者履行债务不符合约定的，债务人应当向债权人承担违约责任。

注释 由第三人履行，也叫第三人代债务人履行，是指在合同的履行中，由第三人代替债务人向债

权人履行债务。第三人代债务人履行，是合同的履行主体变化。在第三人代替债务人履行债务中，第三人与债权人、债务人并未达成转让债务协议，第三人并未成为合同当事人，只是按照合同当事人之间的约定，代替债务人向债权人履行债务，并不构成债务转移。根据合同自由原则，只要不违反法律规定和合同约定，且未给债权人造成损失或增加费用，由第三人履行是有效的。

构成由第三人履行，即当事人约定由第三人向债权人履行债务的，如果第三人不履行债务或者履行债务不符合约定，债务人构成违约行为，应当向债权人承担违约责任。

链接《买卖合同解释》第16条

第五百二十四条 【第三人代为履行】债务人不履行债务，第三人对履行该债务具有合法利益的，第三人有权向债权人代为履行；但是，根据债务性质、按照当事人约定或者依照法律规定只能由债务人履行的除外。

债权人接受第三人履行后，其对债务人的债权转让给第三人，但是债务人和第三人另有约定的除外。

注释 本条为新增条文。当一个债务已届履行期，债务人不履行债务，该不履行债务的行为有可能损害第三人的利益时，第三人得代债务人向债权人履行债务，以使自己的合法利益得到保全。如果根据债务的性质、按照当事人约定或者依照法律规定，该债务只能由债务人履行的，不适用第三人代为履行的规则。

第三人代债务人为履行之后，债权人已经接受第三人的履行的，债权人对债务人的债权就转让给了第三人，第三人对债务人享有该债权，可以向债务人主张该债权。如果债务人和第三人对如何确定他们之间的债权债务关系另有约定的，则按照约定办理，不受这一债权转让规则的拘束。

链接《合同编通则解释》第30条
案例 某物流有限公司诉吴某运输合同纠纷案[人民法院贯彻实施民法典典型案例（第一批）]

裁判规则：某物流有限公司与吴某存在运输合同关系，在吴某未及时向货物承运司机结清费用，致使货物被扣留时，某物流有限公司对履行该债务具有合法利益，有权代吴某向承运司机履行。某物流有限公司代为履行后，承运司机对吴某的债权即转让给该公司，故依照民法典第五百二十

四条规定,判决支持某物流有限公司请求吴某支付剩余运费的诉讼请求。

第五百二十五条 【同时履行抗辩权】当事人互负债务,没有先后履行顺序的,应当同时履行。一方在对方履行之前有权拒绝其履行请求。一方在对方履行债务不符合约定时,有权拒绝其相应的履行请求。

注释 所谓抗辩权,是指对抗请求权或否认对方权利主张的权利,又称异议权。其包括消灭的抗辩权和延缓的抗辩权。行使消灭的抗辩权会使对方的请求权归于消灭,而延缓的抗辩权仅阻碍对方请求权效力在一定期限内的发生。

同时履行抗辩权,又称为不履行抗辩权,是指双务合同的当事人在对方未为对待给付之前,得拒绝履行自己的给付。同时履行抗辩权的产生需要满足下列条件:(1)当事人双方因同一双务合同而互负债务。互负债务是指当事人所负的债务具有对价关系,而并非经济上完全等价。(2)合同中没有约定履行的先后顺序。(3)双方互负的债务均已届清偿期。(4)对方当事人未履行合同义务或者未按照约定履行合同义务。其中,未按照约定履行合同义务包括瑕疵履行即交付的标的物存在质量问题和部分履行即交付的标的物在数量上不足。(5)对方当事人的对待履行是可能的。如果对方当事人因客观原因不能履行合同义务,则应当通过合同变更、解除或者追究违约责任等规则来处理,适用同时履行抗辩权规则没有任何意义。例如,以特定物为标的合同,在履行前标的物毁损灭失的,行使同时履行抗辩权无助于合同履行。

在没有先后履行顺序的合同中,同时履行抗辩权的具体内容是:(1)一方在对方未履行之前有权拒绝对方的履行请求。(2)一方在对方履行债务不符合约定时,有权拒绝其相应的履行请求。这里所指的"相应的",是指一方拒绝履行的债务应当与对方不适当履行的债务相当。一般而言,对轻微违约不得行使同时履行抗辩权,这是各国对同时履行抗辩权作出的普遍限制。这有利于合同的遵守,稳定交易秩序,减少纠纷。

链接 《合同编通则解释》第 31 条

第五百二十六条 【先履行抗辩权】当事人互负债务,有先后履行顺序,应当先履行债务一方未履行的,后履行一方有权拒绝其履行请求。先履行一方履行债务不符合约定的,后履行一方有权拒绝其相应的履行请求。

注释 先履行抗辩权,是指根据法律规定或者当事人约定,双务合同的一方当事人应当先履行合同义务,先履行一方未履行或者未适当履行的,后履行一方有权拒绝为相应履行。先履行抗辩权是为了保护后履行一方的期限利益或者其履行合同条件而规定的。先履行抗辩权的适用条件包括:(1)合同当事人根据同一双务合同而互负债务。(2)合同当事人的债务履行有先后次序。(3)应当先履行的一方当事人没有履行或者履行不符合约定。(4)应当先履行的债务是可能履行的。先履行抗辩权属延期的抗辩权,只是暂时阻止对方当事人请求权的行使,非永久的抗辩权。对方当事人完全履行了合同义务,先履行抗辩权消灭,当事人应当履行自己的义务。当事人行使先履行抗辩权致使合同迟延履行的,迟延履行责任应由对方当事人承担。

链接 《买卖合同解释》第 31 条

第五百二十七条 【不安抗辩权】应当先履行债务的当事人,有确切证据证明对方有下列情形之一的,可以中止履行:

(一)经营状况严重恶化;

(二)转移财产、抽逃资金,以逃避债务;

(三)丧失商业信誉;

(四)有丧失或者可能丧失履行债务能力的其他情形。

当事人没有确切证据中止履行的,应当承担违约责任。

注释 不安抗辩权,是指双务合同中一方当事人应当先履行合同义务,在合同订立之后履行之前,有确切证据证明后履行一方当事人将来有不履行或者不能履行合同的可能时,先履行一方可以暂时中止履行,并及时通知对方当事人在合理的期限内提供适当担保;如果对方在合理期限内提供了适当担保,则应当恢复履行;如果对方未能在合理期限内提供适当担保,则中止履行的一方可以解除合同。例如,甲、乙订有一买卖合同,约定甲于 6 月 1 日前交货,乙收到货后 2 个月内付款。之后,甲发现乙因故需承担巨额赔偿责任,并有确切证据证明其难以付清货款,于是甲可以行使不安抗辩权中止向乙供货,并及时通知乙。如果乙提供了相应担保,甲应恢复履行合同义务。

不安抗辩权的适用条件包括以下几个方面：(1)双务合同中一方当事人应当先履行合同义务。如果当事人没有在合同中约定、法律也没有规定当事人履行义务的先后次序，则当事人应当同时履行合同义务，只能适用同时履行抗辩权，而不能行使不安抗辩权。(2)有确切的证据证明后履行一方当事人将来不履行或者不能履行合同义务。没有确切证据而中止自己的履行要承担违约责任。包括以下几种情形：①经营状况严重恶化，是指合同订立之后，当事人的经营状况发生不好的变化，财产大量减少，以致影响其履行债务的能力；②转移财产、抽逃资金，是指后履行债务的当事人以逃避债务为目的，将自己的财产转移到别处或者从企业中撤出所投入的资金；③丧失商业信誉，是指后履行债务的当事人失去了诚实信用、按期履行等良好的声誉；④有丧失或者可能丧失履行债务能力的其他情形。一方当事人出现丧失或者可能丧失履行债务能力的情形并不以其对这种结果的发生存在过错为条件，不论是何种原因造成的，只要存在丧失或者可能丧失履行债务能力的事实即可。(3)应当先履行一方当事人的合同义务已到履行期。如果先履行一方当事人的合同履行期限尚未届至，则其可以根据期限规定进行抗辩，而无须援用不安抗辩权。

案例 俞财新与福建华辰房地产有限公司、魏传瑞商品房买卖(预约)合同纠纷案(《最高人民法院公报》2011年第8期)

裁判规则：根据合同的相对性原则，涉案合同一方当事人以案外人违约为由，主张在涉案合同履行中行使不安抗辩权的，人民法院不予支持。

第五百二十八条 【不安抗辩权的行使】当事人依据前条规定中止履行的，应当及时通知对方。对方提供适当担保的，应当恢复履行。中止履行后，对方在合理期限内未恢复履行能力且未提供适当担保的，视为以自己的行为表明不履行主要债务，中止履行的一方可以解除合同并可以请求对方承担违约责任。

注释 法律为求双务合同当事人双方利益的平衡，规定主张不安抗辩权的当事人对后履行一方当事人负担通知义务。法律要求主张不安抗辩权的一方当事人在提出权利主张的同时，应立即通知另一方。不安抗辩权的行使取决于权利人一方的意思，无须取得另一方同意的必要。法律使其负即时通知义务，是为了避免另一方当事人因此受到损害。

通知的另一个目的在于，经过通知，便于后履行一方在获此通知后，及时提供充分的履行债务担保，以消灭不安抗辩权。不安抗辩权消灭后，先履行一方应当恢复履行。

不安抗辩权行使后产生的法律后果是：1. 先履行一方已经发出通知后，在后履行一方当事人没有提供适当担保之前，有权中止自己的履行。2. 后履行一方当事人接到通知后，向对方提供了适当担保的，不安抗辩权消灭，合同恢复履行，主张不安抗辩权的当事人应当承担先履行的义务。3. 先履行债务的当事人中止履行并通知对方当事人后，对方当事人在合理期限内没有恢复履行能力，也没有提供适当担保的，先履行债务的当事人产生法定解除权，可以单方解除合同，同时还可以主张追究后履行一方的违约责任。

第五百二十九条 【因债权人原因致债务履行困难的处理】债权人分立、合并或者变更住所没有通知债务人，致使履行债务发生困难的，债务人可以中止履行或者将标的物提存。

注释 在合同履行过程中，债务人应当诚实守信，积极履约，满足债权人的债权要求。但是，在由于债权人的原因，而使债务人履行发生困难时，就不能认为债务人违约。

第五百三十条 【债务人提前履行债务】债权人可以拒绝债务人提前履行债务，但是提前履行不损害债权人利益的除外。

债务人提前履行债务给债权人增加的费用，由债务人负担。

第五百三十一条 【债务人部分履行债务】债权人可以拒绝债务人部分履行债务，但是部分履行不损害债权人利益的除外。

债务人部分履行债务给债权人增加的费用，由债务人负担。

第五百三十二条 【当事人变化不影响合同效力】合同生效后，当事人不得因姓名、名称的变更或者法定代表人、负责人、承办人的变动而不履行合同义务。

第五百三十三条 【情势变更】合同成立后，合同的基础条件发生了当事人在订立合同时无法预见的、不属于商业风险的重大变化，继续履行合同对于当事人一方明显不公平的，受不利影响的当事人可以与对方重新协商;在合理期限内协商不成的,当事人可以请求人民法院或者仲裁机构变更或者解除合同。

人民法院或者仲裁机构应当结合案件的实际情况,根据公平原则变更或者解除合同。

注释 情势变更原则,是指在合同成立后,订立合同的基础条件发生了当事人在订立合同时无法预见的、不属于商业风险的重大变化,仍然维持合同效力履行合同对于当事人一方明显不公平的情势,受不利影响的当事人可以请求对方重新协商,变更或解除合同并免除责任的合同效力规则。

在合同领域,对情势变更原则的适用条件是相当严格的,应当具备的条件是:1. 须有应变更或解除合同的情势,即订立合同的基础条件发生了变动,在履行时成为一种新的情势,与当事人的主观意思无关。2. 变更的情势须发生在合同成立后至消灭前。3. 情势变更的发生不可归责于双方当事人,当事人对于情势变更的发生没有主观过错。4. 情势变更须未为当事人所预料且不能预料,而且不属于商业风险。5. 继续维持合同效力将会产生显失公平的结果。

情势变更原则适用的法律效力是:1. 当事人重新协商,即再协商,再协商达成协议的,按照协商达成的协议确定双方当事人的权利义务关系。2. 再协商达不成协议的,可以变更或解除合同并免除当事人责任。人民法院或者仲裁机构应当结合案件的实际情况,根据公平原则确定变更或者解除合同。

不可抗力制度和情势变更制度具有相同之处:(1)两者均非商业风险,也都是当事人事先无法预见的情形;(2)两者的发生及其影响均不可归责于当事人;(3)两者均可能对合同的履行和责任承担造成影响,并产生相应法律后果;(4)两者对于合同的影响均出现于合同订立之后履行完毕之前。

但二者毕竟是两种不同的制度,具有很多不同之处:(1)制度价值不同。不可抗力制度,主要是一种免责事由。该制度体现的精神是法律不强人所难,不让无辜者承担意外之责。情势变更制度体现的精神是当事人之间的公平和合同权利义务的对等。(2)适用范围不同。不可抗力制度作为民事责任的一般免责事由,除法律作出的特殊规定外,适用于所有民事责任领域,特别是侵权责任领域和合同领域。情势变更制度仅为合同领域的一项特殊制度。(3)对合同的影响方式和程度不同。不可抗力制度的适用前提是不可抗力造成当事人不能履行合同的后果。情势变更制度是合同基础条件与合同成立时相比出现了当事人无法预见且不可归责于当事人的重大变化,该重大变化对合同的履行也造成了重大影响,但是一般来说合同仍有继续履行的可能,只是继续履行合同对一方当事人明显不公平,例如履行成本显著上升、等价交换关系显著失衡。(4)法律效果不同。适用不可抗力制度体现为免责,对于因不可抗力造成的履行不能,免除全部或者部分责任。但是,其不直接导致变更合同内容,合同部分不能履行的,其他部分继续履行,合同一时不能履行的,影响消除后继续履行。适用情势变更制度则体现为合同的解除或者变更,不直接具有免责效果。在根据该制度调整权利义务前,当事人之间的权利义务关系不变,只有在根据该制度进行调整后,当事人的权利义务关系才按照调整后的内容继续履行。至于如何调整,是解除合同,还是变更合同,如何变更合同,需要法院或仲裁机构在个案中根据具体情况判断。(5)当事人权利行使方式和程序不同。当不可抗力导致不能履行合同时,受不可抗力影响的一方应当及时向对方发出受不可抗力影响不能履行合同的通知,并在合理期限内提供证明。未发出通知导致对方损失扩大的,对于扩大的损失不能免责,对于迟延履行后发生不可抗力的也不能主张免除责任。对于情势变更制度,因情势变化导致合同履行对一方明显不公平时,受不利影响的当事人首先可以通过与对方协商调整失衡的利益,在合理期限内协商不成的,当事人可以请求法院或仲裁机构变更或解除合同。

链接《合同编通则解释》第32条

案例 大宗集团有限公司、宗锡晋与淮北圣火矿业有限公司、淮北圣火房地产开发有限责任公司、涡阳圣火房地产开发有限公司股权转让纠纷案(《最高人民法院公报》2016年第6期)

裁判规则:矿业权与股权是两种不同的民事权利,如果仅转让公司股权而不导致矿业权主体的变更,则不属于矿业权转让,转让合同无需地质矿产主管部门审批,在不违反法律、行政法规强制性规定的情况下,应认定合同合法有效。迟延履行生效合同约定义务的当事人以迟延履行期间国家政策变化为由主张情势变更的,不予支持。

第五百三十四条　【合同监督】对当事人利用合同实施危害国家利益、社会公共利益行为的，市场监督管理和其他有关行政主管部门依照法律、行政法规的规定负责监督处理。

第五章　合同的保全

第五百三十五条　【债权人代位权】因债务人怠于行使其债权或者与该债权有关的从权利，影响债权人的到期债权实现的，债权人可以向人民法院请求以自己的名义代位行使债务人对相对人的权利，但是该权利专属于债务人自身的除外。

代位权的行使范围以债权人的到期债权为限。债权人行使代位权的必要费用，由债务人负担。

相对人对债务人的抗辩，可以向债权人主张。

注释　债权人代位权，是指债权人依法享有的为保全其债权，以自己的名义行使属于债务人对相对人权利的实体权利。当债务人怠于行使属于自己的债权或者与该债权有关的从权利，而害及债权人的权利实现时，债权人可依债权人代位权，以自己的名义行使债务人怠于行使的债权。"债务人怠于行使其债权或者与该债权有关的从权利，影响债权人的到期债权实现的"，是指债务人不履行其对债权人的到期债务，又不以诉讼方式或者仲裁方式向相对人主张其享有的债权或者与该债权有关的从权利，致使债权人的到期债权未能实现。相对人不认为债务人有怠于行使其债权或者与该债权有关的从权利情况的，应当承担举证责任。

本条规定的是债权人债权到期的代位权，其行使要件是：1. 债权人对债务人的债权合法；2. 债务人怠于行使其债权或者与该债权有关的从权利；3. 影响债权人到期债权的实现；4. 债务人的权利不是专属于债务人自身的权利。

债权人行使代位权，是向人民法院请求以自己的名义行使债务人对相对人的权利。行使权利的范围，应当以债务人到期债权或者与该债权有关的从权利为限，对超出到期债权范围的部分，不能行使代位权。债权人行使代位权所支出的费用，由债务人负担，债权人可以向其追偿。

债权人行使代位权时，相对人对债务人的抗辩，可以向债权人主张，例如相对人因债务超过诉讼时效而取得抗辩权，该抗辩权可以直接向债权人行使，可以对抗债权人代位权。

《合伙企业法》第41条有特殊规定：合伙人发生与合伙企业无关的债务，相关债权人不得以其债权抵销其对合伙企业的债务；也不得代位行使合伙人在合伙企业中的权利。

链接　《合同编通则解释》第33—41条；《最高人民法院关于审理建设工程施工合同纠纷案件适用法律问题的解释（一）》第44条

案例　1. 中国农业银行汇金支行诉张家港涤纶厂代位权纠纷案（《最高人民法院公报》2004年第4期）

裁判规则：代位权制度的立法本意是鼓励债权人积极行使权利。在进入代位权诉讼程序后，债务人即丧失了主动处分次债务人债权的权利。代位权行使的后果直接归属于债权人，次债务人如果履行义务，只能向代位权人履行，不能向债务人履行。债务人和次债务人在诉讼中达成以资产抵债的协议从而主动清结债权债务，存在逃避诉讼、规避法律的故意，该协议无效，不能产生导致本案终结的法律后果。

债务人在债务到期后，没有以诉讼或者仲裁方式向次债务人主张债权，而是与次债务人签订协议延长履行债务期限，损害债权人债权的，属于《合同法》第73条规定的怠于行使到期债权的行为，债权人可以以自己的名义代位行使债务人的债权。债务人与次债务人之间的具体债务数额是否确定，不影响债权人行使代位权。

2. 成都市国土资源局武侯分局与招商（蛇口）成都房地产开发有限责任公司、成都港招实业开发有限责任公司、海南民丰科技实业开发总公司债权人代位权纠纷案（《最高人民法院公报》2012年第6期）

裁判规则：债务人与次债务人约定以代物清偿方式清偿债务的，因代物清偿协议系实践性合同，故若次债务人未实际履行代物清偿协议，则次债务人与债务人之间的原金钱债务并未消灭，债权人仍有权代位行使债务人的债权。

企业改制只是转换企业的组织形式和变更企业的经济性质，原企业的债权债务并不因改制而消灭。根据《最高人民法院关于审理与企业改制相关的民事纠纷案件若干问题的规定》第5条的规定，企业通过增资扩股或者转让部分产权，实现他人对企业的参股，将企业整体改造为有限责任公司或者股份有限公司的，原企业债务由改造后的新设公司承担。故债权人代位行使对次债务人的债权,次债务人改制的,由改制后的企业向债权人履行清偿义务。

3. 中国银行股份有限公司汕头分行与广东发展银行股份有限公司韶关分行、第三人珠海经济特区安然实业(集团)公司代位权纠纷案(《最高人民法院公报》2011年第11期)

裁判规则:债权人提起代位权诉讼,应以主债权和次债权的成立为条件。债权成立不仅指债权的内容不违反法律、法规的规定,而且要求债权的数额应当确定。债权数额的确定既可以表现为债务人、次债务人对债权的认可,也可以经人民法院判决或者仲裁机构裁决加以确认。

根据《最高人民法院关于审理民事案件适用诉讼时效制度若干问题的规定》第18条的规定,债权人提起代位权诉讼的,应当认定对债权人的债权和债务人的债权均发生诉讼时效中断的效力。

第五百三十六条 【保存行为】债权人的债权到期前,债务人的债权或者与该债权有关的从权利存在诉讼时效期间即将届满或者未及时申报破产债权等情形,影响债权人的债权实现的,债权人可以代位向债务人的相对人请求其向债务人履行、向破产管理人申报或者作出其他必要的行为。

注释 本条是新增条文。债权到期前债权人代位权行使的条件是,债务人对相对人享有的债权或者与该债权有关的从权利可能存在诉讼时效期间即将届满或者未及时申报破产债权等情形,影响债权人的债权实现。其具体方法是:1. 可以债务人的名义,代位向债务人的相对人请求其向债务人履行,这是典型的代位权行使方法。2. 相对人在破产程序中的,债权人可以代债务人之位,向破产管理人申报债权,将该债权纳入破产财产清偿范围,期待在破产清算中实现债权。3. 作出其他必要的行为,例如符合条件的,可以请求查封、冻结财产等。后两种方法超出了传统债权人代位权的范围,其目的仍然是保全债务人的财产以保护自己的债权,是针对实际情况所作的规定,对于保全债权人的债权具有重要意义。

第五百三十七条 【代位权行使后的法律效果】人民法院认定代位权成立的,由债务人的相对人向债权人履行义务,债权人接受履行后,债权人与债务人、债务人与相对人之间相应的权利义务终止。债务人对相对人的债权或者与该债权有关的从权利被采取保全、执行措施,或者债务人破产的,依照相关法律的规定处理。

案例 北京大唐燃料有限公司诉山东百富物流有限公司买卖合同纠纷案(最高人民法院指导案例167号)

裁判规则:代位权诉讼执行中,因相对人无可供执行的财产而被终结本次执行程序,债权人就未实际获得清偿的债权另行向债务人主张权利的,人民法院应予支持。

第五百三十八条 【撤销债务人无偿行为】债务人以放弃其债权、放弃债权担保、无偿转让财产等方式无偿处分财产权益,或者恶意延长其到期债权的履行期限,影响债权人的债权实现的,债权人可以请求人民法院撤销债务人的行为。

注释 债权人撤销权,是指债权人依法享有的为保全其债权,对债务人无偿或者低价处分作为债务履行资力的现有财产,以及放弃其债权或者债权担保、恶意延长到期债权履行期限的行为,请求法院予以撤销的权利。

债权人撤销权的目的,是保全债务人的一般财产,否定债务人不当减少一般财产的行为(欺诈行为),将已经脱离债务人一般财产的部分,恢复为债务人的一般财产。当债务人实施减少其财产或者放弃其到期债权而损害债权人债权的民事行为时,债权人可以依法行使这一权利,请求法院对该民事行为予以撤销,使已经处分了的财产恢复原状,以保护债权人债权实现的物质基础。

案例 永安市燕诚房地产开发有限公司与郑耀南、远东(厦门)房地产发展有限公司及第三人高俪珍第三人撤销之诉案(《最高人民法院公报》2020年第4期)

裁判规则:作为普通债权人的第三人一般不具有基于债权提起第三人撤销之诉的事由,但是如果生效裁判所确认的债务人相关财产处分行为符合《合同法》第74条所规定的撤销权条件,则依法享有撤销权的债权人与该生效裁判案件处理结果具有法律上的利害关系,从而具备以无独立请求权第三人身份提起第三人撤销之诉的原告主体资格。

第五百三十九条 【撤销债务人有偿行为】债务人以明显不合理的低价转让财产、以明显不合理的高价受让他人财产或者为他人的债务提供担保,影响债权人的债权实现,债务人的相对人知道或者应当知道该情形的,债权人可以请求人民法院撤销债务人的行为。

注释 债权人对债务人低价处分财产行为行使撤销权的要件是:1.债权人与债务人之间有债权债务关系;2.债务人实施了明显不合理的低价处分财产的积极行为;3.债务人的行为须有害于债权;4.债务人有逃避债务的恶意,低价处分财产行为的受让人知道或者应当知道该情形。

本条规定的明显不合理的低价或者高价,人民法院应当以交易当地一般经营者的判断,并参考交易当时交易地的物价部门指导价或者市场交易价,结合其他相关因素综合考虑予以认定。

转让价格达不到交易时交易地的指导价或者市场交易价百分之七十的,一般可以视为明显不合理的低价;对转让价格高于当地指导价或者市场交易价百分之三十的,一般可以视为明显不合理的高价。当事人对于其所主张的交易时交易地的指导价或者市场交易价承担举证责任。

链接《合同编通则解释》第42—44条;《最高人民法院关于印发〈全国法院贯彻实施民法典工作会议纪要〉的通知》第9条

案例 王某某诉乐某某债权人撤销权纠纷案(最高人民法院中国应用法学研究所《人民法院案例选》2010年第4辑)

裁判规则:债务人逾期未偿还债务,并以低于市场价70%的价格转让财产的,视为以明显不合理低价转让财产的行为;对债权人造成损害,且受让人明知的,债权人可以请求法院撤销债务人的转让行为。

第五百四十条 【撤销权的行使范围】撤销权的行使范围以债权人的债权为限。债权人行使撤销权的必要费用,由债务人负担。

链接《合同编通则解释》第45、46条

第五百四十一条 【撤销权的行使期间】撤销权自债权人知道或者应当知道撤销事由之日起一年内行使。自债务人的行为发生之日起五年内没有行使撤销权的,该撤销权消灭。

注释 债权人撤销权是形成权,存在权利失权的问题,因此,适用除斥期间的规定。本条规定的债权人撤销权的除斥期间,与《民法典》第152条规定的除斥期间相同,即自债权人知道或者应当知道撤销事由之日起,为一年时间;如果债权人不知道

也不应当知道撤销事由,即自债务人实施的处分财产行为发生之日起,最长期间为5年,撤销权消灭。对此,适用《民法典》第199条关于除斥期间的一般性规定,不适用诉讼时效中止、中断和延长的规定。除斥期间届满,撤销权消灭,债权人不得再行使。

第五百四十二条 【债务人行为被撤销的法律效果】债务人影响债权人的债权实现的行为被撤销的,自始没有法律约束力。

注释 债权人撤销权的目的是保全债务人的财产,而不是直接用债务人的财产清偿债务。因此,债权人向法院起诉主张撤销债务人损害债权的财产处分行为,人民法院支持其主张,撤销了债务人损害债权人利益的行为,其后果是该处分行为自始没有法律约束力,处分的财产回到债务人手中。

第六章 合同的变更和转让

第五百四十三条 【协议变更合同】当事人协商一致,可以变更合同。

注释 合同的变更,分为法定变更、裁判变更和协商变更。本条规定的是协议变更。协商一致就是合意,即意思表示一致。如果一方当事人要变更合同,另一方当事人不同意变更合同,或者双方都有变更合同内容的意愿,但是双方意思表示的内容不能达成一致,还存在分歧,就是没有协商一致,还没有形成合同变更的意思表示一致,合同变更的合意就没有成立,所以不成立合同变更,不发生合同变更的效果,原合同继续有效。

第五百四十四条 【合同变更不明确推定为未变更】当事人对合同变更的内容约定不明确的,推定为未变更。

注释 合同变更禁止推定,是指当事人变更合同的意思表示须以明示方式为之,在当事人未以明示方式约定合同变更的,禁止适用推定规则推定当事人有变更合同的意愿。禁止推定规则是合同变更须以明示方式为之的应有之义。

案例 通州建总集团有限公司与内蒙古兴华房地产有限责任公司建设工程施工合同纠纷案(《最高人民法院公报》2017年第9期)

裁判规则:一、对以物抵债协议的效力、履行等问题的认定,应以尊重当事人的意思自治为基本原则。一般而言,除当事人有明确约定外,当

事人于债务清偿期届满后签订的以物抵债协议，并不以债权人现实地受领抵债物，或取得抵债物所有权、使用权等财产权利，为成立或生效要件。只要双方当事人的意思表示真实，合同内容不违反法律、行政法规的强制性规定，合同即为有效。

二、当事人于债务清偿期届满后达成的以物抵债协议，可能构成债的更改，即成立新债务，同时消灭旧债务；亦可能属于新债清偿，即成立新债务，与旧债务并存。基于保护债权的理念，债的更改一般需有当事人明确消灭旧债的合意，否则，当事人于债务清偿期届满后达成的以物抵债协议，性质一般应为新债清偿。

三、在新债清偿情形下，旧债务于新债务履行之前不消灭，旧债务和新债务处于衔接并存的状态；在新债务合法有效并得以履行完毕后，因完成了债务清偿义务，旧债务才归于消灭。

四、在债权人与债务人达成以物抵债协议、新债务与旧债务并存时，确定债权是否得以实现，应以债务人是否按照约定全面履行自己义务为依据。若新债务届期不履行，致使以物抵债协议目的不能实现的，债权人有权请求债务人履行旧债务，且该请求权的行使，并不以物抵债协议无效、被撤销或者被解除为前提。

第五百四十五条　【债权转让】债权人可以将债权的全部或者部分转让给第三人，但是有下列情形之一的除外：

（一）根据债权性质不得转让；

（二）按照当事人约定不得转让；

（三）依照法律规定不得转让。

当事人约定非金钱债权不得转让的，不得对抗善意第三人。当事人约定金钱债权不得转让的，不得对抗第三人。

注释 债的移转，是指在不改变债的客体和内容的情况下，对债的主体进行变更的债的转移形态。故债的移转就是债的主体之变更，包括债权转让、债务转移以及债权债务概括转移三种形式。

债权转让，也叫债权让与，是指债权人通过协议将其有的债权全部或者部分地转让给第三人的行为。债权转让是债的关系主体变更的一种形式，它是在不改变债的内容的情况下，通过协议对债的关系中的债权人进行变更。债权转让的构成要件是：1. 须有有效的债权存在；2. 债权的转让

人与受让人应达成转让协议；3. 转让的债权必须是依法可以转让的债权；4. 债权的转让协议须通知债务人。

链接《保险法》第34条

案例 1. 沈阳银胜天成投资管理有限公司与中国华融资产管理公司沈阳办事处债权转让合同纠纷案（《最高人民法院公报》2010年第5期）

裁判规则：一、金融资产管理公司收购和处置银行不良金融债权，具有较强的政策性。银行不良金融债权的转让，不能完全等同于一般民事主体之间的债权转让行为，具有高风险、高收益的特点，与等价交换的市场规律有较为明显的区别。不良债权交易的实物资产，不是一般资产买卖关系，而主要是一种风险与收益的转移。

二、银行不良金融债权以资产包形式整体出售转让的，资产包内各不良金融债权的可回收比例各不相同，而资产包一旦形成，即具有不可分割性。因此，资产包整体买进后，如需解除合同，也必须整体解除，将资产包整体返还。银行不良金融债权的受让人在将资产包中相对优质的债权变卖获益后，又通过诉讼请求部分解除合同，将资产包中其他债权返还的，人民法院不予支持。

三、不良金融资产转让协议之目的是公平合规地完成债权及实物资产的顺利转让，在未对受让人是否能够清收债权及清收债权的比例作出承诺和规范的情况下，受让人以合同预期盈利目的不能实现为由提出解除合同的诉讼请求，人民法院不予支持。

2. 陕西西岳山庄有限公司与中建三局建发工程有限公司、中建三局第三建设工程有限责任公司建设工程施工合同纠纷案（《最高人民法院公报》2007年第12期）

裁判规则：法律、法规并不禁止建设工程施工合同项下的债权转让，只要建设工程施工合同的当事人没有约定合同项下的债权不得转让，债权人向第三人转让债权并通知债务人的，债权转让合法有效，债权人无须就债权转让事项征得债务人同意。

第五百四十六条　【债权转让的通知义务】债权人转让债权，未通知债务人的，该转让对债务人不发生效力。

债权转让的通知不得撤销，但是经受让人同意的除外。

链接《合同编通则解释》第48、49条

案例 1. 大连远东房屋开发有限公司与辽宁金利房屋实业公司、辽宁澳金利房地产开发有限公司国有土地使用权转让合同纠纷案(《最高人民法院公报》2006年第12期)

裁判规则：债权人可以将合同权利全部或者部分转让给第三人，转让只需通知到债务人即可而无需征得债务人的同意。因此，转让行为一经完成，原债权人即不再是合同权利主体，亦即丧失以自己名义作为债权人向债务人主张合同权利的资格。

2. 何荣兰诉海科公司等清偿债务纠纷案(《最高人民法院公报》2004年第4期)

裁判规则：《合同法》第80条第1款规定，债权人转让债权的，应当通知债务人。未经通知，该转让对债务人不发生效力。该规定是为了避免债务人重复履行、错误履行债务或加重履行债务的负担。债权人以登报的形式通知债务人并不违反法律的规定。只要债权人实施了有效的通知行为，债权转让就应对债务人发生法律效力。

第五百四十七条 【债权转让从权利一并转让】债权人转让债权的，受让人取得与债权有关的从权利，但是该权利专属于债权人自身的除外。

受让人取得从权利不因该从权利未办理转移登记手续或者未转移占有而受到影响。

注释 从权利随主权利转移原则，是债权转让的重要规则。主债权发生转移时，其从权利应随之一同转移，即使债权的从权利是否转让没有在转让协议中作出明确规定，也与主债权一并转移于债权的受让人。但该从权利专属于债权人自身的除外。

债权的从权利是指与主债权相联系的，但自身并不能独立存在的权利。债权的从权利大部分是由主债权债务关系的从合同规定的，也有的本身就是主债权内容的一部分。如通过抵押合同约定的抵押权、质押合同设定的质权、保证合同设定的保证债权、定金合同设定的定金债权等，都属于由主债权的从合同设定的从权利。违约金债权、损害赔偿请求权、留置权、债权解除权、债权人撤销权、债权人代位权等，则属于由主债权或者依照法律的规定产生的债权的从权利。

债权转让中从权利的随从转移具有法定性。如果受让人取得了从权利，该从权利未办理转移登记手续，或者未转移占有的，不影响债权转让引发从权利转移的效力。

第五百四十八条 【债权转让中债务人抗辩】债务人接到债权转让通知后，债务人对让与人的抗辩，可以向受让人主张。

注释 本条中债务人得主张的抗辩包括：1. 法定抗辩事由，是法律规定的债的一方当事人用以主张对抗另一方当事人的免责事由，例如不可抗力。2. 在实际订立合同以后，发生的债务人可据以对抗原债权人的一切事由，债务人可以之对抗债权的受让人，如债务人享有撤销权的。3. 原债权人的行为引起的债务人的抗辩权，如原债权人的违约行为，原债权人有关免责的意思表示，原债权人的履行债务的行为等。4. 债务人的行为所产生的可以对抗原债权人的一切抗辩事由，如债务人对原债权人已为的履行行为，可以对抗受让人。

链接《合同编通则解释》第47、50条

第五百四十九条 【债权转让中债务人的抵销权】有下列情形之一的，债务人可以向受让人主张抵销：

（一）债务人接到债权转让通知时，债务人对让与人享有债权，且债务人的债权先于转让的债权到期或者同时到期；

（二）债务人的债权与转让的债权是基于同一合同产生。

注释 债务抵销是合同法的重要制度，是债的消灭方式之一，在债权转让中同样适用。被转让的债权如果存在债权人与债务人互负债务的情形，各以其债权充当债务的清偿，可以主张抵销。即使该债权被转让，债务人接到债权转让通知，债权发生转移，如果债务人对原债权人享有的债权先于转让的债权到期或者同时到期的，债务人可以向债权的受让人即新的债权人主张抵销，而使其债务与对方的债务在相同数额内互相消灭，不再履行。

链接《合伙企业法》第41条

第五百五十条 【债权转让费用的承担】因债权转让增加的履行费用，由让与人负担。

链接《合同编通则解释》第51条

第五百五十一条 【债务转移】债务人将债务的全部或者部分转移给第三人的，应当经债权人同意。

债务人或者第三人可以催告债权人在合理期限内予以同意，债权人未作表示的，视为不同意。

注释 债务转移,也称债务让与,是指债务人将其负有的债务转移给第三人,由第三人取代债务人的地位,对债权人负责给付的债的转移形态。债务转移的要件是:1. 须有有效的债务存在,自然债务不能转移;2. 转让的债务应具有可转让性,法律规定不得转移、当事人约定不得转移以及依照性质不得转移的债务,不得转移;3. 须有债务转移的内容,债务受让人成为债权人的债务人;4. 须经债权人同意,如果债权人不同意债务转让,则债务人转让其债务的行为无效,不对债权人产生约束力。

债务转移分为全部转移和部分转移:1. 债务的全部转移,是债务人与第三人达成协议,将其在债的关系中的全部债务一并转移给第三人。2. 债务的部分转移,是债务人将债的关系中债务的一部分转移给第三人,由第三人对债权人承担该部分债务。

链接《招标投标法》第 48 条

案例 1. 中国工商银行股份有限公司三门峡车站支行与三门峡天元铝业股份有限公司、三门峡天元铝业集团有限公司借款担保合同纠纷案(《最高人民法院公报》2008 年第 11 期)

裁判规则:债务人将合同的义务全部或者部分转移给第三人的,应当经债权人同意。因此,债务人向债权人出具承诺书,表示将所负债务全部或者部分转移给第三人,而债权人对此未予接受,亦未在债务人与第三人签订的债务转移协议书上加盖公章的,应当认定债权人不同意债务转让,债务人与第三人之间的债务转让协议对债权人不发生法律效力。

借新贷还旧贷,系在贷款到期不能按时收回的情况下,作为债权人的金融机构又与债务人订立协议,向债务人发放新的贷款用于归还旧贷款的行为。该行为与债务人用自有资金偿还贷款,从而消灭原债权债务关系的行为具有本质的区别。虽然新贷代替了旧贷,但原有的债权债务关系并未消除,客观上只是以新贷形式延长了旧贷的还款期限。

2. 中国农业银行哈尔滨市太平支行与哈尔滨松花江奶牛有限责任公司、哈尔滨工大集团股份有限公司、哈尔滨中隆会计师事务所有限公司借款合同纠纷案(《最高人民法院公报》2008 年第 9 期)

裁判规则:债务人在债权人发出的债务逾期催收通知书上签字或者盖章的行为,虽然并不必然表示债务人愿意履行债务,但可以表示其认可该债务的存在,属于当事人对民事债务关系的自认,人民法院可据此认定当事人之间存在债权关系。

国有企业改制后,原有债务应当由改制后的企业承担。债权人向改制后的企业发出债务逾期催收通知书的,应当视为债权人对债务人变更的认可。

第五百五十二条 【债务加入】 第三人与债务人约定加入债务并通知债权人,或者第三人向债权人表示愿意加入债务,债权人未在合理期限内明确拒绝的,债权人可以请求第三人在其愿意承担的债务范围内和债务人承担连带债务。

注释 债务加入,也称并存的债务承担,指原债务人并没有脱离原债务关系,第三人又加入原存的债务关系中,与债务人共同承担债务。

构成债务加入的要件是:1. 第三人与债务人约定,第三人加入债务,与债务人共同承担债务;2. 第三人或者债务人通知债权人,或者向债权人表示,第三人愿意加入债务,与债务人共同承担债务;3. 债权人同意,或者在合理期限内未明确表示拒绝。

链接《最高人民法院关于适用〈中华人民共和国民法典〉有关担保制度的解释》第 12 条

案例 广东达宝物业管理有限公司与广东中岱企业集团有限公司、广东中岱电讯产业有限公司、广州市中珊实业有限公司股权转让合作纠纷案(《最高人民法院公报》2012 年第 5 期)

裁判规则:合同外的第三人向合同中的债权人承诺承担债务人义务的,如果没有充分的证据证明债权人同意债务转移给该第三人或者债务人退出合同关系,不宜轻易认定构成债务转移,一般应认定为债务加入。第三人向债权人表明债务加入的意思后,即使债权人未明确表示同意,但只要其未明确表示反对或未以行为表示反对,仍应当认定为债务加入成立,债权人可以依照债务加入关系向该第三人主张权利。

第五百五十三条 【债务转移时新债务人抗辩】 债务人转移债务的,新债务人可以主张原债务人对债权人的抗辩;原债务人对债权人享有债权的,新债务人不得向债权人主张抵销。

注释 债务转移后,新债务人取得原债务人的一切法律地位,有关对债权人的一切抗辩和抗辩权,新债务人都有权对债权人主张。但是,原债务人享有的对债权人的抵销权不发生转移,即原债务人对债权人享有债权的,新债务人不得向债权人主张抵销。

第五百五十四条 【从债务随主债务转移】债务人转移债务的,新债务人应当承担与主债务有关的从债务,但是该从债务专属于原债务人自身的除外。

注释 对附属于主债务的从债务,在债务人转让债务以后,新债务人一并应对从债务予以承担,即使当事人在转让债务时未在转让协议中明确规定从债务问题,也不影响从债务转移给债务的受让人。如附属于主债务的利息债务等,因债务转移而将移转给承担人。例外的是,第三人原来向债权人所提供的担保,在债务转移时,若担保人未明确表示继续承担担保责任,则担保责任将因债务转移而消灭。

专属于原债务人的从债务,在主债务转移时不必然随之转移。专属于原债务人的从债务,是指应当由原债务人自己来履行的附属于主债务的债务。一般在债务转移之前已经发生的从债务,要由原债务人来履行,不得转由债务的受让人来承担。对于与债务人的人身相关或者与原债务人有特殊关联的从债务,应由原债务人来承担,不随主债务的转让而由新债务人承担。

第五百五十五条 【合同权利义务的一并转让】当事人一方经对方同意,可以将自己在合同中的权利和义务一并转让给第三人。

注释 债权债务概括转移,是指债的关系当事人一方将其债权与债务一并转让给第三人,由第三人概括地继受这些债权和债务的移转形态。债权债务概括移转与债权转让及债务转移不同之处在于,债权转让和债务转移仅是债权或者债务的单一转让,而债权债务概括转移则是债权与债务的一并转让。

债权债务概括转移,一般由债的一方当事人与债的关系之外的第三人通过签订转让协议的方式,约定由第三人取代债权债务转让人的地位,享有债的关系中转让人的一切债权并承担转让人一切债务。

可以进行债权债务概括转移的只能是双务之债,例如双务合同。仅仅一方负有债务、另一方享有债权的合同,以及单务合同,不适用债权债务概括转移。

债权债务概括转移的法律效果,是第三人替代合同的原当事人,成为新合同的当事人,一并承受转让的债权和债务。

第五百五十六条 【一并转让的法律适用】合同的权利和义务一并转让的,适用债权转让、债务转移的有关规定。

注释 由于债权债务概括转移在转让债权的同时,也有债务的转让,因此,应当适用债权转让和债务转移的有关规定。应当特别强调的是,为保护当事人的合法权利,不因债权债务的转让而使另一方受到损失,债权债务概括转移必须经另一方当事人同意,否则转让协议不产生法律效力。

第七章 合同的权利义务终止

第五百五十七条 【债权债务终止的法定情形】有下列情形之一的,债权债务终止:

(一)债务已经履行;

(二)债务相互抵销;

(三)债务人依法将标的物提存;

(四)债权人免除债务;

(五)债权债务同归于一人;

(六)法律规定或者当事人约定终止的其他情形。

合同解除的,该合同的权利义务关系终止。

注释 债的终止,也叫债权债务关系终止或者债的消灭,是指债的当事人之间的债的关系在客观上已经不复存在,债权与债务归于消灭。

债的消灭原因,本条规定为6种,即:1.债务已经履行,即清偿;2.债务相互抵销;3.提存;4.免除;5.混同;6.其他原因。除此之外,解除也消灭债的关系。之所以将解除从债的消灭事由中单独规定出来,是因为合同的解除是合同尚未履行完毕就推翻合同约定,这与前述6种债的消灭是不一样的。

链接《证券投资基金法》第81条

第五百五十八条 【后合同义务】债权债务终止后,当事人应当遵循诚信等原则,根据交易习惯履行通知、协助、保密、旧物回收等义务。

注释 后合同义务,是指合同的权利义务终止后,当事人依照法律的规定,遵循诚信原则和交易习惯应当履行的附随义务。后合同义务的确定根据是法律规定和交易习惯。前者如本条规定的通知、协助、保密、旧物回收等义务,后者如售后三包服务等。后合同义务具有强制性。在后合同阶段,当事人不履行附随义务,给对方当事人造成损害的,应当承担相应的损害赔偿责任。

链接《最高人民法院关于印发〈全国法院贯彻实施民法典工作会议纪要〉的通知》第10条

第五百五十九条 【从权利消灭】债权债务终止时,债权的从权利同时消灭,但是法律另有规定或者当事人另有约定的除外。

链接《企业破产法》第124条

第五百六十条 【数项债务的清偿抵充顺序】债务人对同一债权人负担的数项债务种类相同,债务人的给付不足以清偿全部债务的,除当事人另有约定外,由债务人在清偿时指定其履行的债务。

债务人未作指定的,应当优先履行已经到期的债务;数项债务均到期的,优先履行对债权人缺乏担保或者担保最少的债务;均无担保或者担保相等的,优先履行债务人负担较重的债务;负担相同的,按照债务到期的先后顺序履行;到期时间相同的,按照债务比例履行。

注释 本条确定了债务清偿抵充规则。债务清偿抵充,是指对同一债权人负担数项债务的债务人,其给付的种类相同,但不足以清偿全部债务时,决定清偿抵充何项债务的债法制度。例如,债务人欠银行数笔欠款,设置担保、利息高低各不相同,在其给付不能清偿全部债务时,该次清偿应偿还哪笔欠款,就是清偿抵充。

第五百六十一条 【费用、利息和主债务的清偿抵充顺序】债务人在履行主债务外还应当支付利息和实现债权的有关费用,其给付不足以清偿全部债务的,除当事人另有约定外,应当按照下列顺序履行:

(一)实现债权的有关费用;

(二)利息;

(三)主债务。

注释 本条是对实现债权的费用之债、利息之债、主债务的清偿抵充顺序的规定。当债务人的给付不足以清偿全部债务时,有约定的,按照约定顺序进行;没有约定的,依照法定抵充顺序:1.实现债权的有关费用,2.利息之债,3.主债务。该法定抵充顺序,均具有前一顺序对抗后一顺序的效力。

第五百六十二条 【合同的约定解除】当事人协商一致,可以解除合同。

当事人可以约定一方解除合同的事由。解除合同的事由发生时,解除权人可以解除合同。

注释 本条规定了两种当事人约定解除合同的情形:1.在合同有效成立后、尚未履行完毕之前,当事人就解除合同协商一致的,可以解除合同;2.当事人事先约定可以解除合同的事由,当该事由发生时,赋予一方合同解除权。

链接《合同编通则解释》第52—54条;《劳动法》第24条

第五百六十三条 【合同的法定解除】有下列情形之一的,当事人可以解除合同:

(一)因不可抗力致使不能实现合同目的;

(二)在履行期限届满前,当事人一方明确表示或者以自己的行为表明不履行主要债务;

(三)当事人一方迟延履行主要债务,经催告后在合理期限内仍未履行;

(四)当事人一方迟延履行债务或者有其他违约行为致使不能实现合同目的;

(五)法律规定的其他情形。

以持续履行的债务为内容的不定期合同,当事人可以随时解除合同,但是应当在合理期限之前通知对方。

注释 在出现法定解除事由的情形下,拥有解除权的一方当事人可以单方面行使解除权,而无需和对方协商一致,即当事人可以解除,也可以决定不解除而继续履行。是否解除,由享有解除权的当事人根据实际情况自行作出判断。

链接《城市房地产管理法》第16、17条;《农村土地承包法》第42条;《消费者权益保护法》第24条;《买卖合同解释》第19条

案例 1. 张俭华、徐海英诉启东市取生置业有限公司房屋买卖合同纠纷案(《最高人民法院公报》2017年第9期)

裁判规则:当事人将特定主观目的作为合同条件或成交基础并明确约定,则该特定主观目的之客观化,属于《合同法》第94条第4项"有其他违约行为致使不能实现合同目的"的规制范围。如开发商交付的房屋与购房合同约定的方位布局相反,且无法调换,购房者可以合同目的不能实现解除合同。

2. 何丽红诉中国人寿保险股份有限公司佛山市顺德支公司、中国人寿保险股份有限公司佛山分公司保险合同纠纷案(《最高人民法院公报》2008年第8期)

裁判规则:基于保险合同的特殊性,合同双方

当事人应当最大限度地诚实守信。投保人依法履行如实告知义务，即是最大限度诚实守信的一项重要内容。根据《保险法》的规定，投保人在订立保险合同前，应当如实回答保险人就保险标的或者被保险人的有关情况作出的询问，如实告知影响保险人对是否承保以及如何设定承保条件、承保费率作出正确决定的重要事项。对于投保人故意隐瞒事实，不履行如实告知义务的，或者因过失未履行如实告知义务，足以影响保险人决定是否同意承保或者提高保险费率的，保险人有权解除保险合同，并对于保险合同解除前发生的保险事故不承担赔偿或者给付保险金的责任。

如果保险人在明知投保人未履行如实告知义务的情况下，不是进一步要求投保人如实告知，而是仍与之订立保险合同，则应视为其主动放弃了抗辩权利，构成有法律约束力的弃权行为，故无权再以投保人违反如实告知义务为由解除保险合同，而应严格依照保险合同的约定承担保险责任。

3. 万顺公司诉永新公司等合作开发协议纠纷案（《最高人民法院公报》2005 年第 3 期）

裁判规则：一、催告对方履行的当事人应当是守约方，处于违约状态的当事人不享有基于催告对方仍不履行而产生的合同解除权。

二、合同解除权的行使须以解除权成就为前提，解除行为应当符合法律规定的程序，否则不能引起合同解除的法律效果。

第五百六十四条 【解除权行使期限】法律规定或者当事人约定解除权行使期限，期限届满当事人不行使的，该权利消灭。

法律没有规定或者当事人没有约定解除权行使期限，自解除权人知道或者应当知道解除事由之日起一年内不行使，或者经对方催告后在合理期限内不行使的，该权利消灭。

注释 本条是对解除权行使期限的规定。不论是约定的解除权行使期限，还是法定的解除权行使期限，都是不变期间，不适用中止、中断和延长的规定。

链接《最高人民法院关于审理商品房买卖合同纠纷案件适用法律若干问题的解释》第 11 条
案例 天津市滨海商贸大世界有限公司与天津市天益工贸有限公司、王锡锋财产权属纠纷案（《最高人民法院公报》2013 年第 10 期）

裁判规则：《最高人民法院关于审理商品房买卖合同纠纷案件适用法律若干问题的解释》关于解除权行使期限的规定仅适用于该解释所称的商品房买卖合同纠纷案件。对于其他房屋买卖合同解除权的行使期限，法律没有规定或者当事人没有约定的，应当根据《合同法》第 95 条的规定，在合理期限内行使。何为"合理期限"，由人民法院结合具体案情予以认定。

第五百六十五条 【合同解除权的行使规则】当事人一方依法主张解除合同的，应当通知对方。合同自通知到达对方时解除；通知载明债务人在一定期限内不履行债务则合同自动解除，债务人在该期限内未履行债务的，合同自通知载明的期限届满时解除。对方对解除合同有异议的，任何一方当事人均可以请求人民法院或者仲裁机构确认解除行为的效力。

当事人一方未通知对方，直接以提起诉讼或者申请仲裁的方式依法主张解除合同，人民法院或者仲裁机构确认该主张的，合同自起诉状副本或者仲裁申请书副本送达对方时解除。

注释 解除权的性质是形成权，行使解除权的方式是通知。故确定解除权生效时间的基本规则是：

1. 解除权人在行使解除权时，只要将解除合同的意思表示通知对方，即产生解除的效力，解除权生效的时间采到达主义，即合同自通知到达对方时解除。

2. 通知载明债务人在一定期限内不履行债务则合同自动解除，债务人在该期限内未履行债务的，合同自通知载明的期限届满时解除。对方如果对行使解除权解除合同有异议，任何一方当事人都可以向法院起诉或者仲裁机构申请，请求确认解除合同的效力。人民法院或者仲裁机构确认解除权成立的，按照上述解除权生效时间的规定裁判。

如果当事人一方未通知对方，而是直接向法院或者仲裁机构起诉或者申请，以诉讼或者仲裁方式主张解除合同的，人民法院或者仲裁机构支持该方当事人行使解除权主张的，起诉状副本或者仲裁申请书副本送达对方的时间，为合同的解除时间。

案例 深圳富山宝实业有限公司与深圳市福星股份合作公司、深圳市宝安区福永物业发展总公司、深圳市金安城投资发展有限公司等合作开发房地产合同纠纷案（《最高人民法院公报》2011 年第 5 期）

裁判规则：合同一方当事人构成根本违约时，

守约的一方当事人享有法定解除权。合同的解除在解除通知送达违约方时即发生法律效力，解除通知送达时间的拖延只导致合同解除时间相应后延，而不能改变合同解除的法律后果。当事人没有约定合同解除异议期间，在解除通知送达之日起三个月以后才向人民法院起诉的，人民法院不予支持。

第五百六十六条 【合同解除的法律后果】合同解除后，尚未履行的，终止履行；已经履行的，根据履行情况和合同性质，当事人可以请求恢复原状或者采取其他补救措施，并有权请求赔偿损失。

合同因违约解除的，解除权人可以请求违约方承担违约责任，但是当事人另有约定的除外。

主合同解除后，担保人对债务人应当承担的民事责任仍应当承担担保责任，但是担保合同另有约定的除外。

注释 解除效力，是指合同之债解除后所产生的法律后果。

合同解除的直接法律后果，是使合同关系消灭，合同不再履行。解除之前的债权债务关系应当如何处理，涉及解除的溯及力问题。如果具有溯及力，则对解除之前已经履行的部分，就要发生恢复原状的法律后果；如果解除不具有溯及力，则解除之前所为的履行仍然有效存在，当事人无须恢复原状。

本条规定的规则是：1. 尚未履行的，履行终止，不再继续履行；2. 已经履行的，一是根据履行情况和合同性质，二是根据当事人是否请求的态度决定。当事人可以请求恢复原状，也可以不请求，完全取决于当事人的意志。请求恢复原状的，这种合同之债解除就具有溯及力，反之，就不具有溯及力。当事人也可以采取其他补救措施，并有权要求赔偿损失。根据合同的履行情况和合同性质，能够恢复原状，当事人又予以请求的，则可以恢复原状。如果根据履行情况和合同性质是不可能恢复原状的，即使当事人请求，也不可以恢复原状。例如，租赁、借贷、委托、中介、运输等合同，都是不能恢复原状的。至于损害赔偿，合同的解除不影响当事人要求损害赔偿的权利。只要合同不履行已经造成了债权人的财产利益损失，违约方要进行赔偿，就应当予以赔偿。如果解除合同的原因是不可抗力，则不发生损害赔偿责任。

合同是因违约而解除的，未违约的一方当事人是解除权人，可以请求违约方承担违约责任，如果当事人另有约定，则按照当事人的约定办理。

主合同解除后，尽管主合同的债权债务关系消灭，但是其担保人对债权人的担保权利并不一并消灭，担保人(包括第三人担保和债务人自己担保)对债务人应当承担的民事责任并不消灭，仍应承担担保责任，但是担保合同另有约定的除外。

链接《城市房地产管理法》第 16 条；《劳动法》第 28 条；《保险法》第 47 条；《旅游法》第 65、68 条

案例 孟元诉中佳旅行社旅游合同纠纷案(《最高人民法院公报》2005 年第 2 期)

裁判规则：一方当事人提出解除合同后，在未与对方协商一致的情况下，拒绝对方提出减少其损失的建议，坚持要求对方承担解除合同的全部损失，并放弃履行合同，致使自身利益受到损害的，应负全部责任。

第五百六十七条 【结算、清理条款效力的独立性】合同的权利义务关系终止，不影响合同中结算和清理条款的效力。

第五百六十八条 【法定抵销】当事人互负债务，该债务的标的物种类、品质相同的，任何一方可以将自己的债务与对方的到期债务抵销；但是，根据债务性质、按照当事人约定或者依照法律规定不得抵销的除外。

当事人主张抵销的，应当通知对方。通知自到达对方时生效。抵销不得附条件或者附期限。

注释 抵销，是指当事人互负给付债务，各以其债权充当债务的清偿，而使其债务与对方的债务在对等额内相互消灭的债的消灭制度。抵销分为法定抵销与合意抵销两种。法定抵销，是指由法律规定两债权得以抵销的条件，当条件具备时，依当事人一方的意思表示即可发生抵销效力的抵销。这种通过单方意思表示即可产生抵销效力的权利，是形成权。

法定抵销须具备的要件是：1. 双方当事人必须互负债权、债务；2. 双方当事人所负债务标的物种类、品质相同；3. 对方债务须已届清偿期，此处与原合同法的规定不同；4. 双方所负债务必须都属于可抵销的债务。具备这些条件，当事人取得抵销权，可以即时行使，也可以放弃。

抵销为处分债权的单方法律行为，应当适用关于法律行为和意思表示的法律规定。当事人主张抵销的，应当通知对方。通知自到达对方时生

效。抵销不得附条件，也不得附期限，因为如果抵销附条件或者附期限，会使抵销的效力变得不确定，有违抵销的本意，也有害于他人的利益。

现行法律中规定不得抵销的情形：

破产程序。债权人在破产申请受理前对债务人负有债务的，可以向管理人主张抵销。但是，有下列情形之一的，不得抵销：(1)债务人的债务人在破产申请受理后取得他人对债务人的债权的；(2)债权人已知债务人有不能清偿到期债务或者破产申请的事实，对债务人负担债务的；但是，债权人因为法律规定或者有破产申请一年前所发生的原因而负担债务的除外；(3)债务人的债务人已知债务人有不能清偿到期债务或者破产申请的事实，对债务人取得债权的；但是，债务人的债务人因为法律规定或者有破产申请一年前所发生的原因而取得债权的除外。(参见《企业破产法》第40条)

合伙企业债务。合伙人发生与合伙企业无关的债务，相关债权人不得以其债权抵销其对合伙企业的债务；也不得代位行使合伙人在合伙企业中的权利。(参见《合伙企业法》第41条)

农村土地承包。发包方或者其他组织、个人擅自截留、扣缴承包收益或者土地经营权流转收益，承包方请求返还的，应予支持。发包方或者其他组织、个人主张抵销的，不予支持。(参见《最高人民法院关于审理涉及农村土地承包纠纷案件适用法律问题的解释》)

链接《合同编通则解释》第55—58条

第五百六十九条 【约定抵销】当事人互负债务，标的物种类、品质不相同的，经协商一致，也可以抵销。

注释 合意抵销，也叫约定抵销、意定抵销，是指当事人双方基于协议而实行的抵销。

合意抵销重视的是债权人之间的意思自由，因而可以不受法律所规定的构成要件的限制，当事人只要达成抵销合意，即可发生抵销的效力。之所以这样规定，是因为债权属于债权人的私权，债权人有处分的权利，只要其处分行为不违背法律、法规与公序良俗，法律就无权干涉。

合意抵销的效力及与法定抵销的区别是：1.抵销的根据不同，一个是法律规定，一个是当事人约定。2.债务的性质要求不同，法定抵销要求当事人互负债务的种类、品种相同；合意抵销则允许不同。3.债务的履行期限要求不同，合意抵销不受债务是否已届清偿期的要求。4.抵销的程序不同，法定抵销以通知的方式为之，抵销自通知到达对方时生效；合意抵销双方协商一致即可。

第五百七十条 【提存的条件】有下列情形之一，难以履行债务的，债务人可以将标的物提存：

(一)债权人无正当理由拒绝受领；

(二)债权人下落不明；

(三)债权人死亡未确定继承人、遗产管理人，或者丧失民事行为能力未确定监护人；

(四)法律规定的其他情形。

标的物不适于提存或者提存费用过高的，债务人依法可以拍卖或者变卖标的物，提存所得的价款。

注释 提存，是指债务人于债务已届履行期时，将无法给付的标的物提交给提存部门，以消灭债务的债的消灭方式。提存可使债务人将无法交付给债权人的标的物交付给提存部门，消灭债权债务关系，为保护债务人的利益提供了一项行之有效的措施。

提存作为债的消灭原因，提存的标的物应与合同约定给付的标的物相符合，否则不发生清偿的效力。给付的标的物是债务人的行为、不行为或单纯的劳务，不适用提存。其他不适宜提存或者提存费用过高的，如体积过大之物，易燃易爆的危险物等，应由债务人依法拍卖或变卖，将所得的价金进行提存。

法律规定的其他可以提存的情形，比如《企业破产法》规定：

对于附生效条件或者解除条件的债权，管理人应当将其分配额提存。提存的分配额，在最后分配公告日，生效条件未成就或者解除条件成就的，应当分配给其他债权人；在最后分配公告日，生效条件成就或者解除条件未成就的，应当交付给债权人。

债权人未受领的破产财产分配额，管理人应当提存。债权人自最后分配公告之日起满2个月仍不领取的，视为放弃受领分配的权利，管理人或者人民法院应当将提存的分配额分配给其他债权人。

破产财产分配时，对于诉讼或者仲裁未决的债权，管理人应当将其分配额提存。自破产程序终结之日起满2年仍不能受领分配的，人民法院应当将提存的分配额分配给其他债权人。

链接 《公证法》第12条;《企业破产法》第117—119条

第五百七十一条 【提存的成立】债务人将标的物或者将标的物依法拍卖、变卖所得价款交付提存部门时,提存成立。

提存成立的,视为债务人在其提存范围内已经交付标的物。

第五百七十二条 【提存的通知】标的物提存后,债务人应当及时通知债权人或者债权人的继承人、遗产管理人、监护人、财产代管人。

第五百七十三条 【提存期间风险、孳息和提存费用负担】标的物提存后,毁损、灭失的风险由债权人承担。提存期间,标的物的孳息归债权人所有。提存费用由债权人负担。

第五百七十四条 【提存物的领取与取回】债权人可以随时领取提存物。但是,债权人对债务人负有到期债务的,在债权人未履行债务或者提供担保之前,提存部门根据债务人的要求应当拒绝其领取提存物。

债权人领取提存物的权利,自提存之日起五年内不行使而消灭,提存物扣除提存费用后归国家所有。但是,债权人未履行对债务人的到期债务,或者债务人向提存部门书面表示放弃领取提存物权利的,债务人负担费用后有权取回提存物。

注释 本条规定的5年为不变期间,不适用诉讼时效中止、中断或者延长的规定。

此外,本条第2款在原合同法规定的基础上增加了关于债务人可以取回提存物的情形的规定。

第五百七十五条 【债的免除】债权人免除债务人部分或者全部债务的,债权债务部分或者全部终止,但是债务人在合理期限内拒绝的除外。

注释 免除,是指债权人抛弃债权,从而全部或者部分消灭债的关系的单方法律行为。免除是无因行为、无偿行为、不要式行为。

免除应当具备的条件是:1. 免除的意思表示须向债务人为之,免除的意思表示到达债务人或其代理人时生效。2. 债权人须对被免除的债具有处分能力,如法律禁止抛弃的债权不得免除。3. 免除不得损害第三人利益,如已就债权设定质权的债权人,不得免除债务人的债务而对抗质权人。

免除的效力是使债的关系消灭。债务全部免除的,债的关系全部消灭;债务部分免除的,债的关系于免除的范围内部分消灭。主债务因免除而消灭的,从债随之消灭。从债务免除的,不影响主债务的存在,但其他债务人不再负担该份债务。

债权人作出免除的意思表示后,债务人可以拒绝。债务人拒绝债务免除的意思表示,应当在合理期限之内为之,超出合理期限,视为免除已经生效,消灭该债权债务关系。

第五百七十六条 【债权债务混同的处理】债权和债务同归于一人的,债权债务终止,但是损害第三人利益的除外。

注释 混同,是指债权和债务同归于一人,而使合同关系消灭的事实。混同以债权与债务归属于同一人而成立,与人的意志无关,属于事件。混同的效力是导致债的关系的绝对消灭,并且主债务消灭,从债也随之消灭,如保证债务因主债务人与债权人混同而消灭。混同虽然产生债的消灭的效力,但在例外的情形下,即损害第三人利益时,虽然债权人和债务人混同,但是合同并不消灭。

第八章 违约责任

第五百七十七条 【违约责任的种类】当事人一方不履行合同义务或者履行合同义务不符合约定的,应当承担继续履行、采取补救措施或者赔偿损失等违约责任。

注释 违约行为形态主要是:1. 不履行合同义务:主要形态是拒绝履行,是指债务人对债权人表示不履行的违约行为;也包括履行不能,是指债务人在客观上已经没有履行能力,或者法律禁止该种债务的履行。2. 履行合同义务不符合约定:一是迟延履行,是指债务人能够履行但在履行期限届满时却未履行债务的违约行为,也包括债权人的受领迟延行为;二是瑕疵履行,是指债务人虽然履行了债务,但其履行不符合债务本质的违约行为。

链接 《旅游法》第70—72条

案例1 范有孚与银建期货经纪有限责任公司天津营业部期货交易合同纠纷再审案(《最高人民法院公报》2011年第6期)

裁判规则:期货公司采取强行平仓措施必须具备三个前提条件:一是客户保证金不足;二是客户没有按照要求及时追加保证金;三是客户没有及时自行平仓。期货公司违反上述规定和合同约定强行平仓，导致客户遭受损害的，应依法承担相应的责任。

2. 荷属安的列斯·东方航运有限公司与中国·澄西船舶修理合同纠纷案（《最高人民法院公报》2008年第12期）

裁判规则： 船舶虽然在修理厂进行修理，但并非全船属于修理厂的修理范围，船员始终保持全编在岗状态。在此情况下发生火灾，船方主张修理厂对火灾损失承担违约责任的，应当对起火点位于船舶修理合同范围之内、修理厂存在不履行合同或者不按约定履行合同的违约行为、火灾损失的存在以及修理厂的违约行为与火灾损失的发生之间存在因果关系等问题承担举证责任。船方不能就上述问题举证的，人民法院对其诉讼请求不予支持。

3. 黄颖诉美晟房产公司商品房预售合同纠纷案（《最高人民法院公报》2006年第2期）

裁判规则： 对所购房屋显而易见的瑕疵，业主主张已经在开发商收执的《业主入住验收单》上明确提出书面异议。开发商拒不提交有业主签字的《业主入住验收单》，却以业主已经入住为由，主张业主对房屋现状认可。根据《最高人民法院关于民事诉讼证据的若干规定》，可以推定业主关于已提出异议的主张成立。交付房屋不符合商品房预售合同中的约定，应由开发商向业主承担违约责任。交付房屋改变的建筑事项，无论是否经过行政机关审批或者是否符合建筑规范，均属另一法律关系，不能成为开发商不违约或者免除违约责任的理由。

4. 徐欣诉招商银行股份有限公司上海延西支行银行卡纠纷案（最高人民法院指导案例169号）

裁判规则： 持卡人提供证据证明他人盗用持卡人名义进行网络交易，请求发卡行承担被盗刷账户资金减少的损失赔偿责任，发卡行未提供证据证明持卡人违反信息妥善保管义务，仅以持卡人身份识别信息和交易验证信息相符为由主张不承担赔偿责任的，人民法院不予支持。

第五百七十八条 【预期违约责任】 当事人一方明确表示或者以自己的行为表明不履行合同义务的，对方可以在履行期限届满前请求其承担违约责任。

注释 预期违约，也称为先期违约，是指在履行期限到来前，一方无正当理由而明确表示其在履行期到来后将不履行合同，或者以其行为表明其在履行期到来以后将不可能履行合同。预期违约包括明示毁约和默示毁约。明示毁约是指一方当事人无正当理由，明确肯定地向另一方当事人表示他将在履行期限到来后不履行合同。默示毁约是指在履行期限到来前，一方虽然没有明确表示不履行债务但以自己的行为或者现状表明其将不会或不能履行债务。

"以自己的行为表明"是指一方当事人通过自己的行为让对方当事人有确切的证据预见到其在履行期限届满时将不履行或不能履行合同主要义务。由于这两种违约行为发生在履行期限届满前，因此，另一方当事人可以在履行期限届满前要求违约方承担违约责任。

预期违约的构成要件是：其一，违约的时间必须是在合同有效成立后至履行期限届满前；其二，违约必须是对合同根本性义务的违反，即导致合同目的落空，体现为不履行合同义务；其三，违约方不履行合同义务无正当理由。如果债务人有正当理由拒绝履行债务的，例如拒绝履行诉讼时效已届满的债务则不构成预期违约。

第五百七十九条 【金钱债务的继续履行】 当事人一方未支付价款、报酬、租金、利息，或者不履行其他金钱债务的，对方可以请求其支付。

第五百八十条 【非金钱债务的继续履行】 当事人一方不履行非金钱债务或者履行非金钱债务不符合约定的，对方可以请求履行，但是有下列情形之一的除外：

（一）法律上或者事实上不能履行；

（二）债务的标的不适于强制履行或者履行费用过高；

（三）债权人在合理期限内未请求履行。

有前款规定的除外情形之一，致使不能实现合同目的的，人民法院或者仲裁机构可以根据当事人的请求终止合同权利义务关系，但是不影响违约责任的承担。

注释 债权人请求继续履行，必须以非金钱债务能够继续履行为前提，如果非金钱债务不能继续履行，对方就不能请求继续履行，或者其提出继续履行的请求，债务人能够依据本条第1款提出抗辩。当然，即使债权人不能请求债务人继续履行，其仍然有权依法请求债务人承担其他违约责任，尤其是赔偿损失。不能请求继续履行具体包括以下情形：

1. 法律上或者事实上不能履行。法律上不能履行,指的是基于法律规定而不能履行,或者履行将违反法律的强制性规定。事实上不能履行,是指依据自然法则已经不能履行。人民法院或者仲裁机构应当对是否存在法律上或者事实上不能履行的情形进行审查。

2. 债务的标的不适于强制履行或者履行费用过高。债务的标的不适于强制履行,指依据债务的性质不适合强制履行,或者执行费用过高。比如:(1)基于高度的人身依赖关系而产生的合同,如委托合同、合伙合同等。(2)对于许多提供服务、劳务或者不作为的合同来说,如果强制履行会危害到债务人的人身自由和人格尊严,或者完全属于人身性质,则不得请求继续履行。履行费用过高,指履行仍然可能,但会导致履行方负担过重,产生不合理的过大的负担或者过高的费用。在判断履行费用是否过高时,需要对比履行的费用和债权人通过履行所可能获得的利益、履行的费用和采取其他补救措施的费用,还需要考量守约方从其他渠道获得履行进行替代交易的合理性和可能性。

3. 债权人在合理期限内未请求履行。此处的合理期限首先可以由当事人事先约定;如果没有约定或者约定不明确,当事人可以协议补充;无法协议补充的,按照合同有关条款或者交易习惯确定,这需要在个案中结合合同种类、性质、目的和交易习惯等因素予以具体判断。

同时,需要指出的是,请求继续履行和合同解除是互斥而且不能并存的。本法第566条第2款规定,合同因违约解除的,解除权人可以请求违约方承担违约责任,但是当事人另有约定的除外。该款中的违约责任不包括继续履行,如果合同被依法解除,债权人就不能请求债务人继续履行。

本条第2款是关于出现非金钱债务继续履行除外条款之一,致使合同目的不能实现,当事人可申请司法终止合同的规定。该款规定不影响对当事人依据法律规定或者约定所享有的法定解除权和约定解除权,对方当事人仍然可以行使解除权解除合同。

该款适用的法律后果如下:(1)人民法院或者仲裁机构可以终止合同权利义务关系。应当注意的是,非当事人提出请求后,人民法院或者仲裁机构就必须终止合同,在当事人提出终止合同的请求后,由人民法院或者仲裁机构依法判决是否终止合同。因此,当事人根据本款所享有的仅仅是申请司法终止合同的权利,而非终止合同的权利,本款并未规定当事人的终止权或者形成诉权,而是司法的终止权。人民法院或者仲裁机构有权结合案件的实际情况,根据诚信和公平原则决定是否终止合同。此时,可以考虑债务人是否已经进行了部分履行、债务人是否恶意违约、不能继续履行的原因、债务人是否因合同不终止而遭受了严重损失、债权人是否能够以成本较低的方式获得替代履行、债务人是否对他人有赔偿请求权、债权人拒绝解除合同是否为获得不相当的利益而违反诚信原则、合同不终止是否会导致双方的权利义务或者利益关系明显失衡等因素。(2)不影响违约方承担除继续履行之外的其他违约责任。合同被终止后,违约方自然无需继续履行,但其仍然要依法承担除继续履行之外的其他违约责任,尤其是赔偿损失的责任,以保障对方当事人的利益。因此,对方当事人有权依据本法第584条请求违约方承担违约责任;如果双方约定了违约金或者定金,对方当事人有权依据第585条以下条文请求违约方承担违约金责任或者定金责任。

链接《合同编通则解释》第59条

第五百八十一条 【替代履行】当事人一方不履行债务或者履行债务不符合约定,根据债务的性质不得强制履行的,对方可以请求其负担由第三人替代履行的费用。

第五百八十二条 【瑕疵履行违约责任】履行不符合约定的,应当按照当事人的约定承担违约责任。对违约责任没有约定或者约定不明确,依据本法第五百一十条的规定仍不能确定的,受损害方根据标的的性质以及损失的大小,可以合理选择请求对方承担修理、重作、更换、退货、减少价款或者报酬等违约责任。

注释 对于非金钱债务,如果债务人履行不符合约定,应当承担的违约责任主要是采取补救措施。如果在合同中对因履行不符合约定承担违约责任没有约定或者约定不明确的,应当采取办法进行确定。确定的办法是:

1. 依照《民法典》第510条的规定进行确定。合同当事人就质量、价款或者报酬、履行地点等内容的违约责任没有约定或者约定不明确的,可以协议补充,不能达成协议的,按照合同的有关条款、合同性质、目的或者交易习惯确定采取补救措施的违约责任。

2. 受损害方根据标的的性质以及损失的大小，合理选择应当采取的补救措施的违约责任。

链接《消费者权益保护法》第40—45、48、52—54条;《产品质量法》第40—43条;《买卖合同解释》第17条

第五百八十三条　【违约损害赔偿责任】当事人一方不履行合同义务或者履行合同义务不符合约定的，在履行义务或者采取补救措施后，对方还有其他损失的，应当赔偿损失。

第五百八十四条　【法定的违约赔偿损失】当事人一方不履行合同义务或者履行合同义务不符合约定，造成对方损失的，损失赔偿额应当相当于因违约所造成的损失，包括合同履行后可以获得的利益；但是，不得超过违约一方订立合同时预见到或者应当预见到的因违约可能造成的损失。

注释　违约的赔偿损失包括法定的赔偿损失和约定的赔偿损失，本条规定的是法定的违约赔偿损失。承担违约赔偿损失责任的构成要件包括：(1)有违约行为，即当事人一方不履行合同义务或者履行合同义务不符合约定。(2)违约行为造成了对方的损失。如果违约行为未给对方造成损失，则不能用赔偿损失的方式追究违约人的民事责任。(3)违约行为与对方损失之间有因果关系，对方的损失是违约行为所导致的。(4)无免责事由。

违约赔偿损失的范围可由法律直接规定，或由双方约定。当事人可以事先约定免除责任和限制责任的条款，在不违反法律规定的前提下，该免责或者限制责任条款是有效的。在法律没有特别规定和当事人没有另行约定的情况下，应按完全赔偿原则，即因违约方的违约使受害人遭受的全部损失都应当由违约方承担赔偿责任。完全赔偿意味着：第一，在因违约造成受害人损失的情况下，应以受害人的损失作为确定赔偿范围的标准。第二，赔偿不能超过受害人的损失，受害人不能因此而获利。第三，在赔偿时，一般不应根据违约方的过错程度来确定责任的范围。按照完全赔偿原则，违约损失赔偿额应当相当于因违约所造成的损失，包括对实际损失和可得利益的赔偿。实际损失，即所受损害，指因违约而导致现有利益的减少，是现实利益的损失，又被称为积极损失。

实际损失包括：(1)信赖利益的损失，包括费用支出、丧失其他交易机会的损失以及因对方违约导致自己对第三人承担违约赔偿的损失等。(2)固有利益的损失。在违约赔偿中，由于证明可得利益的困难性，债权人可以选择请求债务人赔偿信赖利益。可得利益，即所失利益，受害人在合同履行后本可以获得的，但因违约而无法获得的利益，是未来的、期待的利益的损失，又被称为消极损失。可得利益是合同履行后债权人所能获得的纯利润。根据交易的性质、合同的目的等因素，可得利益损失主要分为生产利润损失、经营利润损失和转售利润损失等类型。可得利益必须是将来按照通常情形能够得到的利益，这要求在一些情形中，对可得利益的赔偿应当考量发生的概率。

链接《合同编通则解释》第60—66条

案例 陈明、徐炎芳、陈洁诉上海携程国际旅行社有限公司旅游合同纠纷案(《最高人民法院公报》2015年第4期)

裁判规则：当事人对自己提出的主张，有责任提供证据。旅游经营者主张旅游者的单方解约系违约行为，应当按照合同约定承担实际损失的，则旅游经营者应当举证证明"损失已实际产生"和"损失的合理性"。如举证不力，则由旅游经营者承担不利后果。

第五百八十五条　【违约金的约定】当事人可以约定一方违约时应当根据违约情况向对方支付一定数额的违约金，也可以约定因违约产生的损失赔偿额的计算方法。

约定的违约金低于造成的损失的，人民法院或者仲裁机构可以根据当事人的请求予以增加；约定的违约金过分高于造成的损失的，人民法院或者仲裁机构可以根据当事人的请求予以适当减少。

当事人就迟延履行约定违约金的，违约方支付违约金后，还应当履行债务。

注释 违约金是当事人在合同中约定的或者由法律直接规定的一方违反合同时应向对方支付一定数额的金钱，这是违反合同可以采用的承担民事责任的方式，只适用于当事人有违约金约定或者法律规定违反合同应支付违约金的情形。违约金的标的物通常是金钱，但是当事人也可以约定违约金标的物为金钱以外的其他财产。违约金依据产生的根据，可以分为法定违约金和约定违约金。法定违约金是由法律直接规定违约的情形和应当

支付的违约金数额。只要当事人一方发生法律规定的违约情况，就应当按照法律规定的数额向对方支付违约金。中国人民银行关于逾期罚息的规定，可以认为是法定违约金。约定违约金可能表现为不同的形式，可以约定向对方支付一定数额的违约金，也可以约定因违约产生的损失赔偿额的计算方法。根据约定违约金的目的，违约金可以区分为赔偿性的违约金、惩罚性的违约金和责任限制性违约金。当事人约定违约金，一方面是为了事先确定违约后的赔偿数额，以降低法定损失的举证成本，另一方面也可能是为了向对方施加履约压力、督促对方守约而约定高额的违约金，还可能是为了避免责任过重而约定低额的违约金。当事人的这些意图可能兼而有之，因此，不同性质的违约金可能在功能上有交叉和重合。在赔偿性的违约金和惩罚性的违约金之间，首先是取决于当事人的目的，一般而言，如果约定了明显高额的违约金，或者违约金不排斥继续履行或者法定的赔偿损失，则可以认定为惩罚性的违约金，或者约定违约金至少部分具有惩罚性的功能。本条规定的违约金以赔偿性的违约金为原则，当事人无约定或者约定不明时，推定为赔偿性的违约金。

本条第2款对于约定的违约金确立了司法酌情增减规则。司法酌情增减适用的前提是：(1)约定的违约金低于或者过分高于造成的损失。此处的损失应当按照前条规定的法定赔偿损失的范围和数额予以认定，包括实际损失和可得利益。(2)由当事人提出申请，提出申请的当事人需承担相应的举证责任。在适用本款规定的时候，人民法院或者仲裁机构可以适当调整违约金数额，但并非应当。在判断约定违约金是否需增减时，一般应当以对债权人造成的损失为基准。

应当注意的是，当事人关于定金的约定，适用定金罚则后也可能会出现与造成的损失不相匹配的情形，此时可以参照适用本款规定，由人民法院或者仲裁机构根据当事人的请求酌情予以调整。

本条第3款是关于违约方支付迟延履行违约金后，还应当履行债务的规定。对此不应反面解释认为，如果债权人先主张继续履行或先行受领了继续履行，即不得请求迟延履行违约金或者视为放弃迟延履行违约金。债权人受领了债务人迟延后的继续履行，仍可并行主张迟延履行违约金，此并行主张不以受领给付作特别保留为必要。

应当注意的是，本款仅规定了迟延履行违约金和继续履行之间的关系，并未具体规定违约金和其他违约责任形式之间的关系，也未具体规定在其他违约类型中违约金和继续履行之间的关系。关于这些关系的处理，需要结合具体情形予以考量。首先要注意是否是同一违约行为导致违约金和其他违约责任形式；其次要注意当事人是否存在特别约定；再次要注意约定的违约金是否是替代给付的违约金，以及其与其他违约责任形式之间的目的衔接；最后还要注意，约定的违约金可以与其他违约责任形式并用时，则需要考量债权人损失的大小，而在不同情形中对违约金予以适当调整。

链接《买卖合同解释》第20、21条；《最高人民法院关于印发〈全国法院贯彻实施民法典工作会议纪要〉的通知》第11条

第五百八十六条 【定金】当事人可以约定一方向对方给付定金作为债权的担保。定金合同自实际交付定金时成立。

定金的数额由当事人约定；但是，不得超过主合同标的额的百分之二十，超过部分不产生定金的效力。实际交付的定金数额多于或者少于约定数额的，视为变更约定的定金数额。

注释 本条吸收了担保法及担保法司法解释关于定金及其数额的规定。所谓定金，就是指当事人约定的，为保证债权的实现，由一方在履行前预先向对方给付的一定数量的货币或者其他代替物。定金是担保的一种，本条规定的是违约定金。定金与预付款不同，定金具有担保作用，不履行债务或者履行债务不符合约定，致使不能实现合同目的，适用定金罚则；但预付款仅仅是在标的物正常交付或者服务正常提供的情况下预付的款项，如有不足，交付预付款的一方再补交剩余的价款即可，在交付标的物或者提供服务的一方违约时，如果交付预付款的一方解除合同，有权请求返还预付款。定金与押金也不同，一般而言，押金的数额没有定金数额的限制，而且没有定金罚则的适用。押金类型非常多，无法统一确定，甚至有的押金需要清算，多退少补。履约保证金的类型也是多种多样。当事人交付留置金、担保金、保证金、订约金、押金或者订金等，但没有约定定金性质的，不能按照定金处理，但是，如果押金和保证金根据当事人的约定符合定金构成的，可以按照定金处理。

定金合同是民事法律行为的一种,适用民事法律行为的一般规则,可以在合同的主文中载明,也可以单独设立。但是,按照本条第1款的规定,定金合同是实践性合同,自实际交付定金时才成立,当然定金交付的时间由双方当事人约定。当事人订立定金合同后,不履行交付定金的约定,不承担违约责任。同时,定金合同是一种从合同,应参照本法第682条第1款的规定,主债权债务合同无效、被撤销或者确定不发生效力,定金合同也随之无效或者不发生效力。但是,在主合同因违约而被解除后,根据本法第566条第2款的规定"合同因违约解除的,解除权人可以请求违约方承担违约责任,但是当事人另有约定的除外",解除权人仍有权依据定金罚则请求违约方承担责任。

按照本条第2款规定,定金的数额由当事人约定。但是,在能够确定主合同标的额的前提下,约定的数额不得超过主合同标的额的20%。如果超过,则超过的部分不产生定金的效力,应当予以返还或者按照约定抵作价款,但未超过的部分仍然产生定金效力。

第五百八十七条 【定金罚则】债务人履行债务的,定金应当抵作价款或者收回。给付定金的一方不履行债务或者履行债务不符合约定,致使不能实现合同目的的,无权请求返还定金;收受定金的一方不履行债务或者履行债务不符合约定,致使不能实现合同目的的,应当双倍返还定金。

【注释】相较于原合同法的规定,本条增加规定了在"履行债务不符合约定,致使不能实现合同目的"的情形下定金罚则的适用。

定金的主要效力,是在主合同履行后,定金应当抵作价款或者收回。抵作价款是以定金抵销货币给付义务,应当优先适用。而当一方当事人违约时,定金罚则发生效力。给付定金的一方不履行约定的债务或者履行债务不符合约定,致使不能实现合同目的的,无权要求返还定金;收受定金的一方不履行约定的债务或者履行债务不符合约定,致使不能实现合同目的的,应当双倍返还定金。适用定金罚则的条件是不履行债务,即违约。违约的归责事由属于哪一方当事人,就由哪一方当事人承担定金罚则的后果。违约的归责事由属于给付定金一方,则由给付定金一方承担,属于收受定金一方,则由收受定金一方承担。具体的违约行为,可以是主观上的原因,也可以是客观上的原因,具体原因不论,只要不履行债务即可适用定金罚则。

当合同债务不能履行是因不可归责于双方当事人的事由时,不履行者当然不应承担民事责任,定金作为合同的担保也就不再发生效力,应当使其恢复原状,收受定金一方应当将定金返还给付定金的一方当事人。

【链接】《合同编通则解释》第67—68条

第五百八十八条 【违约金与定金竞合选择权】当事人既约定违约金,又约定定金的,一方违约时,对方可以选择适用违约金或者定金条款。

定金不足以弥补一方违约造成的损失,对方可以请求赔偿超过定金数额的损失。

【注释】合同既约定了违约金,又约定了定金,在当事人不存在明确的特别约定的情况下,如果一方违约,对方当事人可以选择适用违约金或者定金条款,但二者不能并用。不能并用的前提是针对同一违约行为。如果违约金和定金是针对不同的违约行为,则存在并用的可能性,但不应超过违约行为所造成的损失总额。

第五百八十九条 【债权人受领迟延】债务人按照约定履行债务,债权人无正当理由拒绝受领的,债务人可以请求债权人赔偿增加的费用。

在债权人受领迟延期间,债务人无须支付利息。

【注释】债权人无正当理由拒绝受领,并不会使得债务人的给付义务消灭。但是,债权人受领债务人的履行,是债权人的权利,同时也是其义务,对该义务的违反一般不会导致债权人的违约责任,而是使债务人的负担或者责任减轻或者使得债权人负担由此给债务人增加的费用,可被认为是不真正义务,除非法律另有规定或者当事人另有约定。所谓给债务人增加的费用,包括:(1)债务人提出给付的费用,例如,货物往返运送的费用、履行债务所支付的交通费用、通知费用等;(2)保管给付物的必要费用;(3)其他费用,例如对不宜保存的标的物的处理费用。同时,本条第2款规定,在债权人受领迟延期间,债务人无须支付利息。

第五百九十条 【因不可抗力不能履行合同】当事人一方因不可抗力不能履行合同的,根据不可抗力的影响,部分或者全部免除责任,但是法律另有规定的除外。因不可抗力不能履行合同的,应当及时通知对方,以减轻可能给对方造成的损失,并应当在合理期限内提供证明。

当事人迟延履行后发生不可抗力的,不免除其违约责任。

注释 在合同的履行过程中,如果发生了不可抗力,《民法典》第180条规定的一般原则是不承担民事责任,法律另有规定的,依照其规定。本条对合同领域中发生不可抗力的规定,就是法律另有的规定。

当事人一方因不可抗力不能履行合同的,并不一定全部免除责任,而是要根据不可抗力的实际影响程度确定。不可抗力是不能履行合同的部分原因的,部分免除责任;不可抗力是不能履行合同的全部原因的,全部免除责任;法律如果另有规定的,依照规定,例如保价邮包因不可抗力发生灭失的,不免除赔偿责任。当不可抗力不能履行合同时,一方当事人应当及时通知对方,以减轻可能给对方造成的损失,同时,应当在合理期限内提供不可抗力而不能履行合同的证明。

当事人迟延履行后发生不可抗力的,不免除其违约责任。如果债务人没有迟延履行,则不可抗力的发生就不会导致债务的不能履行进而发生损害,因此债务人的迟延履行与债权人的损害之间具有因果关系,债务人应当就不可抗力负责。但是,如果债务人能够证明,即使其不迟延履行,仍不免发生债务的不能履行进而发生损害的,则债务人应当能够免责,此时债务人的迟延履行和债务的不能履行进而发生损害之间不存在因果关系。

第五百九十一条 【非违约方防止损失扩大义务】当事人一方违约后,对方应当采取适当措施防止损失的扩大;没有采取适当措施致使损失扩大的,不得就扩大的损失请求赔偿。

当事人因防止损失扩大而支出的合理费用,由违约方负担。

链接《买卖合同解释》第22条
案例 河南省偃师市鑫龙建安工程有限公司与洛阳理工学院、河南省第六建筑工程公司索赔及工程欠款纠纷案(《最高人民法院公报》2013年第1期)

裁判规则:因发包人提供错误的地质报告致使建设工程停工,当事人对停工时间未作约定或未达成协议的,承包人不应盲目等待而放任停工状态的持续以及停工损失的扩大。对于由此导致的停工损失所依据的停工时间的确定,也不能简单地以停工状态的自然持续时间为准,而是应根据案件事实综合确定一定的合理期间作为停工时间。

第五百九十二条 【双方违约和与有过错规则】当事人都违反合同的,应当各自承担相应的责任。

当事人一方违约造成对方损失,对方对损失的发生有过错的,可以减少相应的损失赔偿额。

注释 本条第2款关于过失相抵的规则为新增规定。在合同履行过程中,当事人一方的违约行为造成对方损失,但是受损害方对损失的发生也有过错的,构成合同责任中的与有过失,应当实行过失相抵。过失相抵的法律后果是,按照受损害一方当事人对损害发生的过错程度,可以减少违约方相应的损失赔偿额。

案例 1. 兰州滩尖子永昶商贸有限责任公司等与爱之泰房地产开发有限公司合作开发房地产合同纠纷案(《最高人民法院公报》2015年第5期)

裁判规则:在双务合同中,双方均存在违约的情况下,应根据合同义务分配情况、合同履行程度以及各方违约程度大小等综合因素,判断合同当事人是否享有解除权。

2. 蔡红辉诉金才来信用卡纠纷案(《最高人民法院公报》2010年第12期)

裁判规则:银联卡特约商户在受理有预留签名的银联信用卡消费时,应当根据其与发卡银行之间的约定以及中国人民银行《银行卡联网联合业务规范》的规定,核对持卡人在交易凭证上的签字与信用卡签名条上预留的签字是否一致。未核对签名造成持卡人损失的,应承担相应的赔偿责任。信用卡所有人为信用卡设置了密码,但因自身原因导致密码泄露的,可以适当减轻特约商户的赔偿责任。

3. 北京新奥特公司诉华融公司股权转让合同纠纷案(《最高人民法院公报》2005年第2期)

裁判规则:因双方当事人的过错,导致股权转让协议终止履行,一方当事人因准备协议履行及实际履行中产生的损失,应由双方共同承担民事责任。

第五百九十三条 【因第三人原因造成违约情况下的责任承担】当事人一方因第三人的原因造成违约的,应当依法向对方承担违约责任。当事人一方和第三人之间的纠纷，依照法律规定或者按照约定处理。

第五百九十四条 【国际贸易合同诉讼时效和仲裁时效】因国际货物买卖合同和技术进出口合同争议提起诉讼或者申请仲裁的时效期间为四年。

第二分编　典型合同

第九章　买卖合同

第五百九十五条 【买卖合同的概念】买卖合同是出卖人转移标的物的所有权于买受人，买受人支付价款的合同。

注释 买卖合同是最重要的传统合同，其法律特征是：1. 买卖合同是转移标的物的所有权的合同；2. 买卖合同是双务合同；3. 买卖合同是有偿合同；4. 买卖合同是诺成性合同；5. 买卖合同一般是不要式合同。

第五百九十六条 【买卖合同条款】买卖合同的内容一般包括标的物的名称、数量、质量、价款、履行期限、履行地点和方式、包装方式、检验标准和方法、结算方式、合同使用的文字及其效力等条款。

注释 标的物是买卖合同双方当事人权利义务的指向对象。有关标的物的条款是合同的主要条款。

第五百九十七条 【无权处分的违约责任】因出卖人未取得处分权致使标的物所有权不能转移的，买受人可以解除合同并请求出卖人承担违约责任。

法律、行政法规禁止或者限制转让的标的物，依照其规定。

注释 对标的物的买卖，其实就是对标的物所有权的转移，在买卖合同中，取得标的物的所有权是买受人的交易目的，将标的物的所有权转移给买受人，是出卖人的主要义务。转移标的物的所有权是在交付标的物的基础上实现的。如果因出卖人未取得标的物的处分权，致使标的物所有权不能转移，就不能实现转让标的物及其所有权的义务，买受人也无法取得标的物的所有权，出卖人构成根本违约，因而买受人享有法定解除权，可以解除买卖合同，并请求出卖人承担违约责任。

买卖合同转让的标的物须具有合法流通性，如果是法律、行政法规禁止或者限制转让的标的物，依照其规定，不能转让或者限制转让。如根据《野生动物保护法》的规定，国家重点保护野生动物及其制品是禁止出售、购买的。

链接《宪法》第10条；《土地管理法》第2条；《城市房地产管理法》第38条；《野生动物保护法》第28、29条；《文物保护法》第24、25、51条

案例 1. 万学全、万兵诉狄平等人房屋买卖合同纠纷案（《最高人民法院公报》2018年第2期）

裁判规则：共同居住的家庭成员，以自己的名义将其他家庭成员名下的房屋出卖给他人，该行为对房屋所有人是否有效，须判断房屋所有人是否事前知晓且同意。为此，人民法院应当结合房屋产权证书、钥匙是否为房屋所有人持有，对价支付情况，买受人实际占有房屋持续时间以及相关证人证言等综合判定。

2. 桂馨源公司诉全威公司等土地使用权转让合同纠纷案（《最高人民法院公报》2005年第7期）

裁判规则：签订国有土地使用权转让合同时，转让人虽未取得国有土地使用权证，但在诉讼前已经取得证的，应认定转让合同有效。当事人取得国有土地使用权证后未足额缴纳土地出让金，或对转让土地的投资开发未达到投资总额25%以上的，属转让标的的瑕疵，不影响转让合同的效力。

第五百九十八条 【出卖人基本义务】出卖人应当履行向买受人交付标的物或者交付提取标的物的单证，并转移标的物所有权的义务。

注释 交付标的物，是将标的物交付给买受人，如果标的物是用提取标的物的单证形态表现的，交付提取标的物的单证也构成交付，例如交付仓单。

链接《土地管理法》第12条；《城市房地产管理法》第60、61条；《民用航空法》第14条；《道路交通安全法》第8、12条

第五百九十九条 【出卖人义务：交付单证、交付资料】出卖人应当按照约定或者交易习惯向买受人交付提取标的物单证以外的有关单证和资料。

注释 向买受人交付的提取标的物单证以外的有关单证和资料，比如购买商品的保修单、使用说明书等。这项义务是出卖人应当履行的从义务，是辅助合同主义务的义务，以实现买受人的交易目的。

链接《合同编通则解释》第26条;《买卖合同解释》第4、5条

第六百条　【买卖合同知识产权保留条款】出卖具有知识产权的标的物的,除法律另有规定或者当事人另有约定外,该标的物的知识产权不属于买受人。

注释　出卖具有知识产权的标的物的,除了法律另有规定或者当事人另有约定之外,该标的物的知识产权并不随同标的物的所有权一并转移于买受人。这就是"知识产权保留条款"。例如购买著作权人享有著作权的作品,只能买到这本书,而不能买到这本书的著作权,著作权仍然保留在作者手中。

链接《著作权法》第20条;《计算机软件保护条例》第9—14条

第六百零一条　【出卖人义务:交付期间】出卖人应当按照约定的时间交付标的物。约定交付期限的,出卖人可以在该交付期限内的任何时间交付。

第六百零二条　【标的物交付期限不明时的处理】当事人没有约定标的物的交付期限或者约定不明确的,适用本法第五百一十条、第五百一十一条第四项的规定。

第六百零三条　【买卖合同标的物的交付地点】出卖人应当按照约定的地点交付标的物。

当事人没有约定交付地点或者约定不明确,依据本法第五百一十条的规定仍不能确定的,适用下列规定:

(一)标的物需要运输的,出卖人应当将标的物交付给第一承运人以运交给买受人;

(二)标的物不需要运输,出卖人和买受人订立合同时知道标的物在某一地点的,出卖人应当在该地点交付标的物;不知道标的物在某一地点的,应当在出卖人订立合同时的营业地交付标的物。

链接《买卖合同解释》第8条

第六百零四条　【标的物的风险承担】标的物毁损、灭失的风险,在标的物交付之前由出卖人承担,交付之后由买受人承担,但是法律另有规定或者当事人另有约定的除外。

注释　买卖合同标的物意外灭失风险负担,是指对买卖合同标的物由不可归责于双方当事人的事由而毁损、灭失所造成的损失应当由谁承担的规则。根据该条规定,对于标的物毁损、灭失风险的承担采用的是交付转移原则,即交付之前由出卖人承担,交付之后由买受人承担。买受人此时承担标的物风险不以其是否取得标的物的所有权为前提。此为标的物风险转移的一般规则,如果法律另有规定或者当事人另有约定的除外。

链接《买卖合同解释》第9条

第六百零五条　【迟延交付标的物的风险负担】因买受人的原因致使标的物未按照约定的期限交付的,买受人应当自违反约定时起承担标的物毁损、灭失的风险。

注释　"因买受人的原因",这里的原因,一般是指买受人的过错,包括故意和过失。

第六百零六条　【路货买卖中的标的物风险转移】出卖人出卖交由承运人运输的在途标的物,除当事人另有约定外,毁损、灭失的风险自合同成立时起由买受人承担。

注释　路货买卖是指标的物已在运输途中,出卖人寻找买主,出卖在途中的标的物。它可以是出卖人先把标的物装上开往某个目的地的运输工具(一般是船舶)上,然后再寻找适当的买主订立买卖合同,也可以是一个买卖合同的买受人未实际收取标的物前,把处于运输途中的标的物转卖给另一个买受人。本条规定的情形是第604条规定的特殊情况,而第604条规定的风险转移时间点为"交付时",本条规定的风险转移时间点为"合同成立时",这是因为路货买卖的双方当事人均无实际控制货物,只能根据双方当事人已经确定的合同关系来确定,即以"合同成立时"来确定最为合理。本条规定的情形主要发生于国际货物买卖合同之中。

链接《买卖合同解释》第10条

第六百零七条　【需要运输的标的物风险负担】出卖人按照约定将标的物运送至买受人指定地点并交付给承运人后,标的物毁损、灭失的风险由买受人承担。

当事人没有约定交付地点或者约定不明确,依据本法第六百零三条第二款第一项的规定标的物需要运输的,出卖人将标的物交付给第一承运人后,标的物毁损、灭失的风险由买受人承担。

第六百零八条　【买受人不履行接受标的物义务的风险负担】出卖人按照约定或者依据本法第六百零三条第二款第二项的规定将标的物置于

交付地点,买受人违反约定没有收取的,标的物毁损、灭失的风险自违反约定时起由买受人承担。

第六百零九条 【未交付单证、资料的风险负担】出卖人按照约定未交付有关标的物的单证和资料的,不影响标的物毁损、灭失风险的转移。

注释 没有交付单证和资料,并不意味着权属没有转移。交付单证和资料仅仅是从义务,而不是主义务。买卖合同只要完成交付标的物的主义务,标的物的所有权就发生转移。因此,不能因为有关单证和资料没有交付而认为交付没有完成。既然标的物的所有权已经发生转移,标的物意外灭失风险当然也就由买受人负担。

第六百一十条 【根本违约】因标的物不符合质量要求,致使不能实现合同目的的,买受人可以拒绝接受标的物或者解除合同。买受人拒绝接受标的物或者解除合同的,标的物毁损、灭失的风险由出卖人承担。

链接《买卖合同解释》第24条

第六百一十一条 【买受人承担风险与出卖人违约责任关系】标的物毁损、灭失的风险由买受人承担的,不影响因出卖人履行义务不符合约定,买受人请求其承担违约责任的权利。

注释 本条是对标的物意外灭失风险负担不影响违约责任的规定。

标的物意外灭失风险负担,与承担违约责任是两种不同的规则,前者是由于买卖合同的标的物发生不可归责于当事人的原因而意外灭失,法律判断这种意外灭失风险由哪一方负担的规则;后者是当事人一方违反合同义务,应当向对方承担违约责任,救济对方因违约而发生损害的规则。

第六百一十二条 【出卖人的权利瑕疵担保义务】出卖人就交付的标的物,负有保证第三人对该标的物不享有任何权利的义务,但是法律另有规定的除外。

注释 本条是对标的物权利瑕疵担保义务的规定。

出卖人的权利瑕疵担保,是指卖方应保证对其所出售的标的物享有合法的权利,没有侵犯任何第三人的权利,并且任何第三人都不会就该标的物向买受人主张任何权利。买卖合同根本上就是标的物所有权的转让,因此,出卖人的这项义务也就是其一项最基本的义务。具体说,出卖人的权利瑕疵担保义务包括:(1)出卖人对出卖的标的物享有合法的权利,即须对标的物具有所有权或者处分权。(2)出卖人应当保证在其出售的标的物上不存在任何未曾向买方透露的他人可以主张的权利,如抵押权、租赁权等。(3)出卖人应当保证标的物没有侵犯他人的知识产权。

出卖人必须保证其所出卖的标的物不得有第三人向买受人主张任何权利,否则,出卖人须承担违约责任。此时买受人可以实施的救济方式是:(1)请求减少价款。如果标的物上虽然部分权利属于他人,但不影响买受人对标的物最终获得所有权的,买受人可以接受标的物,但有权请求出卖人减少价款。所减少的价款的数额可以根据因他人对标的物享有部分权利而致使买受人无法及时对标的物行使所有权所造成的损失等因素确定。(2)解除合同。如果因标的物上的部分权利属于他人,致使买受人自始不能获得所有权的,买受人可以解除买卖合同。

以上是对出卖人标的物权利瑕疵担保的原则性规定,如果法律对此另有规定,则依照法律的规定。

第六百一十三条 【权利瑕疵担保责任之免除】买受人订立合同时知道或者应当知道第三人对买卖的标的物享有权利的,出卖人不承担前条规定的义务。

第六百一十四条 【买受人的中止支付价款权】买受人有确切证据证明第三人对标的物享有权利的,可以中止支付相应的价款,但是出卖人提供适当担保的除外。

第六百一十五条 【买卖标的物的质量瑕疵担保】出卖人应当按照约定的质量要求交付标的物。出卖人提供有关标的物质量说明的,交付的标的物应当符合该说明的质量要求。

链接《消费者权益保护法》第18、23条;《产品质量法》第26条

第六百一十六条 【标的物法定质量担保义务】当事人对标的物的质量要求没有约定或者约定不明确,依据本法第五百一十条的规定仍不能确定的,适用本法第五百一十一条第一项的规定。

注释 本条是对标的物质量要求确定方法的规定。

在买卖合同中,当事人如果对标的物的质量标准没有约定或者约定不明确,可以通过法律规定的质量标准确定方法予以确定。确定的办法是:1. 依照《民法典》第510条进行补充协商,确定标的物的质量标准。2. 在补充协商中,双方当事

人不能达成补充协议的,应当按照合同的有关条款或者交易习惯确定。3.按照合同的有关条款或者交易习惯仍然不能确定的,依照《民法典》第511条第1项的规定,应按照国家标准、行业标准履行;没有国家标准、行业标准的,应按照通常标准或者符合合同目的特定标准确定。

第六百一十七条 【质量瑕疵担保责任】出卖人交付的标的物不符合质量要求的,买受人可以依据本法第五百八十二条至第五百八十四条的规定请求承担违约责任。

链接 《消费者权益保护法》第23条

第六百一十八条 【标的物瑕疵担保责任减免的特约效力】当事人约定减轻或者免除出卖人对标的物瑕疵承担的责任,因出卖人故意或者重大过失不告知买受人标的物瑕疵的,出卖人无权主张减轻或者免除责任。

注释 如果出卖人因故意或者重大过失不向买受人告知标的物存在瑕疵的,属于隐瞒标的物瑕疵,构成产品欺诈,出卖人无权主张减轻或者免除责任,应当承担违约责任,采取补救措施或者承担赔偿责任,符合法律规定的甚至要承担惩罚性赔偿责任。

第六百一十九条 【标的物的包装方式】出卖人应当按照约定的包装方式交付标的物。对包装方式没有约定或者约定不明确,依据本法第五百一十条的规定仍不能确定的,应当按照通用的方式包装;没有通用方式的,应当采取足以保护标的物且有利于节约资源、保护生态环境的包装方式。

第六百二十条 【买受人的检验义务】买受人收到标的物时应当在约定的检验期限内检验。没有约定检验期限的,应当及时检验。

第六百二十一条 【买受人检验标的物的异议通知】当事人约定检验期限的,买受人应当在检验期限内将标的物的数量或者质量不符合约定的情形通知出卖人。买受人怠于通知的,视为标的物的数量或者质量符合约定。

当事人没有约定检验期限的,买受人应当在发现或者应当发现标的物的数量或者质量不符合约定的合理期限内通知出卖人。买受人在合理期限内未通知或者自收到标的物之日起二年内未通知出卖人的,视为标的物的数量或者质量符合约定;但是,对标的物有质量保证期的,适用质量保证期,不适用该二年的规定。

出卖人知道或者应当知道提供的标的物不符合约定的,买受人不受前两款规定的通知时间的限制。

链接 《海商法》第83条;《买卖合同解释》第12、13条

第六百二十二条 【检验期限或质量保证期过短的处理】当事人约定的检验期限过短,根据标的物的性质和交易习惯,买受人在检验期限内难以完成全面检验的,该期限仅视为买受人对标的物的外观瑕疵提出异议的期限。

约定的检验期限或者质量保证期短于法律、行政法规规定期限的,应当以法律、行政法规规定的期限为准。

链接 《买卖合同解释》第14条

第六百二十三条 【标的物数量和外观瑕疵检验】当事人对检验期限未作约定,买受人签收的送货单、确认单等载明标的物数量、型号、规格的,推定买受人已经对数量和外观瑕疵进行检验,但是有相关证据足以推翻的除外。

第六百二十四条 【向第三人履行情形的检验标准】出卖人依照买受人的指示向第三人交付标的物,出卖人和买受人约定的检验标准与买受人和第三人约定的检验标准不一致的,以出卖人和买受人约定的检验标准为准。

第六百二十五条 【出卖人的回收义务】依照法律、行政法规的规定或者按照当事人的约定,标的物在有效使用年限届满后应予回收的,出卖人负有自行或者委托第三人对标的物予以回收的义务。

第六百二十六条 【买受人支付价款及方式】买受人应当按照约定的数额和支付方式支付价款。对价款的数额和支付方式没有约定或者约定不明确的,适用本法第五百一十条、第五百一十一条第二项和第五项的规定。

第六百二十七条 【买受人支付价款的地点】买受人应当按照约定的地点支付价款。对支付地点没有约定或者约定不明确,依据本法第五百一十条的规定仍不能确定的,买受人应当在出卖人的营业地支付;但是,约定支付价款以交付标的物或者交付提取标的物单证为条件的,在交付标的物或者交付提取标的物单证的所在地支付。

第六百二十八条 【买受人支付价款的时间】买受人应当按照约定的时间支付价款。对支付时

间没有约定或者约定不明确,依据本法第五百一十条的规定仍不能确定的,买受人应当在收到标的物或者提取标的物单证的同时支付。

链接 《买卖合同解释》第18条

第六百二十九条 【出卖人多交标的物的处理】出卖人多交标的物的,买受人可以接收或者拒绝接收多交的部分。买受人接收多交部分的,按照约定的价格支付价款;买受人拒绝接收多交部分的,应当及时通知出卖人。

链接 《买卖合同解释》第3条

第六百三十条 【买卖合同标的物孳息的归属】标的物在交付之前产生的孳息,归出卖人所有;交付之后产生的孳息,归买受人所有。但是,当事人另有约定的除外。

注释 标的物于合同订立前后所生孳息之归属,即利益承受,与买卖合同的标的物风险负担密切相关,二者遵循同一原则,即权利归谁所有,利益和风险就归谁享有或者负担。

标的物的孳息,是指标的物在合同履行期间产生的增值或者收益,既包括天然孳息,也包括法定孳息。前者如树木的果实、牲畜的幼畜;后者如出租房屋的租金。

利益承受的规则是:1. 交付之前产生的孳息,归出卖人所有,例如买卖牲畜,在交付之前出生的幼畜,归出卖人所有。2. 交付之后产生的孳息,由买受人所有,例如交付之后的出租房屋,收取的租金归买受人所有。3. 合同另有约定的,依其约定,不适用上述规则。

第六百三十一条 【主物与从物在解除合同时的效力】因标的物的主物不符合约定而解除合同的,解除合同的效力及于从物。因标的物的从物不符合约定被解除的,解除的效力不及于主物。

第六百三十二条 【数物买卖合同的解除】标的物为数物,其中一物不符合约定的,买受人可以就该物解除。但是,该物与他物分离使标的物的价值显受损害的,买受人可以就数物解除合同。

第六百三十三条 【分批交付标的物的情况下解除合同的情形】出卖人分批交付标的物的,出卖人对其中一批标的物不交付或者交付不符合约定,致使该批标的物不能实现合同目的的,买受人可以就该批标的物解除。

出卖人不交付其中一批标的物或者交付不符合约定,致使之后其他各批标的物的交付不能实现合同目的的,买受人可以就该批以及之后其他各批标的物解除。

买受人如果就其中一批标的物解除,该批标的物与其他各批标的物相互依存的,可以就已经交付和未交付的各批标的物解除。

注释 本条涉及长期供货合同分批交付标的物的情况,如果出卖人不适当履行的,买受人要求解除合同,受本条规定调整。一般情况下,出卖人不适当履行某一批标的物的交付,买受人可以针对该批标的物不适当履行的情况,要求出卖人承担违约责任。出卖人就某批标的物的交付构成根本违约,即交付的结果将导致该批以及之后其他各批标的物的交付不能实现合同目的的,买受人有权以该批标的物的交付违约为由,解除长期供货合同该部分及之后应当交付部分的内容。法律并未明确说明属于这类情形的具体情况,因为合同实践是复杂的,立法只能作出一个原则性的规定,具体适用的尺度把握应当具体问题具体分析。但是需要明确指出的是,某批标的物交付的根本违约,将致使今后各批的交付也构成根本违约的情况必须是十分明显的,才能适用这一规定。

第六百三十四条 【分期付款买卖】分期付款的买受人未支付到期价款的数额达到全部价款的五分之一,经催告后在合理期限内仍未支付到期价款的,出卖人可以请求买受人支付全部价款或者解除合同。

出卖人解除合同的,可以向买受人请求支付该标的物的使用费。

注释 分期付款买卖,是指买受人将其应付的总价款按照一定期限分批向出卖人支付的买卖合同。本条相较于原《合同法》第167条,增加规定了出卖人在因买受人未按期支付价款达到全部价款的五分之一而享有全部价款支付请求权或合同解除权之前,应对买受人进行催告,并给予其支付到期价款的合理期限。

在交易实践中,当事人双方就分期付款买卖通常有以下特别约定:

1. 所有权保留特约;是指买受人虽先占有、使用标的物,但在双方当事人约定的特定条件(通常是价款的一部或者全部清偿)成就之前,出卖人保留标的物的所有权,待条件成就后,再将所有权转移给买受人。

2. 请求支付全部价款或者解除合同,买受人未付到期价款的数额达到全部价款的五分之一的,出卖人可以请求买受人支付全部价款或者解除合同,除非当事人另有约定。

3. 出卖人解除合同可以请求买受人支付标的物的使用费,该部分价款通常按照市场价格计算。使用费可以从已经支付的价款中扣除,剩余部分应当返还。标的物有毁损的,买受人应当支付损害赔偿金。

链接《买卖合同解释》第27、28条
案例 汤长龙诉周士海股权转让纠纷案(最高人民法院指导案例67号)

裁判规则:有限责任公司的股权分期支付转让款中发生股权受让人延迟或者拒付等违约情形,股权转让人要求解除双方签订的股权转让合同的,不适用《合同法》第167条关于分期付款买卖中出卖人在买受人未支付到期价款的金额达到合同全部价款的五分之一时即可解除合同的规定。

第六百三十五条 【凭样品买卖合同】凭样品买卖的当事人应当封存样品,并可以对样品质量予以说明。出卖人交付的标的物应当与样品及其说明的质量相同。

注释 样品买卖,是指当事人双方约定用以决定标的物品质的样品,出卖人交付的标的物应当与样品具有相同品质。由于样品买卖是在一般买卖关系中为出卖人附加了一项须按样品的品质标准交付标的物的担保,故样品买卖除了适用普通买卖的规定外,还产生下列效力:1. 封存样品,并可就其质量予以说明,以作为样品买卖合同标的物的质量标准。2. 出卖人交付的标的物应当与样品及其说明的质量相同,即在合同的实际履行中,出卖人交付标的物的质量,应当与样品的质量及说明相一致。在判断交付的标的物是否与样品及其说明的质量相同时,应当依据合同的性质以及交易的习惯确定。3. 出卖人交付的标的物与样品及其说明的质量不相同的,高于样品及其说明的,当然没有问题;低于样品及其说明的标准的,构成违约行为,买受人可以解除合同或者追究出卖人的违约责任。

链接《买卖合同解释》第29条

第六百三十六条 【凭样品买卖合同样品存在隐蔽瑕疵的处理】凭样品买卖的买受人不知道样品有隐蔽瑕疵的,即使交付的标的物与样品相同,出卖人交付的标的物的质量仍然应当符合同种物的通常标准。

第六百三十七条 【试用买卖的试用期限】试用买卖的当事人可以约定标的物的试用期限。对试用期限没有约定或者约定不明确,依据本法第五百一十条的规定仍不能确定的,由出卖人确定。

注释 试用买卖合同,是指当事人双方约定于合同成立时,出卖人将标的物交付买受人试验或者检验,并以买受人在约定期限内对标的物的认可为生效要件的买卖合同。其特征是:1. 试用买卖约定由买受人试验或者检验标的物;2. 试用买卖是以买受人对标的物的认可为生效条件的买卖合同。

链接《买卖合同解释》第30条

第六百三十八条 【试用买卖合同买受人对标的物购买选择权】试用买卖的买受人在试用期内可以购买标的物,也可以拒绝购买。试用期限届满,买受人对是否购买标的物未作表示的,视为购买。

试用买卖的买受人在试用期内已经支付部分价款或者对标的物实施出卖、出租、设立担保物权等行为的,视为同意购买。

第六百三十九条 【试用买卖使用费】试用买卖的当事人对标的物使用费没有约定或者约定不明确的,出卖人无权请求买受人支付。

第六百四十条 【试用买卖中的风险承担】标的物在试用期内毁损、灭失的风险由出卖人承担。

第六百四十一条 【标的物所有权保留条款】当事人可以在买卖合同中约定买受人未履行支付价款或者其他义务的,标的物的所有权属于出卖人。

出卖人对标的物保留的所有权,未经登记,不得对抗善意第三人。

注释 买卖合同中的所有权保留,是指买受人虽先占有、使用标的物,但在双方当事人约定的特定条件(通常是价款的一部或者全部清偿)成就之前,出卖人保留标的物的所有权,待条件成就后,再将所有权转移给买受人的特别约定。这种合同类型一般适用于动产买卖。所有权保留的担保物权,可以进行担保物权的登记。出卖人对标的物保留的所有权未经登记的,不得对抗善意第三人。

链接《买卖合同解释》第25条

第六百四十二条 【所有权保留中出卖人的取回权】当事人约定出卖人保留合同标的物的所有权,在标的物所有权转移前,买受人有下列情形之一,造成出卖人损害的,除当事人另有约定外,出卖人有权取回标的物:

(一)未按照约定支付价款,经催告后在合理期限内仍未支付;

(二)未按照约定完成特定条件;

(三)将标的物出卖、出质或者作出其他不当处分。

出卖人可以与买受人协商取回标的物;协商不成的,可以参照适用担保物权的实现程序。

注释 所有权保留作为担保物权的一种,最重要的担保价值,就在于出卖人将分期付款的标的物交付买受人后,还保留自己对标的物的所有权,正是基于该所有权保留,出卖人享有买卖合同标的物的取回权。当出现危及其价款债权的情形时,出卖人行使取回权,追回交付给买受人占有的买卖标的物。

故本条规定的出卖人取回权的规则是:当事人约定出卖人保留合同标的物的所有权,在标的物所有权转移前,买受人有下列情形之一,对出卖人造成损害的,除法律另有规定或者当事人另有约定外,出卖人有权取回标的物。产生取回权的原因是:1.买受人未按照约定支付价款,经催告后在合理期限内仍未支付;2.买受人未按照约定完成特定条件;3.买受人将标的物出卖、出质或者作出其他不当处分。

实现取回权的方法是:1.出卖人行使取回权,取回标的物;2.协商确定,出卖人可以与买受人协商实现取回权的办法;3.当事人协商不成的,参照适用担保物权的实现程序,例如拍卖或者变卖标的物,用价款优先偿还未支付的价金等;4.取回的标的物价值明显减少的,出卖人有权要求买受人赔偿损失,买受人承担损害赔偿责任。

链接《买卖合同解释》第26条;《最高人民法院关于适用〈中华人民共和国民法典〉有关担保制度的解释》第64条

第六百四十三条 【买受人回赎权及出卖人再出卖权】出卖人依据前条第一款的规定取回标的物后,买受人在双方约定或者出卖人指定的合理回赎期限内,消除出卖人取回标的物的事由的,可以请求回赎标的物。

买受人在回赎期限内没有回赎标的物的,出卖人可以以合理价格将标的物出卖给第三人,出卖所得价款扣除买受人未支付的价款以及必要费用后仍有剩余的,应当返还买受人;不足部分由买受人清偿。

第六百四十四条 【招标投标买卖的法律适用】招标投标买卖的当事人的权利和义务以及招标投标程序等,依照有关法律、行政法规的规定。

链接《招标投标法》

第六百四十五条 【拍卖的法律适用】拍卖的当事人的权利和义务以及拍卖程序等,依照有关法律、行政法规的规定。

链接《拍卖法》

案例 曾意龙与江西金马拍卖有限公司、中国银行股份有限公司上饶市分行、徐声炬拍卖纠纷案(《最高人民法院公报》2006年第1期)

裁判规则:根据合同法、拍卖法的有关规定,拍卖是以公开竞价的形式,将特定物品或者财产权利转让给最高应价者的买卖方式,拍卖活动必须遵守法律规定和行业惯例,必须符合公平、公正的原则。在拍卖活动中,拍卖师的拍卖行为违反法律规定和行业习惯做法,侵害有关竞买人的合法权益的,应认定其拍卖行为无效。

第六百四十六条 【买卖合同准用于有偿合同】法律对其他有偿合同有规定的,依照其规定;没有规定的,参照适用买卖合同的有关规定。

链接《买卖合同解释》第32条

第六百四十七条 【易货交易的法律适用】当事人约定易货交易,转移标的物的所有权的,参照适用买卖合同的有关规定。

第十章 供用电、水、气、热力合同

第六百四十八条 【供用电合同概念及强制缔约义务】供用电合同是供电人向用电人供电,用电人支付电费的合同。

向社会公众供电的供电人,不得拒绝用电人合理的订立合同要求。

第六百四十九条 【供用电合同的内容】供用电合同的内容一般包括供电的方式、质量、时间、用电容量、地址、性质、计量方式、电价、电费的结算方式、供用电设施的维护责任等条款。

链接《电力法》第27条;《电力供应与使用条例》第33条

第六百五十条　【供用电合同的履行地点】供用电合同的履行地点,按照当事人约定;当事人没有约定或者约定不明确的,供电设施的产权分界处为履行地点。

第六百五十一条　【供电人的安全供电义务】供电人应当按照国家规定的供电质量标准和约定安全供电。供电人未按照国家规定的供电质量标准和约定安全供电,造成用电人损失的,应当承担赔偿责任。

链接《电力法》第28、59、60条;《电力供应与使用条例》第19—24条

第六百五十二条　【供电人中断供电时的通知义务】供电人因供电设施计划检修、临时检修、依法限电或者用电人违法用电等原因,需要中断供电时,应当按照国家有关规定事先通知用电人;未事先通知用电人中断供电,造成用电人损失的,应当承担赔偿责任。

链接《电力法》第29条;《电力供应与使用条例》第28条

第六百五十三条　【供电人抢修义务】因自然灾害等原因断电,供电人应当按照国家有关规定及时抢修;未及时抢修,造成用电人损失的,应当承担赔偿责任。

链接《电力法》第30条

第六百五十四条　【用电人支付电费的义务】用电人应当按照国家有关规定和当事人的约定及时支付电费。用电人逾期不支付电费的,应当按照约定支付违约金。经催告用电人在合理期限内仍不支付电费和违约金的,供电人可以按照国家规定的程序中止供电。

供电人依据前款规定中止供电的,应当事先通知用电人。

链接《电力法》第33条;《电力供应与使用条例》第23—26、34条

第六百五十五条　【用电人安全用电义务】用电人应当按照国家有关规定和当事人的约定安全、节约和计划用电。用电人未按照国家有关规定和当事人的约定用电,造成供电人损失的,应当承担赔偿责任。

链接《电力法》第32、59、60条;《电力供应与使用条例》第29—31条

第六百五十六条　【供用水、气、热力合同参照适用供用电合同】供用水、供用气、供用热力合同,参照适用供用电合同的有关规定。

链接《城市供水条例》;《城镇燃气管理条例》

第十一章　赠与合同

第六百五十七条　【赠与合同的概念】赠与合同是赠与人将自己的财产无偿给予受赠人,受赠人表示接受赠与的合同。

注释 赠与合同是指赠与人将自己的财产及权利无偿给予受赠人,受赠人表示接受赠与的合同。赠与合同是诺成性、单务合同。赠与行为是赠与人依法处分自己财产的法律行为,要求自然人必须有民事行为能力。接受赠与是一种纯获利的行为,法律承认无民事行为能力人和限制民事行为能力人的受赠人法律地位。

赠与合同无效的情形有:1. 以赠与为名规避有关限制流通物和禁止流通物规定的赠与合同无效。2. 以规避法律义务为目的的赠与无效。

第六百五十八条　【赠与的任意撤销及限制】赠与人在赠与财产的权利转移之前可以撤销赠与。

经过公证的赠与合同或者依法不得撤销的具有救灾、扶贫、助残等公益、道德义务性质的赠与合同,不适用前款规定。

注释 婚前或者婚姻关系存续期间,当事人约定将一方所有的房产赠与另一方或者共有,赠与方在赠与房产变更登记之前撤销赠与,另一方请求判令继续履行的,人民法院可以按照本条的规定处理。

链接《公益事业捐赠法》第2—5条;《最高人民法院关于适用〈中华人民共和国民法典〉婚姻家庭编的解释(一)》第32条

第六百五十九条　【赠与特殊财产需要办理有关法律手续】赠与的财产依法需要办理登记或者其他手续的,应当办理有关手续。

第六百六十条　【法定不得撤销赠与的赠与人不交付赠与财产的责任】经过公证的赠与合同或者依法不得撤销的具有救灾、扶贫、助残等公益、道德义务性质的赠与合同,赠与人不交付赠与财产的,受赠人可以请求交付。

依据前款规定应当交付的赠与财产因赠与人故意或者重大过失致使毁损、灭失的,赠与人应当承担赔偿责任。

第六百六十一条　【附义务的赠与合同】赠与可以附义务。

赠与附义务的,受赠人应当按照约定履行义务。

【注释】赠与所附的义务不得违反法律和社会公共利益,不得违背公序良俗,否则,赠与合同无效。

赠与附义务的,受赠人应当按照约定履行义务。如果赠与人已经为给付,而受赠人不履行其义务的,赠与人得请求受赠人履行其义务,或者依法撤销赠与,以不当得利请求返还赠与的财产。如果受赠人受领的赠与的财产的价值不足以补偿其履行义务所为的给付时,受赠人是否得继续履行其义务,我国法律没有明确规定,根据诚实信用原则和公平原则,一般认为这时受赠人仅于赠与财产的价值限度内履行其义务。

第六百六十二条 【赠与财产的瑕疵担保责任】赠与的财产有瑕疵的,赠与人不承担责任。附义务的赠与,赠与的财产有瑕疵的,赠与人在附义务的限度内承担与出卖人相同的责任。

赠与人故意不告知瑕疵或者保证无瑕疵,造成受赠人损失的,应当承担赔偿责任。

第六百六十三条 【赠与人的法定撤销情形及撤销权行使期间】受赠人有下列情形之一的,赠与人可以撤销赠与:

(一)严重侵害赠与人或者赠与人近亲属的合法权益;

(二)对赠与人有扶养义务而不履行;

(三)不履行赠与合同约定的义务。

赠与人的撤销权,自知道或者应当知道撤销事由之日起一年内行使。

【注释】赠与的法定撤销,是指具备法定条件时,允许赠与人或其继承人、监护人行使撤销权,撤销赠与合同的行为。法定撤销与任意撤销不同,必须具有法定理由,在具备这些法定事由时,权利人可以撤销赠与。

赠与人的法定撤销事由规定为三种情形:1. 受赠人严重侵害赠与人或赠与人近亲属的合法权益。此处的严重侵害,含故意和重大过失两种。2. 受赠人对赠与人有扶养义务而不履行的。3. 不履行赠与合同约定的义务。在附义务的赠与合同中,受赠人如果不按约定履行该负担的义务,有损于赠与人利益的,赠与人可以行使法定撤销权。

第六百六十四条 【赠与人的继承人或法定代理人的撤销权】因受赠人的违法行为致使赠与人死亡或者丧失民事行为能力的,赠与人的继承人或者法定代理人可以撤销赠与。

赠与人的继承人或者法定代理人的撤销权,自知道或者应当知道撤销事由之日起六个月内行使。

第六百六十五条 【撤销赠与的效力】撤销权人撤销赠与的,可以向受赠人请求返还赠与的财产。

第六百六十六条 【赠与义务的免除】赠与人的经济状况显著恶化,严重影响其生产经营或者家庭生活的,可以不再履行赠与义务。

第十二章 借款合同

第六百六十七条 【借款合同的定义】借款合同是借款人向贷款人借款,到期返还借款并支付利息的合同。

【注释】借款合同的特征是:1. 借款合同的标的物为货币。2. 借款合同是转让借款所有权的合同。货币是消耗物,一旦交付给借款人,则该部分货币即归借款人所有,贷款人对该部分货币的所有权则转化为合同到期时主张借款人偿还本息的请求权。3. 借款合同一般是有偿合同,除法律另有规定外,借款人按一定标准支付利息。自然人之间借款对利息如无约定或约定不明确,视为不支付利息。4. 借款合同一般是诺成、双务合同。

【案例】北京长富投资基金与武汉中森华世纪房地产开发有限公司等委托贷款合同纠纷案(《最高人民法院公报》2016年第11期)

裁判规则:委托人、受托银行与借款人三方签订委托贷款合同,由委托人提供资金、受托银行根据委托人确定的借款人、用途、金额、币种、期限、利率等代为发放、协助监督使用并收回贷款,受托银行收取代理委托贷款手续费,并不承担信用风险,其实质是委托人与借款人之间的民间借贷。委托贷款合同的效力、委托人与借款人之间的利息、逾期利息、违约金等权利义务均应受有关民间借贷的法律、法规和司法解释的规制。

第六百六十八条 【借款合同的形式和内容】借款合同应当采用书面形式,但是自然人之间借款另有约定的除外。

借款合同的内容一般包括借款种类、币种、用途、数额、利率、期限和还款方式等条款。

【链接】《商业银行法》第37条

第六百六十九条 【借款合同借款人的告知义务】订立借款合同,借款人应当按照贷款人的要求提供与借款有关的业务活动和财务状况的真实情况。

链接 《商业银行法》第35条

第六百七十条 【借款利息不得预先扣除】借款的利息不得预先在本金中扣除。利息预先在本金中扣除的,应当按照实际借款数额返还借款并计算利息。

第六百七十一条 【提供及收取借款迟延责任】贷款人未按照约定的日期、数额提供借款,造成借款人损失的,应当赔偿损失。

借款人未按照约定的日期、数额收取借款的,应当按照约定的日期、数额支付利息。

链接 《商业银行法》第42条

第六百七十二条 【贷款人对借款使用情况检查、监督的权利】贷款人按照约定可以检查、监督借款的使用情况。借款人应当按照约定向贷款人定期提供有关财务会计报表或者其他资料。

第六百七十三条 【借款人违约使用借款的后果】借款人未按照约定的借款用途使用借款的,贷款人可以停止发放借款、提前收回借款或者解除合同。

第六百七十四条 【借款利息支付期限的确定】借款人应当按照约定的期限支付利息。对支付利息的期限没有约定或者约定不明确,依据本法第五百一十条的规定仍不能确定,借款期间不满一年的,应当在返还借款时一并支付;借款期间一年以上的,应当在每届满一年时支付,剩余期间不满一年的,应当在返还借款时一并支付。

链接 《商业银行法》第42条

第六百七十五条 【还款期限的确定】借款人应当按照约定的期限返还借款。对借款期限没有约定或者约定不明确,依据本法第五百一十条的规定仍不能确定的,借款人可以随时返还;贷款人可以催告借款人在合理期限内返还。

第六百七十六条 【借款合同违约责任承担】借款人未按照约定的期限返还借款的,应当按照约定或者国家有关规定支付逾期利息。

第六百七十七条 【提前偿还借款】借款人提前返还借款的,除当事人另有约定外,应当按照实际借款的期间计算利息。

第六百七十八条 【借款展期】借款人可以在还款期限届满前向贷款人申请展期;贷款人同意的,可以展期。

第六百七十九条 【自然人之间借款合同的成立】自然人之间的借款合同,自贷款人提供借款时成立。

第六百八十条 【借款利率和利息】禁止高利放贷,借款的利率不得违反国家有关规定。

借款合同对支付利息没有约定的,视为没有利息。

借款合同对支付利息约定不明确,当事人不能达成补充协议的,按照当地或者当事人的交易方式、交易习惯、市场利率等因素确定利息;自然人之间借款的,视为没有利息。

注释 为解决民间借贷领域存在的突出问题,本条第1款明确规定禁止高利放贷。根据《最高人民法院关于审理民间借贷案件适用法律若干问题的规定》第25条:"出借人请求借款人按照合同约定利率支付利息的,人民法院应予支持,但是双方约定的利率超过合同成立时一年期贷款市场报价利率四倍的除外。前款所称'一年期贷款市场报价利率',是指中国人民银行授权全国银行间同业拆借中心自2019年8月20日起每月发布的一年期贷款市场报价利率。"

本条第2款在合同法规定的基础上,将没有约定支付利息的借贷情形,拓展到了所有借贷领域,即所有类型或者当事人之间订立的借贷合同,只要没有约定支付利息,就一律视为没有利息。

本条第3款对于借款合同当事人就支付利息约定不明确时的处理规则进行了规定:(1)当事人可就支付利息问题进行重新协商,能够达成补充协议的,按其执行。(2)不能达成补充协议的,依据本法第142条第1款以及第510条的规定,应当根据借款合同所使用的词句,通过合同的文义解释和整体解释确定利息标准。(3)如果通过上述两种方式均无法确定借款合同的利息标准,可以按照合同履行地或者当事人之间的交易方式、交易习惯补充确定利息。实践中,法院或者仲裁机构在当事人就利息问题约定不明时,可以以订立借款合同时合同履行地的商业银行同期同类贷款利率计算利息。至于自然人之间的借款就支付利息约定不明确的,也视为没有利息。

第十三章 保证合同

第一节 一般规定

第六百八十一条 【保证合同的概念】保证合

同是为保障债权的实现，保证人和债权人约定，当债务人不履行到期债务或者发生当事人约定的情形时，保证人履行债务或者承担责任的合同。

注释 保证是指法人、非法人组织和公民以其信誉和不特定的财产为他们的债务提供担保，当债务人不履行其债务时，该第三人按照约定履行债务或者承担责任的担保方式。这里的第三人叫作保证人，保证人必须是主合同以外的第三人。债务人不得为自己的债务作保证，且保证人应当具有清偿债务的能力，必须具有足以承担保证责任的财产，具有代为清偿能力是保证人应当具备的条件。这里的债权人既是主合同等主债的债权人，又是保证合同中的债权人，"保证人履行债务或者承担责任"构成保证债务或保证责任。保证属于人的担保范畴，而不同于抵押、质押、留置等物的担保形式。保证不是用具体的财产提供担保，而是以保证人的信誉和不特定的财产为他人的债务提供担保。

第六百八十二条 【保证合同的附从性及被确认无效后的责任分配】保证合同是主债权债务合同的从合同。主债权债务合同无效，保证合同无效，但是法律另有规定的除外。

保证合同被确认无效后，债务人、保证人、债权人有过错的，应当根据其过错各自承担相应的民事责任。

注释 保证合同是主债权债务合同的从合同，具有附从性，以主合同的存在或将来可能存在为前提，随主合同的消灭而消灭。保证担保的范围不得超过主合同中的债务，不得与主合同债务分离而移转。但本条第1款同时又规定了但书条款，即"法律另有规定的除外"。最高人民法院发布的《关于审理独立保函纠纷案件若干问题的规定》明确了在国内交易中允许银行或非银行金融机构有资格开具独立保函。

第六百八十三条 【保证人的资格】机关法人不得为保证人，但是经国务院批准为使用外国政府或者国际经济组织贷款进行转贷的除外。

以公益为目的的非营利法人、非法人组织不得为保证人。

链接 《公司法》第16条；《商业银行法》第22条

第六百八十四条 【保证合同的一般内容】保证合同的内容一般包括被保证的主债权的种类、数额，债务人履行债务的期限，保证的方式、范围和期间等条款。

第六百八十五条 【保证合同的订立】保证合同可以是单独订立的书面合同，也可以是主债权债务合同中的保证条款。

第三人单方以书面形式向债权人作出保证，债权人接收且未提出异议的，保证合同成立。

第六百八十六条 【保证方式】保证的方式包括一般保证和连带责任保证。

当事人在保证合同中对保证方式没有约定或者约定不明确的，按照一般保证承担保证责任。

链接 《最高人民法院关于适用〈中华人民共和国民法典〉有关担保制度的解释》第10、14、25—29条

第六百八十七条 【一般保证及先诉抗辩权】当事人在保证合同中约定，债务人不能履行债务时，由保证人承担保证责任的，为一般保证。

一般保证的保证人在主合同纠纷未经审判或者仲裁，并就债务人财产依法强制执行仍不能履行债务前，有权拒绝向债权人承担保证责任，但是有下列情形之一的除外：

（一）债务人下落不明，且无财产可供执行；

（二）人民法院已经受理债务人破产案件；

（三）债权人有证据证明债务人的财产不足以履行全部债务或者丧失履行债务能力；

（四）保证人书面表示放弃本款规定的权利。

案例 青海金泰融资担保有限公司与上海金桥工程建设发展有限公司、青海三工置业有限公司执行复议案（最高人民法院指导案例120号）

裁判规则：在案件审理期间保证人为被执行人提供保证，承诺在被执行人无财产可供执行或者财产不足清偿债务时承担保证责任的，执行法院对保证人应当适用一般保证的执行规则。在被执行人虽有财产但严重不方便执行时，可以执行保证人在保证责任范围内的财产。

第六百八十八条 【连带责任保证】当事人在保证合同中约定保证人和债务人对债务承担连带责任的，为连带责任保证。

连带责任保证的债务人不履行到期债务或者发生当事人约定的情形时，债权人可以请求债务人履行债务，也可以请求保证人在其保证范围内承担保证责任。

第六百八十九条 【反担保】保证人可以要求债务人提供反担保。

第六百九十条　【最高额保证合同】保证人与债权人可以协商订立最高额保证的合同，约定在最高债权额限度内就一定期间连续发生的债权提供保证。

最高额保证除适用本章规定外，参照适用本法第二编最高额抵押权的有关规定。

第二节　保证责任

第六百九十一条　【保证责任的范围】保证的范围包括主债权及其利息、违约金、损害赔偿金和实现债权的费用。当事人另有约定的，按照其约定。

链接《最高人民法院关于适用〈中华人民共和国民法典〉有关担保制度的解释》第3条

第六百九十二条　【保证期间】保证期间是确定保证人承担保证责任的期间，不发生中止、中断和延长。

债权人与保证人可以约定保证期间，但是约定的保证期间早于主债务履行期限或者与主债务履行期限同时届满的，视为没有约定；没有约定或者约定不明确的，保证期间为主债务履行期限届满之日起六个月。

债权人与债务人对主债务履行期限没有约定或者约定不明确的，保证期间自债权人请求债务人履行债务的宽限期届满之日起计算。

注释 保证期间具有如下特征：第一，保证期间是就保证责任的承担所设定的期间。从性质上说，保证期间是确定保证人承担保证责任的期间，它既非保证合同的有效期间，也非附期限合同中的期限，而仅仅是针对保证责任的承担所设定的期限。第二，保证期间由当事人约定或法律规定。保证期间可以由法律作出明确规定，也可以由当事人通过特别约定确定，在当事人没有约定或约定不明时，才适用法律规定的保证期间。保证期间设立的目的在于限制保证人的责任、保障保证人的利益，当事人可以就保证期间作出特别约定，按照私法自治的原则，此种约定应当有效。第三，保证期间是保证合同的组成部分。保证合同的当事人可以就保证期间作出约定，只要此种约定不违反法律的强制性规定，该约定就是有效的，其应当成为保证合同的重要组成部分。

第六百九十三条　【保证期间届满的法律效果】一般保证的债权人未在保证期间对债务人提起诉讼或者申请仲裁的，保证人不再承担保证责任。

连带责任保证的债权人未在保证期间请求保证人承担保证责任的，保证人不再承担保证责任。

第六百九十四条　【保证债务的诉讼时效】一般保证的债权人在保证期间届满前对债务人提起诉讼或者申请仲裁的，从保证人拒绝承担保证责任的权利消灭之日起，开始计算保证债务的诉讼时效。

连带责任保证的债权人在保证期间届满前请求保证人承担保证责任的，从债权人请求保证人承担保证责任之日起，开始计算保证债务的诉讼时效。

第六百九十五条　【主合同变更对保证责任的影响】债权人和债务人未经保证人书面同意，协商变更主债权债务合同内容，减轻债务的，保证人仍对变更后的债务承担保证责任；加重债务的，保证人对加重的部分不承担保证责任。

债权人和债务人变更主债权债务合同的履行期限，未经保证人书面同意的，保证期间不受影响。

第六百九十六条　【债权转让时保证人的保证责任】债权人转让全部或者部分债权，未通知保证人的，该转让对保证人不发生效力。

保证人与债权人约定禁止债权转让，债权人未经保证人书面同意转让债权的，保证人对受让人不再承担保证责任。

第六百九十七条　【债务承担对保证责任的影响】债权人未经保证人书面同意，允许债务人转移全部或者部分债务，保证人对未经其同意转移的债务不再承担保证责任，但是债权人和保证人另有约定的除外。

第三人加入债务的，保证人的保证责任不受影响。

第六百九十八条　【一般保证人免责】一般保证的保证人在主债务履行期限届满后，向债权人提供债务人可供执行财产的真实情况，债权人放弃或者怠于行使权利致使该财产不能被执行的，保证人在其提供可供执行财产的价值范围内不再承担保证责任。

第六百九十九条　【共同保证】同一债务有两个以上保证人的，保证人应当按照保证合同约定的保证份额，承担保证责任；没有约定保证份额的,债权人可以请求任何一个保证人在其保证范围内承担保证责任。

链接《最高人民法院关于适用〈中华人民共和国民法典〉有关担保制度的解释》第13、14条

第七百条 【保证人的追偿权】保证人承担保证责任后,除当事人另有约定外,有权在其承担保证责任的范围内向债务人追偿,享有债权人对债务人的权利,但是不得损害债权人的利益。

第七百零一条 【保证人的抗辩权】保证人可以主张债务人对债权人的抗辩。债务人放弃抗辩的,保证人仍有权向债权人主张抗辩。

第七百零二条 【抵销权或撤销权范围内的免责】债务人对债权人享有抵销权或者撤销权的,保证人可以在相应范围内拒绝承担保证责任。

第十四章 租赁合同

第七百零三条 【租赁合同的概念】租赁合同是出租人将租赁物交付承租人使用、收益,承租人支付租金的合同。

第七百零四条 【租赁合同的内容】租赁合同的内容一般包括租赁物的名称、数量、用途、租赁期限、租金及其支付期限和方式、租赁物维修等条款。

链接《海商法》第130、145条

第七百零五条 【租赁期限的最高限制】租赁期限不得超过二十年。超过二十年的,超过部分无效。

租赁期限届满,当事人可以续订租赁合同;但是,约定的租赁期限自续订之日起不得超过二十年。

第七百零六条 【租赁合同登记对合同效力影响】当事人未依照法律、行政法规规定办理租赁合同登记备案手续的,不影响合同的效力。

第七百零七条 【租赁合同形式】租赁期限六个月以上的,应当采用书面形式。当事人未采用书面形式,无法确定租赁期限的,视为不定期租赁。

第七百零八条 【出租人义务】出租人应当按照约定将租赁物交付承租人,并在租赁期限内保持租赁物符合约定的用途。

第七百零九条 【承租人义务】承租人应当按照约定的方法使用租赁物。对租赁物的使用方法没有约定或者约定不明确的,依据本法第五百一十条的规定仍不能确定的,应当根据租赁物的性质使用。

第七百一十条 【承租人合理使用租赁物的免责】承租人按照约定的方法或者根据租赁物的性质使用租赁物,致使租赁物受到损耗的,不承担赔偿责任。

第七百一十一条 【承租人未合理使用租赁物的责任】承租人未按照约定的方法或者未根据租赁物的性质使用租赁物,致使租赁物受到损失的,出租人可以解除合同并请求赔偿损失。

链接《最高人民法院关于审理城镇房屋租赁合同纠纷案件具体应用法律若干问题的解释》第6条

第七百一十二条 【出租人的维修义务】出租人应当履行租赁物的维修义务,但是当事人另有约定的除外。

链接《海商法》第132、133、146条

第七百一十三条 【租赁物的维修和维修费负担】承租人在租赁物需要维修时可以请求出租人在合理期限内维修。出租人未履行维修义务的,承租人可以自行维修,维修费用由出租人负担。因维修租赁物影响承租人使用的,应当相应减少租金或者延长租期。

因承租人的过错致使租赁物需要维修的,出租人不承担前款规定的维修义务。

第七百一十四条 【承租人的租赁物妥善保管义务】承租人应当妥善保管租赁物,因保管不善造成租赁物毁损、灭失的,应当承担赔偿责任。

第七百一十五条 【承租人对租赁物进行改善或增设他物】承租人经出租人同意,可以对租赁物进行改善或者增设他物。

承租人未经出租人同意,对租赁物进行改善或者增设他物的,出租人可以请求承租人恢复原状或者赔偿损失。

链接《最高人民法院关于审理城镇房屋租赁合同纠纷案件具体应用法律若干问题的解释》第7—12条

第七百一十六条 【转租】承租人经出租人同意,可以将租赁物转租给第三人。承租人转租的,承租人与出租人之间的租赁合同继续有效;第三人造成租赁物损失的,承租人应当赔偿损失。

承租人未经出租人同意转租的,出租人可以解除合同。

链接《海商法》第137、138、150条

第七百一十七条 【转租期限】承租人经出租人同意将租赁物转租给第三人，转租期限超过承租人剩余租赁期限的，超过部分的约定对出租人不具有法律约束力，但是出租人与承租人另有约定的除外。

第七百一十八条 【出租人同意转租的推定】出租人知道或者应当知道承租人转租，但是在六个月内未提出异议的，视为出租人同意转租。

第七百一十九条 【次承租人的代为清偿权】承租人拖欠租金的，次承租人可以代承租人支付其欠付的租金和违约金，但是转租合同对出租人不具有法律约束力的除外。

次承租人代为支付的租金和违约金，可以充抵次承租人应当向承租人支付的租金；超出其应付的租金数额的，可以向承租人追偿。

第七百二十条 【租赁物的收益归属】在租赁期限内因占有、使用租赁物获得的收益，归承租人所有，但是当事人另有约定的除外。

第七百二十一条 【租金支付期限】承租人应当按照约定的期限支付租金。对支付租金的期限没有约定或者约定不明确，依据本法第五百一十条的规定仍不能确定，租赁期限不满一年的，应当在租赁期限届满时支付；租赁期限一年以上的，应当在每届满一年时支付，剩余期限不满一年的，应当在租赁期限届满时支付。

链接《海商法》第140条

第七百二十二条 【承租人的租金支付义务】承租人无正当理由未支付或者迟延支付租金的，出租人可以请求承租人在合理期限内支付；承租人逾期不支付的，出租人可以解除合同。

链接《海商法》第140条

第七百二十三条 【出租人的权利瑕疵担保责任】因第三人主张权利，致使承租人不能对租赁物使用、收益的，承租人可以请求减少租金或者不支付租金。

第三人主张权利的，承租人应当及时通知出租人。

第七百二十四条 【承租人解除合同的法定情形】有下列情形之一，非因承租人原因致使租赁物无法使用的，承租人可以解除合同：

（一）租赁物被司法机关或者行政机关依法查封、扣押；

（二）租赁物权属有争议；

（三）租赁物具有违反法律、行政法规关于使用条件的强制性规定情形。

第七百二十五条 【买卖不破租赁】租赁物在承租人按照租赁合同占有期限内发生所有权变动的，不影响租赁合同的效力。

链接《最高人民法院关于审理城镇房屋租赁合同纠纷案件具体应用法律若干问题的解释》第14条

案例 唐学富、庞华与合肥建鑫房地产开发有限公司给付瑕疵责任担保纠纷案（《最高人民法院公报》2020年第2期）

*裁判规则：*买卖尚处于租赁期间的房屋，出卖人应当告知受人房屋租赁合同的内容，但承租人的履约能力属于商业风险范畴，不属于出卖人先合同义务，买受人应自行审查与承担。租赁期间房屋产权发生变更，除当事人有特别约定外，租金自产权变更之日归买受人所有。买受人在产权变更后，因租金难以收取，以出卖人有缔约过失、交付房屋存在瑕疵为由，要求出卖人承担租金损失的，人民法院不予支持。

第七百二十六条 【房屋承租人的优先购买权】出租人出卖租赁房屋的，应当在出卖之前的合理期限内通知承租人，承租人享有以同等条件优先购买的权利；但是，房屋按份共有人行使优先购买权或者出租人将房屋出卖给近亲属的除外。

出租人履行通知义务后，承租人在十五日内未明确表示购买的，视为承租人放弃优先购买权。

链接《最高人民法院关于审理城镇房屋租赁合同纠纷案件具体应用法律若干问题的解释》第15条

案例 杨巧丽诉中州泵业公司优先购买权侵权纠纷案（《最高人民法院公报》2004年第5期）

*裁判规则：*法律规定的优先购买权，是指当出租人出卖租赁房屋时，承租人在同等条件下可以优先购买自己承租的房屋；对出租人出卖的其他房屋，承租人不享有优先购买权。

承租人提交的证据，只能证明出租人出卖过房屋并且收取出卖房款，不能证明其承租的房屋已被出租人出卖。而只要承租人不能证明其承租的房屋已被出租人出卖，就不能因出租人出卖其他房屋而主张享有优先购买权，出租人出卖其他房屋与承租人无关。

第七百二十七条 【承租人对拍卖房屋的优先购买权】出租人委托拍卖人拍卖租赁房屋的，应当在拍卖五日前通知承租人。承租人未参加拍卖的,视为放弃优先购买权。

第七百二十八条　【妨害承租人优先购买权的赔偿责任】出租人未通知承租人或者有其他妨害承租人行使优先购买权情形的,承租人可以请求出租人承担赔偿责任。但是,出租人与第三人订立的房屋买卖合同的效力不受影响。

第七百二十九条　【租赁物毁损、灭失的法律后果】因不可归责于承租人的事由,致使租赁物部分或者全部毁损、灭失的,承租人可以请求减少租金或者不支付租金;因租赁物部分或者全部毁损、灭失,致使不能实现合同目的的,承租人可以解除合同。

第七百三十条　【租期不明的处理】当事人对租赁期限没有约定或者约定不明确,依据本法第五百一十条的规定仍不能确定的,视为不定期租赁;当事人可以随时解除合同,但是应当在合理期限之前通知对方。

链接《最高人民法院关于审理涉及农村土地承包纠纷案件适用法律问题的解释》第 16 条

第七百三十一条　【租赁物质量不合格时承租人的解除权】租赁物危及承租人的安全或者健康,即使承租人订立合同时明知该租赁物质量不合格,承租人仍然可以随时解除合同。

第七百三十二条　【房屋承租人死亡时租赁关系的处理】承租人在房屋租赁期限内死亡的,与其生前共同居住的人或者共同经营人可以按照原租赁合同租赁该房屋。

第七百三十三条　【租赁物的返还】租赁期限届满,承租人应当返还租赁物。返还的租赁物应当符合按照约定或者根据租赁物的性质使用后的状态。

链接《海商法》第 142、143 条

第七百三十四条　【租赁期限届满的续租及优先承租权】租赁期限届满,承租人继续使用租赁物,出租人没有提出异议的,原租赁合同继续有效,但是租赁期限为不定期。

租赁期限届满,房屋承租人享有以同等条件优先承租的权利。

第十五章　融资租赁合同

第七百三十五条　【融资租赁合同的概念】融资租赁合同是出租人根据承租人对出卖人、租赁物的选择,向出卖人购买租赁物,提供给承租人使用,承租人支付租金的合同。

链接《最高人民法院关于审理融资租赁合同纠纷案件适用法律问题的解释》第 1、2 条

第七百三十六条　【融资租赁合同的内容】融资租赁合同的内容一般包括租赁物的名称、数量、规格、技术性能、检验方法、租赁期限、租金构成及其支付期限和方式、币种、租赁期限届满租赁物的归属等条款。

融资租赁合同应当采用书面形式。

第七百三十七条　【融资租赁通谋虚伪表示】当事人以虚构租赁物方式订立的融资租赁合同无效。

第七百三十八条　【特定租赁物经营许可对合同效力影响】依照法律、行政法规的规定,对于租赁物的经营使用应当取得行政许可的,出租人未取得行政许可不影响融资租赁合同的效力。

第七百三十九条　【融资租赁标的物的交付】出租人根据承租人对出卖人、租赁物的选择订立的买卖合同,出卖人应当按照约定向承租人交付标的物,承租人享有与受领标的物有关的买受人的权利。

第七百四十条　【承租人的拒绝受领权】出卖人违反向承租人交付标的物的义务,有下列情形之一的,承租人可以拒绝受领出卖人向其交付的标的物:

(一)标的物严重不符合约定;

(二)未按照约定交付标的物,经承租人或者出租人催告后在合理期限内仍未交付。

承租人拒绝受领标的物的,应当及时通知出租人。

链接《最高人民法院关于审理融资租赁合同纠纷案件适用法律问题的解释》第 3 条

第七百四十一条　【承租人的索赔权】出租人、出卖人、承租人可以约定,出卖人不履行买卖合同义务的,由承租人行使索赔的权利。承租人行使索赔权利的,出租人应当协助。

第七百四十二条　【承租人行使索赔权的租金支付义务】承租人对出卖人行使索赔权利,不影响其履行支付租金的义务。但是,承租人依赖出租人的技能确定租赁物或者出租人干预选择租赁物的,承租人可以请求减免相应租金。

第七百四十三条　【承租人索赔不能的违约责任承担】出租人有下列情形之一,致使承租人对

出卖人行使索赔权利失败的,承租人有权请求出租人承担相应的责任:

(一)明知租赁物有质量瑕疵而不告知承租人;

(二)承租人行使索赔权利时,未及时提供必要协助。

出租人怠于行使只能由其对出卖人行使的索赔权利,造成承租人损失的,承租人有权请求出租人承担赔偿责任。

第七百四十四条　【出租人不得擅自变更买卖合同内容】出租人根据承租人对出卖人、租赁物的选择订立的买卖合同,未经承租人同意,出租人不得变更与承租人有关的合同内容。

链接《最高人民法院关于审理融资租赁合同纠纷案件适用法律问题的解释》第4条

第七百四十五条　【租赁物的登记对抗效力】出租人对租赁物享有的所有权,未经登记,不得对抗善意第三人。

第七百四十六条　【租金的确定规则】融资租赁合同的租金,除当事人另有约定外,应当根据购买租赁物的大部分或者全部成本以及出租人的合理利润确定。

第七百四十七条　【租赁物瑕疵担保责任】租赁物不符合约定或者不符合使用目的的,出租人不承担责任。但是,承租人依赖出租人的技能确定租赁物或者出租人干预选择租赁物的除外。

链接《最高人民法院关于审理融资租赁合同纠纷案件适用法律问题的解释》第8条

第七百四十八条　【出租人保证承租人占有和使用租赁物】出租人应当保证承租人对租赁物的占有和使用。

出租人有下列情形之一的,承租人有权请求其赔偿损失:

(一)无正当理由收回租赁物;

(二)无正当理由妨碍、干扰承租人对租赁物的占有和使用;

(三)因出租人的原因致使第三人对租赁物主张权利;

(四)不当影响承租人对租赁物占有和使用的其他情形。

链接《最高人民法院关于审理融资租赁合同纠纷案件适用法律问题的解释》第6条

第七百四十九条　【租赁物致人损害的责任承担】承租人占有租赁物期间,租赁物造成第三人人身损害或者财产损失的,出租人不承担责任。

第七百五十条　【租赁物的保管、使用、维修】承租人应当妥善保管、使用租赁物。

承租人应当履行占有租赁物期间的维修义务。

第七百五十一条　【承租人占有租赁物毁损、灭失的租金承担】承租人占有租赁物期间,租赁物毁损、灭失的,出租人有权请求承租人继续支付租金,但是法律另有规定或者当事人另有约定的除外。

第七百五十二条　【承租人支付租金的义务】承租人应当按照约定支付租金。承租人经催告后在合理期限内仍不支付租金的,出租人可以请求支付全部租金;也可以解除合同,收回租赁物。

链接《最高人民法院关于审理融资租赁合同纠纷案件适用法律问题的解释》第9—10条;《最高人民法院关于适用〈中华人民共和国民法典〉有关担保制度的解释》第65条

第七百五十三条　【承租人擅自处分租赁物时出租人的解除权】承租人未经出租人同意,将租赁物转让、抵押、质押、投资入股或者以其他方式处分的,出租人可以解除融资租赁合同。

第七百五十四条　【出租人或承租人均可解除融资租赁合同情形】有下列情形之一的,出租人或者承租人可以解除融资租赁合同:

(一)出租人与出卖人订立的买卖合同解除、被确认无效或者被撤销,且未能重新订立买卖合同;

(二)租赁物因不可归责于当事人的原因毁损、灭失,且不能修复或者确定替代物;

(三)因出卖人的原因致使融资租赁合同的目的不能实现。

链接《最高人民法院关于审理融资租赁合同纠纷案件适用法律问题的解释》第5—7、11条

第七百五十五条　【承租人承担出租人损失赔偿责任情形】融资租赁合同因买卖合同解除、被确认无效或者被撤销而解除,出卖人、租赁物系由承租人选择的,出租人有权请求承租人赔偿相应损失;但是,因出租人原因致使买卖合同解除、被确认无效或者被撤销的除外。

出租人的损失已经在买卖合同解除、被确认无效或者被撤销时获得赔偿的,承租人不再承担相应的赔偿责任。

第七百五十六条 【租赁物意外毁损灭失】融资租赁合同因租赁物交付承租人后意外毁损、灭失等不可归责于当事人的原因解除的，出租人可以请求承租人按照租赁物折旧情况给予补偿。

第七百五十七条 【租赁期满租赁物的归属】出租人和承租人可以约定租赁期限届满租赁物的归属；对租赁物的归属没有约定或者约定不明确，依据本法第五百一十条的规定仍不能确定的，租赁物的所有权归出租人。

第七百五十八条 【承租人请求部分返还租赁物价值】当事人约定租赁期限届满租赁物归承租人所有，承租人已经支付大部分租金，但是无力支付剩余租金，出租人因此解除合同收回租赁物，收回的租赁物的价值超过承租人欠付的租金以及其他费用的，承租人可以请求相应返还。

当事人约定租赁期限届满租赁物归出租人所有，因租赁物毁损、灭失或者附合、混合于他物致使承租人不能返还的，出租人有权请求承租人给予合理补偿。

第七百五十九条 【支付象征性价款时的租赁物归属】当事人约定租赁期限届满，承租人仅需向出租人支付象征性价款的，视为约定的租金义务履行完毕后租赁物的所有权归承租人。

第七百六十条 【融资租赁合同无效时租赁物的归属】融资租赁合同无效，当事人就该情形下租赁物的归属有约定的，按照其约定；没有约定或者约定不明确的，租赁物应当返还出租人。但是，因承租人原因致使合同无效，出租人不请求返还或者返还后会显著降低租赁物效用的，租赁物的所有权归承租人，由承租人给予出租人合理补偿。

第十六章　保理合同

第七百六十一条 【保理合同的概念】保理合同是应收账款债权人将现有的或者将有的应收账款转让给保理人，保理人提供资金融通、应收账款管理或者催收、应收账款债务人付款担保等服务的合同。

链接《最高人民法院关于适用〈中华人民共和国民法典〉有关担保制度的解释》

第七百六十二条 【保理合同的内容与形式】保理合同的内容一般包括业务类型、服务范围、服务期限、基础交易合同情况、应收账款信息、保理融资款或者服务报酬及其支付方式等条款。保理合同应当采用书面形式。

第七百六十三条 【虚构应收账款】应收账款债权人与债务人虚构应收账款作为转让标的，与保理人订立保理合同的，应收账款债务人不得以应收账款不存在为由对抗保理人，但是保理人明知虚构的除外。

第七百六十四条 【保理人发出转让通知的表明身份义务】保理人向应收账款债务人发出应收账款转让通知的，应当表明保理人身份并附有必要凭证。

第七百六十五条 【无正当理由变更、终止基础交易合同对保理人的效力】应收账款债务人接到应收账款转让通知后，应收账款债权人与债务人无正当理由协商变更或者终止基础交易合同，对保理人产生不利影响的，对保理人不发生效力。

第七百六十六条 【有追索权保理】当事人约定有追索权保理的，保理人可以向应收账款债权人主张返还保理融资款本息或者回购应收账款债权，也可以向应收账款债务人主张应收账款债权。保理人向应收账款债务人主张应收账款债权，在扣除保理融资款本息和相关费用后有剩余的，剩余部分应当返还给应收账款债权人。

第七百六十七条 【无追索权保理】当事人约定无追索权保理的，保理人应当向应收账款债务人主张应收账款债权，保理人取得超过保理融资款本息和相关费用的部分，无需向应收账款债权人返还。

第七百六十八条 【多重保理的清偿顺序】应收账款债权人就同一应收账款订立多个保理合同，致使多个保理人主张权利的，已经登记的先于未登记的取得应收账款；均已经登记的，按照登记时间的先后顺序取得应收账款；均未登记的，由最先到达应收账款债务人的转让通知中载明的保理人取得应收账款；既未登记也未通知的，按照保理融资款或者服务报酬的比例取得应收账款。

链接《最高人民法院关于适用〈中华人民共和国民法典〉有关担保制度的解释》第66条

第七百六十九条 【参照适用债权转让的规定】本章没有规定的，适用本编第六章债权转让的有关规定。

第十七章　承揽合同

第七百七十条 【承揽合同的定义及类型】承

揽合同是承揽人按照定作人的要求完成工作,交付工作成果,定作人支付报酬的合同。

承揽包括加工、定作、修理、复制、测试、检验等工作。

第七百七十一条 【承揽合同的主要条款】承揽合同的内容一般包括承揽的标的、数量、质量、报酬,承揽方式,材料的提供,履行期限,验收标准和方法等条款。

第七百七十二条 【承揽人独立完成主要工作】承揽人应当以自己的设备、技术和劳力,完成主要工作,但是当事人另有约定的除外。

承揽人将其承揽的主要工作交由第三人完成的,应当就该第三人完成的工作成果向定作人负责;未经定作人同意的,定作人也可以解除合同。

第七百七十三条 【承揽人对辅助性工作的责任】承揽人可以将其承揽的辅助工作交由第三人完成。承揽人将其承揽的辅助工作交由第三人完成的,应当就该第三人完成的工作成果向定作人负责。

第七百七十四条 【承揽人提供材料时的主要义务】承揽人提供材料的,应当按照约定选用材料,并接受定作人检验。

第七百七十五条 【定作人提供材料时双方当事人的义务】定作人提供材料的,应当按照约定提供材料。承揽人对定作人提供的材料应当及时检验,发现不符合约定时,应当及时通知定作人更换、补齐或者采取其他补救措施。

承揽人不得擅自更换定作人提供的材料,不得更换不需要修理的零部件。

第七百七十六条 【定作人要求不合理时双方当事人的义务】承揽人发现定作人提供的图纸或者技术要求不合理的,应当及时通知定作人。因定作人怠于答复等原因造成承揽人损失的,应当赔偿损失。

第七百七十七条 【中途变更工作要求的责任】定作人中途变更承揽工作的要求,造成承揽人损失的,应当赔偿损失。

第七百七十八条 【定作人的协助义务】承揽工作需要定作人协助的,定作人有协助的义务。定作人不履行协助义务致使承揽工作不能完成的,承揽人可以催告定作人在合理期限内履行义务,并可以顺延履行期限;定作人逾期不履行的,承揽人可以解除合同。

链接《最高人民法院第八次全国法院民事商事审判工作会议(民事部分)纪要》第33条

第七百七十九条 【定作人监督检验承揽工作】承揽人在工作期间,应当接受定作人必要的监督检验。定作人不得因监督检验妨碍承揽人的正常工作。

第七百八十条 【工作成果交付】承揽人完成工作的,应当向定作人交付工作成果,并提交必要的技术资料和有关质量证明。定作人应当验收该工作成果。

第七百八十一条 【工作成果质量不合约定的责任】承揽人交付的工作成果不符合质量要求的,定作人可以合理选择请求承揽人承担修理、重作、减少报酬、赔偿损失等违约责任。

链接《产品质量法》第40条

第七百八十二条 【支付报酬期限】定作人应当按照约定的期限支付报酬。对支付报酬的期限没有约定或者约定不明确,依据本法第五百一十条的规定仍不能确定的,定作人应当在承揽人交付工作成果时支付;工作成果部分交付的,定作人应当相应支付。

第七百八十三条 【承揽人的留置权及同时履行抗辩权】定作人未向承揽人支付报酬或者材料费等价款的,承揽人对完成的工作成果享有留置权或者有权拒绝交付,但是当事人另有约定的除外。

第七百八十四条 【承揽人保管义务】承揽人应当妥善保管定作人提供的材料以及完成的工作成果,因保管不善造成毁损、灭失的,应当承担赔偿责任。

第七百八十五条 【承揽人的保密义务】承揽人应当按照定作人的要求保守秘密,未经定作人许可,不得留存复制品或者技术资料。

第七百八十六条 【共同承揽】共同承揽人对定作人承担连带责任,但是当事人另有约定的除外。

第七百八十七条 【定作人的任意解除权】定作人在承揽人完成工作前可以随时解除合同,造成承揽人损失的,应当赔偿损失。

第十八章 建设工程合同

第七百八十八条 【建设工程合同的定义】建设工程合同是承包人进行工程建设,发包人支付价款的合同。

建设工程合同包括工程勘察、设计、施工合同。

第七百八十九条 【建设工程合同形式】建设工程合同应当采用书面形式。

链接 《建筑法》第15条

第七百九十条 【工程招标投标】建设工程的招标投标活动，应当依照有关法律的规定公开、公平、公正进行。

链接 《建筑法》第16—22条；《招标投标法》第3条；《招标投标法实施条例》第2条；《最高人民法院关于审理建设工程施工合同纠纷案件适用法律问题的解释（一）》第2条

第七百九十一条 【总包与分包】发包人可以与总承包人订立建设工程合同，也可以分别与勘察人、设计人、施工人订立勘察、设计、施工承包合同。发包人不得将应当由一个承包人完成的建设工程支解成若干部分发包给数个承包人。

总承包人或者勘察、设计、施工承包人经发包人同意，可以将自己承包的部分工作交由第三人完成。第三人就其完成的工作成果与总承包人或者勘察、设计、施工承包人向发包人承担连带责任。承包人不得将其承包的全部建设工程转包给第三人或者将其承包的全部建设工程支解以后以分包的名义分别转包给第三人。

禁止承包人将工程分包给不具备相应资质条件的单位。禁止分包单位将其承包的工程再分包。建设工程主体结构的施工必须由承包人自行完成。

链接 《建筑法》第24、28、29条；《建设工程质量管理条例》第7、18、78条；《最高人民法院关于审理建设工程施工合同纠纷案件适用法律问题的解释（一）》第5条

第七百九十二条 【国家重大建设工程合同的订立】国家重大建设工程合同，应当按照国家规定的程序和国家批准的投资计划、可行性研究报告等文件订立。

第七百九十三条 【建设工程施工合同无效的处理】建设工程施工合同无效，但是建设工程经验收合格的，可以参照合同关于工程价款的约定折价补偿承包人。

建设工程施工合同无效，且建设工程经验收不合格的，按照以下情形处理：

（一）修复后的建设工程经验收合格的，发包人可以请求承包人承担修复费用；

（二）修复后的建设工程经验收不合格的，承包人无权请求参照合同关于工程价款的约定折价补偿。

发包人对因建设工程不合格造成的损失有过错的，应当承担相应的责任。

第七百九十四条 【勘察、设计合同主要内容】勘察、设计合同的内容一般包括提交有关基础资料和概预算等文件的期限、质量要求、费用以及其他协作条件等条款。

第七百九十五条 【施工合同主要内容】施工合同的内容一般包括工程范围、建设工期、中间交工工程的开工和竣工时间、工程质量、工程造价、技术资料交付时间、材料和设备供应责任、拨款和结算、竣工验收、质量保修范围和质量保证期、相互协作等条款。

链接 《最高人民法院关于审理建设工程施工合同纠纷案件适用法律问题的解释（一）》第8—10条

第七百九十六条 【建设工程监理】建设工程实行监理的，发包人应当与监理人采用书面形式订立委托监理合同。发包人与监理人的权利和义务以及法律责任，应当依照本编委托合同以及其他有关法律、行政法规的规定。

链接 《建筑法》第30—35条；《建设工程质量管理条例》第12、34—38条

第七百九十七条 【发包人检查权】发包人在不妨碍承包人正常作业的情况下，可以随时对作业进度、质量进行检查。

第七百九十八条 【隐蔽工程】隐蔽工程在隐蔽以前，承包人应当通知发包人检查。发包人没有及时检查的，承包人可以顺延工程日期，并有权请求赔偿停工、窝工等损失。

第七百九十九条 【竣工验收】建设工程竣工后，发包人应当根据施工图纸及说明书、国家颁发的施工验收规范和质量检验标准及时进行验收。验收合格的，发包人应当按照约定支付价款，并接收该建设工程。

建设工程竣工经验收合格后，方可交付使用；未经验收或者验收不合格的，不得交付使用。

链接 《建筑法》第60、61条；《建设工程质量管理条例》第16、17、49条；《城镇燃气管理条例》第11条；《最高人民法院关于审理建设工程施工合同纠纷案件适用法律问题的解释（一）》第11、14条

第八百条　【勘察、设计人质量责任】勘察、设计的质量不符合要求或者未按照期限提交勘察、设计文件拖延工期，造成发包人损失的，勘察人、设计人应当继续完善勘察、设计，减收或者免收勘察、设计费并赔偿损失。

链接《建筑法》第52—56条；《建设工程质量管理条例》第18—24条

第八百零一条　【施工人的质量责任】因施工人的原因致使建设工程质量不符合约定的，发包人有权请求施工人在合理期限内无偿修理或者返工、改建。经过修理或者返工、改建后，造成逾期交付的，施工人应当承担违约责任。

链接《建筑法》第58—60条；《建设工程质量管理条例》第25—33条

第八百零二条　【质量保证责任】因承包人的原因致使建设工程在合理使用期限内造成人身损害和财产损失的，承包人应当承担赔偿责任。

链接《建筑法》第60—63条；《建设工程质量管理条例》第39—42条；《最高人民法院关于审理建设工程施工合同纠纷案件适用法律问题的解释（一）》第15条

第八百零三条　【发包人违约责任】发包人未按照约定的时间和要求提供原材料、设备、场地、资金、技术资料的，承包人可以顺延工程日期，并有权请求赔偿停工、窝工等损失。

第八百零四条　【发包人原因致工程停建、缓建的责任】因发包人的原因致使工程中途停建、缓建的，发包人应当采取措施弥补或者减少损失，赔偿承包人因此造成的停工、窝工、倒运、机械设备调迁、材料和构件积压等损失和实际费用。

第八百零五条　【发包人原因致勘察、设计返工、停工或修改设计的责任】因发包人变更计划，提供的资料不准确，或者未按照期限提供必需的勘察、设计工作条件而造成勘察、设计的返工、停工或者修改设计，发包人应当按照勘察人、设计人实际消耗的工作量增付费用。

第八百零六条　【建设工程合同的法定解除】承包人将建设工程转包、违法分包的，发包人可以解除合同。

发包人提供的主要建筑材料、建筑构配件和设备不符合强制性标准或者不履行协助义务，致使承包人无法施工，经催告后在合理期限内仍未履行相应义务的，承包人可以解除合同。

合同解除后，已经完成的建设工程质量合格的，发包人应当按照约定支付相应的工程价款；已经完成的建设工程质量不合格的，参照本法第七百九十三条的规定处理。

第八百零七条　【工程价款的支付】发包人未按照约定支付价款的，承包人可以催告发包人在合理期限内支付价款。发包人逾期不支付的，除根据建设工程的性质不宜折价、拍卖外，承包人可以与发包人协议将该工程折价，也可以请求人民法院将该工程依法拍卖。建设工程的价款就该工程折价或者拍卖的价款优先受偿。

链接《最高人民法院关于审理建设工程施工合同纠纷案件适用法律问题的解释（一）》第19—42条

案例 中天建设集团有限公司诉河南恒和置业有限公司建设工程施工合同纠纷案（最高人民法院指导案例171号）

裁判规则：执行法院依其他债权人的申请，对发包人的建设工程强制执行，承包人向执行法院主张其享有建设工程价款优先受偿权且未超过除斥期间的，视为承包人依法行使了建设工程价款优先受偿权。发包人以承包人起诉时行使建设工程价款优先受偿权超过除斥期间为由进行抗辩的，人民法院不予支持。

第八百零八条　【参照适用承揽合同的规定】本章没有规定的，适用承揽合同的有关规定。

第十九章　运输合同

第一节　一般规定

第八百零九条　【运输合同的定义】运输合同是承运人将旅客或者货物从起运地点运输到约定地点，旅客、托运人或者收货人支付票款或者运输费用的合同。

链接《民用航空法》第107、108条；《铁路法》第11条；《海商法》第41条；《道路运输条例》第2条

第八百一十条　【公共运输承运人的强制缔约义务】从事公共运输的承运人不得拒绝旅客、托运人通常、合理的运输要求。

第八百一十一条　【承运人安全运输义务】承运人应当在约定期限或者合理期限内将旅客、货物安全运输到约定地点。

链接《铁路法》第10条；《最高人民法院关于审理铁路运输人身损害赔偿纠纷案件适用法律若干问

题的解释》;《最高人民法院关于审理铁路运输损害赔偿案件若干问题的解释》第 7 条

第八百一十二条 【承运人合理运输义务】承运人应当按照约定的或者通常的运输路线将旅客、货物运输到约定地点。

链接 《铁路法》第 12 条

第八百一十三条 【支付票款或运输费用】旅客、托运人或者收货人应当支付票款或者运输费用。承运人未按照约定路线或者通常路线运输增加票款或者运输费用的,旅客、托运人或者收货人可以拒绝支付增加部分的票款或运输费用。

链接 《铁路法》第 25、26 条

第二节 客运合同

第八百一十四条 【客运合同的成立】客运合同自承运人向旅客出具客票时成立,但是当事人另有约定或者另有交易习惯的除外。

链接 《民用航空法》第 109—111 条;《海商法》第 110、111 条

第八百一十五条 【按有效客票记载内容乘坐义务】旅客应当按照有效客票记载的时间、班次和座位号乘坐。旅客无票乘坐、超程乘坐、越级乘坐或者持不符合减价条件的优惠客票乘坐的,应当补交票款,承运人可以按照规定加收票款;旅客不支付票款的,承运人可以拒绝运输。

实名制客运合同的旅客丢失客票的,可以请求承运人挂失补办,承运人不得再次收取票款和其他不合理费用。

链接 《民用航空法》第 109、112、128 条;《海商法》第 112 条;《道路运输条例》第 17 条

第八百一十六条 【退票与变更】旅客因自己的原因不能按照客票记载的时间乘坐的,应当在约定的期限内办理退票或者变更手续;逾期办理的,承运人可以不退票款,并不再承担运输义务。

第八百一十七条 【按约定携带行李义务】旅客随身携带行李应当符合约定的限量和品类要求;超过限量或者违反品类要求携带行李的,应当办理托运手续。

第八百一十八条 【危险物品或者违禁物品的携带禁止】旅客不得随身携带或者在行李中夹带易燃、易爆、有毒、有腐蚀性、有放射性以及可能危及运输工具上人身和财产安全的危险物品或者违禁物品。

旅客违反前款规定的,承运人可以将危险物品或者违禁物品卸下、销毁或者送交有关部门。旅客坚持携带或者夹带危险物品或者违禁物品的,承运人应当拒绝运输。

链接 《海商法》第 113 条;《民用航空安全保卫条例》第 26—33 条

第八百一十九条 【承运人告知义务和旅客协助配合义务】承运人应当严格履行安全运输义务,及时告知旅客安全运输应当注意的事项。旅客对承运人为安全运输所作的合理安排应当积极协助和配合。

第八百二十条 【承运人迟延运输或者有其他不能正常运输情形】承运人应当按照有效客票记载的时间、班次和座位号运输旅客。承运人迟延运输或者有其他不能正常运输情形的,应当及时告知和提醒旅客,采取必要的安置措施,并根据旅客的要求安排改乘其他班次或者退票;由此造成旅客损失的,承运人应当承担赔偿责任,但是不可归责于承运人的除外。

链接 《道路运输条例》第 18、19 条

第八百二十一条 【承运人变更服务标准的后果】承运人擅自降低服务标准的,应当根据旅客的请求退票或者减收票款;提高服务标准的,不得加收票款。

第八百二十二条 【承运人尽力救助义务】承运人在运输过程中,应当尽力救助患有急病、分娩、遇险的旅客。

第八百二十三条 【旅客伤亡的赔偿责任】承运人应当对运输过程中旅客的伤亡承担赔偿责任;但是,伤亡是旅客自身健康原因造成的或者承运人证明伤亡是旅客故意、重大过失造成的除外。

前款规定适用于按照规定免票、持优待票或者经承运人许可搭乘的无票旅客。

链接 《民用航空法》第 124、127—136 条;《铁路法》第 58 条;《海商法》第 114、115、117、118、120—126 条;《道路运输条例》第 16、35 条;《最高人民法院关于审理铁路运输人身损害赔偿纠纷案件适用法律若干问题的解释》

第八百二十四条 【对行李的赔偿责任】在运输过程中旅客随身携带物品毁损、灭失,承运人有过错的,应当承担赔偿责任。

旅客托运的行李毁损、灭失的,适用货物运输的有关规定。

链接 《民用航空法》第 125—136 条;《铁路法》第 16—18 条;《海商法》第 114—126 条

第三节 货运合同

第八百二十五条 【托运人如实申报情况义务】托运人办理货物运输,应当向承运人准确表明收货人的姓名、名称或者凭指示的收货人,货物的名称、性质、重量、数量,收货地点等有关货物运输的必要情况。

因托运人申报不实或者遗漏重要情况,造成承运人损失的,托运人应当承担赔偿责任。

链接 《民用航空法》第 117 条;《铁路法》第 18、19、23 条;《海商法》第 66、68 条

第八百二十六条 【托运人办理审批、检验等手续义务】货物运输需要办理审批、检验等手续的,托运人应当将办理完有关手续的文件提交承运人。

链接 《民用航空法》第 123 条;《道路运输条例》第 25 条

第八百二十七条 【托运人的包装义务】托运人应当按照约定的方式包装货物。对包装方式没有约定或者约定不明确的,适用本法第六百一十九条的规定。

托运人违反前款规定的,承运人可以拒绝运输。

链接 《铁路法》第 20 条

第八百二十八条 【托运人运送危险货物时的义务】托运人托运易燃、易爆、有毒、有腐蚀性、有放射性等危险物品的,应当按照国家有关危险物品运输的规定对危险物品妥善包装,做出危险物品标志和标签,并将有关危险物品的名称、性质和防范措施的书面材料提交承运人。

托运人违反前款规定的,承运人可以拒绝运输,也可以采取相应措施以避免损失的发生,因此产生的费用由托运人负担。

链接 《海商法》第 68 条;《道路运输条例》第 27 条;《国内水路运输管理条例》第 20 条;《民用航空安全保卫条例》第 30—32 条

第八百二十九条 【托运人变更或解除的权利】在承运人将货物交付收货人之前,托运人可以要求承运人中止运输、返还货物、变更到达地或者将货物交给其他收货人,但是应当赔偿承运人因此受到的损失。

第八百三十条 【提货】货物运输到达后,承运人知道收货人的,应当及时通知收货人,收货人应当及时提货。收货人逾期提货的,应当向承运人支付保管费等费用。

链接 《铁路法》第 16、21 条;《海商法》第 50 条

第八百三十一条 【收货人对货物的检验】收货人提货时应当按照约定的期限检验货物。对检验的期限没有约定或者约定不明确,依据本法第五百一十条的规定仍不能确定的,应当在合理期限内检验货物。收货人在约定的期限或者合理期限内对货物的数量、毁损等未提出异议的,视为承运人已经按照运输单证的记载交付的初步证据。

第八百三十二条 【承运人对货损的赔偿责任】承运人对运输过程中货物的毁损、灭失承担赔偿责任。但是,承运人证明货物的毁损、灭失是因不可抗力、货物本身的自然性质或者合理损耗以及托运人、收货人的过错造成的,不承担赔偿责任。

链接 《民用航空法》第 125—136 条;《铁路法》第 16—18 条

第八百三十三条 【确定货损额的方法】货物的毁损、灭失的赔偿额,当事人有约定的,按照其约定;没有约定或者约定不明确,依据本法第五百一十条的规定仍不能确定的,按照交付或者应当交付时货物到达地的市场价格计算。法律、行政法规对赔偿额的计算方法和赔偿限额另有规定的,依照其规定。

第八百三十四条 【相继运输的责任承担】两个以上承运人以同一运输方式联运的,与托运人订立合同的承运人应当对全程运输承担责任;损失发生在某一运输区段的,与托运人订立合同的承运人和该区段的承运人承担连带责任。

第八百三十五条 【货物因不可抗力灭失的运费处理】货物在运输过程中因不可抗力灭失,未收取运费的,承运人不得请求支付运费;已经收取运费的,托运人可以请求返还。法律另有规定的,依照其规定。

第八百三十六条 【承运人留置权】托运人或者收货人不支付运费、保管费或者其他费用的,承运人对相应的运输货物享有留置权,但是当事人另有约定的除外。

链接 《海商法》第 87、88 条

第八百三十七条 【货物的提存】收货人不明或者收货人无正当理由拒绝受领货物的,承运人依法可以提存货物。

第四节 多式联运合同

第八百三十八条 【多式联运经营人的权利义务】 多式联运经营人负责履行或者组织履行多式联运合同,对全程运输享有承运人的权利,承担承运人的义务。

第八百三十九条 【多式联运经营人的责任承担】 多式联运经营人可以与参加多式联运的各区段承运人就多式联运合同的各区段运输约定相互之间的责任;但是,该约定不影响多式联运经营人对全程运输承担的义务。

链接 《海商法》第 104 条

第八百四十条 【多式联运单据】 多式联运经营人收到托运人交付的货物时,应当签发多式联运单据。按照托运人的要求,多式联运单据可以是可转让单据,也可以是不可转让单据。

第八百四十一条 【托运人的过错赔偿责任】 因托运人托运货物时的过错造成多式联运经营人损失的,即使托运人已经转让多式联运单据,托运人仍然应当承担赔偿责任。

第八百四十二条 【赔偿责任的法律适用】 货物的毁损、灭失发生于多式联运的某一运输区段的,多式联运经营人的赔偿责任和责任限额,适用调整该区段运输方式的有关法律规定;货物毁损、灭失发生的运输区段不能确定的,依照本章规定承担赔偿责任。

链接 《铁路法》第 29 条;《海商法》第 104—106 条

第二十章 技术合同

第一节 一般规定

第八百四十三条 【技术合同的定义】 技术合同是当事人就技术开发、转让、许可、咨询或者服务订立的确立相互之间权利和义务的合同。

第八百四十四条 【订立技术合同的原则】 订立技术合同,应当有利于知识产权的保护和科学技术的进步,促进科学技术成果的研发、转化、应用和推广。

链接 《最高人民法院关于审理技术合同纠纷案件适用法律若干问题的解释》(以下简称《技术合同纠纷司法解释》)第 1 条

第八百四十五条 【技术合同的主要条款】 技术合同的内容一般包括项目的名称,标的的内容、范围和要求,履行的计划、地点和方式,技术信息和资料的保密,技术成果的归属和收益的分配办法,验收标准和方法,名词和术语的解释等条款。

与履行合同有关的技术背景资料、可行性论证和技术评价报告、项目任务书和计划书、技术标准、技术规范、原始设计和工艺文件,以及其他技术文档,按照当事人的约定可以作为合同的组成部分。

技术合同涉及专利的,应当注明发明创造的名称、专利申请人和专利权人、申请日期、申请号、专利号以及专利权的有效期限。

第八百四十六条 【技术合同价款、报酬或使用费的支付方式】 技术合同价款、报酬或者使用费的支付方式由当事人约定,可以采取一次总算、一次总付或者一次总算、分期支付,也可以采取提成支付或者提成支付附加预付入门费的方式。

约定提成支付的,可以按照产品价格、实施专利和使用技术秘密后新增的产值、利润或者产品销售额的一定比例提成,也可以按照约定的其他方式计算。提成支付的比例可以采取固定比例、逐年递增比例或者逐年递减比例。

约定提成支付的,当事人可以约定查阅有关会计账目的办法。

链接 《技术合同纠纷司法解释》第 14 条

第八百四十七条 【职务技术成果的财产权归属】 职务技术成果的使用权、转让权属于法人或者非法人组织的,法人或者非法人组织可以就该项职务技术成果订立技术合同。法人或者非法人组织订立技术合同转让职务技术成果时,职务技术成果的完成人享有以同等条件优先受让的权利。

职务技术成果是执行法人或者非法人组织的工作任务,或者主要是利用法人或者非法人组织的物质技术条件所完成的技术成果。

链接 《专利法》第 6、14、15 条;《技术合同纠纷司法解释》第 2—7 条

第八百四十八条 【非职务技术成果的财产权归属】 非职务技术成果的使用权、转让权属于完成技术成果的个人,完成技术成果的个人可以就该项非职务技术成果订立技术合同。

第八百四十九条 【技术成果人身权】 完成技术成果的个人享有在有关技术成果文件上写明自己是技术成果完成者的权利和取得荣誉证书、奖

励的权利。

第八百五十条 【技术合同的无效】非法垄断技术或者侵害他人技术成果的技术合同无效。

链接 《技术合同纠纷司法解释》第10—13条

第二节 技术开发合同

第八百五十一条 【技术开发合同的定义及种类】技术开发合同是当事人之间就新技术、新产品、新工艺、新品种或者新材料及其系统的研究开发所订立的合同。

技术开发合同包括委托开发合同和合作开发合同。

技术开发合同应当采用书面形式。

当事人之间就具有实用价值的科技成果实施转化订立的合同,参照适用技术开发合同的有关规定。

链接 《技术合同纠纷司法解释》第17、18条

第八百五十二条 【委托人的主要义务】委托开发合同的委托人应当按照约定支付研究开发经费和报酬,提供技术资料,提出研究开发要求,完成协作事项,接受研究开发成果。

第八百五十三条 【研究开发人的主要义务】委托开发合同的研究开发人应当按照约定制定和实施研究开发计划,合理使用研究开发经费,按期完成研究开发工作,交付研究开发成果,提供有关的技术资料和必要的技术指导,帮助委托人掌握研究开发成果。

第八百五十四条 【委托开发合同的当事人违约责任】委托开发合同的当事人违反约定造成研究开发工作停滞、延误或者失败的,应当承担违约责任。

第八百五十五条 【合作开发各方的主要义务】合作开发合同的当事人应当按照约定进行投资,包括以技术进行投资,分工参与研究开发工作,协作配合研究开发工作。

链接 《技术合同纠纷司法解释》第19条

第八百五十六条 【合作开发各方的违约责任】合作开发合同的当事人违反约定造成研究开发工作停滞、延误或者失败的,应当承担违约责任。

第八百五十七条 【技术开发合同的解除】作为技术开发合同标的的技术已经由他人公开,致使技术开发合同的履行没有意义的,当事人可以解除合同。

第八百五十八条 【技术开发合同的风险责任负担】技术开发合同履行过程中,因出现无法克服的技术困难,致使研究开发失败或者部分失败的,该风险由当事人约定;没有约定或者约定不明确,依据本法第五百一十条的规定仍不能确定的,风险由当事人合理分担。

当事人一方发现前款规定的可能致使研究开发失败或者部分失败的情形时,应当及时通知另一方并采取适当措施减少损失;没有及时通知并采取适当措施,致使损失扩大的,应当就扩大的损失承担责任。

第八百五十九条 【发明创造的归属和分享】委托开发完成的发明创造,除法律另有规定或者当事人另有约定外,申请专利的权利属于研究开发人。研究开发人取得专利权的,委托人可以依法实施该专利。

研究开发人转让专利申请权的,委托人享有以同等条件优先受让的权利。

第八百六十条 【合作开发发明创造专利申请权的归属和分享】合作开发完成的发明创造,申请专利的权利属于合作开发的当事人共有;当事人一方转让其共有的专利申请权的,其他各方享有以同等条件优先受让的权利。但是,当事人另有约定的除外。

合作开发的当事人一方声明放弃其共有的专利申请权的,除当事人另有约定外,可以由另一方单独申请或者由其他各方共同申请。申请人取得专利权的,放弃专利申请权的一方可以免费实施该专利。

合作开发的当事人一方不同意申请专利的,另一方或者其他各方不得申请专利。

第八百六十一条 【技术秘密成果的归属与分配】委托开发或者合作开发完成的技术秘密成果的使用权、转让权以及收益的分配办法,由当事人约定;没有约定或者约定不明确,依据本法第五百一十条的规定仍不能确定的,在没有相同技术方案被授予专利权前,当事人均有使用和转让的权利。但是,委托开发的研究开发人不得在向委托人交付研究开发成果之前,将研究开发成果转让给第三人。

链接 《促进科技成果转化法》第40条;《专利法》第8条;《技术合同纠纷司法解释》第20、21条

第三节　技术转让合同和技术许可合同

第八百六十二条　【技术转让合同和技术许可合同的定义】技术转让合同是合法拥有技术的权利人，将现有特定的专利、专利申请、技术秘密的相关权利让与他人所订立的合同。

技术许可合同是合法拥有技术的权利人，将现有特定的专利、技术秘密的相关权利许可他人实施、使用所订立的合同。

技术转让合同和技术许可合同中关于提供实施技术的专用设备、原材料或者提供有关的技术咨询、技术服务的约定，属于合同的组成部分。

链接《专利法》第10、12条；《技术合同纠纷司法解释》第22—27条

第八百六十三条　【技术转让合同和技术许可合同的种类及合同要件】技术转让合同包括专利权转让、专利申请权转让、技术秘密转让等合同。

技术许可合同包括专利实施许可、技术秘密使用许可等合同。

技术转让合同和技术许可合同应当采用书面形式。

第八百六十四条　【技术转让合同和技术许可合同的限制性条款】技术转让合同和技术许可合同可以约定实施专利或者使用技术秘密的范围，但是不得限制技术竞争和技术发展。

链接《技术合同纠纷司法解释》第28条

第八百六十五条　【专利实施许可合同的有效期限】专利实施许可合同仅在该专利权的存续期限内有效。专利权有效期限届满或者专利权被宣告无效的，专利权人不得就该专利与他人订立专利实施许可合同。

链接《专利法》第42—44条

第八百六十六条　【专利实施许可合同许可人的义务】专利实施许可合同的许可人应当按照约定许可被许可人实施专利，交付实施专利有关的技术资料，提供必要的技术指导。

第八百六十七条　【专利实施许可合同被许可人的义务】专利实施许可合同的被许可人应当按照约定实施专利，不得许可约定以外的第三人实施该专利，并按照约定支付使用费。

第八百六十八条　【技术秘密让与人和许可人的义务】技术秘密转让合同的让与人和技术秘密使用许可合同的许可人应当按照约定提供技术资料，进行技术指导，保证技术的实用性、可靠性，承担保密义务。

前款规定的保密义务，不限制许可人申请专利，但是当事人另有约定的除外。

第八百六十九条　【技术秘密受让人和被许可人的义务】技术秘密转让合同的受让人和技术秘密使用许可合同的被许可人应当按照约定使用技术，支付转让费、使用费，承担保密义务。

第八百七十条　【技术转让合同让与人和技术许可合同许可人的保证义务】技术转让合同的让与人和技术许可合同的许可人应当保证自己是所提供的技术的合法拥有者，并保证所提供的技术完整、无误、有效，能够达到约定的目标。

第八百七十一条　【技术转让合同受让人和技术许可合同被许可人保密义务】技术转让合同的受让人和技术许可合同的被许可人应当按照约定的范围和期限，对让与人、许可人提供的技术中尚未公开的秘密部分，承担保密义务。

注释　考虑到技术许可合同被许可人的保密义务与技术转让合同的受让人的保密义务是一致的，故本条在合同法第350条规定的基础上增加了技术许可合同被许可人保密义务的规定。

第八百七十二条　【技术许可人和让与人的违约责任】许可人未按照约定许可技术的，应当返还部分或者全部使用费，并应当承担违约责任；实施专利或者使用技术秘密超越约定的范围的，违反约定擅自许可第三人实施该项专利或者使用该项技术秘密的，应当停止违约行为，承担违约责任；违反约定的保密义务的，应当承担违约责任。

让与人承担违约责任，参照适用前款规定。

第八百七十三条　【技术被许可人和受让人的违约责任】被许可人未按照约定支付使用费的，应当补交使用费并按照约定支付违约金；不补交使用费或者支付违约金的，应当停止实施专利或者使用技术秘密，交还技术资料，承担违约责任；实施专利或者使用技术秘密超越约定的范围的，未经许可人同意擅自许可第三人实施该专利或者使用该技术秘密的，应当停止违约行为，承担违约责任；违反约定的保密义务的，应当承担违约责任。

受让人承担违约责任，参照适用前款规定。

第八百七十四条　【实施专利、使用技术秘密

侵害他人合法权益责任承担】受让人或者被许可人按照约定实施专利、使用技术秘密侵害他人合法权益的,由让与人或者许可人承担责任,但是当事人另有约定的除外。

第八百七十五条 【后续改进技术成果的分享办法】当事人可以按照互利的原则,在合同中约定实施专利、使用技术秘密后续改进的技术成果的分享办法;没有约定或者约定不明确,依照本法第五百一十条的规定仍不能确定的,一方后续改进的技术成果,其他各方无权分享。

第八百七十六条 【其他知识产权转让和许可的参照适用】集成电路布图设计专有权、植物新品种权、计算机软件著作权等其他知识产权的转让和许可,参照适用本节的有关规定。

第八百七十七条 【技术进出口合同或专利、专利申请合同的法律适用】法律、行政法规对技术进出口合同或者专利、专利申请合同另有规定的,依照其规定。

链接《对外贸易法》第13—18条;《技术进出口管理条例》

第四节 技术咨询合同和技术服务合同

第八百七十八条 【技术咨询合同、技术服务合同的定义】技术咨询合同是当事人一方以技术知识为对方就特定技术项目提供可行性论证、技术预测、专题技术调查、分析评价报告等所订立的合同。

技术服务合同是当事人一方以技术知识为对方解决特定技术问题所订立的合同,不包括承揽合同和建设工程合同。

链接《技术合同纠纷司法解释》第30、33条

第八百七十九条 【技术咨询合同委托人的义务】技术咨询合同的委托人应当按照约定阐明咨询的问题,提供技术背景材料及有关技术资料,接受受托人的工作成果,支付报酬。

第八百八十条 【技术咨询合同受托人的义务】技术咨询合同的受托人应当按照约定的期限完成咨询报告或者解答问题,提出的咨询报告应当达到约定的要求。

链接《技术合同纠纷司法解释》第31、32条

第八百八十一条 【技术咨询合同当事人的违约责任及决策风险责任】技术咨询合同的委托人未按照约定提供必要的资料,影响工作进度和质量,不接受或者逾期接受工作成果的,支付的报酬不得追回,未支付的报酬应当支付。

技术咨询合同的受托人未按期提出咨询报告或者提出的咨询报告不符合约定的,应当承担减收或者免收报酬等违约责任。

技术咨询合同的委托人按照受托人符合约定要求的咨询报告和意见作出决策所造成的损失,由委托人承担,但是当事人另有约定的除外。

第八百八十二条 【技术服务合同委托人的义务】技术服务合同的委托人应当按照约定提供工作条件,完成配合事项,接受工作成果并支付报酬。

第八百八十三条 【技术服务合同受托人的义务】技术服务合同的受托人应当按照约定完成服务项目,解决技术问题,保证工作质量,并传授解决技术问题的知识。

链接《技术合同纠纷司法解释》第34条

第八百八十四条 【技术服务合同的当事人违约责任】技术服务合同的委托人不履行合同义务或者履行合同义务不符合约定,影响工作进度和质量,不接受或者逾期接受工作成果的,支付的报酬不得追回,未支付的报酬应当支付。

技术服务合同的受托人未按照约定完成服务工作的,应当承担免收报酬等违约责任。

链接《技术合同纠纷司法解释》第35条

第八百八十五条 【技术成果的归属和分享】技术咨询合同、技术服务合同履行过程中,受托人利用委托人提供的技术资料和工作条件完成的新的技术成果,属于受托人。委托人利用受托人的工作成果完成的新的技术成果,属于委托人。当事人另有约定的,按照其约定。

第八百八十六条 【受托人履行合同的费用负担】技术咨询合同和技术服务合同对受托人正常开展工作所需费用的负担没有约定或者约定不明确的,由受托人负担。

第八百八十七条 【技术中介合同和技术培训合同法律适用】法律、行政法规对技术中介合同、技术培训合同另有规定的,依照其规定。

链接《技术合同纠纷司法解释》第36—41条

第二十一章 保管合同

第八百八十八条 【保管合同的定义】保管合同是保管人保管寄存人交付的保管物,并返还该

物的合同。

寄存人到保管人处从事购物、就餐、住宿等活动，将物品存放在指定场所的，视为保管，但是当事人另有约定或者另有交易习惯的除外。

第八百八十九条 【保管合同的报酬】寄存人应当按照约定向保管人支付保管费。

当事人对保管费没有约定或者约定不明确，依据本法第五百一十条的规定仍不能确定的，视为无偿保管。

第八百九十条 【保管合同的成立】保管合同自保管物交付时成立，但是当事人另有约定的除外。

第八百九十一条 【保管人给付保管凭证的义务】寄存人向保管人交付保管物的，保管人应当出具保管凭证，但是另有交易习惯的除外。

第八百九十二条 【保管人对保管物的妥善保管义务】保管人应当妥善保管保管物。

当事人可以约定保管场所或者方法。除紧急情况或者为维护寄存人利益外，不得擅自改变保管场所或者方法。

第八百九十三条 【寄存人如实告知义务】寄存人交付的保管物有瑕疵或者根据保管物的性质需要采取特殊保管措施的，寄存人应当将有关情况告知保管人。寄存人未告知，致使保管物受损失的，保管人不承担赔偿责任；保管人因此受损失的，除保管人知道或者应当知道且未采取补救措施外，寄存人应当承担赔偿责任。

第八百九十四条 【保管人亲自保管义务】保管人不得将保管物转交第三人保管，但是当事人另有约定的除外。

保管人违反前款规定，将保管物转交第三人保管，造成保管物损失的，应当承担赔偿责任。

第八百九十五条 【保管人不得使用或许可他人使用保管物义务】保管人不得使用或者许可第三人使用保管物，但是当事人另有约定的除外。

第八百九十六条 【保管人返还保管物的义务及危险通知义务】第三人对保管物主张权利的，除依法对保管物采取保全或者执行措施外，保管人应当履行向寄存人返还保管物的义务。

第三人对保管人提起诉讼或者对保管物申请扣押的，保管人应当及时通知寄存人。

第八百九十七条 【保管物毁损灭失责任】保管期内，因保管人保管不善造成保管物毁损、灭失的，保管人应当承担赔偿责任。但是，无偿保管人证明自己没有故意或者重大过失的，不承担赔偿责任。

链接 《最高人民法院关于审理旅游纠纷案件适用法律若干问题的规定》第19条

第八百九十八条 【寄存贵重物品的声明义务】寄存人寄存货币、有价证券或者其他贵重物品的，应当向保管人声明，由保管人验收或者封存；寄存人未声明的，该物品毁损、灭失后，保管人可以按照一般物品予以赔偿。

第八百九十九条 【保管物的领取及领取时间】寄存人可以随时领取保管物。

当事人对保管期限没有约定或者约定不明确的，保管人可以随时请求寄存人领取保管物；约定保管期限的，保管人无特别事由，不得请求寄存人提前领取保管物。

第九百条 【保管人归还原物及孳息的义务】保管期限届满或者寄存人提前领取保管物的，保管人应当将原物及其孳息归还寄存人。

第九百零一条 【消费保管】保管人保管货币的，可以返还相同种类、数量的货币；保管其他可替代物的，可以按照约定返还相同种类、品质、数量的物品。

第九百零二条 【保管费的支付期限】有偿的保管合同，寄存人应当按照约定的期限向保管人支付保管费。

当事人对支付期限没有约定或者约定不明确，依据本法第五百一十条的规定仍不能确定的，应当在领取保管物的同时支付。

第九百零三条 【保管人的留置权】寄存人未按照约定支付保管费或者其他费用的，保管人对保管物享有留置权，但是当事人另有约定的除外。

第二十二章 仓储合同

第九百零四条 【仓储合同的定义】仓储合同是保管人储存存货人交付的仓储物，存货人支付仓储费的合同。

第九百零五条 【仓储合同的成立时间】仓储合同自保管人和存货人意思表示一致时成立。

第九百零六条 【危险物品和易变质物品的储存】储存易燃、易爆、有毒、有腐蚀性、有放射性等危险物品或者易变质物品的，存货人应当说明该物品的性质，提供有关资料。

存货人违反前款规定的,保管人可以拒收仓储物,也可以采取相应措施以避免损失的发生,因此产生的费用由存货人负担。

保管人储存易燃、易爆、有毒、有腐蚀性、有放射性等危险物品的,应当具备相应的保管条件。

链接《危险化学品安全管理条例》

第九百零七条 【仓储物的验收】保管人应当按照约定对入库仓储物进行验收。保管人验收时发现入库仓储物与约定不符合的,应当及时通知存货人。保管人验收后,发生仓储物的品种、数量、质量不符合约定的,保管人应当承担赔偿责任。

链接《粮油仓储管理办法》第9条

第九百零八条 【保管人出具仓单、入库单义务】存货人交付仓储物的,保管人应当出具仓单、入库单等凭证。

第九百零九条 【仓单的内容】保管人应当在仓单上签名或者盖章。仓单包括下列事项:

(一)存货人的姓名或者名称和住所;

(二)仓储物的品种、数量、质量、包装及其件数和标记;

(三)仓储物的损耗标准;

(四)储存场所;

(五)储存期限;

(六)仓储费;

(七)仓储物已经办理保险的,其保险金额、期间以及保险人的名称;

(八)填发人、填发地和填发日期。

第九百一十条 【仓单的转让和出质】仓单是提取仓储物的凭证。存货人或者仓单持有人在仓单上背书并经保管人签名或者盖章的,可以转让提取仓储物的权利。

第九百一十一条 【检查仓储物或提取样品的权利】保管人根据存货人或者仓单持有人的要求,应当同意其检查仓储物或者提取样品。

第九百一十二条 【保管人的通知义务】保管人发现入库仓储物有变质或者其他损坏的,应当及时通知存货人或者仓单持有人。

第九百一十三条 【保管人危险催告义务和紧急处置权】保管人发现入库仓储物有变质或者其他损坏,危及其他仓储物的安全和正常保管的,应当催告存货人或者仓单持有人作出必要的处置。因情况紧急,保管人可以作出必要的处置;但是,事后应当将该情况及时通知存货人或者仓单持有人。

第九百一十四条 【仓储物的提取】当事人对储存期限没有约定或者约定不明确的,存货人或者仓单持有人可以随时提取仓储物,保管人也可以随时请求存货人或者仓单持有人提取仓储物,但是应当给予必要的准备时间。

第九百一十五条 【仓储物的提取规则】储存期限届满,存货人或者仓单持有人应当凭仓单、入库单等提取仓储物。存货人或者仓单持有人逾期提取的,应当加收仓储费;提前提取的,不减收仓储费。

第九百一十六条 【逾期提取仓储物】储存期限届满,存货人或者仓单持有人不提取仓储物的,保管人可以催告其在合理期限内提取;逾期不提取的,保管人可以提存仓储物。

第九百一十七条 【保管不善的责任承担】储存期内,因保管不善造成仓储物毁损、灭失的,保管人应当承担赔偿责任。因仓储物本身的自然性质、包装不符合约定或者超过有效储存期造成仓储物变质、损坏的,保管人不承担赔偿责任。

第九百一十八条 【参照适用保管合同的规定】本章没有规定的,适用保管合同的有关规定。

第二十三章 委托合同

第九百一十九条 【委托合同的概念】委托合同是委托人和受托人约定,由受托人处理委托人事务的合同。

第九百二十条 【委托权限】委托人可以特别委托受托人处理一项或者数项事务,也可以概括委托受托人处理一切事务。

链接《律师法》第25条

第九百二十一条 【处理委托事务的费用】委托人应当预付处理委托事务的费用。受托人为处理委托事务垫付的必要费用,委托人应当偿还该费用并支付利息。

第九百二十二条 【受托人服从指示的义务】受托人应当按照委托人的指示处理委托事务。需要变更委托人指示的,应当经委托人同意;因情况紧急,难以和委托人取得联系的,受托人应当妥善处理委托事务,但是事后应当将该情况及时报告委托人。

第九百二十三条 【受托人亲自处理委托事

务】受托人应当亲自处理委托事务。经委托人同意，受托人可以转委托。转委托经同意或者追认的，委托人可以就委托事务直接指示转委托的第三人，受托人仅就第三人的选任及其对第三人的指示承担责任。转委托未经同意或者追认的，受托人应当对转委托的第三人的行为承担责任；但是，在紧急情况下受托人为了维护委托人的利益需要转委托第三人的除外。

第九百二十四条 【受托人的报告义务】受托人应当按照委托人的要求，报告委托事务的处理情况。委托合同终止时，受托人应当报告委托事务的结果。

第九百二十五条 【受托人以自己名义从事受托事务的法律效果】受托人以自己的名义，在委托人的授权范围内与第三人订立的合同，第三人在订立合同时知道受托人与委托人之间的代理关系的，该合同直接约束委托人和第三人；但是，有确切证据证明该合同只约束受托人和第三人的除外。

第九百二十六条 【委托人的介入权与第三人的选择权】受托人以自己的名义与第三人订立合同时，第三人不知道受托人与委托人之间的代理关系的，受托人因第三人的原因对委托人不履行义务，受托人应当向委托人披露第三人，委托人因此可以行使受托人对第三人的权利。但是，第三人与受托人订立合同时如果知道该委托人就不会订立合同的除外。

受托人因委托人的原因对第三人不履行义务，受托人应当向第三人披露委托人，第三人因此可以选择受托人或者委托人作为相对人主张其权利，但是第三人不得变更选定的相对人。

委托人行使受托人对第三人的权利的，第三人可以向委托人主张其对受托人的抗辩。第三人选定委托人作为其相对人的，委托人可以向第三人主张其对受托人的抗辩以及受托人对第三人的抗辩。

第九百二十七条 【受托人转移所得利益的义务】受托人处理委托事务取得的财产，应当转交给委托人。

第九百二十八条 【委托人支付报酬的义务】受托人完成委托事务的，委托人应当按照约定向其支付报酬。

因不可归责于受托人的事由，委托合同解除或者委托事务不能完成的，委托人应当向受托人支付相应的报酬。当事人另有约定的，按照其约定。

第九百二十九条 【因受托人过错致委托人损失的赔偿责任】有偿的委托合同，因受托人的过错造成委托人损失的，委托人可以请求赔偿损失。无偿的委托合同，因受托人的故意或者重大过失造成委托人损失的，委托人可以请求赔偿损失。

受托人超越权限造成委托人损失的，应当赔偿损失。

第九百三十条 【委托人的赔偿责任】受托人处理委托事务时，因不可归责于自己的事由受到损失的，可以向委托人请求赔偿损失。

第九百三十一条 【委托人另行委托他人处理事务】委托人经受托人同意，可以在受托人之外委托第三人处理委托事务。因此造成受托人损失的，受托人可以向委托人请求赔偿损失。

第九百三十二条 【共同委托】两个以上的受托人共同处理委托事务的，对委托人承担连带责任。

第九百三十三条 【任意解除权】委托人或者受托人可以随时解除委托合同。因解除合同造成对方损失的，除不可归责于该当事人的事由外，无偿委托合同的解除方应当赔偿因解除时间不当造成的直接损失，有偿委托合同的解除方应当赔偿对方的直接损失和合同履行后可以获得的利益。

第九百三十四条 【委托合同的终止】委托人死亡、终止或者受托人死亡、丧失民事行为能力、终止的，委托合同终止；但是，当事人另有约定或者根据委托事务的性质不宜终止的除外。

第九百三十五条 【受托人继续处理委托事务】因委托人死亡或者被宣告破产、解散，致使委托合同终止将损害委托人利益的，在委托人的继承人、遗产管理人或者清算人承受委托事务之前，受托人应当继续处理委托事务。

第九百三十六条 【受托人死亡后其继承人等的义务】因受托人死亡、丧失民事行为能力或者被宣告破产、解散，致使委托合同终止的，受托人的继承人、遗产管理人、法定代理人或者清算人应当及时通知委托人。因委托合同终止将损害委托人利益的，在委托人作出善后处理之前，受托人的继承人、遗产管理人、法定代理人或者清算人应当采取必要措施。

第二十四章 物业服务合同

第九百三十七条 【物业服务合同的定义】物业服务合同是物业服务人在物业服务区域内,为业主提供建筑物及其附属设施的维修养护、环境卫生和相关秩序的管理维护等物业服务,业主支付物业费的合同。

物业服务人包括物业服务企业和其他管理人。

第九百三十八条 【物业服务合同的内容与形式】物业服务合同的内容一般包括服务事项、服务质量、服务费用的标准和收取办法、维修资金的使用、服务用房的管理和使用、服务期限、服务交接等条款。

物业服务人公开作出的有利于业主的服务承诺,为物业服务合同的组成部分。

物业服务合同应当采用书面形式。

第九百三十九条 【物业服务合同的约束力】建设单位依法与物业服务人订立的前期物业服务合同,以及业主委员会与业主大会依法选聘的物业服务人订立的物业服务合同,对业主具有法律约束力。

第九百四十条 【前期物业服务合同的终止情形】建设单位依法与物业服务人订立的前期物业服务合同约定的服务期限届满前,业主委员会或者业主与新物业服务人订立的物业服务合同生效的,前期物业服务合同终止。

第九百四十一条 【物业服务合同的转委托】物业服务人将物业服务区域内的部分专项服务事项委托给专业性服务组织或者其他第三人的,应当就该部分专项服务事项向业主负责。

物业服务人不得将其应当提供的全部物业服务转委托给第三人,或者将全部物业服务支解后分别转委托给第三人。

第九百四十二条 【物业服务人的义务】物业服务人应当按照约定和物业的使用性质,妥善维修、养护、清洁、绿化和经营管理物业服务区域内的业主共有部分,维护物业服务区域内的基本秩序,采取合理措施保护业主的人身、财产安全。

对物业服务区域内违反有关治安、环保、消防等法律法规的行为,物业服务人应当及时采取合理措施制止、向有关行政主管部门报告并协助处理。

链接《消防法》第18、46条;《物业管理条例》第35、46、47条

第九百四十三条 【物业服务人的信息公开义务】物业服务人应当定期将服务的事项、负责人员、质量要求、收费项目、收费标准、履行情况,以及维修资金使用情况、业主共有部分的经营与收益情况等以合理方式向业主公开并向业主大会、业主委员会报告。

第九百四十四条 【业主支付物业费义务】业主应当按照约定向物业服务人支付物业费。物业服务人已经按照约定和有关规定提供服务的,业主不得以未接受或者无需接受相关物业服务为由拒绝支付物业费。

业主违反约定逾期不支付物业费的,物业服务人可以催告其在合理期限内支付;合理期限届满仍不支付的,物业服务人可以提起诉讼或者申请仲裁。

物业服务人不得采取停止供电、供水、供热、供燃气等方式催交物业费。

链接《物业管理条例》第7、40—44条;《最高人民法院关于审理物业服务纠纷案件适用法律若干问题的解释》第2、3条

第九百四十五条 【业主的告知、协助义务】业主装饰装修房屋的,应当事先告知物业服务人,遵守物业服务人提示的合理注意事项,并配合其进行必要的现场检查。

业主转让、出租物业专有部分、设立居住权或者依法改变共有部分用途的,应当及时将相关情况告知物业服务人。

链接《物业管理条例》第49—55条

第九百四十六条 【业主解聘物业服务人】业主依照法定程序共同决定解聘物业服务人的,可以解除物业服务合同。决定解聘的,应当提前六十日书面通知物业服务人,但是合同对通知期限另有约定的除外。

依据前款规定解除合同造成物业服务人损失的,除不可归责于业主的事由外,业主应当赔偿损失。

第九百四十七条 【物业服务人的续聘】物业服务期限届满前,业主依法共同决定续聘的,应当与原物业服务人在合同期限届满前续订物业服务合同。

物业服务期限届满前,物业服务人不同意续

聘的，应当在合同期限届满前九十日书面通知业主或者业主委员会，但是合同对通知期限另有约定的除外。

第九百四十八条　【不定期物业服务合同的成立与解除】物业服务期限届满后，业主没有依法作出续聘或者另聘物业服务人的决定，物业服务人继续提供物业服务的，原物业服务合同继续有效，但是服务期限为不定期。

当事人可以随时解除不定期物业服务合同，但是应当提前六十日书面通知对方。

第九百四十九条　【物业服务合同终止后原物业服务人的义务】物业服务合同终止的，原物业服务人应当在约定期限或者合理期限内退出物业服务区域，将物业服务用房、相关设施、物业服务所必需的相关资料等交还给业主委员会、决定自行管理的业主或者其指定的人，配合新物业服务人做好交接工作，并如实告知物业的使用和管理状况。

原物业服务人违反前款规定的，不得请求业主支付物业服务合同终止后的物业费；造成业主损失的，应当赔偿损失。

链接《最高人民法院关于审理物业服务纠纷案件适用法律若干问题的解释》第3条

第九百五十条　【物业服务合同终止后新合同成立前期间的相关事项】物业服务合同终止后，在业主或者业主大会选聘的新物业服务人或者决定自行管理的业主接管之前，原物业服务人应当继续处理物业服务事项，并可以请求业主支付该期间的物业费。

第二十五章　行纪合同

第九百五十一条　【行纪合同的概念】行纪合同是行纪人以自己的名义为委托人从事贸易活动，委托人支付报酬的合同。

第九百五十二条　【行纪人的费用负担】行纪人处理委托事务支出的费用，由行纪人负担，但是当事人另有约定的除外。

第九百五十三条　【行纪人保管义务】行纪人占有委托物的，应当妥善保管委托物。

第九百五十四条　【行纪人处置委托物义务】委托物交付给行纪人时有瑕疵或者容易腐烂、变质的，经委托人同意，行纪人可以处分该物；不能与委托人及时取得联系的，行纪人可以合理处分。

第九百五十五条　【行纪人按指定价格买卖的义务】行纪人低于委托人指定的价格卖出或者高于委托人指定的价格买入的，应当经委托人同意；未经委托人同意，行纪人补偿其差额的，该买卖对委托人发生效力。

行纪人高于委托人指定的价格卖出或者低于委托人指定的价格买入的，可以按照约定增加报酬；没有约定或者约定不明确，依照本法第五百一十条的规定仍不能确定的，该利益属于委托人。

委托人对价格有特别指示的，行纪人不得违背该指示卖出或者买入。

第九百五十六条　【行纪人的介入权】行纪人卖出或者买入具有市场定价的商品，除委托人有相反的意思表示外，行纪人自己可以作为买受人或者出卖人。

行纪人有前款规定情形的，仍然可以请求委托人支付报酬。

第九百五十七条　【委托人受领、取回义务及行纪人提存委托物】行纪人按照约定买入委托物，委托人应当及时受领。经行纪人催告，委托人无正当理由拒绝受领的，行纪人依法可以提存委托物。

委托物不能卖出或者委托人撤回出卖，经行纪人催告，委托人不取回或者不处分该物的，行纪人依法可以提存委托物。

第九百五十八条　【行纪人的直接履行义务】行纪人与第三人订立合同的，行纪人对该合同直接享有权利、承担义务。

第三人不履行义务致使委托人受到损害的，行纪人应当承担赔偿责任，但是行纪人与委托人另有约定的除外。

第九百五十九条　【行纪人的报酬请求权及留置权】行纪人完成或者部分完成行纪事务的，委托人应当向其支付相应的报酬。委托人逾期不支付报酬的，行纪人对委托物享有留置权，但是当事人另有约定的除外。

第九百六十条　【参照适用委托合同的规定】本章没有规定的，参照适用委托合同的有关规定。

第二十六章　中介合同

第九百六十一条　【中介合同的概念】中介合同是中介人向委托人报告订立合同的机会或者提供订立合同的媒介服务，委托人支付报酬的合同。

注释 中介合同、委托合同、行纪合同都是接受委托人的委托处理委托事务或者提供某种服务的服务性合同。它们都是当事人与委托人之间的基础合同,在此基础上,又与第三人订立合同,所以一般都涉及三方当事人。

它们的不同点在于:1.当事人的地位、提供的服务行为和行为法律后果的归属不同。中介合同的中介人,限于报告订约机会或媒介订约,其服务的范围有限制,只是介绍或协助委托人与第三人订立合同,委托人与第三人直接订立合同,中介人本人并不参与委托人与第三人之间的合同,在中介活动中不能自己作出或者代委托人作出意思表示;委托合同的受托人办理委托事务时,以委托人的名义或者以自己的名义进行活动,可以向第三人作出意思表示,代委托人与第三人订立合同,依照委托人的指示参与并可决定委托人与第三人之间的关系内容,处理事务的后果直接归于委托人;行纪合同的行纪人是行纪合同的一方当事人,行纪人以自己的名义为委托人办理交易事务,同时也是与第三人订立合同的当事人,与第三人发生直接的权利义务关系,处理事务的后果是间接地而不是直接地归于委托人,委托人与第三人之间不发生直接的法律关系。

2. 所处理事务内容的范围不同。中介合同的中介人,是为委托人提供与第三人订立合同的机会,或者为委托人提供媒介服务,在委托人与第三人之间进行斡旋促成他们的交易,其行为本身对于委托人与第三人之间订立的合同而言并不具有直接的法律意义;委托合同的受托人是按委托人的要求处理受托事务,处理的事务可以是有法律意义的事务,也可以是非法律意义的事务;行纪合同的行纪人则是按委托人的要求,从事购销、寄售等特定的民事法律行为,行纪人受托的事务只能是民事法律行为,其行纪行为具有法律意义。

3. 是否有偿以及报酬的来源和支付条件不同。中介合同是有偿合同,但中介人只能在有中介结果时才可以请求报酬,并且在为订约媒介中介时可从委托人和其相对人双方取得报酬;委托合同可以是有偿的,也可以是无偿的,有偿委托的受托人从委托人处获得报酬;行纪合同都是有偿合同,行纪人却仅从委托人一方取得报酬。

4. 费用的负担不同。在中介合同中,中介促成合同成立的,中介活动的费用由中介人负担,双方可以约定没有促成合同成立的情况下费用由中介人还是委托人负担,或者双方分担。在委托合同中,委托人应当负担受托人处理委托事务的费用,而且应当预付该费用。而行纪人应当自己负担处理委托事务支出的费用。

第九百六十二条 【中介人的如实报告义务】中介人应当就有关订立合同的事项向委托人如实报告。

中介人故意隐瞒与订立合同有关的重要事实或者提供虚假情况,损害委托人利益的,不得请求支付报酬并应当承担赔偿责任。

链接《房地产经纪管理办法》第21条

第九百六十三条 【中介人的报酬请求权】中介人促成合同成立的,委托人应当按照约定支付报酬。对中介人的报酬没有约定或者约定不明确,依据本法第五百一十条的规定仍不能确定的,根据中介人的劳务合理确定。因中介人提供订立合同的媒介服务而促成合同成立的,由该合同的当事人平均负担中介人的报酬。

中介人促成合同成立的,中介活动的费用,由中介人负担。

链接《房地产经纪管理办法》第17—19条

第九百六十四条 【中介人的中介费用】中介人未促成合同成立的,不得请求支付报酬;但是,可以按照约定请求委托人支付从事中介活动支出的必要费用。

第九百六十五条 【委托人"跳单"应支付中介报酬】委托人在接受中介人的服务后,利用中介人提供的交易机会或者媒介服务,绕开中介人直接订立合同的,应当向中介人支付报酬。

第九百六十六条 【参照适用委托合同的规定】本章没有规定的,参照适用委托合同的有关规定。

第二十七章 合伙合同

第九百六十七条 【合伙合同的定义】合伙合同是两个以上合伙人为了共同的事业目的,订立的共享利益、共担风险的协议。

第九百六十八条 【合伙人的出资义务】合伙人应当按照约定的出资方式、数额和缴付期限,履行出资义务。

链接《合伙企业法》第16、17条

第九百六十九条 【合伙财产的定义】合伙人的出资、因合伙事务依法取得的收益和其他财产,属于合伙财产。

合伙合同终止前,合伙人不得请求分割合伙财产。

链接《合伙企业法》第20、21条

第九百七十条　【合伙事务的执行】合伙人就合伙事务作出决定的,除合伙合同另有约定外,应当经全体合伙人一致同意。

合伙事务由全体合伙人共同执行。按照合伙合同的约定或者全体合伙人的决定,可以委托一个或者数个合伙人执行合伙事务;其他合伙人不再执行合伙事务,但是有权监督执行情况。

合伙人分别执行合伙事务的,执行事务合伙人可以对其他合伙人执行的事务提出异议;提出异议后,其他合伙人应当暂停该项事务的执行。

链接《合伙企业法》第26—36条

第九百七十一条　【合伙人执行合伙事务不得请求支付报酬】合伙人不得因执行合伙事务而请求支付报酬,但是合伙合同另有约定的除外。

第九百七十二条　【合伙的利润分配和亏损分担】合伙的利润分配和亏损分担,按照合伙合同的约定办理;合伙合同没有约定或者约定不明确的,由合伙人协商决定;协商不成的,由合伙人按照实缴出资比例分配、分担;无法确定出资比例的,由合伙人平均分配、分担。

链接《合伙企业法》第33条

第九百七十三条　【合伙人对合伙债务的连带责任及追偿权】合伙人对合伙债务承担连带责任。清偿合伙债务超过自己应当承担份额的合伙人,有权向其他合伙人追偿。

链接《合伙企业法》第38—40条

第九百七十四条　【合伙人转让财产份额的要求】除合伙合同另有约定外,合伙人向合伙人以外的人转让其全部或者部分财产份额,须经其他合伙人一致同意。

链接《合伙企业法》第22、23条

第九百七十五条　【合伙人债权人代位行使权利的限制】合伙人的债权人不得代位行使合伙人依据本章规定和合伙合同享有的权利,但是合伙人享有的利益分配请求权除外。

链接《合伙企业法》第41、42条

第九百七十六条　【合伙期限的推定】合伙人对合伙期限没有约定或者约定不明确,依据本法第五百一十条的规定仍不能确定的,视为不定期合伙。

合伙期限届满,合伙人继续执行合伙事务,其他合伙人没有提出异议的,原合伙合同继续有效,但是合伙期限为不定期。

合伙人可以随时解除不定期合伙合同,但是应当在合理期限之前通知其他合伙人。

第九百七十七条　【合伙人死亡、民事行为能力丧失或终止时合伙合同的效力】合伙人死亡、丧失民事行为能力或者终止的,合伙合同终止;但是,合伙合同另有约定或者根据合伙事务的性质不宜终止的除外。

链接《合伙企业法》第80条

第九百七十八条　【合伙合同终止后剩余财产的分配规则】合伙合同终止后,合伙财产在支付因终止而产生的费用以及清偿合伙债务后有剩余的,依据本法第九百七十二条的规定进行分配。

第三分编　准合同

第二十八章　无因管理

第九百七十九条　【无因管理的定义及法律效果】管理人没有法定的或者约定的义务,为避免他人利益受损失而管理他人事务的,可以请求受益人偿还因管理事务而支出的必要费用;管理人因管理事务受到损失的,可以请求受益人给予适当补偿。

管理事务不符合受益人真实意思的,管理人不享有前款规定的权利;但是,受益人的真实意思违反法律或者违背公序良俗的除外。

第九百八十条　【不适当的无因管理】管理人管理事务不属于前条规定的情形,但是受益人享有管理利益的,受益人应当在其获得的利益范围内向管理人承担前条第一款规定的义务。

第九百八十一条　【管理人的善良管理义务】管理人管理他人事务,应当采取有利于受益人的方法。中断管理对受益人不利的,无正当理由不得中断。

第九百八十二条　【管理人的通知义务】管理人管理他人事务,能够通知受益人的,应当及时通知受益人。管理的事务不需要紧急处理的,应当等待受益人的指示。

第九百八十三条　【管理人的报告及移交财产义务】管理结束后,管理人应当向受益人报告管理事务的情况。管理人管理事务取得的财产,应当及时转交给受益人。

第九百八十四条 【本人对管理事务的追认】 管理人管理事务经受益人事后追认的,从管理事务开始时起,适用委托合同的有关规定,但是管理人另有意思表示的除外。

第二十九章 不当得利

第九百八十五条 【不当得利的构成及除外情况】 得利人没有法律根据取得不当利益的,受损失的人可以请求得利人返还取得的利益,但是有下列情形之一的除外:

(一)为履行道德义务进行的给付;

(二)债务到期之前的清偿;

(三)明知无给付义务而进行的债务清偿。

第九百八十六条 【善意得利人的返还责任】 得利人不知道且不应当知道取得的利益没有法律根据,取得的利益已经不存在的,不承担返还该利益的义务。

第九百八十七条 【恶意得利人的返还责任】 得利人知道或者应当知道取得的利益没有法律根据的,受损失的人可以请求得利人返还其取得的利益并依法赔偿损失。

第九百八十八条 【第三人的返还义务】 得利人已经将取得的利益无偿转让给第三人的,受损失的人可以请求第三人在相应范围内承担返还义务。

第四编 人格权

第一章 一般规定

第九百八十九条 【人格权编的调整范围】 本编调整因人格权的享有和保护产生的民事关系。

注释 所谓人格权,一般认为,是指民事主体对其特定的人格利益所享有的排除他人侵害,以维护和实现人身自由、人格尊严为目的的权利。本编调整范围所涉及的是人格权而非人格。人格,指的是民事主体享有民事权利、承担民事义务的法律资格。我国自《民法通则》以来,就严格区分了人格与人格权的概念,与"人格"相对应的概念是民事权利能力,而人格权是民事权利的一种,权利主体是具有民事权利能力的民事主体,不具有民事权利能力,就不享有人格权;但人格权所涉及的是人格利益而非作为民事权利能力的人格。

本编是关于人格权的享有和保护的规定。关于人格权的享有和保护涉及多个法律部门的共同调整,有宪法、民法、行政法、刑法等,本编仅涉及其中的民事关系,将宪法规定的人格尊严在民事领域予以具体化,主要规定了人格权的类型、权利内容、权利边界、与其他价值之间的协调、行为人的义务和特殊保护方式等规则。

而关于人格权的救济方面,在侵权责任编对侵害民事权利的一般救济规则作出规定的基础上,本编就人格权保护的特殊救济方式作出了规定。

第九百九十条 【人格权类型】 人格权是民事主体享有的生命权、身体权、健康权、姓名权、名称权、肖像权、名誉权、荣誉权、隐私权等权利。

除前款规定的人格权外,自然人享有基于人身自由、人格尊严产生的其他人格权益。

案例 王某某诉张某某生育选择权纠纷案(最高人民法院发布98起未成年人审判工作典型案例之85)

裁判规则: 生育选择权是我国公民享有的一项基本权利,其中包括生育或不生子女的权利,这项原则同样适用于人类辅助生殖领域。张某某应享有生育选择权,在本案中具体体现为胚胎处置权。张某某是"王某三"遗传学父亲,张某某与王某某共同拥有"王某三"胚胎的处置权,"王某三"之出生应取得张某某的知情同意,并签署书面知情同意书。张某某拥有"不能被迫成为父亲"的基本权利。"王某三"之出生,侵犯了张某某的生育选择权,违背了我国计划生育政策和生育伦理原则。在这种情况下,张某某可视为一个单纯的捐赠精子者,其对出生的后代既没有任何权利,也不承担任何责任。王某某要求"王某三"由张某某抚养,理由不成立。

第九百九十一条 【人格权受法律保护】 民事主体的人格权受法律保护,任何组织或者个人不得侵害。

链接《最高人民法院关于审理使用人脸识别技术处理个人信息相关民事案件适用法律若干问题的规定》第2条

第九百九十二条 【人格权不得放弃、转让、继承】 人格权不得放弃、转让或者继承。

注释 人格权只能为特定的权利人所享有,与权利主体不可分离,因出生而当然发生,仅因死亡而当然消灭,是一种固有权利。人格权具有人身专属性,是人格权与财产权的重要区别。本条对人格权的人身专属性予以明确,强调人格权不得放弃、转让或者继承。

需要注意的是,本法第994条规定,死者的姓名、肖像、名誉、荣誉、隐私、遗体等受到侵害的,其配偶、子女、父母有权依法请求行为人承担民事责任;死者没有配偶、子女且父母已经死亡的,其他近亲属有权依法请求行为人承担民事责任。这仅仅是死者的近亲属有权保护死者的姓名、肖像、名誉、荣誉、隐私、遗体等不被他人侵害,而并非是人格权的继承。

第九百九十三条 【人格利益的许可使用】民事主体可以将自己的姓名、名称、肖像等许可他人使用,但是依照法律规定或者根据其性质不得许可的除外。

注释 人格权本质上是非财产权,但是,随着经济社会的发展、科技进步以及大众传媒、广告行业的发达,一些人格权已经不再只是消极防御性的权利,对民事主体的姓名、名称和肖像等的许可使用已经成为现实和可能,实践中也有大量需求。例如肖像权人允许公司使用其肖像做广告,姓名权人允许公司以自己的姓名作为公司名称。适用本条时,需要注意的是:许可他人使用,是许可他人在商品、商标或者服务等上面使用,因此,不包括他人正当使用别人的姓名等情形。许可使用是民事法律行为的一种,应当适用本法有关民事法律行为的一般性规定,不得违反法律和违背公序良俗,否则根据本法第153条的规定,许可使用的民事法律行为无效。

第九百九十四条 【死者人格利益保护】死者的姓名、肖像、名誉、荣誉、隐私、遗体等受到侵害的,其配偶、子女、父母有权依法请求行为人承担民事责任;死者没有配偶、子女且父母已经死亡的,其他近亲属有权依法请求行为人承担民事责任。

注释 适用本条时,需注意:1. 被侵害者已经死亡。如果被侵害者并未死亡,而是丧失民事行为能力的人,就不应适用本条,他们仍然具有民事权利能力,有权依法请求侵权人承担民事责任,不具有民事行为能力的,可以由监护人代理请求。2. 死者的姓名、肖像、名誉、荣誉、隐私、遗体等受到侵害。这包括但不限于以下情形:(1)未经许可而擅自使用死者的姓名、肖像等;(2)以侮辱、诽谤、贬损、丑化等方式,侵害死者的名誉、荣誉;(3)以非法披露、利用等方式侵害死者的隐私和个人信息;(4)以非法利用、损害等方式侵害死者的遗体等。3. 有权提出请求的主体是近亲属。4. 近亲属提出请求具有顺位限制。配偶、子女、父母是第一顺位;死者没有配偶、子女且父母已经死亡的,其他近亲属有权提出请求。5. 请求行为人承担民事责任要符合法律规定的责任构成要件和责任后果。例如,请求行为人赔偿财产损失的,一般要符合本法第1165条第1款的规定,即行为人因过错侵害他人民事权益造成损害的,应当承担侵权责任。赔偿数额,也应当适用本法第1182条的规定,即侵害他人人身权益造成财产损失的,按照被侵权人因此受到的损失或者侵权人因此获得的利益赔偿;被侵权人因此受到的损失以及侵权人因此获得的利益难以确定,被侵权人和侵权人就赔偿数额协商不一致,向人民法院提起诉讼的,由人民法院根据实际情况确定赔偿数额。在行为人违约侵害死者人格利益的情形中,例如骨灰存放处违反约定将骨灰丢失,近亲属可以选择依据本法第577条的规定,即当事人一方不履行合同义务或者履行合同义务不符合约定的,应当承担继续履行、采取补救措施或者赔偿损失等违约责任,请求其承担违约责任。"民事责任"包括所有的民事责任。死者的姓名、肖像、名誉、荣誉、隐私、遗体等受到侵害的,请求人当然有权依法请求行为人承担停止侵害、排除妨碍、消除危险、恢复名誉、消除影响和赔礼道歉等民事责任;如果请求人遭受到了财产损失或者精神损害,也有权依法请求行为人承担赔偿损失的责任。

案例 曾云侵害英烈名誉案(《最高人民检察院公报》2019年第2号)

裁判规则:英雄烈士的形象是民族精神的体现,是引领社会风尚的标杆。英雄烈士的姓名、肖像、名誉和荣誉等不仅属于英雄烈士本人及其近亲属,更是社会正义的重要组成内容,承载着社会主义核心价值观,具有社会公益性质。侵害英雄烈士名誉就是对公共利益的损害。对于侵害英雄烈士名誉的行为,英雄烈士没有近亲属或者近亲属不提起诉讼时,检察机关应依法提起公益诉讼,捍卫社会公共利益。

检察机关履行这类公益诉讼职责,要在提起诉讼前确认英雄烈士是否有近亲属以及其近亲属是否提起诉讼,区分情况处理。对于英雄烈士有近亲属的,检察机关应当当面征询英雄烈士近亲属是否提起诉讼;对于英雄烈士没有近亲属或者近亲属下落不明的,检察机关可以通过公告的方式履行告知程序。

检察机关办理该类案件,除围绕侵权责任构成要件收集、固定证据外,还要就侵权行为是否损害社会公共利益这一结果要件进行调查取证。对于在微信群内发表侮辱、诽谤英雄烈士言论的行为,要重点收集微信群成员数量、微信群组的私密性、进群验证方式、不当言论被阅读数、转发量等方面的证据,证明侵权行为产生的不良社会影响及其严重性。检察机关在决定是否提起公益诉讼时,还应当考虑行为人的主观过错程度、社会公共利益受损程度等,充分履行职责,实现政治效果、社会效果和法律效果的有机统一。

第九百九十五条 【人格权保护的请求权】人格权受到侵害的,受害人有权依照本法和其他法律的规定请求行为人承担民事责任。受害人的停止侵害、排除妨碍、消除危险、消除影响、恢复名誉、赔礼道歉请求权,不适用诉讼时效的规定。

注释 人格权请求权的具体方法,应当是除了损害赔偿方法之外救济人格权被侵害的方式,如停止侵害、排除妨碍、消除危险、消除影响、恢复名誉、赔礼道歉。损害赔偿是侵权责任法救济损害的一般方法,不属于人格权请求权的内容。

正是由于人格权请求权是人格权本身包含的原有救济权利,因此,人格权请求权不受诉讼时效的限制,因而规定受害人的停止侵害、排除妨碍、消除危险、消除影响、恢复名誉、赔礼道歉请求权,不适用诉讼时效的规定。

主张人格权请求权时,权利人只需要证明妨害行为的违法性、妨害行为可能发生或者正在进行和因果关系,而不必像行使侵权损害赔偿请求权那样,证明构成侵权责任的全部要件。

链接 《食品安全法》第141条;《消费者权益保护法》第50条;《国家赔偿法》第3、17、32、35条;《治安管理处罚法》第117条

第九百九十六条 【人格权责任竞合下的精神损害赔偿】因当事人一方的违约行为,损害对方人格权并造成严重精神损害,受损害方选择请求其承担违约责任的,不影响受损害方请求精神损害赔偿。

注释 适用本条时,需注意:(1)存在损害人格权的违约责任和侵权责任的竞合。这要求当事人一方的违约行为同时构成了损害对方人格权的侵权行为。如果当事人一方的违约行为造成了精神损害,但违约行为本身并不符合侵权行为的相关要件,无须承担侵权责任,则不适用本条规定。例如,旅游合同中,当事人一方违约并未造成旅游者人身损害,而仅仅是导致旅游者无法尽度过假期,此时并不构成损害旅游者人格权的侵权责任,则不适用本条规定。(2)因当事人一方的违约行为损害对方自然人的人格权并造成严重精神损害,偶尔的痛苦和不高兴不能认为是严重精神损害。(3)受损害方选择请求违约方承担违约责任。受损害方应当证明行为人不履行合同义务或者履行合同义务不符合约定,同时也应当证明行为人的违约行为损害了自己的人格权并造成严重精神损害。确定精神损害赔偿的数额时,应当考虑行为人的主观过错程度,侵害的手段、场合、行为方式等具体情节,侵权行为所造成的后果等情形。

链接 《最高人民法院关于审理旅游纠纷案件适用法律若干问题的解释》第7条

第九百九十七条 【申请法院责令停止侵害】民事主体有证据证明行为人正在实施或者即将实施侵害其人格权的违法行为,不及时制止将使其合法权益受到难以弥补的损害的,有权依法向人民法院申请采取责令行为人停止有关行为的措施。

注释 禁令就是禁止实施某种行为的命令。侵害人格权的禁令,是人民法院发出的禁止行为人实施有可能侵害他人人格权的违法行为的命令。这种命令具有强制性,受禁令禁止的行为人,必须遵从禁令的要求,不得实施被禁令禁止的行为。违反者,应当承担民事责任。

对行为人发出禁令的要件是:1.民事主体有证据证明行为人正在实施,或者即将实施某种行为;2.该种行为能够侵害受害人的人格权;3.不及时制止将会使受害人的合法权益受到难以弥补的损害;4.受害人须向人民法院请求发布禁令。符合上述要件的,人民法院应当对行为人发布禁令,行为人受到该禁令的拘束。

链接 《民事诉讼法》第103、104条;《反家庭暴力法》第23—32条

案例 杨季康（笔名杨绛）与中贸圣佳国际拍卖有限公司、李国强诉前禁令案（最高人民法院公布七起保障民生典型案例之一）

裁判规则：钱钟书、杨季康、钱瑗分别对各自创作的书信作品享有著作权。钱钟书、钱瑗去世后，其著作权中的署名权、修改权和保护作品完整权由杨季康与杨伟成保护，发表权由杨季康与杨伟成共同行使。被告即将实施的私人信件公开拍卖活动，以及其正在实施的公开展览、宣传等活动，将侵害杨季康所享有和继承的著作权，如不及时制止上述行为，将会使杨季康的合法权益受到难以弥补的损害，原告请求行为保全。法院依据《著作权法》《民事诉讼法》依法作出诉前禁令。

第九百九十八条 【认定行为人承担责任时的考量因素】 认定行为人承担侵害除生命权、身体权和健康权外的人格权的民事责任，应当考虑行为人和受害人的职业、影响范围、过错程度，以及行为的目的、方式、后果等因素。

注释 保护人格权是宪法尊重和保护人格尊严的要求，但是，如果对人格权的保护过于绝对和宽泛，则难免会产生与其他权利，如新闻报道权等的冲突。在个案和具体情形中应当对人格权保护的价值和其他价值进行综合权衡，本条正是基于此的规定。生命权、身体权和健康权是自然人赖以生存的最基本的人格权，具有特殊性和最重要性，对这些权利应当进行最高程度的保护，据此，本条排除了在认定侵害生命权、身体权和健康权是否需要承担民事责任时的权衡，体现了对此类人格权的特殊保护。

链接《最高人民法院关于审理使用人脸识别技术处理个人信息相关民事案件适用法律若干问题的规定》第3条

第九百九十九条 【人格利益的合理使用】 为公共利益实施新闻报道、舆论监督等行为的，可以合理使用民事主体的姓名、名称、肖像、个人信息等；使用不合理侵害民事主体人格权的，应当依法承担民事责任。

注释 新闻报道是新闻单位对新近发生的事实的报道，包括有关政治、经济、军事、外交等社会公共事务的报道以及有关社会突发事件的报道。新闻单位包括依法设立的报刊社、广播电台、电视台、通讯社、杂志社、出版社、互联网信息服务提供者、移动互联网信息服务提供者等。舆论监督是社会公众运用各种传播媒介对社会运行过程中出现的现象表达信念、意见和态度，从而进行监督的活动。

在实施新闻报道、舆论监督中，因正当事由合理使用他人人格要素的行为，不构成侵害人格权。其要件是：1. 具有的正当事由是为公共利益实施新闻报道、舆论监督等行为；2. 使用的是民事主体的姓名、名称、肖像、个人信息等人格要素；3. 须符合正当使用的范围，即为实施新闻报道、舆论监督的目的，不得超出该范围。符合上述要件要求的，使用人对他人人格要素的使用，为正当使用行为，不承担民事责任。例如对新闻事件中人物的肖像进行报道，不构成侵害肖像权，因为其具有新闻性。

第一千条 【消除影响、恢复名誉、赔礼道歉责任方式】 行为人因侵害人格权承担消除影响、恢复名誉、赔礼道歉等民事责任的，应当与行为的具体方式和造成的影响范围相当。

行为人拒不承担前款规定的民事责任的，人民法院可以采取在报刊、网络等媒体上发布公告或者公布生效裁判文书等方式执行，产生的费用由行为人负担。

注释 消除影响、恢复名誉，是指人民法院根据受害人的请求，责令行为人在一定范围内采取适当方式消除对受害人名誉的不利影响，以使其名誉得到恢复的一种责任方式。具体适用消除影响、恢复名誉，要根据侵害行为所造成的影响和受害人名誉受损的后果决定。处理的原则是，行为人应当根据造成不良影响的大小，采取程度不同的措施给受害人消除不良影响。消除影响、恢复名誉主要适用于侵害名誉权等情形，一般不适用侵犯隐私权的情形。赔礼道歉，是指行为人通过口头、书面或者其他方式向受害人进行道歉，以取得谅解的一种责任方式。赔礼道歉主要适用于侵害名誉权、荣誉权、隐私权、姓名权、肖像权等人格权的情形。赔礼道歉可以是公开的，也可以私下进行；可以口头方式进行，也可以书面方式进行，具体采用什么形式由法院依据案件的具体情况决定。

行为人因侵害人格权承担消除影响、恢复名誉、赔礼道歉等民事责任的，应当与行为的具体方式和造成的影响范围相当：首先，在是否适用这些民事责任时，应当考虑到侵害人格权行为的具体方式和造成的影响范围。在考虑行为的具体方式和造成的影响范围时，还应当将被侵权人的心理感受及所受煎熬、痛苦的程度纳入考虑范围。例如，如果被侵权人极度痛苦，而赔偿损失、消除影响和恢复名誉这些责任方式还不足够，可以判决行为人承担赔礼道歉这种民事责任。其次，这些民事责任的具体方式也应当考量行为的具体方式和造成的影响范围。通常情况下，如果是在特定单位内传播侵害人格权的信息的，应当在特定单位内予以消除影响、恢复名誉、赔礼道歉。如果是在特定网络媒体上传播侵权信息的，应当在该网络媒体上予以澄清事实；而在特定网络媒体上传播的侵权信息又被其他网络媒体转载的，也可以考虑在其他网络媒体上予以澄清事实。

本条第2款规定了，在行为人拒不承担消除影响、恢复名誉、赔礼道歉的民事责任时，人民法院可以依职权主动采取的执行方式，即在报刊、网络等媒体上发布公告或者公布生效裁判文书等。发布公告，可以是受害人发表谴责公告或者法院发布判决情况的公告，但一般不采取受害人或者法院以被告名义拟定道歉启事并予以公布这种道歉广告或者道歉启事的方式。公布裁判文书，可以是全部公布，也可以是摘要公布。人民法院采取前述执行方式所产生的费用，都由侵害人格权行为人承担。

链接《最高人民法院关于适用〈中华人民共和国民事诉讼法〉的解释》第501、502条

第一千零一条　【自然人身份权利保护的参照】 对自然人因婚姻家庭关系等产生的身份权利的保护，适用本法第一编、第五编和其他法律的相关规定；没有规定的，可以根据其性质参照适用本编人格权保护的有关规定。

第二章　生命权、身体权和健康权

第一千零二条　【生命权】 自然人享有生命权。自然人的生命安全和生命尊严受法律保护。任何组织或者个人不得侵害他人的生命权。

链接《治安管理处罚法》第45条；《国家赔偿法》第34条

案例 汪某某诉仪征龙兴塑胶有限公司生命权纠纷案（《最高人民法院公报》2017年第6期）

裁判规则：擅自砌墙将河道引入厂区妨碍行洪导致洪水毁墙夺路溺死他人，应当承担侵权责任。

根据《防洪法》第22条规定，禁止在河道、湖泊管理范围内建设妨碍行洪的建筑物、构筑物，禁止从事影响河势稳定、危害河岸堤防安全和其他妨碍河道行洪的活动。公民的生命权受法律保护。行为人因过错侵害他人民事权益，应当承担侵权责任。受害人对于损害的发生也具有过错的，可以减轻侵权人的民事责任。

第一千零三条　【身体权】 自然人享有身体权。自然人的身体完整和行动自由受法律保护。任何组织或者个人不得侵害他人的身体权。

注释 身体权与生命权、健康权密切相关，侵害自然人的身体往往导致对自然人健康的损害，甚至剥夺自然人的生命。但生命权、健康权和身体权所保护的自然人的具体人格利益有区别，生命权主要保护的是自然人生命的延续，健康权主要保护身体各组织及整体功能正常，而身体权则主要保护身体组织的完整。当侵害自然人的身体但未侵害其组织和功能正常，侵害的仅是自然人的身体权，而非健康权。如甲未经乙同意突然将乙的长头发剪断，此时乙的身体组织和功能正常并未受到侵害，但甲侵害了乙对自己身体组织保持完整的权利，侵害了乙的身体权。

侵害身体权的行为是多样的。身体包括头颈、躯干、四肢、器官以及毛发指甲等各种人体细胞、人体组织、人体器官。对于固定于身体成为身体组成部分，与其他组成部分结合一起发挥功能，而不能自由卸取的人工附加部分的侵害，例如假肢、义齿、义眼、心脏起搏器等，也可认定构成侵害身体权。造成严重精神损害的，受害人可以依法请求精神损害赔偿。

第一千零四条　【健康权】 自然人享有健康权。自然人的身心健康受法律保护。任何组织或者个人不得侵害他人的健康权。

注释 健康权，是指自然人以自己的机体生理机能的正常运作和功能的完善发挥，维持人体生命活动的利益为内容的具体人格权。

链接《精神卫生法》第27、83条；《妇女权益保障法》第21、65条；《未成年人保护法》第16条

案例 尹瑞军诉颜礼奎健康权、身体权纠纷案（《最高人民法院公报》2019年第3期）

裁判规则：刑事案件受害人因犯罪行为受到身体伤害，另行提起民事侵权诉讼的，残疾赔偿金属于物质损失的范畴。刑事案件的受害人因犯罪

行为受到身体伤害,未提起刑事附带民事诉讼,而是另行提起民事侵权诉讼,关于残疾赔偿金是否属于物质损失范畴的问题,刑事诉讼法及司法解释没有明确规定。刑事案件受害人因犯罪行为造成残疾的,今后的生活和工作必然受到影响,导致劳动能力下降,造成生活成本增加,进而变相地减少物质收入,故残疾赔偿金应属于物质损失的范畴,应予赔偿。

第一千零五条 【法定救助义务】自然人的生命权、身体权、健康权受到侵害或者处于其他危难情形的,负有法定救助义务的组织或者个人应当及时施救。

注释 本条规定的法定救助义务保护的范围限于生命权、身体权、健康权,其他人格权不在此限。

1. 特殊职业的法定救助义务。根据《人民警察法》第21条、《人民武装警察法》第18条、《医师法》第27条、《消防法》第44条等规定,人民警察、武装警察、医师、消防队具有法定的救助义务。2. 合同附随的救助义务。与人身安全密切相关的合同,合同当事人需要承担相应的救助义务。有的时候,这类救助义务会在法律法规中明确规定,体现了意定性和法定性的结合。比如,本法第822条、第823条规定了客运合同承运人的救助义务。3. 法定安全保障义务。公共场所的管理人或者群众性活动的组织者,未尽到安全保障义务,造成他人损害的,应当承担侵权责任。4. 先行行为的救助义务。先行行为导致行为人承担作为义务,这为民法和刑法所共同承认。如,结伴野外游泳的参与者负有互相照顾、救助义务。共同饮酒发生致人损害后果,共饮人没有尽到合理注意义务的,应当承担侵权损害赔偿责任。一方先行的侵权行为诱发了另一方采取一定危险行为并导致损害发生,虽然先行侵权行为并未直接导致最终损害,但若先行的侵权行为与最终损害之间存在相当因果关系,则也应当认定侵权人的责任成立。5. 特殊身份关系人的救助义务。特殊身份关系衍生了承担扶持、救助等义务:一是监护人的救助义务,二是亲属的救助义务。

链接《医师法》第27条;《人民警察法》第21条;《人民武装警察法》第18条;《消防法》第5、44条;《消费者权益保护法》第18条第2款

第一千零六条 【人体捐献】完全民事行为能力人有权依法自主决定无偿捐献其人体细胞、人体组织、人体器官、遗体。任何组织或者个人不得强迫、欺骗、利诱其捐献。

完全民事行为能力人依据前款规定同意捐献的,应当采用书面形式,也可以订立遗嘱。

自然人生前未表示不同意捐献的,该自然人死亡后,其配偶、成年子女、父母可以共同决定捐献,决定捐献应当采用书面形式。

注释 有权决定捐献人体细胞、组织、器官和遗体的主体,根据《人体器官移植条例》第8条,必须是完全民事行为能力人,精神病人等限制民事行为能力的成年人不可以实施捐献行为。需要注意的是,在做出活体捐献时,本条中的完全民事行为人不包括本法第18条第2款规定的情形,即16周岁以上符合法律规定条件被视为完全民事行为能力人的未成年人。

链接《献血法》第2条;《人体器官移植条例》第7—10条

案例 易某、廖某与某医院医疗损害责任纠纷案[湖南省长沙市中级人民法院(2017)湘01民终1092号民事判决书]

裁判规则:考虑到某医院未依规在人体器官捐献完成后7日内向易某、廖某通报捐献结果也未及时将易某名字录入该院张榜公布的捐献者名单,存在工作失误,一审判决某医院补偿易某、廖某60000元并无不当,二审法院予以认可。

第一千零七条 【禁止买卖人体细胞、组织、器官和遗体】禁止以任何形式买卖人体细胞、人体组织、人体器官、遗体。

违反前款规定的买卖行为无效。

注释 本条是对禁止买卖人体组成部分的规定。任何人体细胞、人体组织、人体器官以及遗体,都是人的身体组成部分,或者是人的身体的变异物,都不是交易的对象。出于救助他人的高尚目的,自然人可以将自己的身体组成部分或者遗体捐献给他人或公益组织,但这不是买卖。进行人体细胞、人体组织、人体器官或者遗体的买卖行为,是违法行为。任何买卖人体细胞、人体组织、人体器官以及遗体的行为,都是无效的行为,都在被禁止之列。

链接《刑法》第234条之一

第一千零八条 【人体临床试验】为研制新药、医疗器械或者发展新的预防和治疗方法,需要进行临床试验的,应当依法经相关主管部门批准

并经伦理委员会审查同意,向受试者或者受试者的监护人告知试验目的、用途和可能产生的风险等详细情况,并经其书面同意。

进行临床试验的,不得向受试者收取试验费用。

链接 《医师法》第26条;《药品管理法》第21、23条

第一千零九条 【从事人体基因、胚胎等医学和科研活动的法定限制】 从事与人体基因、人体胚胎等有关的医学和科研活动,应当遵守法律、行政法规和国家有关规定,不得危害人体健康,不得违背伦理道德,不得损害公共利益。

第一千零一十条 【性骚扰】 违背他人意愿,以言语、文字、图像、肢体行为等方式对他人实施性骚扰的,受害人有权依法请求行为人承担民事责任。

机关、企业、学校等单位应当采取合理的预防、受理投诉、调查处置等措施,防止和制止利用职权、从属关系等实施性骚扰。

注释 本条直接规定的是对性骚扰行为的规制办法,但是其中包含着性自主权。本条保护主体不限于女性,男女都是本条保护的对象。

性自主权是自然人依照自己的意志支配其性利益的具体人格权。未成年人尚未性成熟,不能行使性自主权,自18周岁起,方可行使该权利,支配自己的性利益。性自主权不是身体权的组成部分,而是独立的具体人格权。

性骚扰行为,是行为人违背权利人的意志,实施性交之外的侵害权利人性自主权的行为。为了更好地保护被骚扰人的利益,只要违背被骚扰人意愿对其实施性骚扰,不需要被骚扰人明确反对,也可以认定构成性骚扰。

链接 《妇女权益保障法》第23—25、77条;《治安管理处罚法》第42、44、66、67、69条;《未成年人保护法》第40、54条

第一千零一十一条 【非法剥夺、限制他人行动自由和非法搜查他人身体】 以非法拘禁等方式剥夺、限制他人的行动自由,或者非法搜查他人身体的,受害人有权依法请求行为人承担民事责任。

链接 《宪法》第37条;《立法法》第8条;《消费者权益保护法》第27条;《治安管理处罚法》第40、41条;《妇女权益保障法》第19条;《国家赔偿法》第3条;《精神卫生法》第5、30、31条;《劳动法》第96条;《刑法》第238、244条

第三章 姓名权和名称权

第一千零一十二条 【姓名权】 自然人享有姓名权,有权依法决定、使用、变更或者许可他人使用自己的姓名,但是不得违背公序良俗。

注释 姓名的法律意义主要在于,使一个自然人与其他自然人区别开来,在一定意义上姓名是主体存在的标志,也是自然人从事民事活动,行使法律赋予的各种权利和承担相应义务的前提条件。法律上的姓名不仅包括正式的登记姓名,而且也包括其他类似于姓名的笔名、艺名、绰号、网名等非正式姓名。姓名权是自然人在不违背公序良俗的情况下,决定、使用和依法变更自己姓名,并排除他人干涉或非法使用的权利。

链接 《反不正当竞争法》第6条;《刑事诉讼法》第64条

案例 迈克尔·杰弗里·乔丹与国家工商行政管理总局商标评审委员会、乔丹体育股份有限公司"乔丹"商标争议行政纠纷案(最高人民法院指导案例113号)

裁判规则:姓名权是自然人对其姓名享有的人身权,姓名权可以构成《商标法》规定的在先权利。外国自然人外文姓名的中文译名符合条件的,可以依法主张作为特定名称按照姓名权的有关规定予以保护。

外国自然人就特定名称主张姓名保护的,该特定名称应当符合以下三项条件:(1)该特定名称在我国具有一定的知名度,为相关公众所知悉;(2)相关公众使用该特定名称指代该自然人;(3)该特定名称已经与该自然人之间建立了稳定的对应关系。

使用是姓名权人享有的权利内容之一,并非姓名权人主张保护其姓名权的法定前提条件。特定名称按照姓名权受法律保护的,即使自然人并未主动使用,也不影响姓名权人按照《商标法》关于在先权利的规定主张权利。

违反诚实信用原则,恶意申请注册商标,侵犯他人现有在先权利的"商标权人",以该商标的宣传、使用、获奖、被保护等情况形成了"市场秩序"或者"商业成功"为由,主张该注册商标合法有效的,人民法院不予支持。

第一千零一十三条 【名称权】 法人、非法人组织享有名称权,有权依法决定、使用、变更、转让或者许可他人使用自己的名称。

注释 本条是对法人、非法人组织享有的名称权及内容的规定。名称是指法人及特殊的自然人组合等主体在社会活动中，用以确定和代表自身，并区别于他人的文字符号和标记。民商事主体的名称起到了区别的作用，为其从事民商事等各类活动的基本前提。名称权，是指法人和非法人组织依法享有的决定、使用、变更或者依照法律规定许可他人使用自己名称，并排除任何组织和个人非法干涉、盗用或者冒用的具体人格权。

需要注意的是，对于法人或者非法人组织名称权的转让，我国立法采绝对转让主义，即法人或者非法人组织可以将其对名称享有的权利全部转让给其他法人或者非法人组织，转让其名称时应当连同其营业同时转让，或者在其终止营业时转让名称。转让名称后，受让人独占该名称，原名称权人不再享有该名称权。而许可他人使用自己的名称权则无前述限制，法人或者非法人组织许可他人使用自己名称的同时，自己仍可以继续使用该名称，在没有特别约定的情况下，还可以允许多家主体使用该名称，这是许可使用名称与转让名称最大的区别。名称权人可以有偿许可他人使用，也可以无偿许可他人使用。法人或者非法人组织许可他人使用自己的名称，一般都要签订名称许可使用合同，对使用的期限、范围、报酬等事项作出约定。此外，并非所有法人或者非法人组织的名称权都可以转让及许可使用，原则上只有营利法人或者营利非法人组织的名称权可以。

链接《最高人民法院关于审理注册商标、企业名称与在先权利冲突的民事纠纷案件若干问题的规定》第2—4条

案例 天津中国青年旅行社诉天津国青国际旅行社擅自使用他人企业名称纠纷案（最高人民法院指导案例29号）

裁判规则：对于企业长期、广泛对外使用，具有一定市场知名度、为相关公众所知悉，已实际具有商号作用的企业名称简称，可以视为企业名称予以保护。

擅自将他人已实际具有商号作用的企业名称简称作为商业活动中互联网竞价排名关键词，使相关公众产生混淆误认的，属于不正当竞争行为。

第一千零一十四条 【禁止侵害他人的姓名或名称】任何组织或者个人不得以干涉、盗用、假冒等方式侵害他人的姓名权或者名称权。

注释 干涉，是指无正当理由干涉他人对姓名的决定、使用、变更或者许可他人使用的权利，无正当理由干涉法人或者非法人组织对其名称的决定、使用、变更、转让或者许可他人使用的权利。例如子女成年后，其父母没有正当理由不允许其变更姓名；养父母没有正当理由不允许养子女随其生父母的姓，等等。

盗用，是指未经姓名权人、名称权人同意或者授权，擅自以姓名权人、名称权人的姓名或者名称实施有害于他人或者社会的行为。这种侵害方式的核心是侵权人的行为让他人误以为姓名权人、名称权人同意或者授权侵权人以其名义从事民事活动，但并没有宣称其就是该姓名权人或者名称权人。

假冒，是指侵权人假冒姓名权人或者名称权人之名进行活动，表现为民事主体从事民事活动时不用自己的姓名或者名称而使用他人姓名或者名称。

链接《英雄烈士保护法》第22、23条；《网络安全法》第41—45、76条；《最高人民法院关于审理商标授权确权行政案件若干问题的规定》第20条；《最高人民法院关于确定民事侵权精神损害赔偿责任若干问题的解释》第1条；《最高人民法院关于审理注册商标、企业名称与在先权利冲突的民事纠纷案件若干问题的决定》第1—4条

案例 成都同德福合川桃片有限公司诉重庆市合川区同德福桃片有限公司、余晓华侵害商标权及不正当竞争纠纷案（最高人民法院指导案例58号）

裁判规则：与"老字号"无历史渊源的个人或企业将"老字号"或与其近似的字号注册为商标后，以"老字号"的历史进行宣传的，应认定为虚假宣传，构成不正当竞争。

与"老字号"具有历史渊源的个人或企业在未违反诚实信用原则的前提下，将"老字号"注册为个体工商户字号或企业名称，未引人误认且未突出使用该字号的，不构成不正当竞争或侵犯注册商标专用权。

第一千零一十五条 【自然人姓氏的选取】自然人应当随父姓或者母姓，但是有下列情形之一的，可以在父姓和母姓之外选取姓氏：

（一）选取其他直系长辈血亲的姓氏；

（二）因由法定扶养人以外的人扶养而选取扶

养人姓氏；

（三）有不违背公序良俗的其他正当理由。

少数民族自然人的姓氏可以遵从本民族的文化传统和风俗习惯。

注释 子女随父姓或者母姓是一般规则，至于随父姓的血缘传承，还是随母姓的血缘传承，则可以选择。实践中随父姓的居多。父母不得因子女变更姓氏而拒付子女抚育费。父或母擅自将子女姓氏改为继母或继父姓氏而引起纠纷的，应责令恢复原姓氏。

链接 《最高人民法院关于适用〈中华人民共和国民法典〉婚姻家庭编的解释（一）》第59条

案例 "北雁云依"诉济南市公安局历下区分局燕山派出所公安行政登记案（最高人民法院指导案例89号）

裁判规则：公民选取或创设姓氏应当符合中华传统文化和伦理观念。仅凭个人喜好和愿望在父姓、母姓之外选取其他姓氏或者创设新的姓氏，不属于有不违反公序良俗的其他正当理由。

第一千零一十六条 【决定、变更姓名、名称及转让名称的规定】自然人决定、变更姓名，或者法人、非法人组织决定、变更、转让名称的，应当依法向有关机关办理登记手续，但是法律另有规定的除外。

民事主体变更姓名、名称的，变更前实施的民事法律行为对其具有法律约束力。

第一千零一十七条 【姓名与名称的扩展保护】具有一定社会知名度，被他人使用足以造成公众混淆的笔名、艺名、网名、译名、字号、姓名和名称的简称等，参照适用姓名权和名称权保护的有关规定。

链接 《反不正当竞争法》第6条；《最高人民法院关于审理商标授权确权行政案件若干问题的规定》第20条

案例 山东起重机有限公司与山东山起重工有限公司侵犯企业名称权纠纷案（《最高人民法院公报》2010年第3期）

裁判规则：企业名称的简称源于语言交流的方便。企业简称的形成与两个过程有关：一是企业自身使用简称代替其正式名称；二是社会公众对于企业简称的认同，即认可企业简称与其正式名称所指代对象为同一企业。由于简称省略了正式名称中某些具有限定作用的要素，可能会不适当地扩大正式名称所指代的对象范围，因此，企业简称能否特指该企业，取决于该企业简称是否为相关社会公众所认可，并在相关社会公众中建立起与该企业的稳定的关联关系。对于具有一定的市场知名度、为相关社会公众所熟知并已经实际具有商号作用的企业或者企业名称的简称，可以视为企业名称。如果经过使用和社会公众认同，企业的特定简称已经在特定地域内为相关社会公众所认可，具有相应的市场知名度，与该企业建立了稳定的关联关系，具有识别经营主体的商业标识意义，他人在后擅自使用该知名企业简称，足以使特定地域内的相关社会公众对在后使用者和在先企业之间发生市场主体的混淆、误认，在后使用者就会不恰当地利用在先企业的商誉，侵害在先企业的合法权益。具有此种情形的，应当将在先企业的特定简称视为企业名称，并根据《反不正当竞争法》第5条第3项的规定加以保护。

第四章 肖像权

第一千零一十八条 【肖像权及肖像】自然人享有肖像权，有权依法制作、使用、公开或者许可他人使用自己的肖像。

肖像是通过影像、雕塑、绘画等方式在一定载体上所反映的特定自然人可以被识别的外部形象。

注释 肖像权，是指自然人以在自己的肖像上所体现的人格利益为内容，享有的制作、使用、公开以及许可他人使用自己肖像的具体人格权。

肖像的概念，本条第2款明确界定为"是通过影像、雕塑、绘画等方式在一定载体上所反映的特定自然人可被识别的外部形象"。肖像的要素是：1. 表现方法是艺术或技术手段，如影像、雕塑、绘画等；2. 须固定在一定的载体之上，而不是镜中影、水中形；3. 可被识别，肖像具有人格标识的作用，可以通过固定在载体上的形象区分本人与他人人格特征的不同，不具有可识别性的形象就不是肖像；4. 自然人的外部形象，这个要素有些宽泛，因为通常界定肖像是"以面部形象为主的形象"，这里使用外部形象，并不专指肖像，而且也包含了"形象权"的概念，例如，可供识别的自然人的手、脚、背的外部形象。

第一千零一十九条 【肖像权的保护】任何组织或者个人不得以丑化、污损，或者利用信息技术手段伪造等方式侵害他人的肖像权。未经肖像权人同意,不得制作、使用、公开肖像权人的肖像,但是法律另有规定的除外。

未经肖像权人同意,肖像作品权利人不得以发表、复制、发行、出租、展览等方式使用或者公开肖像权人的肖像。

第一千零二十条 【肖像权的合理使用】合理实施下列行为的,可以不经肖像权人同意:

(一)为个人学习、艺术欣赏、课堂教学或者科学研究,在必要范围内使用肖像权人已经公开的肖像;

(二)为实施新闻报道,不可避免地制作、使用、公开肖像权人的肖像;

(三)为依法履行职责,国家机关在必要范围内制作、使用、公开肖像权人的肖像;

(四)为展示特定公共环境,不可避免地制作、使用、公开肖像权人的肖像;

(五)为维护公共利益或者肖像权人合法权益,制作、使用、公开肖像权人的肖像的其他行为。

注释 根据本条的规定,实施以下几种行为的,不需要肖像权人的同意:

1. 为个人学习、艺术欣赏、课堂教学或者科学研究,在必要范围内使用肖像权人已经公开的肖像。为了个人学习、艺术欣赏的目的使用他人经公开的肖像,是个人从事的正常社会活动,且这种使用并不会对权利人的肖像权造成损害。为个人学习、艺术欣赏、课堂教学或者科学研究使用他人肖像时,仍需注意两个限制条件:(1)只能在必要范围内使用他人肖像,超出必要范围使用的,也构成侵权。(2)只能使用他人已经公开的肖像。

2. 为实施新闻报道,不可避免地制作、使用、公开肖像权人的肖像。本项规定是对本法第999条规定的进一步落实和细化。在具体适用本项时应注意,因新闻报道而制作、使用、公开肖像权人的肖像,必须是不可避免的,否则也有可能构成侵犯他人肖像权。

3. 为依法履行职责,国家机关在必要范围内制作、使用、公开肖像权人的肖像。国家机关依法履行职责属于行使公权力,行使公权力要么是为了维护社会秩序,要么是为了保护公众安全,要么是为了维护其他国家利益和社会公共利益,在此情况下,可以在必要范围内制作、使用、公开肖像权人的肖像。但是国家机关也不得滥用这种权力,对肖像权的使用应当符合行政行为的比例原

则。本项明确规定了两个限制条件:(1)国家机关必须是在依法履行职责时,才可以制作、使用、公开肖像权人的肖像,若履行职责没有明确的法律依据,则不得制作、使用、公开肖像权人的肖像。(2)国家机关必须在必要范围内制作、使用、公开肖像权人的肖像,超出必要范围的,即使是依法履行职责,也构成对肖像权的侵犯。

4. 为展示特定公共环境,不可避免地制作、使用、公开肖像权人的肖像。这种合理使用的情形较为特殊,但也是民事主体进行社会活动必不可少的。例如某人在一个公开场所(例如景点)照相时,刚好另一游客闯入其镜头;再如游客拍摄某一著名旅游景点的景色时,就有可能将一些游客摄入其中。这种情形下的合理使用也有严格的条件限制:(1)制作、使用、公开肖像权人的肖像的目的是展示特定的公共环境。(2)即使是为了展示特定公共环境,也必须是"不可避免"地制作、使用、公开肖像权人的肖像,若在展示特定公共环境中可以避免制作、使用、公开肖像权人的肖像,则不构成合理使用。

5. 为维护公共利益或者肖像权人合法权益,制作、使用、公开肖像权人的肖像的其他行为。本项规定实际上是一个兜底条款,但并不等于法院可以随意自由裁量,法院更不得滥用本项规定或者将本项规定泛化。要适用本项规定,应当符合以下条件:(1)必须是为了公共利益或者为了肖像权人本人的利益。(2)必须是在必要范围内使用、公开,例如寻人启事上的肖像只得用于寻人之用,不得用于商业促销。

第一千零二十一条 【肖像许可使用合同的解释】当事人对肖像许可使用合同中关于肖像使用条款的理解有争议的,应当作出有利于肖像权人的解释。

第一千零二十二条 【肖像许可使用合同期限】当事人对肖像许可使用期限没有约定或者约定不明确的,任何一方当事人可以随时解除肖像许可使用合同,但是应当在合理期限之前通知对方。

当事人对肖像许可使用期限有明确约定,肖像权人有正当理由的,可以解除肖像许可使用合同,但是应当在合理期限之前通知对方。因解除合同造成对方损失的,除不可归责于肖像权人的事由外,应当赔偿损失。

第一千零二十三条 【姓名、声音等的许可使用参照肖像许可使用】对姓名等的许可使用,参照适用肖像许可使用的有关规定。

对自然人声音的保护,参照适用肖像权保护的有关规定。

第五章　名誉权和荣誉权

第一千零二十四条 【名誉权及名誉】民事主体享有名誉权。任何组织或者个人不得以侮辱、诽谤等方式侵害他人的名誉权。

名誉是对民事主体的品德、声望、才能、信用等的社会评价。

注释 在判断某一行为是否构成侵害名誉权时,需要注意以下几点:一是受害人的社会评价是否降低构成侵害名誉权的要件,没有受害人社会评价的降低就不存在名誉权受损害的问题。受害人社会评价是否降低应当以社会一般人的评价为标准进行判断,不能仅以受害人自己的主观感受为标准。本条所强调的"任何组织或者个人不得以侮辱、诽谤等方式侵害他人的名誉权",其目的就是保护民事主体的名誉不受他人贬损,社会评价不被降低。只有当其社会评价降低时才能通过名誉权制度获得救济。二是如果行为人发布的信息或者所作的陈述真实客观,且没有包含侮辱性的内容,即使受害人认为自己的名誉受到了损害,也不构成名誉权侵权。三是行为人侵害他人名誉权的行为需要受害人以外的人知悉。正如本条第2款所规定,名誉是对民事主体的社会评价,也就是社会公众对民事主体的评价。如果行为人的侵害行为没有被受害人以外的人所知悉,其社会评价就不存在降低或者受损的问题,自然也就不存在名誉权受损害的问题。需要注意的是,传播了虚假的事实、造成受害人的社会评价降低,是构成名誉权侵权必须具备的两个要件。四是行为人的行为具有过错,名誉权侵权属于一般侵权行为,因此,行为人的过错也是这种侵权行为的构成要件,这种过错既表现为故意,也表现为过失。

最后,需要强调的是,在判断是否构成名誉权侵权以及承担损害赔偿责任的程度时,除了要考虑前述要件外,还需要考虑多种因素。根据本法第998条的规定,认定行为人承担侵害除生命权、身体权和健康权外的人格权的民事责任,应当考虑行为人和受害人的职业、影响范围、过错程度、

以及行为的目的、方式、后果等因素。如果行为人采取了较为恶劣的方式,例如暴力侮辱等方式,构成名誉权侵权的可能性就更大。还如行为人检举、控告,导致他人名誉贬损的,一般不构成侵害名誉权,但是借检举、控告之名侮辱、诽谤他人,造成他人名誉贬损的,可能会构成侵害名誉权。

链接《检察官法》第66条;《法官法》第65条;《公务员法》第110条;《妇女权益保障法》第28条;《英雄烈士保护法》第22条;《治安管理处罚法》第42条;《红十字会法》第27条;《网络安全法》第12条;《未成年人保护法》第49、110条

案例 陈某某诉莫宝兰、莫兴明、邹丽丽侵犯健康权、名誉权纠纷案(《最高人民法院公报》2015年第5期)

裁判规则:公民享有名誉权,公民的人格尊严受法律保护,禁止用侮辱、诽谤等方式损害公民的名誉。国家保障未成年人的人身、财产和其他合法权益不受侵犯。行为人以未成年人违法为由对其作出侮辱行为,该行为对未成年人名誉造成一定影响的,属于名誉侵权行为,应依法承担相应责任。

第一千零二十五条 【新闻报道、舆论监督与保护名誉权关系问题】行为人为公共利益实施新闻报道、舆论监督等行为,影响他人名誉的,不承担民事责任,但是有下列情形之一的除外:

(一)捏造、歪曲事实;

(二)对他人提供的严重失实内容未尽到合理核实义务;

(三)使用侮辱性言辞等贬损他人名誉。

注释 本条虽对实施新闻报道、舆论监督等行为规定了特别保护条款,但是实施新闻报道、舆论监督等行为并非在任何情况下都不承担民事责任。根据本条的规定,有下列情形之一的,实施新闻报道、舆论监督等行为的行为人仍应当承担民事责任:

1. 捏造、歪曲事实。客观真实是对新闻报道、舆论监督最基本的要求,若行为人在新闻报道、舆论监督中捏造或者歪曲事实,会对他人的名誉造成损害,实际上是滥用新闻报道、舆论监督的行为。比如,消费者对生产者、经营者、销售者的产品质量或者服务质量进行批评、评论,不应当认定为侵害他人名誉权。但借机诽谤、诋毁,损害其名誉的,应当认定为侵害名誉权。

2. 对他人提供的严重失实内容未尽到合理核实义务。此处强调的是对他人提供的"严重失实内容"未尽到合理核实义务。行为人若对他人提供的主要内容进行了合理审核，即使未对他人提供的非主要内容尽到合理审核义务，原则上也不承担民事责任。

3. 使用侮辱性言辞等贬损他人名誉。如果行为人从事新闻报道、舆论监督时报道或者反映的情况虽然都是真实的，但是在陈述该事实时却使用了侮辱性的言语，也应当承担民事责任。

链接《最高人民法院关于审理利用信息网络侵害人身权益民事纠纷案件适用法律若干问题的规定》第8条

案例 李海峰等诉叶集公安分局、安徽电视台等侵犯名誉权、肖像权纠纷案（《最高人民法院公报》2007年第2期）

裁判规则：公安机关在向新闻媒体提供侦破案件的相关资料，供新闻媒体用于新闻报道时，应尽谨慎注意义务以保护他人合法权益。未尽此义务导致他人名誉权受到侵犯的，应承担相应的民事责任。公安机关侦查行为的合法性、配合新闻媒体进行法制宣传的正当性以及新闻媒体自身在新闻报道中的过失，均不构成免除公安机关上述民事责任的法定事由。

第一千零二十六条【认定是否尽到合理核实义务的考虑因素】认定行为人是否尽到前条第二项规定的合理核实义务，应当考虑下列因素：

（一）内容来源的可信度；

（二）对明显可能引发争议的内容是否进行了必要的调查；

（三）内容的时限性；

（四）内容与公序良俗的关联性；

（五）受害人名誉受贬损的可能性；

（六）核实能力和核实成本。

第一千零二十七条【文学、艺术作品侵害名誉权的认定与例外】行为人发表的文学、艺术作品以真人真事或者特定人为描述对象，含有侮辱、诽谤内容，侵害他人名誉权的，受害人有权依法请求该行为人承担民事责任。

行为人发表的文学、艺术作品不以特定人为描述对象，仅其中的情节与该特定人的情况相似的，不承担民事责任。

注释 本条是对文学、艺术作品侵害名誉权责任的规定。考虑到文学艺术作品的多样性，本条区分两种情况作了规定：

1. 行为人发表的文学、艺术作品以真人真事或者特定人为描述对象的情形。这主要是针对依赖于原型人物和现有事实创作出来的纪实类作品。由于这类作品是以真人真事或者特定人为描述对象，所以只要作品的描述以事实为基础，原则上不会构成名誉权侵权，但是，若行为人发表的文学、艺术作品虽以真人真事或者特定人为描述对象，使用的也是被描述对象的真实姓名、真实地址，却以谣言和捏造的事实为基础，对被描述对象进行侮辱、诽谤，从而造成其社会评价降低的，作者也应当依法承担民事责任。这里需要强调的是，行为人发表的文学、艺术作品虽以真人真事或者特定人为描述对象，但作者并未向第三人公开该作品的情形下，由于该作品无法为第三人所知悉，所以即使该作品含有侮辱、诽谤内容，也不会降低被描述对象的社会评价，自然也不会损害其名誉权。所以适用本条第1款规定的前提条件是该作品已被公开。

2. 行为人发表的文学、艺术作品不以特定人为描述对象的情形。这主要是针对作者创作的以想象虚构为主的小说等文学艺术类作品。由于这类作品是以想象虚构的内容为基础创作的，没有使用真人真姓，并不是以特定人为描述对象，所以就很难对某人的名誉权造成侵害，即使是该作品中的情节与某特定人的情况相似的，也不构成侵害名誉权。也就是说，行为人发表的文学、艺术作品不以特定人为描述对象，仅是其中的情节与某人相似的情况下，不宜对号入座，不构成名誉权侵害。基于此，本条第2款规定，行为人发表的文学、艺术作品不以特定人为描述对象，仅其中的情节与该特定人的情况相似的，不承担侵权责任。现实生活是复杂多样的，作品创作也是如此，有的作品虽没有指名道姓，但一般读者通过阅读不可避免地会将作品中的人物与现实中的某一特定人"对号入座"的，此时就不构成本款所规定的"不以特定人为描述对象"条件，这种情形不应适用本款的规定，而应适用本条第1款的规定。因此，判断某一作品是否不以特定人为描述对象，关键不在于该作品是否指名道姓，而要从实质上认定该作品所描述的对象是否合理地指向现实中的真实人物。

第一千零二十八条 【名誉权人更正权】民事主体有证据证明报刊、网络等媒体报道的内容失实,侵害其名誉权的,有权请求该媒体及时采取更正或者删除等必要措施。

注释 本条规定与本法第1025条第2项规定相衔接。报刊、网络等媒体报道的内容失实,侵害他人名誉权的,负有的义务是及时更正和删除。对于造成损害的,应当承担赔偿责任。

第一千零二十九条 【信用评价】民事主体可以依法查询自己的信用评价;发现信用评价不当的,有权提出异议并请求采取更正、删除等必要措施。信用评价人应当及时核查,经核查属实的,应当及时采取必要措施。

注释 信用,是指民事主体包括自然人、法人、非法人组织对其所具有的经济能力,在社会上获得的信赖与评价。信用权,是指自然人、法人、非法人组织就其所具有的经济能力在社会上获得的相应信赖与评价所享有的保有和维护的具体人格权。

对于信用权,《民法通则》没有规定,而是采取适用名誉权的规定进行间接保护,即用保护名誉权的方法保护信用权。事实上,信用权是一个独立的具体人格权,与名誉权不仅内容不同,保护的程度和方法也有所不同。

本条规定的是信用权人对征信系统享有的权利:1.民事主体可以依法查询自己的信用评价,征信机构不得拒绝;2.发现信用评价不当的,有权提出异议,并要求采取更正、删除等必要措施,以保持信用权人信用评价资料和评价结论的正确性。

链接《征信业管理条例》第17、25条

案例 王春生诉张开峰、江苏省南京工程高等职业学校、招商银行股份有限公司南京分行、招商银行股份有限公司信用卡中心侵权纠纷案(《最高人民法院公报》2008年第10期)

裁判规则:当事人因他人盗用、冒用自己姓名申办信用卡并透支消费的侵犯姓名权行为,导致其在银行征信系统存有不良信用记录,对当事人从事商业活动及其他社会、经济活动具有重大不良影响,给当事人实际造成精神痛苦,妨碍其内心安宁,降低其社会评价,当事人就此提出精神损害赔偿诉讼请求的,人民法院应予支持。

第一千零三十条 【处理信用信息的法律适用】民事主体与征信机构等信用信息处理者之间的关系,适用本编有关个人信息保护的规定和其他法律、行政法规的有关规定。

第一千零三十一条 【荣誉权】民事主体享有荣誉权。任何组织或者个人不得非法剥夺他人的荣誉称号,不得诋毁、贬损他人的荣誉。

获得的荣誉称号应当记载而没有记载的,民事主体可以请求记载;获得的荣誉称号记载错误的,民事主体可以请求更正。

注释 荣誉,是指特定民事主体在社会生产、社会活动中有突出表现或者突出贡献,政府、单位、团体等组织所给予的积极、肯定性的正式评价。在荣誉利益中,不仅包括精神利益,而且包括财产利益,例如,给予特定民事主体以荣誉,不仅包括精神嘉奖,还包括物质奖励。荣誉权,是指民事主体对其获得的荣誉及其利益所享有的保持、支配、维护的具体人格权。对于荣誉利益的精神利益,权利人的权利内容主要是保持和维护的权利;对于荣誉利益的财产利益,权利人对该财产利益与其他物的权利一样,享有支配权。

荣誉权权利人之外的所有自然人、法人和非法人组织,都负有不得非法剥夺他人的荣誉称号,不得诋毁、贬损他人的荣誉的法定义务。违反这种不可侵的法定义务,构成侵害荣誉权行为的,应当承担民事责任。

本条第2款规定的是荣誉权人的权利,即获得的荣誉称号应当记载而没有记载或者记载错误的,民事主体可以要求记载或者更正。这是荣誉权人对所获得的荣誉享有的保持和维护权利的体现。

第六章 隐私权和个人信息保护

第一千零三十二条 【隐私权及隐私】自然人享有隐私权。任何组织或者个人不得以刺探、侵扰、泄露、公开等方式侵害他人的隐私权。

隐私是自然人的私人生活安宁和不愿为他人知晓的私密空间、私密活动、私密信息。

注释 隐私权是自然人享有的人格权,是指自然人对享有的私人生活安宁和不愿为他人知晓的私密空间、私密活动和私密信息等私生活安全利益自主进行支配和控制,不得他人侵扰的具体人格权。

案例 庞理鹏诉中国东方航空股份有限公司、北京趣拿信息技术有限公司隐私权纠纷案(最高人民法院发布第一批涉互联网典型案例)

裁判规则:公民的姓名、电话号码及行程安排等事项属于个人信息。在大数据时代,信息的收集和匹配成本越来越低，原来单个的、孤立的、可以公示的个人信息一旦被收集、提取和综合，就完全可以与特定的个人相匹配，从而形成某一特定个人详细准确的整体信息。基于合理事由掌握上述整体信息的组织或个人应积极地、谨慎地采取有效措施防止信息泄露。任何人未经权利人的允许，都不得扩散和不当利用能够指向特定个人的整体信息，而整体信息也因包含有隐私而整体上成为隐私信息，可以通过隐私权纠纷寻求救济。

本案中，庞理鹏被泄露的信息包括姓名、尾号××49手机号、行程安排等，其行程安排无疑属于私人活动信息，应该属于隐私信息，可以通过本案的隐私权纠纷主张救济。从收集证据的资金、技术等成本上看，作为普通人的庞理鹏根本不具备对东航、趣拿公司内部数据信息管理是否存在漏洞等情况进行举证证明的能力。因此，客观上，法律不能也不应要求庞理鹏证明必定是东航或趣拿公司泄露了其隐私信息。东航和趣拿公司均未证明涉案信息泄露归因于他人，或黑客攻击，抑或是庞理鹏本人。法院在排除其他泄露隐私信息可能性的前提下，结合本案证据认定上述两公司存在过错。东航和趣拿公司作为各自行业的知名企业，一方面因其经营性质掌握了大量的个人信息，另一方面亦有相应的能力保护好消费者的个人信息免受泄露，这既是其社会责任，也是其应尽的法律义务。本案泄露事件的发生，是由于航空公司、网络购票平台疏于防范导致的结果，因而可以认定其具有过错，应承担侵权责任。综上所述，本案的审理对个人信息保护以及隐私权侵权的认定进行了充分论证，兼顾了隐私权保护及信息传播的衡平。

第一千零三十三条　【侵害隐私权的行为】 除法律另有规定或者权利人明确同意外，任何组织或个人不得实施下列行为：

（一）以电话、短信、即时通讯工具、电子邮件、传单等方式侵扰他人的私人生活安宁；

（二）进入、拍摄、窥视他人的住宅、宾馆房间等私密空间；

（三）拍摄、窥视、窃听、公开他人的私密活动；

（四）拍摄、窥视他人身体的私密部位；

（五）处理他人的私密信息；

（六）以其他方式侵害他人的隐私权。

注释 任何组织或者个人作为隐私权的义务主体，都不得实施下列有关个人的私密空间、私密活动、私密部位、私密信息和生活安宁等侵害隐私权的行为：

1. 以电话、短信、即时通讯工具、电子邮件、传单等方式侵扰他人的生活安宁。生活安宁，是自然人享有的维持安稳宁静的私人生活状态，并排除他人不法侵扰，保持无形的精神需要的满足。以电话、短信、即时通讯工具、电子邮件、传单等方式侵扰个人的生活安宁，通常称为骚扰电话、骚扰短信、骚扰电邮等，侵害个人的生活安宁，构成侵害隐私权。

2. 进入、拍摄、窥视他人的住宅、宾馆房间等私密空间。隐私权保护的私密空间，包括具体的私密空间和抽象的私密空间。前者如个人住宅、宾馆房间、旅客行李、学生书包、个人通信等，后者专指日记，即思想的私密空间。

3. 拍摄、窥视、窃听、公开他人的私密活动。私密活动是一切个人的，与公共利益无关的活动，如日常生活、社会交往、夫妻生活、婚外恋等。对此进行拍摄、录制、公开、窥视、窃听，都构成侵害私密活动。

4. 拍摄、窥视他人身体的私密部位。身体的私密部位也属于隐私，是身体隐私，例如生殖器和性感部位。拍摄或者窥视他人身体私密部位，构成侵害隐私权。

5. 处理他人的私密信息。私密信息是关于自然人个人的隐私信息，获取、删除、公开、买卖他人的私密信息，构成侵害隐私权。

6. 以其他方式侵害他人的隐私权。这是兜底条款，凡是侵害私密信息、私密活动、私密空间、身体私密部位、生活安宁等的行为，都构成侵害隐私权。

链接《宪法》第39条；《刑事诉讼法》第136条；《监察法》第24条；《刑法》第245条；《反间谍法》第11条；《治安管理处罚法》第42条、第48条；《人民警察法》第12条、第22条；《人民武装警察法》第19条；《外交特权与豁免条例》第4条；《保安服务管理条例》第25条；《最高人民法院关于适用〈中华人民共和国民事诉讼法〉的解释》第494条；《未成年人保护法》第4、49、110条

第一千零三十四条　【个人信息保护】 自然人的个人信息受法律保护。

个人信息是以电子或者其他方式记录的能够单独或者与其他信息结合识别特定自然人的各种信息,包括自然人的姓名、出生日期、身份证件号码、生物识别信息、住址、电话号码、电子邮箱、健康信息、行踪信息等。

个人信息中的私密信息,适用有关隐私权的规定;没有规定的,适用有关个人信息保护的规定。

注释 构成个人信息要满足三个要件:(1)具有识别性,这是核心要件。所谓识别就是通过该信息可以直接或者间接地将某一自然人"认出来"。识别包括直接识别和间接识别,所谓直接识别是指通过该信息可以直接确认某一自然人的身份,不需要其他信息的辅助,例如某人的身份证号、基因信息等;所谓间接识别是指通过该信息虽不能直接确定某人的身份,但可以借助其他信息确定某人的身份。任何可以直接或者间接识别特定自然人的信息都是个人信息。(2)要有一定的载体,这是个人信息的形式要件。个人信息必须要以电子或者其他方式记录下来,没有以一定载体记录的信息不是个人信息。(3)个人信息的主体只能是自然人,法人或者非法人组织不是个人信息的主体。个人信息类型众多,本款列举的具体个人信息只是最为典型也最为常见的类型。需注意的是,《个人信息保护法》第4条规定,个人信息是以电子或者其他方式记录的与已识别或者可识别的自然人有关的各种信息,不包括匿名化处理后的信息。其不同于本条对于个人信息范围的列举性规定,而是明确"匿名化处理后的信息"不属于个人信息,对"个人信息"的范围进行了除外规定。

链接 《个人信息保护法》;《最高人民法院关于审理使用人脸识别技术处理个人信息相关民事案件适用法律若干问题的规定》

第一千零三十五条 【个人信息处理的原则】处理个人信息的,应当遵循合法、正当、必要原则,不得过度处理,并符合下列条件:

(一)征得该自然人或者其监护人同意,但是法律、行政法规另有规定的除外;

(二)公开处理信息的规则;

(三)明示处理信息的目的、方式和范围;

(四)不违反法律、行政法规的规定和双方的约定。

个人信息的处理包括个人信息的收集、存储、使用、加工、传输、提供、公开等。

第一千零三十六条 【处理个人信息的免责事由】处理个人信息,有下列情形之一的,行为人不承担民事责任:

(一)在该自然人或者其监护人同意的范围内合理实施的行为;

(二)合理处理该自然人自行公开的或者其他已经合法公开的信息,但是该自然人明确拒绝或者处理该信息侵害其重大利益的除外;

(三)为维护公共利益或者该自然人合法权益,合理实施的其他行为。

第一千零三十七条 【个人信息主体的权利】自然人可以依法向信息处理者查阅或者复制其个人信息;发现信息有错误的,有权提出异议并请求及时采取更正等必要措施。

自然人发现信息处理者违反法律、行政法规的规定或者双方的约定处理其个人信息的,有权请求信息处理者及时删除。

第一千零三十八条 【个人信息安全】信息处理者不得泄露或者篡改其收集、存储的个人信息;未经自然人同意,不得向他人非法提供其个人信息,但是经过加工无法识别特定个人且不能复原的除外。

信息处理者应当采取技术措施和其他必要措施,确保其收集、存储的个人信息安全,防止信息泄露、篡改、丢失;发生或者可能发生个人信息泄露、篡改、丢失的,应当及时采取补救措施,按照规定告知自然人并向有关主管部门报告。

链接 《网络安全法》第43条;《消费者权益保护法》第29条;《地图管理条例》第35条

案例 丁亚光侵犯公民个人信息案(最高人民法院、最高人民检察院发布七起侵犯公民个人信息犯罪典型案例之七)

裁判规则:非法提供近2000万条住宿记录供他人查询牟利,构成侵犯公民个人信息罪"情节特别严重"。

第一千零三十九条 【国家机关及其工作人员对个人信息的保密义务】国家机关、承担行政职能的法定机构及其工作人员对于履行职责过程中知悉的自然人的隐私和个人信息,应当予以保密,不得泄露或者向他人非法提供。

第五编　婚姻家庭

第一章　一般规定

第一千零四十条　【婚姻家庭编的调整范围】 本编调整因婚姻家庭产生的民事关系。

注释 婚姻家庭编的调整范围，是婚姻家庭产生的民事关系，规定的是亲属身份关系的发生、变更和消灭，以及配偶、父母子女和其他一定范围的亲属之间的身份地位和权利义务关系。

第一千零四十一条　【婚姻家庭关系基本原则】 婚姻家庭受国家保护。

实行婚姻自由、一夫一妻、男女平等的婚姻制度。

保护妇女、未成年人、老年人、残疾人的合法权益。

注释 婚姻自由包括结婚自由和离婚自由。结婚自由，是指婚姻当事人享有根据自己的意愿与他人缔结婚姻的自由，即是否结婚、和谁结婚，当事人有权自主决定，不允许任何一方对另一方加以强迫或任何第三者加以干涉。离婚自由，是指在婚姻关系难以维系的情况下，双方或一方可依法定程序解除婚姻关系的自由。结婚自由和离婚自由共同构成婚姻自由的完整内容。任何干涉他人婚姻自由的行为都是违法的，情节严重构成犯罪的，将依法追究刑事责任。

一夫一妻制，是指一男一女结为夫妻的婚姻制度。根据此规定，任何人都不能同时有两个或两个以上的配偶。这就要求已婚者在配偶死亡或离婚之前不得再行结婚。同时，任何形式的一夫多妻或一妻多夫的两性关系都是违法的，应当受到法律的取缔和制裁。

男女平等原则，是指男女双方在婚姻关系和家庭生活各方面都享有平等的权利、承担平等的义务。在我国，男女平等的内容十分广泛，包括政治、经济、文化、社会和家庭生活等各方面。本条中的男女平等，仅指在婚姻家庭生活中的男女平等，既包括夫妻双方男女平等，也包括其他家庭成员之间的男女平等，如男女双方在结婚、离婚等婚姻关系方面的平等；父母子女间权利义务的规定对不同性别的家庭成员平等适用、不同性别的家庭成员相互之间的权利、义务的平等。

第一千零四十二条　【禁止的婚姻家庭行为】 禁止包办、买卖婚姻和其他干涉婚姻自由的行为。禁止借婚姻索取财物。

禁止重婚。禁止有配偶者与他人同居。

禁止家庭暴力。禁止家庭成员间的虐待和遗弃。

注释 包办婚姻，是指婚姻当事人以外的第三人（包括父母）违背当事人的意愿，强迫其缔结婚姻的行为。

买卖婚姻，是指婚姻当事人以外的第三人（包括父母）以索取大量财物为目的，违背当事人的意愿，强迫其缔结婚姻的行为。

包办婚姻、买卖婚姻是较为典型的干涉婚姻自由的行为，均为法律所禁止，二者的区别在于是否以索取大量财物为目的。如果有其他干涉婚姻自由的行为，也在法律禁止之列。由于包办、买卖或者他人干涉而缔结的婚姻并非无效婚姻，而是可撤销婚姻。受胁迫的一方可依据婚姻家庭编第1052条的规定向婚姻登记机关或人民法院请求撤销该婚姻。

男女双方虽为自愿结婚，但一方以索取一定财物作为结婚的条件，这属于借婚姻索取财物的行为。该行为与买卖婚姻存在区别：前者双方以自愿结婚为前提，并且索要财物的主体是婚姻当事人；后者则是由第三方强迫当事人结婚，双方或者至少一方当事人并非出于自愿，并且索要财物的主体是婚姻当事人以外的第三人。

婚姻中存在借婚姻索取财物行为的，离婚时对于一方向另一方索要的财物应依据《最高人民法院关于适用〈中华人民共和国民法典〉婚姻家庭编的解释（一）》第5条关于彩礼返还的规定进行处理。此处需要注意区分借婚姻索取财物与借婚姻之名骗取财物的区别。在后一种情况中，行为人的目的仅为骗取财物而无与对方缔结婚姻的意愿，应按照诈骗来处理。

重婚，是指有配偶而又与他人结婚的，或者明知他人有配偶而与之结婚或虽未登记结婚但事实上与他人以夫妻名义同居生活。根据《刑法》第258条规定构成重婚罪的，应依法追究刑事责任。在离婚诉讼过程中，一方当事人如发生重婚罪诉讼，离婚判决要依赖于该诉讼结果作为依据的，对方当事人可向人民法院申请离婚案的中止审理，待有关诉讼终结后再申请恢复审理。且如果因一方重婚导致离婚的，无过错方可以向人民法院提出离婚损害赔偿请求。

有配偶者与他人同居的情形,是指有配偶者与婚外异性,不以夫妻名义,持续、稳定地共同居住。当事人提起诉讼仅请求解除同居关系的,人民法院不予受理;已经受理的,裁定驳回起诉。当事人因同居期间财产分割或者子女抚养纠纷提起诉讼的,人民法院应当受理。

家庭暴力,是指家庭成员之间以殴打、捆绑、残害、限制人身自由以及经常性谩骂、恐吓等方式实施的身体、精神等侵害行为。在婚姻纠纷中,法院一旦认定构成家庭暴力,在确认夫妻感情确已破裂且调解无效时,会成为判决准予离婚的理由,并且涉及离婚损害赔偿问题。

持续性、经常性的家庭暴力,构成虐待。根据《刑法》第260条的规定,虐待家庭成员,情节恶劣的,构成虐待罪。虐待罪一般采取不告不理的原则,但被害人没有能力告诉或者因受到强制、威吓无法告诉的除外。如果虐待家庭成员,致使被害人重伤、死亡的,则属于公诉案件,公安机关应当立案侦查。

对于年老、年幼、患病或者其他没有独立生活能力的人,负有扶养义务而拒绝扶养,情节恶劣的,构成遗弃罪,追究刑事责任。

链接 《反家庭暴力法》;《刑法》第258、260、261条;《最高人民法院关于适用〈中华人民共和国民法典〉婚姻家庭编的解释(一)》第1—3条

案例 1. 黄某等与朱某等婚约财产纠纷上诉案
[河南省商丘市中级人民法院(2010)商民终字第398号民事判决书]

裁判规则:男女双方订立或解除婚约,依照自愿原则。因缔结婚约而送给对方的财物是以结婚为目的的附条件赠与行为,当所附条件不成就时,赠与行为停止生效,受赠与方即有返还受赠物的义务,如不履行义务,应当承担民事责任。在本案中,被告朱某因与原告订立婚约收受原告黄某、刘某彩礼现金12400元、电动车一辆以及烟、酒、糖、果等物品,现因原告刘某提出与被告朱某退婚,导致双方婚约解除,原告刘某具有一定的过错,应对自己的行为承担相应的民事责任。对于原告要求被告返还彩礼款合理部分的诉讼请求,法院依法酌情予以支持。原告要求被告返还电动车、烟、酒、糖果等物品的诉讼请求,因上述物品属于一般赠与,且原告对婚约的解除也有过错,法院不予支持。

2. 郑某丽诉倪某斌离婚纠纷案——威胁作为一种家庭暴力手段的司法认定(2014年2月28日最高人民法院公布十起涉家庭暴力典型案例)

裁判规则:被告将一个裹着白布的篮球挂在家中的阳台上,且在白布上写着对原告具有攻击性和威胁性的字句,还经常击打篮球,从视觉上折磨原告,使原告产生恐惧感,该行为构成精神暴力。在夫妻发生矛盾时,被告对原告实施身体暴力致其轻微伤,最终导致了原、被告夫妻感情的完全破裂。被告对原告实施家庭暴力使原告遭受精神损害,被告应承担过错责任,故被告应酌情赔偿原告精神损害抚慰金。

3. 王玉贵故意伤害、虐待案(2014年5月28日最高人民法院公布五起依法惩治侵犯儿童权益犯罪典型案例)

裁判规则:本案是一起典型的继母对未成年子女实施家庭暴力构成犯罪的案件,其中反映出两点尤其具有参考意义:一是施暴人实施家庭暴力,往往是一个长期、反复的过程。在这一过程中,大部分家庭暴力行为,依照刑法的规定构成虐待罪,但其中又有一次或几次家庭暴力行为,已经符合了刑法规定的故意伤害罪的构成要件,依法构成故意伤害罪。依照刑事诉讼法的规定,故意伤害罪属于公诉案件,虐待罪没有致被害人重伤、死亡的属于自诉案件。人民检察院只能对被告人犯故意伤害罪提起公诉,自诉人可以对被告人犯虐待罪另行提起诉讼(即自诉)。人民法院可以将相关公诉案件和自诉案件合并审理。这样处理,既便于在事实、证据的认定方面保持一致,也有利于全面反映被告人实施家庭暴力犯罪的多种情节,综合衡量应当判处的刑罚,还有利于节省司法资源。本案的审判程序即反映出涉及家庭暴力犯罪案件"公诉、自诉合并审理"的特点。二是未成年子女的亲生父母离婚后,对该子女的监护权都是法定的,没有权利放弃、转让,不论是否和该子女共同居住,仍然属于该子女的法定代理人。在未成年子女遭受侵害的时候,未与该子女共同生活的一方,仍然可以以法定代理人的身份,代为提起告诉。本案被害人张某的生母张美丽,在与张某的生父张建志离婚后,虽然没有与张某共同生活,但其作为张某的法定代理人,代张某向人民法院提起虐待罪告诉,是合乎法律规定的。

第一千零四十三条 【婚姻家庭道德规范】家庭应当树立优良家风,弘扬家庭美德,重视家庭文

明建设。

夫妻应当互相忠实,互相尊重,互相关爱;家庭成员应当敬老爱幼,互相帮助,维护平等、和睦、文明的婚姻家庭关系。

注释 当事人仅以本条为依据提起诉讼的,人民法院不予受理;已经受理的,裁定驳回起诉。

案例 自愿赡养老人继承遗产案——高某翔诉高甲、高乙、高丙继承纠纷案(最高人民法院发布人民法院大力弘扬社会主义核心价值观十大典型民事案例之九)

裁判规则:遗产继承处理的不仅是当事人之间的财产关系,还关系到家庭伦理和社会道德风尚,继承人应当本着互谅互让、和睦团结的精神消除误会,积极修复亲情关系,共促良好家风。本案中,高某翔虽没有赡养祖父母的法定义务,但其能专职侍奉生病的祖父母多年直至老人病故,是良好社会道德风尚的具体体现,应当予以鼓励。本案裁判结合《继承法》的规定对高某翔的赡养行为给予高度肯定,确定了其作为非法定继承人享有第一顺位的继承权利,并结合其赡养行为对高某翔适当继承遗产的范围进行合理认定,实现了情理法的有机融合,弘扬了团结友爱、孝老亲爱的中华民族传统美德。

第一千零四十四条 【收养的原则】收养应当遵循最有利于被收养人的原则,保障被收养人和收养人的合法权益。

禁止借收养名义买卖未成年人。

第一千零四十五条 【亲属、近亲属与家庭成员】亲属包括配偶、血亲和姻亲。

配偶、父母、子女、兄弟姐妹、祖父母、外祖父母、孙子女、外孙子女为近亲属。

配偶、父母、子女和其他共同生活的近亲属为家庭成员。

注释 我国亲属分为三个种类:

(1)配偶,是亲属,是关系最为密切的亲属,是因男女双方结婚而发生的亲属,是血亲的源泉、姻亲的基础。配偶的亲属身份始于结婚,终于配偶一方死亡或离婚。

(2)血亲,是指有血缘联系的亲属,是亲属中的主要部分。血亲分为自然血亲和拟制血亲。自然血亲是指出于同一祖先、有血缘联系的亲属,如父母与子女、祖父母与孙子女、外祖父母与外孙子女、兄弟姐妹等。拟制血亲是指本无血缘联系或者没有直接的血缘联系,但法律确认与自然血亲有同等权利义务的亲属。拟制血亲一般因收养而产生,在养父母养子女之间产生父母子女的权利义务关系。血亲还分为直系血亲和旁系血亲。直系血亲是指有直接血缘关系的亲属,包括生育自己和自己所生育的上下各代的亲属。旁系血亲是指有间接血缘关系的亲属,即与自己同出一源的亲属。

(3)姻亲,是指以婚姻为中介而产生的亲属,配偶一方与另一方的血亲之间为姻亲关系。如公婆与儿媳、岳父母与女婿等。我国的姻亲分为三类:一是血亲的配偶,是指己身的血亲包括直系血亲和旁系血亲的配偶。二是配偶的血亲,是指配偶的直系血亲和旁系血亲。三是配偶的血亲的配偶,是指自己配偶的血亲的夫或者妻。

链接 《民法典》第28、1050条

第二章 结 婚

第一千零四十六条 【结婚自愿】结婚应当男女双方完全自愿,禁止任何一方对另一方加以强迫,禁止任何组织或者个人加以干涉。

注释 婚姻,是指男女双方以共同生活为目的,以产生配偶之间的权利义务为内容的两性结合。结婚是男女双方依照法律规定的条件和程序缔结配偶关系,并由此产生相应的民事权利、义务和责任的身份法律行为。

法律要求结婚应当男女双方完全自愿,具体表现为:1. 双方自愿而不是单方自愿;2. 双方本人自愿而不是父母或者第三者自愿;3. 完全自愿而不是勉强同意。法律禁止当事人的父母或者第三人对婚姻进行包办、强迫或者执意干预,排斥当事人非自愿的被迫同意。

除本条外,《妇女权益保障法》第61条规定,国家保护妇女的婚姻自主权,禁止干涉妇女的结婚、离婚自由。《老年人权益保障法》第21条规定,老年人的婚姻自由受法律保护。子女或者其他亲属不得干涉老年人离婚、再婚及婚后的生活。赡养人的赡养义务也不因老年人的婚姻关系变化而消除。

根据《刑法》第257条规定,以暴力干涉他人婚姻自由的,构成暴力干涉婚姻自由罪。暴力干涉婚姻自由罪属于告诉才处理的案件。但如果暴力干涉婚姻自由致使被害人死亡的,则属于公诉案件,公安机关应当立案侦查。

链接《宪法》第49条;《民法典》第1042、1047条;《妇女权益保障法》第61条;《老年人权益保障法》第21条;《刑法》第257条

第一千零四十七条 【法定婚龄】结婚年龄,男不得早于二十二周岁,女不得早于二十周岁。

注释 法定婚龄是法律规定的允许结婚的最低年龄。本条关于法定婚龄的规定是强制性规定,婚姻关系当事人均须遵行。双方或一方未达法定婚龄要求结婚的,由于其不满足法定婚龄的结婚要件,婚姻登记机关将不予登记。未达法定婚龄的当事人,即使通过隐瞒真实年龄或因婚姻登记机关审查不严而登记结婚,该婚姻也为无效婚姻,不具有婚姻的法律效力,婚姻当事人及其近亲属可以申请人民法院宣告婚姻无效。

第一千零四十八条 【禁止结婚的情形】直系血亲或者三代以内的旁系血亲禁止结婚。

注释 直系血亲,是指和自己有直接血缘关系的亲属,依照世代计算法规定,凡是出自于同一祖父母、外祖父母的血亲都是禁婚亲,包括生出自己的长辈(父母、祖父母、外祖父母以及更上的长辈)和自己生出来的下辈(子女、孙子女、外孙子女以及更下的直接晚辈)。

旁系血亲是具有间接血缘关系的亲属,即非直系血亲而在血缘上和自己同出一源的亲属。三代以内旁系血亲是在血缘上和自己同出于三代以内的亲属。这里的三代是从自己开始计算为一代的三代,一是兄弟姐妹;二是伯、叔、姑与侄、侄女,舅、姨与甥、甥女;三是堂兄弟姐妹和表兄弟姐妹。

链接《婚姻登记条例》第6条

第一千零四十九条 【结婚程序】要求结婚的男女双方应当亲自到婚姻登记机关申请结婚登记。符合本法规定的,予以登记,发给结婚证。完成结婚登记,即确立婚姻关系。未办理结婚登记的,应当补办登记。

注释 内地居民结婚,男女双方应当共同到一方当事人常住户口所在地的婚姻登记机关办理结婚登记。中国公民同外国人在中国内地结婚的,内地(大陆)居民同香港居民、澳门居民、台湾居民、华侨在中国内地结婚的,男女双方应当共同到内地(大陆)居民常住户口所在地的婚姻登记机关办理结婚登记。

婚姻登记机关应当对结婚登记当事人出具的证件、证明材料进行审查并询问相关情况。对当事人符合结婚条件的,应当当场予以登记,发给结婚证。

男女双方依据本条规定补办结婚登记的,婚姻关系的效力从双方均符合《民法典》所规定的结婚的实质要件时起算。

未依据本条规定办理结婚登记而以夫妻名义共同生活的男女,提起诉讼要求离婚的,应当区别对待:(1)1994年2月1日民政部《婚姻登记管理条例》公布实施以前,男女双方已经符合结婚实质要件的,按事实婚姻处理。(2)1994年2月1日民政部《婚姻登记管理条例》公布实施以后,男女双方符合结婚实质要件的,人民法院应当告知其补办结婚登记。未补办结婚登记的,当事人提起诉讼仅请求解除同居关系的,人民法院不予受理;已经受理的,裁定驳回起诉。当事人因同居期间财产分割或者子女抚养纠纷提起诉讼的,人民法院应当受理。未依据本条规定办理结婚登记而以夫妻名义共同生活的男女,一方死亡,另一方以配偶身份主张享有继承权的,也依据前述原则处理。

链接《婚姻登记条例》第4—7条;《最高人民法院关于适用〈中华人民共和国民法典〉婚姻家庭编的解释(一)》第6—8条

案例 杨清坚诉周宝妹、周文皮返还聘金纠纷案(《最高人民法院公报》2002年第3期)

裁判规则:双方未办结婚登记,而是按民间习俗举行仪式"结婚",进而以夫妻名义共同生活。这种不被法律承认的"婚姻"构成同居关系,应当解除。原告杨某在同居前给付聘金的行为虽属赠与,但该赠与行为追求的是双方结婚。现结婚不能实现,为结婚而赠与的财物应当返还。一审根据本案的实际情况,在酌情扣除为举办"结婚"仪式而支出的费用后,判决被告周某将聘金的余款返还给原告,判处恰当。被告上诉认为23万元的聘金是原告杨某的无偿赠与,不应返还,其理由缺乏法律依据,不予采纳。

第一千零五十条 【男女双方互为家庭成员】登记结婚后,按照男女双方约定,女方可以成为男家庭的成员,男方可以成为女方家庭的成员。

注释 本条是关于男女双方在登记结婚后互为家庭成员的规定。缔结婚姻后,无论男女双方采取何种组成家庭的方式,都应当由男女双方平等协商,双方享有共同约定的权利,任何一方不得将自

己的意志强加给对方,第三人也不得对此加以干涉。

第一千零五十一条 【婚姻无效的情形】 有下列情形之一的,婚姻无效:

(一)重婚;

(二)有禁止结婚的亲属关系;

(三)未到法定婚龄。

注释 无效婚姻,是指男女因违反法律规定的结婚要件而不具有法律效力的两性违法结合。无效婚姻自始无效,当事人之间不具有夫妻间的权利义务。当事人依据本条规定向人民法院请求确认婚姻无效,法定的无效婚姻情形在提起诉讼时已经消失的,人民法院不予支持。

对婚姻效力的审理不适用调解,应当依法作出判决。人民法院受理请求确认婚姻无效案件后,原告申请撤诉的,不予准许。涉及财产分割和子女抚养的,可以调解。调解达成协议的,另行制作调解书;未达成调解协议的,应当一并作出判决。

相较于原《婚姻法》,本条删除了"婚前患有医学上认为不应当结婚的疾病,婚后尚未治愈"导致婚姻无效的规定。

根据本条规定,导致婚姻无效的原因包括:

1. 重婚。我国实行一夫一妻制,禁止重婚。任何人不能同时有两个或两个以上的配偶,否则即构成重婚。重婚的,应当确认后婚无效,维持前婚效力,对因重婚导致离婚的,无过错方有权请求损害赔偿。重婚构成犯罪的还应当依法追究重婚者的刑事责任。有配偶的一方重婚当然构成重婚罪。无配偶一方的重婚,以其是否"明知"重婚对方有配偶来区分主观上的恶意和善意,也是决定其是否构成《刑法》上重婚罪的区分标准。具体来说,如果无配偶一方明知他人有配偶而与之登记结婚,则其主观上是恶意的,构成《刑法》上的重婚罪;如果无配偶一方不知他人有配偶而与之登记结婚,则其主观上不具有恶意,不构成《刑法》上的重婚罪。但不论无配偶一方为善意还是恶意,都将导致婚姻无效。

2. 有禁止结婚的亲属关系。

3. 未到法定婚龄。婚姻当事人任何一方的年龄未达法定婚龄的,婚姻皆无效。

当事人以本条规定的三种无效婚姻以外的情形请求确认婚姻无效的,人民法院应当判决驳回当事人的诉讼请求。

当事人以结婚登记程序存在瑕疵为由提起民事诉讼,主张撤销结婚登记的,告知其可以依法申请行政复议或者提起行政诉讼。

有权依据本条规定向人民法院就已办理结婚登记的婚姻请求确认婚姻无效的主体,包括婚姻当事人及利害关系人。其中,利害关系人包括:(1)以重婚为由的,为当事人的近亲属及基层组织;(2)以未到法定婚龄为由的,为未到法定婚龄者的近亲属;(3)以有禁止结婚的亲属关系为由的,为当事人的近亲属。夫妻一方或者双方死亡后,生存一方或者利害关系人依据本规定请求确认婚姻无效的,人民法院应当受理。

链接 《民法典》第1042、1047、1048、1054、1079条;《最高人民法院关于适用〈中华人民共和国民法典〉婚姻家庭编的解释(一)》第9—17条

第一千零五十二条 【受胁迫婚姻的撤销】 因胁迫结婚的,受胁迫的一方可以向人民法院请求撤销婚姻。

请求撤销婚姻的,应当自胁迫行为终止之日起一年内提出。

被非法限制人身自由的当事人请求撤销婚姻的,应当自恢复人身自由之日起一年内提出。

注释 可撤销婚姻,是指已经成立的婚姻关系因欠缺婚姻合意,受胁迫的一方当事人可向人民法院申请撤销的违法两性结合。

胁迫,是指行为人以给另一方当事人或者其近亲属的生命、身体、健康、名誉、财产等方面造成损害为要挟,迫使另一方当事人违背真实意愿结婚的情况。

构成婚姻胁迫,须具备以下要件:(1)行为人为婚姻当事人或者第三人。至于受胁迫者,则既可以是婚姻关系当事人,也可以是婚姻关系当事人的近亲属。(2)行为人须有胁迫的故意,是通过自己的威胁而使一方当事人产生恐惧心理,并基于这种心理而被迫同意结婚。(3)行为人须实施胁迫行为,使其产生恐惧心理。(4)受胁迫人同意结婚与胁迫行为之间须有因果关系。

因受胁迫而请求撤销婚姻的,只能是受胁迫一方的婚姻关系当事人本人。需注意的是,本条规定,因胁迫结婚的,受胁迫的一方可以向人民法院请求撤销婚姻,因此婚姻登记机关不再受理因胁迫结婚的撤销婚姻申请。撤销婚姻的请求权受除斥期间的约束,除斥期间为1年,不适用诉讼时

效中止、中断或者延长的规定。受胁迫或者被非法限制人身自由的当事人请求撤销婚姻的,不适用本条第2款的规定。被非法限制人身自由的当事人请求撤销婚姻的,则应当自恢复人身自由之日起1年内提出。超过除斥期间的,撤销权消灭,不得再提出撤销婚姻的请求。

第一千零五十三条 【隐瞒重大疾病的可撤销婚姻】一方患有重大疾病的,应当在结婚登记前如实告知另一方;不如实告知的,另一方可以向人民法院请求撤销婚姻。

请求撤销婚姻的,应当自知道或者应当知道撤销事由之日起一年内提出。

注释 在缔结婚姻关系时,如果一方患有重大疾病,对对方当事人负有告知义务,应当在结婚登记前如实告知另一方,对方当事人同意的,当然可以缔结婚姻关系。患病一方当事人如果不尽告知义务,即不告知或者虚假告知,另一方当事人享有撤销权,可以向人民法院请求撤销该婚姻。

因重大疾病未告知而提出撤销婚姻请求的撤销权,受除斥期间的限制,除斥期间为一年,权利人自知道或者应当知道撤销事由之日起一年内提出。超过除斥期间,撤销权消灭,不得再提出撤销婚姻的请求。

第一千零五十四条 【婚姻无效或被撤销的法律后果】无效的或者被撤销的婚姻自始没有法律约束力,当事人不具有夫妻的权利和义务。同居期间所得的财产,由当事人协议处理;协议不成的,由人民法院根据照顾无过错方的原则判决。对重婚导致的无效婚姻的财产处理,不得侵害合法婚姻当事人的财产权益。当事人所生的子女,适用本法关于父母子女的规定。

婚姻无效或者被撤销的,无过错方有权请求损害赔偿。

注释 婚姻无效或被撤销的法律后果:

(1)对当事人的法律后果。婚姻关系自始没有法律约束力。"自始没有法律约束力",是指无效婚姻或者可撤销婚姻在依法被确认无效或者撤销时,才确定该婚姻自始不受法律保护。婚姻无效或者被撤销的效力溯及既往,从婚姻关系开始时起就不具有婚姻的效力,当事人不具有夫妻的权利义务,相互不享有配偶权,并且自始不享有配偶权。

(2)对子女的法律后果。对无效婚姻关系或者可撤销婚姻关系中父母所生育的子女与婚生子女一样适用本法关于父母子女的规定,不受其父母婚姻无效或被撤销的影响。在婚姻被宣告无效或者被撤销后,当事人必须妥善处理子女的抚养和教育问题;当事人不能就子女的抚养和教育达成协议的,由人民法院依法判决。

(3)对财产的法律后果。由于无效婚姻关系不具有婚姻的法律效力,因而原则上不能适用夫妻财产制的有关规定。被确认无效或者被撤销的婚姻,当事人同居期间所得的财产,除有证据证明为当事人一方所有的以外,按共同共有处理。

(4)对重婚导致的无效婚姻的财产处理,应当保护好合法婚姻关系当事人的权益,妥善处理,不得侵害合法婚姻当事人的财产权益。人民法院审理重婚导致的无效婚姻案件时,涉及财产处理的,应当准许合法婚姻当事人作为有独立请求权的第三人参加诉讼。

(5)婚姻无效或者被撤销的,无过错方有权向人民法院起诉请求损害赔偿。

链接 《民法典》第 297—309、1051、1052、1067—1073 条;《最高人民法院关于适用〈中华人民共和国民法典〉婚姻家庭编的解释(一)》第 16—22 条

第三章　家庭关系

第一节　夫妻关系

第一千零五十五条 【夫妻平等】夫妻在婚姻家庭中地位平等。

第一千零五十六条 【夫妻姓名权】夫妻双方都有各自使用自己姓名的权利。

第一千零五十七条 【夫妻人身自由权】夫妻双方都有参加生产、工作、学习和社会活动的自由,一方不得对另一方加以限制或者干涉。

链接 《宪法》第 37 条;《妇女权益保障法》第 18、19、29 条

第一千零五十八条 【夫妻抚养、教育和保护子女的权利义务平等】夫妻双方平等享有对未成年子女抚养、教育和保护的权利,共同承担对未成年子女抚养、教育和保护的义务。

注释 在离婚诉讼期间,双方均拒绝抚养子女的,可以先行裁定暂由一方抚养。

对拒不履行或者妨害他人履行生效判决、裁定、调解书中有关子女抚养义务的当事人或者其

他人,人民法院可依照民事诉讼法第114条的规定,根据情节轻重予以罚款、拘留;构成犯罪的,依法追究刑事责任。

链接 《民法典》第26—39、1188—1189条;《最高人民法院关于适用〈中华人民共和国民法典〉婚姻家庭编的解释(一)》第60、61条

第一千零五十九条 【夫妻扶养义务】夫妻有相互扶养的义务。

需要扶养的一方,在另一方不履行扶养义务时,有要求其给付扶养费的权利。

注释 夫妻之间的扶养,是指夫妻在物质上和生活上互相扶助、互相供养。这种权利和义务夫妻双方完全平等,有扶养能力的一方必须自觉承担这一义务,尤其是在一方丧失劳动能力时,更应当履行这一义务。一方违反这一义务,另一方有权要求其履行,可以请求有关组织调解,也可以向人民法院提起请求给付之诉,要求对方给付扶养费。

链接 《刑法》第261条;《老年人权益保障法》第23条

第一千零六十条 【夫妻日常家事代理权】夫妻一方因家庭日常生活需要而实施的民事法律行为,对夫妻双方发生效力,但是夫妻一方与相对人另有约定的除外。

夫妻之间对一方可以实施的民事法律行为范围的限制,不得对抗善意相对人。

注释 家事代理权,是指配偶一方在与第三人就家庭日常事务为一定法律行为时,享有代理对方行使的权利。家事代理权行使的法律后果是,配偶一方代表家庭所为的行为,对双方均发生效力,由双方承担连带责任。家事代理权与表见代理相似,适用表见代理的原理,其目的在于保护无过失第三人的利益,有利于保障交易的动态安全。

家事代理权的行使规则是:

1. 代理的事务限于家庭日常事务。诸如一家的食物、衣着等用品的购买,保健、娱乐、医疗、子女的教养,家具及日常用品的购置,保姆、家庭教师的聘用,亲友的馈赠,报纸杂志的订阅,皆包含在内。对于这类事务,夫妻间均有代理权,一方不得以不知情而推卸共同的责任。

2. 紧迫情形处理的代理权推定。该代理权的范围可以适当扩张,推定有代理权。对于夫妻一方在紧迫情形下,如果为婚姻共同生活的利益考虑,某业务不容延缓,并且他方配偶因疾病、缺席或者类似原因,无法表示同意时,推定夫妻一方对超出日常事务代理权范围的其他事务的代理,为有代理权。

3. 其他事务的共同决定。超出上述范围的婚姻家庭事务,应当由夫妻双方共同决定,一方不得擅自决定。

4. 第三人无法辨别配偶一方是否有代理权的责任。如果配偶中任何一方实施的行为为个人责任,该行为无法使第三人辨别是否已经超越日常事务代理权的,他方配偶应当承担连带责任。

夫妻一方滥用家事代理权的,他方可以对其代理权加以限制。为了保障交易的安全,保护善意第三人的合法利益,该种限制不得对抗善意第三人。

链接 《民法典》第1062条

第一千零六十一条 【夫妻遗产继承权】夫妻有相互继承遗产的权利。

链接 《民法典》第124、1127条;《妇女权益保障法》第58条

第一千零六十二条 【夫妻共同财产】夫妻在婚姻关系存续期间所得的下列财产,为夫妻的共同财产,归夫妻共同所有:

(一)工资、奖金、劳务报酬;

(二)生产、经营、投资的收益;

(三)知识产权的收益;

(四)继承或者受赠的财产,但是本法第一千零六十三条第三项规定的除外;

(五)其他应当归共同所有的财产。

夫妻对共同财产,有平等的处理权。

注释 1. 工资、奖金、劳务报酬,均为劳动所得,是指夫或妻一方或者双方从事一切劳动包括脑力劳动、体力劳动所获得的工资报酬和奖金报酬等。

2. 生产、经营、投资的收益,凡属于夫妻关系存续期间一方或双方从事生产、经营、投资等所获收益,均为夫妻共同财产。

3. 知识产权的收益,是指婚姻关系存续期间,实际取得或者已经明确可以取得的财产性收益。包括作品出版发行或允许他人使用而获得的报酬;专利权人许可他人使用其专利或者转让专利权所取得的收入;商标所有人许可他人使用其注册商标或转让商标权所取得的收入等。

4. 共同受赠、继承的财产,为夫妻共有财产。但是,按照《民法典》第1063条第3项规定,遗嘱

或者赠与合同中确定只归夫或妻一方的财产除外。当事人结婚前,父母为双方购买房屋出资的,该出资应当认定为对自己子女个人的赠与,但父母明确表示赠与双方的除外。当事人结婚后,父母为双方购买房屋出资的,依照约定处理;没有约定或者约定不明确的,除遗嘱或者赠与合同中确定只归一方,则为夫妻共同财产。

5. 其他应当归共同所有的财产,包括:(1)一方以个人财产投资取得的收益;(2)男女双方实际取得或者应当取得的住房补贴、住房公积金;(3)男女双方实际取得或者应当取得的基本养老金、破产安置补偿费。

6. 夫妻一方个人财产在婚后产生的收益,除孳息和自然增值外,应认定为夫妻共同财产。

7. 由一方婚前承租、婚后用共同财产购买的房屋,登记在一方名下的,应当认定为夫妻共同财产。

关于"夫妻对共同所有的财产,有平等的处理权"的规定,应当理解为:(1)夫或妻在处理夫妻共同财产上的权利是平等的。因日常生活需要而处理夫妻共同财产的,任何一方均有权决定。(2)夫或妻非因日常生活需要对夫妻共同财产做重要处理决定,夫妻双方应当平等协商,取得一致意见。他人有理由相信其为夫妻双方共同意思表示的,另一方不得以不同意或不知道为由对抗善意第三人。

链接 《最高人民法院关于适用〈中华人民共和国民法典〉婚姻家庭编的解释(一)》第24—27条

案例 彭丽静与梁喜平、王保山、河北金海岸房地产开发有限公司股权转让侵权纠纷案(《最高人民法院公报》2009年第5期)

裁判规则:夫妻双方共同出资设立公司的,应当以各自所有的财产作为注册资本,并各自承担相应的责任。因此,夫妻双方登记注册公司时应当提交财产分割证明。未进行财产分割的,应当认定为夫妻双方以共同共有财产出资设立公司,在夫妻关系存续期间,夫或妻名下的公司股份属于夫妻双方共同共有的财产,作为共同共有人,夫妻双方对该项财产享有平等的占有、使用、收益和处分的权利。

夫或妻非因日常生活需要对夫妻共同财产做重要处理决定,夫妻双方应当平等协商,取得一致意见。他人有理由相信其为夫妻双方共同意思表示的,另一方不得以不同意或不知道为由对抗善意第三人。因此,夫或妻一方转让共同共有的公司股权的行为,属于对夫妻共同财产做出重要处理,应当由夫妻双方协商一致并共同在股权转让协议、股东会决议和公司章程修正案上签名。

夫妻双方共同共有公司股权的,夫或妻一方与他人订立股权转让协议的效力问题,应当根据案件事实,结合另一方对股权转让是否明知、受让人是否为善意等因素进行综合分析。如果能够认定另一方明知股权转让且受让人是基于善意,则股权转让协议对于另一方具有约束力。

第一千零六十三条 【夫妻个人财产】 下列财产为夫妻一方的个人财产:

(一)一方的婚前财产;

(二)一方因受到人身损害获得的赔偿或者补偿;

(三)遗嘱或者赠与合同中确定只归一方的财产;

(四)一方专用的生活用品;

(五)其他应当归一方的财产。

注释 1. 婚前个人财产。婚前个人所有的货币及一般的生产资料、生活资料归个人所有,不属于夫妻共同财产。

2. 一方因受到人身损害获得的赔偿和补偿。一方因受人身伤害而获得的医疗费、残疾人生活补助费等赔偿和补偿,是因其受到人身损害而得到的赔偿金和补偿费。该种财产具有人身性质,是用于保障受害人生活的基本费用,须归个人所有,不能作为夫妻共同财产。

3. 赠与合同或遗嘱中确定只归夫或妻一方的财产。赠与人或被继承人明确以赠与、继承给个人为条件,所赠与或所继承的物品具有鲜明的个人属性,也体现了财产所有人支配财产的真实意志,完全是所有权应有的内容。这些财产属于夫妻个人财产。

4. 一方专用的生活物品。个人衣物、书籍、资料等,都是极具个人属性的财产,为个人财产。在离婚纠纷中争夺这些财产的也不在少数。在生活物品中,应当注意贵重物品和其他奢侈品除外,因为这些物品中有些价值极大,完全归一方所有不公平。

5. 军人的伤亡保险金、伤残补助金、医药生活补助费属于个人财产。

本条规定为夫妻一方的个人财产，不因婚姻关系的延续而转化为夫妻共同财产。但当事人另有约定的除外。

链接 《民法典》第1062、1065条；《最高人民法院关于适用〈中华人民共和国民法典〉婚姻家庭编的解释（一）》第30、31条

第一千零六十四条　【夫妻共同债务】夫妻双方共同签名或者夫妻一方事后追认等共同意思表示所负的债务，以及夫妻一方在婚姻关系存续期间以个人名义为家庭日常生活需要所负的债务，属于夫妻共同债务。

夫妻一方在婚姻关系存续期间以个人名义超出家庭日常生活需要所负的债务，不属于夫妻共同债务；但是，债权人能够证明该债务用于夫妻共同生活、共同生产经营或者基于夫妻双方共同意思表示的除外。

注释 本条规定的确定夫妻共同债务的规则是：夫妻双方共同签名或者夫妻一方事后追认等共同意思表示所负的债务，以及夫妻一方在婚姻关系存续期间以个人名义为家庭日常生活需要所负的债务，属于夫妻共同债务。具体标准是：

1. 夫妻双方共同签名或者夫妻一方事后追认等共同意思表示所负的债务。

法律准许夫妻双方对财产的所有关系进行约定，也包括对债务的负担进行约定，双方约定归个人负担的债务，为个人债务。约定个人债务，可以与财产所有的约定一并约定，也可以单独约定。举债时没有夫妻的共同约定，但是举债之后对方配偶追认为夫妻共同债务的，当然也是夫妻共同债务。

2. 夫妻一方在婚姻关系存续期间以个人名义为家庭日常生活需要所负的债务。

夫妻一方在婚姻关系存续期间以个人名义超出家庭日常生活需要所负的债务，不属于夫妻共同债务。例如，一方未经对方同意擅自资助与其没有扶养义务的亲朋所负的债务；一方未经对方同意独自筹资从事经营活动，其收入确未用于共同生活所负的债务；因个人实施违法行为所欠债务；婚前一方所欠债务；婚后一方为满足个人欲望确系与共同生活无关而负的债务等。为保护债权人的合法权益，本条特别规定，债权人能够证明该债务用于夫妻共同生活、共同生产经营或者基于夫妻双方共同意思表示的除外。

实践中对于夫妻共同债务的处理还需注意以下几个问题：

1. 债权人就一方婚前所负个人债务向债务人的配偶主张权利的，人民法院不予支持。但债权人能够证明所负债务用于婚后家庭共同生活的除外。

2. 夫妻一方与第三人串通，虚构债务，第三人主张该债务为夫妻共同债务的，人民法院不予支持。

3. 夫妻一方在从事赌博、吸毒等违法犯罪活动中所负债务，第三人主张该债务为夫妻共同债务的，人民法院不予支持。

4. 当事人的离婚协议或者人民法院生效判决、裁定、调解书已经对夫妻财产分割问题作出处理的，债权人仍有权就夫妻共同债务向男女双方主张权利。一方就夫妻共同债务承担清偿责任后，主张由另一方按照离婚协议或者人民法院的法律文书承担相应债务的，人民法院应予支持。

5. 夫或者妻一方死亡的，生存一方应当对婚姻关系存续期间的夫妻共同债务承担清偿责任。

链接 《最高人民法院关于适用〈中华人民共和国民法典〉婚姻家庭编的解释（一）》第33—36条

案例 赵俊诉项会敏、何雪琴民间借贷纠纷案（《最高人民法院公报》2014年第12期）

裁判规则：夫妻一方具有和第三人恶意串通、通过虚假诉讼虚构婚内债务嫌疑的，该夫妻一方单方自认债务，并不必然免除"出借人"对借贷关系成立并生效的事实应承担的举证责任。

借款人配偶未参加诉讼且出借人及借款人均未明确表示放弃该配偶可能承担的债务份额的，为查明案件事实，应依法追加与案件审理结果具有利害关系的借款人配偶作为第三人参加诉讼，以形成实质性的对抗。

出借人仅提供借据佐证借贷关系的，应深入调查辅助性事实以判断借贷合意的真实性，如举债的必要性、款项用途的合理性等。出借人无法提供证据证明借款交付事实的，应综合考虑出借人的经济状况、资金来源、交付方式、在场见证人等因素判断当事人陈述的可信度。对于大额借款仅有借据而无任何交付凭证、当事人陈述有重大疑点或矛盾之处的，应依据证据规则认定"出借人"未完成举证义务，判决驳回其诉讼请求。

第一千零六十五条　【夫妻约定财产制】男女双方可以约定婚姻关系存续期间所得的财产以及

婚前财产归各自所有、共同所有或者部分各自所有、部分共同所有。约定应当采用书面形式。没有约定或者约定不明确的，适用本法第一千零六十二条、第一千零六十三条的规定。

夫妻对婚姻关系存续期间所得的财产以及婚前财产的约定，对双方具有法律约束力。

夫妻对婚姻关系存续期间所得的财产约定归各自所有，夫或者妻一方对外所负的债务，相对人知道该约定的，以夫或者妻一方的个人财产清偿。

注释 夫妻财产约定的内容是，可以约定婚姻关系存续期间所得的财产以及婚前财产归各自所有、共同所有或者部分各自所有、部分共同所有。夫妻财产约定的形式是，应当采用书面形式，即书面协议。夫妻财产约定的范围是，夫妻对婚姻关系存续期间所得的财产以及婚前财产的约定，对双方具有约束力。

夫妻财产约定的效力是，对双方具有约束力，第三人知道该约定的，可以对抗该第三人。就"相对人知道该约定"，夫妻一方对此负有举证责任。

链接《民法典》第135、143、1062、1063条；《最高人民法院关于适用〈中华人民共和国民法典〉婚姻家庭编的解释（一）》第37条

案例 唐某诉李某某、唐某乙法定继承纠纷案（《最高人民法院公报》2014年第12期）

裁判规则：夫妻之间达成的婚内财产分割协议是双方通过订立契约对采取何种夫妻财产制所作的约定，是双方协商一致对家庭财产进行内部分配的结果，在不涉及婚姻家庭以外第三人利益的情况下，应当尊重夫妻之间的真实意思表示，按照双方达成的婚内财产分割协议履行，优先保护事实物权人，不宜以产权登记作为确认不动产权属的唯一依据。

第一千零六十六条 【婚内分割夫妻共同财产】 婚姻关系存续期间，有下列情形之一的，夫妻一方可以向人民法院请求分割共同财产：

（一）一方有隐藏、转移、变卖、毁损、挥霍夫妻共同财产或者伪造夫妻共同债务等严重损害夫妻共同财产利益的行为；

（二）一方负有法定扶养义务的人患重大疾病需要医治，另一方不同意支付相关医疗费用。

注释 婚姻关系存续期间，除本条规定情形以外，夫妻一方请求分割共同财产的，人民法院不予支持。

链接《民法典》第303、1062、1063、1065条；《最高人民法院关于适用〈中华人民共和国民法典〉婚姻家庭编的解释（一）》第38条

第二节 父母子女关系和其他近亲属关系

第一千零六十七条 【父母与子女间的抚养赡养义务】 父母不履行抚养义务的，未成年子女或者不能独立生活的成年子女，有要求父母给付抚养费的权利。

成年子女不履行赡养义务的，缺乏劳动能力或者生活困难的父母，有要求成年子女给付赡养费的权利。

注释 父母对未成年子女的抚养义务是法定义务。抚养，是指父母对未成年子女的健康成长提供必要物质条件，包括哺育、喂养、抚育、提供生活、教育和活动的费用等。

不能独立生活的子女，是指尚在校接受高中及其以下学历教育，或者丧失、部分丧失劳动能力等非因主观原因而无法维持正常生活的成年子女。抚养费，包括子女生活费、教育费、医疗费等费用。婚姻关系存续期间，父母双方或者一方拒不履行抚养子女义务，未成年子女或者不能独立生活的成年子女请求支付抚养费的，人民法院应予支持。

成年子女对父母的赡养义务，是亲属权的重要内容。赡养义务是法定义务，是成年子女必须履行的义务，特别是对缺乏劳动能力或者生活困难的父母，成年子女必须承担赡养义务。成年子女不履行赡养义务的，缺乏劳动能力或者生活困难的父母，有要求成年子女给付赡养费的权利，可以向法院起诉，请求判令成年子女强制赡养父母。

链接《民法典》第26、1054、1072、1111条；《老年人权益保障法》第10—22条；《未成年人保护法》第15—24条；《最高人民法院关于适用〈中华人民共和国民法典〉婚姻家庭编的解释（一）》第41—43条

第一千零六十八条 【父母教育、保护未成年子女的权利和义务】 父母有教育、保护未成年子女的权利和义务。未成年子女造成他人损害的，父母应当依法承担民事责任。

第一千零六十九条 【子女尊重父母的婚姻权利及赡养义务】 子女应当尊重父母的婚姻权利，不得干涉父母离婚、再婚以及婚后的生活。子女

对父母的赡养义务,不因父母的婚姻关系变化而终止。

【注释】根据本条规定,子女应当尊重父母的婚姻权利,父母享有离婚和再婚自由的权利,子女不得干涉父母再婚以及婚后的生活。同时,无论父母是否再婚,除非成年子女不具有赡养能力,否则均无法免除其对父母的赡养义务。负有赡养义务的子女有赡养能力而拒不履行赡养义务的,没有劳动能力或生活困难的父母,有权要求子女支付赡养费。暴力干涉老年人婚姻自由或者拒绝履行对老年人的赡养义务,情节严重构成犯罪的,需依法承担相应的刑事责任。

【链接】《老年人权益保障法》第18、21、75条;《刑法》第257、261条

第一千零七十条 【遗产继承权】父母和子女有相互继承遗产的权利。

第一千零七十一条 【非婚生子女权利】非婚生子女享有与婚生子女同等的权利,任何组织或者个人不得加以危害和歧视。

不直接抚养非婚生子女的生父或者生母,应当负担未成年子女或者不能独立生活的成年子女的抚养费。

【注释】婚姻关系存续期间,夫妻双方一致同意进行人工授精,所生子女应视为婚生子女,父母子女间的权利义务关系适用《民法典》的有关规定。

【链接】《最高人民法院关于适用〈中华人民共和国民法典〉婚姻家庭编的解释(一)》第40条

【案例】李某、范小某诉范某、滕某继承纠纷案(《最高人民法院公报》2006年第7期)

【裁判规则】本案中,范某某和李某夫妻关系存续期间,双方一致同意利用他人的精子进行人工授精并使女方受孕后,男方反悔,应当征得女方同意。在未能协商一致的情况下男方死亡,其后子女出生,尽管该子女与男方没有血缘关系,仍应视为夫妻双方的婚生子女。男方在遗嘱中不给该子女保留必要的遗产份额,不符合法律规定,该部分遗嘱内容无效。

第一千零七十二条 【继父母子女之间权利义务】继父母与继子女间,不得虐待或者歧视。

继父或者继母和受其抚养教育的继子女间的权利义务关系,适用本法关于父母子女关系的规定。

【注释】我国法律中的父母子女关系可分为婚生父母子女关系、非婚生父母子女关系、养父母子女关系和继父母子女关系四种。前三种父母子女关系都适用《民法典》关于父母子女关系权利义务的有关规定,只有继父母子女关系不能一概适用,而是有条件地适用父母子女关系权利义务的规定。在现实中,继父母与继子女的关系因具体情况的不同而具有不同的权利义务关系,主要可以分为三种类型:

1. 名义型,即继父母对继子女没有尽抚养的义务,继子女也没有对继父母尽到赡养的义务。这种情况下,继父母与继子女之间是纯粹的直系姻亲关系,没有父母子女间的权利义务关系。

2. 收养型,即继父或者继母经继子女的生父母同意,正式办理了收养手续,将继子女收养为养子女。随着收养关系的确立,继父母与继子女之间的关系为养父母子女关系,该子女和其共同生活的生父或者生母之间的关系仍为直系血亲,而与不在一起共同生活的生父或者生母一方的父母子女关系随之消灭。

3. 共同生活型,即生父(母)与继母(父)再婚时,继子女尚未成年,他们随生父母一方与继父或继母共同生活时,继父或者继母对其承担了部分或者全部抚养教育义务;或者成年继子女事实上对继父母长期承担了赡养义务,形成了赡养关系。这些继子女和生父母、继父母之间实际上形成了双重权利义务关系,即继子女和生父母、继父母之间的权利义务都适用父母子女关系的规定。

第2款规定的继父母与接受其抚养教育的继子女之间,属于法律上的拟制血亲关系,产生父母子女间的权利义务关系,但这种拟制血亲关系又和继父母收养继子女有所不同,它不以解除继子女与其生父母间的权利和义务关系为前提。其特征是:(1)继父母对继子女有抚养和教育的义务。对于不履行抚养义务的继父母,未成年的继子女或者不能独立生活的成年继子女,有要求其给付扶养费的权利。(2)继子女对继父母有赡养和扶助的义务。在通常情况下,受继父母抚养成人并独立生活的继子女,应当承担赡养继父母的义务。继子女不履行赡养义务时,缺乏劳动能力或者生活困难的继父母,有要求继子女支付赡养费的权利。(3)继父母和继子女之间有相互继承财产的权利。(4)继父母有教育、保护未成年继子女的权利和义务。在未成年继子女造成他人损害的,继父母应当依法承担民事责任。

生父与继母离婚或者生母与继父离婚时,对曾受其抚养教育的继子女,继父或者继母不同意继续抚养的,仍应由生父或者生母抚养。

链接 《最高人民法院关于适用〈中华人民共和国民法典〉婚姻家庭编的解释(一)》第54条

第一千零七十三条 【亲子关系异议之诉】 对亲子关系有异议且有正当理由的,父或者母可以向人民法院提起诉讼,请求确认或者否认亲子关系。

对亲子关系有异议且有正当理由的,成年子女可以向人民法院提起诉讼,请求确认亲子关系。

注释 父或者母向人民法院起诉请求否认亲子关系,并已提供必要证据予以证明,另一方没有相反证据又拒绝做亲子鉴定的,人民法院可以认定否认亲子关系一方的主张成立。

父或者母以及成年子女起诉请求确认亲子关系,并提供必要证据予以证明,另一方没有相反证据又拒绝做亲子鉴定的,人民法院可以认定确认亲子关系一方的主张成立。

链接 《最高人民法院关于适用〈中华人民共和国民法典〉婚姻家庭编的解释(一)》第39条

第一千零七十四条 【祖孙之间的抚养、赡养义务】 有负担能力的祖父母、外祖父母,对于父母已经死亡或者父母无力抚养的未成年孙子女、外孙子女,有抚养的义务。

有负担能力的孙子女、外孙子女,对于子女已经死亡或者子女无力赡养的祖父母、外祖父母,有赡养的义务。

注释 祖父母、外祖父母与孙子女、外孙子女之间,只有在满足法定条件的情况下,相互之间才有抚养或者赡养的义务。这些法定条件包括:(1)孙子女、外孙子女的父母已经死亡或者无力抚养;祖父母、外祖父母的子女已经死亡或者其子女无力赡养。(2)祖父母、外祖父母有抚养能力;孙子女、外孙子女有赡养能力。(3)孙子女、外孙子女未成年,且生活困难确有接受抚养的必要;祖父母、外祖父母生活困难确有接受赡养的必要。需要注意的是,本条规定的义务为法定义务,任何一方违反法律规定拒绝履行相关义务的,权利人均有权要求其履行。如果对方仍拒绝履行的,权利人可以向人民法院提起诉讼,要求义务人支付抚养费或者赡养费。

链接 《老年人权益保障法》第19、20条

第一千零七十五条 【兄弟姐妹间扶养义务】 有负担能力的兄、姐,对于父母已经死亡或者父母无力抚养的未成年弟、妹,有扶养的义务。

由兄、姐扶养长大的有负担能力的弟、妹,对于缺乏劳动能力又缺乏生活来源的兄、姐,有扶养的义务。

第四章 离 婚

第一千零七十六条 【协议离婚】 夫妻双方自愿离婚的,应当签订书面离婚协议,并亲自到婚姻登记机关申请离婚登记。

离婚协议应当载明双方自愿离婚的意思表示和对子女抚养、财产以及债务处理等事项协商一致的意见。

注释 当事人依照本条签订的离婚协议中关于财产以及债务处理的条款,对男女双方具有法律约束力。登记离婚后当事人因履行上述协议发生纠纷提起诉讼的,人民法院应当受理。

夫妻双方协议离婚后就财产分割问题反悔,请求撤销财产分割协议的,人民法院应当受理。人民法院审理后,未发现订立财产分割协议时存在欺诈、胁迫等情形的,应当依法驳回当事人的诉讼请求。

链接 《民政部关于贯彻落实〈中华人民共和国民法典〉中有关婚姻登记规定的通知》;《最高人民法院关于适用〈中华人民共和国民法典〉婚姻家庭编的解释(一)》第69、70条

第一千零七十七条 【离婚冷静期】 自婚姻登记机关收到离婚登记申请之日起三十日内,任何一方不愿意离婚的,可以向婚姻登记机关撤回离婚登记申请。

前款规定期限届满后三十日内,双方应当亲自到婚姻登记机关申请发给离婚证;未申请的,视为撤回离婚登记申请。

注释 双方自愿离婚,到婚姻登记机关申请离婚,符合离婚条件的,暂时不发给离婚证,不马上解除婚姻关系。设定30天离婚冷静期。自婚姻登记机关收到离婚登记申请之日起30日内,任何一方不愿意离婚的,都可以向婚姻登记机关撤回离婚登记申请。

在30日冷静期届满后的30日内,双方应当亲自到婚姻登记机关申请发给离婚证,婚姻登记机关应当发给离婚证,即解除婚姻关系。在30日内,

当事人未到婚姻登记机关申请离婚证的,视为撤回离婚登记申请,不发生离婚的后果。

第一千零七十八条 【婚姻登记机关对协议离婚的查明】婚姻登记机关查明双方确实是自愿离婚,并已经对子女抚养、财产以及债务处理等事项协商一致的,予以登记,发给离婚证。

第一千零七十九条 【诉讼离婚】夫妻一方要求离婚的,可以由有关组织进行调解或者直接向人民法院提起离婚诉讼。

人民法院审理离婚案件,应当进行调解;如果感情确已破裂,调解无效的,应当准予离婚。

有下列情形之一,调解无效的,应当准予离婚:

(一)重婚或者与他人同居;

(二)实施家庭暴力或者虐待、遗弃家庭成员;

(三)有赌博、吸毒等恶习屡教不改;

(四)因感情不和分居满二年;

(五)其他导致夫妻感情破裂的情形。

一方被宣告失踪,另一方提起离婚诉讼的,应当准予离婚。

经人民法院判决不准离婚后,双方又分居满一年,一方再次提起离婚诉讼的,应当准予离婚。

注释 诉讼离婚,是指婚姻当事人就是否离婚或者婚后子女抚养或财产、债务处理等问题不能达成协议,由一方向人民法院提出离婚请求,由人民法院调解或判决而解除其婚姻关系的一项制度。

夫妻双方因是否生育发生纠纷,致使感情已破裂,一方请求离婚的,人民法院经调解无效,应依照本条第3款第5项的规定处理。

本条规定中涉及两种调解,即男女一方要求离婚时有关组织进行的调解和人民法院审理离婚案件过程中应当进行的调解。这两种调解因为主持调解的部门不同,因而效力也不同。对于有关组织进行的调解,是否进行调解以及最终形成的调解结果,完全取决于当事人的自愿。其对当事人没有法律上的约束力,当事人不经诉讼外有关组织的调解,或虽经调解但未达成调解协议或达成调解协议后又反悔的,仍可向人民法院提起离婚诉讼。而诉讼中人民法院进行的调解具有法律约束力。诉讼中法院进行的调解会产生三种结果:(1)调解和好,原告撤回离婚请求。(2)协议离婚,就解除婚姻关系以及离婚后子女的抚养和财产、债务处理等问题达成协议,由法院制作调解

书。当然,通过调解达成协议,必须是当事人双方自愿,不得强迫。(3)调解无效,人民法院依法对离婚案件作出判决。

需要注意的是,人民法院审理离婚案件,符合本条第3款规定"应当准予离婚"情形的,不应当因当事人有过错而判决不准离婚。

链接 《民法典》第40—46条;《最高人民法院关于适用〈中华人民共和国民法典〉婚姻家庭编的解释(一)》第23、62、63条

第一千零八十条 【婚姻关系的解除时间】完成离婚登记,或者离婚判决书、调解书生效,即解除婚姻关系。

第一千零八十一条 【现役军人离婚】现役军人的配偶要求离婚,应当征得军人同意,但是军人一方有重大过错的除外。

注释 《刑法》第259条规定了破坏军婚罪:明知是现役军人的配偶而与之同居或者结婚的,处3年以下有期徒刑或者拘役。利用职权、从属关系,以胁迫手段奸淫现役军人的妻子的,依照本法第236条关于强奸罪的规定定罪处罚。该罪在量刑上较一般的重婚罪更为严厉。

军人一方的重大过错包括:重婚或者与他人同居的,实施家庭暴力或虐待、遗弃家庭成员的,有赌博、吸毒恶习屡教不改的。其他重大过错如强奸妇女、奸淫幼女、嫖娼等违法犯罪行为的。

链接 《刑法》第259条;《最高人民法院关于适用〈中华人民共和国民法典〉婚姻家庭编的解释(一)》第64条

第一千零八十二条 【男方提出离婚的限制情形】女方在怀孕期间、分娩后一年内或者终止妊娠后六个月内,男方不得提出离婚;但是,女方提出离婚或者人民法院认为确有必要受理男方离婚请求的除外。

注释 本条是限制男方离婚请求权的规定。限制男方离婚请求权的目的,是保护妇女和子女的合法权益。上述期间是不变期间,不适用诉讼时效中止、中断和延长的规定。

适用本条时应该注意的是:(1)在本条所述情形下,如果女方提出离婚,不受本条限制。(2)法定期限届满则男方有权提出离婚。(3)本条针对的是诉讼离婚的情形,即在本条规定的法定期限内男方起诉要求离婚的,人民法院不予受理。如果双方自愿协议离婚的则不受本条所限。(4)在

本条所述情形下,如果人民法院认为确有必要的,仍可以受理男方离婚请求。如夫妻双方感情确已破裂,法院不受理男方离婚请求,将导致男方人身受到限制或伤害等情形下,法院应当受理。

链接 《妇女权益保障法》第64条

第一千零八十三条 【复婚】离婚后,男女双方自愿恢复婚姻关系的,应当到婚姻登记机关重新进行结婚登记。

注释 离婚的男女双方自愿恢复夫妻关系的,应当到婚姻登记机关办理复婚登记。复婚登记适用结婚登记的规定。

链接 《婚姻登记条例》第14条

第一千零八十四条 【离婚后子女的抚养】父母与子女间的关系,不因父母离婚而消除。离婚后,子女无论由父或者母直接抚养,仍是父母双方的子女。

离婚后,父母对于子女仍有抚养、教育、保护的权利和义务。

离婚后,不满两周岁的子女,以由母亲直接抚养为原则。已满两周岁的子女,父母双方对抚养问题协议不成的,由人民法院根据双方的具体情况,按照最有利于未成年子女的原则判决。子女已满八周岁的,应当尊重其真实意愿。

注释 离婚后子女抚养的规则是:

1. 不满两周岁即哺乳期内的子女,以由哺乳的母亲抚养为原则。

2. 母亲有下列情形之一,父亲请求直接抚养的,人民法院应予支持:(1)患有久治不愈的传染性疾病或者其他严重疾病,子女不宜与其共同生活的;(2)有抚养条件但不尽抚养义务,而父亲要求子女随其生活的;(3)因其他原因,子女确不宜随母亲生活的。

3. 两周岁以上的未成年子女的抚养和优先抚养条件。对两周岁以上的未成年子女的直接抚养,原则是协商解决,发生争议的,人民法院根据最有利于子女的原则和双方的具体情况判决。

对已满两周岁的未成年子女,父母均要求直接抚养,一方有下列情形之一的,可予优先考虑:(1)已做绝育手术或者因其他原因丧失生育能力的;(2)子女随其生活时间较长,改变生活环境对子女健康成长明显不利的;(3)无其他子女,而另一方有其他子女的;(4)子女随其生活,对子女成长有利,而另一方患有久治不愈的传染性疾病或者其他严重

疾病,或者有其他不利于子女身心健康的情形,不宜与子女共同生活的。

父母抚养子女的条件基本相同,双方均要求直接抚养子女,但子女单独随祖父母或者外祖父母共同生活多年,且祖父母或者外祖父母要求并且有能力帮助子女照顾孙子女或者外孙子女的,可以作为父或者母直接抚养子女的优先条件予以考虑。

在有利于保护子女利益的前提下,父母双方协议轮流直接抚养子女的,人民法院应予支持。

父母双方协议变更子女抚养关系的,人民法院应予支持。具有下列情形之一,父母一方要求变更子女抚养关系的,人民法院应予支持:(1)与子女共同生活的一方因患严重疾病或者因伤残无力继续抚养子女的;(2)与子女共同生活的一方不尽抚养义务或有虐待子女行为,或者其与子女共同生活对子女身心健康确有不利影响的;(3)已满八周岁的子女,愿随另一方生活,该方又有抚养能力;(4)有其他正当理由需要变更。

链接 《妇女权益保障法》第70、71条;《最高人民法院关于适用〈中华人民共和国民法典〉婚姻家庭编的解释(一)》第44—48、56、57条

案例 1. 胡某诉张某变更抚养关系案——全国第一道未成年人"人身安全保护令"(最高人民法院发布保护未成年人权益十大优秀案例)

裁判规则: 被告张某与其女张某某共同生活期间曾多次殴打、威胁张某某,限制张某某人身自由的情况属实,原告的申请符合法律规定。依法裁定:一、禁止张某威胁、殴打张某某;二、禁止张某限制张某某的人身自由。裁定作出后,该院向市妇联、区派出所、被告所在村委会下达了协助执行通知书,委托上述单位监督被告履行裁定书确定的义务。后本案以调解方式结案,张某自2011年4月28日起由胡某抚养。

2. 江某诉钟某变更抚养关系案——依法保障未成年人的受教育权(最高人民法院发布保护未成年人权益十大优秀案例)

裁判规则: 适龄儿童接受义务教育是家长的义务,根据市团委、妇联作为未成年人保护组织为江某俊调取的大量证据材料,证明钟某作为法定监护人,剥夺江某俊的受教育权,严重影响了孩子的身心健康发展,侵犯了未成年人的合法权益。为保护江某俊的受教育权,保障其健康成长,法院

在事实证据充分的情况下,依法变更江某俊的抚养关系。

第一千零八十五条 【离婚后子女抚养费的负担】离婚后,子女由一方直接抚养的,另一方应当负担部分或者全部抚养费。负担费用的多少和期限的长短,由双方协议;协议不成的,由人民法院判决。

前款规定的协议或者判决,不妨碍子女在必要时向父母任何一方提出超过协议或者判决原定数额的合理要求。

注释 子女抚养费的数额,可根据子女的实际需要、父母双方的负担能力和当地的实际生活水平确定。有固定收入的,抚养费一般可按其月总收入的20%至30%的比例给付。负担两个以上子女抚养费的,比例可适当提高,但一般不得超过月总收入的50%。无固定收入的,抚养费的数额可依据当年总收入或同行业平均收入,参照上述比例确定。有特殊情况的,可适当提高或降低上述比例。

抚养费应定期给付,有条件的可一次性给付。父母一方无经济收入或者下落不明的,可用其财物折抵抚养费。父母双方可以协议由一方直接抚养子女并由直接抚养方负担子女全部抚养费。但是,直接抚养方的抚养能力明显不能保障子女所需费用,影响子女健康成长的,人民法院不予支持。

抚养费的给付期限,一般至子女18周岁为止。16周岁以上不满18周岁,以其劳动收入为主要生活来源,并能维持当地一般生活水平的,父母可停止给付抚养费。

离婚后,父母一方要求变更子女抚养关系的,或者子女要求增加抚养费的,应当另行提起诉讼。

具有下列情形之一,父母一方要求变更子女抚养关系的,人民法院应予支持:(1)与子女共同生活的一方因患严重疾病或者因伤残无力继续抚养子女;(2)与子女共同生活的一方不尽抚养义务或有虐待子女行为,或者其与子女共同生活对子女身心健康确有不利影响;(3)已满8周岁的子女,愿随另一方生活,该方又有抚养能力;(4)有其他正当理由需要变更。

链接《妇女权益保障法》第68条;《最高人民法院关于适用〈中华人民共和国民法典〉婚姻家庭编的解释(一)》第49—53、58条

案例 1. 原告李甲、李乙诉被告李丙抚养费纠纷案(2015年12月4日最高人民法院公布49起婚姻家庭纠纷典型案例)

裁判规则:本案系基于原告李乙与被告李丙离婚时所达成的离婚协议中关于子女抚养和教育费用约定的履行问题而产生纠纷。就双方关于"原告李甲由男方抚养,女方暂代养孩子四年,男方不支付抚养费,孩子上大学、结婚费用全部由男方承担"这一约定的合法性,法院认为,依据《婚姻法》第37条规定,子女的生活费及教育费由一方承担部分或全部承担均可。前述约定不违反该条法律规定,且为双方真实意思表示,内容并不违反其他法律的禁止性规定,因此,被告应当承担向原告李甲支付大学期间必要的生活费及教育费的民事责任。此外,法律就父母对"不能独立生活的子女"承担抚养义务属法定义务的规定,但并不禁止父母对不属于"不能独立生活的子女"之外的子女自愿或通过约定的方式承担抚养义务。因此,被告不能拒绝履行离婚时与李乙所约定的对李甲的抚养义务。

2. 刘青先诉徐飚、尹欣怡抚养费纠纷案(《最高人民法院公报》2016年第7期)

裁判规则:抚养费案件中第三人撤销权的认定,需明确父母基于对子女的抚养义务支付抚养费是否会侵犯父或母再婚后的夫妻共同财产权。虽然夫妻对共同所有财产享有平等处理的权利,但夫或妻也有合理处分个人收入的权利。除非一方支付的抚养费明显超过其负担能力或者有转移夫妻共同财产的行为,否则不能因未与现任配偶达成一致意见即认定属于侵犯夫妻共同财产权。

第一千零八十六条 【探望子女权利】离婚后,不直接抚养子女的父或者母,有探望子女的权利,另一方有协助的义务。

行使探望权利的方式、时间由当事人协议;协议不成的,由人民法院判决。

父或者母探望子女,不利于子女身心健康的,由人民法院依法中止探望;中止的事由消失后,应当恢复探望。

注释 探望权,是指夫妻离婚后,不直接抚养子女的父或母有权对子女进行探望的权利。直接抚养子女的一方有协助非直接抚养的一方行使探望权的义务。探望权的性质是亲权的内容。探望权是法定权利,与直接抚养权同时成立,不存在确权问题。行使探望权,涉及直接抚养一方和子女的利益,确定探望的时间、方式,由当事人协议;协议不

成时,由人民法院判决。探望权人按照协议或法院判决实施探望时,如果子女对约定或判决的探望时间不同意,探望权人不得强行探望。

探望权中止,是指探望权人具有探望权中止的法定事由时,由法院判决探望权人在一定时间内中止行使探望权的制度。探望权中止的事由是:行使探望权不利于子女的身心健康,包括子女的身体、精神、道德或感情的健康。一方不负担子女抚养费或未按期给付抚养费,并不是中止探望权的条件,不能作为中止探望权的法律依据。未成年子女、直接抚养子女的父或者母以及其他对未成年子女负担抚养、教育、保护义务的法定监护人,有权向人民法院提出中止探望的请求。

探望权中止的事由消失后,被中止的探望权予以恢复。探望权的恢复,可以由当事人协商,也可以由法院判决。当事人协商不成,当探望权中止的原因消灭以后,法院应当判决探望权恢复。

链接 《最高人民法院关于适用〈中华人民共和国民法典〉婚姻家庭编的解释(一)》第65—68条

第一千零八十七条 【离婚时夫妻共同财产的处理】 离婚时,夫妻的共同财产由双方协议处理;协议不成的,由人民法院根据财产的具体情况,按照照顾子女、女方和无过错方权益的原则判决。

对夫或者妻在家庭土地承包经营中享有的权益等,应当依法予以保护。

注释 离婚时,夫妻双方应当对其享有权利的共同财产进行处理。处理的方法是:

1. 由双方协议处理,达成协议的,写在离婚协议中,经过婚姻登记机关确认生效。

2. 协议不成的,由人民法院根据财产的具体情况,照顾子女、女方和无过错方权益的原则判决,因而并不是平均分配,判决分割时应当按照照顾子女、女方和无过错方原则。

3. 保护好土地承包经营权的个人权益。由于农村承包土地是以家庭为单位进行承包,夫妻离婚后,不会因为离婚而再给其分配承包地,因此,夫或者妻在家庭土地承包经营中享有的权益等,在分割共同财产中应当依法予以保护,不能使在家庭关系中分离出去的一方受到损害。

链接 《民法典》第308、309、1062条;《妇女权益保障法》第56、67—69条;《最高人民法院关于适用〈中华人民共和国民法典〉婚姻家庭编的解释(一)》第71—83条

案例 1. 刘某诉郑某离婚及财产分割案(《最高人民法院公报》1995年第2期)

裁判规则:刘某参加国际、国内残疾人体育比赛所获奖牌、奖金,虽然是在夫妻关系存续期间所得,但奖牌系刘某作为残疾人运动员的一种荣誉象征,有特定的人身性,不应作为夫妻共同财产予以分割,所得奖金,因已用于支付刘某制作假肢、治病等费用,系家庭的共同支出,已无财产可分,郑某要求平分奖牌、奖金的申请,于法无据。

2. 莫某诉李某离婚纠纷案(《最高人民法院公报》2011年第12期)

裁判规则:离婚协议是解除夫妻双方人身关系的协议,该协议是一种要式协议,必须经双方当事人签名确认才能生效,即双方在协议上签名画押是其成立的前提条件。否则,即使有证人在场见证,证明双方达成离婚合意,但由于一方没有在离婚协议上签名确认,在法律上该离婚协议是没有成立的。

本案离婚协议是属于婚内离婚协议,所谓婚内离婚协议,是指男女双方在婚姻关系存续期间,以解除婚姻关系为基本目的,并就财产分割及子女抚养问题达成的协议。在双方未能在婚姻登记机关登记离婚的情况下,该协议没有生效,对双方当事人均不产生法律约束力,其中关于子女抚养、财产分割的约定,不能当然作为人民法院处理离婚案件的直接依据。

3. 于某某诉高某某离婚后财产纠纷案(2015年12月4日最高人民法院公布49起婚姻家庭纠纷典型案例)

裁判规则:本案中双方争议的焦点是在离婚协议中约定将夫妻共同共有的房产赠与未成年子女,离婚后一方在赠与房产变更登记之前是否有权予以撤销。在离婚协议中双方将共同财产赠与未成年子女的约定与解除婚姻关系、子女抚养、共同财产分割、共同债务清偿、离婚损害赔偿等内容互为前提、互为结果,构成了一个整体,是"一揽子"的解决方案。如果允许一方反悔,那么男女双方离婚协议的"整体性"将被破坏。在婚姻关系已经解除且不可逆的情况下如果允许当事人对于财产部分反悔将助长先离婚再恶意占有财产之有违诚实信用的行为,也不利于保护未成年子女的权益。因此,在离婚后一方在未征得作为共同共有人的另一方同意的情况下,无权单方撤销赠与。

第一千零八十八条 【离婚经济补偿】夫妻一方因抚育子女、照料老年人、协助另一方工作等负担较多义务的,离婚时有权向另一方请求补偿,另一方应当给予补偿。具体办法由双方协议;协议不成的,由人民法院判决。

注释 一方在家庭生活中付出较多义务,是指在婚姻关系存续期间,夫妻一方比另一方付出的抚育子女、照料老年人、协助另一方工作等义务更多,对家庭的建设贡献较大。

双方婚姻关系已经解除,是发生经济补偿责任的必要条件。如果没有发生离婚的事实,不发生经济补偿义务。

付出较多义务的一方有权提出进行经济补偿的请求。经济补偿的数额,应当由双方协商解决。协商不成的,向法院起诉,由人民法院判决。人民法院判决时,应考虑请求权人付出义务的大小,请求权人因此受到损失和另一方从中受益的情况,综合确定。

链接 《妇女权益保障法》第68条

第一千零八十九条 【离婚时夫妻共同债务的清偿】离婚时,夫妻共同债务应当共同偿还。共同财产不足清偿或者财产归各自所有的,由双方协议清偿;协议不成的,由人民法院判决。

注释 1. 夫妻共同债务应由夫妻共同清偿,即以共同财产清偿。方法是:(1)从夫妻共有财产中先清偿夫妻共同债务,然后再对剩余的夫妻共有财产进行分割,即先清偿、后分割的办法;(2)先分割、后清偿,即先分割共同财产和共同债务,然后各以各自分得的财产清偿分得的债务。

2. 共同财产不足清偿或者财产归各自所有的,由双方协议,按照协议约定的方法进行清偿。

3. 双方协议不成的,向法院起诉,由人民法院依法判决。

链接 《民法典》第1060、1064条

案例 单H、刘C诉胡X、单L、单Y法定继承纠纷案(《最高人民法院公报》2006年第5期)

裁判规则 根据《最高人民法院关于适用〈中华人民共和国婚姻法〉若干问题的解释(二)》第24条第1款的规定,债权人就婚姻关系存续期间夫妻一方以个人名义所负债务主张权利的,应当按夫妻共同债务处理。但该项规定的本意是通过扩大对债权的担保范围,保障债权人的合法利益,维护交易安全和社会诚信,故该规定一般只适用于对夫妻外部债务关系的处理,在处理涉及夫妻内部财产关系的纠纷时,不能简单地依据该规定,将夫或妻一方的对外债务认定为夫妻共同债务,其他人民法院依据该规定作出的关于夫妻对外债务纠纷的生效裁判,也不能当然地作为处理夫妻内部财产纠纷的判决依据,主张夫或妻一方的对外债务属于夫妻共同债务的当事人仍负有证明该项债务确为夫妻共同债务的举证责任。

第一千零九十条 【离婚经济帮助】离婚时,如果一方生活困难,有负担能力的另一方应当给予适当帮助。具体办法由双方协议;协议不成的,由人民法院判决。

注释 提供适当帮助的办法,应当由双方当事人协议,协议不成时,由人民法院判决。

第一千零九十一条 【离婚损害赔偿】有下列情形之一,导致离婚的,无过错方有权请求损害赔偿:

(一)重婚;

(二)与他人同居;

(三)实施家庭暴力;

(四)虐待、遗弃家庭成员;

(五)有其他重大过错。

注释 离婚过错损害赔偿,是指夫妻一方因为过错实施法律规定的违法行为,妨害婚姻关系和家庭关系,导致夫妻离婚,过错方应当承担的损害赔偿责任。承担本条规定的损害赔偿责任的主体,为离婚诉讼当事人中无过错方的配偶。损害赔偿包括物质损害赔偿和精神损害赔偿。涉及精神损害赔偿的,适用《最高人民法院关于确定民事侵权精神损害赔偿责任若干问题的解释》的有关规定。人民法院判决不准离婚的案件,对于当事人基于本条提出的损害赔偿请求,不予支持。

夫以妻擅自中止妊娠侵犯其生育权为由请求损害赔偿的,人民法院不予支持。

夫妻一方擅自处分共同所有的房屋造成另一方损失,离婚时另一方请求赔偿损失的,人民法院应予支持。

赔偿的申请与受理。当事人在婚姻登记机关办理离婚登记手续后,以本条规定为由向人民法院提出损害赔偿请求的,人民法院应当受理。但当事人在协议离婚时已经明确表示放弃该项请求,人民法院不予支持。在婚姻关系存续期间,当事人不起诉离婚而单独依据该条规定提起损害赔偿请求的,人民法院不予受理。人民法院受理离婚案件时,应当将本条规定中当事人的有关权利义务,书面告知当事人。在适用本条时,应当区分以下不同情况:(1)符合本条规定的无过错方作为原告基于该条规定向人民法院提起损害赔偿请求的,必须在离婚诉讼的同时提出。(2)符合本条规定的无过错方作为被告的离婚诉讼案件,如果被告不同意离婚也不基于该条规定提起损害赔偿请求的,可以就此单独提起诉讼。(3)无过错方作为被告的离婚诉讼案件,一审时被告未基于本条规定提出损害赔偿请求,二审期间提出的,人民法院应当进行调解;调解不成的,告知当事人另行起诉。双方当事人同意由第二审人民法院一并审理的,第二审人民法院可以一并裁判。夫妻双方均有本条规定的过错情形,一方或者双方向对方提出离婚损害赔偿请求的,人民法院不予支持。

链接《民法典》第1183条;《最高人民法院关于适用《中华人民共和国民法典》婚姻家庭编的解释(一)》第23、28、86—90条;《最高人民法院关于确定民事侵权精神损害赔偿责任若干问题的解释》

案例 1. 周某诉张某离婚后损害责任纠纷案(2015年12月4日最高人民法院公布49起婚姻家庭纠纷典型案例)

裁判规则:在离婚后发现被告的婚姻存续期间的出轨行为,请求精神损害赔偿的,人民法院依法予以支持。

2. 张某诉程某身体权纠纷案(2015年12月4日最高人民法院公布49起婚姻家庭纠纷典型案例)

裁判规则:本案为家庭暴力的受害者在离婚后如何请求保护人身损害赔偿指明了道路。本案中张某在婚姻关系存续期间对程某的家庭暴力行为提起过刑事附带民事诉讼,获得了部分赔偿。在离婚后,对家庭暴力造成的人身损害再一次提起了民事诉讼,其赔偿请求也得到了终审人民法院的支持。根据本案,因家庭暴力造成的损害,当刑事附带民事判决不能囊括全部受害人应得的人身损害赔偿,对于没有对受害人进行赔偿的部分,受害人有权另行提起民事诉讼。

第一千零九十二条 【一方侵害夫妻财产的处理规则】夫妻一方隐藏、转移、变卖、毁损、挥霍夫妻共同财产,或者伪造夫妻共同债务企图侵占另一方财产的,在离婚分割夫妻共同财产时,对该方可以少分或者不分。离婚后,另一方发现有上述行为的,可以向人民法院提起诉讼,请求再次分割夫妻共同财产。

注释 分割夫妻共同财产,首先是在离婚时进行分割。在分割夫妻共同财产中,如发现存在下列事由的,可以少分或者不分:1.夫妻一方隐藏、转移、变卖、毁损、挥霍夫妻共同财产;2.伪造夫妻共同债务企图侵占另一方财产。

如果是在离婚并实际分割了夫妻共同财产后,发现了上述情形的,当事人产生再次分割共同财产的请求权。当事人请求再次分割夫妻共同财产的,人民法院应当受理,并且按照查清的事实,对属于夫妻共同财产的部分进行再次分割。

当事人依据本条的规定向人民法院提起诉讼,请求再次分割夫妻共同财产的诉讼时效期间为3年,从当事人发现之日起计算。

链接《最高人民法院关于适用〈中华人民共和国民法典〉婚姻家庭编的解释(一)》第83、84条

案例 1. 李某诉孙某离婚后财产纠纷案(2015年12月4日最高人民法院公布49起婚姻家庭纠纷典型案例)

裁判规则:李某在离婚后发现前夫孙某现住房是孙某在双方婚姻关系存续期间购买,孙某在离婚时对该房屋进行了隐瞒。虽然双方在离婚协议中有"男方经营的公司,所有的汽车等财产,离婚后属男方"的约定,但在房产价值远大于汽车的常识背景下,以"等"字涵盖房屋,违背常理,故法院认定该房为双方婚姻关系存续期间购买,应属于双方共同财产,并依法进行了分割。

2. 雷某某诉宋某某离婚纠纷案(最高人民法院指导案例66号)

裁判规则:一方在离婚诉讼期间或离婚诉讼前,隐藏、转移、变卖、毁损夫妻共同财产,或伪造债务企图侵占另一方财产的,离婚分割夫妻共同财产时,依照《婚姻法》第47条的规定可以少分或不分财产。

第五章 收 养

第一节 收养关系的成立

第一千零九十三条 【被收养人的条件】下列未成年人,可以被收养:

（一）丧失父母的孤儿；

（二）查找不到生父母的未成年人；

（三）生父母有特殊困难无力抚养的子女。

注释 收养，是指自然人领养他人的子女为自己的子女，依法创设拟制血亲亲子关系的身份法律行为。在收养的身份法律行为中，当事人分别是收养人、被收养人和送养人。收养人为养父或养母，被收养人为养子或养女，送养人是抚养被收养人的生父母或者其他人。收养的基本原则是：1. 最有利于被收养的未成年人的抚养、成长原则；2. 保证被收养人和收养人的合法权益原则；3. 平等自愿原则；4. 不得违背公序良俗原则。

第一千零九十四条 【送养人的条件】 下列个人、组织可以作送养人：

（一）孤儿的监护人；

（二）儿童福利机构；

（三）有特殊困难无力抚养子女的生父母。

注释 1. 孤儿的监护人。孤儿是未成年人，其监护人可以送养，但须符合法律规定的条件。

2. 社会福利机构。我国的社会福利机构是指各地民政部门主管的收容、养育孤儿和查找不到生父母的弃婴、儿童的社会福利院。对于他们养育的孤儿、查找不到生父母的弃婴、儿童，可以送养。

3. 有特殊困难无力抚养子女的生父母，也可以将未成年子女送养。

链接 《民法典》第 1099、1103 条；《未成年人保护法》第 17 条

第一千零九十五条 【监护人送养未成年人的情形】 未成年人的父母均不具备完全民事行为能力且可能严重危害该未成年人的，该未成年人的监护人可以将其送养。

第一千零九十六条 【监护人送养孤儿的限制及变更监护人】 监护人送养孤儿的，应当征得有抚养义务的人同意。有抚养义务的人不同意送养、监护人不愿意继续履行监护职责的，应当依照本法第一编的规定另行确定监护人。

链接 《民法典》第 27、36 条；《中国公民收养子女登记办法》第 4 条；《收养登记工作规范》第 17 条

第一千零九十七条 【生父母送养子女的原则要求与例外】 生父母送养子女，应当双方共同送养。生父母一方不明或者查找不到的，可以单方送养。

第一千零九十八条 【收养人条件】 收养人应当同时具备下列条件：

（一）无子女或者只有一名子女；

（二）有抚养、教育和保护被收养人的能力；

（三）未患有在医学上认为不应当收养子女的疾病；

（四）无不利于被收养人健康成长的违法犯罪记录；

（五）年满三十周岁。

第一千零九十九条 【三代以内旁系同辈血亲的收养】 收养三代以内旁系同辈血亲的子女，可以不受本法第一千零九十三条第三项、第一千零九十四条第三项和第一千一百零二条规定的限制。

华侨收养三代以内旁系同辈血亲的子女，还可以不受本法第一千零九十八条第一项规定的限制。

链接 《民法典》第 1093、1094、1098、1100、1102 条

第一千一百条 【收养人收养子女数量】 无子女的收养人可以收养两名子女；有子女的收养人只能收养一名子女。

收养孤儿、残疾未成年人或者儿童福利机构抚养的查找不到生父母的未成年人，可以不受前款和本法第一千零九十八条第一项规定的限制。

注释 对收养人收养子女数量的限制，是防止收养人收养子女过多无照顾能力而损害被收养人的利益，同时也防止出现借收养而拐卖人口的情况出现。因此，本条规定无子女的收养人，可以收养两名子女；有一名子女的收养人只能收养一名子女。

鉴于爱心人士收养多名孤儿的善举，本条规定，如果收养孤儿，或者收养残疾未成年人，或者收养儿童福利机构抚养的查找不到生父母的未成年人，都是应当受到鼓励的行为，因而可以不受只能收养两名子女或者有一名子女的收养人只能收养一名子女的限制，也不受《民法典》第 1098 条第 1 项关于收养人无子女或者只有一名子女规定的限制。

链接 《民法典》第 1098、1099、1103 条

第一千一百零一条 【共同收养】 有配偶者收养子女，应当夫妻共同收养。

第一千一百零二条 【无配偶者收养异性子女的限制】 无配偶者收养异性子女的，收养人与被收养人的年龄应当相差四十周岁以上。

第一千一百零三条 【收养继子女的特别规定】继父或者继母经继子女的生父母同意,可以收养继子女,并可以不受本法第一千零九十三条第三项、第一千零九十四条第三项、第一千零九十八条和第一千一百条第一款规定的限制。

链接《民法典》第1093、1094、1098、1100条

第一千一百零四条 【收养自愿原则】收养人收养与送养人送养,应当双方自愿。收养八周岁以上未成年人的,应当征得被收养人的同意。

注释 收养行为是民事法律行为,必须具备当事人收养合意这一必要条件。构成收养合意,应当具备以下条件:

1. 双方自愿:收养人收养与送养人送养须双方自愿,意思表示一致。收养与送养,是民法上的身份协议,收养合意应当按照合同成立的条件要求。在收养问题上,收养人和送养人的意思表示必须真实、自愿、一致,才能构成合意。

2. 须经8周岁以上的被送养人同意:收养未满8周岁的未成年人,不必经过其本人的同意。收养年满8周岁以上的未成年人,应当征得被收养人的同意。8周岁以上的未成年人是限制民事行为能力人,具有一定的识别能力和民事行为能力,是否接受被收养的事实,改变自己的身份关系,应当征得本人的同意。他(她)的同意,不构成收养的意思表示,但他(她)的不同意,构成收养合意的法律障碍,收养人和送养人即使达成收养合意,但由于有被收养人不同意的法律障碍,将使其收养合意无效。

链接《民法典》第19条

第一千一百零五条 【收养登记、收养协议、收养公证及收养评估】收养应当向县级以上人民政府民政部门登记。收养关系自登记之日起成立。

收养查找不到生父母的未成年人的,办理登记的民政部门应当在登记前予以公告。

收养关系当事人愿意签订收养协议的,可以签订收养协议。

收养关系当事人各方或者一方要求办理收养公证的,应当办理收养公证。

县级以上人民政府民政部门应当依法进行收养评估。

注释 收养关系成立的形式要件,是指收养关系成立所需要的程序性的必要条件,必须具备。收养登记是收养关系成立的形式要件,必须具备。收养协议和收养公证是出于当事人的意愿和要求而进行的程序,不具有强制的意义。

链接《中国公民收养子女登记办法》;《收养登记工作规范》

第一千一百零六条 【收养后的户口登记】收养关系成立后,公安机关应当按照国家有关规定为被收养人办理户口登记。

第一千一百零七条 【亲属、朋友的抚养】孤儿或者生父母无力抚养的子女,可以由生父母的亲属、朋友抚养;抚养人与被抚养人的关系不适用本章规定。

第一千一百零八条 【祖父母、外祖父母优先抚养权】配偶一方死亡,另一方送养未成年子女的,死亡一方的父母有优先抚养的权利。

第一千一百零九条 【涉外收养】外国人依法可以在中华人民共和国收养子女。

外国人在中华人民共和国收养子女,应当经其所在国主管机关依照该国法律审查同意。收养人应当提供由其所在国有权机构出具的有关其年龄、婚姻、职业、财产、健康、有无受过刑事处罚等状况的证明材料,并与送养人签订书面协议,亲自向省、自治区、直辖市人民政府民政部门登记。

前款规定的证明材料应当经收养人所在国外交机关或者外交机关授权的机构认证,并经中华人民共和国驻该国使领馆认证,但是国家另有规定的除外。

链接《外国人在中华人民共和国收养子女登记办法》

第一千一百一十条 【保守收养秘密】收养人、送养人要求保守收养秘密的,其他人应当尊重其意愿,不得泄露。

第二节 收养的效力

第一千一百一十一条 【收养的效力】自收养关系成立之日起,养父母与养子女间的权利义务关系,适用本法关于父母子女关系的规定;养子女与养父母的近亲属间的权利义务关系,适用本法关于子女与父母的近亲属关系的规定。

养子女与生父母以及其他近亲属间的权利义务关系,因收养关系的成立而消除。

第一千一百一十二条 【养子女的姓氏】养子女可以随养父或者养母的姓氏,经当事人协商一致,也可以保留原姓氏。

第一千一百一十三条 【收养行为的无效】有本法第一编关于民事法律行为无效规定情形或者违反本编规定的收养行为无效。

无效的收养行为自始没有法律约束力。

第三节 收养关系的解除

第一千一百一十四条 【收养关系的协议解除与诉讼解除】收养人在被收养人成年以前,不得解除收养关系,但是收养人、送养人双方协议解除的除外。养子女八周岁以上的,应当征得本人同意。

收养人不履行抚养义务,有虐待、遗弃等侵害未成年养子女合法权益行为的,送养人有权要求解除养父母与养子女间的收养关系。送养人、收养人不能达成解除收养关系协议的,可以向人民法院提起诉讼。

注释 解除收养关系,是指收养的法律效力发生后,因出现一定的法定事由,无法继续维持收养亲子关系,通过解除的法定程序将其人为消灭。

本条禁止收养人在被收养人未成年时解除收养关系,以保护未成年被收养人的权益。当然,收养人和送养人达成一致意见协议解除的,不在此限。

第一千一百一十五条 【养父母与成年养子女解除收养关系】养父母与成年养子女关系恶化、无法共同生活的,可以协议解除收养关系。不能达成协议的,可以向人民法院提起诉讼。

第一千一百一十六条 【解除收养关系的登记】当事人协议解除收养关系的,应当到民政部门办理解除收养关系登记。

第一千一百一十七条 【收养关系解除的法律后果】收养关系解除后,养子女与养父母以及其他近亲属间的权利义务关系即行消除,与生父母以及其他近亲属间的权利义务关系自行恢复。但是,成年养子女与生父母以及其他近亲属间的权利义务关系是否恢复,可以协商确定。

注释 收养关系解除后,养子女与养父母及其他近亲属之间的权利义务关系即行消灭。养子女和养父母之间的亲子身份地位以及权利义务关系不再存在;养子女与养父母的近亲属身份关系,也不再具有子女与父母的近亲属的身份地位和权利义务关系。

收养关系解除后,养子女已经成年的,其与生父母及其他近亲属的权利义务关系是否恢复,可以由成年的养子女与生父母协商确定,同意恢复的,即行恢复与生父母及其他近亲属之间的身份地位及其权利义务关系;养子女尚未成年的,本条没有规定,依照本条的逻辑,可以确认养子女与生父母及其他近亲属之间的权利义务关系自行恢复。

第一千一百一十八条 【收养关系解除后生活费、抚养费支付】收养关系解除后,经养父母抚养的成年养子女,对缺乏劳动能力又缺乏生活来源的养父母,应当给付生活费。因养子女成年后虐待、遗弃养父母而解除收养关系的,养父母可以要求养子女补偿收养期间支出的抚养费。

生父母要求解除收养关系的,养父母可以要求生父母适当补偿收养期间支出的抚养费;但是,因养父母虐待、遗弃养子女而解除收养关系的除外。

注释 收养关系解除之后,还发生对解除收养关系后成年养子女的生活费给付义务和养父母的补偿请求权的效力:

1. 成年养子女的生活费给付义务。收养解除之后,经养父母抚养的成年养子女,对缺乏劳动能力又缺乏生活来源的养父母,应当给付生活费,其标准一般应不低于当地居民的普通生活费用标准。

2. 养父母的补偿请求权。养子女成年后虐待、遗弃养父母而解除收养关系的,养父母可以要求养子女补偿收养期间支出的生活费和教育费。

3. 生父母要求解除收养关系的,养父母可以要求生父母适当补偿收养期间支出的生活费和教育费,但因养父母虐待、遗弃养子女而解除收养关系的除外。

第六编 继承

第一章 一般规定

第一千一百一十九条 【继承编的调整范围】本编调整因继承产生的民事关系。

注释 本条是关于继承编调整范围的规定。

《民法典》第124条规定,自然人依法享有继承权。自然人合法的私有财产,可以依法继承。

继承是指继承人对死者生前的财产权利和义务的承受,又称为财产继承,即自然人死亡时,其遗留的个人合法财产归死者生前在法定范围内指定的或者法定的亲属承受的民事法律关系。在继承法律关系中,生前享有的财产因其死亡而移转给他人的死者为被继承人,被继承人死亡时遗留的个人合法财产为遗产,依法承受被继承人遗产的法定范围内的人为继承人。以继承人继承遗产的方式为标准,可以将继承分为遗嘱继承和法定继承,这是对继承的基本分类。

继承的法律特征如下:(1)继承因作为被继承人的自然人死亡而发生;(2)继承中的继承人与被继承人存在特定亲属身份关系;(3)继承是处理死者遗产的法律关系;(4)继承是继承人概括承受被继承人遗产权利和义务的法律制度。

链接 《宪法》第13条

第一千一百二十条 【继承权的保护】国家保护自然人的继承权。

注释 本条是关于国家保护自然人继承权原则的规定。本条的法律依据是《宪法》第13条第2款关于"国家依照法律规定保护公民的私有财产权和继承权"的规定。

这一基本原则包含两个方面的含义:(1)法律保护自然人享有依法继承遗产的权利,任何人不得干涉;(2)自然人的继承权受到他人非法侵害时,有权依照法律规定请求予以救济,国家以其强制力予以保护。

继承权是指自然人按照被继承人所立的合法有效遗嘱或法律的直接规定享有的继承被继承人遗产的权利。其法律特征是:(1)在继承权的主体方面,继承权只能是自然人享有的权利。(2)在取得根据方面,继承权是自然人依照合法有效的遗嘱或者法律的直接规定而享有的权利。(3)继承权的客体是被继承人生前的财产权利。(4)继承权的本质是独立的民事权利。

与继承法的规定相比,《民法典》继承编将继承相关条文中的"公民"改为了自然人,表述更科学。公民是一种政治上的身份,简单来说,就是具有某个国家国籍的人。有国籍后便享有公民权,可以参加国家政治生活。同一个人,在参加政治生活的时候被称为公民,在参加民事生活的时候被称为自然人。

链接 《宪法》第13条

第一千一百二十一条 【继承的开始时间和死亡时间的推定】继承从被继承人死亡时开始。

相互有继承关系的数人在同一事件中死亡,难以确定死亡时间的,推定没有其他继承人的人先死亡。都有其他继承人,辈份不同的,推定长辈先死亡;辈份相同的,推定同时死亡,相互不发生继承。

注释 对被继承人死亡时间的确定,包括自然死亡和宣告死亡两种死亡情形。司法实践中,对自然人的死亡确定,是以呼吸停止和心脏搏动停止为生理死亡的时间。失踪人被宣告死亡,依照《民法典》第48条规定。

链接 《最高人民法院关于适用〈中华人民共和国民法典〉继承编的解释(一)》第1条

第一千一百二十二条 【遗产的范围】遗产是自然人死亡时遗留的个人合法财产。

依照法律规定或者根据其性质不得继承的遗产,不得继承。

注释 遗产是继承法律关系的客体,也是继承权的标的。遗产作为特殊的财产,与一般财产存在诸多不同:首先,遗产仅存在于特定时间段。遗产是自然人死亡后所遗留的财产。而遗产一旦分割,也就转移成为继承人个人所有的财产,此时也不再是遗产了。遗产是在自然人死亡之后到被分割之前特定时间阶段的财产状态。其次,遗产在性质上属于财产。被继承人的人身性权利不属于遗产的范围,如著作权中的署名权等人身性权利,不能成为遗产被继承。再次,遗产是自然人死亡时遗留的所有个人财产。被继承人死亡后的所有个人财产都成为遗产,不论财产的形态,只要属于其个人所有的财产都转为遗产。遗产仅限于被继承人死亡时遗留的个人所有的财产,他人所有的财产、家庭共有的财产都不属于遗产范围,需要先剥离出去。最后,遗产是自然人死亡时遗留的合法的财产。只有自然人生前合法取得的财产才能成为遗产。如犯罪分子非法获得的财产在其死后不能为遗产。

遗产范围是指被继承人在其死亡时遗留的可以作为遗产被继承人继承的财产范围。理解遗产的范围需要从三个方面把握:第一,遗产首先是财产或财产性权益,非财产性权利(人格权、人身权或相关权益)不得作为遗产继承;第二,遗产必须是合法的财产权,非法的财产权也不应算作遗产;第三,遗产必须是被继承人个人的财产,非个人财产不属于遗产的范围。我国有些财产性权益属于家庭共有，而非属于个人。比如土地承包经营权、宅基地使用权等，根据农村土地承包法、土地管理法的相关规定，获得土地承包经营权、宅基地使用权的主体是以户为单位，这些权利并不属于某个家庭成员。具体而言，遗产包括：自然人的收入；房屋、储蓄和生活用品；林木、牲畜和家禽；文物、图书资料；法律允许公民所有的生产资料；著作权、专利权中的财产权利等个人合法财产。

本条在规定可以继承的遗产的同时，还进一步明确不得继承的遗产范围。第2款规定了根据性质不得继承的遗产和根据法律规定不得继承的遗产。原因在于，能被继承的遗产应当是能够转由他人承受的财产，有些个人财产性权益虽然合法，但由于法律上的特殊性质，不宜或者不能由他人承继，在这种情况下，法律有必要将其排除在可继承的遗产范围外。根据本款规定，不得继承的遗产主要有两类：第一类是根据其性质不得继承的遗产，这主要是与被继承人人身有关的专属性权利，如被继承人所签订的劳动合同上的权利义务。第二类是根据法律规定不得继承的遗产。如果法律有明确规定某些财产不得继承的，继承人自然不得继承。

链接 《农村土地承包法》第54条；《公司法》第75条；《保险法》第42条；《社会保险法》第14条；《海域使用管理法》第27条；《合伙企业法》第50条；《个人独资企业法》第17条；《最高人民法院关于空难死亡赔偿金能否作为遗产处理的复函》；《住房公积金管理条例》第24条第3款；《最高人民法院关于适用〈中华人民共和国民法典〉继承编的解释（一）》第2、39条

第一千一百二十三条 【法定继承、遗嘱继承、遗赠和遗赠扶养协议的效力】 继承开始后，按照法定继承办理；有遗嘱的，按照遗嘱继承或者遗赠办理；有遗赠扶养协议的，按照协议办理。

注释 本条是关于法定继承、遗嘱继承、遗赠、遗赠扶养协议关系的规定。它们之间的继承顺序是：遗赠扶养协议＞遗嘱继承、遗赠＞法定继承。

法定继承是指被继承人死亡时没有留下遗嘱，其个人合法遗产的继承由法律规定的继承人范围、顺序和分配原则进行遗产继承的一种继承方式。

遗嘱继承，是指遗嘱中所指定的继承人，根据遗嘱指定的其应当继承的遗产种类、数额等，继承被继承人遗产的一种继承方式。

遗赠是指公民以遗嘱方式将个人财产赠与国家、集体或法定继承人以外的人，于其死亡时发生法律效力的民事行为。

遗赠扶养协议是指遗赠人和扶养人为明确相互间遗赠和扶养的权利义务关系所订立的协议。

第一千一百二十四条 【继承和遗赠的接受和放弃】 继承开始后，继承人放弃继承的，应当在遗产处理前，以书面形式作出放弃继承的表示；没有表示的，视为接受继承。

受遗赠人应当在知道受遗赠后六十日内，作出接受或者放弃受遗赠的表示；到期没有表示的，视为放弃受遗赠。

注释 放弃继承就是继承人作出不接受继承、不参与遗产分割的意思表示。放弃继承的效力，追溯到继承开始的时间。放弃继承的继承人既可以是遗嘱继承人，也可以是法定继承人。放弃继承的意思表示可以是继承人本人作出，也可以通过其代理人作出。任何人不得胁迫、欺诈他人放弃继承。继承人放弃继承应当以书面形式向遗产管理人或者其他继承人表示。在诉讼中，继承人向人民法院以口头方式表示放弃继承的，要制作笔录，由放弃继承的人签名。继承人放弃继承的意思表示，应当在继承开始后、遗产分割前作出。遗产分割后表示放弃的不再是继承权，而是所有权。

遗产处理前或者在诉讼进行中，继承人对放弃继承反悔的，由人民法院根据其提出的具体理由，决定是否承认。遗产处理后，继承人对放弃继承反悔的，不予承认。

链接 《最高人民法院关于适用〈中华人民共和国民法典〉继承编的解释（一）》第32—37条

第一千一百二十五条 【继承权的丧失】 继承人有下列行为之一的，丧失继承权：

（一）故意杀害被继承人；

（二）为争夺遗产而杀害其他继承人；

（三）遗弃被继承人，或者虐待被继承人情节严重；

（四）伪造、篡改、隐匿或者销毁遗嘱，情节严重；

（五）以欺诈、胁迫手段迫使或者妨碍被继承人设立、变更或者撤回遗嘱，情节严重。

继承人有前款第三项至第五项行为，确有悔改表现，被继承人表示宽恕或者事后在遗嘱中将

其列为继承人的,该继承人不丧失继承权。

受遗赠人有本条第一款规定行为的,丧失受遗赠权。

注释 继承权丧失是指继承人因对被继承人或者其他继承人实施了法律所禁止的行为,而依法被取消继承被继承人遗产的资格。继承权丧失是法律规定取消继承权的情形。丧失继承权的法定事由包括5种:

1. 故意杀害被继承人。在主观上,继承人存在杀人的故意,此处不包括过失犯罪,也不包括过失或者因正当防卫致被继承人死亡。在犯罪动机上,不论继承人是否为了取得被继承人的遗产。在客观上,继承人实施了杀害行为,而不论是否既遂。

2. 为争夺遗产而杀害其他继承人。主观上必须有杀害的故意,且动机为争夺遗产。客观上实施了杀害其他继承人的行为,而不论是否既遂。

3. 遗弃被继承人,或者虐待被继承人情节严重。需要注意的是,只要行为人实施了遗弃被继承人的行为,而不论这种行为是否严重,即失去继承权。而虐待被继承人需要达到情节严重。判断虐待被继承人情节是否严重,可以从实施虐待行为的时间、手段、后果和社会影响等方面认定。

4. 伪造、篡改、隐匿或者销毁遗嘱,情节严重。继承人伪造、篡改、隐匿或者销毁遗嘱,侵害了缺乏劳动能力又无生活来源的继承人的利益,并造成其生活困难的,应当认定为"情节严重"。

5. 以欺诈、胁迫手段迫使或者妨碍被继承人设立、变更或者撤回遗嘱,情节严重。不论继承人是采取欺诈手段还是胁迫手段,只要导致被继承人的真实意思歪曲,情节严重的,就构成丧失继承权的法定事由。

本条第2款是关于继承权恢复的规定,其前提条件是:1. 继承人丧失继承权是因为实施了本条第1款第3项至第5项行为。如果继承人因为故意杀害被继承人或者为争夺遗产杀害其他继承人而丧失继承权的,则不论如何是不能再恢复继承权的。2. 继承人确有悔改。认定继承人是否确有悔改,应该结合其行为及内心的主观认识来判断,不能仅仅从表面的行为分析,既要有悔改的外在行为,还要有内在的主观态度改正。3. 被继承人作出了恢复继承权的意思表示。此制度设置主要是为了尊重被继承人的真实意思,如果继承人确有悔改,但是被继承人未作出恢复继承权的意思表示,继承权仍无法恢复。

本条第3款规定为绝对丧失继承权的规定,针对的是受遗赠人,即受遗赠人一旦实施了本条第1款规定的行为,即永久丧失受遗赠权,不得再恢复。

链接《最高人民法院关于适用〈中华人民共和国民法典〉继承编的解释(一)》第5—9条

第二章 法定继承

第一千一百二十六条 【继承权男女平等原则】继承权男女平等。

注释 本条是关于继承权男女平等原则的规定。

在法定继承中,继承权男女平等,是继承权平等原则的核心和基本表现。继承权男女平等的含义是:(1)男女具有平等的继承权,不因性别差异而有所不同。(2)夫妻在继承上有平等的权利,有相互继承遗产的权利,如夫妻一方死亡后另一方再婚的,有权处分所继承的财产,任何人不得干涉。(3)在继承人的范围和法定继承的顺序上,男女亲等相同,父系亲与母系亲平等。(4)在代位继承中,男女有平等的代位继承权,适用于父系的代位继承,同样适用于母系。

第一千一百二十七条 【继承人的范围及继承顺序】遗产按照下列顺序继承:

(一)第一顺序:配偶、子女、父母;
(二)第二顺序:兄弟姐妹、祖父母、外祖父母。

继承开始后,由第一顺序继承人继承,第二顺序继承人不继承;没有第一顺序继承人继承的,由第二顺序继承人继承。

本编所称子女,包括婚生子女、非婚生子女、养子女和有扶养关系的继子女。

本编所称父母,包括生父母、养父母和有扶养关系的继父母。

本编所称兄弟姐妹,包括同父母的兄弟姐妹、同父异母或者同母异父的兄弟姐妹、养兄弟姐妹、有扶养关系的继兄弟姐妹。

注释 本条规定了两个继承顺序:1. 配偶、子女、父母为第一顺序法定继承人。其中,配偶是指因合法的婚姻关系而确立夫妻身份的男女双方;子女包括婚生子女、非婚生子女、养子女、有扶养关系的继子女;父母,包括生父母、养父母和有扶养关系的继父母。丧偶儿媳对公婆,丧偶女婿对岳父母尽了主要赡养义务的,作为第一顺序继承人。2. 兄弟姐妹、祖父母、外祖父母为第二顺序法定继承人。其中，兄弟姐妹包括同父母的兄弟姐妹、同父异母或者同母异父的兄弟姐妹、养兄弟姐妹、有扶养关系的继兄弟姐妹。

链接《民法典》第1070、1071条；《老年人权益保障法》第22条；《最高人民法院关于适用〈中华人民共和国民法典〉继承编的解释（一）》第10—13条

第一千一百二十八条 【代位继承】被继承人的子女先于被继承人死亡的，由被继承人的子女的直系晚辈血亲代位继承。

被继承人的兄弟姐妹先于被继承人死亡的，由被继承人的兄弟姐妹的子女代位继承。

代位继承人一般只能继承被代位继承人有权继承的遗产份额。

注释 代位继承也被称为"间接继承"，指具有法定继承权的人因主客观原因不能继承时，由其直系晚辈血亲按照该继承人的继承地位和顺序，继承被继承人遗产的制度。在代位继承中，具有法定继承权的人称为被代位继承人；按照被代位继承人的地位和顺序继承遗产的人称为代位继承人。本法在《继承法》第11条确立的代位继承制度基础上进一步扩大了被代位继承人的范围，即被继承人的兄弟姐妹也可作为被代位继承人，在其先于被继承人死亡时，其子女可以代位继承。

代位继承的份额是指代位继承人通过代位继承的方式能够取得的遗产份额。本法规定代位继承人一般只能继承被代位继承人有权继承的遗产份额，此为一般原则，在存在法律规定的多分、少分或者不分等情形时，其继承遗产的份额可能会有所变化。

链接《最高人民法院关于适用〈中华人民共和国民法典〉继承编的解释（一）》第14—17条

案例 苏某甲诉李某田等法定继承纠纷案[人民法院贯彻实施民法典典型案例（第一批）]

裁判规则：本案是适用《民法典》关于侄甥代位继承制度的典型案例。当事人一致确认苏某泉生前未立遗嘱，也未立遗赠扶养协议，故苏某泉的遗产应由其继承人按照法定继承办理。苏某甲系苏某泉姐姐苏某乙的养子女，在苏某乙先于苏某泉死亡且苏某泉的遗产无人继承又无人受遗赠的情况下，根据《最高人民法院关于适用〈中华人民共和国民法典〉时间效力的若干规定》第14条，适用《民法典》第1128条第2款和第3款的规定，苏某甲有权作为苏某泉的法定继承人继承苏某泉的遗产。

第一千一百二十九条 【丧偶儿媳、女婿的继承权】丧偶儿媳对公婆，丧偶女婿对岳父母，尽了主要赡养义务的，作为第一顺序继承人。

链接《最高人民法院关于适用〈中华人民共和国民法典〉继承编的解释（一）》第18条

第一千一百三十条 【遗产分配规则】同一顺序继承人继承遗产的份额，一般应当均等。

对生活有特殊困难又缺乏劳动能力的继承人，分配遗产时，应当予以照顾。

对被继承人尽了主要扶养义务或者与被继承人共同生活的继承人，分配遗产时，可以多分。

有扶养能力和有扶养条件的继承人，不尽扶养义务的，分配遗产时，应当不分或者少分。

继承人协商同意的，也可以不均等。

注释 法定继承人分割遗产的具体方法是：(1)同一顺序继承人之间遗产应当均等分配。这是对同一顺序继承人的继承权的平等保护。同一顺序的法定继承人的法律地位是平等的，不分男女老幼，不论是有血缘关系还是拟制的血缘关系，都平等地享有继承被继承人遗产的权利，并应该均等地获得遗产。需注意的是，遗嘱继承人依遗嘱取得遗产后，仍有权依照本条的规定取得遗嘱未处分的遗产。(2)对生活有特殊困难又缺乏劳动能力的继承人，应当予以适当照顾，适当多分。(3)对被继承人尽了主要扶养义务或者与被继承人共同生活的继承人，可以多分财产。(4)对于有扶养能力和扶养条件却不尽扶养义务的继承人，可以不分或少分。(5)各继承人协商同意不均等分割的，也可以不均等分割。

链接《最高人民法院关于适用〈中华人民共和国民法典〉继承编的解释（一）》第4、16、17、19、22、23、43条

第一千一百三十一条 【酌情分得遗产权】对继承人以外的依靠被继承人扶养的人，或者继承人以外的对被继承人扶养较多的人，可以分给适当的遗产。

注释 本条对法定继承制度作了补充，使得法定继承人之外的与被继承人之间形成扶养关系、共同生活关系等的人能够基于此项制度获得被继承人的遗产。

对于本条，主要从以下几个方面进行理解：1. 可以分给适当遗产的人为继承人以外的人。2. 可以分给适当遗产的条件为继承人以外的人与被继承人之

间具有扶养关系。与被继承人之间具有扶养关系，既包括依靠被继承人扶养的情形，也包括对被继承人扶养较多的情形。3. 可以分给适当遗产的份额不具有确定性。依照本条规定可以分给适当遗产的人，分给他们遗产时，按具体情况可以多于或者少于继承人。本条没有对可以分得遗产份额的数额作明确规定，主要是考虑到实践中情况复杂，无法规定统一的标准，在分配遗产时，对于被继承人以外的人，可以综合考虑其与被继承人之间扶养关系的程度、遗产数额以及法定继承人的具体情况等因素，由当事人之间协商确定或者由法院确定适当的遗产份额。4. 可以分给适当遗产的适用情形为遗产按照法定继承办理时。本条规定在法定继承这章，因此与被继承人有扶养关系的继承人以外的人仅在遗产按照法定继承办理时可以请求分给适当遗产。如果被继承人生前以有效的遗嘱或者遗赠扶养协议等处分了其全部遗产，而没有为与其有扶养关系的继承人以外的人保留遗产份额，则应尊重被继承人的意思表示，不能以本条取代被继承人已明示的有效的意思表示。如果被继承人立了遗嘱或者遗赠扶养协议，但是因存在本法第1154条规定的情形导致遗产中的有关部分按照法定继承办理的，对于这部分遗产可以适用本条规定。

链接《最高人民法院关于适用〈中华人民共和国民法典〉继承编的解释（一）》第20、21、41条

第一千一百三十二条 【继承的处理方式】继承人应当本着互谅互让、和睦团结的精神，协商处理继承问题。遗产分割的时间、办法和份额，由继承人协商确定；协商不成的，可以由人民调解委员会调解或者向人民法院提起诉讼。

注释 人民调解委员会是在基层人民政府和基层人民法院指导下，调解民间纠纷的群众性组织，并依照法律规定，根据自愿原则进行调解。当事人对调解达成的协议应当履行；不愿调解、调解不成或者反悔的，可以向人民法院起诉。

链接《最高人民法院关于适用〈中华人民共和国民事诉讼法〉的解释》第70条；《人民调解法》

案例 严某泰等诉严某平等继承纠纷案（2013年1月10日最高人民法院关于印发全国法院优秀调解案例的通知）

裁判规则： 本案是因继承遗产而引发的典型家庭纠纷。被继承人是上海当地名人，继承人人数众多且分居世界各地，矛盾重重，纷争已久，办理难度很大。本案的成功调解，对人民法院审理继承等家庭案件具有很好的示范作用：一是立足亲情，准确寻找调解突破口。法院从亲情着手，耐心释法引导，唤起其对和睦家庭的回忆和向往，并借助当事人的亲戚做说服教育工作，以亲情感化了各方当事人，消除了各方之间的对立，为调解成功奠定了坚实的基础。二是找准调解难点，创新调解方法。法院准确把握确定继承份额和巨额不动产遗产变现分配两个难点，创新地采取继承人内部竞价的方式成功变现了房屋，确保了调解成功。三是最大限度实现当事人权益。法院调解化解纠纷，既实现了当事人的继承权利，更维护了亲情和家庭和睦这一更高的"利益"，同时弘扬了"和为贵"的家庭伦理和社会价值。

第三章 遗嘱继承和遗赠

第一千一百三十三条 【遗嘱处分个人财产】自然人可以依照本法规定立遗嘱处分个人财产，并可以指定遗嘱执行人。

自然人可以立遗嘱将个人财产指定由法定继承人中的一人或者数人继承。

自然人可以立遗嘱将个人财产赠与国家、集体或者法定继承人以外的组织、个人。

自然人可以依法设立遗嘱信托。

注释 本条是关于遗嘱继承的一般规定。

遗嘱继承是指于继承开始后，继承人按照被继承人合法有效的遗嘱，继承被继承人遗产的继承方式。遗嘱是遗嘱人生前按照自己的意思和想法处分自己财产的行为，体现的是遗嘱人的真实意志。生前立有遗嘱的被继承人称为遗嘱人或立遗嘱人，依照遗嘱的指定享有遗产继承权的人为遗嘱继承人。遗嘱继承所指向的客体为被继承人指定的遗产份额。

自然人可以依照《民法典》的规定，用立遗嘱的方法，处分个人在死后的遗产，并且可以指定遗嘱执行人，由遗嘱执行人执行自己的遗嘱。在遗嘱中，可以将个人死后的遗产指定由法定继承人中的一人或者数人继承。自然人也可以立遗嘱将个人财产赠给国家、集体或者法定继承人以外的人，即遗赠。设立遗赠也使其他继承人丧失或者部分丧失继承被继承人遗产的权利。

链接《信托法》第13条

【案例】向某琼等人诉张某霞等人执行遗嘱代理协议纠纷案(《最高人民法院公报》2004年第1期)

裁判规则：遗嘱执行人在遗嘱人没有明确其执行遗嘱所得报酬的情况下，与继承人就执行遗嘱相关事项自愿签订代理协议，并按照协议约定收取遗嘱执行费，不属于《律师法》第34条禁止的律师在同一案件中为双方当事人代理的情形，应认定代理协议有效。

第一千一百三十四条 【自书遗嘱】自书遗嘱由遗嘱人亲笔书写，签名，注明年、月、日。

【注释】遗嘱人自己书写的遗嘱，称为自书遗嘱。自书遗嘱应当由遗嘱人亲笔书写，签名，注明年、月、日。需要注意的是，自然人在遗书中涉及死后个人财产处分的内容，确为死者的真实意思表示，有本人签名并注明了年、月、日，又无相反证据的，可以按自书遗嘱对待。自书遗嘱不需要证人就当然地具有遗嘱的效力，这一点不同于代书遗嘱需要证人来证明。

【链接】《最高人民法院关于适用〈中华人民共和国民法典〉继承编的解释（一）》第27条

第一千一百三十五条 【代书遗嘱】代书遗嘱应当有两个以上见证人在场见证，由其中一人代书，并由遗嘱人、代书人和其他见证人签名，注明年、月、日。

【注释】代书遗嘱是由他人代笔书写的遗嘱。代书遗嘱通常是在遗嘱人不会写字或因病不能写字的情况下不得已而为之的。代书遗嘱须符合以下要求：(1)须由遗嘱人口授遗嘱内容，并由一个见证人代书。(2)须有两个以上见证人在场见证。(3)须代书人、其他见证人和遗嘱人在遗嘱上签名，并注明年、月、日。

第一千一百三十六条 【打印遗嘱】打印遗嘱应当有两个以上见证人在场见证。遗嘱人和见证人应当在遗嘱每一页签名，注明年、月、日。

【注释】打印遗嘱是指遗嘱人通过电脑制作，用打印机打印出来的遗嘱。打印遗嘱有效的要件是：(1)遗嘱为电脑制作、打印机打印出来的文本形式。(2)打印遗嘱应当有两个以上见证人在场见证。(3)遗嘱人和见证人在遗嘱文本的每一页都签名。(4)注明年、月、日。

第一千一百三十七条 【录音录像遗嘱】以录音录像形式立的遗嘱，应当有两个以上见证人在场见证。遗嘱人和见证人应当在录音录像中记录其姓名或者肖像，以及年、月、日。

【注释】录音录像遗嘱，是一种新型的遗嘱方式，是指以录音录像方式录制下来的遗嘱人的口述遗嘱，其实就是视听遗嘱。录音录像遗嘱应当符合下列要件：(1)有两个以上见证人在场见证，见证人应当在录音录像中记录其姓名或者肖像以及年、月、日。(2)由遗嘱人亲自叙述遗嘱的内容，内容应当具体，对有关财产的处分，应当说明财产的基本情况，说明财产归什么人承受。遗嘱人应当在录音录像中记录其姓名或者肖像以及年、月、日。(3)遗嘱人、见证人将有关视听资料封存，并签名、注明日期，以确定遗嘱的订立时间。(4)当众开启录音录像遗嘱，在继承开始后，在参加制作遗嘱的见证人和全体继承人到场的情况下，当众启封，维护录音录像遗嘱的真实性。具备这些要件的录音录像遗嘱，发生法律效力。

第一千一百三十八条 【口头遗嘱】遗嘱人在危急情况下，可以立口头遗嘱。口头遗嘱应当有两个以上见证人在场见证。危急情况消除后，遗嘱人能够以书面或者录音录像形式立遗嘱的，所立的口头遗嘱无效。

【注释】口头遗嘱是由遗嘱人口头表达并不以任何方式记载的遗嘱。口头遗嘱完全靠见证人表述证明，极其容易发生纠纷。因此，法律规定遗嘱人只能在危急的情况下才可以立口头遗嘱，并且必须有两个以上见证人在场见证。危急情况消除后，遗嘱人能够以书面或者录音录像形式立遗嘱的，所立的口头遗嘱无效。

第一千一百三十九条 【公证遗嘱】公证遗嘱由遗嘱人经公证机构办理。

【注释】公证遗嘱是指通过法律规定的公证形式订立的，有关订立程序和形式都由法律规定的遗嘱。根据我国《公证法》第2条的规定，公证是公证机构根据自然人、法人或者其他组织的申请，依照法定程序对民事法律行为、有法律意义的事实和文书的真实性、合法性予以证明的活动。

公证人员在办理遗嘱公证时，要依法对遗嘱人立遗嘱行为的真实性、合法性予以审查，审查的内容包括：遗嘱人是否具有完全民事行为能力，遗嘱人的意思表示是否真实，遗嘱的内容是否完备、文字表述是否准确，遗嘱内容是否违反法律规定和社会公共利益，遗嘱的签名、制作日期是否齐全以及办理公证的程序是否符合规定等。经审查认为遗嘱人立遗嘱行为符合法律规定的条件的,公证处应当出具公证书。公证遗嘱采用打印形式。遗嘱人根据遗嘱原稿核对后,应当在打印的公证遗嘱上签名、盖章或者按手印。

第一千一百四十条　【作为遗嘱见证人的消极条件】下列人员不能作为遗嘱见证人:

(一)无民事行为能力人、限制民事行为能力人以及其他不具有见证能力的人;

(二)继承人、受遗赠人;

(三)与继承人、受遗赠人有利害关系的人。

注释 除自书遗嘱外,其他各种遗嘱皆须有见证人参与。由于见证人的证明直接影响遗嘱的效力,为保证这几种遗嘱真实地反映遗嘱人的意思和想法,本条对遗嘱见证人的资格作出了限制性规定。其中,见证人是否具有民事行为能力,应当以遗嘱见证时为准。如果其于遗嘱人立遗嘱时具有完全民事行为能力,而后丧失行为能力,则不影响遗嘱见证的效力。

第一千一百四十一条　【必留份】遗嘱应当为缺乏劳动能力又没有生活来源的继承人保留必要的遗产份额。

注释 必留份是指被继承人在立遗嘱处分自己的遗产时,必须依法留给特定继承人,不得自由处分的遗产份额。本条规定的遗嘱应当为缺乏劳动能力又没有生活来源的继承人保留必要的遗产份额,就是必留份。继承人是否缺乏劳动能力又没有生活来源,应当按遗嘱生效时该继承人的具体情况而定。

遗嘱非法处分必留份的,该部分遗嘱内容无效。

链接《最高人民法院关于适用〈中华人民共和国民法典〉继承编的解释(一)》第31条

案例 陈某某、陈某祥与陈某英等遗嘱继承纠纷案(2016年5月14日最高人民法院公布10起残疾人权益保障典型案例)

裁判规则: 残疾人的继承权依法不受侵犯。本案中陈某某虽身体有严重残疾,但作为出嫁女,其父母在处分遗产时,并未坚持当地民间传统中将房产只传男不传女的习惯,将案涉部分房产以遗嘱的形式明确由身体有残疾的陈某某继承。人民法院通过判决的形式依法确认了遗嘱的效力,切实保护了陈某某的财产继承权,为陈某某日后的生活所需提供了坚实的物质保障。

第一千一百四十二条　【遗嘱的撤回与变更】遗嘱人可以撤回、变更自己所立的遗嘱。

立遗嘱后,遗嘱人实施与遗嘱内容相反的民事法律行为的,视为对遗嘱相关内容的撤回。

立有数份遗嘱,内容相抵触的,以最后的遗嘱为准。

注释 本条是关于遗嘱撤回、变更和遗嘱效力冲突的规定。

遗嘱是遗嘱人处分其个人财产的行为,遗嘱只有在遗嘱人死亡后才会发生法律效力。因此,订立遗嘱后,遗嘱人认为遗嘱不当或者有错误,或者改变主意的,遗嘱人在死亡之前均可以撤回或者变更其原来订立的遗嘱,这也是遗嘱自由原则的具体表现。

遗嘱撤回是指遗嘱人在订立遗嘱后又通过一定的方式取消原来所立的遗嘱。遗嘱变更是指遗嘱人在遗嘱订立后对遗嘱内容的部分修改。

立有数份遗嘱,内容相抵触的,应当视为后设立的遗嘱取代或者变更了原设立的遗嘱。因此,遗嘱人设立数份遗嘱内容相抵触的,应当以最后设立的遗嘱为准,即"遗嘱设立在后效力优先"。本条规定删除了原《继承法》第20条第3款关于"自书、代书、录音、口头遗嘱,不得撤销、变更公证遗嘱"的公证遗嘱优先原则。

第一千一百四十三条　【遗嘱无效的情形】无民事行为能力人或者限制民事行为能力人所立的遗嘱无效。

遗嘱必须表示遗嘱人的真实意思,受欺诈、胁迫所立的遗嘱无效。

伪造的遗嘱无效。

遗嘱被篡改的,篡改的内容无效。

链接《民法典》第19—23、144条

第一千一百四十四条　【附义务的遗嘱继承或遗赠】遗嘱继承或者遗赠附有义务的,继承人或者受遗赠人应当履行义务。没有正当理由不履行义务的,经利害关系人或者有关组织请求,人民法院可以取消其接受附义务部分遗产的权利。

注释 本条规定,在遗嘱继承中,遗嘱人可以为继承人、受遗赠人设定一定的义务,继承人、受遗赠人在享有继承遗嘱人的遗产权利的同时,必须履行其义务。没有正当理由不履行义务的,经利害关系人或者有关组织请求,人民法院可以取消其接受附义务部分遗产的权利。

这种附加义务的条件,应当符合以下要求:(1)附义务的遗嘱所设定的义务,只能由遗嘱继承人或者受遗赠人承担,不得对不取得遗产利益的人设定义务。(2)设定的义务不得违背法律和社会公共利益。(3)设定的义务必须是可能实现的。(4)附义务的遗嘱中所规定的继承人或受遗赠人应当履行的义务,不得超过继承人或受遗赠人所取得的利益。

第四章 遗产的处理

第一千一百四十五条 【遗产管理人的选任】继承开始后,遗嘱执行人为遗产管理人;没有遗嘱执行人的,继承人应当及时推选遗产管理人;继承人未推选的,由继承人共同担任遗产管理人;没有继承人或者继承人均放弃继承的,由被继承人生前住所地的民政部门或者村民委员会担任遗产管理人。

第一千一百四十六条 【法院指定遗产管理人】对遗产管理人的确定有争议的,利害关系人可以向人民法院申请指定遗产管理人。

案例 欧某士申请指定遗产管理人案[人民法院贯彻实施民法典典型案例(第一批)]

裁判规则:魏姜氏遗产的多名继承人目前下落不明、信息不明,遗产房屋将在较长时间内不能明确所有权人,其管养维护责任可能长期无法得到有效落实,确有必要在析产分割条件成就前尽快依法确定管理责任人。而魏姜氏生前未留有遗嘱,未指定其遗嘱执行人或遗产管理人,在案各继承人之间就遗产管理问题又分歧巨大、未能协商达成一致意见,故当秉承最有利于遗产保护、管理、债权债务清理的原则,在综合考虑被继承人内心意愿、各继承人与被继承人亲疏远近关系、各继承人管理保护遗产的能力水平等方面因素,确定案涉遗产房屋的合适管理人。次女魏某燕一支在魏姜氏生前尽到主要赡养义务,与产权人关系较为亲近,且历代长期居住在遗产房屋内并曾主持危房改造,与遗产房屋有更深的历史情感联系,对周边人居环境更为熟悉,更有实际能力履行管养维护职责,更有能力清理遗产上可能存在的债权债务;长女魏某静一支可查后人现均居住漳州市,客观上无法对房屋尽到充分、周到的管养维护责任。故,由魏某静一支继承人跨市管理案涉遗产房屋暂不具备客观条件;魏某燕一支继承人能够

协商支持由陈某萍、陈某芬共同管理案涉遗产房屋,符合遗产效用最大化原则。

第一千一百四十七条 【遗产管理人的职责】遗产管理人应当履行下列职责:
(一)清理遗产并制作遗产清单;
(二)向继承人报告遗产情况;
(三)采取必要措施防止遗产毁损、灭失;
(四)处理被继承人的债权债务;
(五)按照遗嘱或者依照法律规定分割遗产;
(六)实施与管理遗产有关的其他必要行为。

第一千一百四十八条 【遗产管理人的责任】遗产管理人应当依法履行职责,因故意或者重大过失造成继承人、受遗赠人、债权人损害的,应当承担民事责任。

注释 本条是关于遗产管理人履行职责及责任的规定,是新增条文。为使遗产债权人、受遗赠人等遗产权利人的利益得到保障,遗产管理人应当负善良管理人的注意义务。遗产管理人须忠实、谨慎地履行管理职责。遗产管理人未尽善良管理人的注意义务,不当履行职责,因故意或者重大过失造成继承人、受遗赠人、债权人损害的,应当承担民事责任,对造成的损失应当予以赔偿。

第一千一百四十九条 【遗产管理人的报酬】遗产管理人可以依照法律规定或者按照约定获得报酬。

第一千一百五十条 【继承开始的通知】继承开始后,知道被继承人死亡的继承人应当及时通知其他继承人和遗嘱执行人。继承人中无人知道被继承人死亡或者知道被继承人死亡而不能通知的,由被继承人生前所在单位或者住所地的居民委员会、村民委员会负责通知。

注释 本条是关于继承开始后的通知的规定。继承开始时,有的继承人因各种原因可能不知道继承已经开始,因此本条规定相关人员将被继承人死亡的事实通知继承人或者遗嘱执行人,以便保护相关继承人的利益,从而保证继承的顺利进行。

在通知的时间和方式上,一般要求负有通知义务的继承人或相关单位应当及时向其他继承人发出通知;通知的方式以能将被继承人死亡、继承开始的事实传达到继承人为准,一般以口头通知为主,如通过电话通知,也可以采取书面方式如电报、传真、快递等,甚至还可以采取公告的方式。

链接《最高人民法院关于适用〈中华人民共和国民法典〉继承编的解释(一)》第30条

第一千一百五十一条　【遗产的保管】存有遗产的人,应当妥善保管遗产,任何组织或者个人不得侵吞或者争抢。

第一千一百五十二条　【转继承】继承开始后,继承人于遗产分割前死亡,并没有放弃继承的,该继承人应当继承的遗产转给其继承人,但是遗嘱另有安排的除外。

链接 《最高人民法院关于适用〈中华人民共和国民法典〉继承编的解释(一)》第38条

第一千一百五十三条　【遗产的确定】夫妻共同所有的财产,除有约定的外,遗产分割时,应当先将共同所有的财产的一半分出为配偶所有,其余的为被继承人的遗产。

遗产在家庭共有财产之中的,遗产分割时,应当先分出他人的财产。

注释 析产主要有以下两种情形:1.夫妻共同财产的析产。在分割遗产之前,应当先确定遗产的范围。具体方法是:先析出夫妻个人财产;确定夫妻共同财产的范围;将确定为夫妻共同财产的财产一分为二,一半作为生存一方当事人的个人财产,另一半确定为遗产范围。如果夫妻双方约定为分别财产制的,则不存在这种析产问题。2.家庭共同财产的析产。具体方法是,先析出家庭成员的个人财产,再析出家庭共同财产中属于其他成员的财产,然后析出被继承人个人的遗产债务,最终确定在家庭共同财产中的遗产。

第一千一百五十四条　【按法定继承办理】有下列情形之一的,遗产中的有关部分按照法定继承办理:

(一)遗嘱继承人放弃继承或者受遗赠人放弃受遗赠;

(二)遗嘱继承人丧失继承权或者受遗赠人丧失受遗赠权;

(三)遗嘱继承人、受遗赠人先于遗嘱人死亡或者终止;

(四)遗嘱无效部分所涉及的遗产;

(五)遗嘱未处分的遗产。

第一千一百五十五条　【胎儿预留份】遗产分割时,应当保留胎儿的继承份额。胎儿娩出时是死体的,保留的份额按照法定继承办理。

注释 保留胎儿的继承份额,就是在计算参与遗产分割的人数时,应该将胎儿列入计算范围。需要注意的是,这里的继承份额既包括法定继承的继承份额,也包括遗嘱继承时的份额。在法定继承时,如果胎儿在继承人范围和顺序之内,应当按照法定或者协商确定的分割原则、比例计算胎儿的应继承遗产份额。在遗嘱继承时,如果遗嘱中明确哪些遗产属于受孕之胎儿的,那么在分割遗产时,就应将此部分遗产予以保留,而不得以胎儿尚未出生为由予以瓜分。

胎儿娩出时是死体的,其包括继承的权利能力在内的所有权利能力都溯及地消灭,则为其保留的份额按照法定继承办理,即由被继承人的法定继承人继承。

案例 李某、郭某阳诉郭某和、童某某继承纠纷案(最高人民法院指导案例50号)

裁判规则 夫妻关系存续期间,双方一致同意利用他人的精子进行人工授精并使女方受孕后,男方反悔,而女方坚持生出该子女的,不论该子女是否在夫妻关系存续期间出生,都应视为夫妻双方的婚生子女。

如果夫妻一方所订立的遗嘱中没有为胎儿保留遗产份额,因违反法律规定,该部分遗嘱内容无效。分割遗产时,应当为胎儿保留继承份额。

第一千一百五十六条　【遗产分割】遗产分割应当有利于生产和生活需要,不损害遗产的效用。

不宜分割的遗产,可以采取折价、适当补偿或者共有等方法处理。

链接 《最高人民法院关于适用〈中华人民共和国民法典〉继承编的解释(一)》第42条

第一千一百五十七条　【再婚时对所继承遗产的处分】夫妻一方死亡后另一方再婚的,有权处分所继承的财产,任何组织或者个人不得干涉。

注释 本条是关于夫妻一方死亡另一方再婚仍有权处分所继承遗产的规定。夫妻有相互继承遗产的权利。当一方死亡后,另一方与他人再婚的,并不能改变其所继承的遗产成为自己的财产的性质,因而有权处分自己所继承的财产。

第一千一百五十八条　【遗赠扶养协议】自然人可以与继承人以外的组织或者个人签订遗赠扶养协议。按照协议,该组织或者个人承担该自然人生养死葬的义务,享有受遗赠的权利。

注释 遗赠扶养协议是指遗赠人和扶养人为明确相互间遗赠和扶养的权利义务关系所订立的协议。遗赠人必须是具有完全民事行为能力、有一定的可遗赠的财产并需要他人扶养的自然人。

扶养人必须是遗赠人法定继承人以外的个人或组织，并具有完全民事行为能力、能履行扶养义务。

遗赠扶养协议的特征如下：(1)遗赠扶养协议为双方法律行为，须有双方的意思表示一致才能成立。(2)遗赠扶养协议为诺成法律行为，自双方意思表示达成一致时起即发生效力。(3)遗赠扶养协议为要式法律行为，应采用书面形式。(4)遗赠扶养协议为双务有偿法律行为，扶养人负有负责受扶养人的生养死葬的义务，受扶养人也有将自己的财产遗赠给扶养人的义务。(5)遗赠扶养协议具有效力优先性，遗赠扶养协议与遗赠、遗嘱继承并存，则应当优先执行遗赠扶养协议。

链接《最高人民法院关于适用〈中华人民共和国民法典〉继承编的解释（一）》第40条

第一千一百五十九条 【遗产分割时的义务】分割遗产，应当清偿被继承人依法应当缴纳的税款和债务；但是，应当为缺乏劳动能力又没有生活来源的继承人保留必要的遗产。

注释 本条中关于应当为缺乏劳动能力又没有生活来源的继承人保留必要的遗产的规定，可从以下几个方面理解：首先，需要保留的前提是遗产可能不足以清偿债务和缴纳税款。其次，保留遗产指向的对象是缺乏劳动能力又没有生活来源的继承人。作出保留必须同时满足四个条件：(1)获得保留遗产的人必须是继承人，继承人以外的人不能享有此权利。(2)继承人缺乏劳动能力。缺乏劳动能力是指因无法参与生产劳动而获得经济收入维持生计。缺乏劳动能力必须是客观原因造成的无法劳动，而不是继承人主观上不愿意就业造成的。(3)继承人没有生活来源。没有生活来源就是继承人无法通过自身劳动获取收入养活自己，或者没有其他经济收入用以维持生计。(4)保留的是必要的遗产。就是维持其正常生活所需的必要的遗产，而不是全部遗产或者要确保其过超出一般人正常生活的奢侈生活。

保留必要遗产具有优先于税款支付和债务偿还的效力，只要被继承人的遗产可能不足以清偿所欠税款和债务，就必须予以保留。

第一千一百六十条 【无人继承的遗产的处理】无人继承又无人受遗赠的遗产，归国家所有，用于公益事业；死者生前是集体所有制组织成员的，归所在集体所有制组织所有。

第一千一百六十一条 【限定继承】继承人以所得遗产实际价值为限清偿被继承人依法应当缴纳的税款和债务。超过遗产实际价值部分，继承人自愿偿还的不在此限。

继承人放弃继承的，对被继承人依法应当缴纳的税款和债务可以不负清偿责任。

注释 限定继承是指继承人附加限制条件地接受被继承人的全部遗产的意思表示。一般的限定条件是以因继承所得之遗产偿还被继承人债务。

第一千一百六十二条 【遗赠与遗产债务清偿】执行遗赠不得妨碍清偿遗赠人依法应当缴纳的税款和债务。

第一千一百六十三条 【既有法定继承又有遗嘱继承、遗赠时的债务清偿】既有法定继承又有遗嘱继承、遗赠的，由法定继承人清偿被继承人依法应当缴纳的税款和债务；超过法定继承遗产实际价值部分，由遗嘱继承人和受遗赠人按比例以所得遗产清偿。

第七编 侵权责任

第一章 一般规定

第一千一百六十四条 【侵权责任编的调整范围】本编调整因侵害民事权益产生的民事关系。

注释 在《民法典》中，侵权责任编是专门调整侵权责任法律关系的规范。侵权行为发生后，在侵权人和被侵权人之间发生侵权责任法律关系，被侵权人是侵权责任法律关系的请求权人，是权利主体，侵权人是责任主体，负担满足被侵权人侵权责任请求权的责任。侵权责任编就是调整这种法律关系的专门法。

侵权责任保护的范围是：

1. 所有的民事权利都受侵权责任编保护。按照《民法典》第五章规定的民事权利，即人格权、身份权、物权、债权、知识产权、继承权和股权及其他投资性权利，都在侵权责任的保护之中。

2. 法律保护的民事利益即法益。包括一般人格权保护的其他人格利益、胎儿的人格利益、死者的人格利益、其他身份利益和其他财产利益。这些都由侵权责任予以保护。

这些民事权益受到侵害，产生侵权责任法律关系，被侵权人可以行使请求权，侵权人应当承担侵权责任，救济损害。

第一千一百六十五条 【过错责任原则与过错推定责任】行为人因过错侵害他人民事权益造成损害的,应当承担侵权责任。

依照法律规定推定行为人有过错,其不能证明自己没有过错的,应当承担侵权责任。

注释 过错责任是指造成损害并不必然承担赔偿责任,必须要看行为人是否有过错,有过错有责任,无过错无责任。在过错责任原则下,只要同时满足以下条件,行为人就应承担侵权责任:一是行为人实施了某一行为。二是行为人行为时有过错。过错分为故意和过失。故意是指行为人预见到自己的行为会导致某一损害后果而希望或者放任该后果发生的一种主观心理状态。过失是指行为人因疏忽或者轻信而使自己未履行应有注意义务的一种心理状态。故意与过失的主要区别是:故意表现为行为人对损害后果的追求、放任心态,而过失表现为行为人不希望、不追求、不放任损害后果的心态。三是受害人的民事权益受到损害。四是行为人的行为与受害人的损害之间有因果关系。因果关系是指行为人的行为作为原因,损害事实作为结果,在二者之间存在的前者导致后者发生的客观联系。

在过错责任原则中,通常由受害人证明行为人是否有过错,但在一些情况下也适用过错推定。所谓过错推定,是指根据法律规定推定行为人有过错,行为人不能证明自己没有过错的,应当承担侵权责任。

案例 1.刘明莲、郭丽丽、郭双双诉孙伟、河南兰庭物业管理有限公司信阳分公司生命权纠纷案(最高人民法院指导案例142号)

裁判规则:行为人为了维护因碰撞而受伤害一方的合法权益,劝阻另一方不要离开碰撞现场且没有超过合理限度的,属于合法行为。被劝阻人因自身疾病发生猝死,其近亲属请求行为人承担侵权责任的,人民法院不予支持。

2.北京兰世达光电科技有限公司、黄晓兰诉赵敏名誉权纠纷案(最高人民法院指导案例143号)

裁判规则:(1)认定微信群中的言论构成侵犯他人名誉权,应当符合名誉权侵权的全部构成要件,还应当考虑信息网络传播的特点并结合侵权主体、传播范围、损害程度等具体因素进行综合判断。

(2)不特定关系人组成的微信群具有公共空间属性,公民在此类微信群中发布侮辱、诽谤、污蔑或者贬损他人的言论构成名誉权侵权,应当依法承担法律责任。

第一千一百六十六条 【无过错责任】行为人造成他人民事权益损害,不论行为人有无过错,法律规定应当承担侵权责任的,依照其规定。

注释 非过错责任原则是指不以行为人的过错为要件,只要其活动或者所管理的人或者物损害了他人的民事权益,除非有法定的免责事由,行为人就要承担侵权责任。适用无过错责任原则的意义在于加重行为人的责任,及时救济受害人,使其损害赔偿请求权更容易实现。

非过错责任的构成要件有三个:一是行为;二是受害人的损害;三是行为与损害之间具有因果关系。具备这三个要件,构成侵权责任。行为人如果能够证明损害是受害人自己故意造成的,则免除侵权责任。

第一千一百六十七条 【危及他人人身、财产安全的责任承担方式】侵权行为危及他人人身、财产安全的,被侵权人有权请求侵权人承担停止侵害、排除妨碍、消除危险等侵权责任。

注释 民事权益保全请求权,是指侵权行为危及人身、财产安全时,被侵权人对侵权人享有停止侵害、排除妨碍、消除危险等请求权。这几种侵权责任的适用条件,都是侵权行为危及他人人身、财产安全,尚未造成实际损害的情形。事实上,即使这种侵权行为已经造成了受害人的损害,除了损害赔偿之外,被侵权人也可以请求这些救济方法。

侵权行为危及人身、财产安全,停止侵害就是保全请求权。在发生这种情况时,向法院请求停止侵害,法院裁判停止侵害,就是禁止行为人继续实施侵权行为。排除妨碍、消除危险其实也是保全请求权的具体措施,是在侵权行为实施中,虽然没有造成损害,但是造成了妨碍,或者存在权利损害的危险,要在停止侵害的基础上,排除对权利构成妨碍的行为,消除权利受到损害的危险。

第一千一百六十八条 【共同侵权】二人以上共同实施侵权行为,造成他人损害的,应当承担连带责任。

注释 共同侵权行为,是指二人以上基于主观的或者客观的意思联络,共同实施侵权行为造成他人损害,应当承担连带赔偿责任的多数人侵权行为。

构成共同侵权行为,应当承担连带赔偿责任。

构成共同侵权行为需要满足以下几个要件:一是主体的复数性。二是共同实施侵权行为。这一要件中的"共同"主要包括三层含义:其一,共同故意。其二,共同过失。"共同过失"主要是数个行为人共同从事某种行为,基于共同的疏忽大意,造成他人损害。其三,故意行为与过失行为相结合。三是侵权行为与损害后果之间具有因果关系。四是受害人具有损害,且该损害不可分割。

[链接]《最高人民法院关于审理旅游纠纷案件适用法律若干问题的规定》第14条

[案例]重庆市人民政府、重庆两江志愿服务发展中心诉重庆藏金阁物业管理有限公司、重庆首旭环保科技有限公司生态环境损害赔偿、环境民事公益诉讼案(最高人民法院指导案例130号)

[裁判规则]:取得排污许可证的企业,负有确保其排污处理设备正常运行且排放物达到国家和地方排放标准的法定义务,委托其他单位处理的,应当对受托单位履行监管义务;明知受托单位违法排污不予制止甚或提供便利的,应当对环境污染损害承担连带责任。

污染者向水域排污造成生态环境损害,生态环境修复费用难以计算的,可以根据环境保护部门关于生态环境损害鉴定评估有关规定,采用虚拟治理成本法对损害后果进行量化,根据违法排污的污染物种类、排污量及污染源排他性等因素计算生态环境损害量化数额。

第一千一百六十九条 【教唆侵权、帮助侵权】教唆、帮助他人实施侵权行为的,应当与行为人承担连带责任。

教唆、帮助无民事行为能力人、限制民事行为能力人实施侵权行为的,应当承担侵权责任;该无民事行为能力人、限制民事行为能力人的监护人未尽到监护职责的,应当承担相应的责任。

[注释]教唆行为,是指对他人进行开导、说服,或通过刺激、利诱、怂恿等方法使他人从事侵权行为。教唆行为只能以积极的作为方式做出,消极的不作为不能成立教唆行为,教唆行为可以通过口头、书面或其他形式加以表达,可以公开进行也可以秘密进行,可以当面教唆也可以通过别人传信的方式间接教唆。

帮助行为,是指给予他人以帮助,如提供工具或者指导方法,以便使该他人易于实施侵权行为。帮助行为通常是以积极的作为方式做出,但具有作为义务的人故意不作为时也可能构成帮助行为。帮助的内容可以是物质上的,也可以是精神上的,可以在行为人实施侵权行为前,也可以在实施过程中。一般认为,教唆行为与帮助行为的区别在于:教唆行为的特点是教唆人本人不亲自实施侵权行为,而是唆使他人产生侵权意图并实施侵权行为或危险行为;而帮助行为可能并不对加害行为起决定性作用,只是对加害行为起促进作用。

第一千一百七十条 【共同危险行为】二人以上实施危及他人人身、财产安全的行为,其中一人或者数人的行为造成他人损害,能够确定具体侵权人的,由侵权人承担责任;不能确定具体侵权人的,行为人承担连带责任。

[注释]共同危险行为,是指数人的危险行为对他人的合法权益造成了某种危险,但对于实际造成的损害又无法查明是危险行为中的何人所为,法律为保护被侵权人的利益,将数个行为人视为侵权行为人。对于共同危险行为的免责事由,只有在确定具体侵权人的情形下,其他行为人才可以免除责任。

构成共同危险行为应当满足下列几个要件:一是二人以上实施危及他人人身、财产安全的行为,行为主体是复数。二是其中一人或者数人的行为造成他人损害。三是不能确定具体侵权人。在共同危险行为制度中,数个行为人实施的危险行为在时间上、空间上存在耦合性,事实上只有部分行为人的行为造成了损害后果,但是,由于受害人无法掌握各个行为人的行为动机、行为方式等证据,无法准确判断哪个行为才是真正的加害行为,为了保护受害人的合法权益,降低受害人的举证难度,避免其因不能指认真正侵权人而无法行使请求权,同时由于每个行为人都实施了危险行为,在道德上具有可责难性,所以规定由所有实施危险行为的人承担连带责任是合理的。如果受害人能够指认或者法院能够查明具体侵权人,就不能适用本条规定,只要求具体侵权人承担侵权责任。

第一千一百七十一条 【分别侵权的连带责任】二人以上分别实施侵权行为造成同一损害,每个人的侵权行为都足以造成全部损害的,行为人承担连带责任。

注释 适用本条规定需要符合以下构成要件：一是二人以上分别实施侵权行为。行为主体的复数性仍然是最基本的条件，每个人的行为都必须是侵权行为。二是造成同一损害后果。"同一损害"指数个侵权行为所造成的损害的性质是相同的，都是身体伤害或者财产损失，并且损害内容具有关联性。如甲的侵权行为造成了丙左腿受伤，乙的侵权行为也造成了丙左腿受伤。如果乙的侵权行为造成了丙右腿受伤，那么，甲、乙两人的侵权行为造成的就不是同一损害，而是不同损害。三是每个人的侵权行为都足以造成全部损害。判断每个侵权行为是否足以造成全部损害是适用本条的关键。本条中的"足以"并不是指每个侵权行为都实际上造成了全部损害，而是指即便没有其他侵权行为的共同作用，独立的单个侵权行为也有可能造成全部损害。如甲、乙两个人分别从不同方向向同一房屋放火，将该房屋烧毁，根据两个方向的火势判断，即使不存在另一把火，其中的任何一把火都有可能使整栋房屋烧毁，此即每把火都"足以"烧毁整栋房屋。

第一千一百七十二条 【分别侵权的按份责任】二人以上分别实施侵权行为造成同一损害，能够确定责任大小的，各自承担相应的责任；难以确定责任大小的，平均承担责任。

注释 适用本条规定应当符合下列构成要件：一是二人以上分别实施侵权行为。这一要件与本法第1171条中"二人以上分别实施侵权行为"的含义相同，要求数个侵权行为相互之间是独立的，不存在应当适用第1168条共同侵权制度的情形。二是造成同一损害后果。这一要件与本法第1171条中"造成同一损害"的含义也是一样的。本条与本法第1171条同属分别侵权制度，但在构成要件上有所不同，第1171条的构成要件更加严格，要求"每个人的侵权行为都足以造成全部损害"。

第一千一百七十三条 【与有过错】被侵权人对同一损害的发生或者扩大有过错的，可以减轻侵权人的责任。

注释 被侵权人对于损害的发生或者扩大也有过错的，让侵权人承担全部赔偿责任，有失公允。因此，侵权人可以被侵权人的过错为主张进行抗辩，要求减轻自己的侵权责任，主要是减少损害赔偿的数额。在学理上一般称为"与有过失"或"过失相抵"。

链接 《水污染防治法》第96条第3款；《电力法》第60条第2款；《道路交通安全法》第76条第1款第2项

第一千一百七十四条 【受害人故意】损害是因受害人故意造成的，行为人不承担责任。

注释 受害人故意造成损害，是指受害人明知自己的行为会发生损害自己的后果，而希望或者放任此种结果的发生。受害人故意分为直接故意和间接故意。直接故意是指受害人从主观上追求损害自己的结果发生，例如受害人摸高压线自杀；间接故意是指受害人已经预见到自己的行为可能发生损害自己的结果，虽不直接追求损害结果的发生，但也不停止该行为，而是放任损害结果的发生，例如受害人盗割高压线，导致自己伤亡。

本条规定对行为人免责，是指损害完全是因为受害人的故意造成的，即受害人故意的行为是其损害发生的唯一原因。如果有证据证明损害是由于受害人的故意造成，但也有证据证明行为人对损害的发生也有故意或者重大过失的，应适用本法第1173条关于与有过失的规定。

链接 《道路交通安全法》第76条第2款；《水污染防治法》第96条第3款；《铁路法》第58条；《电力法》第60条

第一千一百七十五条 【第三人过错】损害是因第三人造成的，第三人应当承担侵权责任。

注释 第三人原因也叫第三人过错，是指受害人和加害人对于损害的发生没有过错，受害人的损害完全是第三人的过错行为造成的，应当由第三人承担侵权责任的免责事由。第三人的过错包括故意和过失。第三人与被告不存在任何隶属关系，比如用人单位的工作人员在工作过程中造成他人损害的，用人单位不能以其工作人员作为第三人，提出"第三人过错"的抗辩。用人单位应当对工作人员造成的损害，承担替代责任。

第三人原因的特征是：(1)过错的主体是第三人；(2)第三人与当事人特别是行为人之间没有过错联系；(3)第三人的过错是损害发生的全部原因；(4)是免责事由，行为人不承担责任。

第三人原因作为免责事由，是一般性的免责事由，但是法律有特别规定的，应当适用特别规定。例如，《民法典》第1198条第2款、第1204条、第1233条、第1250条等都规定了第三人原因的特别规则，因而不适用本条规定。

第一千一百七十六条 【自甘风险】自愿参加具有一定风险的文体活动，因其他参加者的行为受到损害的，受害人不得请求其他参加者承担侵权责任；但是，其他参加者对损害的发生有故意或者重大过失的除外。

活动组织者的责任适用本法第一千一百九十八条至第一千二百零一条的规定。

注释 自甘风险也叫危险的自愿承担，本条是我国第一次确认自甘风险为免责事由。其构成要件是：(1)组织者组织的文体活动有一定风险，例如蹦极；(2)受害人对该危险有意识，但是自愿参加；(3)受害人参加此活动，因其他参加者的行为造成损害；(4)组织者、其他参加者没有故意或者过失，例如参加足球比赛活动受到参加者的损害。

案例 宋某祯诉周某身体权纠纷案[人民法院贯彻实施民法典典型案例(第一批)]

裁判规则：竞技体育运动不同于一般的生活领域，主要目的即为争胜，此类运动具有对抗性、人身危险性的特点，参与者均处于潜在危险中，既是危险的潜在制造者，也是危险的潜在承担者。羽毛球运动系典型的对抗性体育竞赛，除扭伤、拉伤等常规风险外，更为突出的风险即在于羽毛球自身体积小、密度大、移动速度快，运动员如未及时作出判断即会被击中，甚至击伤。宋某祯作为多年参与羽毛球运动的爱好者，对于自身和其他参赛者的能力以及此项运动的危险和可能造成的损害，应当有所认知和预见，而宋某祯仍自愿参加比赛，将自身置于潜在危险之中，属于自甘冒险的行为。依照《民法典》第1176条第1款，在此情形下，只有周某对宋某祯受伤的损害后果存在故意或重大过失时，才需承担侵权损害赔偿责任。本案中，周某杀球进攻的行为系该类运动的正常技术动作，周某并不存在明显违反比赛规则的情形，不应认定其存在重大过失，且现行法律未就本案所涉情形适用公平责任予以规定，故宋某祯无权主张周某承担赔偿责任或分担损失。

第一千一百七十七条 【自力救济】合法权益受到侵害，情况紧迫且不能及时获得国家机关保护，不立即采取措施将使其合法权益受到难以弥补的损害的，受害人可以在保护自己合法权益的必要范围内采取扣留侵权人的财物等合理措施；但是，应当立即请求有关国家机关处理。

受害人采取的措施不当造成他人损害的，应当承担侵权责任。

注释 本条为新增条文，明确当受害人的合法权益受到侵害，情况紧迫且不能及时获得国家机关保护，不立即采取措施将使其合法权益受到难以弥补的损害的，受害人可以在保护自己合法权益的必要范围内采取扣留侵权人的财物等合理措施，此为法律或社会公德所认可，受害人因为采取自助行为而使侵权人的权益受到侵害的，无需承担侵权责任。但是当紧急情况解除，受害人权益得到保障后，则受害人应当立即请求有关国家机关处理。

需要注意的是，受害人采取的措施应当在必要范围内，如果因其采取的措施不当造成他人损害的，仍应当承担相应的侵权责任。

第一千一百七十八条 【特别规定优先适用】本法和其他法律对不承担责任或者减轻责任的情形另有规定的，依照其规定。

注释《民法典》规定的免责事由，主要集中在总则编，如第180条规定的不可抗力、第181条规定的正当防卫、第182条规定的紧急避险、第184条规定的紧急救助行为，都是免责事由和减责事由，都可以适用于侵权责任编，作为侵权责任的免责事由或者减责事由。

其他法律规定的免责事由，是指《民法典》之外的其他民事法律或者非民事法律中规定的有关侵权责任的免责事由和减责事由。例如，《道路交通安全法》规定了道路交通事故责任的免责事由；《民用航空法》规定了承运人的免责事由和减责事由；《铁路法》规定了铁路运输企业的免责事由；《产品质量法》规定了产品责任的免责事由。在侵权责任纠纷的法律适用中，都属于特别法规定的免责事由或者减责事由。

链接《民法典》第180—182、184条

第二章 损害赔偿

第一千一百七十九条 【人身损害赔偿范围】侵害他人造成人身损害的，应当赔偿医疗费、护理费、交通费、营养费、住院伙食补助费等为治疗和康复支出的合理费用，以及因误工减少的收入。造成残疾的，还应当赔偿辅助器具费和残疾赔偿金；造成死亡的，还应当赔偿丧葬费和死亡赔偿金。

注释 医疗费包括挂号费、检查费、药费、治疗费、康复费等费用。既包括已经发生的费用，也包括将来确定要发生的费用。护理费是指受害人因受到损害导致生活不能自理，需要有人进行护理而产生的费用支出。一般根据护理人员的收入状况、护理人数、护理期限确定。交通费是指受害人及其必要的陪护人员因就医或者转院所实际发生的用于交通的费用。营养费是对受到伤害的人在治疗和康复期间需要补充营养的费用。因误工减少的收入是指受害人由于受到伤害，无法从事正常工作或者劳动而失去或者减少的工作、劳动收入。残疾生活辅助器具费是指受害人因残疾而造成身体功能全部或者部分丧失后需要配制补偿功能的残疾辅助器具的费用。残疾赔偿金实际上是对受到伤害造成残疾丧失劳动能力而失去的劳动收入的赔偿，我国不采取实际赔偿的方法，而采用一般赔偿20年损失的一次性赔偿方法。

受害人因伤害造成死亡的，还应当赔偿丧葬费和死亡赔偿金。丧葬费是对死者丧葬所应支付的财产损失，按照受诉法院所在地上一年度职工月平均工资标准，以6个月总额计算。对死亡赔偿金也是采取一次性赔偿20年的固定标准计算。

链接 《产品质量法》第44条；《消费者权益保护法》第49条；《最高人民法院关于审理人身损害赔偿案件适用法律若干问题的解释》第6—22条

第一千一百八十条 【以相同数额确定死亡赔偿金】因同一侵权行为造成多人死亡的，可以以相同数额确定死亡赔偿金。

注释 这里需要注意几点：1. 以相同数额确定死亡赔偿金并非确定死亡赔偿金的一般方式，若分别计算死亡赔偿金较为容易，可以不采用这种方式。2. 根据本法的规定，以相同数额确定死亡赔偿金原则上仅适用于因同一侵权行为造成多人死亡的案件。3. 本条特别强调，对因同一侵权行为造成多人死亡的，只是"可以"以相同数额确定死亡赔偿金，而不是任何因同一侵权行为造成多人死亡的案件都"必须"或者"应当"以相同数额确定死亡赔偿金。法院可以根据具体案情，综合考虑各种因素后决定。实践中，原告的态度也是一个重要考虑因素，多数原告主动请求以相同数额确定死亡赔偿金的，当然可以；原告没有主动请求，但多数原告对法院所提以相同数额确定的死亡赔偿金方案没有异议的，也可以适用这种方式。4. 以相同数额确定死亡赔偿金的，原则上不考虑受害人的年龄、收入状况等个人因素。这里还需强调一点，本条只是规定，因同一侵权行为造成多人死亡的，可以对"死亡赔偿金"以相同数额确定，对死者在死亡前产生的医疗费、护理费等合理费用支出以及丧葬费支出，宜根据实际支出情况单独计算，损失多少，赔偿多少。

第一千一百八十一条 【被侵权人死亡时请求权主体的确定】被侵权人死亡的，其近亲属有权请求侵权人承担侵权责任。被侵权人为组织，该组织分立、合并的，承继权利的组织有权请求侵权人承担侵权责任。

被侵权人死亡的，支付被侵权人医疗费、丧葬费等合理费用的人有权请求侵权人赔偿费用，但是侵权人已经支付该费用的除外。

注释 本条区分以下情况作出规定：一是被侵权人死亡的，其近亲属有权请求侵权人承担侵权责任。近亲属的范围在本法第1045条作了明确规定，包括配偶、父母、子女、兄弟姐妹、祖父母、外祖父母、孙子女、外孙子女。二是被侵权人为组织，该组织分立、合并的，承继权利的组织有权请求侵权人承担侵权责任。组织在分立、合并过程中一般都会通过合同对权利的承继作出安排，没有作出安排的，则依据公司相关法律规定决定谁有权承继这种权利。

本条第2款赋予实际支付医疗费、丧葬费等费用的主体独立请求权。适用本款时，应重点注意以下四个问题：(1) 本款适用的情形为，侵权人实施侵害行为致使被侵权人死亡的。如果被侵权人的死亡与侵权人无关，则应当依其他相关的民事法律处理，与本款无关。(2) 支付医疗费、丧葬费等合理费用的人，为请求权主体。该第三人应当与被侵权人无近亲属关系。否则该第三人无须依本款请求侵权人赔偿，而应当直接依据本条第1款前半段请求侵权人承担侵权责任。(3) 支付合理费用的第三人只能请求侵权人赔偿其实际支付的合理费用，包括医疗费、丧葬费等，而不能请求侵权人支付死亡赔偿金。死亡赔偿金请求权只能依本条第1款前半段的规定，由被侵权人的近亲属享有。(4) 如果侵权人之前已经向被侵权人的近亲属或者其他第三人支付过医疗费、丧葬费等合理费用的，本款中支付被侵权人医疗费、丧葬费等合理费用的人不得再请求侵权人支付，而只能向获得侵权人所支付款项的被侵权人的近亲属或其他第三人请求支付。

第一千一百八十二条 【侵害他人人身权益造成财产损失的赔偿计算方式】侵害他人人身权益造成财产损失的,按照被侵权人因此受到的损失或者侵权人因此获得的利益赔偿;被侵权人因此受到的损失以及侵权人因此获得的利益难以确定,被侵权人和侵权人就赔偿数额协商不一致,向人民法院提起诉讼的,由人民法院根据实际情况确定赔偿数额。

注释 本条共列举了三种方式,用以确定对侵害人身权益导致财产损失的赔偿数额:

(1)按照受害人的实际损失赔偿

一般情形下,侵害人身权,被侵权人的损失是可以实际计算出来的,此时侵权人向被侵权人赔偿的数额以被侵权人的实际损失为准。此种损失计算方式又区分侵害的是姓名权、肖像权、名誉权、荣誉权、隐私权等精神性人格权还是生命权、健康权、身体权等物质性人格权。针对精神性人格权的赔偿,需被侵权人举证证明所遭受的实际损失;针对物质性人格权的赔偿,则按照第1179条确定的赔偿项目来计算。

(2)按照侵权人所获利益赔偿

在有些情形下,被侵权人因人身权益受到侵害确实造成了财产损失,但是该财产损失却难以确定,或者被侵权人难以举证证明财产损失的具体数额。如果侵权人因该侵权行为所获利益可以确定,此时依"侵权人不得依自己之侵权行为而获益"的规则,可以将该侵权人所获利益视为被侵权人的损失,由侵权人依此数额赔偿。

(3)按照实际情况赔偿

按照前面两种方法都难以确定具体的赔偿数额,被侵权人与侵权方可以协商确定具体数额,如果双方无法通过协商达成一致,则可以向人民法院提起诉讼,由法院根据实际情况确定赔偿数额,法院所需考量的具体情况主要包括侵权人的过错程度、具体侵权行为和方式、造成的后果和影响等。

案例 无锡国威陶瓷电器有限公司、蒋国屏与常熟市林芝电热器件有限公司、苏宁易购集团股份有限公司侵害实用新型专利权纠纷案(《最高人民法院公报》2019年第3期)

裁判规则:根据当事人的诉讼请求和案件事实,选择以侵权人因侵权获得的利益计算专利权损害赔偿数额时,对于多部件或者多专利的被诉侵权产品,原则上不宜简单采用侵权产品销售总金额乘以侵权产品利润率的方式计算侵权获利,而需要考虑涉案专利对于侵权产品利润的贡献度,以"侵权产品销售总金额×利润率×专利技术对产品价值的贡献度"的方法进行计算。对于专利技术对产品价值的贡献度,可以结合涉案专利对产品的重要性等因素酌定。在侵权行为可分的情况下,计算侵权损害赔偿时,如果既存在可以较为精确计算权利人损失或者侵权人获益的部分,又存在难以计算权利人损失或者侵权人获益的部分,可以对前者适用以权利人损失或者侵权人获益计算赔偿,对后者适用法定赔偿,以两者之和确定损害赔偿数额。

第一千一百八十三条 【精神损害赔偿】侵害自然人人身权益造成严重精神损害的,被侵权人有权请求精神损害赔偿。

因故意或者重大过失侵害自然人具有人身意义的特定物造成严重精神损害的,被侵权人有权请求精神损害赔偿。

注释 并非只要侵害到人身权益,被侵权人就可以获得精神损害赔偿,本条规定需"造成严重精神损害"才能够获得精神损害赔偿,"严重精神损害"是构成精神损害赔偿的法定条件。偶尔的痛苦和不高兴不能认为是严重精神损害。

对于造成财产损失的,一般不以承担精神损害赔偿责任的方法进行救济。但是,如果侵权人故意或者重大过失侵害了他人具有人身意义的特定物从而给其造成严重精神损害的,由于该特定物中包含人身利益(包括人格利益和身份利益因素),对该特定物的损害会造成被侵权人的严重精神损害,被侵权人有权请求精神损害赔偿,侵权人应当对此因特定物的财产损害而造成的被侵权人的精神损害承担赔偿责任。

链接 《民法典》第996条;《最高人民法院关于确定民事侵权精神损害赔偿责任若干问题的解释》第1—3条

第一千一百八十四条 【财产损失的计算】侵害他人财产的,财产损失按照损失发生时的市场价格或者其他合理方式计算。

案例 茅德贤、成县茨坝须弥山实业有限公司、甘肃有色地质勘查局106队、成县恒兴矿业有限公司与白银有色金属公司采矿权纠纷案(《最高人民法院公报》2012年第3期)

裁判规则:根据《行政处罚法》第7条第1款

的规定,公民、法人或者其他组织因违法受到行政处罚,其违法行为对他人造成损害的,应当依法承担民事责任。行为人因过错侵害他人民事权益的,应当承担相应的赔偿责任,行为人因同一行为已受到行政处罚的,不影响其承担民事责任。

当事人对自己提出的诉讼请求所依据的事实或反驳对方诉讼请求所依据的事实有责任提供证据加以证明。没有证据或者证据不足以证明当事人的事实主张的,由负有举证责任的当事人承担不利后果。案件调查处理过程中,当事人恶意阻挠调查取证,致使调查部门无法取得相关证据的,当事人应当承担举证不能的法律后果。行为人侵犯他人财产造成损失的,应当承担赔偿责任,特别是恶意侵犯国有资产的行为所付出的成本不同于一般民事交易行为中的成本,计算侵权损失数额时不应予以剔除。

第一千一百八十五条 【故意侵害知识产权的惩罚性赔偿责任】故意侵害他人知识产权,情节严重的,被侵权人有权请求相应的惩罚性赔偿。

注释 本条为新增条文,建立了故意侵害知识产权的惩罚性赔偿责任制度。侵害知识产权惩罚性赔偿责任的构成要件是:(1)须是故意侵害他人知识产权,过失侵害知识产权的不适用惩罚性赔偿责任;(2)侵害知识产权的情节严重,而不是一般情节。符合这两个条件的,被侵权人有权请求相应的惩罚性赔偿。

案例 某种业科技有限公司诉某农业产业发展有限公司侵害植物新品种权纠纷案[人民法院贯彻实施民法典典型案例(第一批)]

裁判规则:某农业产业发展有限公司系被诉侵权种子的交易组织者、决策者,其行为构成销售侵权。由于该公司拒不提供相关账簿,故审理法院参考其宣传资料,综合考虑侵权情节推定侵权获利达到100万元以上,并以此为基数。该公司明知未经许可销售授权品种繁殖材料的侵权性质,所销售的被诉侵权种子部分包装未标注任何信息、部分包装标注为其他商品粮,试图掩盖侵权行为和逃避责任追究的意图明显,具有侵权恶意。其未取得种子生产经营许可证生产经营种子,可以认定为侵权行为情节严重。因此,审理法院依法适用惩罚性赔偿,按照基数的二倍确定惩罚性赔偿数额,全额支持权利人诉请。

第一千一百八十六条 【公平分担损失】受害人和行为人对损害的发生都没有过错的,依照法律的规定由双方分担损失。

第一千一百八十七条 【赔偿费用的支付方式】损害发生后,当事人可以协商赔偿费用的支付方式。协商不一致的,赔偿费用应当一次性支付;一次性支付确有困难的,可以分期支付,但是被侵权人有权请求提供相应的担保。

第三章 责任主体的特殊规定

第一千一百八十八条 【监护人责任】无民事行为能力人、限制民事行为能力人造成他人损害的,由监护人承担侵权责任。监护人尽到监护职责的,可以减轻其侵权责任。

有财产的无民事行为能力人、限制民事行为能力人造成他人损害的,从本人财产中支付赔偿费用;不足部分,由监护人赔偿。

注释 监护人责任,是指无民事行为能力人或者限制民事行为能力人造成他人损害,由其监护人承担侵权责任。本条规定的规则与《民法典》第1068条关于"未成年子女造成他人损害的,父母应当依法承担民事责任"的规定部分重合,其中的"依法",就是本条规定。

链接《民法典》第34、35条

第一千一百八十九条 【委托监护时监护人的责任】无民事行为能力人、限制民事行为能力人造成他人损害,监护人将监护职责委托给他人的,监护人应当承担侵权责任;受托人有过错的,承担相应的责任。

注释 委托监护中,无民事行为能力人、限制民事行为能力人或造成他人损害的侵权责任分担规则是:

1. 委托监护侵权责任的主体涉及两方:一是监护人,二是受托监护人。

2. 两种责任主体承担的责任是单向连带责任,即混合责任,监护人承担的是对全部损害的连带责任,只要被侵权人主张其承担全部责任,就须承担全部赔偿责任。

3. 受托监护人存在未尽监护职责的过错,应当在其过错造成损失的范围内,承担相应的按份责任,不承担连带责任,被侵权人不能向其主张承担全部赔偿责任。

第一千一百九十条 【暂时丧失意识后的侵权责任】完全民事行为能力人对自己的行为暂时

没有意识或者失去控制造成他人损害有过错的，应当承担侵权责任；没有过错的，根据行为人的经济状况对受害人适当补偿。

完全民事行为能力人因醉酒、滥用麻醉药品或者精神药品对自己的行为暂时没有意识或者失去控制造成他人损害的，应当承担侵权责任。

注释 第1款中的过错，是指"过错"导致其丧失意识，因为失去意识之后确实没有过错可言。完全民事行为能力人是由于其过错导致意识丧失，那么对于丧失意识后的行为造成他人损害的，则要承担相应的侵权责任。

第2款规定的是行为人因醉酒、滥用麻醉药品或者精神药品而暂时没有意识或者失去控制造成他人损害的，就是对自己暂时丧失心智有过失，因而对造成的损害应当承担赔偿责任。

第一千一百九十一条 【用人单位责任和劳务派遣单位、劳务用工单位责任】 用人单位的工作人员因执行工作任务造成他人损害的，由用人单位承担侵权责任。用人单位承担侵权责任后，可以向有故意或者重大过失的工作人员追偿。

劳务派遣期间，被派遣的工作人员因执行工作任务造成他人损害的，由接受劳务派遣的用工单位承担侵权责任；劳务派遣单位有过错的，承担相应的责任。

注释 用人单位承担责任的前提之一必须是工作人员的行为构成了侵权。本条中的"用人单位"泛指一切使用他人的法人、非法人组织，例如公司、机关、合伙企业、基金会甚至一人有限责任公司等，只要聘用他人作为自己单位的工作人员，都属于用人单位。

用人单位承担侵权责任的前提之二是工作人员的行为与"执行工作任务"有关。工作人员应当按照用人单位的授权或者指示进行工作。需要指出的是，国家机关以及工作人员因工作造成他人损害的，一类属于履行公职权的行为，另一类不属于履行公职权的行为，是国家机关为了维持国家机关正常运转所进行的民事行为。对于第一类属于履行公职权的行为，依据《国家赔偿法》的规定，有的需要国家机关承担国家赔偿责任。对于第二类国家机关在民事活动中侵害他人合法权益的，国家机关需要承担民事侵权责任。比如，国家机关的司机外出办理公务，发生了交通事故有责任的，应当由国家机关承担侵权责任。本法调整国家机关及工作人员在民事活动中发生的侵权行为，对于属于《国家赔偿法》调整范围的，适用《国家赔偿法》的规定。

劳务派遣的用工形式不同于一般的用人单位，劳务派遣单位虽然与被派遣的员工签订劳动合同，但不对被派遣员工进行使用和具体的管理。在劳务派遣期间，被派遣的工作人员是为接受劳务派遣的用工单位工作，接受用工单位的指示和管理，同时由用工单位为被派遣的工作人员提供相应的劳动条件和劳动保护，所以，被派遣的工作人员因工作造成他人损害的，其责任应当由接受劳务派遣的用工单位承担。劳务派遣单位有过错的，才需承担相应的责任。

链接 《劳动合同法》第58、59条

第一千一百九十二条 【个人劳务关系中的侵权责任】 个人之间形成劳务关系，提供劳务一方因劳务造成他人损害的，由接受劳务一方承担侵权责任。接受劳务一方承担侵权责任后，可以向有故意或者重大过失的提供劳务一方追偿。提供劳务一方因劳务受到损害的，根据双方各自的过错承担相应的责任。

提供劳务期间，因第三人的行为造成提供劳务一方损害的，提供劳务一方有权请求第三人承担侵权责任，也有权请求接受劳务一方给予补偿。接受劳务一方补偿后，可以向第三人追偿。

注释 劳务关系是指提供劳务一方为接受劳务一方提供劳务服务，由接受劳务一方按照约定支付报酬而建立的一种民事权利义务关系。

链接 《最高人民法院关于审理人身损害赔偿案件适用法律若干问题的解释》第4、5条

第一千一百九十三条 【承揽关系中的侵权责任】 承揽人在完成工作过程中造成第三人损害或者自己损害的，定作人不承担侵权责任。但是，定作人对定作、指示或者选任有过错的，应当承担相应的责任。

第一千一百九十四条 【网络侵权责任】 网络用户、网络服务提供者利用网络侵害他人民事权益的，应当承担侵权责任。法律另有规定的，依照其规定。

注释 网络侵权是指发生在互联网上的各种侵害他人民事权益的行为，它不是指侵害某种特定权利(利益)的具体侵权行为，也不属于在构成要件方面具有某种特殊性的特殊侵权行为，而是指一

切发生于互联网空间的侵权行为。

网络用户利用网络侵害他人民事权益,大体可以分为以下几种类型:

一是侵害人格权。主要表现为:(1)盗用或者假冒他人姓名,侵害姓名权;(2)未经许可使用他人肖像,侵害肖像权;(3)发表攻击、诽谤他人的文章,侵害名誉权;(4)非法侵入他人电脑、非法截取他人传输的信息、擅自披露他人个人信息、大量发送垃圾邮件,侵害隐私权。

二是侵害财产利益。基于网络活动的便捷性和商务性,通过网络侵害财产利益的情形较为常见,如窃取他人网络银行账户中的资金,而最典型的是侵害网络虚拟财产,如窃取他人网络游戏装备、虚拟货币等。

三是侵害知识产权。主要表现为侵犯他人著作权与商标权:(1)侵犯著作权。如擅自将他人作品进行数字化传输,规避技术措施,侵犯数据库等。(2)侵犯商标权。如在网站上使用他人商标,故意使消费者误以为该网站为商标权人的网站,恶意抢注与他人商标相同或相类似的域名等。

"网络服务提供者"一词内涵较广,不仅应当包括技术服务提供者,还应当包括内容服务提供者。所谓技术服务提供者,主要是指提供接入、缓存、信息存储空间、搜索以及链接等服务类型的网络主体,其不直接向网络用户提供信息。所谓内容服务提供者,是指主动向网络用户提供内容的网络主体。其法律地位与出版社相同,应当对所上传内容的真实性与合法性负责,如果提供了侵权信息,如捏造虚假事实诽谤他人、发布侵犯著作权的影视作品等,应当承担侵权责任。

网络侵权责任的一般规则,包括网络用户在他人的网络上实施侵权行为的责任承担规则,以及网络服务提供者利用自己的网络实施侵权行为的责任承担规则。无论上述两种情形中的哪一种,都适用过错责任原则确定侵权责任,网络用户或者网络服务提供者对自己实施的网络侵权行为负责。

本条规定的"法律另有规定",应当是指其他法律对网络用户、网络服务提供者利用网络侵害他人民事权益承担民事责任的情形。例如,《电子商务法》《消费者权益保护法》《食品安全法》等都对这类侵权行为作出特别规定,应当依照其规定确定这些民事主体的侵权责任。

链接《信息网络传播权保护条例》第13—17、20—24条;《最高人民法院关于审理侵害信息网络传播权民事纠纷案件适用法律若干问题的规定》

第一千一百九十五条 【"通知与取下"制度】 网络用户利用网络服务实施侵权行为的,权利人有权通知网络服务提供者采取删除、屏蔽、断开链接等必要措施。通知应当包括构成侵权的初步证据及权利人的真实身份信息。

网络服务提供者接到通知后,应当及时将该通知转送相关网络用户,并根据构成侵权的初步证据和服务类型采取必要措施;未及时采取必要措施的,对损害的扩大部分与该网络用户承担连带责任。

权利人因错误通知造成网络用户或者网络服务提供者损害的,应当承担侵权责任。法律另有规定的,依照其规定。

注释 权利人的通知权:网络用户利用他人的网络服务实施侵权行为的,原则上网络服务提供者不承担责任,因为无法承担海量信息的审查义务。解决这种侵权纠纷的方法是"通知与取下"制度,即认为自己权益受到损害的权利人,有权通知网络服务提供者,对网络用户在该网站上发布的信息采取删除、屏蔽、断开链接等必要措施,消除侵权信息及其影响。"通知与取下"制度主要是为了有条件地豁免网络服务提供者对网络用户的直接侵权行为所应承担的间接侵权责任。网络服务提供者接到权利人的通知后,应当实施两个行为:一是及时将该通知转送相关网络用户,二是对侵权信息根据构成侵权的初步证据和服务类型等实际情况需要,及时采取删除、屏蔽或者断开链接等必要措施。网络服务提供者履行了上述两项义务的,不承担侵权责任。网络服务提供者未及时采取必要措施的,构成侵权责任,要对损害的扩大部分与该网络用户承担部分连带责任。对于网络服务提供者主动实施的侵权行为,只要符合法律规定的构成要件,就应当承担侵权责任,不能主张适用"通知与取下"制度豁免责任。

通知的主要内容:应当包括构成侵权的初步证据及权利人的真实身份信息,没有这些必要内容的通知无效。

对错误行使通知权的权利人进行惩罚的措施:因权利人错误行使通知权进行通知,依照该通知采取的必要措施造成了网络用户或者网络服务提供者损害的，错误通知的行为人应当对网络用户和网络服务提供者的损害承担侵权赔偿责任。法律另有规定的，依照其规定。

链接 《最高人民法院关于审理利用信息网络侵害人身权益民事纠纷案件适用法律若干问题的规定》第2—5条

案例 威海嘉易烤生活家电有限公司诉永康市金仕德工贸有限公司、浙江天猫网络有限公司侵害发明专利权纠纷案（最高人民法院指导案例83号）

裁判规则：1. 网络用户利用网络服务实施侵权行为，被侵权人依据侵权责任法向网络服务提供者所发出的要求其采取必要措施的通知，包含被侵权人身份情况、权属凭证、侵权人网络地址、侵权事实初步证据等内容，即属有效通知。网络服务提供者自行设定的投诉规则，不得影响权利人依法维护其自身合法权利。

2. 原《侵权责任法》第36条第2款所规定的网络服务提供者接到通知后所应采取的必要措施包括但并不限于删除、屏蔽、断开链接。"必要措施"应遵循审慎、合理的原则，根据所侵害权利的性质、侵权的具体情形和技术条件等来加以综合确定。

第一千一百九十六条 【"反通知"制度】网络用户接到转送的通知后，可以向网络服务提供者提交不存在侵权行为的声明。声明应当包括不存在侵权行为的初步证据及网络用户的真实身份信息。

网络服务提供者接到声明后，应当将该声明转送发出通知的权利人，并告知其可以向有关部门投诉或者向人民法院提起诉讼。网络服务提供者在转送声明到达权利人后的合理期限内，未收到权利人已经投诉或提起诉讼通知的，应当及时终止所采取的措施。

注释 当权利人行使对网络用户发布的信息采取必要措施的通知权，网络服务提供者将该通知转送网络用户，网络用户接到该通知后，即产生反通知权，可以向网络服务提供者提交自己不存在侵权行为的声明。提交的反通知声明，也应当包括不存在侵权行为的初步证据以及其真实身份信息，不符合这样的要求的反通知声明不发生反通知的效果。权利人在收到反通知的声明合理期限内，未通知网络服务提供者其已经投诉或者起诉通知的，网络服务提供者应当及时对网络用户发布的信息终止所采取的删除、屏蔽或者断开链接等措施，保护网络用户即反通知权利人的表达自由。

第一千一百九十七条 【网络服务提供者与网络用户的连带责任】网络服务提供者知道或者应当知道网络用户利用其网络服务侵害他人民事权益，未采取必要措施的，与该网络用户承担连带责任。

注释 对于"知道"的判断，是一个极具实务操作的难题，法官在具体案件中应当综合各种因素，以一个合理标准去判断，一般应当遵循三大原则：

一是，根据提供技术服务的网络服务提供者的类型不同，判断标准应当有所不同。相比提供其他服务的网络服务提供者，认定提供接入、缓存服务的网络服务提供者"知道"的标准应当更加严格。接入服务连接着网站和网络用户，所有网络信息包括侵权信息都需要通过接入服务才能得以传输，但这种传输是即时的，信息量十分庞大，该类型网络服务提供者无法一一核实，如果认定标准过于宽泛，可能会使得接入服务提供者承担过重的责任，影响普遍接入服务。

二是，根据保护对象的不同，判断标准也应当有所不同。对于著作权而言，除非侵权信息十分明显，只要网络服务提供者没有对网络用户上传的信息进行人工编排等，一般不应认定构成侵权行为。涉嫌诋毁他人名誉、不当使用他人肖像、违法公布他人个人信息等行为，不经法院审理，有时难以准确判断是否为侵权行为，网络服务提供者不是司法机关，不应当要求其具有专业的法律素养，更不能要求其对用户发布的信息一一核实，通常人认为不应属于侵权信息即可免除责任。

三是，提供技术服务的网络服务提供者没有普遍审查义务。在审判实践中，应当谨慎认定此类网络服务提供者"知道"网络用户利用其网络服务实施侵权行为。如果判断标准过宽，可能会使网络服务提供者实际上承担了普遍审查的义务。事实上，由于网络具有开放性的特质，网络信息十分庞杂，要求此类网络服务提供者逐一审查，可能大量增加网络服务提供者的运营成本，阻碍网络产业的发展。

链接 《最高人民法院关于审理利用信息网络侵害人身权益民事纠纷案件适用法律若干问题的规定》第6—10条

第一千一百九十八条 【违反安全保障义务的侵权责任】宾馆、商场、银行、车站、机场、体育馆、娱乐场所等经营场所、公共场所的经营者、管理者或者群众性活动的组织者,未尽到安全保障义务,造成他人损害的,应当承担侵权责任。

因第三人的行为造成他人损害的,由第三人承担侵权责任;经营者、管理者或者组织者未尽到安全保障义务的,承担相应的补充责任。经营者、管理者或者组织者承担补充责任后,可以向第三人追偿。

注释 安全保障义务,是指宾馆、商场、银行、车站、机场、体育场馆、娱乐场所等经营场所、公共场所的经营者、管理人或者群众性活动的组织者所负有的,在合理限度范围内保护他人人身和财产安全的义务。

链接 《最高人民法院关于审理旅游纠纷案件适用法律若干问题的规定》第7条

案例 1. 李秋月等诉广州市花都区梯面镇红山村村民委员会违反安全保障义务责任纠纷案(最高人民法院指导案例140号)

裁判规则:公共场所经营管理者的安全保障义务,应限于合理限度范围内,与其管理和控制能力相适应。完全民事行为能力人因私自攀爬景区内果树采摘果实而不慎跌落致其自身损害,主张经营管理者承担赔偿责任的,人民法院不予支持。

2. 支某1等诉北京市永定河管理处生命权、健康权、身体权纠纷案(最高人民法院指导案例141号)

裁判规则:消力池属于禁止公众进入的水利工程设施,不属于侵权责任法第三十七条第一款规定的"公共场所"。消力池的管理人和所有人采取了合理的安全提示和防护措施,完全民事行为能力人擅自进入造成自身损害,请求管理人和所有人承担赔偿责任的,人民法院不予支持。

3. 赵淑华与沈阳皇朝万鑫酒店管理有限公司、沈阳中一万鑫物业管理有限公司财产损害赔偿纠纷案(《最高人民法院公报》2019年第5期)

裁判规则:消防安全事关人身、财产安全,属于社会公共利益,确保建筑物消防安全是建设单位的法定义务。商品房买卖合同的购房人一般不具有检测所购房屋是否符合消防安全规定的能力,难以适用一般商品买卖合同在标的物交付后买受人应当及时检验产品质量的规定。

案涉责任人在不同时期的数个行为密切结合致使火灾发生,侵权行为、致害原因前后接继而非叠加,责任人对火灾的发生均有重大过失,但没有共同故意或者共同过失,应各自承担相应的责任。建设单位并非主动积极的行为致受害人权益受损,不承担主要责任。

物业服务企业依法或依约在物业管理区域内负有安全防范义务,应协助做好安全事故、隐患等的防范、制止或救助工作。第三人原因致损,物业服务企业未尽到专业管理人的谨慎注意义务的,应在其能够预见和防范的范围内承担相应的补充责任。

4. 许景敏等诉徐州市圣亚国际旅行社有限公司人身损害赔偿纠纷案(《最高人民法院公报》2012年第6期)

裁判规则:在旅行合同关系中,旅行社通过第三人协助履行合同义务的,该第三人对游客的人身安全和财产安全负有保障义务。除游客直接与该第三人另行订立合同关系外,该第三人如有故意或过失侵害游客合同权益的行为,旅行社应当对此承担相应的法律责任。

第一千一百九十九条 【教育机构对无民事行为能力人受到人身损害的过错推定责任】无民事行为能力人在幼儿园、学校或者其他教育机构学习、生活期间受到人身损害的,幼儿园、学校或者其他教育机构应当承担侵权责任;但是,能够证明尽到教育、管理职责的,不承担侵权责任。

第一千二百条 【教育机构对限制民事行为能力人受到人身损害的过错责任】限制民事行为能力人在学校或者其他教育机构学习、生活期间受到人身损害,学校或者其他教育机构未尽到教育、管理职责的,应当承担侵权责任。

注释 与本法第1199条采用过错推定原则不同,对限制民事行为能力人的情况,本条采用了过错责任原则。《教育法》《未成年人保护法》以及其他地方性法规和部门规章中,对于学校、幼儿园和其他教育机构的教育、管理职责已经作了广泛、具体的规定。只要学校或者其他教育机构未尽到这些职责,使得限制民事行为能力人在学习、生活期间受到人身损害的,学校或者其他教育机构就要承担责任。

链接 《未成年人保护法》第三章;《学生伤害事故处理办法》第9条

第一千二百零一条　【受到校外人员人身损害时的责任分担】 无民事行为能力人或者限制民事行为能力人在幼儿园、学校或者其他教育机构学习、生活期间，受到幼儿园、学校或者其他教育机构以外的第三人人身损害的，由第三人承担侵权责任；幼儿园、学校或者其他教育机构未尽到管理职责的，承担相应的补充责任。幼儿园、学校或者其他教育机构承担补充责任后，可以向第三人追偿。

注释 "幼儿园、学校或者其他教育机构以外的第三人"，是指幼儿园、学校或者其他教育机构的教师、学生和其他工作人员以外的人员。适用本条时注意以下三点：

第一，第三人的侵权责任和安全保障义务人的补充责任有先后顺序。首先由第三人承担侵权责任，在无法找到第三人或者第三人没有能力承担全部侵权责任时，由幼儿园、学校或者其他教育机构承担补充责任。如果第三人已经承担全部侵权责任，则幼儿园、学校或者其他教育机构不再承担侵权责任。

第二，幼儿园、学校或者其他教育机构承担的补充责任应根据其未尽到的管理职责的程度来确定。

第三，校方承担了相应的补充责任之后，还可以就其损失向第三人追偿，因为第三人才是真正的侵权人，对于损害的发生具有全部原因力。

第四章　产品责任

第一千二百零二条　【产品生产者侵权责任】 因产品存在缺陷造成他人损害的，生产者应当承担侵权责任。

注释 本章所说的产品责任，是指产品存在缺陷发生侵权，造成他人损害，生产者、销售者等所应当承担的侵权责任，而不是指合同中的产品质量不合格的民事责任。

这里的缺陷，一般不是指产品有瑕疵，而是指产品质量不好，达到危害人民生命和财产安全的程度，实践中以《产品质量法》第46条为判断标准。

按照本条的规定，只要因产品存在缺陷造成他人损害的，除了法定可以减轻或者免除责任的事由外，不论缺陷产品的生产者主观上是否存在过错，都应当承担侵权责任。本条的财产损害，既包括缺陷产品以外的其他财产的损害，也包括缺陷产品本身的损害。

链接《产品质量法》第41、42、46条；《最高人民法院关于审理食品药品纠纷案件适用法律若干问题的规定》；《最高人民法院关于审理道路交通事故损害赔偿案件适用法律若干问题的解释》第9条

第一千二百零三条　【被侵权人请求损害赔偿的途径和先行赔偿人追偿权】 因产品存在缺陷造成他人损害的，被侵权人可以向产品的生产者请求赔偿，也可以向产品的销售者请求赔偿。

产品缺陷由生产者造成的，销售者赔偿后，有权向生产者追偿。因销售者的过错使产品存在缺陷的，生产者赔偿后，有权向销售者追偿。

注释 本条所讲被侵权人是指因产品存在缺陷造成人身、财产损害之后，有权要求获得赔偿的人，包括直接购买并使用缺陷产品的人，也包括非直接购买使用缺陷产品但受到缺陷产品损害的其他人。

链接《产品质量法》第43条；《消费者权益保护法》第40条；《农产品质量安全法》第79条；《乳品质量安全监督管理条例》第43条

第一千二百零四条　【生产者、销售者的第三人追偿权】 因运输者、仓储者等第三人的过错使产品存在缺陷，造成他人损害的，产品的生产者、销售者赔偿后，有权向第三人追偿。

注释 产品在运输流通过程中，运输者、仓储者等应当按照有关规定和产品包装上标明的储藏、运输等标准进行储存、运输。如果运输者、仓储者等不按规定运输或者仓储，有可能造成产品缺陷。因运输者、仓储者等第三人导致产品缺陷造成他人损害的，受害人仍然可以向产品的生产者、销售者主张侵权责任。此为产品责任中的不真正连带责任，数个责任主体都是要承担中间责任的，被侵权人作为请求权人可以向任何一方请求承担全部赔偿责任。在产品的生产者、销售者承担了赔偿责任后，有权向有过错的第三人追偿。

第一千二百零五条　【产品缺陷危及他人人身、财产安全的侵权责任】 因产品缺陷危及他人人身、财产安全的，被侵权人有权请求生产者、销售者承担停止侵害、排除妨碍、消除危险等侵权责任。

注释 这一规定与本法第1167条规定的内容是一致的，只是在产品责任中予以特别强调这一救济方法。

产品存在缺陷对他人可能产生两种影响：一是造成他人损害，这种损害是已经发生的，是现实存在的；二是对他人人身安全、财产安全产生一种危险，存在不安全因素。从某种角度说，这是一种尚未发生、非现实存在的损害，如果不采取相应措施，这种潜在的损害随时都有可能发生，造成受害人的实际损害。本条的规定是为了避免这种潜在损害实际发生，给受害人造成真正的损害，杜绝、减少或者减轻受害人的损失。

链接 《消费者权益保护法》第49条；《食品安全法》第103条

第一千二百零六条 【生产者、销售者的补救措施及费用承担】产品投入流通后发现存在缺陷的，生产者、销售者应当及时采取停止销售、警示、召回等补救措施；未及时采取补救措施或者补救措施不力造成损害扩大的，对扩大的损害也应当承担侵权责任。

依据前款规定采取召回措施的，生产者、销售者应当负担被侵权人因此支出的必要费用。

注释 适用本条时应注意：（1）产品在流通前，根据现有科学技术无法发现其是否有缺陷，符合发展风险的要求，可以投入流通。（2）产品投入流通后发现其存在缺陷，则生产者、销售者负有停止销售、警示、召回等补救义务。（3）对于因生产者、销售者未及时采取补救措施或采取的补救措施不力造成被侵权人损害的扩大部分，侵权人也需承担责任。

链接 《消费者权益保护法》第19条；《消费品召回管理暂行规定》；《食品安全法》第63条；《乳品质量安全监督管理条例》第36、42条；《缺陷汽车产品召回管理条例》；《食品召回管理办法》；《药品召回管理办法》第15条

第一千二百零七条 【产品责任中的惩罚性赔偿】明知产品存在缺陷仍然生产、销售，或者没有依据前条规定采取有效补救措施，造成他人死亡或者健康严重损害的，被侵权人有权请求相应的惩罚性赔偿。

注释 惩罚性赔偿也称惩戒性赔偿，是加害人给付受害人超过其实际损害数额的一种金钱赔偿。是一种集补偿、惩罚、遏止等功能于一身的赔偿制度。根据本条的规定，适用惩罚性赔偿的条件是：第一，侵权人具有主观故意，即明知是缺陷产品仍然生产、销售，或者没有依据前条规定采取有效补救措施。第二，要有损害事实，这种损害事实不是一般的损害事实，而应当是造成严重损害的事实，即造成他人死亡或者健康受到严重损害。即使缺陷产品给被侵权人造成了严重的财产损害也不能适用本条规定。第三，要有因果关系，即被侵权人的生命被侵害或者健康严重被损害是因为侵权人生产或者销售的缺陷产品造成的。被侵权人要求的惩罚性赔偿金的数额应当与其所受到的损害相当，具体的赔偿数额由人民法院根据个案具体裁判。

链接 《消费者权益保护法》第55条；《食品安全法》第148条

第五章 机动车交通事故责任

第一千二百零八条 【机动车交通事故责任的法律适用】机动车发生交通事故造成损害的，依照道路交通安全法律和本法的有关规定承担赔偿责任。

注释 《道路交通安全法》第76条规定，机动车发生交通事故造成人身伤亡、财产损失的，由保险公司在机动车第三者责任强制保险责任限额范围内予以赔偿；不足的部分，按照下列规定承担赔偿责任：（1）机动车之间发生交通事故的，由有过错的一方承担赔偿责任；双方都有过错的，按照各自过错的比例分担责任。（2）机动车与非机动车驾驶人、行人之间发生交通事故，非机动车驾驶人、行人没有过错的，由机动车一方承担赔偿责任；有证据证明非机动车驾驶人、行人有过错的，根据过错程度适当减轻机动车一方的赔偿责任；机动车一方没有过错的，承担不超过百分之十的赔偿责任。交通事故的损失是由非机动车驾驶人、行人故意碰撞机动车造成的，机动车一方不承担赔偿责任。

链接 《道路交通安全法》第17、21、23、76条；《机动车交通事故责任强制保险条例》第2、3、21、23条

第一千二百零九条 【租赁、借用机动车交通事故责任】因租赁、借用等情形机动车所有人、管理人与使用人不是同一人时，发生交通事故造成损害，属于该机动车一方责任的，由机动车使用人承担赔偿责任；机动车所有人、管理人对损害的发生有过错的，承担相应的赔偿责任。

注释 机动车租赁，是指机动车所有人将机动车在一定时间内交付承租人使用、收益，机动车所有人

收取租赁费用,不提供驾驶劳务的行为。机动车借用,是指机动车所有人将机动车在约定时间内交由借用人使用的行为。

特别注意的是,原《侵权责任法》第49条没有机动车的管理人这一责任主体,本条增加规定了这一主体。

本条中的"管理人、使用人"不仅包括承租人、借用人,还包括机动车出质期间的质权人、维修期间的维修人、由他人保管期间的保管人等。在机动车出质、维修和由他人保管期间,机动车由质权人、维修人和保管人占有,他们对机动车有运行支配力,而所有人则丧失了运行支配力。质权人、维修人、保管人擅自驾驶机动车发生交通事故的,应由质权人、维修人、保管人承担赔偿责任。

根据《最高人民法院关于审理道路交通事故损害赔偿案件适用法律若干问题的解释》第1条的规定:"机动车发生交通事故造成损害,机动车所有人或者管理人有下列情形之一,人民法院应当认定其对损害的发生有过错,并适用民法典第一千二百零九条的规定确定其相应的赔偿责任:(一)知道或者应当知道机动车存在缺陷,且该缺陷是交通事故发生原因之一的;(二)知道或者应当知道驾驶人无驾驶资格或者未取得相应驾驶资格的;(三)知道或者应当知道驾驶人因饮酒、服用国家管制的精神药品或者麻醉药品,或者患有妨碍安全驾驶机动车的疾病等依法不能驾驶机动车的;(四)其他应当认定机动车所有人或者管理人有过错的。"

链接 《最高人民法院关于审理道路交通事故损害赔偿案件适用法律若干问题的解释》第1条

第一千二百一十条 【转让并交付但未办理登记的机动车侵权责任】当事人之间已经以买卖或者其他方式转让并交付机动车但是未办理登记,发生交通事故造成损害,属于该机动车一方责任的,由受让人承担赔偿责任。

注释 根据《民法典》物权编的规定,机动车所有权的转移在交付时发生效力,未经登记,只是缺少公示而不产生社会公信力,在交易过程中不能对抗善意第三人。当事人之间已经以买卖、赠与等方式转让并交付机动车但未办理所有权转移登记的,原机动车所有人已经不是真正的所有人,更不是机动车的占有人,他不具有机动车的实质所有权,丧失了对机动车运行支配的能力,不具有防范

事故发生的控制力。

《最高人民法院关于购买人使用分期付款购买的车辆从事运输因交通事故造成他人财产损失,保留车辆所有权的出卖方不应承担民事责任的批复》规定:"采取分期付款方式购车,出卖方在购买方付清全部车款前保留车辆所有权的,购买方以自己名义与他人订立货物运输合同并使用该车运输时,因交通事故造成他人财产损失的,出卖方不承担民事责任。"该规定与本条规定的精神是一致的。

链接 《道路交通安全法》第12条;《最高人民法院关于审理道路交通事故损害赔偿案件适用法律若干问题的解释》第2条;《最高人民法院关于连环购车未办理过户手续,原车主是否对机动车发生交通事故致人损害承担责任的请示的批复》

第一千二百一十一条 【挂靠机动车交通事故责任】以挂靠形式从事道路运输经营活动的机动车,发生交通事故造成损害,属于该机动车一方责任的,由挂靠人和被挂靠人承担连带责任。

注释 以挂靠形式从事道路运输经营活动的机动车运营,是比较普遍的现象,原因是从事机动车运营需要政府管理部门核准资质,而政府只给法人或者非法人组织办理运营资质,不给个人颁发运营资质,因而个人从事机动车运营活动,只能挂靠到有运营资质的单位,才能进行合法运营活动。

挂靠机动车发生交通事故造成他人损害,属于该机动车一方责任的,其责任分担的方式,是挂靠一方和被挂靠一方共同承担连带责任。被侵权人可以向挂靠一方或者被挂靠一方主张承担连带责任,挂靠双方依照《民法典》第178条规定的连带责任规则承担责任。

第一千二百一十二条 【擅自驾驶他人机动车交通事故责任】未经允许驾驶他人机动车,发生交通事故造成损害,属于该机动车一方责任的,由机动车使用人承担赔偿责任;机动车所有人、管理人对损害的发生有过错的,承担相应的赔偿责任,但是本章另有规定的除外。

第一千二百一十三条 【交通事故侵权救济来源的支付顺序】机动车发生交通事故造成损害,属于该机动车一方责任的,先由承保机动车强制保险的保险人在强制保险责任限额范围内予以赔偿;不足部分,由承保机动车商业保险的保险人按照保险合同的约定予以赔偿;仍然不足或者没有投保机动车商业保险的,由侵权人赔偿。

注释 机动车所有人对于自己的机动车,每年都须投保机动车强制保险,还可投保相应的机动车商业保险。当机动车发生交通事故造成损害,属于该机动车一方责任的,被侵权人同时请求保险人和侵权人承担赔偿责任时,承担保险责任和侵权责任的顺序是:

1. 机动车强制保险优先。机动车强制保险人承担第一顺位保险责任,由其在机动车强制保险责任限额范围内,承担赔偿责任。

2. 强制保险赔偿不足部分,商业保险优先。机动车商业保险人的保险责任为第二顺位责任,对机动车强制保险限额范围赔偿不足的部分,商业保险人按照商业保险合同约定的保险范围承担赔偿责任。

3. 商业保险赔偿仍然不足的部分,或者根本就没有投保商业保险的,侵权人承担赔偿责任。凡是商业保险也不能理赔的部分,就由应当承担责任的机动车一方的所有人、管理人或者使用人予以赔偿,按照相关的责任形式及规则承担赔偿责任。

链接 《最高人民法院关于审理道路交通事故损害赔偿案件适用法律若干问题的解释》第13—21条

第一千二百一十四条 【拼装车、报废车交通事故责任】 以买卖或者其他方式转让拼装或者已经达到报废标准的机动车,发生交通事故造成损害的,由转让人和受让人承担连带责任。

链接 《道路交通安全法》第14、16、100、103条;《最高人民法院关于审理道路交通事故损害赔偿案件适用法律若干问题的解释》第4条;《报废机动车回收管理办法》第2条

第一千二百一十五条 【盗抢机动车交通事故责任】 盗窃、抢劫或者抢夺的机动车发生交通事故造成损害的,由盗窃人、抢劫人或者抢夺人承担赔偿责任。盗窃人、抢劫人或者抢夺人与机动车使用人不是同一人,发生交通事故造成损害,属于该机动车一方责任的,由盗窃人、抢劫人或者抢夺人与机动车使用人承担连带责任。

保险人在机动车强制保险责任限额范围内垫付抢救费用的,有权向交通事故责任人追偿。

注释 盗窃、抢劫或者抢夺他人的机动车,是侵害他人财产的违法犯罪行为。在盗窃人、抢劫人或者抢夺人占有该机动车时发生交通事故造成他人损害的,应当承担损害赔偿责任,而不是由该机动车所有人、管理人承担侵权责任。在机动车被盗的情形下,即使所有人对机动车保管上的疏忽,导致机动车丢失,这也与机动车发生交通事故没有直接的因果关系。因此,应当由盗抢者承担发生交通事故后的损害赔偿责任,机动车所有人不承担赔偿责任。此外,在盗窃、抢劫或者抢夺他人机动车的过程中发生交通事故致人损害的,也应当适用本条规定。

本条第1款第2句中规定的"机动车使用人",指的是通过购买、租借、受赠等方式从盗抢者处获得机动车并实际使用该机动车的人。一般而言,驾驶机动车发生交通事故属于该机动车一方责任的,应当由机动车使用人承担赔偿责任。但是,为了惩罚盗窃人、抢劫人或者抢夺人的行为,使他们不能逃脱法律的制裁,本条规定他们需要承担连带赔偿责任。

第一千二百一十六条 【驾驶人逃逸责任承担规则】 机动车驾驶人发生交通事故后逃逸,该机动车参加强制保险的,由保险人在机动车强制保险责任限额范围内予以赔偿;机动车不明、该机动车未参加强制保险或者抢救费用超过机动车强制保险责任限额,需要支付被侵权人人身伤亡的抢救、丧葬等费用的,由道路交通事故社会救助基金垫付。道路交通事故社会救助基金垫付后,其管理机构有权向交通事故责任人追偿。

注释 机动车肇事逃逸,是指发生道路交通事故后,道路交通事故当事人为逃避法律追究,驾驶车辆或者遗弃车辆逃离道路交通事故现场的行为。

道路交通事故社会救助基金,是指依法筹集用于垫付机动车道路交通事故中受害人人身伤亡的丧葬费用、部分或者全部抢救费用的社会专项基金。救助基金的来源包括:(1)按照机动车交通事故责任强制保险的保险费的一定比例提取的资金;(2)对未按照规定投保交通事故责任强制保险的机动车的所有人、管理人的罚款;(3)依法向机动车道路交通事故责任人追偿的资金;(4)救助基金孳息;(5)地方政府按照规定安排的财政临时补助;(6)社会捐款;(7)其他资金。

链接 《道路交通安全法》第17、70、75条;《机动车交通事故责任强制保险条例》第24、25条;《道路交通事故社会救助基金管理办法》

第一千二百一十七条 【好意同乘规则】 非营运机动车发生交通事故造成无偿搭乘人损害,属

于该机动车一方责任的,应当减轻其赔偿责任,但是机动车使用人有故意或者重大过失的除外。

【注释】无偿搭乘他人的非营运机动车,在运行中发生交通事故,造成无偿搭乘人的损害,属于该机动车一方责任的,应当减轻机动车一方赔偿责任。但如果机动车使用人有故意或者重大过失的,不减轻其对无偿搭乘人的赔偿责任。

第六章 医疗损害责任

第一千二百一十八条 【医疗损害责任归责原则】患者在诊疗活动中受到损害,医疗机构或者其医务人员有过错的,由医疗机构承担赔偿责任。

【注释】医疗损害责任适用过错责任原则,即只有医疗机构或者其医务人员在诊疗活动中有过错的,才对在该医疗机构就医的患者所受损害承担医疗损害的赔偿责任。

诊疗活动包括诊断、治疗、护理等环节,对此可以参考《医疗机构管理条例实施细则》第88条的有关规定,即诊疗活动是指通过各种检查,使用药物、器械及手术等方法,对疾病作出判断和消除疾病、缓解病情、减轻痛苦、改善功能、延长生命、帮助患者恢复健康的活动。

【链接】《医疗事故处理条例》第2、49条;《最高人民法院关于审理医疗损害责任纠纷案件适用法律若干问题的解释》

第一千二百一十九条 【医疗机构说明义务与患者知情同意权】医务人员在诊疗活动中应当向患者说明病情和医疗措施。需要实施手术、特殊检查、特殊治疗的,医务人员应当及时向患者具体说明医疗风险、替代医疗方案等情况,并取得其明确同意;不能或者不宜向患者说明的,应当向患者的近亲属说明,并取得其明确同意。

医务人员未尽到前款义务,造成患者损害的,医疗机构应当承担赔偿责任。

【注释】需要注意的是,医务人员尽管尽到了本条第1款规定的义务,取得了患者或者其近亲属的同意,但如果在后续的诊疗活动中未尽到与当时的医疗水平相应的诊疗义务,造成患者损害的,医疗机构仍应当承担赔偿责任。

【链接】《医师法》第25条;《医疗事故处理条例》第11条;《医疗机构管理条例》第32条

第一千二百二十条 【紧急情况下实施的医疗措施】因抢救生命垂危的患者等紧急情况,不能取得患者或者其近亲属意见的,经医疗机构负责人或者授权的负责人批准,可以立即实施相应的医疗措施。

【注释】不能取得患者或者其近亲属意见,主要是指患者不能表达意志,也无近亲属陪伴,又联系不到近亲属的情况,不包括患者或者其近亲属明确表示拒绝采取医疗措施的情况。

【链接】《医疗机构管理条例》第32条

第一千二百二十一条 【医务人员过错的医疗机构赔偿责任】医务人员在诊疗活动中未尽到与当时的医疗水平相应的诊疗义务,造成患者损害的,医疗机构应当承担赔偿责任。

【注释】依照本条规定,医务人员的注意义务就是应当尽到与当时的医疗水平相应的诊疗义务。医疗行为具有未知性、特异性和专业性等特点,不能仅凭事后证明错误这一点来认定医务人员存在诊疗过错。关键要看是不是其他的医务人员一般都不会犯这种错误。因此,本条规定的诊疗义务可以理解为一般情况下医务人员可以尽到的,通过谨慎的作为或者不作为避免患者受到损害的义务。

【链接】《医疗事故处理条例》第5条

第一千二百二十二条 【医疗机构过错推定的情形】患者在诊疗活动中受到损害,有下列情形之一的,推定医疗机构有过错:

(一)违反法律、行政法规、规章以及其他有关诊疗规范的规定;

(二)隐匿或者拒绝提供与纠纷有关的病历资料;

(三)遗失、伪造、篡改或者违法销毁病历资料。

【注释】患者有损害,有本条规定情形之一的,推定医疗机构有过错,并非当然认定医疗机构有过错。也就是说,医疗机构可以提出反证证明自己没有过错。

【链接】《医疗事故处理条例》第5、9条;《医疗机构管理条例》第24条

第一千二百二十三条 【因药品、消毒产品、医疗器械的缺陷或输入不合格的血液的侵权责任】因药品、消毒产品、医疗器械的缺陷,或者输入不合格的血液造成患者损害的,患者可以向药品上市许可持有人、生产者、血液提供机构请求赔偿,也可以向医疗机构请求赔偿。患者向医疗机构请求赔偿的,医疗机构赔偿后,有权向负有责任的药品上市许可持有人、生产者、血液提供机构追偿。

注释 本条中"缺陷"的含义,可以参考《产品质量法》第46条的规定,即"是指产品存在危及人身、他人财产安全的不合理的危险;产品有保障人体健康和人身、财产安全的国家标准、行业标准的,是指不符合该标准"。

链接 《产品质量法》第41、43、46条;《献血法》第2、11、14条

第一千二百二十四条 【医疗机构免责事由】患者在诊疗活动中受到损害,有下列情形之一的,医疗机构不承担赔偿责任:

(一)患者或者其近亲属不配合医疗机构进行符合诊疗规范的诊疗;

(二)医务人员在抢救生命垂危的患者等紧急情况下已经尽到合理诊疗义务;

(三)限于当时的医疗水平难以诊疗。

前款第一项情形中,医疗机构或者其医务人员也有过错的,应当承担相应的赔偿责任。

注释 实践中患者一方不配合诊疗的行为可以分为两类:第一类比较常见,是患者囿于其医疗知识水平的局限而对医疗机构采取的诊疗措施难以建立正确的理解,从而导致其不遵医嘱、错误用药与诊疗措施不相配合的现象。对于因患者上述行为导致损害后果的发生,并不能当然视为患者一方的"不配合"具有主观过错,从而医疗机构可以免除责任。判断患者一方是否存在过错的前提,是医务人员是否向患者一方履行了法定的说明告知义务。第二类是患者一方主观上具有过错,该过错又可分为故意和过失。故意的情形一般比较少见,患者就医就是为了治疗疾病、康复身体,而非追求身体损害的结果。但现实情况是复杂的,也不能完全排除患者主观追求损害结果的可能。

链接 《医师法》第27条;《医疗事故处理条例》第33条

第一千二百二十五条 【医疗机构对病历的义务及患者对病历的权利】医疗机构及其医务人员应当按照规定填写并妥善保管住院志、医嘱单、检验报告、手术及麻醉记录、病理资料、护理记录等病历资料。

患者要求查阅、复制前款规定的病历资料的,医疗机构应当及时提供。

注释 《医疗事故处理条例》第8条第1款规定,医疗机构应当按照国务院卫生行政部门规定的要求,书写并妥善保管病历资料。《医疗机构病历管理规定》(2013年版)对"病历"作了界定,是指医务人员在医疗活动过程中形成的文字、符号、图表、影像、切片等资料的总和,包括门(急)诊病历和住院病历。同时,该规定还对"病历资料"作了进一步明确,规定医疗机构可以为申请人复制的病历资料包括:门(急)诊病历和住院病历中的体温单、医嘱单、住院志(入院记录)、手术同意书、麻醉同意书、麻醉记录、手术记录、病重(病危)患者护理记录、出院记录、输血治疗知情同意书、特殊检查(特殊治疗)同意书、病理报告、检验报告等辅助检查报告单、医学影像检查资料等病历资料。

除患者本人外,经本人指定的代理人,或者在患者本人死亡的情况下,其法定继承人或法定继承人的代理人等,均可依法对相关病历资料进行查阅和复制。

链接 《医师法》第24、56条;《医疗事故处理条例》第8、10、16条;《医疗机构病历管理规定》(2013年版)第15—30条

第一千二百二十六条 【患者隐私和个人信息保护】医疗机构及其医务人员应当对患者的隐私和个人信息保密。泄露患者的隐私和个人信息,或者未经患者同意公开其病历资料的,应当承担侵权责任。

注释 在诊疗过程中,为使医务人员准确诊断病情,患者会将自己隐私和个人信息告知医生,记录患者诊疗过程形成的病历资料本身就是患者的隐私和个人信息。医疗机构和医务人员负有保密义务,对患者的隐私、个人信息和病历资料不得泄露和公开。泄露患者隐私、个人信息或者擅自公开患者病历资料的行为,都是侵害患者隐私权、个人信息权的行为,应当承担赔偿责任。

医疗机构侵害患者隐私权和个人信息权应当承担的侵权责任,与《民法典》人格权编规定的人格权请求权发生竞合。《民法典》第995条规定:"人格权受到侵害的,受害人有权依照本法和其他法律的规定请求行为人承担民事责任……"患者可以依照本条规定请求损害赔偿,也可以依照第995条规定请求医疗机构承担其他民事责任。本条规定的性质属于特别法,受害患者依照本条规定请求医疗机构承担侵权责任更为妥当。

链接 《民法典》第995条;《医师法》第23、56条;《最高人民法院关于确定民事侵权精神损害赔偿责任若干问题的解释》第1条

第一千二百二十七条 【不必要检查禁止义务】医疗机构及其医务人员不得违反诊疗规范实施不必要的检查。

注释 不必要的检查,一般是指由医疗机构提供的超出患者个体和社会保健实践需求的医疗检查服务,医学伦理学界把它称为"过度检查"。过度检查具有以下特征:(1)为诊疗疾病所采取的检查手段超出疾病诊疗的基本需求,不符合疾病的规律与特点。(2)采用非"金标准"的诊疗手段,所谓"金标准",是指当前临床医学界公认的诊断疾病的最可靠方法。较为常用的"金标准"有体检、手术发现、微生物培养、特殊检查和影像诊断、长期随访等。

第一千二百二十八条 【医疗机构及医务人员合法权益的维护】医疗机构及其医务人员的合法权益受法律保护。

干扰医疗秩序,妨碍医务人员工作、生活,侵害医务人员合法权益的,应当依法承担法律责任。

注释 需要说明的是,对于干扰医疗秩序,妨害医务人员工作、生活的,应当依法承担法律责任,这里的法律责任不仅包括民事赔偿责任,还涉及行政责任和刑事责任。

链接《医师法》第60条;《医疗事故处理条例》第59条;《治安管理处罚法》第23条;《刑法》第289、290条

第七章 环境污染和生态破坏责任

第一千二百二十九条 【环境污染和生态破坏侵权责任】因污染环境、破坏生态造成他人损害的,侵权人应当承担侵权责任。

注释 环境污染,既包括对生活环境的污染,也包括对生态环境的污染。环境污染责任作为一种特殊的侵权责任,其特殊性首先表现在其采用了无过错责任的归责原则。依无过错责任原则,在受害人有损害,污染者的行为与损害有因果关系的情况下,不论污染者有无过错,都应对其污染造成的损害承担侵权责任。对于适用无过错责任的环境侵权,其责任并非绝对责任,侵权人可以依据法律规定的不承担责任或者减轻责任的情形提出抗辩,从而免除或者减轻自己的侵权责任。

案例 吕金奎等79人诉山海关船舶重工有限责任公司海上污染损害责任纠纷案(最高人民法院指导案例127号)

裁判规则:根据海洋环境保护法等有关规定,海洋环境污染中的"污染物"不限于国家或者地方环境标准明确列举的物质。污染者向海水水域排放未纳入国家或者地方环境标准的含有铁物质等成分的污水,造成渔业生产者养殖物损害的,污染者应当承担环境侵权责任。

第一千二百三十条 【环境污染、生态破坏侵权举证责任】因污染环境、破坏生态发生纠纷,行为人应当就法律规定的不承担责任或者减轻责任的情形及其行为与损害之间不存在因果关系承担举证责任。

注释 环境污染、生态破坏侵权实行因果关系的举证责任倒置。将污染行为、生态破坏行为与损害之间的因果关系的举证义务加于污染者,有利于保护受害人的合法权益。受害人只要证明污染者有污染行为、损害以及行为与损害的初步联系,就由污染者承担排污行为和损害事实之间有无因果关系的证明责任,污染者必须提出反证,证明其行为与损害之间没有因果关系,才能不承担侵权责任。

链接《环境保护法》第64条;《水污染防治法》第98条

第一千二百三十一条 【两个以上侵权人造成损害的责任分担】两个以上侵权人污染环境、破坏生态的,承担责任的大小,根据污染物的种类、浓度、排放量,破坏生态的方式、范围、程度,以及行为对损害后果所起的作用等因素确定。

注释 本条所规范的环境污染侵权行为有以下要件:一是多个侵权主体,有两个或者两个以上的侵权人;二是数个侵权人的行为都造成了环境损害;三是每个侵权人造成的是哪一部分损害不能实际确定。

侵权人承担责任大小的依据主要是其行为在导致损害的结果中所占的原因力的比例。环境污染、破坏生态中原因力的确定比较复杂,具体到确定责任大小,本条规定应考虑侵权人排放污染物的种类、浓度、排放量,破坏生态的方式、范围、程度,以及行为对损害后果所起的作用等因素。排放污染物的种类是指导致损害结果的污染物的种类,排放量是排放污染物总量乘以排放浓度。

第一千二百三十二条 【侵权人的惩罚性赔偿】侵权人违反法律规定故意污染环境、破坏生态造成严重后果的,被侵权人有权请求相应的惩罚性赔偿。

注释 故意污染环境、破坏生态承担惩罚性赔偿责任的要件是：1. 侵权人实施了损害生态环境的行为。2. 侵权人主观上违反法律规定故意损害生态环境，即明知法律规定禁止损害生态环境而执为之，重大过失不适用惩罚性赔偿责任。3. 侵权人故意实施的损害生态环境的行为造成的损害后果严重，表现为受害人的死亡或者健康严重损害，而不是一般性的损害。

链接 《最高人民法院关于审理生态环境侵权纠纷案件适用惩罚性赔偿的解释》

案例 浮梁县人民检察院诉某化工集团有限公司环境污染民事公益诉讼案[人民法院贯彻实施民法典典型案例（第一批）]

裁判规则：被告公司将生产废液交由无危险废物处置资质的个人处理，放任污染环境危害结果的发生，主观上存在故意，客观上违反了法律规定，损害了社会公共利益，造成严重后果。且至本案审理期间，涉案倾倒废液行为所致的环境污染并未得到修复，损害后果仍在持续，符合《民法典》第1232条规定的环境侵权惩罚性赔偿适用条件。综合该公司的过错程度、赔偿态度、损害后果、承担责任的经济能力、受到行政处罚等因素，判令其赔偿环境修复费用、环境功能性损失费用、应急处置费用、检测鉴定费，并承担环境污染惩罚性赔偿；对违法倾倒硫酸钠废液污染环境的行为在国家级新闻媒体上向社会公众赔礼道歉。

第一千二百三十三条 【因第三人过错污染环境、破坏生态的责任】因第三人的过错污染环境、破坏生态的，被侵权人可以向侵权人请求赔偿，也可以向第三人请求赔偿。侵权人赔偿后，有权向第三人追偿。

注释 本条中第三人的过错，是指除污染者与被侵权人之外的第三人，对被侵权人损害的发生具有过错，此种过错包括故意和过失。这种情况需具备以下几个条件：首先，第三人是指被侵权人和污染者之外的第三人，即第三人不属于被侵权人和污染者一方，第三人与受害者和污染者之间不存在法律上应负责任的关系，如雇佣关系等。其次，第三人和污染者之间不存在意思联络。如果第三人与污染者有意思联络，则第三人与污染者构成共同侵权，不在本条规定的范围内。

第一千二百三十四条 【生态环境损害修复责任】违反国家规定造成生态环境损害，生态环境能够修复的，国家规定的机关或者法律规定的组织有权请求侵权人在合理期限内承担修复责任。侵权人在期限内未修复的，国家规定的机关或者法律规定的组织可以自行或者委托他人进行修复，所需费用由侵权人负担。

注释 生态环境损害的修复责任，是将生态环境受到的损害恢复原状，《草原法》规定的限期恢复植被和《森林法》规定的补种毁坏的树木等，都是修复责任。

请求侵权人承担修复责任的主体一般不是被侵权人，而是国家规定的机关或者法律规定的组织，例如生态环境保护部门或者环保公益组织。

承担修复责任的规则是：

1. 违反国家规定造成生态环境损害，能够修复的，才承担修复责任。
2. 国家规定的机关或者法律规定的组织是请求权人，有权请求侵权人在合理期限内承担修复责任。
3. 侵权人在合理期限内未履行修复责任的，法律规定的机关或者组织可以自行或者委托他人进行修复，所需费用责令由侵权人承担。

案例 山东省烟台市人民检察院诉王振殿、马群凯环境民事公益诉讼案（最高人民法院指导案例133号）

裁判规则：污染者违反国家规定向水域排污造成生态环境损害，以被污染水域有自净功能、水质得到恢复为由主张免除或者减轻生态环境修复责任的，人民法院不予支持。

第一千二百三十五条 【生态环境损害赔偿的范围】违反国家规定造成生态环境损害的，国家规定的机关或者法律规定的组织有权请求侵权人赔偿下列损失和费用：

（一）生态环境受到损害至修复完成期间服务功能丧失导致的损失；

（二）生态环境功能永久性损害造成的损失；

（三）生态环境损害调查、鉴定评估等费用；

（四）清除污染、修复生态环境费用；

（五）防止损害的发生和扩大所支出的合理费用。

链接 《最高人民法院关于审理生态环境损害赔偿案件的若干规定（试行）》

第八章 高度危险责任

第一千二百三十六条 【高度危险责任一般规定】从事高度危险作业造成他人损害的，应当承担侵权责任。

注释 高度危险作业，既包括使用民用核设施、高速轨道运输工具和从事高压、高空、地下采掘等高度危险活动，也包括占有、使用易燃、易爆、剧毒和放射性等高度危险物的行为。本条的调整范围采用了"高度危险作业"的表述，这是个开放性的概念，包括一切对周围环境产生高度危险的作业形式。在理论和司法实践中，一般认为，具体行为构成高度危险作业应具备以下三个条件：一是，作业本身具有高度的危险性。也就是说，危险性变为现实损害的概率很大，超过了一般人正常的防范意识，或者说超过了在一般条件下人们可以避免或者躲避的危险。二是，高度危险作业即使采取安全措施并尽到了相当的注意也无法避免损害。日常生活中，任何一种活动都可能对周围人们的财产人身产生一定的危险性。但高度危险作业则具有不完全受人控制或者难以控制的危害性。三是，不考虑高度危险作业人对造成损害是否有过错。

高度危险作业造成他人损害的，应当承担无过错责任，就是说只要是高度危险作业造成他人人身、财产损害，无论作业人是否有过错，都要承担侵权责任。但不是说高度危险责任没有任何不承担责任或者减轻责任情形，如果针对具体的高度危险责任，法律规定不承担责任或者减轻责任的，应当依照其规定。

第一千二百三十七条　【民用核设施致害责任】 民用核设施或者运入运出核设施的核材料发生核事故造成他人损害的，民用核设施的营运单位应当承担侵权责任；但是，能够证明损害是因战争、武装冲突、暴乱等情形或者受害人故意造成的，不承担责任。

注释 民用核设施以及运入运出核设施的核材料发生核事故致人损害，适用无过错责任原则。

构成民用核设施和核材料损害责任的要件是：

1. 民用核设施和核材料发生了核事故。《核安全法》第93条规定，核事故是指核设施内的核燃料、放射性产物、放射性废物或者运入运出核设施的核材料所发生的放射性、毒害性、爆炸性或者其他危害性事故，或者一系列事故。如日本福岛核电站发生的核泄漏、苏联切尔诺贝利核电站发生的核泄漏事故，都是核事故。

2. 民用核设施和核材料的核事故造成了他人的人身损害或者财产损害。

3. 民用核设施和核材料的核事故与他人人身损害和财产损害结果之间有因果关系。

民用核设施和核材料发生核事故损害责任的主体，是核设施的营运单位，即核设施的占有人。《核安全法》第93条规定，核设施营运单位，是指在中华人民共和国境内，申请或者持有核设施安全许可证，可以经营和运行核设施的单位。当发生核事故致人损害时，核设施的占有人即营运单位对受害人承担赔偿责任。确定核损害责任，应当适用《核安全法》的相关规定。

链接 《核安全法》第93条；《放射性污染防治法》第59、62条；《国务院关于核事故损害赔偿责任问题的批复》

第一千二百三十八条　【民用航空器致害责任】 民用航空器造成他人损害的，民用航空器的经营者应当承担侵权责任；但是，能够证明损害是因受害人故意造成的，不承担责任。

注释 民用航空器造成他人损害的，包括两种情形。一种情形是，民用航空器在从事旅客、货物运输过程中，对所载运的旅客、货物造成的损害。另一种情形是，民用航空器对地面第三人的人身、财产造成的损害。具体来说，就是飞行中的民用航空器或者从飞行中的民用航空器上落下的人或者物，造成地面（包括水面）上的人身伤亡和财产损害。

这里的经营者主要包括从事旅客、货物运输的承运人和从事通用航空服务的民用航空器使用人。

链接 《民用航空法》第124—172条

第一千二百三十九条　【高度危险物致害责任】 占有或者使用易燃、易爆、剧毒、高放射性、强腐蚀性、高致病性等高度危险物造成他人损害的，占有人或者使用人应当承担侵权责任；但是，能够证明损害是因受害人故意或者不可抗力造成的，不承担责任。被侵权人对损害的发生有重大过失的，可以减轻占有人或者使用人的责任。

注释 对易燃、易爆、剧毒、高放射性、强腐蚀性、高致病性物品的认定，一般根据国家颁布的标准进行，如《危险货物分类和品名编号》《危险货物品名表》《常用危险化学品的分类及标志》等。

承担侵权责任的主体是占有人和使用人。这里的"占有"和"使用"包括生产、储存、运输高度危险品以及将高度危险品作为原料或者工具进行生产等行为。因此，高度危险物的占有人和使用人必须采取可靠的安全措施，避免高度危险物造成他人损害。

链接 《放射性污染防治法》第59、62条；《安全生产法》第111、112条

第一千二百四十条 【高度危险活动致害责任】从事高空、高压、地下挖掘活动或者使用高速轨道运输工具造成他人损害的，经营者应当承担侵权责任；但是，能够证明损害是因受害人故意或者不可抗力造成的，不承担责任。被侵权人对损害的发生有重大过失的，可以减轻经营者的责任。

注释 高空作业也称为高处作业，根据高处作业分级标准规定，凡在距坠落高度基准面2米及以上，有可能坠落的高处进行的作业，都称为高处作业。本条里的"高压"则属于工业生产意义上的高压，包括高压电、高压容器等。地下挖掘就是在地表下向下一定深度进行挖掘的行为。高速轨道运输工具就是沿着固定轨道上行驶的车辆。通常来说，高速轨道运输工具包括铁路、地铁、轻轨、磁悬浮、有轨电车等。

链接 《安全生产法》第111、112条；《电力法》第60条

第一千二百四十一条 【遗失、抛弃高度危险物致害的侵权责任】遗失、抛弃高度危险物造成他人损害的，由所有人承担侵权责任。所有人将高度危险物交由他人管理的，由管理人承担侵权责任；所有人有过错的，与管理人承担连带责任。

注释 高度危险物的所有人或者管理人应当严格按照有关安全生产规范，对其占有、使用的高度危险物进行储存或者处理。如果管理人遗失、抛弃高度危险物造成他人损害的，有过错的所有人与管理人承担连带责任。被侵权人可以要求所有人承担侵权责任，也可以要求管理人承担侵权责任，还可以要求所有人和管理人共同承担侵权责任。在对内关系上，所有人和管理人根据各自的责任大小确定各自的赔偿数额；难以确定的，平均承担赔偿责任。支付超出自己赔偿数额的连带责任人，有权向其他连带责任人追偿。

链接 《安全生产法》第111、112条

第一千二百四十二条 【非法占有高度危险物致害的侵权责任】非法占有高度危险物造成他人损害的，由非法占有人承担侵权责任。所有人、管理人不能证明对防止非法占有尽到高度注意义务的，与非法占有人承担连带责任。

注释 非法占有，是指明知自己无权占有，而通过非法手段将他人的物品占为己有。现实中，盗窃、抢劫、抢夺都是非法占有的主要形式。

第一千二百四十三条 【未经许可进入高度危险作业区域的致害责任】未经许可进入高度危险活动区域或者高度危险物存放区域受到损害，管理人能够证明已经采取足够安全措施并尽到充分警示义务的，可以减轻或者不承担责任。

注释 一般来说，高度危险活动区域或者高度危险物存放区域都同社会大众的活动场所相隔绝，如果在管理人已经采取安全措施并且尽到警示义务的情况下，受害人未经许可进入该高度危险区域这一行为本身就说明受害人对于损害的发生具有过错，例如出于自杀的故意积极追求损害的发生；或者出于过失，虽然看到警示标识但轻信自己能够避免。上述两种情况下，高度危险活动区域或者高度危险物存放区域的管理人可以减轻或者不承担责任。

链接 《最高人民法院关于审理道路交通事故损害赔偿案件适用法律若干问题的解释》第7条

第一千二百四十四条 【高度危险责任赔偿限额】承担高度危险责任，法律规定赔偿限额的，依照其规定，但是行为人有故意或者重大过失的除外。

注释 限额赔偿是相对于全额赔偿而言，是行为人的行为已经构成侵权责任，在法律有特别规定的情况下，不适用全额赔偿责任而按照法律规定实行限额赔偿的侵权责任制度。

本条规定的限额赔偿的适用要件是：(1)侵权人已经确定应当承担侵权责任，且承担的是高度危险责任；(2)法律对这种高度危险责任规定了实行限额赔偿的规范。按照这一规定，本章规定的高度危险责任，只要法律规定了限额赔偿，就可以适用限额赔偿制度。

链接 《海商法》第210—213条；《国内航空运输承运人赔偿责任限额规定》；《国务院关于核事故损害赔偿责任问题的批复》

第九章 饲养动物损害责任

第一千二百四十五条 【饲养动物损害责任一般规定】饲养的动物造成他人损害的，动物饲养

人或者管理人应当承担侵权责任;但是,能够证明损害是因被侵权人故意或者重大过失造成的,可以不承担或者减轻责任。

注释 在各类侵权行为中,饲养动物致人损害是一种特殊的形式,其特殊性在于它是一种间接侵权引发的直接责任,其加害行为是人的行为与动物的行为的复合。人的行为是指人对动物的所有、占有、饲养或者管理。动物的行为是直接的加害行为。这两种行为相结合,才能构成侵权行为。动物致人损害的构成要件是:须为饲养的动物;须有动物的加害行为;须有造成他人损害的事实;须有动物加害行为与损害之间的因果关系。

普遍认为,"饲养的动物"应同时具备:为特定的人所有或者占有;饲养人或者管理人对动物具有适当程度的控制力;依动物自身的特性,有可能对他人或者财产造成损害;该动物为家畜、家禽、宠物或者驯养的野兽、爬行类动物等。因此,饲养的动物必须是能够为人所占有或者控制的动物。那么,对于自然保护区或者野生动物保护区的野兽,虽然可能为人们在一定程度上所饲养或者管理,如定期投放食物,甚至为其生存和繁殖提供了适宜的条件和环境,但人们对它的控制力较低,因此,野生动物不能列入本法所说的"饲养的动物"。

动物的饲养人或者管理人都是责任主体。动物的饲养人是指动物的所有人,即对动物享有占有、使用、收益、处分权的人;动物的管理人是指实际控制和管束动物的人,管理人对动物不享有所有权,而只是根据某种法律关系直接占有和控制动物。

链接 《野生动物保护法》第2、19条

第一千二百四十六条 【未对动物采取安全措施损害责任】 违反管理规定,未对动物采取安全措施造成他人损害的,动物饲养人或者管理人应当承担侵权责任;但是,能够证明损害是因被侵权人故意造成的,可以减轻责任。

注释 这里所谓的管理规定,应当限于规范性法律文件的规定,包括法律、行政法规、规章、条例、办法等。例如,《天津市养犬管理条例》《重庆市养犬管理暂行办法》等。但是,小区的管理规约等应当不属于此处所说的管理规定。

原《侵权责任法》第79条规定这种饲养动物损害责任,并没有规定减轻责任的规则,因此将其称为绝对责任条款。这样的规定是不合适的。本条增加了减轻责任的规则,动物饲养人或者管理人能够证明损害是由被侵权人故意造成的,不是免除责任,而是减轻责任。被侵权人重大过失或者过失所致损害,不在减轻责任之列。

第一千二百四十七条 【禁止饲养的危险动物损害责任】 禁止饲养的烈性犬等危险动物造成他人损害的,动物饲养人或者管理人应当承担侵权责任。

注释 禁止饲养的烈性犬等危险动物造成他人损害的,是饲养动物损害责任中最严格的责任,不仅适用无过错责任原则,而且没有规定免责事由,因而被称为绝对责任条款。

禁止饲养的动物,即禁止饲养的烈性犬等危险动物,不仅包括烈性犬,还包括类似烈性犬等其他凶猛的危险动物。具体的范围是:(1)烈性犬,如藏獒等;(2)家畜、家禽中的其他危险动物;(3)禁止饲养的野生动物,如野猪、狼、豺、虎、豹、狮等。

第一千二百四十八条 【动物园饲养动物损害责任】 动物园的动物造成他人损害的,动物园应当承担侵权责任;但是,能够证明尽到管理职责的,不承担侵权责任。

注释 本条适用过错推定责任,动物园负有高度注意义务,只有能够证明已经采取足够的安全措施,并尽到充分的警示义务,才能认定为没有过错。如果动物园能够证明设施、设备没有瑕疵、有明显的警示牌,管理人员对游客挑逗、投打动物或者擅自翻越栏杆靠近动物等行为进行了劝阻,该尽的管理职责已经做到了,那么动物园就可以不承担侵权责任。

第一千二百四十九条 【遗弃、逃逸动物损害责任】 遗弃、逃逸的动物在遗弃、逃逸期间造成他人损害的,由动物原饲养人或者管理人承担侵权责任。

注释 动物的遗弃是指动物饲养人抛弃了动物。逃逸的动物是指饲养人并不是放弃了自己饲养的权利,而是暂时地丧失了对该动物的占有和控制。

第一千二百五十条 【因第三人过错致使动物致害责任】 因第三人的过错致使动物造成他人损害的,被侵权人可以向动物饲养人或者管理人请求赔偿,也可以向第三人请求赔偿。动物饲养人或者管理人赔偿后,有权向第三人追偿。

注释 本条中的第三人的过错是指被侵权人和动物饲养人或者管理人以外的人对动物造成损害有

过错。第三人的过错在大多数场合表现为:有意挑逗、投打、投喂、诱使动物,其后果致使他人受到人身或者财产的损害,其实质是实施了诱发动物致害的行为。

第一千二百五十一条 【饲养动物应负的社会责任】饲养动物应当遵守法律法规,尊重社会公德,不得妨碍他人生活。

注释 本条是倡导性规定,希望人们文明地饲养动物。从民事立法的角度来看,其属于无害条款。从法律规范的角度来看,倡导性规定不宜理解为法律规范,因为法律规范是由构成要件和法律后果组成的,而该条规定既没有构成要件,也没有法律后果。在司法实务中,如果受害人以该条规定为依据起诉,请求赔偿,人民法院应当不予支持。

第十章　建筑物和物件损害责任

第一千二百五十二条 【建筑物、构筑物或者其他设施倒塌、塌陷致害责任】建筑物、构筑物或者其他设施倒塌、塌陷造成他人损害的,由建设单位与施工单位承担连带责任,但是建设单位与施工单位能够证明不存在质量缺陷的除外。建设单位、施工单位赔偿后,有其他责任人的,有权向其他责任人追偿。

因所有人、管理人、使用人或者第三人的原因,建筑物、构筑物或者其他设施倒塌、塌陷造成他人损害的,由所有人、管理人、使用人或者第三人承担侵权责任。

注释 不动产设施倒塌、塌陷,是指建筑物、构筑物或者其他设施坍塌、倒覆,造成该建筑物、构筑物或者其他设施丧失基本使用功能。

本条第1款对建筑物、构筑物或者其他设施倒塌、塌陷造成他人损害规定了两个责任主体:一是建设单位。通常情况下,建设单位依法取得土地使用权,在该土地上建造建筑物、构筑物或者其他设施,是建设工程合同的总发包人。二是施工单位。施工单位与建设单位或者其他发包人签订建设工程合同,对建设工程进行施工。

一般来讲,本条第1款规定的"其他责任人",主要包括以下范围:一是勘察单位、设计单位等。二是监理单位。三是勘察、设计、监理单位以外的责任人。例如,根据《建筑法》第79条的规定,负责颁发建筑工程施工许可证的部门及其工作人员对不符合施工条件的建筑工程颁发施工许可证的,负责工程质量监督检查或者竣工验收的部门及其工作人员对不合格的建筑工程出具质量合格文件或者按合格工程验收,造成损失的,由该部门承担相应的赔偿责任。

如果业主或者其他房屋使用者在装修房屋的过程中,违法擅自将房屋的承重墙拆改导致房屋倒塌、塌陷造成他人损害的,该业主或者其他使用人即属于本条第2款规定的"其他责任人",应当承担侵权责任。

链接《建筑法》第55、56、58、60—62、66、67、69、70、73—75、79、80条;《文物保护法》第21条;《刑法》第137、138条;《物业管理条例》第55条;《建设工程质量管理条例》第3、15、26、27、32、36、39、41、42、58、63—67、69条

第一千二百五十三条 【建筑物、构筑物或者其他设施及其搁置物、悬挂物脱落、坠落致害责任】建筑物、构筑物或者其他设施及其搁置物、悬挂物发生脱落、坠落造成他人损害,所有人、管理人或者使用人不能证明自己没有过错的,应当承担侵权责任。所有人、管理人或者使用人赔偿后,有其他责任人的,有权向其他责任人追偿。

注释 建筑物是指人工建造的、固定在土地上,其空间用于居住、生产或者存放物品的设施,如住宅、写字楼、车间、仓库等。

构筑物或者其他设施是指人工建造的、固定在土地上、建筑物以外的某些设施,例如道路、桥梁、隧道、城墙、堤坝等。

建筑物、构筑物或者其他设施上的搁置物、悬挂物是指搁置、悬挂在建筑物、构筑物或者其他设施上,非建筑物、构筑物或者其他设施本身组成部分的物品。例如,搁置在阳台上的花盆、悬挂在房屋天花板上的吊扇、脚手架上悬挂的建筑工具等。

建筑物、构筑物或者其他设施及其搁置物、悬挂物脱落、坠落,是指建筑物、构筑物或者其他设施的某一个组成部分以及搁置物、悬挂物从建筑物、构筑物或者其他设施上脱落、坠落。例如,房屋墙壁上的瓷砖脱落、房屋天花板坠落、吊灯坠落、屋顶瓦片滑落、房屋窗户玻璃被风刮碎坠落、阳台上放置的花盆坠落等。

本条规定了三个侵权责任主体:一是所有人。所有人是指对建筑物等设施拥有所有权的人。二是管理人。管理人是指对建筑物等设施及其搁置物、悬挂物负有管理、维护义务的人。三是使用

人。一般来讲,使用人是指因租赁、借用或者其他情形使用建筑物等设施的人。

第一千二百五十四条 【高空抛掷物、坠落物致害责任】禁止从建筑物中抛掷物品。从建筑物中抛掷物品或者从建筑物上坠落的物品造成他人损害的,由侵权人依法承担侵权责任;经调查难以确定具体侵权人的,除能够证明自己不是侵权人的外,由可能加害的建筑物使用人给予补偿。可能加害的建筑物使用人补偿后,有权向侵权人追偿。

物业服务企业等建筑物管理人应当采取必要的安全保障措施防止前款规定情形的发生;未采取必要的安全保障措施的,应当依法承担未履行安全保障义务的侵权责任。

发生本条第一款规定的情形的,公安等机关应当依法及时调查,查清责任人。

注释 这一条文与原《侵权责任法》第87条规定相比,有了重大改变,规定的基本规则是:

1. 禁止从建筑物中抛掷物品。这是一个禁止性规定,是对建筑物抛掷物、坠落物损害责任的基础性规定。在建筑物中抛掷物品,是非常危险的危害公共安全的行为。很多建筑物的居民习惯于向窗外抛掷物品,是非常不道德、违反公序良俗的。这些行为必须严格禁止。

2. 从建筑物抛掷物品或者坠落物品造成损害由侵权人承担责任。任何人从建筑物中抛掷物品,或者建筑物坠落物品,造成他人损害,都由侵权人承担责任,侵权人就是抛掷物品的行为人,或者坠落物品的建筑物的所有人、管理人或者使用人。他们的作为或者不作为造成他人损害,当然要由他们自己承担侵权责任。

3. 经调查难以确定具体侵权人由可能加害的建筑物使用人给予补偿。难以确定具体侵权人的由可能加害的建筑物使用人给予补偿,是原《侵权责任法》第87条规定的规则。建筑物抛掷、坠落的物品致人损害,侵权人不明补偿责任的构成要件是:(1)行为人在建筑物中抛掷物品,或者建筑物有坠落物品;(2)抛掷的物品或者坠落的物品造成他人损害,主要是人身损害;(3)实施抛掷行为或者坠落物品的所有人不明,不能确定真正的加害人;(4)不能证明自己不是侵权人。

具备上述四个要件,该建筑物的使用人是可能加害的建筑物使用人。责任承担的方式,是由可能加害的建筑物使用人对受害人的损失给予补偿,而不是承担连带责任。补偿的责任范围,应当依照每一个人的经济状况适当确定。

能够证明自己不是加害人,即没有实施建筑物抛掷物品行为,也不是建筑物坠落物品的权利人的,不承担补偿责任。

4. 可能加害的建筑物使用人补偿后有权向侵权人追偿。由可能加害的建筑物使用人承担补偿责任,其中必定有无辜者,即没有加害的建筑物使用人。为公平起见,可能加害的建筑物使用人承担了补偿责任后,查到了侵权人,当然对其享有追偿权,可以向其进行追偿。

5. 建筑物管理人未采取安全保障必要措施依法承担责任。物业服务企业等建筑物管理人对建筑物的安全负有安全保障义务。因此,本条第2款规定,建筑物管理人应当采取必要的安全保障措施,防止高空抛掷物品或者坠落物品造成损害的发生。未尽此安全保障义务,造成损害的,应当依照本法第1198条规定,承担违反安全保障义务的损害责任。

6. 公安等机关应当依法及时调查,查清责任人。为避免大量出现加害人不明的高空抛物损害责任,本条规定公安等机关应当依法及时调查,查清责任人。

链接《最高人民法院关于依法妥善审理高空抛物、坠物案件的意见》

第一千二百五十五条 【堆放物致害责任】堆放物倒塌、滚落或者滑落造成他人损害,堆放人不能证明自己没有过错的,应当承担侵权责任。

注释 堆放物是指堆放在土地上或者其他地方的物品。堆放物须是非固定在其他物体上,例如,建筑工地上堆放的砖块,木场堆放的圆木等。本条所说的倒塌,包括堆放物整体的倒塌和部分的脱落、坠落、滑落、滚落等。堆放人是指将物体堆放在某处的人。堆放人可能是所有人,也可能是管理人。

链接《最高人民法院关于处理涉及汶川地震相关案件适用法律问题的意见(二)》九

第一千二百五十六条 【在公共道路上妨碍通行物品的致害责任】在公共道路上堆放、倾倒、遗撒妨碍通行的物品造成他人损害的,由行为人承担侵权责任。公共道路管理人不能证明已经尽到清理、防护、警示等义务的,应当承担相应的责任。

注释 公共道路是指公共通行的道路。本条规定的堆放、倾倒、遗撒妨碍通行物，是指在公共道路上堆放、倾倒、遗撒物品，影响他人对该公共道路正常、合理的使用。在公共道路上堆放、倾倒、遗撒妨碍通行物，既可以是堆放、倾倒、遗撒固体物，例如，在公共道路上非法设置路障、晾晒粮食、倾倒垃圾等；也可以是倾倒液体、排放气体，例如，运油车将石油泄漏到公路上、非法向道路排水、热力井向道路散发出大量蒸汽。本条规定的有关单位或者个人，主要是指堆放、倾倒、遗撒妨碍通行物的单位或者个人。

案例 1. 丁启章诉江苏京沪高速公路有限公司等人身损害赔偿纠纷案（《最高人民法院公报》2016年第10期）

裁判规则：车辆通过付费方式进入高速公路的法律关系，系通行者与高速公路管理者达成的有偿使用高速公路的民事合同关系，高速公路管理者有及时巡视和清障的义务，以保障司乘人员在通过高速公路时的安全、畅通。通行者在高速公路驾车行驶时碾轧到车辆散落物导致交通事故的，高速公路管理者在不能举证证明已尽到及时巡视和清障义务的情况下，应当承担相应的赔偿责任。

2. 姚友民与东台市城市管理局、东台市环境卫生管理处公共道路妨碍通行责任纠纷案（《最高人民法院公报》2015年第1期）

裁判规则：在公共交通道路上堆放、倾倒、遗撒妨碍他人通行的物品。无法确定具体行为人时，环卫机构作为具体负责道路清扫的责任单位。应当根据路面的实际情况制定相应的巡查频率和保洁制度，并在每次巡查保洁后保存相应的记录，保持路面基本见本色，保障安全通行。环卫机构未能提供其巡回保洁和及时清理的相关记录，应当认定其未尽到清理、保洁的义务，对他人因此受伤产生的损失。依法应承担相应的赔偿责任。

第一千二百五十七条 【林木致害的责任】因林木折断、倾倒或者果实坠落等造成他人损害，林木的所有人或者管理人不能证明自己没有过错的，应当承担侵权责任。

注释 本条所说的林木，包括自然生长和人工种植的林木。本条规定并未限定林木生长的地域范围，林地中的林木、公共道路旁的林木以及院落周围零星生长的树木等折断造成他人损害，林木的

所有人或者管理人不能证明自己没有过错的，均要承担侵权责任。

需要说明的是，很多时候，林木的折断表面上是由于自然原因或者第三人等的原因造成的，但实质上与所有人或者管理人的过错有关。例如，大风将因虫害而枯死的大树刮倒，砸伤了过路的行人。大风和虫害是导致树木折断的因素，但由于虫害可能是因所有人或者管理人没有尽到管理、维护的义务造成的，因此，所有人或者管理人不能证明自己没有过错的，仍然要承担侵权责任。再如，他人驾驶机动车撞到树木上，造成树木倾斜，后来树木倾倒或者折断造成他人损害，所有人或者管理人不能证明在该树木被撞倾斜后，自己为了防止该树木倾倒或者折断而及时采取了合理措施的，仍然要承担侵权责任。

链接《森林法》第20条

第一千二百五十八条 【公共场所或道路施工致害责任和窨井等地下设施致害责任】在公共场所或者道路上挖掘、修缮安装地下设施等造成他人损害，施工人不能证明已经设置明显标志和采取安全措施的，应当承担侵权责任。

窨井等地下设施造成他人损害，管理人不能证明尽到管理职责的，应当承担侵权责任。

注释 在公共场所或者道路上施工，是指在公共场所或者道路上挖坑、修路、修缮安装地下设施等。例如架设电线、铺设管道、维修公路、修缮下水道等。在公共场所或者道路上施工，应当取得有关管理部门的许可，必须设置明显的警示标志和采取有效的安全措施。首先，设置的警示标志必须具有明显性。施工人设置的警示标志要足以引起他人对施工现场的注意，从而使他人采取相应的安全应对措施，如减速、绕行等。其次，施工人要保证警示标志的稳固并负责对其进行维护，使警示标志持续地存在于施工期间。最后，仅设置明显的标志不足以保障他人的安全的，施工人还应当采取其他有效的安全措施。

公共场所施工致人损害的责任人是施工人。施工人是指组织施工的单位或者个人，而非施工单位的工作人员或者个体施工人的雇员。施工人一般是承包或者承揽他人的工程进行施工的单位或者个人，有时也可能是自己为自己的工程施工。

窨井是指上下水道或者其他地下管线工程中，为便于检查或疏通而设置的井状构筑物。其

他地下设施包括地窖、水井、下水道以及其他地下坑道等。窨井等地下设施的管理人，是指负责对该地下设施进行管理、维护的单位或者个人。城市地下设施复杂，有输水、输油、输气、输电设施等，不同的地下设施可能归不同的单位管理，在损害发生后要明确具体的管理人，由相关的管理人依法承担侵权责任。

附　则

第一千二百五十九条　【法律术语含义】民法所称的"以上"、"以下"、"以内"、"届满"，包括本数；所称的"不满"、"超过"、"以外"，不包括本数。

第一千二百六十条　【施行日期】本法自2021年1月1日起施行。《中华人民共和国婚姻法》、《中华人民共和国继承法》、《中华人民共和国民法通则》、《中华人民共和国收养法》、《中华人民共和国担保法》、《中华人民共和国合同法》、《中华人民共和国物权法》、《中华人民共和国侵权责任法》、《中华人民共和国民法总则》同时废止。

链接《最高人民法院关于适用〈中华人民共和国民法典〉时间效力的若干规定》

最高人民法院关于适用《中华人民共和国民法典》时间效力的若干规定

- 2020年12月14日最高人民法院审判委员会第1821次会议通过
- 2020年12月29日最高人民法院公告公布
- 自2021年1月1日起施行
- 法释〔2020〕15号

根据《中华人民共和国立法法》《中华人民共和国民法典》等法律规定，就人民法院在审理民事纠纷案件中有关适用民法典时间效力问题作出如下规定。

一、一般规定

第一条　民法典施行后的法律事实引起的民事纠纷案件，适用民法典的规定。

民法典施行前的法律事实引起的民事纠纷案件，适用当时的法律、司法解释的规定，但是法律、司法解释另有规定的除外。

民法典施行前的法律事实持续至民法典施行后，该法律事实引起的民事纠纷案件，适用民法典的规定，但是法律、司法解释另有规定的除外。

第二条　民法典施行前的法律事实引起的民事纠纷案件，当时的法律、司法解释有规定，适用当时的法律、司法解释的规定，但是适用民法典的规定更有利于保护民事主体合法权益，更有利于维护社会和经济秩序，更有利于弘扬社会主义核心价值观的除外。

第三条　民法典施行前的法律事实引起的民事纠纷案件，当时的法律、司法解释没有规定而民法典有规定的，可以适用民法典的规定，但是明显减损当事人合法权益、增加当事人法定义务或者背离当事人合理预期的除外。

第四条　民法典施行前的法律事实引起的民事纠纷案件，当时的法律、司法解释仅有原则性规定而民法典有具体规定的，适用当时的法律、司法解释的规定，但是可以依据民法典具体规定进行裁判说理。

第五条　民法典施行前已经终审的案件，当事人申请再审或者按照审判监督程序决定再审的，不适用民法典的规定。

二、溯及适用的具体规定

第六条　《中华人民共和国民法总则》施行前，侵害英雄烈士等的姓名、肖像、名誉、荣誉，损害社会公共利益引起的民事纠纷案件，适用民法典第一百八十五条的规定。

第七条　民法典施行前，当事人在债务履行期限届满前约定债务人不履行到期债务时抵押财产或者质押财产归债权人所有的，适用民法典第四百零一条和第四百二十八条的规定。

第八条　民法典施行前成立的合同，适用当时的法律、司法解释的规定合同无效而适用民法典的规定合同有效的，适用民法典的相关规定。

第九条　民法典施行前订立的合同，提供格式条款一方未履行提示或者说明义务，涉及格式条款效力认定的，适用民法典第四百九十六条的规定。

第十条　民法典施行前，当事人一方未通知对方而直接以提起诉讼方式依法主张解除合同的，适用民法典第五百六十五条第二款的规定。

第十一条　民法典施行前成立的合同,当事人一方不履行非金钱债务或者履行非金钱债务不符合约定,对方可以请求履行,但是有民法典第五百八十条第一款第一项、第二项、第三项除外情形之一,致使不能实现合同目的,当事人请求终止合同权利义务关系的,适用民法典第五百八十条第二款的规定。

第十二条　民法典施行前订立的保理合同发生争议的,适用民法典第三编第十六章的规定。

第十三条　民法典施行前,继承人有民法典第一千一百二十五条第一款第四项和第五项规定行为之一,对该继承人是否丧失继承权发生争议的,适用民法典第一千一百二十五条第一款和第二款的规定。

民法典施行前,受遗赠人有民法典第一千一百二十五条第一款规定行为之一,对受遗赠人是否丧失受遗赠权发生争议的,适用民法典第一千一百二十五条第一款和第三款的规定。

第十四条　被继承人在民法典施行前死亡,遗产无人继承又无人受遗赠,其兄弟姐妹的子女请求代位继承的,适用民法典第一千一百二十八条第二款和第三款的规定,但是遗产已经在民法典施行前处理完毕的除外。

第十五条　民法典施行前,遗嘱人以打印方式立的遗嘱,当事人对该遗嘱效力发生争议的,适用民法典第一千一百三十六条的规定,但是遗产已经在民法典施行前处理完毕的除外。

第十六条　民法典施行前,受害人自愿参加具有一定风险的文体活动受到损害引起的民事纠纷案件,适用民法典第一千一百七十六条的规定。

第十七条　民法典施行前,受害人为保护自己合法权益采取扣留侵权人的财物等措施引起的民事纠纷案件,适用民法典第一千一百七十七条的规定。

第十八条　民法典施行前,因非营运机动车发生交通事故造成无偿搭乘人损害引起的民事纠纷案件,适用民法典第一千二百一十七条的规定。

第十九条　民法典施行前,从建筑物中抛掷物品或者从建筑物上坠落的物品造成他人损害引起的民事纠纷案件,适用民法典第一千二百五十四条的规定。

三、衔接适用的具体规定

第二十条　民法典施行前成立的合同,依照法律规定或者当事人约定该合同的履行持续至民法典施行后,因民法典施行前履行合同发生争议的,适用当时的法律、司法解释的规定;因民法典施行后履行合同发生争议的,适用民法典第三编第四章和第五章的相关规定。

第二十一条　民法典施行前租赁期限届满,当事人主张适用民法典第七百三十四条第二款规定的,人民法院不予支持;租赁期限在民法典施行后届满,当事人主张适用民法典第七百三十四条第二款规定的,人民法院依法予以支持。

第二十二条　民法典施行前,经人民法院判决不准离婚后,双方又分居满一年,一方再次提起离婚诉讼的,适用民法典第一千零七十九条第五款的规定。

第二十三条　被继承人在民法典施行前立有公证遗嘱,民法典施行后又立有新遗嘱,其死亡后,因该数份遗嘱内容相抵触发生争议的,适用民法典第一千一百四十二条第三款的规定。

第二十四条　侵权行为发生在民法典施行前,但是损害后果出现在民法典施行后的民事纠纷案件,适用民法典的规定。

第二十五条　民法典施行前成立的合同,当时的法律、司法解释没有规定且当事人没有约定解除权行使期限,对方当事人也未催告的,解除权人在民法典施行前知道或者应当知道解除事由,自民法典施行之日起一年内不行使的,人民法院应当依法认定该解除权消灭;解除权人在民法典施行后知道或者应当知道解除事由的,适用民法典第五百六十四条第二款关于解除权行使期限的规定。

第二十六条　当事人以民法典施行前受胁迫结婚为由请求人民法院撤销婚姻的,撤销权的行使期限适用民法典第一千零五十二条第二款的规定。

第二十七条　民法典施行前成立的保证合同,当事人对保证期间约定不明确,主债务履行期限届满至民法典施行之日不满二年,当事人主张保证期间为主债务履行期限届满之日起二年的,人民法院依法予以支持;当事人对保证期间没有约定,主债务履行期限届满至民法典施行之日不满六个月,当事人主张保证期间为主债务履行期限届满之日起六个月的,人民法院依法予以支持。

四、附　则

第二十八条　本规定自2021年1月1日起施行。

本规定施行后，人民法院尚未审结的一审、二审案件适用本规定。

最高人民法院关于印发《全国法院民商事审判工作会议纪要》的通知（节录）

- 2019年11月8日
- 法〔2019〕254号

……

全国法院民商事审判工作会议纪要

目　录

引　言

一、关于民法总则适用的法律衔接

二、关于公司纠纷案件的审理

三、关于合同纠纷案件的审理

四、关于担保纠纷案件的审理

五、关于金融消费者权益保护纠纷案件的审理

六、关于证券纠纷案件的审理

七、关于营业信托纠纷案件的审理

八、关于财产保险合同纠纷案件的审理

九、关于票据纠纷案件的审理

十、关于破产纠纷案件的审理

十一、关于案外人救济案件的审理

十二、关于民刑交叉案件的程序处理

……

会议认为，民商事审判工作必须坚持正确的政治方向，必须以习近平新时代中国特色社会主义思想武装头脑、指导实践、推动工作。一要坚持党的绝对领导。这是中国特色社会主义司法制度的本质特征和根本要求，是人民法院永远不变的根和魂。在民商事审判工作中，要切实增强"四个意识"、坚定"四个自信"、做到"两个维护"，坚定不移走中国特色社会主义法治道路。二要坚持服务党和国家大局。认清形势，高度关注中国特色社会主义进入新时代背景下经济社会的重大变化、社会主要矛盾的历史性变化、各类风险隐患的多元多变，提高服务大局的自觉性、针对性，主动作为，勇于担当，处理好依法办案和服务大局的辩证关系，着眼于贯彻落实党中央的重大决策部署、维护人民群众的根本利益、维护法治的统一。三要坚持司法为民。牢固树立以人民为中心的发展思想，始终坚守人民立场，胸怀人民群众，满足人民需求，带着对人民群众的深厚感情和强烈责任感去做好民商事审判工作。在民商事审判工作中要弘扬社会主义核心价值观，注意情理法的交融平衡，做到以法为据、以理服人、以情感人，既要义正辞严讲清法理，又要循循善诱讲明事理，还要感同身受讲透情理，争取广大人民群众和社会的理解与支持。要建立健全方便人民群众诉讼的民商事审判工作机制。四要坚持公正司法。公平正义是中国特色社会主义制度的内在要求，也是我党治国理政的一贯主张。司法是维护社会公平正义的最后一道防线，必须把公平正义作为生命线，必须把公平正义作为镌刻在心中的价值坐标，必须把"努力让人民群众在每一个司法案件中感受到公平正义"作为矢志不渝的奋斗目标。

会议指出，民商事审判工作要树立正确的审判理念。注意辩证理解并准确把握契约自由、平等保护、诚实信用、公序良俗等民商事审判基本原则；注意树立请求权基础思维、逻辑和价值相一致思维、同案同判思维，通过检索类案、参考指导案例等方式统一裁判尺度，有效防止滥用自由裁量权；注意处理好民商事审判与行政监管的关系，通过穿透式审判思维，查明当事人的真实意思，探求真实法律关系；特别注意外观主义系民商法上的学理概括，并非现行法律规定的原则，现行法律只是规定了体现外观主义的具体规则，如《物权法》第106条规定的善意取得，《合同法》第49条、《民法总则》第172条规定的表见代理，《合同法》第50条规定的越权代表，审判实务中应当依据有关具体法律规则进行判断，类推适用亦应当以法律规则设定的情形、条件为基础。从现行法律规则看，外观主义是为保护交易安全设置的例外规定，一般适用于因合理信赖权利外观或意思表示外观的交易行为。实际权利人与名义权利人的关系，应注重财产的实质归属，而不单纯地取决于公示外观。总之，审判实务中要准确把握外观主义的适用边界，避免泛化和滥用。

会议对当前民商事审判工作中的一些疑难法律问题取得了基本一致的看法，现纪要如下：

一、关于民法总则适用的法律衔接

会议认为,民法总则施行后至民法典施行前,拟编入民法典但尚未完成修订的物权法、合同法等民商事基本法,以及不编入民法典的公司法、证券法、信托法、保险法、票据法等民商事特别法,均可能存在与民法总则规定不一致的情形。人民法院应当依照《立法法》第92条、《民法总则》第11条等规定,综合考虑新的规定优于旧的规定、特别规定优于一般规定等法律适用规则,依法处理好民法总则与相关法律的衔接问题,主要是处理好与民法通则、合同法、公司法的关系。

1.【民法总则与民法通则的关系及其适用】民法通则既规定了民法的一些基本制度和一般性规则,也规定了合同、所有权及其他财产权、知识产权、民事责任、涉外民事法律关系适用等具体内容。民法总则基本吸收了民法通则规定的基本制度和一般性规则,同时作了补充、完善和发展。民法通则规定的合同、所有权及其他财产权、民事责任等具体内容还需要在编撰民法典各分编时作进一步统筹、系统整合。因民法总则施行后暂不废止民法通则,在此之前,民法总则与民法通则规定不一致的,根据新的规定优于旧的规定的法律适用规则,适用民法总则的规定。最高人民法院已依据民法总则制定了关于诉讼时效问题的司法解释,而原依据民法通则制定的关于诉讼时效的司法解释,只要与民法总则不冲突,仍可适用。

2.【民法总则与合同法的关系及其适用】根据民法典编撰工作"两步走"的安排,民法总则施行后,目前正在进行民法典的合同编、物权编等各分编的编撰工作。民法典施行后,合同法不再保留。在这之前,因民法总则施行前成立的合同发生的纠纷,原则上适用合同法的有关规定处理。因民法总则施行后成立的合同发生的纠纷,如果合同法"总则"对此的规定与民法总则的规定不一致的,根据新的规定优于旧的规定的法律适用规则,适用民法总则的规定。例如,关于欺诈、胁迫问题,根据合同法的规定,只有合同当事人之间存在欺诈、胁迫行为的,被欺诈、胁迫一方才享有撤销合同的权利。而依民法总则的规定,第三人实施的欺诈、胁迫行为,被欺诈、胁迫一方也有撤销合同的权利。另外,合同法视欺诈、胁迫行为所损害利益的不同,对合同效力作出了不同规定:损害合同当事人利益的,属于可撤销或者可变更合同;损害国家利益的,则属于无效合同。民法总则则未加区别,规定一律按可撤销合同对待。再如,关于显失公平问题,合同法将显失公平与乘人之危作为两类不同的可撤销或者可变更合同事由,而民法总则则将二者合并为一类可撤销合同事由。

民法总则施行后发生的纠纷,在民法典施行前,如果合同法"分则"对此的规定与民法总则不一致的,根据特别规定优于一般规定的法律适用规则,适用合同法"分则"的规定。例如,民法总则仅规定了显名代理,没有规定《合同法》第402条的隐名代理和第403条的间接代理。在民法典施行前,这两条规定应当继续适用。

3.【民法总则与公司法的关系及其适用】民法总则与公司法的关系,是一般法与商事特别法的关系。民法总则第三章"法人"第一节"一般规定"和第二节"营利法人"基本上是根据公司法的有关规定提炼的,二者的精神大体一致。因此,涉及民法总则这一部分的内容,规定一致的,适用民法总则或者公司法皆可;规定不一致的,根据《民法总则》第11条有关"其他法律对民事关系有特别规定的,依照其规定"的规定,原则上应当适用公司法的规定。但应当注意也有例外情况,主要表现在两个方面:一是就同一事项,民法总则制定时有意修正公司法有关条款的,应当适用民法总则的规定。例如,《公司法》第32条第3款规定:"公司应当将股东的姓名或者名称及其出资额向公司登记机关登记;登记事项发生变更的,应当办理变更登记。未经登记或者变更登记的,不得对抗第三人。"而《民法总则》第65条的规定则把"不得对抗第三人"修正为"不得对抗善意相对人"。经查询有关立法理由,可以认为,此种情况应当适用民法总则的规定。二是民法总则在公司法规定基础上增加了新内容的,如《公司法》第22条第2款就公司决议的撤销问题进行了规定,《民法总则》第85条在该条基础上增加规定:"但是营利法人依据该决议与善意相对人形成的民事法律关系不受影响。"此时,也应当适用民法总则的规定。

4.【民法总则的时间效力】根据"法不溯及既往"的原则,民法总则原则上没有溯及力,故只能适用于施行后发生的法律事实;民法总则施行前发生的法律事实,适用当时的法律;某一法律事实发生在民法总则施行前,其行为延续至民法总则施行后的,适用民法总则的规定。但要注意有例外情形,如虽然法律事实发生在民法总则施行前,但当时的法律对此没有规定而民法总则有规定的,例如,对于虚伪意思表示、第三人实施欺诈行为,合同法均无规定,发生纠纷后,基于"法官不得拒绝裁判"规则,可以将民法总则的相关规定作为裁判依据。又如,民法总则施行前成立的合同,根据当时的法律应当认定无效,而根据民法总则应当认定有效或者可撤销的,应当适用民法总则的规定。

在民法总则无溯及力的场合,人民法院应当依据法律事实发生时的法律进行裁判,但如果法律事实发生时的法律虽有规定,但内容不具体、不明确的,如关于无权代理在被代理人不予追认时的法律后果,民法通则和合同法均规定由行为人承担民事责任,但对民事责任的性质和方式没有规定,而民法总则对此有明确且详细的规定,人民法院在审理案件时,就可以在裁判文书的说理部分将民法总则规定的内容作为解释法律事实发生时法律规定的参考。

二、关于公司纠纷案件的审理

会议认为,审理好公司纠纷案件,对于保护交易安全和投资安全,激发经济活力,增强投资创业信心,具有重要意义。要依法协调好公司债权人、股东、公司等各种利益主体之间的关系,处理好公司外部与内部的关系,解决好公司自治与司法介入的关系。

(一)关于"对赌协议"的效力及履行

实践中俗称的"对赌协议",又称估值调整协议,是指投资方与融资方在达成股权性融资协议时,为解决交易双方对目标公司未来发展的不确定性、信息不对称以及代理成本而设计的包含了股权回购、金钱补偿等对未来目标公司的估值进行调整的协议。从订立"对赌协议"的主体来看,有投资方与目标公司的股东或者实际控制人"对赌"、投资方与目标公司"对赌"、投资方与目标公司的股东、目标公司"对赌"等形式。人民法院在审理"对赌协议"纠纷案件时,不仅应当适用合同法的相关规定,还应当适用公司法的相关规定;既要坚持鼓励投资方对实体企业特别是科技创新企业投资原则,从而在一定程度上缓解企业融资难问题,又要贯彻资本维持原则和保护债权人合法权益原则,依法平衡投资方、公司债权人、公司之间的利益。对于投资方与目标公司的股东或者实际控制人订立的"对赌协议",如无其他无效事由,认定有效并支持实际履行,实践中并无争议。但投资方与目标公司订立的"对赌协议"是否有效以及能否实际履行,存在争议。对此,应当把握如下处理规则:

5.【与目标公司"对赌"】投资方与目标公司订立的"对赌协议"在不存在法定无效事由的情况下,目标公司仅以存在股权回购或者金钱补偿约定为由,主张"对赌协议"无效的,人民法院不予支持,但投资方主张实际履行的,人民法院应当审查是否符合公司法关于"股东不得抽逃出资"及股份回购的强制性规定,判决是否支持其诉讼请求。

投资方请求目标公司回购股权的,人民法院应当依据《公司法》第35条关于"股东不得抽逃出资"或者第142条关于股份回购的强制性规定进行审查。经审查,目标公司未完成减资程序的,人民法院应当驳回其诉讼请求。

投资方请求目标公司承担金钱补偿义务的,人民法院应当依据《公司法》第35条关于"股东不得抽逃出资"和第166条关于利润分配的强制性规定进行审查。经审查,目标公司没有利润或者虽有利润但不足以补偿投资方的,人民法院应当驳回或者部分支持其诉讼请求。今后目标公司有利润时,投资方还可以依据该事实另行提起诉讼。

(二)关于股东出资加速到期及表决权

6.【股东出资应否加速到期】在注册资本认缴制下,股东依法享有期限利益。债权人以公司不能清偿到期债务为由,请求未届出资期限的股东在未出资范围内对公司不能清偿的债务承担补充赔偿责任的,人民法院不予支持。但是,下列情形除外:

(1)公司作为被执行人的案件,人民法院穷尽执行措施无财产可供执行,已具备破产原因,但不申请破产的;

(2)在公司债务产生后,公司股东(大)会决议或以其他方式延长股东出资期限的。

7.【表决权能否受限】股东认缴的出资未届履行期限,对未缴纳部分的出资是否享有以及如何行使表决权等问题,应当根据公司章程来确定。公司章程没有规定的,应当按照认缴出资的比例确定。如果股东(大)会作出不按认缴出资比例而按实际出资比例或者其他标准确定表决权的决议,股东请求确认决议无效的,人民法院应当审查该决议是否符合修改公司章程所要求的表决程序,即必须经代表三分之二以上表决权的股东通过。符合的,人民法院不予支持;反之,则依法予以支持。

(三)关于股权转让

8.【有限责任公司的股权变动】当事人之间转让有限责任公司股权,受让人以其姓名或者名称已记载于股东名册为由主张其已经取得股权的,人民法院依法予以支持,但法律、行政法规规定应当办理批准手续生效的股权转让除外。未向公司登记机关办理股权变更登记的,不得对抗善意相对人。

9.【侵犯优先购买权的股权转让合同的效力】审判实践中,部分人民法院对公司法司法解释(四)第21条规定的理解存在偏差,往往以保护其他股东的优先购买权为由认定股权转让合同无效。准确理解该条规定,既要注意保护其他股东的优先购买权,也要注意保护股东以外的股权受让人的合法权益,正确认定有限责任公司的股东与股东以外的股权受让人订立的股权转让合同的效力。一方面,其他股东依法享有优先购买权,在其主张按照股权转让合同约定的同等条件购买股权的情况下,应当支持其诉讼请求,除非出现该条第1款规定的情形。另一方面,为保护股东以外的股权受让人的合法权益,股权转让合同如无其他影响合同效力的事由,应当认定有效。其他股东行使优先购买权的,虽然股东以外的股权受让人关于继续履行股权转让合同的请求不能得到支持,但不影响其依约请求转让股东承担相应的违约责任。

(四)关于公司人格否认

公司人格独立和股东有限责任是公司法的基本原则。否认公司独立人格,由滥用公司法人独立地位和股东有限责任的股东对公司债务承担连带责任,是股东有限责任的例外情形,旨在矫正有限责任制度在特定法律事实发生时对债权人保护的失衡现象。在审判实践中,要准确把握《公司法》第20条第3款规定的精神。一是只有在股东实施了滥用公司法人独立地位及股东有限责任的行为,且该行为严重损害了公司债权人利益的情况下,才能适用。损害债权人利益,主要是指股东滥用权利使公司财产不足以清偿公司债权人的债权。二是只有实施了滥用法人独立地位和股东有限责任行为的股东才对公司债务承担连带清偿责任,而其他股东不应承担此责任。三是公司人格否认不是全面、彻底、永久地否定公司的法人资格,而只是在具体案件中依据特定的法律事实、法律关系,突破股东对公司债务不承担责任的一般规则,例外地判令其承担连带责任。人民法院在个案中否认公司人格的判决的既判力仅仅约束该诉讼的各方当事人,不当然适用于涉及该公司的其他诉讼,不影响公司独立法人资格的存续。如果其他债权人提起公司人格否认诉讼,已生效判决认定的事实可以作为证据使用。四是《公司法》第20条第3款规定的滥用行为,实践中常见的情形有人格混同、过度支配与控制、资本显著不足等。在审理案件时,需要根据查明的案件事实进行综合判断,既审慎适用,又当用则用。实践中存在标准把握不严而滥用这一例外制度的现象,同时也存在因法律规定较为原则、抽象,适用难度大,而不善于适用、不敢于适用的现象,均应当引起高度重视。

10.【人格混同】认定公司人格与股东人格是否存在混同,最根本的判断标准是公司是否具有独立意思和独立财产,最主要的表现是公司的财产与股东的财产是否混同且无法区分。在认定是否构成人格混同时,应当综合考虑以下因素:

(1)股东无偿使用公司资金或者财产,不作财务记载的;

(2)股东用公司的资金偿还股东的债务,或者将公司的资金供关联公司无偿使用,不作财务记载的;

(3)公司账簿与股东账簿不分,致使公司财产与股东财产无法区分的;

(4)股东自身收益与公司盈利不加区分,致使双方利益不清的;

(5)公司的财产记载于股东名下,由股东占有、使用的;

(6)人格混同的其他情形。

在出现人格混同的情况下,往往同时出现以下混同:公司业务和股东业务混同;公司员工与股东员工混同,特别是财务人员混同;公司住所与股东住所混同。人民法院在审理案件时,关键要审查是否构成人格混同,而不要求同时具备其他方面的混同,其他方面的混同往往只是人格混同的补强。

11.【过度支配与控制】公司控制股东对公司过度支配与控制,操纵公司的决策过程,使公司完全丧失独立性,沦为控制股东的工具或躯壳,严重损害公司债权人利益,应当否认公司人格,由滥用控制权的股东对公司债务承担连带责任。实践中常见的情形包括:

(1)母子公司之间或者子公司之间进行利益输送的;

(2)母子公司或者子公司之间进行交易,收益归一方,损失却由另一方承担的;

(3)先从原公司抽走资金,然后再成立经营目的相同或者类似的公司,逃避原公司债务的;

(4)先解散公司,再以原公司场所、设备、人员及相同或者类似的经营目的另设公司,逃避原公司债务的;

(5)过度支配与控制的其他情形。

控制股东或实际控制人控制多个子公司或者关联公司,滥用控制权使多个子公司或者关联公司财产边界不清、财务混同,利益相互输送,丧失人格独立性,沦为控制股东逃避债务、非法经营、甚至违法犯罪工具的,可以综合案件事实,否认子公司或者关联公司法人人格,判令承担连带责任。

12.【资本显著不足】资本显著不足指的是,公司设立后在经营过程中,股东实际投入公司的资本数额与公司经营所隐含的风险相比明显不匹配。股东利用较少资本从事力所不及的经营,表明其没有从事公司经营的诚意,实质是恶意利用公司独立人格和股东有限责任把投资风险转嫁给债权人。由于资本显著不足的判断标准有很大的模糊性,特别是要与公司采取"以小博大"的正常经营方式相区分,因此在适用时要十分谨慎,应当与其他因素结合起来综合判断。

13.【诉讼地位】人民法院在审理公司人格否认纠纷案件时,应当根据不同情形确定当事人的诉讼地位:

(1)债权人对债务人公司享有的债权已经由生效裁判确认,其另行提起公司人格否认诉讼,请求股东对公司债务承担连带责任的,列股东为被告,公司为第三人;

(2)债权人对债务人公司享有的债权提起诉讼的同时,一并提起公司人格否认诉讼,请求股东对公司债务承担连带责任的,列公司和股东为共同被告;

(3)债权人对债务人公司享有的债权尚未经生效裁判确认,直接提起公司人格否认诉讼,请求公司股东对公司债务承担连带责任的,人民法院应当向债权人释明,告知其追加公司为共同被告。债权人拒绝追加的,人民法院应当裁定驳回起诉。

(五)关于有限责任公司清算义务人的责任

关于有限责任公司股东清算责任的认定,一些案件的处理结果不适当地扩大了股东的清算责任。特别是实践中出现了一些职业债权人,从其他债权人处大批量超低价收购僵尸企业的"陈年旧账"后,对批量僵尸企业提起强制清算之诉,在获得人民法院对公司主要财产、账册、重要文件等灭失的认定后,根据公司法司法解释(二)第18条第2款的规定,请求有限责任公司的股东对公司债务承担连带清偿责任。有的人民法院没有准确把握上述规定的适用条件,判决没有"怠于履行义务"的小股东或者虽"怠于履行义务"但与公司主要财产、账册、重要文件等灭失没有因果关系的小股东对公司债务承担远远超过其出资数额的责任,导致出现利益明显失衡的现象。需要明确的是,上述司法解释关于有限责任公司股东清算责任的规定,其性质是因股东怠于履行清算义务致使公司无法清算所应当承担的侵权责任。在认定有限责任公司股东是否应当对债权人承担侵权赔偿责任时,应当注意以下问题:

14.【怠于履行清算义务的认定】公司法司法解释(二)第18条第2款规定的"怠于履行义务",是指有限责任公司的股东在法定清算事由出现后,在能够履行清算义务的情况下,故意拖延、拒绝履行清算义务,或者因过失导致无法进行清算的消极行为。股东举证证明其已经为履行清算义务采取了积极措施,或者小股东举证证明其既不是公司董事会或者监事会成员,也没有选派人员担任该机关成员,且从未参与公司经营管理,以不构成"怠于履行义务"为由,主张其不应当对公司债务承担连带清偿责任的,人民法院依法予以支持。

15.【因果关系抗辩】有限责任公司的股东举证证明其"怠于履行义务"的消极不作为与"公司主要财产、账册、重要文件等灭失,无法进行清算"的结果之间没有因果关系,主张其不应对公司债务承担连带清偿责任的,人民法院依法予以支持。

16.【诉讼时效期间】公司债权人请求股东对公司债务承担连带清偿责任,股东以公司债权人对公司的债权已经超过诉讼时效期间为由抗辩,经查证属实的,人民法院依法予以支持。

公司债权人以公司法司法解释(二)第18条第2款为依据,请求有限责任公司的股东对公司债务承担连带清偿责任的,诉讼时效期间自公司债权人知道或者应当知道公司无法进行清算之日起计算。

(六)关于公司为他人提供担保

关于公司为他人提供担保的合同效力问题,审判实践中裁判尺度不统一,严重影响了司法公信力,有必要予以规范。对此,应当把握以下几点:

17.【违反《公司法》第16条构成越权代表】为防止法定代表人随意代表公司为他人提供担保给公司造成损失,损害中小股东利益,《公司法》第16条对法定代表人的代表权进行了限制。根据该条规定,担保行为不是法定代表人所能单独决定的事项,而必须以公司股东(大)会、董事会等公司机关的决议作为授权的基础和来源。法定代表人未经授权擅自为他人提供担保的,构成越权代表,人民法院应当根据《合同法》第50条关于法定代表人越权代表的规定,区分订立合同时债权人是否善意分别认定合同效力:债权人善意的,合同有效;反之,合同无效。

18.【善意的认定】前条所称的善意,是指债权人不知道或者不应当知道法定代表人超越权限订立担保合同。《公司法》第16条对关联担保和非关联担保的决议机关作出了区别规定,相应地,在善意的判断标准上也应当有所区别。一种情形是,为公司股东或者实际控制人提供关联担保,《公司法》第16条明确规定必须由股东(大)会决议,未经股东(大)会决议,构成越权代表。在此情况下,债权人主张担保合同有效,应当提供证据证明其在订立合同时对股东(大)会决议进行了审查,决议的表决程序符合《公司法》第16条的规定,即在排除被担保股东表决权的情况下,该项表决由出席会议的其他股东所持表决权的过半数通过,签字人员也符合公司章程的规定。另一种情形是,公司为公司股东或者实际控制人以外的人提供非关联担保,根据《公司法》第16条的规定,

此时由公司章程规定是由董事会决议还是股东(大)会决议。无论章程是否对决议机关作出规定,也无论章程规定决议机关为董事会还是股东(大)会,根据《民法总则》第61条第3款关于"法人章程或者法人权力机构对法定代表人代表权的限制,不得对抗善意相对人"的规定,只要债权人能够证明其在订立担保合同时对董事会决议或者股东(大)会决议进行了审查,同意决议的人数及签字人员符合公司章程的规定,就应当认定其构成善意,但公司能够证明债权人明知公司章程对决议机关有明确规定的除外。

债权人对公司机关决议内容的审查一般限于形式审查,只要求尽到必要的注意义务即可,标准不宜太过严苛。公司以机关决议系法定代表人伪造或者变造、决议程序违法、签章(名)不实、担保金额超过法定限额等事由抗辩债权人非善意的,人民法院一般不予支持。但是,公司有证据证明债权人明知决议系伪造或者变造的除外。

19.【无须机关决议的例外情况】存在下列情形的,即便债权人知道或者应当知道没有公司机关决议,也应当认定担保合同符合公司的真实意思表示,合同有效:

(1)公司是以为他人提供担保为主营业务的担保公司,或者是开展保函业务的银行或者非银行金融机构;

(2)公司为其直接或者间接控制的公司开展经营活动向债权人提供担保;

(3)公司与主债务人之间存在相互担保等商业合作关系;

(4)担保合同系由单独或者共同持有公司三分之二以上有表决权的股东签字同意。

20.【越权担保的民事责任】依据前述3条规定,担保合同有效,债权人请求公司承担担保责任的,人民法院依法予以支持;担保合同无效,债权人请求公司承担担保责任的,人民法院不予支持,但可以按照担保法及有关司法解释关于担保无效的规定处理。公司举证证明债权人明知法定代表人超越权限或者机关决议系伪造或者变造,债权人请求公司承担合同无效后的民事责任的,人民法院不予支持。

21.【权利救济】法定代表人的越权担保行为给公司造成损失,公司请求法定代表人承担赔偿责任的,人民法院依法予以支持。公司没有提起诉讼,

股东依据《公司法》第 151 条的规定请求法定代表人承担赔偿责任的,人民法院依法予以支持。

22.【上市公司为他人提供担保】债权人根据上市公司公开披露的关于担保事项已经董事会或者股东大会决议通过的信息订立的担保合同,人民法院应当认定有效。

23.【债务加入准用担保规则】法定代表人以公司名义与债务人约定加入债务并通知债权人或者向债权人表示愿意加入债务,该约定的效力问题,参照本纪要关于公司为他人提供担保的有关规则处理。

(七)关于股东代表诉讼

24.【何时成为股东不影响起诉】股东提起股东代表诉讼,被告以行为发生时原告尚未成为公司股东为由抗辩该股东不是适格原告的,人民法院不予支持。

25.【正确适用前置程序】根据《公司法》第 151 条的规定,股东提起代表诉讼的前置程序之一是,股东必须先书面请求公司有关机关向人民法院提起诉讼。一般情况下,股东没有履行该前置程序的,应当驳回起诉。但是,该项前置程序针对的是公司治理的一般情况,即在股东向公司有关机关提出书面申请之时,存在公司有关机关提起诉讼的可能性。如果查明的相关事实表明,根本不存在该种可能性的,人民法院不应当以原告未履行前置程序为由驳回起诉。

26.【股东代表诉讼的反诉】股东依据《公司法》第 151 条第 3 款的规定提起股东代表诉讼后,被告以原告股东恶意起诉侵犯其合法权益为由提起反诉的,人民法院应予受理。被告以公司在案涉纠纷中应当承担侵权或者违约等责任为由对公司提出的反诉,因不符合反诉的要件,人民法院应当裁定不予受理;已经受理的,裁定驳回起诉。

27.【股东代表诉讼的调解】公司是股东代表诉讼的最终受益人,为避免因原告股东与被告通过调解损害公司利益,人民法院应当审查调解协议是否为公司的意思。只有在调解协议经公司股东(大)会、董事会决议通过后,人民法院才能出具调解书予以确认。至于具体决议机关,取决于公司章程的规定。公司章程没有规定的,人民法院应当认定公司股东(大)会为决议机关。

(八)其他问题

28.【实际出资人显名的条件】实际出资人能够提供证据证明有限责任公司过半数的其他股东知道其实际出资的事实,且对其实际行使股东权利未曾提出异议的,对实际出资人提出的登记为公司股东的请求,人民法院依法予以支持。公司以实际出资人的请求不符合公司法司法解释(三)第 24 条的规定为由抗辩的,人民法院不予支持。

29.【请求召开股东(大)会不可诉】公司召开股东(大)会本质上属于公司内部治理范围。股东请求判令公司召开股东(大)会的,人民法院应当告知其按照《公司法》第 40 条或者第 101 条规定的程序自行召开。股东坚持起诉的,人民法院应当裁定不予受理;已经受理的,裁定驳回起诉。

三、关于合同纠纷案件的审理

会议认为,合同是市场化配置资源的主要方式,合同纠纷也是民商事纠纷的主要类型。人民法院在审理合同纠纷案件时,要坚持鼓励交易原则,充分尊重当事人的意思自治。要依法审慎认定合同效力。要根据诚实信用原则,合理解释合同条款、确定履行内容,合理确定当事人的权利义务关系,审慎适用合同解除制度,依法调整过高的违约金,强化对守约者诚信行为的保护力度,提高违法违约成本,促进诚信社会构建。

(一)关于合同效力

人民法院在审理合同纠纷案件过程中,要依职权审查合同是否存在无效的情形,注意无效与可撤销、未生效、效力待定等合同效力形态之间的区别,准确认定合同效力,并根据效力的不同情形,结合当事人的诉讼请求,确定相应的民事责任。

30.【强制性规定的识别】合同法施行后,针对一些人民法院动辄以违反法律、行政法规的强制性规定为由认定合同无效,不当扩大无效合同范围的情形,合同法司法解释(二)第 14 条将《合同法》第 52 条第 5 项规定的"强制性规定"明确限于"效力性强制性规定"。此后,《最高人民法院关于当前形势下审理民商事合同纠纷案件若干问题的指导意见》进一步提出了"管理性强制性规定"的概念,指出违反管理性强制性规定的,人民法院应当根据具体情形认定合同效力。随着这一概念的提出,审判实践中又出现了另一种倾向,有的人民法院认为凡是行政管理性质的强制性规定都属于"管理性强制性规定",不影响合同效力。这种文生义的认定方法,应予纠正。

人民法院在审理合同纠纷案件时,要依据《民法总则》第153条第1款和合同法司法解释(二)第14条的规定慎重判断"强制性规定"的性质,特别是要在考量强制性规定所保护的法益类型、违法行为的法律后果以及交易安全保护等因素的基础上认定其性质,并在裁判文书中充分说明理由。下列强制性规定,应当认定为"效力性强制性规定":强制性规定涉及金融安全、市场秩序、国家宏观政策等公序良俗的;交易标的禁止买卖的,如禁止人体器官、毒品、枪支等买卖;违反特许经营规定的,如场外配资合同;交易方式严重违法的,如违反招投标等竞争性缔约方式订立的合同;交易场所违法的,如在批准的交易场所之外进行期货交易。关于经营范围、交易时间、交易数量等行政管理性质的强制性规定,一般应当认定为"管理性强制性规定"。

31.【违反规章的合同效力】违反规章一般情况下不影响合同效力,但该规章的内容涉及金融安全、市场秩序、国家宏观政策等公序良俗的,应当认定合同无效。人民法院在认定规章是否涉及公序良俗时,要在考察规范对象基础上,兼顾监管强度、交易安全保护以及社会影响等方面进行慎重考量,并在裁判文书中进行充分说理。

32.【合同不成立、无效或者被撤销的法律后果】《合同法》第58条就合同无效或者被撤销时的财产返还责任和损害赔偿责任作了规定,但未规定合同不成立的法律后果。考虑到合同不成立时也可能发生财产返还和损害赔偿责任问题,故应当参照适用该条的规定。

在确定合同不成立、无效或者被撤销后财产返还或者折价补偿范围时,要根据诚实信用原则的要求,在当事人之间合理分配,不能使不诚信的当事人因合同不成立、无效或者被撤销而获益。合同不成立、无效或者被撤销情况下,当事人所承担的缔约过失责任不应超过合同履行利益。比如,依据《最高人民法院关于审理建设工程施工合同纠纷案件适用法律问题的解释》第2条规定,建设工程施工合同无效,在建设工程经竣工验收合格情况下,可以参照合同约定支付工程款,但除非增加了合同约定之外新的工程项目,一般不应超出合同约定支付工程款。

33.【财产返还与折价补偿】合同不成立、无效或者被撤销后,在确定财产返还时,要充分考虑财产增值或者贬值的因素。双务合同不成立、无效或者被撤销后,双方因该合同取得财产的,应当相互返还。应予返还的股权、房屋等财产相对于合同约定价款出现增值或者贬值的,人民法院要综合考虑市场因素、受让人的经营或者添附等行为与财产增值或者贬值之间的关联性,在当事人之间合理分配或者分担,避免一方因合同不成立、无效或者被撤销而获益。在标的物已经灭失、转售他人或者其他无法返还的情况下,当事人主张返还原物的,人民法院不予支持,但其主张折价补偿的,人民法院依法予以支持。折价时,应当以当事人交易时约定的价款为基础,同时考虑当事人在标的物灭失或者转售时的获益情况综合确定补偿标准。标的物灭失时当事人获得的保险金或者其他赔偿金,转售时取得的对价,均属于当事人因标的物而获得的利益。对获益高于或者低于价款的部分,也应当在当事人之间合理分配或者分担。

34.【价款返还】双务合同不成立、无效或者被撤销时,标的物返还与价款返还互为对待给付,双方应当同时返还。关于应否支付利息问题,只要一方对标的物有使用情形的,一般应当支付使用费,该费用可与占有价款一方应当支付的资金占用费相互抵销,故在一方返还原物前,另一方仅须支付本金,而无须支付利息。

35.【损害赔偿】合同不成立、无效或者被撤销时,仅返还财产或者折价补偿不足以弥补损失,一方还可以向有过错的另一方请求损害赔偿。在确定损害赔偿范围时,既要根据当事人的过错程度合理确定责任,又要考虑在确定财产返还范围时已经考虑过的财产增值或者贬值因素,避免双重获利或者双重受损的现象发生。

36.【合同无效时的释明问题】在双务合同中,原告起诉请求确认合同有效并请求继续履行合同,被告主张合同无效的,或者原告起诉请求确认合同无效并返还财产,而被告主张合同有效的,都要防止机械适用"不告不理"原则,仅就当事人的诉讼请求进行审理,而应向原告释明变更或者增加诉讼请求,或者向被告释明提出同时履行抗辩,尽可能一次性解决纠纷。例如,基于合同有给付行为的原告请求确认合同无效,但并未提出返还原物或者折价补偿、赔偿损失等请求的,人民法院应当向其释明,告知其一并提出相应诉讼请求;原告请求确认合同无效并要求被告返还原物或者赔偿损失，被告基于合同也有给付行为的，人民法院同样应当向被告释明，告知其也可以提出返还请求；人民法院经审理认定合同无效的，除了要在判决书"本院认为"部分对同时返还作出认定外，还应当在判项中作出明确表述，避免因判令单方返还而出现不公平的结果。

第一审人民法院未予释明，第二审人民法院认为应当对合同不成立、无效或者被撤销的法律后果作出判决的，可以直接释明并改判。当然，如果返还财产或者赔偿损失的范围确实难以确定或者双方争议较大的，也可以告知当事人通过另行起诉等方式解决，并在裁判文书中予以明确。

当事人按照释明变更诉讼请求或者提出抗辩的，人民法院应当将其归纳为案件争议焦点，组织当事人充分举证、质证、辩论。

37.【未经批准合同的效力】法律、行政法规规定某类合同应当办理批准手续生效的，如商业银行法、证券法、保险法等法律规定购买商业银行、证券公司、保险公司5%以上股权须经相关主管部门批准，依据《合同法》第44条第2款的规定，批准是合同的法定生效条件，未经批准的合同因欠缺法律规定的特别生效条件而未生效。实践中的一个突出问题是，把未生效合同认定为无效合同，或者虽认定为未生效，却按无效合同处理。无效合同从本质上来说是欠缺合同的有效要件，或者具有合同无效的法定事由，自始不发生法律效力。而未生效合同已具备合同的有效要件，对双方具有一定的拘束力，任何一方不得擅自撤回、解除、变更，但因欠缺法律、行政法规规定或当事人约定的特别生效条件，在该生效条件成就前，不能产生请求对方履行合同主要权利义务的法律效力。

38.【报批义务及相关违约条款独立生效】须经行政机关批准生效的合同，对报批义务及未履行报批义务的违约责任等相关内容作出专门约定的，该约定独立生效。一方因另一方不履行报批义务，请求解除合同并请求其承担合同约定的相应违约责任的，人民法院依法予以支持。

39.【报批义务的释明】须经行政机关批准生效的合同，一方请求另一方履行合同主要权利义务的，人民法院应当向其释明，将诉讼请求变更为请求履行报批义务。一方变更诉讼请求的，人民法院依法予以支持；经释明后当事人拒绝变更的，应当驳回其诉讼请求，但不影响其另行提起诉讼。

40.【判决履行报批义务后的处理】人民法院判决一方履行报批义务后，该当事人拒绝履行，经人民法院强制执行仍未履行，对方请求其承担合同违约责任的，人民法院依法予以支持。一方依据判决履行报批义务，行政机关予以批准，合同发生完全的法律效力，其请求对方履行合同的，人民法院依法予以支持；行政机关没有批准，合同不具有法律上的可履行性，一方请求解除合同的，人民法院依法予以支持。

41.【盖章行为的法律效力】司法实践中，有些公司有意刻制两套甚至多套公章，有的法定代表人或者代理人甚至私刻公章，订立合同时恶意加盖非备案的公章或者假公章，发生纠纷后法人以加盖的是假公章为由否定合同效力的情形并不鲜见。人民法院在审理案件时，应当主要审查签约人于盖章之时有无代表权或者代理权，从而根据代表或者代理的相关规则来确定合同的效力。

法定代表人或者其授权之人在合同上加盖法人公章的行为，表明其是以法人名义签订合同，除《公司法》第16条等法律对其职权有特别规定的情形外，应当由法人承担相应的法律后果。法人以法定代表人事后已无代表权、加盖的是假章、所盖之章与备案公章不一致等为由否定合同效力的，人民法院不予支持。

代理人以被代理人名义签订合同，要取得合法授权。代理人取得合法授权后，以被代理人名义签订的合同，应当由被代理人承担责任。被代理人以代理人事后已无代理权、加盖的是假章、所盖之章与备案公章不一致等为由否定合同效力的，人民法院不予支持。

42.【撤销权的行使】撤销权应当由当事人行使。当事人未请求撤销的，人民法院不应当依职权撤销合同。一方请求另一方履行合同，另一方以合同具有可撤销事由提出抗辩的，人民法院应当在审查合同是否具有可撤销事由以及是否超过法定期间等事实的基础上，对合同是否可撤销作出判断，不能仅以当事人未提起诉讼或者反诉为由不予审查或者不予支持。一方主张合同无效，依据的却是可撤销事由，此时人民法院应当全面审查合同是否具有无效事由以及当事人主张的可撤销事由。当事人关于合同无效的事由成立的，人民法院应当认定合同无效。当事人主张合同无效的理由不成立,而可撤销的事由成立的,因合同无效和可撤销的后果相同,人民法院也可以结合当事人的诉讼请求,直接判决撤销合同。

(二)关于合同履行与救济

在认定以物抵债协议的性质和效力时,要根据订立协议时履行期限是否已经届满予以区别对待。合同解除、违约责任都是非违约方寻求救济的主要方式,人民法院在认定合同应否解除时,要根据当事人有无解除权、是约定解除还是法定解除等不同情形,分别予以处理。在确定违约责任时,尤其要注意依法适用违约金调整的相关规则,避免简单地以民间借贷利率的司法保护上限作为调整依据。

43.【抵销】抵销权既可以通知的方式行使,也可以提出抗辩或者提起反诉的方式行使。抵销的意思表示自到达对方时生效,抵销一经生效,其效力溯及自抵销条件成就之时,双方互负的债务在同等数额内消灭。双方互负的债务数额,是截至抵销条件成就之时各自负有的包括主债务、利息、违约金、赔偿金等在内的全部债务数额。行使抵销权一方享有的债权不足以抵销全部债务数额,当事人对抵销顺序又没有特别约定的,应当根据实现债权的费用、利息、主债务的顺序进行抵销。

44.【履行期届满后达成的以物抵债协议】当事人在债务履行期限届满后达成以物抵债协议,抵债物尚未交付债权人,债权人请求债务人交付的,人民法院要着重审查以物抵债协议是否存在恶意损害第三人合法权益等情形,避免虚假诉讼的发生。经审查,不存在以上情况,且无其他无效事由的,人民法院依法予以支持。

当事人在一审程序中因达成以物抵债协议申请撤回起诉的,人民法院可予准许。当事人在二审程序中申请撤回上诉的,人民法院应当告知其申请撤回起诉。当事人申请撤回起诉,经审查不损害国家利益、社会公共利益、他人合法权益的,人民法院可予准许。当事人不申请撤回起诉,请求人民法院出具调解书对以物抵债协议予以确认的,因债务人完全可以立即履行该协议,没有必要由人民法院出具调解书,故人民法院不应准许,同时应当继续对原债权债务关系进行审理。

45.【履行期届满前达成的以物抵债协议】当事人在债务履行期限届满前达成以物抵债协议,抵债物尚未交付债权人,债权人请求债务人交付的,

因此种情况不同于本纪要第71条规定的让与担保,人民法院应当向其释明,其应当根据原债权债务关系提起诉讼。经释明后当事人仍拒绝变更诉讼请求的,应当驳回其诉讼请求,但不影响其根据原债权债务关系另行提起诉讼。

46.【通知解除的条件】审判实践中,部分人民法院对合同法司法解释(二)第24条的理解存在偏差,认为不论发出解除通知的一方有无解除权,只要另一方未在异议期限内以起诉方式提出异议,就判令解除合同,这不符合合同法关于合同解除权行使的有关规定。对该条的准确理解是,只有享有法定或者约定解除权的当事人才能以通知方式解除合同。不享有解除权的一方向另一方发出解除通知,另一方即便未在异议期限内提起诉讼,也不发生合同解除的效果。人民法院在审理案件时,应当审查发出解除通知的一方是否享有约定或者法定的解除权来决定合同应否解除,不能仅以受通知一方在约定或者法定的异议期限届满内未起诉这一事实就认定合同已经解除。

47.【约定解除条件】合同约定的解除条件成就时,守约方以此为由请求解除合同的,人民法院应当审查违约方的违约程度是否显著轻微,是否影响守约方合同目的实现,根据诚实信用原则,确定合同应否解除。违约方的违约程度显著轻微,不影响守约方合同目的实现,守约方请求解除合同的,人民法院不予支持;反之,则依法予以支持。

48.【违约方起诉解除】违约方不享有单方解除合同的权利。但是,在一些长期性合同如房屋租赁合同履行过程中,双方形成合同僵局,一概不允许违约方通过起诉的方式解除合同,有时对双方都不利。在此前提下,符合下列条件,违约方起诉请求解除合同的,人民法院依法予以支持:

(1)违约方不存在恶意违约的情形;
(2)违约方继续履行合同,对其显失公平;
(3)守约方拒绝解除合同,违反诚实信用原则。

人民法院判决解除合同的,违约方本应当承担的违约责任不能因解除合同而减少或者免除。

49.【合同解除的法律后果】合同解除时,一方依据合同中有关违约金、约定损害赔偿的计算方法、定金责任等违约责任条款的约定,请求另一方承担违约责任的,人民法院依法予以支持。

双务合同解除时人民法院的释明问题,参照

本纪要第 36 条的相关规定处理。

50.【违约金过高标准及举证责任】认定约定违约金是否过高，一般应当以《合同法》第 113 条规定的损失为基础进行判断，这里的损失包括合同履行后可以获得的利益。除借款合同外的双务合同，作为对价的价款或者报酬给付之债，并非借款合同项下的还款义务，不能以受法律保护的民间借贷利率上限作为判断违约金是否过高的标准，而应当兼顾合同履行情况、当事人过错程度以及预期利益等因素综合确定。主张违约金过高的违约方应当对违约金是否过高承担举证责任。

（三）关于借款合同

人民法院在审理借款合同纠纷案件过程中，要根据防范化解重大金融风险、金融服务实体经济、降低融资成本的精神，区别对待金融借贷与民间借贷，并适用不同规则与利率标准。要依法否定高利转贷行为、职业放贷行为的效力，充分发挥司法的示范、引导作用，促进金融服务实体经济。要注意到，为深化利率市场化改革，推动降低实体利率水平，自 2019 年 8 月 20 日起，中国人民银行已经授权全国银行间同业拆借中心于每月 20 日（遇节假日顺延）9 时 30 分公布贷款市场报价利率（LPR），中国人民银行贷款基准利率这一标准已经取消。因此，自此之后人民法院裁判贷款利息的基本标准应改为全国银行间同业拆借中心公布的贷款市场报价利率。应予注意的是，贷款利率标准尽管发生了变化，但存款基准利率并未发生相应变化，相关标准仍可适用。

51.【变相利息的认定】金融借款合同纠纷中，借款人认为金融机构以服务费、咨询费、顾问费、管理费等为名变相收取利息，金融机构或者其指定的人收取的相关费用不合理的，人民法院可以根据提供服务的实际情况确定借款人应否支付或酌减相关费用。

52.【高利转贷】民间借贷中，出借人的资金必须是自有资金。出借人套取金融机构信贷资金又高利转贷给借款人的民间借贷行为，既增加了融资成本，又扰乱了信贷秩序，根据民间借贷司法解释第 14 条第 1 项的规定，应当认定此类民间借贷行为无效。人民法院在适用该条规定时，应当注意把握以下几点：一是要审查出借人的资金来源。借款人能够举证证明在签订借款合同时出借人尚欠银行贷款未还的，一般可以推定为出借人套取信贷资金，但出借人能够举反证予以推翻的除外；二是从宽认定"高利"转贷行为的标准，只要出借人通过转贷行为牟利的，就可以认定为是"高利"转贷行为；三是对该条规定的"借款人事先知道或者应当知道的"要件，不宜把握过苛。实践中，只要出借人在签订借款合同时存在尚欠银行贷款未还事实的，一般可以认为满足了该条规定的"借款人事先知道或者应当知道"这一要件。

53.【职业放贷人】未依法取得放贷资格的以民间借贷为业的法人，以及以民间借贷为业的非法人组织或者自然人从事的民间借贷行为，应当依法认定无效。同一出借人在一定期间内多次反复从事有偿民间借贷行为的，一般可以认定为是职业放贷人。民间借贷比较活跃的地方的高级人民法院或者经其授权的中级人民法院，可以根据本地区的实际情况制定具体的认定标准。

四、关于担保纠纷案件的审理

会议认为，要注意担保法及其司法解释与物权法对独立担保、混合担保、担保期间等有关制度的不同规定，根据新的规定优于旧的规定的法律适用规则，优先适用物权法的规定。从属性是担保的基本属性，要慎重认定独立担保行为的效力，将其严格限定在法律或者司法解释明确规定的情形。要根据区分原则，准确认定担保合同效力。要坚持物权法定、公示公信原则，区分不动产与动产担保物权在物权变动、效力规则等方面的异同，准确适用法律。要充分发挥担保对缓解融资难融资贵问题的积极作用，不轻易否定新类型担保、非典型担保的合同效力及担保功能。

（一）关于担保的一般规则

54.【独立担保】从属性是担保的基本属性，但由银行或者非银行金融机构开立的独立保函除外。独立保函纠纷案件依据《最高人民法院关于审理独立保函纠纷案件若干问题的规定》处理。需要进一步明确的是：凡是由银行或者非银行金融机构开立的符合该司法解释第 1 条、第 3 条规定情形的保函，无论是用于国际商事交易还是用于国内商事交易，均不影响保函的效力。银行或者非银行金融机构之外的当事人开立的独立保函，以及当事人有关排除担保从属性的约定，应当认定无效。但是，根据"无效法律行为的转换"原理，在否定其独立担保效力的同时，应当将其认定为从属性担保。此时，如果主合同有效，则担保合同有效，担保人与主债务人承担连带保证责任。主合同无效，则所谓的独立担保也随之无效，担保人无过错的，不承担责任；担保人有过错的，其承担民事责任的部分，不应超过债务人不能清偿部分的三分之一。

55.【担保责任的范围】担保人承担的担保责任范围不应当大于主债务，是担保从属性的必然要求。当事人约定的担保责任的范围大于主债务的，如针对担保责任约定专门的违约责任、担保责任的数额高于主债务、担保责任约定的利息高于主债务利息、担保责任的履行期先于主债务履行期届满，等等，均应当认定大于主债务部分的约定无效，从而使担保责任缩减至主债务的范围。

56.【混合担保中担保人之间的追偿问题】被担保的债权既有保证又有第三人提供的物的担保的，担保法司法解释第38条明确规定，承担了担保责任的担保人可以要求其他担保人清偿其应分担的份额。但《物权法》第176条并未作出类似规定，根据《物权法》第178条关于"担保法与本法的规定不一致的，适用本法"的规定，承担了担保责任的担保人向其他担保人追偿的，人民法院不予支持，但担保人在担保合同中约定可以相互追偿的除外。

57.【借新还旧的担保物权】贷款到期后，借款人与贷款人订立新的借款合同，将新贷用于归还旧贷，旧贷因清偿而消灭，为旧贷设立的担保物权也随之消灭。贷款人以旧贷上的担保物权尚未进行涂销登记为由，主张对新贷行使担保物权的，人民法院不予支持，但当事人约定继续为新贷提供担保的除外。

58.【担保债权的范围】以登记作为公示方式的不动产担保物权的担保范围，一般应当以登记的范围为准。但是，我国目前不动产担保物权登记，不同地区的系统设置及登记规则并不一致，人民法院在审理案件时应当充分注意制度设计上的差别，作出符合实际的判断：一是多数省区市的登记系统未设置"担保范围"栏目，仅有"被担保主债权数额（最高债权数额）"的表述，且只能填写固定数字。而当事人在合同中又往往约定担保物权的担保范围包括主债权及其利息、违约金等附属债权，致使合同约定的担保范围与登记不一致。显然，这种不一致是由于该地区登记系统设置及登记规则造成的该地区的普遍现象。人民法院以合同约定认定担保物权的担保范围，是符合实际的妥当选择。二是一些省区市不动产登记系统设置与登记规则比较规范，担保物权登记范围与合同约定一致在该地区是常态或者普遍现象，人民法院在审理案件时，应当以登记的担保范围为准。

59.【主债权诉讼时效届满的法律后果】抵押权人应当在主债权的诉讼时效期间内行使抵押权。抵押权人在主债权诉讼时效届满前未行使抵押权，抵押权人在主债权诉讼时效届满后请求涂销抵押权登记的，人民法院依法予以支持。

以登记作为公示方法的权利质权，参照适用前款规定。

（二）关于不动产担保物权

60.【未办理登记的不动产抵押合同的效力】不动产抵押合同依法成立，但未办理抵押登记手续，债权人请求抵押人办理抵押登记手续的，人民法院依法予以支持。因抵押物灭失以及抵押物转让他人等原因不能办理抵押登记，债权人请求抵押人以抵押物的价值为限承担责任的，人民法院依法予以支持，但其范围不得超过抵押权有效设立时抵押人所应当承担的责任。

61.【房地分别抵押】根据《物权法》第182条之规定，仅以建筑物设定抵押的，抵押权的效力及于占用范围内的土地；仅以建设用地使用权抵押的，抵押权的效力亦及于其上的建筑物。在房地分别抵押，即建设用地使用权抵押给一个债权人，而其上的建筑物又抵押给另一个人的情况下，可能产生两个抵押权的冲突问题。基于"房地一体"规则，此时应当将建筑物和建设用地使用权视为同一财产，从而依照《物权法》第199条的规定确定清偿顺序：登记在先的先清偿；同时登记的，按照债权比例清偿。同一天登记的，视为同时登记。应予注意的是，根据《物权法》第200条的规定，建设用地使用权抵押后，该土地上新增的建筑物不属于抵押财产。

62.【抵押权随主债权转让】抵押权是从属于主合同的从权利，根据"从随主"规则，债权转让的，除法律另有规定或者当事人另有约定外，担保该债权的抵押权一并转让。受让人向抵押人主张行使抵押权，抵押人以受让人不是抵押合同的当事人、未办理变更登记等为由提出抗辩的，人民法院不予支持。

（三）关于动产担保物权

63.【流动质押的设立与监管人的责任】在流动质押中，经常由债权人、出质人与监管人订立三方监管协议，此时应当查明监管人究竟是受债权人的委托还是受出质人的委托监管质物，确定质物是否已经交付债权人，从而判断质权是否有效设立。如果监管人系受债权人的委托监管质物，则其是债权人的直接占有人，应当认定完成了质物交付，质权有效设立。监管人违反监管协议约定，违规向出质人放货、因保管不善导致质物毁损灭失，债权人请求监管人承担违约责任的，人民法院依法予以支持。

如果监管人系受出质人委托监管质物，表明质物并未交付债权人，应当认定质权未有效设立。尽管监管协议约定监管人系受债权人的委托监管质物，但有证据证明其并未履行监管职责，质物实际上仍由出质人管领控制的，也应当认定质物并未实际交付，质权未有效设立。此时，债权人可以基于质押合同的约定请求质押人承担违约责任，但其范围不得超过质权有效设立时质押人所应当承担的责任。监管人未履行监管职责的，债权人也可以请求监管人承担违约责任。

64.【浮动抵押的效力】企业将其现有的以及将有的生产设备、原材料、半成品及产品等财产设定浮动抵押后，又将其中的生产设备等部分财产设定了动产抵押，并都办理了抵押登记，根据《物权法》第199条的规定，登记在先的浮动抵押优先于登记在后的动产抵押。

65.【动产抵押权与质权竞存】同一动产上同时设立质权和抵押权的，应当参照适用《物权法》第199条的规定，根据是否完成公示以及公示先后情况来确定清偿顺序：质权有效设立、抵押权办理了抵押登记的，按照公示先后确定清偿顺序；顺序相同的，按照债权比例清偿；质权有效设立、抵押权未办理抵押登记的，质权优先于抵押权；质权未有效设立、抵押权未办理抵押登记的，因此时抵押权已经有效设立，故抵押权优先受偿。

根据《物权法》第178条规定的精神，担保法司法解释第79条第1款不再适用。

（四）关于非典型担保

66.【担保关系的认定】当事人订立的具有担保功能的合同，不存在法定无效情形的，应当认定有效。虽然合同约定的权利义务关系不属于物权法规定的典型担保类型，但是其担保功能应予肯定。

67.【约定担保物权的效力】债权人与担保人订立担保合同，约定以法律、行政法规未禁止抵押或者质押的财产设定以登记作为公示方法的担保，因无法定的登记机构而未能进行登记的，不具有物权效力。当事人请求按照担保合同的约定就该财产折价、变卖或者拍卖所得价款等方式清偿债务的，人民法院依法予以支持，但对其他权利人不具有对抗效力和优先性。

68.【保兑仓交易】保兑仓交易作为一种新类型融资担保方式，其基本交易模式是，以银行信用为载体、以银行承兑汇票为结算工具、由银行控制货权，卖方（或者仓储方）受托保管货物并以承兑汇票与保证金之间的差额作为担保。其基本的交易流程是：卖方、买方和银行订立三方合作协议，其中买方向银行缴存一定比例的承兑保证金，银行向买方签发以卖方为收款人的银行承兑汇票，买方将银行承兑汇票交付卖方作为货款，银行根据买方缴纳的保证金的一定比例向卖方签发提货单，卖方根据提货单向买方交付对应金额的货物，买方销售货物后，将货款再缴存为保证金。

在三方协议中，一般来说，银行的主要义务是及时签发承兑汇票并按约定方式将其交给卖方，卖方的主要义务是根据银行签发的提货单发货，并在买方未及时销售或者回赎货物时，就保证金与承兑汇票之间的差额部分承担责任。银行为保障自身利益，往往还会约定卖方要将货物交给由其指定的当事人监管，并设定质押，从而涉及监管协议以及流动质押等问题。实践中，当事人还可能在前述基本交易模式基础上另行作出其他约定，只要不违反法律、行政法规的效力性强制性规定，这些约定应当认定有效。

一方当事人因保兑仓交易纠纷提起诉讼的，人民法院应当以保兑仓交易合同作为审理案件的基本依据，但买卖双方没有真实买卖关系的除外。

69.【无真实贸易背景的保兑仓交易】保兑仓交易以买卖双方有真实买卖关系为前提。双方无真实买卖关系的，该交易属于名为保兑仓交易实为借款合同，保兑仓交易因构成虚伪意思表示而无效，被隐藏的借款合同是当事人的真实意思表示，如不存在其他合同无效情形的，应当认定有效。保兑仓交易认定为借款合同关系的，不影响卖方和银行之间担保关系的效力,卖方仍应当承担担保责任。

70.【保兑仓交易的合并审理】当事人就保兑仓交易中的不同法律关系的相对方分别或者同时向同一人民法院起诉的,人民法院可以根据民事诉讼法司法解释第221条的规定,合并审理。当事人未起诉某一方当事人的,人民法院可以依职权追加未参加诉讼的当事人为第三人,以便查明相关事实,正确认定责任。

71.【让与担保】债务人或者第三人与债权人订立合同,约定将财产形式上转让至债权人名下,债务人到期清偿债务,债权人将该财产返还给债务人或第三人,债务人到期没有清偿债务,债权人可以对财产拍卖、变卖、折价偿还债权的,人民法院应当认定合同有效。合同如果约定债务人到期没有清偿债务,财产归债权人所有的,人民法院应当认定该部分约定无效,但不影响合同其他部分的效力。

当事人根据上述合同约定,已经完成财产权利变动的公示方式转让至债权人名下,债务人到期没有清偿债务,债权人请求确认财产归其所有的,人民法院不予支持,但债权人请求参照法律关于担保物权的规定对财产拍卖、变卖、折价优先偿还其债权的,人民法院依法予以支持。债务人因到期没有清偿债务,请求对该财产拍卖、变卖、折价偿还所欠债权人合同项下债务的,人民法院亦应依法予以支持。

五、关于金融消费者权益保护纠纷案件的审理

会议认为,在审理金融产品发行人、销售者以及金融服务提供者(以下简称卖方机构)与金融消费者之间因销售各类高风险等级金融产品和为金融消费者参与高风险等级投资活动提供服务而引发的民商事案件中,必须坚持"卖者尽责、买者自负"原则,将金融消费者是否充分了解相关金融产品、投资活动的性质及风险并在此基础上作出自主决定作为应当查明的案件基本事实,依法保护金融消费者的合法权益,规范卖方机构的经营行为,推动形成公开、公平、公正的市场环境和市场秩序。

72.【适当性义务】适当性义务是指卖方机构在向金融消费者推介、销售银行理财产品、保险投资产品、信托理财产品、券商集合理财计划、杠杆基金份额、期权及其他场外衍生品等高风险等级金融产品,以及为金融消费者参与融资融券、新三板、创业板、科创板、期货等高风险等级投资活动提供服务的过程中,必须履行的了解客户、了解产品、将适当的产品(或者服务)销售(或者提供)给适合的金融消费者等义务。卖方机构承担适当性义务的目的是为了确保金融消费者能够在充分了解相关金融产品、投资活动的性质及风险的基础上作出自主决定,并承受由此产生的收益和风险。在推介、销售高风险等级金融产品和提供高风险等级金融服务领域,适当性义务的履行是"卖者尽责"的主要内容,也是"买者自负"的前提和基础。

73.【法律适用规则】在确定卖方机构适当性义务的内容时,应当以合同法、证券法、证券投资基金法、信托法等法律规定的基本原则和国务院发布的规范性文件作为主要依据。相关部门在部门规章、规范性文件中对高风险等级金融产品的推介、销售,以及为金融消费者参与高风险等级投资活动提供服务作出的监管规定,与法律和国务院发布的规范性文件的规定不相抵触的,可以参照适用。

74.【责任主体】金融产品发行人、销售者未尽适当性义务,导致金融消费者在购买金融产品过程中遭受损失的,金融消费者既可以请求金融产品的发行人承担赔偿责任,也可以请求金融产品的销售者承担赔偿责任,还可以根据《民法总则》第167条的规定,请求金融产品的发行人、销售者共同承担连带赔偿责任。发行人、销售者请求人民法院明确各自的责任份额的,人民法院可以在判决发行人、销售者对金融消费者承担连带赔偿责任的同时,明确发行人、销售者在实际承担了赔偿责任后,有权向责任方追偿其应当承担的赔偿份额。

金融服务提供者未尽适当性义务,导致金融消费者在接受金融服务后参与高风险等级投资活动遭受损失的,金融消费者可以请求金融服务提供者承担赔偿责任。

75.【举证责任分配】在案件审理过程中,金融消费者应当对购买产品(或者接受服务)、遭受的损失等事实承担举证责任。卖方机构对其是否履行了适当性义务承担举证责任。卖方机构不能提供其已经建立了金融产品(或者服务)的风险评估及相应管理制度、对金融消费者的风险认知、风偏好和风险承受能力进行了测试、向金融消费者告知产品(或者服务)的收益和主要风险因素等相关证据的,应当承担举证不能的法律后果。

76.【告知说明义务】告知说明义务的履行是金融消费者能够真正了解各类高风险等级金融产品或者高风险等级投资活动的投资风险和收益的关键,人民法院应当根据产品、投资活动的风险和金融消费者的实际情况,综合理性人能够理解的客观标准和金融消费者能够理解的主观标准来确定卖方机构是否已经履行了告知说明义务。卖方机构简单地以金融消费者手写了诸如"本人明确知悉可能存在本金损失风险"等内容主张其已经履行了告知说明义务,不能提供其他相关证据的,人民法院对其抗辩理由不予支持。

77.【损失赔偿数额】卖方机构未尽适当性义务导致金融消费者损失的,应当赔偿金融消费者所受的实际损失。实际损失为损失的本金和利息,利息按照中国人民银行发布的同期同类存款基准利率计算。

金融消费者因购买高风险等级金融产品或者为参与高风险投资活动接受服务,以卖方机构存在欺诈行为为由,主张卖方机构应当根据《消费者权益保护法》第55条的规定承担惩罚性赔偿责任的,人民法院不予支持。卖方机构的行为构成欺诈的,对金融消费者提出赔偿其支付金钱总额的利息损失请求,应当注意区分不同情况进行处理:

(1)金融产品的合同文本中载明了预期收益率、业绩比较基准或者类似约定的,可以将其作为计算利息损失的标准;

(2)合同文本以浮动区间的方式对预期收益率或者业绩比较基准等进行约定,金融消费者请求按照约定的上限作为利息损失计算标准的,人民法院依法予以支持;

(3)合同文本虽然没有关于预期收益率、业绩比较基准或者类似约定,但金融消费者能够提供证据证明产品发行的广告宣传资料中载明了预期收益率、业绩比较基准或者类似表述的,应当将宣传资料作为合同文本的组成部分;

(4)合同文本及广告宣传资料中未载明预期收益率、业绩比较基准或者类似表述的,按照全国银行间同业拆借中心公布的贷款市场报价利率计算。

78.【免责事由】因金融消费者故意提供虚假信息、拒绝听取卖方机构的建议等自身原因导致其购买产品或者接受服务不适当,卖方机构请求免除相应责任的,人民法院依法予以支持,但金融消费者能够证明该虚假信息的出具系卖方机构误导的除外。卖方机构能够举证证明根据金融消费者的既往投资经验、受教育程度等事实,适当性义务的违反并未影响金融消费者作出自主决定的,对其关于应当由金融消费者自负投资风险的抗辩理由,人民法院依法予以支持。

六、关于证券纠纷案件的审理

(一)关于证券虚假陈述

会议认为,《最高人民法院关于审理证券市场因虚假陈述引发的民事赔偿案件的若干规定》施行以来,证券市场的发展出现了新的情况,证券虚假陈述纠纷案件的审理对司法能力提出了更高的要求。在案件审理过程中,对于需要借助其他学科领域的专业知识进行职业判断的问题,要充分发挥专家证人的作用,使得案件的事实认定符合证券市场的基本常识和普遍认知或者认可的经验法则,责任承担与侵权行为及其主观过错程度相匹配,在切实维护投资者合法权益的同时,通过民事责任追究实现震慑违法的功能,维护公开、公平、公正的资本市场秩序。

79.【共同管辖的案件移送】原告以发行人、上市公司以外的虚假陈述行为人为被告提起诉讼,被告申请追加发行人或者上市公司为共同被告的,人民法院应予准许。人民法院在追加后发现其他有管辖权的人民法院已先行受理因同一虚假陈述引发的民事赔偿案件的,应当按照民事诉讼法司法解释第36条的规定,将案件移送给先立案的人民法院。

80.【案件审理方式】案件审理方式方面,在传统的"一案一立、分别审理"的方式之外,一些人民法院已经进行了将部分案件合并审理、在示范判决基础上委托调解等改革,初步实现了案件审理的集约化和诉讼经济。在认真总结审判实践经验的基础上,有条件的地方人民法院可以选择个案以《民事诉讼法》第54条规定的代表人诉讼方式进行审理,逐步展开试点工作。就案件审理中涉及的适格原告范围认定、公告通知方式、投资者权利登记、代表人推选、执行款项的发放等具体工作,积极协调相关部门和有关方面,推动信息技术审判辅助平台和常态化、可持续的工作机制建设，保障投资者能够便捷、高效、透明和低成本地维护自身合法权益，为构建符合中国国情的证券民事诉讼制度积累审判经验，培养审判队伍。

81.【立案登记】多个投资者就同一虚假陈述向人民法院提起诉讼，可以采用代表人诉讼方式对案件进行审理的，人民法院在登记立案时可以根据原告起诉状中所描述的虚假陈述的数量、性质及其实施日、揭露日或者更正日等时间节点，将投资者作为共同原告统一立案登记。原告主张被告实施了多个虚假陈述的，可以分别立案登记。

82.【案件甄别及程序决定】人民法院决定采用《民事诉讼法》第54条规定的方式审理案件的，在发出公告前，应当先行就被告的行为是否构成虚假陈述，投资者的交易方向与诱多、诱空的虚假陈述是否一致，以及虚假陈述的实施日、揭露日或者更正日等案件基本事实进行审查。

83.【选定代表人】权利登记的期间届满后，人民法院应当通知当事人在指定期间内完成代表人的推选工作。推选不出代表人的，人民法院可以与当事人商定代表人。人民法院在提出人选时，应当将当事人诉讼请求的典型性和利益诉求的份额等作为考量因素，确保代表行为能够充分、公正地表达投资者的诉讼主张。国家设立的投资者保护机构以自己的名义提起诉讼，或者接受投资者的委托指派工作人员或者委托诉讼代理人参与案件审理活动的，人民法院可以商定该机构或者其代理的当事人作为代表人。

84.【揭露日和更正日的认定】虚假陈述的揭露和更正，是指虚假陈述被市场所知悉、了解，其精确程度并不以"镜像规则"为必要，不要求达到全面、完整、准确的程度。原则上，只要交易市场对监管部门立案调查、权威媒体刊载的揭露文章等信息存在着明显的反应，对一方主张市场已经知悉虚假陈述的抗辩，人民法院依法予以支持。

85.【重大性要件的认定】审判实践中，部分人民法院对重大性要件和信赖要件存在着混淆认识，以行政处罚认定的信息披露违法行为对投资者的交易决定没影响为由否定违法行为的重大性，应当引起注意。重大性是指可能对投资者进行投资决策具有重要影响的信息，虚假陈述已被监管部门行政处罚的，应当认为是具有重大性的违法行为。在案件审理过程中，对于一方提出的监管部门作出处罚决定的行为不具有重大性的抗辩，人民法院不予支持，同时应当向其释明，该抗辩并非民商事案件的审理范围，应当通过行政复议、行政诉讼加以解决。

（二）关于场外配资

会议认为，将证券市场的信用交易纳入国家统一监管的范围，是维护金融市场透明度和金融稳定的重要内容。不受监管的场外配资业务，不仅盲目扩张了资本市场信用交易的规模，也容易冲击资本市场的交易秩序。融资融券作为证券市场的主要信用交易方式和证券经营机构的核心业务之一，依法属于国家特许经营的金融业务，未经依法批准，任何单位和个人不得非法从事配资业务。

86.【场外配资合同的效力】从审判实践看，场外配资业务主要是指一些P2P公司或者私募类配资公司利用互联网信息技术，搭建起游离于监管体系之外的融资业务平台，将资金融出方、资金融入方即用资人和券商营业部三方连接起来，配资公司利用计算机软件系统的二级分仓功能将其自有资金或者以较低成本融入的资金出借给用资人，赚取利息收入的行为。这些场外配资公司所开展的经营活动，本质上属于只有证券公司才能依法开展的融资活动，不仅规避了监管部门对融资融券业务中资金来源、投资标的、杠杆比例等诸多方面的限制，也加剧了市场的非理性波动。在案件审理过程中，除依法取得融资融券资格的证券公司与客户开展的融资融券业务外，对其他任何单位或者个人与用资人的场外配资合同，人民法院应当根据《证券法》第142条、合同法司法解释（一）第10条的规定，认定为无效。

87.【合同无效的责任承担】场外配资合同被确认无效后，配资方依场外配资合同的约定，请求用资人向其支付约定的利息和费用的，人民法院不予支持。

配资方依场外配资合同的约定，请求分享用资人因使用配资所产生的收益的，人民法院不予支持。

用资人以其因使用配资导致投资损失为由请求配资方予以赔偿的，人民法院不予支持。用资人能够证明因配资方采取更改密码等方式控制账户使得用资人无法及时平仓止损，并据此请求配资方赔偿其因此遭受的损失的，人民法院依法予以支持。

用资人能够证明配资合同是因配资方招揽、劝诱而订立，请求配资方赔偿其全部或者部分损失的，人民法院应当综合考虑配资方招揽、劝诱行为的方式、对用资人的实际影响、用资人自身的投资经历、风险判断和承受能力等因素，判决配资方承担与其过错相适应的赔偿责任。

七、关于营业信托纠纷案件的审理

会议认为，从审判实践看，营业信托纠纷主要表现为事务管理信托纠纷和主动管理信托纠纷两种类型。在事务管理信托纠纷案件中，对信托公司开展和参与的多层嵌套、通道业务、回购承诺等融资活动，要以其实际构成的法律关系确定其效力，并在此基础上依法确定各方的权利义务。在主动管理信托纠纷案件中，应当重点审查受托人在"受人之托，忠人之事"的财产管理过程中，是否恪尽职守，履行了谨慎、有效管理等法定或者约定义务。

88.【营业信托纠纷的认定】信托公司根据法律法规以及金融监督管理部门的监管规定，以取得信托报酬为目的接受委托人的委托，以受托人身份处理信托事务的经营行为，属于营业信托。由此产生的信托当事人之间的纠纷，为营业信托纠纷。

根据《关于规范金融机构资产管理业务的指导意见》的规定，其他金融机构开展的资产管理业务构成信托关系的，当事人之间的纠纷适用信托法及其他有关规定处理。

89.【资产或者资产收益权转让及回购】信托公司在资金信托成立后，以募集的信托资金受让特定资产或者特定资产收益权，属于信托公司在资金依法募集后的资金运用行为，由此引发的纠纷不应当认定为营业信托纠纷。如果合同中约定由转让方或者其指定的第三方在一定期间后以交易本金加上溢价款等固定价款无条件回购的，无论转让方所转让的标的物是否真实存在、是否实际交付或者过户，只要合同不存在法定无效事由，对信托公司提出的由转让方或者其指定的第三方按约定承担责任的诉讼请求，人民法院依法予以支持。

当事人在相关合同中同时约定采用信托受让目标公司股权、向目标公司增资方式并以相应股权担保债权实现的，应当认定在当事人之间成立让与担保法律关系。当事人之间的具体权利义务，根据本纪要第71条的规定加以确定。

90.【劣后级受益人的责任承担】信托文件及相关合同将受益人区分为优先级受益人和劣后级受益人等不同类别，约定优先级受益人以其财产认购信托计划份额，在信托到期后，劣后级受益人负有对优先级受益人从信托财产获得利益与其投资本金及约定收益之间的差额承担补足义务，优先级受益人请求劣后级受益人按照约定承担责任的，人民法院依法予以支持。

信托文件中关于不同类型受益人权利义务关系的约定，不影响受益人与受托人之间信托法律关系的认定。

91.【增信文件的性质】信托合同之外的当事人提供第三方差额补足、代为履行到期回购义务、流动性支持等类似承诺文件作为增信措施，其内容符合法律关于保证的规定的，人民法院应当认定当事人之间成立保证合同关系。其内容不符合法律关于保证的规定的，依据承诺文件的具体内容确定相应的权利义务关系，并根据案件事实情况确定相应的民事责任。

92.【保底或者刚兑条款无效】信托公司、商业银行等金融机构作为资产管理产品的受托人与受益人订立的含有保证本息固定回报、保证本金不受损失等保底或者刚兑条款的合同，人民法院应当认定该条款无效。受益人请求受托人对其损失承担与其过错相适应的赔偿责任的，人民法院依法予以支持。

实践中，保底或者刚兑条款通常不在资产管理产品合同中明确约定，而是以"抽屉协议"或者其他方式约定，不管形式如何，均应认定无效。

93.【通道业务的效力】当事人在信托文件中约定，委托人自主决定信托设立、信托财产运用对象、信托财产管理运用处分方式等事宜，自行承担信托资产的风险管理责任和相应风险损失，受托人仅提供必要的事务协助或者服务，不承担主动管理职责的，应当认定为通道业务。《中国人民银行、中国银行保险监督管理委员会、中国证券监督管理委员会、国家外汇管理局关于规范金融机构资产管理业务的指导意见》第22条在规定"金融机构不得为其他金融机构的资产管理产品提供规避投资范围、杠杆约束等监管要求的通道服务"的同时，也在第29条明确按照"新老划断"原则，将过渡期设置为截止2020年底，确保平稳过渡。在过渡期内，对通道业务中存在的利用信托通道掩盖风险，规避资金投向、资产分类、拨备计提和资本占用等监管规定，或者通过信托通道将表内资产虚假出表等信托业务，如果不存在其他无效事由，一方以信托目的违法违规为由请求确认无效的，人民法院不予支持。至于委托人和受托人之间的权利义务关系，应当依据信托文件的约定加以确定。

94.【受托人的举证责任】资产管理产品的委托人以受托人未履行勤勉尽责、公平对待客户等义务损害其合法权益为由，请求受托人承担损害赔偿责任的，应当由受托人举证证明其已经履行了义务。受托人不能举证证明，委托人请求其承担相应赔偿责任的，人民法院依法予以支持。

95.【信托财产的诉讼保全】信托财产在信托存续期间独立于委托人、受托人、受益人各自的固有财产。委托人将其财产委托给受托人进行管理，信托依法设立后，该信托财产即独立于委托人未设立信托的其他固有财产。受托人因承诺信托而取得的信托财产，以及通过对信托财产的管理、运用、处分等方式取得的财产，均独立于受托人的固有财产。受益人对信托财产享有的权利表现为信托受益权，信托财产并非受益人的责任财产。因此，当事人因其与委托人、受托人或者受益人之间的纠纷申请对存管银行或者信托公司专门账户中的信托资金采取保全措施的，除符合《信托法》第17条规定的情形外，人民法院不应当准许。已经采取保全措施的，存管银行或者信托公司能够提供证据证明该账户为信托账户的，应当立即解除保全措施。对信托公司管理的其他信托财产的保全，也应当根据前述规则办理。

当事人申请对受益人的受益权采取保全措施的，人民法院应当根据《信托法》第47条的规定进行审查，决定是否采取保全措施。决定采取保全措施的，应当将保全裁定送达受托人和受益人。

96.【信托公司固有财产的诉讼保全】除信托公司作为被告外，原告申请对信托公司固有资金账户的资金采取保全措施的，人民法院不应准许。信托公司作为被告，确有必要对其固有财产采取诉讼保全措施的，必须强化善意执行理念，防范发生金融风险。要严格遵守相应的适用条件与法定程序，坚决杜绝超标的执行。在采取具体保全措施时，要尽量寻求依法平等保护各方利益的平衡点，优先采取方便执行且对信托公司正常经营影响最小的执行措施，能采取"活封""活扣"措施的，尽量不进行"死封""死扣"。在条件允许的情况下，可以为信托公司预留必要的流动资金和往来账户，最大限度降低对信托公司正常经营活动的不利影响。信托公司申请解除财产保全符合法律、司法解释规定情形的，应当在法定期限内及时解除保全措施。

八、关于财产保险合同纠纷案件的审理

会议认为，妥善审理财产保险合同纠纷案件，对于充分发挥保险的风险管理和保障功能，依法保护各方当事人合法权益，实现保险业持续健康发展和服务实体经济，具有重大意义。

97.【未依约支付保险费的合同效力】当事人在财产保险合同中约定以投保人支付保险费作为合同生效条件，但对该生效条件是否为全额支付保险费约定不明，已经支付了部分保险费的投保人主张保险合同已经生效的，人民法院依法予以支持。

98.【仲裁协议对保险人的效力】被保险人和第三者在保险事故发生前达成的仲裁协议，对行使保险代位求偿权的保险人是否具有约束力，实务中存在争议。保险代位求偿权是一种法定债权转让，保险人在向被保险人赔偿保险金后，有权行使被保险人对第三者请求赔偿的权利。被保险人和第三者在保险事故发生前达成的仲裁协议，对保险人具有约束力。考虑到涉外民商事案件的处理常常涉及国际条约、国际惯例的适用，相关问题具有特殊性，故具有涉外因素的民商事纠纷案件中该问题的处理，不纳入本条规范的范围。

99.【直接索赔的诉讼时效】商业责任保险的被保险人给第三者造成损害，被保险人对第三者应当承担的赔偿责任确定后，保险人应当根据被保险人的请求，直接向第三者赔偿保险金。被保险人怠于提出请求的，第三者有权依据《保险法》第65条第2款的规定，就其应获赔偿部分直接向保险人请求赔偿保险金。保险人拒绝赔偿的，第三者请求保险人直接赔偿保险金的诉讼时效期间的起算时间如何认定，实务中存在争议。根据诉讼时效制度的基本原理，第三者请求保险人直接赔偿保险金的诉讼时效期间,自其知道或者应当知道向保险人的保险金赔偿请求权行使条件成就之日起计算。

九、关于票据纠纷案件的审理

会议认为,人民法院在审理票据纠纷案件时,应当注意区分票据的种类和功能,正确理解票据行为无因性的立法目的,在维护票据流通性功能的同时,依法认定票据行为的效力,依法确认当事人之间的权利义务关系以及保护合法持票人的权益,防范和化解票据融资市场风险,维护票据市场的交易安全。

100.【合谋伪造贴现申请材料的后果】贴现行的负责人或者有权从事该业务的工作人员与贴现申请人合谋,伪造贴现申请人与其前手之间具有真实的商品交易关系的合同、增值税专用发票等材料申请贴现,贴现行主张其享有票据权利的,人民法院不予支持。对贴现行因支付资金而产生的损失,按照基础关系处理。

101.【民间贴现行为的效力】票据贴现属于国家特许经营业务,合法持票人向不具有法定贴现资质的当事人进行"贴现"的,该行为应当认定无效,贴现款和票据应当相互返还。当事人不能返还票据的,原合法持票人可以拒绝返还贴现款。人民法院在民商事案件审理过程中,发现不具有法定资质的当事人以"贴现"为业的,因该行为涉嫌犯罪,应当将有关材料移送公安机关。民商事案件的审理必须以相关刑事案件的审理结果为依据的,应当中止诉讼,待刑事案件审结后,再恢复案件的审理。案件的基本事实无须以相关刑事案件的审理结果为依据的,人民法院应当继续审理。

根据票据行为无因性原理,在合法持票人向不具有贴现资质的主体进行"贴现",该"贴现"人给付贴现款后直接将票据交付其后手,其后手支付对价并记载自己为被背书人后,又基于真实的交易关系和债权债务关系将票据进行背书转让的情形下,应当认定最后持票人为合法持票人。

102.【转贴现协议】转贴现是通过票据贴现持有票据的商业银行为了融通资金,在票据到期日之前将票据权利转让给其他商业银行,由转贴现行在收取一定的利息后,将转贴现款支付给持票人的票据转让行为。转贴现行提示付款被拒付后,依据转贴现协议的约定,请求未在票据上背书的转贴现申请人按照合同法律关系返还转贴现款并赔偿损失的,案由应当确定为合同纠纷。转贴现合同法律关系有效成立的,对于原告的诉讼请求,人民法院依法予以支持。当事人虚构转贴现事实,或者当事人之间不存在真实的转贴现合同法律关系的,人民法院应当向当事人释明按照真实交易关系提出诉讼请求,并按照真实交易关系和当事人约定本意依法确定当事人的责任。

103.【票据清单交易、封包交易案件中的票据权利】审判实践中,以票据贴现为手段的多链条融资模式引发的案件应当引起重视。这种交易俗称票据清单交易、封包交易,是指商业银行之间就案涉票据订立转贴现或者回购协议,附以票据清单,或者将票据封包作为质押,双方约定按照票据清单中列明的基本信息进行票据转贴现或者回购,但往往并不进行票据交付和背书。实务中,双方还往往再订立一份代保管协议,约定由原票据持有人代对方继续持有票据,从而实现合法、合规的形式要求。

出资银行仅以参与交易的单个或者部分银行为被告提起诉讼行使票据追索权,被告能够举证证明票据交易存在诸如不符合正常转贴现交易顺序的倒打款、未进行背书转让、票据未实际交付等相关证据,并据此主张相关金融机构之间并无转贴现的真实意思表示,抗辩出资银行不享有票据权利的,人民法院依法予以支持。

出资银行在取得商业承兑汇票后又将票据转贴现给其他商业银行,持票人向其前手主张票据权利的,人民法院依法予以支持。

104.【票据清单交易、封包交易案件的处理原则】在村镇银行、农信社等作为直贴行,农信社、农商行、城商行、股份制银行等多家金融机构共同开展以商业承兑汇票为基础的票据清单交易、封包交易引发的纠纷案件中,在商业承兑汇票的出票人等实际用资人不能归还票款的情况下,为实现纠纷的一次性解决,出资银行以实际用资人和参与交易的其他金融机构为共同被告,请求实际用资人归还本息、参与交易的其他金融机构承担与其过错相适应的赔偿责任的,人民法院依法予以支持。

出资银行仅以整个交易链条的部分当事人为被告提起诉讼的,人民法院应当向其释明,其应当申请追加参与交易的其他当事人作为共同被告。

出资银行拒绝追加实际用资人为被告的，人民法院应当驳回其诉讼请求；出资银行拒绝追加参与交易的其他金融机构为被告的，人民法院在确定其他金融机构的过错责任范围时，应当将未参加诉讼的当事人应当承担的相应份额作为考量因素，相应减轻本案当事人的责任。在确定参与交易的其他金融机构的过错责任范围时，可以参照其收取的"通道费""过桥费"等费用的比例以及案件的其他情况综合加以确定。

105.【票据清单交易、封包交易案件中的民刑交叉问题】人民法院在案件审理过程中，如果发现公安机关已经就实际用资人、直贴行、出资银行的工作人员涉嫌骗取票据承兑罪、伪造印章罪等立案侦查，一方当事人根据《最高人民法院关于在审理经济纠纷案件中涉及经济犯罪嫌疑若干问题的规定》第11条的规定申请将案件移送公安机关的，因该节事实对于查明出资银行是否为正当持票人，以及参与交易的其他金融机构的抗辩理由能否成立存在重要关联，人民法院应当将有关材料移送公安机关。民商事案件的审理必须以相关刑事案件的审理结果为依据的，应当中止诉讼，待刑事案件审结后，再恢复案件的审理。案件的基本事实无须以相关刑事案件的审理结果为依据的，人民法院应当继续案件的审理。

参与交易的其他商业银行以公安机关已经对其工作人员涉嫌受贿、伪造印章等犯罪立案侦查为由请求将案件移送公安机关的，因该节事实并不影响相关当事人民事责任的承担，人民法院应当根据《最高人民法院关于在审理经济纠纷案件中涉及经济犯罪嫌疑若干问题的规定》第10条的规定继续审理。

106.【恶意申请公示催告的救济】公示催告程序本为对合法持票人进行失票救济所设，但实践中却沦为部分票据出卖方在未获得票款情形下，通过伪报票据丧失事实申请公示催告、阻止合法持票人行使票据权利的工具。对此，民事诉讼法司法解释已经作出了相应规定。适用时，应当区别付款人是否已经付款等情形，作出不同认定：

（1）在除权判决作出后，付款人尚未付款的情况下，最后合法持票人可以根据《民事诉讼法》第223条的规定，在法定期限内请求撤销除权判决，待票据恢复效力后再依法行使票据权利。最后合法持票人也可以基于基础法律关系向其直接前手退票并请求其直接前手另行给付基础法律关系项下的对价。

（2）除权判决作出后，付款人已经付款的，因恶意申请公示催告并持除权判决获得票款的行为损害了最后合法持票人的权利，最后合法持票人请求申请人承担侵权损害赔偿责任的，人民法院依法予以支持。

十、关于破产纠纷案件的审理

会议认为，审理好破产案件对于推动高质量发展、深化供给侧结构性改革、营造稳定公平透明可预期的营商环境，具有十分重要的意义。要继续深入推进破产审判工作的市场化、法治化、专业化、信息化，充分发挥破产审判公平清理债权债务、促进优胜劣汰、优化资源配置、维护市场经济秩序等重要功能。一是要继续加大对破产保护理念的宣传和落实，及时发挥破产重整制度的积极拯救功能，通过平衡债权人、债务人、出资人、员工等利害关系人的利益，实现社会整体价值最大化；注重发挥和解程序简便快速清理债权债务关系的功能，鼓励当事人通过和解程序或者达成自行和解的方式实现各方利益共赢；积极推进清算程序中的企业整体处置方式，有效维护企业营运价值和职工就业。二是要推进不符合国家产业政策、丧失经营价值的企业主体尽快从市场退出，通过依法简化破产清算程序流程加快对"僵尸企业"的清理。三是要注重提升破产制度实施的经济效益，降低破产程序运行的时间和成本，有效维护企业营运价值，最大程度发挥各类要素和资源潜力，减少企业破产给社会经济造成的损害。四是要积极稳妥进行实践探索，加强理论研究，分步骤、有重点地推进建立自然人破产制度，进一步推动健全市场主体退出制度。

107.【继续推动破产案件的及时受理】充分发挥破产重整案件信息网的线上预约登记功能，提高破产案件的受理效率。当事人提出破产申请的，人民法院不得以非法定理由拒绝接收破产申请材料。如果可能影响社会稳定的，要加强府院协调，制定相应预案，但不应当以"影响社会稳定"之名，行消极不作为之实。破产申请材料不完备的，立案部门应当告知当事人在指定期限内补充材料，待材料齐备后以"破申"作为案件类型代字编制案号登记立案，并及时将案件移送破产审判部门进行破产审查。

注重发挥破产和解制度简便快速清理债权债务关系的功能，债务人根据《企业破产法》第95条的规定，直接提出和解申请，或者在破产申请受理后宣告破产前申请和解的，人民法院应当依法受理并及时作出是否批准的裁定。

108.【破产申请的不予受理和撤回】人民法院裁定受理破产申请前，提出破产申请的债权人的债权因清偿或者其他原因消灭的，因申请人不再具备申请资格，人民法院应当裁定不予受理。但该裁定不影响其他符合条件的主体再次提出破产申请。破产申请受理后，管理人以上述清偿符合《企业破产法》第31条、第32条为由请求撤销的，人民法院查实后应当予以支持。

人民法院裁定受理破产申请系对债务人具有破产原因的初步认可，破产申请受理后，申请人请求撤回破产申请的，人民法院不予准许。除非存在《企业破产法》第12条第2款规定的情形，人民法院不得裁定驳回破产申请。

109.【受理后债务人财产保全措施的处理】要切实落实破产案件受理后相关保全措施应予解除、相关执行措施应当中止、债务人财产应当及时交付管理人等规定，充分运用信息化技术手段，通过信息共享与整合，维护债务人财产的完整性。相关人民法院拒不解除保全措施或者拒不中止执行的，破产受理人民法院可以请求该法院的上级人民法院依法予以纠正。对债务人财产采取保全措施或者执行措施的人民法院未依法及时解除保全措施、移交处置权，或者中止执行程序并移交有关财产的，上级人民法院应当依法予以纠正。相关人员违反上述规定造成严重后果的，破产受理人民法院可以向人民法院纪检监察部门移送其违法审判责任线索。

人民法院审理企业破产案件时，有关债务人财产被其他具有强制执行权力的国家行政机关，包括税务机关、公安机关、海关等采取保全措施或者执行程序的，人民法院应当积极与上述机关进行协调和沟通，取得有关机关的配合，参照上述具体操作规程，解除有关保全措施，中止有关执行程序，以便保障破产程序顺利进行。

110.【受理后有关债务人诉讼的处理】人民法院受理破产申请后，已经开始而尚未终结的有关债务人的民事诉讼，在管理人接管债务人财产和诉讼事务后继续进行。债权人已经对债务人提起的给付之诉，破产申请受理后，人民法院应当继续审理，但是在判定相关当事人实体权利义务时，应当注意与企业破产法及其司法解释的规定相协调。

上述裁判作出并生效前，债权人可以同时向管理人申报债权，但其作为债权尚未确定的债权人，原则上不得行使表决权，除非人民法院临时确定其债权额。上述裁判生效后，债权人应当根据裁判认定的债权数额在破产程序中依法统一受偿，其对债务人享有的债权利息应当按照《企业破产法》第46条第2款的规定停止计算。

人民法院受理破产申请后，债权人新提起的要求债务人清偿的民事诉讼，人民法院不予受理，同时告知债权人应当向管理人申报债权。债权人申报债权后，对管理人编制的债权表记载有异议的，可以根据《企业破产法》第58条的规定提起债权确认之诉。

111.【债务人自行管理的条件】重整期间，债务人同时符合下列条件的，经申请，人民法院可以批准债务人在管理人的监督下自行管理财产和营业事务：

（1）债务人的内部治理机制仍正常运转；

（2）债务人自行管理有利于债务人继续经营；

（3）债务人不存在隐匿、转移财产的行为；

（4）债务人不存在其他严重损害债权人利益的行为。

债务人提出重整申请时可以一并提出自行管理的申请。经人民法院批准由债务人自行管理财产和营业事务的，企业破产法规定的管理人职权中有关财产管理和营业经营的职权应当由债务人行使。

管理人应当对债务人的自行管理行为进行监督。管理人发现债务人存在严重损害债权人利益的行为或者有其他不适宜自行管理情形的，可以申请人民法院作出终止债务人自行管理的决定。人民法院决定终止的，应当通知管理人接管债务人财产和营业事务。债务人有上述行为而管理人未申请人民法院作出终止决定的，债权人等利害关系人可以向人民法院提出申请。

112.【重整中担保物权的恢复行使】重整程序中，要依法平衡保护担保物权人的合法权益和企业重整价值。重整申请受理后，管理人或者自行管理的债务人应当及时确定设定有担保物权的债务人财产是否为重整所必需。如果认为担保物不是重整所必需，管理人或者自行管理的债务人应当及时对担保物进行拍卖或者变卖，拍卖或者变卖担保物所得价款在支付拍卖、变卖费用后优先清偿担保物权人的债权。

在担保物权暂停行使期间，担保物权人根据《企业破产法》第 75 条的规定向人民法院请求恢复行使担保物权的，人民法院应当自收到恢复行使担保物权申请之日起三十日内作出裁定。经审查，担保物权人的申请不符合第 75 条的规定，或者虽然符合该条规定但管理人或者自行管理的债务人有证据证明担保物是重整所必需，并且提供与减少价值相应担保或者补偿的，人民法院应当裁定不予批准恢复行使担保物权。担保物权人不服该裁定的，可以自收到裁定书之日起十日内，向作出裁定的人民法院申请复议。人民法院裁定批准行使担保物权的，管理人或者自行管理的债务人应当自收到裁定书之日起十五日内启动对担保物的拍卖或者变卖，拍卖或者变卖担保物所得价款在支付拍卖、变卖费用后优先清偿担保物权人的债权。

113.【重整计划监督期间的管理人报酬及诉讼管辖】要依法确保重整计划的执行和有效监督。重整计划的执行期间和监督期间原则上应当一致。二者不一致的，人民法院在确定和调整重整程序中的管理人报酬方案时，应当根据重整期间和重整计划监督期间管理人工作量的不同予以区别对待。其中，重整期间的管理人报酬应当根据管理人对重整发挥的实际作用等因素予以确定和支付；重整计划监督期间管理人报酬的支付比例和支付时间，应当根据管理人监督职责的履行情况，与债权人按照重整计划实际受偿比例和受偿时间相匹配。

重整计划执行期间，因重整程序终止后新发生的事实或者事件引发的有关债务人的民事诉讼，不适用《企业破产法》第 21 条有关集中管辖的规定。除重整计划有明确约定外，上述纠纷引发的诉讼，不再由管理人代表债务人进行。

114.【重整程序与破产清算程序的衔接】重整期间或者重整计划执行期间，债务人因法定事由被宣告破产的，人民法院不再另立新的案号，原重整程序的管理人原则上应当继续履行破产清算程序中的职责。原重整程序的管理人不能继续履行职责或者不适宜继续担任管理人的，人民法院应当依法重新指定管理人。

重整程序转破产清算案件中的管理人报酬，应当综合管理人为重整工作和清算工作分别发挥的实际作用等因素合理确定。重整期间因法定事由转入破产清算程序的，应当按照破产清算案件确定管理人报酬。重整计划执行期间因法定事由转入破产清算程序的，后续破产清算阶段的管理人报酬应当根据管理人实际工作量予以确定，不能简单根据债务人最终清偿的财产价值总额计算。

重整程序因人民法院裁定批准重整计划草案而终止的，重整案件可作结案处理。重整计划执行完毕后，人民法院可以根据管理人等利害关系人申请，作出重整程序终结的裁定。

115.【庭外重组协议效力在重整程序中的延伸】继续完善庭外重组与庭内重整的衔接机制，降低制度性成本，提高破产制度效率。人民法院受理重整申请前，债务人和部分债权人已经达成的有关协议与重整程序中制作的重整计划草案内容一致的，有关债权人对该协议的同意视为对该重整计划草案表决的同意。但重整计划草案对协议内容进行了修改并对有关债权人有不利影响，或者与有关债权人重大利益相关的，受到影响的债权人有权按照企业破产法的规定对重整计划草案重新进行表决。

116.【审计、评估等中介机构的确定及责任】要合理区分人民法院和管理人在委托审计、评估等财产管理工作中的职责。破产程序中确实需要聘请中介机构对债务人财产进行审计、评估的，根据《企业破产法》第 28 条的规定，经人民法院许可后，管理人可以自行公开聘请，但是应当对其聘请的中介机构的相关行为进行监督。上述中介机构因不当履行职责给债务人、债权人或者第三人造成损害的，应当承担赔偿责任。管理人在聘用过程中存在过错的，应当在其过错范围内承担相应的补充赔偿责任。

117.【公司解散清算与破产清算的衔接】要依法区分公司解散清算与破产清算的不同功能和不同适用条件。债务人同时符合破产清算条件和强制清算条件的，应当及时适用破产清算程序实现对债权人利益的公平保护。债权人对符合破产清算条件的债务人提起公司强制清算申请,经人民法院释明,债权人仍然坚持申请对债务人强制清算的,人民法院应当裁定不予受理。

118.【无法清算案件的审理与责任承担】人民法院在审理债务人相关人员下落不明或者财产状况不清的破产案件时,应当充分贯彻债权人利益保护原则,避免债务人通过破产程序不当损害债权人利益,同时也要避免不当突破股东有限责任原则。

人民法院在适用《最高人民法院关于债权人对人员下落不明或者财产状况不清的债务人申请破产清算案件如何处理的批复》第3款的规定,判定债务人相关人员承担责任时,应当依照企业破产法的相关规定来确定相关主体的义务内容和责任范围,不得根据公司法司法解释(二)第18条第2款的规定来判定相关主体的责任。

上述批复第3款规定的"债务人的有关人员不履行法定义务,人民法院可依据有关法律规定追究其相应法律责任",系指债务人的法定代表人、财务管理人员和其他经营管理人员不履行《企业破产法》第15条规定的配合清算义务,人民法院可以根据《企业破产法》第126条、第127条追究其相应法律责任,或者参照《民事诉讼法》第111条的规定,依法拘留,构成犯罪的,依法追究刑事责任;债务人的法定代表人或者实际控制人不配合清算的,人民法院可以依据《出境入境管理法》第12条的规定,对其作出不准出境的决定,以确保破产程序顺利进行。

上述批复第3款规定的"其行为导致无法清算或者造成损失",系指债务人的有关人员不配合清算的行为导致债务人财产状况不明,或者依法负有清算责任的人未依照《企业破产法》第7条第3款的规定及时履行破产申请义务,导致债务人主要财产、账册、重要文件等灭失,致使管理人无法执行清算职务,给债权人利益造成损害。"有关利害关系人起诉请求其承担相应民事责任",系指管理人请求上述主体承担相应损害赔偿责任并将因此获得的赔偿归入债务人财产。管理人未主张上述赔偿,个别债权人可以代表全体债权人提起上述诉讼。

上述破产清算案件被裁定终结后,相关主体以债务人主要财产、账册、重要文件等重新出现为由,申请对破产清算程序启动审判监督的,人民法院不予受理,但符合《企业破产法》第123条规定的,债权人可以请求人民法院追加分配。

十一、关于案外人救济案件的审理

案外人救济案件包括案外人申请再审、案外人执行异议之诉和第三人撤销之诉三种类型。修改后的民事诉讼法在保留案外人执行异议之诉及案外人申请再审的基础上,新设立第三人撤销之诉制度,在为案外人权利保障提供更多救济渠道的同时,因彼此之间错综复杂的关系也容易导致认识上的偏差,有必要厘清其相互之间的关系,以便正确适用不同程序,依法充分保护各方主体合法权益。

119.【案外人执行异议之诉的审理】案外人执行异议之诉以排除对特定标的物的执行为目的,从程序上而言,案外人依据《民事诉讼法》第227条提出执行异议被驳回的,即可向执行人民法院提起执行异议之诉。人民法院对执行异议之诉的审理,一般应当就案外人对执行标的物是否享有权利、享有什么样的权利、权利是否足以排除强制执行进行判断。至于是否作出具体的确权判项,视案外人的诉讼请求而定。案外人未提出确权或者给付诉讼请求的,不作出确权判项,仅在裁判理由中进行分析判断并作出是否排除执行的判项即可。但案外人既提出确权、给付请求,又提出排除执行请求的,人民法院对该请求是否支持、是否排除执行,均应当在具体判项中予以明确。执行异议之诉不以否定作为执行依据的生效裁判为目的,案外人如认为裁判确有错误的,只能通过申请再审或者提起第三人撤销之诉的方式进行救济。

120.【债权人能否提起第三人撤销之诉】第三人撤销之诉中的第三人仅局限于《民事诉讼法》第56条规定的有独立请求权及无独立请求权的第三人,而且一般不包括债权人。但是,设立第三人撤销之诉的目的在于,救济第三人享有的因不能归责于本人的事由未参加诉讼但因生效裁判文书内容错误受到损害的民事权益,因此,债权人在下列情况下可以提起第三人撤销之诉:

(1)该债权是法律明确给予特殊保护的债权,如《合同法》第286条规定的建设工程价款优先受偿权、《海商法》第22条规定的船舶优先权;

(2)因债务人与他人的权利义务被生效裁判文书确定,导致债权人本来可以对《合同法》第74

条和《企业破产法》第 31 条规定的债务人的行为享有撤销权而不能行使的;

(3)债权人有证据证明,裁判文书主文确定的债权内容部分或者全部虚假的。

债权人提起第三人撤销之诉还要符合法律和司法解释规定的其他条件。对于除此之外的其他债权,债权人原则上不得提起第三人撤销之诉。

121.【必要共同诉讼漏列的当事人申请再审】民事诉讼法司法解释对必要共同诉讼漏列的当事人申请再审规定了两种不同的程序,二者在管辖法院及申请再审期限的起算点上存在明显差别,人民法院在审理相关案件时应予注意:

(1)该当事人在执行程序中以案外人身份提出异议,异议被驳回的,根据民事诉讼法司法解释第 423 条的规定,其可以在驳回异议裁定送达之日起 6 个月内向原审人民法院申请再审;

(2)该当事人未在执行程序中以案外人身份提出异议的,根据民事诉讼法司法解释第 422 条的规定,其可以根据《民事诉讼法》第 200 条第 8 项的规定,自知道或者应当知道生效裁判之日起 6 个月内向上一级人民法院申请再审。当事人一方人数众多或者当事人双方为公民的案件,也可以向原审人民法院申请再审。

122.【程序启动后案外人不享有程序选择权】案外人申请再审与第三人撤销之诉功能上近似,如果案外人既有申请再审的权利,又符合第三人撤销之诉的条件,对于案外人是否可以行使选择权,民事诉讼法司法解释采取了限制的司法态度,即依据民事诉讼法司法解释第 303 条的规定,按照启动程序的先后,案外人只能选择相应的救济程序;案外人先启动执行异议程序的,对执行异议裁定不服,认为原裁判内容错误损害其合法权益的,只能向作出原裁判的人民法院申请再审,而不能提起第三人撤销之诉;案外人先启动了第三人撤销之诉,即便在执行程序中又提出异议,也只能继续进行第三人撤销之诉,而不能依《民事诉讼法》第 227 条申请再审。

123.【案外人依据另案生效裁判对非金钱债权的执行提起执行异议之诉】审判实践中,案外人有时依据另案生效裁判所认定的与执行标的物有关的权利提起执行异议之诉,请求排除对标的物的执行。此时,鉴于作为执行依据的生效裁判与作为案外人提出异议依据的生效裁判,均涉及对同一标的物权属或给付的认定,性质上属于两个生效裁判所认定的权利之间可能产生的冲突,人民法院在审理执行异议之诉时,需区别不同情况作出判断:如果作为执行依据的生效裁判是确权裁判,不论作为执行异议依据的裁判是确权裁判还是给付裁判,一般不应据此排除执行,但人民法院应当告知案外人对作为执行依据的确权裁判申请再审;如果作为执行依据的生效裁判是给付标的物的裁判,而作为提出异议之诉依据的裁判是确权裁判,一般应据此排除执行,此时人民法院应告知其对该确权裁判申请再审;如果两个裁判均属给付标的物的裁判,人民法院需依法判断哪个裁判所认定的给付权利具有优先性,进而判断是否可以排除执行。

124.【案外人依据另案生效裁判对金钱债权的执行提起执行异议之诉】作为执行依据的生效裁判并未涉及执行标的物,只是执行中为实现金钱债权对特定标的物采取了执行措施。对此种情形,《最高人民法院关于人民法院办理执行异议和复议案件若干问题的规定》第 26 条规定了解决案外人执行异议的规则,在审理执行异议之诉时可以参考适用。依据该条规定,作为案外人提起执行异议之诉依据的裁判将执行标的物确权给案外人,可以排除执行;作为案外人提起执行异议之诉依据的裁判,未将执行标的物确权给案外人,而是基于不以转移所有权为目的的有效合同(如租赁、借用、保管合同),判令向案外人返还执行标的物的,其性质属于物权请求权,亦可以排除执行;基于以转移所有权为目的有效合同(如买卖合同),判令向案外人交付标的物的,其性质属于债权请求权,不能排除执行。

应予注意的是,在金钱债权执行中,如果案外人提出执行异议之诉依据的生效裁判认定以转移所有权为目的的合同(如买卖合同)无效或应当解除,进而判令向案外人返还执行标的物的,此时案外人享有的是物权性质的返还请求权,本可排除金钱债权的执行,但在双务合同无效的情况下,双方互负返还义务,在案外人未返还价款的情况下,如果允许其排除金钱债权的执行,将会使申请执行人既执行不到被执行人名下的财产,又执行不到本应返还给被执行人的价款,显然有失公允。为平衡各方当事人的利益,只有在案外人已经返还价款的情况下,才能排除普通债权人的执行。

反之,案外人未返还价款的,不能排除执行。

125.【案外人系商品房消费者】实践中,商品房消费者向房地产开发企业购买商品房,往往没有及时办理房地产过户手续。房地产开发企业因欠债而被强制执行,人民法院在对尚登记在房地产开发企业名下但已出卖给消费者的商品房采取执行措施时,商品房消费者往往会提出执行异议,以排除强制执行。对此,《最高人民法院关于人民法院办理执行异议和复议案件若干问题的规定》第29条规定,符合下列情形的,应当支持商品房消费者的诉讼请求:一是在人民法院查封之前已签订合法有效的书面买卖合同;二是所购商品房系用于居住且买受人名下无其他用于居住的房屋;三是已支付的价款超过合同约定总价款的百分之五十。人民法院在审理执行异议之诉案件时,可参照适用此条款。

问题是,对于其中"所购商品房系用于居住且买受人名下无其他用于居住的房屋"如何理解,审判实践中掌握的标准不一。"买受人名下无其他用于居住的房屋",可以理解为在案涉房屋同一设区的市或者县级市范围内商品房消费者名下没有用于居住的房屋。商品房消费者名下虽然已有1套房屋,但购买的房屋在面积上仍然属于满足基本居住需要的,可以理解为符合该规定的精神。

对于其中"已支付的价款超过合同约定总价款的百分之五十"如何理解,审判实践中掌握的标准也不一致。如果商品房消费者支付的价款接近于百分之五十,且已按照合同约定将剩余价款支付给申请执行人或者按照人民法院的要求交付执行的,可以理解为符合该规定的精神。

126.【商品房消费者的权利与抵押权的关系】根据《最高人民法院关于建设工程价款优先受偿权问题的批复》第1条、第2条的规定,交付全部或者大部分款项的商品房消费者的权利优先于抵押权人的抵押权,故抵押权人申请执行登记在房地产开发企业名下但已销售给消费者的商品房,消费者提出执行异议的,人民法院依法予以支持。但应当特别注意的是,此情况是针对实践中存在的商品房预售不规范现象为保护消费者生存权而作出的例外规定,必须严格把握条件,避免扩大范围,以免动摇抵押权具有优先性的基本原则。因此,这里的商品房消费者应当仅限于符合本纪要第125条规定的商品房消费者。买受人不是本纪要第125条规定的商品房消费者,而是一般的房屋买卖合同的买受人,不适用上述处理规则。

127.【案外人系商品房消费者之外的一般买受人】金钱债权执行中,商品房消费者之外的一般买受人对登记在被执行人名下的不动产提出异议,请求排除执行的,《最高人民法院关于人民法院办理执行异议和复议案件若干问题的规定》第28条规定,符合下列情形的依法予以支持:一是在人民法院查封之前已签订合法有效的书面买卖合同;二是在人民法院查封之前已合法占有该不动产;三是已支付全部价款,或者已按照合同约定支付部分价款且将剩余价款按照人民法院的要求交付执行;四是非因买受人自身原因未办理过户登记。人民法院在审理执行异议之诉案件时,可参照适用此条款。

实践中,对于该规定的前3个条件,理解并无分歧。对于其中的第4个条件,理解不一致。一般而言,买受人只要有向房屋登记机构递交过户登记材料,或向出卖人提出了办理过户登记的请求等积极行为的,可以认为符合该条件。买受人无上述积极行为,其未办理过户登记有合理的客观理由的,亦可认定符合该条件。

十二、关于民刑交叉案件的程序处理

会议认为,近年来,在民间借贷、P2P等融资活动中,与涉嫌诈骗、合同诈骗、票据诈骗、集资诈骗、非法吸收公众存款等犯罪有关的民商事案件的数量有所增加,出现了一些新情况和新问题。在审理案件时,应当依照《最高人民法院关于在审理经济纠纷案件中涉及经济犯罪嫌疑若干问题的规定》《最高人民法院关于审理非法集资刑事案件具体应用法律若干问题的解释》《最高人民法院最高人民检察院公安部关于办理非法集资刑事案件适用法律若干问题的意见》以及民间借贷司法解释等规定,处理好民刑交叉案件之间的程序关系。

128.【分别审理】同一当事人因不同事实分别发生民商事纠纷和涉嫌刑事犯罪,民商事案件与刑事案件应当分别审理,主要有下列情形:

(1)主合同的债务人涉嫌刑事犯罪或者刑事裁判认定其构成犯罪,债权人请求担保人承担民事责任的;

(2)行为人以法人、非法人组织或者他人名义订立合同的行为涉嫌刑事犯罪或者刑事裁判认定

其构成犯罪,合同相对人请求该法人、非法人组织或者他人承担民事责任的;

(3)法人或者非法人组织的法定代表人、负责人或者其他工作人员的职务行为涉嫌刑事犯罪或者刑事裁判认定其构成犯罪,受害人请求该法人或者非法人组织承担民事责任的;

(4)侵权行为人涉嫌刑事犯罪或者刑事裁判认定其构成犯罪,被保险人、受益人或者其他赔偿权利人请求保险人支付保险金的;

(5)受害人请求涉嫌刑事犯罪的行为人之外的其他主体承担民事责任的。

审判实践中出现的问题是,在上述情形下,有的人民法院仍然以民商事案件涉嫌刑事犯罪为由不予受理,已经受理的,裁定驳回起诉。对此,应予纠正。

129.【涉众型经济犯罪与民商事案件的程序处理】2014年颁布实施的《最高人民法院最高人民检察院公安部关于办理非法集资刑事案件适用法律若干问题的意见》和2019年1月颁布实施的《最高人民法院最高人民检察院公安部关于办理非法集资刑事案件若干问题的意见》规定的涉嫌集资诈骗、非法吸收公众存款等涉众型经济犯罪,所涉人数众多、当事人分布地域广、标的额特别巨大、影响范围广,严重影响社会稳定,对于受害人就同一事实提起的以犯罪嫌疑人或者刑事被告人为被告的民事诉讼,人民法院应当裁定不予受理,并将有关材料移送侦查机关、检察机关或者正在审理该刑事案件的人民法院。受害人的民事权利保护应当通过刑事追赃、退赔的方式解决。正在审理民商事案件的人民法院发现有上述涉众型经济犯罪线索的,应当及时将犯罪线索和有关材料移送侦查机关。侦查机关作出立案决定前,人民法院应当中止审理;作出立案决定后,应当裁定驳回起诉;侦查机关未及时立案,人民法院必要时可以将案件报请党委政法委协调处理。除上述情形人民法院不予受理外,要防止通过刑事手段干预民商事审判,搞地方保护,影响营商环境。

当事人因租赁、买卖、金融借款等与上述涉众型经济犯罪无关的民事纠纷,请求上述主体承担民事责任的,人民法院应予受理。

130.【民刑交叉案件中民商事案件中止审理的条件】人民法院在审理民商事案件时,如果民商事案件必须以相关刑事案件的审理结果为依据,而刑事案件尚未审结的,应当根据《民事诉讼法》第150条第5项的规定裁定中止诉讼。待刑事案件审结后,再恢复民商事案件的审理。如果民商事案件不是必须以相关的刑事案件的审理结果为依据,则民商事案件应当继续审理。

最高人民法院关于印发修改后的《民事案件案由规定》的通知

· 2020年12月29日
· 法〔2020〕347号

各省、自治区、直辖市高级人民法院,解放军军事法院,新疆维吾尔自治区高级人民法院生产建设兵团分院:

为切实贯彻实施民法典,最高人民法院对2011年2月18日第一次修正的《民事案件案由规定》(以下简称2011年《案由规定》)进行了修改,自2021年1月1日起施行。现将修改后的《民事案件案由规定》(以下简称修改后的《案由规定》)印发给你们,请认真贯彻执行。

2011年《案由规定》施行以来,在方便当事人进行民事诉讼,规范人民法院民事立案、审判和司法统计工作等方面,发挥了重要作用。近年来,随着民事诉讼法、邮政法、消费者权益保护法、环境保护法、反不正当竞争法、农村土地承包法、英雄烈士保护法等法律的制定或者修订,审判实践中出现了许多新类型民事案件,需要对2011年《案由规定》进行补充和完善。特别是民法典将于2021年1月1日起施行,迫切需要增补新的案由。经深入调查研究,广泛征求意见,最高人民法院对2011年《案由规定》进行了修改。现就各级人民法院适用修改后的《案由规定》的有关问题通知如下:

一、高度重视民事案件案由在民事审判规范化建设中的重要作用,认真学习掌握修改后的《案由规定》

民事案件案由是民事案件名称的重要组成部分,反映案件所涉及的民事法律关系的性质,是对当事人诉争的法律关系性质进行的概括,是人民法院进行民事案件管理的重要手段。建立科学、完善的民事案件案由体系,有利于方便当事人进行民事诉讼,有利于统一民事案件的法律适用标准,有利于对受理案件进行分类管理,有利于确定各民事审判业务庭的管辖分工,有利于提高民事案件司法统计的准确性和科学性,从而更好地为创新和加强民事审判管理、为人民法院司法决策服务。

各级人民法院要认真学习修改后的《案由规定》,理解案由编排体系和具体案由制定的背景、法律依据、确定标准、具体含义、适用顺序以及变更方法等问题,准确选择适用具体案由,依法维护当事人诉讼权利,创新和加强民事审判管理,不断推进民事审判工作规范化建设。

二、关于《案由规定》修改所遵循的原则

一是严格依法原则。本次修改的具体案由均具有实体法和程序法依据,符合民事诉讼法关于民事案件受案范围的有关规定。

二是必要性原则。本次修改是以保持案由运行体系稳定为前提,对于必须增加、调整的案由作相应修改,尤其是对照民法典的新增制度和重大修改内容,增加、变更部分具体案由,并根据现行立法和司法实践需要完善部分具体案由,对案由编排体系不作大的调整。民法典施行后,最高人民法院将根据工作需要,结合司法实践,继续细化完善民法典新增制度案由,特别是第四级案由。对本次未作修改的部分原案由,届时一并修改。

三是实用性原则。案由体系是在现行有效的法律规定基础上,充分考虑人民法院民事立案、审判实践以及司法统计的需要而编排的,本次修改更加注重案由的简洁明了、方便实用,既便于当事人进行民事诉讼,也便于人民法院进行民事立案、审判和司法统计工作。

三、关于案由的确定标准

民事案件案由应当依据当事人诉争的民事法律关系的性质来确定。鉴于具体案件中当事人的诉讼请求、争议的焦点可能有多个,争议的标的也可能是多个,为保证案由的高度概括和简洁明了,修改后的《案由规定》仍沿用2011年《案由规定》关于案由的确定标准,即对民事案件案由的表述方式原则上确定为"法律关系性质"加"纠纷",一般不包含争议焦点、标的物、侵权方式等要素。但是,实践中当事人诉争的民事法律关系的性质具有复杂多变性,单纯按照法律关系标准去划分案由体系的做法难以更好地满足民事审判实践的需要,难以更好地满足司法统计的需要。为此,修改后的《案由规定》在坚持以法律关系性质作为确定案由的主要标准的同时,对少部分案由也依据请求权、形成权或者确认之诉、形成之诉等其他标准进行确定,对少部分案由的表述也包含了争议焦点、标的物、侵权方式等要素。另外,为了与行政案件案由进行明显区分,本次修改还对个别案由的表述进行了特殊处理。

对民事诉讼法规定的适用特别程序、督促程序、公示催告程序、公司清算、破产程序等非讼程序审理的案件案由,根据当事人的诉讼请求予以直接表述;对公益诉讼、第三人撤销之诉、执行程序中的异议之诉等特殊诉讼程序案件的案由,根据修改后民事诉讼法规定的诉讼制度予以直接表述。

四、关于案由体系的总体编排

1. 关于案由纵向和横向体系的编排设置。修改后的《案由规定》以民法学理论对民事法律关系的分类为基础,以法律关系的内容即民事权利类型来编排案由的纵向体系。在纵向体系上,结合民法典、民事诉讼法等民事立法及审判实践,将案由的编排体系划分为人格权纠纷,婚姻家庭、继承纠纷,物权纠纷,合同、准合同纠纷,劳动争议与人事争议,知识产权与竞争纠纷,海事海商纠纷,与公司、证券、保险、票据等有关的民事纠纷,侵权责任纠纷,非讼程序案件案由,特殊诉讼程序案件案由,共计十一大部分,作为第一级案由。

在横向体系上,通过总分式四级结构的设计,实现案由从高级(概括)到低级(具体)的演进。如物权纠纷(第一级案由)→所有权纠纷(第二级案由)→建筑物区分所有权纠纷(第三级案由)→业主专有权纠纷(第四级案由)。在第一级案由项下,细分为五十四类案由,作为第二级案由(以大写数字表示);在第二级案由项下列出了473个案由,作为第三级案由(以阿拉伯数字表示)。第三级案由是司法实践中最常见和广泛使用的案由。基于审判工作指导、调研和司法统计的需要,在部分第三级案由项下又列出了391个第四级案由(以阿拉伯数字加( )表示)。基于民事法律关系的复杂性,不可能穷尽所有第四级案由,目前所列的第四级案由只是一些典型的、常见的或者为了司法统计需要而设立的案由。

修改后的《案由规定》采用纵向十一个部分、横向四级结构的编排设置,形成了网状结构体系,基本涵盖了民法典所涉及的民事纠纷案件类型以及人民法院当前受理的民事纠纷案件类型,有利于贯彻落实民法典等民事法律关于民事权益保护的相关规定。

2. 关于物权纠纷案由与合同纠纷案由的编排设置。修改后的《案由规定》仍然沿用2011年《案由规定》关于物权纠纷案由与合同纠纷案由的编排体系。按照物权变动原因与结果相区分的原则,对于涉及物权变动的原因,即债权性质的合同关系引发的纠纷案件的案由,修改后的《案由规定》将其放在合同纠纷项下;对于涉及物权变动的结果,即物权设立、权属、效力、使用、收益等物权关系产生的纠纷案件的案由,修改后的《案由规定》将其放在物权纠纷项下。前者如第三级案由"居住权合同纠纷"列在第二级案由"合同纠纷"项下;后者如第三级案由"居住权纠纷"列在第二级案由"物权纠纷"项下。

具体适用时,人民法院应根据当事人诉争的法律关系的性质,查明该法律关系涉及的是物权变动的原因关系还是物权变动的结果关系,以正确确定案由。当事人诉争的法律关系性质涉及物权变动原因的,即因债权性质的合同关系引发的纠纷案件,应当选择适用第二级案由"合同纠纷"项下的案由,如"居住权合同纠纷"案由;当事人诉争的法律关系性质涉及物权变动结果的,即因物权设立、权属、效力、使用、收益等物权关系引发的纠纷案件,应当选择第二级案由"物权纠纷"项下的案由,如"居住权纠纷"案由。

3. 关于第三部分"物权纠纷"项下"物权保护纠纷"案由与"所有权纠纷""用益物权纠纷""担保物权纠纷"案由的编排设置。修改后的《案由规定》仍然沿用2011年《案由规定》关于物权纠纷案由的编排设置。"所有权纠纷""用益物权纠纷""担保物权纠纷"案由既包括以上三种类型的物权确认纠纷案由,也包括以上三种类型的侵害物权纠纷案由。民法典物权编第三章"物权的保护"所规定的物权请求权或者债权请求权保护方法,即"物权保护纠纷",在修改后的《案由规定》列举的每个物权类型(第三级案由)项下都可能部分或者全部适用,多数都可以作为第四级案由列举,但为避免使整个案由体系冗长繁杂,在各第三级案由下并未一一列出。实践中需要确定具体个案案由时,如果当事人的诉讼请求只涉及"物权保护纠纷"项下的一种物权请求权或者债权请求权,则可以选择适用"物权保护纠纷"项下的六种第三级案由;如果当事人的诉讼请求涉及"物权保护纠纷"项下的两种或者两种以上物权请求权或者债权请求权,则应按照所保护的权利种类,选择适用"所有权纠纷""用益物权纠纷""担保物权纠纷"项下的第三级案由(各种物权类型纠纷)。

4. 关于侵权责任纠纷案由的编排设置。修改后的《案由规定》仍然沿用2011年《案由规定》关于侵权责任纠纷案由与其他第一级案由的编排设置。根据民法典侵权责任编的相关规定,该编的保护对象为民事权益,具体范围是民法典总则编第五章所规定的人身、财产权益。这些民事权益,又分别在人格权编、物权编、婚姻家庭编、继承编等予以了细化规定,而这些民事权益纠纷往往既包括权属确认纠纷也包括侵权责任纠纷,这就为科学合理编排民事案件案由体系增加了难度。为了保持整个案由体系的完整性和稳定性,尽可能避免重复交叉,修改后的《案由规定》将这些侵害民事权益侵权责任纠纷案由仍旧分别保留在"人格权纠纷""婚姻家庭、继承纠纷""物权纠纷""知识产权与竞争纠纷"等第一级案由体系项下,对照侵权责任编新规定调整第一级案由"侵权责任纠纷"项下案由;同时,将一些实践中常见的、其他第一级案由不便列出的侵权责任纠纷案由也列在第一级案由"侵权责任纠纷"项下,如"非机动车交通事故责任纠纷"。从"兜底"考虑,修改后的《案由规定》将第一级案由"侵权责任纠纷"列在其他八个民事权益纠纷类型之后,作为第九部分。

具体适用时,涉及侵权责任纠纷的,为明确和统一法律适用问题,应当先适用第九部分"侵权责任纠纷"项下根据侵权责任编相关规定列出的具体案由;没有相应案由的,再适用"人格权纠纷""物权纠纷""知识产权与竞争纠纷"等其他部分项下的具体案由。如环境污染、高度危险行为均可能造成人身损害和财产损害,确定案由时,应当适用第九部分"侵权责任纠纷"项下"环境污染责任纠纷""高度危险责任纠纷"案由,而不应适用第一部分"人格权纠纷"项下的"生命权、身体权、健康权纠纷"案由,也不应适用第三部分"物权纠纷"项下的"财产损害赔偿纠纷"案由。

五、适用修改后的《案由规定》应当注意的问题

1. 在案由横向体系上应当按照由低到高的顺序选择适用个案案由。确定个案案由时,应当优先适用第四级案由,没有对应的第四级案由的,适用相应的第三级案由;第三级案由中没有规定的,适用相应的第二级案由;第二级案由没有规定的,适用相应的第一级案由。这样处理,有利于更准确地反映当事人诉争的法律关系的性质,有利于促进分类管理科学化和提高司法统计准确性。

2. 关于个案案由的变更。人民法院在民事立案审查阶段,可以根据原告诉讼请求涉及的法律关系性质,确定相应的个案案由;人民法院受理民事案件后,经审理发现当事人起诉的法律关系与实际诉争的法律关系不一致的,人民法院结案时应当根据法庭查明的当事人之间实际存在的法律关系的性质,相应变更个案案由。当事人在诉讼过程中增加或者变更诉讼请求导致当事人诉争的法律关系发生变更的,人民法院应当相应变更个案案由。

3. 存在多个法律关系时个案案由的确定。同一诉讼中涉及两个以上的法律关系的,应当根据当事人诉争的法律关系的性质确定个案案由;均为诉争的法律关系的,则按诉争的两个以上法律关系并列确定相应的案由。

4. 请求权竞合时个案案由的确定。在请求权竞合的情形下,人民法院应当按照当事人自主选择行使的请求权所涉及的诉争的法律关系的性质,确定相应的案由。

5. 正确认识民事案件案由的性质与功能。案由体系的编排制定是人民法院进行民事审判管理的手段。各级人民法院应当依法保障当事人依照法律规定享有的起诉权利,不得修改后的《案由规定》等同于民事诉讼法第一百一十九条规定的起诉条件,不得以当事人的诉请在修改后的《案由规定》中没有相应案由可以适用为由,裁定不予受理或者驳回起诉,损害当事人的诉讼权利。

6. 案由体系中的选择性案由(即含有顿号的部分案由)的使用方法。对这些案由,应当根据具体案情,确定相应的个案案由,不应直接将该案由全部引用。如"生命权、身体权、健康权纠纷"案由,应当根据具体侵害对象来确定相应的案由。

本次民事案件案由修改工作主要基于人民法院当前司法实践经验,对照民法典等民事立法修改完善相关具体案由。2021年1月1日民法典施行后,修改后的《案由规定》可能需要对标民法典具体施行情况作进一步调整。地方各级人民法院要密切关注民法典施行后立案审判中遇到的新情况、新问题,重点梳理汇总民法典新增制度项下可以细化规定为第四级案由的新类型案件,及时层报最高人民法院。

民事案件案由规定

- 2007年10月29日最高人民法院审判委员会第1438次会议通过
- 自2008年4月1日起施行
- 根据2011年2月18日最高人民法院《关于修改〈民事案件案由规定〉的决定》(法〔2011〕41号)第一次修正
- 根据2020年12月14日最高人民法院审判委员会第1821次会议通过的《最高人民法院关于修改〈民事案件案由规定〉的决定》(法〔2020〕346号)第二次修正

为了正确适用法律,统一确定案由,根据《中华人民共和国民法典》《中华人民共和国民事诉讼法》等法律规定,结合人民法院民事审判工作实际情况,对民事案件案由规定如下:

第一部分 人格权纠纷

一、人格权纠纷

1. 生命权、身体权、健康权纠纷
2. 姓名权纠纷
3. 名称权纠纷
4. 肖像权纠纷
5. 声音保护纠纷
6. 名誉权纠纷
7. 荣誉权纠纷
8. 隐私权、个人信息保护纠纷
(1)隐私权纠纷
(2)个人信息保护纠纷
9. 婚姻自主权纠纷
10. 人身自由权纠纷
11. 一般人格权纠纷
(1)平等就业权纠纷

第二部分 婚姻家庭、继承纠纷

二、婚姻家庭纠纷

12. 婚约财产纠纷
13. 婚内夫妻财产分割纠纷
14. 离婚纠纷
15. 离婚后财产纠纷

16. 离婚后损害责任纠纷
17. 婚姻无效纠纷
18. 撤销婚姻纠纷
19. 夫妻财产约定纠纷
20. 同居关系纠纷
（1）同居关系析产纠纷
（2）同居关系子女抚养纠纷
21. 亲子关系纠纷
（1）确认亲子关系纠纷
（2）否认亲子关系纠纷
22. 抚养纠纷
（1）抚养费纠纷
（2）变更抚养关系纠纷
23. 扶养纠纷
（1）扶养费纠纷
（2）变更扶养关系纠纷
24. 赡养纠纷
（1）赡养费纠纷
（2）变更赡养关系纠纷
25. 收养关系纠纷
（1）确认收养关系纠纷
（2）解除收养关系纠纷
26. 监护权纠纷
27. 探望权纠纷
28. 分家析产纠纷

三、继承纠纷

29. 法定继承纠纷
（1）转继承纠纷
（2）代位继承纠纷
30. 遗嘱继承纠纷
31. 被继承人债务清偿纠纷
32. 遗赠纠纷
33. 遗赠扶养协议纠纷
34. 遗产管理纠纷

第三部分　物权纠纷

四、不动产登记纠纷

35. 异议登记不当损害责任纠纷
36. 虚假登记损害责任纠纷

五、物权保护纠纷

37. 物权确认纠纷
（1）所有权确认纠纷
（2）用益物权确认纠纷

（3）担保物权确认纠纷
38. 返还原物纠纷
39. 排除妨害纠纷
40. 消除危险纠纷
41. 修理、重作、更换纠纷
42. 恢复原状纠纷
43. 财产损害赔偿纠纷

六、所有权纠纷

44. 侵害集体经济组织成员权益纠纷
45. 建筑物区分所有权纠纷
（1）业主专有权纠纷
（2）业主共有权纠纷
（3）车位纠纷
（4）车库纠纷
46. 业主撤销权纠纷
47. 业主知情权纠纷
48. 遗失物返还纠纷
49. 漂流物返还纠纷
50. 埋藏物返还纠纷
51. 隐藏物返还纠纷
52. 添附物归属纠纷
53. 相邻关系纠纷
（1）相邻用水、排水纠纷
（2）相邻通行纠纷
（3）相邻土地、建筑物利用关系纠纷
（4）相邻通风纠纷
（5）相邻采光、日照纠纷
（6）相邻污染侵害纠纷
（7）相邻损害防免关系纠纷
54. 共有纠纷
（1）共有权确认纠纷
（2）共有物分割纠纷
（3）共有人优先购买权纠纷
（4）债权人代位析产纠纷

七、用益物权纠纷

55. 海域使用权纠纷
56. 探矿权纠纷
57. 采矿权纠纷
58. 取水权纠纷
59. 养殖权纠纷
60. 捕捞权纠纷
61. 土地承包经营权纠纷
（1）土地承包经营权确认纠纷

（2）承包地征收补偿费用分配纠纷
（3）土地承包经营权继承纠纷
62. 土地经营权纠纷
63. 建设用地使用权纠纷
64. 宅基地使用权纠纷
65. 居住权纠纷
66. 地役权纠纷

八、担保物权纠纷
67. 抵押权纠纷
（1）建筑物和其他土地附着物抵押权纠纷
（2）在建建筑物抵押权纠纷
（3）建设用地使用权抵押权纠纷
（4）土地经营权抵押权纠纷
（5）探矿权抵押权纠纷
（6）采矿权抵押权纠纷
（7）海域使用权抵押权纠纷
（8）动产抵押权纠纷
（9）在建船舶、航空器抵押权纠纷
（10）动产浮动抵押权纠纷
（11）最高额抵押权纠纷
68. 质权纠纷
（1）动产质权纠纷
（2）转质权纠纷
（3）最高额质权纠纷
（4）票据质权纠纷
（5）债券质权纠纷
（6）存单质权纠纷
（7）仓单质权纠纷
（8）提单质权纠纷
（9）股权质权纠纷
（10）基金份额质权纠纷
（11）知识产权质权纠纷
（12）应收账款质权纠纷
69. 留置权纠纷

九、占有保护纠纷
70. 占有物返还纠纷
71. 占有排除妨害纠纷
72. 占有消除危险纠纷
73. 占有物损害赔偿纠纷

第四部分　合同、准合同纠纷

十、合同纠纷
74. 缔约过失责任纠纷

75. 预约合同纠纷
76. 确认合同效力纠纷
（1）确认合同有效纠纷
（2）确认合同无效纠纷
77. 债权人代位权纠纷
78. 债权人撤销权纠纷
79. 债权转让合同纠纷
80. 债务转移合同纠纷
81. 债权债务概括转移合同纠纷
82. 债务加入纠纷
83. 悬赏广告纠纷
84. 买卖合同纠纷
（1）分期付款买卖合同纠纷
（2）凭样品买卖合同纠纷
（3）试用买卖合同纠纷
（4）所有权保留买卖合同纠纷
（5）招标投标买卖合同纠纷
（6）互易纠纷
（7）国际货物买卖合同纠纷
（8）信息网络买卖合同纠纷
85. 拍卖合同纠纷
86. 建设用地使用权合同纠纷
（1）建设用地使用权出让合同纠纷
（2）建设用地使用权转让合同纠纷
87. 临时用地合同纠纷
88. 探矿权转让合同纠纷
89. 采矿权转让合同纠纷
90. 房地产开发经营合同纠纷
（1）委托代建合同纠纷
（2）合资、合作开发房地产合同纠纷
（3）项目转让合同纠纷
91. 房屋买卖合同纠纷
（1）商品房预约合同纠纷
（2）商品房预售合同纠纷
（3）商品房销售合同纠纷
（4）商品房委托代理销售合同纠纷
（5）经济适用房转让合同纠纷
（6）农村房屋买卖合同纠纷
92. 民事主体间房屋拆迁补偿合同纠纷
93. 供用电合同纠纷
94. 供用水合同纠纷
95. 供用气合同纠纷
96. 供用热力合同纠纷

97. 排污权交易纠纷
98. 用能权交易纠纷
99. 用水权交易纠纷
100. 碳排放权交易纠纷
101. 碳汇交易纠纷
102. 赠与合同纠纷
(1) 公益事业捐赠合同纠纷
(2) 附义务赠与合同纠纷
103. 借款合同纠纷
(1) 金融借款合同纠纷
(2) 同业拆借纠纷
(3) 民间借贷纠纷
(4) 小额借款合同纠纷
(5) 金融不良债权转让合同纠纷
(6) 金融不良债权追偿纠纷
104. 保证合同纠纷
105. 抵押合同纠纷
106. 质押合同纠纷
107. 定金合同纠纷
108. 进出口押汇纠纷
109. 储蓄存款合同纠纷
110. 银行卡纠纷
(1) 借记卡纠纷
(2) 信用卡纠纷
111. 租赁合同纠纷
(1) 土地租赁合同纠纷
(2) 房屋租赁合同纠纷
(3) 车辆租赁合同纠纷
(4) 建筑设备租赁合同纠纷
112. 融资租赁合同纠纷
113. 保理合同纠纷
114. 承揽合同纠纷
(1) 加工合同纠纷
(2) 定作合同纠纷
(3) 修理合同纠纷
(4) 复制合同纠纷
(5) 测试合同纠纷
(6) 检验合同纠纷
(7) 铁路机车、车辆建造合同纠纷
115. 建设工程合同纠纷
(1) 建设工程勘察合同纠纷
(2) 建设工程设计合同纠纷
(3) 建设工程施工合同纠纷

(4) 建设工程价款优先受偿权纠纷
(5) 建设工程分包合同纠纷
(6) 建设工程监理合同纠纷
(7) 装饰装修合同纠纷
(8) 铁路修建合同纠纷
(9) 农村建房施工合同纠纷
116. 运输合同纠纷
(1) 公路旅客运输合同纠纷
(2) 公路货物运输合同纠纷
(3) 水路旅客运输合同纠纷
(4) 水路货物运输合同纠纷
(5) 航空旅客运输合同纠纷
(6) 航空货物运输合同纠纷
(7) 出租汽车运输合同纠纷
(8) 管道运输合同纠纷
(9) 城市公交运输合同纠纷
(10) 联合运输合同纠纷
(11) 多式联运合同纠纷
(12) 铁路货物运输合同纠纷
(13) 铁路旅客运输合同纠纷
(14) 铁路行李运输合同纠纷
(15) 铁路包裹运输合同纠纷
(16) 国际铁路联运合同纠纷
117. 保管合同纠纷
118. 仓储合同纠纷
119. 委托合同纠纷
(1) 进出口代理合同纠纷
(2) 货运代理合同纠纷
(3) 民用航空运输销售代理合同纠纷
(4) 诉讼、仲裁、人民调解代理合同纠纷
(5) 销售代理合同纠纷
120. 委托理财合同纠纷
(1) 金融委托理财合同纠纷
(2) 民间委托理财合同纠纷
121. 物业服务合同纠纷
122. 行纪合同纠纷
123. 中介合同纠纷
124. 补偿贸易纠纷
125. 借用合同纠纷
126. 典当纠纷
127. 合伙合同纠纷
128. 种植、养殖回收合同纠纷
129. 彩票、奖券纠纷

130. 中外合作勘探开发自然资源合同纠纷
131. 农业承包合同纠纷
132. 林业承包合同纠纷
133. 渔业承包合同纠纷
134. 牧业承包合同纠纷
135. 土地承包经营权合同纠纷
（1）土地承包经营权转让合同纠纷
（2）土地承包经营权互换合同纠纷
（3）土地经营权入股合同纠纷
（4）土地经营权抵押合同纠纷
（5）土地经营权出租合同纠纷
136. 居住权合同纠纷
137. 服务合同纠纷
（1）电信服务合同纠纷
（2）邮政服务合同纠纷
（3）快递服务合同纠纷
（4）医疗服务合同纠纷
（5）法律服务合同纠纷
（6）旅游合同纠纷
（7）房地产咨询合同纠纷
（8）房地产价格评估合同纠纷
（9）旅店服务合同纠纷
（10）财会服务合同纠纷
（11）餐饮服务合同纠纷
（12）娱乐服务合同纠纷
（13）有线电视服务合同纠纷
（14）网络服务合同纠纷
（15）教育培训合同纠纷
（16）家政服务合同纠纷
（17）庆典服务合同纠纷
（18）殡葬服务合同纠纷
（19）农业技术服务合同纠纷
（20）农机作业服务合同纠纷
（21）保安服务合同纠纷
（22）银行结算合同纠纷
138. 演出合同纠纷
139. 劳务合同纠纷
140. 离退休人员返聘合同纠纷
141. 广告合同纠纷
142. 展览合同纠纷
143. 追偿权纠纷

十一、不当得利纠纷

144. 不当得利纠纷

十二、无因管理纠纷

145. 无因管理纠纷

第五部分　知识产权与竞争纠纷

十三、知识产权合同纠纷

146. 著作权合同纠纷
（1）委托创作合同纠纷
（2）合作创作合同纠纷
（3）著作权转让合同纠纷
（4）著作权许可使用合同纠纷
（5）出版合同纠纷
（6）表演合同纠纷
（7）音像制品制作合同纠纷
（8）广播电视播放合同纠纷
（9）邻接权转让合同纠纷
（10）邻接权许可使用合同纠纷
（11）计算机软件开发合同纠纷
（12）计算机软件著作权转让合同纠纷
（13）计算机软件著作权许可使用合同纠纷
147. 商标合同纠纷
（1）商标权转让合同纠纷
（2）商标使用许可合同纠纷
（3）商标代理合同纠纷
148. 专利合同纠纷
（1）专利申请权转让合同纠纷
（2）专利权转让合同纠纷
（3）发明专利实施许可合同纠纷
（4）实用新型专利实施许可合同纠纷
（5）外观设计专利实施许可合同纠纷
（6）专利代理合同纠纷
149. 植物新品种合同纠纷
（1）植物新品种育种合同纠纷
（2）植物新品种申请权转让合同纠纷
（3）植物新品种权转让合同纠纷
（4）植物新品种实施许可合同纠纷
150. 集成电路布图设计合同纠纷
（1）集成电路布图设计创作合同纠纷
（2）集成电路布图设计专有权转让合同纠纷
（3）集成电路布图设计许可使用合同纠纷
151. 商业秘密合同纠纷
（1）技术秘密让与合同纠纷
（2）技术秘密许可使用合同纠纷
（3）经营秘密让与合同纠纷

(4)经营秘密许可使用合同纠纷
152. 技术合同纠纷
(1)技术委托开发合同纠纷
(2)技术合作开发合同纠纷
(3)技术转化合同纠纷
(4)技术转让合同纠纷
(5)技术许可合同纠纷
(6)技术咨询合同纠纷
(7)技术服务合同纠纷
(8)技术培训合同纠纷
(9)技术中介合同纠纷
(10)技术进口合同纠纷
(11)技术出口合同纠纷
(12)职务技术成果完成人奖励、报酬纠纷
(13)技术成果完成人署名权、荣誉权、奖励权纠纷
153. 特许经营合同纠纷
154. 企业名称(商号)合同纠纷
(1)企业名称(商号)转让合同纠纷
(2)企业名称(商号)使用合同纠纷
155. 特殊标志合同纠纷
156. 网络域名合同纠纷
(1)网络域名注册合同纠纷
(2)网络域名转让合同纠纷
(3)网络域名许可使用合同纠纷
157. 知识产权质押合同纠纷

十四、知识产权权属、侵权纠纷
158. 著作权权属、侵权纠纷
(1)著作权权属纠纷
(2)侵害作品发表权纠纷
(3)侵害作品署名权纠纷
(4)侵害作品修改权纠纷
(5)侵害保护作品完整权纠纷
(6)侵害作品复制权纠纷
(7)侵害作品发行权纠纷
(8)侵害作品出租权纠纷
(9)侵害作品展览权纠纷
(10)侵害作品表演权纠纷
(11)侵害作品放映权纠纷
(12)侵害作品广播权纠纷
(13)侵害作品信息网络传播权纠纷
(14)侵害作品摄制权纠纷
(15)侵害作品改编权纠纷
(16)侵害作品翻译权纠纷
(17)侵害作品汇编权纠纷
(18)侵害其他著作财产权纠纷
(19)出版者权权属纠纷
(20)表演者权权属纠纷
(21)录音录像制作者权权属纠纷
(22)广播组织权权属纠纷
(23)侵害出版者权纠纷
(24)侵害表演者权纠纷
(25)侵害录音录像制作者权纠纷
(26)侵害广播组织权纠纷
(27)计算机软件著作权权属纠纷
(28)侵害计算机软件著作权纠纷
159. 商标权权属、侵权纠纷
(1)商标权权属纠纷
(2)侵害商标权纠纷
160. 专利权权属、侵权纠纷
(1)专利申请权权属纠纷
(2)专利权权属纠纷
(3)侵害发明专利权纠纷
(4)侵害实用新型专利权纠纷
(5)侵害外观设计专利权纠纷
(6)假冒他人专利纠纷
(7)发明专利临时保护期使用费纠纷
(8)职务发明创造发明人、设计人奖励、报酬纠纷
(9)发明创造发明人、设计人署名权纠纷
(10)标准必要专利使用费纠纷
161. 植物新品种权权属、侵权纠纷
(1)植物新品种申请权权属纠纷
(2)植物新品种权权属纠纷
(3)侵害植物新品种权纠纷
(4)植物新品种临时保护期使用费纠纷
162. 集成电路布图设计专有权权属、侵权纠纷
(1)集成电路布图设计专有权权属纠纷
(2)侵害集成电路布图设计专有权纠纷
163. 侵害企业名称(商号)权纠纷
164. 侵害特殊标志专有权纠纷
165. 网络域名权属、侵权纠纷
(1)网络域名权属纠纷
(2)侵害网络域名纠纷
166. 发现权纠纷

167. 发明权纠纷
168. 其他科技成果权纠纷
169. 确认不侵害知识产权纠纷
（1）确认不侵害专利权纠纷
（2）确认不侵害商标权纠纷
（3）确认不侵害著作权纠纷
（4）确认不侵害植物新品种权纠纷
（5）确认不侵害集成电路布图设计专用权纠纷
（6）确认不侵害计算机软件著作权纠纷
170. 因申请知识产权临时措施损害责任纠纷
（1）因申请诉前停止侵害专利权损害责任纠纷
（2）因申请诉前停止侵害注册商标专用权损害责任纠纷
（3）因申请诉前停止侵害著作权损害责任纠纷
（4）因申请诉前停止侵害植物新品种权损害责任纠纷
（5）因申请海关知识产权保护措施损害责任纠纷
（6）因申请诉前停止侵害计算机软件著作权损害责任纠纷
（7）因申请诉前停止侵害集成电路布图设计专用权损害责任纠纷
171. 因恶意提起知识产权诉讼损害责任纠纷
172. 专利权宣告无效后返还费用纠纷

十五、不正当竞争纠纷

173. 仿冒纠纷
（1）擅自使用与他人有一定影响的商品名称、包装、装潢等相同或者近似的标识纠纷
（2）擅自使用他人有一定影响的企业名称、社会组织名称、姓名纠纷
（3）擅自使用他人有一定影响的域名主体部分、网站名称、网页纠纷
174. 商业贿赂不正当竞争纠纷
175. 虚假宣传纠纷
176. 侵害商业秘密纠纷
（1）侵害技术秘密纠纷
（2）侵害经营秘密纠纷
177. 低价倾销不正当竞争纠纷
178. 捆绑销售不正当竞争纠纷
179. 有奖销售纠纷

180. 商业诋毁纠纷
181. 串通投标不正当竞争纠纷
182. 网络不正当竞争纠纷

十六、垄断纠纷

183. 垄断协议纠纷
（1）横向垄断协议纠纷
（2）纵向垄断协议纠纷
184. 滥用市场支配地位纠纷
（1）垄断定价纠纷
（2）掠夺定价纠纷
（3）拒绝交易纠纷
（4）限定交易纠纷
（5）捆绑交易纠纷
（6）差别待遇纠纷
185. 经营者集中纠纷

第六部分 劳动争议、人事争议

十七、劳动争议

186. 劳动合同纠纷
（1）确认劳动关系纠纷
（2）集体合同纠纷
（3）劳务派遣合同纠纷
（4）非全日制用工纠纷
（5）追索劳动报酬纠纷
（6）经济补偿金纠纷
（7）竞业限制纠纷
187. 社会保险纠纷
（1）养老保险待遇纠纷
（2）工伤保险待遇纠纷
（3）医疗保险待遇纠纷
（4）生育保险待遇纠纷
（5）失业保险待遇纠纷
188. 福利待遇纠纷

十八、人事争议

189. 聘用合同纠纷
190. 聘任合同纠纷
191. 辞职纠纷
192. 辞退纠纷

第七部分 海事海商纠纷

十九、海事海商纠纷

193. 船舶碰撞损害责任纠纷
194. 船舶触碰损害责任纠纷

195. 船舶损坏空中设施、水下设施损害责任纠纷
196. 船舶污染损害责任纠纷
197. 海上、通海水域污染损害责任纠纷
198. 海上、通海水域养殖损害责任纠纷
199. 海上、通海水域财产损害责任纠纷
200. 海上、通海水域人身损害责任纠纷
201. 非法留置船舶、船载货物、船用燃油、船用物料损害责任纠纷
202. 海上、通海水域货物运输合同纠纷
203. 海上、通海水域旅客运输合同纠纷
204. 海上、通海水域行李运输合同纠纷
205. 船舶经营管理合同纠纷
206. 船舶买卖合同纠纷
207. 船舶建造合同纠纷
208. 船舶修理合同纠纷
209. 船舶改建合同纠纷
210. 船舶拆解合同纠纷
211. 船舶抵押合同纠纷
212. 航次租船合同纠纷
213. 船舶租用合同纠纷
（1）定期租船合同纠纷
（2）光船租赁合同纠纷
214. 船舶融资租赁合同纠纷
215. 海上、通海水域运输船舶承包合同纠纷
216. 渔船承包合同纠纷
217. 船舶属具租赁合同纠纷
218. 船舶属具保管合同纠纷
219. 海运集装箱租赁合同纠纷
220. 海运集装箱保管合同纠纷
221. 港口货物保管合同纠纷
222. 船舶代理合同纠纷
223. 海上、通海水域货运代理合同纠纷
224. 理货合同纠纷
225. 船舶物料和备品供应合同纠纷
226. 船员劳务合同纠纷
227. 海难救助合同纠纷
228. 海上、通海水域打捞合同纠纷
229. 海上、通海水域拖航合同纠纷
230. 海上、通海水域保险合同纠纷
231. 海上、通海水域保赔合同纠纷
232. 海上、通海水域运输联营合同纠纷
233. 船舶营运借款合同纠纷
234. 海事担保合同纠纷
235. 航道、港口疏浚合同纠纷
236. 船坞、码头建造合同纠纷
237. 船舶检验合同纠纷
238. 海事请求担保纠纷
239. 海上、通海水域运输重大责任事故责任纠纷
240. 港口作业重大责任事故责任纠纷
241. 港口作业纠纷
242. 共同海损纠纷
243. 海洋开发利用纠纷
244. 船舶共有纠纷
245. 船舶权属纠纷
246. 海运欺诈纠纷
247. 海事债权确权纠纷

第八部分　与公司、证券、保险、票据等有关的民事纠纷

二十、与企业有关的纠纷

248. 企业出资人权益确认纠纷
249. 侵害企业出资人权益纠纷
250. 企业公司制改造合同纠纷
251. 企业股份合作制改造合同纠纷
252. 企业债权转股权合同纠纷
253. 企业分立合同纠纷
254. 企业租赁经营合同纠纷
255. 企业出售合同纠纷
256. 挂靠经营合同纠纷
257. 企业兼并合同纠纷
258. 联营合同纠纷
259. 企业承包经营合同纠纷
（1）中外合资经营企业承包经营合同纠纷
（2）中外合作经营企业承包经营合同纠纷
（3）外商独资企业承包经营合同纠纷
（4）乡镇企业承包经营合同纠纷
260. 中外合资经营企业合同纠纷
261. 中外合作经营企业合同纠纷

二十一、与公司有关的纠纷

262. 股东资格确认纠纷
263. 股东名册记载纠纷
264. 请求变更公司登记纠纷
265. 股东出资纠纷
266. 新增资本认购纠纷
267. 股东知情权纠纷

268. 请求公司收购股份纠纷
269. 股权转让纠纷
270. 公司决议纠纷
(1)公司决议效力确认纠纷
(2)公司决议撤销纠纷
271. 公司设立纠纷
272. 公司证照返还纠纷
273. 发起人责任纠纷
274. 公司盈余分配纠纷
275. 损害股东利益责任纠纷
276. 损害公司利益责任纠纷
277. 损害公司债权人利益责任纠纷
(1)股东损害公司债权人利益责任纠纷
(2)实际控制人损害公司债权人利益责任纠纷
278. 公司关联交易损害责任纠纷
279. 公司合并纠纷
280. 公司分立纠纷
281. 公司减资纠纷
282. 公司增资纠纷
283. 公司解散纠纷
284. 清算责任纠纷
285. 上市公司收购纠纷
二十二、合伙企业纠纷
286. 入伙纠纷
287. 退伙纠纷
288. 合伙企业财产份额转让纠纷
二十三、与破产有关的纠纷
289. 请求撤销个别清偿行为纠纷
290. 请求确认债务人行为无效纠纷
291. 对外追收债权纠纷
292. 追收未缴出资纠纷
293. 追收抽逃出资纠纷
294. 追收非正常收入纠纷
295. 破产债权确认纠纷
(1)职工破产债权确认纠纷
(2)普通破产债权确认纠纷
296. 取回权纠纷
(1)一般取回权纠纷
(2)出卖人取回权纠纷
297. 破产抵销权纠纷
298. 别除权纠纷
299. 破产撤销权纠纷
300. 损害债务人利益赔偿纠纷

301. 管理人责任纠纷
二十四、证券纠纷
302. 证券权利确认纠纷
(1)股票权利确认纠纷
(2)公司债券权利确认纠纷
(3)国债权利确认纠纷
(4)证券投资基金权利确认纠纷
303. 证券交易合同纠纷
(1)股票交易纠纷
(2)公司债券交易纠纷
(3)国债交易纠纷
(4)证券投资基金交易纠纷
304. 金融衍生品种交易纠纷
305. 证券承销合同纠纷
(1)证券代销合同纠纷
(2)证券包销合同纠纷
306. 证券投资咨询纠纷
307. 证券资信评级服务合同纠纷
308. 证券回购合同纠纷
(1)股票回购合同纠纷
(2)国债回购合同纠纷
(3)公司债券回购合同纠纷
(4)证券投资基金回购合同纠纷
(5)质押式证券回购纠纷
309. 证券上市合同纠纷
310. 证券交易代理合同纠纷
311. 证券上市保荐合同纠纷
312. 证券发行纠纷
(1)证券认购纠纷
(2)证券发行失败纠纷
313. 证券返还纠纷
314. 证券欺诈责任纠纷
(1)证券内幕交易责任纠纷
(2)操纵证券交易市场责任纠纷
(3)证券虚假陈述责任纠纷
(4)欺诈客户责任纠纷
315. 证券托管纠纷
316. 证券登记、存管、结算纠纷
317. 融资融券交易纠纷
318. 客户交易结算资金纠纷
二十五、期货交易纠纷
319. 期货经纪合同纠纷
320. 期货透支交易纠纷

321. 期货强行平仓纠纷
322. 期货实物交割纠纷
323. 期货保证合约纠纷
324. 期货交易代理合同纠纷
325. 侵占期货交易保证金纠纷
326. 期货欺诈责任纠纷
327. 操纵期货交易市场责任纠纷
328. 期货内幕交易责任纠纷
329. 期货虚假信息责任纠纷

二十六、信托纠纷

330. 民事信托纠纷
331. 营业信托纠纷
332. 公益信托纠纷

二十七、保险纠纷

333. 财产保险合同纠纷
（1）财产损失保险合同纠纷
（2）责任保险合同纠纷
（3）信用保险合同纠纷
（4）保证保险合同纠纷
（5）保险人代位求偿权纠纷
334. 人身保险合同纠纷
（1）人寿保险合同纠纷
（2）意外伤害保险合同纠纷
（3）健康保险合同纠纷
335. 再保险合同纠纷
336. 保险经纪合同纠纷
337. 保险代理合同纠纷
338. 进出口信用保险合同纠纷
339. 保险费纠纷

二十八、票据纠纷

340. 票据付款请求权纠纷
341. 票据追索权纠纷
342. 票据交付请求权纠纷
343. 票据返还请求权纠纷
344. 票据损害责任纠纷
345. 票据利益返还请求权纠纷
346. 汇票回单签发请求权纠纷
347. 票据保证纠纷
348. 确认票据无效纠纷
349. 票据代理纠纷
350. 票据回购纠纷

二十九、信用证纠纷

351. 委托开立信用证纠纷
352. 信用证开证纠纷
353. 信用证议付纠纷
354. 信用证欺诈纠纷
355. 信用证融资纠纷
356. 信用证转让纠纷

三十、独立保函纠纷

357. 独立保函开立纠纷
358. 独立保函付款纠纷
359. 独立保函追偿纠纷
360. 独立保函欺诈纠纷
361. 独立保函转让纠纷
362. 独立保函通知纠纷
363. 独立保函撤销纠纷

第九部分　侵权责任纠纷

三十一、侵权责任纠纷

364. 监护人责任纠纷
365. 用人单位责任纠纷
366. 劳务派遣工作人员侵权责任纠纷
367. 提供劳务者致害责任纠纷
368. 提供劳务者受害责任纠纷
369. 网络侵权责任纠纷
（1）网络侵害虚拟财产纠纷
370. 违反安全保障义务责任纠纷
（1）经营场所、公共场所的经营者、管理者责任纠纷
（2）群众性活动组织者责任纠纷
371. 教育机构责任纠纷
372. 性骚扰损害责任纠纷
373. 产品责任纠纷
（1）产品生产者责任纠纷
（2）产品销售者责任纠纷
（3）产品运输者责任纠纷
（4）产品仓储者责任纠纷
374. 机动车交通事故责任纠纷
375. 非机动车交通事故责任纠纷
376. 医疗损害责任纠纷
（1）侵害患者知情同意权责任纠纷
（2）医疗产品责任纠纷
377. 环境污染责任纠纷
（1）大气污染责任纠纷
（2）水污染责任纠纷
（3）土壤污染责任纠纷

(4) 电子废物污染责任纠纷
(5) 固体废物污染责任纠纷
(6) 噪声污染责任纠纷
(7) 光污染责任纠纷
(8) 放射性污染责任纠纷
378. 生态破坏责任纠纷
379. 高度危险责任纠纷
(1) 民用核设施、核材料损害责任纠纷
(2) 民用航空器损害责任纠纷
(3) 占有、使用高度危险物损害责任纠纷
(4) 高度危险活动损害责任纠纷
(5) 遗失、抛弃高度危险物损害责任纠纷
(6) 非法占有高度危险物损害责任纠纷
380. 饲养动物损害责任纠纷
381. 建筑物和物件损害责任纠纷
(1) 物件脱落、坠落损害责任纠纷
(2) 建筑物、构筑物倒塌、塌陷损害责任纠纷
(3) 高空抛物、坠物损害责任纠纷
(4) 堆放物倒塌、滚落、滑落损害责任纠纷
(5) 公共道路妨碍通行损害责任纠纷
(6) 林木折断、倾倒、果实坠落损害责任纠纷
(7) 地面施工、地下设施损害责任纠纷
382. 触电人身损害责任纠纷
383. 义务帮工人受害责任纠纷
384. 见义勇为人受害责任纠纷
385. 公证损害责任纠纷
386. 防卫过当损害责任纠纷
387. 紧急避险损害责任纠纷
388. 驻香港、澳门特别行政区军人执行职务侵权责任纠纷
389. 铁路运输损害责任纠纷
(1) 铁路运输人身损害责任纠纷
(2) 铁路运输财产损害责任纠纷
390. 水上运输损害责任纠纷
(1) 水上运输人身损害责任纠纷
(2) 水上运输财产损害责任纠纷
391. 航空运输损害责任纠纷
(1) 航空运输人身损害责任纠纷
(2) 航空运输财产损害责任纠纷
392. 因申请财产保全损害责任纠纷
393. 因申请行为保全损害责任纠纷
394. 因申请证据保全损害责任纠纷
395. 因申请先予执行损害责任纠纷

第十部分　非讼程序案件案由

三十二、选民资格案件
396. 申请确定选民资格
三十三、宣告失踪、宣告死亡案件
397. 申请宣告自然人失踪
398. 申请撤销宣告失踪判决
399. 申请为失踪人财产指定、变更代管人
400. 申请宣告自然人死亡
401. 申请撤销宣告自然人死亡判决
三十四、认定自然人无民事行为能力、限制民事行为能力案件
402. 申请宣告自然人无民事行为能力
403. 申请宣告自然人限制民事行为能力
404. 申请宣告自然人恢复限制民事行为能力
405. 申请宣告自然人恢复完全民事行为能力
三十五、指定遗产管理人案件
406. 申请指定遗产管理人
三十六、认定财产无主案件
407. 申请认定财产无主
408. 申请撤销认定财产无主判决
三十七、确认调解协议案件
409. 申请司法确认调解协议
410. 申请撤销确认调解协议裁定
三十八、实现担保物权案件
411. 申请实现担保物权
412. 申请撤销准许实现担保物权裁定
三十九、监护权特别程序案件
413. 申请确定监护人
414. 申请指定监护人
415. 申请变更监护人
416. 申请撤销监护人资格
417. 申请恢复监护人资格
四十、督促程序案件
418. 申请支付令
四十一、公示催告程序案件
419. 申请公示催告
四十二、公司清算案件
420. 申请公司清算
四十三、破产程序案件
421. 申请破产清算
422. 申请破产重整
423. 申请破产和解

424. 申请对破产财产追加分配

四十四、申请诉前停止侵害知识产权案件

425. 申请诉前停止侵害专利权
426. 申请诉前停止侵害注册商标专用权
427. 申请诉前停止侵害著作权
428. 申请诉前停止侵害植物新品种权
429. 申请诉前停止侵害计算机软件著作权
430. 申请诉前停止侵害集成电路布图设计专用权

四十五、申请保全案件

431. 申请诉前财产保全
432. 申请诉前行为保全
433. 申请诉前证据保全
434. 申请仲裁前财产保全
435. 申请仲裁前行为保全
436. 申请仲裁前证据保全
437. 仲裁程序中的财产保全
438. 仲裁程序中的证据保全
439. 申请执行前财产保全
440. 申请中止支付信用证项下款项
441. 申请中止支付保函项下款项

四十六、申请人身安全保护令案件

442. 申请人身安全保护令

四十七、申请人格权侵害禁令案件

443. 申请人格权侵害禁令

四十八、仲裁程序案件

444. 申请确认仲裁协议效力
445. 申请撤销仲裁裁决

四十九、海事诉讼特别程序案件

446. 申请海事请求保全
（1）申请扣押船舶
（2）申请拍卖扣押船舶
（3）申请扣押船载货物
（4）申请拍卖扣押船载货物
（5）申请扣押船用燃油及船用物料
（6）申请拍卖扣押船用燃油及船用物料
447. 申请海事支付令
448. 申请海事强制令
449. 申请海事证据保全
450. 申请设立海事赔偿责任限制基金
451. 申请船舶优先权催告
452. 申请海事债权登记与受偿

五十、申请承认与执行法院判决、仲裁裁决案件

453. 申请执行海事仲裁裁决
454. 申请执行知识产权仲裁裁决
455. 申请执行涉外仲裁裁决
456. 申请认可和执行香港特别行政区法院民事判决
457. 申请认可和执行香港特别行政区仲裁裁决
458. 申请认可和执行澳门特别行政区法院民事判决
459. 申请认可和执行澳门特别行政区仲裁裁决
460. 申请认可和执行台湾地区法院民事判决
461. 申请认可和执行台湾地区仲裁裁决
462. 申请承认和执行外国法院民事判决、裁定
463. 申请承认和执行外国仲裁裁决

第十一部分　特殊诉讼程序案件案由

五十一、与宣告失踪、宣告死亡案件有关的纠纷

464. 失踪人债务支付纠纷
465. 被撤销死亡宣告人请求返还财产纠纷

五十二、公益诉讼

466. 生态环境保护民事公益诉讼
（1）环境污染民事公益诉讼
（2）生态破坏民事公益诉讼
（3）生态环境损害赔偿诉讼
467. 英雄烈士保护民事公益诉讼
468. 未成年人保护民事公益诉讼
469. 消费者权益保护民事公益诉讼

五十三、第三人撤销之诉

470. 第三人撤销之诉

五十四、执行程序中的异议之诉

471. 执行异议之诉
（1）案外人执行异议之诉
（2）申请执行人执行异议之诉
472. 追加、变更被执行人异议之诉
473. 执行分配方案异议之诉

二、总则编

最高人民法院关于适用《中华人民共和国民法典》总则编若干问题的解释

- 2021年12月30日最高人民法院审判委员会第1861次会议通过
- 2022年2月24日最高人民法院公告公布
- 自2022年3月1日起施行
- 法释〔2022〕6号

为正确审理民事案件,依法保护民事主体的合法权益,维护社会和经济秩序,根据《中华人民共和国民法典》《中华人民共和国民事诉讼法》等相关法律规定,结合审判实践,制定本解释。

一、一般规定

第一条 民法典第二编至第七编对民事关系有规定的,人民法院直接适用该规定;民法典第二编至第七编没有规定的,适用民法典第一编的规定,但是根据其性质不能适用的除外。

就同一民事关系,其他民事法律的规定属于对民法典相应规定的细化的,应当适用该民事法律的规定。民法典规定适用其他法律的,适用该法律的规定。

民法典及其他法律对民事关系没有具体规定的,可以遵循民法典关于基本原则的规定。

第二条 在一定地域、行业范围内长期为一般人从事民事活动时普遍遵守的民间习俗、惯常做法等,可以认定为民法典第十条规定的习惯。

当事人主张适用习惯的,应当就习惯及其具体内容提供相应证据;必要时,人民法院可以依职权查明。

适用习惯,不得违背社会主义核心价值观,不得违背公序良俗。

第三条 对于民法典第一百三十二条所称的滥用民事权利,人民法院可以根据权利行使的对象、目的、时间、方式、造成当事人之间利益失衡的程度等因素作出认定。

行为人以损害国家利益、社会公共利益、他人合法权益为主要目的行使民事权利的,人民法院应当认定构成滥用民事权利。

构成滥用民事权利的,人民法院应当认定该滥用行为不发生相应的法律效力。滥用民事权利造成损害的,依照民法典第七编等有关规定处理。

二、民事权利能力和民事行为能力

第四条 涉及遗产继承、接受赠与等胎儿利益保护,父母在胎儿娩出前作为法定代理人主张相应权利的,人民法院依法予以支持。

第五条 限制民事行为能力人实施的民事法律行为是否与其年龄、智力、精神健康状况相适应,人民法院可以从行为与本人生活相关联的程度,本人的智力、精神健康状况能否理解其行为并预见相应的后果,以及标的、数量、价款或者报酬等方面认定。

三、监护

第六条 人民法院认定自然人的监护能力,应当根据其年龄、身心健康状况、经济条件等因素确定;认定有关组织的监护能力,应当根据其资质、信用、财产状况等因素确定。

第七条 担任监护人的被监护人父母通过遗嘱指定监护人,遗嘱生效时被指定的人不同意担任监护人的,人民法院应当适用民法典第二十七条、第二十八条的规定确定监护人。

未成年人由父母担任监护人,父母中的一方通过遗嘱指定监护人,另一方在遗嘱生效时有监护能力,有关当事人对监护人的确定有争议的,人民法院应当适用民法典第二十七条第一款的规定确定监护人。

第八条 未成年人的父母与其他依法具有监护资格的人订立协议,约定免除具有监护能力的父母的监护职责,人民法院不予支持。协议约定在未成年人的父母丧失监护能力时由该具有监护资格的人担任监护人的，人民法院依法予以支持。

依法具有监护资格的人之间依民法典第三十条的规定，约定由民法典第二十七条第二款、第二十八条规定的不同顺序的人共同担任监护人，或者由顺序在后的人担任监护人的，人民法院依法予以支持。

第九条　人民法院依据民法典第三十一条第二款、第三十六条第一款的规定指定监护人时，应当尊重被监护人的真实意愿，按照最有利于被监护人的原则指定，具体参考以下因素：

（一）与被监护人生活、情感联系的密切程度；

（二）依法具有监护资格的人的监护顺序；

（三）是否有不利于履行监护职责的违法犯罪等情形；

（四）依法具有监护资格的人的监护能力、意愿、品行等。

人民法院依法指定的监护人一般应当是一人，由数人共同担任监护人更有利于保护被监护人利益的，也可以是数人。

第十条　有关当事人不服居民委员会、村民委员会或者民政部门的指定，在接到指定通知之日起三十日内向人民法院申请指定监护人的，人民法院经审理认为指定并无不当，依法裁定驳回申请；认为指定不当，依法判决撤销指定并另行指定监护人。

有关当事人在接到指定通知之日起三十日后提出申请的，人民法院应当按照变更监护关系处理。

第十一条　具有完全民事行为能力的成年人与他人依据民法典第三十三条的规定订立书面协议事先确定自己的监护人后，协议的任何一方在该成年人丧失或者部分丧失民事行为能力前请求解除协议的，人民法院依法予以支持。该成年人丧失或者部分丧失民事行为能力后，协议确定的监护人无正当理由请求解除协议的，人民法院不予支持。

该成年人丧失或者部分丧失民事行为能力后，协议确定的监护人有民法典第三十六条第一款规定的情形之一，该条第二款规定的有关个人、组织申请撤销其监护人资格的，人民法院依法予以支持。

第十二条　监护人、其他依法具有监护资格的人之间就监护人是否有民法典第三十九条第一款第二项、第四项规定的应当终止监护关系的情形发生争议，申请变更监护人的，人民法院应当依法受理。经审理认为理由成立的，人民法院依法予以支持。

被依法指定的监护人与其他具有监护资格的人之间协议变更监护人的，人民法院应当尊重被监护人的真实意愿，按照最有利于被监护人的原则作出裁判。

第十三条　监护人因患病、外出务工等原因在一定期限内不能完全履行监护职责，将全部或者部分监护职责委托给他人，当事人主张受托人因此成为监护人的，人民法院不予支持。

四、宣告失踪和宣告死亡

第十四条　人民法院审理宣告失踪案件时，下列人员应当认定为民法典第四十条规定的利害关系人：

（一）被申请人的近亲属；

（二）依据民法典第一千一百二十八条、第一千一百二十九条规定对被申请人有继承权的亲属；

（三）债权人、债务人、合伙人等与被申请人有民事权利义务关系的民事主体，但是不申请宣告失踪不影响其权利行使、义务履行的除外。

第十五条　失踪人的财产代管人向失踪人的债务人请求偿还债务的，人民法院应当将财产代管人列为原告。

债权人提起诉讼，请求失踪人的财产代管人支付失踪人所欠的债务和其他费用的，人民法院应当将财产代管人列为被告。经审理认为债权人的诉讼请求成立的，人民法院应当判决财产代管人从失踪人的财产中支付失踪人所欠的债务和其他费用。

第十六条　人民法院审理宣告死亡案件时，被申请人的配偶、父母、子女，以及依据民法典第一千一百二十九条规定对被申请人有继承权的亲属应当认定为民法典第四十六条规定的利害关系人。

符合下列情形之一的，被申请人的其他近亲属，以及依据民法典第一千一百二十八条规定对被申请人有继承权的亲属应当认定为民法典第四十六条规定的利害关系人：

（一）被申请人的配偶、父母、子女均已死亡或者下落不明的；

（二）不申请宣告死亡不能保护其相应合法权益的。

被申请人的债权人、债务人、合伙人等民事主体不能认定为民法典第四十六条规定的利害关系人，但是不申请宣告死亡不能保护其相应合法权益的除外。

第十七条　自然人在战争期间下落不明的，利害关系人申请宣告死亡的期间适用民法典第四十六条第一款第一项的规定，自战争结束之日或者有关机关确定的下落不明之日起计算。

五、民事法律行为

第十八条　当事人未采用书面形式或者口头形式，但是实施的行为本身表明已经作出相应意思表示，并符合民事法律行为成立条件的，人民法院可以认定为民法典第一百三十五条规定的采用其他形式实施的民事法律行为。

第十九条　行为人对行为的性质、对方当事人或者标的物的品种、质量、规格、价格、数量等产生错误认识，按照通常理解如果不发生该错误认识行为人就不会作出相应意思表示的，人民法院可以认定为民法典第一百四十七条规定的重大误解。

行为人能够证明自己实施民事法律行为时存在重大误解，并请求撤销该民事法律行为的，人民法院依法予以支持；但是，根据交易习惯等认定行为人无权请求撤销的除外。

第二十条　行为人以其意思表示存在第三人转达错误为由请求撤销民事法律行为的，适用本解释第十九条的规定。

第二十一条　故意告知虚假情况，或者负有告知义务的人故意隐瞒真实情况，致使当事人基于错误认识作出意思表示的，人民法院可以认定为民法典第一百四十八条、第一百四十九条规定的欺诈。

第二十二条　以给自然人及其近亲属等的人身权利、财产权利以及其他合法权益造成损害或者以给法人、非法人组织的名誉、荣誉、财产权益等造成损害为要挟，迫使其基于恐惧心理作出意思表示的，人民法院可以认定为民法典第一百五十条规定的胁迫。

第二十三条　民事法律行为不成立，当事人请求返还财产、折价补偿或者赔偿损失的，参照适用民法典第一百五十七条的规定。

第二十四条　民事法律行为所附条件不可能发生，当事人约定为生效条件的，人民法院应当认定民事法律行为不发生效力；当事人约定为解除条件的，应当认定未附条件，民事法律行为是否失效，依照民法典和相关法律、行政法规的规定认定。

六、代　理

第二十五条　数个委托代理人共同行使代理权，其中一人或者数人未与其他委托代理人协商，擅自行使代理权的，依据民法典第一百七十一条、第一百七十二条等规定处理。

第二十六条　由于急病、通讯联络中断、疫情防控等特殊原因，委托代理人自己不能办理代理事项，又不能与被代理人及时取得联系，如不及时转委托第三人代理，会给被代理人的利益造成损失或者扩大损失的，人民法院应当认定为民法典第一百六十九条规定的紧急情况。

第二十七条　无权代理行为未被追认，相对人请求行为人履行债务或者赔偿损失的，由行为人就相对人知道或者应当知道行为人无权代理承担举证责任。行为人不能证明的，人民法院依法支持相对人的相应诉讼请求；行为人能证明的，人民法院应当按照各自的过错认定行为人与相对人的责任。

第二十八条　同时符合下列条件的，人民法院可以认定为民法典第一百七十二条规定的相对人有理由相信行为人有代理权：

（一）存在代理权的外观；

（二）相对人不知道行为人行为时没有代理权，且无过失。

因是否构成表见代理发生争议的，相对人应当就无权代理符合前款第一项规定的条件承担举证责任；被代理人应当就相对人不符合前款第二项规定的条件承担举证责任。

第二十九条　法定代理人、被代理人依据民法典第一百四十五条、第一百七十一条的规定向相对人作出追认的意思表示的，人民法院应当依据民法典第一百三十七条的规定确认其追认意思表示的生效时间。

七、民事责任

第三十条 为了使国家利益、社会公共利益、本人或者他人的人身权利、财产权利以及其他合法权益免受正在进行的不法侵害，而针对实施侵害行为的人采取的制止不法侵害的行为，应当认定为民法典第一百八十一条规定的正当防卫。

第三十一条 对于正当防卫是否超过必要的限度，人民法院应当综合不法侵害的性质、手段、强度、危害程度和防卫的时机、手段、强度、损害后果等因素判断。

经审理，正当防卫没有超过必要限度的，人民法院应当认定正当防卫人不承担责任。正当防卫超过必要限度的，人民法院应当认定正当防卫人在造成不应有的损害范围内承担部分责任；实施侵害行为的人请求正当防卫人承担全部责任的，人民法院不予支持。

实施侵害行为的人不能证明防卫行为造成不应有的损害，仅以正当防卫人采取的反击方式和强度与不法侵害不相当为由主张防卫过当的，人民法院不予支持。

第三十二条 为了使国家利益、社会公共利益、本人或者他人的人身权利、财产权利以及其他合法权益免受正在发生的急迫危险，不得已而采取紧急措施的，应当认定为民法典第一百八十二条规定的紧急避险。

第三十三条 对于紧急避险是否采取措施不当或者超过必要的限度，人民法院应当综合危险的性质、急迫程度、避险行为所保护的权益以及造成的损害后果等因素判断。

经审理，紧急避险采取措施并无不当且没有超过必要限度的，人民法院应当认定紧急避险人不承担责任。紧急避险采取措施不当或者超过必要限度的，人民法院应当根据紧急避险人的过错程度、避险措施造成不应有的损害的原因力大小、紧急避险人是否为受益人等因素认定紧急避险人在造成的不应有的损害范围内承担相应的责任。

第三十四条 因保护他人民事权益使自己受到损害，受害人依据民法典第一百八十三条的规定请求受益人适当补偿的，人民法院可以根据受害人所受损失和已获赔偿的情况、受益人受益的多少及其经济条件等因素确定受益人承担的补偿数额。

八、诉讼时效

第三十五条 民法典第一百八十八条第一款规定的三年诉讼时效期间，可以适用民法典有关诉讼时效中止、中断的规定，不适用延长的规定。该条第二款规定的二十年期间不适用中止、中断的规定。

第三十六条 无民事行为能力人或者限制民事行为能力人的权利受到损害的，诉讼时效期间自其法定代理人知道或者应当知道权利受到损害以及义务人之日起计算，但是法律另有规定的除外。

第三十七条 无民事行为能力人、限制民事行为能力人的权利受到原法定代理人损害，且在取得、恢复完全民事行为能力或者在原法定代理终止并确定新的法定代理人后，相应民事主体才知道或者应当知道权利受到损害的，有关请求权诉讼时效期间的计算适用民法典第一百八十八条第二款、本解释第三十六条的规定。

第三十八条 诉讼时效依据民法典第一百九十五条的规定中断后，在新的诉讼时效期间内，再次出现第一百九十五条规定的中断事由，可以认定为诉讼时效再次中断。

权利人向义务人的代理人、财产代管人或者遗产管理人等提出履行请求的，可以认定为民法典第一百九十五条规定的诉讼时效中断。

九、附 则

第三十九条 本解释自2022年3月1日起施行。

民法典施行后的法律事实引起的民事案件，本解释施行后尚未终审的，适用本解释；本解释施行前已经终审，当事人申请再审或者按照审判监督程序决定再审的，不适用本解释。

最高人民法院关于适用《中华人民共和国民法典》有关担保制度的解释

- 2020年12月25日最高人民法院审判委员会第1824次会议通过
- 2020年12月31日最高人民法院公告公布
- 自2021年1月1日起施行
- 法释〔2020〕28号

为正确适用《中华人民共和国民法典》有关担保制度的规定,结合民事审判实践,制定本解释。

一、关于一般规定

第一条 因抵押、质押、留置、保证等担保发生的纠纷,适用本解释。所有权保留买卖、融资租赁、保理等涉及担保功能发生的纠纷,适用本解释的有关规定。

第二条 当事人在担保合同中约定担保合同的效力独立于主合同,或者约定担保人对主合同无效的法律后果承担担保责任,该有关担保独立性的约定无效。主合同有效的,有关担保独立性的约定无效不影响担保合同的效力;主合同无效的,人民法院应当认定担保合同无效,但是法律另有规定的除外。

因金融机构开立的独立保函发生的纠纷,适用《最高人民法院关于审理独立保函纠纷案件若干问题的规定》。

第三条 当事人对担保责任的承担约定专门的违约责任,或者约定的担保责任范围超出债务人应当承担的责任范围,担保人主张仅在债务人应当承担的责任范围内承担责任的,人民法院应予支持。

担保人承担的责任超出债务人应当承担的责任范围,担保人向债务人追偿,债务人主张仅在其应当承担的责任范围内承担责任的,人民法院应予支持;担保人请求债权人返还超出部分的,人民法院依法予以支持。

第四条 有下列情形之一,当事人将担保物权登记在他人名下,债务人不履行到期债务或者发生当事人约定的实现担保物权的情形,债权人或者其受托人主张就该财产优先受偿的,人民法院依法予以支持:

(一)为债券持有人提供的担保物权登记在债券受托管理人名下;

(二)为委托贷款人提供的担保物权登记在受托人名下;

(三)担保人知道债权人与他人之间存在委托关系的其他情形。

第五条 机关法人提供担保的,人民法院应当认定担保合同无效,但是经国务院批准为使用外国政府或者国际经济组织贷款进行转贷的除外。

居民委员会、村民委员会提供担保的,人民法院应当认定担保合同无效,但是依法代行村集体经济组织职能的村民委员会,依照村民委员会组织法规定的讨论决定程序对外提供担保的除外。

第六条 以公益为目的的非营利性学校、幼儿园、医疗机构、养老机构等提供担保的,人民法院应当认定担保合同无效,但是有下列情形之一的除外:

(一)在购入或者以融资租赁方式承租教育设施、医疗卫生设施、养老服务设施和其他公益设施时,出卖人、出租人为担保价款或者租金实现而在该公益设施上保留所有权;

(二)以教育设施、医疗卫生设施、养老服务设施和其他公益设施以外的不动产、动产或者财产权利设立担保物权。

登记为营利法人的学校、幼儿园、医疗机构、养老机构等提供担保,当事人以其不具有担保资格为由主张担保合同无效的,人民法院不予支持。

第七条 公司的法定代表人违反公司法关于公司对外担保决议程序的规定,超越权限代表公司与相对人订立担保合同,人民法院应当依照民法典第六十一条和第五百零四条等规定处理:

(一)相对人善意的,担保合同对公司发生效力;相对人请求公司承担担保责任的,人民法院应予支持;

(二)相对人非善意的,担保合同对公司不发生效力;相对人请求公司承担赔偿责任的,参照适用本解释第十七条的有关规定。

法定代表人超越权限提供担保造成公司损失,公司请求法定代表人承担赔偿责任的,人民法院应予支持。

第一款所称善意,是指相对人在订立担保合同时不知道且不应当知道法定代表人超越权限。相对人有证据证明已对公司决议进行了合理审查,人民法院应当认定其构成善意,但是公司有证据证明相对人知道或者应当知道决议系伪造、变造的除外。

第八条 有下列情形之一,公司以其未依照公司法关于公司对外担保的规定作出决议为由主张不承担担保责任的,人民法院不予支持:

(一)金融机构开立保函或者担保公司提供担保;

(二)公司为其全资子公司开展经营活动提供担保;

(三)担保合同系由单独或者共同持有公司三分之二以上对担保事项有表决权的股东签字同意。

上市公司对外提供担保,不适用前款第二项、第三项的规定。

第九条 相对人根据上市公司公开披露的关于担保事项已经董事会或者股东大会决议通过的信息,与上市公司订立担保合同,相对人主张担保合同对上市公司发生效力,并由上市公司承担担保责任的,人民法院应予支持。

相对人未根据上市公司公开披露的关于担保事项已经董事会或者股东大会决议通过的信息,与上市公司订立担保合同,上市公司主张担保合同对其不发生效力,且不承担担保责任或者赔偿责任的,人民法院应予支持。

相对人与上市公司已公开披露的控股子公司订立的担保合同,或者相对人与股票在国务院批准的其他全国性证券交易场所交易的公司订立的担保合同,适用前两款规定。

第十条 一人有限责任公司为其股东提供担保,公司以违反公司法关于公司对外担保决议程序的规定为由主张不承担担保责任的,人民法院不予支持。公司因承担担保责任导致无法清偿其他债务,提供担保时的股东不能证明公司财产独立于自己的财产,其他债权人请求该股东承担连带责任的,人民法院应予支持。

第十一条 公司的分支机构未经公司股东(大)会或者董事会决议以自己的名义对外提供担保,相对人请求公司或者其分支机构承担担保责任的,人民法院不予支持,但是相对人不知道且应当知道分支机构对外提供担保未经公司决议程序的除外。

金融机构的分支机构在其营业执照记载的经营范围内开立保函,或者经有权从事担保业务的上级机构授权开立保函,金融机构或者其分支机构以违反公司法关于公司对外担保决议程序的规定为由主张不承担担保责任的,人民法院不予支持。金融机构的分支机构未经金融机构授权提供保函之外的担保,金融机构或者其分支机构主张不承担担保责任的,人民法院应予支持,但是相对人不知道且不应当知道分支机构对外提供担保未经金融机构授权的除外。

担保公司的分支机构未经担保公司授权对外提供担保,担保公司或者其分支机构主张不承担担保责任的,人民法院应予支持,但是相对人不知道且不应当知道分支机构对外提供担保未经担保公司授权的除外。

公司的分支机构对外提供担保,相对人非善意,请求公司承担赔偿责任的,参照本解释第十七条的有关规定处理。

第十二条 法定代表人依照民法典第五百五十二条的规定以公司名义加入债务的,人民法院在认定该行为的效力时,可以参照本解释关于公司为他人提供担保的有关规则处理。

第十三条 同一债务有两个以上第三人提供担保,担保人之间约定相互追偿及分担份额,承担了担保责任的担保人请求其他担保人按照约定分担份额的,人民法院应予支持;担保人之间约定承担连带共同担保,或者约定相互追偿但是未约定分担份额的,各担保人按照比例分担债务人不能追偿的部分。

同一债务有两个以上第三人提供担保,担保人之间未对相互追偿作出约定且未约定承担连带共同担保,但是各担保人在同一份合同书上签字、盖章或者按指印,承担了担保责任的担保人请求其他担保人按照比例分担向债务人不能追偿部分的,人民法院应予支持。

除前两款规定的情形外,承担了担保责任的担保人请求其他担保人分担向债务人不能追偿部分的,人民法院不予支持。

第十四条 同一债务有两个以上第三人提供担保,担保人受让债权的,人民法院应当认定该行为系承担担保责任。受让债权的担保人作为债权人请求其他担保人承担担保责任的,人民法院不予支持;该担保人请求其他担保人分担相应份额的,依照本解释第十三条的规定处理。

第十五条　最高额担保中的最高债权额,是指包括主债权及其利息、违约金、损害赔偿金、保管担保财产的费用、实现债权或者实现担保物权的费用等在内的全部债权,但是当事人另有约定的除外。

登记的最高债权额与当事人约定的最高债权额不一致的,人民法院应当依据登记的最高债权额确定债权人优先受偿的范围。

第十六条　主合同当事人协议以新贷偿还旧贷,债权人请求旧贷的担保人承担担保责任的,人民法院不予支持;债权人请求新贷的担保人承担担保责任的,按照下列情形处理:

(一)新贷与旧贷的担保人相同的,人民法院应予支持;

(二)新贷与旧贷的担保人不同,或者旧贷无担保新贷有担保的,人民法院不予支持,但是债权人有证据证明新贷的担保人提供担保时对以新贷偿还旧贷的事实知道或者应当知道的除外。

主合同当事人协议以新贷偿还旧贷,旧贷的物的担保人在登记尚未注销的情形下同意继续为新贷提供担保,在订立新的贷款合同前又以该担保财产为其他债权人设立担保物权,其他债权人主张其担保物权顺位优先于新贷债权人的,人民法院不予支持。

第十七条　主合同有效而第三人提供的担保合同无效,人民法院应当区分不同情形确定担保人的赔偿责任:

(一)债权人与担保人均有过错的,担保人承担的赔偿责任不应超过债务人不能清偿部分的二分之一;

(二)担保人有过错而债权人无过错的,担保人对债务人不能清偿的部分承担赔偿责任;

(三)债权人有过错而担保人无过错的,担保人不承担赔偿责任。

主合同无效导致第三人提供的担保合同无效,担保人无过错的,不承担赔偿责任;担保人有过错的,其承担的赔偿责任不应超过债务人不能清偿部分的三分之一。

第十八条　承担了担保责任或者赔偿责任的担保人,在其承担责任的范围内向债务人追偿的,人民法院应予支持。

同一债权既有债务人自己提供的物的担保,又有第三人提供的担保,承担了担保责任或者赔偿责任的第三人,主张行使债权人对债务人享有的担保物权的,人民法院应予支持。

第十九条　担保合同无效,承担了赔偿责任的担保人按照反担保合同的约定,在其承担赔偿责任的范围内请求反担保人承担担保责任的,人民法院应予支持。

反担保合同无效的,依照本解释第十七条的有关规定处理。当事人仅以担保合同无效为由主张反担保合同无效的,人民法院不予支持。

第二十条　人民法院在审理第三人提供的物的担保纠纷案件时,可以适用民法典第六百九十五条第一款、第六百九十六条第一款、第六百九十七条第二款、第六百九十九条、第七百条、第七百零一条、第七百零二条等关于保证合同的规定。

第二十一条　主合同或者担保合同约定了仲裁条款的,人民法院对约定仲裁条款的合同当事人之间的纠纷无管辖权。

债权人一并起诉债务人和担保人的,应当根据主合同确定管辖法院。

债权人依法可以单独起诉担保人且仅起诉担保人的,应当根据担保合同确定管辖法院。

第二十二条　人民法院受理债务人破产案件后,债权人请求担保人承担担保责任,担保人主张担保债务自人民法院受理破产申请之日起停止计息的,人民法院对担保人的主张应予支持。

第二十三条　人民法院受理债务人破产案件,债权人在破产程序中申报债权后又向人民法院提起诉讼,请求担保人承担担保责任的,人民法院依法予以支持。

担保人清偿债权人的全部债权后,可以代替债权人在破产程序中受偿;在债权人的债权未获全部清偿前,担保人不得代替债权人在破产程序中受偿,但是有权就债权人通过破产分配和实现担保债权等方式获得清偿总额中超出债权的部分,在其承担担保责任的范围内请求债权人返还。

债权人在债务人破产程序中未获全部清偿,请求担保人继续承担担保责任的,人民法院应予支持;担保人承担担保责任后,向和解协议或者重整计划执行完毕后的债务人追偿的,人民法院不予支持。

第二十四条 债权人知道或者应当知道债务人破产,既未申报债权也未通知担保人,致使担保人不能预先行使追偿权的,担保人就该债权在破产程序中可能受偿的范围内免除担保责任,但是担保人因自身过错未行使追偿权的除外。

二、关于保证合同

第二十五条 当事人在保证合同中约定了保证人在债务人不能履行债务或者无力偿还债务时才承担保证责任等类似内容,具有债务人应当先承担责任的意思表示的,人民法院应当将其认定为一般保证。

当事人在保证合同中约定了保证人在债务人不履行债务或者未偿还债务时即承担保证责任、无条件承担保证责任等类似内容,不具有债务人应当先承担责任的意思表示的,人民法院应当将其认定为连带责任保证。

第二十六条 一般保证中,债权人以债务人为被告提起诉讼的,人民法院应予受理。债权人未就主合同纠纷提起诉讼或者申请仲裁,仅起诉一般保证人的,人民法院应当驳回起诉。

一般保证中,债权人一并起诉债务人和保证人的,人民法院可以受理,但是在作出判决时,除有民法典第六百八十七条第二款但书规定的情形外,应当在判决书主文中明确,保证人仅对债务人财产依法强制执行后仍不能履行的部分承担保证责任。

债权人未对债务人的财产申请保全,或者保全的债务人的财产足以清偿债务,债权人申请对一般保证人的财产进行保全的,人民法院不予准许。

第二十七条 一般保证的债权人取得对债务人赋予强制执行效力的公证债权文书后,在保证期间内向人民法院申请强制执行,保证人以债权人未在保证期间内对债务人提起诉讼或者申请仲裁为由主张不承担保证责任的,人民法院不予支持。

第二十八条 一般保证中,债权人依据生效法律文书对债务人的财产依法申请强制执行,保证债务诉讼时效的起算时间按照下列规则确定:

(一)人民法院作出终结本次执行程序裁定,或者依照民事诉讼法第二百五十七条第三项、第五项的规定作出终结执行裁定的,自裁定送达债权人之日起开始计算;

(二)人民法院自收到申请执行书之日起一年内未作出前项裁定的,自人民法院收到申请执行书满一年之日起开始计算,但是保证人有证据证明债务人仍有财产可供执行的除外。

一般保证的债权人在保证期间届满前对债务人提起诉讼或者申请仲裁,债权人举证证明存在民法典第六百八十七条第二款但书规定情形的,保证债务的诉讼时效自债权人知道或者应当知道该情形之日起开始计算。

第二十九条 同一债务有两个以上保证人,债权人以其已经在保证期间内依法向部分保证人行使权利为由,主张已经在保证期间内向其他保证人行使权利的,人民法院不予支持。

同一债务有两个以上保证人,保证人之间相互有追偿权,债权人未在保证期间内依法向部分保证人行使权利,导致其他保证人在承担保证责任后丧失追偿权,其他保证人主张在其不能追偿的范围内免除保证责任的,人民法院应予支持。

第三十条 最高额保证合同对保证期间的计算方式、起算时间等有约定的,按照其约定。

最高额保证合同对保证期间的计算方式、起算时间等没有约定或者约定不明,被担保债权的履行期限均已届满的,保证期间自债权确定之日起开始计算;被担保债权的履行期限尚未届满的,保证期间自最后到期债权的履行期限届满之日起开始计算。

前款所称债权确定之日,依照民法典第四百二十三条的规定认定。

第三十一条 一般保证的债权人在保证期间内对债务人提起诉讼或者申请仲裁后,又撤回起诉或者仲裁申请,债权人在保证期间届满前未再行提起诉讼或者申请仲裁,保证人主张不再承担保证责任的,人民法院应予支持。

连带责任保证的债权人在保证期间内对保证人提起诉讼或者申请仲裁后,又撤回起诉或者仲裁申请,起诉状副本或者仲裁申请书副本已经送达保证人的,人民法院应当认定债权人已经在保证期间内向保证人行使了权利。

第三十二条 保证合同约定保证人承担保证责任直至主债本息还清时为止等类似内容的,视为约定不明,保证期间为主债务履行期限届满之日起六个月。

第三十三条 保证合同无效,债权人未在约定或者法定的保证期间内依法行使权利,保证人主张不承担赔偿责任的,人民法院应予支持。

第三十四条 人民法院在审理保证合同纠纷案件时,应当将保证期间是否届满、债权人是否在保证期间内依法行使权利等事实作为案件基本事实予以查明。

债权人在保证期间内未依法行使权利的,保证责任消灭。保证责任消灭后,债权人书面通知保证人要求承担保证责任,保证人在通知书上签字、盖章或者按指印,债权人请求保证人继续承担保证责任的,人民法院不予支持,但是债权人有证据证明成立了新的保证合同的除外。

第三十五条 保证人知道或者应当知道主债权诉讼时效期间届满仍然提供保证或者承担保证责任,又以诉讼时效期间届满为由拒绝承担保证责任或者请求返还财产的,人民法院不予支持;保证人承担保证责任后向债务人追偿的,人民法院不予支持,但是债务人放弃诉讼时效抗辩的除外。

第三十六条 第三人向债权人提供差额补足、流动性支持等类似承诺文件作为增信措施,具有提供担保的意思表示,债权人请求第三人承担保证责任的,人民法院应当依照保证的有关规定处理。

第三人向债权人提供的承诺文件,具有加入债务或者与债务人共同承担债务等意思表示的,人民法院应当认定为民法典第五百五十二条规定的债务加入。

前两款中第三人提供的承诺文件难以确定是保证还是债务加入的,人民法院应当将其认定为保证。

第三人向债权人提供的承诺文件不符合前三款规定的情形,债权人请求第三人承担保证责任或者连带责任的,人民法院不予支持,但是不影响其依据承诺文件请求第三人履行约定的义务或者承担相应的民事责任。

三、关于担保物权

(一)担保合同与担保物权的效力

第三十七条 当事人以所有权、使用权不明或者有争议的财产抵押,经审查构成无权处分的,人民法院应当依照民法典第三百一十一条的规定处理。

当事人以依法被查封或者扣押的财产抵押,抵押权人请求行使抵押权,经审查查封或者扣押措施已经解除的,人民法院应予支持。抵押人以抵押权设立时财产被查封或者扣押为由主张抵押合同无效的,人民法院不予支持。

以依法被监管的财产抵押的,适用前款规定。

第三十八条 主债权未受全部清偿,担保物权人主张就担保财产的全部行使担保物权的,人民法院应予支持,但是留置权人行使留置权的,应当依照民法典第四百五十条的规定处理。

担保财产被分割或者部分转让,担保物权人主张就分割或者转让后的担保财产行使担保物权的,人民法院应予支持,但是法律或者司法解释另有规定的除外。

第三十九条 主债权被分割或者部分转让,各债权人主张就其享有的债权份额行使担保物权的,人民法院应予支持,但是法律另有规定或者当事人另有约定的除外。

主债务被分割或者部分转移,债务人自己提供物的担保,债权人请求以该担保财产担保全部债务履行的,人民法院应予支持;第三人提供物的担保,主张对未经其书面同意转移的债务不再承担担保责任的,人民法院应予支持。

第四十条 从物产生于抵押权依法设立前,抵押权人主张抵押权的效力及于从物的,人民法院应予支持,但是当事人另有约定的除外。

从物产生于抵押权依法设立后,抵押权人主张抵押权的效力及于从物的,人民法院不予支持,但是在抵押权实现时可以一并处分。

第四十一条 抵押权依法设立后,抵押财产被添附,添附物归第三人所有,抵押权人主张抵押权效力及于补偿金的,人民法院应予支持。

抵押权依法设立后,抵押财产被添附,抵押人对添附物享有所有权,抵押权人主张抵押权的效力及于添附物的,人民法院应予支持,但是添附导致抵押财产价值增加的,抵押权的效力不及于增加的价值部分。

抵押权依法设立后,抵押人与第三人因添附成为添附物的共有人,抵押权人主张抵押权的效力及于抵押人对共有物享有的份额的,人民法院应予支持。

本条所称添附,包括附合、混合与加工。

第四十二条 抵押权依法设立后,抵押财产毁损、灭失或者被征收等,抵押权人请求按照原抵押权的顺位就保险金、赔偿金或者补偿金等优先受偿的,人民法院应予支持。

给付义务人已经向抵押人给付了保险金、赔偿金或者补偿金,抵押权人请求给付义务人向其给付保险金、赔偿金或者补偿金的,人民法院不予支持,但是给付义务人接到抵押权人要求向其给付的通知后仍然向抵押人给付的除外。

抵押权人请求给付义务人向其给付保险金、赔偿金或者补偿金的,人民法院可以通知抵押人作为第三人参加诉讼。

第四十三条 当事人约定禁止或者限制转让抵押财产但是未将约定登记,抵押人违反约定转让抵押财产,抵押权人请求确认转让合同无效的,人民法院不予支持;抵押财产已经交付或者登记,抵押权人请求确认转让不发生物权效力的,人民法院不予支持,但是抵押权人有证据证明受让人知道的除外;抵押权人请求抵押人承担违约责任的,人民法院依法予以支持。

当事人约定禁止或者限制转让抵押财产且已经将约定登记,抵押人违反约定转让抵押财产,抵押权人请求确认转让合同无效的,人民法院不予支持;抵押财产已经交付或者登记,抵押权人主张转让不发生物权效力的,人民法院应予支持,但是因受让人代替债务人清偿债务导致抵押权消灭的除外。

第四十四条 主债权诉讼时效期间届满后,抵押权人主张行使抵押权的,人民法院不予支持;抵押人以主债权诉讼时效期间届满为由,主张不承担担保责任的,人民法院应予支持。主债权诉讼时效期间届满前,债权人仅对债务人提起诉讼,经人民法院判决或者调解后未在民事诉讼法规定的申请执行时效期间内对债务人申请强制执行,其向抵押人主张行使抵押权的,人民法院不予支持。

主债权诉讼时效期间届满后,财产被留置的债务人或者对留置财产享有所有权的第三人请求债权人返还留置财产的,人民法院不予支持;债务人或者第三人请求拍卖、变卖留置财产并以所得价款清偿债务的,人民法院应予支持。

主债权诉讼时效期间届满的法律后果,以登记作为公示方式的权利质权,参照适用第一款的规定;动产质权、以交付权利凭证作为公示方式的权利质权,参照适用第二款的规定。

第四十五条 当事人约定当债务人不履行到期债务或者发生当事人约定的实现担保物权的情形,担保物权人有权将担保财产自行拍卖、变卖并就所得的价款优先受偿的,该约定有效。因担保人的原因导致担保物权人无法自行对担保财产进行拍卖、变卖,担保物权人请求担保人承担因此增加的费用的,人民法院应予支持。

当事人依照民事诉讼法有关"实现担保物权案件"的规定,申请拍卖、变卖担保财产,被申请人以担保合同约定仲裁条款为由主张驳回申请的,人民法院经审查后,应当按照以下情形分别处理:

(一)当事人对担保物权无实质性争议且实现担保物权条件已经成就的,应当裁定准许拍卖、变卖担保财产;

(二)当事人对实现担保物权有部分实质性争议的,可以就无争议的部分裁定准许拍卖、变卖担保财产,并告知可以就有争议的部分申请仲裁;

(三)当事人对实现担保物权有实质性争议的,裁定驳回申请,并告知可以向仲裁机构申请仲裁。

债权人以诉讼方式行使担保物权的,应当以债务人和担保人作为共同被告。

(二)不动产抵押

第四十六条 不动产抵押合同生效后未办理抵押登记手续,债权人请求抵押人办理抵押登记手续的,人民法院应予支持。

抵押财产因不可归责于抵押人自身的原因灭失或者被征收等导致不能办理抵押登记,债权人请求抵押人在约定的担保范围内承担责任的,人民法院不予支持;但是抵押人已经获得保险金、赔偿金或者补偿金等,债权人请求抵押人在其所获金额范围内承担赔偿责任的,人民法院依法予以支持。

因抵押人转让抵押财产或者其他可归责于抵押人自身的原因导致不能办理抵押登记,债权人请求抵押人在约定的担保范围内承担责任的,人民法院依法予以支持,但是不得超过抵押权能够设立时抵押人应当承担的责任范围。

第四十七条 不动产登记簿就抵押财产、被担保的债权范围等所作的记载与抵押合同约定不一致的，人民法院应当根据登记簿的记载确定抵押财产、被担保的债权范围等事项。

第四十八条 当事人申请办理抵押登记手续时，因登记机构的过错致使其不能办理抵押登记，当事人请求登记机构承担赔偿责任的，人民法院依法予以支持。

第四十九条 以违法的建筑物抵押的，抵押合同无效，但是一审法庭辩论终结前已经办理合法手续的除外。抵押合同无效的法律后果，依照本解释第十七条的有关规定处理。

当事人以建设用地使用权依法设立抵押，抵押人以土地上存在违法的建筑物为由主张抵押合同无效的，人民法院不予支持。

第五十条 抵押人以划拨建设用地上的建筑物抵押，当事人以该建设用地使用权不能抵押或者未办理批准手续为由主张抵押合同无效或者不生效的，人民法院不予支持。抵押权依法实现时，拍卖、变卖建筑物所得的价款，应当优先用于补缴建设用地使用权出让金。

当事人以划拨方式取得的建设用地使用权抵押，抵押人以未办理批准手续为由主张抵押合同无效或者不生效的，人民法院不予支持。已经依法办理抵押登记，抵押权人主张行使抵押权的，人民法院应予支持。抵押权依法实现时所得的价款，参照前款有关规定处理。

第五十一条 当事人仅以建设用地使用权抵押，债权人主张抵押权的效力及于土地上已有的建筑物以及正在建造的建筑物已完成部分的，人民法院应予支持。债权人主张抵押权的效力及于正在建造的建筑物的续建部分以及新增建筑物的，人民法院不予支持。

当事人以正在建造的建筑物抵押，抵押权的效力范围限于已办理抵押登记的部分。当事人按照担保合同的约定，主张抵押权的效力及于续建部分、新增建筑物以及规划中尚未建造的建筑物的，人民法院不予支持。

抵押人将建设用地使用权、土地上的建筑物或者正在建造的建筑物分别抵押给不同债权人的，人民法院应当根据抵押登记的时间先后确定清偿顺序。

第五十二条 当事人办理抵押预告登记后，预告登记权利人请求就抵押财产优先受偿，经审查存在尚未办理建筑物所有权首次登记、预告登记的财产与办理建筑物所有权首次登记时的财产不一致、抵押预告登记已经失效等情形，导致不具备办理抵押登记条件的，人民法院不予支持；经审查已经办理建筑物所有权首次登记，且不存在预告登记失效等情形的，人民法院应予支持，并应当认定抵押权自预告登记之日起设立。

当事人办理了抵押预告登记，抵押人破产，经审查抵押财产属于破产财产，预告登记权利人主张就抵押财产优先受偿的，人民法院应当在受理破产申请时抵押财产的价值范围内予以支持，但是在人民法院受理破产申请前一年内，债务人对没有财产担保的债务设立抵押预告登记的除外。

（三）动产与权利担保

第五十三条 当事人在动产和权利担保合同中对担保财产进行概括描述，该描述能够合理识别担保财产的，人民法院应当认定担保成立。

第五十四条 动产抵押合同订立后未办理抵押登记，动产抵押权的效力按照下列情形分别处理：

（一）抵押人转让抵押财产，受让人占有抵押财产后，抵押权人向受让人请求行使抵押权的，人民法院不予支持，但是抵押权人能够举证证明受让人知道或者应当知道已经订立抵押合同的除外；

（二）抵押人将抵押财产出租给他人并移转占有，抵押权人行使抵押权的，租赁关系不受影响，但是抵押权人能够举证证明承租人知道或者应当知道已经订立抵押合同的除外；

（三）抵押人的其他债权人向人民法院申请保全或者执行抵押财产，人民法院已经作出财产保全裁定或者采取执行措施，抵押权人主张对抵押财产优先受偿的，人民法院不予支持；

（四）抵押人破产，抵押权人主张对抵押财产优先受偿的，人民法院不予支持。

第五十五条 债权人、出质人与监管人订立三方协议，出质人以通过一定数量、品种等概括描述能够确定范围的货物为债务的履行提供担保，当事人有证据证明监管人系受债权人的委托监管并实际控制该货物的，人民法院应当认定质权于监管人实际控制货物之日起设立。监管人违反约定向出质人或者其他人放货、因保管不善导致货物毁损灭失，债权人请求监管人承担违约责任的，人民法院依法予以支持。

在前款规定情形下,当事人有证据证明监管人系受出质人委托监管该货物,或者虽然受债权人委托但是未实际履行监管职责,导致货物仍由出质人实际控制的,人民法院应当认定质权未设立。债权人可以基于质押合同的约定请求出质人承担违约责任,但是不得超过质权有效设立时出质人应当承担的责任范围。监管人未履行监管职责,债权人请求监管人承担责任的,人民法院依法予以支持。

第五十六条 买受人在出卖人正常经营活动中通过支付合理对价取得已被设立担保物权的动产,担保物权人请求就该动产优先受偿的,人民法院不予支持,但是有下列情形之一的除外:

(一)购买商品的数量明显超过一般买受人;
(二)购买出卖人的生产设备;
(三)订立买卖合同的目的在于担保出卖人或者第三人履行债务;
(四)买受人与出卖人存在直接或者间接的控制关系;
(五)买受人应当查询抵押登记而未查询的其他情形。

前款所称出卖人正常经营活动,是指出卖人的经营活动属于其营业执照明确记载的经营范围,且出卖人持续销售同类商品。前款所称担保物权人,是指已经办理登记的抵押权人、所有权保留买卖的出卖人、融资租赁合同的出租人。

第五十七条 担保人在设立动产浮动抵押并办理抵押登记后又购入或者以融资租赁方式承租新的动产,下列权利人为担保价款债权或者租金的实现而订立担保合同,并在该动产交付后十日内办理登记,主张其权利优先于在先设立的浮动抵押权的,人民法院应予支持:

(一)在该动产上设立抵押权或者保留所有权的出卖人;
(二)为价款支付提供融资而在该动产上设立抵押权的债权人;
(三)以融资租赁方式出租该动产的出租人。

买受人取得动产但未付清价款或者承租人以融资租赁方式占有租赁物但是未付清全部租金,又以标的物为他人设立担保物权,前款所列权利人为担保价款债权或者租金的实现而订立担保合同,并在该动产交付后十日内办理登记,主张其权利优先于买受人为他人设立的担保物权的,人民法院应予支持。

同一动产上存在多个价款优先权的,人民法院应当按照登记的时间先后确定清偿顺序。

第五十八条 以汇票出质,当事人以背书记载"质押"字样并在汇票上签章,汇票已经交付质权人的,人民法院应当认定质权自汇票交付质权人时设立。

第五十九条 存货人或者仓单持有人在仓单上以背书记载"质押"字样,并经保管人签章,仓单已经交付质权人的,人民法院应当认定质权自仓单交付质权人时设立。没有权利凭证的仓单,依法可以办理出质登记的,仓单质权自办理出质登记时设立。

出质人既以仓单出质,又以仓储物设立担保,按照公示的先后确定清偿顺序;难以确定先后的,按照债权比例清偿。

保管人为同一货物签发多份仓单,出质人在多份仓单上设立多个质权,按照公示的先后确定清偿顺序;难以确定先后的,按照债权比例受偿。

存在第二款、第三款规定的情形,债权人举证证明其损失系由出质人与保管人的共同行为所致,请求出质人与保管人承担连带赔偿责任的,人民法院应予支持。

第六十条 在跟单信用证交易中,开证行与开证申请人之间约定以提单作为担保的,人民法院应当依照民法典关于质权的有关规定处理。

在跟单信用证交易中,开证行依据其与开证申请人之间的约定或者跟单信用证的惯例持有提单,开证申请人未按照约定付款赎单,开证行主张对提单项下货物优先受偿的,人民法院应予支持;开证行主张对提单项下货物享有所有权的,人民法院不予支持。

在跟单信用证交易中,开证行依据其与开证申请人之间的约定或者跟单信用证的惯例,通过转让提单或者提单项下货物取得价款,开证申请人请求返还超出债权部分的,人民法院应予支持。

前三款规定不影响合法持有提单的开证行以提单持有人身份主张运输合同项下的权利。

第六十一条 以现有的应收账款出质,应收账款债务人向质权人确认应收账款的真实性后,又以应收账款不存在或者已经消灭为由主张不承担责任的,人民法院不予支持。

以现有的应收账款出质，应收账款债务人未确认应收账款的真实性，质权人以应收账款债务人为被告，请求就应收账款优先受偿，能够举证证明办理出质登记时应收账款真实存在的，人民法院应予支持；质权人不能举证证明办理出质登记时应收账款真实存在，仅以已经办理出质登记为由，请求就应收账款优先受偿的，人民法院不予支持。

以现有的应收账款出质，应收账款债务人已经向应收账款债权人履行了债务，质权人请求应收账款债务人履行债务的，人民法院不予支持，但是应收账款债务人接到质权人要求向其履行的通知后，仍然向应收账款债权人履行的除外。

以基础设施和公用事业项目收益权、提供服务或者劳务产生的债权以及其他将有的应收账款出质，当事人为应收账款设立特定账户，发生法定或者约定的质权实现事由时，质权人请求就该特定账户内的款项优先受偿的，人民法院应予支持；特定账户内的款项不足以清偿债务或者未设立特定账户，质权人请求折价或者拍卖、变卖项目收益权等将有的应收账款，并以所得的价款优先受偿的，人民法院依法予以支持。

第六十二条 债务人不履行到期债务，债权人因同一法律关系留置合法占有的第三人的动产，并主张就该留置财产优先受偿的，人民法院应予支持。第三人以该留置财产并非债务人的财产为由请求返还的，人民法院不予支持。

企业之间留置的动产与债权并非同一法律关系，债务人以该债权不属于企业持续经营中发生的债权为由请求债权人返还留置财产的，人民法院应予支持。

企业之间留置的动产与债权并非同一法律关系，债权人留置第三人的财产，第三人请求债权人返还留置财产的，人民法院应予支持。

四、关于非典型担保

第六十三条 债权人与担保人订立担保合同，约定以法律、行政法规尚未规定可以担保的财产权利设立担保，当事人主张合同无效的，人民法院不予支持。当事人未在法定的登记机构依法进行登记，主张该担保具有物权效力的，人民法院不予支持。

第六十四条 在所有权保留买卖中，出卖人依法有权取回标的物，但是与买受人协商不成，当事人请求参照民事诉讼法"实现担保物权案件"的有关规定，拍卖、变卖标的物的，人民法院应予准许。

出卖人请求取回标的物，符合民法典第六百四十二条规定的，人民法院应予支持；买受人以抗辩或者反诉的方式主张拍卖、变卖标的物，并在扣除买受人未支付的价款以及必要费用后返还剩余款项的，人民法院应当一并处理。

第六十五条 在融资租赁合同中，承租人未按照约定支付租金，经催告后在合理期限内仍不支付，出租人请求承租人支付全部剩余租金，并以拍卖、变卖租赁物所得的价款受偿的，人民法院应予支持；当事人请求参照民事诉讼法"实现担保物权案件"的有关规定，以拍卖、变卖租赁物所得价款支付租金的，人民法院应予准许。

出租人请求解除融资租赁合同并收回租赁物，承租人以抗辩或者反诉的方式主张返还租赁物价值超过欠付租金以及其他费用的，人民法院应当一并处理。当事人对租赁物的价值有争议的，应当按照下列规则确定租赁物的价值：

（一）融资租赁合同有约定的，按照其约定；

（二）融资租赁合同未约定或者约定不明的，根据约定的租赁物折旧以及合同到期后租赁物的残值来确定；

（三）根据前两项规定的方法仍然难以确定，或者当事人认为根据前两项规定的方法确定的价值严重偏离租赁物实际价值的，根据当事人的申请委托有资质的机构评估。

第六十六条 同一应收账款同时存在保理、应收账款质押和债权转让，当事人主张参照民法典第七百六十八条的规定确定优先顺序的，人民法院应予支持。

在有追索权的保理中，保理人以应收账款债权人或者应收账款债务人为被告提起诉讼，人民法院应予受理；保理人一并起诉应收账款债权人和应收账款债务人的，人民法院可以受理。

应收账款债权人向保理人返还保理融资款本息或者回购应收账款债权后，请求应收账款债务人向其履行应收账款债务的，人民法院应予支持。

第六十七条 在所有权保留买卖、融资租赁等合同中，出卖人、出租人的所有权未经登记不得对抗的"善意第三人"的范围及其效力，参照本解释第五十四条的规定处理。

第六十八条 债务人或者第三人与债权人约定将财产形式上转移至债权人名下，债务人不履行到期债务，债权人有权对财产折价或者以拍卖、变卖该财产所得价款偿还债务的，人民法院应当认定该约定有效。当事人已经完成财产权利变动的公示，债务人不履行到期债务，债权人请求参照民法典关于担保物权的有关规定就该财产优先受偿的，人民法院应予支持。

债务人或者第三人与债权人约定将财产形式上转移至债权人名下，债务人不履行到期债务，财产归债权人所有的，人民法院应当认定该约定无效，但是不影响当事人有关提供担保的意思表示的效力。当事人已经完成财产权利变动的公示，债务人不履行到期债务，债权人请求对该财产享有所有权的，人民法院不予支持；债权人请求参照民法典关于担保物权的规定对财产折价或者以拍卖、变卖该财产所得的价款优先受偿的，人民法院应予支持；债务人履行债务后请求返还财产，或者请求对财产折价或者以拍卖、变卖所得的价款清偿债务的，人民法院应予支持。

债务人与债权人约定将财产转移至债权人名下，在一定期间后再由债务人或者其指定的第三人以交易本金加上溢价款回购，债务人到期不履行回购义务，财产归债权人所有的，人民法院应参照第二款规定处理。回购对象自始不存在的，人民法院应当依照民法典第一百四十六条第二款的规定，按其实际构成的法律关系处理。

第六十九条 股东以将其股权转移至债权人名下的方式为债务履行提供担保，公司或者公司的债权人以股东未履行或者未全面履行出资义务、抽逃出资等为由，请求作为名义股东的债权人与股东承担连带责任的，人民法院不予支持。

第七十条 债务人或者第三人为担保债务的履行，设立专门的保证金账户并由债权人实际控制，或者将其资金存入债权人设立的保证金账户，债权人主张就账户内的款项优先受偿的，人民法院应予支持。当事人以保证金账户内的款项浮动为由，主张实际控制该账户的债权人对账户内的款项不享有优先受偿权的，人民法院不予支持。

在银行账户下设立的保证金分户，参照前款规定处理。

当事人约定的保证金并非为担保债务的履行设立，或者不符合前两款规定的情形，债权人主张就保证金优先受偿的，人民法院不予支持，但是不影响当事人依照法律的规定或者按照当事人的约定主张权利。

五、附　则

第七十一条 本解释自2021年1月1日起施行。

最高人民法院关于审理民事案件适用诉讼时效制度若干问题的规定

- 2008年8月11日最高人民法院审判委员会第1450次会议通过
- 根据2020年12月23日最高人民法院审判委员会第1823次会议通过的《最高人民法院关于修改〈最高人民法院关于在民事审判工作中适用〈中华人民共和国工会法〉若干问题的解释〉等二十七件民事类司法解释的决定》修正

为正确适用法律关于诉讼时效制度的规定，保护当事人的合法权益，依照《中华人民共和国民法典》《中华人民共和国民事诉讼法》等法律的规定，结合审判实践，制定本规定。

第一条 当事人可以对债权请求权提出诉讼时效抗辩，但对下列债权请求权提出诉讼时效抗辩的，人民法院不予支持：

（一）支付存款本金及利息请求权；

（二）兑付国债、金融债券以及向不特定对象发行的企业债券本息请求权；

（三）基于投资关系产生的缴付出资请求权；

（四）其他依法不适用诉讼时效规定的债权请求权。

第二条 当事人未提出诉讼时效抗辩，人民法院不应对诉讼时效问题进行释明。

第三条 当事人在一审期间未提出诉讼时效抗辩，在二审期间提出的，人民法院不予支持，但其基于新的证据能够证明对方当事人的请求权已过诉讼时效期间的情形除外。

当事人未按照前款规定提出诉讼时效抗辩，以诉讼时效期间届满为由申请再审或者提出再审抗辩的，人民法院不予支持。

第四条 未约定履行期限的合同,依照民法典第五百一十条、第五百一十一条的规定,可以确定履行期限的,诉讼时效期间从履行期限届满之日起计算;不能确定履行期限的,诉讼时效期间从债权人要求债务人履行义务的宽限期届满之日起计算,但债务人在债权人第一次向其主张权利之时明确表示不履行义务的,诉讼时效期间从债务人明确表示不履行义务之日起计算。

第五条 享有撤销权的当事人一方请求撤销合同的,应适用民法典关于除斥期间的规定。对方当事人对撤销合同请求权提出诉讼时效抗辩的,人民法院不予支持。

合同被撤销,返还财产、赔偿损失请求权的诉讼时效期间从合同被撤销之日起计算。

第六条 返还不当得利请求权的诉讼时效期间,从当事人一方知道或者应当知道不当得利事实及对方当事人之日起计算。

第七条 管理人因无因管理行为产生的给付必要管理费用、赔偿损失请求权的诉讼时效期间,从无因管理行为结束并且管理人知道或者应当知道本人之日起计算。

本人因不当无因管理行为产生的赔偿损失请求权的诉讼时效期间,从其知道或者应当知道管理人及损害事实之日起计算。

第八条 具有下列情形之一的,应当认定为民法典第一百九十五条规定的"权利人向义务人提出履行请求",产生诉讼时效中断的效力:

(一)当事人一方直接向对方当事人送交主张权利文书,对方当事人在文书上签名、盖章、按指印或者虽未签名、盖章、按指印但能够以其他方式证明该文书到达对方当事人的;

(二)当事人一方以发送信件或者数据电文方式主张权利,信件或者数据电文到达或者应当到达对方当事人的;

(三)当事人一方为金融机构,依照法律规定或者当事人约定从对方当事人账户中扣收欠款本息的;

(四)当事人一方下落不明,对方当事人在国家级或者下落不明的当事人一方住所地的省级有影响的媒体上刊登具有主张权利内容的公告的,但法律和司法解释另有特别规定的,适用其规定。

前款第(一)项情形中,对方当事人为法人或者其他组织的,签收人可以是其法定代表人、主要负责人、负责收发信件的部门或者被授权主体;对方当事人为自然人的,签收人可以是自然人本人、同住的具有完全行为能力的亲属或者被授权主体。

第九条 权利人对同一债权中的部分债权主张权利,诉讼时效中断的效力及于剩余债权,但权利人明确表示放弃剩余债权的情形除外。

第十条 当事人一方向人民法院提交起诉状或者口头起诉的,诉讼时效从提交起诉状或者口头起诉之日起中断。

第十一条 下列事项之一,人民法院应当认定与提起诉讼具有同等诉讼时效中断的效力:

(一)申请支付令;

(二)申请破产、申报破产债权;

(三)为主张权利而申请宣告义务人失踪或死亡;

(四)申请诉前财产保全、诉前临时禁令等诉前措施;

(五)申请强制执行;

(六)申请追加当事人或者被通知参加诉讼;

(七)在诉讼中主张抵销;

(八)其他与提起诉讼具有同等诉讼时效中断效力的事项。

第十二条 权利人向人民调解委员会以及其他依法有权解决相关民事纠纷的国家机关、事业单位、社会团体等社会组织提出保护相应民事权利的请求,诉讼时效从提出请求之日起中断。

第十三条 权利人向公安机关、人民检察院、人民法院报案或者控告,请求保护其民事权利的,诉讼时效从其报案或者控告之日起中断。

上述机关决定不立案、撤销案件、不起诉的,诉讼时效期间从权利人知道或者应当知道不立案、撤销案件或者不起诉之日起重新计算;刑事案件进入审理阶段,诉讼时效期间从刑事裁判文书生效之日起重新计算。

第十四条 义务人作出分期履行、部分履行、提供担保、请求延期履行、制定清偿债务计划等承诺或者行为的,应当认定为民法典第一百九十五条规定的"义务人同意履行义务"。

第十五条 对于连带债权人中的一人发生诉讼时效中断效力的事由,应当认定对其他连带债权人也发生诉讼时效中断的效力。

对于连带债务人中的一人发生诉讼时效中断

效力的事由，应当认定对其他连带债务人也发生诉讼时效中断的效力。

第十六条 债权人提起代位权诉讼的，应当认定对债权人的债权和债务人的债权均发生诉讼时效中断的效力。

第十七条 债权转让的，应当认定诉讼时效从债权转让通知到达债务人之日起中断。

债务承担情形下，构成原债务人对债务承认的，应当认定诉讼时效从债务承担意思表示到达债权人之日起中断。

第十八条 主债务诉讼时效期间届满，保证人享有主债务人的诉讼时效抗辩权。

保证人未主张前述诉讼时效抗辩权，承担保证责任后向主债务人行使追偿权的，人民法院不予支持，但主债务人同意给付的情形除外。

第十九条 诉讼时效期间届满，当事人一方向对方当事人作出同意履行义务的意思表示或者自愿履行义务后，又以诉讼时效期间届满为由进行抗辩的，人民法院不予支持。

当事人双方就原债务达成新的协议，债权人主张义务人放弃诉讼时效抗辩权的，人民法院应予支持。

超过诉讼时效期间，贷款人向借款人发出催收到期贷款通知单，债务人在通知单上签字或者盖章，能够认定借款人同意履行诉讼时效期间已经届满的义务的，对于贷款人关于借款人放弃诉讼时效抗辩权的主张，人民法院应予支持。

第二十条 本规定施行后，案件尚在一审或者二审阶段的，适用本规定；本规定施行前已经终审的案件，人民法院进行再审时，不适用本规定。

第二十一条 本规定施行前本院作出的有关司法解释与本规定相抵触的，以本规定为准。

最高人民法院关于债务人在约定的期限届满后未履行债务而出具没有还款日期的欠款条诉讼时效期间应从何时开始计算问题的批复

· 1994年3月26日
· 根据2020年12月23日最高人民法院审判委员会第1823次会议通过的《最高人民法院关于修改〈最高人民法院关于在民事审判工作中适用〈中华人民共和国工会法〉若干问题的解释〉等二十七件民事类司法解释的决定》修正

山东省高级人民法院：

你院鲁高法〈1992〉70号请示收悉。关于债务人在约定的期限届满后未履行债务，而出具没有还款日期的欠款条，诉讼时效期间应从何时开始计算的问题，经研究，答复如下：

据你院报告称，双方当事人原约定，供方交货后，需方立即付款。需方收货后因无款可付，经供方同意写了没有还款日期的欠款条。根据民法典第一百九十五条的规定，应认定诉讼时效中断。如果供方在诉讼时效中断后一直未主张权利，诉讼时效期间则应从供方收到需方所写欠款条之日起重新计算。

此复。

三、物权编

中华人民共和国农村土地承包法

- 2002年8月29日第九届全国人民代表大会常务委员会第二十九次会议通过
- 根据2009年8月27日第十一届全国人民代表大会常务委员会第十次会议《关于修改部分法律的决定》第一次修正
- 根据2018年12月29日第十三届全国人民代表大会常务委员会第七次会议《关于修改〈中华人民共和国农村土地承包法〉的决定》第二次修正

第一章 总 则

第一条 【立法目的】为了巩固和完善以家庭承包经营为基础、统分结合的双层经营体制,保持农村土地承包关系稳定并长久不变,维护农村土地承包经营当事人的合法权益,促进农业、农村经济发展和农村社会和谐稳定,根据宪法,制定本法。

第二条 【农村土地范围】本法所称农村土地,是指农民集体所有和国家所有依法由农民集体使用的耕地、林地、草地,以及其他依法用于农业的土地。

注释 根据本条的规定,本法所称的农村土地,主要包括以下三种类型:

一是农民集体所有的耕地、林地、草地。农民集体所有的耕地、林地、草地是指所有权归集体的耕地、林地、草地。用于农业的土地中数量最多,涉及面最广。与每一个农民利益最密切的是耕地、林地和草地。这些农村土地,多采用人人有份的家庭承包方式,集体经济组织成员都有承包的权利。

二是国家所有依法由农民集体使用的耕地、林地、草地。国家所有依法由农民集体使用的耕地、林地、草地与农民集体所有的耕地、林地、草地的区别在于,前者的所有权属于国家,但依法由农民集体使用。

三是其他依法用于农业的土地。用于农业的土地,主要有耕地、林地和草地,还有一些其他依法用于农业的土地,如养殖水面、"四荒地"等。养殖水面主要是指用于养殖水产品的水面,养殖水面属于农村土地不可分割的一部分,也是用于农业生产的,所以也包括在本条所称的农村土地的范围之中。此外,还有荒山、荒丘、荒沟、荒滩等"四荒地","四荒地"依法是需要用于农业的,也属于本条所称的农村土地。

第三条 【农村土地承包经营制度】国家实行农村土地承包经营制度。

农村土地承包采取农村集体经济组织内部的家庭承包方式,不宜采取家庭承包方式的荒山、荒沟、荒丘、荒滩等农村土地,可以采取招标、拍卖、公开协商等方式承包。

注释 本条规定的农村土地承包经营制度,包括两种承包方式,即家庭经营方式的承包和以招标、拍卖、公开协商等方式的承包。

农村土地承包采取农村集体经济组织内部的家庭承包方式。家庭承包方式是指农村集体经济组织的每一个农户家庭全体成员为一个生产经营单位,作为承包人承包农民集体的耕地、林地、草地等农业用地,对于承包地按照本集体经济组织成员是人人平等地享有一份的方式进行承包。

农村集体经济组织内部的家庭承包方式的主要特点如下:一是集体经济组织的每个人,不论男女老少,都平等享有承包本农民集体的农村土地的权利,除非他自己放弃这个权利。二是以户为生产经营单位承包,也就是以一个农户家庭的全体成员作为承包方,与本集体经济组织或者村委会订立一个承包合同,享有合同中约定的权利,承担合同中约定的义务。承包户家庭中的成员死亡,只要这个承包户还有其他人在,承包关系仍不变,由这个承包户中的其他成员继续承包。三是承包的农村土地对集体经济组织的每一个成员而言是人人有份的,这主要是指耕地、林地和草地,但不限于耕地、林地、草地。对于本集体经济组织的成员应当人人有份的农村土地,应当实行家庭承包的方式。

链接《民法典》第330、331条

第四条 【农村土地承包后土地所有权性质不变】农村土地承包后,土地的所有权性质不变。承包地不得买卖。

<u>链接</u>《民法典》第331条

第五条 【承包权的主体及对承包权的保护】农村集体经济组织成员有权依法承包由本集体经济组织发包的农村土地。

任何组织和个人不得剥夺和非法限制农村集体经济组织成员承包土地的权利。

第六条 【土地承包经营权男女平等】农村土地承包,妇女与男子享有平等的权利。承包中应当保护妇女的合法权益,任何组织和个人不得剥夺、侵害妇女应当享有的土地承包经营权。

<u>链接</u>《农村土地承包合同管理办法》第5条第1款

第七条 【公开、公平、公正原则】农村土地承包应当坚持公开、公平、公正的原则,正确处理国家、集体、个人三者的利益关系。

第八条 【集体土地所有者和承包方合法权益的保护】国家保护集体土地所有者的合法权益,保护承包方的土地承包经营权,任何组织和个人不得侵犯。

第九条 【"三权分置"】承包方承包土地后,享有土地承包经营权,可以自己经营,也可以保留土地承包权,流转其承包地的土地经营权,由他人经营。

<u>链接</u>《农村土地承包合同管理办法》第17条

第十条 【土地经营权流转的保护】国家保护承包方依法、自愿、有偿流转土地经营权,保护土地经营权人的合法权益,任何组织和个人不得侵犯。

第十一条 【土地资源的保护】农村土地承包经营应当遵守法律、法规,保护土地资源的合理开发和可持续利用。未经依法批准不得将承包地用于非农建设。

国家鼓励增加对土地的投入,培肥地力,提高农业生产能力。

第十二条 【土地承包管理部门】国务院农业农村、林业和草原主管部门分别依照国务院规定的职责负责全国农村土地承包经营及承包经营合同管理的指导。

县级以上地方人民政府农业农村、林业和草原等主管部门分别依照各自职责,负责本行政区域内农村土地承包经营及承包经营合同管理。

乡(镇)人民政府负责本行政区域内农村土地承包经营及承包经营合同管理。

第二章 家庭承包

第一节 发包方和承包方的权利和义务

第十三条 【发包主体】农民集体所有的土地依法属于村农民集体所有的,由村集体经济组织或者村民委员会发包;已经分别属于村内两个以上农村集体经济组织的农民集体所有的,由村内各该农村集体经济组织或者村民小组发包。村集体经济组织或者村民委员会发包的,不得改变村内各集体经济组织农民集体所有的土地的所有权。

国家所有依法由农民集体使用的农村土地,由使用该土地的农村集体经济组织、村民委员会或者村民小组发包。

第十四条 【发包方的权利】发包方享有下列权利:

(一)发包本集体所有的或者国家所有依法由本集体使用的农村土地;

(二)监督承包方依照承包合同约定的用途合理利用和保护土地;

(三)制止承包方损害承包地和农业资源的行为;

(四)法律、行政法规规定的其他权利。

第十五条 【发包方的义务】发包方承担下列义务:

(一)维护承包方的土地承包经营权,不得非法变更、解除承包合同;

(二)尊重承包方的生产经营自主权,不得干涉承包方依法进行正常的生产经营活动;

(三)依照承包合同约定为承包方提供生产、技术、信息等服务;

(四)执行县、乡(镇)土地利用总体规划,组织本集体经济组织内的农业基础设施建设;

(五)法律、行政法规规定的其他义务。

<u>链接</u>《民法典》第336、337条

第十六条 【承包主体和家庭成员平等享有权益】家庭承包的承包方是本集体经济组织的农户。

农户内家庭成员依法平等享有承包土地的各项权益。

案例 李某祥诉李某梅继承权纠纷案(《最高人民法院公报》2009年第12期)

裁判规则:根据《农村土地承包法》第15条(现为第16条)的规定,农村土地家庭承包的,承包方是本集体经济组织的农户,其本质特征是以本集体经济组织内部的农户家庭为单位实行农村土地承包经营。家庭承包方式的农村土地承包经营权属于农户家庭,而不属于某一个家庭成员。根据《继承法》第3条(对应《民法典》第1122条)的规定,遗产是公民死亡时遗留的个人合法财产。农村土地承包经营权不属于个人财产,故不发生继承问题。除林地外的家庭承包,当承包农地的农户家庭中的一人或几人死亡,承包经营仍然是以户为单位,承包地仍由该农户的其他家庭成员继续承包经营;当承包经营农户家庭的成员全部死亡,由于承包经营权的取得是以集体成员权为基础,该土地承包经营权归于消灭,不能由该农户家庭成员的继承人继续承包经营,更不能作为该农户家庭成员的遗产处理。

第十七条 【承包方的权利】承包方享有下列权利:

(一)依法享有承包地使用、收益的权利,有权自主组织生产经营和处置产品;

(二)依法互换、转让土地承包经营权;

(三)依法流转土地经营权;

(四)承包地被依法征收、征用、占用的,有权依法获得相应的补偿;

(五)法律、行政法规规定的其他权利。

案例 湖南刘某与宁乡县某村一组承包地征收补偿费用分配纠纷抗诉案(2019年11月28日全国妇联发布第三届"依法维护妇女儿童权益十大案例")

裁判规则:对于农民而言,土地承包经营权和宅基地使用权是法律赋予农户的用益物权,集体收益分配权是农民作为集体经济组织成员应当享有的合法财产权利。这三权是当下农民生存生活最重要的保障,不宜因进城务工农民享受了相关社会保险待遇就剥夺其集体经济组织成员资格,对于没有在其他集体经济组织享受成员权益的出嫁女,更不应剥夺其成员资格。

湖南省人民检察院通过对国家关于非法买卖户籍应当销户处理的政策全面解读和对证据材料的细致分析,认定刘某合法有效的户口一直都是某村一组的农业户口;经过充分论证,依据是否具有该集体经济组织户籍、是否分配了承包土地、是否履行了该集体经济组织成员义务三条原则,认定刘某具有该集体经济组织成员资格,从而依据《最高人民法院关于审理涉及农村土地承包纠纷案件适用法律问题的解释》第24条(现为第22条)支持刘某参与承包地征收补偿费用分配的权利有力地保护了以刘某为代表的新一代农民工、出嫁女的合法权益。

第十八条 【承包方的义务】承包方承担下列义务:

(一)维持土地的农业用途,未经依法批准不得用于非农建设;

(二)依法保护和合理利用土地,不得给土地造成永久性损害;

(三)法律、行政法规规定的其他义务。

链接《民法典》第334条;《土地管理法》第38条

第二节 承包的原则和程序

第十九条 【土地承包的原则】土地承包应当遵循以下原则:

(一)按照规定统一组织承包时,本集体经济组织成员依法平等地行使承包土地的权利,也可以自愿放弃承包土地的权利;

(二)民主协商,公平合理;

(三)承包方案应当按照本法第十三条的规定,依法经本集体经济组织成员的村民会议三分之二以上成员或者三分之二以上村民代表的同意;

(四)承包程序合法。

第二十条 【土地承包的程序】土地承包应当按照以下程序进行:

(一)本集体经济组织成员的村民会议选举产生承包工作小组;

(二)承包工作小组依照法律、法规的规定拟订并公布承包方案;

(三)依法召开本集体经济组织成员的村民会议,讨论通过承包方案;

(四)公开组织实施承包方案;

(五)签订承包合同。

第三节 承包期限和承包合同

第二十一条 【承包期限】耕地的承包期为三十年。草地的承包期为三十年至五十年。林地的承包期为三十年至七十年。

前款规定的耕地承包期届满后再延长三十年,草地、林地承包期届满后依照前款规定相应延长。

注释 承包期限是指农村土地承包经营权存续的期间,在此期间内,承包方享有土地承包经营权,依照法律的规定和合同的约定,行使权利,承担义务。

我国对土地实行用途管理制度。土地管理法按照土地的用途,将土地划分为农用地、建设用地和未利用地,其中,农用地又包括耕地、林地、草地、农田水利用地和养殖水面等。本条第1款根据我国农村土地家庭承包的实际情况,对不同用途的土地的承包期作出规定。(1)耕地。耕地是指种植农作物的土地,包括灌溉水田、望天田(又称天水田)、水浇地、旱地和菜地。我国农村实行土地承包经营制度的土地主要是耕地。(2)草地、林地。草地是指以生长草本植物为主,用于畜牧业的土地,包括天然草地、改良草地和人工草地。草原是草地的主体。林地是指生长乔木、竹类、灌木、沿海红树林的土地,包括有林地、灌木林地、疏林地、未成林造林地以及迹地和苗圃等。

根据本条第2款的规定,草地、林地的承包期届满后,比照耕地承包期届满后再延长三十年的规定,作相应延长。例如,如果草地、林地的现承包期为四十年,该承包期届满后再延长四十年;如果草地、林地的现承包期为五十年,该承包期届满后再延长五十年。

第二十二条 【承包合同】发包方应当与承包方签订书面承包合同。

承包合同一般包括以下条款:

(一)发包方、承包方的名称,发包方负责人和承包方代表的姓名、住所;

(二)承包土地的名称、坐落、面积、质量等级;

(三)承包期限和起止日期;

(四)承包土地的用途;

(五)发包方和承包方的权利和义务;

(六)违约责任。

链接《民法典》第333条第1款;《农村土地承包合同管理办法》第10条第1款

第二十三条 【承包合同的生效】承包合同自成立之日起生效。承包方自承包合同生效时取得土地承包经营权。

第二十四条 【土地承包经营权登记】国家对耕地、林地和草地等实行统一登记,登记机构应当向承包方颁发土地承包经营权证或者林权证等证书,并登记造册,确认土地承包经营权。

土地承包经营权证或者林权证等证书应当将具有土地承包经营权的全部家庭成员列入。

登记机构除按规定收取证书工本费外,不得收取其他费用。

链接《民法典》第333条第2款

第二十五条 【承包合同的稳定性】承包合同生效后,发包方不得因承办人或者负责人的变动而变更或者解除,也不得因集体经济组织的分立或者合并而变更或者解除。

链接《农村土地承包合同管理办法》第13、14条

第二十六条 【严禁国家机关及其工作人员利用职权干涉农村土地承包或者变更、解除承包合同】国家机关及其工作人员不得利用职权干涉农村土地承包或者变更、解除承包合同。

第四节 土地承包经营权的保护和互换、转让

第二十七条 【承包期内承包地的交回和收回】承包期内,发包方不得收回承包地。

国家保护进城农户的土地承包经营权。不得以退出土地承包经营权作为农户进城落户的条件。

承包期内,承包农户进城落户的,引导支持其按照自愿有偿原则依法在本集体经济组织内转让土地承包经营权或者将承包地交回发包方,也可以鼓励其流转土地经营权。

承包期内,承包方交回承包地或者发包方依法收回承包地时,承包方对其在承包地上投入而提高土地生产能力的,有权获得相应的补偿。

链接《土地管理法》第37条

案例 陈某棕诉某村一组、某村村委会征地补偿款分配纠纷案(《最高人民法院公报》2005年第10期)

裁判规则:依照《土地管理法》第14条(现为第13条)和《农村土地承包法》第26条(现为第27条)的规定,承包土地的农民到小城镇落户后,其土地承包经营权可以保留或者依法流转;该土地如果被征用,承包土地的农民有权获得征地补偿款。

第二十八条 【承包期内承包地的调整】承包期内,发包方不得调整承包地。

承包期内,因自然灾害严重毁损承包地等特

殊情形对个别农户之间承包的耕地和草地需要适当调整的，必须经本集体经济组织成员的村民会议三分之二以上成员或者三分之二以上村民代表的同意，并报乡(镇)人民政府和县级人民政府农业农村、林业和草原等主管部门批准。承包合同中约定不得调整的，按照其约定。

第二十九条 【用于调整承包土地或者承包给新增人口的土地】 下列土地应当用于调整承包土地或者承包给新增人口：

（一）集体经济组织依法预留的机动地；

（二）通过依法开垦等方式增加的；

（三）发包方依法收回和承包方依法、自愿交回的。

第三十条 【承包期内承包方自愿将承包地交回发包方的处理】 承包期内，承包方可以自愿将承包地交回发包方。承包方自愿交回承包地的，可以获得合理补偿，但是应当提前半年以书面形式通知发包方。承包方在承包期内交回承包地的，在承包期内不得再要求承包土地。

第三十一条 【妇女婚姻关系变动对土地承包的影响】 承包期内，妇女结婚，在新居住地未取得承包地的，发包方不得收回其原承包地；妇女离婚或者丧偶，仍在原居住地生活或者不在原居住地生活但在新居住地未取得承包地的，发包方不得收回其原承包地。

注释 本条规定主要包括以下内容：(1)承包期内，妇女结婚，妇女嫁入方所在村应当尽量解决其土地承包问题。如果当地既没有富余的土地，也不进行小调整，而是实行"增人不增地，减人不减地"的办法，则出嫁妇女原籍所在地的发包方不得收回其原承包地。(2)妇女离婚或者丧偶，仍在原居住地生活的，其已取得的承包地应当由离婚或者丧偶妇女继续承包，发包方不得收回；不在原居住地生活的，新居住地的集体经济组织应当尽量为其解决承包地问题，如可以在依法进行小调整时分给离婚或者丧偶妇女一份承包地，离婚或者丧偶妇女在新居住地未取得承包地的，原居住地的发包方不得收回其原承包地。

第三十二条 【承包收益和林地承包权的继承】 承包人应得的承包收益，依照继承法的规定继承。

林地承包的承包人死亡，其继承人可以在承包期内继续承包。

注释 关于土地承包经营权能否继承的问题，首先应当明确的是，家庭承包的承包方是本集体经济组织的农户。家庭中部分成员死亡的，由于作为承包方的户还存在，因此不发生继承的问题，由家庭中的其他成员继续承包。只有在因家庭成员全部死亡而导致承包方消亡的情况下，才存在是否允许继承的问题。对家庭成员全部死亡而导致承包方消亡的，其承包地不允许继承，应当由集体经济组织收回，并严格用于解决人地矛盾。

承包地虽然不允许继承，但承包人应得的承包收益，如已收获的粮食、未收割的农作物等，作为承包人的个人财产，则应当依照民法典继承编的规定继承。继承人可以是本集体经济组织的成员，也可以不是本集体经济组织的成员。承包人应得的承包收益，自承包人死亡时开始继承，而不必等到承包经营的家庭消亡时才开始继承。

上述继承的问题，主要是指耕地和草地，关于林地能否继承的问题，本条第2款规定："林地承包的承包人死亡，其继承人可以在承包期内继续承包"。

根据《农村土地承包合同管理办法》第19条第2款、第3款、第4款的规定，土地承包经营权互换的，应当签订书面合同，并向发包方备案。承包方提交备案的互换合同，应当符合下列要求：(1)互换双方是属于同一集体经济组织的农户；(2)互换后的承包期限不超过承包期的剩余期限；(3)法律、法规和规章规定的其他事项。互换合同备案后，互换双方应当与发包方变更承包合同。

第三十三条 【土地承包经营权的互换】 承包方之间为方便耕种或者各自需要，可以对属于同一集体经济组织的土地的土地承包经营权进行互换，并向发包方备案。

第三十四条 【土地承包经营权的转让】 经发包方同意，承包方可以将全部或者部分的土地承包经营权转让给本集体经济组织的其他农户，由该农户同发包方确立新的承包关系，原承包方与发包方在该土地上的承包关系即行终止。

第三十五条 【土地承包经营权互换、转让的登记】 土地承包经营权互换、转让的，当事人可以向登记机构申请登记。未经登记，不得对抗善意第三人。

注释 本条对于土地承包经营权的互换、转让采用登记对抗主义。也就是说，当事人签订土地承包经营权的互换、转让合同,并经发包方备案或者同意后,该合同即发生法律效力,不强制当事人登记。

未经登记,不能对抗善意第三人。也就是说,不登记将产生不利于土地承包经营权受让人的法律后果。例如,承包户A将某块土地的承包经营权转让给B,但没有办理变更登记。之后,A又将同一块地的承包经营权转让给C,同时办理了变更登记。如果B与C就该块土地的承包经营权发生纠纷,由于C取得土地承包经营权并进行了登记,他的权利将受到保护。B将不能取得该地块的土地承包经营权。

第五节 土地经营权

第三十六条 【土地经营权设立】承包方可以自主决定依法采取出租(转包)、入股或者其他方式向他人流转土地经营权,并向发包方备案。

第三十七条 【土地经营权人的基本权利】土地经营权人有权在合同约定的期限内占有农村土地,自主开展农业生产经营并取得收益。

链接《民法典》第340条

第三十八条 【土地经营权流转的原则】土地经营权流转应当遵循以下原则:

(一)依法、自愿、有偿,任何组织和个人不得强迫或者阻碍土地经营权流转;

(二)不得改变土地所有权的性质和土地的农业用途,不得破坏农业综合生产能力和农业生态环境;

(三)流转期限不得超过承包期的剩余期限;

(四)受让方须有农业经营能力或者资质;

(五)在同等条件下,本集体经济组织成员享有优先权。

第三十九条 【土地经营权流转价款】土地经营权流转的价款,应当由当事人双方协商确定。流转的收益归承包方所有,任何组织和个人不得擅自截留、扣缴。

第四十条 【土地经营权流转合同】土地经营权流转,当事人双方应当签订书面流转合同。

土地经营权流转合同一般包括以下条款:

(一)双方当事人的姓名、住所;

(二)流转土地的名称、坐落、面积、质量等级;

(三)流转期限和起止日期;

(四)流转土地的用途;

(五)双方当事人的权利和义务;

(六)流转价款及支付方式;

(七)土地被依法征收、征用、占用时有关补偿费的归属;

(八)违约责任。

承包方将土地交由他人代耕不超过一年的,可以不签订书面合同。

第四十一条 【土地经营权流转的登记】土地经营权流转期限为五年以上的,当事人可以向登记机构申请土地经营权登记。未经登记,不得对抗善意第三人。

第四十二条 【土地经营权流转合同单方解除权】承包方不得单方解除土地经营权流转合同,但受让方有下列情形之一的除外:

(一)擅自改变土地的农业用途;

(二)弃耕抛荒连续两年以上;

(三)给土地造成严重损害或者严重破坏土地生态环境;

(四)其他严重违约行为。

链接《农村土地经营权流转管理办法》第20条

第四十三条 【土地经营权受让方依法投资并获得补偿】经承包方同意,受让方可以依法投资改良土壤,建设农业生产附属、配套设施,并按照合同约定对其投资部分获得合理补偿。

第四十四条 【承包方流转土地经营权后与发包方承包关系不变】承包方流转土地经营权的,其与发包方的承包关系不变。

链接《农村土地经营权流转管理办法》第15条

第四十五条 【建立社会资本取得土地经营权的资格审查等制度】县级以上地方人民政府应当建立工商企业等社会资本通过流转取得土地经营权的资格审查、项目审核和风险防范制度。

工商企业等社会资本通过流转取得土地经营权的,本集体经济组织可以收取适量管理费用。

具体办法由国务院农业农村、林业和草原主管部门规定。

第四十六条 【土地经营权的再流转】经承包方书面同意,并向本集体经济组织备案,受让方可以再流转土地经营权。

链接《农村土地经营权流转管理办法》第12条

第四十七条 【土地经营权融资担保】承包方可以用承包地的土地经营权向金融机构融资担保,并向发包方备案。受让方通过流转取得的土地经营权,经承包方书面同意并向发包方备案,可以向金融机构融资担保。

担保物权自融资担保合同生效时设立。当事人可以向登记机构申请登记；未经登记，不得对抗善意第三人。

实现担保物权时，担保物权人有权就土地经营权优先受偿。

土地经营权融资担保办法由国务院有关部门规定。

第三章 其他方式的承包

第四十八条 【其他承包方式】不宜采取家庭承包方式的荒山、荒沟、荒丘、荒滩等农村土地，通过招标、拍卖、公开协商等方式承包的，适用本章规定。

第四十九条 【以其他方式承包农村土地时承包合同的签订】以其他方式承包农村土地的，应当签订承包合同，承包方取得土地经营权。当事人的权利和义务、承包期限等，由双方协商确定。以招标、拍卖方式承包的，承包费通过公开竞标、竞价确定；以公开协商等方式承包的，承包费由双方议定。

第五十条 【荒山、荒沟、荒丘、荒滩等的承包经营方式】荒山、荒沟、荒丘、荒滩等可以直接通过招标、拍卖、公开协商等方式实行承包经营，也可以将土地经营权折股分给本集体经济组织成员后，再实行承包经营或者股份合作经营。

承包荒山、荒沟、荒丘、荒滩的，应当遵守有关法律、行政法规的规定，防止水土流失，保护生态环境。

第五十一条 【本集体经济组织成员有权优先承包】以其他方式承包农村土地，在同等条件下，本集体经济组织成员有权优先承包。

第五十二条 【将农村土地发包给本集体经济组织以外的单位或者个人承包的程序】发包方将农村土地发包给本集体经济组织以外的单位或者个人承包，应当事先经本集体经济组织成员的村民会议三分之二以上成员或者三分之二以上村民代表的同意，并报乡（镇）人民政府批准。

由本集体经济组织以外的单位或者个人承包的，应当对承包方的资信情况和经营能力进行审查后，再签订承包合同。

第五十三条 【以其他方式承包农村土地后，土地经营权的流转】通过招标、拍卖、公开协商等方式承包农村土地，经依法登记取得权属证书的，可以依法采取出租、入股、抵押或者其他方式流转土地经营权。

链接《民法典》第342条

第五十四条 【以其他方式取得的土地承包经营权的继承】依照本章规定通过招标、拍卖、公开协商等方式取得土地经营权的，该承包人死亡，其应得的承包收益，依照继承法的规定继承；在承包期内，其继承人可以继续承包。

第四章 争议的解决和法律责任

第五十五条 【土地承包经营纠纷的解决方式】因土地承包经营发生纠纷的，双方当事人可以通过协商解决，也可以请求村民委员会、乡（镇）人民政府等调解解决。

当事人不愿协商、调解或者协商、调解不成的，可以向农村土地承包仲裁机构申请仲裁，也可以直接向人民法院起诉。

注释 土地承包经营纠纷，主要是指在土地承包过程中发包方与承包方发生的纠纷，承包方与受让方发生的纠纷，也包括土地承包经营当事人与第三人发生的纠纷。

调解是指在村民委员会、乡（镇）人民政府等第三方的主持下，在双方当事人自愿的基础上，通过宣传法律、法规、规章和政策，劝导当事人化解矛盾，自愿就争议事项达成协议，使农村土地承包经营纠纷及时得到解决的一种活动。当事人可以将纠纷通过调解解决，但调解不是仲裁或诉讼的必经程序。调解人可以是个人，也可以是人民政府及其有关部门，还可以是其他社会团体、组织。

本条规定了几种主要的调解单位。例如，对于村民小组或者村内的集体经济组织发包的，发生纠纷后，可以请求村民委员会调解；对村集体经济组织或者村民委员会发包的，发生纠纷后，可以请求乡（镇）人民政府调解。其他调解部门可以是政府的农业农村、林业和草原等行政主管部门，也可以是政府设立的负责农业承包管理工作的农村集体经济管理部门，还可以是农村土地承包仲裁委员会。

第五十六条 【侵害土地承包经营权、土地经营权应当承担民事责任】任何组织和个人侵害土地承包经营权、土地经营权的，应当承担民事责任。

链接《农村土地承包经营纠纷调解仲裁法》

第五十七条 【发包方的民事责任】发包方有下列行为之一的,应当承担停止侵害、排除妨碍、消除危险、返还财产、恢复原状、赔偿损失等民事责任:

(一)干涉承包方依法享有的生产经营自主权;
(二)违反本法规定收回、调整承包地;
(三)强迫或者阻碍承包方进行土地承包经营权的互换、转让或者土地经营权流转;
(四)假借少数服从多数强迫承包方放弃或者变更土地承包经营权;
(五)以划分"口粮田"和"责任田"等为由收回承包地搞招标承包;
(六)将承包地收回抵顶欠款;
(七)剥夺、侵害妇女依法享有的土地承包经营权;
(八)其他侵害土地承包经营权的行为。

第五十八条 【承包合同中无效的约定】承包合同中违背承包方意愿或者违反法律、行政法规有关不得收回、调整承包地等强制性规定的约定无效。

第五十九条 【违约责任】当事人一方不履行合同义务或者履行义务不符合约定的,应当依法承担违约责任。

第六十条 【无效的土地承包经营权互换、转让或土地经营权流转】任何组织和个人强迫进行土地承包经营权互换、转让或者土地经营权流转的,该互换、转让或者流转无效。

第六十一条 【擅自截留、扣缴土地承包经营权互换、转让或土地经营权流转收益的处理】任何组织和个人擅自截留、扣缴土地承包经营权互换、转让或者土地经营权流转收益的,应当退还。

第六十二条 【非法征收、征用、占用土地或者贪污、挪用土地征收、征用补偿费用的法律责任】违反土地管理法规,非法征收、征用、占用土地或者贪污、挪用土地征收、征用补偿费用,构成犯罪的,依法追究刑事责任;造成他人损害的,应当承担损害赔偿等责任。

案例 1. 杨某1等人诉某县人民政府、某县朝歌街道办事处、某县朝歌街道办事处某村村民委员会违法占地及行政赔偿案(2020年12月14日耕地保护典型行政案例)

裁判规则:本案是一起行政机关未取得审批手续强制占用农民承包地并清除地上农作物,侵犯农民土地承包经营权的典型案例。

根据相关法律规定,国家基于公共利益需要,可以对集体土地实施征收,但必须遵循严格的土地征收与补偿程序。

实践中,部分行政机关为加快工作进度,在没有合法征地手续的情况下强行摧毁农民耕地上的农作物,属于违法行为。

对于因强占土地引起的赔偿问题,本案明确了在具备恢复原状条件的情况下,应当优先适用恢复原状的判决方式,将土地恢复至能够耕种的状态并予以返还的原则,对于从根本上保护耕地,具有积极的借鉴意义。

2. 某市某纺织品有限公司诉某省某市自然资源局行政处罚案(2020年12月14日耕地保护典型行政案例)

裁判规则:本案明确了违法占地行为的认定,并非仅以当事人是否拥有合法的土地流转手续为准,而是要结合当事人使用土地是否依法办理批准手续、是否改变土地的农业用途等因素。本案中,某公司虽主张其享有涉案土地的土地承包经营权,但其所占用土地为耕地及耕地以外的其他农用地,土地承包经营权人应按照土地的用途依法、依规使用土地,而不得擅自改变土地的农业用途。

第六十三条 【违法将承包地用于非农建设或者给承包地造成永久性损害的法律责任】承包方、土地经营权人违法将承包地用于非农建设的,由县级以上地方人民政府有关主管部门依法予以处罚。

承包方给承包地造成永久性损害的,发包方有权制止,并有权要求赔偿由此造成的损失。

第六十四条 【土地经营权人的民事责任】土地经营权人擅自改变土地的农业用途、弃耕抛荒连续两年以上、给土地造成严重损害或者严重破坏土地生态环境,承包方在合理期限内不解除土地经营权流转合同的,发包方有权要求终止土地经营权流转合同。土地经营权人对土地和土地生态环境造成的损害应当予以赔偿。

第六十五条 【国家机关及其工作人员利用职权侵害土地承包经营权、土地经营权行为的法律责任】国家机关及其工作人员有利用职权干涉农村土地承包经营,变更、解除承包经营合同,干涉承包经营当事人依法享有的生产经营自主权,强迫、阻碍承包经营当事人进行土地承包经营权互换、转让或者土地经营权流转等侵害土地承包经营权、土地经营权的行为,给承包经营当事人造成损失的,应当承担损害赔偿等责任;情节严重的,由上级机关或者所在单位给予直接责任人员处分;构成犯罪的,依法追究刑事责任。

第五章 附 则

第六十六条 【本法实施前的农村土地承包继续有效】本法实施前已经按照国家有关农村土地承包的规定承包,包括承包期限长于本法规定的,本法实施后继续有效,不得重新承包土地。未向承包方颁发土地承包经营权证或者林权证等证书的,应当补发证书。

第六十七条 【机动地的预留】本法实施前已经预留机动地的,机动地面积不得超过本集体经济组织耕地总面积的百分之五。不足百分之五的,不得再增加机动地。

本法实施前未留机动地的,本法实施后不得再留机动地。

第六十八条 【实施办法的制定】各省、自治区、直辖市人民代表大会常务委员会可以根据本法,结合本行政区域的实际情况,制定实施办法。

第六十九条 【农村集体经济组织成员身份的确认】确认农村集体经济组织成员身份的原则、程序等,由法律、法规规定。

第七十条 【施行时间】本法自2003年3月1日起施行。

不动产登记暂行条例

- 2014年11月24日中华人民共和国国务院令第656号公布
- 根据2019年3月24日《国务院关于修改部分行政法规的决定》修订

第一章 总 则

第一条 为整合不动产登记职责,规范登记行为,方便群众申请登记,保护权利人合法权益,根据《中华人民共和国物权法》等法律,制定本条例。

第二条 本条例所称不动产登记,是指不动产登记机构依法将不动产权利归属和其他法定事项记载于不动产登记簿的行为。

本条例所称不动产,是指土地、海域以及房屋、林木等定着物。

第三条 不动产首次登记、变更登记、转移登记、注销登记、更正登记、异议登记、预告登记、查封登记等,适用本条例。

第四条 国家实行不动产统一登记制度。

不动产登记遵循严格管理、稳定连续、方便群众的原则。

不动产权利人已经依法享有的不动产权利,不因登记机构和登记程序的改变而受到影响。

第五条 下列不动产权利,依照本条例的规定办理登记:

(一)集体土地所有权;
(二)房屋等建筑物、构筑物所有权;
(三)森林、林木所有权;
(四)耕地、林地、草地等土地承包经营权;
(五)建设用地使用权;
(六)宅基地使用权;
(七)海域使用权;
(八)地役权;
(九)抵押权;
(十)法律规定需要登记的其他不动产权利。

第六条 国务院国土资源主管部门负责指导、监督全国不动产登记工作。

县级以上地方人民政府应当确定一个部门为本行政区域的不动产登记机构,负责不动产登记工作,并接受上级人民政府不动产登记主管部门的指导、监督。

第七条 不动产登记由不动产所在地的县级人民政府不动产登记机构办理;直辖市、设区的市人民政府可以确定本级不动产登记机构统一办理所属各区的不动产登记。

跨县级行政区域的不动产登记,由所跨县级行政区域的不动产登记机构分别办理。不能分别办理的,由所跨县级行政区域的不动产登记机构协商办理;协商不成的,由共同的上一级人民政府不动产登记主管部门指定办理。

国务院确定的重点国有林区的森林、林木和林地,国务院批准项目用海、用岛,中央国家机关使用的国有土地等不动产登记,由国务院国土资源主管部门会同有关部门规定。

第二章 不动产登记簿

第八条 不动产以不动产单元为基本单位进行登记。不动产单元具有唯一编码。

不动产登记机构应当按照国务院国土资源主管部门的规定设立统一的不动产登记簿。

不动产登记簿应当记载以下事项：

（一）不动产的坐落、界址、空间界限、面积、用途等自然状况；

（二）不动产权利的主体、类型、内容、来源、期限、权利变化等权属状况；

（三）涉及不动产权利限制、提示的事项；

（四）其他相关事项。

第九条 不动产登记簿应当采用电子介质，暂不具备条件的，可以采用纸质介质。不动产登记机构应当明确不动产登记簿唯一、合法的介质形式。

不动产登记簿采用电子介质的，应当定期进行异地备份，并具有唯一、确定的纸质转化形式。

第十条 不动产登记机构应当依法将各类登记事项准确、完整、清晰地记载于不动产登记簿。任何人不得损毁不动产登记簿，除依法予以更正外不得修改登记事项。

第十一条 不动产登记工作人员应当具备与不动产登记工作相适应的专业知识和业务能力。

不动产登记机构应当加强对不动产登记工作人员的管理和专业技术培训。

第十二条 不动产登记机构应当指定专人负责不动产登记簿的保管，并建立健全相应的安全责任制度。

采用纸质介质不动产登记簿的，应当配备必要的防盗、防火、防渍、防有害生物等安全保护设施。

采用电子介质不动产登记簿的，应当配备专门的存储设施，并采取信息网络安全防护措施。

第十三条 不动产登记簿由不动产登记机构永久保存。不动产登记簿损毁、灭失的，不动产登记机构应当依照原有登记资料予以重建。

行政区域变更或者不动产登记机构职能调整的，应当及时将不动产登记簿移交相应的不动产登记机构。

第三章 登记程序

第十四条 因买卖、设定抵押权等申请不动产登记的，应当由当事人双方共同申请。

属于下列情形之一的，可以由当事人单方申请：

（一）尚未登记的不动产首次申请登记的；

（二）继承、接受遗赠取得不动产权利的；

（三）人民法院、仲裁委员会生效的法律文书或者人民政府生效的决定等设立、变更、转让、消灭不动产权利的；

（四）权利人姓名、名称或者自然状况发生变化，申请变更登记的；

（五）不动产灭失或者权利人放弃不动产权利，申请注销登记的；

（六）申请更正登记或者异议登记的；

（七）法律、行政法规规定可以由当事人单方申请的其他情形。

第十五条 当事人或者其代理人应当向不动产登记机构申请不动产登记。

不动产登记机构将申请登记事项记载于不动产登记簿前，申请人可以撤回登记申请。

第十六条 申请人应当提交下列材料，并对申请材料的真实性负责：

（一）登记申请书；

（二）申请人、代理人身份证明材料、授权委托书；

（三）相关的不动产权属来源证明材料、登记原因证明文件、不动产权属证书；

（四）不动产界址、空间界限、面积等材料；

（五）与他人利害关系的说明材料；

（六）法律、行政法规以及本条例实施细则规定的其他材料。

不动产登记机构应当在办公场所和门户网站公开申请登记所需材料目录和示范文本等信息。

第十七条 不动产登记机构收到不动产登记申请材料，应当分别按照下列情况办理：

（一）属于登记职责范围，申请材料齐全、符合法定形式，或者申请人按照要求提交全部补正申请材料的，应当受理并书面告知申请人；

（二）申请材料存在可以当场更正的错误的，应当告知申请人当场更正，申请人当场更正后，应当受理并书面告知申请人；

（三）申请材料不齐全或者不符合法定形式的，应当当场书面告知申请人不予受理并一次性告知需要补正的全部内容；

（四）申请登记的不动产不属于本机构登记范围的，应当当场书面告知申请人不予受理并告知申请人向有登记权的机构申请。

不动产登记机构未当场书面告知申请人不予受理的，视为受理。

第十八条　不动产登记机构受理不动产登记申请的，应当按照下列要求进行查验：

（一）不动产界址、空间界限、面积等材料与申请登记的不动产状况是否一致；

（二）有关证明材料、文件与申请登记的内容是否一致；

（三）登记申请是否违反法律、行政法规规定。

第十九条　属于下列情形之一的，不动产登记机构可以对申请登记的不动产进行实地查看：

（一）房屋等建筑物、构筑物所有权首次登记；

（二）在建建筑物抵押权登记；

（三）因不动产灭失导致的注销登记；

（四）不动产登记机构认为需要实地查看的其他情形。

对可能存在权属争议，或者可能涉及他人利害关系的登记申请，不动产登记机构可以向申请人、利害关系人或者有关单位进行调查。

不动产登记机构进行实地查看或者调查时，申请人、被调查人应当予以配合。

第二十条　不动产登记机构应当自受理登记申请之日起30个工作日内办结不动产登记手续，法律另有规定的除外。

第二十一条　登记事项自记载于不动产登记簿时完成登记。

不动产登记机构完成登记，应当依法向申请人核发不动产权属证书或者登记证明。

第二十二条　登记申请有下列情形之一的，不动产登记机构应当不予登记，并书面告知申请人：

（一）违反法律、行政法规规定的；

（二）存在尚未解决的权属争议的；

（三）申请登记的不动产权利超过规定期限的；

（四）法律、行政法规规定不予登记的其他情形。

第四章　登记信息共享与保护

第二十三条　国务院国土资源主管部门应当会同有关部门建立统一的不动产登记信息管理基础平台。

各级不动产登记机构登记的信息应当纳入统一的不动产登记信息管理基础平台，确保国家、省、市、县四级登记信息的实时共享。

第二十四条　不动产登记有关信息与住房城乡建设、农业、林业、海洋等部门审批信息、交易信息等应当实时互通共享。

不动产登记机构能够通过实时互通共享取得的信息，不得要求不动产登记申请人重复提交。

第二十五条　国土资源、公安、民政、财政、税务、工商、金融、审计、统计等部门应当加强不动产登记有关信息互通共享。

第二十六条　不动产登记机构、不动产登记信息共享单位及其工作人员应当对不动产登记信息保密；涉及国家秘密的不动产登记信息，应当依法采取必要的安全保密措施。

第二十七条　权利人、利害关系人可以依法查询、复制不动产登记资料，不动产登记机构应当提供。

有关国家机关可以依照法律、行政法规的规定查询、复制与调查处理事项有关的不动产登记资料。

第二十八条　查询不动产登记资料的单位、个人应当向不动产登记机构说明查询目的，不得将查询获得的不动产登记资料用于其他目的；未经权利人同意，不得泄露查询获得的不动产登记资料。

第五章　法律责任

第二十九条　不动产登记机构登记错误给他人造成损害，或者当事人提供虚假材料申请登记给他人造成损害的，依照《中华人民共和国物权法》的规定承担赔偿责任。

第三十条　不动产登记机构工作人员进行虚假登记，损毁、伪造不动产登记簿，擅自修改登记事项，或者有其他滥用职权、玩忽职守行为的，依法给予处分；给他人造成损害的，依法承担赔偿责任；构成犯罪的，依法追究刑事责任。

第三十一条　伪造、变造不动产权属证书、不动产登记证明，或者买卖、使用伪造、变造的不动产权属证书、不动产登记证明的，由不动产登记机构或者公安机关依法予以收缴；有违法所得的，没收违法所得；给他人造成损害的，依法承担赔偿责任;构成违反治安管理行为的,依法给予治安管理处罚;构成犯罪的,依法追究刑事责任。

第三十二条 不动产登记机构、不动产登记信息共享单位及其工作人员,查询不动产登记资料的单位或者个人违反国家规定,泄露不动产登记资料、登记信息,或者利用不动产登记资料、登记信息进行不正当活动,给他人造成损害的,依法承担赔偿责任;对有关责任人员依法给予处分;有关责任人员构成犯罪的,依法追究刑事责任。

第六章 附 则

第三十三条 本条例施行前依法颁发的各类不动产权属证书和制作的不动产登记簿继续有效。

不动产统一登记过渡期内,农村土地承包经营权的登记按照国家有关规定执行。

第三十四条 本条例实施细则由国务院国土资源主管部门会同有关部门制定。

第三十五条 本条例自 2015 年 3 月 1 日起施行。本条例施行前公布的行政法规有关不动产登记的规定与本条例规定不一致的,以本条例规定为准。

国有土地上房屋征收与补偿条例

- 2011 年 1 月 19 日国务院第 141 次常务会议通过
- 2011 年 1 月 21 日中华人民共和国国务院令第 590 号公布
- 自公布之日起施行

第一章 总 则

第一条 【立法目的】为了规范国有土地上房屋征收与补偿活动,维护公共利益,保障被征收房屋所有权人的合法权益,制定本条例。

第二条 【适用范围】为了公共利益的需要,征收国有土地上单位、个人的房屋,应当对被征收房屋所有权人(以下称被征收人)给予公平补偿。

第三条 【基本原则】房屋征收与补偿应当遵循决策民主、程序正当、结果公开的原则。

第四条 【行政管辖】市、县级人民政府负责本行政区域的房屋征收与补偿工作。

市、县级人民政府确定的房屋征收部门(以下称房屋征收部门)组织实施本行政区域的房屋征收与补偿工作。

市、县级人民政府有关部门应当依照本条例的规定和本级人民政府规定的职责分工,互相配合,保障房屋征收与补偿工作的顺利进行。

第五条 【房屋征收实施单位】房屋征收部门可以委托房屋征收实施单位,承担房屋征收与补偿的具体工作。房屋征收实施单位不得以营利为目的。

房屋征收部门对房屋征收实施单位在委托范围内实施的房屋征收与补偿行为负责监督,并对其行为后果承担法律责任。

第六条 【主管部门】上级人民政府应当加强对下级人民政府房屋征收与补偿工作的监督。

国务院住房城乡建设主管部门和省、自治区、直辖市人民政府住房城乡建设主管部门应当会同同级财政、国土资源、发展改革等有关部门,加强对房屋征收与补偿实施工作的指导。

第七条 【举报与监察】任何组织和个人对违反本条例规定的行为,都有权向有关人民政府、房屋征收部门和其他有关部门举报。接到举报的有关人民政府、房屋征收部门和其他有关部门对举报应当及时核实、处理。

监察机关应当加强对参与房屋征收与补偿工作的政府和有关部门或者单位及其工作人员的监察。

第二章 征收决定

第八条 【征收情形】为了保障国家安全、促进国民经济和社会发展等公共利益的需要,有下列情形之一,确需征收房屋的,由市、县级人民政府作出房屋征收决定:

(一)国防和外交的需要;

(二)由政府组织实施的能源、交通、水利等基础设施建设的需要;

(三)由政府组织实施的科技、教育、文化、卫生、体育、环境和资源保护、防灾减灾、文物保护、社会福利、市政公用等公共事业的需要;

(四)由政府组织实施的保障性安居工程建设的需要;

(五)由政府依照城乡规划法有关规定组织实施的对危房集中、基础设施落后等地段进行旧城区改建的需要；

（六）法律、行政法规规定的其他公共利益的需要。

第九条　【征收相关建设的要求】依照本条例第八条规定，确需征收房屋的各项建设活动，应当符合国民经济和社会发展规划、土地利用总体规划、城乡规划和专项规划。保障性安居工程建设、旧城区改建，应当纳入市、县级国民经济和社会发展年度计划。

制定国民经济和社会发展规划、土地利用总体规划、城乡规划和专项规划，应当广泛征求社会公众意见，经过科学论证。

第十条　【征收补偿方案】房屋征收部门拟定征收补偿方案，报市、县级人民政府。

市、县级人民政府应当组织有关部门对征收补偿方案进行论证并予以公布，征求公众意见。征求意见期限不得少于30日。

第十一条　【旧城区改建】市、县级人民政府应当将征求意见情况和根据公众意见修改的情况及时公布。

因旧城区改建需要征收房屋，多数被征收人认为征收补偿方案不符合本条例规定的，市、县级人民政府应当组织由被征收人和公众代表参加的听证会，并根据听证会情况修改方案。

第十二条　【社会稳定风险评估】市、县级人民政府作出房屋征收决定前，应当按照有关规定进行社会稳定风险评估；房屋征收决定涉及被征收人数量较多的，应当经政府常务会议讨论决定。

作出房屋征收决定前，征收补偿费用应当足额到位、专户存储、专款专用。

第十三条　【征收公告】市、县级人民政府作出房屋征收决定后应当及时公告。公告应当载明征收补偿方案和行政复议、行政诉讼权利等事项。

市、县级人民政府及房屋征收部门应当做好房屋征收与补偿的宣传、解释工作。

房屋被依法征收的，国有土地使用权同时收回。

第十四条　【征收复议与诉讼】被征收人对市、县级人民政府作出的房屋征收决定不服的，可以依法申请行政复议，也可以依法提起行政诉讼。

第十五条　【征收调查登记】房屋征收部门应当对房屋征收范围内房屋的权属、区位、用途、建筑面积等情况组织调查登记，被征收人应当予以配合。调查结果应当在房屋征收范围内向被征收人公布。

第十六条　【房屋征收范围确定】房屋征收范围确定后，不得在房屋征收范围内实施新建、扩建、改建房屋和改变房屋用途等不当增加补偿费用的行为；违反规定实施的，不予补偿。

房屋征收部门应当将前款所列事项书面通知有关部门暂停办理相关手续。暂停办理相关手续的书面通知应当载明暂停期限。暂停期限最长不得超过1年。

第三章　补　偿

第十七条　【征收补偿范围】作出房屋征收决定的市、县级人民政府对被征收人给予的补偿包括：

（一）被征收房屋价值的补偿；

（二）因征收房屋造成的搬迁、临时安置的补偿；

（三）因征收房屋造成的停产停业损失的补偿。

市、县级人民政府应当制定补助和奖励办法，对被征收人给予补助和奖励。

第十八条　【涉及住房保障情形的征收】征收个人住宅，被征收人符合住房保障条件的，作出房屋征收决定的市、县级人民政府应当优先给予住房保障。具体办法由省、自治区、直辖市制定。

第十九条　【被征收房屋价值的补偿】对被征收房屋价值的补偿，不得低于房屋征收决定公告之日被征收房屋类似房地产的市场价格。被征收房屋的价值，由具有相应资质的房地产价格评估机构按照房屋征收评估办法评估确定。

对评估确定的被征收房屋价值有异议的，可以向房地产价格评估机构申请复核评估。对复核结果有异议的，可以向房地产价格评估专家委员会申请鉴定。

房屋征收评估办法由国务院住房城乡建设主管部门制定，制定过程中，应当向社会公开征求意见。

第二十条　【房地产价格评估机构】房地产价格评估机构由被征收人协商选定；协商不成的，通过多数决定、随机选定等方式确定，具体办法由省、自治区、直辖市制定。

房地产价格评估机构应当独立、客观、公正地开展房屋征收评估工作，任何单位和个人不得干预。

第二十一条 【产权调换】被征收人可以选择货币补偿，也可以选择房屋产权调换。

被征收人选择房屋产权调换的，市、县级人民政府应当提供用于产权调换的房屋，并与被征收人计算、结清被征收房屋价值与用于产权调换房屋价值的差价。

因旧城区改建征收个人住宅，被征收人选择在改建地段进行房屋产权调换的，作出房屋征收决定的市、县级人民政府应当提供改建地段或者就近地段的房屋。

第二十二条 【搬迁与临时安置】因征收房屋造成搬迁的，房屋征收部门应当向被征收人支付搬迁费；选择房屋产权调换的，产权调换房屋交付前，房屋征收部门应当向被征收人支付临时安置费或者提供周转用房。

第二十三条 【停产停业损失的补偿】对因征收房屋造成停产停业损失的补偿，根据房屋被征收前的效益、停产停业期限等因素确定。具体办法由省、自治区、直辖市制定。

第二十四条 【临时建筑】市、县级人民政府及其有关部门应当依法加强对建设活动的监督管理，对违反城乡规划进行建设的，依法予以处理。

市、县级人民政府作出房屋征收决定前，应当组织有关部门依法对征收范围内未经登记的建筑进行调查、认定和处理。对认定为合法建筑和未超过批准期限的临时建筑的，应当给予补偿；对认定为违法建筑和超过批准期限的临时建筑的，不予补偿。

第二十五条 【补偿协议】房屋征收部门与被征收人依照本条例的规定，就补偿方式、补偿金额和支付期限、用于产权调换房屋的地点和面积、搬迁费、临时安置费或者周转用房、停产停业损失、搬迁期限、过渡方式和过渡期限等事项，订立补偿协议。

补偿协议订立后，一方当事人不履行补偿协议约定的义务的，另一方当事人可以依法提起诉讼。

第二十六条 【补偿决定】房屋征收部门与被征收人在征收补偿方案确定的签约期限内达不成补偿协议，或者被征收房屋所有权人不明确的，由房屋征收部门报请作出房屋征收决定的市、县级人民政府依照本条例的规定，按照征收补偿方案作出补偿决定，并在房屋征收范围内予以公告。

补偿决定应当公平，包括本条例第二十五条第一款规定的有关补偿协议的事项。

被征收人对补偿决定不服的，可以依法申请行政复议，也可以依法提起行政诉讼。

第二十七条 【先补偿后搬迁】实施房屋征收应当先补偿、后搬迁。

作出房屋征收决定的市、县级人民政府对被征收人给予补偿后，被征收人应当在补偿协议约定或者补偿决定确定的搬迁期限内完成搬迁。

任何单位和个人不得采取暴力、威胁或者违反规定中断供水、供热、供气、供电和道路通行等非法方式迫使被征收人搬迁。禁止建设单位参与搬迁活动。

第二十八条 【依法申请法院强制执行】被征收人在法定期限内不申请行政复议或者不提起行政诉讼，在补偿决定规定的期限内又不搬迁的，由作出房屋征收决定的市、县级人民政府依法申请人民法院强制执行。

强制执行申请书应当附具补偿金额和专户存储账号、产权调换房屋和周转用房的地点和面积等材料。

第二十九条 【征收补偿档案与审计监督】房屋征收部门应当依法建立房屋征收补偿档案，并将分户补偿情况在房屋征收范围内向被征收人公布。

审计机关应当加强对征收补偿费用管理和使用情况的监督，并公布审计结果。

第四章 法律责任

第三十条 【玩忽职守等法律责任】市、县级人民政府及房屋征收部门的工作人员在房屋征收与补偿工作中不履行本条例规定的职责，或者滥用职权、玩忽职守、徇私舞弊的，由上级人民政府或者本级人民政府责令改正，通报批评；造成损失的，依法承担赔偿责任；对直接负责的主管人员和其他直接责任人员，依法给予处分；构成犯罪的，依法追究刑事责任。

第三十一条 【暴力等非法搬迁法律责任】采取暴力、威胁或者违反规定中断供水、供热、供气、供电和道路通行等非法方式迫使被征收人搬迁，造成损失的，依法承担赔偿责任；对直接负责的主管人员和其他直接责任人员，构成犯罪的，依法追究刑事责任;尚不构成犯罪的,依法给予处分;构成违反治安管理行为的,依法给予治安管理处罚。

第三十二条 【非法阻碍征收与补偿工作法律责任】采取暴力、威胁等方法阻碍依法进行的房屋征收与补偿工作,构成犯罪的,依法追究刑事责任;构成违反治安管理行为的,依法给予治安管理处罚。

第三十三条 【贪污、挪用等法律责任】贪污、挪用、私分、截留、拖欠征收补偿费用的,责令改正,追回有关款项,限期退还违法所得,对有关责任单位通报批评、给予警告;造成损失的,依法承担赔偿责任;对直接负责的主管人员和其他直接责任人员,构成犯罪的,依法追究刑事责任;尚不构成犯罪的,依法给予处分。

第三十四条 【违法评估法律责任】房地产价格评估机构或者房地产估价师出具虚假或者有重大差错的评估报告的,由发证机关责令限期改正,给予警告,对房地产价格评估机构并处5万元以上20万元以下罚款,对房地产估价师并处1万元以上3万元以下罚款,并记入信用档案;情节严重的,吊销资质证书、注册证书;造成损失的,依法承担赔偿责任;构成犯罪的,依法追究刑事责任。

第五章 附 则

第三十五条 【施行日期】本条例自公布之日起施行。2001年6月13日国务院公布的《城市房屋拆迁管理条例》同时废止。本条例施行前已依法取得房屋拆迁许可证的项目,继续沿用原有的规定办理,但政府不得责成有关部门强制拆迁。

最高人民法院关于适用《中华人民共和国民法典》物权编的解释(一)

- 2020年12月25日最高人民法院审判委员会第1825次会议通过
- 2020年12月29日最高人民法院公告公布
- 自2021年1月1日起施行
- 法释〔2020〕24号

为正确审理物权纠纷案件,根据《中华人民共和国民法典》等相关法律规定,结合审判实践,制定本解释。

第一条 因不动产物权的归属,以及作为不动产物权登记基础的买卖、赠与、抵押等产生争议,当事人提起民事诉讼的,应当依法受理。当事人已经在行政诉讼中申请一并解决上述民事争议,且人民法院一并审理的除外。

第二条 当事人有证据证明不动产登记簿的记载与真实权利状态不符,其为该不动产物权的真实权利人,请求确认其享有物权的,应予支持。

第三条 异议登记因民法典第二百二十条第二款规定的事由失效后,当事人提起民事诉讼,请求确认物权归属的,应当依法受理。异议登记失效不影响人民法院对案件的实体审理。

第四条 未经预告登记的权利人同意,转让不动产所有权等物权,或者设立建设用地使用权、居住权、地役权、抵押权等其他物权的,应当依照民法典第二百二十一条第一款的规定,认定其不发生物权效力。

第五条 预告登记的买卖不动产物权的协议被认定无效、被撤销,或者预告登记的权利人放弃债权的,应当认定为民法典第二百二十一条第二款所称的"债权消灭"。

第六条 转让人转让船舶、航空器和机动车等所有权,受让人已经支付合理价款并取得占有,虽未经登记,但转让人的债权人主张其为民法典第二百二十五条所称的"善意第三人"的,不予支持,法律另有规定的除外。

第七条 人民法院、仲裁机构在分割共有不动产或者动产等案件中作出并依法生效的改变原有物权关系的判决书、裁决书、调解书,以及人民法院在执行程序中作出的拍卖成交裁定书、变卖成交裁定书、以物抵债裁定书,应当认定为民法典第二百二十九条所称导致物权设立、变更、转让或者消灭的人民法院、仲裁机构的法律文书。

第八条 依据民法典第二百二十九条至第二百三十一条规定享有物权,但尚未完成动产交付或者不动产登记的权利人,依据民法典第二百三十五条至第二百三十八条的规定,请求保护其物权的,应予支持。

第九条 共有份额的权利主体因继承、遗赠等原因发生变化时,其他按份共有人主张优先购买的,不予支持,但按份共有人之间另有约定的除外。

第十条 民法典第三百零五条所称的"同等条件",应当综合共有份额的转让价格、价款履行方式及期限等因素确定。

第十一条 优先购买权的行使期间,按份共有人之间有约定的,按照约定处理;没有约定或者约定不明的,按照下列情形确定:

(一)转让人向其他按份共有人发出的包含同等条件内容的通知中载明行使期间的,以该期间为准;

(二)通知中未载明行使期间,或者载明的期间短于通知送达之日起十五日的,为十五日;

(三)转让人未通知的,为其他按份共有人知道或者应当知道最终确定的同等条件之日起十五日;

(四)转让人未通知,且无法确定其他按份共有人知道或者应当知道最终确定的同等条件的,为共有份额权属转移之日起六个月。

第十二条 按份共有人向共有人之外的人转让其份额,其他按份共有人根据法律、司法解释规定,请求按照同等条件优先购买该共有份额的,应予支持。其他按份共有人的请求具有下列情形之一的,不予支持:

(一)未在本解释第十一条规定的期间内主张优先购买,或者虽主张优先购买,但提出减少转让价款、增加转让人负担等实质性变更要求;

(二)以其优先购买权受到侵害为由,仅请求撤销共有份额转让合同或者认定该合同无效。

第十三条 按份共有人之间转让共有份额,其他按份共有人主张依据民法典第三百零五条规定优先购买的,不予支持,但按份共有人之间另有约定的除外。

第十四条 受让人受让不动产或者动产时,不知道转让人无处分权,且无重大过失的,应当认定受让人为善意。

真实权利人主张受让人不构成善意的,应当承担举证证明责任。

第十五条 具有下列情形之一的,应当认定不动产受让人知道转让人无处分权:

(一)登记簿上存在有效的异议登记;

(二)预告登记有效期内,未经预告登记的权利人同意;

(三)登记簿上已经记载司法机关或者行政机关依法裁定、决定查封或者以其他形式限制不动产权利的有关事项;

(四)受让人知道登记簿上记载的权利主体错误;

(五)受让人知道他人已经依法享有不动产物权。

真实权利人有证据证明不动产受让人应当知道转让人无处分权的,应当认定受让人具有重大过失。

第十六条 受让人受让动产时,交易的对象、场所或者时机等不符合交易习惯的,应当认定受让人具有重大过失。

第十七条 民法典第三百一十一条第一款第一项所称的"受让人受让该不动产或者动产时",是指依法完成不动产物权转移登记或者动产交付之时。

当事人以民法典第二百二十六条规定的方式交付动产的,转让动产民事法律行为生效时为动产交付之时;当事人以民法典第二百二十七条规定的方式交付动产的,转让人与受让人之间有关转让返还原物请求权的协议生效时为动产交付之时。

法律对不动产、动产物权的设立另有规定的,应当按照法律规定的时间认定权利人是否为善意。

第十八条 民法典第三百一十一条第一款第二项所称"合理的价格",应当根据转让标的物的性质、数量以及付款方式等具体情况,参考转让时交易地市场价格以及交易习惯等因素综合认定。

第十九条 转让人将民法典第二百二十五条规定的船舶、航空器和机动车等交付给受让人的,应当认定符合民法典第三百一十一条第一款第三项规定的善意取得的条件。

第二十条 具有下列情形之一,受让人主张依据民法典第三百一十一条规定取得所有权的,不予支持:

(一)转让合同被认定无效;

(二)转让合同被撤销。

第二十一条 本解释自 2021 年 1 月 1 日起施行。

最高人民法院关于审理建筑物区分所有权纠纷案件适用法律若干问题的解释

- 2009年3月23日最高人民法院审判委员会第1464次会议通过
- 根据2020年12月23日最高人民法院审判委员会第1823次会议通过的《最高人民法院关于修改〈最高人民法院关于在民事审判工作中适用《中华人民共和国工会法》若干问题的解释〉等二十七件民事类司法解释的决定》修正

为正确审理建筑物区分所有权纠纷案件，依法保护当事人的合法权益，根据《中华人民共和国民法典》等法律的规定，结合民事审判实践，制定本解释。

第一条 依法登记取得或者依据民法典第二百二十九条至第二百三十一条规定取得建筑物专有部分所有权的人，应当认定为民法典第二编第六章所称的业主。

基于与建设单位之间的商品房买卖民事法律行为，已经合法占有建筑物专有部分，但尚未依法办理所有权登记的人，可以认定为民法典第二编第六章所称的业主。

第二条 建筑区划内符合下列条件的房屋，以及车位、摊位等特定空间，应当认定为民法典第二编第六章所称的专有部分：

（一）具有构造上的独立性，能够明确区分；
（二）具有利用上的独立性，可以排他使用；
（三）能够登记成为特定业主所有权的客体。

规划上专属于特定房屋，且建设单位销售时已经根据规划列入该特定房屋买卖合同中的露台等，应当认定为前款所称的专有部分的组成部分。

本条第一款所称房屋，包括整栋建筑物。

第三条 除法律、行政法规规定的共有部分外，建筑区划内的以下部分，也应当认定为民法典第二编第六章所称的共有部分：

（一）建筑物的基础、承重结构、外墙、屋顶等基本结构部分，通道、楼梯、大堂等公共通行部分，消防、公共照明等附属设施、设备、避难层、设备层或者设备间等结构部分；

（二）其他不属于业主专有部分，也不属于市政公用部分或者其他权利人所有的场所及设施等。

建筑区划内的土地，依法由业主共同享有建设用地使用权，但属于业主专有的整栋建筑物的规划占地或者城镇公共道路、绿地占地除外。

第四条 业主基于对住宅、经营性用房等专有部分特定使用功能的合理需要，无偿利用屋顶以及与其专有部分相对应的外墙面等共有部分的，不应认定为侵权。但违反法律、法规、管理规约，损害他人合法权益的除外。

第五条 建设单位按照配置比例将车位、车库，以出售、附赠或者出租等方式处分给业主的，应当认定其行为符合民法典第二百七十六条有关"应当首先满足业主的需要"的规定。

前款所称配置比例是指规划确定的建筑区划内规划用于停放汽车的车位、车库与房屋套数的比例。

第六条 建筑区划内在规划用于停放汽车的车位之外，占用业主共有道路或者其他场地增设的车位，应当认定为民法典第二百七十五条第二款所称的车位。

第七条 处分共有部分，以及业主大会依法决定或者管理规约依法确定应由业主共同决定的事项，应当认定为民法典第二百七十八条第一款第（九）项规定的有关共有和共同管理权利的"其他重大事项"。

第八条 民法典第二百七十八条第二款和第二百八十三条规定的专有部分面积可以按照不动产登记簿记载的面积计算；尚未进行物权登记的，暂按测绘机构的实测面积计算；尚未进行实测的，暂按房屋买卖合同记载的面积计算。

第九条 民法典第二百七十八条第二款规定的业主人数可以按照专有部分的数量计算，一个专有部分按一人计算。但建设单位尚未出售和虽已出售但尚未交付的部分，以及同一买受人拥有一个以上专有部分的，按一人计算。

第十条 业主将住宅改变为经营性用房，未依据民法典第二百七十九条的规定经有利害关系的业主一致同意，有利害关系的业主请求排除妨害、消除危险、恢复原状或者赔偿损失的，人民法院应予支持。

将住宅改变为经营性用房的业主以多数有利害关系的业主同意其行为进行抗辩的，人民法院不予支持。

第十一条 业主将住宅改变为经营性用房，本栋建筑物内的其他业主，应当认定为民法典第二百七十九条所称"有利害关系的业主"。建筑区划内，本栋建筑物之外的业主，主张与自己有利害关系的，应证明其房屋价值、生活质量受到或者可能受到不利影响。

第十二条 业主以业主大会或者业主委员会作出的决定侵害其合法权益或者违反了法律规定的程序为由，依据民法典第二百八十条第二款的规定请求人民法院撤销该决定，应当在知道或者应当知道业主大会或者业主委员会作出决定之日起一年内行使。

第十三条 业主请求公布、查阅下列应当向业主公开的情况和资料的，人民法院应予支持：

（一）建筑物及其附属设施的维修资金的筹集、使用情况；

（二）管理规约、业主大会议事规则，以及业主大会或者业主委员会的决定及会议记录；

（三）物业服务合同、共有部分的使用和收益情况；

（四）建筑区划内规划用于停放汽车的车位、车库的处分情况；

（五）其他应当向业主公开的情况和资料。

第十四条 建设单位、物业服务企业或者其他管理人等擅自占用、处分业主共有部分、改变其使用功能或者进行经营性活动，权利人请求排除妨害、恢复原状、确认处分行为无效或者赔偿损失的，人民法院应予支持。

属于前款所称擅自进行经营性活动的情形，权利人请求建设单位、物业服务企业或者其他管理人等将扣除合理成本之后的收益用于补充专项维修资金或者业主共同决定的其他用途的，人民法院应予支持。行为人对成本的支出及其合理性承担举证责任。

第十五条 业主或者其他行为人违反法律、法规、国家相关强制性标准、管理规约，或者违反业主大会、业主委员会依法作出的决定，实施下列行为的，可以认定为民法典第二百八十六条第二款所称的其他"损害他人合法权益的行为"：

（一）损害房屋承重结构，损害或者违章使用电力、燃气、消防设施，在建筑物内放置危险、放射性物品等危及建筑物安全或者妨碍建筑物正常使用；

（二）违反规定破坏、改变建筑物外墙面的形状、颜色等损害建筑物外观；

（三）违反规定进行房屋装饰装修；

（四）违章加建、改建，侵占、挖掘公共通道、道路、场地或者其他共有部分。

第十六条 建筑物区分所有权纠纷涉及专有部分的承租人、借用人等物业使用人的，参照本解释处理。

专有部分的承租人、借用人等物业使用人，根据法律、法规、管理规约、业主大会或者业主委员会依法作出的决定，以及其与业主的约定，享有相应权利，承担相应义务。

第十七条 本解释所称建设单位，包括包销期满，按照包销合同约定的包销价格购买尚未销售的物业后，以自己名义对外销售的包销人。

第十八条 人民法院审理建筑物区分所有权案件中，涉及有关物权归属争议的，应当以法律、行政法规为依据。

第十九条 本解释自 2009 年 10 月 1 日起施行。

因物权法施行后实施的行为引起的建筑物区分所有权纠纷案件，适用本解释。

本解释施行前已经终审，本解释施行后当事人申请再审或者按照审判监督程序决定再审的案件，不适用本解释。

最高人民法院关于审理矿业权纠纷案件适用法律若干问题的解释

- 2017 年 2 月 20 日最高人民法院审判委员会第 1710 次会议通过
- 根据 2020 年 12 月 23 日最高人民法院审判委员会第 1823 次会议通过的《最高人民法院关于修改〈最高人民法院关于在民事审判工作中适用《中华人民共和国工会法》若干问题的解释〉等二十七件民事类司法解释的决定》修正

为正确审理矿业权纠纷案件，依法保护当事人的合法权益，根据《中华人民共和国民法典》《中华人民共和国矿产资源法》《中华人民共和国环境保护法》等法律法规的规定，结合审判实践，制定本解释。

第一条 人民法院审理探矿权、采矿权等矿业权纠纷案件，应当依法保护矿业权流转，维护市场秩序和交易安全，保障矿产资源合理开发利用，促进资源节约与环境保护。

第二条 县级以上人民政府自然资源主管部门作为出让人与受让人签订的矿业权出让合同，除法律、行政法规另有规定的情形外，当事人请求确认自依法成立之日起生效的，人民法院应予支持。

第三条 受让人请求自矿产资源勘查许可证、采矿许可证载明的有效期起始日确认其探矿权、采矿权的，人民法院应予支持。

矿业权出让合同生效后、矿产资源勘查许可证或者采矿许可证颁发前，第三人越界或者以其他方式非法勘查开采，经出让人同意已实际占有勘查作业区或者矿区的受让人，请求第三人承担停止侵害、排除妨碍、赔偿损失等侵权责任的，人民法院应予支持。

第四条 出让人未按照出让合同的约定移交勘查作业区或者矿区、颁发矿产资源勘查许可证或者采矿许可证，受让人请求解除出让合同的，人民法院应予支持。

受让人勘查开采矿产资源未达到自然资源主管部门批准的矿山地质环境保护与土地复垦方案要求，在自然资源主管部门规定的期限内拒不改正，或者因违反法律法规被吊销矿产资源勘查许可证、采矿许可证，或者未按照出让合同的约定支付矿业权出让价款，出让人解除出让合同的，人民法院应予支持。

第五条 未取得矿产资源勘查许可证、采矿许可证，签订合同将矿产资源交由他人勘查开采的，人民法院应依法认定合同无效。

第六条 矿业权转让合同自依法成立之日起具有法律约束力。矿业权转让申请未经自然资源主管部门批准，受让人请求转让人办理矿业权变更登记手续的，人民法院不予支持。

当事人仅以矿业权转让申请未经自然资源主管部门批准为由请求确认转让合同无效的，人民法院不予支持。

第七条 矿业权转让合同依法成立后，在不具有法定无效情形下，受让人请求转让人履行报批义务或者转让人请求受让人履行协助报批义务的，人民法院应予支持，但法律上或者事实上不具备履行条件的除外。

人民法院可以依据案件事实和受让人的请求，判决受让人代为办理报批手续，转让人应当履行协助义务，并承担由此产生的费用。

第八条 矿业权转让合同依法成立后，转让人无正当理由拒不履行报批义务，受让人请求解除合同、返还已付转让款及利息，并由转让人承担违约责任的，人民法院应予支持。

第九条 矿业权转让合同约定受让人支付全部或者部分转让款后办理报批手续，转让人在办理报批手续前请求受让人先履行付款义务的，人民法院应予支持，但受让人有确切证据证明存在转让人将同一矿业权转让给第三人、矿业权人将被兼并重组等符合民法典第五百二十七条规定情形的除外。

第十条 自然资源主管部门不予批准矿业权转让申请致使矿业权转让合同被解除，受让人请求返还已付转让款及利息，采矿权人请求受让人返还获得的矿产品及收益，或者探矿权人请求受让人返还勘查资料和勘查中回收的矿产品及收益的，人民法院应予支持，但受让人可请求扣除相关的成本费用。

当事人一方对矿业权转让申请未获批准有过错的，应赔偿对方因此受到的损失；双方均有过错的，应当各自承担相应的责任。

第十一条 矿业权转让合同依法成立后、自然资源主管部门批准前，矿业权人又将矿业权转让给第三人并经自然资源主管部门批准、登记，受让人请求解除转让合同、返还已付转让款及利息，并由矿业权人承担违约责任的，人民法院应予支持。

第十二条 当事人请求确认矿业权租赁、承包合同自依法成立之日起生效的，人民法院应予支持。

矿业权租赁、承包合同约定矿业权人仅收取租金、承包费，放弃矿山管理，不履行安全生产、生态环境修复等法定义务，不承担相应法律责任的，人民法院应依法认定合同无效。

第十三条 矿业权人与他人合作进行矿产资源勘查开采所签订的合同，当事人请求确认自依法成立之日起生效的，人民法院应予支持。

合同中有关矿业权转让的条款适用本解释关于矿业权转让合同的规定。

第十四条 矿业权人为担保自己或者他人债务的履行，将矿业权抵押给债权人的，抵押合同自依法成立之日起生效，但法律、行政法规规定不得抵押的除外。

当事人仅以未经主管部门批准或者登记、备案为由请求确认抵押合同无效的，人民法院不予支持。

第十五条 当事人请求确认矿业权之抵押权自依法登记时设立的，人民法院应予支持。

颁发矿产资源勘查许可证或者采矿许可证的自然资源主管部门根据相关规定办理的矿业权抵押备案手续，视为前款规定的登记。

第十六条 债务人不履行到期债务或者发生当事人约定的实现抵押权的情形，抵押权人依据民事诉讼法第一百九十六条、第一百九十七条规定申请实现抵押权的，人民法院可以拍卖、变卖矿业权或者裁定以矿业权抵债，但矿业权竞买人、受让人应具备相应的资质条件。

第十七条 矿业权抵押期间因抵押人被兼并重组或者矿床被压覆等原因导致矿业权全部或者部分灭失，抵押权人请求就抵押人因此获得的保险金、赔偿金或者补偿金等款项优先受偿或者将该款项予以提存的，人民法院应予支持。

第十八条 当事人约定在自然保护区、风景名胜区、重点生态功能区、生态环境敏感区和脆弱区等区域内勘查开采矿产资源，违反法律、行政法规的强制性规定或者损害环境公共利益的，人民法院应依法认定合同无效。

第十九条 因越界勘查开采矿产资源引发的侵权责任纠纷，涉及自然资源主管部门批准的勘查开采范围重复或者界限不清的，人民法院应告知当事人先向自然资源主管部门申请解决。

第二十条 因他人越界勘查开采矿产资源，矿业权人请求侵权人承担停止侵害、排除妨碍、返还财产、赔偿损失等侵权责任的，人民法院应予支持，但探矿权人请求侵权人返还越界开采的矿产品及收益的除外。

第二十一条 勘查开采矿产资源造成环境污染，或者导致地质灾害、植被毁损等生态破坏，国家规定的机关或者法律规定的组织提起环境公益诉讼的，人民法院应依法予以受理。

国家规定的机关或者法律规定的组织为保护国家利益、环境公共利益提起诉讼的，不影响因同一勘查开采行为受到人身、财产损害的自然人、法人和非法人组织依据民事诉讼法第一百一十九条的规定提起诉讼。

第二十二条 人民法院在审理案件中，发现无证勘查开采，勘查资质、地质资料造假，或者勘查开采未履行生态环境修复义务等违法情形的，可以向有关行政主管部门提出司法建议，由其依法处理；涉嫌犯罪的，依法移送侦查机关处理。

第二十三条 本解释施行后，人民法院尚未审结的一审、二审案件适用本解释规定。本解释施行前已经作出生效裁判的案件，本解释施行后依法再审的，不适用本解释。

最高人民法院关于审理涉及农村土地承包纠纷案件适用法律问题的解释

- 2005年3月29日最高人民法院审判委员会第1346次会议通过
- 根据2020年12月23日最高人民法院审判委员会第1823次会议通过的《最高人民法院关于修改〈最高人民法院关于在民事审判工作中适用《中华人民共和国工会法》若干问题的解释〉等二十七件民事类司法解释的决定》修正

为正确审理农村土地承包纠纷案件，依法保护当事人的合法权益，根据《中华人民共和国民法典》《中华人民共和国农村土地承包法》《中华人民共和国土地管理法》《中华人民共和国民事诉讼法》等法律的规定，结合民事审判实践，制定本解释。

一、受理与诉讼主体

第一条 下列涉及农村土地承包民事纠纷，人民法院应当依法受理：

（一）承包合同纠纷；
（二）承包经营权侵权纠纷；
（三）土地经营权侵权纠纷；
（四）承包经营权互换、转让纠纷；
（五）土地经营权流转纠纷；
（六）承包地征收补偿费用分配纠纷；
（七）承包经营权继承纠纷；
（八）土地经营权继承纠纷。

农村集体经济组织成员因未实际取得土地承包经营权提起民事诉讼的，人民法院应当告知其向有关行政主管部门申请解决。

农村集体经济组织成员就用于分配的土地补偿费数额提起民事诉讼的,人民法院不予受理。

第二条 当事人自愿达成书面仲裁协议的,受诉人民法院应当参照《最高人民法院关于适用〈中华人民共和国民事诉讼法〉的解释》第二百一十五条、第二百一十六条的规定处理。

当事人未达成书面仲裁协议,一方当事人向农村土地承包仲裁机构申请仲裁,另一方当事人提起诉讼的,人民法院应予受理,并书面通知仲裁机构。但另一方当事人接受仲裁管辖后又起诉的,人民法院不予受理。

当事人对仲裁裁决不服并在收到裁决书之日起三十日内提起诉讼的,人民法院应予受理。

第三条 承包合同纠纷,以发包方和承包方为当事人。

前款所称承包方是指以家庭承包方式承包本集体经济组织农村土地的农户,以及以其他方式承包农村土地的组织或者个人。

第四条 农户成员为多人的,由其代表人进行诉讼。

农户代表人按照下列情形确定:

(一)土地承包经营权证等证书上记载的人;

(二)未依法登记取得土地承包经营权等证书的,为在承包合同上签名的人;

(三)前两项规定的人死亡、丧失民事行为能力或者因其他原因无法进行诉讼的,为农户成员推选的人。

二、家庭承包纠纷案件的处理

第五条 承包合同中有关收回、调整承包地的约定违反农村土地承包法第二十七条、第二十八条、第三十一条规定的,应当认定该约定无效。

第六条 因发包方违法收回、调整承包地,或者因发包方收回承包方弃耕、撂荒的承包地产生的纠纷,按照下列情形,分别处理:

(一)发包方未将承包地另行发包,承包方请求返还承包地的,应予支持;

(二)发包方已将承包地另行发包给第三人,承包方以发包方和第三人为共同被告,请求确认其所签订的承包合同无效、返还承包地并赔偿损失的,应予支持。但属于承包方弃耕、撂荒情形的,对其赔偿损失的诉讼请求,不予支持。

前款第(二)项所称的第三人,请求受益方补偿其在承包地上的合理投入的,应予支持。

第七条 承包合同约定或者土地承包经营权证等证书记载的承包期限短于农村土地承包法规定的期限,承包方请求延长的,应予支持。

第八条 承包方违反农村土地承包法第十八条规定,未经依法批准将承包地用于非农建设或者对承包地造成永久性损害,发包方请求承包方停止侵害、恢复原状或者赔偿损失的,应予支持。

第九条 发包方根据农村土地承包法第二十七条规定收回承包地前,承包方已经以出租、入股或者其他形式将其土地经营权流转给第三人,且流转期限尚未届满,因流转价款收取产生的纠纷,按照下列情形,分别处理:

(一)承包方已经一次性收取了流转价款,发包方请求承包方返还剩余流转期限的流转价款的,应予支持;

(二)流转价款为分期支付,发包方请求第三人按照流转合同的约定支付流转价款的,应予支持。

第十条 承包方交回承包地不符合农村土地承包法第三十条规定程序的,不得认定其为自愿交回。

第十一条 土地经营权流转中,本集体经济组织成员在流转价款、流转期限等主要内容相同的条件下主张优先权的,应予支持。但下列情形除外:

(一)在书面公示的合理期限内未提出优先权主张的;

(二)未经书面公示,在本集体经济组织以外的人开始使用承包地两个月内未提出优先权主张的。

第十二条 发包方胁迫承包方将土地经营权流转给第三人,承包方请求撤销其与第三人签订的流转合同的,应予支持。

发包方阻碍承包方依法流转土地经营权,承包方请求排除妨碍、赔偿损失的,应予支持。

第十三条 承包方未经发包方同意,转让其土地承包经营权的,转让合同无效。但发包方无法定理由不同意或者拖延表态的除外。

第十四条 承包方依法采取出租、入股或者其他方式流转土地经营权,发包方仅以该土地经营权流转合同未报其备案为由,请求确认合同无效的,不予支持。

第十五条 因承包方不收取流转价款或者向对方支付费用的约定产生纠纷,当事人协商变更无法达成一致,且继续履行又显失公平的,人民法院可以根据发生变更的客观情况,按照公平原则处理。

第十六条 当事人对出租地流转期限没有约定或者约定不明的,参照民法典第七百三十条规定处理。除当事人另有约定或者属于林地承包经营外,承包地交回的时间应当在农作物收获期结束后或者下一耕种期开始前。

对提高土地生产能力的投入,对方当事人请求承包方给予相应补偿的,应予支持。

第十七条 发包方或者其他组织、个人擅自截留、扣缴承包收益或者土地经营权流转收益,承包方请求返还的,应予支持。

发包方或者其他组织、个人主张抵销的,不予支持。

三、其他方式承包纠纷的处理

第十八条 本集体经济组织成员在承包费、承包期限等主要内容相同的条件下主张优先承包的,应予支持。但在发包方将农村土地发包给本集体经济组织以外的组织或者个人,已经法律规定的民主议定程序通过,并由乡(镇)人民政府批准后主张优先承包的,不予支持。

第十九条 发包方就同一土地签订两个以上承包合同,承包方均主张取得土地经营权的,按照下列情形,分别处理:

(一)已经依法登记的承包方,取得土地经营权;

(二)均未依法登记的,生效在先合同的承包方取得土地经营权;

(三)依前两项规定无法确定的,已经根据承包合同合法占有使用承包地的人取得土地经营权,但争议发生后一方强行先占承包地的行为和事实,不得作为确定土地经营权的依据。

四、土地征收补偿费用分配及土地承包经营权继承纠纷的处理

第二十条 承包地被依法征收,承包方请求发包方给付已经收到的地上附着物和青苗的补偿费的,应予支持。

承包方已将土地经营权以出租、入股或者其他方式流转给第三人的,除当事人另有约定外,青苗补偿费归实际投入人所有,地上附着物补偿费归附着物所有人所有。

第二十一条 承包地被依法征收,放弃统一安置的家庭承包方,请求发包方给付已经收到的安置补助费的,应予支持。

第二十二条 农村集体经济组织或者村民委员会、村民小组,可以依照法律规定的民主议定程序,决定在本集体经济组织内部分配已经收到的土地补偿费。征地补偿安置方案确定时已经具有本集体经济组织成员资格的人,请求支付相应份额的,应予支持。但已报全国人大常委会、国务院备案的地方性法规、自治条例和单行条例、地方政府规章对土地补偿费在农村集体经济组织内部的分配办法另有规定的除外。

第二十三条 林地家庭承包中,承包方的继承人请求在承包期内继续承包的,应予支持。

其他方式承包中,承包方的继承人或者权利义务承受者请求在承包期内继续承包的,应予支持。

五、其他规定

第二十四条 人民法院在审理涉及本解释第五条、第六条第一款第(二)项及第二款、第十五条的纠纷案件时,应当着重进行调解。必要时可以委托人民调解组织进行调解。

第二十五条 本解释自2005年9月1日起施行。施行后受理的第一审案件,适用本解释的规定。

施行前已经生效的司法解释与本解释不一致的,以本解释为准。

最高人民法院关于审理涉及农村土地承包经营纠纷调解仲裁案件适用法律若干问题的解释

- 2013年12月27日最高人民法院审判委员会第1601次会议通过
- 根据2020年12月23日最高人民法院审判委员会第1823次会议通过的《最高人民法院关于修改〈最高人民法院关于在民事审判工作中适用《中华人民共和国工会法》若干问题的解释〉等二十七件民事类司法解释的决定》修正

为正确审理涉及农村土地承包经营纠纷调解仲裁案件,根据《中华人民共和国农村土地承包法》《中华人民共和国农村土地承包经营纠纷调解

仲裁法》《中华人民共和国民事诉讼法》等法律的规定，结合民事审判实践，就审理涉及农村土地承包经营纠纷调解仲裁案件适用法律的若干问题，制定本解释。

第一条 农村土地承包仲裁委员会根据农村土地承包经营纠纷调解仲裁法第十八条规定，以超过申请仲裁的时效期间为由驳回申请后，当事人就同一纠纷提起诉讼的，人民法院应予受理。

第二条 当事人在收到农村土地承包仲裁委员会作出的裁决书之日起三十日后或者签收农村土地承包仲裁委员会作出的调解书后，就同一纠纷向人民法院提起诉讼的，裁定不予受理；已经受理的，裁定驳回起诉。

第三条 当事人在收到农村土地承包仲裁委员会作出的裁决书之日起三十日内，向人民法院提起诉讼，请求撤销仲裁裁决的，人民法院应当告知当事人就原纠纷提起诉讼。

第四条 农村土地承包仲裁委员会依法向人民法院提交当事人财产保全申请的，申请财产保全的当事人为申请人。

农村土地承包仲裁委员会应当提交下列材料：

（一）财产保全申请书；

（二）农村土地承包仲裁委员会发出的受理案件通知书；

（三）申请人的身份证明；

（四）申请保全财产的具体情况。

人民法院采取保全措施，可以责令申请人提供担保，申请人不提供担保的，裁定驳回申请。

第五条 人民法院对农村土地承包仲裁委员会提交的财产保全申请材料，应当进行审查。符合前条规定的，应予受理；申请材料不齐全或不符合规定的，人民法院应当告知农村土地承包仲裁委员会需要补齐的内容。

人民法院决定受理的，应当于三日内向当事人送达受理通知书并告知农村土地承包仲裁委员会。

第六条 人民法院受理财产保全申请后，应当在十日内作出裁定。因特殊情况需要延长的，经本院院长批准，可以延长五日。

人民法院接受申请后，对情况紧急的，必须在四十八小时内作出裁定；裁定采取保全措施的，应当立即开始执行。

第七条 农村土地承包经营纠纷仲裁中采取的财产保全措施，在申请保全的当事人依法提起诉讼后，自动转为诉讼中的财产保全措施，并适用《最高人民法院关于适用〈中华人民共和国民事诉讼法〉的解释》第四百八十七条关于查封、扣押、冻结期限的规定。

第八条 农村土地承包仲裁委员会依法向人民法院提交当事人证据保全申请的，应当提供下列材料：

（一）证据保全申请书；

（二）农村土地承包仲裁委员会发出的受理案件通知书；

（三）申请人的身份证明；

（四）申请保全证据的具体情况。

对证据保全的具体程序事项，适用本解释第五、六、七条关于财产保全的规定。

第九条 农村土地承包仲裁委员会作出先行裁定后，一方当事人依法向被执行人住所地或者被执行的财产所在地基层人民法院申请执行的，人民法院应予受理和执行。

申请执行先行裁定的，应当提供以下材料：

（一）申请执行书；

（二）农村土地承包仲裁委员会作出的先行裁定书；

（三）申请执行人的身份证明；

（四）申请执行人提供的担保情况；

（五）其他应当提交的文件或证件。

第十条 当事人根据农村土地承包经营纠纷调解仲裁法第四十九条规定，向人民法院申请执行调解书、裁决书，符合《最高人民法院关于人民法院执行工作若干问题的规定（试行）》第十六条规定条件的，人民法院应予受理和执行。

第十一条 当事人因不服农村土地承包仲裁委员会作出的仲裁裁决向人民法院提起诉讼的，起诉期从其收到裁决书的次日起计算。

第十二条 本解释施行后，人民法院尚未审结的一审、二审案件适用本解释规定。本解释施行前已经作出生效裁判的案件，本解释施行后依法再审的，不适用本解释规定。

最高人民法院关于审理森林资源民事纠纷案件适用法律若干问题的解释

- 2022年4月25日最高人民法院审判委员会第1869次会议通过
- 2022年6月13日最高人民法院公告公布
- 自2022年6月15日起施行
- 法释〔2022〕16号

为妥善审理森林资源民事纠纷案件，依法保护生态环境和当事人合法权益，根据《中华人民共和国民法典》《中华人民共和国环境保护法》《中华人民共和国森林法》《中华人民共和国农村土地承包法》《中华人民共和国民事诉讼法》等法律规定，结合审判实践，制定本解释。

第一条 人民法院审理涉及森林、林木、林地等森林资源的民事纠纷案件，应当贯彻民法典绿色原则，尊重自然、尊重历史、尊重习惯，依法推动森林资源保护和利用的生态效益、经济效益、社会效益相统一，促进人与自然和谐共生。

第二条 当事人因下列行为，对林地、林木的物权归属、内容产生争议，依据民法典第二百三十四条的规定提起民事诉讼，请求确认权利的，人民法院应当依法受理：

（一）林地承包；

（二）林地承包经营权互换、转让；

（三）林地经营权流转；

（四）林木流转；

（五）林地、林木担保；

（六）林地、林木继承；

（七）其他引起林地、林木物权变动的行为。

当事人因对行政机关作出的林地、林木确权、登记行为产生争议，提起民事诉讼的，人民法院告知其依法通过行政复议、行政诉讼程序解决。

第三条 当事人以未办理批准、登记、备案、审查、审核等手续为由，主张林地承包、林地承包经营权互换或者转让、林地经营权流转、林木流转、森林资源担保等合同无效的，人民法院不予支持。

因前款原因，不能取得相关权利的当事人请求解除合同、由违约方承担违约责任的，人民法院依法予以支持。

第四条 当事人一方未依法经林权证等权利证书载明的共有人同意，擅自处分林地、林木，另一方主张取得相关权利的，人民法院不予支持。但符合民法典第三百一十一条关于善意取得规定的除外。

第五条 当事人以违反法律规定的民主议定程序为由，主张集体林地承包合同无效的，人民法院应予支持。但下列情形除外：

（一）合同订立时，法律、行政法规没有关于民主议定程序的强制性规定的；

（二）合同订立未经民主议定程序讨论决定，或者民主议定程序存在瑕疵，一审法庭辩论终结前已经依法补正的；

（三）承包方对村民会议或者村民代表会议决议进行了合理审查，不知道且不应当知道决议系伪造、变造，并已经对林地大量投入的。

第六条 家庭承包林地的承包方转让林地承包经营权未经发包方同意，或者受让方不是本集体经济组织成员，受让方主张取得林地承包经营权的，人民法院不予支持。但发包方无法定理由不同意或者拖延表态的除外。

第七条 当事人就同一集体林地订立多个经营权流转合同，在合同有效的情况下，受让方均主张取得林地经营权的，由具有下列情形的受让方取得：

（一）林地经营权已经依法登记的；

（二）林地经营权均未依法登记，争议发生前已经合法占有使用林地并大量投入的；

（三）无前两项规定情形，合同生效在先的。

未取得林地经营权的一方请求解除合同、由违约方承担违约责任的，人民法院依法予以支持。

第八条 家庭承包林地的承包方以林地经营权人擅自再流转林地经营权为由，请求解除林地经营权流转合同、收回林地的，人民法院应予支持。但林地经营权人能够证明林地经营权再流转已经承包方书面同意的除外。

第九条 本集体经济组织成员以其在同等条件下享有的优先权受到侵害为由，主张家庭承包林地经营权流转合同无效的，人民法院不予支持；其请求赔偿损失的，依法予以支持。

第十条 林地承包期内，因林地承包经营权互换、转让、继承等原因,承包方发生变动,林地经营权人请求新的承包方继续履行原林地经营权流转合同的,人民法院应予支持。但当事人另有约定的除外。

第十一条　林地经营权流转合同约定的流转期限超过承包期的剩余期限,或者林地经营权再流转合同约定的流转期限超过原林地经营权流转合同的剩余期限,林地经营权流转、再流转合同当事人主张超过部分无效的,人民法院不予支持。

第十二条　林地经营权流转合同约定的流转期限超过承包期的剩余期限,发包方主张超过部分的约定对其不具有法律约束力的,人民法院应予支持。但发包方对此知道或者应当知道的除外。

林地经营权再流转合同约定的流转期限超过原林地经营权流转合同的剩余期限,承包方主张超过部分的约定对其不具有法律约束力的,人民法院应予支持。但承包方对此知道或者应当知道的除外。

因前两款原因,致使林地经营权流转合同、再流转合同不能履行,当事人请求解除合同、由违约方承担违约责任的,人民法院依法予以支持。

第十三条　林地经营权流转合同终止时,对于林地经营权人种植的地上林木,按照下列情形处理:

(一)合同有约定的,按照约定处理,但该约定依据民法典第一百五十三条的规定应当认定无效的除外;

(二)合同没有约定或者约定不明,当事人协商一致延长合同期限至轮伐期或者其他合理期限届满,承包方请求由林地经营权人承担林地使用费的,对其合理部分予以支持;

(三)合同没有约定或者约定不明,当事人未能就延长合同期限协商一致,林地经营权人请求对林木价值进行补偿的,对其合理部分予以支持。

林地承包合同终止时,承包方种植的地上林木的处理,参照适用前款规定。

第十四条　人民法院对于当事人为利用公益林林地资源和森林景观资源开展林下经济、森林旅游、森林康养等经营活动订立的合同,应当综合考虑公益林生态区位保护要求、公益林生态功能及是否经科学论证的合理利用等因素,依法认定合同效力。当事人仅以涉公益林为由主张经营合同无效的,人民法院不予支持。

第十五条　以林地经营权、林木所有权等法律、行政法规未禁止抵押的森林资源资产设定抵押,债务人不履行到期债务或者发生当事人约定的实现抵押权的情形,抵押权人与抵押人协议以抵押的森林资源资产折价,并据此请求接管经营抵押财产的,人民法院依法予以支持。

抵押权人与抵押人未就森林资源资产抵押权的实现方式达成协议,抵押权人依据民事诉讼法第二百零三条、第二百零四条的规定申请实现抵押权的,人民法院依法裁定拍卖、变卖抵押财产。

第十六条　以森林生态效益补偿收益、林业碳汇等提供担保,债务人不履行到期债务或者发生当事人约定的实现担保物权的情形,担保物权人请求就担保财产优先受偿的,人民法院依法予以支持。

第十七条　违反国家规定造成森林生态环境损害,生态环境能够修复的,国家规定的机关或者法律规定的组织依据民法典第一千二百三十四条的规定,请求侵权人在合理期限内以补种树木、恢复植被、恢复林地土壤性状、投放相应生物种群等方式承担修复责任的,人民法院依法予以支持。

人民法院判决侵权人承担修复责任的,可以同时确定其在期限内不履行修复义务时应承担的森林生态环境修复费用。

第十八条　人民法院判决侵权人承担森林生态环境修复责任的,可以根据鉴定意见,或者参考林业主管部门、林业调查规划设计单位、相关科研机构和人员出具的专业意见,合理确定森林生态环境修复方案,明确侵权人履行修复义务的具体要求。

第十九条　人民法院依据民法典第一千二百三十五条的规定确定侵权人承担的森林生态环境损害赔偿金额,应当综合考虑受损森林资源在调节气候、固碳增汇、保护生物多样性、涵养水源、保持水土、防风固沙等方面的生态环境服务功能,予以合理认定。

第二十条　当事人请求以认购经核证的林业碳汇方式替代履行森林生态环境损害赔偿责任的,人民法院可以综合考虑各方当事人意见、不同责任方式的合理性等因素,依法予以准许。

第二十一条　当事人请求以森林管护、野生

动植物保护、社区服务等劳务方式替代履行森林生态环境损害赔偿责任的,人民法院可以综合考虑侵权人的代偿意愿、经济能力、劳动能力、赔偿金额、当地相应工资标准等因素,决定是否予以准许,并合理确定劳务代偿方案。

第二十二条 侵权人自愿交纳保证金作为履行森林生态环境修复义务担保的,在其不履行修复义务时,人民法院可以将保证金用于支付森林生态环境修复费用。

第二十三条 本解释自 2022 年 6 月 15 日起施行。施行前本院公布的司法解释与本解释不一致的,以本解释为准。

最高人民法院关于国有土地开荒后用于农耕的土地使用权转让合同纠纷案件如何适用法律问题的批复

- 2011 年 11 月 21 日最高人民法院审判委员会第 1532 次会议通过
- 根据 2020 年 12 月 23 日最高人民法院审判委员会第 1823 次会议通过的《最高人民法院关于修改〈最高人民法院关于在民事审判工作中适用《中华人民共和国工会法》若干问题的解释〉等二十七件民事类司法解释的决定》修正

甘肃省高级人民法院:

你院《关于对国有土地经营权转让如何适用法律的请示》(甘高法〔2010〕84 号)收悉。经研究,答复如下:

开荒后用于农耕而未交由农民集体使用的国有土地,不属于《中华人民共和国农村土地承包法》第二条规定的农村土地。此类土地使用权的转让,不适用《中华人民共和国农村土地承包法》的规定,应适用《中华人民共和国民法典》和《中华人民共和国土地管理法》等相关法律规定加以规范。

对于国有土地开荒后用于农耕的土地使用权转让合同,不违反法律、行政法规的强制性规定的,当事人仅以转让方未取得土地使用权证书为由请求确认合同无效的,人民法院依法不予支持;当事人根据合同约定主张对方当事人履行办理土地使用权证书义务的,人民法院依法应予支持。

四、合同编

最高人民法院关于适用《中华人民共和国民法典》合同编通则若干问题的解释

· 2023 年 5 月 23 日最高人民法院审判委员会第 1889 次会议通过
· 2023 年 12 月 4 日最高人民法院公告公布
· 自 2023 年 12 月 5 日起施行
· 法释〔2023〕13 号

为正确审理合同纠纷案件以及非因合同产生的债权债务关系纠纷案件，依法保护当事人的合法权益，根据《中华人民共和国民法典》《中华人民共和国民事诉讼法》等相关法律规定，结合审判实践，制定本解释。

一、一般规定

第一条 人民法院依据民法典第一百四十二条第一款、第四百六十六条第一款的规定解释合同条款时，应当以词句的通常含义为基础，结合相关条款、合同的性质和目的、习惯以及诚信原则，参考缔约背景、磋商过程、履行行为等因素确定争议条款的含义。

有证据证明当事人之间对合同条款有不同于词句的通常含义的其他共同理解，一方主张按照词句的通常含义理解合同条款的，人民法院不予支持。

对合同条款有两种以上解释，可能影响该条款效力的，人民法院应当选择有利于该条款有效的解释；属于无偿合同的，应当选择对债务人负担较轻的解释。

第二条 下列情形，不违反法律、行政法规的强制性规定且不违背公序良俗的，人民法院可以认定为民法典所称的"交易习惯"：

（一）当事人之间在交易活动中的惯常做法；

（二）在交易行为当地或者某一领域、某一行业通常采用并为交易对方订立合同时所知道或者应当知道的做法。

对于交易习惯，由提出主张的当事人一方承担举证责任。

二、合同的订立

第三条 当事人对合同是否成立存在争议，人民法院能够确定当事人姓名或者名称、标的和数量的，一般应当认定合同成立。但是，法律另有规定或者当事人另有约定的除外。

根据前款规定能够认定合同已经成立的，对合同欠缺的内容，人民法院应当依据民法典第五百一十条、第五百一十一条等规定予以确定。

当事人主张合同无效或者请求撤销、解除合同等，人民法院认为合同不成立的，应当依据《最高人民法院关于民事诉讼证据的若干规定》第五十三条的规定将合同是否成立作为焦点问题进行审理，并可以根据案件的具体情况重新指定举证期限。

第四条 采取招标方式订立合同，当事人请求确认合同自中标通知书到达中标人时成立的，人民法院应予支持。合同成立后，当事人拒绝签订书面合同的，人民法院应当依据招标文件、投标文件和中标通知书等确定合同内容。

采取现场拍卖、网络拍卖等公开竞价方式订立合同，当事人请求确认合同自拍卖师落槌、电子交易系统确认成交时成立的，人民法院应予支持。合同成立后，当事人拒绝签订成交确认书的，人民法院应当依据拍卖公告、竞买人的报价等确定合同内容。

产权交易所等机构主持拍卖、挂牌交易，其公布的拍卖公告、交易规则等文件公开确定了合同成立需要具备的条件，当事人请求确认合同自该条件具备时成立的，人民法院应予支持。

第五条 第三人实施欺诈、胁迫行为，使当事人在违背真实意思的情况下订立合同，受到损失的当事人请求第三人承担赔偿责任的，人民法院依法予以支持；当事人亦有违背诚信原则的行为的，人民法院应当根据各自的过错确定相应的责任。但是，法律、司法解释对当事人与第三人的民事责任另有规定的，依照其规定。

第六条 当事人以认购书、订购书、预订书等形式约定在将来一定期限内订立合同，或者为担保在将来一定期限内订立合同交付了定金，能够确定将来所要订立合同的主体、标的等内容的，人民法院应当认定预约合同成立。

当事人通过签订意向书或者备忘录等方式，仅表达交易的意向，未约定在将来一定期限内订立合同，或者虽然有约定但是难以确定将来所要订立合同的主体、标的等内容，一方主张预约合同成立的，人民法院不予支持。

当事人订立的认购书、订购书、预订书等已就合同标的、数量、价款或者报酬等主要内容达成合意，符合本解释第三条第一款规定的合同成立条件，未明确约定在将来一定期限内另行订立合同，或者虽然有约定但是当事人一方已实施履行行为且对方接受的，人民法院应当认定本约合同成立。

第七条 预约合同生效后，当事人一方拒绝订立本约合同或者在磋商订立本约合同时违背诚信原则导致未能订立本约合同的，人民法院应当认定该当事人不履行预约合同约定的义务。

人民法院认定当事人一方在磋商订立本约合同时是否违背诚信原则，应当综合考虑该当事人在磋商时提出的条件是否明显背离预约合同约定的内容以及是否已尽合理努力进行协商等因素。

第八条 预约合同生效后，当事人一方不履行订立本约合同的义务，对方请求其赔偿因此造成的损失的，人民法院依法予以支持。

前款规定的损失赔偿，当事人有约定的，按照约定；没有约定的，人民法院应当综合考虑预约合同在内容上的完备程度以及订立本约合同的条件的成就程度等因素酌定。

第九条 合同条款符合民法典第四百九十六条第一款规定的情形，当事人仅以合同系依据合同示范文本制作或者双方已经明确约定合同条款不属于格式条款为由主张该条款不是格式条款的，人民法院不予支持。

从事经营活动的当事人一方仅以未实际重复使用为由主张其预先拟定且未与对方协商的合同条款不是格式条款的，人民法院不予支持。但是，有证据证明该条款不是为了重复使用而预先拟定的除外。

第十条 提供格式条款的一方在合同订立时采用通常足以引起对方注意的文字、符号、字体等明显标识，提示对方注意免除或者减轻其责任、排除或者限制对方权利等与对方有重大利害关系的异常条款的，人民法院可以认定其已经履行民法典第四百九十六条第二款规定的提示义务。

提供格式条款的一方按照对方的要求，就与对方有重大利害关系的异常条款的概念、内容及其法律后果以书面或者口头形式向对方作出通常能够理解的解释说明的，人民法院可以认定其已经履行民法典第四百九十六条第二款规定的说明义务。

提供格式条款的一方对其已经尽到提示义务或者说明义务承担举证责任。对于通过互联网等信息网络订立的电子合同，提供格式条款的一方仅以采取了设置勾选、弹窗等方式为由主张其经履行提示义务或者说明义务的，人民法院不予支持，但是其举证符合前两款规定的除外。

三、合同的效力

第十一条 当事人一方是自然人，根据该当事人的年龄、智力、知识、经验并结合交易的复杂程度，能够认定其对合同的性质、合同订立的法律后果或者交易中存在的特定风险缺乏应有的认知能力的，人民法院可以认定该情形构成民法典第一百五十一条规定的"缺乏判断能力"。

第十二条 合同依法成立后，负有报批义务的当事人不履行报批义务或者履行报批义务不符合合同的约定或者法律、行政法规的规定，对方请求其继续履行报批义务的，人民法院应予支持；对方主张解除合同并请求其承担违反报批义务的赔偿责任的，人民法院应予支持。

人民法院判决当事人一方履行报批义务后，其仍不履行，对方主张解除合同并参照违反合同的违约责任请求其承担赔偿责任的，人民法院应予支持。

合同获得批准前，当事人一方起诉请求对方履行合同约定的主要义务，经释明后拒绝变更诉讼请求的，人民法院应当判决驳回其诉讼请求，但是不影响其另行提起诉讼。

负有报批义务的当事人已经办理申请批准等手续或者已经履行生效判决确定的报批义务，批准机关决定不予批准，对方请求其承担赔偿责任的，人民法院不予支持。但是，因迟延履行报批义务等可归责于当事人的原因导致合同未获批准，对方请求赔偿因此受到的损失的，人民法院应当依据民法典第一百五十七条的规定处理。

第十三条　合同存在无效或者可撤销的情形，当事人以该合同已在有关行政管理部门办理备案、已经批准机关批准或者已依据该合同办理财产权利的变更登记、移转登记等为由主张合同有效的，人民法院不予支持。

第十四条　当事人之间就同一交易订立多份合同，人民法院应当认定其中以虚假意思表示订立的合同无效。当事人为规避法律、行政法规的强制性规定，以虚假意思表示隐藏真实意思表示的，人民法院应当依据民法典第一百五十三条第一款的规定认定被隐藏合同的效力；当事人为规避法律、行政法规关于合同应当办理批准等手续的规定，以虚假意思表示隐藏真实意思表示的，人民法院应当依据民法典第五百零二条第二款的规定认定被隐藏合同的效力。

依据前款规定认定被隐藏合同无效或者确定不发生效力的，人民法院应当以被隐藏合同为事实基础，依据民法典第一百五十七条的规定确定当事人的民事责任。但是，法律另有规定的除外。

当事人就同一交易订立的多份合同均系真实意思表示，且不存在其他影响合同效力情形的，人民法院应当在查明各合同成立先后顺序和实际履行情况的基础上，认定合同内容是否发生变更。法律、行政法规禁止变更合同内容的，人民法院应当认定合同的相应变更无效。

第十五条　人民法院认定当事人之间的权利义务关系，不应当拘泥于合同使用的名称，而应当根据合同约定的内容。当事人主张的权利义务关系与根据合同内容认定的权利义务关系不一致的，人民法院应当结合缔约背景、交易目的、交易结构、履行行为以及当事人是否存在虚构交易标的等事实认定当事人之间的实际民事法律关系。

第十六条　合同违反法律、行政法规的强制性规定，有下列情形之一，由行为人承担行政责任或者刑事责任能够实现强制性规定的立法目的的，人民法院可以依据民法典第一百五十三条第一款关于"该强制性规定不导致该民事法律行为无效的除外"的规定认定该合同不因违反强制性规定无效：

（一）强制性规定虽然旨在维护社会公共秩序，但是合同的实际履行对社会公共秩序造成的影响显著轻微，认定合同无效将导致案件处理结果有失公平公正；

（二）强制性规定旨在维护政府的税收、土地出让金等国家利益或者其他民事主体的合法利益而非合同当事人的民事权益，认定合同有效不会影响该规范目的的实现；

（三）强制性规定旨在要求当事人一方加强风险控制、内部管理等，对方无能力或者无义务审查合同是否违反强制性规定，认定合同无效将使其承担不利后果；

（四）当事人一方虽然在订立合同时违反强制性规定，但是在合同订立后其已经具备补正违反强制性规定的条件却违背诚信原则不予补正；

（五）法律、司法解释规定的其他情形。

法律、行政法规的强制性规定旨在规制合同订立后的履行行为，当事人以合同违反强制性规定为由请求认定合同无效的，人民法院不予支持。但是，合同履行必然导致违反强制性规定或者法律、司法解释另有规定的除外。

依据前两款认定合同有效，但是当事人的违法行为未经处理的，人民法院应当向有关行政管理部门提出司法建议。当事人的行为涉嫌犯罪的，应当将案件线索移送刑事侦查机关；属于刑事自诉案件的，应当告知当事人可以向有管辖权的人民法院另行提起诉讼。

第十七条　合同虽然不违反法律、行政法规的强制性规定，但是有下列情形之一，人民法院应当依据民法典第一百五十三条第二款的规定认定合同无效：

（一）合同影响政治安全、经济安全、军事安全等国家安全的；

（二）合同影响社会稳定、公平竞争秩序或者损害社会公共利益等违背社会公共秩序的；

（三）合同背离社会公德、家庭伦理或者有损人格尊严等违背善良风俗的。

人民法院在认定合同是否违背公序良俗时，应当以社会主义核心价值观为导向，综合考虑当事人的主观动机和交易目的、政府部门的监管强度、一定期限内当事人从事类似交易的频次、行为的社会后果等因素，并在裁判文书中充分说理。

当事人确因生活需要进行交易,未给社会公共秩序造成重大影响,且不影响国家安全,也不违背善良风俗的,人民法院不应认定合同无效。

第十八条 法律、行政法规的规定虽然有"应当""必须"或者"不得"等表述,但是该规定旨在限制或者赋予民事权利,行为人违反该规定将构成无权处分、无权代理、越权代表等,或者导致合同相对人、第三人因此获得撤销权、解除权等民事权利的,人民法院应当依据法律、行政法规规定的关于违反该规定的民事法律后果认定合同效力。

第十九条 以转让或者设定财产权利为目的订立的合同,当事人或者真正权利人仅以让与人在订立合同时对标的物没有所有权或者处分权为由主张合同无效的,人民法院不予支持;因未取得真正权利人事后同意或者让与人事后未取得处分权导致合同不能履行,受让人主张解除合同并请求让与人承担违反合同的赔偿责任的,人民法院依法予以支持。

前款规定的合同被认定有效,且让与人已经将财产交付或者移转登记至受让人,真正权利人请求认定财产权利未发生变动或者请求返还财产的,人民法院应予支持。但是,受让人依据民法典第三百一十一条等规定善意取得财产权利的除外。

第二十条 法律、行政法规为限制法人的法定代表人或者非法人组织的负责人的代表权,规定合同所涉事项应当由法人、非法人组织的权力机构或者决策机构决议,或者应当由法人、非法人组织的执行机构决定,法定代表人、负责人未取得授权而以法人、非法人组织的名义订立合同,未尽到合理审查义务的相对人主张该合同对法人、非法人组织发生效力并由其承担违约责任的,人民法院不予支持,但是法人、非法人组织有过错的,可以参照民法典第一百五十七条的规定判决其承担相应的赔偿责任。相对人已尽到合理审查义务,构成表见代表的,人民法院应当依据民法典第五百零四条的规定处理。

合同所涉事项未超越法律、行政法规规定的法定代表人或者负责人的代表权限,但是超越法人、非法人组织的章程或者权力机构等对代表权的限制,相对人主张该合同对法人、非法人组织发生效力并由其承担违约责任的,人民法院依法予以支持。但是,法人、非法人组织举证证明相对人知道或者应当知道该限制的除外。

法人、非法人组织承担民事责任后,向有过错的法定代表人、负责人追偿因越权代表行为造成的损失的,人民法院依法予以支持。法律、司法解释对法定代表人、负责人的民事责任另有规定的,依照其规定。

第二十一条 法人、非法人组织的工作人员就超越其职权范围的事项以法人、非法人组织的名义订立合同,相对人主张该合同对法人、非法人组织发生效力并由其承担违约责任的,人民法院不予支持。但是,法人、非法人组织有过错的,人民法院可以参照民法典第一百五十七条的规定判决其承担相应的赔偿责任。前述情形,构成表见代理的,人民法院应当依据民法典第一百七十二条的规定处理。

合同所涉事项有下列情形之一的,人民法院应当认定法人、非法人组织的工作人员在订立合同时超越其职权范围:

(一)依法应当由法人、非法人组织的权力机构或者决策机构决议的事项;

(二)依法应当由法人、非法人组织的执行机构决定的事项;

(三)依法应当由法定代表人、负责人代表法人、非法人组织实施的事项;

(四)不属于通常情形下依其职权可以处理的事项。

合同所涉事项未超越依据前款确定的职权范围,但是超越法人、非法人组织对工作人员职权范围的限制,相对人主张该合同对法人、非法人组织发生效力并由其承担违约责任的,人民法院应予支持。但是,法人、非法人组织举证证明相对人知道或者应当知道该限制的除外。

法人、非法人组织承担民事责任后,向故意或者有重大过失的工作人员追偿的,人民法院依法予以支持。

第二十二条 法定代表人、负责人或者工作人员以法人、非法人组织的名义订立合同且未超越权限,法人、非法人组织仅以合同加盖的印章不是备案印章或者系伪造的印章为由主张该合同对其不发生效力的,人民法院不予支持。

合同系以法人、非法人组织的名义订立,但是仅有法定代表人、负责人或者工作人员签名或者按指印而未加盖法人、非法人组织的印章,相对人能够证明法定代表人、负责人或者工作人员在订立合同时未超越权限，人民法院应当认定合同对法人、非法人组织发生效力。但是，当事人约定以加盖印章作为合同成立条件的除外。

合同仅加盖法人、非法人组织的印章而无人员签名或者按指印，相对人能够证明合同系法定代表人、负责人或者工作人员在其权限范围内订立的，人民法院应当认定该合同对法人、非法人组织发生效力。

在前三款规定的情形下，法定代表人、负责人或者工作人员在订立合同时虽然超越代表或者代理权限，但是依据民法典第五百零四条的规定构成表见代表，或者依据民法典第一百七十二条的规定构成表见代理的，人民法院应当认定合同对法人、非法人组织发生效力。

第二十三条 法定代表人、负责人或者代理人与相对人恶意串通，以法人、非法人组织的名义订立合同，损害法人、非法人组织的合法权益，法人、非法人组织主张不承担民事责任的，人民法院应予支持。法人、非法人组织请求法定代表人、负责人或者代理人与相对人对因此受到的损失承担连带赔偿责任的，人民法院应予支持。

根据法人、非法人组织的举证，综合考虑当事人之间的交易习惯、合同在订立时是否显失公平、相关人员是否获取了不正当利益、合同的履行情况等因素，人民法院能够认定法定代表人、负责人或者代理人与相对人存在恶意串通的高度可能性的，可以要求前述人员就合同订立、履行的过程等相关事实作出陈述或者提供相应的证据。其无正当理由拒绝作出陈述，或者所作陈述不具合理性又不能提供相应证据的，人民法院可以认定恶意串通的事实成立。

第二十四条 合同不成立、无效、被撤销或者确定不发生效力，当事人请求返还财产，经审查财产能够返还的，人民法院应当根据案件具体情况，单独或者合并适用返还占有的标的物、更正登记簿册记载等方式；经审查财产不能返还或者没有必要返还的，人民法院应当以认定合同不成立、无效、被撤销或者确定不发生效力之日该财产的市场价值或者以其他合理方式计算的价值为基准判决折价补偿。

除前款规定的情形外，当事人还请求赔偿损失的，人民法院应当结合财产返还或者折价补偿的情况，综合考虑财产增值收益和贬值损失、交易成本的支出等事实，按照双方当事人的过错程度及原因力大小，根据诚信原则和公平原则，合理确定损失赔偿额。

合同不成立、无效、被撤销或者确定不发生效力，当事人的行为涉嫌违法且未经处理，可能导致一方或者双方通过违法行为获得不当利益的，人民法院应当向有关行政管理部门提出司法建议。当事人的行为涉嫌犯罪的，应当将案件线索移送刑事侦查机关；属于刑事自诉案件的，应当告知当事人可以向有管辖权的人民法院另行提起诉讼。

第二十五条 合同不成立、无效、被撤销或者确定不发生效力，有权请求返还价款或者报酬的当事人一方请求对方支付资金占用费的，人民法院应当在当事人请求的范围内按照中国人民银行授权全国银行间同业拆借中心公布的一年期贷款市场报价利率（LPR）计算。但是，占用资金的当事人对于合同不成立、无效、被撤销或者确定不发生效力没有过错的，应当以中国人民银行公布的同期同类存款基准利率计算。

双方互负返还义务，当事人主张同时履行的，人民法院应予支持；占有标的物的一方对标的物存在使用或者依法可以使用的情形，对方请求将其应支付的资金占用费与应收取的标的物使用费相互抵销的，人民法院应予支持，但是法律另有规定的除外。

四、合同的履行

第二十六条 当事人一方未根据法律规定或者合同约定履行开具发票、提供证明文件等非主要债务，对方请求继续履行该债务并赔偿因怠于履行该债务造成的损失的，人民法院依法予以支持；对方请求解除合同的，人民法院不予支持，但是不履行该债务致使不能实现合同目的或者当事人另有约定的除外。

第二十七条 债务人或者第三人与债权人在债务履行期限届满后达成以物抵债协议，不存在影响合同效力情形的，人民法院应当认定该协议自当事人意思表示一致时生效。

债务人或者第三人履行以物抵债协议后，人民法院应当认定相应的原债务同时消灭；债务人或者第三人未按照约定履行以物抵债协议，经催告后在合理期限内仍不履行，债权人选择请求履行原债务或者以物抵债协议的,人民法院应予支持,但是法律另有规定或者当事人另有约定的除外。

前款规定的以物抵债协议经人民法院确认或者人民法院根据当事人达成的以物抵债协议制作成调解书,债权人主张财产权利自确认书、调解书生效时发生变动或者具有对抗善意第三人效力的,人民法院不予支持。

债务人或者第三人以自己不享有所有权或者处分权的财产权利订立以物抵债协议的,依据本解释第十九条的规定处理。

第二十八条 债务人或者第三人与债权人在债务履行期限届满前达成以物抵债协议的,人民法院应当在审理债权债务关系的基础上认定该协议的效力。

当事人约定债务人到期没有清偿债务,债权人可以对抵债财产拍卖、变卖、折价以实现债权的,人民法院应当认定该约定有效。当事人约定债务人到期没有清偿债务,抵债财产归债权人所有的,人民法院应当认定该约定无效,但是不影响其他部分的效力;债权人请求对抵债财产拍卖、变卖、折价以实现债权的,人民法院应予支持。

当事人订立前款规定的以物抵债协议后,债务人或者第三人未将财产权利转移至债权人名下,债权人主张优先受偿的,人民法院不予支持;债务人或者第三人已将财产权利转移至债权人名下的,依据《最高人民法院关于适用〈中华人民共和国民法典〉有关担保制度的解释》第六十八条的规定处理。

第二十九条 民法典第五百二十二条第二款规定的第三人请求债务人向自己履行债务的,人民法院应予支持;请求行使撤销权、解除权等民事权利的,人民法院不予支持,但是法律另有规定的除外。

合同依法被撤销或者被解除,债务人请求债权人返还财产的,人民法院应予支持。

债务人按照约定向第三人履行债务,第三人拒绝受领,债权人请求债务人向自己履行债务的,人民法院应予支持,但是债务人已经采取提存等方式消灭债务的除外。第三人拒绝受领或者受领迟延,债务人请求债权人赔偿因此造成的损失的,人民法院依法予以支持。

第三十条 下列民事主体,人民法院可以认定为民法典第五百二十四条第一款规定的对履行债务具有合法利益的第三人:

(一)保证人或者提供物的担保的第三人;

(二)担保财产的受让人、用益物权人、合法占有人;

(三)担保财产上的后顺位担保权人;

(四)对债务人的财产享有合法权益且该权益将因财产被强制执行而丧失的第三人;

(五)债务人为法人或者非法人组织的,其出资人或者设立人;

(六)债务人为自然人的,其近亲属;

(七)其他对履行债务具有合法利益的第三人。

第三人在其已经代为履行的范围内取得对债务人的债权,但是不得损害债权人的利益。

担保人代为履行债务取得债权后,向其他担保人主张担保权利的,依据《最高人民法院关于适用〈中华人民共和国民法典〉有关担保制度的解释》第十三条、第十四条、第十八条第二款等规定处理。

第三十一条 当事人互负债务,一方以对方没有履行非主要债务为由拒绝履行自己的主要债务的,人民法院不予支持。但是,对方不履行非主要债务致使不能实现合同目的或者当事人另有约定的除外。

当事人一方起诉请求对方履行债务,被告依据民法典第五百二十五条的规定主张双方同时履行的抗辩且抗辩成立,被告未提起反诉的,人民法院应当判决被告在原告履行债务的同时履行自己的债务,并在判项中明确原告申请强制执行的,人民法院应当在原告履行自己的债务后对被告采取执行行为;被告提起反诉的,人民法院应当判决双方同时履行自己的债务,并在判项中明确任何一方申请强制执行的,人民法院应当在该当事人履行自己的债务后对对方采取执行行为。

当事人一方起诉请求对方履行债务,被告依据民法典第五百二十六条的规定主张原告应先履行的抗辩且抗辩成立的,人民法院应当驳回原告的诉讼请求,但是不影响原告履行债务后另行提起诉讼。

第三十二条 合同成立后,因政策调整或者市场供求关系异常变动等原因导致价格发生当事人在订立合同时无法预见的、不属于商业风险的涨跌，继续履行合同对于当事人一方明显不公平的，人民法院应当认定合同的基础条件发生了民法典第五百三十三条第一款规定的"重大变化"。但是，合同涉及市场属性活跃、长期以来价格波动较大的大宗商品以及股票、期货等风险投资型金融产品的除外。

合同的基础条件发生了民法典第五百三十三条第一款规定的重大变化，当事人请求变更合同的，人民法院不得解除合同；当事人一方请求变更合同，对方请求解除合同的，或者当事人一方请求解除合同，对方请求变更合同的，人民法院应当结合案件的实际情况，根据公平原则判决变更或者解除合同。

人民法院依据民法典第五百三十三条的规定判决变更或者解除合同的，应当综合考虑合同基础条件发生重大变化的时间、当事人重新协商的情况以及因合同变更或者解除给当事人造成的损失等因素，在判项中明确合同变更或者解除的时间。

当事人事先约定排除民法典第五百三十三条适用的，人民法院应当认定该约定无效。

五、合同的保全

第三十三条 债务人不履行其对债权人的到期债务，又不以诉讼或者仲裁方式向相对人主张其享有的债权或者与该债权有关的从权利，致使债权人的到期债权未能实现的，人民法院可以认定为民法典第五百三十五条规定的"债务人怠于行使其债权或者与该债权有关的从权利，影响债权人的到期债权实现"。

第三十四条 下列权利，人民法院可以认定为民法典第五百三十五条第一款规定的专属于债务人自身的权利：

（一）抚养费、赡养费或者扶养费请求权；

（二）人身损害赔偿请求权；

（三）劳动报酬请求权，但是超过债务人及其所扶养家属的生活必需费用的部分除外；

（四）请求支付基本养老保险金、失业保险金、最低生活保障金等保障当事人基本生活的权利；

（五）其他专属于债务人自身的权利。

第三十五条 债权人依据民法典第五百三十五条的规定对债务人的相对人提起代位权诉讼的，由被告住所地人民法院管辖，但是依法应当适用专属管辖规定的除外。

债务人或者相对人以双方之间的债权债务关系订有管辖协议为由提出异议的，人民法院不予支持。

第三十六条 债权人提起代位权诉讼后，债务人或者相对人以双方之间的债权债务关系订有仲裁协议为由对法院主管提出异议的，人民法院不予支持。但是，债务人或者相对人在首次开庭前就债务人与相对人之间的债权债务关系申请仲裁的，人民法院可以依法中止代位权诉讼。

第三十七条 债权人以债务人的相对人为被告向人民法院提起代位权诉讼，未将债务人列为第三人的，人民法院应当追加债务人为第三人。

两个以上债权人以债务人的同一相对人为被告提起代位权诉讼的，人民法院可以合并审理。债务人对相对人享有的债权不足以清偿其对两个以上债权人负担的债务的，人民法院应当按照债权人享有的债权比例确定相对人的履行份额，但是法律另有规定的除外。

第三十八条 债权人向人民法院起诉债务人后，又向同一人民法院对债务人的相对人提起代位权诉讼，属于该人民法院管辖的，可以合并审理。不属于该人民法院管辖的，应当告知其向有管辖权的人民法院另行起诉；在起诉债务人的诉讼终结前，代位权诉讼应当中止。

第三十九条 在代位权诉讼中，债务人对超过债权人代位请求数额的债权部分起诉相对人，属于同一人民法院管辖的，可以合并审理。不属于同一人民法院管辖的，应当告知其向有管辖权的人民法院另行起诉；在代位权诉讼终结前，债务人对相对人的诉讼应当中止。

第四十条 代位权诉讼中，人民法院经审理认为债权人的主张不符合代位权行使条件的，应当驳回诉讼请求，但是不影响债权人根据新的事实再次起诉。

债务人的相对人仅以债权人提起代位权诉讼时债权人与债务人之间的债权债务关系未经生效法律文书确认为由，主张债权人提起的诉讼不符合代位权行使条件的，人民法院不予支持。

第四十一条 债权人提起代位权诉讼后，债务人无正当理由减免相对人的债务或者延长相对人的履行期限，相对人以此向债权人抗辩的，人民法院不予支持。

第四十二条 对于民法典第五百三十九条规定的"明显不合理"的低价或者高价,人民法院应当按照交易当地一般经营者的判断,并参考交易时交易地的市场交易价或者物价部门指导价予以认定。

转让价格未达到交易时交易地的市场交易价或者指导价百分之七十的,一般可以认定为"明显不合理的低价";受让价格高于交易时交易地的市场交易价或者指导价百分之三十的,一般可以认定为"明显不合理的高价"。

债务人与相对人存在亲属关系、关联关系的,不受前款规定的百分之七十、百分之三十的限制。

第四十三条 债务人以明显不合理的价格,实施互易财产、以物抵债、出租或者承租财产、知识产权许可使用等行为,影响债权人的债权实现,债务人的相对人知道或者应当知道该情形,债权人请求撤销债务人的行为的,人民法院应当依据民法典第五百三十九条的规定予以支持。

第四十四条 债权人依据民法典第五百三十八条、第五百三十九条的规定提起撤销权诉讼的,应当以债务人和债务人的相对人为共同被告,由债务人或者相对人的住所地人民法院管辖,但是依法应当适用专属管辖规定的除外。

两个以上债权人就债务人的同一行为提起撤销权诉讼的,人民法院可以合并审理。

第四十五条 在债权人撤销权诉讼中,被撤销行为的标的可分,当事人主张在受影响的债权范围内撤销债务人的行为的,人民法院应予支持;被撤销行为的标的不可分,债权人主张将债务人的行为全部撤销的,人民法院应予支持。

债权人行使撤销权所支付的合理的律师代理费、差旅费等费用,可以认定为民法典第五百四十条规定的"必要费用"。

第四十六条 债权人在撤销权诉讼中同时请求债务人的相对人向债务人承担返还财产、折价补偿、履行到期债务等法律后果的,人民法院依法予以支持。

债权人请求受理撤销权诉讼的人民法院一并审理其与债务人之间的债权债务关系,属于该人民法院管辖的,可以合并审理。不属于该人民法院管辖的,应当告知其向有管辖权的人民法院另行起诉。

债权人依据其与债务人的诉讼、撤销权诉讼产生的生效法律文书申请强制执行的,人民法院可以就债务人对相对人享有的权利采取强制执行措施以实现债权人的债权。债权人在撤销权诉讼中,申请对相对人的财产采取保全措施的,人民法院依法予以准许。

六、合同的变更和转让

第四十七条 债权转让后,债务人向受让人主张其对让与人的抗辩的,人民法院可以追加让与人为第三人。

债务转移后,新债务人主张原债务人对债权人的抗辩的,人民法院可以追加原债务人为第三人。

当事人一方将合同权利义务一并转让后,对方就合同权利义务向受让人主张抗辩或者受让人就合同权利义务向对方主张抗辩的,人民法院可以追加让与人为第三人。

第四十八条 债务人在接到债权转让通知前已经向让与人履行,受让人请求债务人履行的,人民法院不予支持;债务人接到债权转让通知后仍然向让与人履行,受让人请求债务人履行的,人民法院应予支持。

让与人未通知债务人,受让人直接起诉债务人请求履行债务,人民法院经审理确认债权转让事实的,应当认定债权转让自起诉状副本送达时对债务人发生效力。债务人主张因未通知而给其增加的费用或者造成的损失从认定的债权数额中扣除的,人民法院依法予以支持。

第四十九条 债务人接到债权转让通知后,让与人以债权转让合同不成立、无效、被撤销或者确定不发生效力为由请求债务人向其履行的,人民法院不予支持。但是,该债权转让通知被依法撤销的除外。

受让人基于债务人对债权真实存在的确认受让债权后,债务人又以该债权不存在为由拒绝向受让人履行的,人民法院不予支持。但是,受让人知道或者应当知道该债权不存在的除外。

第五十条 让与人将同一债权转让给两个以上受让人,债务人以已经向最先通知的受让人履行为由主张其不再履行债务的,人民法院应予支持。债务人明知接受履行的受让人不是最先通知的受让人,最先通知的受让人请求债务人继续履行债务或者依据债权转让协议请求让与人承担违约责任的，人民法院应予支持；最先通知的受让人请求接受履行的受让人返还其接受的财产的，人民法院不予支持，但是接受履行的受让人明知该债权在其受让前已经转让给其他受让人的除外。

前款所称最先通知的受让人，是指最先到达债务人的转让通知中载明的受让人。当事人之间对通知到达时间有争议的，人民法院应当结合通知的方式等因素综合判断，而不能仅根据债务人认可的通知时间或者通知记载的时间予以认定。当事人采用邮寄、通讯电子系统等方式发出通知的，人民法院应当以邮戳时间或者通讯电子系统记载的时间等作为认定通知到达时间的依据。

第五十一条 第三人加入债务并与债务人约定了追偿权，其履行债务后主张向债务人追偿的，人民法院应予支持；没有约定追偿权，第三人依照民法典关于不当得利等的规定，在其已经向债权人履行债务的范围内请求债务人向其履行的，人民法院应予支持，但是第三人知道或者应当知道加入债务会损害债务人利益的除外。

债务人就其对债权人享有的抗辩向加入债务的第三人主张的，人民法院应予支持。

七、合同的权利义务终止

第五十二条 当事人就解除合同协商一致时未对合同解除后的违约责任、结算和清理等问题作出处理，一方主张合同已经解除的，人民法院应予支持。但是，当事人另有约定的除外。

有下列情形之一的，除当事人一方另有意思表示外，人民法院可以认定合同解除：

（一）当事人一方主张行使法律规定或者合同约定的解除权，经审理认为不符合解除权行使条件但是对方同意解除；

（二）双方当事人均不符合解除权行使的条件但是均主张解除合同。

前两款情形下的违约责任、结算和清理等问题，人民法院应当依据民法典第五百六十六条、五百六十七条和有关违约责任的规定处理。

第五十三条 当事人一方以通知方式解除合同，并以对方未在约定的异议期限或者其他合理期限内提出异议为由主张合同已经解除的，人民法院应当对其是否享有法律规定或者合同约定的解除权进行审查。经审查，享有解除权，合同自通知到达对方时解除；不享有解除权，不发生合同解除的效力。

第五十四条 当事人一方未通知对方，直接以提起诉讼的方式主张解除合同，撤诉后再次起诉主张解除合同，人民法院经审理支持该主张的，合同自再次起诉的起诉状副本送达对方时解除。但是，当事人一方撤诉后又通知对方解除合同且该通知已经到达对方的除外。

第五十五条 当事人一方依据民法典第五百六十八条的规定主张抵销，人民法院经审理认为抵销权成立的，应当认定通知到达对方时双方互负的主债务、利息、违约金或者损害赔偿金等债务在同等数额内消灭。

第五十六条 行使抵销权的一方负担的数项债务种类相同，但是享有的债权不足以抵销全部债务，当事人因抵销的顺序发生争议的，人民法院可以参照民法典第五百六十条的规定处理。

行使抵销权的一方享有的债权不足以抵销其负担的包括主债务、利息、实现债权的有关费用在内的全部债务，当事人因抵销的顺序发生争议的，人民法院可以参照民法典第五百六十一条的规定处理。

第五十七条 因侵害自然人人身权益，或者故意、重大过失侵害他人财产权益产生的损害赔偿债务，侵权人主张抵销的，人民法院不予支持。

第五十八条 当事人互负债务，一方以其诉讼时效期间已经届满的债权通知对方主张抵销，对方提出诉讼时效抗辩的，人民法院对该抗辩应予支持。一方的债权诉讼时效期间已经届满，对方主张抵销的，人民法院应予支持。

八、违约责任

第五十九条 当事人一方依据民法典第五百八十条第二款的规定请求终止合同权利义务关系的，人民法院一般应当以起诉状副本送达对方的时间作为合同权利义务关系终止的时间。根据案件的具体情况，以其他时间作为合同权利义务关系终止的时间更加符合公平原则和诚信原则的，人民法院可以以该时间作为合同权利义务关系终止的时间，但是应当在裁判文书中充分说明理由。

第六十条 人民法院依据民法典第五百八十四条的规定确定合同履行后可以获得的利益时，可以在扣除非违约方为订立、履行合同支出的费用等合理成本后，按照非违约方能够获得的生产利润、经营利润或者转售利润等计算。

非违约方依法行使合同解除权并实施了替代交易，主张按照替代交易价格与合同价格的差额确定合同履行后可以获得的利益的，人民法院依法予以支持；替代交易价格明显偏离替代交易发生时当地的市场价格，违约方主张按照市场价格与合同价格的差额确定合同履行后可以获得的利益的，人民法院应予支持。

非违约方依法行使合同解除权但是未实施替代交易，主张按照违约行为发生后合理期间内合同履行地的市场价格与合同价格的差额确定合同履行后可以获得的利益的，人民法院应予支持。

第六十一条 在以持续履行的债务为内容的定期合同中，一方不履行支付价款、租金等金钱债务，对方请求解除合同，人民法院经审理认为合同应当依法解除的，可以根据当事人的主张，参考合同主体、交易类型、市场价格变化、剩余履行期限等因素确定非违约方寻找替代交易的合理期限，并按照该期限对应的价款、租金等扣除非违约方应当支付的相应履约成本确定合同履行后可以获得的利益。

非违约方主张按照合同解除后剩余履行期限相应的价款、租金等扣除履约成本确定合同履行后可以获得的利益的，人民法院不予支持。但是，剩余履行期限少于寻找替代交易的合理期限的除外。

第六十二条 非违约方在合同履行后可以获得的利益难以根据本解释第六十条、第六十一条的规定予以确定的，人民法院可以综合考虑违约方因违约获得的利益、违约方的过错程度、其他违约情节等因素，遵循公平原则和诚信原则确定。

第六十三条 在认定民法典第五百八十四条规定的"违约一方订立合同时预见到或者应当预见到的因违约可能造成的损失"时，人民法院应当根据当事人订立合同的目的，综合考虑合同主体、合同内容、交易类型、交易习惯、磋商过程等因素，按照与违约方处于相同或者类似情况的民事主体在订立合同时预见到或者应当预见到的损失予以确定。

除合同履行后可以获得的利益外，非违约方主张还有其向第三人承担违约责任应当支出的额外费用等其他因违约所造成的损失，并请求违约方赔偿，经审理认为该损失系违约一方订立合同时预见到或者应当预见到的，人民法院应予支持。

在确定违约损失赔偿额时，违约方主张扣除非违约方未采取适当措施导致的扩大损失、非违约方也有过错造成的相应损失、非违约方因违约获得的额外利益或者减少的必要支出的，人民法院依法予以支持。

第六十四条 当事人一方通过反诉或者抗辩的方式，请求调整违约金的，人民法院依法予以支持。

违约方主张约定的违约金过分高于违约造成的损失，请求予以适当减少的，应当承担举证责任。非违约方主张约定的违约金合理的，也应当提供相应的证据。

当事人仅以合同约定不得对违约金进行调整为由主张不予调整违约金的，人民法院不予支持。

第六十五条 当事人主张约定的违约金过分高于违约造成的损失，请求予以适当减少的，人民法院应当以民法典第五百八十四条规定的损失为基础，兼顾合同主体、交易类型、合同的履行情况、当事人的过错程度、履约背景等因素，遵循公平原则和诚信原则进行衡量，并作出裁判。

约定的违约金超过造成损失的百分之三十的，人民法院一般可以认定为过分高于造成的损失。

恶意违约的当事人一方请求减少违约金的，人民法院一般不予支持。

第六十六条 当事人一方请求对方支付违约金，对方以合同不成立、无效、被撤销、确定不发生效力、不构成违约或者非违约方不存在损失等为由抗辩，未主张调整过高的违约金的，人民法院应当就若不支持该抗辩，当事人是否请求调整违约金进行释明。第一审人民法院认为抗辩成立且未予释明，第二审人民法院认为应当判决支付违约金的，可以直接释明，并根据当事人的请求，在当事人就是否应当调整违约金充分举证、质证、辩论后，依法判决适当减少违约金。

被告因客观原因在第一审程序中未到庭参加诉讼，但是在第二审程序中到庭参加诉讼并请求减少违约金的，第二审人民法院可以在当事人就是否应当调整违约金充分举证、质证、辩论后，依法判决适当减少违约金。

第六十七条 当事人交付留置金、担保金、保证金、订约金、押金或者订金等，但是没有约定定金性质,一方主张适用民法典第五百八十七条规定的定金罚则的,人民法院不予支持。当事人约定了定金性质,但是未约定定金类型或者约定不明,一方主张为违约定金的,人民法院应予支持。

当事人约定以交付定金作为订立合同的担保,一方拒绝订立合同或者在磋商订立合同时违背诚信原则导致未能订立合同,对方主张适用民法典第五百八十七条规定的定金罚则的,人民法院应予支持。

当事人约定以交付定金作为合同成立或者生效条件,应当交付定金的一方未交付定金,但是合同主要义务已经履行完毕并为对方所接受的,人民法院应当认定合同在对方接受履行时已经成立或者生效。

当事人约定定金性质为解约定金,交付定金的一方主张以丧失定金为代价解除合同的,或者收受定金的一方主张以双倍返还定金为代价解除合同的,人民法院应予支持。

第六十八条 双方当事人均具有致使不能实现合同目的的违约行为,其中一方请求适用定金罚则的,人民法院不予支持。当事人一方仅有轻微违约,对方具有致使不能实现合同目的的违约行为,轻微违约方主张适用定金罚则,对方以轻微违约方也构成违约为由抗辩的,人民法院对该抗辩不予支持。

当事人一方已经部分履行合同,对方接受并主张按照未履行部分所占比例适用定金罚则的,人民法院应予支持。对方主张按照合同整体适用定金罚则的,人民法院不予支持,但是部分未履行致使不能实现合同目的的除外。

因不可抗力致使合同不能履行,非违约方主张适用定金罚则的,人民法院不予支持。

九、附则

第六十九条 本解释自2023年12月5日起施行。

民法典施行后的法律事实引起的民事案件,本解释施行后尚未终审的,适用本解释;本解释施行前已经终审,当事人申请再审或者按照审判监督程序决定再审的,不适用本解释。

最高人民法院关于审理买卖合同纠纷案件适用法律问题的解释

- 2012年3月31日最高人民法院审判委员会第1545次会议通过
- 根据2020年12月23日最高人民法院审判委员会第1823次会议通过的《最高人民法院关于修改〈最高人民法院关于在民事审判工作中适用《中华人民共和国工会法》若干问题的解释〉等二十七件民事类司法解释的决定》修正

为正确审理买卖合同纠纷案件,根据《中华人民共和国民法典》《中华人民共和国民事诉讼法》等法律的规定,结合审判实践,制定本解释。

一、买卖合同的成立

第一条 当事人之间没有书面合同,一方以送货单、收货单、结算单、发票等主张存在买卖合同关系的,人民法院应当结合当事人之间的交易方式、交易习惯以及其他相关证据,对买卖合同是否成立作出认定。

对账确认函、债权确认书等函件、凭证没有记载债权人名称,买卖合同当事人一方以此证明存在买卖合同关系的,人民法院应予支持,但有相反证据足以推翻的除外。

二、标的物交付和所有权转移

第二条 标的物为无需以有形载体交付的电子信息产品,当事人对交付方式约定不明确,且依照民法典第五百一十条的规定仍不能确定的,买受人收到约定的电子信息产品或者权利凭证即为交付。

第三条 根据民法典第六百二十九条的规定,买受人拒绝接收多交部分标的物的,可以代为保管多交部分标的物。买受人主张出卖人负担代为保管期间的合理费用的,人民法院应予支持。

买受人主张出卖人承担代为保管期间非因买受人故意或者重大过失造成的损失的,人民法院应予支持。

第四条 民法典第五百九十九条规定的"提取标的物单证以外的有关单证和资料",主要应当包括保险单、保修单、普通发票、增值税专用发票、产品合格证、质量保证书、质量鉴定书、品质检验证书、产品进出口检疫书、原产地证明书、使用说明书、装箱单等。

第五条　出卖人仅以增值税专用发票及税款抵扣资料证明其已履行交付标的物义务，买受人不认可的，出卖人应当提供其他证据证明交付标的物的事实。

合同约定或者当事人之间习惯以普通发票作为付款凭证，买受人以普通发票证明已经履行付款义务的，人民法院应予支持，但有相反证据足以推翻的除外。

第六条　出卖人就同一普通动产订立多重买卖合同，在买卖合同均有效的情况下，买受人均要求实际履行合同的，应当按照以下情形分别处理：

（一）先行受领交付的买受人请求确认所有权已经转移的，人民法院应予支持；

（二）均未受领交付，先行支付价款的买受人请求出卖人履行交付标的物等合同义务的，人民法院应予支持；

（三）均未受领交付，也未支付价款，依法成立在先合同的买受人请求出卖人履行交付标的物等合同义务的，人民法院应予支持。

第七条　出卖人就同一船舶、航空器、机动车等特殊动产订立多重买卖合同，在买卖合同均有效的情况下，买受人均要求实际履行合同的，应当按照以下情形分别处理：

（一）先行受领交付的买受人请求出卖人履行办理所有权转移登记手续等合同义务的，人民法院应予支持；

（二）均未受领交付，先行办理所有权转移登记手续的买受人请求出卖人履行交付标的物等合同义务的，人民法院应予支持；

（三）均未受领交付，也未办理所有权转移登记手续，依法成立在先合同的买受人请求出卖人履行交付标的物和办理所有权转移登记手续等合同义务的，人民法院应予支持；

（四）出卖人将标的物交付给买受人之一，又为其他买受人办理所有权转移登记，已受领交付的买受人请求将标的物所有权登记在自己名下的，人民法院应予支持。

三、标的物风险负担

第八条　民法典第六百零三条第二款第一项规定的"标的物需要运输的"，是指标的物由出卖人负责办理托运，承运人系独立于买卖合同当事人之外的运输业者的情形。标的物毁损、灭失的风险负担，按照民法典第六百零七条第二款的规定处理。

第九条　出卖人根据合同约定将标的物运送至买受人指定地点并交付给承运人后，标的物毁损、灭失的风险由买受人负担，但当事人另有约定的除外。

第十条　出卖人出卖交由承运人运输的在途标的物，在合同成立时知道或者应当知道标的物已经毁损、灭失却未告知买受人，买受人主张出卖人负担标的物毁损、灭失的风险的，人民法院应予支持。

第十一条　当事人对风险负担没有约定，标的物为种类物，出卖人未以装运单据、加盖标记、通知买受人等可识别的方式清楚地将标的物特定于买卖合同，买受人主张不负担标的物毁损、灭失的风险的，人民法院应予支持。

四、标的物检验

第十二条　人民法院具体认定民法典第六百二十一条第二款规定的"合理期限"时，应当综合当事人之间的交易性质、交易目的、交易方式、交易习惯、标的物的种类、数量、性质、安装和使用情况、瑕疵的性质、买受人应尽的合理注意义务、检验方法和难易程度、买受人或者检验人所处的具体环境、自身技能以及其他合理因素，依据诚实信用原则进行判断。

民法典第六百二十一条第二款规定的"二年"是最长的合理期限。该期限为不变期间，不适用诉讼时效中止、中断或者延长的规定。

第十三条　买受人在合理期限内提出异议，出卖人以买受人已经支付价款、确认欠款数额、使用标的物等为由，主张买受人放弃异议的，人民法院不予支持，但当事人另有约定的除外。

第十四条　民法典第六百二十一条规定的检验期限、合理期限、二年期限经过后，买受人主张标的物的数量或者质量不符合约定的，人民法院不予支持。

出卖人自愿承担违约责任后，又以上述期限经过为由翻悔的，人民法院不予支持。

五、违约责任

第十五条 买受人依约保留部分价款作为质量保证金,出卖人在质量保证期未及时解决质量问题而影响标的物的价值或者使用效果,出卖人主张支付该部分价款的,人民法院不予支持。

第十六条 买受人在检验期限、质量保证期、合理期限内提出质量异议,出卖人未按要求予以修理或者因情况紧急,买受人自行或者通过第三人修理标的物后,主张出卖人负担因此发生的合理费用的,人民法院应予支持。

第十七条 标的物质量不符合约定,买受人依照民法典第五百八十二条的规定要求减少价款的,人民法院应予支持。当事人主张以符合约定的标的物和实际交付的标的物按交付时的市场价值计算差价的,人民法院应予支持。

价款已经支付,买受人主张返还减价后多出部分价款的,人民法院应予支持。

第十八条 买卖合同对付款期限作出的变更,不影响当事人关于逾期付款违约金的约定,但该违约金的起算点应当随之变更。

买卖合同约定逾期付款违约金,买受人以出卖人接受价款时未主张逾期付款违约金为由拒绝支付该违约金的,人民法院不予支持。

买卖合同约定逾期付款违约金,但对账单、还款协议等未涉及逾期付款责任,出卖人根据对账单、还款协议等主张欠款时请求买受人依约支付逾期付款违约金的,人民法院应予支持,但对账单、还款协议等明确载有本金及逾期付款利息数额或者已经变更买卖合同中关于本金、利息等约定内容的除外。

买卖合同没有约定逾期付款违约金或者该违约金的计算方法,出卖人以买受人违约为由主张赔偿逾期付款损失,违约行为发生在2019年8月19日之前的,人民法院可以中国人民银行同期同类人民币贷款基准利率为基础,参照逾期罚息利率标准计算;违约行为发生在2019年8月20日之后的,人民法院可以违约行为发生时中国人民银行授权全国银行间同业拆借中心公布的一年期贷款市场报价利率(LPR)标准为基础,加计30—50%计算逾期付款损失。

第十九条 出卖人没有履行或者不当履行从给付义务,致使买受人不能实现合同目的,买受人主张解除合同的,人民法院应当根据民法典第五百六十三条第一款第四项的规定,予以支持。

第二十条 买卖合同因违约而解除后,守约方主张继续适用违约金条款的,人民法院应予支持;但约定的违约金过分高于造成的损失的,人民法院可以参照民法典第五百八十五条第二款的规定处理。

第二十一条 买卖合同当事人一方以对方违约为由主张支付违约金,对方以合同不成立、合同未生效、合同无效或者不构成违约等为由进行免责抗辩而未主张调整过高的违约金的,人民法院应当就法院若不支持免责抗辩,当事人是否需要主张调整违约金进行释明。

一审法院认为免责抗辩成立且未予释明,二审法院认为应当判决支付违约金的,可以直接释明并改判。

第二十二条 买卖合同当事人一方违约造成对方损失,对方主张赔偿可得利益损失的,人民法院在确定违约责任范围时,应当根据当事人的主张,依据民法典第五百八十四条、第五百九十一条、第五百九十二条、本解释第二十三条等规定进行认定。

第二十三条 买卖合同当事人一方因对方违约而获有利益,违约方主张从损失赔偿额中扣除该部分利益的,人民法院应予支持。

第二十四条 买受人在缔约时知道或者应当知道标的物质量存在瑕疵,主张出卖人承担瑕疵担保责任的,人民法院不予支持,但买受人在缔约时不知道该瑕疵会导致标的物的基本效用显著降低的除外。

六、所有权保留

第二十五条 买卖合同当事人主张民法典第六百四十一条关于标的物所有权保留的规定适用于不动产的,人民法院不予支持。

第二十六条 买受人已经支付标的物总价款的百分之七十五以上,出卖人主张取回标的物的,人民法院不予支持。

在民法典第六百四十二条第一款第三项情形下,第三人依据民法典第三百一十一条的规定已经善意取得标的物所有权或者其他物权,出卖人主张取回标的物的,人民法院不予支持。

七、特种买卖

第二十七条 民法典第六百三十四条第一款规定的"分期付款",系指买受人将应付的总价款在一定期限内至少分三次向出卖人支付。

分期付款买卖合同的约定违反民法典第六百三十四条第一款的规定,损害买受人利益,买受人主张该约定无效的,人民法院应予支持。

第二十八条 分期付款买卖合同约定出卖人在解除合同时可以扣留已受领价金,出卖人扣留的金额超过标的物使用费以及标的物受损赔偿额,买受人请求返还超过部分的,人民法院应予支持。

当事人对标的物的使用费没有约定的,人民法院可以参照当地同类标的物的租金标准确定。

第二十九条 合同约定的样品质量与文字说明不一致且发生纠纷时当事人不能达成合意,样品封存后外观和内在品质没有发生变化的,人民法院应当以样品为准;外观和内在品质发生变化,或者当事人对是否发生变化有争议而又无法查明的,人民法院应当以文字说明为准。

第三十条 买卖合同存在下列约定内容之一的,不属于试用买卖。买受人主张属于试用买卖的,人民法院不予支持:

(一)约定标的物经过试用或者检验符合一定要求时,买受人应当购买标的物;

(二)约定第三人经试验对标的物认可时,买受人应当购买标的物;

(三)约定买受人在一定期限内可以调换标的物;

(四)约定买受人在一定期限内可以退还标的物。

八、其他问题

第三十一条 出卖人履行交付义务后诉请买受人支付价款,买受人以出卖人违约在先为由提出异议的,人民法院应当按照下列情况分别处理:

(一)买受人拒绝支付违约金、拒绝赔偿损失或者主张出卖人应当采取减少价款等补救措施的,属于提出抗辩;

(二)买受人主张出卖人应当支付违约金、赔偿损失或者要求解除合同的,应当提起反诉。

第三十二条 法律或者行政法规对债权转让、股权转让等权利转让合同有规定的,依照其规定;没有规定的,人民法院可以根据民法典第四百六十七条和第六百四十六条的规定,参照适用买卖合同的有关规定。

权利转让或者其他有偿合同参照适用买卖合同的有关规定的,人民法院应当首先引用民法典第六百四十六条的规定,再引用买卖合同的有关规定。

第三十三条 本解释施行前本院发布的有关购销合同、销售合同等有偿转移标的物所有权的合同的规定,与本解释抵触的,自本解释施行之日起不再适用。

本解释施行后尚未终审的买卖合同纠纷案件,适用本解释;本解释施行前已经终审,当事人申请再审或者按照审判监督程序决定再审的,不适用本解释。

最高人民法院关于审理商品房买卖合同纠纷案件适用法律若干问题的解释

- 2003年3月24日最高人民法院审判委员会第1267次会议通过
- 根据2020年12月23日最高人民法院审判委员会第1823次会议通过的《最高人民法院关于修改〈最高人民法院关于在民事审判工作中适用《中华人民共和国工会法》若干问题的解释〉等二十七件民事类司法解释的决定》修正

为正确、及时审理商品房买卖合同纠纷案件,根据《中华人民共和国民法典》《中华人民共和国城市房地产管理法》等相关法律,结合民事审判实践,制定本解释。

第一条 本解释所称的商品房买卖合同,是指房地产开发企业(以下统称为出卖人)将尚未建成或者已竣工的房屋向社会销售并转移房屋所有权于买受人,买受人支付价款的合同。

第二条 出卖人未取得商品房预售许可证明,与买受人订立的商品房预售合同,应当认定无效,但是在起诉前取得商品房预售许可证明的,可以认定有效。

第三条 商品房的销售广告和宣传资料为要

约邀请，但是出卖人就商品房开发规划范围内的房屋及相关设施所作的说明和允诺具体确定，并对商品房买卖合同的订立以及房屋价格的确定有重大影响的，构成要约。该说明和允诺即使未载入商品房买卖合同，亦应当为合同内容，当事人违反的，应当承担违约责任。

第四条 出卖人通过认购、订购、预订等方式向买受人收受定金作为订立商品房买卖合同担保的，如果因当事人一方原因未能订立商品房买卖合同，应当按照法律关于定金的规定处理；因不可归责于当事人双方的事由，导致商品房买卖合同未能订立的，出卖人应当将定金返还买受人。

第五条 商品房的认购、订购、预订等协议具备《商品房销售管理办法》第十六条规定的商品房买卖合同的主要内容，并且出卖人已经按照约定收受购房款的，该协议应当认定为商品房买卖合同。

第六条 当事人以商品房预售合同未按照法律、行政法规规定办理登记备案手续为由，请求确认合同无效的，不予支持。

当事人约定以办理登记备案手续为商品房预售合同生效条件的，从其约定，但当事人一方已经履行主要义务，对方接受的除外。

第七条 买受人以出卖人与第三人恶意串通，另行订立商品房买卖合同并将房屋交付使用，导致其无法取得房屋为由，请求确认出卖人与第三人订立的商品房买卖合同无效的，应予支持。

第八条 对房屋的转移占有，视为房屋的交付使用，但当事人另有约定的除外。

房屋毁损、灭失的风险，在交付使用前由出卖人承担，交付使用后由买受人承担；买受人接到出卖人的书面交房通知，无正当理由拒绝接收的，房屋毁损、灭失的风险自书面交房通知确定的交付使用之日起由买受人承担，但法律另有规定或者当事人另有约定的除外。

第九条 因房屋主体结构质量不合格不能交付使用，或者房屋交付使用后，房屋主体结构质量经核验确属不合格，买受人请求解除合同和赔偿损失的，应予支持。

第十条 因房屋质量问题严重影响正常居住使用，买受人请求解除合同和赔偿损失的，应予支持。

交付使用的房屋存在质量问题，在保修期内，出卖人应当承担修复责任；出卖人拒绝修复或者在合理期限内拖延修复的，买受人可以自行或者委托他人修复。修复费用及修复期间造成的其他损失由出卖人承担。

第十一条 根据民法典第五百六十三条的规定，出卖人迟延交付房屋或者买受人迟延支付购房款，经催告后在三个月的合理期限内仍未履行，解除权人请求解除合同的，应予支持，但当事人另有约定的除外。

法律没有规定或者当事人没有约定，经对方当事人催告后，解除权行使的合理期限为三个月。对方当事人没有催告的，解除权人自知道或者应当知道解除事由之日起一年内行使。逾期不行使的，解除权消灭。

第十二条 当事人以约定的违约金过高为由请求减少的，应当以违约金超过造成的损失30%为标准适当减少；当事人以约定的违约金低于造成的损失为由请求增加的，应当以违约造成的损失确定违约金数额。

第十三条 商品房买卖合同没有约定违约金数额或者损失赔偿额计算方法，违约金数额或者损失赔偿额可以参照以下标准确定：

逾期付款的，按照未付购房款总额，参照中国人民银行规定的金融机构计收逾期贷款利息的标准计算。

逾期交付使用房屋的，按照逾期交付使用房屋期间有关主管部门公布或者有资格的房地产评估机构评定的同地段同类房屋租金标准确定。

第十四条 由于出卖人的原因，买受人在下列期限届满未能取得不动产权属证书的，除当事人有特殊约定外，出卖人应当承担违约责任：

（一）商品房买卖合同约定的办理不动产登记的期限；

（二）商品房买卖合同的标的物为尚未建成房屋的，自房屋交付使用之日起90日；

（三）商品房买卖合同的标的物为已竣工房屋的，自合同订立之日起90日。

合同没有约定违约金或者损失数额难以确定的，可以按照已付购房款总额，参照中国人民银行规定的金融机构计收逾期贷款利息的标准计算。

第十五条 商品房买卖合同约定或者城市房地产开发经营管理条例第三十二条规定的办理不动产登记的期限届满后超过一年，由于出卖人的原因,导致买受人无法办理不动产登记,买受人请求解除合同和赔偿损失的,应予支持。

第十六条 出卖人与包销人订立商品房包销合同,约定出卖人将其开发建设的房屋交由包销人以出卖人的名义销售的,包销期满未销售的房屋,由包销人按照合同约定的包销价格购买,但当事人另有约定的除外。

第十七条 出卖人自行销售已经约定由包销人包销的房屋,包销人请求出卖人赔偿损失的,应予支持,但当事人另有约定的除外。

第十八条 对于买受人因商品房买卖合同与出卖人发生的纠纷,人民法院应当通知包销人参加诉讼;出卖人、包销人和买受人对各自的权利义务有明确约定的,按照约定的内容确定各方的诉讼地位。

第十九条 商品房买卖合同约定,买受人以担保贷款方式付款,因当事人一方原因未能订立商品房担保贷款合同并导致商品房买卖合同不能继续履行的,对方当事人可以请求解除合同和赔偿损失。因不可归责于当事人双方的事由未能订立商品房担保贷款合同并导致商品房买卖合同不能继续履行的,当事人可以请求解除合同,出卖人应当将收受的购房款本金及其利息或者定金返还买受人。

第二十条 因商品房买卖合同被确认无效或者被撤销、解除,致使商品房担保贷款合同的目的无法实现,当事人请求解除商品房担保贷款合同的,应予支持。

第二十一条 以担保贷款为付款方式的商品房买卖合同的当事人一方请求确认商品房买卖合同无效或者撤销、解除合同的,如果担保权人作为有独立请求权第三人提出诉讼请求,应当与商品房担保贷款合同纠纷合并审理;未提出诉讼请求的,仅处理商品房买卖合同纠纷。担保权人就商品房担保贷款合同纠纷另行起诉的,可以与商品房买卖合同纠纷合并审理。

商品房买卖合同被确认无效或者被撤销、解除后,商品房担保贷款合同也被解除的,出卖人应当将收受的购房款和购房款的本金及利息分别返还担保权人和买受人。

第二十二条 买受人未按照商品房担保贷款合同的约定偿还贷款,亦未与担保权人办理不动产抵押登记手续,担保权人起诉买受人,请求处分商品房买卖合同项下买受人合同权利的,应当通知出卖人参加诉讼;担保权人同时起诉出卖人时,如果出卖人为商品房担保贷款合同提供保证的,应当列为共同被告。

第二十三条 买受人未按照商品房担保贷款合同的约定偿还贷款,但是已经取得不动产权属证书并与担保权人办理了不动产抵押登记手续,抵押权人请求买受人偿还贷款或者就抵押的房屋优先受偿的,不应当追加出卖人为当事人,但出卖人提供保证的除外。

第二十四条 本解释自2003年6月1日起施行。

城市房地产管理法施行后订立的商品房买卖合同发生的纠纷案件,本解释公布施行后尚在一审、二审阶段的,适用本解释。

城市房地产管理法施行后订立的商品房买卖合同发生的纠纷案件,在本解释公布施行前已经终审,当事人申请再审或者按照审判监督程序决定再审的,不适用本解释。

城市房地产管理法施行前发生的商品房买卖行为,适用当时的法律、法规和《最高人民法院〈关于审理房地产管理法施行前房地产开发经营案件若干问题的解答〉》。

最高人民法院关于审理民间借贷案件适用法律若干问题的规定

- 2015年6月23日最高人民法院审判委员会第1655次会议通过
- 根据2020年8月18日最高人民法院审判委员会第1809次会议通过的《最高人民法院关于修改〈关于审理民间借贷案件适用法律若干问题的规定〉的决定》第一次修正
- 根据2020年12月23日最高人民法院审判委员会第1823次会议通过的《最高人民法院关于修改〈最高人民法院关于在民事审判工作中适用《中华人民共和国工会法》若干问题的解释〉等二十七件民事类司法解释的决定》第二次修正

为正确审理民间借贷纠纷案件,根据《中华人民共和国民法典》《中华人民共和国民事诉讼法》《中华人民共和国刑事诉讼法》等相关法律之规定，结合审判实践，制定本规定。

第一条　本规定所称的民间借贷，是指自然人、法人和非法人组织之间进行资金融通的行为。

经金融监管部门批准设立的从事贷款业务的金融机构及其分支机构，因发放贷款等相关金融业务引发的纠纷，不适用本规定。

第二条　出借人向人民法院提起民间借贷诉讼时，应当提供借据、收据、欠条等债权凭证以及其他能够证明借贷法律关系存在的证据。

当事人持有的借据、收据、欠条等债权凭证没有载明债权人，持有债权凭证的当事人提起民间借贷诉讼的，人民法院应予受理。被告对原告的债权人资格提出有事实依据的抗辩，人民法院经审查认为原告不具有债权人资格的，裁定驳回起诉。

第三条　借贷双方就合同履行地未约定或者约定不明确，事后未达成补充协议，按照合同相关条款或者交易习惯仍不能确定的，以接受货币一方所在地为合同履行地。

第四条　保证人为借款人提供连带责任保证，出借人仅起诉借款人的，人民法院可以不追加保证人为共同被告；出借人仅起诉保证人的，人民法院可以追加借款人为共同被告。

保证人为借款人提供一般保证，出借人仅起诉保证人的，人民法院应当追加借款人为共同被告；出借人仅起诉借款人的，人民法院可以不追加保证人为共同被告。

第五条　人民法院立案后，发现民间借贷行为本身涉嫌非法集资等犯罪的，应当裁定驳回起诉，并将涉嫌非法集资等犯罪的线索、材料移送公安或者检察机关。

公安或者检察机关不予立案，或者立案侦查后撤销案件，或者检察机关作出不起诉决定，或者经人民法院生效判决认定不构成非法集资等犯罪，当事人又以同一事实向人民法院提起诉讼的，人民法院应予受理。

第六条　人民法院立案后，发现与民间借贷纠纷案件虽有关联但不是同一事实的涉嫌非法集资等犯罪的线索、材料的，人民法院应当继续审理民间借贷纠纷案件，并将涉嫌非法集资等犯罪的线索、材料移送公安或者检察机关。

第七条　民间借贷纠纷的基本案件事实必须以刑事案件的审理结果为依据，而该刑事案件尚未审结的，人民法院应当裁定中止诉讼。

第八条　借款人涉嫌犯罪或者生效判决认定其有罪，出借人起诉请求担保人承担民事责任的，人民法院应予受理。

第九条　自然人之间的借款合同具有下列情形之一的，可以视为合同成立：

（一）以现金支付的，自借款人收到借款时；

（二）以银行转账、网上电子汇款等形式支付的，自资金到达借款人账户时；

（三）以票据交付的，自借款人依法取得票据权利时；

（四）出借人将特定资金账户支配权授权给借款人的，自借款人取得对该账户实际支配权时；

（五）出借人以与借款人约定的其他方式提供借款并实际履行完成时。

第十条　法人之间、非法人组织之间以及它们相互之间为生产、经营需要订立的民间借贷合同，除存在民法典第一百四十六条、第一百五十三条、第一百五十四条以及本规定第十三条规定的情形外，当事人主张民间借贷合同有效的，人民法院应予支持。

第十一条　法人或者非法人组织在本单位内部通过借款形式向职工筹集资金，用于本单位生产、经营，且不存在民法典第一百四十四条、第一百四十六条、第一百五十三条、第一百五十四条以及本规定第十三条规定的情形，当事人主张民间借贷合同有效的，人民法院应予支持。

第十二条　借款人或者出借人的借贷行为涉嫌犯罪，或者已经生效的裁判认定构成犯罪，当事人提起民事诉讼的，民间借贷合同并不当然无效。人民法院应当依据民法典第一百四十四条、第一百四十六条、第一百五十三条、第一百五十四条以及本规定第十三条之规定，认定民间借贷合同的效力。

担保人以借款人或者出借人的借贷行为涉嫌犯罪或者已经生效的裁判认定构成犯罪为由，主张不承担民事责任的，人民法院应当依据民间借贷合同与担保合同的效力、当事人的过错程度，依法确定担保人的民事责任。

第十三条　具有下列情形之一的，人民法院应当认定民间借贷合同无效：

（一）套取金融机构贷款转贷的；

（二）以向其他营利法人借贷、向本单位职工集资，或者以向公众非法吸收存款等方式取得的资金转贷的；

（三）未依法取得放贷资格的出借人，以营利为目的向社会不特定对象提供借款的；

（四）出借人事先知道或者应当知道借款人借款用于违法犯罪活动仍然提供借款的；

（五）违反法律、行政法规强制性规定的；

（六）违背公序良俗的。

第十四条 原告以借据、收据、欠条等债权凭证为依据提起民间借贷诉讼，被告依据基础法律关系提出抗辩或者反诉，并提供证据证明债权纠纷非民间借贷行为引起的，人民法院应当依据查明的案件事实，按照基础法律关系审理。

当事人通过调解、和解或者清算达成的债权债务协议，不适用前款规定。

第十五条 原告仅依据借据、收据、欠条等债权凭证提起民间借贷诉讼，被告抗辩已经偿还借款的，被告应当对其主张提供证据证明。被告提供相应证据证明其主张后，原告仍应就借贷关系的存续承担举证责任。

被告抗辩借贷行为尚未实际发生并能作出合理说明的，人民法院应当结合借贷金额、款项交付、当事人的经济能力、当地或者当事人之间的交易方式、交易习惯、当事人财产变动情况以及证人证言等事实和因素，综合判断查证借贷事实是否发生。

第十六条 原告仅依据金融机构的转账凭证提起民间借贷诉讼，被告抗辩转账系偿还双方之前借款或者其他债务的，被告应当对其主张提供证据证明。被告提供相应证据证明其主张后，原告仍应就借贷关系的成立承担举证责任。

第十七条 依据《最高人民法院关于适用〈中华人民共和国民事诉讼法〉的解释》第一百七十四条第二款之规定，负有举证责任的原告无正当理由拒不到庭，经审查现有证据无法确认借贷行为、借贷金额、支付方式等案件主要事实的，人民法院对原告主张的事实不予认定。

第十八条 人民法院审理民间借贷纠纷案件时发现有下列情形之一的，应当严格审查借贷发生的原因、时间、地点、款项来源、交付方式、款项流向以及借贷双方的关系、经济状况等事实，综合判断是否属于虚假民事诉讼：

（一）出借人明显不具备出借能力；

（二）出借人起诉所依据的事实和理由明显不符合常理；

（三）出借人不能提交债权凭证或者提交的债权凭证存在伪造的可能；

（四）当事人双方在一定期限内多次参加民间借贷诉讼；

（五）当事人无正当理由拒不到庭参加诉讼，委托代理人对借贷事实陈述不清或者陈述前后矛盾；

（六）当事人双方对借贷事实的发生没有任何争议或者诉辩明显不符合常理；

（七）借款人的配偶或者合伙人、案外人的其他债权人提出有事实依据的异议；

（八）当事人在其他纠纷中存在低价转让财产的情形；

（九）当事人不正当放弃权利；

（十）其他可能存在虚假民间借贷诉讼的情形。

第十九条 经查明属于虚假民间借贷诉讼，原告申请撤诉的，人民法院不予准许，并应当依据民事诉讼法第一百一十二条之规定，判决驳回其请求。

诉讼参与人或者其他人恶意制造、参与虚假诉讼，人民法院应当依据民事诉讼法第一百一十一条、第一百一十二条和第一百一十三条之规定，依法予以罚款、拘留；构成犯罪的，应当移送有管辖权的司法机关追究刑事责任。

单位恶意制造、参与虚假诉讼的，人民法院应当对该单位进行罚款，并可以对其主要负责人或者直接责任人员予以罚款、拘留；构成犯罪的，应当移送有管辖权的司法机关追究刑事责任。

第二十条 他人在借据、收据、欠条等债权凭证或者借款合同上签名或者盖章，但是未表明其保证人身份或者承担保证责任，或者通过其他事实不能推定其为保证人，出借人请求其承担保证责任的，人民法院不予支持。

第二十一条 借贷双方通过网络贷款平台形成借贷关系，网络贷款平台的提供者仅提供媒介服务，当事人请求其承担担保责任的，人民法院不予支持。

网络贷款平台的提供者通过网页、广告或者其他媒介明示或者有其他证据证明其为借贷提供担保，出借人请求网络贷款平台的提供者承担担保责任的,人民法院应予支持。

第二十二条 法人的法定代表人或者非法人组织的负责人以单位名义与出借人签订民间借贷合同,有证据证明所借款项系法定代表人或者负责人个人使用,出借人请求将法定代表人或者负责人列为共同被告或者第三人的,人民法院应予准许。

法人的法定代表人或者非法人组织的负责人以个人名义与出借人订立民间借贷合同,所借款项用于单位生产经营,出借人请求单位与个人共同承担责任的,人民法院应予支持。

第二十三条 当事人以订立买卖合同作为民间借贷合同的担保,借款到期后借款人不能还款,出借人请求履行买卖合同的,人民法院应当按照民间借贷法律关系审理。当事人根据法庭审理情况变更诉讼请求的,人民法院应当准许。

按照民间借贷法律关系审理作出的判决生效后,借款人不履行生效判决确定的金钱债务,出借人可以申请拍卖买卖合同标的物,以偿还债务。就拍卖所得的价款与应偿还借款本息之间的差额,借款人或者出借人有权主张返还或者补偿。

第二十四条 借贷双方没有约定利息,出借人主张支付利息的,人民法院不予支持。

自然人之间借贷对利息约定不明,出借人主张支付利息的,人民法院不予支持。除自然人之间借贷的外,借贷双方对借贷利息约定不明,出借人主张利息的,人民法院应当结合民间借贷合同的内容,并根据当地或者当事人的交易方式、交易习惯、市场报价利率等因素确定利息。

第二十五条 出借人请求借款人按照合同约定利率支付利息的,人民法院应予支持,但是双方约定的利率超过合同成立时一年期贷款市场报价利率四倍的除外。

前款所称"一年期贷款市场报价利率",是指中国人民银行授权全国银行间同业拆借中心自2019年8月20日起每月发布的一年期贷款市场报价利率。

第二十六条 借据、收据、欠条等债权凭证载明的借款金额,一般认定为本金。预先在本金中扣除利息的,人民法院应当将实际出借的金额认定为本金。

第二十七条 借贷双方对前期借款本息结算后将利息计入后期借款本金并重新出具债权凭证,如果前期利率没有超过合同成立时一年期贷款市场报价利率四倍,重新出具的债权凭证载明的金额可认定为后期借款本金。超过部分的利息,不应认定为后期借款本金。

按前款计算,借款人在借款期间届满后应当支付的本息之和,超过以最初借款本金与以最初借款本金为基数、以合同成立时一年期贷款市场报价利率四倍计算的整个借款期间的利息之和的,人民法院不予支持。

第二十八条 借贷双方对逾期利率有约定的,从其约定,但是以不超过合同成立时一年期贷款市场报价利率四倍为限。

未约定逾期利率或者约定不明的,人民法院可以区分不同情况处理:

(一)既未约定借期内利率,也未约定逾期利率,出借人主张借款人自逾期还款之日起参照当时一年期贷款市场报价利率标准计算的利息承担逾期还款违约责任的,人民法院应予支持;

(二)约定了借期内利率但是未约定逾期利率,出借人主张借款人自逾期还款之日起按照借期内利率支付资金占用期间利息的,人民法院应予支持。

第二十九条 出借人与借款人既约定了逾期利率,又约定了违约金或者其他费用,出借人可以选择主张逾期利息、违约金或者其他费用,也可以一并主张,但是总计超过合同成立时一年期贷款市场报价利率四倍的部分,人民法院不予支持。

第三十条 借款人可以提前偿还借款,但是当事人另有约定的除外。

借款人提前偿还借款并主张按照实际借款期限计算利息的,人民法院应予支持。

第三十一条 本规定施行后,人民法院新受理的一审民间借贷纠纷案件,适用本规定。

2020年8月20日之后新受理的一审民间借贷案件,借贷合同成立于2020年8月20日之前,当事人请求适用当时的司法解释计算自合同成立到2020年8月19日的利息部分的,人民法院应予支持;对于自2020年8月20日到借款返还之日的利息部分,适用起诉时本规定的利率保护标准计算。

本规定施行后,最高人民法院以前作出的相关司法解释与本规定不一致的,以本规定为准。

最高人民法院关于审理城镇房屋租赁合同纠纷案件具体应用法律若干问题的解释

- 2009年6月22日最高人民法院审判委员会第1469次会议通过
- 根据2020年12月23日最高人民法院审判委员会第1823次会议通过的《最高人民法院关于修改〈最高人民法院关于在民事审判工作中适用《中华人民共和国工会法》若干问题的解释〉等二十七件民事类司法解释的决定》修正

为正确审理城镇房屋租赁合同纠纷案件，依法保护当事人的合法权益，根据《中华人民共和国民法典》等法律规定，结合民事审判实践，制定本解释。

第一条 本解释所称城镇房屋，是指城市、镇规划区内的房屋。

乡、村庄规划区内的房屋租赁合同纠纷案件，可以参照本解释处理。但法律另有规定的，适用其规定。

当事人依照国家福利政策租赁公有住房、廉租住房、经济适用住房产生的纠纷案件，不适用本解释。

第二条 出租人就未取得建设工程规划许可证或者未按照建设工程规划许可证的规定建设的房屋，与承租人订立的租赁合同无效。但在一审法庭辩论终结前取得建设工程规划许可证或者经主管部门批准建设的，人民法院应当认定有效。

第三条 出租人就未经批准或者未按照批准内容建设的临时建筑，与承租人订立的租赁合同无效。但在一审法庭辩论终结前经主管部门批准建设的，人民法院应当认定有效。

租赁期限超过临时建筑的使用期限，超过部分无效。但在一审法庭辩论终结前经主管部门批准延长使用期限的，人民法院应当认定延长使用期限内的租赁期间有效。

第四条 房屋租赁合同无效，当事人请求参照合同约定的租金标准支付房屋占有使用费的，人民法院一般应予支持。

当事人请求赔偿因合同无效受到的损失，人民法院依照民法典第一百五十七条和本解释第七条、第十一条、第十二条的规定处理。

第五条 出租人就同一房屋订立数份租赁合同，在合同均有效的情况下，承租人均主张履行合同的，人民法院按照下列顺序确定履行合同的承租人：

（一）已经合法占有租赁房屋的；

（二）已经办理登记备案手续的；

（三）合同成立在先的。

不能取得租赁房屋的承租人请求解除合同、赔偿损失的，依照民法典的有关规定处理。

第六条 承租人擅自变动房屋建筑主体和承重结构或者扩建，在出租人要求的合理期限内仍不予恢复原状，出租人请求解除合同并要求赔偿损失的，人民法院依照民法典第七百一十一条的规定处理。

第七条 承租人经出租人同意装饰装修，租赁合同无效时，未形成附合的装饰装修物，出租人同意利用的，可折价归出租人所有；不同意利用的，可由承租人拆除。因拆除造成房屋毁损的，承租人应当恢复原状。

已形成附合的装饰装修物，出租人同意利用的，可折价归出租人所有；不同意利用的，由双方各自按照导致合同无效的过错分担现值损失。

第八条 承租人经出租人同意装饰装修，租赁期间届满或者合同解除时，除当事人另有约定外，未形成附合的装饰装修物，可由承租人拆除。因拆除造成房屋毁损的，承租人应当恢复原状。

第九条 承租人经出租人同意装饰装修，合同解除时，双方对已形成附合的装饰装修物的处理没有约定的，人民法院按照下列情形分别处理：

（一）因出租人违约导致合同解除，承租人请求出租人赔偿剩余租赁期内装饰装修残值损失的，应予支持；

（二）因承租人违约导致合同解除，承租人请求出租人赔偿剩余租赁期内装饰装修残值损失的，不予支持。但出租人同意利用的，应在利用价值范围内予以适当补偿；

（三）因双方违约导致合同解除，剩余租赁期内的装饰装修残值损失，由双方根据各自的过错承担相应的责任；

（四）因不可归责于双方的事由导致合同解除的，剩余租赁期内的装饰装修残值损失，由双方按照公平原则分担。法律另有规定的,适用其规定。

第十条 承租人经出租人同意装饰装修,租赁期间届满时,承租人请求出租人补偿附合装饰装修费用的,不予支持。但当事人另有约定的除外。

第十一条 承租人未经出租人同意装饰装修或者扩建发生的费用,由承租人负担。出租人请求承租人恢复原状或者赔偿损失的,人民法院应予支持。

第十二条 承租人经出租人同意扩建,但双方对扩建费用的处理没有约定的,人民法院按照下列情形分别处理:

(一)办理合法建设手续的,扩建造价费用由出租人负担;

(二)未办理合法建设手续的,扩建造价费用由双方按照过错分担。

第十三条 房屋租赁合同无效、履行期限届满或者解除,出租人请求负有腾房义务的次承租人支付逾期腾房占有使用费的,人民法院应予支持。

第十四条 租赁房屋在承租人按照租赁合同占有期限内发生所有权变动,承租人请求房屋受让人继续履行原租赁合同的,人民法院应予支持。但租赁房屋具有下列情形或者当事人另有约定的除外:

(一)房屋在出租前已设立抵押权,因抵押权人实现抵押权发生所有权变动的;

(二)房屋在出租前已被人民法院依法查封的。

第十五条 出租人与抵押权人协议折价、变卖租赁房屋偿还债务,应当在合理期限内通知承租人。承租人请求以同等条件优先购买房屋的,人民法院应予支持。

第十六条 本解释施行前已经终审,本解释施行后当事人申请再审或者按照审判监督程序决定再审的案件,不适用本解释。

最高人民法院关于审理融资租赁合同纠纷案件适用法律问题的解释

- 2013年11月25日最高人民法院审判委员会第1597次会议通过
- 根据2020年12月23日最高人民法院审判委员会第1823次会议通过的《最高人民法院关于修改〈最高人民法院关于在民事审判工作中适用《中华人民共和国工会法》若干问题的解释〉等二十七件民事类司法解释的决定》修正

为正确审理融资租赁合同纠纷案件,根据《中华人民共和国民法典》《中华人民共和国民事诉讼法》等法律的规定,结合审判实践,制定本解释。

一、融资租赁合同的认定

第一条 人民法院应当根据民法典第七百三十五条的规定,结合标的物的性质、价值、租金的构成以及当事人的合同权利和义务,对是否构成融资租赁法律关系作出认定。

对名为融资租赁合同,但实际不构成融资租赁法律关系的,人民法院应按照其实际构成的法律关系处理。

第二条 承租人将其自有物出卖给出租人,再通过融资租赁合同将租赁物从出租人处租回的,人民法院不应仅以承租人和出卖人系同一人为由认定不构成融资租赁法律关系。

二、合同的履行和租赁物的公示

第三条 承租人拒绝受领租赁物,未及时通知出租人,或者无正当理由拒绝受领租赁物,造成出租人损失,出租人向承租人主张损害赔偿的,人民法院应予支持。

第四条 出租人转让其在融资租赁合同项下的部分或者全部权利,受让方以此为由请求解除或者变更融资租赁合同的,人民法院不予支持。

三、合同的解除

第五条 有下列情形之一,出租人请求解除融资租赁合同的,人民法院应予支持:

(一)承租人未按照合同约定的期限和数额支

付租金,符合合同约定的解除条件,经出租人催告后在合理期限内仍不支付的;

(二)合同对于欠付租金解除合同的情形没有明确约定,但承租人欠付租金达到两期以上,或者数额达到全部租金百分之十五以上,经出租人催告后在合理期限内仍不支付的;

(三)承租人违反合同约定,致使合同目的不能实现的其他情形。

第六条 因出租人的原因致使承租人无法占有、使用租赁物,承租人请求解除融资租赁合同的,人民法院应予支持。

第七条 当事人在一审诉讼中仅请求解除融资租赁合同,未对租赁物的归属及损失赔偿提出主张的,人民法院可以向当事人进行释明。

四、违约责任

第八条 租赁物不符合融资租赁合同的约定且出租人实施了下列行为之一,承租人依照民法典第七百四十四条、第七百四十七条的规定,要求出租人承担相应责任的,人民法院应予支持:

(一)出租人在承租人选择出卖人、租赁物时,对租赁物的选定起决定作用的;

(二)出租人干预或者要求承租人按照出租人意愿选择出卖人或者租赁物的;

(三)出租人擅自变更承租人已经选定的出卖人或者租赁物的。

承租人主张其系依赖出租人的技能确定租赁物或者出租人干预选择租赁物的,对上述事实承担举证责任。

第九条 承租人逾期履行支付租金义务或者迟延履行其他付款义务,出租人按照融资租赁合同的约定要求承租人支付逾期利息、相应违约金的,人民法院应予支持。

第十条 出租人既请求承租人支付合同约定的全部未付租金又请求解除融资租赁合同的,人民法院应告知其依照民法典第七百五十二条的规定作出选择。

出租人请求承租人支付合同约定的全部未付租金,人民法院判决后承租人未予履行,出租人再行起诉请求解除融资租赁合同、收回租赁物的,人民法院应予受理。

第十一条 出租人依照本解释第五条的规定请求解除融资租赁合同,同时请求收回租赁物并赔偿损失的,人民法院应予支持。

前款规定的损失赔偿范围为承租人全部未付租金及其他费用与收回租赁物价值的差额。合同约定租赁期间届满后租赁物归出租人所有的,损失赔偿范围还应包括融资租赁合同到期后租赁物的残值。

第十二条 诉讼期间承租人与出租人对租赁物的价值有争议的,人民法院可以按照融资租赁合同的约定确定租赁物价值;融资租赁合同未约定或者约定不明的,可以参照融资租赁合同约定的租赁物折旧以及合同到期后租赁物的残值确定租赁物价值。

承租人或者出租人认为依前款确定的价值严重偏离租赁物实际价值的,可以请求人民法院委托有资质的机构评估或者拍卖确定。

五、其他规定

第十三条 出卖人与买受人因买卖合同发生纠纷,或者出租人与承租人因融资租赁合同发生纠纷,当事人仅对其中一个合同关系提起诉讼,人民法院经审查后认为另一合同关系的当事人与案件处理结果有法律上的利害关系的,可以通知其作为第三人参加诉讼。

承租人与租赁物的实际使用人不一致,融资租赁合同当事人未对租赁物的实际使用人提起诉讼,人民法院经审查后认为租赁物的实际使用人与案件处理结果有法律上的利害关系的,可以通知其作为第三人参加诉讼。

承租人基于买卖合同和融资租赁合同直接向出卖人主张受领租赁物、索赔等买卖合同权利的,人民法院应通知出租人作为第三人参加诉讼。

第十四条 当事人因融资租赁合同租金欠付争议向人民法院请求保护其权利的诉讼时效期间为三年,自租赁期限届满之日起计算。

第十五条 本解释自2014年3月1日起施行。《最高人民法院关于审理融资租赁合同纠纷案件若干问题的规定》(法发〔1996〕19号)同时废止。

本解释施行后尚未终审的融资租赁合同纠纷案件,适用本解释;本解释施行前已经终审,当事人申请再审或者按照审判监督程序决定再审的,不适用本解释。

最高人民法院关于审理建设工程施工合同纠纷案件适用法律问题的解释(一)

- 2020年12月25日最高人民法院审判委员会第1825次会议通过
- 2020年12月29日最高人民法院公告公布
- 自2021年1月1日起施行
- 法释〔2020〕25号

为正确审理建设工程施工合同纠纷案件,依法保护当事人合法权益,维护建筑市场秩序,促进建筑市场健康发展,根据《中华人民共和国民法典》《中华人民共和国建筑法》《中华人民共和国招标投标法》《中华人民共和国民事诉讼法》等相关法律规定,结合审判实践,制定本解释。

第一条 建设工程施工合同具有下列情形之一的,应当依据民法典第一百五十三条第一款的规定,认定无效:

(一)承包人未取得建筑业企业资质或者超越资质等级的;

(二)没有资质的实际施工人借用有资质的建筑施工企业名义的;

(三)建设工程必须进行招标而未招标或者中标无效的。

承包人因转包、违法分包建设工程与他人签订的建设工程施工合同,应当依据民法典第一百五十三条第一款及第七百九十一条第二款、第三款的规定,认定无效。

第二条 招标人和中标人另行签订的建设工程施工合同约定的工程范围、建设工期、工程质量、工程价款等实质性内容,与中标合同不一致,一方当事人请求按照中标合同确定权利义务的,人民法院应予支持。

招标人和中标人在中标合同之外就明显高于市场价格购买承建房产、无偿建设住房配套设施、让利、向建设单位捐赠财物等另行签订合同,变相降低工程价款,一方当事人以该合同背离中标合同实质性内容为由请求确认无效的,人民法院应予支持。

第三条 当事人以发包人未取得建设工程规划许可证等规划审批手续为由,请求确认建设工程施工合同无效的,人民法院应予支持,但发包人在起诉前取得建设工程规划许可证等规划审批手续的除外。

发包人能够办理审批手续而未办理,并以未办理审批手续为由请求确认建设工程施工合同无效的,人民法院不予支持。

第四条 承包人超越资质等级许可的业务范围签订建设工程施工合同,在建设工程竣工前取得相应资质等级,当事人请求按照无效合同处理的,人民法院不予支持。

第五条 具有劳务作业法定资质的承包人与总承包人、分包人签订的劳务分包合同,当事人请求确认无效的,人民法院依法不予支持。

第六条 建设工程施工合同无效,一方当事人请求对方赔偿损失的,应当就对方过错、损失大小、过错与损失之间的因果关系承担举证责任。

损失大小无法确定,一方当事人请求参照合同约定的质量标准、建设工期、工程价款支付时间等内容确定损失大小的,人民法院可以结合双方过错程度、过错与损失之间的因果关系等因素作出裁判。

第七条 缺乏资质的单位或者个人借用有资质的建筑施工企业名义签订建设工程施工合同,发包人请求出借方与借用方对建设工程质量不合格等因出借资质造成的损失承担连带赔偿责任的,人民法院应予支持。

第八条 当事人对建设工程开工日期有争议的,人民法院应当分别按照以下情形予以认定:

(一)开工日期为发包人或者监理人发出的开工通知载明的开工日期;开工通知发出后,尚不具备开工条件的,以开工条件具备的时间为开工日期;因承包人原因导致开工时间推迟的,以开工通知载明的时间为开工日期。

(二)承包人经发包人同意已经实际进场施工的,以实际进场施工时间为开工日期。

(三)发包人或者监理人未发出开工通知,亦无相关证据证明实际开工日期的,应当综合考虑开工报告、合同、施工许可证、竣工验收报告或者竣工验收备案表等载明的时间,并结合是否具备开工条件的事实,认定开工日期。

第九条 当事人对建设工程实际竣工日期有争议的,人民法院应当分别按照以下情形予以认定:

（一）建设工程经竣工验收合格的，以竣工验收合格之日为竣工日期；

（二）承包人已经提交竣工验收报告，发包人拖延验收的，以承包人提交验收报告之日为竣工日期；

（三）建设工程未经竣工验收，发包人擅自使用的，以转移占有建设工程之日为竣工日期。

第十条 当事人约定顺延工期应当经发包人或者监理人签证等方式确认，承包人虽未取得工期顺延的确认，但能够证明在合同约定的期限内向发包人或者监理人申请过工期顺延且顺延事由符合合同约定，承包人以此为由主张工期顺延的，人民法院应予支持。

当事人约定承包人未在约定期限内提出工期顺延申请视为工期不顺延的，按照约定处理，但发包人在约定期限后同意工期顺延或者承包人提出合理抗辩的除外。

第十一条 建设工程竣工前，当事人对工程质量发生争议，工程质量经鉴定合格的，鉴定期间为顺延工期期间。

第十二条 因承包人的原因造成建设工程质量不符合约定，承包人拒绝修理、返工或者改建，发包人请求减少支付工程价款的，人民法院应予支持。

第十三条 发包人具有下列情形之一，造成建设工程质量缺陷，应当承担过错责任：

（一）提供的设计有缺陷；

（二）提供或者指定购买的建筑材料、建筑构配件、设备不符合强制性标准；

（三）直接指定分包人分包专业工程。

承包人有过错的，也应当承担相应的过错责任。

第十四条 建设工程未经竣工验收，发包人擅自使用后，又以使用部分质量不符合约定为由主张权利的，人民法院不予支持；但是承包人应当在建设工程的合理使用寿命内对地基基础工程和主体结构质量承担民事责任。

第十五条 因建设工程质量发生争议的，发包人可以以总承包人、分包人和实际施工人为共同被告提起诉讼。

第十六条 发包人在承包人提起的建设工程施工合同纠纷案件中，以建设工程质量不符合合同约定或者法律规定为由，就承包人支付违约金或者赔偿修理、返工、改建的合理费用等损失提出反诉的，人民法院可以合并审理。

第十七条 有下列情形之一，承包人请求发包人返还工程质量保证金的，人民法院应予支持：

（一）当事人约定的工程质量保证金返还期限届满；

（二）当事人未约定工程质量保证金返还期限的，自建设工程通过竣工验收之日起满二年；

（三）因发包人原因建设工程未按约定期限进行竣工验收的，自承包人提交工程竣工验收报告九十日后当事人约定的工程质量保证金返还期限届满；当事人未约定工程质量保证金返还期限的，自承包人提交工程竣工验收报告九十日后起满二年。

发包人返还工程质量保证金后，不影响承包人根据合同约定或者法律规定履行工程保修义务。

第十八条 因保修人未及时履行保修义务，导致建筑物毁损或者造成人身损害、财产损失的，保修人应当承担赔偿责任。

保修人与建筑物所有人或者发包人对建筑物毁损均有过错的，各自承担相应的责任。

第十九条 当事人对建设工程的计价标准或者计价方法有约定的，按照约定结算工程价款。

因设计变更导致建设工程的工程量或者质量标准发生变化，当事人对该部分工程价款不能协商一致的，可以参照签订建设工程施工合同时当地建设行政主管部门发布的计价方法或者计价标准结算工程价款。

建设工程施工合同有效，但建设工程经竣工验收不合格的，依照民法典第五百七十七条规定处理。

第二十条 当事人对工程量有争议的，按照施工过程中形成的签证等书面文件确认。承包人能够证明发包人同意其施工，但未能提供签证文件证明工程量发生的，可以按照当事人提供的其他证据确认实际发生的工程量。

第二十一条 当事人约定，发包人收到竣工结算文件后，在约定期限内不予答复，视为认可竣工结算文件的，按照约定处理。承包人请求按照竣工结算文件结算工程价款的，人民法院应予支持。

第二十二条 当事人签订的建设工程施工合同与招标文件、投标文件、中标通知书载明的工程范围、建设工期、工程质量、工程价款不一致，一方当事人请求将招标文件、投标文件、中标通知书作为结算工程价款的依据的，人民法院应予支持。

第二十三条 发包人将依法不属于必须招标

的建设工程进行招标后，与承包人另行订立的建设工程施工合同背离中标合同的实质性内容，当事人请求以中标合同作为结算建设工程价款依据的，人民法院应予支持，但发包人与承包人因客观情况发生了在招标投标时难以预见的变化而另行订立建设工程施工合同的除外。

第二十四条　当事人就同一建设工程订立的数份建设工程施工合同均无效，但建设工程质量合格，一方当事人请求参照实际履行的合同关于工程价款的约定折价补偿承包人的，人民法院应予支持。

实际履行的合同难以确定，当事人请求参照最后签订的合同关于工程价款的约定折价补偿承包人的，人民法院应予支持。

第二十五条　当事人对垫资和垫资利息有约定，承包人请求按照约定返还垫资及其利息的，人民法院应予支持，但是约定的利息计算标准高于垫资时的同类贷款利率或者同期贷款市场报价利率的部分除外。

当事人对垫资没有约定的，按照工程欠款处理。

当事人对垫资利息没有约定，承包人请求支付利息的，人民法院不予支持。

第二十六条　当事人对欠付工程价款利息计付标准有约定的，按照约定处理。没有约定的，按照同期同类贷款利率或者同期贷款市场报价利率计息。

第二十七条　利息从应付工程价款之日开始计付。当事人对付款时间没有约定或者约定不明的，下列时间视为应付款时间：

（一）建设工程已实际交付的，为交付之日；

（二）建设工程没有交付的，为提交竣工结算文件之日；

（三）建设工程未交付，工程价款也未结算的，为当事人起诉之日。

第二十八条　当事人约定按照固定价结算工程价款，一方当事人请求对建设工程造价进行鉴定的，人民法院不予支持。

第二十九条　当事人在诉讼前已经对建设工程价款结算达成协议，诉讼中一方当事人申请对工程造价进行鉴定的，人民法院不予准许。

第三十条　当事人在诉讼前共同委托有关机构、人员对建设工程造价出具咨询意见，诉讼中一方当事人不认可该咨询意见申请鉴定的，人民法院应予准许，但双方当事人明确表示受该咨询意见约束的除外。

第三十一条　当事人对部分案件事实有争议的，仅对有争议的事实进行鉴定，但争议事实范围不能确定，或者双方当事人请求对全部事实鉴定的除外。

第三十二条　当事人对工程造价、质量、修复费用等专门性问题有争议，人民法院认为需要鉴定的，应当向负有举证责任的当事人释明。当事人经释明未申请鉴定，虽申请鉴定但未支付鉴定费用或者拒不提供相关材料的，应当承担举证不能的法律后果。

一审诉讼中负有举证责任的当事人未申请鉴定，虽申请鉴定但未支付鉴定费用或者拒不提供相关材料，二审诉讼中申请鉴定，人民法院认为确有必要的，应当依照民事诉讼法第一百七十条第一款第三项的规定处理。

第三十三条　人民法院准许当事人的鉴定申请后，应当根据当事人申请及查明案件事实的需要，确定委托鉴定的事项、范围、鉴定期限等，并组织当事人对争议的鉴定材料进行质证。

第三十四条　人民法院应当组织当事人对鉴定意见进行质证。鉴定人将当事人有争议且未经质证的材料作为鉴定依据的，人民法院应当组织当事人就该部分材料进行质证。经质证认为不能作为鉴定依据的，根据该材料作出的鉴定意见不得作为认定案件事实的依据。

第三十五条　与发包人订立建设工程施工合同的承包人，依据民法典第八百零七条的规定请求其承建工程的价款就工程折价或者拍卖的价款优先受偿的，人民法院应予支持。

第三十六条　承包人根据民法典第八百零七条规定享有的建设工程价款优先受偿权优于抵押权和其他债权。

第三十七条　装饰装修工程具备折价或者拍卖条件，装饰装修工程的承包人请求工程价款就该装饰装修工程折价或者拍卖的价款优先受偿的，人民法院应予支持。

第三十八条　建设工程质量合格，承包人请求其承建工程的价款就工程折价或者拍卖的价款优先受偿的，人民法院应予支持。

第三十九条　未竣工的建设工程质量合格，承包人请求其承建工程的价款就其承建工程部分折价或者拍卖的价款优先受偿的，人民法院应予支持。

第四十条 承包人建设工程价款优先受偿的范围依照国务院有关行政主管部门关于建设工程价款范围的规定确定。

承包人就逾期支付建设工程价款的利息、违约金、损害赔偿金等主张优先受偿的，人民法院不予支持。

第四十一条 承包人应当在合理期限内行使建设工程价款优先受偿权，但最长不得超过十八个月，自发包人应当给付建设工程价款之日起算。

第四十二条 发包人与承包人约定放弃或者限制建设工程价款优先受偿权，损害建筑工人利益，发包人根据该约定主张承包人不享有建设工程价款优先受偿权的，人民法院不予支持。

第四十三条 实际施工人以转包人、违法分包人为被告起诉的，人民法院应当依法受理。

实际施工人以发包人为被告主张权利的，人民法院应当追加转包人或者违法分包人为本案第三人，在查明发包人欠付转包人或者违法分包人建设工程价款的数额后，判决发包人在欠付建设工程价款范围内对实际施工人承担责任。

第四十四条 实际施工人依据民法典第五百三十五条规定，以转包人或者违法分包人怠于向发包人行使到期债权或者与该债权有关的从权利，影响其到期债权实现，提起代位权诉讼的，人民法院应予支持。

第四十五条 本解释自2021年1月1日起施行。

最高人民法院关于审理涉及国有土地使用权合同纠纷案件适用法律问题的解释

- 2004年11月23日最高人民法院审判委员会第1334次会议通过
- 根据2020年12月23日最高人民法院审判委员会第1823次会议通过的《最高人民法院关于修改〈最高人民法院关于在民事审判工作中适用《中华人民共和国工会法》若干问题的解释〉等二十七件民事类司法解释的决定》修正

为正确审理国有土地使用权合同纠纷案件，依法保护当事人的合法权益，根据《中华人民共和国民法典》《中华人民共和国土地管理法》《中华人民共和国城市房地产管理法》等法律规定，结合民事审判实践，制定本解释。

一、土地使用权出让合同纠纷

第一条 本解释所称的土地使用权出让合同，是指市、县人民政府自然资源主管部门作为出让方将国有土地使用权在一定年限内让与受让方，受让方支付土地使用权出让金的合同。

第二条 开发区管理委员会作为出让方与受让方订立的土地使用权出让合同，应当认定无效。

本解释实施前，开发区管理委员会作为出让方与受让方订立的土地使用权出让合同，起诉前经市、县人民政府自然资源主管部门追认的，可以认定合同有效。

第三条 经市、县人民政府批准同意以协议方式出让的土地使用权，土地使用权出让金低于订立合同时当地政府按照国家规定确定的最低价的，应当认定土地使用权出让合同约定的价格条款无效。

当事人请求按照订立合同时的市场评估价格交纳土地使用权出让金的，应予支持；受让方不同意按照市场评估价格补足，请求解除合同的，应予支持。因此造成的损失，由当事人按照过错承担责任。

第四条 土地使用权出让合同的出让方因未办理土地使用权出让批准手续而不能交付土地，受让方请求解除合同的，应予支持。

第五条 受让方经出让方和市、县人民政府城市规划行政主管部门同意，改变土地使用权出让合同约定的土地用途，当事人请求按照起诉时同种用途的土地出让金标准调整土地出让金的，应予支持。

第六条 受让方擅自改变土地使用权出让合同约定的土地用途，出让方请求解除合同的，应予支持。

二、土地使用权转让合同纠纷

第七条 本解释所称的土地使用权转让合同，是指土地使用权人作为转让方将出让土地使用权转让于受让方，受让方支付价款的合同。

第八条 土地使用权人作为转让方与受让方订立土地使用权转让合同后，当事人一方以双方之间未办理土地使用权变更登记手续为由，请求确认合同无效的,不予支持。

第九条 土地使用权人作为转让方就同一出让土地使用权订立数个转让合同,在转让合同有效的情况下,受让方均要求履行合同的,按照以下情形分别处理:

(一)已经办理土地使用权变更登记手续的受让方,请求转让方履行交付土地等合同义务的,应予支持;

(二)均未办理土地使用权变更登记手续,已先行合法占有投资开发土地的受让方请求转让方履行土地使用权变更登记等合同义务的,应予支持;

(三)均未办理土地使用权变更登记手续,又未合法占有投资开发土地,先行支付土地转让款的受让方请求转让方履行交付土地和办理土地使用权变更登记等合同义务的,应予支持;

(四)合同均未履行,依法成立在先的合同受让方请求履行合同的,应予支持。

未能取得土地使用权的受让方请求解除合同、赔偿损失的,依照民法典的有关规定处理。

第十条 土地使用权人与受让方订立合同转让划拨土地使用权,起诉前经有批准权的人民政府同意转让,并由受让方办理土地使用权出让手续的,土地使用权人与受让方订立的合同可以按照补偿性质的合同处理。

第十一条 土地使用权人与受让方订立合同转让划拨土地使用权,起诉前经有批准权的人民政府决定不办理土地使用权出让手续,并将该划拨土地使用权直接划拨给受让方使用的,土地使用权人与受让方订立的合同可以按照补偿性质的合同处理。

三、合作开发房地产合同纠纷

第十二条 本解释所称的合作开发房地产合同,是指当事人订立的以提供出让土地使用权、资金等作为共同投资,共享利润、共担风险合作开发房地产为基本内容的合同。

第十三条 合作开发房地产合同的当事人一方具备房地产开发经营资质的,应当认定合同有效。

当事人双方均不具备房地产开发经营资质的,应当认定合同无效。但起诉前当事人一方已经取得房地产开发经营资质或者已依法合作成立具有房地产开发经营资质的房地产开发企业的,应当认定合同有效。

第十四条 投资数额超出合作开发房地产合同的约定,对增加的投资数额的承担比例,当事人协商不成的,按照当事人的违约情况确定;因不可归责于当事人的事由或者当事人的违约情况无法确定的,按照约定的投资比例确定;没有约定投资比例的,按照约定的利润分配比例确定。

第十五条 房屋实际建筑面积少于合作开发房地产合同的约定,对房屋实际建筑面积的分配比例,当事人协商不成的,按照当事人的违约情况确定;因不可归责于当事人的事由或者当事人违约情况无法确定的,按照约定的利润分配比例确定。

第十六条 在下列情形下,合作开发房地产合同的当事人请求分配房地产项目利益的,不予受理;已经受理的,驳回起诉:

(一)依法需经批准的房地产建设项目未经有批准权的人民政府主管部门批准;

(二)房地产建设项目未取得建设工程规划许可证;

(三)擅自变更建设工程规划。

因当事人隐瞒建设工程规划变更的事实所造成的损失,由当事人按照过错承担。

第十七条 房屋实际建筑面积超出规划建筑面积,经有批准权的人民政府主管部门批准后,当事人对超出部分的房屋分配比例协商不成的,按照约定的利润分配比例确定。对增加的投资数额的承担比例,当事人协商不成的,按照约定的投资比例确定;没有约定投资比例的,按照约定的利润分配比例确定。

第十八条 当事人违反规划开发建设的房屋,被有批准权的人民政府主管部门认定为违法建筑责令拆除,当事人对损失承担协商不成的,按照当事人过错确定责任;过错无法确定的,按照约定的投资比例确定责任;没有约定投资比例的,按照约定的利润分配比例确定责任。

第十九条 合作开发房地产合同约定仅以投资数额确定利润分配比例,当事人未足额交纳出资,按照当事人的实际投资比例分配利润。

第二十条 合作开发房地产合同的当事人要求将房屋预售款充抵投资参与利润分配的,不予支持。

第二十一条 合作开发房地产合同约定提供土地使用权的当事人不承担经营风险,只收取固定利益的,应当认定为土地使用权转让合同。

第二十二条 合作开发房地产合同约定提供资金的当事人不承担经营风险，只分配固定数量房屋的，应当认定为房屋买卖合同。

第二十三条 合作开发房地产合同约定提供资金的当事人不承担经营风险，只收取固定数额货币的，应当认定为借款合同。

第二十四条 合作开发房地产合同约定提供资金的当事人不承担经营风险，只以租赁或者其他形式使用房屋的，应当认定为房屋租赁合同。

四、其它

第二十五条 本解释自 2005 年 8 月 1 日起施行；施行后受理的第一审案件适用本解释。

本解释施行前最高人民法院发布的司法解释与本解释不一致的，以本解释为准。

最高人民法院关于审理旅游纠纷案件适用法律若干问题的规定

- 2010 年 9 月 13 日最高人民法院审判委员会第 1496 次会议通过
- 根据 2020 年 12 月 23 日最高人民法院审判委员会第 1823 次会议通过的《最高人民法院关于修改〈最高人民法院关于在民事审判工作中适用《中华人民共和国工会法》若干问题的解释〉等二十七件民事类司法解释的决定》修正

为正确审理旅游纠纷案件，依法保护当事人合法权益，根据《中华人民共和国民法典》《中华人民共和国消费者权益保护法》《中华人民共和国旅游法》《中华人民共和国民事诉讼法》等有关法律规定，结合民事审判实践，制定本规定。

第一条 本规定所称的旅游纠纷，是指旅游者与旅游经营者、旅游辅助服务者之间因旅游发生的合同纠纷或者侵权纠纷。

"旅游经营者"是指以自己的名义经营旅游业务，向公众提供旅游服务的人。

"旅游辅助服务者"是指与旅游经营者存在合同关系，协助旅游经营者履行旅游合同义务，实际提供交通、游览、住宿、餐饮、娱乐等旅游服务的人。

旅游者在自行旅游过程中与旅游景点经营者因旅游发生的纠纷，参照适用本规定。

第二条 以单位、家庭等集体形式与旅游经营者订立旅游合同，在履行过程中发生纠纷，除集体以合同一方当事人名义起诉外，旅游者个人提起旅游合同纠纷诉讼的，人民法院应予受理。

第三条 因旅游经营者方面的同一原因造成旅游者人身损害、财产损失，旅游者选择请求旅游经营者承担违约责任或者侵权责任的，人民法院应当根据当事人选择的案由进行审理。

第四条 因旅游辅助服务者的原因导致旅游经营者违约，旅游者仅起诉旅游经营者的，人民法院可以将旅游辅助服务者追加为第三人。

第五条 旅游经营者已投保责任险，旅游者因保险责任事故仅起诉旅游经营者的，人民法院可以应当事人的请求将保险公司列为第三人。

第六条 旅游经营者以格式条款、通知、声明、店堂告示等方式作出排除或者限制旅游者权利、减轻或者免除旅游经营者责任、加重旅游者责任等对旅游者不公平、不合理的规定，旅游者依据消费者权益保护法第二十六条的规定请求认定该内容无效的，人民法院应予支持。

第七条 旅游经营者、旅游辅助服务者未尽到安全保障义务，造成旅游者人身损害、财产损失，旅游者请求旅游经营者、旅游辅助服务者承担责任的，人民法院应予支持。

因第三人的行为造成旅游者人身损害、财产损失，由第三人承担责任；旅游经营者、旅游辅助服务者未尽安全保障义务，旅游者请求其承担相应补充责任的，人民法院应予支持。

第八条 旅游经营者、旅游辅助服务者对可能危及旅游者人身、财产安全的旅游项目未履行告知、警示义务，造成旅游者人身损害、财产损失，旅游者请求旅游经营者、旅游辅助服务者承担责任的，人民法院应予支持。

旅游者未按旅游经营者、旅游辅助服务者的要求提供与旅游活动相关的个人健康信息并履行如实告知义务，或者不听从旅游经营者、旅游辅助服务者的告知、警示，参加不适合自身条件的旅游活动，导致旅游过程中出现人身损害、财产损失，旅游者请求旅游经营者、旅游辅助服务者承担责任的，人民法院不予支持。

第九条 旅游经营者、旅游辅助服务者以非法收集、存储、使用、加工、传输、买卖、提供、公开等方式处理旅游者个人信息,旅游者请求其承担相应责任的,人民法院应予支持。

第十条 旅游经营者将旅游业务转让给其他旅游经营者,旅游者不同意转让,请求解除旅游合同、追究旅游经营者违约责任的,人民法院应予支持。

旅游经营者擅自将其旅游业务转让给其他旅游经营者,旅游者在旅游过程中遭受损害,请求与其签订旅游合同的旅游经营者和实际提供旅游服务的旅游经营者承担连带责任的,人民法院应予支持。

第十一条 除合同性质不宜转让或者合同另有约定之外,在旅游行程开始前的合理期间内,旅游者将其在旅游合同中的权利义务转让给第三人,请求确认转让合同效力的,人民法院应予支持。

因前款所述原因,旅游经营者请求旅游者、第三人给付增加的费用或者旅游者请求旅游经营者退还减少的费用的,人民法院应予支持。

第十二条 旅游行程开始前或者进行中,因旅游者单方解除合同,旅游者请求旅游经营者退还尚未实际发生的费用,或者旅游经营者请求旅游者支付合理费用的,人民法院应予支持。

第十三条 签订旅游合同的旅游经营者将其部分旅游业务委托旅游目的地的旅游经营者,因受托方未尽旅游合同义务,旅游者在旅游过程中受到损害,要求作出委托的旅游经营者承担赔偿责任的,人民法院应予支持。

旅游经营者委托除前款规定以外的人从事旅游业务,发生旅游纠纷,旅游者起诉旅游经营者的,人民法院应予受理。

第十四条 旅游经营者准许他人挂靠其名下从事旅游业务,造成旅游者人身损害、财产损失,旅游者依据民法典第一千一百六十八条的规定请求旅游经营者与挂靠人承担连带责任的,人民法院应予支持。

第十五条 旅游经营者违反合同约定,有擅自改变旅游行程、遗漏旅游景点、减少旅游服务项目、降低旅游服务标准等行为,旅游者请求旅游经营者赔偿未完成约定旅游服务项目等合理费用的,人民法院应予支持。

旅游经营者提供服务时有欺诈行为,旅游者依据消费者权益保护法第五十五条第一款规定请求旅游经营者承担惩罚性赔偿责任的,人民法院应予支持。

第十六条 因飞机、火车、班轮、城际客运班车等公共客运交通工具延误,导致合同不能按照约定履行,旅游者请求旅游经营者退还未实际发生的费用的,人民法院应予支持。合同另有约定的除外。

第十七条 旅游者在自行安排活动期间遭受人身损害、财产损失,旅游经营者未尽到必要的提示义务、救助义务,旅游者请求旅游经营者承担相应责任的,人民法院应予支持。

前款规定的自行安排活动期间,包括旅游经营者安排的在旅游行程中独立的自由活动期间、旅游者不参加旅游行程的活动期间以及旅游者经导游或者领队同意暂时离队的个人活动期间等。

第十八条 旅游者在旅游行程中未经导游或者领队许可,故意脱离团队,遭受人身损害、财产损失,请求旅游经营者赔偿损失的,人民法院不予支持。

第十九条 旅游经营者或者旅游辅助服务者为旅游者代管的行李物品损毁、灭失,旅游者请求赔偿损失的,人民法院应予支持,但下列情形除外:

(一)损失是由于旅游者未听从旅游经营者或者旅游辅助服务者的事先声明或者提示,未将现金、有价证券、贵重物品由其随身携带而造成的;

(二)损失是由于不可抗力造成的;

(三)损失是由于旅游者的过错造成的;

(四)损失是由于物品的自然属性造成的。

第二十条 旅游者要求旅游经营者返还下列费用的,人民法院应予支持:

(一)因拒绝旅游经营者安排的购物活动或者另行付费的项目被增收的费用;

(二)在同一旅游行程中,旅游经营者提供相同服务,因旅游者的年龄、职业等差异而增收的费用。

第二十一条 旅游经营者因过错致其代办的手续、证件存在瑕疵,或者未尽妥善保管义务而遗失、毁损,旅游者请求旅游经营者补办或者协助补办相关手续、证件并承担相应费用的,人民法院应予支持。

因上述行为影响旅游行程,旅游者请求旅游经营者退还尚未发生的费用、赔偿损失的,人民法院应予支持。

第二十二条 旅游经营者事先设计,并以确定的总价提供交通、住宿、游览等一项或者多项服务,不提供导游和领队服务,由旅游者自行安排游览行程的旅游过程中,旅游经营者提供的服务不符合合同约定,侵害旅游者合法权益,旅游者请求旅游经营者承担相应责任的,人民法院应予支持。

第二十三条 本规定施行前已经终审,本规定施行后当事人申请再审或者按照审判监督程序决定再审的案件,不适用本规定。

最高人民法院关于审理物业服务纠纷案件适用法律若干问题的解释

· 2009年4月20日最高人民法院审判委员会第1466次会议通过
· 根据2020年12月23日最高人民法院审判委员会第1823次会议通过的《最高人民法院关于修改〈最高人民法院关于在民事审判工作中适用《中华人民共和国工会法》若干问题的解释〉等二十七件民事类司法解释的决定》修正

为正确审理物业服务纠纷案件,依法保护当事人的合法权益,根据《中华人民共和国民法典》等法律规定,结合民事审判实践,制定本解释。

第一条 业主违反物业服务合同或者法律、法规、管理规约,实施妨碍物业服务与管理的行为,物业服务人请求业主承担停止侵害、排除妨碍、恢复原状等相应民事责任的,人民法院应予支持。

第二条 物业服务人违反物业服务合同约定或者法律、法规、部门规章规定,擅自扩大收费范围、提高收费标准或者重复收费,业主以违规收费为由提出抗辩的,人民法院应予支持。

业主请求物业服务人退还其已经收取的违规费用的,人民法院应予支持。

第三条 物业服务合同的权利义务终止后,业主请求物业服务人退还已经预收、但尚未提供物业服务期间的物业费的,人民法院应予支持。

第四条 因物业的承租人、借用人或者其他物业使用人实施违反物业服务合同,以及法律、法规或者管理规约的行为引起的物业服务纠纷,人民法院可以参照关于业主的规定处理。

第五条 本解释自2009年10月1日起施行。

本解释施行前已经终审,本解释施行后当事人申请再审或者按照审判监督程序决定再审的案件,不适用本解释。

最高人民法院关于审理银行卡民事纠纷案件若干问题的规定

· 2019年12月2日最高人民法院审判委员会第1785次会议通过
· 2021年5月24日最高人民法院公告公布
· 自2021年5月25日起施行
· 法释〔2021〕10号

为正确审理银行卡民事纠纷案件,保护当事人的合法权益,根据《中华人民共和国民法典》《中华人民共和国民事诉讼法》等规定,结合司法实践,制定本规定。

第一条 持卡人与发卡行、非银行支付机构、收单行、特约商户等当事人之间因订立银行卡合同、使用银行卡等产生的民事纠纷,适用本规定。

本规定所称银行卡民事纠纷,包括借记卡纠纷和信用卡纠纷。

第二条 发卡行在与持卡人订立银行卡合同时,对收取利息、复利、费用、违约金等格式条款未履行提示或者说明义务,致使持卡人没有注意或者理解该条款,持卡人主张该条款不成为合同的内容、对其不具有约束力的,人民法院应予支持。

发卡行请求持卡人按照信用卡合同的约定给付透支利息、复利、违约金等,或者给付分期付款手续费、利息、违约金等,持卡人以发卡行主张的总额过高为由请求予以适当减少的,人民法院应当综合考虑国家有关金融监管规定、未还款的数额及期限、当事人过错程度、发卡行的实际损失等因素,根据公平原则和诚信原则予以衡量,并作出裁决。

第三条 具有下列情形之一的,应当认定发卡行对持卡人享有的债权请求权诉讼时效中断:

(一)发卡行按约定在持卡人账户中扣划透支款本息、违约金等;

(二)发卡行以向持卡人预留的电话号码、通讯地址、电子邮箱发送手机短信、书面信件、电子邮件等方式催收债权；

（三）发卡行以持卡人恶意透支存在犯罪嫌疑为由向公安机关报案；

（四）其他可以认定为诉讼时效中断的情形。

第四条 持卡人主张争议交易为伪卡盗刷交易或者网络盗刷交易的，可以提供生效法律文书、银行卡交易时真卡所在地、交易行为地、账户交易明细、交易通知、报警记录、挂失记录等证据材料进行证明。

发卡行、非银行支付机构主张争议交易为持卡人本人交易或者其授权交易的，应当承担举证责任。发卡行、非银行支付机构可以提供交易单据、对账单、监控录像、交易身份识别信息、交易验证信息等证据材料进行证明。

第五条 在持卡人告知发卡行其账户发生非因本人交易或者本人授权交易导致的资金或者透支数额变动后，发卡行未及时向持卡人核实银行卡的持有及使用情况，未及时提供或者保存交易单据、监控录像等证据材料，导致有关证据材料无法取得的，应承担举证不能的法律后果。

第六条 人民法院应当全面审查当事人提交的证据，结合银行卡交易行为地与真卡所在地距离、持卡人是否进行了基础交易、交易时间和报警时间、持卡人用卡习惯、银行卡被盗刷的次数及频率、交易系统、技术和设备是否具有安全性等事实，综合判断是否存在伪卡盗刷交易或者网络盗刷交易。

第七条 发生伪卡盗刷交易或者网络盗刷交易，借记卡持卡人基于借记卡合同法律关系请求发卡行支付被盗刷存款本息并赔偿损失的，人民法院依法予以支持。

发生伪卡盗刷交易或者网络盗刷交易，信用卡持卡人基于信用卡合同法律关系请求发卡行返还扣划的透支款本息、违约金并赔偿损失的，人民法院依法予以支持；发卡行请求信用卡持卡人偿还透支款本息、违约金等的，人民法院不予支持。

前两款情形，持卡人对银行卡、密码、验证码等身份识别信息、交易验证信息未尽妥善保管义务具有过错，发卡行主张持卡人承担相应责任的，人民法院应予支持。

持卡人未及时采取挂失等措施防止损失扩大，发卡行主张持卡人自行承担扩大损失责任的，人民法院应予支持。

第八条 发卡行在与持卡人订立银行卡合同或者在开通网络支付业务功能时，未履行告知持卡人银行卡具有相关网络支付功能义务，持卡人以其未与发卡行就争议网络支付条款达成合意为由请求不承担因使用该功能而导致网络盗刷责任的，人民法院应予支持，但有证据证明持卡人同意使用该网络支付功能的，适用本规定第七条规定。

非银行支付机构新增网络支付业务类型时，未向持卡人履行前款规定义务的，参照前款规定处理。

第九条 发卡行在与持卡人订立银行卡合同或者新增网络支付业务时，未完全告知某一网络支付业务持卡人身份识别方式、交易验证方式、交易规则等足以影响持卡人决定是否使用该功能的内容，致使持卡人没有全面准确理解该功能，持卡人以其未与发卡行就相关网络支付条款达成合意为由请求不承担因使用该功能而导致网络盗刷责任的，人民法院应予支持，但持卡人对于网络盗刷具有过错的，应当承担相应过错责任。发卡行虽然未尽前述义务，但是有证据证明持卡人知道并理解该网络支付功能的，适用本规定第七条规定。

非银行支付机构新增网络支付业务类型时，存在前款未完全履行告知义务情形，参照前款规定处理。

第十条 发卡行或者非银行支付机构向持卡人提供的宣传资料载明其承担网络盗刷先行赔付责任，该允诺具体明确，应认定为合同的内容。持卡人据此请求发卡行或者非银行支付机构承担先行赔付责任的，人民法院应予支持。

因非银行支付机构相关网络支付业务系统、设施和技术不符合安全要求导致网络盗刷，持卡人请求判令该机构承担先行赔付责任的，人民法院应予支持。

第十一条 在收单行与发卡行不是同一银行的情形下，因收单行未尽保障持卡人用卡安全义务或者因特约商户未尽审核持卡人签名真伪、银行卡真伪等审核义务导致发生伪卡盗刷交易，持卡人请求收单行或者特约商户承担赔偿责任的，人民法院应予支持，但持卡人对伪卡盗刷交易具有过错，可以减轻或者免除收单行或者特约商户相应责任。

持卡人请求发卡行承担责任，发卡行申请追

加收单行或者特约商户作为第三人参加诉讼的，人民法院可以准许。

发卡行承担责任后，可以依法主张存在过错的收单行或者特约商户承担相应责任。

第十二条 发卡行、非银行支付机构、收单行、特约商户承担责任后，请求盗刷者承担侵权责任的，人民法院应予支持。

第十三条 因同一伪卡盗刷交易或者网络盗刷交易，持卡人向发卡行、非银行支付机构、收单行、特约商户、盗刷者等主体主张权利，所获赔偿数额不应超过其因银行卡被盗刷所致损失总额。

第十四条 持卡人依据其对伪卡盗刷交易或者网络盗刷交易不承担或者不完全承担责任的事实，请求发卡行及时撤销相应不良征信记录的，人民法院应予支持。

第十五条 本规定所称伪卡盗刷交易，是指他人使用伪造的银行卡刷卡进行取现、消费、转账等，导致持卡人账户发生非基于本人意思的资金减少或者透支数额增加的行为。

本规定所称网络盗刷交易，是指他人盗取并使用持卡人银行卡网络交易身份识别信息和交易验证信息进行网络交易，导致持卡人账户发生非因本人意思的资金减少或者透支数额增加的行为。

第十六条 本规定施行后尚未终审的案件，适用本规定。本规定施行前已经终审，当事人申请再审或者按照审判监督程序决定再审的案件，不适用本规定。

最高人民法院关于审理食品安全民事纠纷案件适用法律若干问题的解释（一）

- 2020年10月19日最高人民法院审判委员会第1813次会议通过
- 2020年12月8日最高人民法院公告公布
- 自2021年1月1日起施行
- 法释〔2020〕14号

为正确审理食品安全民事纠纷案件，保障公众身体健康和生命安全，根据《中华人民共和国民法典》《中华人民共和国食品安全法》《中华人民共和国消费者权益保护法》《中华人民共和国民事诉讼法》等法律的规定，结合民事审判实践，制定本解释。

第一条 消费者因不符合食品安全标准的食品受到损害，依据食品安全法第一百四十八条第一款规定诉请食品生产者或者经营者赔偿损失，被诉的生产者或者经营者以赔偿责任应由生产经营者中的另一方承担为由主张免责的，人民法院不予支持。属于生产者责任的，经营者赔偿后有权向生产者追偿；属于经营者责任的，生产者赔偿后有权向经营者追偿。

第二条 电子商务平台经营者以标记自营业务方式所销售的食品或者虽未标记自营但实际开展自营业务所销售的食品不符合食品安全标准，消费者依据食品安全法第一百四十八条规定主张电子商务平台经营者承担作为食品经营者的赔偿责任的，人民法院应予支持。

电子商务平台经营者虽非实际开展自营业务，但其所作标识等足以误导消费者让消费者相信系电子商务平台经营者自营，消费者依据食品安全法第一百四十八条规定主张电子商务平台经营者承担作为食品经营者的赔偿责任的，人民法院应予支持。

第三条 电子商务平台经营者违反食品安全法第六十二条和第一百三十一条规定，未对平台内食品经营者进行实名登记、审查许可证，或者未履行报告、停止提供网络交易平台服务等义务，使消费者的合法权益受到损害，消费者主张电子商务平台经营者与平台内食品经营者承担连带责任的，人民法院应予支持。

第四条 公共交通运输的承运人向旅客提供的食品不符合食品安全标准，旅客主张承运人依据食品安全法第一百四十八条规定承担作为食品生产者或者经营者的赔偿责任的，人民法院应予支持；承运人以其不是食品的生产经营者或者食品是免费提供为由进行免责抗辩的，人民法院不予支持。

第五条 有关单位或者个人明知食品生产经营者从事食品安全法第一百二十三条第一款规定的违法行为而仍为其提供设备、技术、原料、销售渠道、运输、储存或者其他便利条件，消费者主张该单位或者个人依据食品安全法第一百二十三条第二款的规定与食品生产经营者承担连带责任的,人民法院应予支持。

第六条 食品经营者具有下列情形之一,消费者主张构成食品安全法第一百四十八条规定的"明知"的,人民法院应予支持:

(一)已过食品标明的保质期但仍然销售的;

(二)未能提供所售食品的合法进货来源的;

(三)以明显不合理的低价进货且无合理原因的;

(四)未依法履行进货查验义务的;

(五)虚假标注、更改食品生产日期、批号的;

(六)转移、隐匿、非法销毁食品进销货记录或者故意提供虚假信息的;

(七)其他能够认定为明知的情形。

第七条 消费者认为生产经营者生产经营不符合食品安全标准的食品同时构成欺诈的,有权选择依据食品安全法第一百四十八条第二款或者消费者权益保护法第五十五条第一款规定主张食品生产者或者经营者承担惩罚性赔偿责任。

第八条 经营者经营明知是不符合食品安全标准的食品,但向消费者承诺的赔偿标准高于食品安全法第一百四十八条规定的赔偿标准,消费者主张经营者按照承诺赔偿的,人民法院应当依法予以支持。

第九条 食品符合食品安全标准但未达到生产经营者承诺的质量标准,消费者依照民法典、消费者权益保护法等法律规定主张生产经营者承担责任的,人民法院应予支持,但消费者主张生产经营者依据食品安全法第一百四十八条规定承担赔偿责任的,人民法院不予支持。

第十条 食品不符合食品安全标准,消费者主张生产者或者经营者依据食品安全法第一百四十八条第二款规定承担惩罚性赔偿责任,生产者或者经营者以未造成消费者人身损害为由抗辩的,人民法院不予支持。

第十一条 生产经营者未标明生产者名称、地址、成分或者配料表,或者未清晰标明生产日期、保质期的预包装食品,消费者主张生产者或者经营者依据食品安全法第一百四十八条第二款规定承担惩罚性赔偿责任的,人民法院应予支持,但法律、行政法规、食品安全国家标准对标签标注事项另有规定的除外。

第十二条 进口的食品不符合我国食品安全国家标准或者国务院卫生行政部门决定暂予适用的标准,消费者主张销售者、进口商等经营者依据食品安全法第一百四十八条规定承担赔偿责任,销售者、进口商等经营者仅以进口的食品符合出口地食品安全标准或者已经过我国出入境检验检疫机构检验检疫为由进行免责抗辩的,人民法院不予支持。

第十三条 生产经营不符合食品安全标准的食品,侵害众多消费者合法权益,损害社会公共利益,民事诉讼法、消费者权益保护法等法律规定的机关和有关组织依法提起公益诉讼的,人民法院应予受理。

第十四条 本解释自2021年1月1日起施行。

本解释施行后人民法院正在审理的一审、二审案件适用本解释。

本解释施行前已经终审,本解释施行后当事人申请再审或者按照审判监督程序决定再审的案件,不适用本解释。

最高人民法院以前发布的司法解释与本解释不一致的,以本解释为准。

五、人格权编

中华人民共和国个人信息保护法

- 2021年8月20日第十三届全国人民代表大会常务委员会第三十次会议通过
- 2021年8月20日中华人民共和国主席令第91号公布
- 自2021年11月1日起施行

第一章 总 则

第一条 为了保护个人信息权益，规范个人信息处理活动，促进个人信息合理利用，根据宪法，制定本法。

第二条 自然人的个人信息受法律保护，任何组织、个人不得侵害自然人的个人信息权益。

第三条 在中华人民共和国境内处理自然人个人信息的活动，适用本法。

在中华人民共和国境外处理中华人民共和国境内自然人个人信息的活动，有下列情形之一的，也适用本法：

（一）以向境内自然人提供产品或者服务为目的；

（二）分析、评估境内自然人的行为；

（三）法律、行政法规规定的其他情形。

第四条 个人信息是以电子或者其他方式记录的与已识别或者可识别的自然人有关的各种信息，不包括匿名化处理后的信息。

个人信息的处理包括个人信息的收集、存储、使用、加工、传输、提供、公开、删除等。

第五条 处理个人信息应当遵循合法、正当、必要和诚信原则，不得通过误导、欺诈、胁迫等方式处理个人信息。

第六条 处理个人信息应当具有明确、合理的目的，并应当与处理目的直接相关，采取对个人权益影响最小的方式。

收集个人信息，应当限于实现处理目的的最小范围，不得过度收集个人信息。

第七条 处理个人信息应当遵循公开、透明原则，公开个人信息处理规则，明示处理的目的、方式和范围。

第八条 处理个人信息应当保证个人信息的质量，避免因个人信息不准确、不完整对个人权益造成不利影响。

第九条 个人信息处理者应当对其个人信息处理活动负责，并采取必要措施保障所处理的个人信息的安全。

第十条 任何组织、个人不得非法收集、使用、加工、传输他人个人信息，不得非法买卖、提供或者公开他人个人信息；不得从事危害国家安全、公共利益的个人信息处理活动。

第十一条 国家建立健全个人信息保护制度，预防和惩治侵害个人信息权益的行为，加强个人信息保护宣传教育，推动形成政府、企业、相关社会组织、公众共同参与个人信息保护的良好环境。

第十二条 国家积极参与个人信息保护国际规则的制定，促进个人信息保护方面的国际交流与合作，推动与其他国家、地区、国际组织之间的个人信息保护规则、标准等互认。

第二章 个人信息处理规则

第一节 一般规定

第十三条 符合下列情形之一的，个人信息处理者方可处理个人信息：

（一）取得个人的同意；

（二）为订立、履行个人作为一方当事人的合同所必需，或者按照依法制定的劳动规章制度和依法签订的集体合同实施人力资源管理所必需；

（三）为履行法定职责或者法定义务所必需；

（四）为应对突发公共卫生事件，或者紧急情况下为保护自然人的生命健康和财产安全所必需；

（五）为公共利益实施新闻报道、舆论监督等行为，在合理的范围内处理个人信息；

（六）依照本法规定在合理的范围内处理个人自行公开或者其他已经合法公开的个人信息；

（七）法律、行政法规规定的其他情形。

依照本法其他有关规定，处理个人信息应当取得个人同意，但是有前款第二项至第七项规定情形的，不需取得个人同意。

第十四条 基于个人同意处理个人信息的，该同意应当由个人在充分知情的前提下自愿、明确作出。法律、行政法规规定处理个人信息应当取得个人单独同意或者书面同意的，从其规定。

个人信息的处理目的、处理方式和处理的个人信息种类发生变更的，应当重新取得个人同意。

第十五条 基于个人同意处理个人信息的，个人有权撤回其同意。个人信息处理者应当提供便捷的撤回同意的方式。

个人撤回同意，不影响撤回前基于个人同意已进行的个人信息处理活动的效力。

第十六条 个人信息处理者不得以个人不同意处理其个人信息或者撤回同意为由，拒绝提供产品或者服务；处理个人信息属于提供产品或者服务所必需的除外。

第十七条 个人信息处理者在处理个人信息前，应当以显著方式、清晰易懂的语言真实、准确、完整地向个人告知下列事项：

（一）个人信息处理者的名称或者姓名和联系方式；

（二）个人信息的处理目的、处理方式，处理的个人信息种类、保存期限；

（三）个人行使本法规定权利的方式和程序；

（四）法律、行政法规规定应当告知的其他事项。

前款规定事项发生变更的，应当将变更部分告知个人。

个人信息处理者通过制定个人信息处理规则的方式告知第一款规定事项的，处理规则应当公开，并且便于查阅和保存。

第十八条 个人信息处理者处理个人信息，有法律、行政法规规定应当保密或者不需要告知的情形的，可以不向个人告知前条第一款规定的事项。

紧急情况下为保护自然人的生命健康和财产安全无法及时向个人告知的，个人信息处理者应当在紧急情况消除后及时告知。

第十九条 除法律、行政法规另有规定外，个人信息的保存期限应当为实现处理目的所必要的最短时间。

第二十条 两个以上的个人信息处理者共同决定个人信息的处理目的和处理方式的，应当约定各自的权利和义务。但是，该约定不影响个人向其中任何一个个人信息处理者要求行使本法规定的权利。

个人信息处理者共同处理个人信息，侵害个人信息权益造成损害的，应当依法承担连带责任。

第二十一条 个人信息处理者委托处理个人信息的，应当与受托人约定委托处理的目的、期限、处理方式、个人信息的种类、保护措施以及双方的权利和义务等，并对受托人的个人信息处理活动进行监督。

受托人应当按照约定处理个人信息，不得超出约定的处理目的、处理方式等处理个人信息；委托合同不生效、无效、被撤销或者终止的，受托人应当将个人信息返还个人信息处理者或者予以删除，不得保留。

未经个人信息处理者同意，受托人不得转委托他人处理个人信息。

第二十二条 个人信息处理者因合并、分立、解散、被宣告破产等原因需要转移个人信息的，应当向个人告知接收方的名称或者姓名和联系方式。接收方应当继续履行个人信息处理者的义务。接收方变更原先的处理目的、处理方式的，应当依照本法规定重新取得个人同意。

第二十三条 个人信息处理者向其他个人信息处理者提供其处理的个人信息的，应当向个人告知接收方的名称或者姓名、联系方式、处理目的、处理方式和个人信息的种类，并取得个人的单独同意。接收方应当在上述处理目的、处理方式和个人信息的种类等范围内处理个人信息。接收方变更原先的处理目的、处理方式的，应当依照本法规定重新取得个人同意。

第二十四条 个人信息处理者利用个人信息进行自动化决策，应当保证决策的透明度和结果公平、公正，不得对个人在交易价格等交易条件上实行不合理的差别待遇。

通过自动化决策方式向个人进行信息推送、商业营销，应当同时提供不针对其个人特征的选项,或者向个人提供便捷的拒绝方式。

通过自动化决策方式作出对个人权益有重大影响的决定,个人有权要求个人信息处理者予以说明,并有权拒绝个人信息处理者仅通过自动化决策的方式作出决定。

第二十五条 个人信息处理者不得公开其处理的个人信息,取得个人单独同意的除外。

第二十六条 在公共场所安装图像采集、个人身份识别设备,应当为维护公共安全所必需,遵守国家有关规定,并设置显著的提示标识。所收集的个人图像、身份识别信息只能用于维护公共安全的目的,不得用于其他目的;取得个人单独同意的除外。

第二十七条 个人信息处理者可以在合理的范围内处理个人自行公开或者其他已经合法公开的个人信息;个人明确拒绝的除外。个人信息处理者处理已公开的个人信息,对个人权益有重大影响的,应当依照本法规定取得个人同意。

第二节 敏感个人信息的处理规则

第二十八条 敏感个人信息是一旦泄露或者非法使用,容易导致自然人的人格尊严受到侵害或者人身、财产安全受到危害的个人信息,包括生物识别、宗教信仰、特定身份、医疗健康、金融账户、行踪轨迹等信息,以及不满十四周岁未成年人的个人信息。

只有在具有特定的目的和充分的必要性,并采取严格保护措施的情形下,个人信息处理者方可处理敏感个人信息。

第二十九条 处理敏感个人信息应当取得个人的单独同意;法律、行政法规规定处理敏感个人信息应当取得书面同意的,从其规定。

第三十条 个人信息处理者处理敏感个人信息的,除本法第十七条第一款规定的事项外,还应当向个人告知处理敏感个人信息的必要性以及对个人权益的影响;依照本法规定可以不向个人告知的除外。

第三十一条 个人信息处理者处理不满十四周岁未成年人个人信息的,应当取得未成年人的父母或者其他监护人的同意。

个人信息处理者处理不满十四周岁未成年人个人信息的,应当制定专门的个人信息处理规则。

第三十二条 法律、行政法规对处理敏感个人信息规定应当取得相关行政许可或者作出其他限制的,从其规定。

第三节 国家机关处理个人信息的特别规定

第三十三条 国家机关处理个人信息的活动,适用本法;本节有特别规定的,适用本节规定。

第三十四条 国家机关为履行法定职责处理个人信息,应当依照法律、行政法规规定的权限、程序进行,不得超出履行法定职责所必需的范围和限度。

第三十五条 国家机关为履行法定职责处理个人信息,应当依照本法规定履行告知义务;有本法第十八条第一款规定的情形,或者告知将妨碍国家机关履行法定职责的除外。

第三十六条 国家机关处理的个人信息应当在中华人民共和国境内存储;确需向境外提供的,应当进行安全评估。安全评估可以要求有关部门提供支持与协助。

第三十七条 法律、法规授权的具有管理公共事务职能的组织为履行法定职责处理个人信息,适用本法关于国家机关处理个人信息的规定。

第三章 个人信息跨境提供的规则

第三十八条 个人信息处理者因业务等需要,确需向中华人民共和国境外提供个人信息的,应当具备下列条件之一:

(一)依照本法第四十条的规定通过国家网信部门组织的安全评估;

(二)按照国家网信部门的规定经专业机构进行个人信息保护认证;

(三)按照国家网信部门制定的标准合同与境外接收方订立合同,约定双方的权利和义务;

(四)法律、行政法规或者国家网信部门规定的其他条件。

中华人民共和国缔结或者参加的国际条约、协定对向中华人民共和国境外提供个人信息的条件等有规定的,可以按照其规定执行。

个人信息处理者应当采取必要措施,保障境外接收方处理个人信息的活动达到本法规定的个人信息保护标准。

第三十九条 个人信息处理者向中华人民共和国境外提供个人信息的,应当向个人告知境外接收方的名称或者姓名、联系方式、处理目的、处理方式、个人信息的种类以及个人向境外接收方行使本法规定权利的方式和程序等事项,并取得个人的单独同意。

第四十条　关键信息基础设施运营者和处理个人信息达到国家网信部门规定数量的个人信息处理者,应当将在中华人民共和国境内收集和产生的个人信息存储在境内。确需向境外提供的,应当通过国家网信部门组织的安全评估;法律、行政法规和国家网信部门规定可以不进行安全评估的,从其规定。

第四十一条　中华人民共和国主管机关根据有关法律和中华人民共和国缔结或者参加的国际条约、协定,或者按照平等互惠原则,处理外国司法或者执法机构关于提供存储于境内个人信息的请求。非经中华人民共和国主管机关批准,个人信息处理者不得向外国司法或者执法机构提供存储于中华人民共和国境内的个人信息。

第四十二条　境外的组织、个人从事侵害中华人民共和国公民的个人信息权益,或者危害中华人民共和国国家安全、公共利益的个人信息处理活动的,国家网信部门可以将其列入限制或者禁止个人信息提供清单,予以公告,并采取限制或者禁止向其提供个人信息等措施。

第四十三条　任何国家或者地区在个人信息保护方面对中华人民共和国采取歧视性的禁止、限制或者其他类似措施的,中华人民共和国可以根据实际情况对该国家或者地区对等采取措施。

第四章　个人在个人信息处理活动中的权利

第四十四条　个人对其个人信息的处理享有知情权、决定权,有权限制或者拒绝他人对其个人信息进行处理;法律、行政法规另有规定的除外。

第四十五条　个人有权向个人信息处理者查阅、复制其个人信息;有本法第十八条第一款、第三十五条规定情形的除外。

个人请求查阅、复制其个人信息的,个人信息处理者应当及时提供。

个人请求将个人信息转移至其指定的个人信息处理者,符合国家网信部门规定条件的,个人信息处理者应当提供转移的途径。

第四十六条　个人发现其个人信息不准确或者不完整的,有权请求个人信息处理者更正、补充。

个人请求更正、补充其个人信息的,个人信息处理者应当对其个人信息予以核实,并及时更正、补充。

第四十七条　有下列情形之一的,个人信息处理者应当主动删除个人信息;个人信息处理者未删除的,个人有权请求删除:

(一)处理目的已实现、无法实现或者为实现处理目的不再必要;

(二)个人信息处理者停止提供产品或者服务,或者保存期限已届满;

(三)个人撤回同意;

(四)个人信息处理者违反法律、行政法规或者违反约定处理个人信息;

(五)法律、行政法规规定的其他情形。

法律、行政法规规定的保存期限未届满,或者删除个人信息从技术上难以实现的,个人信息处理者应当停止除存储和采取必要的安全保护措施之外的处理。

第四十八条　个人有权要求个人信息处理者对其个人信息处理规则进行解释说明。

第四十九条　自然人死亡的,其近亲属为了自身的合法、正当利益,可以对死者的相关个人信息行使本章规定的查阅、复制、更正、删除等权利;死者生前另有安排的除外。

第五十条　个人信息处理者应当建立便捷的个人行使权利的申请受理和处理机制。拒绝个人行使权利的请求的,应当说明理由。

个人信息处理者拒绝个人行使权利的请求的,个人可以依法向人民法院提起诉讼。

第五章　个人信息处理者的义务

第五十一条　个人信息处理者应当根据个人信息的处理目的、处理方式、个人信息的种类以及对个人权益的影响、可能存在的安全风险等,采取下列措施确保个人信息处理活动符合法律、行政法规的规定,并防止未经授权的访问以及个人信息泄露、篡改、丢失:

(一)制定内部管理制度和操作规程;

(二)对个人信息实行分类管理;

(三)采取相应的加密、去标识化等安全技术措施;

(四)合理确定个人信息处理的操作权限,并定期对从业人员进行安全教育和培训;

（五）制定并组织实施个人信息安全事件应急预案；

（六）法律、行政法规规定的其他措施。

第五十二条 处理个人信息达到国家网信部门规定数量的个人信息处理者应当指定个人信息保护负责人，负责对个人信息处理活动以及采取的保护措施等进行监督。

个人信息处理者应当公开个人信息保护负责人的联系方式，并将个人信息保护负责人的姓名、联系方式等报送履行个人信息保护职责的部门。

第五十三条 本法第三条第二款规定的中华人民共和国境外的个人信息处理者，应当在中华人民共和国境内设立专门机构或者指定代表，负责处理个人信息保护相关事务，并将有关机构的名称或者代表的姓名、联系方式等报送履行个人信息保护职责的部门。

第五十四条 个人信息处理者应当定期对其处理个人信息遵守法律、行政法规的情况进行合规审计。

第五十五条 有下列情形之一的，个人信息处理者应当事前进行个人信息保护影响评估，并对处理情况进行记录：

（一）处理敏感个人信息；

（二）利用个人信息进行自动化决策；

（三）委托处理个人信息、向其他个人信息处理者提供个人信息、公开个人信息；

（四）向境外提供个人信息；

（五）其他对个人权益有重大影响的个人信息处理活动。

第五十六条 个人信息保护影响评估应当包括下列内容：

（一）个人信息的处理目的、处理方式等是否合法、正当、必要；

（二）对个人权益的影响及安全风险；

（三）所采取的保护措施是否合法、有效并与风险程度相适应。

个人信息保护影响评估报告和处理情况记录应当至少保存三年。

第五十七条 发生或者可能发生个人信息泄露、篡改、丢失的，个人信息处理者应当立即采取补救措施，并通知履行个人信息保护职责的部门和个人。通知应当包括下列事项：

（一）发生或者可能发生个人信息泄露、篡改、丢失的信息种类、原因和可能造成的危害；

（二）个人信息处理者采取的补救措施和个人可以采取的减轻危害的措施；

（三）个人信息处理者的联系方式。

个人信息处理者采取措施能够有效避免信息泄露、篡改、丢失造成危害的，个人信息处理者可以不通知个人；履行个人信息保护职责的部门认为可能造成危害的，有权要求个人信息处理者通知个人。

第五十八条 提供重要互联网平台服务、用户数量巨大、业务类型复杂的个人信息处理者，应当履行下列义务：

（一）按照国家规定建立健全个人信息保护合规制度体系，成立主要由外部成员组成的独立机构对个人信息保护情况进行监督；

（二）遵循公开、公平、公正的原则，制定平台规则，明确平台内产品或者服务提供者处理个人信息的规范和保护个人信息的义务；

（三）对严重违反法律、行政法规处理个人信息的平台内的产品或者服务提供者，停止提供服务；

（四）定期发布个人信息保护社会责任报告，接受社会监督。

第五十九条 接受委托处理个人信息的受托人，应当依照本法和有关法律、行政法规的规定，采取必要措施保障所处理的个人信息的安全，并协助个人信息处理者履行本法规定的义务。

第六章 履行个人信息保护职责的部门

第六十条 国家网信部门负责统筹协调个人信息保护工作和相关监督管理工作。国务院有关部门依照本法和有关法律、行政法规的规定，在各自职责范围内负责个人信息保护和监督管理工作。

县级以上地方人民政府有关部门的个人信息保护和监督管理职责，按照国家有关规定确定。

前两款规定的部门统称为履行个人信息保护职责的部门。

第六十一条 履行个人信息保护职责的部门履行下列个人信息保护职责：

（一）开展个人信息保护宣传教育，指导、监督个人信息处理者开展个人信息保护工作；

（二）接受、处理与个人信息保护有关的投诉、举报；

（三）组织对应用程序等个人信息保护情况进行测评，并公布测评结果；

（四）调查、处理违法个人信息处理活动；

（五）法律、行政法规规定的其他职责。

第六十二条 国家网信部门统筹协调有关部门依据本法推进下列个人信息保护工作：

（一）制定个人信息保护具体规则、标准；

（二）针对小型个人信息处理者、处理敏感个人信息以及人脸识别、人工智能等新技术、新应用，制定专门的个人信息保护规则、标准；

（三）支持研究开发和推广应用安全、方便的电子身份认证技术，推进网络身份认证公共服务建设；

（四）推进个人信息保护社会化服务体系建设，支持有关机构开展个人信息保护评估、认证服务；

（五）完善个人信息保护投诉、举报工作机制。

第六十三条 履行个人信息保护职责的部门履行个人信息保护职责，可以采取下列措施：

（一）询问有关当事人，调查与个人信息处理活动有关的情况；

（二）查阅、复制当事人与个人信息处理活动有关的合同、记录、账簿以及其他有关资料；

（三）实施现场检查，对涉嫌违法的个人信息处理活动进行调查；

（四）检查与个人信息处理活动有关的设备、物品；对有证据证明是用于违法个人信息处理活动的设备、物品，向本部门主要负责人书面报告并经批准，可以查封或者扣押。

履行个人信息保护职责的部门依法履行职责，当事人应当予以协助、配合，不得拒绝、阻挠。

第六十四条 履行个人信息保护职责的部门在履行职责中，发现个人信息处理活动存在较大风险或者发生个人信息安全事件的，可以按照规定的权限和程序对该个人信息处理者的法定代表人或者主要负责人进行约谈，或者要求个人信息处理者委托专业机构对其个人信息处理活动进行合规审计。个人信息处理者应当按照要求采取措施，进行整改，消除隐患。

履行个人信息保护职责的部门在履行职责中，发现违法处理个人信息涉嫌犯罪的，应当及时移送公安机关依法处理。

第六十五条 任何组织、个人有权对违法个人信息处理活动向履行个人信息保护职责的部门进行投诉、举报。收到投诉、举报的部门应当依法及时处理，并将处理结果告知投诉、举报人。

履行个人信息保护职责的部门应当公布接受投诉、举报的联系方式。

第七章 法律责任

第六十六条 违反本法规定处理个人信息，或者处理个人信息未履行本法规定的个人信息保护义务的，由履行个人信息保护职责的部门责令改正，给予警告，没收违法所得，对违法处理个人信息的应用程序，责令暂停或者终止提供服务；拒不改正的，并处一百万元以下罚款；对直接负责的主管人员和其他直接责任人员处一万元以上十万元以下罚款。

有前款规定的违法行为，情节严重的，由省级以上履行个人信息保护职责的部门责令改正，没收违法所得，并处五千万元以下或者上一年度营业额百分之五以下罚款，并可以责令暂停相关业务或者停业整顿、通报有关主管部门吊销相关业务许可或者吊销营业执照；对直接负责的主管人员和其他直接责任人员处十万元以上一百万元以下罚款，并可以决定禁止其在一定期限内担任相关企业的董事、监事、高级管理人员和个人信息保护负责人。

第六十七条 有本法规定的违法行为的，依照有关法律、行政法规的规定记入信用档案，并予以公示。

第六十八条 国家机关不履行本法规定的个人信息保护义务的，由其上级机关或者履行个人信息保护职责的部门责令改正；对直接负责的主管人员和其他直接责任人员依法给予处分。

履行个人信息保护职责的部门的工作人员玩忽职守、滥用职权、徇私舞弊，尚不构成犯罪的，依法给予处分。

第六十九条 处理个人信息侵害个人信息权益造成损害，个人信息处理者不能证明自己没有过错的，应当承担损害赔偿等侵权责任。

前款规定的损害赔偿责任按照个人因此受到的损失或者个人信息处理者因此获得的利益确定；个人因此受到的损失和个人信息处理者因此获得的利益难以确定的，根据实际情况确定赔偿数额。

第七十条　个人信息处理者违反本法规定处理个人信息，侵害众多个人的权益的，人民检察院、法律规定的消费者组织和由国家网信部门确定的组织可以依法向人民法院提起诉讼。

第七十一条　违反本法规定，构成违反治安管理行为的，依法给予治安管理处罚；构成犯罪的，依法追究刑事责任。

第八章　附　则

第七十二条　自然人因个人或者家庭事务处理个人信息的，不适用本法。

法律对各级人民政府及其有关部门组织实施的统计、档案管理活动中的个人信息处理有规定的，适用其规定。

第七十三条　本法下列用语的含义：

（一）个人信息处理者，是指在个人信息处理活动中自主决定处理目的、处理方式的组织、个人。

（二）自动化决策，是指通过计算机程序自动分析、评估个人的行为习惯、兴趣爱好或者经济、健康、信用状况等，并进行决策的活动。

（三）去标识化，是指个人信息经过处理，使其在不借助额外信息的情况下无法识别特定自然人的过程。

（四）匿名化，是指个人信息经过处理无法识别特定自然人且不能复原的过程。

第七十四条　本法自 2021 年 11 月 1 日起施行。

最高人民法院关于审理使用人脸识别技术处理个人信息相关民事案件适用法律若干问题的规定

- 2021 年 6 月 8 日最高人民法院审判委员会第 1841 次会议通过
- 2021 年 7 月 27 日最高人民法院公告公布
- 自 2021 年 8 月 1 日起施行
- 法释〔2021〕15 号

为正确审理使用人脸识别技术处理个人信息相关民事案件，保护当事人合法权益，促进数字经济健康发展，根据《中华人民共和国民法典》《中华人民共和国网络安全法》《中华人民共和国消费者权益保护法》《中华人民共和国电子商务法》《中华人民共和国民事诉讼法》等法律的规定，结合审判实践，制定本规定。

第一条　因信息处理者违反法律、行政法规的规定或者双方的约定使用人脸识别技术处理人脸信息、处理基于人脸识别技术生成的人脸信息所引起的民事案件，适用本规定。

人脸信息的处理包括人脸信息的收集、存储、使用、加工、传输、提供、公开等。

本规定所称人脸信息属于民法典第一千零三十四条规定的"生物识别信息"。

第二条　信息处理者处理人脸信息有下列情形之一的，人民法院应当认定属于侵害自然人人格权益的行为：

（一）在宾馆、商场、银行、车站、机场、体育场馆、娱乐场所等经营场所、公共场所违反法律、行政法规的规定使用人脸识别技术进行人脸验证、辨识或者分析；

（二）未公开处理人脸信息的规则或者未明示处理的目的、方式、范围；

（三）基于个人同意处理人脸信息的，未征得自然人或者其监护人的单独同意，或者未按照法律、行政法规的规定征得自然人或者其监护人的书面同意；

（四）违反信息处理者明示或者双方约定的处理人脸信息的目的、方式、范围等；

（五）未采取应有的技术措施或者其他必要措施确保其收集、存储的人脸信息安全，致使人脸信息泄露、篡改、丢失；

（六）违反法律、行政法规的规定或者双方的约定，向他人提供人脸信息；

（七）违背公序良俗处理人脸信息；

（八）违反合法、正当、必要原则处理人脸信息的其他情形。

第三条　人民法院认定信息处理者承担侵害自然人人格权益的民事责任，应当适用民法典第九百九十八条的规定，并结合案件具体情况综合考量受害人是否为未成年人、告知同意情况以及信息处理的必要程度等因素。

第四条　有下列情形之一，信息处理者以已征得自然人或者其监护人同意为由抗辩的，人民法院不予支持：

(一)信息处理者要求自然人同意处理其人脸信息才提供产品或者服务的，但是处理人脸信息属于提供产品或者服务所必需的除外；

(二)信息处理者以与其他授权捆绑等方式要求自然人同意处理其人脸信息的；

(三)强迫或者变相强迫自然人同意处理其人脸信息的其他情形。

第五条 有下列情形之一，信息处理者主张其不承担民事责任的，人民法院依法予以支持：

(一)为应对突发公共卫生事件，或者紧急情况下为保护自然人的生命健康和财产安全所必需而处理人脸信息的；

(二)为维护公共安全，依据国家有关规定在公共场所使用人脸识别技术的；

(三)为公共利益实施新闻报道、舆论监督等行为在合理的范围内处理人脸信息的；

(四)在自然人或者其监护人同意的范围内合理处理人脸信息的；

(五)符合法律、行政法规规定的其他情形。

第六条 当事人请求信息处理者承担民事责任的，人民法院应当依据民事诉讼法第六十四条及《最高人民法院关于适用〈中华人民共和国民事诉讼法〉的解释》第九十条、第九十一条，《最高人民法院关于民事诉讼证据的若干规定》的相关规定确定双方当事人的举证责任。

信息处理者主张其行为符合民法典第一千零三十五条第一款规定情形的，应当就此所依据的事实承担举证责任。

信息处理者主张其不承担民事责任的，应当就其行为符合本规定第五条规定的情形承担举证责任。

第七条 多个信息处理者处理人脸信息侵害自然人人格权益，该自然人主张多个信息处理者按照过错程度和造成损害结果的大小承担侵权责任的，人民法院依法予以支持；符合民法典第一千一百六十八条、第一千一百六十九条第一款、第一千一百七十条、第一千一百七十一条等规定的相应情形，该自然人主张多个信息处理者承担连带责任的，人民法院依法予以支持。

信息处理者利用网络服务处理人脸信息侵害自然人人格权益的，适用民法典第一千一百九十五条、第一千一百九十六条、第一千一百九十七条等规定。

第八条 信息处理者处理人脸信息侵害自然人人格权益造成财产损失，该自然人依据民法典第一千一百八十二条主张财产损害赔偿的，人民法院依法予以支持。

自然人为制止侵权行为所支付的合理开支，可以认定为民法典第一千一百八十二条规定的财产损失。合理开支包括该自然人或者委托代理人对侵权行为进行调查、取证的合理费用。人民法院根据当事人的请求和具体案情，可以将合理的律师费用计算在赔偿范围内。

第九条 自然人有证据证明信息处理者使用人脸识别技术正在实施或者即将实施侵害其隐私权或者其他人格权益的行为，不及时制止将使其合法权益受到难以弥补的损害，向人民法院申请采取责令信息处理者停止有关行为的措施的，人民法院可以根据案件具体情况依法作出人格权侵害禁令。

第十条 物业服务企业或者其他建筑物管理人以人脸识别作为业主或者物业使用人出入物业服务区域的唯一验证方式，不同意的业主或者物业使用人请求其提供其他合理验证方式的，人民法院依法予以支持。

物业服务企业或者其他建筑物管理人存在本规定第二条规定的情形，当事人请求物业服务企业或者其他建筑物管理人承担侵权责任的，人民法院依法予以支持。

第十一条 信息处理者采用格式条款与自然人订立合同，要求自然人授予其无期限限制、不可撤销、可任意转授权等处理人脸信息的权利，该自然人依据民法典第四百九十七条请求确认格式条款无效的，人民法院依法予以支持。

第十二条 信息处理者违反约定处理自然人的人脸信息，该自然人请求其承担违约责任的，人民法院依法予以支持。该自然人请求信息处理者承担违约责任时，请求删除人脸信息的，人民法院依法予以支持；信息处理者以双方未对人脸信息的删除作出约定为由抗辩的，人民法院不予支持。

第十三条 基于同一信息处理者处理人脸信息侵害自然人人格权益发生的纠纷，多个受害人分别向同一人民法院起诉的，经当事人同意，人民法院可以合并审理。

第十四条 信息处理者处理人脸信息的行为符合民事诉讼法第五十五条、消费者权益保护法

第四十七条或者其他法律关于民事公益诉讼的相关规定,法律规定的机关和有关组织提起民事公益诉讼的,人民法院应予受理。

第十五条 自然人死亡后,信息处理者违反法律、行政法规的规定或者双方的约定处理人脸信息,死者的近亲属依据民法典第九百九十四条请求信息处理者承担民事责任的,适用本规定。

第十六条 本规定自2021年8月1日起施行。

信息处理者使用人脸识别技术处理人脸信息、处理基于人脸识别技术生成的人脸信息的行为发生在本规定施行前的,不适用本规定。

最高人民法院关于审理利用信息网络侵害人身权益民事纠纷案件适用法律若干问题的规定

- 2014年6月23日最高人民法院审判委员会第1621次会议通过
- 根据2020年12月23日最高人民法院审判委员会第1823次会议通过的《最高人民法院关于修改〈最高人民法院关于在民事审判工作中适用《中华人民共和国工会法》若干问题的解释〉等二十七件民事类司法解释的决定》修正

为正确审理利用信息网络侵害人身权益民事纠纷案件,根据《中华人民共和国民法典》《全国人民代表大会常务委员会关于加强网络信息保护的决定》《中华人民共和国民事诉讼法》等法律的规定,结合审判实践,制定本规定。

第一条 本规定所称的利用信息网络侵害人身权益民事纠纷案件,是指利用信息网络侵害他人姓名权、名称权、名誉权、荣誉权、肖像权、隐私权等人身权益引起的纠纷案件。

第二条 原告依据民法典第一千一百九十五条、第一千一百九十七条的规定起诉网络用户或者网络服务提供者的,人民法院应予受理。

原告仅起诉网络用户,网络用户请求追加涉嫌侵权的网络服务提供者为共同被告或者第三人的,人民法院应予准许。

原告仅起诉网络服务提供者,网络服务提供者请求追加可以确定的网络用户为共同被告或者第三人的,人民法院应予准许。

第三条 原告起诉网络服务提供者,网络服务提供者以涉嫌侵权的信息系网络用户发布为由抗辩的,人民法院可以根据原告的请求及案件的具体情况,责令网络服务提供者向人民法院提供能够确定涉嫌侵权的网络用户的姓名(名称)、联系方式、网络地址等信息。

网络服务提供者无正当理由拒不提供的,人民法院可以依据民事诉讼法第一百一十四条的规定对网络服务提供者采取处罚等措施。

原告根据网络服务提供者提供的信息请求追加网络用户为被告的,人民法院应予准许。

第四条 人民法院适用民法典第一千一百九十五条第二款的规定,认定网络服务提供者采取的删除、屏蔽、断开链接等必要措施是否及时,应当根据网络服务的类型和性质、有效通知的形式和准确程度、网络信息侵害权益的类型和程度等因素综合判断。

第五条 其发布的信息被采取删除、屏蔽、断开链接等措施的网络用户,主张网络服务提供者承担违约责任或者侵权责任,网络服务提供者以收到民法典第一千一百九十五条第一款规定的有效通知为由抗辩的,人民法院应予支持。

第六条 人民法院依据民法典第一千一百九十七条认定网络服务提供者是否"知道或者应当知道",应当综合考虑下列因素:

(一)网络服务提供者是否以人工或者自动方式对侵权网络信息以推荐、排名、选择、编辑、整理、修改等方式作出处理;

(二)网络服务提供者应当具备的管理信息的能力,以及所提供服务的性质、方式及其引发侵权的可能性大小;

(三)该网络信息侵害人身权益的类型及明显程度;

(四)该网络信息的社会影响程度或者一定时间内的浏览量;

(五)网络服务提供者采取预防侵权措施的技术可能性及其是否采取了相应的合理措施;

(六)网络服务提供者是否针对同一网络用户的重复侵权行为或者同一侵权信息采取了相应的合理措施;

(七)与本案相关的其他因素。

第七条 人民法院认定网络用户或者网络服

务提供者转载网络信息行为的过错及其程度,应当综合以下因素:

(一)转载主体所承担的与其性质、影响范围相适应的注意义务;

(二)所转载信息侵害他人人身权益的明显程度;

(三)对所转载信息是否作出实质性修改,是否添加或者修改文章标题,导致其与内容严重不符以及误导公众的可能性。

第八条 网络用户或者网络服务提供者采取诽谤、诋毁等手段,损害公众对经营主体的信赖,降低其产品或者服务的社会评价,经营主体请求网络用户或者网络服务提供者承担侵权责任的,人民法院应依法予以支持。

第九条 网络用户或者网络服务提供者,根据国家机关依职权制作的文书和公开实施的职权行为等信息来源所发布的信息,有下列情形之一,侵害他人人身权益,被侵权人请求侵权人承担侵权责任的,人民法院应予支持:

(一)网络用户或者网络服务提供者发布的信息与前述信息来源内容不符;

(二)网络用户或者网络服务提供者以添加侮辱性内容、诽谤性信息、不当标题或者通过增删信息、调整结构、改变顺序等方式致人误解;

(三)前述信息来源已被公开更正,但网络用户拒绝更正或者网络服务提供者不予更正;

(四)前述信息来源已被公开更正,网络用户或者网络服务提供者仍然发布更正之前的信息。

第十条 被侵权人与构成侵权的网络用户或者网络服务提供者达成一方支付报酬,另一方提供删除、屏蔽、断开链接等服务的协议,人民法院应认定为无效。

擅自篡改、删除、屏蔽特定网络信息或者以断开链接的方式阻止他人获取网络信息,发布该信息的网络用户或者网络服务提供者请求侵权人承担侵权责任的,人民法院应予支持。接受他人委托实施该行为的,委托人与受托人承担连带责任。

第十一条 网络用户或者网络服务提供者侵害他人人身权益,造成财产损失或者严重精神损害,被侵权人依据民法典第一千一百八十二条和第一千一百八十三条的规定,请求其承担赔偿责任的,人民法院应予支持。

第十二条 被侵权人为制止侵权行为所支付的合理开支,可以认定为民法典第一千一百八十二条规定的财产损失。合理开支包括被侵权人或者委托代理人对侵权行为进行调查、取证的合理费用。人民法院根据当事人的请求和具体案情,可以将符合国家有关部门规定的律师费用计算在赔偿范围内。

被侵权人因人身权益受侵害造成的财产损失以及侵权人因此获得的利益难以确定的,人民法院可以根据具体案情在50万元以下的范围内确定赔偿数额。

第十三条 本规定施行后人民法院正在审理的一审、二审案件适用本规定。

本规定施行前已经终审,本规定施行后当事人申请再审或者按照审判监督程序决定再审的案件,不适用本规定。

六、婚姻家庭编

婚姻登记条例

- 2003年8月8日中华人民共和国国务院令第387号公布
- 自2003年10月1日起施行

第一章　总　则

第一条　为了规范婚姻登记工作，保障婚姻自由、一夫一妻、男女平等的婚姻制度的实施，保护婚姻当事人的合法权益，根据《中华人民共和国婚姻法》（以下简称婚姻法），制定本条例。

第二条　内地居民办理婚姻登记的机关是县级人民政府民政部门或者乡（镇）人民政府，省、自治区、直辖市人民政府可以按照便民原则确定农村居民办理婚姻登记的具体机关。

中国公民同外国人，内地居民同香港特别行政区居民（以下简称香港居民）、澳门特别行政区居民（以下简称澳门居民）、台湾地区居民（以下简称台湾居民）、华侨办理婚姻登记的机关是省、自治区、直辖市人民政府民政部门或者省、自治区、直辖市人民政府民政部门确定的机关。

第三条　婚姻登记机关的婚姻登记员应当接受婚姻登记业务培训，经考核合格，方可从事婚姻登记工作。

婚姻登记机关办理婚姻登记，除按收费标准向当事人收取工本费外，不得收取其他费用或者附加其他义务。

第二章　结婚登记

第四条　内地居民结婚，男女双方应当共同到一方当事人常住户口所在地的婚姻登记机关办理结婚登记。

中国公民同外国人在中国内地结婚的，内地居民同香港居民、澳门居民、台湾居民、华侨在中国内地结婚的，男女双方应当共同到内地居民常住户口所在地的婚姻登记机关办理结婚登记。

第五条　办理结婚登记的内地居民应当出具下列证件和证明材料：

（一）本人的户口簿、身份证；

（二）本人无配偶以及与对方当事人没有直系血亲和三代以内旁系血亲关系的签字声明。

办理结婚登记的香港居民、澳门居民、台湾居民应当出具下列证件和证明材料：

（一）本人的有效通行证、身份证；

（二）经居住地公证机构公证的本人无配偶以及与对方当事人没有直系血亲和三代以内旁系血亲关系的声明。

办理结婚登记的华侨应当出具下列证件和证明材料：

（一）本人的有效护照；

（二）居住国公证机构或者有权机关出具的、经中华人民共和国驻该国使（领）馆认证的本人无配偶以及与对方当事人没有直系血亲和三代以内旁系血亲关系的证明，或者中华人民共和国驻该国使（领）馆出具的本人无配偶以及与对方当事人没有直系血亲和三代以内旁系血亲关系的证明。

办理结婚登记的外国人应当出具下列证件和证明材料：

（一）本人的有效护照或者其他有效的国际旅行证件；

（二）所在国公证机构或者有权机关出具的、经中华人民共和国驻该国使（领）馆认证或者该国驻华使（领）馆认证的本人无配偶的证明，或者所在国驻华使（领）馆出具的本人无配偶的证明。

第六条　办理结婚登记的当事人有下列情形之一的，婚姻登记机关不予登记：

（一）未到法定结婚年龄的；

（二）非双方自愿的；

（三）一方或者双方已有配偶的；

（四）属于直系血亲或者三代以内旁系血亲的；

（五）患有医学上认为不应当结婚的疾病的。

第七条　婚姻登记机关应当对结婚登记当事人出具的证件、证明材料进行审查并询问相关情况。对当事人符合结婚条件的,应当当场予以登记,发给结婚证;对当事人不符合结婚条件不予登记的,应当向当事人说明理由。

第八条 男女双方补办结婚登记的,适用本条例结婚登记的规定。

第九条 因胁迫结婚的,受胁迫的当事人依据婚姻法第十一条的规定向婚姻登记机关请求撤销其婚姻的,应当出具下列证明材料:

(一)本人的身份证、结婚证;

(二)能够证明受胁迫结婚的证明材料。

婚姻登记机关经审查认为受胁迫结婚的情况属实且不涉及子女抚养、财产及债务问题的,应当撤销该婚姻,宣告结婚证作废。

第三章 离婚登记

第十条 内地居民自愿离婚的,男女双方应当共同到一方当事人常住户口所在地的婚姻登记机关办理离婚登记。

中国公民同外国人在中国内地自愿离婚的,内地居民同香港居民、澳门居民、台湾居民、华侨在中国内地自愿离婚的,男女双方应当共同到内地居民常住户口所在地的婚姻登记机关办理离婚登记。

第十一条 办理离婚登记的内地居民应当出具下列证件和证明材料:

(一)本人的户口簿、身份证;

(二)本人的结婚证;

(三)双方当事人共同签署的离婚协议书。

办理离婚登记的香港居民、澳门居民、台湾居民、华侨、外国人除应当出具前款第(二)项、第(三)项规定的证件、证明材料外,香港居民、澳门居民、台湾居民还应当出具本人的有效通行证、身份证,华侨、外国人还应当出具本人的有效护照或者其他有效国际旅行证件。

离婚协议书应当载明双方当事人自愿离婚的意思表示以及对子女抚养、财产及债务处理等事项协商一致的意见。

第十二条 办理离婚登记的当事人有下列情形之一的,婚姻登记机关不予受理:

(一)未达成离婚协议的;

(二)属于无民事行为能力人或者限制民事行为能力人的;

(三)其结婚登记不是在中国内地办理的。

第十三条 婚姻登记机关应当对离婚登记当事人出具的证件、证明材料进行审查并询问相关情况。对当事人确属自愿离婚,并已对子女抚养、财产、债务等问题达成一致处理意见的,应当当场予以登记,发给离婚证。

第十四条 离婚的男女双方自愿恢复夫妻关系的,应当到婚姻登记机关办理复婚登记。复婚登记适用本条例结婚登记的规定。

第四章 婚姻登记档案和婚姻登记证

第十五条 婚姻登记机关应当建立婚姻登记档案。婚姻登记档案应当长期保管。具体管理办法由国务院民政部门会同国家档案管理部门规定。

第十六条 婚姻登记机关收到人民法院宣告婚姻无效或者撤销婚姻的判决书副本后,应当将该判决书副本收入当事人的婚姻登记档案。

第十七条 结婚证、离婚证遗失或者损毁的,当事人可以持户口簿、身份证向原办理婚姻登记的机关或者一方当事人常住户口所在地的婚姻登记机关申请补领。婚姻登记机关对当事人的婚姻登记档案进行查证,确认属实的,应当为当事人补发结婚证、离婚证。

第五章 罚 则

第十八条 婚姻登记机关及其婚姻登记员有下列行为之一的,对直接负责的主管人员和其他直接责任人员依法给予行政处分:

(一)为不符合婚姻登记条件的当事人办理婚姻登记的;

(二)玩忽职守造成婚姻登记档案损失的;

(三)办理婚姻登记或者补发结婚证、离婚证超过收费标准收取费用的。

违反前款第(三)项规定收取的费用,应当退还当事人。

第六章 附 则

第十九条 中华人民共和国驻外使(领)馆可以依照本条例的有关规定,为男女双方均居住于驻在国的中国公民办理婚姻登记。

第二十条 本条例规定的婚姻登记证由国务院民政部门规定式样并监制。

第二十一条 当事人办理婚姻登记或者补领

结婚证、离婚证应当交纳工本费。工本费的收费标准由国务院价格主管部门会同国务院财政部门规定并公布。

第二十二条 本条例自 2003 年 10 月 1 日起施行。1994 年 1 月 12 日国务院批准、1994 年 2 月 1 日民政部发布的《婚姻登记管理条例》同时废止。

婚姻登记档案管理办法

· 2006 年 1 月 23 日民政部、国家档案局令第 32 号公布
· 自公布之日起施行

第一条 为规范婚姻登记档案管理，维护婚姻当事人的合法权益，根据《中华人民共和国档案法》和《婚姻登记条例》，制定本办法。

第二条 婚姻登记档案是婚姻登记机关在办理结婚登记、撤销婚姻、离婚登记、补发婚姻登记证的过程中形成的具有凭证作用的各种记录。

第三条 婚姻登记主管部门对婚姻登记档案工作实行统一领导，分级管理，并接受同级地方档案行政管理部门的监督和指导。

第四条 婚姻登记机关应当履行下列档案工作职责：

（一）及时将办理完毕的婚姻登记材料收集、整理、归档；

（二）建立健全各项规章制度，确保婚姻登记档案的齐全完整；

（三）采用科学的管理方法，提高婚姻登记档案的保管水平；

（四）办理查档服务，出具婚姻登记记录证明，告知婚姻登记档案的存放地；

（五）办理婚姻登记档案的移交工作。

第五条 办理结婚登记（含复婚、补办结婚登记，下同）形成的下列材料应当归档：

（一）《结婚登记审查处理表》；

（二）《申请结婚登记声明书》或者《申请补办结婚登记声明书》；

（三）香港特别行政区居民、澳门特别行政区居民、台湾地区居民、出国人员、华侨以及外国人提交的《婚姻登记条例》第五条规定的各种证明材料（含翻译材料）；

（四）当事人身份证件（从《婚姻登记条例》第五条规定，下同）复印件；

（五）其他有关材料。

第六条 办理撤销婚姻形成的下列材料应当归档：

（一）婚姻登记机关关于撤销婚姻的决定；

（二）《撤销婚姻申请书》；

（三）当事人的结婚证原件；

（四）公安机关出具的当事人被拐卖、解救证明，或人民法院作出的能够证明当事人被胁迫结婚的判决书；

（五）当事人身份证件复印件；

（六）其他有关材料。

第七条 办理离婚登记形成的下列材料应当归档：

（一）《离婚登记审查处理表》；

（二）《申请离婚登记声明书》；

（三）当事人结婚证复印件；

（四）当事人离婚协议书；

（五）当事人身份证件复印件；

（六）其他有关材料。

第八条 办理补发婚姻登记证形成的下列材料应当归档：

（一）《补发婚姻登记证审查处理表》；

（二）《申请补领婚姻登记证声明书》；

（三）婚姻登记档案保管部门出具的婚姻登记档案记录证明或其他有关婚姻状况的证明；

（四）当事人身份证件复印件；

（五）当事人委托办理时提交的经公证机关公证的当事人身份证件复印件和委托书，受委托人本人的身份证件复印件；

（六）其他有关材料。

第九条 婚姻登记档案按照年度—婚姻登记性质分类。婚姻登记性质分为结婚登记类、撤销婚姻类、离婚登记类和补发婚姻登记证类四类。

人民法院宣告婚姻无效或者撤销婚姻的判决书副本归入撤销婚姻类档案。

婚姻无效或者撤销婚姻的，应当在当事人原婚姻登记档案的《结婚登记审查处理表》的"备注"栏中注明有关情况及相应的撤销婚姻类档案的档号。

第十条 婚姻登记材料的立卷归档应当遵循下列原则与方法：

（一）婚姻登记材料按照年度归档。

（二）一对当事人婚姻登记材料组成一卷。

（三）卷内材料分别按照本办法第五、六、七、八条规定的顺序排列。

（四）以有利于档案保管和利用的方法固定案卷。

（五）按本办法第九条的规定对案卷进行分类，并按照办理婚姻登记的时间顺序排列。

（六）在卷内文件首页上端的空白处加盖归档章（见附件1），并填写有关内容。归档章设置全宗号、年度、室编卷号、馆编卷号和页数等项目。

全宗号：档案馆给立档单位编制的代号。

年度：案卷的所属年度。

室编卷号：案卷排列的顺序号，每年每个类别分别从"1"开始标注。

馆编卷号：档案移交时按进馆要求编制。

页数：卷内材料有文字的页面数。

（七）按室编卷号的顺序将婚姻登记档案装入档案盒，并填写档案盒封面、盒脊和备考表的项目。

档案盒封面应标明全宗名称和婚姻登记处名称（见附件2）。

档案盒盒脊设置全宗号、年度、婚姻登记性质、起止卷号和盒号等项目（见附件3）。其中，起止卷号填写卷内第一份案卷和最后一份案卷的卷号，中间用"—"号连接；盒号即档案盒的排列顺序号，在档案移交时按进馆要求编制。

备考表置于盒内，说明本盒档案的情况，并填写整理人、检查人和日期（见附件4）。

（八）按类别分别编制婚姻登记档案目录（见附件5）。

（九）每年的婚姻登记档案目录加封面后装订成册，一式三份，并编制目录号（见附件6）。

第十一条　婚姻登记材料的归档要求：

（一）当年的婚姻登记材料应当在次年的3月31日前完成立卷归档；

（二）归档的婚姻登记材料必须齐全完整，案卷规范、整齐，复印件一律使用A4规格的复印纸，复印件和照片应当图像清晰；

（三）归档章、档案盒封面、盒脊、备考表等项目，使用蓝黑墨水或碳素墨水钢笔填写；婚姻登记档案目录应当打印；备考表和档案目录一律使用A4规格纸张。

第十二条　使用计算机办理婚姻登记所形成的电子文件，应当与纸质文件一并归档，归档要求参照《电子文件归档与管理规范》(GB/T18894-2002)。

第十三条　婚姻登记档案的保管期限为100年。对有继续保存价值的可以延长保管期限直至永久。

第十四条　婚姻登记档案应当按照下列规定进行移交：

（一）县级（含）以上地方人民政府民政部门形成的婚姻登记档案，应当在本单位档案部门保管一定时期后向同级国家档案馆移交，具体移交时间由双方商定。

（二）具有办理婚姻登记职能的乡（镇）人民政府形成的婚姻登记档案应当向乡（镇）档案部门移交，具体移交时间从乡（镇）的规定。

乡（镇）人民政府应当将每年的婚姻登记档案目录副本向上一级人民政府民政部门报送。

（三）被撤销或者合并的婚姻登记机关的婚姻登记档案应当按照前两款的规定及时移交。

第十五条　婚姻登记档案的利用应当遵守下列规定：

（一）婚姻登记档案保管部门应当建立档案利用制度，明确办理程序，维护当事人的合法权益；

（二）婚姻登记机关可以利用本机关移交的婚姻登记档案；

（三）婚姻当事人持有合法身份证件，可以查阅本人的婚姻登记档案；婚姻当事人因故不能亲自前往查阅的，可以办理授权委托书，委托他人代为办理，委托书应当经公证机关公证；

（四）人民法院、人民检察院、公安和安全部门为确认当事人的婚姻关系，持单位介绍信可以查阅婚姻登记档案；律师及其他诉讼代理人在诉讼过程中，持受理案件的法院出具的证明材料及本人有效证件可以查阅与诉讼有关的婚姻登记档案；

（五）其他单位、组织和个人要求查阅婚姻登记档案的，婚姻登记档案保管部门在确认其利用目的合理的情况下，经主管领导审核，可以利用；

（六）利用婚姻登记档案的单位、组织和个人，不得公开婚姻登记档案的内容，不得损害婚姻当事人的合法权益；

（七）婚姻登记档案不得外借，仅限于当场查阅;复印的婚姻登记档案需加盖婚姻登记档案保管部门的印章方为有效。

第十六条 婚姻登记档案的鉴定销毁应当符合下列要求:

(一)婚姻登记档案保管部门对保管期限到期的档案要进行价值鉴定,对无保存价值的予以销毁,但婚姻登记档案目录应当永久保存。

(二)对销毁的婚姻登记档案应当建立销毁清册,载明销毁档案的时间、种类和数量,并永久保存。

(三)婚姻登记档案保管部门应当派人监督婚姻登记档案的销毁过程,确保销毁档案没有漏销或者流失,并在销毁清册上签字。

第十七条 本办法由民政部负责解释。

第十八条 本办法自公布之日起施行。

民政部关于贯彻落实《中华人民共和国民法典》中有关婚姻登记规定的通知

· 2020 年 11 月 24 日
· 民发〔2020〕116 号

各省、自治区、直辖市民政厅(局),各计划单列市民政局,新疆生产建设兵团民政局:

《中华人民共和国民法典》(以下简称《民法典》)将于 2021 年 1 月 1 日起施行。根据《民法典》规定,对婚姻登记有关程序作出如下调整:

一、婚姻登记机关不再受理因胁迫结婚请求撤销业务

《民法典》第一千零五十二条第一款规定:"因胁迫结婚的,受胁迫的一方可以向人民法院请求撤销婚姻。"因此,婚姻登记机关不再受理因胁迫结婚的撤销婚姻申请,《婚姻登记工作规范》第四条第三款、第五章废止,删除第十四条第(五)项中"及可撤销婚姻"、第二十五条第(二)项中"撤销受胁迫婚姻"及第七十二条第(二)项中"撤销婚姻"表述。

二、调整离婚登记程序

根据《民法典》第一千零七十六条、第一千零七十七条和第一千零七十八条规定,离婚登记按如下程序办理:

(一)申请。夫妻双方自愿离婚的,应当签订书面离婚协议,共同到有管辖权的婚姻登记机关提出申请,并提供以下证件和证明材料:

1. 内地婚姻登记机关或者中国驻外使(领)馆颁发的结婚证;

2. 符合《婚姻登记工作规范》第二十九条至第三十五条规定的有效身份证件;

3. 在婚姻登记机关现场填写的《离婚登记申请书》(附件1)。

(二)受理。婚姻登记机关按照《婚姻登记工作规范》有关规定对当事人提交的上述材料进行初审。

申请办理离婚登记的当事人有一本结婚证丢失的,当事人应当书面声明遗失,婚姻登记机关可以根据另一本结婚证受理离婚登记申请;申请办理离婚登记的当事人两本结婚证都丢失的,当事人应当书面声明结婚证遗失并提供加盖查档专用章的结婚登记档案复印件,婚姻登记机关可根据当事人提供的上述材料受理离婚登记申请。

婚姻登记机关对当事人提交的证件和证明材料初审无误后,发给《离婚登记申请受理回执单》(附件2)。不符合离婚登记申请条件的,不予受理。当事人要求出具《不予受理离婚登记申请告知书》(附件3)的,应当出具。

(三)冷静期。自婚姻登记机关收到离婚登记申请并向当事人发放《离婚登记申请受理回执单》之日起三十日内(自婚姻登记机关收到离婚登记申请之日的次日开始计算期间,期间的最后一日是法定休假日的,以法定休假日结束的次日为期间的最后一日),任何一方不愿意离婚的,可以持本人有效身份证件和《离婚登记申请受理回执单》(遗失的可不提供,但需书面说明情况),向受理离婚登记申请的婚姻登记机关撤回离婚登记申请,并亲自填写《撤回离婚登记申请书》(附件4)。经婚姻登记机关核实无误后,发给《撤回离婚登记申请确认单》(附件5),并将《离婚登记申请书》、《撤回离婚登记申请书》与《撤回离婚登记申请确认单(存根联)》一并存档。

自离婚冷静期届满后三十日内(自冷静期届满日的次日开始计算期间,期间的最后一日是法定休假日的,以法定休假日结束的次日为期间的最后一日),双方未共同到婚姻登记机关申请发给离婚证的,视为撤回离婚登记申请。

（四）审查。自离婚冷静期届满后三十日内（自冷静期届满日的次日开始计算期间，期间的最后一日是法定休假日的，以法定休假日结束的次日为期间的最后一日），双方当事人应当持《婚姻登记工作规范》第五十五条第（四）至（七）项规定的证件和材料，共同到婚姻登记机关申请发给离婚证。

婚姻登记机关按照《婚姻登记工作规范》第五十六条和第五十七条规定的程序和条件执行和审查。婚姻登记机关对不符合离婚登记条件的，不予办理。当事人要求出具《不予办理离婚登记告知书》（附件7）的，应当出具。

（五）登记（发证）。婚姻登记机关按照《婚姻登记工作规范》第五十八条至六十条规定，予以登记，发给离婚证。

离婚协议书一式三份，男女双方各一份并自行保存，婚姻登记机关存档一份。婚姻登记机关在当事人持有的两份离婚协议书上加盖"此件与存档件一致，涂改无效。××××婚姻登记处××××年××月××日"的长方形红色印章并填写日期。多页离婚协议书同时在骑缝处加盖此印章，骑缝处不填写日期。当事人亲自签订的离婚协议书原件存档。婚姻登记机关在存档的离婚协议书加盖"××××婚姻登记处存档件××××年××月××日"的长方形红色印章并填写日期。

三、离婚登记档案归档

婚姻登记机关应当按照《婚姻登记档案管理办法》规定建立离婚登记档案，形成电子档案。

归档材料应当增加离婚登记申请环节所有材料（包括撤回离婚登记申请和视为撤回离婚登记申请的所有材料）。

四、工作要求

（一）加强宣传培训。要将本《通知》纳入信息公开的范围，将更新后的婚姻登记相关规定和工作程序及时在相关网站、婚姻登记场所公开，让群众知悉婚姻登记的工作流程和工作要求，最大限度做到便民利民。要抓紧开展教育培训工作，使婚姻登记员及时掌握《通知》的各项规定和要求，确保婚姻登记工作依法依规开展。

（二）做好配套衔接。加快推进本地区相关配套制度的"废改立"工作，确保与本《通知》的规定相一致。做好婚姻登记信息系统的升级，及时将离婚登记的申请、撤回等环节纳入信息系统，确保与婚姻登记程序有效衔接。

（三）强化风险防控。要做好分析研判，对《通知》实施过程中可能出现的风险和问题要有应对措施，确保矛盾问题得到及时处置。要健全请示报告制度，在《通知》执行过程中遇到的重要问题和有关情况，及时报告民政部。

本通知自2021年1月1日起施行。《民政部关于印发〈婚姻登记工作规范〉的通知》（民发〔2015〕230号）中与本《通知》不一致的，以本《通知》为准。

附件：1. 离婚登记申请书（略）
2. 离婚登记申请受理回执单（略）
3. 不予受理离婚登记申请告知书（略）
4. 撤回离婚登记申请书（略）
5. 撤回离婚登记申请确认单（略）
6. 离婚登记声明书（略）
7. 不予办理离婚登记告知书（略）
8. 离婚登记审查处理表（略）

出国人员婚姻登记管理办法

· 1997年5月8日
· 民事发〔1997〕14号

第一条 为加强出国人员的婚姻登记管理，保护婚姻当事人的合法权益，依据《中华人民共和国婚姻法》[①]、《婚姻登记管理条例》[②]制定本办法。

第二条 本办法所称出国人员系指依法出境，在国外合法居留6个月以上未定居的中华人民共和国公民。

第三条 出国人员的婚姻登记管理机关是省、自治区、直辖市民政厅（局）指定的县级以上人民政府的民政部门和我驻外使、领馆。

第四条 出国人员中的现役军人、公安人员、武装警察、机要人员和其他掌握国家重要机密的

---

① 本办法依据的为1980年颁布的《婚姻法》，于2001年部分条文进行了修改，本办法与修订后的《婚姻法》有冲突的条文应以后法为准。

② 本办法依据的《婚姻登记管理条例》因2003年10月1日起施行的《婚姻登记条例》而废止。

人员不得在我驻外使、领馆和居住国办理婚姻登记。

第五条　出国人员婚姻登记应符合国家有关婚姻法律、法规的规定。

第六条　出国人员在我国境内办理结婚登记，男女双方须共同到一方户籍所在地或出国前户籍所在地的婚姻登记管理机关提出申请。

出国人员在境外办理结婚登记，男女双方须共同到我驻外使、领馆提出申请。出国人员居住国不承认外国使、领馆办理的结婚登记的，可回国内办理；在居住国办理的结婚登记，符合我国《婚姻法》基本原则和有关结婚的实质要件的，予以承认。

第七条　出国人员同居住在国内的中国公民、以及出国人员之间办理结婚登记须提供下列证件和证明：

甲、居住在国内的中国公民

（一）身份证和户口证明；

（二）所在单位或村（居）民委员会出具的婚姻状况证明。

乙、出国人员

（一）护照；

（二）所在单位（国内县级以上机关、社会团体、企事业单位）出具的婚姻状况证明；或我驻外使、领馆出具或经我驻外使、领馆认证的居住国公证机关出具的在国外期间的婚姻状况证明。

持在国外期间的婚姻状况证明且出国前已达法定婚龄的，还须提供出国前所在单位或村（居）民委员会出具的出国前的婚姻状况证明。在我驻外使、领馆办理结婚登记的，须提供国内公证机关出具的婚姻状况公证。婚姻状况公证的有效期为六个月。

居住在国内的中国公民同出国人员在国内登记结婚的还须出具婚姻登记管理机关指定医院出具的婚前健康检查证明。离过婚的，须提供有效的离婚证件。丧偶者，须提供配偶死亡证明。

第八条　已办理出国护照、签证并已注销户口尚未出国的人员，应持护照和所在单位或村（居）民委员会出具的婚姻状况证明，到注销户口前的户籍所在地或对方户籍所在地的婚姻登记管理机关办理结婚登记。

第九条　出国六个月以上，现已回国的人员，应按本办法第七条的有关规定提供本人在国外期间的婚姻状况证明；回国一年以上，确实无法取得在国外期间的婚姻状况证明的，须提供经现住所地公证机关公证的未婚或者未再婚保证书。

第十条　申请复婚的，按结婚登记程序办理。

第十一条　一方为出国人员，一方在国内，双方自愿离婚，并对子女抚养、财产处理达成协议的，双方须共同到国内一方户籍所在地或出国人员出国前的户籍所在地的婚姻登记管理机关申请离婚登记，并须提供下列证件和证明：

甲、居住在国内的中国公民

（一）身份证和户口证明；

（二）所在单位或村（居）民委员会出具的介绍信；

（三）离婚协议书；

（四）结婚证。

乙、出国人员

（一）护照；

（二）离婚协议书；

（三）结婚证。

当事人双方有争议的，可以向国内一方住所地人民法院起诉。

第十二条　双方均为出国人员，且在我驻外使、领馆办理的结婚登记，自愿离婚，并对子女抚养、财产处理达成协议的，双方须共同到原结婚登记的我驻外使、领馆申请离婚登记。居住国不承认外国使、领馆办理的离婚登记并允许当事人在该国离婚的，可以在居住国办理离婚或回国内办理离婚。

双方有争议的，可以向出国前一方住所地人民法院提起诉讼。

第十三条　申请结婚当事人不符合法定结婚条件的，向婚姻登记管理机关隐瞒真实情况或者弄虚作假、骗取婚姻登记的，按照《婚姻登记管理条例》有关规定处理。

第十四条　本办法由民政部负责解释。

最高人民法院关于适用《中华人民共和国民法典》婚姻家庭编的解释（一）

- 2020年12月25日最高人民法院审判委员会第1825次会议通过
- 2020年12月29日最高人民法院公告公布
- 自2021年1月1日起施行
- 法释〔2020〕22号

为正确审理婚姻家庭纠纷案件，根据《中华人民共和国民法典》《中华人民共和国民事诉讼法》等相关法律规定，结合审判实践，制定本解释。

一、一般规定

第一条 持续性、经常性的家庭暴力，可以认定为民法典第一千零四十二条、第一千零七十九条、第一千零九十一条所称的"虐待"。

第二条 民法典第一千零四十二条、第一千零七十九条、第一千零九十一条规定的"与他人同居"的情形，是指有配偶者与婚外异性，不以夫妻名义，持续、稳定地共同居住。

第三条 当事人提起诉讼仅请求解除同居关系的，人民法院不予受理；已经受理的，裁定驳回起诉。

当事人因同居期间财产分割或者子女抚养纠纷提起诉讼的，人民法院应当受理。

第四条 当事人仅以民法典第一千零四十三条为依据提起诉讼的，人民法院不予受理；已经受理的，裁定驳回起诉。

第五条 当事人请求返还按照习俗给付的彩礼的，如果查明属于以下情形，人民法院应当予以支持：

（一）双方未办理结婚登记手续；

（二）双方办理结婚登记手续但确未共同生活；

（三）婚前给付并导致给付人生活困难。

适用前款第二项、第三项的规定，应当以双方离婚为条件。

二、结　婚

第六条 男女双方依据民法典第一千零四十九条规定补办结婚登记的，婚姻关系的效力从双方均符合民法典所规定的结婚的实质要件时起算。

第七条 未依据民法典第一千零四十九条规定办理结婚登记而以夫妻名义共同生活的男女，提起诉讼要求离婚的，应当区别对待：

（一）1994年2月1日民政部《婚姻登记管理条例》公布实施以前，男女双方已经符合结婚实质要件的，按事实婚姻处理。

（二）1994年2月1日民政部《婚姻登记管理条例》公布实施以后，男女双方符合结婚实质要件的，人民法院应当告知其补办结婚登记。未补办结婚登记的，依据本解释第三条规定处理。

第八条 未依据民法典第一千零四十九条规定办理结婚登记而以夫妻名义共同生活的男女，一方死亡，另一方以配偶身份主张享有继承权的，依据本解释第七条的原则处理。

第九条 有权依据民法典第一千零五十一条规定向人民法院就已办理结婚登记的婚姻请求确认婚姻无效的主体，包括婚姻当事人及利害关系人。其中，利害关系人包括：

（一）以重婚为由的，为当事人的近亲属及基层组织；

（二）以未到法定婚龄为由的，为未到法定婚龄者的近亲属；

（三）以有禁止结婚的亲属关系为由的，为当事人的近亲属。

第十条 当事人依据民法典第一千零五十一条规定向人民法院请求确认婚姻无效，法定的无效婚姻情形在提起诉讼时已经消失的，人民法院不予支持。

第十一条 人民法院受理请求确认婚姻无效案件后，原告申请撤诉的，不予准许。

对婚姻效力的审理不适用调解，应当依法作出判决。

涉及财产分割和子女抚养的，可以调解。调解达成协议的，另行制作调解书；未达成调解协议的，应当一并作出判决。

第十二条 人民法院受理离婚案件后，经审理确属无效婚姻的，应当将婚姻无效的情形告知当事人，并依法作出确认婚姻无效的判决。

第十三条 人民法院就同一婚姻关系分别受理了离婚和请求确认婚姻无效案件的，对于离婚案件的审理，应当待请求确认婚姻无效案件作出判决后进行。

第十四条 夫妻一方或者双方死亡后，生存一方或者利害关系人依据民法典第一千零五十一条的规定请求确认婚姻无效的，人民法院应当受理。

第十五条 利害关系人依据民法典第一千零五十一条的规定，请求人民法院确认婚姻无效的，利害关系人为原告，婚姻关系当事人双方为被告。

夫妻一方死亡的，生存一方为被告。

第十六条 人民法院审理重婚导致的无效婚姻案件时，涉及财产处理的，应当准许合法婚姻当事人作为有独立请求权的第三人参加诉讼。

第十七条 当事人以民法典第一千零五十一条规定的三种无效婚姻以外的情形请求确认婚姻无效的，人民法院应当判决驳回当事人的诉讼请求。

当事人以结婚登记程序存在瑕疵为由提起民事诉讼，主张撤销结婚登记的，告知其可以依法申请行政复议或者提起行政诉讼。

第十八条 行为人以给另一方当事人或者其近亲属的生命、身体、健康、名誉、财产等方面造成损害为要挟，迫使另一方当事人违背真实意愿结婚的，可以认定为民法典第一千零五十二条所称的"胁迫"。

因受胁迫而请求撤销婚姻的，只能是受胁迫一方婚姻关系当事人本人。

第十九条 民法典第一千零五十二条规定的"一年"，不适用诉讼时效中止、中断或者延长的规定。

受胁迫或者被非法限制人身自由的当事人请求撤销婚姻的，不适用民法典第一百五十二条第二款的规定。

第二十条 民法典第一千零五十四条所规定的"自始没有法律约束力"，是指无效婚姻或者可撤销婚姻在依法被确认无效或者被撤销时，才确定该婚姻自始不受法律保护。

第二十一条 人民法院根据当事人的请求，依法确认婚姻无效或者撤销婚姻的，应当收缴双方的结婚证书并将生效的判决书寄送当地婚姻登记管理机关。

第二十二条 被确认无效或者被撤销的婚姻，当事人同居期间所得的财产，除有证据证明为当事人一方所有的以外，按共同共有处理。

三、夫妻关系

第二十三条 夫以妻擅自中止妊娠侵犯其生育权为由请求损害赔偿的，人民法院不予支持；夫妻双方因是否生育发生纠纷，致使感情已破裂，一方请求离婚的，人民法院经调解无效，应依照民法典第一千零七十九条第三款第五项的规定处理。

第二十四条 民法典第一千零六十二条第一款第三项规定的"知识产权的收益"，是指婚姻关系存续期间，实际取得或者已经明确可以取得的财产性收益。

第二十五条 婚姻关系存续期间，下列财产属于民法典第一千零六十二条规定的"其他应当归共同所有的财产"：

（一）一方以个人财产投资取得的收益；

（二）男女双方实际取得或者应当取得的住房补贴、住房公积金；

（三）男女双方实际取得或者应当取得的基本养老金、破产安置补偿费。

第二十六条 夫妻一方个人财产在婚后产生的收益，除孳息和自然增值外，应认定为夫妻共同财产。

第二十七条 由一方婚前承租、婚后用共同财产购买的房屋，登记在一方名下的，应当认定为夫妻共同财产。

第二十八条 一方未经另一方同意出售夫妻共同所有的房屋，第三人善意购买、支付合理对价并已办理不动产登记，另一方主张追回该房屋的，人民法院不予支持。

夫妻一方擅自处分共同所有的房屋造成另一方损失，离婚时另一方请求赔偿损失的，人民法院应予支持。

第二十九条 当事人结婚前，父母为双方购置房屋出资的，该出资应当认定为对自己子女个人的赠与，但父母明确表示赠与双方的除外。

当事人结婚后，父母为双方购置房屋出资的，依照约定处理；没有约定或者约定不明确的，按照民法典第一千零六十二条第一款第四项规定的原则处理。

第三十条 军人的伤亡保险金、伤残补助金、医药生活补助费属于个人财产。

第三十一条 民法典第一千零六十三条规定

为夫妻一方的个人财产，不因婚姻关系的延续而转化为夫妻共同财产。但当事人另有约定的除外。

第三十二条 婚前或者婚姻关系存续期间，当事人约定将一方所有的房产赠与另一方或者共有，赠与方在赠与房产变更登记之前撤销赠与，另一方请求判令继续履行的，人民法院可以按照民法典第六百五十八条的规定处理。

第三十三条 债权人就一方婚前所负个人债务向债务人的配偶主张权利的，人民法院不予支持。但债权人能够证明所负债务用于婚后家庭共同生活的除外。

第三十四条 夫妻一方与第三人串通，虚构债务，第三人主张该债务为夫妻共同债务的，人民法院不予支持。

夫妻一方在从事赌博、吸毒等违法犯罪活动中所负债务，第三人主张该债务为夫妻共同债务的，人民法院不予支持。

第三十五条 当事人的离婚协议或者人民法院生效判决、裁定、调解书已经对夫妻财产分割问题作出处理的，债权人仍有权就夫妻共同债务向男女双方主张权利。

一方就夫妻共同债务承担清偿责任后，主张由另一方按照离婚协议或者人民法院的法律文书承担相应债务的，人民法院应予支持。

第三十六条 夫或者妻一方死亡的，生存一方应当对婚姻关系存续期间的夫妻共同债务承担清偿责任。

第三十七条 民法典第一千零六十五条第三款所称"相对人知道该约定的"，夫妻一方对此负有举证责任。

第三十八条 婚姻关系存续期间，除民法典第一千零六十六条规定情形以外，夫妻一方请求分割共同财产的，人民法院不予支持。

四、父母子女关系

第三十九条 父或者母向人民法院起诉请求否认亲子关系，并已提供必要证据予以证明，另一方没有相反证据又拒绝做亲子鉴定的，人民法院可以认定否认亲子关系一方的主张成立。

父或者母以及成年子女起诉请求确认亲子关系，并提供必要证据予以证明，另一方没有相反证据又拒绝做亲子鉴定的，人民法院可以认定确认亲子关系一方的主张成立。

第四十条 婚姻关系存续期间，夫妻双方一致同意进行人工授精，所生子女应视为婚生子女，父母子女间的权利义务关系适用民法典的有关规定。

第四十一条 尚在校接受高中及其以下学历教育，或者丧失、部分丧失劳动能力等非因主观原因而无法维持正常生活的成年子女，可以认定为民法典第一千零六十七条规定的"不能独立生活的成年子女"。

第四十二条 民法典第一千零六十七条所称"抚养费"，包括子女生活费、教育费、医疗费等费用。

第四十三条 婚姻关系存续期间，父母双方或者一方拒不履行抚养子女义务，未成年子女或者不能独立生活的成年子女请求支付抚养费的，人民法院应予支持。

第四十四条 离婚案件涉及未成年子女抚养的，对不满两周岁的子女，按照民法典第一千零八十四条第三款规定的原则处理。母亲有下列情形之一，父亲请求直接抚养的，人民法院应予支持：

（一）患有久治不愈的传染性疾病或者其他严重疾病，子女不宜与其共同生活；

（二）有抚养条件不尽抚养义务，而父亲要求子女随其生活；

（三）因其他原因，子女确不宜随母亲生活。

第四十五条 父母双方协议不满两周岁子女由父亲直接抚养，并对子女健康成长无不利影响的，人民法院应予支持。

第四十六条 对已满两周岁的未成年子女，父母均要求直接抚养，一方有下列情形之一的，可予优先考虑：

（一）已做绝育手术或者因其他原因丧失生育能力；

（二）子女随其生活时间较长，改变生活环境对子女健康成长明显不利；

（三）无其他子女，而另一方有其他子女；

（四）子女随其生活，对子女成长有利，而另一方患有久治不愈的传染性疾病或者其他严重疾病，或者有其他不利于子女身心健康的情形，不宜与子女共同生活。

第四十七条 父母抚养子女的条件基本相同，双方均要求直接抚养子女，但子女单独随祖父母或者外祖父母共同生活多年,且祖父母或者外祖父母要求并且有能力帮助子女照顾孙子女或者外孙子女的,可以作为父或者母直接抚养子女的优先条件予以考虑。

第四十八条 在有利于保护子女利益的前提下,父母双方协议轮流直接抚养子女的,人民法院应予支持。

第四十九条 抚养费的数额,可以根据子女的实际需要、父母双方的负担能力和当地的实际生活水平确定。

有固定收入的,抚养费一般可以按其月总收入的百分之二十至三十的比例给付。负担两个以上子女抚养费的,比例可以适当提高,但一般不得超过月总收入的百分之五十。

无固定收入的,抚养费的数额可以依据当年总收入或者同行业平均收入,参照上述比例确定。

有特殊情况的,可以适当提高或者降低上述比例。

第五十条 抚养费应当定期给付,有条件的可以一次性给付。

第五十一条 父母一方无经济收入或者下落不明的,可以用其财物折抵抚养费。

第五十二条 父母双方可以协议由一方直接抚养子女并由直接抚养方负担子女全部抚养费。但是,直接抚养方的抚养能力明显不能保障子女所需费用,影响子女健康成长的,人民法院不予支持。

第五十三条 抚养费的给付期限,一般至子女十八周岁为止。

十六周岁以上不满十八周岁,以其劳动收入为主要生活来源,并能维持当地一般生活水平的,父母可以停止给付抚养费。

第五十四条 生父与继母离婚或者生母与继父离婚时,对曾受其抚养教育的继子女,继父或者继母不同意继续抚养的,仍应由生父或者生母抚养。

第五十五条 离婚后,父母一方要求变更子女抚养关系的,或者子女要求增加抚养费的,应当另行提起诉讼。

第五十六条 具有下列情形之一,父母一方要求变更子女抚养关系的,人民法院应予支持:

(一)与子女共同生活的一方因患严重疾病或者因伤残无力继续抚养子女的;

(二)与子女共同生活的一方不尽抚养义务或有虐待子女行为,或者其与子女共同生活对子女身心健康确有不利影响的;

(三)已满八周岁的子女,愿随另一方生活,该方又有抚养能力的;

(四)有其他正当理由需要变更的。

第五十七条 父母双方协议变更子女抚养关系的,人民法院应予支持。

第五十八条 具有下列情形之一,子女要求有负担能力的父或者母增加抚养费的,人民法院应予支持:

(一)原定抚养费数额不足以维持当地实际生活水平;

(二)因子女患病、上学,实际需要已超过原定数额;

(三)有其他正当理由应当增加。

第五十九条 父母不得因子女变更姓氏而拒付子女抚养费。父或者母擅自将子女姓氏改为继母或继父姓氏而引起纠纷的,应当责令恢复原姓氏。

第六十条 在离婚诉讼期间,双方均拒绝抚养子女的,可以先行裁定暂由一方抚养。

第六十一条 对拒不履行或者妨害他人履行生效判决、裁定、调解书中有关子女抚养义务的当事人或者其他人,人民法院可依照民事诉讼法第一百一十一条的规定采取强制措施。

五、离　婚

第六十二条 无民事行为能力人的配偶有民法典第三十六条第一款规定行为,其他有监护资格的人可以要求撤销其监护资格,并依法指定新的监护人;变更后的监护人代理无民事行为能力一方提起离婚诉讼的,人民法院应予受理。

第六十三条 人民法院审理离婚案件,符合民法典第一千零七十九条第三款规定"应当准予离婚"情形的,不应当因当事人有过错而判决不准离婚。

第六十四条 民法典第一千零八十一条所称的"军人一方有重大过错",可以依据民法典第一千零七十九条第三款前三项规定及军人有其他重大过错导致夫妻感情破裂的情形予以判断。

第六十五条 人民法院作出的生效的离婚判决中未涉及探望权,当事人就探望权问题单独提起诉讼的，人民法院应予受理。

第六十六条 当事人在履行生效判决、裁定或者调解书的过程中，一方请求中止探望的，人民法院在征询双方当事人意见后，认为需要中止探望的，依法作出裁定；中止探望的情形消失后，人民法院应当根据当事人的请求书面通知其恢复探望。

第六十七条 未成年子女、直接抚养子女的父亲或者母亲以及其他对未成年子女负担抚养、教育、保护义务的法定监护人，有权向人民法院提出中止探望的请求。

第六十八条 对于拒不协助另一方行使探望权的有关个人或者组织，可以由人民法院依法采取拘留、罚款等强制措施，但是不能对子女的人身、探望行为进行强制执行。

第六十九条 当事人达成的以协议离婚或者到人民法院调解离婚为条件的财产以及债务处理协议，如果双方离婚未成，一方在离婚诉讼中反悔的，人民法院应当认定该财产以及债务处理协议没有生效，并根据实际情况依照民法典第一千零八十七条和第一千零八十九条的规定判决。

当事人依照民法典第一千零七十六条签订的离婚协议中关于财产以及债务处理的条款，对男女双方具有法律约束力。登记离婚后当事人因履行上述协议发生纠纷提起诉讼的，人民法院应当受理。

第七十条 夫妻双方协议离婚后就财产分割问题反悔，请求撤销财产分割协议的，人民法院应当受理。

人民法院审理后，未发现订立财产分割协议时存在欺诈、胁迫等情形的，应当依法驳回当事人的诉讼请求。

第七十一条 人民法院审理离婚案件，涉及分割发放到军人名下的复员费、自主择业费等一次性费用的，以夫妻婚姻关系存续年限乘以年平均值，所得数额为夫妻共同财产。

前款所称年平均值，是指将发放到军人名下的上述费用总额按具体年限均分得出的数额。其具体年限为人均寿命七十岁与军人入伍时实际年龄的差额。

第七十二条 夫妻双方分割共同财产中的股票、债券、投资基金份额等有价证券以及未上市股份有限公司股份时，协商不成或者按市价分配有困难的，人民法院可以根据数量按比例分配。

第七十三条 人民法院审理离婚案件，涉及分割夫妻共同财产中以一方名义在有限责任公司的出资额，另一方不是该公司股东的，按以下情形分别处理：

（一）夫妻双方协商一致将出资额部分或者全部转让给该股东的配偶，其他股东过半数同意，并且其他股东均明确表示放弃优先购买权的，该股东的配偶可以成为该公司股东；

（二）夫妻双方就出资额转让份额和转让价格等事项协商一致后，其他股东半数以上不同意转让，但愿意以同等条件购买该出资额的，人民法院可以对转让出资所得财产进行分割。其他股东半数以上不同意转让，也不愿意以同等条件购买该出资额的，视为其同意转让，该股东的配偶可以成为该公司股东。

用于证明前款规定的股东同意的证据，可以是股东会议材料，也可以是当事人通过其他合法途径取得的股东的书面声明材料。

第七十四条 人民法院审理离婚案件，涉及分割夫妻共同财产中以一方名义在合伙企业中的出资，另一方不是该企业合伙人的，当夫妻双方协商一致，将其合伙企业中的财产份额全部或者部分转让给对方时，按以下情形分别处理：

（一）其他合伙人一致同意的，该配偶依法取得合伙人地位；

（二）其他合伙人不同意转让，在同等条件下行使优先购买权的，可以对转让所得的财产进行分割；

（三）其他合伙人不同意转让，也不行使优先购买权，但同意该合伙人退伙或者削减部分财产份额的，可以对结算后的财产进行分割；

（四）其他合伙人既不同意转让，也不行使优先购买权，又不同意该合伙人退伙或者削减部分财产份额的，视为全体合伙人同意转让，该配偶依法取得合伙人地位。

第七十五条 夫妻以一方名义投资设立个人独资企业的，人民法院分割夫妻在该个人独资企业中的共同财产时，应当按照以下情形分别处理：

（一）一方主张经营该企业的，对企业资产进行评估后，由取得企业资产所有权一方给予另一方相应的补偿；

（二）双方均主张经营该企业的，在双方竞价基础上，由取得企业资产所有权的一方给予另一方相应的补偿；

（三）双方均不愿意经营该企业的，按照《中华人民共和国个人独资企业法》等有关规定办理。

第七十六条 双方对夫妻共同财产中的房屋价值及归属无法达成协议时，人民法院按以下情形分别处理：

（一）双方均主张房屋所有权并且同意竞价取得的，应当准许；

（二）一方主张房屋所有权的，由评估机构按市场价格对房屋作出评估，取得房屋所有权的一方应当给予另一方相应的补偿；

（三）双方均不主张房屋所有权的，根据当事人的申请拍卖、变卖房屋，就所得价款进行分割。

第七十七条 离婚时双方对尚未取得所有权或者尚未取得完全所有权的房屋有争议且协商不成的，人民法院不宜判决房屋所有权的归属，应当根据实际情况判决由当事人使用。

当事人就前款规定的房屋取得完全所有权后，有争议的，可以另行向人民法院提起诉讼。

第七十八条 夫妻一方婚前签订不动产买卖合同，以个人财产支付首付款并在银行贷款，婚后用夫妻共同财产还贷，不动产登记于首付款支付方名下的，离婚时该不动产由双方协议处理。

依前款规定不能达成协议的，人民法院可以判决该不动产归登记一方，尚未归还的贷款为不动产登记一方的个人债务。双方婚后共同还贷支付的款项及其相对应财产增值部分，离婚时应根据民法典第一千零八十七条第一款规定的原则，由不动产登记一方对另一方进行补偿。

第七十九条 婚姻关系存续期间，双方用夫妻共同财产出资购买以一方父母名义参加房改的房屋，登记在一方父母名下，离婚时另一方主张按照夫妻共同财产对该房屋进行分割的，人民法院不予支持。购买该房屋时的出资，可以作为债权处理。

第八十条 离婚时夫妻一方尚未退休、不符合领取基本养老金条件，另一方请求按照夫妻共同财产分割基本养老金的，人民法院不予支持；婚后以夫妻共同财产缴纳基本养老保险费，离婚时一方主张将养老金账户中婚姻关系存续期间个人实际缴纳部分及利息作为夫妻共同财产分割的，人民法院应予支持。

第八十一条 婚姻关系存续期间，夫妻一方作为继承人依法可以继承的遗产，在继承人之间尚未实际分割，起诉离婚时另一方请求分割的，人民法院应当告知当事人在继承人之间实际分割遗产后另行起诉。

第八十二条 夫妻之间订立借款协议，以夫妻共同财产出借给一方从事个人经营活动或者用于其他个人事务的，应视为双方约定处分夫妻共同财产的行为，离婚时可以按照借款协议的约定处理。

第八十三条 离婚后，一方以尚有夫妻共同财产未处理为由向人民法院起诉请求分割的，经审查该财产确属离婚时未涉及的夫妻共同财产，人民法院应当依法予以分割。

第八十四条 当事人依据民法典第一千零九十二条的规定向人民法院提起诉讼，请求再次分割夫妻共同财产的诉讼时效期间为三年，从当事人发现之日起计算。

第八十五条 夫妻一方申请对配偶的个人财产或者夫妻共同财产采取保全措施的，人民法院可以在采取保全措施可能造成损失的范围内，根据实际情况，确定合理的财产担保数额。

第八十六条 民法典第一千零九十一条规定的"损害赔偿"，包括物质损害赔偿和精神损害赔偿。涉及精神损害赔偿的，适用《最高人民法院关于确定民事侵权精神损害赔偿责任若干问题的解释》的有关规定。

第八十七条 承担民法典第一千零九十一条规定的损害赔偿责任的主体，为离婚诉讼当事人中无过错方的配偶。

人民法院判决不准离婚的案件，对于当事人基于民法典第一千零九十一条提出的损害赔偿请求，不予支持。

在婚姻关系存续期间，当事人不起诉离婚而单独依据民法典第一千零九十一条提起损害赔偿请求的，人民法院不予受理。

第八十八条 人民法院受理离婚案件时，应当将民法典第一千零九十一条等规定中当事人的有关权利义务，书面告知当事人。在适用民法典第一千零九十一条时，应当区分以下不同情况：

（一）符合民法典第一千零九十一条规定的无过错方作为原告基于该条规定向人民法院提起损害赔偿请求的，必须在离婚诉讼的同时提出。

(二)符合民法典第一千零九十一条规定的无过错方作为被告的离婚诉讼案件,如果被告不同意离婚也不基于该条规定提起损害赔偿请求的,可以就此单独提起诉讼。

(三)无过错方作为被告的离婚诉讼案件,一审时被告未基于民法典第一千零九十一条规定提出损害赔偿请求,二审期间提出的,人民法院应当进行调解;调解不成的,告知当事人另行起诉。双方当事人同意由第二审人民法院一并审理的,第二审人民法院可以一并裁判。

第八十九条 当事人在婚姻登记机关办理离婚登记手续后,以民法典第一千零九十一条规定为由向人民法院提出损害赔偿请求的,人民法院应当受理。但当事人在协议离婚时已经明确表示放弃该项请求的,人民法院不予支持。

第九十条 夫妻双方均有民法典第一千零九十一条规定的过错情形,一方或者双方向对方提出离婚损害赔偿请求的,人民法院不予支持。

六、附 则

第九十一条 本解释自 2021 年 1 月 1 日起施行。

最高人民法院关于办理人身安全保护令案件适用法律若干问题的规定

- 2022 年 6 月 7 日最高人民法院审判委员会第 1870 次会议通过
- 2022 年 7 月 14 日最高人民法院公告公布
- 自 2022 年 8 月 1 日起施行
- 法释〔2022〕17 号

为正确办理人身安全保护令案件,及时保护家庭暴力受害人的合法权益,根据《中华人民共和国民法典》《中华人民共和国反家庭暴力法》《中华人民共和国民事诉讼法》等相关法律规定,结合审判实践,制定本规定。

第一条 当事人因遭受家庭暴力或者面临家庭暴力的现实危险,依照反家庭暴力法向人民法院申请人身安全保护令的,人民法院应当受理。

向人民法院申请人身安全保护令,不以提起离婚等民事诉讼为条件。

第二条 当事人因年老、残疾、重病等原因无法申请人身安全保护令,其近亲属、公安机关、民政部门、妇女联合会、居民委员会、村民委员会、残疾人联合会、依法设立的老年人组织、救助管理机构等,根据当事人意愿,依照反家庭暴力法第二十三条规定代为申请的,人民法院应当依法受理。

第三条 家庭成员之间以冻饿或者经常性侮辱、诽谤、威胁、跟踪、骚扰等方式实施的身体或者精神侵害行为,应当认定为反家庭暴力法第二条规定的"家庭暴力"。

第四条 反家庭暴力法第三十七条规定的"家庭成员以外共同生活的人"一般包括共同生活的儿媳、女婿、公婆、岳父母以及其他有监护、扶养、寄养等关系的人。

第五条 当事人及其代理人对因客观原因不能自行收集的证据,申请人民法院调查收集,符合《最高人民法院关于适用〈中华人民共和国民事诉讼法〉的解释》第九十四条第一款规定情形的,人民法院应当调查收集。

人民法院经审查,认为办理案件需要的证据符合《最高人民法院关于适用〈中华人民共和国民事诉讼法〉的解释》第九十六条规定的,应当调查收集。

第六条 人身安全保护令案件中,人民法院根据相关证据,认为申请人遭受家庭暴力或者面临家庭暴力现实危险的事实存在较大可能性的,可以依法作出人身安全保护令。

前款所称"相关证据"包括:

(一)当事人的陈述;

(二)公安机关出具的家庭暴力告诫书、行政处罚决定书;

(三)公安机关的出警记录、讯问笔录、询问笔录、接警记录、报警回执等;

(四)被申请人曾出具的悔过书或者保证书等;

(五)记录家庭暴力发生或者解决过程等的视听资料;

(六)被申请人与申请人或者其近亲属之间的电话录音、短信、即时通讯信息、电子邮件等;

(七)医疗机构的诊疗记录;

(八)申请人或者被申请人所在单位、民政部门、居民委员会、村民委员会、妇女联合会、残疾人联合会、未成年人保护组织、依法设立的老年人组织、救助管理机构、反家暴社会公益机构等单位收到投诉、反映或者求助的记录；

（九）未成年子女提供的与其年龄、智力相适应的证言或者亲友、邻居等其他证人证言；

（十）伤情鉴定意见；

（十一）其他能够证明申请人遭受家庭暴力或者面临家庭暴力现实危险的证据。

第七条 人民法院可以通过在线诉讼平台、电话、短信、即时通讯工具、电子邮件等简便方式询问被申请人。被申请人未发表意见的，不影响人民法院依法作出人身安全保护令。

第八条 被申请人认可存在家庭暴力行为，但辩称申请人有过错的，不影响人民法院依法作出人身安全保护令。

第九条 离婚等案件中，当事人仅以人民法院曾作出人身安全保护令为由，主张存在家庭暴力事实的，人民法院应当根据《最高人民法院关于适用〈中华人民共和国民事诉讼法〉的解释》第一百零八条的规定，综合认定是否存在该事实。

第十条 反家庭暴力法第二十九条第四项规定的"保护申请人人身安全的其他措施"可以包括下列措施：

（一）禁止被申请人以电话、短信、即时通讯工具、电子邮件等方式侮辱、诽谤、威胁申请人及其相关近亲属；

（二）禁止被申请人在申请人及其相关近亲属的住所、学校、工作单位等经常出入场所的一定范围内从事可能影响申请人及其相关近亲属正常生活、学习、工作的活动。

第十一条 离婚案件中，判决不准离婚或者调解和好后，被申请人违反人身安全保护令实施家庭暴力的，可以认定为民事诉讼法第一百二十七条第七项规定的"新情况、新理由"。

第十二条 被申请人违反人身安全保护令，符合《中华人民共和国刑法》第三百一十三条规定的，以拒不执行判决、裁定罪定罪处罚；同时构成其他犯罪的，依照刑法有关规定处理。

第十三条 本规定自2022年8月1日起施行。

七、继承编

遗嘱公证细则

- 2000年3月24日司法部令第57号发布
- 自2000年7月1日起施行

第一条 为规范遗嘱公证程序，根据《中华人民共和国继承法》、《中华人民共和国公证暂行条例》等有关规定，制定本细则。

第二条 遗嘱是遗嘱人生前在法律允许的范围内，按照法律规定的方式处分其个人财产或者处理其他事务，并在其死亡时发生效力的单方法律行为。

第三条 遗嘱公证是公证处按照法定程序证明遗嘱人设立遗嘱行为真实、合法的活动。经公证证明的遗嘱为公证遗嘱。

第四条 遗嘱公证由遗嘱人住所地或者遗嘱行为发生地公证处管辖。

第五条 遗嘱人申办遗嘱公证应当亲自到公证处提出申请。

遗嘱人亲自到公证处有困难的，可以书面或者口头形式请求有管辖权的公证处指派公证人员到其住所或者临时处所办理。

第六条 遗嘱公证应当由两名公证人员共同办理，由其中一名公证员在公证书上署名。因特殊情况由一名公证员办理时，应当有一名见证人在场，见证人应当在遗嘱和笔录上签名。

见证人、遗嘱代书人适用《中华人民共和国继承法》第十八条的规定。

第七条 申办遗嘱公证，遗嘱人应当填写公证申请表，并提交下列证件和材料：

（一）居民身份证或者其他身份证件；

（二）遗嘱涉及的不动产、交通工具或者其他有产权凭证的财产的产权证明；

（三）公证人员认为应当提交的其他材料。

遗嘱人填写申请表确有困难的，可由公证人员代为填写，遗嘱人应当在申请表上签名。

第八条 对于属于本公证处管辖，并符合前条规定的申请，公证处应当受理。

对于不符合前款规定的申请，公证处应当在三日内作出不予受理的决定，并通知申请人。

第九条 公证人员具有《公证程序规则（试行）》第十条规定情形的，应当自行回避，遗嘱人有权申请公证人员回避。

第十条 公证人员应当向遗嘱人讲解我国《民法通则》、《继承法》中有关遗嘱和公民财产处分权利的规定，以及公证遗嘱的意义和法律后果。

第十一条 公证处应当按照《公证程序规则（试行）》第二十三条的规定进行审查，并着重审查遗嘱人的身份及意思表示是否真实、有无受胁迫或者受欺骗等情况。

第十二条 公证人员询问遗嘱人，除见证人、翻译人员外，其他人员一般不得在场。公证人员应当按照《公证程序规则（试行）》第二十四条的规定制作谈话笔录。谈话笔录应当着重记录下列内容：

（一）遗嘱人的身体状况、精神状况；遗嘱人系老年人、间歇性精神病人、危重伤病人的，还应当记录其对事物的识别、反应能力；

（二）遗嘱人家庭成员情况，包括其配偶、子女、父母及与其共同生活人员的基本情况；

（三）遗嘱所处分财产的情况，是否属于遗嘱人个人所有，以前是否曾以遗嘱或者遗赠扶养协议等方式进行过处分，有无已设立担保、已被查封、扣押等限制所有权的情况；

（四）遗嘱人所提供的遗嘱或者遗嘱草稿的形成时间、地点和过程，是自书还是代书，是否本人的真实意愿，有无修改、补充，对遗产的处分是否附有条件；代书人的情况，遗嘱或者遗嘱草稿上的签名、盖章或者手印是否其本人所为；

（五）遗嘱人未提供遗嘱或者遗嘱草稿的，应当详细记录其处分遗产的意思表示；

（六）是否指定遗嘱执行人及遗嘱执行人的基本情况；

（七）公证人员认为应当询问的其他内容。

谈话笔录应当当场向遗嘱人宣读或者由遗嘱人阅读,遗嘱人无异议后,遗嘱人、公证人员、见证人应当在笔录上签名。

第十三条 遗嘱应当包括以下内容:

(一)遗嘱人的姓名、性别、出生日期、住址;

(二)遗嘱处分的财产状况(名称、数量、所在地点以及是否共有、抵押等);

(三)对财产和其他事务的具体处理意见;

(四)有遗嘱执行人的,应当写明执行人的姓名、性别、年龄、住址等;

(五)遗嘱制作的日期以及遗嘱人的签名。

遗嘱中一般不得包括与处分财产及处理死亡后事宜无关的其他内容。

第十四条 遗嘱人提供的遗嘱,无修改、补充的,遗嘱人应当在公证人员面前确认遗嘱内容、签名及签署日期属实。

遗嘱人提供的遗嘱或者遗嘱草稿,有修改、补充的,经整理、誊清后,应当交遗嘱人核对,并由其签名。

遗嘱人未提供遗嘱或者遗嘱草稿的,公证人员可以根据遗嘱人的意思表示代为起草遗嘱。公证人员代拟的遗嘱,应当交遗嘱人核对,并由其签名。

以上情况应当记入谈话笔录。

第十五条 两个以上的遗嘱人申请办理共同遗嘱公证的,公证处应当引导他们分别设立遗嘱。

遗嘱人坚持申请办理共同遗嘱公证的,共同遗嘱中应当明确遗嘱变更、撤销及生效的条件。

第十六条 公证人员发现有下列情形之一的,公证人员在与遗嘱人谈话时应当录音或者录像:

(一)遗嘱人年老体弱;

(二)遗嘱人为危重伤病人;

(三)遗嘱人为聋、哑、盲人;

(四)遗嘱人为间歇性精神病患者、弱智者。

第十七条 对于符合下列条件的,公证处应当出具公证书:

(一)遗嘱人身份属实,具有完全民事行为能力;

(二)遗嘱人意思表示真实;

(三)遗嘱人证明或者保证所处分的财产是其个人财产;

(四)遗嘱内容不违反法律规定和社会公共利益,内容完备,文字表述准确,签名、制作日期齐全;

(五)办证程序符合规定。

不符合前款规定条件的,应当拒绝公证。

第十八条 公证遗嘱采用打印形式。遗嘱人根据遗嘱原稿核对后,应当在打印的公证遗嘱上签名。

遗嘱人不会签名或者签名有困难的,可以盖章方式代替在申请表、笔录和遗嘱上的签名;遗嘱人既不能签字又无印章的,应当以按手印方式代替签名或者盖章。

有前款规定情形的,公证人员应当在笔录中注明。以按手印代替签名或者盖章的,公证人员应当提取遗嘱人全部的指纹存档。

第十九条 公证处审批人批准遗嘱公证书之前,遗嘱人死亡或者丧失行为能力的,公证处应当终止办理遗嘱公证。

遗嘱人提供或者公证人员代书、录制的遗嘱,符合代书遗嘱条件或者经承办公证人员见证符合自书、录音、口头遗嘱条件的,公证处可以将该遗嘱发给遗嘱受益人,并将其复印件存入终止公证的档案。

公证处审批人批准之后,遗嘱人死亡或者丧失行为能力的,公证处应当完成公证遗嘱的制作。遗嘱人无法在打印的公证遗嘱上签名的,可依符合第十七条规定的遗嘱原稿的复印件制作公证遗嘱,遗嘱原稿留公证处存档。

第二十条 公证处可根据《中华人民共和国公证暂行条例》规定保管公证遗嘱或者自书遗嘱、代书遗嘱、录音遗嘱;也可根据国际惯例保管密封遗嘱。

第二十一条 遗嘱公证卷应当列为密卷保存。遗嘱人死亡后,转为普通卷保存。

公证遗嘱生效前,遗嘱卷宗不得对外借阅,公证人员亦不得对外透露遗嘱内容。

第二十二条 公证遗嘱生效前,非经遗嘱人申请并履行公证程序,不得撤销或者变更公证遗嘱。

遗嘱人申请撤销或者变更公证遗嘱的程序适用本规定。

第二十三条 公证遗嘱生效后,与继承权益相关的人员有确凿证据证明公证遗嘱部分违法的,公证处应当予以调查核实;经调查核实,公证遗嘱部分内容确属违法的,公证处应当撤销对公证遗嘱中违法部分的公证证明。

第二十四条 因公证人员过错造成错证的,公证处应当承担赔偿责任。有关公证赔偿的规定,另行制定。

第二十五条 本细则由司法部解释。

第二十六条 本细则自2000年7月1日起施行。

最高人民法院关于适用《中华人民共和国民法典》继承编的解释(一)

· 2020年12月25日最高人民法院审判委员会第1825次会议通过
· 2020年12月29日最高人民法院公告公布
· 自2021年1月1日起施行
· 法释〔2020〕23号

为正确审理继承纠纷案件,根据《中华人民共和国民法典》等相关法律规定,结合审判实践,制定本解释。

一、一般规定

第一条 继承从被继承人生理死亡或者被宣告死亡时开始。

宣告死亡的,根据民法典第四十八条规定确定的死亡日期,为继承开始的时间。

第二条 承包人死亡时尚未取得承包收益的,可以将死者生前对承包所投入的资金和所付出的劳动及其增值和孳息,由发包单位或者接续承包合同的人合理折价、补偿。其价额作为遗产。

第三条 被继承人生前与他人订有遗赠扶养协议,同时又立有遗嘱的,继承开始后,如果遗赠扶养协议与遗嘱没有抵触,遗产分别按协议和遗嘱处理;如果有抵触,按协议处理,与协议抵触的遗嘱全部或者部分无效。

第四条 遗嘱继承人依遗嘱取得遗产后,仍有权依照民法典第一千一百三十条的规定取得遗嘱未处分的遗产。

第五条 在遗产继承中,继承人之间因是否丧失继承权发生纠纷,向人民法院提起诉讼的,由人民法院依据民法典第一千一百二十五条的规定,判决确认其是否丧失继承权。

第六条 继承人是否符合民法典第一千一百二十五条第一款第三项规定的"虐待被继承人情节严重",可以从实施虐待行为的时间、手段、后果和社会影响等方面认定。

虐待被继承人情节严重的,不论是否追究刑事责任,均可确认其丧失继承权。

第七条 继承人故意杀害被继承人的,不论是既遂还是未遂,均应当确认其丧失继承权。

第八条 继承人有民法典第一千一百二十五条第一款第一项或者第二项所列之行为,而被继承人以遗嘱将遗产指定由该继承人继承的,可以确认遗嘱无效,并确认该继承人丧失继承权。

第九条 继承人伪造、篡改、隐匿或者销毁遗嘱,侵害了缺乏劳动能力又无生活来源的继承人的利益,并造成其生活困难的,应当认定为民法典第一千一百二十五条第一款第四项规定的"情节严重"。

二、法定继承

第十条 被收养人对养父母尽了赡养义务,同时又对生父母扶养较多的,除可以依照民法典第一千一百二十七条的规定继承养父母的遗产外,还可以依照民法典第一千一百三十一条的规定分得生父母适当的遗产。

第十一条 继子女继承了继父母遗产的,不影响其继承生父母的遗产。

继父母继承了继子女遗产的,不影响其继承生子女的遗产。

第十二条 养子女与生子女之间、养子女与养子女之间,系养兄弟姐妹,可以互为第二顺序继承人。

被收养人与其亲兄弟姐妹之间的权利义务关系,因收养关系的成立而消除,不能互为第二顺序继承人。

第十三条 继兄弟姐妹之间的继承权,因继兄弟姐妹之间的扶养关系而发生。没有扶养关系的,不能互为第二顺序继承人。

继兄弟姐妹之间相互继承了遗产的,不影响其继承亲兄弟姐妹的遗产。

第十四条 被继承人的孙子女、外孙子女、曾孙子女、外曾孙子女都可以代位继承,代位继承人不受辈数的限制。

第十五条 被继承人的养子女、已形成扶养关系的继子女的生子女可以代位继承；被继承人亲生子女的养子女可以代位继承；被继承人养子女的养子女可以代位继承；与被继承人已形成扶养关系的继子女的养子女也可以代位继承。

第十六条 代位继承人缺乏劳动能力又没有生活来源，或者对被继承人尽过主要赡养义务的，分配遗产时，可以多分。

第十七条 继承人丧失继承权的，其晚辈直系血亲不得代位继承。如该代位继承人缺乏劳动能力又没有生活来源，或者对被继承人尽赡养义务较多的，可以适当分给遗产。

第十八条 丧偶儿媳对公婆、丧偶女婿对岳父母，无论其是否再婚，依照民法典第一千一百二十九条规定作为第一顺序继承人时，不影响其子女代位继承。

第十九条 对被继承人生活提供了主要经济来源，或者在劳务等方面给予了主要扶助的，应当认定其尽了主要赡养义务或主要扶养义务。

第二十条 依照民法典第一千一百三十一条规定可以分给适当遗产的人，分给他们遗产时，按具体情况可以多于或者少于继承人。

第二十一条 依照民法典第一千一百三十一条规定可以分给适当遗产的人，在其依法取得被继承人遗产的权利受到侵犯时，本人有权以独立的诉讼主体资格向人民法院提起诉讼。

第二十二条 继承人有扶养能力和扶养条件，愿意尽扶养义务，但被继承人因有固定收入或劳动能力，明确表示不要求其扶养的，分配遗产时，一般不应因此而影响其继承份额。

第二十三条 有扶养能力和扶养条件的继承人虽然与被继承人共同生活，但对需要扶养的被继承人不尽扶养义务，分配遗产时，可以少分或者不分。

三、遗嘱继承和遗赠

第二十四条 继承人、受遗赠人的债权人、债务人，共同经营的合伙人，也应当视为与继承人、受遗赠人有利害关系，不能作为遗嘱的见证人。

第二十五条 遗嘱人未保留缺乏劳动能力又没有生活来源的继承人的遗产份额，处理遗产时，应当为该继承人留下必要的遗产，所剩余的部分，才可参照遗嘱确定的分配原则处理。

继承人是否缺乏劳动能力又没有生活来源，应当按遗嘱生效时该继承人的具体情况确定。

第二十六条 遗嘱人以遗嘱处分了国家、集体或者他人财产的，应当认定该部分遗嘱无效。

第二十七条 自然人在遗书中涉及死后个人财产处分的内容，确为死者的真实意思表示，有本人签名并注明了年、月、日，又无相反证据的，可以按自书遗嘱对待。

第二十八条 遗嘱人立遗嘱时必须具有完全民事行为能力。无民事行为能力人或者限制民事行为能力人所立的遗嘱，即使其本人后来具有完全民事行为能力，仍属无效遗嘱。遗嘱人立遗嘱时具有完全民事行为能力，后来成为无民事行为能力人或者限制民事行为能力人的，不影响遗嘱的效力。

第二十九条 附义务的遗嘱继承或者遗赠，如义务能够履行，而继承人、受遗赠人无正当理由不履行，经受益人或者其他继承人请求，人民法院可以取消其接受附义务部分遗产的权利，由提出请求的继承人或者受益人负责按遗嘱人的意愿履行义务，接受遗产。

四、遗产的处理

第三十条 人民法院在审理继承案件时，如果知道有继承人而无法通知的，分割遗产时，要保留其应继承的遗产，并确定该遗产的保管人或者保管单位。

第三十一条 应当为胎儿保留的遗产份额没有保留的，应从继承人所继承的遗产中扣回。

为胎儿保留的遗产份额，如胎儿出生后死亡的，由其继承人继承；如胎儿娩出时是死体的，由被继承人的继承人继承。

第三十二条 继承人因放弃继承权，致其不能履行法定义务的，放弃继承权的行为无效。

第三十三条 继承人放弃继承应当以书面形式向遗产管理人或者其他继承人表示。

第三十四条 在诉讼中，继承人向人民法院以口头方式表示放弃继承的，要制作笔录，由放弃继承的人签名。

第三十五条 继承人放弃继承的意思表示，应当在继承开始后、遗产分割前作出。遗产分割后表示放弃的不再是继承权，而是所有权。

第三十六条　遗产处理前或者在诉讼进行中，继承人对放弃继承反悔的，由人民法院根据其提出的具体理由，决定是否承认。遗产处理后，继承人对放弃继承反悔的，不予承认。

第三十七条　放弃继承的效力，追溯到继承开始的时间。

第三十八条　继承开始后，受遗赠人表示接受遗赠，并于遗产分割前死亡的，其接受遗赠的权利转移给他的继承人。

第三十九条　由国家或者集体组织供给生活费用的烈属和享受社会救济的自然人，其遗产仍应准许合法继承人继承。

第四十条　继承人以外的组织或者个人与自然人签订遗赠扶养协议后，无正当理由不履行，导致协议解除的，不能享有受遗赠的权利，其支付的供养费用一般不予补偿；遗赠人无正当理由不履行，导致协议解除的，则应当偿还继承人以外的组织或者个人已支付的供养费用。

第四十一条　遗产因无人继承又无人受遗赠归国家或者集体所有制组织所有时，按照民法典第一千一百三十一条规定可以分给适当遗产的人提出取得遗产的诉讼请求，人民法院应当视情况适当分给遗产。

第四十二条　人民法院在分割遗产中的房屋、生产资料和特定职业所需要的财产时，应当依据有利于发挥其使用效益和继承人的实际需要，兼顾各继承人的利益进行处理。

第四十三条　人民法院对故意隐匿、侵吞或者争抢遗产的继承人，可以酌情减少其应继承的遗产。

第四十四条　继承诉讼开始后，如继承人、受遗赠人中有既不愿参加诉讼，又不表示放弃实体权利的，应当追加为共同原告；继承人已书面表示放弃继承、受遗赠人在知道受遗赠后六十日内表示放弃受遗赠或者到期没有表示的，不再列为当事人。

五、附　则

第四十五条　本解释自2021年1月1日起施行。

八、侵权责任编

最高人民法院关于确定民事侵权精神损害赔偿责任若干问题的解释

- 2001年2月26日最高人民法院审判委员会第1161次会议通过
- 根据2020年12月23日最高人民法院审判委员会第1823次会议通过的《最高人民法院关于修改〈最高人民法院关于在民事审判工作中适用《中华人民共和国工会法》若干问题的解释〉等二十七件民事类司法解释的决定》修正

为在审理民事侵权案件中正确确定精神损害赔偿责任,根据《中华人民共和国民法典》等有关法律规定,结合审判实践,制定本解释。

第一条 因人身权益或者具有人身意义的特定物受到侵害,自然人或者其近亲属向人民法院提起诉讼请求精神损害赔偿的,人民法院应当依法予以受理。

第二条 非法使被监护人脱离监护,导致亲子关系或者近亲属间的亲属关系遭受严重损害,监护人向人民法院起诉请求赔偿精神损害的,人民法院应当依法予以受理。

第三条 死者的姓名、肖像、名誉、荣誉、隐私、遗体、遗骨等受到侵害,其近亲属向人民法院提起诉讼请求精神损害赔偿的,人民法院应当依法予以支持。

第四条 法人或者非法人组织以名誉权、荣誉权、名称权遭受侵害为由,向人民法院起诉请求精神损害赔偿的,人民法院不予支持。

第五条 精神损害的赔偿数额根据以下因素确定:

(一)侵权人的过错程度,但是法律另有规定的除外;

(二)侵权行为的目的、方式、场合等具体情节;

(三)侵权行为所造成的后果;

(四)侵权人的获利情况;

(五)侵权人承担责任的经济能力;

(六)受理诉讼法院所在地的平均生活水平。

第六条 在本解释公布施行之前已经生效施行的司法解释,其内容有与本解释不一致的,以本解释为准。

最高人民法院关于审理人身损害赔偿案件适用法律若干问题的解释

- 2003年12月4日最高人民法院审判委员会第1299次会议通过
- 根据2020年12月23日最高人民法院审判委员会第1823次会议通过的《最高人民法院关于修改〈最高人民法院关于在民事审判工作中适用《中华人民共和国工会法》若干问题的解释〉等二十七件民事类司法解释的决定》第一次修正
- 根据2022年2月15日最高人民法院审判委员会第1864次会议通过的《最高人民法院关于修改〈最高人民法院关于审理人身损害赔偿案件适用法律若干问题的解释〉的决定》第二次修正
- 2022年4月24日最高人民法院公告公布
- 自2022年5月1日起施行

为正确审理人身损害赔偿案件,依法保护当事人的合法权益,根据《中华人民共和国民法典》《中华人民共和国民事诉讼法》等有关法律规定,结合审判实践,制定本解释。

第一条 因生命、身体、健康遭受侵害,赔偿权利人起诉请求赔偿义务人赔偿物质损害和精神损害的,人民法院应予受理。

本条所称"赔偿权利人",是指因侵权行为或者其他致害原因直接遭受人身损害的受害人以及死亡受害人的近亲属。

本条所称"赔偿义务人",是指因自己或者他人的侵权行为以及其他致害原因依法应当承担民事责任的自然人、法人或者非法人组织。

第二条 赔偿权利人起诉部分共同侵权人的,人民法院应当追加其他共同侵权人作为共同被告。赔偿权利人在诉讼中放弃对部分共同侵权人的诉讼请求的,其他共同侵权人对被放弃诉讼请求的被告应当承担的赔偿份额不承担连带责任。责任范围难以确定的,推定各共同侵权人承担同等责任。

人民法院应当将放弃诉讼请求的法律后果告知赔偿权利人,并将放弃诉讼请求的情况在法律文书中叙明。

第三条 依法应当参加工伤保险统筹的用人单位的劳动者,因工伤事故遭受人身损害,劳动者或者其近亲属向人民法院起诉请求用人单位承担民事赔偿责任的,告知其按《工伤保险条例》的规定处理。

因用人单位以外的第三人侵权造成劳动者人身损害,赔偿权利人请求第三人承担民事赔偿责任的,人民法院应予支持。

第四条 无偿提供劳务的帮工人,在从事帮工活动中致人损害的,被帮工人应当承担赔偿责任。被帮工人承担赔偿责任后向有故意或者重大过失的帮工人追偿的,人民法院应予支持。被帮工人明确拒绝帮工的,不承担赔偿责任。

第五条 无偿提供劳务的帮工人因帮工活动遭受人身损害的,根据帮工人和被帮工人各自的过错承担相应的责任;被帮工人明确拒绝帮工的,被帮工人不承担赔偿责任,但可以在受益范围内予以适当补偿。

帮工人在帮工活动中因第三人的行为遭受人身损害的,有权请求第三人承担赔偿责任,也有权请求被帮工人予以适当补偿。被帮工人补偿后,可以向第三人追偿。

第六条 医疗费根据医疗机构出具的医药费、住院费等收款凭证,结合病历和诊断证明等相关证据确定。赔偿义务人对治疗的必要性和合理性有异议的,应当承担相应的举证责任。

医疗费的赔偿数额,按照一审法庭辩论终结前实际发生的数额确定。器官功能恢复训练所必要的康复费、适当的整容费以及其他后续治疗费,赔偿权利人可以待实际发生后另行起诉。但根据医疗证明或者鉴定结论确定必然发生的费用,可以与已经发生的医疗费一并予以赔偿。

第七条 误工费根据受害人的误工时间和收入状况确定。

误工时间根据受害人接受治疗的医疗机构出具的证明确定。受害人因伤致残持续误工的,误工时间可以计算至定残日前一天。

受害人有固定收入的,误工费按照实际减少的收入计算。受害人无固定收入的,按照其最近三年的平均收入计算;受害人不能举证证明其最近三年的平均收入状况的,可以参照受诉法院所在地相同或者相近行业上一年度职工的平均工资计算。

第八条 护理费根据护理人员的收入状况和护理人数、护理期限确定。

护理人员有收入的,参照误工费的规定计算;护理人员没有收入或者雇佣护工的,参照当地护工从事同等级别护理的劳务报酬标准计算。护理人员原则上为一人,但医疗机构或者鉴定机构有明确意见的,可以参照确定护理人员人数。

护理期限应计算至受害人恢复生活自理能力时止。受害人因残疾不能恢复生活自理能力的,可以根据其年龄、健康状况等因素确定合理的护理期限,但最长不超过二十年。

受害人定残后的护理,应当根据其护理依赖程度并结合配制残疾辅助器具的情况确定护理级别。

第九条 交通费根据受害人及其必要的陪护人员因就医或者转院治疗实际发生的费用计算。交通费应当以正式票据为凭;有关凭据应当与就医地点、时间、人数、次数相符合。

第十条 住院伙食补助费可以参照当地国家机关一般工作人员的出差伙食补助标准予以确定。

受害人确有必要到外地治疗,因客观原因不能住院,受害人本人及其陪护人员实际发生的住宿费和伙食费,其合理部分应予赔偿。

第十一条 营养费根据受害人伤残情况参照医疗机构的意见确定。

第十二条 残疾赔偿金根据受害人丧失劳动能力程度或者伤残等级,按照受诉法院所在地上一年度城镇居民人均可支配收入标准,自定残之日起按二十年计算。但六十周岁以上的,年龄每增加一岁减少一年;七十五周岁以上的,按五年计算。

受害人因伤致残但实际收入没有减少,或者

伤残等级较轻但造成职业妨碍严重影响其劳动就业的,可以对残疾赔偿金作相应调整。

第十三条 残疾辅助器具费按照普通适用器具的合理费用标准计算。伤情有特殊需要的,可以参照辅助器具配制机构的意见确定相应的合理费用标准。

辅助器具的更换周期和赔偿期限参照配制机构的意见确定。

第十四条 丧葬费按照受诉法院所在地上一年度职工月平均工资标准,以六个月总额计算。

第十五条 死亡赔偿金按照受诉法院所在地上一年度城镇居民人均可支配收入标准,按二十年计算。但六十周岁以上的,年龄每增加一岁减少一年;七十五周岁以上的,按五年计算。

第十六条 被扶养人生活费计入残疾赔偿金或者死亡赔偿金。

第十七条 被扶养人生活费根据扶养人丧失劳动能力程度,按照受诉法院所在地上一年度城镇居民人均消费支出标准计算。被扶养人为未成年人的,计算至十八周岁;被扶养人无劳动能力又无其他生活来源的,计算二十年。但六十周岁以上的,年龄每增加一岁减少一年;七十五周岁以上的,按五年计算。

被扶养人是指受害人依法应当承担扶养义务的未成年人或者丧失劳动能力又无其他生活来源的成年近亲属。被扶养人还有其他扶养人的,赔偿义务人只赔偿受害人依法应当负担的部分。被扶养人有数人的,年赔偿总额累计不超过上一年度城镇居民人均消费支出额。

第十八条 赔偿权利人举证证明其住所地或者经常居住地城镇居民人均可支配收入高于受诉法院所在地标准的,残疾赔偿金或者死亡赔偿金可以按照其住所地或者经常居住地的相关标准计算。

被扶养人生活费的相关计算标准,依照前款原则确定。

第十九条 超过确定的护理期限、辅助器具费给付年限或者残疾赔偿金给付年限,赔偿权利人向人民法院起诉请求继续给付护理费、辅助器具费或者残疾赔偿金的,人民法院应予受理。赔偿权利人确需继续护理、配制辅助器具,或者没有劳动能力和生活来源的,人民法院应当判令赔偿义务人继续给付相关费用五至十年。

第二十条 赔偿义务人请求以定期金方式给付残疾赔偿金、辅助器具费的,应当提供相应的担保。人民法院可以根据赔偿义务人的给付能力和提供担保的情况,确定以定期金方式给付相关费用。但是,一审法庭辩论终结前已经发生的费用、死亡赔偿金以及精神损害抚慰金,应当一次性给付。

第二十一条 人民法院应当在法律文书中明确定期金的给付时间、方式以及每期给付标准。执行期间有关统计数据发生变化的,给付金额应当适时进行相应调整。

定期金按照赔偿权利人的实际生存年限给付,不受本解释有关赔偿期限的限制。

第二十二条 本解释所称"城镇居民人均可支配收入""城镇居民人均消费支出""职工平均工资",按照政府统计部门公布的各省、自治区、直辖市以及经济特区和计划单列市上一年度相关统计数据确定。

"上一年度",是指一审法庭辩论终结时的上统计年度。

第二十三条 精神损害抚慰金适用《最高人民法院关于确定民事侵权精神损害赔偿责任若干问题的解释》予以确定。

第二十四条 本解释自2022年5月1日起施行。施行后发生的侵权行为引起的人身损害赔偿案件适用本解释。

本院以前发布的司法解释与本解释不一致的,以本解释为准。

最高人民法院关于审理道路交通事故损害赔偿案件适用法律若干问题的解释

· 2012年9月17日最高人民法院审判委员会第1556次会议通过
· 根据2020年12月23日最高人民法院审判委员会第1823次会议通过的《最高人民法院关于修改〈最高人民法院关于在民事审判工作中适用《中华人民共和国工会法》若干问题的解释〉等二十七件民事类司法解释的决定》修正

为正确审理道路交通事故损害赔偿案件,根据《中华人民共和国民法典》《中华人民共和国道路交通安全法》《中华人民共和国保险法》《中华人民共和国民事诉讼法》等法律的规定，结合审判实践，制定本解释。

一、关于主体责任的认定

第一条 机动车发生交通事故造成损害，机动车所有人或者管理人有下列情形之一，人民法院应当认定其对损害的发生有过错，并适用民法典第一千二百零九条的规定确定其相应的赔偿责任：

（一）知道或者应当知道机动车存在缺陷，且该缺陷是交通事故发生原因之一的；

（二）知道或者应当知道驾驶人无驾驶资格或者未取得相应驾驶资格的；

（三）知道或者应当知道驾驶人因饮酒、服用国家管制的精神药品或者麻醉药品，或者患有妨碍安全驾驶机动车的疾病等依法不能驾驶机动车的；

（四）其它应当认定机动车所有人或者管理人有过错的。

第二条 被多次转让但是未办理登记的机动车发生交通事故造成损害，属于该机动车一方责任，当事人请求由最后一次转让并交付的受让人承担赔偿责任的，人民法院应予支持。

第三条 套牌机动车发生交通事故造成损害，属于该机动车一方责任，当事人请求由套牌机动车的所有人或者管理人承担赔偿责任的，人民法院应予支持；被套牌机动车所有人或者管理人同意套牌的，应当与套牌机动车的所有人或者管理人承担连带责任。

第四条 拼装车、已达到报废标准的机动车或者依法禁止行驶的其他机动车被多次转让，并发生交通事故造成损害，当事人请求由所有的转让人和受让人承担连带责任的，人民法院应予支持。

第五条 接受机动车驾驶培训的人员，在培训活动中驾驶机动车发生交通事故造成损害，属于该机动车一方责任，当事人请求驾驶培训单位承担赔偿责任的，人民法院应予支持。

第六条 机动车试乘过程中发生交通事故造成试乘人损害，当事人请求提供试乘服务者承担赔偿责任的，人民法院应予支持。试乘人有过错的，应当减轻提供试乘服务者的赔偿责任。

第七条 因道路管理维护缺陷导致机动车发生交通事故造成损害，当事人请求道路管理者承担相应赔偿责任的，人民法院应予支持。但道路管理者能够证明已经依照法律、法规、规章的规定，或者按照国家标准、行业标准、地方标准的要求尽到安全防护、警示等管理维护义务的除外。

依法不得进入高速公路的车辆、行人，进入高速公路发生交通事故造成自身损害，当事人请求高速公路管理者承担赔偿责任的，适用民法典第一千二百四十三条的规定。

第八条 未按照法律、法规、规章或者国家标准、行业标准、地方标准的强制性规定设计、施工，致使道路存在缺陷并造成交通事故，当事人请求建设单位与施工单位承担相应赔偿责任的，人民法院应予支持。

第九条 机动车存在产品缺陷导致交通事故造成损害，当事人请求生产者或者销售者依照民法典第七编第四章的规定承担赔偿责任的，人民法院应予支持。

第十条 多辆机动车发生交通事故造成第三人损害，当事人请求多个侵权人承担赔偿责任的，人民法院应当区分不同情况，依照民法典第一千一百七十条、第一千一百七十一条、第一千一百七十二条的规定，确定侵权人承担连带责任或者按份责任。

二、关于赔偿范围的认定

第十一条 道路交通安全法第七十六条规定的"人身伤亡"，是指机动车发生交通事故侵害被侵权人的生命权、身体权、健康权等人身权益所造成的损害，包括民法典第一千一百七十九条和第一千一百八十三条规定的各项损害。

道路交通安全法第七十六条规定的"财产损失"，是指因机动车发生交通事故侵害被侵权人的财产权益所造成的损失。

第十二条 因道路交通事故造成下列财产损失，当事人请求侵权人赔偿的，人民法院应予支持：

（一）维修被损坏车辆所支出的费用、车辆所载物品的损失、车辆施救费用；

（二）因车辆灭失或者无法修复，为购买交通事故发生时与被损坏车辆价值相当的车辆重置费用；

(三)依法从事货物运输、旅客运输等经营性活动的车辆,因无法从事相应经营活动所产生的合理停运损失;

(四)非经营性车辆因无法继续使用,所产生的通常替代性交通工具的合理费用。

三、关于责任承担的认定

第十三条 同时投保机动车第三者责任强制保险(以下简称"交强险")和第三者责任商业保险(以下简称"商业三者险")的机动车发生交通事故造成损害,当事人同时起诉侵权人和保险公司的,人民法院应当依照民法典第一千二百一十三条的规定,确定赔偿责任。

被侵权人或者其近亲属请求承保交强险的保险公司优先赔偿精神损害的,人民法院应予支持。

第十四条 投保人允许的驾驶人驾驶机动车致使投保人遭受损害,当事人请求承保交强险的保险公司在责任限额范围内予以赔偿的,人民法院应予支持,但投保人为本车上人员的除外。

第十五条 有下列情形之一导致第三人人身损害,当事人请求保险公司在交强险责任限额范围内予以赔偿,人民法院应予支持:

(一)驾驶人未取得驾驶资格或者未取得相应驾驶资格的;

(二)醉酒、服用国家管制的精神药品或者麻醉药品后驾驶机动车发生交通事故的;

(三)驾驶人故意制造交通事故的。

保险公司在赔偿范围内向侵权人主张追偿权的,人民法院应予支持。追偿权的诉讼时效期间自保险公司实际赔偿之日起计算。

第十六条 未依法投保交强险的机动车发生交通事故造成损害,当事人请求投保义务人在交强险责任限额范围内予以赔偿的,人民法院应予支持。

投保义务人和侵权人不是同一人,当事人请求投保义务人和侵权人在交强险责任限额范围内承担相应责任的,人民法院应予支持。

第十七条 具有从事交强险业务资格的保险公司违法拒绝承保、拖延承保或者违法解除交强险合同,投保义务人在向第三人承担赔偿责任后,请求该保险公司在交强险责任限额范围内承担相应赔偿责任的,人民法院应予支持。

第十八条 多辆机动车发生交通事故造成第三人损害,损失超出各机动车交强险责任限额之和的,由各保险公司在各自责任限额范围内承担赔偿责任;损失未超出各机动车交强险责任限额之和,当事人请求由各保险公司按照其责任限额与责任限额之和的比例承担赔偿责任的,人民法院应予支持。

依法分别投保交强险的牵引车和挂车连接使用时发生交通事故造成第三人损害,当事人请求由各保险公司在各自的责任限额范围内平均赔偿的,人民法院应予支持。

多辆机动车发生交通事故造成第三人损害,其中部分机动车未投保交强险,当事人请求先由已承保交强险的保险公司在责任限额范围内予以赔偿的,人民法院应予支持。保险公司就超出其应承担的部分向未投保交强险的投保义务人或者侵权人行使追偿权的,人民法院应予支持。

第十九条 同一交通事故的多个被侵权人同时起诉,人民法院应当按照各被侵权人的损失比例确定交强险的赔偿数额。

第二十条 机动车所有权在交强险合同有效期内发生变动,保险公司在交通事故发生后,以该机动车未办理交强险合同变更手续为由主张免除赔偿责任的,人民法院不予支持。

机动车在交强险合同有效期内发生改装、使用性质改变等导致危险程度增加的情形,发生交通事故后,当事人请求保险公司在责任限额范围内予以赔偿的,人民法院应予支持。

前款情形下,保险公司另行起诉请求投保义务人按照重新核定后的保险费标准补足当期保险费的,人民法院应予支持。

第二十一条 当事人主张交强险人身伤亡保险金请求权转让或者设定担保的行为无效的,人民法院应予支持。

四、关于诉讼程序的规定

第二十二条 人民法院审理道路交通事故损害赔偿案件,应当将承保交强险的保险公司列为共同被告。但该保险公司已经在交强险责任限额范围内予以赔偿且当事人无异议的除外。

人民法院审理道路交通事故损害赔偿案件,当事人请求将承保商业三者险的保险公司列为共同被告的,人民法院应予准许。

第二十三条 被侵权人因道路交通事故死

亡,无近亲属或者近亲属不明,未经法律授权的机关或者有关组织向人民法院起诉主张死亡赔偿金的,人民法院不予受理。

侵权人以已向未经法律授权的机关或者有关组织支付死亡赔偿金为理由,请求保险公司在交强险责任限额范围内予以赔偿的,人民法院不予支持。

被侵权人因道路交通事故死亡,无近亲属或者近亲属不明,支付被侵权人医疗费、丧葬费等合理费用的单位或者个人,请求保险公司在交强险责任限额范围内予以赔偿的,人民法院应予支持。

第二十四条 公安机关交通管理部门制作的交通事故认定书,人民法院应依法审查并确认其相应的证明力,但有相反证据推翻的除外。

五、关于适用范围的规定

第二十五条 机动车在道路以外的地方通行时引发的损害赔偿案件,可以参照适用本解释的规定。

第二十六条 本解释施行后尚未终审的案件,适用本解释;本解释施行前已经终审,当事人申请再审或者按照审判监督程序决定再审的案件,不适用本解释。

最高人民法院关于审理医疗损害责任纠纷案件适用法律若干问题的解释

- 2017年3月27日最高人民法院审判委员会第1713次会议通过
- 根据2020年12月23日最高人民法院审判委员会第1823次会议通过的《最高人民法院关于修改〈最高人民法院关于在民事审判工作中适用《中华人民共和国工会法》若干问题的解释〉等二十七件民事类司法解释的决定》修正

为正确审理医疗损害责任纠纷案件,依法维护当事人的合法权益,推动构建和谐医患关系,促进卫生健康事业发展,根据《中华人民共和国民法典》《中华人民共和国民事诉讼法》等法律规定,结合审判实践,制定本解释。

第一条 患者以在诊疗活动中受到人身或者财产损害为由请求医疗机构、医疗产品的生产者、销售者、药品上市许可持有人或者血液提供机构承担侵权责任的案件,适用本解释。

患者以在美容医疗机构或者开设医疗美容科室的医疗机构实施的医疗美容活动中受到人身或者财产损害为由提起的侵权纠纷案件,适用本解释。

当事人提起的医疗服务合同纠纷案件,不适用本解释。

第二条 患者因同一伤病在多个医疗机构接受诊疗受到损害,起诉部分或者全部就诊的医疗机构的,应予受理。

患者起诉部分就诊的医疗机构后,当事人依法申请追加其他就诊的医疗机构为共同被告或者第三人的,应予准许。必要时,人民法院可以依法追加相关当事人参加诉讼。

第三条 患者因缺陷医疗产品受到损害,起诉部分或者全部医疗产品的生产者、销售者、药品上市许可持有人和医疗机构的,应予受理。

患者仅起诉医疗产品的生产者、销售者、药品上市许可持有人、医疗机构中部分主体,当事人依法申请追加其他主体为共同被告或者第三人的,应予准许。必要时,人民法院可以依法追加相关当事人参加诉讼。

患者因输入不合格的血液受到损害提起侵权诉讼的,参照适用前两款规定。

第四条 患者依据民法典第一千二百一十八条规定主张医疗机构承担赔偿责任的,应当提交到该医疗机构就诊、受到损害的证据。

患者无法提交医疗机构或者其医务人员有过错、诊疗行为与损害之间具有因果关系的证据,依法提出医疗损害鉴定申请的,人民法院应予准许。

医疗机构主张不承担责任的,应当就民法典第一千二百二十四条第一款规定情形等抗辩事由承担举证证明责任。

第五条 患者依据民法典第一千二百一十九条规定主张医疗机构承担赔偿责任的,应当按照前条第一款规定提交证据。

实施手术、特殊检查、特殊治疗的,医疗机构应当承担说明义务并取得患者或者患者近亲属明确同意,但属于民法典第一千二百二十条规定情形的除外。医疗机构提交患者或者患者近亲属明确同意证据的,人民法院可以认定医疗机构尽到说明义务,但患者有相反证据足以反驳的除外。

第六条 民法典第一千二百二十二条规定的病历资料包括医疗机构保管的门诊病历、住院志、体温单、医嘱单、检验报告、医学影像检查资料、特殊检查(治疗)同意书、手术同意书、手术及麻醉记录、病理资料、护理记录、出院记录以及国务院卫生行政主管部门规定的其他病历资料。

患者依法向人民法院申请医疗机构提交由其保管的与纠纷有关的病历资料等,医疗机构未在人民法院指定期限内提交的,人民法院可以依照民法典第一千二百二十二条第二项规定推定医疗机构有过错,但是因不可抗力等客观原因无法提交的除外。

第七条 患者依据民法典第一千二百二十三条规定请求赔偿的,应当提交使用医疗产品或者输入血液、受到损害的证据。

患者无法提交使用医疗产品或者输入血液与损害之间具有因果关系的证据,依法申请鉴定的,人民法院应予准许。

医疗机构、医疗产品的生产者、销售者、药品上市许可持有人或者血液提供机构主张不承担责任的,应当对医疗产品不存在缺陷或者血液合格等抗辩事由承担举证证明责任。

第八条 当事人依法申请对医疗损害责任纠纷中的专门性问题进行鉴定的,人民法院应予准许。

当事人未申请鉴定,人民法院对前款规定的专门性问题认为需要鉴定的,应当依职权委托鉴定。

第九条 当事人申请医疗损害鉴定的,由双方当事人协商确定鉴定人。

当事人就鉴定人无法达成一致意见,人民法院提出确定鉴定人的方法,当事人同意的,按照该方法确定;当事人不同意的,由人民法院指定。

鉴定人应当从具备相应鉴定能力、符合鉴定要求的专家中确定。

第十条 委托医疗损害鉴定的,当事人应当按照要求提交真实、完整、充分的鉴定材料。提交的鉴定材料不符合要求的,人民法院应当通知当事人更换或者补充相应材料。

在委托鉴定前,人民法院应当组织当事人对鉴定材料进行质证。

第十一条 委托鉴定书,应当有明确的鉴定事项和鉴定要求。鉴定人应当按照委托鉴定的事项和要求进行鉴定。

下列专门性问题可以作为申请医疗损害鉴定的事项:

(一)实施诊疗行为有无过错;

(二)诊疗行为与损害后果之间是否存在因果关系以及原因力大小;

(三)医疗机构是否尽到了说明义务、取得患者或者患者近亲属明确同意的义务;

(四)医疗产品是否有缺陷、该缺陷与损害后果之间是否存在因果关系以及原因力的大小;

(五)患者损伤残疾程度;

(六)患者的护理期、休息期、营养期;

(七)其他专门性问题。

鉴定要求包括鉴定人的资质、鉴定人的组成、鉴定程序、鉴定意见、鉴定期限等。

第十二条 鉴定意见可以按照导致患者损害的全部原因、主要原因、同等原因、次要原因、轻微原因或者与患者损害无因果关系,表述诊疗行为或者医疗产品等造成患者损害的原因力大小。

第十三条 鉴定意见应当经当事人质证。

当事人申请鉴定人出庭作证,经人民法院审查同意,或者人民法院认为鉴定人有必要出庭的,应当通知鉴定人出庭作证。双方当事人同意鉴定人通过书面说明、视听传输技术或者视听资料等方式作证的,可以准许。

鉴定人因健康原因、自然灾害等不可抗力或者其他正当理由不能按期出庭的,可以延期开庭;经人民法院许可,也可以通过书面说明、视听传输技术或者视听资料等方式作证。

无前款规定理由,鉴定人拒绝出庭作证,当事人对鉴定意见又不认可的,对该鉴定意见不予采信。

第十四条 当事人申请通知一至二名具有医学专门知识的人出庭,对鉴定意见或者案件的其他专门性事实问题提出意见,人民法院准许的,应当通知具有医学专门知识的人出庭。

前款规定的具有医学专门知识的人提出的意见,视为当事人的陈述,经质证可以作为认定案件事实的根据。

第十五条 当事人自行委托鉴定人作出的医疗损害鉴定意见,其他当事人认可的,可予采信。

当事人共同委托鉴定人作出的医疗损害鉴定

意见，一方当事人不认可的，应当提出明确的异议内容和理由。经审查，有证据足以证明异议成立的，对鉴定意见不予采信；异议不成立的，应予采信。

第十六条 对医疗机构或者其医务人员的过错，应当依据法律、行政法规、规章以及其他有关诊疗规范进行认定，可以综合考虑患者病情的紧急程度、患者个体差异、当地的医疗水平、医疗机构与医务人员资质等因素。

第十七条 医务人员违反民法典第一千二百一十九条第一款规定义务，但未造成患者人身损害，患者请求医疗机构承担损害赔偿责任的，不予支持。

第十八条 因抢救生命垂危的患者等紧急情况且不能取得患者意见时，下列情形可以认定为民法典第一千二百二十条规定的不能取得患者近亲属意见：

（一）近亲属不明的；
（二）不能及时联系到近亲属的；
（三）近亲属拒绝发表意见的；
（四）近亲属达不成一致意见的；
（五）法律、法规规定的其他情形。

前款情形，医务人员经医疗机构负责人或者授权的负责人批准立即实施相应医疗措施，患者因此请求医疗机构承担赔偿责任的，不予支持；医疗机构及其医务人员怠于实施相应医疗措施造成损害，患者请求医疗机构承担赔偿责任的，应予支持。

第十九条 两个以上医疗机构的诊疗行为造成患者同一损害，患者请求医疗机构承担赔偿责任的，应当区分不同情况，依照民法典第一千一百六十八条、第一千一百七十一条或者第一千一百七十二条的规定，确定各医疗机构承担的赔偿责任。

第二十条 医疗机构邀请本单位以外的医务人员对患者进行诊疗，因受邀医务人员的过错造成患者损害的，由邀请医疗机构承担赔偿责任。

第二十一条 因医疗产品的缺陷或者输入不合格血液受到损害，患者请求医疗机构、缺陷医疗产品的生产者、销售者、药品上市许可持有人或者血液提供机构承担赔偿责任的，应予支持。

医疗机构承担赔偿责任后，向缺陷医疗产品的生产者、销售者、药品上市许可持有人或者血液提供机构追偿的，应予支持。

因医疗机构的过错使医疗产品存在缺陷或者血液不合格，医疗产品的生产者、销售者、药品上市许可持有人或者血液提供机构承担赔偿责任后，向医疗机构追偿的，应予支持。

第二十二条 缺陷医疗产品与医疗机构的过错诊疗行为共同造成患者同一损害，患者请求医疗机构与医疗产品的生产者、销售者、药品上市许可持有人承担连带责任的，应予支持。

医疗机构或者医疗产品的生产者、销售者、药品上市许可持有人承担赔偿责任后，向其他责任主体追偿的，应当根据诊疗行为与缺陷医疗产品造成患者损害的原因力大小确定相应的数额。

输入不合格血液与医疗机构的过错诊疗行为共同造成患者同一损害的，参照适用前两款规定。

第二十三条 医疗产品的生产者、销售者、药品上市许可持有人明知医疗产品存在缺陷仍然生产、销售，造成患者死亡或者健康严重损害，被侵权人请求生产者、销售者、药品上市许可持有人赔偿损失及二倍以下惩罚性赔偿的，人民法院应予支持。

第二十四条 被侵权人同时起诉两个以上医疗机构承担赔偿责任，人民法院经审理，受诉法院所在地的医疗机构依法不承担赔偿责任，其他医疗机构承担赔偿责任的，残疾赔偿金、死亡赔偿金的计算，按下列情形分别处理：

（一）一个医疗机构承担责任的，按照该医疗机构所在地的赔偿标准执行；
（二）两个以上医疗机构均承担责任的，可以按照其中赔偿标准较高的医疗机构所在地标准执行。

第二十五条 患者死亡后，其近亲属请求医疗损害赔偿的，适用本解释；支付患者医疗费、丧葬费等合理费用的人请求赔偿该费用的，适用本解释。

本解释所称的"医疗产品"包括药品、消毒产品、医疗器械等。

第二十六条 本院以前发布的司法解释与本解释不一致的，以本解释为准。

本解释施行后尚未终审的案件，适用本解释；本解释施行前已经终审，当事人申请再审或者按照审判监督程序决定再审的案件，不适用本解释。

最高人民法院关于审理食品药品纠纷案件适用法律若干问题的规定

- 2013年12月9日最高人民法院审判委员会第1599次会议通过
- 根据2020年12月23日最高人民法院审判委员会第1823次会议通过的《最高人民法院关于修改〈最高人民法院关于在民事审判工作中适用《中华人民共和国工会法》若干问题的解释〉等二十七件民事类司法解释的决定》第一次修正
- 2021年11月15日最高人民法院审判委员会第1850次会议通过的《最高人民法院关于修改〈最高人民法院关于审理食品药品纠纷案件适用法律若干问题的规定〉的决定》第二次修正
- 2021年11月18日最高人民法院公告公布
- 自2021年12月1日起施行
- 法释〔2021〕17号

为正确审理食品药品纠纷案件,根据《中华人民共和国民法典》《中华人民共和国消费者权益保护法》《中华人民共和国食品安全法》《中华人民共和国药品管理法》《中华人民共和国民事诉讼法》等法律的规定,结合审判实践,制定本规定。

第一条 消费者因食品、药品纠纷提起民事诉讼,符合民事诉讼法规定受理条件的,人民法院应予受理。

第二条 因食品、药品存在质量问题造成消费者损害,消费者可以分别起诉或者同时起诉销售者和生产者。

消费者仅起诉销售者或者生产者的,必要时人民法院可以追加相关当事人参加诉讼。

第三条 因食品、药品质量问题发生纠纷,购买者向生产者、销售者主张权利,生产者、销售者以购买者明知食品、药品存在质量问题而仍然购买为由进行抗辩的,人民法院不予支持。

第四条 食品、药品生产者、销售者提供给消费者的食品或者药品的赠品发生质量安全问题,造成消费者损害,消费者主张权利,生产者、销售者以消费者未对赠品支付对价为由进行免责抗辩的,人民法院不予支持。

第五条 消费者举证证明所购买食品、药品的事实以及所购食品、药品不符合合同的约定,主张食品、药品的生产者、销售者承担违约责任的,人民法院应予支持。

消费者举证证明因食用食品或者使用药品受到损害,初步证明损害与食用食品或者使用药品存在因果关系,并请求食品、药品的生产者、销售者承担侵权责任的,人民法院应予支持,但食品、药品的生产者、销售者能证明损害不是因产品不符合质量标准造成的除外。

第六条 食品的生产者与销售者应当对于食品符合质量标准承担举证责任。认定食品是否安全,应当以国家标准为依据;对地方特色食品,没有国家标准的,应当以地方标准为依据。没有前述标准的,应当以食品安全法的相关规定为依据。

第七条 食品、药品虽在销售前取得检验合格证明,且食用或者使用时尚在保质期内,但经检验确认产品不合格,生产者或者销售者以该食品、药品具有检验合格证明为由进行抗辩的,人民法院不予支持。

第八条 集中交易市场的开办者、柜台出租者、展销会举办者未履行食品安全法规定的审查、检查、报告等义务,使消费者的合法权益受到损害的,消费者请求集中交易市场的开办者、柜台出租者、展销会举办者承担连带责任的,人民法院应予支持。

第九条 消费者通过网络交易第三方平台购买食品、药品遭受损害,网络交易第三方平台提供者不能提供食品、药品的生产者或者销售者的真实名称、地址与有效联系方式,消费者请求网络交易第三方平台提供者承担责任的,人民法院应予支持。

网络交易第三方平台提供者承担赔偿责任后,向生产者或者销售者行使追偿权的,人民法院应予支持。

网络交易第三方平台提供者知道或者应当知道食品、药品的生产者、销售者利用其平台侵害消费者合法权益,未采取必要措施,给消费者造成损害,消费者要求其与生产者、销售者承担连带责任的,人民法院应予支持。

第十条 未取得食品生产资质与销售资质的民事主体,挂靠具有相应资质的生产者与销售者,生产、销售食品,造成消费者损害,消费者请求挂靠者与被挂靠者承担连带责任的,人民法院应予支持。

消费者仅起诉挂靠者或者被挂靠者的，必要时人民法院可以追加相关当事人参加诉讼。

第十一条 消费者因虚假广告推荐的食品、药品存在质量问题遭受损害，依据消费者权益保护法等法律相关规定请求广告经营者、广告发布者承担连带责任的，人民法院应予支持。

其他民事主体在虚假广告中向消费者推荐食品、药品，使消费者遭受损害，消费者依据消费者权益保护法等法律相关规定请求其与食品、药品的生产者、销售者承担连带责任的，人民法院应予支持。

第十二条 食品检验机构故意出具虚假检验报告，造成消费者损害，消费者请求其承担连带责任的，人民法院应予支持。

食品检验机构因过失出具不实检验报告，造成消费者损害，消费者请求其承担相应责任的，人民法院应予支持。

第十三条 食品认证机构故意出具虚假认证，造成消费者损害，消费者请求其承担连带责任的，人民法院应予支持。

食品认证机构因过失出具不实认证，造成消费者损害，消费者请求其承担相应责任的，人民法院应予支持。

第十四条 生产、销售的食品、药品存在质量问题，生产者与销售者需同时承担民事责任、行政责任和刑事责任，其财产不足以支付，当事人依照民法典等有关法律规定，请求食品、药品的生产者、销售者首先承担民事责任的，人民法院应予支持。

第十五条 生产不符合安全标准的食品或者销售明知是不符合安全标准的食品，消费者除要求赔偿损失外，依据食品安全法等法律规定向生产者、销售者主张赔偿金的，人民法院应予支持。

生产假药、劣药或者明知是假药、劣药仍然销售、使用的，受害人或者其近亲属除请求赔偿损失外，依据药品管理法等法律规定向生产者、销售者主张赔偿金的，人民法院应予支持。

第十六条 食品、药品的生产者与销售者以格式合同、通知、声明、告示等方式作出排除或者限制消费者权利、减轻或者免除经营者责任、加重消费者责任等对消费者不公平、不合理的规定，消费者依法请求认定该内容无效的，人民法院应予支持。

第十七条 消费者与化妆品、保健食品等产品的生产者、销售者、广告经营者、广告发布者、推荐者、检验机构等主体之间的纠纷，参照适用本规定。

法律规定的机关和有关组织依法提起公益诉讼的，参照适用本规定。

第十八条 本规定所称的"药品的生产者"包括药品上市许可持有人和药品生产企业，"药品的销售者"包括药品经营企业和医疗机构。

第十九条 本规定施行后人民法院正在审理的一审、二审案件适用本规定。

本规定施行前已经终审，本规定施行后当事人申请再审或者按照审判监督程序决定再审的案件，不适用本规定。

最高人民法院关于产品侵权案件的受害人能否以产品的商标所有人为被告提起民事诉讼的批复

- 2002年7月4日最高人民法院审判委员第1229次会议通过
- 根据2020年12月23日最高人民法院审判委员会第1823次会议通过的《最高人民法院关于修改〈最高人民法院关于人民法院民事调解工作若干问题的规定〉等十九件民事诉讼类司法解释的决定》修正
- 2020年12月29日最高人民法院公告公布
- 自2021年1月1日起施行
- 法释〔2020〕20号

北京市高级人民法院：

你院京高法〔2001〕271号《关于荆其廉、张新荣等诉美国通用汽车公司、美国通用汽车海外公司损害赔偿案诉讼主体确立问题处理结果的请示报告》收悉。经研究，我们认为，任何将自己的姓名、名称、商标或者可资识别的其他标识体现在产品上，表示其为产品制造者的企业或个人，均属于《中华人民共和国民法典》和《中华人民共和国产品质量法》规定的"生产者"。本案中美国通用汽车公司为事故车的商标所有人，根据受害人的起诉和本案的实际情况，本案以通用汽车公司、通用汽车海外公司、通用汽车巴西公司为被告并无不当。

最高人民法院关于审理铁路运输损害赔偿案件若干问题的解释

- 1994年10月27日印发
- 根据2020年12月23日最高人民法院审判委员会第1823次会议通过的《最高人民法院关于修改〈最高人民法院关于在民事审判工作中适用〈中华人民共和国工会法〉若干问题的解释〉等二十七件民事类司法解释的决定》修正

为了正确、及时地审理铁路运输损害赔偿案件，现就审判工作中遇到的一些问题，根据《中华人民共和国铁路法》（以下简称铁路法）和有关的法律规定，结合审判实践，作出如下解释，供在审判工作中执行。

一、实际损失的赔偿范围

铁路法第十七条中的"实际损失"，是指因灭失、短少、变质、污染、损坏导致货物、包裹、行李实际价值的损失。

铁路运输企业按照实际损失赔偿时，对灭失、短少的货物、包裹、行李，按照其实际价值赔偿；对变质、污染、损坏降低原有价值的货物、包裹、行李，可按照其受损前后实际价值的差额或者加工、修复费用赔偿。

货物、包裹、行李的赔偿价值按照托运时的实际价值计算。实际价值中未包含已支付的铁路运杂费、包装费、保险费、短途搬运费等费用的，按照损失部分的比例加算。

二、铁路运输企业的重大过失

铁路法第十七条中的"重大过失"是指铁路运输企业或者其受雇人、代理人对承运的货物、包裹、行李明知可能造成损失而轻率地作为或者不作为。

三、保价货物损失的赔偿

铁路法第十七条第一款（一）项中规定的"按照实际损失赔偿，但最高不超过保价额。"是指保价运输的货物、包裹、行李在运输中发生损失，无论托运人在办理保价运输时，保价额是否与货物、包裹、行李的实际价值相符，均应在保价额内按照损失部分的实际价值赔偿，实际损失超过保价额的部分不予赔偿。

如果损失是因铁路运输企业的故意或者重大过失造成的，比照铁路法第十七条第一款（二）项的规定，不受保价额的限制，按照实际损失赔偿。

四、保险货物损失的赔偿

投保货物运输险的货物在运输中发生损失，对不属于铁路运输企业免责范围的，适用铁路法第十七条第一款（二）项的规定，由铁路运输企业承担赔偿责任。

保险公司按照保险合同的约定向托运人或收货人先行赔付后，对于铁路运输企业应按货物实际损失承担赔偿责任的，保险公司按照支付的保险金额向铁路运输企业追偿，因不足额保险产生的实际损失与保险金的差额部分，由铁路运输企业赔偿；对于铁路运输企业应按限额承担赔偿责任的，在足额保险的情况下，保险公司向铁路运输企业的追偿额为铁路运输企业的赔偿限额，在不足额保险的情况下，保险公司向铁路运输企业的追偿额在铁路运输企业的赔偿限额内按照投保金额与货物实际价值的比例计算，因不足额保险产生的铁路运输企业的赔偿限额与保险公司在限额内追偿额的差额部分，由铁路运输企业赔偿。

五、保险保价货物损失的赔偿

既保险又保价的货物在运输中发生损失，对不属于铁路运输企业免责范围的，适用铁路法第十七条第一款（一）项的规定由铁路运输企业承担赔偿责任。对于保险公司先行赔付的，比照本解释第四条对保险货物损失的赔偿处理。

六、保险补偿制度的适用

《铁路货物运输实行保险与负责运输相结合的补偿制度的规定（试行）》（简称保险补偿制度），适用于1991年5月1日铁路法实施以前已投保货物运输险的案件。铁路法实施后投保货物运输险的案件，适用铁路法第十七条第一款的规定，保险补偿制度中有关保险补偿的规定不再适用。

七、逾期交付的责任

货物、包裹、行李逾期交付，如果是因铁路逾期运到造成的，由铁路运输企业支付逾期违约金；如果是因收货人或旅客逾期领取造成的，由收货人或旅客支付保管费；既因逾期运到又因收货人或旅客逾期领取造成的，由双方各自承担相应的责任。

铁路逾期运到并且发生损失时，铁路运输企业除支付逾期违约金外，还应当赔偿损失。对收货人或者旅客逾期领取,铁路运输企业在代保管期间因保管不当造成损失的,由铁路运输企业赔偿。

八、误交付的责任

货物、包裹、行李误交付(包括被第三者冒领造成的误交付),铁路运输企业查找超过到期限的,由铁路运输企业支付逾期违约金。不能交付的,或者交付时有损失的,由铁路运输企业赔偿。铁路运输企业赔付后,再向有责任的第三者追偿。

九、赔偿后又找回原物的处理

铁路运输企业赔付后又找回丢失、被盗、冒领、逾期等按灭失处理的货物、包裹、行李的,在通知托运人,收货人或旅客退还赔款领回原物的期限届满后仍无人领取的,适用铁路法第二十二条按无主货物的规定处理。铁路运输企业未通知托运人,收货人或者旅客而自行处理找回的货物、包裹、行李的,由铁路运输企业赔偿实际损失与已付赔款差额。

十、代办运输货物损失的赔偿

代办运输的货物在铁路运输中发生损失,对代办运输企业接受托运人的委托以自己的名义与铁路运输企业签订运输合同托运或领取货物的,如委托人依据委托合同要求代办运输企业向铁路运输企业索赔的,应予支持。对代办运输企业未及时索赔而超过运输合同索赔时效,代办运输企业应当赔偿。

十一、铁路旅客运送责任期间

铁路运输企业对旅客运送的责任期间自旅客持有效车票进站时起到旅客出站或者应当出站时止。不包括旅客在候车室内的期间。

十二、第三者责任造成旅客伤亡的赔偿

在铁路旅客运送期间因第三者责任造成旅客伤亡,旅客或者其继承人要求铁路运输企业先予赔偿的,应予支持。铁路运输企业赔付后,有权向有责任的第三者追偿。

最高人民法院关于审理铁路运输人身损害赔偿纠纷案件适用法律若干问题的解释

- 2010年1月4日最高人民法院审判委员会第1482次会议通过
- 根据2020年12月23日最高人民法院审判委员会第1823次会议通过的《最高人民法院关于修改〈最高人民法院关于在民事审判工作中适用《中华人民共和国工会法》若干问题的解释〉等二十七件民事类司法解释的决定》第一次修正
- 根据2021年11月24日最高人民法院审判委员会第1853次会议通过的《最高人民法院关于修改〈最高人民法院关于审理铁路运输人身损害赔偿纠纷案件适用法律若干问题的解释〉的决定》第二次修正
- 2021年12月8日最高人民法院公告公布
- 自2022年1月1日起施行
- 法释〔2021〕19号

为正确审理铁路运输人身损害赔偿纠纷案件,依法维护各方当事人的合法权益,根据《中华人民共和国民法典》《中华人民共和国铁路法》《中华人民共和国民事诉讼法》等法律的规定,结合审判实践,就有关适用法律问题作如下解释:

第一条 人民法院审理铁路行车事故及其他铁路运营事故造成的铁路运输人身损害赔偿纠纷案件,适用本解释。

铁路运输企业在客运合同履行过程中造成旅客人身损害的赔偿纠纷案件,不适用本解释;与铁路运输企业建立劳动合同关系或者形成劳动关系的铁路职工在执行职务中发生的人身损害,依照有关调整劳动关系的法律规定及其他相关法律规定处理。

第二条 铁路运输人身损害的受害人以及死亡受害人的近亲属为赔偿权利人,有权请求赔偿。

第三条 赔偿权利人要求对方当事人承担侵权责任的,由事故发生地、列车最先到达地或者被告住所地铁路运输法院管辖。

前款规定的地区没有铁路运输法院的,由高级人民法院指定的其他人民法院管辖。

第四条　铁路运输造成人身损害的,铁路运输企业应当承担赔偿责任;法律另有规定的,依照其规定。

第五条　铁路行车事故及其他铁路运营事故造成人身损害,有下列情形之一的,铁路运输企业不承担赔偿责任:

(一)不可抗力造成的;

(二)受害人故意以卧轨、碰撞等方式造成的;

(三)法律规定铁路运输企业不承担赔偿责任的其他情形造成的。

第六条　因受害人的过错行为造成人身损害,依照法律规定应当由铁路运输企业承担赔偿责任的,根据受害人的过错程度可以适当减轻铁路运输企业的赔偿责任,并按照以下情形分别处理:

(一)铁路运输企业未充分履行安全防护、警示等义务,铁路运输企业承担事故主要责任的,应当在全部损害的百分之九十至百分之六十之间承担赔偿责任;铁路运输企业承担事故同等责任的,应当在全部损害的百分之六十至百分之五十之间承担赔偿责任;铁路运输企业承担事故次要责任的,应当在全部损害的百分之四十至百分之十之间承担赔偿责任;

(二)铁路运输企业已充分履行安全防护、警示等义务,受害人仍施以过错行为的,铁路运输企业应当在全部损害的百分之十以内承担赔偿责任。

铁路运输企业已充分履行安全防护、警示等义务,受害人不听从值守人员劝阻强行通过铁路平交道口、人行过道,或者明知危险后果仍然无视警示规定沿铁路线路纵向行走、坐卧故意造成人身损害的,铁路运输企业不承担赔偿责任,但是有证据证明并非受害人故意造成损害的除外。

第七条　铁路运输造成无民事行为能力人人身损害的,铁路运输企业应当承担赔偿责任;监护人有过错的,按照过错程度减轻铁路运输企业的赔偿责任。

铁路运输造成限制民事行为能力人人身损害的,铁路运输企业应当承担赔偿责任;监护人或者受害人自身有过错的,按照过错程度减轻铁路运输企业的赔偿责任。

第八条　铁路机车车辆与机动车发生碰撞造成机动车驾驶人员以外的人人身损害的,由铁路运输企业与机动车一方对受害人承担连带赔偿责任。铁路运输企业与机动车一方之间的责任份额根据各自责任大小确定;难以确定责任大小的,平均承担责任。对受害人实际承担赔偿责任超出应当承担份额的一方,有权向另一方追偿。

铁路机车车辆与机动车发生碰撞造成机动车驾驶人员人身损害的,按照本解释第四条至第六条的规定处理。

第九条　在非铁路运输企业实行监护的铁路无人看守道口发生事故造成人身损害的,由铁路运输企业按照本解释的有关规定承担赔偿责任。道口管理单位有过错的,铁路运输企业对赔偿权利人承担赔偿责任后,有权向道口管理单位追偿。

第十条　对于铁路桥梁、涵洞等设施负有管理、维护等职责的单位,因未尽职责使该铁路桥梁、涵洞等设施不能正常使用,导致行人、车辆穿越铁路线路造成人身损害的,铁路运输企业按照本解释有关规定承担赔偿责任后,有权向该单位追偿。

第十一条　有权作出事故认定的组织依照《铁路交通事故应急救援和调查处理条例》等有关规定制作的事故认定书,经庭审质证,对于事故认定书所认定的事实,当事人没有相反证据和理由足以推翻的,人民法院应当作为认定事实的根据。

第十二条　在专用铁路及铁路专用线上因运输造成人身损害,依法应当由肇事工具或者设备的所有人、使用人或者管理人承担赔偿责任的,适用本解释。

第十三条　本院以前发布的司法解释与本解释不一致的,以本解释为准。

最高人民法院关于审理环境侵权责任纠纷案件适用法律若干问题的解释

- 2015年2月9日最高人民法院审判委员会第1644次会议通过
- 根据2020年12月23日最高人民法院审判委员会第1823次会议通过的《最高人民法院关于修改〈最高人民法院关于在民事审判工作中适用《中华人民共和国工会法》若干问题的解释〉等二十七件民事类司法解释的决定》修正

为正确审理环境侵权责任纠纷案件,根据《中华人民共和国民法典》《中华人民共和国环境保护法》《中华人民共和国民事诉讼法》等法律的规定，结合审判实践，制定本解释。

第一条 因污染环境、破坏生态造成他人损害，不论侵权人有无过错，侵权人应当承担侵权责任。

侵权人以排污符合国家或者地方污染物排放标准为由主张不承担责任的，人民法院不予支持。

侵权人不承担责任或者减轻责任的情形，适用海洋环境保护法、水污染防治法、大气污染防治法等环境保护单行法的规定；相关环境保护单行法没有规定的，适用民法典的规定。

第二条 两个以上侵权人共同实施污染环境、破坏生态行为造成损害，被侵权人根据民法典第一千一百六十八条规定请求侵权人承担连带责任的，人民法院应予支持。

第三条 两个以上侵权人分别实施污染环境、破坏生态行为造成同一损害，每一个侵权人的污染环境、破坏生态行为都足以造成全部损害，被侵权人根据民法典第一千一百七十一条规定请求侵权人承担连带责任的，人民法院应予支持。

两个以上侵权人分别实施污染环境、破坏生态行为造成同一损害，每一个侵权人的污染环境、破坏生态行为都不足以造成全部损害，被侵权人根据民法典第一千一百七十二条规定请求侵权人承担责任的，人民法院应予支持。

两个以上侵权人分别实施污染环境、破坏生态行为造成同一损害，部分侵权人的污染环境、破坏生态行为足以造成全部损害，部分侵权人的污染环境、破坏生态行为只造成部分损害，被侵权人根据民法典第一千一百七十一条规定请求足以造成全部损害的侵权人与其他侵权人就共同造成的损害部分承担连带责任，并对全部损害承担责任的，人民法院应予支持。

第四条 两个以上侵权人污染环境、破坏生态，对侵权人承担责任的大小，人民法院应当根据污染物的种类、浓度、排放量、危害性、有无排污许可证、是否超过污染物排放标准、是否超过重点污染物排放总量控制指标，破坏生态的方式、范围、程度，以及行为对损害后果所起的作用等因素确定。

第五条 被侵权人根据民法典第一千二百三十三条规定分别或者同时起诉侵权人、第三人的，人民法院应予受理。

被侵权人请求第三人承担赔偿责任的，人民法院应当根据第三人的过错程度确定其相应赔偿责任。

侵权人以第三人的过错污染环境、破坏生态造成损害为由主张不承担责任或者减轻责任的，人民法院不予支持。

第六条 被侵权人根据民法典第七编第七章的规定请求赔偿的，应当提供证明以下事实的证据材料：

（一）侵权人排放了污染物或者破坏了生态；

（二）被侵权人的损害；

（三）侵权人排放的污染物或者其次生污染物、破坏生态行为与损害之间具有关联性。

第七条 侵权人举证证明下列情形之一的，人民法院应当认定其污染环境、破坏生态行为与损害之间不存在因果关系：

（一）排放污染物、破坏生态的行为没有造成该损害可能的；

（二）排放的可造成该损害的污染物未到达该损害发生地的；

（三）该损害于排放污染物、破坏生态行为实施之前已发生的；

（四）其他可以认定污染环境、破坏生态行为与损害之间不存在因果关系的情形。

第八条 对查明环境污染、生态破坏案件事实的专门性问题，可以委托具备相关资格的司法鉴定机构出具鉴定意见或者由负有环境资源保护监督管理职责的部门推荐的机构出具检验报告、检测报告、评估报告或者监测数据。

第九条 当事人申请通知一至两名具有专门知识的人出庭，就鉴定意见或者污染物认定、损害结果、因果关系、修复措施等专业问题提出意见的，人民法院可以准许。当事人未申请，人民法院认为有必要的，可以进行释明。

具有专门知识的人在法庭上提出的意见，经当事人质证，可以作为认定案件事实的根据。

第十条 负有环境资源保护监督管理职责的部门或者其委托的机构出具的环境污染、生态破坏事件调查报告、检验报告、检测报告、评估报告或者监测数据等，经当事人质证，可以作为认定案件事实的根据。

第十一条 对于突发性或者持续时间较短的环境污染、生态破坏行为，在证据可能灭失或者以后难以取得的情况下,当事人或者利害关系人根据民事诉讼法第八十一条规定申请证据保全的,人民法院应当准许。

第十二条 被申请人具有环境保护法第六十三条规定情形之一,当事人或者利害关系人根据民事诉讼法第一百条或者第一百零一条规定申请保全的,人民法院可以裁定责令被申请人立即停止侵害行为或者采取防治措施。

第十三条 人民法院应当根据被侵权人的诉讼请求以及具体案情,合理判定侵权人承担停止侵害、排除妨碍、消除危险、修复生态环境、赔礼道歉、赔偿损失等民事责任。

第十四条 被侵权人请求修复生态环境的,人民法院可以依法裁判侵权人承担环境修复责任,并同时确定其不履行环境修复义务时应当承担的环境修复费用。

侵权人在生效裁判确定的期限内未履行环境修复义务的,人民法院可以委托其他人进行环境修复,所需费用由侵权人承担。

第十五条 被侵权人起诉请求侵权人赔偿因污染环境、破坏生态造成的财产损失、人身损害以及为防止损害发生和扩大、清除污染、修复生态环境而采取必要措施所支出的合理费用的,人民法院应予支持。

第十六条 下列情形之一,应当认定为环境保护法第六十五条规定的弄虚作假:

(一)环境影响评价机构明知委托人提供的材料虚假而出具严重失实的评价文件的;

(二)环境监测机构或者从事环境监测设备维护、运营的机构故意隐瞒委托人超过污染物排放标准或者超过重点污染物排放总量控制指标的事实的;

(三)从事防治污染设施维护、运营的机构故意不运行或者不正常运行环境监测设备或者防治污染设施的;

(四)有关机构在环境服务活动中其他弄虚作假的情形。

第十七条 本解释适用于审理因污染环境、破坏生态造成损害的民事案件,但法律和司法解释对环境民事公益诉讼案件另有规定的除外。

相邻污染侵害纠纷、劳动者在职业活动中因受污染损害发生的纠纷,不适用本解释。

第十八条 本解释施行后,人民法院尚未审结的一审、二审案件适用本解释规定。本解释施行前已经作出生效裁判的案件,本解释施行后依法再审的,不适用本解释。

本解释施行后,最高人民法院以前颁布的司法解释与本解释不一致的,不再适用。

最高人民法院关于审理生态环境损害赔偿案件的若干规定(试行)

- 2019年5月20日最高人民法院审判委员会第1769次会议通过
- 根据2020年12月23日最高人民法院审判委员会第1823次会议通过的《最高人民法院关于修改〈最高人民法院关于在民事审判工作中适用《中华人民共和国工会法》若干问题的解释〉等二十七件民事类司法解释的决定》修正

为正确审理生态环境损害赔偿案件,严格保护生态环境,依法追究损害生态环境责任者的赔偿责任,依据《中华人民共和国民法典》《中华人民共和国环境保护法》《中华人民共和国民事诉讼法》等法律的规定,结合审判工作实际,制定本规定。

第一条 具有下列情形之一,省级、市地级人民政府及其指定的相关部门、机构,或者受国务院委托行使全民所有自然资源资产所有权的部门,因与造成生态环境损害的自然人、法人或者其他组织经磋商未达成一致或者无法进行磋商的,可以作为原告提起生态环境损害赔偿诉讼:

(一)发生较大、重大、特别重大突发环境事件的;

(二)在国家和省级主体功能区规划中划定的重点生态功能区、禁止开发区发生环境污染、生态破坏事件的;

(三)发生其他严重影响生态环境后果的。

前款规定的市地级人民政府包括设区的市、自治州、盟、地区,不设区的地级市,直辖市的区、县人民政府。

第二条 下列情形不适用本规定:

(一)因污染环境、破坏生态造成人身损害、个人和集体财产损失要求赔偿的;

(二)因海洋生态环境损害要求赔偿的;

第三条 第一审生态环境损害赔偿诉讼案件由生态环境损害行为实施地、损害结果发生地或者被告住所地的中级以上人民法院管辖。

经最高人民法院批准，高级人民法院可以在辖区内确定部分中级人民法院集中管辖第一审生态环境损害赔偿诉讼案件。

中级人民法院认为确有必要的，可以在报请高级人民法院批准后，裁定将本院管辖的第一审生态环境损害赔偿诉讼案件交由具备审理条件的基层人民法院审理。

生态环境损害赔偿诉讼案件由人民法院环境资源审判庭或者指定的专门法庭审理。

第四条 人民法院审理第一审生态环境损害赔偿诉讼案件，应当由法官和人民陪审员组成合议庭进行。

第五条 原告提起生态环境损害赔偿诉讼，符合民事诉讼法和本规定并提交下列材料的，人民法院应当登记立案：

（一）证明具备提起生态环境损害赔偿诉讼原告资格的材料；

（二）符合本规定第一条规定情形之一的证明材料；

（三）与被告进行磋商但未达成一致或者因客观原因无法与被告进行磋商的说明；

（四）符合法律规定的起诉状，并按照被告人数提出副本。

第六条 原告主张被告承担生态环境损害赔偿责任的，应当就以下事实承担举证责任：

（一）被告实施了污染环境、破坏生态的行为或者具有其他应当依法承担责任的情形；

（二）生态环境受到损害，以及所需修复费用、损害赔偿等具体数额；

（三）被告污染环境、破坏生态的行为与生态环境损害之间具有关联性。

第七条 被告反驳原告主张的，应当提供证据加以证明。被告主张具有法律规定的不承担责任或者减轻责任情形的，应当承担举证责任。

第八条 已为发生法律效力的刑事裁判所确认的事实，当事人在生态环境损害赔偿诉讼案件中无须举证证明，但有相反证据足以推翻的除外。

对刑事裁判未予确认的事实，当事人提供的证据达到民事诉讼证明标准的，人民法院应当予以认定。

第九条 负有相关环境资源保护监督管理职责的部门或者其委托的机构在行政执法过程中形成的事件调查报告、检验报告、检测报告、评估报告、监测数据等，经当事人质证并符合证据标准的，可以作为认定案件事实的根据。

第十条 当事人在诉前委托具备环境司法鉴定资质的鉴定机构出具的鉴定意见，以及委托国务院环境资源保护监督管理相关主管部门推荐的机构出具的检验报告、检测报告、评估报告、监测数据等，经当事人质证并符合证据标准的，可以作为认定案件事实的根据。

第十一条 被告违反国家规定造成生态环境损害的，人民法院应当根据原告的诉讼请求以及具体案情，合理判决被告承担修复生态环境、赔偿损失、停止侵害、排除妨碍、消除危险、赔礼道歉等民事责任。

第十二条 受损生态环境能够修复的，人民法院应当依法判决被告承担修复责任，并同时确定被告不履行修复义务时应承担的生态环境修复费用。

生态环境修复费用包括制定、实施修复方案的费用，修复期间的监测、监管费用，以及修复完成后的验收费用、修复效果后评估费用等。

原告请求被告赔偿生态环境受到损害至修复完成期间服务功能损失的，人民法院根据具体案情予以判决。

第十三条 受损生态环境无法修复或者无法完全修复，原告请求被告赔偿生态环境功能永久性损害造成的损失的，人民法院根据具体案情予以判决。

第十四条 原告请求被告承担下列费用的，人民法院根据具体案情予以判决：

（一）实施应急方案、清除污染以及为防止损害的发生和扩大所支出的合理费用；

（二）为生态环境损害赔偿磋商和诉讼支出的调查、检验、鉴定、评估等费用；

（三）合理的律师费以及其他为诉讼支出的合理费用。

第十五条 人民法院判决被告承担的生态环境服务功能损失赔偿资金、生态环境功能永久性损害造成的损失赔偿资金，以及被告不履行生态环境修复义务时所应承担的修复费用，应当依照法律、法规、规章予以缴纳、管理和使用。

第十六条 在生态环境损害赔偿诉讼案件审理过程中,同一损害生态环境行为又被提起民事公益诉讼,符合起诉条件的,应当由受理生态环境损害赔偿诉讼案件的人民法院受理并由同一审判组织审理。

第十七条 人民法院受理因同一损害生态环境行为提起的生态环境损害赔偿诉讼案件和民事公益诉讼案件,应先中止民事公益诉讼案件的审理,待生态环境损害赔偿诉讼案件审理完毕后,就民事公益诉讼案件未被涵盖的诉讼请求依法作出裁判。

第十八条 生态环境损害赔偿诉讼案件的裁判生效后,有权提起民事公益诉讼的国家规定的机关或者法律规定的组织就同一损害生态环境行为有证据证明存在前案审理时未发现的损害,并提起民事公益诉讼的,人民法院应予受理。

民事公益诉讼案件的裁判生效后,有权提起生态环境损害赔偿诉讼的主体就同一损害生态环境行为有证据证明存在前案审理时未发现的损害,并提起生态环境损害赔偿诉讼的,人民法院应予受理。

第十九条 实际支出应急处置费用的机关提起诉讼主张该费用的,人民法院应予受理,但人民法院已经受理就同一损害生态环境行为提起的生态环境损害赔偿诉讼案件且该案原告已经主张应急处置费用的除外。

生态环境损害赔偿诉讼案件原告未主张应急处置费用,因同一损害生态环境行为实际支出应急处置费用的机关提起诉讼主张该费用的,由受理生态环境损害赔偿诉讼案件的人民法院受理并由同一审判组织审理。

第二十条 经磋商达成生态环境损害赔偿协议的,当事人可以向人民法院申请司法确认。

人民法院受理申请后,应当公告协议内容,公告期间不少于三十日。公告期满后,人民法院经审查认为协议的内容不违反法律法规强制性规定且不损害国家利益、社会公共利益的,裁定确认协议有效。裁定书应当写明案件的基本事实和协议内容,并向社会公开。

第二十一条 一方当事人在期限内未履行或者未全部履行发生法律效力的生态环境损害赔偿诉讼案件裁判或者经司法确认的生态环境损害赔偿协议的,对方当事人可以向人民法院申请强制执行。需要修复生态环境的,依法由省级、市地级人民政府及其指定的相关部门、机构组织实施。

第二十二条 人民法院审理生态环境损害赔偿案件,本规定没有规定的,参照适用《最高人民法院关于审理环境民事公益诉讼案件适用法律若干问题的解释》《最高人民法院关于审理环境侵权责任纠纷案件适用法律若干问题的解释》等相关司法解释的规定。

第二十三条 本规定自 2019 年 6 月 5 日起施行。

最高人民法院关于审理生态环境侵权纠纷案件适用惩罚性赔偿的解释

· 2021 年 12 月 27 日最高人民法院审判委员会第 1858 次会议通过
· 2022 年 1 月 12 日最高人民法院公告公布
· 自 2022 年 1 月 20 日起施行
· 法释〔2022〕1 号

为妥善审理生态环境侵权纠纷案件,全面加强生态环境保护,正确适用惩罚性赔偿,根据《中华人民共和国民法典》《中华人民共和国环境保护法》《中华人民共和国民事诉讼法》等相关法律规定,结合审判实践,制定本解释。

第一条 人民法院审理生态环境侵权纠纷案件适用惩罚性赔偿,应当严格审慎,注重公平公正,依法保护民事主体合法权益,统筹生态环境保护和经济社会发展。

第二条 因环境污染、生态破坏受到损害的自然人、法人或者非法人组织,依据民法典第一千二百三十二条的规定,请求判令侵权人承担惩罚性赔偿责任的,适用本解释。

第三条 被侵权人在生态环境侵权纠纷案件中请求惩罚性赔偿的,应当在起诉时明确赔偿数额以及所依据的事实和理由。

被侵权人在生态环境侵权纠纷案件中没有提出惩罚性赔偿的诉讼请求,诉讼终结后又基于同一污染环境、破坏生态事实另行起诉请求惩罚性赔偿的,人民法院不予受理。

第四条 被侵权人主张侵权人承担惩罚性赔

偿责任的,应当提供证据证明以下事实:

(一)侵权人污染环境、破坏生态的行为违反法律规定;

(二)侵权人具有污染环境、破坏生态的故意;

(三)侵权人污染环境、破坏生态的行为造成严重后果。

第五条 人民法院认定侵权人污染环境、破坏生态的行为是否违反法律规定,应当以法律、法规为依据,可以参照规章的规定。

第六条 人民法院认定侵权人是否具有污染环境、破坏生态的故意,应当根据侵权人的职业经历、专业背景或者经营范围,因同一或者同类行为受到行政处罚或者刑事追究的情况,以及污染物的种类,污染环境、破坏生态行为的方式等因素综合判断。

第七条 具有下列情形之一的,人民法院应当认定侵权人具有污染环境、破坏生态的故意:

(一)因同一污染环境、破坏生态行为,已被人民法院认定构成破坏环境资源保护犯罪的;

(二)建设项目未依法进行环境影响评价,或者提供虚假材料导致环境影响评价文件严重失实,被行政主管部门责令停止建设后拒不执行的;

(三)未取得排污许可证排放污染物,被行政主管部门责令停止排污后拒不执行,或者超过污染物排放标准或者重点污染物排放总量控制指标排放污染物,经行政主管机关责令限制生产、停产整治或者给予其他行政处罚后仍不改正的;

(四)生产、使用国家明令禁止生产、使用的农药,被行政主管部门责令改正后拒不改正的;

(五)无危险废物经营许可证而从事收集、贮存、利用、处置危险废物经营活动,或者知道或者应当知道他人无许可证而将危险废物提供或者委托给其从事收集、贮存、利用、处置等活动的;

(六)将未经处理的废水、废气、废渣直接排放或者倾倒的;

(七)通过暗管、渗井、渗坑、灌注、篡改、伪造监测数据,或者以不正常运行防治污染设施等逃避监管的方式,违法排放污染物的;

(八)在相关自然保护区域、禁猎(渔)区、禁猎(渔)期使用禁止使用的猎捕工具、方法猎捕、杀害国家重点保护野生动物、破坏野生动物栖息地的;

(九)未取得勘查许可证、采矿许可证,或者采取破坏性方法勘查开采矿产资源的;

(十)其他故意情形。

第八条 人民法院认定侵权人污染环境、破坏生态行为是否造成严重后果,应当根据污染环境、破坏生态行为的持续时间、地域范围,造成环境污染、生态破坏的范围和程度,以及造成的社会影响等因素综合判断。

侵权人污染环境、破坏生态行为造成他人死亡、健康严重损害,重大财产损失,生态环境严重损害或者重大不良社会影响的,人民法院应当认定为造成严重后果。

第九条 人民法院确定惩罚性赔偿金数额,应当以环境污染、生态破坏造成的人身损害赔偿金、财产损失数额作为计算基数。

前款所称人身损害赔偿金、财产损失数额,依照民法典第一千一百七十九条、第一千一百八十四条规定予以确定。法律另有规定的,依照其规定。

第十条 人民法院确定惩罚性赔偿金数额,应当综合考虑侵权人的恶意程度、侵权后果的严重程度、侵权人因污染环境、破坏生态行为所获得的利益或者侵权人所采取的修复措施及其效果等因素,但一般不超过人身损害赔偿金、财产损失数额的二倍。

因同一污染环境、破坏生态行为已经被行政机关给予罚款或者被人民法院判处罚金,侵权人主张免除惩罚性赔偿责任的,人民法院不予支持,但在确定惩罚性赔偿金数额时可以综合考虑。

第十一条 侵权人因同一污染环境、破坏生态行为,应当承担包括惩罚性赔偿在内的民事责任、行政责任和刑事责任,其财产不足以支付的,应当优先用于承担民事责任。

侵权人因同一污染环境、破坏生态行为,应当承担包括惩罚性赔偿在内的民事责任,其财产不足以支付的,应当优先用于承担惩罚性赔偿以外的其他责任。

第十二条 国家规定的机关或者法律规定的组织作为被侵权人代表,请求判令侵权人承担惩罚性赔偿责任的,人民法院可以参照前述规定予以处理。但惩罚性赔偿金数额的确定,应当以生态环境受到损害至修复完成期间服务功能丧失导致的损失、生态环境功能永久性损害造成的损失数额作为计算基数。

第十三条 侵权行为实施地、损害结果发生地在中华人民共和国管辖海域内的海洋生态环境侵权纠纷案件惩罚性赔偿问题，另行规定。

第十四条 本规定自2022年1月20日起施行。

最高人民法院关于审理生态环境侵权责任纠纷案件适用法律若干问题的解释

- 2023年6月5日最高人民法院审判委员会第1890次会议通过
- 2023年8月14日最高人民法院公告公布
- 自2023年9月1日起施行
- 法释〔2023〕5号

为正确审理生态环境侵权责任纠纷案件，依法保护当事人合法权益，根据《中华人民共和国民法典》《中华人民共和国民事诉讼法》《中华人民共和国环境保护法》等法律的规定，结合审判实践，制定本解释。

第一条 侵权人因实施下列污染环境、破坏生态行为造成他人人身、财产损害，被侵权人请求侵权人承担生态环境侵权责任的，人民法院应予支持：

（一）排放废气、废水、废渣、医疗废物、粉尘、恶臭气体、放射性物质等污染环境的；

（二）排放噪声、振动、光辐射、电磁辐射等污染环境的；

（三）不合理开发利用自然资源的；

（四）违反国家规定，未经批准，擅自引进、释放、丢弃外来物种的；

（五）其他污染环境、破坏生态的行为。

第二条 因下列污染环境、破坏生态引发的民事纠纷，不作为生态环境侵权案件处理：

（一）未经由大气、水、土壤等生态环境介质，直接造成损害的；

（二）在室内、车内等封闭空间内造成损害的；

（三）不动产权利人在日常生活中造成相邻不动产权利人损害的；

（四）劳动者在职业活动中受到损害的。

前款规定的情形，依照相关法律规定确定民事责任。

第三条 不动产权利人因经营活动污染环境、破坏生态造成相邻不动产权利人损害，被侵权人请求其承担生态环境侵权责任的，人民法院应予支持。

第四条 污染环境、破坏生态造成他人损害，行为人不论有无过错，都应当承担侵权责任。

行为人以外的其他责任人对损害发生有过错的，应当承担侵权责任。

第五条 两个以上侵权人分别污染环境、破坏生态造成同一损害，每一个侵权人的行为都足以造成全部损害，被侵权人根据民法典第一千一百七十一条的规定请求侵权人承担连带责任的，人民法院应予支持。

第六条 两个以上侵权人分别污染环境、破坏生态，每一个侵权人的行为都不足以造成全部损害，被侵权人根据民法典第一千一百七十二条的规定请求侵权人承担责任的，人民法院应予支持。

侵权人主张其污染环境、破坏生态行为不足以造成全部损害的，应当承担相应举证责任。

第七条 两个以上侵权人分别污染环境、破坏生态，部分侵权人的行为足以造成全部损害，部分侵权人的行为只造成部分损害，被侵权人请求足以造成全部损害的侵权人对全部损害承担责任，并与其他侵权人就共同造成的损害部分承担连带责任的，人民法院应予支持。

被侵权人依照前款规定请求足以造成全部损害的侵权人与其他侵权人承担责任的，受偿范围应以侵权行为造成的全部损害为限。

第八条 两个以上侵权人分别污染环境、破坏生态，部分侵权人能够证明其他侵权人的侵权行为已先行造成全部或者部分损害，并请求在相应范围内不承担责任或者减轻责任的，人民法院应予支持。

第九条 两个以上侵权人分别排放的物质相互作用产生污染物造成他人损害，被侵权人请求侵权人承担连带责任的，人民法院应予支持。

第十条 为侵权人污染环境、破坏生态提供场地或者储存、运输等帮助，被侵权人根据民法典第一千一百六十九条的规定请求行为人与侵权人承担连带责任的，人民法院应予支持。

第十一条 过失为侵权人污染环境、破坏生态提供场地或者储存、运输等便利条件，被侵权人请求行为人承担与过错相适应责任的，人民法院应予支持。

前款规定的行为人存在重大过失的，依照本解释第十条的规定处理。

第十二条 排污单位将所属的环保设施委托第三方治理机构运营，第三方治理机构在合同履行过程中污染环境造成他人损害，被侵权人请求排污单位承担侵权责任的，人民法院应予支持。

排污单位依照前款规定承担责任后向有过错的第三方治理机构追偿的，人民法院应予支持。

第十三条 排污单位将污染物交由第三方治理机构集中处置，第三方治理机构在合同履行过程中污染环境造成他人损害，被侵权人请求第三方治理机构承担侵权责任的，人民法院应予支持。

排污单位在选任、指示第三方治理机构中有过错，被侵权人请求排污单位承担相应责任的，人民法院应予支持。

第十四条 存在下列情形之一的，排污单位与第三方治理机构应当根据民法典第一千一百六十八条的规定承担连带责任：

（一）第三方治理机构按照排污单位的指示，违反污染防治相关规定排放污染物的；

（二）排污单位将明显存在缺陷的环保设施交由第三方治理机构运营，第三方治理机构利用该设施违反污染防治相关规定排放污染物的；

（三）排污单位以明显不合理的价格将污染物交由第三方治理机构处置，第三方治理机构违反污染防治相关规定排放污染物的；

（四）其他应当承担连带责任的情形。

第十五条 公司污染环境、破坏生态，被侵权人请求股东承担责任，符合公司法第二十条规定情形的，人民法院应予支持。

第十六条 侵权人污染环境、破坏生态造成他人损害，被侵权人请求未尽到安全保障义务的经营场所、公共场所的经营者、管理者或者群众性活动的组织者承担相应补充责任的，人民法院应予支持。

第十七条 依照法律规定应当履行生态环境风险管控和修复义务的民事主体，未履行法定义务造成他人损害，被侵权人请求其承担相应责任的，人民法院应予支持。

第十八条 因第三人的过错污染环境、破坏生态造成他人损害，被侵权人请求侵权人或者第三人承担责任的，人民法院应予支持。

侵权人以损害是由第三人过错造成的为由，主张不承担责任或者减轻责任的，人民法院不予支持。

第十九条 因第三人的过错污染环境、破坏生态造成他人损害，被侵权人同时起诉侵权人和第三人承担责任，侵权人对损害的发生没有过错的，人民法院应当判令侵权人、第三人就全部损害承担责任。侵权人承担责任后有权向第三人追偿。

侵权人对损害的发生有过错的，人民法院应当判令侵权人就全部损害承担责任，第三人承担与其过错相适应的责任。侵权人承担责任后有权就第三人应当承担的责任份额向其追偿。

第二十条 被侵权人起诉第三人承担责任的，人民法院应当向被侵权人释明是否同时起诉侵权人。被侵权人不起诉侵权人的，人民法院应当根据民事诉讼法第五十九条的规定通知侵权人参加诉讼。

被侵权人仅请求第三人承担责任，侵权人对损害的发生也有过错的，人民法院应当判令第三人承担与其过错相适应的责任。

第二十一条 环境影响评价机构、环境监测机构以及从事环境监测设备和防治污染设施维护、运营的机构存在下列情形之一，被侵权人请求其与造成环境污染、生态破坏的其他责任人根据环境保护法第六十五条的规定承担连带责任的，人民法院应予支持：

（一）故意出具失实评价文件的；

（二）隐瞒委托人超过污染物排放标准或者超过重点污染物排放总量控制指标的事实的；

（三）故意不运行或者不正常运行环境监测设备或者防治污染设施的；

（四）其他根据法律规定应当承担连带责任的情形。

第二十二条 被侵权人请求侵权人赔偿因污染环境、破坏生态造成的人身、财产损害，以及为防止损害发生和扩大而采取必要措施所支出的合理费用的，人民法院应予支持。

被侵权人同时请求侵权人根据民法典第一千二百三十五条的规定承担生态环境损害赔偿责任的，人民法院不予支持。

第二十三条 因污染环境、破坏生态影响他人取水、捕捞、狩猎、采集等日常生活并造成经济损失，同时符合下列情形，请求人主张行为人承担责任的，人民法院应予支持：

（一）请求人的活动位于或者接近生态环境受损区域；

（二）请求人的活动依赖受损害生态环境；

（三）请求人的活动不具有可替代性或者替代成本过高；

（四）请求人的活动具有稳定性和公开性。

根据国家规定须经相关行政主管部门许可的活动，请求人在污染环境、破坏生态发生时未取得许可的，人民法院对其请求不予支持。

第二十四条 两个以上侵权人就污染环境、破坏生态造成的损害承担连带责任，实际承担责任超过自己责任份额的侵权人根据民法典第一百七十八条的规定向其他侵权人追偿的，人民法院应予支持。侵权人就惩罚性赔偿责任向其他侵权人追偿的，人民法院不予支持。

第二十五条 两个以上侵权人污染环境、破坏生态造成他人损害，人民法院应当根据行为有无许可，污染物的种类、浓度、排放量、危害性，破坏生态的方式、范围、程度，以及行为对损害后果所起的作用等因素确定各侵权人的责任份额。

两个以上侵权人污染环境、破坏生态承担连带责任，实际承担责任的侵权人向其他侵权人追偿的，依照前款规定处理。

第二十六条 被侵权人对同一污染环境、破坏生态行为造成损害的发生或者扩大有重大过失，侵权人请求减轻责任的，人民法院可以予以支持。

第二十七条 被侵权人请求侵权人承担生态环境侵权责任的诉讼时效期间，以被侵权人知道或者应当知道权利受到损害以及侵权人、其他责任人之日起计算。

被侵权人知道或者应当知道权利受到损害以及侵权人、其他责任人之日，侵权行为仍持续的，诉讼时效期间自行为结束之日起计算。

第二十八条 被侵权人以向负有环境资源监管职能的行政机关请求处理因污染环境、破坏生态造成的损害为由，主张诉讼时效中断的，人民法院应予支持。

第二十九条 本解释自2023年9月1日起施行。

本解释公布施行后，《最高人民法院关于审理环境侵权责任纠纷案件适用法律若干问题的解释》（法释〔2015〕12号）同时废止。

最高人民法院关于生态环境侵权案件适用禁止令保全措施的若干规定

- 2021年11月29日最高人民法院审判委员会第1854次会议通过
- 2021年12月27日最高人民法院公告公布
- 自2022年1月1日起施行
- 法释〔2021〕22号

为妥善审理生态环境侵权案件，及时有效保护生态环境，维护民事主体合法权益，落实保护优先、预防为主原则，根据《中华人民共和国民法典》《中华人民共和国环境保护法》《中华人民共和国民事诉讼法》等有关法律规定，结合审判实践，制定本规定。

第一条 申请人以被申请人正在实施或者即将实施污染环境、破坏生态行为，不及时制止将使申请人合法权益或者生态环境受到难以弥补的损害为由，依照民事诉讼法第一百条、第一百零一条规定，向人民法院申请采取禁止令保全措施，责令被申请人立即停止一定行为的，人民法院应予受理。

第二条 因污染环境、破坏生态行为受到损害的自然人、法人或者非法人组织，以及民法典第一千二百三十四条、第一千二百三十五条规定的"国家规定的机关或者法律规定的组织"，可以向人民法院申请作出禁止令。

第三条 申请人提起生态环境侵权诉讼时或者诉讼过程中，向人民法院申请作出禁止令的，人民法院应当在接受申请后五日内裁定是否准予。情况紧急的，人民法院应当在接受申请后四十八小时内作出。

因情况紧急，申请人可在提起诉讼前向污染环境、破坏生态行为实施地、损害结果发生地或者被申请人住所地等对案件有管辖权的人民法院申请作出禁止令，人民法院应当在接受申请后四十八小时内裁定是否准予。

第四条 申请人向人民法院申请作出禁止令的,应当提交申请书和相应的证明材料。

申请书应当载明下列事项:

(一)申请人与被申请人的身份、送达地址、联系方式等基本情况;

(二)申请禁止的内容、范围;

(三)被申请人正在实施或者即将实施污染环境、破坏生态行为,以及如不及时制止将使申请人合法权益或者生态环境受到难以弥补损害的情形;

(四)提供担保的财产信息,或者不需要提供担保的理由。

第五条 被申请人污染环境、破坏生态行为具有现实而紧迫的重大风险,如不及时制止将对申请人合法权益或者生态环境造成难以弥补损害的,人民法院应当综合考量以下因素决定是否作出禁止令:

(一)被申请人污染环境、破坏生态行为被行政主管机关依法处理后仍继续实施;

(二)被申请人污染环境、破坏生态行为对申请人合法权益或者生态环境造成的损害超过禁止被申请人一定行为对其合法权益造成的损害;

(三)禁止被申请人一定行为对国家利益、社会公共利益或者他人合法权益产生的不利影响;

(四)其他应当考量的因素。

第六条 人民法院审查申请人禁止令申请,应当听取被申请人的意见。必要时,可进行现场勘查。

情况紧急无法询问或者现场勘查的,人民法院应当在裁定准予申请人禁止令申请后四十八小时内听取被申请人的意见。被申请人意见成立的,人民法院应当裁定解除禁止令。

第七条 申请人在提起诉讼时或者诉讼过程中申请禁止令的,人民法院可以责令申请人提供担保,不提供担保的,裁定驳回申请。

申请人提起诉讼前申请禁止令的,人民法院应当责令申请人提供担保,不提供担保的,裁定驳回申请。

第八条 人民法院裁定准予申请人禁止令申请的,应当根据申请人的请求和案件具体情况确定禁止令的效力期间。

第九条 人民法院准予或者不准予申请人禁止令申请的,应当制作民事裁定书,并送达当事人,裁定书自送达之日起生效。

人民法院裁定准予申请人禁止令申请的,可以根据裁定内容制作禁止令张贴在被申请人住所地、污染环境、破坏生态行为实施地、损害结果发生地等相关场所,并可通过新闻媒体等方式向社会公开。

第十条 当事人、利害关系人对人民法院裁定准予或者不准予申请人禁止令申请不服的,可在收到裁定书之日起五日内向作出裁定的人民法院申请复议一次。人民法院应当在收到复议申请后十日内审查并作出裁定。复议期间不停止裁定的执行。

第十一条 申请人在人民法院作出诉前禁止令后三十日内不依法提起诉讼的,人民法院应当在三十日届满后五日内裁定解除禁止令。

禁止令效力期间内,申请人、被申请人或者利害关系人以据以作出裁定的事由发生变化为由,申请解除禁止令的,人民法院应当在收到申请后五日内裁定是否解除。

第十二条 被申请人不履行禁止令的,人民法院可依照民事诉讼法第一百一十一条的规定追究其相应法律责任。

第十三条 侵权行为实施地、损害结果发生地在中华人民共和国管辖海域内的海洋生态环境侵权案件中,申请人向人民法院申请责令被申请人立即停止一定行为的,适用海洋环境保护法、海事诉讼特别程序法等法律和司法解释的相关规定。

第十四条 本规定自2022年1月1日起施行。

附件:1.民事裁定书(诉中禁止令用)样式

2.民事裁定书(诉前禁止令用)样式

3.民事裁定书(解除禁止令用)样式

4.禁止令(张贴公示用)样式

附件1:民事裁定书(诉中禁止令用)样式

××××人民法院
民事裁定书

(××××)……民初……号

申请人:×××,……(写明姓名或名称、住所地等基本情况)。

……

被申请人：×××，……（写明姓名或名称、住所地等基本情况）。

申请人×××因与被申请人×××…（写明案由）纠纷一案，向本院申请作出禁止令，责令被申请人×××……（写明申请作出禁止令的具体请求事项）。

本院认为：……（写明是否符合作出禁止令的条件，以及相应的事实理由）。依照《中华人民共和国民事诉讼法》第一百条，《最高人民法院关于生态环境侵权案件适用禁止令保全措施的若干规定》第三条第一款、第八条、第九条第一款的规定，裁定如下：

一、……被申请人×××自本裁定生效之日……（写明效力期间及要求被申请人立即停止实施的具体行为的内容）。

二、……（若禁止实施的具体行为不止一项，依次写明）。

（不准予申请人禁止令申请的，写明"驳回申请人×××的禁止令申请。"）

如不服本裁定，可在裁定书送达之日起五日内，向本院申请复议一次。复议期间，不停止裁定的执行。

本裁定送达后即发生法律效力。

审判长×××
审判员×××
审判员×××

××××年××月××日
（院印）
法官助理×××
书记员×××

【说明】

1. 本样式根据《中华人民共和国民事诉讼法》第一百条、《最高人民法院关于生态环境侵权案件适用禁止令保全措施的若干规定》第三条第一款、第八条、第九条第一款制定，供人民法院在受理、审理案件过程中，依当事人申请作出禁止令时用。

2. 当事人申请诉中禁止令的，案号与正在进行的民事诉讼案号相同，为(××××)……民初……号；若特殊情况下当事人在二审中申请诉中禁止令的，案号则为二审案号。

3. 禁止令的效力期间原则上自裁定生效之日起至案件终审裁判文书生效或者人民法院裁定解除之日止；人民法院若根据个案实际情况确定了具体的效力期间，亦应在裁定书中予以明确。期间届满，禁止令自动终止。

附件2：民事裁定书（诉前禁止令用）样式

××××人民法院
民事裁定书

(××××)……行保……号

申请人：×××，……（写明姓名或名称、住所地等基本情况）。

被申请人：×××，……（写明姓名或名称、住所地等基本情况）。

因被申请人×××……（写明具体的生态环境侵权行为），申请人×××向本院申请禁止令，责令被申请人×××……（写明申请作出禁止令的具体请求事项）。

本院认为：……（写明是否符合作出禁止令的条件，以及相应的事实理由）。依照《中华人民共和国民事诉讼法》第一百零一条，《最高人民法院关于生态环境侵权案件适用禁止令保全措施的若干规定》第三条第二款、第八条、第九条第一款的规定，裁定如下：

一、……被申请人×××自本裁定生效之日……（写明效力期间及要求被申请人立即停止实施的具体行为的内容）。

二、……（若禁止实施的具体行为不止一项，依次写明）。

（不准予申请人禁止令申请的，写明"驳回申请人×××的禁止令申请。"）

如不服本裁定，可在裁定书送达之日起五日内，向本院申请复议一次。复议期间，不停止裁定的执行。

本裁定送达后即发生法律效力。

审判长×××
审判员×××
审判员×××

××××年××月××日
（院印）
法官助理×××
书记员×××

【说明】

1. 本样式根据《中华人民共和国民事诉讼法》第一百零一条、《最高人民法院关于生态环境侵权案件适用禁止令保全措施的若干规定》第三条第二款、第八条、第九条第一款制定,供人民法院在受理案件前,依当事人申请作出禁止令时用。

2. 当事人申请诉前禁止令时,尚未进入诉讼程序,故编立案号(××××)……行保……号。

3. 禁止令的效力期间原则上自裁定生效之日起至案件终审裁判文书生效或者人民法院裁定解除之日止;人民法院若根据个案实际情况确定了具体的效力期间,亦应在裁定书中予以明确。期间届满,禁止令自动终止。

附件3:民事裁定书(解除禁止令用)样式

××××人民法院
民事裁定书

(××××)……民初……号

申请人:×××,……(写明姓名或名称、住所地等基本情况)。

被申请人:×××,……(写明姓名或名称、住所地等基本情况)。

本院于××××年××月××日作出××(写明案号)民事裁定,准予×××的禁止令申请。××××年××月××日,申请人/被申请人/利害关系人×××基于据以作出禁止令的事由发生变化为由,请求解除禁止令。

本院经审查认为,……(写明是否符合解除禁止令的条件,以及相应的事实理由)。依照《最高人民法院关于生态环境侵权案件适用禁止令保全措施的若干规定》第十一条第二款的规定,裁定如下:

一、解除××××(被申请人的姓名或者名称)……(写明需要解除的禁止实施的具体行为)。

二、……(若需解除的禁止实施的具体行为不止一项,依次写明)。

(如不符合解除禁止令条件的,写明:"驳回申请人/被申请人/利害关系人×××的解除禁止令申请。")

如不服本裁定,可在裁定书送达之日起五日内,向本院申请复议一次。复议期间,不停止裁定的执行。

本裁定送达后即发生法律效力。

审判长×××

审判员×××

审判员××

××××年××月××日

(院印)

法官助理×××

书记员×××

【说明】

1. 本样式根据《最高人民法院关于生态环境侵权案件适用禁止令保全措施的若干规定》第十一条第二款制定,供人民法院在禁止令效力期间内,因据以作出禁止令的事由发生变化,依申请人、被申请人或者利害关系人申请提前解除禁止令用。

2. 根据《最高人民法院关于生态环境侵权案件适用禁止令保全措施的若干规定》第六条第二款因被申请人抗辩理由成立而解除已作出的禁止令、第十一条第一款因申请人未在法定三十日内提起诉讼而解除禁止令的,可参照本样式调整相应表述后使用。

3. 若一审中裁定解除禁止令的,则采用一审案号(或之…);若二审中裁定解除禁止令的,则采用二审案号;若系针对申请人在诉前禁止令作出后三十日内未起诉而解除或者提前解除的,则采用原禁止令案号之一。

4. 解除裁定生效后,依据原裁定制作的禁止令自动终止。

附件4:禁止令(张贴公示用)样式

××××人民法院
禁止令

(××××)……民初……号/(××××)…行保…号

×××(写明被申请人姓名或名称):

申请人×××以你(你单位)……(申请理由)为由,于××××年××月××日向本院申请作出禁止令。本院经审查,于××××年××月××日作出××号民事裁定,准予申请人×××的禁止令申请。现责令:

……(裁定书主文内容)。

此令。

×××人民法院
××××年××月××日
(院印)

【说明】

1.本样式根据《最高人民法院关于生态环境侵权案件适用禁止令保全措施的若干规定》第九条第二款制定,供人民法院在被申请人住所地,污染环境、破坏生态行为实施地、损害结果发生地等相关场所张贴以及通过新闻媒体等方式向社会公开时用。

2.如系诉中禁止令,案号与正在审理案件案号相同,如系诉前禁止令则案号为(××××)……行保……号。

九、其 他

1. 商事类

中华人民共和国公司法

- 1993年12月29日第八届全国人民代表大会常务委员会第五次会议通过 根据1999年12月25日第九届全国人民代表大会常务委员会第十三次会议《关于修改〈中华人民共和国公司法〉的决定》第一次修正
- 根据2004年8月28日第十届全国人民代表大会常务委员会第十一次会议《关于修改〈中华人民共和国公司法〉的决定》第二次修正
- 2005年10月27日第十届全国人民代表大会常务委员会第十八次会议修订
- 根据2013年12月28日第十二届全国人民代表大会常务委员会第六次会议《关于修改〈中华人民共和国海洋环境保护法〉等七部法律的决定》第三次修正
- 根据2018年10月26日第十三届全国人民代表大会常务委员会第六次会议《关于修改〈中华人民共和国公司法〉的决定》第四次修正

> **理 解 与 适 用**

《中华人民共和公司法》于1993年12月29日由第八届全国人大常委会第五次会议通过,自1994年7月1日起施行。《公司法》历经1999年、2004年、2005年、2013年、2018年五次修改,修改后更方便了人们投资、更强调股东权益和债权人利益的保护、更有利于我国资本市场发展需要。

2013年《公司法》修改主要涉及三方面。第一,将注册资本实缴登记制改为认缴登记制。除法律、行政法规以及国务院决定对公司注册资本实缴另有规定的外,取消了关于公司股东(发起人)应当自公司成立之日起两年内缴足出资,投资公司可以在五年内缴足出资的规定;取消了一人有限责任公司股东应当一次足额缴纳出资的规定。第二,放宽注册资本登记条件。除法律、行政法规以及国务院决定对公司注册资本最低限额另有规定的外,取消了有限责任公司最低注册资本3万元、一人有限责任公司最低注册资本10万元、股份有限公司最低注册资本500万元的限制;不再限制公司设立时股东(发起人)的首次出资比例;不再限制股东(发起人)的货币出资比例。第三,简化登记事项和登记文件。有限责任公司股东认缴出资额、公司实收资本不再作为公司登记事项。公司登记时,不需要提交验资报告。

针对《公司法》第142条在实践中存在的问题,2018年10月26日通过的《全国人民代表大会常务委员会关于修改〈中华人民共和国公司法〉的决定》主要对原公司法第142条中关于公司股份回购制度的规定作了修改,由于股份回购特别是上市公司的股份回购,对债权人和投资者利益都有重大影响,应当慎重稳妥对待,因此修改决定同时还明确:对公司法有关资本制度的规定进行修改完善,赋予公司更多自主权,有利于促进完善公司治理、推动资本市场稳定健康发展。国务院及其有关部门应当完善配套规定,坚持公开、公平、公正的原则,督促实施股份回购的上市公司保证债务履行能力和持续经营能力,加强监督管理,依法严格查处内幕交易、操纵市场等证券违法行为,防范市场风险,切实维护债权人和投资者的合法权益。

《公司法》作为市场经济的基本大法,其主要内容有:

一、公司的概念

公司是一种企业组织形态,是依照法定的条件与程序设立的,以营利为目的的商事组织。我国《公司法》所规定的公司是指依法在中国境内设立的有限责任公司和股份有限公司。

二、股东的权利和义务

公司股东是公司的投资人,依法享有资产收益、参与重大决策和选择管理者等权利,并且在法定情形下有向人民法院提起诉讼的权利。股东的主要义务是出资义务以及权利不得滥用义务,如公司股东滥用公司法人独立地位和股东有限责任,逃避债务,严重损害公司债权人利益的,应当对公司债务承担连带责任。

三、公司章程

设立公司必须依法制定公司章程。公司章程对公司、股东、董事、监事、高级管理人员具有约束力。

四、公司高管与职工

公司高管是指对公司决策、经营、管理负有领导职责的人员,如董事、监事、总经理、副总经理、公司财务负责人等高级管理人员。担任公司高管须符合法定条件,遵守法定义务。

公司必须保护职工的合法权益,依法与职工签订劳动合同,参加社会保险,加强劳动保护,实现安全生产。公司职工依照《工会法》组织工会,开展工会活动,维护职工合法权益。另外,《公司法》强调,董事会、监事会中依法应有职工代表的,由公司职工通过职工代表大会、职工大会或者其他形式民主选举产生。

五、一人有限责任公司

一人有限责任公司,是指只有一个自然人股东或者一个法人股东的有限责任公司。一个自然人只能投资设立一个一人有限责任公司。该一人有限责任公司不能投资设立新的一人有限责任公司。一人有限责任公司的股东不能证明公司财产独立于股东自己财产的,应当对公司债务承担连带责任。

对公司法的司法解释工作是一项系统工程。当代公司法通常包括三个方面的制度:投融资及其退出的法律制度、公司治理的法律制度和公司并购重组的法律制度。最高人民法院关于公司法解释工作的安排和布局基本遵循了这一体系。2005年,我国公司法修订并重新颁布后,最高人民法院随即出台《关于适用〈中华人民共和国公司法〉若干问题的规定(一)》,主要解决了新旧法衔接适用的问题。2008年和2011年,最高人民法院分别出台了《关于适用〈中华人民共和国公司法〉若干问题的规定(二)》和《关于适用〈中华人民共和国公司法〉若干问题的规定(三)》,主要解决了股东出资纠纷和公司解散清算纠纷案件审理中的法律适用问题,均属于投融资及其退出的法律制度范畴。2017年,最高人民法院出台了《关于适用〈中华人民共和国公司法〉若干问题的规定(四)》,以股东权利保护和公司治理为主题。2019年,最高人民法院出台了《关于适用〈中华人民共和国公司法〉若干问题规定(五)》,就股东权益保护等纠纷案件适用法律问题作出规定。随着民法典的颁布,为了配套民法典的实施,前述司法解释(二)、(三)、(四)、(五)均于2020年12月29日修正。

第一章 总 则

第一条 【立法宗旨】为了规范公司的组织和行为,保护公司、股东和债权人的合法权益,维护社会经济秩序,促进社会主义市场经济的发展,制定本法。

第二条 【调整对象】本法所称公司是指依照本法在中国境内设立的有限责任公司和股份有限公司。

第三条 【公司界定及股东责任】公司是企业法人,有独立的法人财产,享有法人财产权。公司以其全部财产对公司的债务承担责任。

有限责任公司的股东以其认缴的出资额为限对公司承担责任;股份有限公司的股东以其认购的股份为限对公司承担责任。

第四条 【股东权利】公司股东依法享有资产收益、参与重大决策和选择管理者等权利。

第五条 【公司义务及权益保护】公司从事经营活动，必须遵守法律、行政法规，遵守社会公德、商业道德，诚实守信，接受政府和社会公众的监督，承担社会责任。

公司的合法权益受法律保护，不受侵犯。

第六条 【公司登记】设立公司，应当依法向公司登记机关申请设立登记。符合本法规定的设立条件的，由公司登记机关分别登记为有限责任公司或者股份有限公司；不符合本法规定的设立条件的，不得登记为有限责任公司或者股份有限公司。

法律、行政法规规定设立公司必须报经批准的，应当在公司登记前依法办理批准手续。

公众可以向公司登记机关申请查询公司登记事项，公司登记机关应当提供查询服务。

链接 《市场主体登记管理条例》第3、5、8、19条

第七条 【营业执照】依法设立的公司，由公司登记机关发给公司营业执照。公司营业执照签发日期为公司成立日期。

公司营业执照应当载明公司的名称、住所、注册资本、经营范围、法定代表人姓名等事项。

公司营业执照记载的事项发生变更的，公司应当依法办理变更登记，由公司登记机关换发营业执照。

第八条 【公司名称】依照本法设立的有限责任公司，必须在公司名称中标明有限责任公司或者有限公司字样。

依照本法设立的股份有限公司，必须在公司名称中标明股份有限公司或者股份公司字样。

链接 《市场主体登记管理条例》第10条

第九条 【公司形式变更】有限责任公司变更为股份有限公司，应当符合本法规定的股份有限公司的条件。股份有限公司变更为有限责任公司，应当符合本法规定的有限责任公司的条件。

有限责任公司变更为股份有限公司的，或者股份有限公司变更为有限责任公司的，公司变更前的债权、债务由变更后的公司承继。

链接 《公司法》第95条

第十条 【公司住所】公司以其主要办事机构所在地为住所。

链接 《市场主体登记管理条例》第11条

第十一条 【公司章程】设立公司必须依法制定公司章程。公司章程对公司、股东、董事、监事、高级管理人员具有约束力。

实务问答 公司章程中关于股东会对股东处以罚款的规定是否有效

公司章程关于股东会对股东处以罚款的规定，系公司全体股东所预设的对违反公司章程股东的一种制裁措施，符合公司的整体利益，体现了有限公司的人合性特征，不违反公司法的禁止性规定，应合法有效。但公司章程在赋予股东会对股东处以罚款职权时，应明确规定罚款的标准、幅度，股东会在没有明确标准、幅度的情况下处罚股东，属法定依据不足，相应决议无效。（《中华人民共和国最高人民法院公报》2012年第10期：南京安盛财务顾问有限公司诉祝鹃股东会决议罚款纠纷案）

链接 《上市公司章程指引（2022年修订）》

第十二条 【经营范围】公司的经营范围由公司章程规定，并依法登记。公司可以修改公司章程，改变经营范围，但是应当办理变更登记。

公司的经营范围中属于法律、行政法规规定须经批准的项目，应当依法经过批准。

第十三条 【法定代表人】公司法定代表人依照公司章程的规定，由董事长、执行董事或者经理担任，并依法登记。公司法定代表人变更，应当办理变更登记。

第十四条 【分公司与子公司】公司可以设立分公司。设立分公司，应当向公司登记机关申请登记，领取营业执照。分公司不具有法人资格，其民事责任由公司承担。

公司可以设立子公司，子公司具有法人资格，依法独立承担民事责任。

实务问答 公司分支机构于公司法人变更过程中是否实际经工商部门注销完毕，会影响公司基于独立法人资格行使其分支机构所享有的民事权利、承担其分支机构所负有的民事义务吗

根据《中华人民共和国公司法》的规定，公司可以设立分公司，分公司不具有企业法人资格，其民事责任由公司承担。因此，公司分支机构于公司法人变更过程中是否实际经工商部门注销完毕，不影响公司基于独立法人资格行使其分支机构所享有的民事权利、承担其分支机构所负有的民事义务。（《中华人民共和国最高人民法院公报》2008年第2期：泛华工程有限公司西南公司与中国人寿保险（集团）公司商品房预售合同纠纷案）

第十五条 【转投资】公司可以向其他企业投资;但是,除法律另有规定外,不得成为对所投资企业的债务承担连带责任的出资人。

第十六条 【公司担保】公司向其他企业投资或者为他人提供担保,依照公司章程的规定,由董事会或者股东会、股东大会决议;公司章程对投资或者担保的总额及单项投资或者担保的数额有限额规定的,不得超过规定的限额。

公司为公司股东或者实际控制人提供担保的,必须经股东会或者股东大会决议。

前款规定的股东或者受前款规定的实际控制人支配的股东,不得参加前款规定事项的表决。该项表决由出席会议的其他股东所持表决权的过半数通过。

注释 实际控制人,是指虽不是公司的股东,但通过投资关系、协议或者其他安排,能够实际支配公司行为的人。

法律没有禁止公司为本公司股东或者实际控制人提供担保,但是公司为本公司股东或者实际控制人提供担保的,必须由股东会或者股东大会作出决议。在决议表决时,该股东或者受该实际控制人支配的股东,不得参加表决。同时,在排除上述股东的表决权后,决议的表决由出席会议的其他股东所持表决权的过半数通过,方为有效。

第十七条 【职工权益保护与职业教育】公司必须保护职工的合法权益,依法与职工签订劳动合同,参加社会保险,加强劳动保护,实现安全生产。

公司应当采用多种形式,加强公司职工的职业教育和岗位培训,提高职工素质。

第十八条 【工会】公司职工依照《中华人民共和国工会法》组织工会,开展工会活动,维护职工合法权益。公司应当为本公司工会提供必要的活动条件。公司工会代表职工就职工的劳动报酬、工作时间、福利、保险和劳动安全卫生等事项依法与公司签订集体合同。

公司依照宪法和有关法律的规定,通过职工代表大会或者其他形式,实行民主管理。

公司研究决定改制以及经营方面的重大问题、制定重要的规章制度时,应当听取公司工会的意见,并通过职工代表大会或者其他形式听取职工的意见和建议。

第十九条 【党组织】在公司中,根据中国共产党章程的规定,设立中国共产党的组织,开展党的活动。公司应当为党组织的活动提供必要条件。

第二十条 【股东禁止行为】公司股东应当遵守法律、行政法规和公司章程,依法行使股东权利,不得滥用股东权利损害公司或者其他股东的利益;不得滥用公司法人独立地位和股东有限责任损害公司债权人的利益。

公司股东滥用股东权利给公司或者其他股东造成损失的,应当依法承担赔偿责任。

公司股东滥用公司法人独立地位和股东有限责任,逃避债务,严重损害公司债权人利益的,应当对公司债务承担连带责任。

注释 本条是关于禁止公司股东权利滥用和公司法人人格否认制度的规定,是2005年《公司法》的重大修改之处。公司法人人格否认,也称为揭开公司面纱,即在承认公司具有法人人格的前提下,对特定法律关系中的公司独立人格和股东有限责任予以否认,直接追索公司背后成员的责任,以规制滥用公司独立人格和股东有限责任的行为。这一制度对于完善股东与债权人的利益平衡机制是非常必要和有效的,公司法人人格否认制度可以保护债权人的利益,可以完善公司法人制度,并能促进公司治理结构的科学化。

实务问答 1. 适用公司法人人格否认制度需要满足哪些条件

我国《公司法》第20条只原则性地规定了适用公司法人人格否认的情形,是非常现实和合理的,体现了立法的艺术。但该制度缺乏可操作性,司法实践中各法院之间和法院内部对适用公司法人人格否认制度的标准分歧很大。要正确理解和适用这一制度,需厘清以下几个问题:

第一,前提要件(主体要件):公司已合法取得独立人格。只有依照法定条件与程序在工商行政管理机关进行登记,领取法人营业执照,取得合法的法人资格后,才能对该法人资格予以否认。

第二,行为要件:股东实施了不正当使用或滥用了公司法人人格之行为。具体体现为股东不当使用控制权,滥用法人人格,存在规避法律和逃避契约义务的违法行为。当然,学界对于行为人主观上是否需有滥用的故意,还是有一定争论的。

第三,危害后果:上述行为造成了债权人利益或社会公共利益之损害。

第四,因果关系:滥用公司法人人格行为与债权人利益或社会公共利益受到损害之间存在因果关系。

第五，例外情形：在公司财产足以清偿债务时不得适用公司法人人格否认制度。因为，如果债权人的债权能够得到清偿，其没有必要要求股东承担责任。这时，如果股东存在滥用公司法人人格行为造成公司、其他股东的利益受到损害，完全可以由利益受到损害的公司或其他股东提起诉讼要求有滥用行为的股东承担赔偿责任。

2.如何判断股东存在滥用公司法人独立地位和股东有限责任的行为

权利滥用通常表现为违反法律规定或违背善良风俗和诚实信用原则。我国学者在借鉴国外学说的基础上，对此大体作了如下分类：

第一，公司的形骸化。指公司有名无实，徒有躯壳，实质上已经沦为股东个人的工具或化身。具体表现形式有：公司控制股东的具体行为使公司实际上表现为投资者的一个部门，使相对人无法判断自己的交易伙伴是公司还是投资者本人；公司的管理机制不完善；股东没有严格区分公司财产和个人财产，公司财产被用于个人支出而未作适当记录，以致没有维持完整的公司财产记录；公司与股东及该公司与其他公司间没有严格区分的人格混同。这一情况多发生在一人公司和母子公司中。

第二，公司资本显著不足。股东有可能不按照公司章程的规定履行出资义务，也有可能在公司经营过程中利用对公司的控制管理，将公司资产转移，这都会造成公司资产的不足。判断公司资产是否充足不仅取决于公司资产的绝对数量，还要结合公司所营事业的性质，判断公司资产是否能够负担公司经营的风险和债务。

第三，利用公司形式规避法律义务、合同义务、侵权债务等。规避法律义务，指当事人以迂回方法避免直接违反法律规定，但却足以使某项强行法立法目的落空的行为。利用公司独立人格规避法律主要表现为，当事人利用既存的公司或新设立的公司为工具，以实行依法其自身无法达成的行为。比如股东负有纳税义务，通过设立新公司及在公司间转移盈利，以逃避其纳税义务。或者母公司设立海外子公司(实际是空壳公司)，再以其控股设立内地公司，达到偷逃税款或者逃避债务的目的。

利用公司人格回避合同和侵权债务的情形非常之多，通常是股东依据公司独立人格，以公司名义承担公司本身并未因此受益的债务或与公司本身极不相称的风险，造成侵权债务关系中的股东与公司错位，导致股东仅享有利益，而公司独担风险的不公正状况，并最终损害债权人的利益。如负有债务的股东(包括法人股东)申请设立新公司并把自己的财产转换为在新公司中的出资，或者把本公司的资产无偿转移到新公司，以逃避债务。

3.如何判定滥用行为对债权人的损害达到了严重的程度

关于这一点，要结合股东的行为是否有恶意、债权人实际受损的情况综合考虑，本着最有利于保护债权人利益的原则作出认定。如果公司无法偿还到期债务的事实已经持续一段时期，在此期间公司财产状况不但没有好转反而还在进一步恶化，甚至达到了"资不抵债"的地步，就可以作出达到"严重损害债权人利益"的程度的认定，从而适用公司人格否定的法律规定。

4.法定代表人利用其对存在股权交叉、均为同一法人出资设立、由同一自然人担任各个公司法定代表人的关联公司的控制权，损害债权人合法权益的，该多个公司法人是否应承担连带清偿责任

存在股权交叉、均为同一法人出资设立、由同一自然人担任各个公司法定代表人的关联公司，如果法定代表人利用其对上述多个公司的控制权，无视公司的独立人格，随意处置、混淆各个公司的财产及债权债务关系，造成各个公司的人员、财产等无法区分的，该多个公司法人表面上虽然彼此独立，但实质上构成人格混同。因此损害债权人合法权益的，该多个公司法人应承担连带清偿责任。

链接《公司法》第63条

第二十一条 【禁止关联交易】公司的控股股东、实际控制人、董事、监事、高级管理人员不得利用其关联关系损害公司利益。

违反前款规定，给公司造成损失的，应当承担赔偿责任。

注释 控股股东，是指其出资额占有限责任公司资本总额50%以上或者其持有的股份占股份有限公司股本总额50%以上的股东；出资额或者持有股份的比例虽然不足50%，但依其出资额或者持有的股份所享有的表决权已足以对股东会、股东大

会的决议产生重大影响的股东。

关联关系,是指公司控股股东、实际控制人、董事、监事、高级管理人员与其直接或者间接控制的企业之间的关系,以及可能导致公司利益转移的其他关系。但是,国家控股的企业之间不因同受国家控股而具有关联关系。

链接《公司法》第216条

第二十二条 【公司决议的无效或被撤销】公司股东会或者股东大会、董事会的决议内容违反法律、行政法规的无效。

股东会或者股东大会、董事会的会议召集程序、表决方式违反法律、行政法规或者公司章程,或者决议内容违反公司章程的,股东可以自决议作出之日起六十日内,请求人民法院撤销。

股东依照前款规定提起诉讼的,人民法院可以应公司的请求,要求股东提供相应担保。

公司根据股东会或者股东大会、董事会决议已办理变更登记的,人民法院宣告该决议无效或者撤销该决议后,公司应当向公司登记机关申请撤销变更登记。

第二章 有限责任公司的设立和组织机构

第一节 设 立

第二十三条 【有限责任公司的设立条件】设立有限责任公司,应当具备下列条件:

(一)股东符合法定人数;

(二)有符合公司章程规定的全体股东认缴的出资额;

(三)股东共同制定公司章程;

(四)有公司名称,建立符合有限责任公司要求的组织机构;

(五)有公司住所。

第二十四条 【股东人数】有限责任公司由五十个以下股东出资设立。

链接《最高人民法院关于适用〈中华人民共和国公司法〉若干问题的规定(三)》第22条

第二十五条 【公司章程内容】有限责任公司章程应当载明下列事项:

(一)公司名称和住所;

(二)公司经营范围;

(三)公司注册资本;

(四)股东的姓名或者名称;

(五)股东的出资方式、出资额和出资时间;

(六)公司的机构及其产生办法、职权、议事规则;

(七)公司法定代表人;

(八)股东会会议认为需要规定的其他事项。

股东应当在公司章程上签名、盖章。

实务问答 公司章程中有关退股的规定是否有效

公司章程是公司组织及活动的基本准则。在作为特殊企业的资产评估公司章程规定股东退休时必须退股,退股时以退股月份上月为结算月份,退还其在公司享有的净资产份额时,股东与公司应该按章履行。(《中华人民共和国最高人民法院公报》2012年第5期:上海大成资产评估有限公司诉楼建华等其他与公司有关的纠纷案)

第二十六条 【注册资本】有限责任公司的注册资本为在公司登记机关登记的全体股东认缴的出资额。

法律、行政法规以及国务院决定对有限责任公司注册资本实缴、注册资本最低限额另有规定的,从其规定。

注释 有限责任公司的注册资本以公司登记机关登记的数额为准。注册资本是设立公司的法定登记事项,没有注册资本,公司登记机关不予登记,不发营业执照。

第二十七条 【出资方式】股东可以用货币出资,也可以用实物、知识产权、土地使用权等可以用货币估价并可以依法转让的非货币财产作价出资;但是,法律、行政法规规定不得作为出资的财产除外。

对作为出资的非货币财产应当评估作价,核实财产,不得高估或者低估作价。法律、行政法规对评估作价有规定的,从其规定。

实务问答 1. 判断公司出资形式适格性的标准

本条规定确立了判断公司出资形式适格性的标准,一是可以估价,要求出资不仅应有使用价值,还应具备货币衡量的价值;二是具有可转让性。根据股东权及公司财产权的性质,股东的出资在股东与公司之间实际发生了权利主体的转移,因此可转让性是出资的必然要求;三是要具有合法性,法律、行政法规规定不得作为出资的财产不得作为公司出资。

2. 非货币财产出资在实践中的问题及《最高人民法院关于适用〈中华人民共和国公司法〉若干问题的规定(三)》对其是如何规范的

《公司法》许可股东用一定的非货币财产出

资，但没有明确规定非货币财产出资的相关标准及程序。为保障公司资本的充实和维护公司债权人的利益，《最高人民法院关于适用〈中华人民共和国公司法〉若干问题的规定（三）》对非货币财产出资进行了专门规范。

首先，未评估作价的非货币财产由于其实际价值是否与章程所定价额相符并不明确，在当事人请求认定出资人未履行出资义务时，《最高人民法院关于适用〈中华人民共和国公司法〉若干问题的规定（三）》规定此时法院应委托合法的评估机构进行评估，然后将评估所得的价额与章程所定价额相比较，以确定出资人是否完全履行了出资义务。这种由法院委托评估的方式既可以便捷地解决纠纷，也可以尽快落实公司资本是否充实。

其次，设定了非货币财产出资到位与否的司法判断标准，尤其是对于权属变更需经登记的非货币财产，《最高人民法院关于适用〈中华人民共和国公司法〉若干问题的规定（三）》坚持权属变更与财产实际交付并重的标准。即：该财产已实际交付公司使用但未办理权属变更登记的，在诉讼中法院应责令当事人在指定的合理期间内办理权属变更手续。在该期间办理完前述手续后，法院才认定其已履行出资义务。另一方面，出资人对非货币财产已办理权属变更手续，但未实际交付公司使用的，《最高人民法院关于适用〈中华人民共和国公司法〉若干问题的规定（三）》规定法院可以判令其向公司实际交付该财产、在交付前不享有股东权利。这些规定旨在敦促出资人尽快完全履行出资义务，保证公司资本的确定。同时，对用土地使用权、股权这些较为常见的非货币财产出资的，《最高人民法院关于适用〈中华人民共和国公司法〉若干问题的规定（三）》也规定了出资义务履行的认定标准。

再次，出资人用自己并不享有处分权的财产进行出资时，该出资行为的效力并非一概予以否认。因为无权处分人处分自己不享有所有权（处分权）的财产时，只要第三人符合《民法典》第311条规定的条件，其可以构成善意取得，该财产可以终局地为该第三人所有。而出资行为在性质上属于处分行为，出资人用非自有财产出资，也属于无权处分，那么在公司等第三人构成善意的情形下，其也应当适用善意取得制度。这有利于维持公司资本，从而保障交易相对人的利益。所以《最高人民法院关于适用〈中华人民共和国公司法〉若干问题的规定（三）》规定以不享有处分权的财产出资的，出资行为的效力参照《民法典》第311条的规定处理。而对实践中出资人用贪污、挪用等犯罪所获的货币用于出资的，尤其应防止将出资的财产直接从公司抽出的做法，此时应当采取将出资财产所形成的股权折价补偿受害人损失的方式，以保障公司资本之维持、维护公司债权人利益，所以《最高人民法院关于适用〈中华人民共和国公司法〉若干问题的规定（三）》明确规定此时法院应当采取拍卖或变卖的方式处置该股权。

链接《公司法》第82条；《市场主体登记管理条例》第9、13条；《最高人民法院关于适用〈中华人民共和国公司法〉若干问题的规定（三）》第7—11条；《民法典》第311条

第二十八条 【出资义务】股东应当按期足额缴纳公司章程中规定的各自所认缴的出资额。股东以货币出资的，应当将货币出资足额存入有限责任公司在银行开设的账户；以非货币财产出资的，应当依法办理其财产权的转移手续。

股东不按照前款规定缴纳出资的，除应当向公司足额缴纳外，还应当向已按期足额缴纳出资的股东承担违约责任。

注释 按期足额缴纳出资，是股东的一项重要法定义务，必须严格履行。如果股东没有按期足额缴纳公司章程中规定的自己所认缴的出资额，则需依法承担相应的法律责任：（1）承担继续履行出资义务的责任。特别是在人民法院受理公司破产申请后，债务人的出资人尚未完全履行出资义务的，破产管理人仍应该要求该出资人缴纳所认缴的出资，而不受出资期限的限制。（2）向其他股东承担违约责任。股东未按照公司章程规定的时间、金额缴纳出资，就是违反了公司章程规定的出资义务，构成了对其他已经履行缴纳出资义务的股东的违约，应当依法向其他股东承担违约责任，如支付已经支出的公司开办费用以及占用资金的利息损失等。

实务问答 1. 出资人以房屋、土地使用权或者需要办理权属登记的知识产权等财产出资，已经交付公司使用但未办理权属变更手续，或者已办理权属变更登记但未实际交付，因此而起诉至人民法院的，应如何处理

根据《最高人民法院关于适用〈中华人民共和国公司法〉若干问题的规定（三）》的规定，出资人

以房屋、土地使用权或者需要办理权属登记的知识产权等财产出资,已经交付公司使用但未办理权属变更手续,公司、其他股东或者公司债权人主张认定出资人未履行出资义务的,人民法院应当责令当事人在指定的合理期间内办理权属变更手续;在前述期间内办理了权属变更手续的,人民法院应当认定其已经履行了出资义务;出资人主张自其实际交付财产给公司使用时享有相应股东权利的,人民法院应予支持。

出资人以房屋、土地使用权或者需要办理权属登记的知识产权等财产出资,已经办理权属变更手续但未交付给公司使用,公司或者其他股东主张其向公司交付、并在实际交付之前不享有相应股东权利的,人民法院应予支持。

2. 出资人以其他公司股权出资应符合什么条件才可以认定为已履行出资义务

根据《最高人民法院关于适用〈中华人民共和国公司法〉若干问题的规定(三)》第11条的规定:"出资人以其他公司股权出资,符合下列条件的,人民法院应当认定出资人已履行出资义务:

(一)出资的股权由出资人合法持有并依法可以转让;

(二)出资的股权无权利瑕疵或者权利负担;

(三)出资人已履行关于股权转让的法定手续;

(四)出资的股权已依法进行了价值评估。

股权出资不符合前款第(一)、(二)、(三)项的规定,公司、其他股东或者公司债权人请求认定出资人未履行出资义务的,人民法院应当责令该出资人在指定的合理期间内采取补正措施,以符合上述条件;逾期未补正的,人民法院应当认定其未依法全面履行出资义务。

股权出资不符合本条第一款第(四)项的规定,公司、其他股东或者公司债权人请求认定出资人未履行出资义务的,人民法院应当按照本规定第九条的规定处理。"

3. 股东未履行或者未全面履行出资义务或者抽逃出资,公司对其股东权利作出相应合理限制,或者解除该股东的股东资格,是否有效?法院应如何处理

根据《最高人民法院关于适用〈中华人民共和国公司法〉若干问题的规定(三)》第16条、17条的规定,股东未履行或者未全面履行出资义务或者抽逃出资,公司根据公司章程或者股东会决议对其利润分配请求权、新股优先认购权、剩余财产分配请求权等股东权利作出相应的合理限制,该股东请求认定该限制无效的,人民法院不予支持。

有限责任公司的股东未履行出资义务或者抽逃全部出资,经公司催告缴纳或者返还,其在合理期间内仍未缴纳或者返还出资,公司以股东会决议解除该股东的股东资格,该股东请求确认该解除行为无效的,人民法院不予支持。

在前款规定的情形下,人民法院在判决时应当释明,公司应当及时办理法定减资程序或者由其他股东或者第三人缴纳相应的出资。在办理法定减资程序或者其他股东或者第三人缴纳相应的出资之前,公司债权人依照本规定第十三条或者第十四条请求相关当事人承担相应责任的,人民法院应予支持。

4. 股东未履行或未全面履行出资义务或抽逃出资,并以超过诉讼时效期间为由进行抗辩,应如何处理

依据《最高人民法院关于适用〈中华人民共和国公司法〉若干问题的规定(三)》第19条的规定,公司股东未履行或者未全面履行出资义务或者抽逃出资,公司或者其他股东请求其向公司全面履行出资义务或者返还出资,被告股东以诉讼时效为由进行抗辩的,人民法院不予支持。

公司债权人的债权未过诉讼时效期间,其依照本规定第13条第2款、第14条第2款的规定请求未履行或者未全面履行出资义务或者抽逃出资的股东承担赔偿责任,被告股东以出资义务或者返还出资义务超过诉讼时效期间为由进行抗辩的,人民法院不予支持。

链接《企业破产法》第35条;《市场主体登记管理条例》第45条;《最高人民法院关于适用〈中华人民共和国公司法〉若干问题的规定》(三)第10、11、13、17、18、20、21条

第二十九条 【设立登记】股东认足公司章程规定的出资后,由全体股东指定的代表或者共同委托的代理人向公司登记机关报送公司登记申请书、公司章程等文件,申请设立登记。

链接《市场主体登记管理条例》第16条

第三十条 【出资不足的补充】有限责任公司成立后,发现作为设立公司出资的非货币财产的实际价额显著低于公司章程所定价额的,应当由交付该出资的股东补足其差额;公司设立时的其

他股东承担连带责任。

第三十一条 【出资证明书】有限责任公司成立后，应当向股东签发出资证明书。

出资证明书应当载明下列事项：

（一）公司名称；

（二）公司成立日期；

（三）公司注册资本；

（四）股东的姓名或者名称、缴纳的出资额和出资日期；

（五）出资证明书的编号和核发日期。

出资证明书由公司盖章。

链接《最高人民法院关于适用〈中华人民共和国公司法〉若干问题的规定（三）》第23、24条

第三十二条 【股东名册】有限责任公司应当置备股东名册，记载下列事项：

（一）股东的姓名或者名称及住所；

（二）股东的出资额；

（三）出资证明书编号。

记载于股东名册的股东，可以依股东名册主张行使股东权利。

公司应当将股东的姓名或者名称向公司登记机关登记；登记事项发生变更的，应当办理变更登记。未经登记或者变更登记的，不得对抗第三人。

实务问答 1. 有限责任公司的实际出资人与名义出资人订立的合同效力如何？以及因投资权益的归属发生争议，应如何处理

有限责任公司的实际出资人与名义出资人订立合同，约定由实际出资人出资并享有投资权益，以名义出资人为名义股东，实际出资人与名义股东对该合同效力发生争议的，如无合同无效的情形，人民法院应当认定该合同有效。

实际出资人与名义股东因投资权益的归属发生争议，实际出资人以其实际履行了出资义务为由向名义股东主张权利的，人民法院应予支持。名义股东以公司股东名册记载、公司登记机关登记为由否认实际出资人权利的，人民法院不予支持。

实际出资人未经公司其他股东半数以上同意，请求公司变更股东、签发出资证明书、记载于股东名册、记载于公司章程并办理公司登记机关登记的，人民法院不予支持。

2. 名义股东将登记于其名下的股权转让、质押或者以其他方式处分，是否有效

名义股东将登记于其名下的股权转让、质押或者以其他方式处分，实际出资人以其对于股权享有实际权利为由，请求认定处分股权行为无效的，人民法院可以参照《民法典》第311条的规定处理。

名义股东处分股权造成实际出资人损失，实际出资人请求名义股东承担赔偿责任的，人民法院应予支持。

3. 公司债权人因实际出资人未履行出资义务为由，请求名义股东承担责任，法院应否支持

公司债权人以登记于公司登记机关的股东未履行出资义务为由，请求其对公司债务不能清偿的部分在未出资本息范围内承担补充赔偿责任，股东以其仅为名义股东而非实际出资人为由进行抗辩的，人民法院不予支持。

名义股东根据前款规定承担赔偿责任后，向实际出资人追偿的，人民法院应予支持。

链接《最高人民法院关于适用〈中华人民共和国公司法〉若干问题的规定（三）》第24、25、26、27条

第三十三条 【股东知情权】股东有权查阅、复制公司章程、股东会会议记录、董事会会议决议、监事会会议决议和财务会计报告。

股东可以要求查阅公司会计账簿。股东要求查阅公司会计账簿的，应当向公司提出书面请求，说明目的。公司有合理根据认为股东查阅会计账簿有不正当目的，可能损害公司合法利益的，可以拒绝提供查阅，并应当自股东提出书面请求之日起十五日内书面答复股东并说明理由。公司拒绝提供查阅的，股东可以请求人民法院要求公司提供查阅。

实务问答 哪些情形可以认定为属于"不正当目的"

《最高人民法院关于适用〈中华人民共和国公司法〉若干问题的规定（四）》第8条规定，有限责任公司有证据证明股东存在下列情形之一的，人民法院应当认定股东有公司法第三十三条第二款规定的"不正当目的"：（一）股东自营或者为他人经营与公司主营业务有实质性竞争关系业务的，但公司章程另有规定或者全体股东另有约定的除外；（二）股东为了向他人通报有关信息查阅公司会计账簿，可能损害公司合法利益的；（三）股东在向公司提出查阅请求之日前的三年内，曾通过查阅公司会计账簿，向他人通报有关信息损害公司合法利益的；（四）股东有不正当目的的其他情形。

链接《最高人民法院关于适用〈中华人民共和国公司法〉若干问题的规定（四）》第8—12条

第三十四条 【分红权与优先认购权】股东按照实缴的出资比例分取红利;公司新增资本时,股东有权优先按照实缴的出资比例认缴出资。但是,全体股东约定不按照出资比例分取红利或者不按照出资比例优先认缴出资的除外。

实务问答 人民法院是否应限定优先认缴权的行使时间

根据《公司法》第34条的规定,公司新增资本时,股东有权优先按照实缴的出资比例认缴出资。从权利性质上来看,股东对于新增资本的优先认缴权应属形成权。现行法律并未明确规定该项权利的行使期限,但从维护交易安全和稳定经济秩序的角度出发,结合商事行为的规则和特点,人民法院在处理相关案件时应限定该项权利行使的合理期间,对于超出合理期间行使优先认缴权的主张不予支持。(2010年11月8日中华人民共和国最高人民法院民事判决书(2010)民提字第48号:绵阳市红日实业有限公司、蒋洋诉绵阳高新区科创实业有限公司股东会决议效力及公司增资纠纷案)

链接《最高人民法院关于适用〈中华人民共和国公司法〉若干问题的规定(四)》第14、15条

第三十五条 【不得抽逃出资】公司成立后,股东不得抽逃出资。

实务问答 1. 应如何理解抽逃出资行为

根据《最高人民法院关于适用〈中华人民共和国公司法〉若干问题的规定(三)》的规定,公司成立后,公司、股东或公司债权人以相关股东的行为符合下列情形之一且损害公司权益为由,请求认定该股东抽逃出资的,人民法院应予支持:

(一)制作虚假财务会计报表虚增利润进行分配;

(二)通过虚构债权债务关系将其出资转出;

(三)利用关联交易将出资转出;

(四)其他未经法定程序将出资抽回的行为。

2. 要求股东不能抽逃出资,是否意味着公司不能减少注册资本

要求股东不得抽逃出资,目的是防止因股东抽逃出资而减少公司资本。但是并不排除股东通过法定的减资程序来注销股份,收回出资,或者终止公司,用清算的方式收回出资。如果股东想撤回在公司的投资,可以按照《公司法》允许的方式,实现出资的撤回,如股东将自己在公司的出资转让给其他股东,或者与其他股东协商并经股东会按照法律规定或者公司章程规定作出决议向股东以外的其他人转让出资等,在不减少公司注册资本的情况下,撤回自己在公司的投资。

链接《公司法》第200条;《市场主体登记管理条例》第45条;《最高人民法院关于适用〈中华人民共和国公司法〉若干问题的规定》(三)第12、14、16、17、19条

第二节 组织机构

第三十六条 【股东会的组成及地位】有限责任公司股东会由全体股东组成。股东会是公司的权力机构,依照本法行使职权。

第三十七条 【股东会职权】股东会行使下列职权:

(一)决定公司的经营方针和投资计划;

(二)选举和更换非由职工代表担任的董事、监事,决定有关董事、监事的报酬事项;

(三)审议批准董事会的报告;

(四)审议批准监事会或者监事的报告;

(五)审议批准公司的年度财务预算方案、决算方案;

(六)审议批准公司的利润分配方案和弥补亏损方案;

(七)对公司增加或者减少注册资本作出决议;

(八)对发行公司债券作出决议;

(九)对公司合并、分立、解散、清算或者变更公司形式作出决议;

(十)修改公司章程;

(十一)公司章程规定的其他职权。

对前款所列事项股东以书面形式一致表示同意的,可以不召开股东会会议,直接作出决定,并由全体股东在决定文件上签名、盖章。

第三十八条 【首次股东会会议】首次股东会会议由出资最多的股东召集和主持,依照本法规定行使职权。

第三十九条 【定期会议和临时会议】股东会会议分为定期会议和临时会议。

定期会议应当依照公司章程的规定按时召开。代表十分之一以上表决权的股东,三分之一以上的董事,监事会或者不设监事会的公司的监事提议召开临时会议的,应当召开临时会议。

链接《公司法》第100条

第四十条 【股东会会议的召集与主持】有限责任公司设立董事会的,股东会会议由董事会召集,董事长主持;董事长不能履行职务或者不履行职务的,由副董事长主持;副董事长不能履行职务或者不履行职务的,由半数以上董事共同推举一名董事主持。

有限责任公司不设董事会的,股东会会议由执行董事召集和主持。

董事会或者执行董事不能履行或者不履行召集股东会会议职责的,由监事会或者不设监事会的公司的监事召集和主持;监事会或者监事不召集和主持的,代表十分之一以上表决权的股东可以自行召集和主持。

链接《公司法》第101、102条

第四十一条 【股东会会议的通知与记录】召开股东会会议,应当于会议召开十五日前通知全体股东;但是,公司章程另有规定或者全体股东另有约定的除外。

股东会应当对所议事项的决定作成会议记录,出席会议的股东应当在会议记录上签名。

实务问答 采取在公司公告栏张贴公告的形式通知股东参加股东会会议是否适当

股东会会议通知是股东得以参加股东会并行使其干预权的前提,公司通知股东参加股东大会的通知应为能够到达股东、为股东所知晓的实质意义通知。仅采取在公司公告栏张贴公告的形式进行通知,显然不能保证该公告能够有效到达全体股东,能够为全体股东所知晓,其只是走通知形式的程序性通知,而非实质意义通知。

第四十二条 【股东的表决权】股东会会议由股东按照出资比例行使表决权;但是,公司章程另有规定的除外。

实务问答 有限责任公司的全体股东内部对不按实际出资比例持有股权的约定是否有效

在公司注册资本符合法定要求的情况下,各股东的实际出资数额和持有股权比例应属于公司股东意思自治的范畴。股东持有股权的比例一般与其实际出资比例一致,但有限责任公司的全体股东内部也可以约定不按实际出资比例持有股权,这样的约定并不影响公司资本对公司债权担保等对外基本功能实现。如该约定是各方当事人的真实意思表示,且未损害他人的利益,不违反法律和行政法规的规定,应属有效,股东按照约定持有的股权应当受到法律的保护。(《中华人民共和国最高人民法院公报》2012年第1期:深圳市启迪信息技术有限公司与郑州国华投资有限公司、开封市豫信企业管理咨询有限公司、珠海科美教育投资有限公司股权确认纠纷案)

第四十三条 【股东会的议事方式和表决程序】股东会的议事方式和表决程序,除本法有规定的外,由公司章程规定。

股东会会议作出修改公司章程、增加或者减少注册资本的决议,以及公司合并、分立、解散或者变更公司形式的决议,必须经代表三分之二以上表决权的股东通过。

第四十四条 【董事会的组成】有限责任公司设董事会,其成员为三人至十三人;但是,本法第五十条另有规定的除外。

两个以上的国有企业或者两个以上的其他国有投资主体投资设立的有限责任公司,其董事会成员中应当有公司职工代表;其他有限责任公司董事会成员中可以有公司职工代表。董事会中的职工代表由公司职工通过职工代表大会、职工大会或者其他形式民主选举产生。

董事会设董事长一人,可以设副董事长。董事长、副董事长的产生办法由公司章程规定。

链接《公司法》第50、146条

第四十五条 【董事任期】董事任期由公司章程规定,但每届任期不得超过三年。董事任期届满,连选可以连任。

董事任期届满未及时改选,或者董事在任期内辞职导致董事会成员低于法定人数的,在改选出的董事就任前,原董事仍应当依照法律、行政法规和公司章程的规定,履行董事职务。

第四十六条 【董事会职权】董事会对股东会负责,行使下列职权:

(一)召集股东会会议,并向股东会报告工作;

(二)执行股东会的决议;

(三)决定公司的经营计划和投资方案;

(四)制订公司的年度财务预算方案、决算方案;

(五)制订公司的利润分配方案和弥补亏损方案;

(六)制订公司增加或者减少注册资本以及发行公司债券的方案;

(七)制订公司合并、分立、解散或者变更公司

形式的方案;

(八)决定公司内部管理机构的设置;

(九)决定聘任或者解聘公司经理及其报酬事项,并根据经理的提名决定聘任或者解聘公司副经理、财务负责人及其报酬事项;

(十)制定公司的基本管理制度;

(十一)公司章程规定的其他职权。

第四十七条 【董事会会议的召集与主持】董事会会议由董事长召集和主持;董事长不能履行职务或者不履行职务的,由副董事长召集和主持;副董事长不能履行职务或者不履行职务的,由半数以上董事共同推举一名董事召集和主持。

第四十八条 【董事会的议事方式和表决程序】董事会的议事方式和表决程序,除本法有规定的外,由公司章程规定。

董事会应当对所议事项的决定作成会议记录,出席会议的董事应当在会议记录上签名。

董事会决议的表决,实行一人一票。

第四十九条 【经理的设立与职权】有限责任公司可以设经理,由董事会决定聘任或者解聘。经理对董事会负责,行使下列职权:

(一)主持公司的生产经营管理工作,组织实施董事会决议;

(二)组织实施公司年度经营计划和投资方案;

(三)拟订公司内部管理机构设置方案;

(四)拟订公司的基本管理制度;

(五)制定公司的具体规章;

(六)提请聘任或者解聘公司副经理、财务负责人;

(七)决定聘任或者解聘除应由董事会决定聘任或者解聘以外的负责管理人员;

(八)董事会授予的其他职权。

公司章程对经理职权另有规定的,从其规定。

经理列席董事会会议。

第五十条 【执行董事】股东人数较少或者规模较小的有限责任公司,可以设一名执行董事,不设董事会。执行董事可以兼任公司经理。

执行董事的职权由公司章程规定。

链接《公司法》第 46 条

第五十一条 【监事会的设立与组成】有限责任公司设监事会,其成员不得少于三人。股东人数较少或者规模较小的有限责任公司,可以设一至二名监事,不设监事会。

监事会应当包括股东代表和适当比例的公司职工代表,其中职工代表的比例不得低于三分之一,具体比例由公司章程规定。监事会中的职工代表由公司职工通过职工代表大会、职工大会或者其他形式民主选举产生。

监事会设主席一人,由全体监事过半数选举产生。监事会主席召集和主持监事会会议;监事会主席不能履行职务或者不履行职务的,由半数以上监事共同推举一名监事召集和主持监事会会议。

董事、高级管理人员不得兼任监事。

第五十二条 【监事的任期】监事的任期每届为三年。监事任期届满,连选可以连任。

监事任期届满未及时改选,或者监事在任期内辞职导致监事会成员低于法定人数的,在改选出的监事就任前,原监事仍应当依照法律、行政法规和公司章程的规定,履行监事职务。

第五十三条 【监事会或监事的职权(一)】监事会,不设监事会的公司的监事行使下列职权:

(一)检查公司财务;

(二)对董事、高级管理人员执行公司职务的行为进行监督,对违反法律、行政法规、公司章程或者股东会决议的董事、高级管理人员提出罢免的建议;

(三)当董事、高级管理人员的行为损害公司的利益时,要求董事、高级管理人员予以纠正;

(四)提议召开临时股东会会议,在董事会不履行本法规定的召集和主持股东会会议职责时召集和主持股东会会议;

(五)向股东会会议提出提案;

(六)依照本法第一百五十一条的规定,对董事、高级管理人员提起诉讼;

(七)公司章程规定的其他职权。

第五十四条 【监事会或监事的职权(二)】监事可以列席董事会会议,并对董事会决议事项提出质询或者建议。

监事会、不设监事会的公司的监事发现公司经营情况异常,可以进行调查;必要时,可以聘请会计师事务所等协助其工作,费用由公司承担。

第五十五条 【监事会的会议制度】监事会每年度至少召开一次会议,监事可以提议召开临时监事会会议。

监事会的议事方式和表决程序,除本法有规

定的外，由公司章程规定。

监事会决议应当经半数以上监事通过。

监事会应当对所议事项的决定作成会议记录，出席会议的监事应当在会议记录上签名。

第五十六条 【监事履行职责所需费用的承担】监事会、不设监事会的公司的监事行使职权所必需的费用，由公司承担。

第三节 一人有限责任公司的特别规定

第五十七条 【一人公司的概念】一人有限责任公司的设立和组织机构，适用本节规定；本节没有规定的，适用本章第一节、第二节的规定。

本法所称一人有限责任公司，是指只有一个自然人股东或者一个法人股东的有限责任公司。

第五十八条 【一人公司的特殊要求】一个自然人只能投资设立一个一人有限责任公司。该一人有限责任公司不能投资设立新的一人有限责任公司。

第五十九条 【一人公司的登记注意事项】一人有限责任公司应当在公司登记中注明自然人独资或者法人独资，并在公司营业执照中载明。

第六十条 【一人公司的章程】一人有限责任公司章程由股东制定。

第六十一条 【一人公司的股东决议】一人有限责任公司不设股东会。股东作出本法第三十七条第一款所列决定时，应当采用书面形式，并由股东签名后置备于公司。

链接《公司法》第 37 条

第六十二条 【一人公司的财会报告】一人有限责任公司应当在每一会计年度终了时编制财务会计报告，并经会计师事务所审计。

第六十三条 【一人公司的债务承担】一人有限责任公司的股东不能证明公司财产独立于股东自己的财产的，应当对公司债务承担连带责任。

注释 从法律上承认一人有限责任公司的原因之一在于，使一人有限责任公司的股东可以在无合作伙伴的情况下组建公司，利用公司独立人格将唯一股东之财产与公司财产相分离，该股东在享受有限责任的前提下，便利地实施商业行为，即使经营失败，也不会危及股东在公司之外的财产。因此，本法要求股东的财产应当与公司的财产相分离，且产权清晰，这样双方的权责明确，既利于市场经济的稳健发展，也有利于相对债权人利益

的保障。当然，考虑到实际生活中，许多一人有限公司的股东与公司财产无法分清的事实，为了保障公司债权人的利益，防止公司股东以此逃避债务，本条规定，一人有限责任公司的股东不能证明公司财产独立于股东自己的财产的，应当对公司债务承担连带责任。

链接《公司法》第 20 条

第四节 国有独资公司的特别规定

第六十四条 【国有独资公司的概念】国有独资公司的设立和组织机构，适用本节规定；本节没有规定的，适用本章第一节、第二节的规定。

本法所称国有独资公司，是指国家单独出资、由国务院或者地方人民政府授权本级人民政府国有资产监督管理机构履行出资人职责的有限责任公司。

第六十五条 【国有独资公司的章程】国有独资公司章程由国有资产监督管理机构制定，或者由董事会制订报国有资产监督管理机构批准。

链接《企业国有资产监督管理暂行条例》

第六十六条 【国有独资公司股东权的行使】国有独资公司不设股东会，由国有资产监督管理机构行使股东会职权。国有资产监督管理机构可以授权公司董事会行使股东会的部分职权，决定公司的重大事项，但公司的合并、分立、解散、增加或者减少注册资本和发行公司债券，必须由国有资产监督管理机构决定；其中，重要的国有独资公司合并、分立、解散、申请破产的，应当由国有资产监督管理机构审核后，报本级人民政府批准。

前款所称重要的国有独资公司，按照国务院的规定确定。

第六十七条 【国有独资公司的董事会】国有独资公司设董事会，依照本法第四十六条、第六十六条的规定行使职权。董事每届任期不得超过三年。董事会成员中应当有公司职工代表。

董事会成员由国有资产监督管理机构委派；但是，董事会成员中的职工代表由公司职工代表大会选举产生。

董事会设董事长一人，可以设副董事长。董事长、副董事长由国有资产监督管理机构从董事会成员中指定。

第六十八条 【国有独资公司的经理】国有独资公司设经理，由董事会聘任或者解聘。经理依

照本法第四十九条规定行使职权。

经国有资产监督管理机构同意,董事会成员可以兼任经理。

第六十九条 【国有独资公司高层人员的兼职禁止】 国有独资公司的董事长、副董事长、董事、高级管理人员,未经国有资产监督管理机构同意,不得在其他有限责任公司、股份有限公司或者其他经济组织兼职。

第七十条 【国有独资公司的监事会】 国有独资公司监事会成员不得少于五人,其中职工代表的比例不得低于三分之一,具体比例由公司章程规定。

监事会成员由国有资产监督管理机构委派;但是,监事会成员中的职工代表由公司职工代表大会选举产生。监事会主席由国有资产监督管理机构从监事会成员中指定。

监事会行使本法第五十三条第(一)项至第(三)项规定的职权和国务院规定的其他职权。

第三章 有限责任公司的股权转让

第七十一条 【股权转让】 有限责任公司的股东之间可以相互转让其全部或者部分股权。

股东向股东以外的人转让股权,应当经其他股东过半数同意。股东应就其股权转让事项书面通知其他股东征求同意,其他股东自接到书面通知之日起满三十日未答复的,视为同意转让。其他股东半数以上不同意转让的,不同意的股东应当购买该转让的股权;不购买的,视为同意转让。

经股东同意转让的股权,在同等条件下,其他股东有优先购买权。两个以上股东主张行使优先购买权的,协商确定各自的购买比例;协商不成的,按照转让时各自的出资比例行使优先购买权。

公司章程对股权转让另有规定的,从其规定。

注释 股东向股东以外的人转让股权,会发生新股东进入公司的情况,而新股东与其他股东之间并不一定存在相互信任的关系。为了维持有限责任公司的人合因素,本条规定除转让股东以外的其他股东中,有超过一半的股东同意,股东才能向股东以外的人转让股权。

在实际操作本条时,需要注意的是:股权的转让导致了公司应登记事项的变更,应当依据本法第32条和《市场主体登记管理条例》第24条的规定,及时进行变更,以免产生不必要的纠纷。

实务问答 受让人知道或者应当知道有限责任公司的股东未履行或者未全面履行出资义务,而与其达成股权转让,该受让人是否应承担责任

根据《最高人民法院关于适用〈中华人民共和国公司法〉若干问题的规定(三)》的规定,"有限责任公司的股东未履行或者未全面履行出资义务即转让股权,受让人对此知道或者应当知道,公司请求该股东履行出资义务、受让人对此承担连带责任的,人民法院应予支持;公司债权人依照本规定第十三条第二款向该股东提起诉讼,同时请求前述受让人对此承担连带责任的,人民法院应予支持。

受让人根据前款规定承担责任后,向该未履行或者未全面履行出资义务的股东追偿的,人民法院应予支持。但是,当事人另有约定的除外。"

链接 《最高人民法院关于适用〈中华人民共和国公司法〉若干问题的规定(三)》第19条;《最高人民法院关于适用〈中华人民共和国公司法〉若干问题的规定(四)》第16—27条

第七十二条 【优先购买权】 人民法院依照法律规定的强制执行程序转让股东的股权时,应当通知公司及全体股东,其他股东在同等条件下有优先购买权。其他股东自人民法院通知之日起满二十日不行使优先购买权的,视为放弃优先购买权。

注释 人民法院依照法律规定的强制执行程序转让股东的股权,是指人民法院依照《民事诉讼法》等法律规定的执行程序,强制执行生效的法律文书时,以拍卖、变卖或其他方式转让有限责任公司股东的股权。在运用本条的过程中需要注意的是,(1)本条中权利行使的期限和上一条中权利行使的期限是不一样的,目的是尽快结束司法程序,防止法院程序的拖延。(2)我国目前的法律体系中没有对何种情况下可以执行有限责任公司股东的股权这一问题加以明确。原因在于有限责任公司股权的流动性较差,随意地强制执行股权会给有限责任公司带来很大的不稳定因素。

实务问答 如何界定优先购买权中的"同等条件"

关于强制执行过程中的同等条件下优先购买权的"同等条件"应如何界定的问题,《最高人民法院关于人民法院民事执行中拍卖、变卖财产的规定》是处理股权司法拍卖程序中优先购买权保护问题的基本依据。根据该规定第16条第1款,拍卖过程中,有最高应价时,优先购买权人可以表示以该最高价买受,如无更高应价,则拍归优先购买权人;如有更高应价,而优先购买权人不作表示

的,则拍归该应价最高的竞买人。由此可知,在股权司法拍卖程序中优先购买权人采取了类似跟价法的方式。即优先购买权人直接作为竞拍人参与股权竞拍,竞价高者拍得股权。值得注意的是,实践中可能会出现多个优先购买权人参与股权司法拍卖程序的情形,根据上述规定第 16 条第 2 款,对顺序相同的多个优先购买权人同时表示买受的情形,以抽签方式决定买受人。

第七十三条 【股权转让的变更记载】依照本法第七十一条、第七十二条转让股权后,公司应当注销原股东的出资证明书,向新股东签发出资证明书,并相应修改公司章程和股东名册中有关股东及其出资额的记载。对公司章程的该项修改不需再由股东会表决。

实务问答 原股东将已转让尚未变更登记的股权再次处分,受让股东能否请求法院认定该处分股权行为无效?以及原股东应当承担何种责任

股权转让后尚未向公司登记机关办理变更登记,原股东将仍登记于其名下的股权转让、质押或者以其他方式处分,受让股东以其对于股权享有实际权利为由,请求认定处分股权行为无效的,人民法院可以参照《民法典》第 311 条的规定处理。

原股东处分股权造成受让股东损失,受让股东请求原股东承担赔偿责任、对于未及时办理变更登记有过错的董事、高级管理人员或者实际控制人承担相应责任的,人民法院应予支持;受让股东对于未及时办理变更登记也有过错的,可以适当减轻上述董事、高级管理人员或者实际控制人的责任。

《民法典》第 311 条规定,无处分权人将不动产或者动产转让给受让人的,所有权人有权追回;除法律另有规定外,符合下列情形的,受让人取得该不动产或者动产的所有权:(一)受让人受让该不动产或者动产时是善意的;(二)以合理的价格转让;(三)转让的不动产或者动产依照法律规定应当登记的已经登记的,不需要登记的已经交付给受让人。受让人依照前述规定取得不动产或者动产的所有权的,原所有权人有权向无处分权人请求赔偿损失。当事人善意取得其他物权的,参照前述规定。

链接《最高人民法院关于适用〈中华人民共和国公司法〉若干问题的规定》(三)第 27 条;《民法典》第 311 条

第七十四条 【异议股东股权收购请求权】有下列情形之一的,对股东会该项决议投反对票的股东可以请求公司按照合理的价格收购其股权:

(一)公司连续五年不向股东分配利润,而公司该五年连续盈利,并且符合本法规定的分配利润条件的;

(二)公司合并、分立、转让主要财产的;

(三)公司章程规定的营业期限届满或者章程规定的其他解散事由出现,股东会会议通过决议修改章程使公司存续的。

自股东会会议决议通过之日起六十日内,股东与公司不能达成股权收购协议的,股东可以自股东会会议决议通过之日起九十日内向人民法院提起诉讼。

注释 股东一经投资有限公司即不得再抽回股本,正常情况下其退出的途径就是转让股权给他人,非正常的情况还有两种,一是请求公司回购;二是请求法院强制解散公司(《公司法》第 182 条)。本条规定的就是股份回购请求权制度。在适用过程中主要需要注意的是:(1)只要双方不能就此问题达成协议,异议股东就可以直接向法院起诉,而无须等到 60 日届满。(2)《公司法》仅在第 142 条对于股份有限公司回购股份的处理方式进行了规定,但对于有限责任公司回购后的股权应如何处理没有作明确的规定,因此,还有待立法进一步完善。(3)在完成回购之后,公司应当注销出让股东的出资证明书,变更股东名册,并在公司登记机关变更登记。(4)《公司法》也没有明确在股东有异议的股东会决议不再实施的情况下,股东是否仍享异议回购权。一般认为如果在股东异议权的行使期间内,公司决定不再实施股东会的决议,则股东的异议回购请求权的基础即不存在,无继续行使股权收买请求权的必要。

第七十五条 【股东资格的继承】自然人股东死亡后,其合法继承人可以继承股东资格;但是,公司章程另有规定的除外。

注释 依照《民法典》继承编的规定,自然人股东死亡后,其遗留的个人合法财产依法由他人继承。股东的出资额是股东的个人合法财产,也将依照继承编的规定,由他人依法继承。但是,继承编规定的继承,仅限于财产权的范围,对于具有人身专属性的身份关系,继承编并没有作出规定。而有

限责任公司具有人合性,要成为公司的股东,不仅需要有一定的出资额,而且需要与其他股东之间存在相互信任的关系。按照继承编继承了股东遗产的人,能否具有股东资格,成为公司的股东,还需要予以明确。为此,本条对股东资格的继承作出了专门的规定。

链接 《公司法》第73条;《民法典》继承编

第四章 股份有限公司的设立和组织机构

第一节 设 立

第七十六条 【股份有限公司的设立条件】设立股份有限公司,应当具备下列条件:

(一)发起人符合法定人数;

(二)有符合公司章程规定的全体发起人认购的股本总额或者募集的实收股本总额;

(三)股份发行、筹办事项符合法律规定;

(四)发起人制订公司章程,采用募集方式设立的经创立大会通过;

(五)有公司名称,建立符合股份有限公司要求的组织机构;

(六)有公司住所。

第七十七条 【设立方式】股份有限公司的设立,可以采取发起设立或者募集设立的方式。

发起设立,是指由发起人认购公司应发行的全部股份而设立公司。

募集设立,是指由发起人认购公司应发行股份的一部分,其余股份向社会公开募集或者向特定对象募集而设立公司。

实务问答 以发起方式设立股份有限公司和以募集方式设立股份有限公司有哪些不同

以发起设立的方式设立股份有限公司的,在设立时其股份全部由该公司的发起人认购,而不向发起人之外的任何社会公众发行股份。由于没有向社会公众公开募集股份,所以,以发起设立方式设立的有限公司,在其发行新股之前,其全部股份都由发起人持有,公司的全部股东都是设立公司的发起人。

以募集设立方式设立股份有限公司的,在公司设立时,认购公司应发行股份的人不仅有发起人,而且还有发起人以外的人。以募集设立方式设立股份有限公司,发起人只需投入较少的资金,就能够从社会上聚集到较多的资金,从而使公司能够迅速聚集到较大的资本额。但是,由于募集设立涉及发起人以外的人,所以,法律对募集设立规定了较为严格的程序,以保护广大投资者的利益,保证正常的经济秩序。

链接 《证券法》第9条

第七十八条 【发起人的限制】设立股份有限公司,应当有二人以上二百人以下为发起人,其中须有半数以上的发起人在中国境内有住所。

链接 《最高人民法院关于适用〈中华人民共和国公司法〉若干问题的规定(三)》第1条

第七十九条 【发起人的义务】股份有限公司发起人承担公司筹办事务。

发起人应当签订发起人协议,明确各自在公司设立过程中的权利和义务。

第八十条 【注册资本】股份有限公司采取发起设立方式设立的,注册资本为在公司登记机关登记的全体发起人认购的股本总额。在发起人认购的股份缴足前,不得向他人募集股份。

股份有限公司采取募集方式设立的,注册资本为在公司登记机关登记的实收股本总额。

法律、行政法规以及国务院决定对股份有限公司注册资本实缴、注册资本最低限额另有规定的,从其规定。

第八十一条 【公司章程】股份有限公司章程应当载明下列事项:

(一)公司名称和住所;

(二)公司经营范围;

(三)公司设立方式;

(四)公司股份总数、每股金额和注册资本;

(五)发起人的姓名或者名称、认购的股份数、出资方式和出资时间;

(六)董事会的组成、职权和议事规则;

(七)公司法定代表人;

(八)监事会的组成、职权和议事规则;

(九)公司利润分配办法;

(十)公司的解散事由与清算办法;

(十一)公司的通知和公告办法;

(十二)股东大会会议认为需要规定的其他事项。

第八十二条 【出资方式】发起人的出资方式,适用本法第二十七条的规定。

第八十三条 【发起设立的程序】以发起设立方式设立股份有限公司的,发起人应当书面认足公司章程规定其认购的股份,并按照公司章程规定缴纳出资。以非货币财产出资的,应当依法办理其财产权的转移手续。

发起人不依照前款规定缴纳出资的,应当按照发起人协议承担违约责任。

发起人认足公司章程规定的出资后,应当选举董事会和监事会,由董事会向公司登记机关报送公司章程以及法律、行政法规规定的其他文件,申请设立登记。

第八十四条 【募集设立的发起人认购股份】以募集设立方式设立股份有限公司的,发起人认购的股份不得少于公司股份总数的百分之三十五;但是,法律、行政法规另有规定的,从其规定。

第八十五条 【募集股份的公告和认股书】发起人向社会公开募集股份,必须公告招股说明书,并制作认股书。认股书应当载明本法第八十六条所列事项,由认股人填写认购股数、金额、住所,并签名、盖章。认股人按照所认购股数缴纳股款。

第八十六条 【招股说明书】招股说明书应当附有发起人制订的公司章程,并载明下列事项:

(一)发起人认购的股份数;

(二)每股的票面金额和发行价格;

(三)无记名股票的发行总数;

(四)募集资金的用途;

(五)认股人的权利、义务;

(六)本次募股的起止期限及逾期未募足时认股人可以撤回所认股份的说明。

第八十七条 【股票承销】发起人向社会公开募集股份,应当由依法设立的证券公司承销,签订承销协议。

第八十八条 【代收股款】发起人向社会公开募集股份,应当同银行签订代收股款协议。

代收股款的银行应当按照协议代收和保存股款,向缴纳股款的认股人出具收款单据,并负有向有关部门出具收款证明的义务。

第八十九条 【验资及创立大会的召开】发行股份的股款缴足后,必须经依法设立的验资机构验资并出具证明。发起人应当自股款缴足之日起三十日内主持召开公司创立大会。创立大会由发起人、认股人组成。

发行的股份超过招股说明书规定的截止期限尚未募足的,或者发行股份的股款缴足后,发起人在三十日内未召开创立大会的,认股人可以按照

所缴股款并加算银行同期存款利息,要求发起人返还。

第九十条 【创立大会的职权】发起人应当在创立大会召开十五日前将会议日期通知各认股人或者予以公告。创立大会应有代表股份总数过半数的发起人、认股人出席,方可举行。

创立大会行使下列职权:

(一)审议发起人关于公司筹办情况的报告;

(二)通过公司章程;

(三)选举董事会成员;

(四)选举监事会成员;

(五)对公司的设立费用进行审核;

(六)对发起人用于抵作股款的财产的作价进行审核;

(七)发生不可抗力或者经营条件发生重大变化直接影响公司设立的,可以作出不设立公司的决议。

创立大会对前款所列事项作出决议,必须经出席会议的认股人所持表决权过半数通过。

第九十一条 【不得任意抽回股本】发起人、认股人缴纳股款或者交付抵作股款的出资后,除未按期募足股份、发起人未按期召开创立大会或者创立大会决议不设立公司的情形外,不得抽回其股本。

第九十二条 【申请设立登记】董事会应于创立大会结束后三十日内,向公司登记机关报送下列文件,申请设立登记:

(一)公司登记申请书;

(二)创立大会的会议记录;

(三)公司章程;

(四)验资证明;

(五)法定代表人、董事、监事的任职文件及其身份证明;

(六)发起人的法人资格证明或者自然人身份证明;

(七)公司住所证明。

以募集方式设立股份有限公司公开发行股票的,还应当向公司登记机关报送国务院证券监督管理机构的核准文件。

第九十三条 【出资不足的补充】股份有限公司成立后,发起人未按照公司章程的规定缴足出资的,应当补缴;其他发起人承担连带责任。

股份有限公司成立后,发现作为设立公司出

资的非货币财产的实际价额显著低于公司章程所定价额的,应当由交付该出资的发起人补足其差额;其他发起人承担连带责任。

实务问答 股份有限公司认股人在法定时间内未缴纳股款,因此而另行募集股份的,是否有效? 或者认股人延期缴纳股款,应承担什么责任

根据《最高人民法院关于适用〈中华人民共和国公司法〉若干问题的规定(三)》的规定,股份有限公司的认股人未按期缴纳所认股份的股款,经公司发起人催缴后在合理期间内仍未缴纳,公司发起人对该股份另行募集的,人民法院应当认定该募集行为有效。认股人延期缴纳股款给公司造成损失,公司请求该认股人承担赔偿责任的,人民法院应予支持。

链接《最高人民法院关于适用〈中华人民共和国公司法〉若干问题的规定(三)》第6条

第九十四条 【发起人的责任】股份有限公司的发起人应当承担下列责任:

(一)公司不能成立时,对设立行为所产生的债务和费用负连带责任;

(二)公司不能成立时,对认股人已缴纳的股款,负返还股款并加算银行同期存款利息的连带责任;

(三)在公司设立过程中,由于发起人的过失致使公司利益受到损害的,应当对公司承担赔偿责任。

实务问答 1. 发起人为设立公司,以自己的名义与他人签订合同,应如何界定合同责任的承担

根据《最高人民法院关于适用〈中华人民共和国公司法〉若干问题的规定(三)》的规定:"发起人为设立公司以自己名义对外签订合同,合同相对人请求该发起人承担合同责任的,人民法院应予支持;公司成立后合同相对人请求公司承担合同责任的,人民法院应予支持。"

2. 发起人以设立中公司的名义对外签订合同,公司成立后,该合同责任应由谁承担

根据《最高人民法院关于适用〈中华人民共和国公司法〉若干问题的规定(三)》的规定:"发起人以设立中公司名义对外签订合同,公司成立后合同相对人请求公司承担合同责任的,人民法院应予支持。

公司成立后有证据证明发起人利用设立中公司的名义为自己的利益与相对人签订合同,公司以此为由主张不承担合同责任的,人民法院应予支持,但相对人为善意的除外。"

3. 公司因故未成立,设立公司行为所产生的费用和债务应如何承担

根据《最高人民法院关于适用〈中华人民共和国公司法〉若干问题的规定(三)》的规定:"公司因故未成立,债权人请求全体或者部分发起人对设立公司行为所产生的费用和债务承担连带清偿责任的,人民法院应予支持。

部分发起人依照前款规定承担责任后,请求其他发起人分担的,人民法院应当判令其他发起人按照约定的责任承担比例分担责任;没有约定责任承担比例的,按照约定的出资比例分担责任;没有约定出资比例的,按照均等份额分担责任。

因部分发起人的过错导致公司未成立,其他发起人主张其承担设立行为所产生的费用和债务的,人民法院应当根据过错情况,确定过错一方的责任范围。"

4. 发起人因履行公司设立职责造成他人损害,受害人请求承担侵权赔偿责任的,应如何处理

根据《最高人民法院关于适用〈中华人民共和国公司法〉若干问题的规定(三)》的规定:"发起人因履行公司设立职责造成他人损害,公司成立后受害人请求公司承担侵权赔偿责任的,人民法院应予支持;公司未成立,受害人请求全体发起人承担连带赔偿责任的,人民法院应予支持。

公司或者无过错的发起人承担赔偿责任后,可以向有过错的发起人追偿。"

链接《最高人民法院关于适用〈中华人民共和国公司法〉若干问题的规定(三)》第2—5条

第九十五条 【公司形式的变更】有限责任公司变更为股份有限公司时,折合的实收股本总额不得高于公司净资产额。有限责任公司变更为股份有限公司,为增加资本公开发行股份时,应当依法办理。

第九十六条 【重要资料的置备】股份有限公司应当将公司章程、股东名册、公司债券存根、股东大会会议记录、董事会会议记录、监事会会议记录、财务会计报告置备于本公司。

第九十七条 【股东的建议和质询权】股东有权查阅公司章程、股东名册、公司债券存根、股东大会会议记录、董事会会议决议、监事会会议决议、财务会计报告,对公司的经营提出建议或者质询。

第二节 股东大会

第九十八条 【股东大会的组成与地位】股份有限公司股东大会由全体股东组成。股东大会是公司的权力机构,依照本法行使职权。

第九十九条 【股东会的职权】本法第三十七条第一款关于有限责任公司股东会职权的规定,适用于股份有限公司股东大会。

第一百条 【年会和临时会】股东大会应当每年召开一次年会。有下列情形之一的,应当在两个月内召开临时股东大会:

(一)董事人数不足本法规定人数或者公司章程所定人数的三分之二时;

(二)公司未弥补的亏损达实收股本总额三分之一时;

(三)单独或者合计持有公司百分之十以上股份的股东请求时;

(四)董事会认为必要时;

(五)监事会提议召开时;

(六)公司章程规定的其他情形。

链接《上市公司股东大会规则》

第一百零一条 【股东大会会议的召集与主持】股东大会会议由董事会召集,董事长主持;董事长不能履行职务或者不履行职务的,由副董事长主持;副董事长不能履行职务或者不履行职务的,由半数以上董事共同推举一名董事主持。

董事会不能履行或者不履行召集股东大会会议职责的,监事会应当及时召集和主持;监事会不召集和主持的,连续九十日以上单独或者合计持有公司百分之十以上股份的股东可以自行召集和主持。

第一百零二条 【股东大会会议】召开股东大会会议,应当将会议召开的时间、地点和审议的事项于会议召开二十日前通知各股东;临时股东大会应当于会议召开十五日前通知各股东;发行无记名股票的,应当于会议召开三十日前公告会议召开的时间、地点和审议事项。

单独或者合计持有公司百分之三以上股份的股东,可以在股东大会召开十日前提出临时提案并书面提交董事会;董事会应当在收到提案后二日内通知其他股东,并将该临时提案提交股东大会审议。临时提案的内容应当属于股东大会职权范围,并有明确议题和具体决议事项。

股东大会不得对前两款通知中未列明的事项作出决议。

无记名股票持有人出席股东大会会议的,应当于会议召开五日前至股东大会闭会时将股票交存于公司。

第一百零三条 【股东表决权】股东出席股东大会会议,所持每一股份有一表决权。但是,公司持有的本公司股份没有表决权。

股东大会作出决议,必须经出席会议的股东所持表决权过半数通过。但是,股东大会作出修改公司章程、增加或者减少注册资本的决议,以及公司合并、分立、解散或者变更公司形式的决议,必须经出席会议的股东所持表决权的三分之二以上通过。

链接《最高人民法院关于适用〈中华人民共和国公司法〉若干问题的规定(四)》第1条

第一百零四条 【重要事项的股东大会决议权】本法和公司章程规定公司转让、受让重大资产或者对外提供担保等事项必须经股东大会作出决议的,董事会应当及时召集股东大会会议,由股东大会就上述事项进行表决。

第一百零五条 【董事、监事选举的累积投票制】股东大会选举董事、监事,可以依照公司章程的规定或者股东大会的决议,实行累积投票制。

本法所称累积投票制,是指股东大会选举董事或者监事时,每一股份拥有与应选董事或者监事人数相同的表决权,股东拥有的表决权可以集中使用。

第一百零六条 【出席股东大会的代理】股东可以委托代理人出席股东大会会议,代理人应当向公司提交股东授权委托书,并在授权范围内行使表决权。

第一百零七条 【股东大会会议记录】股东大会应当对所议事项的决定作成会议记录,主持人、出席会议的董事应当在会议记录上签名。会议记录应当与出席股东的签名册及代理出席的委托书一并保存。

第三节 董事会、经理

第一百零八条 【董事会组成、任期及职权】股份有限公司设董事会,其成员为五人至十九人。

董事会成员中可以有公司职工代表。董事会中的职工代表由公司职工通过职工代表大会、职工大会或者其他形式民主选举产生。

本法第四十五条关于有限责任公司董事任期的规定,适用于股份有限公司董事。

本法第四十六条关于有限责任公司董事会职权的规定,适用于股份有限公司董事会。

链接《公司法》第45、46条

第一百零九条 【董事长的产生及职权】董事会设董事长一人,可以设副董事长。董事长和副董事长由董事会以全体董事的过半数选举产生。

董事长召集和主持董事会会议,检查董事会决议的实施情况。副董事长协助董事长工作,董事长不能履行职务或者不履行职务的,由副董事长履行职务;副董事长不能履行职务或者不履行职务的,由半数以上董事共同推举一名董事履行职务。

第一百一十条 【董事会会议的召集】董事会每年度至少召开两次会议,每次会议应当于会议召开十日前通知全体董事和监事。

代表十分之一以上表决权的股东、三分之一以上董事或者监事会,可以提议召开董事会临时会议。董事长应当自接到提议后十日内,召集和主持董事会会议。

董事会召开临时会议,可以另定召集董事会的通知方式和通知时限。

第一百一十一条 【董事会会议的议事规则】董事会会议应有过半数的董事出席方可举行。董事会作出决议,必须经全体董事的过半数通过。

董事会决议的表决,实行一人一票。

第一百一十二条 【董事会会议的出席及责任承担】董事会会议,应由董事本人出席;董事因故不能出席,可以书面委托其他董事代为出席,委托书中应载明授权范围。

董事会应当对会议所议事项的决定作成会议记录,出席会议的董事应当在会议记录上签名。

董事应当对董事会的决议承担责任。董事会的决议违反法律、行政法规或者公司章程、股东大会决议,致使公司遭受严重损失的,参与决议的董事对公司负赔偿责任。但经证明在表决时曾表明异议并记载于会议记录的,该董事可以免除责任。

链接《公司法》第149条

第一百一十三条 【经理的设立与职权】股份有限公司设经理,由董事会决定聘任或者解聘。

本法第四十九条关于有限责任公司经理职权的规定,适用于股份有限公司经理。

第一百一十四条 【董事兼任经理】公司董事会可以决定由董事会成员兼任经理。

链接《公司法》第50条

第一百一十五条 【公司向高管人员借款禁止】公司不得直接或者通过子公司向董事、监事、高级管理人员提供借款。

第一百一十六条 【高管人员的报酬披露】公司应当定期向股东披露董事、监事、高级管理人员从公司获得报酬的情况。

第四节 监事会

第一百一十七条 【监事会的组成及任期】股份有限公司设监事会,其成员不得少于三人。

监事会应当包括股东代表和适当比例的公司职工代表,其中职工代表的比例不得低于三分之一,具体比例由公司章程规定。监事会中的职工代表由公司职工通过职工代表大会、职工大会或者其他形式民主选举产生。

监事会设主席一人,可以设副主席。监事会主席和副主席由全体监事过半数选举产生。监事会主席召集和主持监事会会议;监事会主席不能履行职务或者不履行职务的,由监事会副主席召集和主持监事会会议;监事会副主席不能履行职务或者不履行职务的,由半数以上监事共同推举一名监事召集和主持监事会会议。

董事、高级管理人员不得兼任监事。

本法第五十二条关于有限责任公司监事任期的规定,适用于股份有限公司监事。

第一百一十八条 【监事会的职权及费用】本法第五十三条、第五十四条关于有限责任公司监事会职权的规定,适用于股份有限公司监事会。

监事会行使职权所必需的费用,由公司承担。

第一百一十九条 【监事会的会议制度】监事会每六个月至少召开一次会议。监事可以提议召开临时监事会会议。

监事会的议事方式和表决程序,除本法有规定的外,由公司章程规定。

监事会决议应当经半数以上监事通过。

监事会应当对所议事项的决定作成会议记录,出席会议的监事应当在会议记录上签名。

第五节 上市公司组织机构的特别规定

第一百二十条 【上市公司的定义】本法所称

上市公司,是指其股票在证券交易所上市交易的股份有限公司。

链接《证券法》

第一百二十一条 【特别事项的通过】上市公司在一年内购买、出售重大资产或者担保金额超过公司资产总额百分之三十的,应当由股东大会作出决议,并经出席会议的股东所持表决权的三分之二以上通过。

第一百二十二条 【独立董事】上市公司设独立董事,具体办法由国务院规定。

第一百二十三条 【董事会秘书】上市公司设董事会秘书,负责公司股东大会和董事会会议的筹备、文件保管以及公司股东资料的管理,办理信息披露事务等事宜。

第一百二十四条 【会议决议的关联关系董事不得表决】上市公司董事与董事会会议决议事项所涉及的企业有关联关系的,不得对该项决议行使表决权,也不得代理其他董事行使表决权。该董事会会议由过半数的无关联关系董事出席即可举行,董事会会议所作决议须经无关联关系董事过半数通过。出席董事会的无关联关系董事人数不足三人的,应将该事项提交上市公司股东大会审议。

链接《公司法》第216条

第五章 股份有限公司的股份发行和转让

第一节 股份发行

第一百二十五条 【股份及其形式】股份有限公司的资本划分为股份,每一股的金额相等。

公司的股份采取股票的形式。股票是公司签发的证明股东所持股份的凭证。

注释 股份,是指由股份有限公司发行的股东所持有的通过股票形式来表现的可以转让的资本的一部分。股份有限公司的股份一般具有表明资本成分、说明股东地位、计算股东权责的含义。《公司法》规定了有限责任公司和股份有限公司两种公司形式,但只把股份有限公司股东所持有的出资称其为股份。股份作为公司资本的一部分,是公司资本的最小构成单位,不能再分,所有股东所持有的股份加起来即为公司的资本总额。股份有限公司的股份具有平等性,每股金额相等,所表现的股东权利和义务是相等的,即只要所持有的股份相同,其股东可以享有的权益和应当履行的义务就相同。

股票,是指由股份有限公司签发的证明股东按其所持股份享有权利和承担义务的凭证。

第一百二十六条 【股份发行的原则】股份的发行,实行公平、公正的原则,同种类的每一股份应当具有同等权利。

同次发行的同种类股票,每股的发行条件和价格应当相同;任何单位或者个人所认购的股份,每股应当支付相同价额。

链接《证券法》第二章

第一百二十七条 【股票发行价格】股票发行价格可以按票面金额,也可以超过票面金额,但不得低于票面金额。

第一百二十八条 【股票的形式及载明的事项】股票采用纸面形式或者国务院证券监督管理机构规定的其他形式。

股票应当载明下列主要事项:
(一)公司名称;
(二)公司成立日期;
(三)股票种类、票面金额及代表的股份数;
(四)股票的编号。

股票由法定代表人签名,公司盖章。

发起人的股票,应当标明发起人股票字样。

链接《股票发行与交易管理暂行条例》

第一百二十九条 【股票的种类】公司发行的股票,可以为记名股票,也可以为无记名股票。

公司向发起人、法人发行的股票,应当为记名股票,并应当记载该发起人、法人的名称或者姓名,不得另立户名或者以代表人姓名记名。

第一百三十条 【股东信息的记载】公司发行记名股票的,应当置备股东名册,记载下列事项:
(一)股东的姓名或者名称及住所;
(二)各股东所持股份数;
(三)各股东所持股票的编号;
(四)各股东取得股份的日期。

发行无记名股票的,公司应当记载其股票数量、编号及发行日期。

第一百三十一条 【其他种类的股份】国务院可以对公司发行本法规定以外的其他种类的股份,另行作出规定。

第一百三十二条 【向股东交付股票】股份有限公司成立后,即向股东正式交付股票。公司成立前不得向股东交付股票。

链接 《上市公司股权分置改革管理办法》

第一百三十三条 【发行新股的决议】公司发行新股,股东大会应当对下列事项作出决议:

(一)新股种类及数额;

(二)新股发行价格;

(三)新股发行的起止日期;

(四)向原有股东发行新股的种类及数额。

链接 《证券法》第12条

第一百三十四条 【发行新股的程序】公司经国务院证券监督管理机构核准公开发行新股时,必须公告新股招股说明书和财务会计报告,并制作认股书。

本法第八十七条、第八十八条的规定适用于公司公开发行新股。

第一百三十五条 【发行新股的作价方案】公司发行新股,可以根据公司经营情况和财务状况,确定其作价方案。

第一百三十六条 【发行新股的变更登记】公司发行新股募足股款后,必须向公司登记机关办理变更登记,并公告。

第二节 股份转让

第一百三十七条 【股份转让】股东持有的股份可以依法转让。

注释 依法发行的证券,《公司法》和其他法律对其转让期限有限制性规定的,在限定的期限内不得转让。上市公司持有百分之五以上股份的股东、实际控制人、董事、监事、高级管理人员,以及其他持有发行人首次公开发行前发行的股份或者上市公司向特定对象发行的股份的股东,转让其持有的本公司股份的,不得违反法律、行政法规和国务院证券监督管理机构关于持有期限、卖出时间、卖出数量、卖出方式、信息披露等规定,并应当遵守证券交易所的业务规则。

链接 《公司法》第141条;《证券法》第36—39条

第一百三十八条 【股份转让的场所】股东转让其股份,应当在依法设立的证券交易场所进行或者按照国务院规定的其他方式进行。

第一百三十九条 【记名股票的转让】记名股票,由股东以背书方式或者法律、行政法规规定的其他方式转让;转让后由公司将受让人的姓名或者名称及住所记载于股东名册。

股东大会召开前二十日内或者公司决定分配股利的基准日前五日内,不得进行前款规定的股东名册的变更登记。但是,法律对上市公司股东名册变更登记另有规定的,从其规定。

第一百四十条 【无记名股票的转让】无记名股票的转让,由股东将该股票交付给受让人后即发生转让的效力。

第一百四十一条 【特定持有人的股份转让】发起人持有的本公司股份,自公司成立之日起一年内不得转让。公司公开发行股份前已发行的股份,自公司股票在证券交易所上市交易之日起一年内不得转让。

公司董事、监事、高级管理人员应当向公司申报所持有的本公司的股份及其变动情况,在任职期间每年转让的股份不得超过其所持有本公司股份总数的百分之二十五;所持本公司股份自公司股票上市交易之日起一年内不得转让。上述人员离职后半年内,不得转让其所持有的本公司股份。公司章程可以对公司董事、监事、高级管理人员转让其所持有的本公司股份作出其他限制性规定。

第一百四十二条 【本公司股份的收购及质押】公司不得收购本公司股份。但是,有下列情形之一的除外:

(一)减少公司注册资本;

(二)与持有本公司股份的其他公司合并;

(三)将股份用于员工持股计划或者股权激励;

(四)股东因对股东大会作出的公司合并、分立决议持异议,要求公司收购其股份;

(五)将股份用于转换上市公司发行的可转换为股票的公司债券;

(六)上市公司为维护公司价值及股东权益所必需。

公司因前款第(一)项、第(二)项规定的情形收购本公司股份的,应当经股东大会决议;公司因前款第(三)项、第(五)项、第(六)项规定的情形收购本公司股份的,可以依照公司章程的规定或者股东大会的授权,经三分之二以上董事出席的董事会会议决议。

公司依照本条第一款规定收购本公司股份后,属于第(一)项情形的,应当自收购之日起十日内注销;属于第(二)项、第(四)项情形的,应当在六个月内转让或者注销;属于第(三)项、第(五)

数不得超过本公司已发行股份总额的百分之十，并应当在三年内转让或者注销。

上市公司收购本公司股份的，应当依照《中华人民共和国证券法》的规定履行信息披露义务。上市公司因本条第一款第（三）项、第（五）项、第（六）项规定的情形收购本公司股份的，应当通过公开的集中交易方式进行。

公司不得接受本公司的股票作为质押权的标的。

实务问答 除法律所规定的特殊情形外，股份有限公司为什么不得收购本公司的股份

一般情况下，股份有限公司不得收购本公司的股份。主要有两个原因：一是股份有限公司是法人，它和股东在法律上是两个完全不同的主体，公司如收购本公司的股份，意味着它变成了自己公司的股东，使公司具有了双重身份，这会给公司带来一系列的问题，并使公司和其他股东的利益平衡受到破坏，导致侵犯其他股东的权益。二是股份有限公司必须实行股本充实原则，亦称股本维持原则，即公司在整个存续期间必须经常维持与已发行股本总额相当的现实财产。而股份有限公司收购本公司的股份则违背了股本充实原则，因为它必然会造成公司现实财产的减少，可能导致侵犯债权人权益的后果。

第一百四十三条 【记名股票丢失的救济】记名股票被盗、遗失或者灭失，股东可以依照《中华人民共和国民事诉讼法》规定的公示催告程序，请求人民法院宣告该股票失效。人民法院宣告该股票失效后，股东可以向公司申请补发股票。

链接 《民事诉讼法》第十八章

第一百四十四条 【上市公司的股票交易】上市公司的股票，依照有关法律、行政法规及证券交易所交易规则上市交易。

链接 《证券法》第48条

第一百四十五条 【上市公司的信息公开】上市公司必须依照法律、行政法规的规定，公开其财务状况、经营情况及重大诉讼，在每会计年度内半年公布一次财务会计报告。

第六章 公司董事、监事、高级管理人员的资格和义务

第一百四十六条 【高管人员的资格禁止】有下列情形之一的，不得担任公司的董事、监事、高级管理人员：

（一）无民事行为能力或者限制民事行为能力；

（二）因贪污、贿赂、侵占财产、挪用财产或者破坏社会主义市场经济秩序，被判处刑罚，执行期满未逾五年，或者因犯罪被剥夺政治权利，执行期满未逾五年；

（三）担任破产清算的公司、企业的董事或者厂长、经理，对该公司、企业的破产负有个人责任的，自该公司、企业破产清算完结之日起未逾三年；

（四）担任因违法被吊销营业执照、责令关闭的公司、企业的法定代表人，并负有个人责任的，自该公司、企业被吊销营业执照之日起未逾三年；

（五）个人所负数额较大的债务到期未清偿。

公司违反前款规定选举、委派董事、监事或者聘任高级管理人员的，该选举、委派或者聘任无效。

董事、监事、高级管理人员在任职期间出现本条第一款所列情形的，公司应当解除其职务。

第一百四十七条 【董事、监事、高管人员的义务和禁止行为】董事、监事、高级管理人员应当遵守法律、行政法规和公司章程，对公司负有忠实义务和勤勉义务。

董事、监事、高级管理人员不得利用职权收受贿赂或者其他非法收入，不得侵占公司的财产。

第一百四十八条 【董事、高管人员的禁止行为】董事、高级管理人员不得有下列行为：

（一）挪用公司资金；

（二）将公司资金以其个人名义或者以其他人名义开立账户存储；

（三）违反公司章程的规定，未经股东会、股东大会或者董事会同意，将公司资金借贷给他人或者以公司财产为他人提供担保；

（四）违反公司章程的规定或者未经股东会、股东大会同意，与本公司订立合同或者进行交易；

（五）未经股东会或者股东大会同意，利用职务便利为自己或者他人谋取属于公司的商业机会，自营或者为他人经营与所任职公司同类的业务；

（六）接受他人与公司交易的佣金归己所有；

（七）擅自披露公司秘密；

（八）违反对公司忠实义务的其他行为。

董事、高级管理人员违反前款规定所得的收入应当归公司所有。

实务问答 公司高级管理人员因公司放弃商业机会或者第三人不愿与该公司合作而获得商业机会是否属于谋取公司商业机会

不属于。对公司高级管理人员非恶意的、对公司具有非损害性的竞业行为，公司无归入权和请求赔偿权。

第一百四十九条 【董事、监事、高管人员的损害赔偿责任】董事、监事、高级管理人员执行公司职务时违反法律、行政法规或者公司章程的规定，给公司造成损失的，应当承担赔偿责任。

链接《公司法》第151条

第一百五十条 【董事、监事、高管人员对股东会、监事会的义务】股东会或者股东大会要求董事、监事、高级管理人员列席会议的，董事、监事、高级管理人员应当列席并接受股东的质询。

董事、高级管理人员应当如实向监事会或者不设监事会的有限责任公司的监事提供有关情况和资料，不得妨碍监事会或者监事行使职权。

第一百五十一条 【公司权益受损的股东救济】董事、高级管理人员有本法第一百四十九条规定的情形的，有限责任公司的股东、股份有限公司连续一百八十日以上单独或者合计持有公司百分之一以上股份的股东，可以书面请求监事会或者不设监事会的有限责任公司的监事向人民法院提起诉讼；监事有本法第一百四十九条规定的情形的，前述股东可以书面请求董事会或者不设董事会的有限责任公司的执行董事向人民法院提起诉讼。

监事会、不设监事会的有限责任公司的监事，或者董事会、执行董事收到前款规定的股东书面请求后拒绝提起诉讼的，或者自收到请求之日起三十日内未提起诉讼的，或者情况紧急、不立即提起诉讼将会使公司利益受到难以弥补的损害的，前款规定的股东有权为了公司的利益以自己的名义直接向人民法院提起诉讼。

他人侵犯公司合法权益，给公司造成损失的，本条第一款规定的股东可以依照前两款的规定向人民法院提起诉讼。

实务问答 1. 在股东代表诉讼中，胜诉后的利益归于股东还是公司

在股东代表诉讼中，股东个人的利益没有直接受到损害，只是由于公司的利益受到损害而间接受损，因此，股东代表诉讼是股东为了公司的利益而以股东的名义直接提起的诉讼，胜诉后的利益归于公司。

2. 在股东代表诉讼中，股东代表的诉讼地位是什么

《最高人民法院关于适用〈中华人民共和国公司法〉若干问题的规定(四)》第23条规定，监事会或者不设监事会的有限责任公司的监事依据公司法第151条第1款规定对董事、高级管理人员提起诉讼的，应当列公司为原告，依法由监事会主席或者不设监事会的有限责任公司的监事代表公司进行诉讼。董事会或者不设董事会的有限责任公司的执行董事依据公司法第151条第1款规定对监事提起诉讼的，或者依据公司法第151条第3款规定对他人提起诉讼的，应当列公司为原告，依法由董事长或者执行董事代表公司进行诉讼。该规定明确指出公司董事会或者执行董事、监事会或者监事系公司机关，其履行法定职责代表公司提起的诉讼，应当是公司直接诉讼，应列公司为原告。

第一百五十二条 【股东权益受损的诉讼】董事、高级管理人员违反法律、行政法规或者公司章程的规定，损害股东利益的，股东可以向人民法院提起诉讼。

第七章 公司债券

第一百五十三条 【公司债券的概念和发行条件】本法所称公司债券，是指公司依照法定程序发行，约定在一定期限还本付息的有价证券。

公司发行公司债券应当符合《中华人民共和国证券法》规定的发行条件。

链接《证券法》第15条

第一百五十四条 【公司债券募集办法】发行公司债券的申请经国务院授权的部门核准后，应当公告公司债券募集办法。

公司债券募集办法中应当载明下列主要事项：

（一）公司名称；
（二）债券募集资金的用途；
（三）债券总额和债券的票面金额；
（四）债券利率的确定方式；
（五）还本付息的期限和方式；
（六）债券担保情况；

(七)债券的发行价格、发行的起止日期;

(八)公司净资产额;

(九)已发行的尚未到期的公司债券总额;

(十)公司债券的承销机构。

第一百五十五条　【公司债券票面的记载事项】公司以实物券方式发行公司债券的,必须在债券上载明公司名称、债券票面金额、利率、偿还期限等事项,并由法定代表人签名,公司盖章。

第一百五十六条　【公司债券的分类】公司债券,可以为记名债券,也可以为无记名债券。

第一百五十七条　【公司债券存根簿】公司发行公司债券应当置备公司债券存根簿。

发行记名公司债券的,应当在公司债券存根簿上载明下列事项:

(一)债券持有人的姓名或者名称及住所;

(二)债券持有人取得债券的日期及债券的编号;

(三)债券总额,债券的票面金额、利率、还本付息的期限和方式;

(四)债券的发行日期。

发行无记名公司债券的,应当在公司债券存根簿上载明债券总额、利率、偿还期限和方式、发行日期及债券的编号。

第一百五十八条　【记名公司债券的登记结算】记名公司债券的登记结算机构应当建立债券登记、存管、付息、兑付等相关制度。

第一百五十九条　【公司债券转让】公司债券可以转让,转让价格由转让人与受让人约定。

公司债券在证券交易所上市交易的,按照证券交易所的交易规则转让。

第一百六十条　【公司债券的转让方式】记名公司债券,由债券持有人以背书方式或者法律、行政法规规定的其他方式转让;转让后由公司将受让人的姓名或者名称及住所记载于公司债券存根簿。

无记名公司债券的转让,由债券持有人将该债券交付给受让人后即发生转让的效力。

第一百六十一条　【可转换公司债券的发行】上市公司经股东大会决议可以发行可转换为股票的公司债券,并在公司债券募集办法中规定具体的转换办法。上市公司发行可转换为股票的公司债券,应当报国务院证券监督管理机构核准。

发行可转换为股票的公司债券,应当在债券上标明可转换公司债券字样,并在公司债券存根簿上载明可转换公司债券的数额。

第一百六十二条　【可转换公司债券的转换】发行可转换为股票的公司债券的,公司应当按照其转换办法向债券持有人换发股票,但债券持有人对转换股票或者不转换股票有选择权。

第八章　公司财务、会计

第一百六十三条　【公司财务与会计制度】公司应当依照法律、行政法规和国务院财政部门的规定建立本公司的财务、会计制度。

第一百六十四条　【财务会计报告】公司应当在每一会计年度终了时编制财务会计报告,并依法经会计师事务所审计。

财务会计报告应当依照法律、行政法规和国务院财政部门的规定制作。

第一百六十五条　【财务会计报告的公示】有限责任公司应当依照公司章程规定的期限将财务会计报告送交各股东。

股份有限公司的财务会计报告应当在召开股东大会年会的二十日前置备于本公司,供股东查阅;公开发行股票的股份有限公司必须公告其财务会计报告。

第一百六十六条　【法定公积金与任意公积金】公司分配当年税后利润时,应当提取利润的百分之十列入公司法定公积金。公司法定公积金累计额为公司注册资本的百分之五十以上的,可以不再提取。

公司的法定公积金不足以弥补以前年度亏损的,在依照前款规定提取法定公积金之前,应当先用当年利润弥补亏损。

公司从税后利润中提取法定公积金后,经股东会或者股东大会决议,还可以从税后利润中提取任意公积金。

公司弥补亏损和提取公积金后所余税后利润,有限责任公司依照本法第三十四条的规定分配;股份有限公司按照股东持有的股份比例分配,但股份有限公司章程规定不按持股比例分配的除外。

股东会、股东大会或者董事会违反前款规定,在公司弥补亏损和提取法定公积金之前向股东分配利润的,股东必须将违反规定分配的利润退还公司。

公司持有的本公司股份不得分配利润。

第一百六十七条 【股份有限公司资本公积金】股份有限公司以超过股票票面金额的发行价格发行股份所得的溢价款以及国务院财政部门规定列入资本公积金的其他收入,应当列为公司资本公积金。

第一百六十八条 【公积金的用途】公司的公积金用于弥补公司的亏损、扩大公司生产经营或者转为增加公司资本。但是,资本公积金不得用于弥补公司的亏损。

法定公积金转为资本时,所留存的该项公积金不得少于转增前公司注册资本的百分之二十五。

<u>实务问答</u>公积金的使用主要有哪几种

公积金的使用主要包括以下几种:(1)除了资本公积金外,其余两种公积金,即法定公积金和任意公积金都可以用于弥补亏损。(2)法定公积金、资本公积金和任意公积金都可以用于增加资本。但是,法定公积金转为资本时,所留存的该项公积金不得少于转增前公司注册资本的25%,这项限定的对象包括有限责任公司和股份有限公司。(3)扩大公司生产经营。

第一百六十九条 【聘用、解聘会计师事务所】公司聘用、解聘承办公司审计业务的会计师事务所,依照公司章程的规定,由股东会、股东大会或者董事会决定。

公司股东会、股东大会或者董事会就解聘会计师事务所进行表决时,应当允许会计师事务所陈述意见。

第一百七十条 【真实提供会计资料】公司应当向聘用的会计师事务所提供真实、完整的会计凭证、会计账簿、财务会计报告及其他会计资料,不得拒绝、隐匿、谎报。

第一百七十一条 【会计账簿】公司除法定的会计账簿外,不得另立会计账簿。

对公司资产,不得以任何个人名义开立账户存储。

第九章 公司合并、分立、增资、减资

第一百七十二条 【公司的合并】公司合并可以采取吸收合并或者新设合并。

一个公司吸收其他公司为吸收合并,被吸收的公司解散。两个以上公司合并设立一个新的公司为新设合并,合并各方解散。

第一百七十三条 【公司合并的程序】公司合并,应当由合并各方签订合并协议,并编制资产负债表及财产清单。公司应当自作出合并决议之日起十日内通知债权人,并于三十日内在报纸上公告。债权人自接到通知书之日起三十日内,未接到通知书的自公告之日起四十五日内,可以要求公司清偿债务或者提供相应的担保。

第一百七十四条 【公司合并债权债务的承继】公司合并时,合并各方的债权、债务,应当由合并后存续的公司或者新设的公司承继。

第一百七十五条 【公司的分立】公司分立,其财产作相应的分割。

公司分立,应当编制资产负债表及财产清单。公司应当自作出分立决议之日起十日内通知债权人,并于三十日内在报纸上公告。

第一百七十六条 【公司分立前的债务承担】公司分立前的债务由分立后的公司承担连带责任。但是,公司在分立前与债权人就债务清偿达成的书面协议另有约定的除外。

第一百七十七条 【公司减资】公司需要减少注册资本时,必须编制资产负债表及财产清单。

公司应当自作出减少注册资本决议之日起十日内通知债权人,并于三十日内在报纸上公告。债权人自接到通知书之日起三十日内,未接到通知书的自公告之日起四十五日内,有权要求公司清偿债务或者提供相应的担保。

第一百七十八条 【公司增资】有限责任公司增加注册资本时,股东认缴新增资本的出资,依照本法设立有限责任公司缴纳出资的有关规定执行。

股份有限公司为增加注册资本发行新股时,股东认购新股,依照本法设立股份有限公司缴纳股款的有关规定执行。

第一百七十九条 【公司变更的登记】公司合并或者分立,登记事项发生变更的,应当依法向公司登记机关办理变更登记;公司解散的,应当依法办理公司注销登记;设立新公司的,应当依法办理公司设立登记。

公司增加或者减少注册资本,应当依法向公司登记机关办理变更登记。

第十章 公司解散和清算

第一百八十条 【公司解散原因】公司因下列原因解散:

（一）公司章程规定的营业期限届满或者公司章程规定的其他解散事由出现；

（二）股东会或者股东大会决议解散；

（三）因公司合并或者分立需要解散；

（四）依法被吊销营业执照、责令关闭或者被撤销；

（五）人民法院依照本法第一百八十二条的规定予以解散。

链接 《全国法院民商事审判工作会议纪要》117

第一百八十一条　【修改公司章程】公司有本法第一百八十条第（一）项情形的，可以通过修改公司章程而存续。

依照前款规定修改公司章程，有限责任公司须经持有三分之二以上表决权的股东通过，股份有限公司须经出席股东大会会议的股东所持表决权的三分之二以上通过。

第一百八十二条　【司法强制解散公司】公司经营管理发生严重困难，继续存续会使股东利益受到重大损失，通过其他途径不能解决的，持有公司全部股东表决权百分之十以上的股东，可以请求人民法院解散公司。

实务问答 实务运用中如何认定公司僵局

在适用法院解散公司的情形时，对公司僵局的认定是本条的关键。应该说，只有公司同时具备了"公司经营管理发生严重困难"、"继续存续会使股东利益受到重大损失"、"通过其他途径不能解决的"三个条件才能认定公司出现了僵局，在此情况下，持有公司全部股东表决权10%以上的股东，可以通过提起请求人民法院解散公司之诉维护自己的合法权益。

需要注意的是，关于本条三个条件的具体认定，公司法并没有直接做出规定，为此，《最高人民法院关于适用〈中华人民共和国公司法〉若干问题的规定（二）》作了进一步的界定：（1）明确列举了四种"公司经营管理发生严重困难，继续存续会使股东利益受到重大损失"情形。这四种情形主要体现的是股东僵局和董事僵局所造成的公司经营管理上的严重困难，即公司处于事实上的瘫痪状态，公司治理结构完全失灵，无法正常进行经营，如果任其继续存续下去，将会造成公司股东利益的更大损失。在这种情况下，应当赋予股东提起解散公司诉讼、保护自身合法权益的救济渠道。注意，如果股东在提起解散公司诉讼时，其起诉理由表述为公司经营严重亏损或者其股东权益受到侵害，或者公司被吊销营业执照后未进行清算等，因不属于《公司法》所规定的解散公司诉讼案件提起的事由，因此在受理环节即应将之拒之门外。应当明确，本条列举的四项事由，一方面是解散公司诉讼案件受理时形式审查的依据，另一方面也是判决是否解散公司时实体审查的标准。（2）《公司法》明确规定，持有公司全部股东表决权10%以上的股东有权提起解散公司诉讼，如果提起解散公司诉讼的股东不具备上述持股条件的，法院对其诉请不予受理。鉴于《公司法》做此规定系出于防止个别股东恶意诉讼的目的，以期通过对股东所持股份比例的限制，在起诉股东和其他股东之间寻求一种利益上的平衡，因此，《最高人民法院关于适用〈中华人民共和国公司法〉若干问题的规定（二）》规定单独持有或合计持有公司全部股东表决权10%以上的（多个）股东，均可提起解散公司诉讼。（3）对于《公司法》所规定的"通过其他途径不能解决"这一前置性条件，司法解释也没有再作进一步解释，这主要是考虑当公司经营管理发生严重困难，继续存续会使股东利益受到重大损失时，还是寄希望公司能够通过公司自治等方式解决股东、董事之间的僵局，从而改变公司瘫痪状态，而不轻易赋予股东通过司法程序强制解散公司的权利。因此，人民法院在受理解散公司诉讼案件时，还是有必要审查这个条件是否成就。当然，对于何为"通过其他途径不能解决"，人民法院可能更多的是形式审查，对于起诉股东而言，其声明应归结为其已经采取了能够采取的其他方法而不能得到解决，"不得不"寻求司法救济的表述，该前置性程序的意义更多在于其导向性。

链接 《最高人民法院关于适用〈中华人民共和国公司法〉若干问题的规定（二）》第1—7条

第一百八十三条　【清算组的成立与组成】公司因本法第一百八十条第（一）项、第（二）项、第（四）项、第（五）项规定而解散的，应当在解散事由出现之日起十五日内成立清算组，开始清算。有限责任公司的清算组由股东组成，股份有限公司的清算组由董事或者股东大会确定的人员组成。逾期不成立清算组进行清算的，债权人可以申请人民法院指定有关人员组成清算组进行清算。人民法院应当受理该申请，并及时组织清算组进行清算。

注释 公司清算，指公司被依法宣布解散后，依照一定程序了结公司事务,收回债权,清偿债务并分配财产,使公司归于消灭的一系列法律行为和制度的总称。

特别需要注意的是,《最高人民法院关于适用〈中华人民共和国公司法〉若干问题的规定(二)》对本条作了进一步的界定:(1)将法院指定清算的情形界定为三种情形,即公司解散逾期不成立清算组进行清算的;虽然成立清算组但故意拖延清算的;违法清算可能严重损害债权人或者股东利益的。(2)扩充了公司强制清算的申请主体。《公司法》仅规定债权人可以申请法院指定清算,并没有规定股东是否可以提出申请。《最高人民法院关于适用〈中华人民共和国公司法〉若干问题的规定(二)》考虑到当股东之间矛盾激烈而需要解散时,公司解散不清算的情形对于公司股东利益的损害同样需要有相应法律的救济。因此,司法解释将提出强制清算的主体扩大到了股东。对此需要进一步说明的是,债权人或者股东向法院申请强制清算时,如果公司已经出现明显破产原因的,则不应按照清算案件受理,而应当向法院申请破产清算。另外,公司清算案件不是法院指定完清算组成员后就审结了,而需要法院监督整个清算程序直至裁定终结清算程序后,案件才算审结。

同时,根据《市场主体登记管理条例》第32条规定:"市场主体注销登记前依法应当清算的,清算组应当自成立之日起10日内将清算组成员、清算组负责人名单通过国家企业信用信息公示系统公告。清算组可以通过国家企业信用信息公示系统发布债权人公告。

清算组应当自清算结束之日起30日内向登记机关申请注销登记。市场主体申请注销登记前,应当依法办理分支机构注销登记。

实务问答 清算是公司解散到公司终止前的必经程序吗

除公司合并、分立两种情形外,公司解散后都应当依法进行清算,不经清算,公司不得注销登记,因此,清算是公司解散到公司终止前的一个必经程序。

链接 《市场主体登记管理条例》第32条;《最高人民法院关于适用〈中华人民共和国公司法〉若干问题的规定(二)》第7—9、18、19条

第一百八十四条 【清算组的职权】清算组在清算期间行使下列职权:

(一)清理公司财产,分别编制资产负债表和财产清单;
(二)通知、公告债权人;
(三)处理与清算有关的公司未了结的业务;
(四)清缴所欠税款以及清算过程中产生的税款;
(五)清理债权、债务;
(六)处理公司清偿债务后的剩余财产;
(七)代表公司参与民事诉讼活动。

第一百八十五条 【债权人申报债权】清算组应当自成立之日起十日内通知债权人,并于六十日内在报纸上公告。债权人应当自接到通知书之日起三十日内,未接到通知书的自公告之日起四十五日内,向清算组申报其债权。

债权人申报债权,应当说明债权的有关事项,并提供证明材料。清算组应当对债权进行登记。

在申报债权期间,清算组不得对债权人进行清偿。

链接 《最高人民法院关于适用〈中华人民共和国公司法〉若干问题的规定(二)》第11—14条

第一百八十六条 【清算程序】清算组在清理公司财产、编制资产负债表和财产清单后,应当制定清算方案,并报股东会、股东大会或者人民法院确认。

公司财产在分别支付清算费用、职工的工资、社会保险费用和法定补偿金,缴纳所欠税款,清偿公司债务后的剩余财产,有限责任公司按照股东的出资比例分配,股份有限公司按照股东持有的股份比例分配。

清算期间,公司存续,但不得开展与清算无关的经营活动。公司财产在未依照前款规定清偿前,不得分配给股东。

链接 《最高人民法院关于适用〈中华人民共和国公司法〉若干问题的规定(二)》第15、16条

第一百八十七条 【破产申请】清算组在清理公司财产、编制资产负债表和财产清单后,发现公司财产不足清偿债务的,应当依法向人民法院申请宣告破产。

公司经人民法院裁定宣告破产后,清算组应当将清算事务移交给人民法院。

第一百八十八条 【公司注销】公司清算结束后,清算组应当制作清算报告,报股东会、股东大会或者人民法院确认,并报送公司登记机关,申请

注销公司登记,公告公司终止。

第一百八十九条 【清算组成员的义务与责任】清算组成员应当忠于职守,依法履行清算义务。

清算组成员不得利用职权收受贿赂或者其他非法收入,不得侵占公司财产。

清算组成员因故意或者重大过失给公司或者债权人造成损失的,应当承担赔偿责任。

第一百九十条 【公司破产】公司被依法宣告破产的,依照有关企业破产的法律实施破产清算。

链接《企业破产法》

第十一章 外国公司的分支机构

第一百九十一条 【外国公司的概念】本法所称外国公司是指依照外国法律在中国境外设立的公司。

第一百九十二条 【外国公司分支机构的设立程序】外国公司在中国境内设立分支机构,必须向中国主管机关提出申请,并提交其公司章程、所属国的公司登记证书等有关文件,经批准后,向公司登记机关依法办理登记,领取营业执照。

外国公司分支机构的审批办法由国务院另行规定。

第一百九十三条 【外国公司分支机构的设立条件】外国公司在中国境内设立分支机构,必须在中国境内指定负责该分支机构的代表人或者代理人,并向该分支机构拨付与其所从事的经营活动相适应的资金。

对外国公司分支机构的经营资金需要规定最低限额的,由国务院另行规定。

第一百九十四条 【外国公司分支机构的名称】外国公司的分支机构应当在其名称中标明该外国公司的国籍及责任形式。

外国公司的分支机构应当在本机构中置备该外国公司章程。

第一百九十五条 【外国公司分支机构的法律地位】外国公司在中国境内的分支机构不具有中国法人资格。

外国公司对其分支机构在中国境内进行经营活动承担民事责任。

第一百九十六条 【外国公司分支机构的活动原则】经批准设立的外国公司分支机构,在中国境内从事业务活动,必须遵守中国的法律,不得损害中国的社会公共利益,其合法权益受中国法律保护。

第一百九十七条 【外国公司分支机构的撤销与清算】外国公司撤销其在中国境内的分支机构时,必须依法清偿债务,依照本法有关公司清算程序的规定进行清算。未清偿债务之前,不得将其分支机构的财产移至中国境外。

第十二章 法律责任

第一百九十八条 【虚报注册资本的法律责任】违反本法规定,虚报注册资本、提交虚假材料或者采取其他欺诈手段隐瞒重要事实取得公司登记的,由公司登记机关责令改正,对虚报注册资本的公司,处以虚报注册资本金额百分之五以上百分之十五以下的罚款;对提交虚假材料或者采取其他欺诈手段隐瞒重要事实的公司,处以五万元以上五十万元以下的罚款;情节严重的,撤销公司登记或者吊销营业执照。

第一百九十九条 【虚假出资的法律责任】公司的发起人、股东虚假出资,未交付或者未按期交付作为出资的货币或者非货币财产的,由公司登记机关责令改正,处以虚假出资金额百分之五以上百分之十五以下的罚款。

链接《刑法》第158条

第二百条 【抽逃出资的法律责任】公司的发起人、股东在公司成立后,抽逃其出资的,由公司登记机关责令改正,处以所抽逃出资金额百分之五以上百分之十五以下的罚款。

链接《刑法》第159条

第二百零一条 【另立会计账簿的法律责任】公司违反本法规定,在法定的会计账簿以外另立会计账簿的,由县级以上人民政府财政部门责令改正,处以五万元以上五十万元以下的罚款。

链接《会计法》第42条

第二百零二条 【提供虚假财会报告的法律责任】公司在依法向有关主管部门提供的财务会计报告等材料上作虚假记载或者隐瞒重要事实的,由有关主管部门对直接负责的主管人员和其他直接责任人员处以三万元以上三十万元以下的罚款。

链接《刑法》第161条

第二百零三条 【违法提取法定公积金的法律责任】公司不依照本法规定提取法定公积金的,由县级以上人民政府财政部门责令如数补足应当提取的金额,可以对公司处以二十万元以下的罚款。

第二百零四条 【公司合并、分立、减资、清算中违法行为的法律责任】公司在合并、分立、减少注册资本或者进行清算时，不依照本法规定通知或者公告债权人的，由公司登记机关责令改正，对公司处以一万元以上十万元以下的罚款。

公司在进行清算时，隐匿财产，对资产负债表或者财产清单作虚假记载或者在未清偿债务前分配公司财产的，由公司登记机关责令改正，对公司处以隐匿财产或者未清偿债务前分配公司财产金额百分之五以上百分之十以下的罚款；对直接负责的主管人员和其他直接责任人员处以一万元以上十万元以下的罚款。

链接《刑法》第162条

第二百零五条 【公司在清算期间违法经营活动的法律责任】公司在清算期间开展与清算无关的经营活动的，由公司登记机关予以警告，没收违法所得。

第二百零六条 【清算组违法活动的法律责任】清算组不依照本法规定向公司登记机关报送清算报告，或者报送清算报告隐瞒重要事实或者有重大遗漏的，由公司登记机关责令改正。

清算组成员利用职权徇私舞弊、谋取非法收入或者侵占公司财产的，由公司登记机关责令退还公司财产，没收违法所得，并可以处以违法所得一倍以上五倍以下的罚款。

第二百零七条 【资产评估、验资或者验证机构违法的法律责任】承担资产评估、验资或者验证的机构提供虚假材料的，由公司登记机关没收违法所得，处以违法所得一倍以上五倍以下的罚款，并可以由有关主管部门依法责令该机构停业、吊销直接责任人员的资格证书，吊销营业执照。

承担资产评估、验资或者验证的机构因过失提供有重大遗漏的报告的，由公司登记机关责令改正，情节较重的，处以所得收入一倍以上五倍以下的罚款，并可以由有关主管部门依法责令该机构停业、吊销直接责任人员的资格证书，吊销营业执照。

承担资产评估、验资或者验证的机构因其出具的评估结果、验资或者验证证明不实，给公司债权人造成损失的，除能够证明自己没有过错的外，在其评估或者证明不实的金额范围内承担赔偿责任。

第二百零八条 【公司登记机关违法的法律责任】公司登记机关对不符合本法规定条件的登记申请予以登记，或者对符合本法规定条件的登记申请不予登记的，对直接负责的主管人员和其他直接责任人员，依法给予行政处分。

链接《刑法》第229条

第二百零九条 【公司登记机关的上级部门违法的法律责任】公司登记机关的上级部门强令公司登记机关对不符合本法规定条件的登记申请予以登记，或者对符合本法规定条件的登记申请不予登记的，或者对违法登记进行包庇的，对直接负责的主管人员和其他直接责任人员依法给予行政处分。

第二百一十条 【假冒公司名义的法律责任】未依法登记为有限责任公司或者股份有限公司，而冒用有限责任公司或者股份有限公司名义的，或者未依法登记为有限责任公司或者股份有限公司的分公司，而冒用有限责任公司或者股份有限公司的分公司名义的，由公司登记机关责令改正或者予以取缔，可以并处十万元以下的罚款。

第二百一十一条 【逾期开业、停业、不依法办理变更登记的法律责任】公司成立后无正当理由超过六个月未开业的，或者开业后自行停业连续六个月以上的，可以由公司登记机关吊销营业执照。

公司登记事项发生变更时，未依照本法规定办理有关变更登记的，由公司登记机关责令限期登记；逾期不登记的，处以一万元以上十万元以下的罚款。

第二百一十二条 【外国公司擅自设立分支机构的法律责任】外国公司违反本法规定，擅自在中国境内设立分支机构的，由公司登记机关责令改正或者关闭，可以并处五万元以上二十万元以下的罚款。

第二百一十三条 【吊销营业执照】利用公司名义从事危害国家安全、社会公共利益的严重违法行为的，吊销营业执照。

链接《公司法》第193条

第二百一十四条 【民事赔偿优先】公司违反本法规定，应当承担民事赔偿责任和缴纳罚款、罚金的，其财产不足以支付时，先承担民事赔偿责任。

第二百一十五条 【刑事责任】违反本法规定，构成犯罪的，依法追究刑事责任。

第十三章　附　则

第二百一十六条　【本法相关用语的含义】本法下列用语的含义：

（一）高级管理人员，是指公司的经理、副经理、财务负责人，上市公司董事会秘书和公司章程规定的其他人员。

（二）控股股东，是指其出资额占有限责任公司资本总额百分之五十以上或者其持有的股份占股份有限公司股本总额百分之五十以上的股东；出资额或者持有股份的比例虽然不足百分之五十，但依其出资额或者持有的股份所享有的表决权已足以对股东会、股东大会的决议产生重大影响的股东。

（三）实际控制人，是指虽不是公司的股东，但通过投资关系、协议或者其他安排，能够实际支配公司行为的人。

（四）关联关系，是指公司控股股东、实际控制人、董事、监事、高级管理人员与其直接或者间接控制的企业之间的关系，以及可能导致公司利益转移的其他关系。但是，国家控股的企业之间不仅因为同受国家控股而具有关联关系。

链接 《刑法》第 158—169 条

第二百一十七条　【外资公司的法律适用】外商投资的有限责任公司和股份公司适用本法；有关外商投资的法律另有规定的，适用其规定。

第二百一十八条　【施行日期】本法自 2006 年 1 月 1 日起施行。

中华人民共和国合伙企业法

- 1997 年 2 月 23 日第八届全国人民代表大会常务委员会第二十四次会议通过
- 2006 年 8 月 27 日第十届全国人民代表大会常务委员会第二十三次会议修订
- 2006 年 8 月 27 日中华人民共和国主席令第 55 号公布
- 自 2007 年 6 月 1 日起施行

理解与适用

《合伙企业法》自 1997 年 8 月 1 日起施行以来，对于确立合伙企业的法律地位，规范合伙企业的设立与经营，保护合伙企业及其合伙人的合法权益，发挥了积极作用。但是，随着社会主义市场经济体制的逐步完善，经济社会中出现了一些新的情况和问题，需要在法律中有所体现。2006 年 8 月 27 日第十届全国人大常委会第 23 次会议审议通过了《中华人民共和国合伙企业法（修订案）》。修订后的《合伙企业法》于 2007 年 6 月 1 日起施行。

一、合伙人的范围

《合伙企业法》第二条明确规定，本法所称合伙企业，是指自然人、法人和其他组织依照本法在中国境内设立的普通合伙企业和有限合伙企业。合伙企业中的合伙人分为两类：普通合伙人和有限合伙人，普通合伙人依法对合伙企业债务承担无限连带责任，有限合伙人依法对合伙企业债务以其认缴的出资额为限承担有限责任。虽然所有的市场主体都可以参与设立合伙企业，成为合伙人，但对于一些特殊的市场主体来说，如果让其成为合伙企业的普通合伙人，对合伙企业债务承担无限连带责任，不利于保护国有资产和上市公司利益以及公共利益。因此，本法对一些特定市场主体成为普通合伙人作出了限制性规定。本法第三条明确规定，国有独资公司、国有企业、上市公司以及公益性的事业单位、社会团体不得成为普通合伙人。按照这一规定，上述组织只能参与设立有限合伙企业成为有限合伙人，而不得成为普通合伙人。

二、合伙企业缴纳所得税

对合伙企业的经营所得和其他所得不征收所得税，只对合伙人从合伙企业取得的收入征收所得税，是国际上的普遍做法，也是合伙企业同公司等其他企业组织形式相比具有吸引力的地方。我国在实践中对合伙企业也是不征收企业所得税的。在《合伙企业法》的修订过程中，根据合伙企业的特点,并结合实践经验,对合伙企业是否缴纳所得税问题予以明确。本法第六条明确规定,合伙企业的生产经营所得和其他所得,按照国家有关税收规定,由合伙人分别缴纳所得税。

三、有限合伙企业

有限合伙是由普通合伙发展而来的一种合伙形式。二者的主要区别是,普通合伙的全体合伙人(普通合伙人)负责合伙的经营管理,并对合伙债务承担无限连带责任。有限合伙由两种合伙人组成,一是普通合伙人,负责合伙的经营管理,并对合伙债务承担无限连带责任;二是有限合伙人,通常不负责合伙的经营管理,仅以其出资额为限对合伙债务承担有限责任。有限合伙融合了普通合伙和公司的优点。与公司相比,普通合伙人直接从事合伙的经营管理,使合伙的组织结构简单,节省管理费用和运营成本;普通合伙人对合伙要承担无限连带责任,可以促使其对合伙企业的管理尽职尽责。与普通合伙相比,允许投资者以承担有限责任的方式参加合伙成为有限合伙人,解除了投资者承担无限连带责任的后顾之忧,有利于吸引投资。

四、特殊的普通合伙

普通合伙作为一种传统的组织形式,其基本特点是合伙人共同出资、共同经营、共享收益、共担风险,合伙人对合伙债务承担无限连带责任。很多会计师事务所、律师事务所等专业服务机构采用这种组织形式。随着社会对各项专业服务需求的迅速增长,专业服务机构的规模扩大,合伙人人数大量增加,以至于合伙人之间并不熟悉甚至不认识,各自的业务也不重合,与传统普通合伙中合伙人人数较少,共同经营的模式已有不同,因而让合伙人对其并不熟悉的合伙债务承担无限连带责任,有失公平。自20世纪60年代以后,针对专业服务机构的诉讼显著增加,其合伙人要求合理规范合伙人责任的呼声也越来越高。

为了减轻专业服务机构中普通合伙人的风险,促进专业服务机构的发展壮大,本法在普通合伙企业一章中以专节"特殊的普通合伙企业"对专业服务机构中合伙人的责任作出了特别规定。

五、外国企业或者个人在中国境内设立合伙企业

随着对外开放的扩大,外国企业或者个人也可能在我国境内设立或者参与设立合伙企业。对于外国企业或者个人在中国境内设立合伙企业,我国法律是允许的;外国企业或者个人在中国境内设立合伙企业,也应遵守本法的规定。同时,合伙企业的特征是普通合伙人对合伙企业债务承担无限连带责任,在中国的外国企业或者个人因其财产主要在国外,难以追偿,因此这些合伙人承担无限连带责任往往落空,不利于保护债权人的利益。因此,对外国企业或者个人在我国境内设立的合伙企业应加以规范,进行必要的管理。本法对此专门作出规定,并授权国务院制定具体管理办法,附则明确规定,外国企业或者个人在中国境内设立合伙企业的管理办法由国务院规定。

第一章 总 则

第一条 【立法目的】为了规范合伙企业的行为,保护合伙企业及其合伙人、债权人的合法权益,维护社会经济秩序,促进社会主义市场经济的发展,制定本法。

注释 本条是关于《合伙企业法》立法目的的规定。根据本条的规定,《合伙企业法》的立法目的有六个:一是,规范合伙企业的行为;二是,保护合伙企业的合法权益;三是,保护合伙人的合法权益;四是,保护合伙企业的债权人的合法权益;五是,维护社会经济秩序;六是,促进社会主义市场经济的发展。

需要注意的是,从文义解释上来讲,本条中是在紧接着"合伙企业及其"之后使用"合伙人""债权人"的表述的,因此,本条所说的"债权人",指的是合伙企业的债权人,不包括合伙人的债权人。不过,本法第41条、第42条和第74条所说的"债权人",指的则是合伙人的债权人。

第二条 【调整范围】本法所称合伙企业,是指自然人、法人和其他组织依照本法在中国境内设立的普通合伙企业和有限合伙企业。

普通合伙企业由普通合伙人组成,合伙人对合伙企业债务承担无限连带责任。本法对普通合伙人承担责任的形式有特别规定的,从其规定。

有限合伙企业由普通合伙人和有限合伙人组

成，普通合伙人对合伙企业债务承担无限连带责任，有限合伙人以其认缴的出资额为限对合伙企业债务承担责任。

注释 本条是关于合伙企业的定义，普通合伙企业的定义及其合伙人的责任形式，有限合伙企业的定义及其合伙人的责任形式的规定。

合伙企业的定义和类型

本条第1款规定了合伙企业的定义，即"自然人、法人和其他组织依照本法在中国境内设立的普通合伙企业和有限合伙企业"。根据《民法典》第102条的规定，合伙企业属于民事主体中的非法人组织，是不具有法人资格，但是能够依法以自己的名义从事民事活动的组织。合伙企业只有普通合伙企业和有限合伙企业这两种类型，普通合伙企业还包括特殊的普通合伙企业。

合伙企业的设立主体包括自然人、法人、其他组织。"自然人"既包括中国籍自然人，又包括非中国籍自然人。结合《民法典》关于法人的规定，本条所说的"法人"，既包括企业法人等营利法人，又包括事业单位法人等非营利法人，还包括机关法人等特别法人。"其他组织"，亦即《民法典》所说的"非法人组织"，主要指律师事务所、合伙制的会计师事务所、合伙制的评估师事务所等。

实务问答 1. 普通合伙企业的合伙人如何承担责任？

普通合伙企业只包含普通合伙人，不包含有限合伙人；普通合伙人承担责任的形式，以对合伙企业的债务承担无限连带责任为原则，以不承担无限连带责任为例外。这一例外情形由《合伙企业法》第57条予以规定。

值得注意的是，本条第2款所说的"无限连带责任"，包含了两层含义：一是无限责任；二是连带责任。

所谓的无限责任、有限责任，指的是责任主体需要用于承担责任的财产是有限的还是无限的，如果仅限于该责任主体的部分财产（比如对应于其所认缴的出资额或认购的股份的财产），则属于有限责任；如果需要以该责任主体现有的以及将来能够取得的全部财产承担责任，则属于无限责任。

关于连带责任，《民法典》第178条第1款规定了"二人以上依法承担连带责任的，权利人有权请求部分或者全部连带责任人承担责任"。普通合伙企业的债权人可以只要求某个普通合伙人清偿合伙企业未能清偿的全部债务，也可以要求某几个普通合伙人或全部普通合伙人共同清偿合伙企业未能清偿的全部债务；并且，在要求某几个普通合伙人或全部普通合伙人共同清偿合伙企业未能清偿的全部债务时，债权人可以指定每个合伙人向其清偿的比例或数额。

2. 有限合伙企业的普通合伙人如何承担责任？

本条第3款规定，有限合伙企业由普通合伙人和有限合伙人组成，普通合伙人对合伙企业债务承担无限连带责任，有限合伙人以其认缴的出资额为限对合伙企业债务承担责任。本法第39条规定，合伙企业不能清偿到期债务的，合伙人承担无限连带责任。因此，从文义上看，作为有限合伙企业的普通合伙人，是应当对有限合伙企业的债务承担无限连带责任的。但是，结合本法第38条"合伙企业对其债务，应先以其全部财产进行清偿"的表述、第39条"合伙企业不能清偿到期债务的，合伙人承担无限连带责任"的表述，第92条第1款"合伙企业不能清偿到期债务的，债权人可以依法向人民法院提出破产清算申请，也可以要求普通合伙人清偿"的表述。对于有限合伙企业的到期债务，首先应当由有限合伙企业以自己的全部财产进行清偿；只有在有限合伙企业自身的财产不足以清偿其到期债务的情况下，才由普通合伙人进行清偿，有限合伙企业的债权人才可以要求普通合伙人清偿。

这就意味着，有限合伙企业的普通合伙人对有限合伙企业的债务承担的是补充清偿责任；就向有限合伙企业的债权人清偿有限合伙企业的债务而言，合伙人（不论是普通合伙人还是有限合伙人）与有限合伙企业之间不是连带责任关系。

综上，结合《民法典》第104条关于"非法人组织的财产不足以清偿债务的，其出资人或者设立人承担无限责任"的规定，本条第3款所说的"普通合伙人对合伙企业债务承担无限连带责任"，应当理解为"普通合伙人对有限合伙企业的债务承担无限的补充清偿责任"、"普通合伙人与其他普通合伙人对有限合伙企业的债务承担连带的补充清偿责任"，但"普通合伙人不与有限合伙企业对有限合伙企业的债务承担连带清偿责任"、"普通合伙人不与有限合伙人对有限合伙企业的债务承担连带清偿责任"。

3. 有限合伙企业的有限合伙人如何承担责任？

有限合伙企业的有限合伙人，应当对有限合伙企业的债务承担清偿责任，但这一责任以相应的有限合伙人认缴的出资额为限。

"以其认缴的出资额为限"，指的是有限合伙企业的有限合伙人认缴、但未实缴的出资额，在有限合伙人已经按期足额缴纳了合伙协议约定的其对有限合伙企业认缴的出资额的情况下，即使合伙企业的自有财产不足以清偿其债务，有限合伙人事实上也无须再对合伙企业未能清偿的债务承担清偿责任。

对此，《最高人民法院关于民事执行中变更、追加当事人若干问题的规定》（法释〔2016〕21号）第14条第2款也明确规定："作为被执行人的有限合伙企业，财产不足以清偿生效法律文书确定的债务，申请执行人申请变更、追加未按期足额缴纳出资的有限合伙人为被执行人，在未足额缴纳出资的范围内承担责任的，人民法院应予支持。"

第三条 【不得成为普通合伙人的主体】国有独资公司、国有企业、上市公司以及公益性的事业单位、社会团体不得成为普通合伙人。

注释 国有独资公司、国有企业、上市公司以及公益性的事业单位、社会团体不得成为普通合伙人；但可根据实际需要，以有限合伙人的身份参加合伙企业，从事经营活动，对合伙企业债务以其出资额为限承担责任。

国有独资公司

本条所称的国有独资公司，依照《公司法》的规定，是指国家单独出资、由国务院或者地方人民政府授权本级人民政府国有资产监督管理机构履行出资人职责的有限责任公司。

国有企业

本条所称的国有企业即全民所有制企业，是指国家单独出资、由国务院或者地方人民政府授权本级人民政府国有资产监督管理机构履行出资人职责的非公司制形式的企业。

上市公司

本条所称的上市公司，依照《公司法》的规定，是指"其股票在证券交易所上市交易的股份有限公司"。

公益性的事业单位、社会团体

本条所称的公益性的事业单位、社会团体，是指从事公益性活动的、不以营利为目的的组织。

链接 《公司法》第64、120条

第四条 【合伙协议】合伙协议依法由全体合伙人协商一致、以书面形式订立。

注释 合伙协议

（1）定义。合伙协议又称合伙合同，是指由全体合伙人依法协商一致所订立的书面合同。

（2）成立要件。一是依法订立。这里所称的"法"应作宽泛理解，包括本法及其他有关法律、行政法规、行政规章等方面的规定。二是必须由全体合伙人协商一致。即必须是全体合伙人意思表示一致，缺少任何一个合伙人的意思表示合同不能成立。三是必须为书面形式。按照本章规定，申请设立合伙企业应当向合伙企业登记机关提交合伙协议书，如果不以书面形式订立，合伙企业的设立则无法完成。本条所说的"书面形式"的界定，应适用《民法典》第469条第2款、第3款的规定，即书面形式是合同书、信件、电报、电传、传真等可以有形地表现所载内容的形式。以电子数据交换、电子邮件等方式能够有形地表现所载内容，并可以随时调取查用的数据电文，视为书面形式。

实务问答 合伙企业成立之后，对合伙协议所作的修改或补充是否也需要全体合伙人一致同意？

根据本法第19条第2款，在合伙企业成立之后，对合伙协议所作出的任何修改或补充，原则上也需要全体合伙人一致同意；但是，合伙协议可以约定不需要全体合伙人一致同意即可修改或补充合伙协议，比如只需经执行事务合伙人同意即可修改或补充合伙协议。

值得注意的是，只有经过全体合伙人一致同意并签署的合伙协议方可作出这样的约定；当然，在全体合伙人一致同意并签署的合伙协议未作出这样的约定的情况下，经全体合伙人一致同意通过的决议，在解释上，可以视为合伙协议的补充协议。这样的约定可能对某些合伙人（主要是执行事务合伙人）有利、对某些合伙人不利，相关合伙人有必要根据具体情况来确定是否在合伙协议中作出这样的约定，或者决定是否同意在合伙协议中写入这样的约定。

链接 《公司法》第11条；《民法典》第469条

第五条 【自愿、平等、公平、诚实信用原则】订立合伙协议、设立合伙企业，应当遵循自愿、平等、公平、诚实信用原则。

[链接]《民法典》第5—10条

第六条 【所得税的缴纳】 合伙企业的生产经营所得和其他所得,按照国家有关税收规定,由合伙人分别缴纳所得税。

[注释] 合伙企业缴纳所得税

(1)原则。一次纳税原则,即合伙企业不纳税,由合伙人分别纳税。

(2)征税对象。合伙企业的生产经营所得和其他所得,即合伙企业从事生产经营以及与生产经营有关的活动所取得的各项收入。

(3)纳税人。各合伙人,由合伙人分别缴纳所得税。

合伙企业合伙人是自然人的,缴纳个人所得税;合伙人是法人和其他组织的,缴纳企业所得税。合伙企业的合伙人按照下列原则确定应纳税所得额:合伙企业的合伙人以合伙企业的生产经营所得和其他所得,按照合伙协议约定的分配比例确定应纳税所得额;合伙协议未约定或者约定不明确的,以全部生产经营所得和其他所得,按照合伙人协商决定的分配比例确定应纳税所得额;协商不成,以全部生产经营所得和其他所得,按照合伙人实缴出资比例确定应纳税所得额;无法确定出资比例的,以全部生产经营所得和其他所得,按照合伙人数量平均计算每个合伙人的应纳税所得额。

(4)合伙人缴纳所得税须依法进行。依照本条规定,不管合伙企业是否进行利润分配,均应按照国家有关税收的规定,由各合伙人依法向税务机关缴纳所得税。

[实务问答] 个人独资企业合伙人、合伙企业合伙人是否缴纳所得税?

如果合伙企业的合伙人是个人独资企业或也是合伙企业,那么,根据《国务院关于个人独资企业和合伙企业征收所得税问题的通知》(国发〔2000〕16号)、《企业所得税法》第1条第2款,作为该合伙企业的合伙人的个人独资企业或合伙企业本身也是不缴纳企业所得税的,而是由作为该合伙企业的合伙人的该个人独资企业的投资者个人缴纳个人所得税,或由作为该合伙企业的合伙人的另一合伙企业的合伙人分别缴纳所得税。其中,作为合伙人的该合伙企业的自然人合伙人缴纳个人所得税,作为合伙人的该合伙企业的法人

或合伙企业以外的其他组织类的合伙人则是缴纳企业所得税。

[链接]《国务院关于个人独资企业和合伙企业征收所得税问题的通知》;《财政部、国家税务总局关于合伙企业合伙人所得税问题的通知》;《财政部、国家税务总局关于个人独资企业和合伙企业投资者征收个人所得税的规定》

第七条 【合伙企业及其合伙人的义务】 合伙企业及其合伙人必须遵守法律、行政法规,遵守社会公德、商业道德,承担社会责任。

[链接]《民法典》第8、9条

第八条 【合伙企业及其合伙人的合法财产及其权益受法律保护】 合伙企业及其合伙人的合法财产及其权益受法律保护。

第九条 【申请设立应提交的文件】 申请设立合伙企业,应当向企业登记机关提交登记申请书、合伙协议书、合伙人身份证明等文件。

合伙企业的经营范围中有属于法律、行政法规规定在登记前须经批准的项目的,该项经营业务应当依法经过批准,并在登记时提交批准文件。

[注释] 设立合伙企业必须依法申请登记

设立合伙企业应当依法办理登记。未经登记,不得以市场主体名义从事经营活动。

合伙企业的登记事项应当包括:名称;类型;经营范围;主要经营场所;出资额;执行事务合伙人名称或者姓名;合伙人名称或者姓名、住所、承担责任方式。执行事务合伙人是法人或者其他组织的,登记事项还应当包括其委派的代表姓名。

下列事项应当向登记机关办理备案:合伙协议;合伙期限;合伙人认缴或者实际缴付的出资数额、缴付期限和出资方式;合伙企业登记联络员、外商投资企业法律文件送达接受人;合伙企业受益所有人相关信息;法律、行政法规规定的其他事项。上述备案事项由登记机关在设立登记时一并进行信息采集。受益所有人信息管理制度由中国人民银行会同国家市场监督管理总局另行制定。

合伙企业的名称由申请人依法自主申报。合伙企业只能登记一个名称,经登记的名称受法律保护。合伙企业的名称中应当标明"普通合伙"、"特殊普通合伙"或者"有限合伙"字样,并符合国家有关企业名称登记管理的规定。

合伙企业只能登记一个主要经营场所。

申请人申请登记合伙企业执行事务合伙人

(含委派代表),应当符合合伙协议约定,合伙协议未约定或者全体合伙人未决定委托执行事务合伙人的,除有限合伙人外,申请人应当将其他合伙人均登记为执行事务合伙人。

申请设立合伙企业应提交的材料

申请办理合伙企业登记,应当提交下列材料:
(1)申请书;
(2)申请人主体资格文件或者自然人身份证明;
(3)主要经营场所相关文件;
(4)合伙协议;
(5)法律、行政法规规定设立特殊的普通合伙企业需要提交合伙人的职业资格文件的,提交相应材料;
(6)全体合伙人决定委托执行事务合伙人的,应当提交全体合伙人的委托书和执行事务合伙人的主体资格文件或者自然人身份证明。执行事务合伙人是法人或者其他组织的,还应当提交其委派代表的委托书和自然人身份证明。

办理市场主体登记、备案事项,申请人可以到登记机关现场提交申请,也可以通过市场主体登记注册系统提出申请。申请人应当对提交材料的真实性、合法性和有效性负责。

申请人可以委托其他自然人或者中介机构代其办理市场主体登记。受委托的自然人或者中介机构代为办理登记事宜应当遵守有关规定,不得提供虚假信息和材料。

合伙企业的经营范围

合伙企业的经营范围,是指合伙企业从事经营活动的业务范围。合伙企业应当按照国家市场监督管理总局发布的经营范围目录,根据其主要行业或者经营特征自主选择一般经营项目和许可经营项目,申请办理经营范围登记。

链接《市场主体登记管理条例》第8—11、16—18条;《市场主体登记管理条例实施细则》第6—17、25、28条

第十条 【登记程序】申请人提交的登记申请材料齐全、符合法定形式,企业登记机关能够当场登记的,应予当场登记,发给营业执照。

除前款规定情形外,企业登记机关应当自受理申请之日起二十日内,作出是否登记的决定。予以登记的,发给营业执照;不予登记的,应当给予书面答复,并说明理由。

注释需注意,2021年7月公布的《市场主体登记管理条例》第19条规定:"登记机关应当对申请材料进行形式审查。对申请材料齐全、符合法定形式的予以确认并当场登记。不能当场登记的,应当在3个工作日内予以登记;情形复杂的,经登记机关负责人批准,可以再延长3个工作日。申请材料不齐全或者不符合法定形式的,登记机关应当一次性告知申请人需要补正的材料。"第20条规定:"登记申请不符合法律、行政法规规定,或者可能危害国家安全、社会公共利益的,登记机关不予登记并说明理由。"第21条规定:"申请人申请市场主体设立登记,登记机关依法予以登记的,签发营业执照。营业执照签发日期为市场主体的成立日期。法律、行政法规或者国务院决定规定设立市场主体须经批准的,应当在批准文件有效期内向登记机关申请登记。"

链接《市场主体登记管理条例》第19—22条;《市场主体登记管理条例实施细则》第18—19条

第十一条 【成立日期】合伙企业的营业执照签发日期,为合伙企业成立日期。

合伙企业领取营业执照前,合伙人不得以合伙企业名义从事合伙业务。

注释 合伙企业的成立

(1)成立日期。合伙企业成立日期为合伙企业的营业执照签发日期。营业执照分为正本和副本,具有同等法律效力。电子营业执照与纸质营业执照具有同等法律效力。营业执照样式、电子营业执照标准由国务院市场监督管理部门统一制定。

(2)成立的法律后果。一是合伙企业的成立日期即为从事合伙业务的起始日期。合伙人对外以合伙企业的名义从事合伙业务时,必须自领取营业执照之日起进行活动。否则,不能进行。二是企业成立后要履行相应的法律义务。比如,合伙企业应当于每年1月1日至6月30日,通过企业信用信息公示系统向企业登记机关报送上一年度年度报告,并向社会公示。

实务问答合伙企业领取营业执照之前,以合伙企业名义从事合伙业务是否有效?

尽管本条第2款使用了"不得"的表述,但是,一般认为,《合伙企业法》第11条第2款属于管理性强制性规定,不属于效力性强制性规定;合伙企业在领取营业执照之前以合伙企业名义与第三人

进行的交易是否有效,应根据《民法典》第143条、第153条、第154条的规定加以判断,在不存在《民法典》规定的合同无效或民事法律行为无效的情形时,合伙企业在领取营业执照之前以合伙企业名义与第三人进行的交易是有效的。

第十二条 【设立分支机构】合伙企业设立分支机构,应当向分支机构所在地的企业登记机关申请登记,领取营业执照。

注释 合伙企业分支机构,是指合伙企业本身设立的分厂、分店等。合伙企业设立分支机构,应当向分支机构所在地的登记机关申请登记,领取营业执照。

违反本法规定,未领取营业执照,而以合伙企业分支机构名义从事合伙业务的,由企业登记机关责令停止,处五千元以上五万元以下的罚款。

链接 《合伙企业法》第95条;《市场主体登记管理条例》第23条

第十三条 【变更登记】合伙企业登记事项发生变更的,执行合伙事务的合伙人应当自作出变更决定或者发生变更事由之日起十五日内,向企业登记机关申请办理变更登记。

注释 合伙企业办理变更登记的时限

需注意,2021年7月公布的《市场主体登记管理条例》第24条规定,市场主体变更登记事项,应当自作出变更决议、决定或者法定变更事项发生之日起30日内向登记机关申请变更登记。市场主体变更登记事项属于依法须经批准的,申请人应当在批准文件有效期内向登记机关申请变更登记。第26条规定,市场主体变更经营范围,属于依法须经批准的项目的,应当自批准之日起30日内申请变更登记。许可证或者批准文件被吊销、撤销或者有效期届满的,应当自许可证或者批准文件被吊销、撤销或者有效期届满之日起30日内向登记机关申请变更登记或者办理注销登记。第27条规定,市场主体变更住所或者主要经营场所跨登记机关辖区的,应当在迁入新的住所或者主要经营场所前,向迁入地登记机关申请变更登记。迁出地登记机关无正当理由不得拒绝移交市场主体档案等相关材料。第28条规定,市场主体变更登记涉及营业执照记载事项的,登记机关应当及时为市场主体换发营业执照。第29条规定,市场主体变更《市场主体登记管理条例》第9条规定的备案事项的,应当自作出变更决议、决定或者法定

变更事项发生之日起30日内向登记机关办理备案。

链接 《合伙企业法》第95条;《市场主体登记管理条例》第24—29条;《市场主体登记管理条例实施细则》第31—36条

第二章 普通合伙企业

第一节 合伙企业设立

第十四条 【设立合伙企业应具备的条件】设立合伙企业,应当具备下列条件:

(一)有二个以上合伙人。合伙人为自然人的,应当具有完全民事行为能力;

(二)有书面合伙协议;

(三)有合伙人认缴或者实际缴付的出资;

(四)有合伙企业的名称和生产经营场所;

(五)法律、行政法规规定的其他条件。

注释 合伙企业的设立

合伙企业的设立,是指本章所称的普通合伙企业的设立,即拟设立合伙企业的自然人、法人或者其他组织依照法律、行政法规规定的条件和程序,通过一定的准备工作(比如订立合伙协议等),向合伙企业登记机关申请设立合伙企业,并由登记机关依法给予登记的行为。

设立条件

(1)有二个以上合伙人。合伙人为自然人的,应当具有完全民事行为能力。合伙人人数要求:两人以上;既可以是自然人,也可以是法人或其他组织;合伙人为自然人的,应当具有完全民事行为能力。这里所称的自然人,应当包括具有中华人民共和国国籍的自然人和具有外国国籍的自然人以及无国籍的自然人。但是,具有外国国籍的自然人以及无国籍的自然人,参与设立合伙企业应当符合《合伙企业法》附则的要求,即应当符合国务院有关管理办法的规定。不能作为设立主体的有:限制民事行为能力人和无民事行为能力人,且国有独资公司、国有企业、上市公司以及公益性的事业单位、社会团体不得成为普通合伙人。

(2)有书面合伙协议。具体包括三层含义:一是必须有合伙协议。合伙协议依法由"全体合伙人"协商"一致"。二是合伙协议必须是由两个或者两个以上的自然人、法人和其他组织之间签订的,以各自提供货币、实物、知识产权、土地使用权

或者劳务等出资并依法经营等为内容的一种合同。三是合伙协议必须为书面形式。

(3) 有各合伙人认缴或者实际缴付的出资。本法对出资的缴付方式作了较为灵活的规定,合伙人可以实际一次性缴付出资,也可以"认缴"的形式分期出资,但"认缴"必须在合伙协议中有所体现,不能随意进行。

(4) 有合伙企业的名称和生产经营场所。合伙企业名称必须遵守下列规定:一是名称须登记注册。二是名称必须符合法定要求。普通合伙企业应当在其名称中标明"普通合伙"字样,其中采取有限责任合伙形式的普通合伙企业,应当在其名称中标明"特殊普通合伙"字样,有限合伙企业名称中应当标明"有限合伙"字样。在合伙企业名称中不能仅仅标有"有限"或者"有限责任"字样,如果仅仅标有"有限"或"有限责任"字样则和公司没有区别,会引起不必要的混乱。所以,名称中必须有"合伙"二字。

(5) 法律、行政法规规定的其他条件。

依据 《合伙企业法》第3—5、15条;《公司法》第8条

第十五条 【名称】合伙企业名称中应当标明"普通合伙"字样。

注释 本条对普通合伙企业的名称提出了特别的标明要求,即"合伙企业名称中应当标明'普通合伙'字样"。

针对普通合伙企业未在其名称中标明"普通合伙"字样的行为,本法第94条规定了相应的行政责任:"违反本法规定,合伙企业未在其名称中标明'普通合伙'、'特殊普通合伙'或者'有限合伙'字样的,由企业登记机关责令限期改正,处以二千元以上一万元以下的罚款。"

第十六条 【出资方式】合伙人可以用货币、实物、知识产权、土地使用权或者其他财产权利出资,也可以用劳务出资。

合伙人以实物、知识产权、土地使用权或者其他财产权利出资,需要评估作价的,可以由全体合伙人协商确定,也可以由全体合伙人委托法定评估机构评估。

合伙人以劳务出资的,其评估办法由全体合伙人协商确定,并在合伙协议中载明。

注释 **货币出资**

合伙人既可以用本国货币出资,也可以用外国货币出资。

非货币财产出资

合伙人用非货币财产出资时,出资的财产必须是合伙人本人合法占有的财产。

(1) 实物出资。实物出资也即通常所称的有形财产出资。实物即可以利用的物质形态,该物质形态应是指合伙人现存的、可转让的有形财产。一般是指厂房和其他建筑物、机器设备、原材料、零部件等。

(2) 知识产权出资。所谓知识产权又称为智力成果权、无形财产权,是基于智力的创造性活动所产生的由法律赋予知识产品所有人对其智力成果所享有的某些专有权利。包括著作权、专利权、商标权、发明权和发现权以及其他科技成果权。

(3) 土地使用权出资。所谓土地使用权,是指公民或者法人、其他组织依照法律、行政法规的规定,对国有或者集体所有的土地所享有的使用和收益的权利。作为合伙企业出资的合伙人的土地使用权,必须是依法取得的;否则,不能作为出资。同时,出资以后还必须依法使用。

(4) 劳务出资。所谓劳务出资,是指出资人以自己的劳动技能等并通过自己的劳动体现出来的一种出资形式,比如从事汽车运输的合伙企业,司机可以以自己的驾驶技能作为出资方式。

(5) 其他财产权利。本条所涉及的"财产权利",是指有直接的财产内容的权利。本条中所称的"其他财产权利",是指货币、实物、知识产权、土地使用权以外的其他具有财产内容的权利。比如担保物权、采矿权、土地承包经营权、债权、商业秘密等。

出资评估

(1) 非货币财产(劳务出资除外)的评估。首先,是否评估由全体合伙人协商确定;其次,需要评估时,如何评估由合伙人自己确定。根据本条规定,评估作价可以由合伙人协商确定,但该评估不是由某一个人或者某几个人协商确定,而是由全体合伙人协商确定,如果仅仅由某一个人或者某几个人协商确定,其协商确定应为无效,或者对其他没有协商确定的合伙人不产生法律效力;也可以由全体合伙人委托依法成立的评估机构进行评估。对评估结果,进行企业登记作为注册资金时,企业登记机构还要予以核实。

(2) 劳务出资需要评估,评估办法由全体合伙

人协商确定,确定后须在合伙协议中载明。

链接 《合伙企业法》第64条;《公司法》第27、82条

第十七条 【出资义务的履行】合伙人应当按照合伙协议约定的出资方式、数额和缴付期限,履行出资义务。

以非货币财产出资的,依照法律、行政法规的规定,需要办理财产权转移手续的,应当依法办理。

注释 本条第1款对普通合伙人的出资义务作出了原则性规定;第2款则对普通合伙人以非货币财产出资的出资义务提出了特别要求。

普通合伙人出资义务的原则性规定

合伙人的出资方式、出资数额、出资的缴付期限可以由合伙协议约定,其中的"出资缴付期限"可以是类似于"……之前"或"不晚于……"等非固定的期限。

一般认为,本条第1款所说的"出资数额",指向的是"足额"履行出资义务的要求,对应的是缴纳出资的数额方面的要求,即普通合伙人每一次缴纳的出资的数额应当符合合伙协议中关于其认缴的每一次出资数额的约定。本条第1款所说的"缴付期限",指向的是"按期"履行出资义务的要求,对应的是缴纳出资的时间方面的要求,即普通合伙人履行出资义务应当符合合伙协议中关于其缴纳各期出资的时间的约定。

非货币财产出资的出资义务

就普通合伙人的非货币财产出资而言,本条并未规定普通合伙人以非货币财产出资必须转移财产权,合伙人以非货币财产出资时是否办理财产权的转移手续,取决于"需要"。需要看出资的非货币财产是什么、相关法律法规有没有特别的规定和合伙协议有没有特别的要求。并且,即使是在需要办理财产权转移手续的情况下,也应当结合普通合伙人用作出资的非货币财产的具体情况,来确定采取何种财产权转移手续。

以下是几种主要的非货币财产出资的财产权转移手续的要求:

一是,如果是普通动产,通常只需要将该动产交付给合伙企业即可发生所有权转移的效力,合伙企业可以取得相应的动产的所有权。

二是,如果是船舶、航空器和机动车等特殊动产,虽然只要交付给合伙企业就发生所有权转移的效力,但还是需要办理相应的变更登记手续,否则,合伙企业取得船舶、航空器和机动车等动产的所有权不具备对抗效力。

三是,如果是不动产,则需要办理不动产转移登记手续,方可发生所有权转移的效力,合伙企业方能取得相应不动产的所有权。

四是,如果是专利申请权或者专利权,需要向国务院专利行政部门(现为国家知识产权局)办理登记手续,专利申请权或者专利权的转让自登记之日起生效,合伙企业方能取得相应的专利申请权或者专利权。

五是,如果是注册商标或商标注册申请,需要向国务院工商行政管理部门商标局办理转让手续,经商标局核准并公告后,合伙企业自公告之日起才享有商标专用权。

六是,如果是著作权,包括作品著作权、计算机软件著作权等,尽管著作权转让或著作权转让合同登记不是强制性规定,但是,在能够办理著作权登记的情况下,从保护合伙企业知识产权的角度,应以办理相应的转让登记或软件著作权转让合同登记为宜。

第十八条 【合伙协议的内容】合伙协议应当载明下列事项:

(一)合伙企业的名称和主要经营场所的地点;
(二)合伙目的和合伙经营范围;
(三)合伙人的姓名或者名称、住所;
(四)合伙人的出资方式、数额和缴付期限;
(五)利润分配、亏损分担方式;
(六)合伙事务的执行;
(七)入伙与退伙;
(八)争议解决办法;
(九)合伙企业的解散与清算;
(十)违约责任。

注释 本条对普通合伙企业的合伙协议的必备条款作出了规定。《合伙企业法》关于合伙协议主要条款内容的规定,集中于《合伙企业法》第18条,其他需要在合伙协议中约定或可以在合伙协议中约定的事项,则散见于《合伙企业法》的其他条款,包括第16条、第17条、第19条第2款、第22条、第23条、第26条第2款、第29条、第30条、第31条、第32条第2款、第33条、第34条、第43条至第50条、第52条、第54条、第58条、第63条、第65条、第67条、第69条至第73条、第82条、第85

条;其中,《合伙企业法》第63条、第65条、第67条、第69条至第73条、第82条仅适用于有限合伙企业,不适用于普通合伙企业。在起草或审阅合伙协议时,应当特别考虑合伙协议是否约定了《合伙企业法》这些条款所规定的事项。此外,合伙人也可以结合具体情况在合伙协议中约定《合伙企业法》这些条款所规定的事项以外的其他内容——当然,这些约定不能违反法律、行政法规的强制性规定。

实务问答 合伙协议能否约定普通合伙人对外转让财产份额无须经其他合伙人一致同意?

由于《合伙企业法》第22条第1款使用了"除合伙协议另有约定外,合伙人向合伙人以外的人转让其在合伙企业中的全部或者部分财产份额时,须经其他合伙人一致同意"的表述,因此,《合伙企业法》允许普通合伙企业的合伙协议对合伙人向合伙人以外的人转让其在合伙企业中的财产份额作出与《合伙企业法》第22条第1款不同的约定。例如,可以约定:合伙人向合伙人以外的人转让其在合伙企业中的全部或者部分财产份额时,须经其他合伙人过半数同意,或者约定须经执行事务合伙人同意等。

当然,普通合伙企业的合伙协议中的这些不同约定应当取得全体合伙人的同意方为有效。如果有任何合伙人不同意,普通合伙企业的合伙协议中的这些约定可能因损害了相关合伙人的利益而无效。

第十九条 【合伙协议生效、效力和修改、补充】合伙协议经全体合伙人签名、盖章后生效。合伙人按照合伙协议享有权利,履行义务。

修改或者补充合伙协议,应当经全体合伙人一致同意;但是,合伙协议另有约定的除外。

合伙协议未约定或者约定不明确的事项,由合伙人协商决定;协商不成的,依照本法和其他有关法律、行政法规的规定处理。

注释 合伙协议的生效时间

合伙协议的生效时间,是指合伙协议从什么时候起产生法律效力。也就是说,合伙人从什么时候起履行义务和享有权利。根据本条规定,合伙协议生效时间为全体合伙人签名、盖章后。需要注意的是:

(1)合伙协议必须经过全体合伙人签字、盖章。如果未经所有合伙人签字、盖章,其合伙协议不产生法律效力,即不受法律的保护。

(2)并不要求全体合伙人同时签字、盖章,全体合伙人可以分不同时间签字、盖章,其生效时间以全体合伙人中的最后一人签字、盖章为准。

(3)合伙人可以委托他人代表自己签字、盖章。但是,委托签字、盖章必须有书面委托,或者有能证明存在委托行为的其他证明。

(4)这里的"签名、盖章"中的顿号(",")指的是"并且"的意思,还是"或者"的意思,实务中存在不同理解。因此,合伙协议中有关合伙协议签署的条款应当尽量避免使用"签名、盖章"或"签字、盖章"的表述,而应尽可能地对不同类别的合伙人的签署要求作出明确、具体的约定,比如,作为合伙人的自然人应亲笔签字、作为合伙人的法人和非法人组织应加盖公章并由其各自的法定代表人或负责人签名。

合伙协议的修改与补充

(1)合伙协议并不是一成不变的,在合伙协议签订后,合伙人可以对合伙协议进行修改与补充。

(2)合伙协议的修改与补充,既可以采用对原有合伙协议全面修订的方式进行,也可以采用另订有关条款的方式进行。

(3)一般情况下,合伙协议的修改与补充必须经过全体合伙人一致同意,未经全体合伙人同意不产生法律效力。

例外性规定:合伙协议另有约定时,不一定非要经过全体合伙人协商一致才能修改或补充合伙协议。合伙协议中的约定优先。合伙协议可以约定,修改或者补充合伙协议可以是出资比例的四分之三,也可以约定是出资比例的五分之四等,可以约定是全体出资人的三分之二,也可以约定是全体出资人的四分之三等。

合伙协议未约定的事项

合伙协议未约定或者约定不明确的事项,由合伙人协商解决;协商不成的,依照本法和其他有关法律、行政法规的规定处理。

第二节 合伙企业财产

第二十条 【合伙企业财产构成】合伙人的出资、以合伙企业名义取得的收益和依法取得的其他财产,均为合伙企业的财产。

注释 合伙企业的财产由原始财产和积累财产两个部分组成。合伙企业的财产作为合伙企业存续的物质基础,是合伙企业对外承担责任的担保之一。

原始财产

原始财产即本条所称的全体合伙人的"出资"。

(1)合伙企业的原始财产是全体合伙人"认缴"的财产,而非各合伙人"实际缴纳"的财产。

(2)合伙企业合伙人的出资并非均能构成合伙企业的财产。依据本法第16条的规定,合伙人对合伙企业的出资,不限于通常所称的财产,而且包括一定的财产权利,此外还包括劳务。其中,劳务虽然可以通过全体合伙人协商确定的办法评估其价值,也可以在合伙企业的生产经营活动中创造出新的价值,但因其内在的"行为性"特征使其不能成为合伙企业的财产。

(3)合伙人转让财产所有权进行出资而构成合伙企业的财产是合伙企业原始财产取得的一般方式,但这并不等于合伙人只能通过转让所有权的方式来形成合伙企业的财产。合伙人也可以通过转让占有权、使用权的方式形成合伙企业的原始财产。

积累财产

积累财产,即合伙企业成立以后以合伙企业的名义依法取得的全部收益。这部分是合伙企业在生产经营过程中所得到的新的价值。合伙企业的积累财产,主要包括两个方面:一是以合伙企业名义取得的收益,即营业性的收入。二是依法取得的其他财产。即根据法律、行政法规等的规定合法取得的其他财产,比如合法接受赠与的财产等。

链接《合伙企业法》第16条

第二十一条 【在合伙企业清算前不得请求分割合伙企业财产】 合伙人在合伙企业清算前,不得请求分割合伙企业的财产;但是,本法另有规定的除外。

合伙人在合伙企业清算前私自转移或者处分合伙企业财产的,合伙企业不得以此对抗善意第三人。

注释 1.合伙人在合伙企业清算前一般不得请求分割合伙企业的财产。

(1)原则上不得请求分割合伙企业的财产。

(2)法律有规定时可以请求分割。比如,按照本法有关退伙的规定,有下列情形之一的,合伙人应当向合伙人的继承人退还被继承合伙人的财产份额:继承人不愿意成为合伙人;法律规定或者合伙协议约定合伙人必须具有相关资格而该继承人未取得该资格;合伙协议约定不能成为合伙人的其他情形。合伙人的继承人为无民事行为能力人或者限制民事行为能力人的,可以成为有限合伙人,并经全体合伙人一致同意,将普通合伙企业依法转为有限合伙企业;全体合伙人未能一致同意的,合伙企业应当将该被继承人的财产份额退还给该继承人。

2.合伙企业不得因合伙人"违法"分割财产而对抗善意第三人。

善意第三人,是指第三人对合伙人私自转移或处分财产的行为事先不知情。此外,根据善意取得制度的要件,受让人在取得占有时须是公然的、有偿的、善意的。如果第三人是恶意取得,即明知合伙人无权处分而与之进行交易,或者与合伙人通谋共同侵犯合伙企业权益,则合伙企业可以据此对抗恶意第三人。

链接《合伙企业法》第50、51条;《公司法》第35条

第二十二条 【转让合伙企业中的财产份额】 除合伙协议另有约定外,合伙人向合伙人以外的人转让其在合伙企业中的全部或者部分财产份额时,须经其他合伙人一致同意。

合伙人之间转让在合伙企业中的全部或者部分财产份额时,应当通知其他合伙人。

注释 合伙人财产份额的转让,是指合伙企业的合伙人向他人转让其在合伙企业中的全部或者部分财产份额的行为。合伙人财产份额的转让方式包括外部转让和内部转让两种。

外部转让

(1)定义。所谓合伙人财产份额的外部转让,是指合伙人将其在合伙企业中的全部或者部分财产份额转让给合伙人以外的第三人的行为。

(2)转让规则。原则上,须经其他合伙人一致同意;但是,如果合伙协议有另外的约定,即合伙协议约定,合伙人向合伙人以外的人转让其在合伙企业中的全部或者部分财产份额时,不需经过其他合伙人一致同意,则应执行合伙协议的约定。

内部转让

(1)定义。合伙人财产份额的内部转让,是指合伙人将其在合伙企业中的全部或者部分财产份

额转让给其他合伙人的行为。

(2) 转让规则。只需要通知其他合伙人，而不需要经其他合伙人一致同意，即可产生法律效力。

实务问答 1. 合伙协议约定合伙人之间转让合伙企业全部或者部分财产份额也应取得其他合伙人的一致同意的，是否有效？

合伙协议就合伙企业财产份额转让的特别约定，不违反法律、行政法规的强制性规定，亦不违背公序良俗，应认定其合法有效，合伙人应严格遵守该约定。合伙协议已经明确约定合伙人之间转让合伙财产份额需经全体合伙人一致同意的，在其他合伙人未同意合伙财产份额转让之前，当事人就合伙财产份额转让签订的转让协议成立但未生效。如其他合伙人明确不同意该合伙财产份额转让，则转让协议确定不生效，不能在当事人之间产生履行力。当事人请求履行转让协议的，人民法院不予支持。[邢某荣与北京鼎某泰富投资管理有限公司、丁某国等合伙企业财产份额转让纠纷案（载《最高人民法院公报》2021年第5期）]

2. 普通合伙人对内转让财产份额，如何处理2个或超过2个的其他合伙人都要求受让的问题？

考虑到合伙人之间进行的财产份额的转让可能导致合伙人的权利发生变化，比如合伙人的表决权，甚至是合伙企业的控制权发生变动，合伙协议可以对此作出特别的约定，这也是合伙协议的用武之地。可以参照《公司法》第71条第3款和《合伙企业法》第33条第1款的规定进行处理，即由相关合伙人协商确定各自的购买比例；协商不成的，再按照转让时各自实缴的出资比例行使优先购买权；无法确定出资比例的，由相关合伙人按同等比例行使优先购买权。

3. 普通合伙企业的合伙人之间转让财产份额，财产份额的转让变动何时生效？

在合伙协议和财产份额转让协议没有特别规定的情况下，应当自合伙人转让财产份额的通知送达所有其他合伙人之日或财产份额转让协议生效之日（以较晚者为准）起生效；其中，在转让通知送达其他合伙人的时间不是同一天时，以最后一名合伙人收到转让通知之日为准。

链接 《合伙企业法》第73条；《公司法》第71、137—141条

第二十三条 【优先购买权】合伙人向合伙人以外的人转让其在合伙企业中的财产份额的，在同等条件下，其他合伙人有优先购买权；但是，合伙协议另有约定的除外。

注释 优先购买权

(1) 定义。优先购买权是指合伙人转让其财产份额时，在多数人接受转让的情况下，其他合伙人在同等条件下可先于其他非合伙人购买的权利。

(2) 例外规定。合伙协议没有"另有约定"或者另外的限制，有了限制则应依限制办理。同等的"条件"，主要是指受让的价格条件。当然，也包括其他条件。

实务问答 1. 如何理解其他合伙人的优先购买权？

合伙企业的部分合伙人向合伙人之外的人出售其财产份额，在双方确定了转让价格等交易条件后，根据《合伙企业法》第23条"合伙人向合伙人以外的人转让其在合伙企业中的财产份额的，在同等条件下，其他合伙人有优先购买权"的规定，合伙企业的其他合伙人即享有了对被转让财产份额的优先购买权。在优先购买权人依法向出售财产份额的合伙人做出行使优先购买权意思表示的情况下，便在其与出售人之间形成了以同样价格买卖财产份额的合同关系。法律规定合伙人享有优先购买权的目的在于，当非合伙人与部分合伙人都向出售财产份额的合伙人表示愿意购买该部分财产份额时，保护优先购买权人在同等交易条件下与出售人之间的合同优先于非合伙人与出售人之间的合同得到履行。法律保护当事人自愿订立合同的权利，但当事人在进行民事活动时也应当遵守法律的规定和合同的约定，全面履行合同义务，不得以意思自治为借口拒绝履行合同义务或阻碍他人依法行使权利。[曲某某等诉王某某等普通合伙纠纷案（最高人民法院民事判决书[2014]民抗字第17号）]

2. 在没有另外约定的情况下，合伙人未经其他合伙人一致同意并放弃优先购买权，与合伙人以外的人签订的财产份额转让协议，其效力如何？

针对普通合伙企业的合伙人未经其他合伙人一致同意并放弃优先购买权将其在合伙企业中的财产份额转让给合伙人以外的人的行为，由于《合伙企业法》第22条第1款和第23条没有像《合伙企业法》第25条针对合伙人未经其他合伙人一致同意以其在合伙企业中的财产份额出质的行为使用"其行为无效"的表述那样，使用"其行为无效"

的表述,在不存在《民法典》规定的合同无效或民事法律行为无效的情形时,一般认为,未经其他合伙人一致同意,合伙人向合伙人以外的人转让其在合伙企业中的财产份额的转让协议是有效的。

3. 在没有另外约定的情况下,合伙人未经其他合伙人一致同意并放弃优先购买权,与合伙人以外的人订立的财产份额转让协议如何履行?

在普通合伙企业的合伙人违反《合伙企业法》第22条第1款和第23条的规定与合伙人以外的人订立了财产份额转让协议,但尚未完成财产份额变动的情况下,尽管财产份额转让协议有效,但是其有效性仅仅发生在作为转让方的合伙人和受让方之间,对并非合同当事人的合伙企业和其他合伙人是不具有约束力的。

对合伙企业来说,合伙企业及其执行事务合伙人也可以拒绝向企业登记机关办理与该等转让相关的变更登记手续。

对于其他合伙人来说,如果其他合伙人要求行使优先购买权,作为转让方的合伙人将因其他合伙人行使优先购买权而事实上不能向作为其交易对方的受让人转让其在合伙企业中的财产份额。在这种情况下,转让合伙人的交易对方的合伙人以外的人可以要求转让合伙人承担因无法履行合同而产生的违约责任。

第二十四条 【受让人成为合伙人】合伙人以外的人依法受让合伙人在合伙企业中的财产份额的,经修改合伙协议即成为合伙企业的合伙人,依照本法和修改后的合伙协议享有权利,履行义务。

实务问答 1. 合伙人以外的人通过受让合伙人在普通合伙企业中的财产份额而成为该普通合伙企业的合伙人的时间如何确定?

本条规定,"合伙人以外的人依法受让合伙人在合伙企业中的财产份额的,经修改合伙协议即成为合伙企业的合伙人,依照本法和修改后的合伙协议享有权利,履行义务"。从文义上理解,至少合伙人内部,在财产份额转让协议和修改后的合伙协议没有特别约定的情况下,自修改后的合伙协议生效之日起,作为受让人的合伙人以外的人即取得了普通合伙企业的合伙人资格;至于作为受让人的合伙人以外的人是否依照财产份额转让协议的约定向作为转让人的合伙人支付了相应的转让价款、该合伙企业是否完成与财产份额转让相关的变更登记,都不影响合伙人以外的人取得合伙企业的合伙人资格——当然,财产份额转让协议和修改后的合伙协议有特别约定的除外。不过实务中有的法院也认为,如果作为受让人的合伙人以外的人没有依照财产份额转让协议的约定向作为转让人的合伙人支付转让价款,该合伙人以外的人就不能取得合伙企业的合伙人资格。

2. 合伙人转让其全部财产份额与退伙有何异同,非合伙人通过受让财产份额成为合伙人与入伙有何异同?

在普通合伙企业的合伙人转让其在合伙企业中的财产份额的情形下,该合伙人在转让完成之后就不再是该合伙企业的合伙人了,这与退伙有相似之处但却不属于《合伙企业法》规定的退伙。转让完成后,该合伙人不应再对合伙企业的债务承担无限连带责任,而普通合伙人即使退伙了,也应当对普通合伙的债务承担无限连带责任。与此相对应,合伙人以外的人通过受让原合伙人在合伙企业中的全部财产份额的方式成为合伙企业的合伙人,不属于《合伙企业法》规定的入伙。针对入伙,《合伙企业法》第43条、第44条明确规定了新合伙人入伙需要订立入伙协议,要求原合伙人向新合伙人如实告知原合伙企业的经营状况和财务状况,并由入伙协议对新合伙人的权利、责任作出约定。但是,与此不同,在合伙人向合伙人以外的人转让其在合伙企业中的财产份额的情形,《合伙企业法》第24条则是规定了"合伙人以外的人依法受让合伙人在合伙企业中的财产份额的,经修改合伙协议即成为合伙企业的合伙人,依照本法和修改后的合伙协议享有权利,履行义务"。亦即,合伙人以外的人通过受让合伙人在合伙企业中的财产份额,无须订立书面入伙协议,只需修改原合伙协议即可成为合伙企业的合伙人;并且,作为受让人的合伙人以外的人,通过受让财产份额继受了原合伙人在合伙企业中的各项权利和义务,不涉及适用《合伙企业法》第43条和第44条规定的问题,其他合伙人也没有义务向作为受让人的合伙人以外的人如实告知原合伙企业的经营和财务状况。

第二十五条 【以合伙企业财产份额出质】合伙人以其在合伙企业中的财产份额出质的,须经其他合伙人一致同意;未经其他合伙人一致同意,其行为无效,由此给善意第三人造成损失的,由行为人依法承担赔偿责任。

注释 合伙人财产份额的出质是指合伙人将其在合伙企业中的财产份额作为质押物来担保债权人实现债权的行为。

合伙人财产份额质押的条件

合伙人可以以其在合伙企业中的财产份额作为质物，与他人签订质押合同，但必须经其他合伙人一致同意。担保债权人的债权得以实现，必然影响着合伙企业和其他合伙人的利益。

实务问答 1. 普通合伙人未经其他合伙人一致同意将其在普通合伙企业中的财产份额出质的行为的效力如何？

《合伙企业法》第25条对普通合伙人未经其他合伙人一致同意将其在普通合伙企业中的财产份额出质的行为的效力作出了明确的规定，即"其行为无效"。

2. 在接受普通合伙企业的合伙人以其在合伙企业中的财产份额提供的质押担保时，第三人是否有义务确认出质行为已经取得其他合伙人的一致同意？

在第三人是否负有审查义务方面，最高人民法院的下述意见可作参考："《中华人民共和国公司法》第十六条明确规定公司为其股东提供担保，须经股东会或股东大会决议，法律规定具有公示作用，任何第三人均应知悉，丁某作为债权人仅凭保证合同中'已按有关规定和程序取得本合同担保所需要的授权'的单方陈述，就签订保证合同，未尽相应审查义务，属于存在过失，二审法院认为丁某未尽到应尽的注意义务，对担保合同无效具有过错，应承担相应责任，具有事实依据并无不当。"[丁某与张某清、张某彬等民间借贷纠纷申请再审案（2015）民申字第3236号民事裁定书]

尽管最高人民法院的上述意见是针对《公司法》第16条的规定作出的，但一般认为可以参照适用于《合伙企业法》第25条的情形。

链接 《合伙企业法》第72条

第二节 合伙事务执行

第二十六条 【合伙事务的执行】合伙人对执行合伙事务享有同等的权利。

按照合伙协议的约定或者经全体合伙人决定，可以委托一个或者数个合伙人对外代表合伙企业，执行合伙事务。

作为合伙人的法人、其他组织执行合伙事务的，由其委派的代表执行。

注释 合伙事务执行权

（1）合伙事务的定义。所谓"合伙事务"，既包括合伙企业内部入伙与退伙、转让与继承、解散与清算、处分合伙企业财产、改变合伙企业名称、延长合伙企业经营期限等行为，也包括合伙企业日常例行的业务经营活动，如与第三人签订合同、制订经营计划、选择进货渠道、规定商品和服务价格等。

（2）根据本条第1款的规定，合伙人对执行合伙事务享有同等的权利，赋予了合伙人在合伙企业中平等的管理权、经营权、表决权、监督权和代表权，对合伙人的权利予以法律保护。这里需要注意，行为的决定与决定的执行是有区别的。合伙事务执行，须由全体合伙人共同决定，但对经全体合伙人共同决定事务的执行，按照合伙协议的约定或者经全体合伙人决定，可以委托一个或者数个合伙人对外代表合伙企业，执行合伙事务。如何规范合伙的事务执行，对于充分保障合伙人的权利以及积极促进合伙企业业务的顺利开展具有十分重要的意义。

实务问答 1. "代表合伙企业"与"执行合伙事务"是什么关系？

二者有所交叉，也有所区别，举例说明如下：

一是，"代表合伙企业"与"执行合伙事务"都有可能是对外的，都可以由执行事务合伙人实施。

二是，"执行合伙事务"只能由执行事务合伙人负责，其他人员不能为之；但是，合伙企业可以授权其他人员"代表合伙企业"，比如授权合伙企业的经营管理人员实施相应的行为。此外，在清算阶段，清算人也有权代表合伙企业处理清算事务。

三是，"执行合伙事务"涉及的事项可能更多地属于合伙企业的管理性的、执行性的事务，而"代表合伙企业"涉及的事项则不限于此，可能要比"执行合伙事务"涉及的事项更广泛，往往是合伙企业与外部的事项。

2. 什么是执行事务合伙人？

《合伙企业法》第26条规定了两类执行事务合伙人：一类是法定的执行事务合伙人，另一类则是接受全体合伙人的委托担任的执行事务合伙人。

（1）法定的执行事务合伙人

对普通合伙企业而言，每一个普通合伙人都享有执行合伙事务的权利。这一权利是法定的，根据《合伙企业法》第26条第2款和第27条第1款的规定，只有在每一个合伙人均明确"放弃"的情况下——每一个合伙人通过其签署的合伙协议的约定或经其同意的"全体合伙人决定"，作出了放弃的选择——才不再执行合伙事务。

（2）受委托的执行事务合伙人

在规定普通合伙企业的每一个合伙人对执行合伙事务享有同等的权利的同时，《合伙企业法》第26条第2款也允许普通合伙企业的全体合伙人依法委托一个或数个合伙人担任执行事务合伙人，而不是由每一个合伙人都执行合伙事务。这种"依法委托"包括两种方式：一种是通过"合伙协议的约定"而委托，另一种是"经全体合伙人决定"而委托。也因此，普通合伙企业的全体合伙人委托执行事务合伙人，应当采用书面形式；其书面形式，可以是专门的委托书，也可以是合伙协议中的委托条款。

3. 普通合伙企业的执行事务合伙人是否可以要求合伙企业向其支付报酬？

参考《合伙企业法》第67条关于有限合伙企业的执行事务合伙人要求报酬的规定，可以在合伙协议中约定普通合伙企业的执行事务合伙人的报酬事宜；但是，在担任执行事务合伙人的普通合伙人以劳务对合伙企业进行出资的情形，则需要结合合伙协议关于该普通合伙人的劳务出资及其评估办法的约定加以确定。

链接 《合伙企业法》第37条

第二十七条　【不执行合伙事务的合伙人的监督权】依照本法第二十六条第二款规定委托一个或者数个合伙人执行合伙事务的，其他合伙人不再执行合伙事务。

不执行合伙事务的合伙人有权监督执行事务合伙人执行合伙事务的情况。

注释 不执行合伙事务的合伙人虽不执行合伙企业的日常事务，但仍有参与企业重大事务的决定权；其有权对执行事务合伙人执行合伙事务的情况进行监督。

其行使监督权的方式主要有：(1)询问和检查执行情况。执行合伙事务的合伙人要向不执行合伙事务的合伙人报告业务经营等情况，必要时不执行合伙事务的合伙人有权查阅企业的有关会计账簿等，以使其了解合伙企业的财产状况及其他经营活动细节。(2)提出异议、请求暂时停止执行。当不执行合伙事务的合伙人发现正在执行事务的合伙人行为不当或错误，有可能给全体合伙人的共同利益造成损害时，有权对其他合伙人执行的事务提出异议，请求执行事务的合伙人暂停他正在执行而尚未完成的合伙事务。

链接 《合伙企业法》第28、29条

第二十八条　【执行事务合伙人的报告义务、权利义务承担及合伙人查阅财务资料权】由一个或者数个合伙人执行合伙事务的，执行事务合伙人应当定期向其他合伙人报告事务执行情况以及合伙企业的经营和财务状况，其执行合伙事务所产生的收益归合伙企业，所产生的费用和亏损由合伙企业承担。

合伙人为了了解合伙企业的经营状况和财务状况，有权查阅合伙企业会计账簿等财务资料。

注释 本条第1款规定了执行事务合伙人的报告义务、执行合伙事务行为的效力；第2款则规定了普通合伙企业的合伙人的查阅权。

执行事务合伙人的报告义务

执行事务合伙人的报告义务，有以下几层含义：

一是，在报告的主体方面，每一个执行事务合伙人均负有报告义务。执行事务合伙人以外的合伙人不负有此项报告义务。

二是，在报告的对象方面，执行事务合伙人应向其他合伙人(包括其他执行事务合伙人以及不执行合伙事务的合伙人)作出报告。

三是，在报告的内容方面，执行事务合伙人需要报告的事项包括合伙事务的执行情况、合伙企业的经营状况和合伙企业的财务状况。

四是，在报告的期限方面，《合伙企业法》只提出了原则性的要求，即"定期报告"。

值得注意的是，《合伙企业法》没有对执行事务合伙人向其他合伙人报告的具体期限、次数、报告的具体事项、报告的形式等作出规定，这些事项可以根据《会计法》《企业财务会计报告条例》《企业会计制度》(或《企业会计准则》或《小企业会计准则》)等的规定，由合伙协议作出约定或由全体合伙人在委托执行事务合伙人的决定中加以规定。比如，在"定期"方面，要求执行事务合伙人每个月、每个季度或每年都作出报告。

执行合伙事务的行为的效力

执行事务合伙人执行合伙事务的行为的效力,即"其执行合伙事务所产生的收益归合伙企业,所产生的费用和亏损由合伙企业承担"。

普通合伙企业的执行事务合伙人作为代表普通合伙企业从事民事活动的负责人,其执行合伙事务的行为,系代表合伙企业的行为,属于以普通合伙企业的名义实施的民事行为,对合伙企业具有约束力,其法律后果(包括相应的利益和不利益)自应由合伙企业承受。

实务问答 1. 普通合伙企业中享有查阅权的主体有哪些?

在查阅权的主体方面,《合伙企业法》第28条第2款所说的"合伙人",指的是普通合伙企业的每一个合伙人,既包括执行事务的合伙人,又包括不执行合伙事务的合伙人。甚至,即使是在合伙人将其在合伙企业中的财产份额转让给他人的情况下,如果该合伙人要求查阅的是其担任合伙企业合伙人期间的合伙企业的财务资料,执行事务合伙人也不应拒绝。

2. 合伙人行使查阅权是否需要说明目的?

《合伙企业法》第28条第2款尽管规定了"合伙人为了解合伙企业的经营状况和财务状况,有权查阅……"但并没有要求合伙企业的合伙人在其要求查阅合伙企业的财务资料时向合伙企业说明目的。因此,合伙人享有的对合伙企业的财务资料的查阅权,不以说明目的为前提。

3. 合伙人行使查阅权有次数限制吗?

在查阅权的行使次数方面,由于《合伙企业法》第28条第2款没有对合伙人查阅合伙企业财务资料的次数作出限制,因此,普通合伙企业的合伙人查阅合伙企业财务资料的权利,原则上没有次数方面限制。不过,一般认为,合伙人行使查阅权并非不受任何限制,至少应当提前通知合伙企业,并且合伙人行使查阅权不应对合伙企业的正常生产经营造成不利影响。

第二十九条 【提出异议权和撤销委托权】合伙人分别执行合伙事务的,执行事务合伙人可以对其他合伙人执行的事务提出异议。提出异议时,应当暂停该项事务的执行。如果发生争议,依照本法第三十条规定作出决定。

受委托执行合伙事务的合伙人不按照合伙协议或者全体合伙人的决定执行事务的,其他合伙人可以决定撤销该委托。

注释 本条第1款规定了普通合伙企业合伙事务执行的异议制度,第2款则规定了执行合伙事务委托的撤销制度。

合伙事务执行的异议权及其适用条件

一是,在适用情形方面,仅适用于"合伙人分别执行合伙事务"的情形,包括《合伙企业法》第26条第2款所说的委托数个合伙人执行合伙事务的情形。二是,在权利主体方面,仅适用于执行事务合伙人,不执行合伙事务的合伙人不享有此项异议权。三是,在适用对象方面,异议权指向的对象是其他执行事务合伙人所执行的合伙事务,不适用于执行事务合伙人以外的人(如合伙企业的经营管理人员)根据合伙企业的授权履行职务的行为。

执行合伙事务委托的撤销及其适用条件

一是,在享有撤销权的主体方面,"其他合伙人"才享有此项权利。至于"其他合伙人可以决定撤销执行合伙事务的委托",是指"其他合伙人一致同意后才可决定撤销",还是指"其他合伙人过半数同意后即可决定撤销",抑或是指"只要有一个合伙人决定撤销即可撤销"?对此,实践中,不同的法院有不同的处理意见。

二是,在适用的对象方面,仅适用于受委托执行合伙事务的合伙人,不适用于依照法律、行政法规的规定担任执行事务合伙人的合伙人。

三是,在适用的情形方面,仅在受委托执行合伙事务的合伙人不按照合伙协议的约定执行合伙事务,或者受委托执行合伙事务的合伙人不按照全体合伙人的决定执行合伙事务的情况下,其他合伙人才可以撤销其对该执行事务合伙人的委托。

第三十条 【合伙企业有关事项的表决办法】合伙人对合伙企业有关事项作出决议,按照合伙协议约定的表决办法办理。合伙协议未约定或者约定不明确的,实行合伙人一人一票并经全体合伙人过半数通过的表决办法。

本法对合伙企业的表决办法另有规定的,从其规定。

注释 根据本条的规定,关于普通合伙企业的表决办法,在《合伙企业法》有作规定的情况下,应当首先适用《合伙企业法》的规定;在《合伙企业法》未作规定而合伙协议有作约定的情况下,则应当适用合伙协议的约定;在《合伙企业法》未作规定并且合伙协议也未作约定或者虽然有作约定但是约定不明确的情况下,则应当实行"合伙人一人一票并经全体合伙人过半数通过"的表决办法。

合伙协议约定表决办法

根据《合伙企业法》第30条第1款的规定,《合伙企业法》允许合伙人基于平等协商在合伙协议中自主约定对合伙人决议事项的表决办法——只要这种约定取得全体合伙人的一致同意即可,比如,按资本多数决(包括简单多数或特别多数)、人数多数决(包括简单多数或特别多数)或资本多数决与人数多数决相结合,或者某个合伙人或部分合伙人对部分事项或全部事项享有一票否决权或者超级投票权,等等。

第三十一条 【须经全体合伙人一致同意的事项】 除合伙协议另有约定外,合伙企业的下列事项应当经全体合伙人一致同意:

(一)改变合伙企业的名称;

(二)改变合伙企业的经营范围、主要经营场所的地点;

(三)处分合伙企业的不动产;

(四)转让或者处分合伙企业的知识产权和其他财产权利;

(五)以合伙企业名义为他人提供担保;

(六)聘任合伙人以外的人担任合伙企业的经营管理人员。

注释 这是关于须经全体合伙人一致同意的合伙企业事项的规定,但有个前提性条件,即合伙协议没有另有约定。这也体现了合伙协议优先的原则。依照本条的规定,除合伙协议另有约定外,应当经全体合伙人一致同意的事项主要是:

(1)改变合伙企业的名称。改变合伙企业名称既涉及每个合伙人的利益又涉及全体合伙人作为一个整体的"商誉",所以应当经全体合伙人一致同意。

(2)改变合伙企业的经营范围、主要经营场所的地点。合伙企业的经营范围是指依法允许合伙企业从事生产经营的具体的商品品种类别或者服务项目,反映了合伙企业的生产经营活动的内容和方向,并体现着合伙企业的民事权利能力和行为能力。合伙企业的经营范围和主要经营场所的地点既是申请设立合伙企业所提交申请文件必备内容之一,也是合伙协议应当载明的事项,而合伙协议生效的前提是全体合伙人一致同意的意思表示,故而改变合伙企业的经营范围、主要经营场所的地点属于修改合伙协议的重大事项,依照本法应当经全体合伙人一致同意。

(3)处分合伙企业的不动产。所谓"不动产",是指土地、附着于土地的建筑物及其他定着物、建筑物的固定附属设备等。合伙企业的不动产,是指合伙人的不动产出资和所有以合伙企业名义取得的不动产收益。合伙企业的不动产依法由全体合伙人共同管理和使用,未经全体合伙人一致同意,不得处分。

(4)转让或者处分合伙企业的知识产权和其他财产权利。所谓"知识产权"是指民事主体因创造性智力劳动成果而依法享有的一种民事权利;所谓"其他财产权利",是指除土地使用权、知识产权以外的其他财产权利,如承包经营权、探矿权、采矿权等,这些权利可以依法转让,具有经济价值和经济利益。

(5)以合伙企业名义为他人提供担保。所谓"担保",是指保证债务清偿和债权实现的法律制度。

(6)聘任合伙人以外的人担任合伙企业的经营管理人员。由于聘任经营管理人员履行职务时实施的行为,其法律后果由合伙企业也就是全体合伙人来承担,同样事关每一个合伙人的利益。因此,也应当经全体合伙人一致同意方可决定聘任。

第三十二条 【竞业禁止和限制合伙人同本合伙企业交易】 合伙人不得自营或者同他人合作经营与本合伙企业相竞争的业务。

除合伙协议另有约定或者经全体合伙人一致同意外,合伙人不得同本合伙企业进行交易。

合伙人不得从事损害本合伙企业利益的活动。

注释 (1)禁止同业竞争。是指合伙人不得自营或同他人合作经营与本合伙企业经营业务相同或相关的业务。具体而言,"与本合伙企业相竞争的业务",通常是指与本合伙企业经营业务相同或相关的业务;同业竞争的主要方式是自营或者同他人合作经营与本合伙企业相竞争的业务。

(2)禁止自我交易。这种限制是有前提条件的,即合伙协议另有约定或者全体合伙人一致同意的除外,也就是说,如果合伙协议另有约定或者经全体合伙人一致同意,合伙人是可以按照约定或者一致同意的意见与本合伙企业进行交易的。

(3) 合伙人不得从事损害本合伙企业利益的活动。如合伙人为了密谋私利与第三人恶意串通损害合伙企业利益的活动。按照本法关于法律责任的规定,合伙人违反本法规定或者合伙协议的约定,从事与本合伙企业相竞争的业务或者与本合伙企业进行交易的,该收益归合伙企业所有;给合伙企业或者其他合伙人造成损失的,依法承担赔偿责任。

链接 《合伙企业法》第 99 条

第三十三条 【利润分配和亏损分担】 合伙企业的利润分配、亏损分担,按照合伙协议的约定办理;合伙协议未约定或者约定不明确的,由合伙人协商决定;协商不成的,由合伙人按照实缴出资比例分配、分担;无法确定出资比例的,由合伙人平均分配、分担。

合伙协议不得约定将全部利润分配给部分合伙人或者由部分合伙人承担全部亏损。

注释 合伙企业的损益分配

合伙企业的损益分配首先应当按照合伙协议的约定办理,本法也是将利润分配和亏损分担方式作为合伙协议应当载明的事项;如果合伙协议未约定或者约定不明确的,则由合伙人协商决定;如果协商不成的,再由合伙人按照实缴出资比例分配、分担;如果无法确定出资比例的,最后由合伙人平均分配、分担,即无论出资多少、贡献大小,一律按合伙人数平均分配利润和分担亏损。

合伙协议不得约定将全部利润分配给部分合伙人或者由部分合伙人承担全部亏损。否则,合伙协议是无效的。

最后需要指出的是,由于采用有限合伙形式的风险投资企业,大多在协议中约定,有限合伙人可以在合伙企业成立后的前几年分取合伙企业的全部利润,以收回投资。为了鼓励、推动风险投资事业发展,法律应考虑有限合伙企业在利润分配上的这种特殊性,因此,本法在有限合伙企业一章中增加了一条规定:"有限合伙企业不得将全部利润分配给部分合伙人;但是,合伙协议另有约定的除外",这是本法根据有限合伙企业的特点,在利润分配问题上作出的不同于普通合伙企业且比普通合伙企业更加灵活的规定。

第三十四条 【增加或减少对合伙企业的出资】 合伙人按照合伙协议的约定或者经全体合伙人决定,可以增加或者减少对合伙企业的出资。

实务问答 合伙企业增加出资,合伙人是否享有优先认缴新增出资的权利?

在增加出资的优先认缴方面,《合伙企业法》没有赋予合伙人优先认缴新增出资的权利,应当按照合伙协议的约定办理;在合伙协议未作约定的情况下,应由全体合伙人协商一致后按照全体合伙人的一致意见办理。在增加出资的分配方面,可以由原合伙人按照各自实缴的出资比例认缴新增出资;也可以由原合伙人不按出资比例认缴新增出资,比如,由部分合伙人认缴全部新增出资;还可以由合伙人以外的人认缴部分或全部新增出资。

第三十五条 【经营管理人员】 被聘任的合伙企业的经营管理人员应当在合伙企业授权范围内履行职务。

被聘任的合伙企业的经营管理人员,超越合伙企业授权范围履行职务,或者在履行职务过程中因故意或者重大过失给合伙企业造成损失的,依法承担赔偿责任。

注释 本条第 1 款要求普通合伙企业的经营管理人员在授权范围内履行职务;第 2 款则对普通合伙企业的经营管理人员的超越授权范围履行职务或履行职务因故意或重大过失给合伙企业造成损失的赔偿责任作出了规定。

实务问答 如何认定合伙企业的经营管理人员的职务行为的效力?

合伙企业的经营管理人员根据合伙企业的授权履行职务的行为,属于《民法典》第 170 条所说的执行非法人组织工作任务的行为。因此,在对外关系上,被聘任的合伙企业的经营管理人员代表合伙企业履行职务的行为,属于代理行为。

根据《民法典》第 170 条第 1 款的规定,被聘任的合伙企业的经营管理人员,作为执行合伙企业工作任务的人员,就其职权范围内的事项,以合伙企业的名义实施的民事法律行为,对合伙企业发生效力,对合伙企业具有约束力。

此外,根据《民法典》第 170 条第 2 款关于"法人或者非法人组织对执行其工作任务的人员职权范围的限制,不得对抗善意相对人"的规定,合伙企业对被聘任的合伙企业的经营管理人员职权范围的限制,不具有对抗善意相对人的效力。

因此,被聘任的合伙企业的经营管理人员超越授权范围履行职务与第三人发生的交易行为,并非当然无效或有效。如果第三人是善意的,那么,该交易行为对合伙企业发生效力;反之,第三人知道或应当知道被聘任的合伙企业的经营管理人员超越授权,那么,该交易行为对合伙企业就不应发生效力。

总之,认定该交易行为是否对合伙企业发生效力,还应当结合《民法典》第171条关于无权代理、第172条关于表见代理的规定,并结合《民法典》第143条、第153条、第154条关于民事法律行为无效的规定,综合加以判断。

第三十六条 【财务、会计制度】合伙企业应当依照法律、行政法规的规定建立企业财务、会计制度。

第四节 合伙企业与第三人关系

第三十七条 【保护善意第三人】合伙企业对合伙人执行合伙事务以及对外代表合伙企业权利的限制,不得对抗善意第三人。

注释 **善意第三人**

这里的"善意第三人"是指按照诚实信用原则与合伙人进行了交易,并确信合伙人有权行使此项权利的人员。对于善意第三人,由于其在设定法律关系时不知道或者不能知道合伙人是存在权利瑕疵的,其在交易中所取得的财产或利益是无权的合伙人所让与并且是有偿取得的,那么为了维护交易的安全和社会经济关系的稳定,其权益理应得到法律保护。如果第三人明知合伙人没有此种权利或者根据正常的判断应当知道合伙人没有此种权利,则不是善意的第三人而是恶意的第三人。对于恶意第三人,合伙企业则有权对抗,其与合伙人所进行的交易对合伙企业不产生法律效力。

合伙事务执行中的对外代表权

合伙企业代表人在其权限范围内得以代表合伙企业,为了全体合伙人的利益,与第三人进行交易,其行为后果,由全体合伙人承担。

执行事务合伙人在事务执行权限范围内代表合伙企业的权利,与公司制企业中法定代表人的代表权相接近,但是法定代表人代表的是法人,而在合伙企业中的执行事务合伙人则是通过代表合伙企业来间接代表其他合伙人。

第三十八条 【合伙企业对其债务先以其全部财产进行清偿】合伙企业对其债务,应先以其全部财产进行清偿。

注释 合伙企业对其债务应先以其全部财产进行清偿。所谓"应先以其全部财产进行清偿",是指合伙企业的债务,应先由合伙企业的财产来承担,即在合伙企业拥有自己的财产时,合伙企业的债权人应先从合伙企业的全部财产中求偿,而不应当向合伙人个人直接求偿。

实务问答 在合伙企业以其全部财产对其债务进行清偿前,合伙人可否先以其自有财产对合伙企业的债务进行清偿?

对此法律未作明确规定,但在合伙协议有约定或合伙人自愿清偿的前提下,应认为是可以的。

链接《个人独资企业法》第18条

第三十九条 【无限连带责任】合伙企业不能清偿到期债务的,合伙人承担无限连带责任。

注释 **合伙人的无限责任**

合伙人的无限责任,是指当合伙企业的全部财产不足以偿付到期债务时,各个合伙人承担合伙企业的债务不是以其出资额为限,而是必须以其自有财产来清偿合伙企业的债务。

合伙人的连带责任

合伙人的连带责任,是指当合伙企业的全部财产不足以偿付到期债务时,合伙企业的债权人对合伙企业所负的债务可以向任何一个合伙人主张,该合伙人不得拒绝。但是该合伙人在承担了合伙企业全部债务后,有权向其他合伙人追偿,其他合伙人对已经履行了合伙企业全部债务的合伙人,承担按份之债,即按自己应当承担的份额履行债务。

实务问答 1.使用个人独资企业营业执照,但实际以合伙方式经营企业的,如何认定企业的性质及责任承担?

在当事人约定合伙经营企业仍使用合资前个人独资企业营业执照,且实际以合伙方式经营企业的情况下,应据实认定企业的性质。各合伙人共同决定企业的生产经营活动,也应共同对企业生产经营过程中对外所负的债务负责。合伙人故意不将企业的个人独资企业性质据实变更为合伙企业的行为,不应成为各合伙人不承担法律责任的理由。[南通双某贸易有限公司诉镇江市丹徒区联某机械厂、魏某聂等六人买卖合同纠纷案(《最高人民法院公报》2011年第7期)]

2. 当合伙企业的财产不足以清偿全部债务时，各合伙人是否应与合伙企业一起承担连带清偿责任？

合伙企业债务的承担分为两个层次：第一顺序的债务承担人是合伙企业，第二顺序的债务承担人是全体合伙人。《合伙企业法》第39条所谓的"连带责任"，是指合伙人在第二顺序的责任承担中相互之间所负的连带责任，而非合伙人与合伙企业之间的连带责任。[南通双某贸易有限公司诉镇江市丹徒区联某机械厂、魏某聂等六人买卖合同纠纷案(《最高人民法院公报》2011年第7期)]

链接 《合伙企业法》第53、83、84、91条

第四十条 【追偿权】合伙人由于承担无限连带责任，清偿数额超过本法第三十三条第一款规定的其亏损分担比例的，有权向其他合伙人追偿。

注释 本条规定了普通合伙人在对合伙企业的债务承担清偿责任之后对其他合伙人享有追偿权。

根据《合伙企业法》第39条和第92条第1款的规定，在对外关系上，为保护合伙企业的债权人利益并方便合伙企业的债权人实现债权，合伙企业的债权人可基于其需求，自主要求合伙企业的某一个或某几个普通合伙人清偿合伙企业未能清偿的全部债务；但是，在普通合伙人内部，各普通合伙人应按照约定或法定的亏损分担比例进行分担，合伙协议甚至可以参考《合伙企业法》第57条关于特殊普通合伙的合伙人承担责任的规定对合伙人承担责任的具体情形作出不同的安排，这种安排虽然不能对抗善意第三人，但在普通合伙人内部是有约束力的。

因此，在一个或数个普通合伙人因被合伙企业的债权人要求对合伙企业不能清偿的到期债务承担无限或无限连带清偿责任，而导致其对合伙企业的债权人清偿的数额超过了其按照依《合伙企业法》第33条第1款的规定所确定的该普通合伙人的亏损分担比例而本应承担的数额的情况下，就其超额清偿的数额，该等普通合伙人对其他实际未作清偿或清偿数额未达到按照依《合伙企业法》第33条第1款的规定所确定的亏损分担比例而本应承担的数额的合伙人享有追偿权。

实务问答 普通合伙人向其他合伙人行使追偿权的条件？

一是合伙企业自身的全部财产不足以清偿其到期债务，该普通合伙人被合伙企业的债权人要求承担清偿责任，并且，该普通合伙人已经向合伙企业的债权人进行了清偿。

二是该普通合伙人对合伙企业的债权人清偿的合伙企业的到期债务的数额，超过了该普通合伙人按照依《合伙企业法》第33条第1款的规定所确定的该普通合伙人的亏损分担比例本来应当清偿的合伙企业的债务的数额。

第四十一条 【相关债权人抵销权和代位权的限制】合伙人发生与合伙企业无关的债务，相关债权人不得以其债权抵销其对合伙企业的债务；也不得代位行使合伙人在合伙企业中的权利。

注释 对合伙人的债权人抵销权的限制

(1)抵销权。是指二人互负债务时，各以其债权充当债务清偿，而使自己的债务与对方的债务在对等的数额内消灭。

(2)对合伙人的债权人抵销权的限制：如果合伙人发生与合伙企业无关的债务，则合伙人只能以自有财产来进行清偿，而不能以其投入到合伙企业中的财产来履行清偿与合伙企业无关的债务。

对合伙人的债权人代位权的限制

(1)代位权。是指债权人以自己的名义行使债务人之权利的权利。

(2)对合伙人的债权人代位权的限制：合伙人发生与合伙企业无关的债务，相关债权人不得代位行使合伙人在合伙企业中的权利，如合伙企业财产管理权、转让份额权、企业财产出质同意权、事务执行权、监督检查权、提出异议权、重大事项决定权和利润分配权等。

实务问答 如何界定"与合伙企业无关的债务"以及"与合伙企业有关的债务"？

有观点认为可以以合伙企业是否从合伙人的该等债务中获得利益或不利益作为判断标准：如果合伙企业从中获得利益或不利益，则属于与合伙企业有关的债务，否则就属于与合伙企业无关的债务。比如，合伙人个人的生活贷款、合伙人其他经营发生的债务，甚至是合伙人为缴付其对合伙企业的出资而借入的贷款，合伙企业都未从中获得利益，应属于"与合伙企业无关的债务"。其中，合伙人因代合伙企业偿还应由合伙企业支付的费用而借入的贷款，因合伙企业从中受益而可能属于与合伙企业有关的债务。

第四十二条 【以合伙企业中的财产份额偿还债务】合伙人的自有财产不足清偿其与合伙企业无关的债务的,该合伙人可以以其从合伙企业中分取的收益用于清偿;债权人也可以依法请求人民法院强制执行该合伙人在合伙企业中的财产份额用于清偿。

人民法院强制执行合伙人的财产份额时,应当通知全体合伙人,其他合伙人有优先购买权;其他合伙人未购买,又不同意将该财产份额转让给他人的,依照本法第五十一条的规定为该合伙人办理退伙结算,或者办理削减该合伙人相应财产份额的结算。

注释 1. 合伙人自有财产不足以清偿其与合伙企业无关的债务时的处理办法。

(1)该合伙人可以以其从合伙企业中分取的收益用于清偿。

(2)债权人可以依法请求人民法院强制执行该合伙人在合伙企业中的财产份额用于清偿。并且,债权人只能获得合伙人在合伙企业的财产份额,而不能取得合伙人的身份,也不能行使合伙人在合伙企业的权利。

2. 法院强制执行合伙人的财产份额时,其他合伙人的权利义务。

(1)优先购买权。是指权利人在出卖人将特定财产出卖时享有的较其他任何人优先买得该财产的权利。人民法院强制执行合伙人的财产份额时,应当通知全体合伙人,在此前提下,其他合伙人有优先购买权。

(2)如果其他合伙人未购买,又不同意将该财产份额转让给他人的,其他合伙人则有义务依照本法第51条的规定为该合伙人办理退伙结算,或者办理削减该合伙人相应财产份额的结算。

链接 《合伙企业法》第51条

第五节 入伙、退伙

第四十三条 【入伙】新合伙人入伙,除合伙协议另有约定外,应当经全体合伙人一致同意,并依法订立书面入伙协议。

订立入伙协议时,原合伙人应当向新合伙人如实告知原合伙企业的经营状况和财务状况。

注释 本条第1款规定了新合伙人入伙的条件和程序;第2款则对原合伙人的告知义务作出了规定。

新合伙人入伙的条件和程序

入伙是合伙企业的合伙人以外的人成为合伙企业的合伙人的方式之一。

在入伙条件方面,在普通合伙企业的合伙协议未作其他约定的情况下,新合伙人入伙的条件是"经全体合伙人一致同意";未经普通合伙企业的全体合伙人一致同意,合伙人以外的人不得入伙。这也是普通合伙企业人合性的要求。

在入伙程序方面,在合伙人内部,如前所述,普通合伙企业的合伙协议不可以约定新合伙人入伙无须订立入伙协议。因此,新合伙人入伙应当由新合伙人与普通合伙企业的原合伙人订立入伙协议。

问题是,根据《合伙企业法》第43条第1款的规定,在普通合伙企业的合伙协议约定新合伙人入伙不用取得全体合伙人一致同意的情况下,如果发生有合伙人不同意新合伙人入伙并且不同意新合伙人入伙的合伙人同样也不同意签署入伙协议的情况,应当如何处理?合伙协议应对此作出明确的约定为宜。

此外,在入伙程序方面,由于新合伙人入伙将导致合伙企业的合伙人增加并导致合伙企业的登记事项发生变更,因此,根据《合伙企业法》第13条关于"合伙企业登记事项发生变更的,执行合伙事务的合伙人应当自作出变更决定或者发生变更事由之日起十五日内,向企业登记机关申请办理变更登记"的规定,合伙企业的执行事务合伙人应当及时向企业登记机关办理相应的变更登记。

原合伙人的告知义务

在新合伙人入伙的情况下,普通合伙企业的原合伙人负有在"订立入伙协议时"向新合伙人履行如实告知义务。

由于新入伙的普通合伙人须对其入伙前合伙企业的债务承担无限连带责任、新入伙的有限合伙人须对其入伙前有限合伙企业的债务以其认缴的出资额为限承担责任,因此,原合伙人应将入伙前合伙企业的经营状况和财务状况如实告知新入伙的合伙人,以便新入伙的合伙人了解其所入伙的合伙企业的经营状况和财务状况,并确定其应当对入伙前合伙企业的债务承担责任的范围。

需要注意的是,《合伙企业法》第43条第2款并没有对原合伙人履行如实告知义务的方式和告知原合伙企业的经营状况和财务状况的具体内容作出规定,这应由新合伙人根据自己的谈判地位和议价能力与原合伙人协商确定。

实务问答 如何确定新入伙的人取得的合伙人资格的时间?

结合《合伙企业法》第19条第1款关于"合伙协议经全体合伙人签名、盖章后生效。合伙人按照合伙协议享有权利,履行义务"的规定,在经全体合伙人一致同意并依法签订入伙协议的情况下,如果入伙协议未作其他约定,入伙协议应自入伙的新合伙人和全体原合伙人签署之日起生效,入伙人也相应取得合伙企业的合伙人资格并享有入伙协议约定的合伙人权利和义务;在合伙人内部,其合伙人资格的取得不以合伙企业办理完成相应的变更登记为前提。

值得注意的是,如前所说,合伙企业应就新合伙人入伙向企业登记机关办理相应的变更登记;未经变更登记,不具有对抗效力。

第四十四条 【新合伙人的权利、责任】入伙的新合伙人与原合伙人享有同等权利,承担同等责任。入伙协议另有约定的,从其约定。

新合伙人对入伙前合伙企业的债务承担无限连带责任。

注释 (1)新入伙人的权利:与原合伙人享有同等权利,主要包括合伙企业对外代表权、合伙企业事务执行权、合伙企业事务知悉权、合伙企业账簿查阅权、合伙企业事务表决权、合伙企业利润分配权、合伙企业剩余财产分配权、退伙权等。

(2)新入伙人的义务:与原合伙人承担同等义务,主要包括认缴出资、合伙企业事务执行、合伙企业竞业禁止、合伙企业亏损分担,等等。

(3)新入伙人的责任:无限连带责任。这里所说的"无限连带责任",是指合伙企业的投资人除承担企业债务分到自己名下的份额外,还需对企业其他投资人名下的债务份额承担的连带性义务,即当其他投资人无力偿还其名下的债务份额时,自己有义务代其偿还债务份额。债权人也有权要求负有连带责任的人与债务人共同承担偿付债务的义务。具体包括:对入伙前合伙企业的债务承担无限连带责任。

链接 《合伙企业法》第24、77条

第四十五条 【约定合伙期限的退伙】合伙协议约定合伙期限的,在合伙企业存续期间,有下列情形之一的,合伙人可以退伙:

(一)合伙协议约定的退伙事由出现;
(二)经全体合伙人一致同意;
(三)发生合伙人难以继续参加合伙的事由;
(四)其他合伙人严重违反合伙协议约定的义务。

注释 退伙

退伙,是指合伙人身份归于消灭的法律事实。退伙的原因,可以是基于合伙人的意思表示,也可以基于与合伙人本人意志无关的事件。

退伙的效力

对退伙者本人而言,退伙使其合伙人身份归于消灭,失去共有人的资格;对合伙企业财产而言,退伙将导致部分出资的返还、盈余部分的分配或亏损的分担;对其他合伙人而言,退伙涉及合伙企业是否继续存在及是否要求退伙人承担赔偿责任的问题;对合伙企业的债权人而言,一人退伙即意味着减少了一个债务担保人和一份担保财产。

退伙的种类

退伙分为协议退伙、声明退伙、法定退伙、除名退伙。

声明退伙

本条规定的为声明退伙,也称为自愿退伙,是指基于合伙人的自愿而退伙,一般须有正当理由。否则,就是违规退伙,属于违约行为,应当赔偿由此给其他合伙人造成的损失。

实务问答 在合伙企业清算开始之后、清算结束之前,合伙人是否可以退伙?

由于《合伙企业法》第88条第3款规定了"清算期间,合伙企业存续,但不得开展与清算无关的经营活动",因此,在清算开始之后、清算结束之前,合伙企业是存续的,符合《合伙企业法》第45条所说的"合伙协议约定合伙期限的,在合伙企业存续期间,有下列情形之一的,合伙人可以退伙……"和46条所说的"合伙协议未约定合伙期限的,合伙人在不给合伙企业事务执行造成不利影响的情况下,可以退伙……"的规定;从而,根据《合伙企业法》第45条和第46条的规定,如果合伙人的退伙不违反《合伙企业法》第45条、第46条的规定,那么,即使合伙企业已经进入了清算程序,合伙人也是可以要求退伙的。不过,因退伙涉及退伙结算和合伙企业财产份额的退还事宜,退伙结算应在合伙企业清算时一并进行,而不应在清算结束之前进行退伙结算,更不应在清算结束之前向退伙人退还财产份额。

虽然合伙人可以在合伙企业清算期间退伙，但退伙结算应在合伙企业清算时一并进行，退还退伙人的合伙企业财产份额应在依法向合伙人分配合伙企业的剩余财产时一并进行。

第四十六条 【未约定合伙期限的退伙】合伙协议未约定合伙期限的，合伙人在不给合伙企业事务执行造成不利影响的情况下，可以退伙，但应当提前三十日通知其他合伙人。

注释 **未约定合伙期限的退伙**

合伙协议可以约定合伙企业经营期限，也可以不约定合伙企业经营期限，这由合伙人自行决定。合伙人未约定合伙企业经营期限的，合伙人可以随时退伙。

未约定合伙期限的退伙条件

（1）实质性条件：不得给合伙企业事务执行造成不利影响。

（2）程序性条件：应当提前三十日通知其他合伙人。主要是基于以下因素考虑：一是便于其他合伙人能够及时就该合伙企业存续事宜作出安排；二是便于合伙企业能够就合伙人退伙问题作出安排。

实务问答 1. 如何判断"不给合伙企业事务的执行造成不利影响"？

判断是否给合伙企业事务的执行造成不利影响应结合具体情况加以分析。比如，执行事务合伙人退伙的情形，应至少是在新的执行事务合伙人已经产生并且原执行事务合伙人已经完成了向新的执行事务合伙人交接工作时，才不会给合伙企业事务的执行造成不利影响。

本条所说的"在不给合伙企业事务执行造成不利影响的情况下"，主要针对的是执行合伙事务的合伙人，对于不执行合伙事务的合伙人来讲，因其不执行合伙事务，其退伙通常不会对合伙企业事务的执行造成不利影响，应当不受此限。

2. 如果合伙人的退伙会给合伙事务的执行造成不利影响，该合伙人可以退伙吗？

合伙人提出退伙就至少表明其没有继续参与合伙的意愿，甚至还表明合伙人之间的信任关系已经受到减损、破坏甚至丧失，应当允许其退伙。此外，《合伙企业法》第47条针对普通合伙企业的合伙人违反《合伙企业法》第45条和第46条的规定退伙的行为，也只是规定了"应当赔偿由此给合伙企业造成的损失"，这也表明，不论是否存在《合伙企业法》第45条规定的退伙事由、是否满足《合伙企业法》第46条规定的退伙要求，普通合伙企业的合伙人都可以要求退伙；只不过，如果其退伙属于《合伙企业法》第47条所说的"合伙人违反本法第四十五条、第四十六条的规定退伙的"，就应当赔偿由此给合伙企业造成的损失。

第四十七条 【违规退伙的法律责任】合伙人违反本法第四十五条、第四十六条的规定退伙的，应当赔偿由此给合伙企业造成的损失。

第四十八条 【当然退伙】合伙人有下列情形之一的，当然退伙：

（一）作为合伙人的自然人死亡或者被依法宣告死亡；

（二）个人丧失偿债能力；

（三）作为合伙人的法人或者其他组织依法被吊销营业执照、责令关闭、撤销，或者被宣告破产；

（四）法律规定或者合伙协议约定合伙人必须具有相关资格而丧失该资格；

（五）合伙人在合伙企业中的全部财产份额被人民法院强制执行。

合伙人被依法认定为无民事行为能力人或者限制民事行为能力人的，经其他合伙人一致同意，可以依法转为有限合伙人，普通合伙企业依法转为有限合伙企业。其他合伙人未能一致同意的，该无民事行为能力或者限制民事行为能力的合伙人退伙。

退伙事由实际发生之日为退伙生效日。

注释 **法定退伙**

1. 定义。法定退伙，又称当然退伙，是指出现法律规定的原因或条件，而导致的合伙人资格的消灭。法定退伙是一种当然退伙，合伙协议对此有相反约定的为无效约定。

2. 法定退伙的情形

（1）作为合伙人的自然人死亡或者被依法宣告死亡。由于人身权利的不可替代性和不可继承性，合伙人死亡后，除依照合伙协议的约定或者经全体合伙人同意外，其继承人只能继承其在合伙企业中的财产权利，而不能继承其在合伙企业中的人身权利，因此，其继承人也就不能当然具有合伙人的地位和身份。

（2）个人丧失偿债能力。个人偿债能力，是指个人用其资产偿还长短期债务的能力。对个人而言，其有无支付现金的能力和偿还债务能力，是其能否健康发展的关键。

（3）作为合伙人的法人或者其他组织依法被吊销营业执照、责令关闭、撤销，或者被宣告破产。

（4）法律规定或者合伙协议约定合伙人必须具有相关资格而丧失该资格。在我国的社会经济体系中，出于安全、稳健、适度发展的需要，国家规定企业在经营相关行业时，需要具有相应的资格条件，如经营烟花爆竹、烟草产品等，需要特种行业经营资格。如果不具备或者失去这种资格，则意味着失去经营能力。

（5）合伙人在合伙企业中的全部财产份额被人民法院强制执行。合伙人必须对合伙企业出资，而资本是合伙企业存续的三大要素之一。当合伙人在合伙企业中的全部财产份额被人民法院强制执行时，表明合伙人在合伙企业中存续的基础丧失。这里的强制执行是广义的概念，既包括民事执行，也包括一部分行政执行。

合伙人被依法认定为无民事行为能力人或者限制民事行为能力人的处理

1. 限制民事行为能力人。限制民事行为能力人包括：（1）八周岁以上不满十八周岁的未成年人；（2）不能完全辨认自己行为的成年人。限制民事行为能力人可以进行与他的年龄、智力以及精神健康状况相适应的民事活动；其他民事活动由他的法定代理人代理，或者征得他的法定代理人的同意。否则其进行的民事活动无效。

2. 无民事行为能力人。无民事行为能力人包括：（1）不满八周岁的未成年人；（2）不能辨认自己行为的八周岁以上的自然人。无民事行为能力人不能独立进行民事活动，必须由他的法定代理人代理民事活动。否则其进行的民事活动无效。但无民事行为能力人和限制民事行为能力人接受奖励、赠与、报酬的行为有效。

3. 具体处理办法。合伙人被依法认定为无民事行为能力人或者限制民事行为能力人的，经其他合伙人一致同意，可以依法转为有限合伙人，普通合伙企业依法转为有限合伙企业；其他合伙人未能一致同意的，该无民事行为能力或者限制民事行为能力的合伙人退伙。

退伙生效日

退伙事由实际发生之日即为退伙生效日。

实务问答 1. 普通合伙人因不再具有完全民事行为能力而转为有限合伙人之后，对合伙企业的债务承担什么样的责任？

根据《合伙企业法》第2条第3款的规定，在普通合伙人转为有限合伙人之后，原普通合伙企业也已经变更为有限合伙企业，作为有限合伙企业的有限合伙人的该合伙人，对有限合伙企业新发生的债务，以其认缴的出资额为限承担责任。但是，对于原普通合伙企业在转为有限合伙企业之前的债务，该合伙人承担无限连带责任，这一责任不因其转为有限合伙人而归于消灭或发生变更。

2. 普通合伙企业转变为有限合伙企业，原普通合伙企业与转变后的有限合伙企业是否属于同一主体、原普通合伙企业的权利义务是否由转变后的有限合伙企业承继？

《合伙企业法》对此没有明确规定。一般认为，普通合伙企业转为有限合伙企业，只是合伙企业类型的变更（同时也会涉及部分合伙人承担责任的形式的变更等事项），原普通合伙企业与转变后的有限合伙企业应属于同一主体，原普通合伙企业的债权债务应由转变后的有限合伙企业承继。

链接 《合伙企业法》第50、78条

第四十九条 【除名退伙】合伙人有下列情形之一的，经其他合伙人一致同意，可以决议将其除名：

（一）未履行出资义务；

（二）因故意或者重大过失给合伙企业造成损失；

（三）执行合伙事务时有不正当行为；

（四）发生合伙协议约定的事由。

对合伙人的除名决议应当书面通知被除名人。被除名人接到除名通知之日，除名生效，被除名人退伙。

被除名人对除名决议有异议的，可以自接到除名通知之日起三十日内，向人民法院起诉。

注释 **除名退伙**

除名退伙，又称开除退伙，是指当某一合伙人违反有关法律法规或合伙协议的规定时，被其他合伙人一致同意开除退伙的情形。

除名退伙的事由

（1）未履行出资义务。

未履行出资义务，是合伙人在合伙协议约定的缴付出资期限内，无故不履行出资义务，从而构成违反合伙协议的毁约行为。因此，合伙人未履行出资义务主要是指合伙人拒绝或者不能履行出资义务的行为，如果合伙人履行了部分出资义务，则不应属于未履行出资义务的情形。

(2) 因故意或者重大过失给合伙企业造成损失。

在合伙企业存续期间，每个合伙人都负有相同的诚信义务，包括注意义务和忠实义务。所谓注意义务是指合伙人在履行自己职责和行使权利的过程中，应对企业、企业的其他合伙人和债权人承担适当和合理履行职责及行使权利的义务；所谓忠实义务，是指合伙人在履行自己职责和行使自己权利的过程中，必须最大限度地维护合伙企业、其他合伙人和债权人的利益，不得为自己谋取私利。如果合伙人因故意或者重大过失而给合伙企业造成损失的，合伙企业有权将其除名，并要求其赔偿损失。

(3) 执行合伙事务时有不正当行为。

(4) 发生合伙协议约定的事由。

除名退伙的程序

(1) 经其他合伙人一致同意。

(2) 合伙企业作出除名决议。除名决议一般采用书面形式，并载有除名事由。

(3) 将除名决议书面通知被除名人。自被除名人接到除名通知之日起，除名生效，被除名人退伙。

除名退伙的救济

被除名人对除名决议有异议的，可以在接到除名通知之日起三十日内，依法向人民法院起诉，请求确认该合伙企业的开除退伙决定无效。

第五十条　【合伙人死亡时财产份额的继承】 合伙人死亡或者被依法宣告死亡的，对该合伙人在合伙企业中的财产份额享有合法继承权的继承人，按照合伙协议的约定或者经全体合伙人一致同意，从继承开始之日起，取得该合伙企业的合伙人资格。

有下列情形之一的，合伙企业应当向合伙人的继承人退还继承合伙人的财产份额：

(一) 继承人不愿意成为合伙人的；

(二) 法律规定或者合伙协议约定合伙人必须具有相关资格，而该继承人未取得该资格的；

(三) 合伙协议约定不能成为合伙人的其他情形。

合伙人的继承人为无民事行为能力人或者限制民事行为能力人的，经全体合伙人一致同意，可以依法成为有限合伙人，普通合伙企业依法转为有限合伙企业。全体合伙人未能一致同意的，合伙企业应当将被继承合伙人的财产份额退还该继承人。

注释 本条第 1 款规定了自然人普通合伙人死亡后，其合法继承人可以在经全体合伙人一致同意的情况下取得该普通合伙企业的合伙人资格；第 2 款规定了在哪些情形下普通合伙企业应当向死亡的自然人合伙人的继承人退还该合伙人的财产份额；第 3 款则对死亡合伙人的继承人不具有完全民事行为能力人时的处理办法作出了规定。

实务问答 1. 自然人合伙人死亡，其合法继承人取得合伙人资格的条件是什么？

死亡自然人合伙人的合法继承人取得合伙人资格，应当以满足以下任一条件为前提：一个是，合伙协议明确约定了"在普通合伙企业的自然人合伙人死亡或被依法宣告死亡的情况下，对该合伙人在合伙企业中的财产份额享有合法继承权的继承人，可以从继承开始之日起，取得该合伙企业的合伙人资格"；另一个则是，合伙协议虽然没有对此作出约定，但是，在普通合伙企业的自然人合伙人死亡或被依法宣告死亡后，其他的全体合伙人一致同意"对该合伙人在合伙企业中的财产份额享有合法继承权的继承人，可以从继承开始之日起，取得该合伙企业的合伙人资格"。

只有在合伙协议没有约定的情况下，才能由也才需要由其他全体合伙人经由一致同意决定由死亡合伙人的合法继承人取得合伙人资格。

值得注意的是，《合伙企业法》第 50 条第 1 款所说的"全体合伙人"，应指当时现存的全体合伙人，即除已经死亡或被宣告死亡的合伙人以外的其他合伙人。

2. 普通合伙人死亡，其继承人有多人时，如何继承取得合伙人资格？

结合《民法典》的相关规定，在普通合伙企业死亡的自然人合伙人的合法继承人有数人的情况下，各个合法继承人原则上都可以取得该合伙企业的合伙人资格（除非相关合法继承人放弃继承）；并且各个合法继承人原则上是按照均等的份额继承该死亡的自然人合伙人的财产份额（除非相关合法继承人另行达成继承安排）。

不过,在死亡自然人合伙人的继承人有数人的情况下,每一个继承人是否都可以取得合伙人资格、相关继承人如何取得合伙人资格,应当由合伙协议或由全体合伙人在结合《合伙企业法》和《民法典》相关规定的基础上作出明确的约定为宜。

第五十一条【退伙结算】合伙人退伙,其他合伙人应当与该退伙人按照退伙时的合伙企业财产状况进行结算,退还退伙人的财产份额。退伙人对给合伙企业造成的损失负有赔偿责任的,相应扣减其应当赔偿的数额。

退伙时有未了结的合伙企业事务的,待该事务了结后进行结算。

注释 本条第1款对普通合伙人退伙的退伙结算和退伙人财产份额的退还作出了原则性规定,并要求结算时扣除退伙人对合伙企业的赔偿数额;第2款则对合伙人退伙结算提出了特别要求。

只要发生合伙人退伙的情形,不论是因何种原因而退伙,都应当适用《合伙企业法》第51条的规定。本条既适用于《合伙企业法》第45条和第46条规定的主动退伙(或自愿退伙),又适用于《合伙企业法》第48条规定的当然退伙,还适用于《合伙企业法》第49条规定的因被除名而退伙。此外,还适用于人民法院强制执行时的退伙。

退伙结算的要求

《合伙企业法》第51条对退伙结算提出了四个方面的要求:

一是在退伙结算的主体方面,退伙结算应当由其他合伙人与该退伙人共同进行。

二是在退伙结算的依据方面,应当按照退伙时的合伙企业财产状况进行结算。

三是在退伙结算的扣除项目方面,在合伙企业遭受损失并且退伙人对给合伙企业造成的损失负有赔偿责任的情况下,应当从本应退还给退伙人的财产份额中相应扣减退伙人应当赔偿的数额。

四是在退伙结算的时机方面,其他合伙人应当在退伙人退伙时就与该退伙人进行结算;但是,在退伙人退伙时有尚未了结的合伙企业事务的情况下,应当待该事务了结之后再进行结算。

实务问答 普通合伙人退伙时,哪些情形属于"扣减其应当赔偿的数额"?

(1)根据本法第35条第2款的规定,合伙人被聘任为合伙企业的经营管理人员后,超越合伙企业授权范围履行职务,给合伙企业造成的损失。(2)根据本法第35条第2款的规定,合伙人被聘任为合伙企业的经营管理人员后,在履行职务过程中因故意或者重大过失给合伙企业造成的损失。(3)根据本法第47条的规定,合伙人违反第45条、第46条的规定退伙,给合伙企业造成的损失。(4)根据本法第58条的规定,特殊的普通合伙企业的合伙人在执业活动中因故意或者重大过失致使合伙企业承担债务,由此给合伙企业造成的损失。(5)根据本法第76条第2款的规定,有限合伙企业的有限合伙人未经授权以有限合伙企业名义与他人进行交易,给有限合伙企业造成的损失。(6)根据本法第95条第3款的规定,在合伙企业的登记事项发生变更时,执行合伙事务的合伙人未按期申请办理变更登记,由此给合伙企业造成的损失。(7)根据本法第96条的规定,合伙人执行合伙事务,将应当归合伙企业的利益据为己有,由此给合伙企业造成的损失。(8)根据本法第96条的规定,合伙人执行合伙事务,采取其他手段侵占合伙企业财产,由此给合伙企业造成的损失。(9)根据本法第96条的规定,作为合伙企业从业人员的合伙人利用职务上的便利,将应当归合伙企业的利益据为己有,或者采取其他手段侵占合伙企业财产,由此给合伙企业造成的损失。(10)根据本法第97条的规定,合伙人对《合伙企业法》规定或者合伙协议约定必须经全体合伙人一致同意始得执行的事务擅自处理,由此给合伙企业造成的损失。(11)根据本法第98条的规定,不具有事务执行权的合伙人擅自执行合伙事务,由此给合伙企业造成的损失。(12)根据本法第99条的规定,合伙人违反《合伙企业法》规定或者合伙协议的约定,从事与本合伙企业相竞争的业务或者与本合伙企业进行交易,由此给合伙企业造成的损失。

第五十二条【退伙人财产份额的退还办法】退伙人在合伙企业中财产份额的退还办法,由合伙协议约定或者由全体合伙人决定,可以退还货币,也可以退还实物。

第五十三条【退伙人对退伙前企业债务的责任】退伙人对基于其退伙前的原因发生的合伙企业债务,承担无限连带责任。

注释 本条对退伙的普通合伙人在其退伙后对普通合伙企业债务的责任作出了规定,即"对基于其退伙前的原因发生的合伙企业债务,承担无限连带责任"。

根据《合伙企业法》第2条、第53条、第60条和第81条的规定,《合伙企业法》第53条的这一规定,包含了以下三层含义:一是以其退伙生效为分界线,普通合伙人退伙后仍然需要对"基于其退伙前的原因发生的合伙企业债务"承担清偿责任;二是这种清偿责任是无限的并应当与其他普通合伙人承担连带的清偿责任;三是以其退伙生效为分界线,普通合伙人退伙之后,对于在其退伙后不论因何种原因发生的合伙企业债务,因其已不是该合伙企业的合伙人,不再承担责任。

值得注意的是,本条所说的"退伙",在合伙人之间以及退伙人与合伙企业之间,不以办理变更登记为要件,只要该退伙人的退伙生效即可;但在对外关系上,原则上应以合伙企业完成合伙人退伙涉及的变更登记为生效要件。

实务问答 本条所说的"其退伙前的原因",是指退伙合伙人退伙之前的原因,还是指退伙前该合伙人的原因?

本条所说的"其退伙前的原因",是指退伙合伙人退伙之前的原因,至于是什么原因以及谁的原因在所不问(即整个"其退伙前"作为"原因"的时间限定语),还是指在退伙合伙人退伙之前的可归属于退伙合伙人的原因(即仅"退伙前"作为时间状语,"其"作为"原因"的定语)?理解上存在歧义,司法实践中,倾向于认为是退伙合伙人退伙之前发生的原因,至于是什么原因以及谁的原因在所不问。

链接《合伙企业法》第39条

第五十四条 【退伙时分担亏损】合伙人退伙时,合伙企业财产少于合伙企业债务的,退伙人应当依照本法第三十三条第一款的规定分担亏损。

注释 本条对合伙人退伙时分担合伙企业的亏损的义务作出了规定。由于普通合伙企业的合伙人对合伙企业的债务应当承担无限的、连带的补充清偿责任,因此,在合伙人退伙时,如果普通合伙企业的财产少于其债务,这就意味着合伙企业存在亏损,需要由合伙人根据本法第33条第1款规定的亏损分担办法分担合伙企业的亏损。

值得注意的是,本法第54条的规定只适用于合伙人退伙的情形,只是要求退伙人在退伙时依照约定或法定的亏损分担比例分担普通合伙企业的亏损,并没有要求未退伙的其他合伙人在退伙人退伙的时候也要据此分担普通合伙企业的亏损。

第六节 特殊的普通合伙企业

第五十五条 【特殊普通合伙企业的设立】以专业知识和专门技能为客户提供有偿服务的专业服务机构,可以设立为特殊的普通合伙企业。

特殊的普通合伙企业是指合伙人依照本法第五十七条的规定承担责任的普通合伙企业。

特殊的普通合伙企业适用本节规定;本节未作规定的,适用本章第一节至第五节的规定。

注释 专业服务机构,主要包括会计师事务所、评估师事务所、律师事务所、建筑师事务所等。非专业服务机构不能采取特殊的普通合伙企业形式。

特殊的普通合伙企业相对于普通合伙企业,主要区别在于:承担责任的原则不同。普通合伙企业由普通合伙人组成,合伙人对合伙企业债务承担无限连带责任。特殊普通合伙企业中,对合伙人本人执业行为中因故意或者重大过失引起的合伙企业债务,其他合伙人以其在合伙企业中的财产份额为限承担责任;执业行为中有故意或者重大过失的合伙人,应当承担无限连带责任。对合伙人本人执业行为中非因故意或者重大过失引起的合伙企业债务和合伙企业的其他债务,全体合伙人承担无限连带责任。也就是说,在这种合伙中各合伙人仍对合伙债务承担无限连带责任,但这种责任仅局限于合伙人本人业务范围及过错,即对企业形成的债务属于本人职责范围且由本人的过错所导致的方承担无限责任,对其他合伙人职责范围或过错所导致的债务不负连带责任。

第五十六条 【名称】特殊的普通合伙企业名称中应当标明"特殊普通合伙"字样。

第五十七条 【责任形式】一个合伙人或者数个合伙人在执业活动中因故意或者重大过失造成合伙企业债务的,应当承担无限责任或者无限连带责任,其他合伙人以其在合伙企业中的财产份额为限承担责任。

合伙人在执业活动中非因故意或者重大过失造成的合伙企业债务以及合伙企业的其他债务,由全体合伙人承担无限连带责任。

注释 **特殊的普通合伙企业的责任形式**

根据本条的规定,特殊普通合伙企业的责任形式分为以下几种:

(1)有限责任与无限连带责任相结合

对一个合伙人或者数个合伙人在执业活动中的故意或者重大过失行为与其他合伙人相区别对待:对于负有重大责任的合伙人应当承担无限责任或者无限连带责任,其他合伙人只能以其在合伙企业中的财产份额为限承担责任。

(2)无限连带责任

对合伙人本人执业行为中非因故意或者重大过失引起的合伙企业债务和合伙企业的其他债务,全体合伙人承担无限连带责任。合伙人对于在执业过程中不存在重大过错,既没有故意,也不存在重大过失,仅因一般过失而引起的合伙企业债务和合伙企业的其他债务,也在本原则规定的范围内予以承担。

链接《合伙企业法》第39、74条

第五十八条 【合伙人过错的赔偿责任】合伙人执业活动中因故意或者重大过失造成的合伙企业债务,以合伙企业财产对外承担责任后,该合伙人应当按照合伙协议的约定对给合伙企业造成的损失承担赔偿责任。

第五十九条 【执业风险基金和职业保险】特殊的普通合伙企业应当建立执业风险基金、办理职业保险。

执业风险基金用于偿付合伙人执业活动造成的债务。执业风险基金应当单独立户管理。具体管理办法由国务院规定。

注释 本条第1款要求特殊的普通合伙企业建立执业风险基金、办理职业保险;第2款则对执业风险基金的用途和管理作出了原则性规定。在执业风险基金方面,本条对特殊的普通合伙企业提出了三项要求:

(1)在执业风险基金的建立方面,根据本条第1款,特殊的普通合伙企业应当建立执业风险基金,这是《合伙企业法》规定的义务。(2)在执业风险基金的用途方面,特殊的普通合伙企业建立的执业风险基金应当专款专用,其用途仅限于"用于偿付合伙人执业活动造成的债务",不能用作其他用途。(3)在执业风险基金的管理方面,特殊的普通合伙企业的执业风险基金应当单独立户管理。

第三章 有限合伙企业

第六十条 【有限合伙企业的法律适用】有限合伙企业及其合伙人适用本章规定;本章未作规定的,适用本法第二章第一节至第五节关于普通合伙企业及其合伙人的规定。

注释 **有限合伙企业**

有限合伙企业,通常是指由有限合伙人和普通合伙人共同组成的,普通合伙人对合伙企业债务承担无限连带责任,有限合伙人以其认缴的出资额为限对合伙企业债务承担责任的合伙组织。

有限合伙企业法律制度对普通合伙企业法律制度的继受,主要体现在有限合伙企业对外关系的制度安排中,突出表现为:有限合伙企业与普通合伙企业在组织整体设计中具有"同一性",即两者具有相同的法律地位,享受相同的税收待遇,承担相同的法律责任。

而有限合伙企业法律制度对普通合伙企业法律制度的创新则主要体现在组织的微观设计上,集中表现为有限合伙企业与普通合伙企业内部关系的"差异性",即有限合伙企业的成员被划分为有限合伙人和普通合伙人两部分。这两部分合伙人在主体资格、权利享有、义务承受与责任承担等方面存在明显的差异。

与普通合伙和公司相比较,有限合伙企业制度的优势在于其兼采了普通合伙的人合因素和有限公司的资合因素,具有以下显著特征:

(1)在经营管理上,有限合伙企业中,有限合伙人一般不参与合伙的具体经营管理,而由普通合伙人从事具体的经营管理。

(2)在风险承担上,有限合伙企业中不同类型的合伙人所承担的责任则存在差异,其中有限合伙人以其认缴的出资额为限承担有限责任,普通合伙人则承担无限连带责任。

第六十一条 【合伙人人数以及要求】有限合伙企业由二个以上五十个以下合伙人设立;但是,法律另有规定的除外。

有限合伙企业至少应当有一个普通合伙人。

注释 根据本条规定,有限合伙企业的合伙人人数(包括普通合伙人和有限合伙人)至少要有2人、原则上不能超过50人;当然,如果其他法律规定某些有限合伙企业的合伙人可以超过50人,就优先适用其他法律的这一特别规定。

本条第1款规定有限合伙企业合伙人的人数至少为2人,是因为需要体现有限合伙企业的人合性;规定有限合伙企业合伙人的人数最多为50人,是为了防止有人利用有限合伙形式从事非法集资活动;规定"法律另有规定的除外",是为了以后的实践留出必要的空间。(《全国人大法律委员会关于〈中华人民共和国合伙企业法(修订草案)〉审议结果的报告》)

有限合伙企业可以只有一个普通合伙人,也可以同时有2个普通合伙人或超过2个普通合伙人,甚至只有1个有限合伙人、而其他的合伙人都是普通合伙人;在有2个或多个普通合伙人的情形,可以按照本法第26条第2款的规定委托一个或数个普通合伙人执行有限合伙企业的合伙事务;否则,根据本法第60条和第26条第1款的规定,该有限合伙企业的每一个普通合伙人均有权执行有限合伙企业的合伙事务。

根据本法第75、第85条第(4)项的规定,在有限合伙企业存续期间,发生不再有普通合伙人、只剩下有限合伙人(不论是一个还是数个有限合伙人)时,可能会导致该有限合伙企业解散并进入清算程序;发生不再有有限合伙人、只剩有数个普通合伙人时,可能会导致该有限合伙企业变更为普通合伙企业;发生不再有有限合伙人、只剩下一个普通合伙人时,也可能会导致该有限合伙企业解散并进入清算程序。

第六十二条 【名称】有限合伙企业名称中应当标明"有限合伙"字样。

第六十三条 【合伙协议内容】合伙协议除符合本法第十八条的规定外,还应当载明下列事项:

(一)普通合伙人和有限合伙人的姓名或者名称、住所;

(二)执行事务合伙人应具备的条件和选择程序;

(三)执行事务合伙人权限与违约处理办法;

(四)执行事务合伙人的除名条件和更换程序;

(五)有限合伙人入伙、退伙的条件、程序以及相关责任;

(六)有限合伙人和普通合伙人相互转变程序。

注释 本条共六项,对有限合伙企业的合伙协议的必备条款作出了规定。

本法关于有限合伙企业的合伙协议的主要条款内容的规定,集中见于《合伙企业法》第18条和第63条,其他需要在合伙协议中约定或可以在合伙协议中约定的事项,则散见于《合伙企业法》的其他条款,包括第65条、第67条、第69条至第73条、第82条、第85条。在起草或审阅有限合伙企业的合伙协议时,应当特别考虑合伙协议是否约定了《合伙企业法》这些条款所规定的事项。此外,根据《民法典》相关规定,合伙人也可以结合具体情况在合伙协议中约定《合伙企业法》这些条款所规定的事项以外的其他内容——当然,这些约定不能违反法律、行政法规的强制性规定。

链接《合伙企业法》第61、75条

第六十四条 【出资方式】有限合伙人可以用货币、实物、知识产权、土地使用权或者其他财产权利作价出资。

有限合伙人不得以劳务出资。

注释 本条第1款从正面规定了有限合伙人可以使用的出资方式;第2款则对有限合伙人以劳务出资作出了禁止性规定。

结合本法第16条第1款、第17条第2款和第64条的规定,可以发现,有限合伙人与普通合伙人的出资方式的唯一的不同之处在于:有限合伙人不得以劳务出资,而普通合伙人可以以劳务出资。

根据《合伙企业法》第60条的规定,有限合伙人用于出资的非货币财产或财产权利的评估作价办法,适用《合伙企业法》第16条第2款的规定,即既可以由全体合伙人协商确定,也可以由全体合伙人委托法定评估机构评估。

此外,结合《合伙企业法》第64条和《公司法》第27条的规定,有限合伙人的出资方式与有限公司股东的出资方式大体类似,都包括了货币、实物、知识产权、土地使用权以及其他非货币财产,也都不能用劳务出资,不同之处在于:公司的股东用于出资的非货币财产应为"可以用货币估价并可以依法转让的非货币财产",有限合伙人用于出资的非货币财产不仅可以不受"可以用货币估价并可以依法转让"的限制,还可以用财产权利(比如特许经营权,房屋的使用权等)作价出资。

链接《合伙企业法》第16条;《公司法》第27、82条

第六十五条 【出资义务的履行】有限合伙人应当按照合伙协议的约定按期足额缴纳出资;未按期足额缴纳的,应当承担补缴义务,并对其他合伙人承担违约责任。

注释 本条一方面对有限合伙人按照足额缴纳的出资义务作出了规定,另一方面也对有限合伙人

未按期足额缴纳出资的责任作出了规定。

有限合伙人负有按照合伙协议的约定缴纳出资的义务,这一义务有两个基本要求:在时间方面,按期缴纳出资,即在合伙协议约定的每一个缴纳期限内缴纳合伙协议约定的其应当在该缴纳期限内缴纳的出资。在数额方面,足额缴纳出资,即缴纳合伙协议约定的其在相应的缴纳期限内应当缴纳的相应数额的出资。

根据《合伙企业法》第60条的规定,有限合伙企业的有限合伙人以非货币财产出资的,应适用《合伙企业法》第17条第2款的规定,即有限合伙人以非货币财产出资的,依照法律、行政法规的规定,需要办理财产权转移手续的,应当依法办理非货币财产的转移手续。

实务问答 1. 有限合伙人未按照合伙协议的约定按期足额缴纳出资的,有限合伙企业请求该有限合伙人补缴的,是否适用诉讼时效制度?

根据《民法典》第196条和《最高人民法院关于审理民事案件适用诉讼时效制度若干问题的规定》第1条第(3)项,针对基于投资关系产生的缴付出资请求权提出诉讼时效抗辩,人民法院将不予支持。因此,在有限合伙人未按照合伙协议的约定按期足额缴纳出资时,有限合伙企业请求该有限合伙人补缴出资的权利,不受诉讼时效的限制。

2. 有限合伙人未按期足额缴纳出资应当承担什么责任?

一是对有限合伙企业的责任,即向有限合伙企业补缴其应当缴纳但尚未缴纳的出资,有限合伙企业可以要求该有限合伙人同时支付相应的利息。

二是对其他合伙人的责任,即按照有限合伙企业的合伙协议的约定对其他合伙人承担违约责任,如合伙协议未约定具体的违约责任,其他合伙人可以要求该有限合伙人承担合伙企业因此受到的损失,比如合伙企业向他人借用相应金额的资金所产生的利息、资金使用费等费用。

此外,根据本法第49条第1款第(1)项,不论是普通合伙企业还是有限合伙企业,如果普通合伙人未履行出资义务,其他合伙人可以经一致决议将其除名;但是,根据本法第65条,如果有限合伙人未履行出资义务,其他合伙人不宜直接将其除名,而应允许其补缴并承担其他的违约责任,经催缴后仍未补缴的,方可决议将其除名。

第六十六条 【登记事项】有限合伙企业登记事项中应当载明有限合伙人的姓名或者名称及认缴的出资数额。

第六十七条 【合伙事务执行】有限合伙企业由普通合伙人执行合伙事务。执行事务合伙人可以要求在合伙协议中确定执行事务的报酬及报酬提取方式。

注释 本条对有限合伙企业的执行事务合伙人的人选及其报酬事宜作出了规定。

根据本条规定,有限合伙企业的执行事务合伙人只能由其普通合伙人担任,有限合伙人不能担任执行事务合伙人。

实务问答 1. 在有限合伙企业有数个普通合伙人时,如何确定执行事务合伙人?

在有限合伙企业有数个普通合伙人的情形下,根据本法第26条第2款和第60条的规定,有限合伙企业的合伙协议可以对委托一个或数个普通合伙人担任其执行事务合伙人作出自主的约定,在合伙协议未作约定的情况下,则可由包括有限合伙人在内的全体合伙人协商一致后委托一个或数个普通合伙人担任其执行事务合伙人。

不过,如果有限合伙企业的合伙协议未作约定、全体合伙人也未能就委托执行事务合伙人达成一致,根据本法第26条、第60条、第67条的规定,该有限合伙企业的各个普通合伙人都是其执行事务合伙人。因此,有限合伙企业的合伙协议应对执行事务合伙人的选择作出明确的约定为宜。

2. 在有限合伙企业只有一名普通合伙人时,能否协议约定其他有限合伙人为执行事务合伙人?

在有限合伙企业只有一名普通合伙人的情形,基于本法第67条关于"有限合伙企业由普通合伙人执行合伙事务"的规定,该普通合伙人当然成为其执行事务合伙人,这是基于《合伙企业法》的规定担任执行事务合伙人的,而非基于合伙协议的约定或全体合伙人的委托而担任执行事务合伙人的。因此,该唯一一名普通合伙人成为执行事务合伙人是法定的,不可以通过协议约定其他有限合伙人为执行事务合伙人。

3. 有限合伙企业的普通合伙人作为执行事务合伙人能否要求在合伙协议中确定执行事务的报酬?

本法第67条对有限合伙企业的执行事务合伙

人的报酬事项作出了原则性的规定，即"执行事务合伙人可以要求在合伙协议中确定执行事务的报酬及报酬提取方式"。

有限合伙企业的合伙协议是否对执行事务合伙人执行事务的报酬及报酬提取方式作出约定，《合伙企业法》不作强制性要求，合伙协议可以作约定，也可以不作约定。

第六十八条 【合伙事务执行禁止】有限合伙人不执行合伙事务，不得对外代表有限合伙企业。

有限合伙人的下列行为，不视为执行合伙事务：

（一）参与决定普通合伙人入伙、退伙；

（二）对企业的经营管理提出建议；

（三）参与选择承办有限合伙企业审计业务的会计师事务所；

（四）获取经审计的有限合伙企业财务会计报告；

（五）对涉及自身利益的情况，查阅有限合伙企业财务会计账簿等财务资料；

（六）在有限合伙企业中的利益受到侵害时，向有责任的合伙人主张权利或者提起诉讼；

（七）执行事务合伙人怠于行使权利时，督促其行使权利或者为了本企业的利益以自己的名义提起诉讼；

（八）依法为本企业提供担保。

注释 本条第1款对有限合伙人执行合伙事务、对外代表有限合伙企业的行为作出了禁止性规定；第2款则明确了有限合伙企业的哪些行为不视为执行合伙事务。

值得注意的是，尽管本法第68条第1款规定了"有限合伙人不执行合伙事务，不得对外代表有限合伙企业"，但是，根据本法第76条第1款关于"第三人有理由相信有限合伙人为普通合伙人并与其交易的，该有限合伙人对该笔交易承担与普通合伙人同样的责任"的规定，如果第三人有理由认为有限合伙人为有限合伙企业的普通合伙人，并认为该有限合伙人是代表有限合伙企业与该第三人进行交易的，那么，与该交易有关的权利和义务应由有限合伙企业而不是该有限合伙人享有和承担。

本法第68条第2款从反向的角度，列出了8种"不视为执行合伙事务"的行为。这8种行为，主要属于有限合伙人行使其作为合伙人的权利的行为，不属于执行合伙事务。换言之，这8种行为，有限合伙人可以参与。

实务问答 在有限合伙企业中，执行事务合伙人怠于行使诉讼权利，不执行合伙事务的有限合伙人能否以自己的名义起诉？

有限合伙企业中，如果执行事务合伙人怠于行使诉讼权利时，不执行合伙事务的有限合伙人可以为了合伙企业的利益以自己的名义提起诉讼。[世某荣和投资管理股份有限公司与长某国际信托股份有限公司等信托合同纠纷案(《最高人民法院公报》2016年第12期)]

《合伙企业法》第68条第2款第(7)项规定，执行事务合伙人怠于行使权利时，有限合伙人督促其行使权利或者为了本企业的利益以自己的名义提起诉讼，不视为执行合伙事务。该条款赋予了合伙企业的有限合伙人以自己的名义代表合伙企业提起诉讼的权利，且并未限定其在个人出资额范围内提出诉讼请求，只要满足以合伙企业的利益为目的这一要求即可。[安徽某房地产开发有限公司与焦某等借款合同纠纷上诉案(最高人民法院民事判决书〔2016〕最高法民终756号)]

第六十九条 【利润分配】有限合伙企业不得将全部利润分配给部分合伙人；但是，合伙协议另有约定的除外。

注释 本条从两个方面对有限合伙企业的利润分配作出了规定：一方面，原则上禁止有限合伙企业将全部利润分配给部分合伙人；另一方面，也允许有限合伙企业的合伙协议作出与此不同的约定；不过，与《合伙企业法》第33条既规定了普通合伙企业的利润分配办法，又规定了普通合伙企业的亏损分担办法不同，《合伙企业法》没有对有限合伙企业的亏损分担办法作出直接的规定。

与普通合伙企业的合伙协议绝对不得约定将普通合伙企业的全部利润分配给部分合伙人不同，有限合伙企业原则上不得将有限合伙企业的全部利润分配给部分合伙人，但是有限合伙企业的合伙协议可以约定将有限合伙企业的全部利润分配给某一个或某几个合伙人，从而使合伙企业的部分合伙人有可能在一定的时期甚至在有限合伙企业的整个存续期间都获得有限合伙企业的全部利润。

链接 《合伙企业法》第33条

第七十条 【有限合伙人与本有限合伙企业交易】有限合伙人可以同本有限合伙企业进行交易；但是，合伙协议另有约定的除外。

注释 普通合伙人不得与本合伙企业进行自我交易;而有限合伙人可以与本有限合伙企业进行交易,除非合伙协议中约定不允许。

第七十一条 【有限合伙人经营与本有限合伙企业相竞争业务】有限合伙人可以自营或者同他人合作经营与本有限合伙企业相竞争的业务;但是,合伙协议另有约定的除外。

注释 普通合伙企业有禁止同业竞争的规定;而有限合伙人一般不承担竞业禁止的义务,除非合伙协议中对有限合伙人的竞业禁止义务作出规定。

第七十二条 【有限合伙人财产份额的出质】有限合伙人可以将其在有限合伙企业中的财产份额出质;但是,合伙协议另有约定的除外。

注释 普通合伙企业不允许合伙人以其财产份额出质;而有限合伙人可以将其在有限合伙企业中的财产份额出质,除非合伙协议另有约定。

第七十三条 【有限合伙人财产份额对外转让】有限合伙人可以按照合伙协议的约定向合伙人以外的人转让其在有限合伙企业中的财产份额,但应当提前三十日通知其他合伙人。

注释 本条对有限合伙人转让其有限合伙企业中的财产份额的权利作出了原则性规定。

一是有限合伙人将其在合伙企业中的财产份额转让给合伙人以外的人。合伙协议或执行事务合伙人或其他合伙人不得禁止有限合伙人将其在合伙企业中的财产份额转让给合伙人以外的人。

二是有限合伙人将其在合伙企业中的财产份额转让给合伙人以外的人,需要"按照合伙协议的约定"对外转让,亦即,本法第73条允许有限合伙企业的合伙协议对有限合伙人将其在合伙企业中的财产份额转让给合伙人以外的人作出特别的约定,包括附加一定的条件或要求相关转让符合一定的要求。比如,需要事先取得执行事务合伙人的同意或其他合伙人一致同意,比如不得转让给特定的对象,等等。

三是有限合伙人有权将其在合伙企业中的财产份额转让给合伙人以外的人时,应当提前30日通知其他各个合伙人。这意味着,有限合伙人根据本法第73条发出的向合伙人以外的人转让其在合伙企业中的财产份额的通知的生效时间,最早应在通知发出后的第30日。

实务问答 有限合伙人向合伙人以外的人转让财产份额时,其他合伙人是否享有优先购买权?

本法第73条未提及在有限合伙人向合伙人以外的人转让财产份额时,其他合伙人是否享有优先购买权的问题。结合本法第60条关于"有限合伙企业及其合伙人适用本章规定;本章未作规定的,适用本法第二章第一节至第五节关于普通合伙企业及其合伙人的规定"的规定,在有限合伙人向合伙人以外的人转让财产份额时,应直接适用本法第23条的规定,即有限合伙人向合伙人以外的人转让其在该有限合伙企业中的财产份额的,在同等条件下,其他合伙人有优先购买权;但是,合伙协议另有约定的除外。

第七十四条 【有限合伙人以合伙企业中的财产份额偿还债务】有限合伙人的自有财产不足清偿其与合伙企业无关的债务的,该合伙人可以以其从有限合伙企业中分取的收益用于清偿;债权人也可以依法请求人民法院强制执行该合伙人在有限合伙企业中的财产份额用于清偿。

人民法院强制执行有限合伙人的财产份额时,应当通知全体合伙人。在同等条件下,其他合伙人有优先购买权。

注释 本条第1款规定了有限合伙人可以其从合伙企业分取的收益清偿其债务,有限合伙人的债权人也享有申请强制执行该合伙人在合伙企业中的财产份额的权利;第2款则规定了有限合伙人在合伙企业中的财产份额的强制执行制度。

有限合伙人以其从合伙企业分取的收益清偿其债务的权利

"有限合伙人的自有财产",应指有限合伙人在有限合伙企业中的财产份额以及有限合伙人可以从有限合伙企业分得但有限合伙企业尚未向其支付的收益以外的其他自有财产。"有限合伙人的自有财产不足清偿其与合伙企业无关的债务的,该合伙人可以以其从有限合伙企业中分取的收益用于清偿",背后隐藏的含义是"有限合伙人的自有财产不足清偿其与合伙企业无关的债务的,该合伙人不得直接以其在有限合伙企业中的财产份额用于清偿"。

有限合伙人的债权人申请强制执行该合伙人在合伙企业中的财产份额的权利

有限合伙人向有限合伙企业缴付的出资已经属于有限合伙企业的财产、有限合伙企业的财产与有限合伙人的财产相互独立、有限合伙人的债务也与有限合伙企业的债务相互独立,有限合伙人的与有限合伙企业无关的债务的债权人不能要求该合伙人以其已经向有限合伙企业缴付的出资进行清偿，也不能要求有限合伙企业来清偿合伙人的债务；在有限合伙人自有的其他财产不足以清偿其与有限合伙企业无关的债务的情况下，该有限合伙人的债权人只能依法请求法院强制执行该有限合伙人在合伙企业中的财产份额并将拍卖、变卖或转让相关财产份额的所得用来清偿。

有限合伙人在合伙企业中的财产份额的强制执行

本法第74条第2款规定了这么几层含义：一是人民法院依有限合伙人的债权人的申请，强制执行有限合伙人在有限合伙企业中的财产份额时，负有通知全体合伙人的义务；二是人民法院依有限合伙人的债权人的申请，强制执行有限合伙人在合伙企业中的财产份额时，该有限合伙企业的其他合伙人（包括普通合伙人和有限合伙人）享有优先购买权；三是人民法院依有限合伙人的债权人的申请，强制执行该有限合伙人在合伙企业中的财产份额时，其他合伙人（包括普通合伙人和有限合伙人）可以不行使优先购买权，但不享有通过既不行使优先购买权，又不同意由合伙人以外的人来受让被强制执行的有限合伙人在合伙企业中的财产份额的方式，来阻断强制执行转让该有限合伙人在合伙企业中的财产份额的程序的权利。

实务问答 在人民法院强制执行有限合伙人的财产份额时，其他合伙人除了行使优先购买权以外，能否通过其他方式阻止有限合伙人的财产份额被强制执行？

其他合伙人不享有阻断强制执行转让有限合伙人在合伙企业中的财产份额的权利。

由于本法第74条第2款只是使用了"在同等条件下，其他合伙人有优先购买权"的表述，没有像《合伙企业法》第42条第2款那样使用"人民法院强制执行的财产份额时，……其他合伙人未购买，又不同意将该财产份额转让给他人的，依照本法第五十一条的规定为该合伙人办理退伙结算，或者办理削减该合伙人相应财产份额的结算"的表述，因此，在人民法院强制执行有限合伙人的财产份额时，有限合伙企业的其他合伙人（包括普通合伙人）不享有通过既不行使优先购买权，又不同意由合伙人以外的人来受让被强制执行的普通合伙人在合伙企业中的财产份额的方式，来阻断强制执行转让普通合伙人在合伙企业中的财产份额的程序的权利；如果不行使或未能行使同等条件下的优先购买权，人民法院可以依照法律规定的强制执行程序将该有限合伙人在合伙企业中的财产份额转让给其他人，其他合伙人无法阻止合伙人以外的人通过受让该被强制执行转让的财产份额成为有限合伙企业的有限合伙人。

第七十五条【合伙人结构变化时的处理】有限合伙企业仅剩有限合伙人的，应当解散；有限合伙企业仅剩普通合伙人的，转为普通合伙企业。

注释 本条对有限合伙企业仅剩普通合伙人或仅剩有限合伙人时的处理办法作出了规定。

在有限合伙企业仅剩有限合伙人（包括只有一个有限合伙人和有数个有限合伙人的情形）时，应当解散并进入清算程序。不过，值得注意的是，根据本法第85条第(4)项关于"合伙企业有下列情形之一的，应当解散：(四)合伙人已不具备法定人数满三十天"的规定，只有在有限合伙企业仅剩有限合伙人的时间达到"满三十天"的条件时，才属于有限合伙企业的解散事由；因此，在因自然人普通合伙人死亡或被宣告死亡或组织类普通合伙人终止而导致有限合伙企业不再有普通合伙人但有数个有限合伙人的情形，可以在《合伙企业法》第85条第(4)项规定的30日期限届满之前，通过经届时现存的全体合伙人（现存的均为有限合伙人）一致同意的方式，将其中一个或数个（但不是全部）具备担任普通合伙人条件的有限合伙人转变为普通合伙人，使有限合伙企业得以存续。

此外，在全体有限合伙人依法将唯一的普通合伙人除名或唯一的普通合伙人依照《合伙企业法》第42条第2款的规定被强制退伙等情形下，如果同时吸收新的普通合伙人入伙，将不会出现"有限合伙企业仅剩有限合伙人的情形"，从而不适用《合伙企业法》第75条关于"有限合伙企业仅剩有限合伙人的，应当解散"的规定。

在有限合伙企业仅剩普通合伙人时，本法第75条规定的处理办法是："转为普通合伙企业"。同样地，在有限合伙企业不再有有限合伙人但有数个普通合伙人的情形，可以在本法第85条第(4)项规定的30日的期限届满之前，通过经届时现存的全体合伙人（现存的只有普通合伙人）一致同意的方式，将其中一个或数个（但不是全部）普通合伙人转变为有限合伙人，使有限合伙企业得以存续。

按照本法第61条、第75条、第82条、第85条第(4)项的规定,在只有一个普通合伙人、一个有限合伙人的情形下,无论是普通合伙人死亡或终止,还是有限合伙人死亡或终止,均将不可避免地导致有限合伙企业进入解散程序(除非吸收新的合伙人入伙,以满足有限合伙企业的存续条件)。

实务问答 合伙企业能否变更为或改制为公司制企业?

实践中,通常情况下,企业登记机关要求合伙企业不能直接转变为有限公司,而应先注销合伙企业、再设立有限公司,新设的有限公司与此前的合伙企业属于不同的主体。

第七十六条 【表见代理及无权代理】 第三人有理由相信有限合伙人为普通合伙人并与其交易的,该有限合伙人对该笔交易承担与普通合伙人同样的责任。

有限合伙人未经授权以有限合伙企业名义与他人进行交易,给有限合伙企业或者其他合伙人造成损失的,该有限合伙人应当承担赔偿责任。

注释 有限合伙人的表见代理

(1)定义。有限合伙人的表见代理,是指有限合伙人无权代表有限合伙企业对外进行交易,但有限合伙人的表象使交易相对人相信其为普通合伙人,可以代表有限合伙企业对外负责事务执行,这是由有限合伙人对无过失的相对人承担责任的一种特殊安排。

(2)责任承担。由有限合伙人承担。这也是有限合伙人的表见代理与一般的表见代理的区别,一般的表见代理的责任人为被代理人。

有限合伙人的无权代理

有限合伙人的无权代理,是指有限合伙人没有获得有限合伙企业事务执行人的任何授权,却以有限合伙企业或者普通合伙人的名义与他人进行交易,由此造成的损失由有限合伙人自行赔偿。有限合伙人的无权代理与有限合伙人的越权代理不同。在无权代理中,代理人没有获得委托人的代理授权,而在越权代理中,代理人获得了委托人的代理授权。

第七十七条 【新入伙有限合伙人的责任】 新入伙的有限合伙人对入伙前有限合伙企业的债务,以其认缴的出资额为限承担责任。

注释 "新入伙",应指通过认缴有限合伙企业新增出资的方式成为该有限合伙企业的有限合伙人。

一般认为,有限合伙企业的合伙人以外的人通过依法受让有限合伙人在有限合伙企业中的财产份额成为该有限合伙企业的有限合伙人,不属于本条所说的"入伙",不适用《合伙企业法》关于入伙的规定。此外,有限合伙企业的普通合伙人根据本法第82条的规定转为有限合伙人,也不属于"入伙",同样不适用本法关于入伙的规定。因为,根据本法第84条的规定,有限合伙企业的普通合伙人转变为有限合伙人后,对其作为普通合伙人期间有限合伙企业发生的债务承担的是无限连带责任,而不是有限责任,这与《合伙企业法》第77条所说的"新入伙的有限合伙人对入伙前有限合伙企业的债务,以其认缴的出资额为限承担责任",存在明显的不同。

第七十八条 【有限合伙人当然退伙】 有限合伙人有本法第四十八条第一款第一项、第三项至第五项所列情形之一的,当然退伙。

注释 有限合伙人出现下列情形时当然退伙:一是作为合伙人的自然人死亡或者被宣告死亡;二是作为合伙人的法人或者其他组织被依法吊销营业执照、责令关闭、撤销或者被宣告破产;三是法律规定或者合伙协议约定合伙人必须具有相关资格而丧失该资格;四是合伙人在合伙企业中的全部财产份额被人民法院强制执行。

实务问答 有限合伙人个人丧失偿债能力,是否属于当然退伙的事由?

个人丧失偿债能力不属于《合伙企业法》规定的有限合伙人当然退伙的事由,因为有限合伙人对有限合伙企业的债务承担的是有限责任而非无限责任,在自然人有限合伙人已经向有限合伙企业按期足额缴付了其认缴的出资后丧失偿债能力的情形,有限合伙人丧失偿债能力不应影响其继续作为有限合伙人。不过,有限合伙企业的合伙协议可以约定个人丧失偿债能力也是有限合伙人当然退伙的事由。

链接 《合伙企业法》第48条

第七十九条 【有限合伙人丧失民事行为能力时不得被退伙】 作为有限合伙人的自然人在有限合伙企业存续期间丧失民事行为能力的,其他合伙人不得因此要求其退伙。

注释 有限合伙人的民事行为能力是指有限合伙人通过自己的行为取得民事权利、履行民事义务的能力或资格。有限合伙人对有限合伙企业只进行投资,而不负责事务执行。因此,作为有限合伙人的自然人在有限合伙企业存续期间丧失民事行为能力,并不影响有限合伙企业的正常生产经营活动,其他合伙人不能要求该丧失民事行为能力的合伙人退伙。也就是说,限制行为能力人、无行为能力人可以作为有限合伙人。

第八十条 【有限合伙人死亡或者终止时的资格继受】 作为有限合伙人的自然人死亡、被依法宣告死亡或者作为有限合伙人的法人及其他组织终止时,其继承人或者权利承受人可以依法取得该有限合伙人在有限合伙企业中的资格。

注释 自然人有限合伙人死亡时,《合伙企业法》允许其合法继承人要求继承其在该有限合伙企业中的合伙人资格。不过,是否继承、能否继承有限合伙人资格,需要"依法"进行。此处所说的"依法",应指依照《民法典》关于继承的规定;此外,根据本法第60条关于"有限合伙企业及其合伙人适用本章规定;本章未作规定,适用本法第二章第一节至第五节关于普通合伙企业及其合伙人的规定"的规定,自然人有限合伙人死亡后的合伙人资格的继承问题,还应当符合《合伙企业法》第50条的规定。比如,在死亡的自然人有限合伙人的继承人不愿意继承有限合伙人资格时,自然不存在继承有限合伙人资格的问题;另外,在法律或有限合伙企业的合伙协议对成为有限合伙人的资格和条件有规定或有约定,或者合伙协议对不能成为有限合伙人的其他情形有约定的情况下,能否继承或承继有限合伙人资格,还取决于法律的相关规定和合伙协议的具体约定。

实务问答 法人或非法人组织有限合伙人终止后其权利承受人能否取得其合伙人资格?

法人或非法人组织有限合伙人终止时,《合伙企业法》允许其权利承受人要求承继其在该有限合伙企业中的合伙人资格。考虑到作为有限合伙人的法人或非法人组织在有限合伙企业中的财产份额属于其财产,在其终止时应当根据《民法典》《公司法》《合伙企业法》《企业破产法》或其他相关法律法规的规定进行清算或破产清算,并对其财产进行变卖、拍卖;由于拍卖、变卖作为有限合伙人的法人或非法人组织在有限合伙企业中的财产份额属于转让其在合伙企业中的财产份额的行为,因此,在合伙协议未作约定的情况下,应当结合本法第73条和第74条关于有限合伙人转让财产份额的规定。这也意味着,在有限合伙企业的合伙协议未作明确约定的情况下,作为有限合伙人的法人或非法人组织终止后,其权利承受人将不能直接承继其在该有限合伙企业中的合伙人资格。

第八十一条 【有限合伙人退伙后的责任承担】 有限合伙人退伙后,对基于其退伙前的原因发生的有限合伙企业债务,以其退伙时从有限合伙企业中取回的财产承担责任。

注释 根据本法第2条、第53条、第60条和第81条的规定,第81条的这一规定,包含了以下三层含义:一是以其退伙生效为分界线,有限合伙人退伙后仍然需要对"基于其退伙前的原因发生的有限合伙企业债务"承担清偿责任;二是这种清偿责任是有限的责任,有其责任限额,即不超过其退伙时从有限合伙企业取回的财产的价值,有限合伙企业的相关债务超过其退伙时取回的财产的价值的部分(包括其退伙时实际未从有限合伙企业取回财产的情形),退伙的有限合伙人无须承担责任;三是以其退伙生效为分界线,有限合伙人退伙之后,对于在其退伙后不论因何种原因发生的有限合伙企业债务,因其已不是该有限合伙企业的合伙人,不再承担责任。

与《合伙企业法》第53条类似,本条所说的"退伙",不以办理变更登记为要件,只要与相关有限合伙人退伙有关的决议或协议生效即可。根据《合伙企业法》第95条第3款,在发生合伙人退伙的情况下,执行事务合伙人如果未按期申请办理变更登记的,应当赔偿由此给合伙企业、其他合伙人或者善意第三人造成的损失。

由于有限合伙人退伙时从有限合伙企业中取回的财产可能会随着时间的流逝而发生物理形态的变化,甚至是毁损、灭失,该等财产的价值也可能发生增加或减少的变动,因此,本条所说的"退伙时从有限合伙企业中取回的财产",应指该有限合伙人在其退伙时从有限合伙企业取回的财产在取回当时的财产价值,这一价值应为根据本法第51条进行的退伙结算所确定的价值。这在相关有限合伙人实际承担责任、确定其责任范围时,尤其如此。

第八十二条 【合伙人类型转变】 除合伙协议另有约定外,普通合伙人转变为有限合伙人,或者有限合伙人转变为普通合伙人,应当经全体合伙人一致同意。

注释 由于有限合伙企业的有限合伙人与普通合伙人承担的责任不同、所享有的权利也不同，有限合伙人或普通合伙人身份的转变将对其他合伙人承担的责任和享有的权利产生重大影响，尤其是在普通合伙人转变为有限合伙人的情形，其他普通合伙人对有限合伙企业未能清偿的债务承担的责任实际上是加重了的，所以，有限合伙人或普通合伙人身份的转变原则上需要全体合伙人一致同意，其中也包括拟转变身份的合伙人本人的同意。不过，也允许有限合伙企业的合伙协议对此作出不同的约定，比如约定有限合伙人转变为普通合伙人或者普通合伙人转变为有限合伙人无须全体合伙人一致同意、只需部分合伙人同意或执行事务合伙人同意即可。

第八十三条　【有限合伙人转变为普通合伙人的债务承担】 有限合伙人转变为普通合伙人的，对其作为有限合伙人期间有限合伙企业发生的债务承担无限连带责任。

注释 本条所说的"转变为普通合伙人"，不以完成变更登记为要件，应以关于有限合伙人转为普通合伙人的决议或协议生效之日为准。本条所说的"作为有限合伙人期间"，始于该合伙人成为有限合伙企业的有限合伙人之日，止于关于该合伙人转为普通合伙人的决议或协议生效之日，均不以工商登记或变更登记为要件。

有限合伙企业的有限合伙人转变为普通合伙人，其承担的责任加重了：一是对于有限合伙企业在其转变为普通合伙人之后发生的债务，其承担的责任由原来的有限责任变成了无限责任，并且还需要与其他普通合伙人(如有数个普通合伙人)对该等债务承担连带清偿责任。二是对于有限合伙企业在其转变为普通合伙人之前发生的但未清偿债务，其承担的责任也由有限责任变成了无限责任，并且需要与其他普通合伙人(如有数个普通合伙人)对该等债务承担连带清偿责任。

因此，有限合伙企业的有限合伙人选择转变为普通合伙人时，应当慎之又慎。

链接 《合伙企业法》第39、91条

第八十四条　【普通合伙人转变为有限合伙人的债务承担】 普通合伙人转变为有限合伙人的，对其作为普通合伙人期间合伙企业发生的债务承担无限连带责任。

注释 有限合伙企业的普通合伙人转变为有限合伙人，其承担的责任减轻了：尽管仍然需要对有限合伙企业在其转变为有限合伙人之前发生的债务承担无限责任并与其他普通合伙人对该等债务承担连带清偿责任，但是，对有限合伙企业在其转变为有限合伙人之后发生的债务，则只需承担有限责任(以其认缴的出资额为限)。

链接 《合伙企业法》第39、91条

第四章　合伙企业解散、清算

第八十五条　【解散的情形】 合伙企业有下列情形之一的，应当解散：

(一)合伙期限届满，合伙人决定不再经营；

(二)合伙协议约定的解散事由出现；

(三)全体合伙人决定解散；

(四)合伙人已不具备法定人数满三十天；

(五)合伙协议约定的合伙目的已经实现或者无法实现；

(六)依法被吊销营业执照、责令关闭或者被撤销；

(七)法律、行政法规规定的其他原因。

注释 合伙企业的解散

(1)定义。合伙企业的解散是指合伙企业因某些法律事实的发生而使其民事主体资格归于消灭的法律行为。

(2)解散事由。合伙企业解散的事由，又称为合伙企业解散的原因，它是指导致合伙企业解散的法律事实。根据合伙企业解散是否出于自愿，合伙企业解散的事由分为两类：一类是任意解散事由；另一类是强制解散事由。前者是基于合伙企业合伙人的自愿而解散；后者是合伙企业基于法律或者行政法规的规定而被迫解散。

实务问答 1. 全体合伙人决定解散合伙企业是否需要具体原因？

只要全体合伙人一致同意，即使没有具体的原因也可以作出解散合伙企业的决定；只要全体合伙人依法作出了解散合伙企业的决定，就应当根据本法第86条的规定开始清算。

2. 如何认定"合伙目的已经实现"或者"合伙目的已经无法实现"？

对此，《合伙企业法》本身未作规定；实务中，不同的法院有不同的处理意见。有的法院认为，合伙企业的人合性较强，在合伙人丧失相互信任的情况下，可以认定合伙企业的合伙目的已经无法实现。有的法院认为，合伙企业处于严重亏损状态,也属于合伙目的无法实现。不过,也有的法院认为,不能仅仅以合伙人之间丧失相互信任为依据来认定合伙企业的合伙目的无法实现,而应当结合合伙协议的约定、是否有利于合伙企业及其合伙人的权益保护、是否有利于已接受投资主体的利益保护、是否有利于市场经济秩序的稳定健康发展等综合考虑。

第八十六条 【清算】合伙企业解散,应当由清算人进行清算。

清算人由全体合伙人担任;经全体合伙人过半数同意,可以自合伙企业解散事由出现后十五日内指定一个或者数个合伙人,或者委托第三人,担任清算人。

自合伙企业解散事由出现之日起十五日内未确定清算人的,合伙人或者其他利害关系人可以申请人民法院指定清算人。

注释 合伙企业的清算

合伙企业清算,是指合伙企业解散宣告后,依照法定程序清偿合伙企业债权债务,处理合伙企业剩余财产,待了结合伙企业各种法律关系后,向企业登记机关申请注销登记,使合伙企业资格归于消灭的程序。

清算内容

合伙企业的清算主要包括以下内容:

(1)确定清算人。具体分为三种情形:一是由全体合伙人担任清算人。二是由合伙人指定或者委托清算人。三是由人民法院指定清算人。

(2)清算人依法执行相关事务。

(3)通知债权人。

(4)依法定顺序清偿债务。

(5)清算结束申请注销登记。

(6)注销登记后合伙人依法承担责任。

链接《公司法》第184条

第八十七条 【清算人在清算期间所执行的事务】清算人在清算期间执行下列事务:

(一)清理合伙企业财产,分别编制资产负债表和财产清单;

(二)处理与清算有关的合伙企业未了结事务;

(三)清缴所欠税款;

(四)清理债权、债务;

(五)处理合伙企业清偿债务后的剩余财产;

(六)代表合伙企业参加诉讼或者仲裁活动。

第八十八条 【债权申报】清算人自被确定之日起十日内将合伙企业解散事项通知债权人,并于六十日内在报纸上公告。债权人应当自接到通知书之日起三十日内,未接到通知书的自公告之日起四十五日内,向清算人申报债权。

债权人申报债权,应当说明债权的有关事项,并提供证明材料。清算人应当对债权进行登记。

清算期间,合伙企业存续,但不得开展与清算无关的经营活动。

注释 清算人通知、公告债权人的义务

(1)在通知方式方面,在合伙企业清算时,清算人不仅需要对合伙企业的债权人逐一进行通知,还应当在报纸上进行公告;通知与公告缺一不可,既不能以经已通知了合伙企业的所有债权人为由不进行公告,也不能以进行了公告为由不逐一通知合伙企业的债权人。

(2)在通知期限方面,清算人应当在被确定之日起10日内完成已知债权人的逐一通知工作,并在被确定之日起六十日内完成公告的刊登工作。

(3)在通知的内容方面,清算人通知、公告债权人的内容至少应当包括两个方面:一方面,合伙企业解散的事项;另一方面,债权人向清算人申报债权的安排,包括申报期限、申报材料、联系方式等。

《合伙企业法》虽然没有对合伙企业清算时未依法通知、公告债权人的行为规定相应的法律责任。但是一般认为,如果清算人在合伙企业清算时未依法通知、公告债权人,导致债权人未及时申报债权而未获清偿,债权人也可以主张清算人成员对因此造成的损失承担赔偿责任。

实务问答 1.在合伙企业清算的情形下,清算人是否需要通知合伙企业的债权人?

《合伙企业法》对此未作规定。但结合第87条关于清算人"处理与清算有关的合伙企业未了结事务""清缴所欠税款""清理债权、债务"的职权的规定,清算人应逐一通知合伙企业的债权人为宜。

2.合伙企业在清算期间是否仍然具有相应的主体资格?

第88条第3款使用了"清算期间,合伙企业存续"的表述,结合《民法典》第108条关于"非法人组织除适用本章规定外,参照适用本编第三章第一节的有关规定"和《民法典》第三章第一节中

第59条关于"法人的民事权利能力和民事行为能力，从法人成立时产生，到法人终止时消灭"的规定，在清算期间、注销登记之前，合伙企业是存续的，其主体资格仍然存在，仍然具有相应的民事主体地位，具有民事权利能力和相应的民事行为能力。在合伙企业清算期间，清算人应当以合伙企业的名义行事。

3. 合伙企业在清算期间开展的与清算无关的经营活动是否无效？

由于《合伙企业法》第88条第3款没有像《合伙企业法》第25条那样针对普通合伙人以其在合伙企业中的财产份额出质的行为使用"合伙人以其在合伙企业中的财产份额出质的，须经其他合伙人一致同意；未经其他合伙人一致同意，其行为无效"的表述，因此，一般认为，《合伙企业法》第88条第3款关于"清算期间，合伙企业存续，但不得开展与清算无关的经营活动"的规定，属于管理性强制性规定，不属于效力性强制性规定；探究该经营活动的效力，应当根据与该经营活动相关的合同等法律文件，结合《民法典》关于合同效力以及民事法律行为的效力的规定加以判断；在不存在《民法典》规定的合同无效或民事法律行为无效的情形时，合伙企业在清算期间开展的与清算无关的经营活动应当是有效的。对此，实务中，法院也有截然相反的意见。因此，合伙企业在清算期间要尽量避免开展与清算无关的经营活动，以免被法院认定为无效行为。

第八十九条　【清偿顺序】 合伙企业财产在支付清算费用和职工工资、社会保险费用、法定补偿金以及缴纳所欠税款、清偿债务后的剩余财产，依照本法第三十三条第一款的规定进行分配。

注释 (1) 首先用于支付合伙企业的清算费用。

清算费用包括：一是管理合伙企业财产的费用，如仓储费、保管费、保险费等；二是处分合伙企业财产的费用，如聘任工作人员的费用等；三是清算过程中的其他费用，如通告债权人的费用、调查债权的费用、咨询费用、诉讼费用等。

(2) 支付合伙企业的清算费用后的清偿顺序：职工工资、社会保险费用和法定补偿金；所欠税款。

这种清偿顺序是法定的，任何人不得违反，否则，清偿无效。这里所称的法定补偿金，是指依照法律、行政法规、规章等的规定应当补偿给职工的有关费用。

(3) 依法清偿后仍有剩余时，对此剩余财产进行分配。

合伙企业的利润分配、亏损分担，按照合伙协议的约定办理；合伙协议未约定或者约定不明确的，由合伙人协商决定；协商不成的，由合伙人按照实缴出资比例分配、分担；无法确定出资比例的，由合伙人平均分配、分担。

第九十条　【注销】 清算结束，清算人应当编制清算报告，经全体合伙人签名、盖章后，在十五日内向企业登记机关报送清算报告，申请办理合伙企业注销登记。

第九十一条　【注销后原普通合伙人的责任】 合伙企业注销后，原普通合伙人对合伙企业存续期间的债务仍应承担无限连带责任。

注释 需要承担责任的债务的范围包括合伙企业在自其成立之日起至注销登记之日止的期限内所发生的但尚未清偿的全部债务，即包括清算费用、职工工资、社会保险费用、法定补偿金、所欠税款以及其他债务，其他债务包括合伙企业在注销之前尚未清偿的对其合伙人或原合伙人的债务。

第九十二条　【破产】 合伙企业不能清偿到期债务的，债权人可以依法向人民法院提出破产清算申请，也可以要求普通合伙人清偿。

合伙企业依法被宣告破产的，普通合伙人对合伙企业债务仍应承担无限连带责任。

注释 合伙企业的债权人向人民法院申请对其实施破产清算的前提条件是："合伙企业不能清偿到期债务"；在合伙企业能够清偿到期债务的情况下，合伙企业的债权人不能申请对其实施破产清算。

关于"不能清偿到期债务"，结合《合伙企业法》第92条第1款和《企业破产法》第135条的规定，可以参考《最高人民法院关于适用〈中华人民共和国企业破产法〉若干问题的规定（一）》（法释〔2011〕22号）第2条的规定加以认定，即下列情形同时存在时，应当认定合伙企业不能清偿到期债务：一是合伙企业与债权人之间的债权债务关系依法成立；二是合伙企业履行债务的期限已经届满；三是合伙企业作为债务人未完全清偿债务。因此，合伙企业的债权人应当对合伙企业不能清偿到期债务承担证明责任。

参考《最高人民法院关于适用〈中华人民共和

国企业破产法〉若干问题的规定（一）》（法释〔2011〕22号）第3条的规定，合伙企业的资产负债表，或者审计报告、资产评估报告等显示其全部资产不足以偿付全部负债的，人民法院应当认定合伙企业的资产不足以清偿全部债务，但有相反证据足以证明合伙企业资产能够偿付全部负债的除外。

第五章　法律责任

第九十三条　【骗取企业登记的法律责任】违反本法规定，提交虚假文件或者采取其他欺骗手段，取得合伙企业登记的，由企业登记机关责令改正，处以五千元以上五万元以下的罚款；情节严重的，撤销企业登记，并处以五万元以上二十万元以下的罚款。

第九十四条　【名称中未标明法定字样的法律责任】违反本法规定，合伙企业未在其名称中标明"普通合伙"、"特殊普通合伙"或者"有限合伙"字样的，由企业登记机关责令限期改正，处以二千元以上一万元以下的罚款。

第九十五条　【未领取营业执照，擅自从事合伙业务及未依法办理变更登记的法律责任】违反本法规定，未领取营业执照，而以合伙企业或者合伙企业分支机构名义从事合伙业务的，由企业登记机关责令停止，处以五千元以上五万元以下的罚款。

合伙企业登记事项发生变更时，未依照本法规定办理变更登记的，由企业登记机关责令限期登记；逾期不登记的，处以二千元以上二万元以下的罚款。

合伙企业登记事项发生变更，执行合伙事务的合伙人未按期申请办理变更登记的，应当赔偿由此给合伙企业、其他合伙人或者善意第三人造成的损失。

第九十六条　【侵占合伙企业财产的法律责任】合伙人执行合伙事务，或者合伙企业从业人员利用职务上的便利，将应当归合伙企业的利益据为己有的，或者采取其他手段侵占合伙企业财产的，应当将该利益和财产退还合伙企业；给合伙企业或者其他合伙人造成损失的，依法承担赔偿责任。

第九十七条　【擅自处理合伙事务的法律责任】合伙人对本法规定或者合伙协议约定必须经全体合伙人一致同意始得执行的事务擅自处理，给合伙企业或者其他合伙人造成损失的，依法承担赔偿责任。

第九十八条　【擅自执行合伙事务的法律责任】不具有事务执行权的合伙人擅自执行合伙事务，给合伙企业或者其他合伙人造成损失的，依法承担赔偿责任。

第九十九条　【违反竞业禁止或与本合伙企业进行交易的规定的法律责任】合伙人违反本法规定或者合伙协议的约定，从事与本合伙企业相竞争的业务或者与本合伙企业进行交易的，该收益归合伙企业所有；给合伙企业或者其他合伙人造成损失的，依法承担赔偿责任。

第一百条　【未依法报送清算报告的法律责任】清算人未依照本法规定向企业登记机关报送清算报告，或者报送清算报告隐瞒重要事实，或者有重大遗漏的，由企业登记机关责令改正。由此产生的费用和损失，由清算人承担和赔偿。

第一百零一条　【清算人执行清算事务时牟取非法收入或侵占合伙企业财产的法律责任】清算人执行清算事务，牟取非法收入或者侵占合伙企业财产的，应当将该收入和侵占的财产退还合伙企业；给合伙企业或者其他合伙人造成损失的，依法承担赔偿责任。

第一百零二条　【清算人违法隐匿、转移合伙企业财产，对资产负债表或者财产清单作虚伪记载，或者在未清偿债务前分配财产的法律责任】清算人违反本法规定，隐匿、转移合伙企业财产，对资产负债表或者财产清单作虚假记载，或者在未清偿债务前分配财产，损害债权人利益的，依法承担赔偿责任。

第一百零三条　【合伙人违反合伙协议的法律责任及争议解决方式】合伙人违反合伙协议的，应当依法承担违约责任。

合伙人履行合伙协议发生争议的，合伙人可以通过协商或者调解解决。不愿通过协商、调解解决或者协商、调解不成的，可以按照合伙协议约定的仲裁条款或者事后达成的书面仲裁协议，向仲裁机构申请仲裁。合伙协议中未订立仲裁条款，事后又没有达成书面仲裁协议的，可以向人民法院起诉。

第一百零四条　【行政管理机关工作人员滥用职权、徇私舞弊、收受贿赂、侵害合伙企业合法权益的法律责任】有关行政管理机关的工作人员违反本法规定,滥用职权、徇私舞弊、收受贿赂,侵害合伙企业合法权益的,依法给予行政处分。

第一百零五条 【刑事责任】违反本法规定,构成犯罪的,依法追究刑事责任。

第一百零六条 【民事赔偿责任和罚款、罚金的承担顺序】违反本法规定,应当承担民事赔偿责任和缴纳罚款、罚金,其财产不足以同时支付的,先承担民事赔偿责任。

第六章 附 则

第一百零七条 【非企业专业服务机构采取合伙制的法律适用】非企业专业服务机构依据有关法律采取合伙制的,其合伙人承担责任的形式可以适用本法关于特殊的普通合伙企业合伙人承担责任的规定。

第一百零八条 【外国企业或个人在中国境内设立合伙企业的管理办法的制定】外国企业或者个人在中国境内设立合伙企业的管理办法由国务院规定。

第一百零九条 【实施日期】本法自2007年6月1日起施行。

中华人民共和国企业破产法

- 2006年8月27日第十届全国人民代表大会常务委员会第二十三次会议通过
- 2006年8月27日中华人民共和国主席令第54号公布
- 自2007年6月1日起施行

第一章 总 则

第一条 为规范企业破产程序,公平清理债权债务,保护债权人和债务人的合法权益,维护社会主义市场经济秩序,制定本法。

第二条 企业法人不能清偿到期债务,并且资产不足以清偿全部债务或者明显缺乏清偿能力的,依照本法规定清理债务。

企业法人有前款规定情形,或者有明显丧失清偿能力可能的,可以依照本法规定进行重整。

第三条 破产案件由债务人住所地人民法院管辖。

第四条 破产案件审理程序,本法没有规定的,适用民事诉讼法的有关规定。

第五条 依照本法开始的破产程序,对债务人在中华人民共和国领域外的财产发生效力。

对外国法院作出的发生法律效力的破产案件的判决、裁定,涉及债务人在中华人民共和国领域内的财产,申请或者请求人民法院承认和执行的,人民法院依照中华人民共和国缔结或者参加的国际条约,或者按照互惠原则进行审查,认为不违反中华人民共和国法律的基本原则,不损害国家主权、安全和社会公共利益,不损害中华人民共和国领域内债权人的合法权益的,裁定承认和执行。

第六条 人民法院审理破产案件,应当依法保障企业职工的合法权益,依法追究破产企业经营管理人员的法律责任。

第二章 申请和受理

第一节 申 请

第七条 债务人有本法第二条规定的情形,可以向人民法院提出重整、和解或者破产清算申请。

债务人不能清偿到期债务,债权人可以向人民法院提出对债务人进行重整或者破产清算的申请。

企业法人已解散但未清算或者未清算完毕,资产不足以清偿债务的,依法负有清算责任的人应当向人民法院申请破产清算。

第八条 向人民法院提出破产申请,应当提交破产申请书和有关证据。

破产申请书应当载明下列事项:
(一)申请人、被申请人的基本情况;
(二)申请目的;
(三)申请的事实和理由;
(四)人民法院认为应当载明的其他事项。

债务人提出申请的,还应当向人民法院提交财产状况说明、债务清册、债权清册、有关财务会计报告、职工安置预案以及职工工资的支付和社会保险费用的缴纳情况。

第九条 人民法院受理破产申请前,申请人可以请求撤回申请。

第二节 受 理

第十条 债权人提出破产申请的,人民法院应当自收到申请之日起五日内通知债务人。债务人对申请有异议的，应当自收到人民法院的通知之日起七日内向人民法院提出。人民法院应当自异议期满之日起十日内裁定是否受理。

除前款规定的情形外，人民法院应当自收到破产申请之日起十五日内裁定是否受理。

有特殊情况需要延长前两款规定的裁定受理期限的，经上一级人民法院批准，可以延长十五日。

第十一条 人民法院受理破产申请的，应当自裁定作出之日起五日内送达申请人。

债权人提出申请的，人民法院应当自裁定作出之日起五日内送达债务人。债务人应当自裁定送达之日起十五日内，向人民法院提交财产状况说明、债务清册、债权清册、有关财务会计报告以及职工工资的支付和社会保险费用的缴纳情况。

第十二条 人民法院裁定不受理破产申请的，应当自裁定作出之日起五日内送达申请人并说明理由。申请人对裁定不服的，可以自裁定送达之日起十日内向上一级人民法院提起上诉。

人民法院受理破产申请后至破产宣告前，经审查发现债务人不符合本法第二条规定情形的，可以裁定驳回申请。申请人对裁定不服的，可以自裁定送达之日起十日内向上一级人民法院提起上诉。

第十三条 人民法院裁定受理破产申请的，应当同时指定管理人。

第十四条 人民法院应当自裁定受理破产申请之日起二十五日内通知已知债权人，并予以公告。

通知和公告应当载明下列事项：

（一）申请人、被申请人的名称或者姓名；

（二）人民法院受理破产申请的时间；

（三）申报债权的期限、地点和注意事项；

（四）管理人的名称或者姓名及其处理事务的地址；

（五）债务人的债务人或者财产持有人应当向管理人清偿债务或者交付财产的要求；

（六）第一次债权人会议召开的时间和地点；

（七）人民法院认为应当通知和公告的其他事项。

第十五条 自人民法院受理破产申请的裁定送达债务人之日起至破产程序终结之日，债务人的有关人员承担下列义务：

（一）妥善保管其占有和管理的财产、印章和账簿、文书等资料；

（二）根据人民法院、管理人的要求进行工作，并如实回答询问；

（三）列席债权人会议并如实回答债权人的询问；

（四）未经人民法院许可，不得离开住所地；

（五）不得新任其他企业的董事、监事、高级管理人员。

前款所称有关人员，是指企业的法定代表人；经人民法院决定，可以包括企业的财务管理人员和其他经营管理人员。

第十六条 人民法院受理破产申请后，债务人对个别债权人的债务清偿无效。

第十七条 人民法院受理破产申请后，债务人的债务人或者财产持有人应当向管理人清偿债务或者交付财产。

债务人的债务人或者财产持有人故意违反前款规定向债务人清偿债务或者交付财产，使债权人受到损失的，不免除其清偿债务或者交付财产的义务。

第十八条 人民法院受理破产申请后，管理人对破产申请受理前成立而债务人和对方当事人均未履行完毕的合同有权决定解除或者继续履行，并通知对方当事人。管理人自破产申请受理之日起二个月内未通知对方当事人，或者自收到对方当事人催告之日起三十日内未答复的，视为解除合同。

管理人决定继续履行合同的，对方当事人应当履行；但是，对方当事人有权要求管理人提供担保。管理人不提供担保的，视为解除合同。

第十九条 人民法院受理破产申请后，有关债务人财产的保全措施应当解除，执行程序应当中止。

第二十条 人民法院受理破产申请后，已经开始而尚未终结的有关债务人的民事诉讼或者仲裁应当中止；在管理人接管债务人的财产后，该诉讼或者仲裁继续进行。

第二十一条 人民法院受理破产申请后，有关债务人的民事诉讼，只能向受理破产申请的人民法院提起。

第三章 管 理 人

第二十二条 管理人由人民法院指定。

债权人会议认为管理人不能依法、公正执行职务或者有其他不能胜任职务情形的,可以申请人民法院予以更换。

指定管理人和确定管理人报酬的办法,由最高人民法院规定。

第二十三条 管理人依照本法规定执行职务,向人民法院报告工作,并接受债权人会议和债权人委员会的监督。

管理人应当列席债权人会议,向债权人会议报告职务执行情况,并回答询问。

第二十四条 管理人可以由有关部门、机构的人员组成的清算组或者依法设立的律师事务所、会计师事务所、破产清算事务所等社会中介机构担任。

人民法院根据债务人的实际情况,可以在征询有关社会中介机构的意见后,指定该机构具备相关专业知识并取得执业资格的人员担任管理人。

有下列情形之一的,不得担任管理人:

(一)因故意犯罪受过刑事处罚;

(二)曾被吊销相关专业执业证书;

(三)与本案有利害关系;

(四)人民法院认为不宜担任管理人的其他情形。

个人担任管理人的,应当参加执业责任保险。

第二十五条 管理人履行下列职责:

(一)接管债务人的财产、印章和账簿、文书等资料;

(二)调查债务人财产状况,制作财产状况报告;

(三)决定债务人的内部管理事务;

(四)决定债务人的日常开支和其他必要开支;

(五)在第一次债权人会议召开之前,决定继续或者停止债务人的营业;

(六)管理和处分债务人的财产;

(七)代表债务人参加诉讼、仲裁或者其他法律程序;

(八)提议召开债权人会议;

(九)人民法院认为管理人应当履行的其他职责。

本法对管理人的职责另有规定的,适用其规定。

第二十六条 在第一次债权人会议召开之前,管理人决定继续或者停止债务人的营业或者有本法第六十九条规定行为之一的,应当经人民法院许可。

第二十七条 管理人应当勤勉尽责,忠实执行职务。

第二十八条 管理人经人民法院许可,可以聘用必要的工作人员。

管理人的报酬由人民法院确定。债权人会议对管理人的报酬有异议的,有权向人民法院提出。

第二十九条 管理人没有正当理由不得辞去职务。管理人辞去职务应当经人民法院许可。

第四章 债务人财产

第三十条 破产申请受理时属于债务人的全部财产,以及破产申请受理后至破产程序终结前债务人取得的财产,为债务人财产。

第三十一条 人民法院受理破产申请前一年内,涉及债务人财产的下列行为,管理人有权请求人民法院予以撤销:

(一)无偿转让财产的;

(二)以明显不合理的价格进行交易的;

(三)对没有财产担保的债务提供财产担保的;

(四)对未到期的债务提前清偿的;

(五)放弃债权的。

第三十二条 人民法院受理破产申请前六个月内,债务人有本法第二条第一款规定的情形,仍对个别债权人进行清偿的,管理人有权请求人民法院予以撤销。但是,个别清偿使债务人财产受益的除外。

第三十三条 涉及债务人财产的下列行为无效:

(一)为逃避债务而隐匿、转移财产的;

(二)虚构债务或者承认不真实的债务的。

第三十四条 因本法第三十一条、第三十二条或者第三十三条规定的行为而取得的债务人的财产,管理人有权追回。

第三十五条 人民法院受理破产申请后,债务人的出资人尚未完全履行出资义务的,管理人应当要求该出资人缴纳所认缴的出资,而不受出资期限的限制。

第三十六条　债务人的董事、监事和高级管理人员利用职权从企业获取的非正常收入和侵占的企业财产，管理人应当追回。

第三十七条　人民法院受理破产申请后，管理人可以通过清偿债务或者提供为债权人接受的担保，取回质物、留置物。

前款规定的债务清偿或者替代担保，在质物或者留置物的价值低于被担保的债权额时，以该质物或者留置物当时的市场价值为限。

第三十八条　人民法院受理破产申请后，债务人占有的不属于债务人的财产，该财产的权利人可以通过管理人取回。但是，本法另有规定的除外。

第三十九条　人民法院受理破产申请时，出卖人已将买卖标的物向作为买受人的债务人发运，债务人尚未收到且未付清全部价款的，出卖人可以取回在运途中的标的物。但是，管理人可以支付全部价款，请求出卖人交付标的物。

第四十条　债权人在破产申请受理前对债务人负有债务的，可以向管理人主张抵销。但是，有下列情形之一的，不得抵销：

（一）债务人的债务人在破产申请受理后取得他人对债务人的债权的；

（二）债权人已知债务人有不能清偿到期债务或者破产申请的事实，对债务人负担债务的；但是，债权人因为法律规定或者有破产申请一年前所发生的原因而负担债务的除外；

（三）债务人的债务人已知债务人有不能清偿到期债务或者破产申请的事实，对债务人取得债权的；但是，债务人的债务人因为法律规定或者破产申请一年前所发生的原因而取得债权的除外。

第五章　破产费用和共益债务

第四十一条　人民法院受理破产申请后发生的下列费用，为破产费用：

（一）破产案件的诉讼费用；

（二）管理、变价和分配债务人财产的费用；

（三）管理人执行职务的费用、报酬和聘用工作人员的费用。

第四十二条　人民法院受理破产申请后发生的下列债务，为共益债务：

（一）因管理人或者债务人请求对方当事人履行双方均未履行完毕的合同所产生的债务；

（二）债务人财产受无因管理所产生的债务；

（三）因债务人不当得利所产生的债务；

（四）为债务人继续营业而应支付的劳动报酬和社会保险费用以及由此产生的其他债务；

（五）管理人或者相关人员执行职务致人损害所产生的债务；

（六）债务人财产致人损害所产生的债务。

第四十三条　破产费用和共益债务由债务人财产随时清偿。

债务人财产不足以清偿所有破产费用和共益债务的，先行清偿破产费用。

债务人财产不足以清偿所有破产费用或者共益债务的，按照比例清偿。

债务人财产不足以清偿破产费用的，管理人应当提请人民法院终结破产程序。人民法院应当自收到请求之日起十五日内裁定终结破产程序，并予以公告。

第六章　债权申报

第四十四条　人民法院受理破产申请时对债务人享有债权的债权人，依照本法规定的程序行使权利。

第四十五条　人民法院受理破产申请后，应当确定债权人申报债权的期限。债权申报期限自人民法院发布受理破产申请公告之日起计算，最短不得少于三十日，最长不得超过三个月。

第四十六条　未到期的债权，在破产申请受理时视为到期。

附利息的债权自破产申请受理时起停止计息。

第四十七条　附条件、附期限的债权和诉讼、仲裁未决的债权，债权人可以申报。

第四十八条　债权人应当在人民法院确定的债权申报期限内向管理人申报债权。

债务人所欠职工的工资和医疗、伤残补助、抚恤费用，所欠的应当划入职工个人账户的基本养老保险、基本医疗保险费用，以及法律、行政法规规定应当支付给职工的补偿金，不必申报，由管理人调查后列出清单并予以公示。职工对清单记载有异议的，可以要求管理人更正；管理人不予更正的，职工可以向人民法院提起诉讼。

第四十九条　债权人申报债权时，应当书面

说明债权的数额和有无财产担保,并提交有关证据。申报的债权是连带债权的,应当说明。

第五十条　连带债权人可以由其中一人代表全体连带债权人申报债权,也可以共同申报债权。

第五十一条　债务人的保证人或者其他连带债务人已经代替债务人清偿债务的,以其对债务人的求偿权申报债权。

债务人的保证人或者其他连带债务人尚未代替债务人清偿债务的,以其对债务人的将来求偿权申报债权。但是,债权人已经向管理人申报全部债权的除外。

第五十二条　连带债务人数人被裁定适用本法规定的程序的,其债权人有权就全部债权分别在各破产案件中申报债权。

第五十三条　管理人或者债务人依照本法规定解除合同的,对方当事人以因合同解除所产生的损害赔偿请求权申报债权。

第五十四条　债务人是委托合同的委托人,被裁定适用本法规定的程序,受托人不知该事实,继续处理委托事务的,受托人以由此产生的请求权申报债权。

第五十五条　债务人是票据的出票人,被裁定适用本法规定的程序,该票据的付款人继续付款或者承兑的,付款人以由此产生的请求权申报债权。

第五十六条　在人民法院确定的债权申报期限内,债权人未申报债权的,可以在破产财产最后分配前补充申报;但是,此前已进行的分配,不再对其补充分配。为审查和确认补充申报债权的费用,由补充申报人承担。

债权人未依照本法规定申报债权的,不得依照本法规定的程序行使权利。

第五十七条　管理人收到债权申报材料后,应当登记造册,对申报的债权进行审查,并编制债权表。

债权表和债权申报材料由管理人保存,供利害关系人查阅。

第五十八条　依照本法第五十七条规定编制的债权表,应当提交第一次债权人会议核查。

债务人、债权人对债权表记载的债权无异议的,由人民法院裁定确认。

债务人、债权人对债权表记载的债权有异议的,可以向受理破产申请的人民法院提起诉讼。

第七章　债权人会议

第一节　一般规定

第五十九条　依法申报债权的债权人为债权人会议的成员,有权参加债权人会议,享有表决权。

债权尚未确定的债权人,除人民法院能够为其行使表决权而临时确定债权额的外,不得行使表决权。

对债务人的特定财产享有担保权的债权人,未放弃优先受偿权利的,对于本法第六十一条第一款第七项、第十项规定的事项不享有表决权。

债权人可以委托代理人出席债权人会议,行使表决权。代理人出席债权人会议,应当向人民法院或者债权人会议主席提交债权人的授权委托书。

债权人会议应当有债务人的职工和工会的代表参加,对有关事项发表意见。

第六十条　债权人会议设主席一人,由人民法院从有表决权的债权人中指定。

债权人会议主席主持债权人会议。

第六十一条　债权人会议行使下列职权:
(一)核查债权;
(二)申请人民法院更换管理人,审查管理人的费用和报酬;
(三)监督管理人;
(四)选任和更换债权人委员会成员;
(五)决定继续或者停止债务人的营业;
(六)通过重整计划;
(七)通过和解协议;
(八)通过债务人财产的管理方案;
(九)通过破产财产的变价方案;
(十)通过破产财产的分配方案;
(十一)人民法院认为应当由债权人会议行使的其他职权。

债权人会议应当对所议事项的决议作成会议记录。

第六十二条　第一次债权人会议由人民法院召集,自债权申报期限届满之日起十五日内召开。

以后的债权人会议,在人民法院认为必要时,或者管理人、债权人委员会、占债权总额四分之一以上的债权人向债权人会议主席提议时召开。

第六十三条 召开债权人会议,管理人应当提前十五日通知已知的债权人。

第六十四条 债权人会议的决议,由出席会议的有表决权的债权人过半数通过,并且其所代表的债权额占无财产担保债权总额的二分之一以上。但是,本法另有规定的除外。

债权人认为债权人会议的决议违反法律规定,损害其利益的,可以自债权人会议作出决议之日起十五日内,请求人民法院裁定撤销该决议,责令债权人会议依法重新作出决议。

债权人会议的决议,对于全体债权人均有约束力。

第六十五条 本法第六十一条第一款第八项、第九项所列事项,经债权人会议表决未通过的,由人民法院裁定。

本法第六十一条第一款第十项所列事项,经债权人会议二次表决仍未通过的,由人民法院裁定。

对前两款规定的裁定,人民法院可以在债权人会议上宣布或者另行通知债权人。

第六十六条 债权人对人民法院依照本法第六十五条第一款作出的裁定不服,债权额占无财产担保债权总额二分之一以上的债权人对人民法院依照本法第六十五条第二款作出的裁定不服的,可以自裁定宣布之日或者收到通知之日起十五日内向该人民法院申请复议。复议期间不停止裁定的执行。

第二节 债权人委员会

第六十七条 债权人会议可以决定设立债权人委员会。债权人委员会由债权人会议选任的债权人代表和一名债务人的职工代表或者工会代表组成。债权人委员会成员不得超过九人。

债权人委员会成员应当经人民法院书面决定认可。

第六十八条 债权人委员会行使下列职权:
(一)监督债务人财产的管理和处分;
(二)监督破产财产分配;
(三)提议召开债权人会议;
(四)债权人会议委托的其他职权。

债权人委员会执行职务时,有权要求管理人、债务人的有关人员对其职权范围内的事务作出说明或者提供有关文件。

管理人、债务人的有关人员违反本法规定拒绝接受监督的,债权人委员会有权就监督事项请求人民法院作出决定;人民法院应当在五日内作出决定。

第六十九条 管理人实施下列行为,应当及时报告债权人委员会:
(一)涉及土地、房屋等不动产权益的转让;
(二)探矿权、采矿权、知识产权等财产权的转让;
(三)全部库存或者营业的转让;
(四)借款;
(五)设定财产担保;
(六)债权和有价证券的转让;
(七)履行债务人和对方当事人均未履行完毕的合同;
(八)放弃权利;
(九)担保物的取回;
(十)对债权人利益有重大影响的其他财产处分行为。

未设立债权人委员会的,管理人实施前款规定的行为应当及时报告人民法院。

第八章 重 整

第一节 重整申请和重整期间

第七十条 债务人或者债权人可以依照本法规定,直接向人民法院申请对债务人进行重整。

债权人申请对债务人进行破产清算的,在人民法院受理破产申请后、宣告债务人破产前,债务人或者出资额占债务人注册资本十分之一以上的出资人,可以向人民法院申请重整。

第七十一条 人民法院经审查认为重整申请符合本法规定的,应当裁定债务人重整,并予以公告。

第七十二条 自人民法院裁定债务人重整之日起至重整程序终止,为重整期间。

第七十三条 在重整期间,经债务人申请,人民法院批准,债务人可以在管理人的监督下自行管理财产和营业事务。

有前款规定情形的,依照本法规定已接管债务人财产和营业事务的管理人应当向债务人移交财产和营业事务,本法规定的管理人的职权由债务人行使。

第七十四条　管理人负责管理财产和营业事务的,可以聘任债务人的经营管理人员负责营业事务。

第七十五条　在重整期间,对债务人的特定财产享有的担保权暂停行使。但是,担保物有损坏或者价值明显减少的可能,足以危害担保权人权利的,担保权人可以向人民法院请求恢复行使担保权。

在重整期间,债务人或者管理人为继续营业而借款的,可以为该借款设定担保。

第七十六条　债务人合法占有的他人财产,该财产的权利人在重整期间要求取回的,应当符合事先约定的条件。

第七十七条　在重整期间,债务人的出资人不得请求投资收益分配。

在重整期间,债务人的董事、监事、高级管理人员不得向第三人转让其持有的债务人的股权。但是,经人民法院同意的除外。

第七十八条　在重整期间,有下列情形之一的,经管理人或者利害关系人请求,人民法院应当裁定终止重整程序,并宣告债务人破产：

（一）债务人的经营状况和财产状况继续恶化,缺乏挽救的可能性；

（二）债务人有欺诈、恶意减少债务人财产或者其他显著不利于债权人的行为；

（三）由于债务人的行为致使管理人无法执行职务。

第二节　重整计划的制定和批准

第七十九条　债务人或者管理人应当自人民法院裁定债务人重整之日起六个月内,同时向人民法院和债权人会议提交重整计划草案。

前款规定的期限届满,经债务人或者管理人请求,有正当理由的,人民法院可以裁定延期三个月。

债务人或者管理人未按期提出重整计划草案的,人民法院应当裁定终止重整程序,并宣告债务人破产。

第八十条　债务人自行管理财产和营业事务的,由债务人制作重整计划草案。

管理人负责管理财产和营业事务的,由管理人制作重整计划草案。

第八十一条　重整计划草案应当包括下列内容：

（一）债务人的经营方案；

（二）债权分类；

（三）债权调整方案；

（四）债权受偿方案；

（五）重整计划的执行期限；

（六）重整计划执行的监督期限；

（七）有利于债务人重整的其他方案。

第八十二条　下列各类债权的债权人参加讨论重整计划草案的债权人会议,依照下列债权分类,分组对重整计划草案进行表决：

（一）对债务人的特定财产享有担保权的债权；

（二）债务人所欠职工的工资和医疗、伤残补助、抚恤费用,所欠的应当划入职工个人账户的基本养老保险、基本医疗保险费用,以及法律、行政法规规定应当支付给职工的补偿金；

（三）债务人所欠税款；

（四）普通债权。

人民法院在必要时可以决定在普通债权组中设小额债权组对重整计划草案进行表决。

第八十三条　重整计划不得规定减免债务人欠缴的本法第八十二条第一款第二项规定以外的社会保险费用；该项费用的债权人不参加重整计划草案的表决。

第八十四条　人民法院应当自收到重整计划草案之日起三十日内召开债权人会议,对重整计划草案进行表决。

出席会议的同一表决组的债权人过半数同意重整计划草案,并且其所代表的债权额占该组债权总额的三分之二以上的,即为该组通过重整计划草案。

债务人或者管理人应当向债权人会议就重整计划草案作出说明,并回答询问。

第八十五条　债务人的出资人代表可以列席讨论重整计划草案的债权人会议。

重整计划草案涉及出资人权益调整事项的,应当设出资人组,对该事项进行表决。

第八十六条　各表决组均通过重整计划草案时,重整计划即为通过。

自重整计划通过之日起十日内,债务人或者管理人应当向人民法院提出批准重整计划的申请。人民法院经审查认为符合本法规定的,应当自收到申请之日起三十日内裁定批准,终止重整程序,并予以公告。

第八十七条 部分表决组未通过重整计划草案的,债务人或者管理人可以同未通过重整计划草案的表决组协商。该表决组可以在协商后再表决一次。双方协商的结果不得损害其他表决组的利益。

未通过重整计划草案的表决组拒绝再次表决或者再次表决仍未通过重整计划草案,但重整计划草案符合下列条件的,债务人或者管理人可以申请人民法院批准重整计划草案:

(一)按照重整计划草案,本法第八十二条第一款第一项所列债权就该特定财产将获得全额清偿,其因延期清偿所受的损失将得到公平补偿,并且其担保权未受到实质性损害,或者该表决组已经通过重整计划草案;

(二)按照重整计划草案,本法第八十二条第一款第二项、第三项所列债权将获得全额清偿,或者相应表决组已经通过重整计划草案;

(三)按照重整计划草案,普通债权所获得的清偿比例,不低于其在重整计划草案被提请批准时依照破产清算程序所能获得的清偿比例,或者该表决组已经通过重整计划草案;

(四)重整计划草案对出资人权益的调整公平、公正,或者出资人组已经通过重整计划草案;

(五)重整计划草案公平对待同一表决组的成员,并且所规定的债权清偿顺序不违反本法第一百一十三条的规定;

(六)债务人的经营方案具有可行性。

人民法院经审查认为重整计划草案符合前款规定的,应当自收到申请之日起三十日内裁定批准,终止重整程序,并予以公告。

第八十八条 重整计划草案未获得通过且未依照本法第八十七条的规定获得批准,或者已通过的重整计划未获得批准的,人民法院应当裁定终止重整程序,并宣告债务人破产。

第三节 重整计划的执行

第八十九条 重整计划由债务人负责执行。

人民法院裁定批准重整计划后,已接管财产和营业事务的管理人应当向债务人移交财产和营业事务。

第九十条 自人民法院裁定批准重整计划之日起,在重整计划规定的监督期内,由管理人监督重整计划的执行。

在监督期内,债务人应当向管理人报告重整计划执行情况和债务人财务状况。

第九十一条 监督期届满时,管理人应当向人民法院提交监督报告。自监督报告提交之日起,管理人的监督职责终止。

管理人向人民法院提交的监督报告,重整计划的利害关系人有权查阅。

经管理人申请,人民法院可以裁定延长重整计划执行的监督期限。

第九十二条 经人民法院裁定批准的重整计划,对债务人和全体债权人均有约束力。

债权人未依照本法规定申报债权的,在重整计划执行期间不得行使权利;在重整计划执行完毕后,可以按照重整计划规定的同类债权的清偿条件行使权利。

债权人对债务人的保证人和其他连带债务人所享有的权利,不受重整计划的影响。

第九十三条 债务人不能执行或者不执行重整计划的,人民法院经管理人或者利害关系人请求,应当裁定终止重整计划的执行,并宣告债务人破产。

人民法院裁定终止重整计划执行的,债权人在重整计划中作出的债权调整的承诺失去效力。债权人因执行重整计划所受的清偿仍然有效,债权未受清偿的部分作为破产债权。

前款规定的债权人,只有在其他同顺位债权人同自己所受的清偿达到同一比例时,才能继续接受分配。

有本条第一款规定情形的,为重整计划的执行提供的担保继续有效。

第九十四条 按照重整计划减免的债务,自重整计划执行完毕时起,债务人不再承担清偿责任。

第九章 和 解

第九十五条 债务人可以依照本法规定,直接向人民法院申请和解;也可以在人民法院受理破产申请后、宣告债务人破产前,向人民法院申请和解。

债务人申请和解,应当提出和解协议草案。

第九十六条 人民法院经审查认为和解申请符合本法规定的,应当裁定和解,予以公告,并召集债权人会议讨论和解协议草案。

对债务人的特定财产享有担保权的权利人，自人民法院裁定和解之日起可以行使权利。

第九十七条 债权人会议通过和解协议的决议，由出席会议的有表决权的债权人过半数同意，并且其所代表的债权额占无财产担保债权总额的三分之二以上。

第九十八条 债权人会议通过和解协议的，由人民法院裁定认可，终止和解程序，并予以公告。管理人应当向债务人移交财产和营业事务，并向人民法院提交执行职务的报告。

第九十九条 和解协议草案经债权人会议表决未获得通过，或者已经债权人会议通过的和解协议未获得人民法院认可的，人民法院应当裁定终止和解程序，并宣告债务人破产。

第一百条 经人民法院裁定认可的和解协议，对债务人和全体和解债权人均有约束力。

和解债权人是指人民法院受理破产申请时对债务人享有无财产担保债权的人。

和解债权人未依照本法规定申报债权的，在和解协议执行期间不得行使权利；在和解协议执行完毕后，可以按照和解协议规定的清偿条件行使权利。

第一百零一条 和解债权人对债务人的保证人和其他连带债务人所享有的权利，不受和解协议的影响。

第一百零二条 债务人应当按照和解协议规定的条件清偿债务。

第一百零三条 因债务人的欺诈或者其他违法行为而成立的和解协议，人民法院应当裁定无效，并宣告债务人破产。

有前款规定情形的，和解债权人因执行和解协议所受的清偿，在其他债权人所受清偿同等比例的范围内，不予返还。

第一百零四条 债务人不能执行或者不执行和解协议的，人民法院经和解债权人请求，应当裁定终止和解协议的执行，并宣告债务人破产。

人民法院裁定终止和解协议执行的，和解债权人在和解协议中作出的债权调整的承诺失去效力。和解债权人因执行和解协议所受的清偿仍然有效，和解债权未受清偿的部分作为破产债权。

前款规定的债权人，只有在其他债权人同自己所受的清偿达到同一比例时，才能继续接受分配。

有本条第一款规定情形的，为和解协议的执行提供的担保继续有效。

第一百零五条 人民法院受理破产申请后，债务人与全体债权人就债权债务的处理自行达成协议的，可以请求人民法院裁定认可，并终结破产程序。

第一百零六条 按照和解协议减免的债务，自和解协议执行完毕时起，债务人不再承担清偿责任。

第十章 破产清算

第一节 破产宣告

第一百零七条 人民法院依照本法规定宣告债务人破产的，应当自裁定作出之日起五日内送达债务人和管理人，自裁定作出之日起十日内通知已知债权人，并予以公告。

债务人被宣告破产后，债务人称为破产人，债务人财产称为破产财产，人民法院受理破产申请时对债务人享有的债权称为破产债权。

第一百零八条 破产宣告前，有下列情形之一的，人民法院应当裁定终结破产程序，并予以公告：

（一）第三人为债务人提供足额担保或者为债务人清偿全部到期债务的；

（二）债务人已清偿全部到期债务的。

第一百零九条 对破产人的特定财产享有担保权的权利人，对该特定财产享有优先受偿的权利。

第一百一十条 享有本法第一百零九条规定权利的债权人行使优先受偿权利未能完全受偿的，其未受偿的债权作为普通债权；放弃优先受偿权利的，其债权作为普通债权。

第二节 变价和分配

第一百一十一条 管理人应当及时拟订破产财产变价方案，提交债权人会议讨论。

管理人应当按照债权人会议通过的或者人民法院依照本法第六十五条第一款规定裁定的破产财产变价方案，适时变价出售破产财产。

第一百一十二条 变价出售破产财产应当通过拍卖进行。但是，债权人会议另有决议的除外。

破产企业可以全部或者部分变价出售。企业

变价出售时,可以将其中的无形资产和其他财产单独变价出售。

按照国家规定不能拍卖或者限制转让的财产,应当按照国家规定的方式处理。

第一百一十三条 破产财产在优先清偿破产费用和共益债务后,依照下列顺序清偿:

(一)破产人所欠职工的工资和医疗、伤残补助、抚恤费用,所欠的应当划入职工个人账户的基本养老保险、基本医疗保险费用,以及法律、行政法规规定应当支付给职工的补偿金;

(二)破产人欠缴的除前项规定以外的社会保险费用和破产人所欠税款;

(三)普通破产债权。

破产财产不足以清偿同一顺序的清偿要求的,按照比例分配。

破产企业的董事、监事和高级管理人员的工资按照该企业职工的平均工资计算。

第一百一十四条 破产财产的分配应当以货币分配方式进行。但是,债权人会议另有决议的除外。

第一百一十五条 管理人应当及时拟订破产财产分配方案,提交债权人会议讨论。

破产财产分配方案应当载明下列事项:

(一)参加破产财产分配的债权人名称或者姓名、住所;

(二)参加破产财产分配的债权额;

(三)可供分配的破产财产数额;

(四)破产财产分配的顺序、比例及数额;

(五)实施破产财产分配的方法。

债权人会议通过破产财产分配方案后,由管理人将该方案提请人民法院裁定认可。

第一百一十六条 破产财产分配方案经人民法院裁定认可后,由管理人执行。

管理人按照破产财产分配方案实施多次分配的,应当公告本次分配的财产和债权额。管理人实施最后分配的,应当在公告中指明,并载明本法第一百一十七条第二款规定的事项。

第一百一十七条 对于附生效条件或者解除条件的债权,管理人应当将其分配额提存。

管理人依照前款规定提存的分配额,在最后分配公告日,生效条件未成就或者解除条件成就的,应当分配给其他债权人;在最后分配公告日,生效条件成就或者解除条件未成就的,应当交付给债权人。

第一百一十八条 债权人未受领的破产财产分配额,管理人应当提存。债权人自最后分配公告之日起满二个月仍不领取的,视为放弃受领分配的权利,管理人或者人民法院应当将提存的分配额分配给其他债权人。

第一百一十九条 破产财产分配时,对于诉讼或者仲裁未决的债权,管理人应当将其分配额提存。自破产程序终结之日起满二年仍不能受领分配的,人民法院应当将提存的分配额分配给其他债权人。

第三节 破产程序的终结

第一百二十条 破产人无财产可供分配的,管理人应当请求人民法院裁定终结破产程序。

管理人在最后分配完结后,应当及时向人民法院提交破产财产分配报告,并提请人民法院裁定终结破产程序。

人民法院应当自收到管理人终结破产程序的请求之日起十五日内作出是否终结破产程序的裁定。裁定终结的,应当予以公告。

第一百二十一条 管理人应当自破产程序终结之日起十日内,持人民法院终结破产程序的裁定,向破产人的原登记机关办理注销登记。

第一百二十二条 管理人于办理注销登记完毕的次日终止执行职务。但是,存在诉讼或者仲裁未决情况的除外。

第一百二十三条 自破产程序依照本法第四十三条第四款或者第一百二十条的规定终结之日起二年内,有下列情形之一的,债权人可以请求人民法院按照破产财产分配方案进行追加分配:

(一)发现有依照本法第三十一条、第三十二条、第三十三条、第三十六条规定应当追回的财产的;

(二)发现破产人有应当供分配的其他财产的。

有前款规定情形,但财产数量不足以支付分配费用的,不再进行追加分配,由人民法院将其上交国库。

第一百二十四条 破产人的保证人和其他连带债务人,在破产程序终结后,对债权人依照破产清算程序未受清偿的债权,依法继续承担清偿责任。

第十一章　法律责任

第一百二十五条　企业董事、监事或者高级管理人员违反忠实义务、勤勉义务,致使所在企业破产的,依法承担民事责任。

有前款规定情形的人员,自破产程序终结之日起三年内不得担任任何企业的董事、监事、高级管理人员。

第一百二十六条　有义务列席债权人会议的债务人的有关人员,经人民法院传唤,无正当理由拒不列席债权人会议的,人民法院可以拘传,并依法处以罚款。债务人的有关人员违反本法规定,拒不陈述、回答,或者作虚假陈述、回答的,人民法院可以依法处以罚款。

第一百二十七条　债务人违反本法规定,拒不向人民法院提交或者提交不真实的财产状况说明、债务清册、债权清册、有关财务会计报告以及职工工资的支付情况和社会保险费用的缴纳情况的,人民法院可以对直接责任人员依法处以罚款。

债务人违反本法规定,拒不向管理人移交财产、印章和账簿、文书等资料的,或者伪造、销毁有关财产证据材料而使财产状况不明的,人民法院可以对直接责任人员依法处以罚款。

第一百二十八条　债务人有本法第三十一条、第三十二条、第三十三条规定的行为,损害债权人利益的,债务人的法定代表人和其他直接责任人员依法承担赔偿责任。

第一百二十九条　债务人的有关人员违反本法规定,擅自离开住所地的,人民法院可以予以训诫、拘留,可以依法并处罚款。

第一百三十条　管理人未依照本法规定勤勉尽责,忠实执行职务的,人民法院可以依法处以罚款;给债权人、债务人或者第三人造成损失的,依法承担赔偿责任。

第一百三十一条　违反本法规定,构成犯罪的,依法追究刑事责任。

第十二章　附　则

第一百三十二条　本法施行后,破产人在本法公布之日前所欠职工的工资和医疗、伤残补助、抚恤费用,所欠的应当划入职工个人账户的基本养老保险、基本医疗保险费用,以及法律、行政法规规定应当支付给职工的补偿金,依照本法第一百一十三条的规定清偿后不足以清偿的部分,以本法第一百零九条规定的特定财产优先于对该特定财产享有担保权的权利人受偿。

第一百三十三条　在本法施行前国务院规定的期限和范围内的国有企业实施破产的特殊事宜,按照国务院有关规定办理。

第一百三十四条　商业银行、证券公司、保险公司等金融机构有本法第二条规定情形的,国务院金融监督管理机构可以向人民法院提出对该金融机构进行重整或者破产清算的申请。国务院金融监督管理机构依法对出现重大经营风险的金融机构采取接管、托管等措施的,可以向人民法院申请中止以该金融机构为被告或者被执行人的民事诉讼程序或者执行程序。

金融机构实施破产的,国务院可以依据本法和其他有关法律的规定制定实施办法。

第一百三十五条　其他法律规定企业法人以外的组织的清算,属于破产清算的,参照适用本法规定的程序。

第一百三十六条　本法自2007年6月1日起施行,《中华人民共和国企业破产法(试行)》同时废止。

中华人民共和国保险法

- 1995 年 6 月 30 日第八届全国人民代表大会常务委员会第十四次会议通过
- 根据 2002 年 10 月 28 日第九届全国人民代表大会常务委员会第三十次会议《关于修改〈中华人民共和国保险法〉的决定》第一次修正
- 2009 年 2 月 28 日第十一届全国人民代表大会常务委员会第七次会议修订
- 根据 2014 年 8 月 31 日第十二届全国人民代表大会常务委员会第十次会议《关于修改〈中华人民共和国保险法〉等五部法律的决定》第二次修正
- 根据 2015 年 4 月 24 日第十二届全国人民代表大会常务委员会第十四次会议《关于修改〈中华人民共和国计量法〉等五部法律的决定》第三次修正

理 解 与 适 用

　　保险法是以保险关系为调整对象的法律规范的总称,也就是以保险组织、保险对象以及保险当事人的权利义务为调整对象的法律规范。其中保险关系是指参与保险活动的主体之间形成的权利义务关系,包括当事人之间依保险合同发生的权利义务关系和国家对保险业进行监督管理过程中所发生的各种关系。保险法通常有广义和狭义之分,广义的保险法既包括保险公法,也包括保险私法;狭义的保险法则仅指保险私法。所谓保险公法,就是有关保险的公法性质的法律,即调整社会公共保险关系的行为规范,主要指保险业法和社会保险法;所谓保险私法,就是调整自然人、法人或其他组织之间保险关系的法律,主要指保险合同法和保险特别法(如海商法中有关海上保险的法律规范)。

　　新中国的保险立法除新中国成立初期制订的几部强制保险条例外,主要是在改革开放后发展起来的。1979 年,国务院决定恢复国内保险业务。1981 年 12 月 13 日颁布的《中华人民共和国经济合同法》中第一次对财产保险合同作了原则性的规定。1983 年 9 月 1 日国务院发布了《财产保险合同条例》,该条例基本具备了保险合同法的框架,适应了当时保险业的发展。1985 年 3 月 3 日国务院又颁发了《保险企业管理暂行条例》。如果说《财产保险合同条例》构建了我国保险合同法的基本框架,《保险企业管理暂行条例》则为我国保险业法的制定打下了基础。1992 年 11 月 7 日通过的《中华人民共和国海商法》第一次以法律的形式对海上保险作出明确规定。1995 年 6 月 30 日,全国人大常委会通过《中华人民共和国保险法》,内容包括总则、财产和人身保险合同、保险公司、保险业的监督管理等。这是新中国成立以来第一部保险基本法,它标志着以保险法为主体、相关法规配套的中国保险法律法规体系的初步形成。随着中国保险监督管理委员会于 1998 年 11 月 18 日宣告成立,我国保险法规体系在组织结构上也逐步走向完善。

　　2002 年为履行我国加入世贸组织的承诺,对保险法曾做过部分修改。保险法的公布施行,对保护保险活动各方当事人的合法权益,规范保险市场秩序,促进保险业的健康发展,发挥了重要作用。随着经济社会的发展,我国保险业在快速发展、取得显著成绩的同时,也出现了一些新的情况和问题。原保险法的一些规定已不能完全适应形势发展的需要,有必要进一步修改完善。保险法修订草案于 2008 年 8 月由国务院提交全国人大常委会审议。全国人大常委会会议于 2008 年 8 月、12 月和 2009 年 2 月三次审议。在 2009 年 2 月 28 日举行的十一届全国人大常委会第七次会议的全体会议上,通过了修订后的保险法。修订后的保险法从 2009 年 10 月 1 日起施行。这次修订是对保险法的一次全面修改,条文数量由修订前的一百五十八条增加到修订后的一百八十七条,绝大多数条款都有修改。此后,全国人大常委会于 2014 年 8 月 31 日、2015 年 4 月 24 日对保险法的部分条文作出了进一步修改。

　　在保险法中,保险合同法是其核心内容。它是关于保险关系双方当事人权利义务的法律规定,通常包括保险合同的订立、效力、履行、终止、变更、解除以及保险合同纠纷的处理等事项。我国保险法第二章是对保险合同的规范,包括三节内容:分别就保险合同的一般规则、人身保险和财产保险两大类保险合同的一些特殊规则进行了规定,基本确立了我国保险合同法的体系和内容。对于实践中发生的保险合同纠纷,如果保险法未规定,则可适用合同法的相关规定;合同法中也未规定的,则可适用民法总则的有关规定。除此之外,其他法律中关于保险合同的具体规定也是我国保险合同法的有机组成部分。目前最重要的就是海商法中关于海上保险合同的规定。

而保险业法,又称为保险组织法、保险业监督法,其内容是有关保险组织的设立、经营、管理、监督、破产、解散和清算等的规定。保险业法的调整对象一般包括:(1)国家在监督和管理保险企业过程中所发生的关系;(2)保险企业相互间因合作、竞争而发生的关系;(3)保险企业在内部管理过程中所发生的关系。我国保险法第三章至第六章规定了对保险业进行监督管理的法律规范,包括保险公司的设立、变更、解散、破产、保险经营规则、保险业的监督管理以及保险中介等。

从我国保险法的规定来看,保险法的作用主要体现在以下几个方面:一是规范保险活动。在中国境内从事的保险活动必须遵循我国保险法的基本原则,并严格按照法律的规定进行。二是保护保险活动当事人的合法权益。我国保险法保护的是保险活动当事人即投保人、被保险人和保险人的合法权益。三是加强对保险业的监督管理。我国保险法明确了国务院保险监督管理机构依法负责对保险业实施监督管理,并在该法第六章保险业监督管理部分具体规定了监督管理的内容,包括保险险种和保险费率的审批或备案、保险监督管理机构的检查以及采取有关行政措施的权力,如调整负责人及有关管理人员、接管和整顿保险公司等。四是促进保险业的健康发展。我国保险法通过规范保险活动,保护保险活动当事人的合法权益和加强对保险业的监督管理,来达到维护保险业公平竞争、促进保险业健康发展的目的。

第一章 总 则

第一条 【立法宗旨】为了规范保险活动,保护保险活动当事人的合法权益,加强对保险业的监督管理,维护社会经济秩序和社会公共利益,促进保险事业的健康发展,制定本法。

注释 在人类的生产与生活中,危险无处不在,给人们的生产、生活造成严重威胁,危险事故的发生则给人们带来伤害和损失。无论是个人还是集体,对危险的损害后果都难以独自承担,对危险进行识别、衡量、防范和控制的要求就很自然地产生了。危险处理的方法有许多种,包括危险回避、损失控制、危险转移、危险自留等。其中危险转移是指通过合理的措施,将危及其损失从一个主体转移给另一个主体,即转移损失发生及其程度的不确定性。危险转移包括两种方式:一种是控制型的危险转移,即转移可能发生危险损失的财产或活动,例如将容易着火的建筑物卖掉,也就不再承担其着火带来的损失;另一种是财务型的危险转移,即通过财务方式转移危险损失。保险就是财务型危险转移方式之一,即通过购买保险将可能发生的危险损失由保险人来承担,以确定的保险费支出代替损失程度的不确定性。

第二条 【调整范围】本法所称保险,是指投保人根据合同约定,向保险人支付保险费,保险人对于合同约定的可能发生的事故因其发生所造成的财产损失承担赔偿保险金责任,或者当被保险人死亡、伤残、疾病或者达到合同约定的年龄、期限等条件时承担给付保险金责任的商业保险行为。

注释 从理论上讲,保险有广义和狭义之分。广义的保险是将商业保险、社会保险与政策保险等一切采取保险方式来处理危险的社会化保险机制都包括在内;狭义的保险则仅指商业保险,即采取商业手段并严格按照市场法则运行的保险机制。我国保险法在本条中明确规定了保险法的调整对象是商业保险活动。

<u>实务问答</u>如何区分商业保险与社会保险?

商业保险与具有社会保障性质的社会保险相比较,具有以下三个特点:一是具有自愿性,商业保险法律关系的确立,是投保人与保险人根据意思自治原则,在平等互利、协商一致的基础上通过自愿订立保险合同来实现的,而社会保险则是通过法律强制实施的;二是具有营利性,商业保险是

一种商业行为，经营商业保险业务的公司无论采取何种组织形式都是以营利为目的，而社会保险则是以保障社会成员的基本生活需要为目的；三是从业务范围及赔偿保险金和支付保障金的原则来看，商业保险既包括财产保险又包括人身保险，投入相应多的保险费，在保险价值范围内就可以取得相应多的保险金赔付，体现的是多投多保、少投少保的原则，而社会保险则仅限于人身保险，并不单纯以投入保险费的多少来加以差别保障，体现的是社会基本保障原则。

第三条　【适用范围】 在中华人民共和国境内从事保险活动，适用本法。

实务问答 外国人、外国保险组织适用我国保险法吗？

按照本条规定，无论是中国自然人、法人还是外国自然人、法人以及无国籍人，只要在中华人民共和国境内从事保险活动，包括处于保险人地位或处于投保人、被保险人、受益人地位的所有保险活动当事人，都必须遵守和执行本法；无论外国保险组织在中国境内有没有设立机构，只要从中国境内吸收投保，并依所订立的保险合同在中国境内履行保险责任，都受本法的约束。同时由于本法第二条已明确规定保险法仅调整商业保险活动，因此，在中国境内从事的所有商业保险活动，包括保险人的业务经营、保险代理人、保险经纪人和保险公估人等的业务活动及其他与保险有关的行为，都适用本法。

第四条　【从事保险活动的基本原则】 从事保险活动必须遵守法律、行政法规，尊重社会公德，不得损害社会公共利益。

第五条　【诚实信用原则】 保险活动当事人行使权利、履行义务应当遵循诚实信用原则。

第六条　【保险业务经营主体】 保险业务由依照本法设立的保险公司以及法律、行政法规规定的其他保险组织经营，其他单位和个人不得经营保险业务。

实务问答 1. 商业保险业务经营主体有什么社会职能？

商业保险是现代市场经济高度发展的大工业社会中的一种经济活动，经营商业保险业务的目的固然在于营利，但从全社会的角度来看，商业保险业务经营主体的社会职能是对减低风险进行组织、管理、计算、研究、赔付和监督的一种服务。由于保险业务直接经营着货币资本，所以它又是一种金融服务。

2. 法律为何需要规范保险业务经营主体？

保险业务涉及众多投保人、被保险人和受益人的利益，如果商业保险业务经营主体经营不当，不能赔付应承担的保险金，不仅会使投保人、被保险人和受益人因保险事故的发生出现的损害得不到补偿，而且会引发社会矛盾和不安定。因此法律为保障社会公共利益，需要对商业保险业务经营主体的成立、管理、投资和终止经营等各个方面予以规范，以保障这种社会财富再分配的顺利进行。长期的保险活动实践也要求商业保险业务经营主体应当实行专业经营原则，也就是说商业保险业务只能由符合法律规定条件的特定商业组织经营。

第七条　【境内投保原则】 在中华人民共和国境内的法人和其他组织需要办理境内保险的，应当向中华人民共和国境内的保险公司投保。

注释 本条规定中的"境内的法人"，既包括依照我国法律设立的具有法人资格的公司、企事业单位、机关和社会团体，也包括经我国政府批准在我国境内设立分支机构的外国法人；本条规定中的"其他组织"，是指依法成立的不具备法人资格的各类组织，包括合伙企业、个人独资企业、未取得法人资格的联营企业等；本条规定中的"境内的保险公司"，是指我国的保险公司以及经批准设立在我国境内的中外合资保险公司和外国保险公司分公司。如果上述境内的法人和其他组织在我国境内从事生产经营或其他活动，需要办理境内保险时，按照本条规定就应当向我国境内的保险公司投保。

第八条　【分业经营原则】 保险业和银行业、证券业、信托业实行分业经营、分业管理，保险公司与银行、证券、信托业务机构分别设立。国家另有规定的除外。

实务问答 何为金融分业经营？何为金融混业经营？

保险业是金融业的重要组成部分。金融分业经营是指银行、证券、保险、信托等金融行业内以及金融业与非金融业实行相互分离经营。金融混业经营是指金融业的混合、交叉经营。本条规定了我国金融业分业经营的原则，即在金融业内部实行专业化经营。严格的分业经营的模式可以简单概括为：一个法人，一个执照，一类业务。

第九条 【保险监督管理机构】国务院保险监督管理机构依法对保险业实施监督管理。

国务院保险监督管理机构根据履行职责的需要设立派出机构。派出机构按照国务院保险监督管理机构的授权履行监督管理职责。

第二章 保险合同

第一节 一般规定

第十条 【保险合同及其主体】保险合同是投保人与保险人约定保险权利义务关系的协议。

投保人是指与保险人订立保险合同，并按照合同约定负有支付保险费义务的人。

保险人是指与投保人订立保险合同，并按照合同约定承担赔偿或者给付保险金责任的保险公司。

实务问答 1. 投保人应该具备哪些条件？

保险合同的当事人即投保人和保险人。投保人作为保险合同的当事人，必须具备以下条件：

一是具有完全的民事权利能力和相应的民事行为能力。民事权利能力是指民事主体依法享有民事权利和承担民事义务的资格；民事行为能力是指民事主体以自己的行为享有民事权利和承担民事义务的能力。《民法典》将自然人的民事行为能力按照年龄、智力、精神健康状况分为完全民事行为能力、限制民事行为能力和无民事行为能力。八周岁以上的未成年人、不能完全辨认自己行为的成年人为限制民事行为能力人，其作为投保人订立保险合同时，需由其法定代理人代理或经其法定代理人同意、追认。未满八周岁的未成年人、不能辨认自己行为的八周岁以上的自然人为无民事行为能力人，通常不能成为保险合同的当事人。

二是投保人须对保险标的具有保险利益。否则不能申请订立保险合同，已订立的合同为无效合同。规定投保人应对保险标的具有保险利益，可以使保险与赌博区别开来，并预防道德风险和限制赔偿金额。

三是投保人须是以自己的名义与保险人订立保险合同的当事人，同时还须依保险合同的约定交纳保险费。保险合同是双务合同和有偿合同，被保险人获得保险保障是以投保人交纳保险费为前提。当投保人为自己的利益投保时，有义务交纳保险费；在为他人利益投保时，也要承担保险费的交付义务。投保人如不按期交纳保险费，保险人可以分情况要求其交付保险费及利息，或者终止保险合同。保险人对终止合同前投保方欠交的保险费及利息，仍有权要求投保方如数补足。

2. 保险人应该具备哪些条件？

保险人应具备以下条件：第一，要有法定资格。保险人经常以各种经营组织形态出现。按照我国《保险法》的规定，保险人必须是依法成立的保险公司。第二，保险公司须以自己的名义订立保险合同。作为一方当事人，保险人只有以自己的名义与投保人签订保险合同后，才能成为保险合同的保险人。

链接 《民法典》第17—24条；《保险法》第6条、第181条；《海商法》第216条

第十一条 【保险合同订立原则】订立保险合同，应当协商一致，遵循公平原则确定各方的权利和义务。

除法律、行政法规规定必须保险的外，保险合同自愿订立。

注释 保险合同和其他民商事合同一样，需要双方当事人协商一致形成合意后才能形成。在合同的订立过程中，双方当事人在法律和法规的允许范围内，经过磋商，做出一个双方均能够接受的意思合意，即构成保险合同。双方当中，任何一方都不能把自己的意愿强加给另一方。

实务问答 如何保护投保人的合同权益？

在实践中，由于保险合同的复杂性和专业性，往往是由保险人制作格式合同，而由投保人签字而形成的，这些内容，并不是双方当事人意思表示合意的表现，有些甚至侵害了投保人的合法利益。这就需要建立起一套保护投保人地位的制度。

首先，要建立起有效的批注制度，手写或事后打印的批注，是双方协商和订立合同时所约定的特别条款，一旦出现批注的内容与格式合同中的条款相矛盾的，则以批注的条款为准，而否认格式条款的效力。《保险法解释①(二)》第十四条明确了这一规则的顺序：(1)投保单与保险单或者其他保险凭证不一致的，以投保单为准。但不一致的情形系经保险人说明并经投保人同意的，以投保人签收的保险单或者其他保险凭证载明的内容为

---

① 《最高人民法院关于适用〈中华人民共和国保险法〉若干问题的解释》，本书中统一简称为《保险法解释》。

准；(2)非格式条款与格式条款不一致的，以非格式条款为准；(3)保险凭证记载的时间不同的，以形成时间在后的为准；(4)保险凭证存在手写和打印两种方式的，以双方签字、盖章的手写部分的内容为准。

其次，有利于投保人和被保险人的解释。《保险法》第三十条对这一解释规则作出了规定，即在条文文意有争议之时，采用有利于当事人的解释方式，以保障投保人的地位与利益。

最后，是保险人的告知义务。《保险法》第十七条第二款明确规定："对保险合同中免除保险人责任的条款，保险人在订立合同时应当在投保单、保险单或者其他保险凭证上作出足以引起投保人注意的提示，并对该条款的内容以书面或者口头形式向投保人作出明确说明；未作提示或者明确说明的，该条款不产生效力。"通过这样的条款，能够使协商一致的民事基本原则得以贯彻实施。①

链接 《民法典》第 147—151 条；《机动车交通事故责任强制保险条例》

第十二条 【保险利益、保险标的】人身保险的投保人在保险合同订立时，对被保险人应当具有保险利益。

财产保险的被保险人在保险事故发生时，对保险标的应当具有保险利益。

人身保险是以人的寿命和身体为保险标的的保险。

财产保险是以财产及其有关利益为保险标的的保险。

被保险人是指其财产或者人身受保险合同保障，享有保险金请求权的人。投保人可以为被保险人。

保险利益是指投保人或者被保险人对保险标的具有的法律上承认的利益。

注释 保险利益又称可保利益，是指投保人或被保险人对投保标的所具有的法律上所承认的利益。它体现了投保人或被保险人与保险标的之间存在的利益关系。衡量投保人或被保险人对保险标的是否具有保险利益的标志主要是看投保人或被保险人是否因保险标的的损害或丧失而遭受经济上的损失，即当保险标的安全时，投保人或被保险人可以从中获益；反之，当保险标的受损，投保人或被保险人必然会遭受经济损失，则投保人或被保险人对该标的具有保险利益。

保险利益是保险合同法特有的制度，财产保险合同的被保险人对保险标的是否具有保险利益直接决定被保险人是否能够请求赔偿保险金。实践中，财产的使用人、租赁人、承运人等非财产所有权人有转移风险的需求，可能向保险公司投保，有些保险公司虽给予承保，却在保险事故发生时以被保险人不是财产所有权人、不具有保险利益为由拒赔，有违诚实信用，不符合保险消费者的合理期待。为此，《保险法解释（二）》第一条规定，不同投保人可以就同一保险标的分别投保，承认财产的使用人、租赁人、承运人等主体对保险标的也具有保险利益，防止保险人滥用保险利益原则拒绝承担保险责任。当然，任何人都不得通过保险合同获得超过损失的赔偿，故被保险人只能在其保险利益范围内依据保险合同主张保险赔偿。

实务问答 1. 财产保险利益如何认定？

财产保险的保险利益产生于当事人与财产标的的利害关系，因此根据财产主体与客体不同的法律关系，可将保险利益分为现在利益、期待利益、责任利益和合同利益等类型。一般来说，投保人或被保险人具有下列情形之一的，可认定有保险利益存在：

（1）对财产标的具有所有权或其他物权等。凡是对财产享有法律上的财产权利，无论是所有权，还是抵押权、留置权、经营权等，也不论此种权利是现在的还是将来的，都可认定有保险利益。

（2）对财产标的物依法占有、使用或保管。经济生活中，通常会出现当事人依法或依约定对他人所有的财产占有、使用或保管的情形。此时占有人、使用人或保管人对财产标的物的毁损灭失依法或依约也具有经济上的利害关系，应认定当事人有保险利益，可以就所占有、使用、保管的财产标的进行投保。

（3）基于合同关系产生的利益。当事人根据彼此之间的合同，需要承担财产损失的风险时，则对该财产具有保险利益。如根据租赁合同或承揽合同，承租人或承揽人对租赁物、加工承揽物负有毁损灭失风险的，则承租人、承揽人对该标的物具有保险利益，可以投保。

（4）法律责任。自然人或法人依法对他人承

---

① 《最高人民法院专家法官阐释疑难问题与案例指导·保险合同卷》，中国法制出版社 2016 年版，第 7—8 页。

担的赔偿责任也是一种保险利益。当事人可以将其可能对他人负有的法律责任进行投保,此时认为他对其法律责任负有保险利益。这种保险利益称为"责任利益"。责任利益一般是指民事赔偿责任,包括侵权责任和合同责任。保险实务上,责任利益包括雇主责任、公众责任、职业责任、代理责任等。

(5)期待利益。期待利益包括消极的期待利益和积极的期待利益。消极的期待利益是指基于现有利益而期待某种责任不发生的利益,主要针对责任保险而言,责任利益就是一种消极的期待利益。积极的期待利益,即当事人对于其现有财产或事业的安全而可获得的利益,如利润利益、营业收入、租金收入等。当事人对积极的期待利益可以投保,保险范围、赔偿标准等一般须在保险单中明确,而且投保人或被保险人对期待利益的存在负有证明之责。

2. 投保人在人身保险合同成立后对被保险人丧失保险利益的,保险合同继续有效吗?

《保险法》第十二条第一款规定,人身保险的投保人在保险合同订立时,对被保险人应当具有保险利益。第三十一条第三款明确规定,订立合同时,投保人对被保险人不具有保险利益的,合同无效。根据以上规定,显然投保人只要在保险合同订立时存在保险利益即可,保险关系存续期间丧失保险利益不影响保险合同的效力。此外,该方式也不会增加被保险人可能遭受的道德风险。因为,根据《保险法》第四十条和四十一条的规定,受益人的指定和变更都必须经过被保险人的同意,被保险人可以通过变更受益人控制道德风险。而且,《保险法》第四十三条也明确规定,投保人故意制造保险事故的,保险人不承担保险责任;受益人故意制造保险事故的,丧失受益权。该规定也将使得故意制造保险事故投保人或者受益人无法获得保险金,故即使投保人在保险期间丧失保险利益,其一般不会有加害被保险人的道德危险。[①]

链接《海商法》第218条

第十三条 【保险合同成立与生效】 投保人提出保险要求,经保险人同意承保,保险合同成立。保险人应当及时向投保人签发保险单或者其他保险凭证。

保险单或者其他保险凭证应当载明当事人双方约定的合同内容。当事人也可以约定采用其他书面形式载明合同内容。

依法成立的保险合同,自成立时生效。投保人和保险人可以对合同的效力约定附条件或者附期限。

注释 订立保险合同是投保人与保险人的双方法律行为,保险合同的订立过程,是投保人和保险人意思表示趋于一致的过程,在双方意思表示一致的基础上,双方最终达成协议,保险合同才能成立。订立保险合同与其他合同一样要经过要约和承诺两个步骤,一方要约,另一方承诺,保险合同即告成立。根据我国《民法典》的有关规定,要约是希望与他人订立合同的意思表示,该意思表示应当符合下列条件:(1)内容具体确定;(2)表明经受要约人承诺,要约人即受该意思表示约束。承诺是受要约人同意要约的意思表示。承诺的内容应当与要约的内容一致。承诺生效时合同成立。

但是,保险合同的成立并不等于生效,这两者的区分已经很明确地规定在了本条的第三款之中:"依法成立的保险合同,自成立时生效。投保人和保险人可以对合同的效力约定附条件或者附期限。"一般来说,合同成立即生效,然而,根据合同的原理,成立的合同并不必然生效,有的可以推迟生效,有的甚至根本就不能发生效力。合同的成立和生效是不同的概念,首先,成立是保险合同本身的一个事实判断,即对合同这样一个法律关系的存在与否作出一个判断。而生效则是一个法律上的价值判断,如果成立的保险合同违反了《民法典》第一编第六章第三节或者第三编第一分编等有关规定或《保险法》规定的其他无效要件,例如在人身保险合同中,投保人在投保时对被保险人的人身并不享有保险利益,此时,即使成立的合同,也会因法律的价值判断要件的不符合而使合同归于无效。当然,同时符合合同的成立要件和生效要件的保险合同,即根据第三款前段的规定,自然发生效力,即合同成立时即生效。

实务问答 保险凭证主要有哪些种类?

载明合同内容的保险凭证主要有以下几种:

(1)保险单。保险单是投保人与保险人之间订立的保险合同的书面凭证,它由保险人签发给

[①] 杜万华主编、最高人民法院民事审判第二庭编著:《最高人民法院关于保险法司法解释(三)理解与适用》,人民法院出版社2015年版,第95—97页。

投保人,是最基本的载明合同内容的形式。

(2)保险凭证。保险凭证是保险人签发给投保人以证明保险合同业已生效的文件,它是一种简化的保险单,与保险单具有同样的作用和效力。

(3)投保单。投保单是投保人向保险人递交的书面要约。为准确迅速处理保险业务,投保单的格式和项目都由保险人设计,附格式条款,并以规范的形式提出。在保险人出立正式保险单后,投保单成为保险合同的组成部分。

(4)暂保单。暂保单是在正式保险单出立之前先给予投保人的一种临时保险凭证,它具有与正式保险单同等法律效力,并于正式保险单交付时自动失效。当然,在订立保险合同过程中,由于保险标的的特殊性不能采用标准保险单时,投保人与保险人需要就保险标的及保险保障的一些问题进行具体的协商,经双方同意可以在保险合同中增加新的内容或对部分合同内容进行修改。如保险人在保险合同之外出具批单,以注明保险单的变动事项,或者在保险合同上记载附加条款,以增加原保险合同的内容,或者采用其他书面协议形式载明合同内容。这里所讲的其他书面协议形式,也就是指前述四种形式之外的书面形式。

链接《民法典》第三编第一分编第二、三章;《海商法》第221条;《保险法解释(一)》第1—5条;《保险法解释(二)》第3、4条

第十四条　【保险合同效力】保险合同成立后,投保人按照约定交付保险费,保险人按照约定的时间开始承担保险责任。

注释保险合同是一种诺成性合同,并不是实践性合同。投保人无需交纳保费,只要合同双方意思表示一致,合同就可以成立。但合同成立并不就等于合同生效。《保险法》第十四条规定,保险合同成立后,投保人按照约定交付保险费,保险人按照约定的时间开始承担保险责任。可见,一般情况下,是合同成立后再交付保险费,是否交付保险费与合同成立之间没有关系。合同是否生效需要法律对当事人的合意进行评判。保险合同可以明确约定以交纳保险费为合同的生效要件。

第十五条　【保险合同解除】除本法另有规定或者保险合同另有约定外,保险合同成立后,投保人可以解除合同,保险人不得解除合同。

注释按照本条的规定,除本法另有规定或者保险合同另有约定外,保险合同成立后,投保人不得解除保险合同。只有在发生本法规定的情形或者保险合同另有约定外,保险人才有权解除保险合同:(1)投保人故意隐瞒事实,不履行如实告知义务的,或者因重大过失未履行如实告知义务,足以影响保险人决定是否同意承保或者提高保险费率的,保险人有权解除保险合同。(2)被保险人或者受益人在未发生保险事故的情况下,谎称发生了保险事故,向保险人提出赔偿或者给付保险金的请求的,保险人有权解除保险合同,并不退还保费。(3)投保人、被保险人故意制造保险事故的,保险人有权解除保险合同,不承担赔偿或者给付保险金的责任。(4)投保人、被保险人未按照约定履行其对保险标的的安全应尽的责任的;保险人有权要求增加保险费或者解除合同。(5)在合同有效期内,保险标的的危险程度显著增加的,被保险人按照合同约定应当及时通知保险人,保险人有权要求增加保险费或者解除合同。(6)保险标的的发生部分损失的,保险人履行了赔偿责任后,除合同约定以外,保险人可以解除合同。(7)投保人申报的被保险人年龄不真实,并且其真实年龄不符合合同约定的年龄限制的,保险人可以解除合同。(8)人身保险合同分期支付保险费的,合同效力中止超过二年的,保险人有权解除合同。

实务问答 1. 以可流动人员的身体作为保险标的的人身保险合同的效力如何认定?

原告王某某之妻陈某某在某保险公司永顺县支公司工作期间,既是该保险公司永顺县支公司的职工,也是该公司工会的会员,有权利享受职工和会员的待遇。某保险公司永顺县支公司从该公司工会出资为其女职工投保,是该公司工会给会员的福利待遇。因保险合同的成立,陈某某以被保险人和受益人的身份成为合同当事人。依照保险法的规定,陈某某享有保险金请求权。在保险合同中,由于有被保险人加入,合同与被保险人利害相关,因此只有在通知并征求被保险人的意见后,才能决定合同的订立、变更或解除。原告王某之妻陈某某从被告调离后,永顺支公司借该人身保险合同为同一人签署的便利,在没有征求陈某某意见的情况下,就以业务批单的形式解除合同。此举违背了《保险法》第十五条的规定,不能发生解除的效力。

人员流动是社会发展的正常现象。以可流动人员的身体作为保险标的的人身保险合同,投保

人在投保时对保险标的具有的保险利益,可能由于人员流动而在投保后发生变化。对人身保险合同,只能根据投保人在投保时是否具有保险利益来确定合同效力,不能随保险合同成立后的人事变化情况来确定合同效力,这样才能保持合同的稳定性。被告永顺支公司以陈某某调离后,永顺支公司已没有可保利益为由,主张本案合同无效,理由不能成立。(参见"王某某诉某人寿保险公司永顺县支公司保险合同纠纷案",载《最高人民法院公报》2001年第4期)

2. 投保人与被保险人不一致时,投保人解除保险合同是否需要经过被保险人同意?

投保人为他人投保,与被保险人、受益人为不同主体时,投保人解除保险合同是否需要经过被保险人或者受益人同意,理论界与实务界确实存在不少争议。《保险法解释(三)》第十七条明确,投保人解除保险合同,无须经过被保险人和受益人的同意,理由在于:一是从保险立法来看,《保险法》第十五条确立了投保人的任意解除权,并没有对其行使进行限制,如要求投保人解除合同需征得被保险人或受益人同意不符合立法精神;二是从合同原理来看,保险合同的当事人是投保人与保险人,被保险人与受益人是保险合同的保障对象和保险金请求权的主体,其权利依附于投保人与保险人之间的合同,而不能影响保险合同的存续;三是从保险行业发展来看,保险单转让与质押是人身保险未来发展的方向之一,这些业务的开展是以投保人能够随时解除保险合同并取得保险单现金价值为条件的,如要求投保人解除合同需要经过被保险人和受益人同意,则可能限制保险单转让与质押业务的开展。基于被保险人与受益人利益保护的需要,《保险法解释(三)》第十七条规定了但书内容。虽然投保人解除保险合同无需经过被保险人与受益人的同意,但是保险合同的存续确实对被保险人与受益人的利益有较大影响,故如果被保险人、受益人同意向投保人支付相当于保险单现金价值的款项,可以承受投保人的合同地位,保险合同无需解除,一方面保护投保人对保险单现金价值的权利,另一方面也照顾到被保险人、受益人的合理期待。①

链接《民法典》第562—566条;《保险法》第16、27、32、37、49、50—52、58条;《海商法》第226—228条

第十六条 【投保人如实告知义务】订立保险合同,保险人就保险标的或者被保险人的有关情况提出询问的,投保人应当如实告知。

投保人故意或者因重大过失未履行前款规定的如实告知义务,足以影响保险人决定是否同意承保或者提高保险费率的,保险人有权解除合同。

前款规定的合同解除权,自保险人知道有解除事由之日起,超过三十日不行使而消灭。自合同成立之日起超过二年的,保险人不得解除合同;发生保险事故的,保险人应当承担赔偿或者给付保险金的责任。

投保人故意不履行如实告知义务的,保险人对于合同解除前发生的保险事故,不承担赔偿或者给付保险金的责任,并不退还保险费。

投保人因重大过失未履行如实告知义务,对保险事故的发生有严重影响的,保险人对于合同解除前发生的保险事故,不承担赔偿或者给付保险金的责任,但应当退还保险费。

保险人在合同订立时已经知道投保人未如实告知的情况的,保险人不得解除合同;发生保险事故的,保险人应当承担赔偿或者给付保险金的责任。

保险事故是指保险合同约定的保险责任范围内的事故。

注释 投保人在订立保险合同时负有如实告知义务。告知是投保人在订立保险合同时对保险人的询问所作的说明或者陈述,包括对事实的陈述、对将来事件或行为的陈述以及对他人陈述的转述。如实告知要求投保人的陈述应当全面、真实、客观,不得隐瞒或故意不回答,也不得编造虚假情况欺骗保险人。投保人不仅应当告知其现时已经知道的情况,而且对于其尚未知道却应当知道的情况,也负有告知义务。如果投保人因重大过失而未知道,也构成对如实告知义务的违反。

本条第七款是对保险事故定义的规定。按照这一款规定,保险事故是指保险合同约定的保险责任范围内的事故,也就是造成保险人承担保险责任的事故。例如,财产保险中的火灾,海上货物运输险中的触礁、沉没等,人身保险中的意外伤

---

① 参见最高人民法院民二庭负责人就《最高人民法院关于适用〈中华人民共和国保险法〉若干问题的解释(三)》答记者问。

害、死亡、疾病等。投保人要求保险人承保的事故项目在保险合同中必须一一列明，从而确定保险人的责任范围。需要指出的是，并不是任何事故均可成为保险人承保的事故，只有具备一定条件的事故才可成为保险事故。构成保险事故应具备以下要件：一是事故须有发生的可能，否则如根本不存在发生的可能性，保险人不能承保；二是事故的发生须不确定，其中又分三种情况，即事故发生与否不确定，或者发生虽确定但发生的时期不确定，或者发生及发生的时间大体确定，但其发生的程度不确定；三是事故的发生须属将来，也就是说其发生须在保险合同订立以后，才可作为保险事故。

实务问答 1. 如何理解如实告知的范围？

保险合同订立时，投保人有义务将保险标的的有关情况向保险人进行如实说明和陈述。但作为一种制度安排，将有关保险标的所有事实情况都进行告知，既不可能，也没有必要；作为一种法定义务，投保人如实告知的范围应当有一个合理的界定。综观各国（地区）的立法与实践，其共识可以概括为：投保人应当如实告知的乃是其所知道的"重要事实"。

根据各国（地区）法律实践以及理论上的共识，所谓重要事实，是指能够影响保险人决定是否承保或以何种费率承保的各种客观事实和情况。我国保险法关于如实告知范围的规定，同样采取了上述原则标准。根据本条第二款，只有投保人未告知的事实"足以影响保险人决定是否同意承保或者提高保险费率的"，保险人才有权解除合同。所谓"足以影响"应当理解为该事实对保险人的承保决定具有实质影响，即如果保险人因投保人未进行告知而不知晓该事实，他的承保行为会违背其真实意愿，而如果保险人知道该事实则将拒绝承保或提高费率水平。例如，投保机动车辆保险，车的用途是家庭自用还是营业使用，如作为出租车，对保险人风险评估、费率适用是有实质影响的。如果投保人隐瞒或者误告了车辆使用性质，则视为违反了如实告知义务，保险人可以解除合同。但是，车辆的颜色，对于保险人是否承保和决定适用何种费率并没有影响。因此，即使投保人错误告知了车辆颜色，保险人也不得解除合同，因为该情况并非重要事实，不在投保人告知义务范围内。

此外，采用当事人哪一方的标准来判断一个客观情况的重要性，对当事人的权利义务影响甚大。对一个具体的纷争来说，未告知的事实是否"足以影响"保险人，应当以谁的标准判断，是个重要的事实认定问题。一般认为，"足以影响"是针对保险人的判断。从逻辑上说，采用审慎的保险人标准是可行的，但基于利益平衡，同时考虑投保人一方的判断能力和合理期待可能更为合理。当然，对特定案例进行判断，还应当综合各种具体情势具体分析。

2. 保险人未询问投保人详细信息，由于自身的主观判断失误造成因信息不符实而不属于保险范围的，保险公司能否因此要求解除合同而拒绝承担赔偿责任？

《保险法》第十六条规定，订立保险合同，保险人就保险标的或者被保险人的有关情况提出询问，投保人应当如实告知。投保人故意隐瞒事实，不履行如实告知义务的，或者因过失未履行如实告知义务，足以影响保险人决定是否同意承保或者提高保险费率的，保险人有权解除保险合同。投保人故意不履行如实告知义务的，保险人对于保险合同解除前发生的保险事故，不承担赔偿或者给付保险金的责任，并不退还保险费。但是投保人的如实告知义务，仅限于保险人询问的事项，而对于保险人未询问的事项则不具有告知义务。保险人在投保人投保时，未进行必要的询问，而通过主观判断操作，使得因投保人的信息不符实而不属于保险范围的，不能认定为投保人违反了如实告知的义务，因此保险合同应当认定为有效，保险公司不能要求解除合同或拒绝承担赔偿责任。（参见"韩某某等诉某人寿保险股份有限公司江苏分公司保险合同纠纷案"，载《最高人民法院公报》2010年第5期）

链接《海商法》第222—224条；《保险法解释（二）》第5—8条

第十七条 【保险人说明义务】订立保险合同，采用保险人提供的格式条款的，保险人向投保人提供的投保单应当附格式条款，保险人应当向投保人说明合同的内容。

对保险合同中免除保险人责任的条款，保险人在订立合同时应当在投保单、保险单或者其他保险凭证上作出足以引起投保人注意的提示，并对该条款的内容以书面或者口头形式向投保人作出明确说明;未作提示或者明确说明的,该条款不产生效力。

注释 所谓免责条款,是指保险合同中载明的保险人不负赔偿或者给付保险金责任的范围的条款。其范围一般包括:战争或者军事行动所造成的损失;保险标的自身的自然损耗;被保险人故意行为造成的事故;其他不属于保险责任范围的损失等。保险合同中规定有关于保险人责任免除条款的,保险人在订立保险合同时应当向投保人明确说明。如果订立保险合同时保险人未向投保人明确说明保险人在何种情况下免责,那么保险合同中关于保险人免责的条款将不产生法律效力。

保险合同中的免责条款就是保险公司不承担责任的条款。可以分成这样几个层次:第一,不属于合同约定的保险责任范畴。无论是否发生保险事故,保险人均不承担保险责任,也可以认为是法定免责条款。第二,合同约定不由保险人承担责任的条款。实际上,这类条款是指保险人在一定条件下不承担保险责任,也是保险人为了自身利益而与投保人协商确定的保险人可以不承担责任的条款。第三,特别免责条款。在一般情况下,保险人应当承担保险责任,不应轻易免责,但在一些特殊条件下保险人是可以免责的。例如,由于被保险人的过错或投保人隐瞒真相和重大事实导致保险人错误保险,或者发生人力所不能抗拒的自然灾害、战争等,或者为降低保险人的风险约定了特殊的免责条款。在保险合同中,就不承担责任的免责条款,保险人一般会用一些特别的声明性的条款引起投保人的重视,并会向投保人作出特别的说明。

保险合同属于专业性很强的合同,应以具有普通正常理性公民所能理解和认识为前提。保险术语,特别是涉及医疗事故、重大疾病保险方面,除非是医学专业人士,普通人一般难以正确认识和掌握。因此,为体现人性化和公平原则,特别是体现保险防灾救灾,减少、抚平损失的精神,更加需要参与合同各方都能正确把握合同意图,体现真实意思表示,避免产生欺诈。

保险人在进行说明时,既可采取重大、晦涩难懂术语的逐文阐释;也可采取重大条款,如免责、限责条款的是否阅读、理解的明知,是否存在疑点、难点需要进一步解释的答问,以选择判断的方式予以说明;还可以在主合同之后的附注中,特别提示投保人应当认真阅读的事项,以及允许提出疑议和修改要求的合理期间,以便于投保人对是否要投保作出正确选择。

实务问答 1. 如何辨别保险合同中的免责条款?

保险合同中的免责条款就是保险公司不承担责任的条款。可以分成以下几个层次:第一,不属于合同约定的保险责任范畴。无论是否发生保险事故,保险人均不承担保险责任,也可以认为是法定免责条款。第二,合同约定不由保险人承担责任的条款。实际上,这类条款是指保险人在一定条件下不承担保险责任,也是保险人为了自身利益而与投保人协商确定的保险人可以不承担责任的条款。第三,特别免责条款。在一般情况下,保险人应当承担保险责任,不应轻易免责,但在一些特殊条件下保险人是可以免责的。例如,由于被保险人的过错,投保人隐瞒真相和重大事实,导致保险人错误保险,或者人力所不能抗拒的自然灾害、战争等,也有的是为了保险人的风险降低,特别约定免责条款。

在保险合同中,保险人不承担责任的免责条款,保险人一般会用特别的一些声明性的条款引起投保人的重视,并会对投保人作出特别的说明,即为免责条款的范畴。

2. 对于免责条款或限责条款的明确说明,保险公司应当以何种形式来履行说明义务?

保险合同属于专业性很强的合同。保险术语,特别是涉及医疗事故、重大疾病保险方面,除非是医学专业人士,一般普通百姓难以正确认识和掌握。因此,为体现人性化和公平原则,特别是体现保险防灾救灾,减少、抚平损失的精神,更加需要参与合同各方都能正确把握合同意图,体现真实意思表示,避免产生欺诈。

保险人在进行说明时,既可采取重大、晦涩难懂术语的逐文阐释;也可采取重大条款,如免责、限责条款的是否阅读、理解的明知,是否存在疑点、难点需要进一步解释的答问,以选择判断的方式予以说明;还可以在主合同之后的附注中,特别提示投保人应当认真阅读的事项,以及允许提出疑议和修改要求的合理期间,以便于投保人对是否要投保作出正确选择。

3. "自助式保险卡"的如实告知义务如何界定?

保险人或其委托的代理人出售"自助式保险

卡"未尽说明义务,又未对相关事项向投保人提出询问,自行代替投保人激活保险卡形成数据电文形式的电子保险单,在保险合同生效后,保险人以电子保险单内容不准确,投保人违反如实告知义务为由主张解除保险合同的,人民法院不予支持。(参见"韩某某等诉某人寿保险股份有限公司江苏分公司保险合同纠纷案",载《最高人民法院公报》2010年第5期)

4. 什么是"免除保险人责任的条款"?

保险人提供的格式合同文本中的责任免除条款、免赔率条款、比例赔付条款,可以认定为《保险法》第十七条第二款规定的"免除保险人责任的条款",保险人应当尽到提示和明确说明义务。(参见"吴某诉某保险公司财产保险合同纠纷案",载《最高人民法院公报》2014年第2期)

链接 《民法典》第496、498条;《海商法》第222、223条;《保险法解释(二)》第9—13、17条;《最高人民法院研究室关于对〈保险法〉第十七条规定的"明确说明"应如何理解的问题的答复》

第十八条 【保险合同内容】保险合同应当包括下列事项:

(一)保险人的名称和住所;

(二)投保人、被保险人的姓名或者名称、住所,以及人身保险的受益人的姓名或者名称、住所;

(三)保险标的;

(四)保险责任和责任免除;

(五)保险期间和保险责任开始时间;

(六)保险金额;

(七)保险费以及支付办法;

(八)保险金赔偿或者给付办法;

(九)违约责任和争议处理;

(十)订立合同的年、月、日。

投保人和保险人可以约定与保险有关的其他事项。

受益人是指人身保险合同中由被保险人或者投保人指定的享有保险金请求权的人。投保人、被保险人可以为受益人。

保险金额是指保险人承担赔偿或者给付保险金责任的最高限额。

注释 保险标的,是指作为保险对象的财产及其有关利益或者人的寿命和身体,它既是确定危险程度和保险利益的重要依据,也是决定保险种类、确

定保险金额和选定保险费率的依据。订立保险合同时,保险标的必须明确记载于保险合同中,这样一方面可以认定投保人是否具有保险利益,另一方面可以确定保险人对哪些承保对象承担保险责任。

保险责任,是指保险人按照合同约定,对于可能发生的事故因其发生所造成的财产损失,或者当被保险人死亡、伤残、疾病或者达到合同约定的年龄、期限时承担的赔偿或者给付保险金的责任。在保险合同中,保险责任条款具体规定了保险人所承担的风险范围,保险种类不同,保险责任也不相同。

实务问答 保险当事人之间如何约定与保险有关的其他事项?

由于保险种类很多,每一个保险人的保险业务方式也不尽相同,因此保险合同除法定记载事项外,投保人和保险人还可以就与保险有关的其他事项作出约定,这些针对其他事项所作的约定也就是保险合同的特约条款。所谓保险合同的特约条款,是指保险合同当事人于基本条款之外,自由约定的履行特种义务的条款,其实质是对基本条款的修正或者限制。在保险实务中保险合同的特约条款具体包括:

(1)附加条款。保险合同当事人双方常常根据需要,在保险单基本条款的基础上,附加一些补充条文,用以扩大或者限制原基本条款中所规定的权利和义务,这些补充就是附加条款,通常主要有:防灾防损条款、危险增加条款、保证条款、退赔条款、无赔偿优惠条款、保险事故通知条款、索赔期限条款、代位求偿条款、保险标的条款、保险标的的过户和保险单的转让条款中的贷款条款、自杀条款、误报年龄条款、年龄限制条款等。

(2)保证条款。保证条款是指保险人要求被保险人保证做或者不做某事,或者保证某事态存在或者不存在,否则就是违背保证;保证如被违背,保险人自被保险人违背保证之日起即有权解除合同,因此保证条款实际上是一种消极性的特约条款。

保险合同中记载的内容不一致的,按照下列规则认定:(1)投保单与保险单或者其他保险凭证不一致的,以投保单为准。但不一致的情形系经保险人说明并经投保人同意的,以投保人签收的保险单或者其他保险凭证载明的内容为准。(2)

非格式条款与格式条款不一致的,以非格式条款为准。(3)保险凭证记载的时间不同的,以形成时间在后的为准。(4)保险凭证存在手写和打印两种方式的,以双方签字、盖章的手写部分的内容为准。

链接 《保险法解释(二)》第14条

第十九条 【无效格式条款】采用保险人提供的格式条款订立的保险合同中的下列条款无效:

(一)免除保险人依法应承担的义务或者加重投保人、被保险人责任的;

(二)排除投保人、被保险人或者受益人依法享有的权利的。

实务问答 1. 什么是格式条款?

本条是2009年保险法修改增加的条文,是对格式条款无效的规定。

格式条款是当事人为了重复使用而预先拟定,并在订立合同时未与对方协商的条款。使用格式条款的好处是简洁、省时、方便、降低交易成本,但其弊端是格式条款的提供者极有可能凭借自己的优势地位损害合同相对方的利益,这一点在消费者作为合同相对方的时候特别突出,必须在立法上予以限制。

2. 保险合同格式条款限定被保险人治疗方式被认定无效吗?

保险公司以保险合同格式条款限定被保险人患病时的治疗方式,既不符合医疗规律,也违背保险合同签订的目的。被保险人有权根据自身病情选择最佳的治疗方式,而不必受保险合同关于治疗方式的限制。保险公司不能以被保险人没有选择保险合同指定的治疗方式而免除自己的保险责任。(参见"王某诉某人寿保险公司淮安市楚州支公司保险合同纠纷案",载《最高人民法院公报》2015年第12期)

链接 《民法典》第497条

第二十条 【保险合同变更】投保人和保险人可以协商变更合同内容。

变更保险合同的,应当由保险人在保险单或者其他保险凭证上批注或者附贴批单,或者由投保人和保险人订立变更的书面协议。

注释 保险合同内容的变更即体现双方权利义务关系的合同条款变更,可分为两种情况:一是投保人根据需要而变更合同的某些条款,如延长或者缩短保险期,增加或减少保险费等。二是当情况发生变化,依照法律规定,必须变更保险合同的内容时,投保人需及时通知保险人更改合同的某些条款。实践中保险合同内容的变更是经常的,如财产保险中,标的种类的变化、数量的增减、存放地点、占用性质、危险程度、危险责任、保险期限、保险金额、保险费缴纳办法等内容变化;人身保险被保险人职业的变化,保险金额的增减、缴费方法的变更等,都可能引起保险合同的变更。

实务问答 如何变更保险合同的内容?

保险合同内容的变更会影响到保险合同当事人的权益及保险风险的大小,因此,保险合同的变更应当采用法定形式,经过一定的法律程序方可实施。依照本条第二款的规定,变更保险合同的,应当由保险人在保险单或者其他保险凭证上批注或者附贴批单,或者由投保人和保险人订立变更的书面协议。这也就是说,变更保险合同的法定形式有两种:一是由保险人在原保险单或者其他保险凭证上批注或者附贴批单;二是由投保人和保险人订立变更的书面协议。其中批单是变更保险合同时使用的一种保险单证,上面列明变更的条款内容,一般附贴在原保单或保险凭证之上,批单需由保险人签署。

链接 《民法典》第543条;《海商法》第229、230条

第二十一条 【通知义务】投保人、被保险人或者受益人知道保险事故发生后,应当及时通知保险人。故意或者因重大过失未及时通知,致使保险事故的性质、原因、损失程度等难以确定的,保险人对无法确定的部分,不承担赔偿或者给付保险金的责任,但保险人通过其他途径已经及时知道或者应当及时知道保险事故发生的除外。

注释 适用上述规定,应当注意以下三点:一是投保人、被保险人或者受益人主观上必须是出于故意或者重大过失;二是保险人不能通过其他途径已经及时知道或者应当及时知道保险事故发生;三是保险人不承担赔偿或者给付保险金的责任的范围仅限于保险事故的性质、原因、损失程度等难以确定的部分。

第二十二条 【协助义务】保险事故发生后,按照保险合同请求保险人赔偿或者给付保险金时,投保人、被保险人或者受益人应当向保险人提供其所能提供的与确认保险事故的性质、原因、损失程度等有关的证明和资料。

保险人按照合同的约定,认为有关的证明和

资料不完整的，应当及时一次性通知投保人、被保险人或者受益人补充提供。

实务问答 本条所称的"有关的证明和资料"是指哪些？

这里所讲的"有关的证明和资料"主要是指：(1)保险单或者保险凭证的正本；(2)已支付保险费的凭证；(3)账册、收据、发票、装箱单、运输合同等有关保险财产的原始单据；(4)身份证、工作证、户口簿或者其他有关人身保险的被保险人姓名、年龄、职业等情况的证明材料；(5)确认保险事故的性质、原因、损失程度等的证明和资料，如调查检验报告、出险证明书、损害鉴定、被保险人死亡证明或者丧失劳动能力程度鉴定、责任案件的结论性意见等；(6)索赔清单，如受损财产清单、各种费用清单、其他要求保险人给付的详细清单等。

第二十三条　【理赔】保险人收到被保险人或者受益人的赔偿或者给付保险金的请求后，应当及时作出核定；情形复杂的，应当在三十日内作出核定，但合同另有约定的除外。保险人应当将核定结果通知被保险人或者受益人；对属于保险责任的，在与被保险人或者受益人达成赔偿或者给付保险金的协议后十日内，履行赔偿或者给付保险金义务。保险合同对赔偿或者给付保险金的期限有约定的，保险人应当按照约定履行赔偿或者给付保险金义务。

保险人未及时履行前款规定义务的，除支付保险金外，应当赔偿被保险人或者受益人因此受到的损失。

任何单位和个人不得非法干预保险人履行赔偿或者给付保险金的义务，也不得限制被保险人或者受益人取得保险金的权利。

实务问答 理赔核定期间的起算点如何认定？

保险理赔是最易引起保险纠纷的原因之一，理赔难问题一直备受社会大众关注。保险法虽规定了"三十日"理赔核定期间，但并未明确该期间的起算点。为避免保险人拖延赔付，《保险法解释(二)》明确该"三十日"核定期间应自保险人初次收到索赔请求及投保人、被保险人或者受益人提供的有关证明和资料之日起算。保险人主张扣除投保人、被保险人或者受益人补充提供有关证明和资料期间的，人民法院应予支持。扣除期间自保险人根据《保险法》第二十二条规定作出的通知到达投保人、被保险人或者受益人之日起，至投保人、被保险人或者受益人按照通知要求补充提供的有关证明和资料到达保险人之日止。

链接《保险法解释(二)》第15条

第二十四条　【拒绝赔付通知】保险人依照本法第二十三条的规定作出核定后，对不属于保险责任的，应当自作出核定之日起三日内向被保险人或者受益人发出拒绝赔偿或者拒绝给付保险金通知书，并说明理由。

第二十五条　【先行赔付】保险人自收到赔偿或者给付保险金的请求和有关证明、资料之日起六十日内，对其赔偿或者给付保险金的数额不能确定的，应当根据已有证明和资料可以确定的数额先予支付；保险人最终确定赔偿或者给付保险金的数额后，应当支付相应的差额。

实务问答 什么情况下可以先予支付保险金？

具体来讲，符合先予支付保险金的条件是：(1)属于保险责任；(2)收到索赔申请和有关证明、资料之日起满六十日；(3)保险人赔偿或者给付保险金的数额不能确定。如果符合上述条件，保险人应当根据已有证明和资料可以确定的数额，先予支付保险金。修改前的保险法规定先予支付的数额是"可以确定的最低数额"，2009年修改保险法，将其规定为"可以确定的数额"，目的是更好地保护被保险人、受益人的利益。

第二十六条　【诉讼时效】人寿保险以外的其他保险的被保险人或者受益人，向保险人请求赔偿或者给付保险金的诉讼时效期间为二年，自其知道或者应当知道保险事故发生之日起计算。

人寿保险的被保险人或者受益人向保险人请求给付保险金的诉讼时效期间为五年，自其知道或者应当知道保险事故发生之日起计算。

注释 所谓保险金请求权诉讼时效，也就是索赔时效，是指投保人或者被保险人在保险标的因保险事故而遭受损失后，依照保险合同的有关规定，请求保险人给予经济补偿或者给付保险金的权利行使期限。

链接《保险法解释(四)》第18条

第二十七条　【保险欺诈】未发生保险事故，被保险人或者受益人谎称发生了保险事故，向保险人提出赔偿或者给付保险金请求的，保险人有权解除合同，并不退还保险费。

投保人、被保险人故意制造保险事故的，保险人有权解除合同，不承担赔偿或者给付保险金的责任;除本法第四十三条规定外,不退还保险费。

保险事故发生后,投保人、被保险人或者受益人以伪造、变造的有关证明、资料或者其他证据,编造虚假的事故原因或者夸大损失程度的,保险人对其虚报的部分不承担赔偿或者给付保险金的责任。

投保人、被保险人或者受益人有前三款规定行为之一,致使保险人支付保险金或者支出费用的,应当退回或者赔偿。

注释 为保护保险人的合法权益,防止保险欺诈,本条规定严格禁止投保人、被保险人、受益人进行保险欺诈。根据本条规定,投保人、被保险人、受益人进行保险欺诈主要有三种情形:

(1)在未发生保险事故的情况下谎称发生了保险事故。在这种情形下,当事人通常会伪造事故现场,编造事故原因,伪造有关证明文件和资料等,以骗取保险人的信任,非法取得保险金。

(2)故意制造保险事故。如有的以死亡为给付保险金条件的保险合同的投保人,为了获取保险金而杀害被保险人或者造成被保险人伤残、染病;有的财产保险合同的被保险人纵火烧毁保险财产等。在这种情形下,虽然确实发生了被保险人死亡、伤残或者保险财产损失等事故,但这种事故是投保人、被保险人图谋获取保险金而故意制造的,因此这种事故不属于保险合同约定的保险事故。投保人、被保险人故意制造保险事故的行为,显然是一种保险欺诈行为。

(3)保险事故发生后,投保人、被保险人或者受益人以伪造、变造的有关证明、资料或者其他证据,编造虚假的事故原因或者夸大损失程度。这种情形是指确实有保险事故发生,但投保人、被保险人或者受益人并不是根据保险事故实际所造成的人身伤残情况或者财产损失情况提出赔付保险金的请求,而是弄虚作假,伪造证据,夸大人身损害程度或者财产损失程度,企图得到超额的赔付。

实务问答 保险公司故意隐瞒被保险人可以获得保险赔偿的重要事实,对被保险人进行错误诱导,致使被保险人误以为将不能从保险公司获得赔偿,并在此基础上作出同意销案的意思表示,则保险公司的行为是否构成欺诈?

根据《合同法》第五十四条第二款①的规定,一方以欺诈、胁迫的手段或乘人之危,使对方在违背真实意思的情况下订立的合同,受损害方有权请求人民法院或仲裁机构变更或者撤销。而欺诈是指合同一方当事人故意告知对方虚假情况,或者故意隐瞒真实情况,诱使对方当事人作出错误意思表示的行为。保险公司故意隐瞒被保险人可以获得保险赔偿的重要事实,对被保险人进行错误诱导,致使被保险人误以为将不能从保险公司获得赔偿,并在此基础上作出同意销案的意思表示,应认定被保险人作出了不真实的意思表示,保险公司的行为违背诚信原则,因此构成保险合同欺诈。(参见"刘某某诉某财产保险公司保险合同纠纷案",载《最高人民法院公报》2013年第8期)

链接 《刑法》第198条

第二十八条 【再保险】保险人将其承担的保险业务,以分保形式部分转移给其他保险人的,为再保险。

应再保险接受人的要求,再保险分出人应当将其自负责任及原保险的有关情况书面告知再保险接受人。

注释 再保险又称第二次保险也叫分保,是指保险人在原保险合同的基础上,通过订立合同,将其承担的保险业务,以承保形式,部分转移给其他保险人。进行再保险,可以分散保险人的风险,有利于其控制损失,稳定经营。再保险是在原保险合同的基础上建立的。在再保险关系中,直接接受保险业务的保险人称为原保险人,也叫再保险分出人;接受分出保险责任的保险人称为再保险接受人,也叫再保险人。再保险的权利义务关系是由再保险分出人与再保险接受人通过订立再保险合同确立的。再保险合同的存在虽然是以原保险合同的存在为前提,但两者在法律上是各自独立存在的合同,所以再保险的权利义务关系与原保险的权利义务关系,是相互独立的法律关系,不能混淆。

第二十九条 【再保险的保费及赔付】再保险接受人不得向原保险的投保人要求支付保险费。

原保险的被保险人或者受益人不得向再保险接受人提出赔偿或者给付保险金的请求。

再保险分出人不得以再保险接受人未履行再保险责任为由,拒绝履行或者迟延履行其原保险责任。

---

① 对应《民法典》总则编第一百四十八条:"一方以欺诈手段,使对方在违背真实意思的情况下实施的民事法律行为,受欺诈方有权请求人民法院或者仲裁机构予以撤销"。

第三十条　【争议条款解释】采用保险人提供的格式条款订立的保险合同,保险人与投保人、被保险人或者受益人对合同条款有争议的,应当按照通常理解予以解释。对合同条款有两种以上解释的,人民法院或者仲裁机构应当作出有利于被保险人和受益人的解释。

注释　实践中,除少数保险合同外,多数保险合同采取保险人提供的格式条款订立。由于保险的专业性很强,对于投保人、被保险人、受益人来讲,一些术语、名词很难理解,一旦发生纠纷,保险人处于明显的优势地位。为了保护投保人、被保险人、受益人的合法权益,本法第十七条规定保险人应当向投保人说明合同的内容,并对合同中免除保险人责任的条款作出说明,否则,该条款不生效力。同时,依照民法典合同编对格式条款的解释原则,本条规定了对采用格式条款订立的保险合同的解释原则:(1)保险人与投保人、被保险人、受益人对合同条款有争议的,应当按照通常理解予以解释。所谓"通常理解"是指既不采纳保险人的解释,也不采纳投保人、被保险人、受益人的解释,而是按照一般人的理解来解释。(2)如果对合同条款有两种以上通常解释的,人民法院或者仲裁机构应当作出有利于被保险人和受益人的解释。

第二节　人身保险合同

第三十一条　【人身保险利益】投保人对下列人员具有保险利益:

(一)本人;

(二)配偶、子女、父母;

(三)前项以外与投保人有抚养、赡养或者扶养关系的家庭其他成员、近亲属;

(四)与投保人有劳动关系的劳动者。

除前款规定外,被保险人同意投保人为其订立合同的,视为投保人对被保险人具有保险利益。

订立合同时,投保人对被保险人不具有保险利益的,合同无效。

注释　"与投保人有劳动关系的劳动者",这是2009年修订保险法增加的一项。虽然有工伤保险为工伤劳动者提供保障,但工伤保险赔付的范围和限额都有限,不能完全补偿工伤劳动者的损失,故很多用人单位为那些经常出差或风险较大岗位的职工另行购买了意外险,有的企业把为员工购买商业保险作为企业的福利形式,以激励员工为企业创造更多的价值。但是,根据2002年保险法对人身保险中保险利益的规定,单位是不能作为投保人投保人身保险的,这在无形中使单位为员工购买人身保险的程序变得繁杂。有了该条规定,用人单位为员工购买人身保险,就可以直接把自己作为投保人,而无须劳动者同意或签字,简便了操作程序。

实务问答　单位是否可以为自己的职工投保人身险?

任何单位为自己的职工谋取合法利益,都是法律允许并支持的正当行为。由于保险是原某保险公司永顺县支公司的业务,此次保险是该公司为自己的职工投保,这种特殊情况决定了该保险合同上投保人和保险人的签署是同一人,但这与自己和自己签订的无效合同情况不同,仍然属于两个平等民事主体之间签订合同。根据保费出资的实际情况,应认定这个保险合同的投保人是原某保险公司永顺县支公司工会,保险人是该公司。工会在职工同意的情况下为职工投保人身险,是其履行职责的体现。依照《保险法》的规定,原某保险公司永顺县支公司工会对保险标的具有保险利益,本案的人身保险合同是当事人真实意思表示,依法成立有效。(参见"王某某诉某保险公司永顺县支公司保险合同纠纷案",载《最高人民法院公报》2001年第4期)

链接　《保险法解释(二)》第2条;《保险法解释(三)》第3、4条

第三十二条　【申报年龄不真实的处理】投保人申报的被保险人年龄不真实,并且其真实年龄不符合合同约定的年龄限制的,保险人可以解除合同,并按照合同约定退还保险单的现金价值。保险人行使合同解除权,适用本法第十六条第三款、第六款的规定。

投保人申报的被保险人年龄不真实,致使投保人支付的保险费少于应付保险费的,保险人有权更正并要求投保人补交保险费,或者在给付保险金时按照实付保险费与应付保险费的比例支付。

投保人申报的被保险人年龄不真实,致使投保人支付的保险费多于应付保险费的,保险人应当将多收的保险费退还投保人。

注释　保险公司根据人身保险的特点,按照概率计算,确定了承保年龄的最高上限,对超过这一年限的,不予承保。同时,保险公司要以被保险人的年

龄为参照值,根据生命表等计算出死亡概率,确定被保险人在不同年龄段投保时应缴纳的保险费的费率。因此,人身保险合同中被保险人的年龄对保险人决定是否承保、确定保险费率的高低有重大影响。

实务问答 年龄不实对保险费及保险金额的影响应如何计算?

申报年龄不真实,致使投保人支付的保险费多于应付保险费的,保险人应当将多收的保险费退还投保人。

申报年龄不真实,致使投保人支付的保险费少于应付保险费的。保险人发现年龄错报时可以作出更正,并有权要求投保人补交保险费不足部分,或者按保险费不足额调整保险金额,并按调整后的约定给付保险金。调整公式为:

$$应付保险金额 = 约定保险金额 \times \frac{实交保险费}{应交保险费}$$

实交保险费指投保人按错报年龄实际缴纳的保险费,应交保险费按被保险人真实年龄计算应该缴纳的保险费。

例如,A投保人寿保险,保险金额为10万元,其实际年龄为50岁,其保险费本应交10000元,因虚报年龄为40岁,仅仅交费7000元。保险事故发生时,保险人仅需支付:100000×7000/10000 = 70000元。

第三十三条【死亡保险的禁止】 投保人不得为无民事行为能力人投保以死亡为给付保险金条件的人身保险,保险人也不得承保。

父母为其未成年子女投保的人身保险,不受前款规定限制。但是,因被保险人死亡给付的保险金总和不得超过国务院保险监督管理机构规定的限额。

注释 死亡保险合同,是指以被保险人的死亡为保险事故,在事故发生时由保险人给付保险金的合同。死亡保险的被保险人不得是无民事行为能力人,在父母为未成年子女投保的情况下,死亡保险的被保险人可以是无民事行为能力人,但是保险金额总和不得超过规定的限额。

第三十四条【死亡保险合同的效力】 以死亡为给付保险金条件的合同,未经被保险人同意并认可保险金额的,合同无效。

按照以死亡为给付保险金条件的合同所签发的保险单,未经被保险人书面同意,不得转让或者质押。

父母为其未成年子女投保的人身保险,不受本条第一款规定限制。

链接《保险法解释(三)》第1条、第2条、第6条

第三十五条【保险费的支付】 投保人可以按照合同约定向保险人一次支付全部保险费或者分期支付保险费。

第三十六条【逾期支付保险费】 合同约定分期支付保险费,投保人支付首期保险费后,除合同另有约定外,投保人自保险人催告之日起超过三十日未支付当期保险费,或者超过约定的期限六十日未支付当期保险费的,合同效力中止,或者由保险人按照合同约定的条件减少保险金额。

被保险人在前款规定期限内发生保险事故的,保险人应当按照合同约定给付保险金,但可以扣减欠交的保险费。

注释 人身保险合同中约定分期支付保险费的合同,一般是长达几年或者几十年的长期合同。因此,合同双方必须在合同中订明分期支付保险费的具体办法,比如支付保险费的周期、每期支付的时间和数额等。投保人应当严格按照合同的约定如期支付保险费。如果投保人不能按期支付保险费,就会影响合同的效力。因为保险合同是双务合同,投保人依照合同约定按时交纳保险费,保险人按照合同约定承担保险责任。本条对投保人支付首期保险费后,超过合同约定期限支付当期保险费的法律后果规定如下:

(1)合同效力中止。即投保人自保险人催告之日起超过三十日未支付当期保险费,或者超过约定的期限六十日未支付当期保险费的,合同效力中止。"合同效力中止"是指合同暂时失去效力,当满足一定条件后,合同效力还可以恢复,与"合同效力终止"不同。根据本条规定,投保人未按照合同约定期限支付当期保险费,合同效力并不立即中止,而是在一定期限内继续有效,这一期限被称为宽限期。即投保人只要在宽限期届满前支付当期保险费,保险合同就继续有效。否则,将导致合同效力中止。本条规定宽限期,是为了避免在合同生效后,因投保人一时不能按照合同约定的期限支付当期保险费而影响合同的效力,实际上是适当延长了投保人的交费期限。从另一方面来讲,这一规定也有利于保险人,保险人因此可以稳定保费来源。本条对宽限期的具体规定是:

投保人自保险人催告之日起三十日内,或者在合同规定的交费日起六十日内。需要说明的是,如果保险合同对效力中止问题作了约定,应当适用合同的约定,不适用本条的规定。

(2)由保险人按照合同约定的条件减少保险金额。即宽限期届满后投保人仍未交纳保险费的,保险人用减少保险金额的办法来折抵投保人未交的保险费。因为保险金额的大小与缴纳保险费的多少是成正比的。因此,本条规定保险人可以减少保险金额以折抵投保人未按规定缴纳的保险费,从而继续维持合同的效力。根据本条规定,如果采用这种办法,保险人应当按照合同约定的条件减少保险金额,而不能随意减少。

(3)如前所述,在宽限期内保险合同的效力依然存在。因此,本条第二款规定,对在此期间发生的保险事故,保险人应当按照合同约定给付保险金。由于投保人未交纳这一期间的保险费,本着公平的原则,本条第二款规定,保险人在给付保险金时可以扣减欠交的保险费。

实务问答 保险公司单方改变双方长期形成的保费缴纳交易习惯导致保单失效的,责任应如何承担?

《合同法》第六十条①规定,当事人应当遵循诚实信用原则,根据合同的性质、目的和交易习惯履行通知、协助、保密等义务。第六十一条②规定,合同生效后,当事人就质量、价款或者报酬、履行地点等内容没有约定或者约定不明确的,可以协议补充;不能达成补充协议的,按照合同有关条款或者交易习惯确定。据此,保险合同未约定保费的具体缴纳方式,但如果投保人与保险人之间长期以来形成了固定的保费缴纳模式的,应认定为构成交易惯例,双方应遵守诚实信用原则,不得擅自改变交易习惯。如果保险公司违反诚实信用原则,单方改变该交易习惯,致使投保人未能及时缴纳保费从而保单失效的,应由保险人承担责任,保险公司无权中止合同效力并解除保险合同。(参见"陆某某诉某保险股份有限公司太仓支公司保险合同纠纷案",载《最高人民法院公报》2013年第11期)

链接《保险法解释(三)》第7条、第8条

第三十七条【合同效力的恢复】合同效力依照本法第三十六条规定中止的,经保险人与投保人协商并达成协议,在投保人补交保险费后,合同效力恢复。但是,自合同效力中止之日起满二年双方未达成协议的,保险人有权解除合同。

保险人依照前款规定解除合同的,应当按照合同约定退还保险单的现金价值。

注释 本条为复效条款。所谓保险合同复效,是指保险合同的效力中止以后重新恢复其效力。在人身保险合同中,投保人因不能如期支付保险费而导致合同效力中止后,既可以重新投保成立新的保险合同,也可以在一定条件下,要求恢复原保险合同的效力。

第三十八条【禁止通过诉讼要求支付保险费】保险人对人寿保险的保险费,不得用诉讼方式要求投保人支付。

第三十九条【受益人的确定】人身保险的受益人由被保险人或者投保人指定。

投保人指定受益人时须经被保险人同意。投保人为与其有劳动关系的劳动者投保人身保险,不得指定被保险人及其近亲属以外的人为受益人。

被保险人为无民事行为能力人或者限制民事行为能力人的,可以由其监护人指定受益人。

实务问答 什么人可以被指定为受益人?

人身保险的受益人,是指人身保险合同中由被保险人或者投保人指定的享有保险金请求权的人。至于什么人可以被指定为受益人,本条未作任何限制,即被保险人或者投保人可以任意指定受益人,包括投保人或者被保险人自己,都可以作为受益人。

链接《保险法解释(三)》第9条

第四十条【受益顺序及份额】被保险人或者投保人可以指定一人或者数人为受益人。

受益人为数人的,被保险人或者投保人可以确定受益顺序和受益份额;未确定受益份额的,受益人按照相等份额享有受益权。

第四十一条【受益人变更】被保险人或者投保人可以变更受益人并书面通知保险人。保险人收到变更受益人的书面通知后,应当在保险单或

---

① 对应《民法典》合同编第五百零九条:"当事人应当按照约定全面履行自己的义务。当事人应当遵循诚信原则,根据合同的性质、目的和交易习惯履行通知、协助、保密等义务。当事人在履行合同过程中,应当避免浪费资源、污染环境和破坏生态。"

② 对应《民法典》合同编第五百一十条:"合同生效后,当事人就质量、价款或者报酬、履行地点等内容没有约定或者约定不明确的,可以协议补充;不能达成补充协议的,按照合同相关条款或者交易习惯确定。"

者其他保险凭证上批注或者附贴批单。

投保人变更受益人时须经被保险人同意。

链接 《保险法解释（三）》第10条、第11条、第13条

第四十二条 【保险金作为遗产情形】 被保险人死亡后，有下列情形之一的，保险金作为被保险人的遗产，由保险人依照《中华人民共和国继承法》的规定履行给付保险金的义务：

（一）没有指定受益人，或者受益人指定不明无法确定的；

（二）受益人先于被保险人死亡，没有其他受益人的；

（三）受益人依法丧失受益权或者放弃受益权，没有其他受益人的。

受益人与被保险人在同一事件中死亡，且不能确定死亡先后顺序的，推定受益人死亡在先。

注释 受益人是享有保险金请求权的人。因此，被保险人死亡后，保险人应当依照合同的约定将保险金给付受益人。本条对因各种原因而没有受益人的情况下，该保险金如何处理作了规定。

实务问答 1. 哪些情况属于没有受益人？

（1）没有指定受益人的。根据本法规定，投保人、被保险人可以指定受益人。投保人指定受益人的，应当经被保险人同意。没有指定受益人，主要是指被保险人生前未指定，投保人指定后被保险人生前未同意等情形。（2）受益人先于被保险人死亡，没有其他受益人的。（3）受益人依法丧失受益权或放弃受益权，没有其他受益人的。受益人依法丧失受益权是指本法规定的受益人故意造成被保险人死亡或者伤残，或者故意杀害被保险人未遂的情况。受益人主动放弃受益权是受益人在享有受益权的前提下主动放弃这种权利。受益权作为一种民事权利，受益人可以放弃。

2. 没有受益人的情况下如何处理保险金？

将保险金作为被保险人的遗产，由保险人依照继承法的规定，向被保险人的继承人履行给付保险金的义务。因为根据本法规定，被保险人是指其人身受保险合同保障，享有保险金请求权的人；被保险人可以指定受益人；投保人指定受益人必须经被保险人同意；被保险人可以为受益人。鉴于此，本条规定，在没有受益人时，保险金作为被保险人的遗产。

链接 《保险法解释（三）》第14、15条；《民法典》

第四十三条 【受益权丧失】 投保人故意造成被保险人死亡、伤残或者疾病的，保险人不承担给付保险金的责任。投保人已交足二年以上保险费的，保险人应当按照合同约定向其他权利人退还保险单的现金价值。

受益人故意造成被保险人死亡、伤残、疾病的，或者故意杀害被保险人未遂的，该受益人丧失受益权。

第四十四条 【被保险人自杀处理】 以被保险人死亡为给付保险金条件的合同，自合同成立或者合同效力恢复之日起二年内，被保险人自杀的，保险人不承担给付保险金的责任，但被保险人自杀时为无民事行为能力人的除外。

保险人依照前款规定不承担给付保险金责任的，应当按照合同约定退还保险单的现金价值。

实务问答 如何认定"自杀"？

对于"自杀"的认定通常需要考虑两个因素：一是要求自杀者有主观的意愿，其行为是建立在故意的动机之下的。二是自杀者的行为造成了死亡的客观事实。实践中通常认为对于无民事行为能力人的主观意愿不能被认定为符合第一个条件。因为无民事行为能力人不能为自己的行为负责，不符合保险中"故意"的条件。

链接 《保险法解释（三）》第21条

第四十五条 【免于赔付情形】 因被保险人故意犯罪或者抗拒依法采取的刑事强制措施导致其伤残或者死亡的，保险人不承担给付保险金的责任。投保人已交足二年以上保险费的，保险人应当按照合同约定退还保险单的现金价值。

注释 所谓故意犯罪，是指明知自己的行为会发生危害社会的结果，并且希望或者放任这种结果发生，因而构成犯罪的情形。

刑事强制措施是指公安机关、人民检察院、人民法院为了有效地同犯罪作斗争，并保障诉讼活动的顺利进行，依法对犯罪嫌疑人、被告人及现行犯所采取的暂时限制或剥夺其人身自由的各种诉讼方法和手段的总称。依据《刑事诉讼法》的规定，刑事强制措施有：拘传、取保候审、监视居住、拘留、逮捕。

实务问答 如何正确认识合同约定条款与犯罪不赔的关系？

实践中，保险合同的责任免除条款通常包括犯罪不赔，而且部分保险公司的条款表述与《保险

法》第四十五条存在一定差异。比如有的合同约定将犯罪或者抗拒依法采取的刑事强制措施，"直接或间接造成被保险人身故、残疾的"均列入免赔范围。有的合同将"拒捕"导致身故作为免责情形。有的合同约定"不法"或"非法"活动导致身故属于免赔情形。这些条款或者将"导致"一词的因果关系扩大至间接导致，或者将故意犯罪扩大至不法行为、违法行为，实际上使得保险人免除责任的情形大于《保险法》第四十五条。在审判实务中，当保险人依据此类约定拒赔时，法院应当如何处理？我们认为，保险条款中的此类条款属于责任减免条款。在具体处理时，应当根据其约定内容分别处理。首先，条款中有关故意犯罪或抗拒依法采取的刑事强制措施导致其伤残或者死亡的内容，如与《保险法》第四十五条一致的，属于保险合同重述法定免责条款。此种约定条款不论保险人有无履行提示和明确说明义务，均当然发生法律效力。其次，保险合同将不法、违法行为导致的死亡、伤残列入保险责任免责事由的，法院应当根据《保险法》第十七条审查该条款是否产生效力。第三，条款就《保险法》第四十五条"导致"一词进行扩大性解释，将故意犯罪间接导致也列入免赔范围的，法院也应当依据《保险法》第十七条审查该条款是否产生效力。①

链接《保险法解释（三）》第 22 条、第 23 条

第四十六条　【保险人禁止追偿】被保险人因第三者的行为而发生死亡、伤残或者疾病等保险事故的，保险人向被保险人或者受益人给付保险金后，不享有向第三者追偿的权利，但被保险人或者受益人仍有权向第三者请求赔偿。

注释 本条在规定保险人向被保险人或者受益人给付保险金后，不得享有向第三者追偿的权利的同时，又规定被保险人或者受益人仍有权向第三者请求赔偿。因为人的生命或者身体是无价的，不能以金钱来衡量。所以，人身保险不适用财产保险的补偿原则，即使被保险人或者受益人从保险人处获得赔偿，也不妨碍其依法向侵权人请求赔偿。当第三者给被保险人造成死亡、伤残或者疾病时，应依法承担相应的民事责任，进行损害赔偿。人身保险是一种给付性的保险，而不是赔偿性的保险。不能因为保险人已向被保险人或者受益人支付了保险金，而剥夺被保险人或者受益人向第三者请求追偿的权利。被保险人或者受

益人享有侵权赔偿请求权和保险金请求权两项权利，从而能够更好地保护被保险人或者受益人的权利。

实务问答 意外伤害保险合同的被保险人在获得第三者侵权赔偿后，是否有权继续要求保险公司理赔？

　　意外伤害保险，是指当被保险人遭受意外伤害时，保险人给予保险金的保险。根据保险法规定，意外伤害保险属于人身保险的范围。财产保险中的"损失补偿原则"规定，保险人向被保险人赔偿后，有权在赔偿金范围内向第三人代位追偿。而在人身保险中，保险人在被保险人从实施致害行为的第三人处获得侵权赔偿后，仍然负有赔付保险金的义务，且保险人向被保险人赔偿后，无权在其赔偿金范围内向第三人代位追偿。因此，财产保险中的"损失补偿原则"不适用于人身保险。同时，被保险人依保险合同取得赔偿系基于保险合同关系；被保险人依受害人身份取得赔偿系基于侵权关系，二者隶属的法律关系不同。对此，保险人不能以第三人已经向被保险人给予赔偿为由拒绝保险理赔，被保险人有权继续要求保险人履行赔付保险金的义务。（参见"冯某某诉某人寿保险有限公司保险合同纠纷案"，载《最高人民法院公报》2007 年第 11 期）

第四十七条　【人身保险合同解除】投保人解除合同的，保险人应当自收到解除合同通知之日起三十日内，按照合同约定退还保险单的现金价值。

链接《保险法解释（三）》第 16 条、第 17 条

第三节　财产保险合同

第四十八条　【财产保险利益】保险事故发生时，被保险人对保险标的不具有保险利益的，不得向保险人请求赔偿保险金。

注释 依据本条规定，财产保险的被保险人在保险事故发生时，对保险标的不具有保险利益的，由于其并没有因为保险事故的发生而产生经济利益的损失，因此保险人不承担赔偿保险金的责任，被保险人不得按照保险合同的约定向保险人请求赔

---

① 参见杜万华主编、最高人民法院民事审判第二庭编著：《最高人民法院关于保险法司法解释（三）理解与适用》，人民法院出版社 2015 年版，第 546—547 页。

偿。同时，根据保险事故对保险标的物造成损害的不同，对保险合同可以有以下几种处理方式：第一，保险标的物因保险事故的发生而灭失的。因为合同标的不存在，保险合同自然终止。第二，保险标的物部分损坏、没有灭失的。因为保险标的仍然存在，保险合同继续有效，如果以后再发生保险事故，且当时被保险人对保险标的具有保险利益的，保险人仍应按照保险合同的约定向被保险人承担赔偿保险金的责任。当然，投保人也可以要求解除保险合同，保险人应依照本法第五十四条的规定，将已经收取的保险费按照合同约定扣除自保险责任开始之日起至合同解除之日止应收的部分后，退还投保人。

链接 《保险法解释（四）》第1条

第四十九条 【保险标的转让】保险标的转让的，保险标的的受让人承继被保险人的权利和义务。

保险标的转让的，被保险人或者受让人应当及时通知保险人，但货物运输保险合同和另有约定的合同除外。

因保险标的转让导致危险程度显著增加的，保险人自收到前款规定的通知之日起三十日内，可以按照合同约定增加保险费或者解除合同。保险人解除合同的，应当将已收取的保险费，按照合同约定扣除自保险责任开始之日起至合同解除之日止应收的部分后，退还投保人。

被保险人、受让人未履行本条第二款规定的通知义务的，因转让导致保险标的的危险程度显著增加而发生的保险事故，保险人不承担赔偿保险金的责任。

注释 所谓保险标的的转让，是指合同中被保险的财产及其有关利益的转让，既包括这些保险财产及其有关利益的所有权发生转让，如买卖、让与、继承等，也包括使用权、经营管理权、抵押权等的转移。

本条对保险标的转让进行了重大修订，将因保险标的的转让而发生的保险合同变更由"通知变更"（即保险标的的转让，投保人或被保险人应当通知保险人，经保险人同意继续承保后，变更保险合同），修改为"自动变更"，有助于实现保险保障的自动延续。从而避免因保险标的的转让与保险人同意承保之间产生保险合同的"空白期"，减少争议。

链接 《保险法解释（四）》第2、4、5条

第五十条 【禁止解除合同】货物运输保险合同和运输工具航程保险合同，保险责任开始后，合同当事人不得解除合同。

注释 在财产保险中，以一次航程或运程来计算保险期间的，为航程保险。货物运输保险属于航程保险，运输工具也有航程保险。航程保险的保险期间不是按日期而是按航程或运程计算，保险责任的起止时间一般采用"仓至仓"条款，就是保险人对保险标的所负的保险责任，从保险单载明的起运地开始，到保险单载明的目的地为止。

链接 《海商法》第227条、第228条

第五十一条 【安全义务】被保险人应当遵守国家有关消防、安全、生产操作、劳动保护等方面的规定，维护保险标的的安全。

保险人可以按照合同约定对保险标的的安全状况进行检查，及时向投保人、被保险人提出消除不安全因素和隐患的书面建议。

投保人、被保险人未按照约定履行其对保险标的的安全应尽责任的，保险人有权要求增加保险费或者解除合同。

保险人为维护保险标的的安全，经被保险人同意，可以采取安全预防措施。

第五十二条 【危险增加通知义务】在合同有效期内，保险标的的危险程度显著增加的，被保险人应当按照合同约定及时通知保险人，保险人可以按照合同约定增加保险费或者解除合同。保险人解除合同的，应当将已收取的保险费，按照合同约定扣除自保险责任开始之日起至合同解除之日止应收的部分后，退还投保人。

被保险人未履行前款规定的通知义务的，因保险标的的危险程度显著增加而发生的保险事故，保险人不承担赔偿保险金的责任。

注释 保险标的危险程度增加，是指保险责任范围内的灾害事故发生的可能性增加，而且这种危险程度增加的情形是合同当事人在订立合同时没有预料到的。保险合同订立和履行过程中，保险标的的情况可能会发生变化，如果发生保险事故的可能性增加，则视为是危险程度增加。由于保险标的的危险程度显著增加直接关系保险人的利益，所以被保险人在知悉后，都应当及时通知保险人。通知的具体时间、方式和范围可以由保险合同约定，被保险人应当按照合同约定履行危险通知义务。

实务问答保险标的因为什么危险程度增加?

保险标的危险程度增加主要有三个方面的原因:一是投保人或被保险人变更保险标的用途所致;二是保险标的自身发生意外引起物理、化学反应;三是保险标的周围环境发生变化。

链接《保险法解释(四)》第4条

第五十三条 【降低保险费】有下列情形之一的,除合同另有约定外,保险人应当降低保险费,并按日计算退还相应的保险费:

(一)据以确定保险费率的有关情况发生变化,保险标的的危险程度明显减少的;

(二)保险标的的保险价值明显减少的。

第五十四条 【保费退还】保险责任开始前,投保人要求解除合同的,应当按照合同约定向保险人支付手续费,保险人应当退还保险费。保险责任开始后,投保人要求解除合同的,保险人应当将已收取的保险费,按照合同约定扣除自保险责任开始之日起至合同解除之日止应收的部分后,退还投保人。

第五十五条 【保险价值的确定】投保人和保险人约定保险标的的保险价值并在合同中载明的,保险标的发生损失时,以约定的保险价值为赔偿计算标准。

投保人和保险人未约定保险标的的保险价值的,保险标的发生损失时,以保险事故发生时保险标的的实际价值为赔偿计算标准。

保险金额不得超过保险价值。超过保险价值的,超过部分无效,保险人应当退还相应的保险费。

保险金额低于保险价值的,除合同另有约定外,保险人按照保险金额与保险价值的比例承担赔偿保险金的责任。

注释保险价值,是确定保险金额从而确定保险人所承担赔偿责任的依据,确定保险价值对于履行财产保险合同具有重要意义。

实务问答如何确定保险价值?

按照保险法的规定,确定保险价值有两种方法。

其一,保险价值由投保人和保险人在订立合同时约定,并在合同中明确作出记载。合同当事人通常都根据保险财产在订立合同时的市场价格估定其保险价值,有些不能以市场价格估定的,就由双方当事人约定其价值。事先约定保险价值的合同为定值保险合同,采用这种保险合同的保险,是定值保险。属于定值保险的,发生保险责任范围内的损失时,不论所保财产当时的实际价值是多少,保险人都要按保险合同上载明的保险价值计算赔偿金额。保险标的发生损失时,以约定的保险价值为赔偿计算标准。

其二,保险价值可以在保险事故发生时,按照当时保险标的的实际价值确定。在保险事故已经发生,需要确定保险赔偿金额时,才去确定保险价值的保险,是不定值保险,采取不定值保险方式订立的合同为不定值保险合同。对于不定值保险的保险价值,投保人与保险人在订立保险合同时并不加以确定,因此,不定值保险合同中只记载保险金额,不记载保险价值。以保险事故发生时保险标的的实际价值为赔偿计算标准。

第五十六条 【重复保险】重复保险的投保人应当将重复保险的有关情况通知各保险人。

重复保险的各保险人赔偿保险金的总和不得超过保险价值。除合同另有约定外,各保险人按照其保险金额与保险金额总和的比例承担赔偿保险金的责任。

重复保险的投保人可以就保险金额总和超过保险价值的部分,请求各保险人按比例返还保险费。

重复保险是指投保人对同一保险标的、同一保险利益、同一保险事故分别与两个以上保险人订立保险合同,且保险金额总和超过保险价值的保险。

注释重复保险是指投保人对同一保险标的、同一保险利益、同一保险事故分别与两个以上保险人订立保险合同,且保险金额总和超过保险价值的保险。

实务问答重复保险的情况下,发生保险事故时如何赔偿?

根据重复保险赔偿的基本原则,在发生保险事故时,各个保险人可以按两种方式承担赔偿责任。

一是按比例分摊赔偿责任。这就是将各保险人承保的保险金额的总和计算出来,再计算每个保险人承保的保险金额占各个保险人承保的保险金额总和的比例,每个保险人分别按照各自的比例分摊损失赔偿金额。

二是按合同约定的方式承担赔偿责任。重

复保险的赔偿方式可以由各保险人在保险合同中约定。不管是各个保险人共同约定,还是由投保人在订立保险合同时与各保险人分别约定,只要有合同约定,保险人就应当按照合同约定的方式承担赔偿责任。

链接 《保险法解释(二)》第1条

第五十七条 【防止或减少损失责任】保险事故发生时,被保险人应当尽力采取必要的措施,防止或者减少损失。

保险事故发生后,被保险人为防止或者减少保险标的的损失所支付的必要的、合理的费用,由保险人承担;保险人所承担的费用数额在保险标的损失赔偿金额以外另行计算,最高不超过保险金额的数额。

实务问答 为防止或减少损失产生的费用,由谁负责?

被保险人为防止或者减少保险财产损失而采取施救、保护、整理等措施,必然要有一定的费用支出。由于被保险人的财产已经投保,从某种意义上说,被保险人的这些费用是为保险人的利益而支出的。因此,保险法规定,被保险人为防止或者减少保险标的的损失而支付的必要的、合理的费用,应由保险人来承担。这些费用在实践中一般包括两个部分:一是保险事故发生时,为抢救财产或者防止灾害蔓延采取必要措施而造成的损失,如房屋发生火灾,为防止火势蔓延,将房屋周围的附属建筑物拆除,所造成的损失就应由保险人赔偿;二是抢救、保护和整理保险标的所支出的合理费用,如抢救的人工费、材料费等。

链接 《保险法解释(四)》第6条

第五十八条 【赔偿解除】保险标的发生部分损失的,自保险人赔偿之日起三十日内,投保人可以解除合同;除合同另有约定外,保险人也可以解除合同,但应当提前十五日通知投保人。

合同解除的,保险人应当将保险标的未受损失部分的保险费,按照合同约定扣除自保险责任开始之日起至合同解除之日止应收的部分后,退还投保人。

第五十九条 【保险标的残值权利归属】保险事故发生后,保险人已支付了全部保险金额,并且保险金额等于保险价值的,受损保险标的的全部权利归于保险人;保险金额低于保险价值的,保险人按照保险金额与保险价值的比例取得受损保险标的的部分权利。

第六十条 【代位求偿权】因第三者对保险标的的损害而造成保险事故的,保险人自向被保险人赔偿保险金之日起,在赔偿金额范围内代位行使被保险人对第三者请求赔偿的权利。

前款规定的保险事故发生后,被保险人已经从第三者取得损害赔偿的,保险人赔偿保险金时,可以相应扣减被保险人从第三者已取得的赔偿金额。

保险人依照本条第一款规定行使代位请求赔偿的权利,不影响被保险人就未取得赔偿的部分向第三者请求赔偿的权利。

注释 本条是对保险人行使代位求偿权的规定。代位求偿权,是指在财产保险中,保险标的由于第三者责任导致保险损失,保险人按照合同的约定履行赔偿责任后,依法取得对保险标的的损失负有责任的第三者请求赔偿的权利。

实务问答 在实践中,因第三者对保险标的的造成损害的,保险人行使代位求偿权,应当如何确定管辖法院?

保险代位求偿权又称保险代位权,是指当保险标的遭受保险事故造成的损失,依法应由第三者承担赔偿责任时,保险公司自支付保险赔偿金之日起,在赔偿金额的限度内,相应地取得向第三者请求赔偿的权利。《保险法》第六十条第一款规定即是对保险代位求偿权的诠释。另,《民事诉讼法》第二十五条规定,因保险合同纠纷提起的诉讼,由被告住所地或者保险标的物所在地人民法院管辖。第二十九条规定,因侵权的行为提起的诉讼,由侵权行为地或者被告住所地人民法院管辖。保险人的代位求偿权源自被保险人与第三者之间的法律关系,所以保险人提起代位求偿之诉时,应当根据保险人所代位的被保险人与第三者之间的法律关系确定管辖法院,而不应当根据保险合同法律关系确定管辖法院,即应当由侵权行为地或者被告住所地人民法院管辖。(参见"最高人民法院指导性案例第25号·某财产保险有限公司北京分公司诉李某某、某财产保险股份有限公司河北省分公司张家口支公司保险人代位求偿权纠纷案")

链接 《保险法解释(二)》第16、19条;《保险法解释(四)》第7—13条

第六十一条 【不能行使代位求偿权的法律后果】保险事故发生后,保险人未赔偿保险金之

前,被保险人放弃对第三者请求赔偿的权利的,保险人不承担赔偿保险金的责任。

保险人向被保险人赔偿保险金后,被保险人未经保险人同意放弃对第三者请求赔偿的权利的,该行为无效。

被保险人故意或者因重大过失致使保险人不能行使代位请求赔偿的权利的,保险人可以扣减或者要求返还相应的保险金。

第六十二条 【代位求偿权行使限制】除被保险人的家庭成员或者其组成人员故意造成本法第六十条第一款规定的保险事故外,保险人不得对被保险人的家庭成员或者其组成人员行使代位请求赔偿的权利。

注释 被保险人的家庭成员,是指作为自然人的被保险人,其配偶、子女、父母以及与被保险人有抚养、赡养或者扶养关系的人。被保险人的组成人员,是指作为法人和其他组织的被保险人,其内部工作人员。一般情况下,被保险人的家庭成员或者其组成人员对保险标的具有与被保险人共同的利益。如家庭财产遭受损失,不仅被保险人的利益受损害,所有家庭成员的生活及工作都会受到影响;企业财产遭受损失,企业的生产和效益以及职工的利益也会受影响。因此,被保险人的家庭成员或者其组成人员通常不会故意造成保险标的的损失,一旦他们造成保险事故,实际上是给他们自己带来损失。在这种情况下,法律不必再追究他们的责任。因此,对于过失造成保险标的损失的被保险人的家庭成员或者其组成人员,保险人不得行使代位求偿权。

第六十三条 【协助行使代位求偿权】保险人向第三者行使代位请求赔偿的权利时,被保险人应当向保险人提供必要的文件和所知道的有关情况。

链接《保险法解释(四)》第 11 条

第六十四条 【勘验费用承担】保险人、被保险人为查明和确定保险事故的性质、原因和保险标的的损失程度所支付的必要的、合理的费用,由保险人承担。

第六十五条 【责任保险】保险人对责任保险的被保险人给第三者造成的损害,可以依照法律的规定或者合同的约定,直接向该第三者赔偿保险金。

责任保险的被保险人给第三者造成损害,被保险人对第三者应负的赔偿责任确定的,根据被保险人的请求,保险人应当直接向该第三者赔偿保险金。被保险人怠于请求的,第三者有权就其应获赔偿部分直接向保险人请求赔偿保险金。

责任保险的被保险人给第三者造成损害,被保险人未向该第三者赔偿的,保险人不得向被保险人赔偿保险金。

责任保险是指以被保险人对第三者依法应负的赔偿责任为保险标的的保险。

注释 责任保险,又称为第三者责任保险,是被保险人对第三者负损害赔偿责任时,由保险人承担其赔偿责任的一种保险。订立责任保险合同的目的,实际上是由保险人担负被保险人对第三者的损害赔偿责任。

责任保险的保险标的,是被保险人在法律上应该承担的损害赔偿责任,既可以是侵权责任,也可以是违约责任。如汽车司机因交通肇事而负的民事责任,卖主因产品质量不合格造成第三人的财产和人身损害而负的民事责任等。这与以某一具体的物质形态的财产为标的的保险有所不同。但是,由于发生民事赔偿责任,就需要向受损害的第三者支付金钱或者实物作为赔偿,所以,这种保险实际上是以被保险人的全部财产为保险标的的一种保险,也应属于财产保险的范畴。

实务问答 1. 如何认定"第三者"及"第三者责任险免责条款"?

(1)根据机动车辆保险合同的约定,机动车辆第三者责任险中的"第三者",是指除投保人、被保险人和保险人以外的,因保险车辆发生意外事故遭受人身伤亡或财产损失的保险车辆下的受害者;车上人员责任险中的"车上人员",是指发生意外事故时身处保险车辆之上的人员。据此,判断因保险车辆发生意外事故而受害的人属于"第三者"还是属于"车上人员",必须以该人员在事故发生当时这一特定的时间是否身处保险车辆之上为依据,在车上即为"车上人员",在车下即为"第三者"。

(2)由于机动车辆是一种交通工具,任何人都不可能永久地置身于机动车辆之上,故机动车辆保险合同中所涉及的"第三者"和"车上人员"均为在特定时空条件下的临时性身份,即"第三者"与"车上人员"均不是永久的、固定不变的身份,二者可以因特定时空条件的变化而转化。因保险车辆发生意外事故而受害的人,如果在事故发生前是保险车辆的车上人员,事故发生时已经置身于保险车辆之下,则属于"第三者"。至于何种原因导致该人员在事故发生时置身于保险车辆之下,不影响其"第三者"的身份。

(3)涉案机动车辆第三者责任险免责条款规定,因保险车辆发生意外事故,导致本车上其他人员的人身伤亡或财产损失,不论在法律上是否应当由被保险人承担赔偿责任,保险人均不负责赔偿。鉴于该免责条款为格式条款,且对于该条款中的"本车上其他人员的人身伤亡或财产损失"可能有两种解释,一种解释是仅指车上人员在本车上发生的人身伤亡或财产损失,至于车上人员离开本车后又被本车事故导致的损害结果则不属免责范围;另一种解释是对于车上人员在本车上及离开本车后因本车事故导致的损害结果保险人均得以免责。鉴于双方当事人对此存在争议,故对此格式条款依法应当作出不利于格式条款提供者的解释。据此认定本案不适用该免责条款。(参见"郑某某诉佘某某、某财产保险股份有限公司长兴支公司道路交通事故人身损害赔偿纠纷案")

2. 直接索赔的诉讼时效怎么计算?

根据《全国法院民商事审判工作会议纪要》(2019年11月8日,法〔2019〕254号)第九十九条的规定:商业责任保险的被保险人给第三者造成损害,被保险人对第三者应当承担的赔偿责任确定后,保险人应当根据被保险人的请求,直接向第三者赔偿保险金。被保险人怠于提出请求的,第三者有权依据《保险法》第六十五条第二款的规定,就其应获赔偿部分直接向保险人请求赔偿保险金。保险人拒绝赔偿的,第三者请求保险人直接赔偿保险金的诉讼时效期间的起算时间如何认定,实务中存在争议。根据诉讼时效制度的基本原理,第三者请求保险人直接赔偿保险金的诉讼时效期间,自其知道或者应当知道向保险人的保险金赔偿请求权行使条件成就之日起计算。

链接 《保险法解释(四)》第14—20条;《全国法院民商事审判工作会议纪要》99

第六十六条 【责任保险相应费用承担】责任保险的被保险人因给第三者造成损害的保险事故而被提起仲裁或者诉讼的,被保险人支付的仲裁或者诉讼费用以及其他必要的、合理的费用,除合同另有约定外,由保险人承担。

第三章 保险公司

第六十七条 【设立须经批准】设立保险公司应当经国务院保险监督管理机构批准。

国务院保险监督管理机构审查保险公司的设立申请时,应当考虑保险业的发展和公平竞争的需要。

注释 按照我国公司法的规定,对公司的设立实行准则主义与核准主义相结合的原则,即只要符合公司法规定的有限责任公司或者股份有限公司的设立条件,就可以登记设立公司;法律、行政法规规定设立公司必须报经批准的,应当在公司登记前依法办理批准手续。保险公司属于我国公司法规范的公司,但其与一般的公司又有所不同:保险业属于金融行业,其涉及的范围广泛,关系社会的方方面面,与整个经济的运行和人民的生活息息相关,保险公司尤其是人寿保险公司的经营好坏,直接影响着被保险人和受益人的利益,关系整个社会的稳定。同时,保险公司是专业性很强的金融机构,需要有专业的经营管理人员,健全的内部管理机制和抵御风险的能力。这就决定了设立保险公司必须具备比一般企业设立具有更为严格的条件。按照我国行政许可法的规定,直接关系公共利益的特定行业的市场准入,需要赋予特定权利的事项,以及提供公众服务并且直接关系公共利益的职业、行业,需要确定具备特殊信誉、特殊条件或者特殊技能等资格、资质的事项,可以设立行政许可。根据保险行业的特点和有关法律的规定,本法对保险设立规定了前置的行政审批,依照本条规定,设立保险公司应当经国务院保险监督管理机构批准。未经批准设立保险公司,从事保险经营活动的,要依据本法的有关规定给予行政处罚。这样规定有利于保证保险公司的质量,促进我国保险市场的有序发展,更好地保护投保人、被保险人和受益人的利益。

链接 《公司法》第6条;《行政许可法》第11条;《保险公司管理规定》第2、3条

第六十八条 【设立条件】设立保险公司应当具备下列条件:

(一)主要股东具有持续盈利能力,信誉良好,最近三年内无重大违法违规记录,净资产不低于人民币二亿元;

(二)有符合本法和《中华人民共和国公司法》

规定的章程；

（三）有符合本法规定的注册资本；

（四）有具备任职专业知识和业务工作经验的董事、监事和高级管理人员；

（五）有健全的组织机构和管理制度；

（六）有符合要求的营业场所和与经营业务有关的其他设施；

（七）法律、行政法规和国务院保险监督管理机构规定的其他条件。

第六十九条　【注册资本】设立保险公司，其注册资本的最低限额为人民币二亿元。

国务院保险监督管理机构根据保险公司的业务范围、经营规模，可以调整其注册资本的最低限额，但不得低于本条第一款规定的限额。

保险公司的注册资本必须为实缴货币资本。

第七十条　【申请文件、资料】申请设立保险公司，应当向国务院保险监督管理机构提出书面申请，并提交下列材料：

（一）设立申请书，申请书应当载明拟设立的保险公司的名称、注册资本、业务范围等；

（二）可行性研究报告；

（三）筹建方案；

（四）投资人的营业执照或者其他背景资料，经会计师事务所审计的上一年度财务会计报告；

（五）投资人认可的筹备组负责人和拟任董事长、经理名单及本人认可证明；

（六）国务院保险监督管理机构规定的其他材料。

第七十一条　【批准决定】国务院保险监督管理机构应当对设立保险公司的申请进行审查，自受理之日起六个月内作出批准或者不批准筹建的决定，并书面通知申请人。决定不批准的，应当书面说明理由。

第七十二条　【筹建期限和要求】申请人应当自收到批准筹建通知之日起一年内完成筹建工作；筹建期间不得从事保险经营活动。

第七十三条　【保险监督管理机构批准开业申请的期限和决定】筹建工作完成后，申请人具备本法第六十八条规定的设立条件的，可以向国务院保险监督管理机构提出开业申请。

国务院保险监督管理机构应当自受理开业申请之日起六十日内，作出批准或者不批准开业的决定。决定批准的，颁发经营保险业务许可证；决定不批准的，应当书面通知申请人并说明理由。

链接《银行保险机构许可证管理办法》

第七十四条　【设立分支机构】保险公司在中华人民共和国境内设立分支机构，应当经保险监督管理机构批准。

保险公司分支机构不具有法人资格，其民事责任由保险公司承担。

注释　保险公司在中华人民共和国境内设立的分支机构，是指保险公司在我国境内设立、构成保险公司组成部分、不能独立承担民事责任、以自己的名义开展保险业务的机构；保险公司分支机构也称为保险公司的分公司、支公司。保险公司对其设立的分支机构的所有活动负责。保险公司可以在我国境内设立分支机构。保险公司通过分支机构开展保险业务，在经济上可以节省开办公司和运营公司的费用。分支机构是总公司的派出机构，它和总公司一样，具有开展保险业务的能力，只是不具备法人资格。所以法律规定要经保险监督管理机构批准，以便严格管理保险市场，使分支机构的设立有利于保险业务的发展和公平竞争的需要。

链接《保险公司管理规定》

第七十五条　【设立分支机构提交的材料】保险公司申请设立分支机构，应当向保险监督管理机构提出书面申请，并提交下列材料：

（一）设立申请书；

（二）拟设机构三年业务发展规划和市场分析材料；

（三）拟任高级管理人员的简历及相关证明材料；

（四）国务院保险监督管理机构规定的其他材料。

第七十六条　【审批保险公司设立分支机构申请的期限】保险监督管理机构应当对保险公司设立分支机构的申请进行审查，自受理之日起六十日内作出批准或者不批准的决定。决定批准的，颁发分支机构经营保险业务许可证；决定不批准的，应当书面通知申请人并说明理由。

第七十七条　【工商登记】经批准设立的保险公司及其分支机构，凭经营保险业务许可证向工商行政管理机关办理登记，领取营业执照。

第七十八条　【工商登记期限】保险公司及其分支机构自取得经营保险业务许可证之日起六个

月内,无正当理由未向工商行政管理机关办理登记的,其经营保险业务许可证失效。

第七十九条 【境外机构设立规定】保险公司在中华人民共和国境外设立子公司、分支机构,应当经国务院保险监督管理机构批准。

第八十条 【外国保险机构驻华代表机构设立的批准】外国保险机构在中华人民共和国境内设立代表机构,应当经国务院保险监督管理机构批准。代表机构不得从事保险经营活动。

注释 外国保险机构是指在我国境外依照外国法设立,从事保险经营活动的机构。外国保险机构在我国境内可以设立代表机构,该代表机构不从事保险经营活动,其职能是调查研究,搜集情报,为机构总部提供驻在地有关保险方面的信息,起到机构总部与驻在地的沟通、联络作用。通常情况下,外国保险机构一般是在没有设立分支机构的国家或者地区设立代表机构,由代表机构摸情况,打基础,待条件成熟后,再设立分支机构或子公司,开展保险业务。虽然代表机构不直接从事保险业务,但是其活动与保险业务有密切的联系,因而需要保险监督管理机构从总体上把握代表机构的设立情况,以便对其日常活动进行监管。因此,本条规定,外国保险机构在我国境内设立代表机构,事先要取得国务院保险监督管理机构的批准;同时明确,外国保险机构的代表机构不得从事保险经营活动。

第八十一条 【董事、监事和高级管理人员任职规定】保险公司的董事、监事和高级管理人员,应当品行良好,熟悉与保险相关的法律、行政法规,具有履行职责所需的经营管理能力,并在任职前取得保险监督管理机构核准的任职资格。

保险公司高级管理人员的范围由国务院保险监督管理机构规定。

注释 《保险公司董事、监事和高级管理人员任职资格管理规定》,其中第四条规定了保险公司高管人员的范围。高级管理人员,是指对保险公司经营管理活动和风险控制具有决策权或者重大影响的下列人员:(1)总公司总经理、副总经理和总经理助理;(2)总公司董事会秘书、总精算师、合规负责人、财务负责人和审计责任人;(3)省级分公司总经理、副总经理和总经理助理;(4)其他分公司、中心支公司总经理;(5)与上述高级管理人员具有相同职权的管理人员。

链接 《保险公司董事、监事和高级管理人员任职资格管理规定》

第八十二条 【董事、高级管理人员的任职禁止】有《中华人民共和国公司法》第一百四十六条规定的情形或者下列情形之一的,不得担任保险公司的董事、监事、高级管理人员:

(一)因违法行为或者违纪行为被金融监督管理机构取消任职资格的金融机构的董事、监事、高级管理人员,自被取消任职资格之日起未逾五年的;

(二)因违法行为或者违纪行为被吊销执业资格的律师、注册会计师或者资产评估机构、验证机构等机构的专业人员,自被吊销执业资格之日起未逾五年的。

链接 《公司法》第146条;《律师法》第49—51条;《注册会计师法》第39条

第八十三条 【董事、监事、高级管理人员的责任】保险公司的董事、监事、高级管理人员执行公司职务时违反法律、行政法规或者公司章程的规定,给公司造成损失的,应当承担赔偿责任。

第八十四条 【变更事项批准】保险公司有下列情形之一的,应当经保险监督管理机构批准:

(一)变更名称;

(二)变更注册资本;

(三)变更公司或者分支机构的营业场所;

(四)撤销分支机构;

(五)公司分立或者合并;

(六)修改公司章程;

(七)变更出资额占有限责任公司资本总额百分之五以上的股东,或者变更持有股份有限公司股份百分之五以上的股东;

(八)国务院保险监督管理机构规定的其他情形。

第八十五条 【精算报告制度和合规报告制度】保险公司应当聘用专业人员,建立精算报告制度和合规报告制度。

注释 保险精算制度,是指保险公司通过专业的、科学的数学计算手段,核定保险产品的保险费率及责任准备金的制度。从保险业经营的需要来说,不仅是人身保险业务特别是人寿保险业务,需要对保险费,包括预定死亡率、预定利息率、预定费用率以及责任准备金的提取比率,进行专业的、科学的计算;对于财产保险业务,也需要对其保险费率,特别是每一个保险产品的损失概率,以及预定费用率及责任准备金的提取比率进行科学计算。随着我国保险市场的发展,保险业经营管理水平的提高,目前保险监督管理机构已经要求所有的保险公司都应当聘请精算专业人员,建立精算报告制度。

第八十六条 【如实报送报告、报表、文件和资料】保险公司应当按照保险监督管理机构的规定,报送有关报告、报表、文件和资料。

保险公司的偿付能力报告、财务会计报告、精算报告、合规报告及其他有关报告、报表、文件和资料必须如实记录保险业务事项,不得有虚假记载、误导性陈述和重大遗漏。

注释 保险公司的偿付能力是指保险公司在承保之后,如遇有保险事故,其承担赔偿或者给付保险金的能力。或者说,保险公司只有具备了所必需的最低偿付能力,即在保险经营中能够履行其赔付保险金的义务,才可以依法存在和经营。

第八十七条 【账簿、原始凭证和有关资料的保管】保险公司应当按照国务院保险监督管理机构的规定妥善保管业务经营活动的完整账簿、原始凭证和有关资料。

前款规定的账簿、原始凭证和有关资料的保管期限,自保险合同终止之日起计算,保险期间在一年以下的不得少于五年,保险期间超过一年的不得少于十年。

第八十八条 【聘请或解聘中介服务机构】保险公司聘请或者解聘会计师事务所、资产评估机构、资信评级机构等中介服务机构,应当向保险监督管理机构报告;解聘会计师事务所、资产评估机构、资信评级机构等中介服务机构,应当说明理由。

第八十九条 【解散和清算】保险公司因分立、合并需要解散,或者股东会、股东大会决议解散,或者公司章程规定的解散事由出现,经国务院保险监督管理机构批准后解散。

经营有人寿保险业务的保险公司,除因分立、合并或者被依法撤销外,不得解散。

保险公司解散,应当依法成立清算组进行清算。

第九十条 【重整、和解和破产清算】保险公司有《中华人民共和国企业破产法》第二条规定情形的,经国务院保险监督管理机构同意,保险公司或者其债权人可以依法向人民法院申请重整、和解或者破产清算;国务院保险监督管理机构也可以依法向人民法院申请对该保险公司进行重整或者破产清算。

第九十一条 【破产财产清偿顺序】破产财产在优先清偿破产费用和共益债务后,按照下列顺序清偿:

(一)所欠职工工资和医疗、伤残补助、抚恤费用,所欠应当划入职工个人账户的基本养老保险、基本医疗保险费用,以及法律、行政法规规定应当支付给职工的补偿金;

(二)赔偿或者给付保险金;

(三)保险公司欠缴的除第(一)项规定以外的社会保险费用和所欠税款;

(四)普通破产债权。

破产财产不足以清偿同一顺序的清偿要求的,按照比例分配。

破产保险公司的董事、监事和高级管理人员的工资,按照该公司职工的平均工资计算。

注释 破产财产优先支付破产费用和共益债务后,尚有剩余的,才能依照法定的顺序进行清偿。依本条的规定,受破产财产清偿的请求权分为四个顺位:第一顺位请求权为保险公司所欠职工工资和劳动保险费用请求权;第二顺位请求权为被保险人或受益人对保险公司享有的赔偿或者给付保险金请求权;第三顺位为保险公司所欠税款请求权;第四顺位为对保险公司享有的一般债权。如果破产财产不足以清偿同一顺位的保险公司债务的,则按照比例清偿。

第九十二条 【人寿保险合同及责任准备金转让】经营有人寿保险业务的保险公司被依法撤销或者被依法宣告破产的,其持有的人寿保险合同及责任准备金,必须转让给其他经营有人寿保险业务的保险公司;不能同其他保险公司达成转让协议的,由国务院保险监督管理机构指定经营有人寿保险业务的保险公司接受转让。

转让或者由国务院保险监督管理机构指定接受转让前款规定的人寿保险合同及责任准备金,应当维护被保险人、受益人的合法权益。

第九十三条 【经营保险业务许可证的注销】保险公司依法终止其业务活动,应当注销其经营保险业务许可证。

第九十四条 【适用公司法的规定】保险公

司,除本法另有规定外,适用《中华人民共和国公司法》的规定。

第四章 保险经营规则

第九十五条 【业务范围】保险公司的业务范围:

(一)人身保险业务,包括人寿保险、健康保险、意外伤害保险等保险业务;

(二)财产保险业务,包括财产损失保险、责任保险、信用保险、保证保险等保险业务;

(三)国务院保险监督管理机构批准的与保险有关的其他业务。

保险人不得兼营人身保险业务和财产保险业务。但是,经营财产保险业务的保险公司经国务院保险监督管理机构批准,可以经营短期健康保险业务和意外伤害保险业务。

保险公司应当在国务院保险监督管理机构依法批准的业务范围内从事保险经营活动。

注释 财产保险业务,是指保险公司以财产及其有关利益为保险对象的业务。这里的财产既包括有形的财产,也包括无形的财产,前者如房屋、汽车、商品等,后者如财产权利、财产责任、预期收益等。财产保险业务,以财产及其利益作为保险对象,由投保人交付保险费,形成保险基金,当保险财产及其利益在保险事故中遭受损失时,由保险公司赔偿保险金。

实务问答 1.财产保险业务包括哪些类别?

财产保险业务作为保险业务的两大基本类别之一,还可以进行细分,如:

(1)财产损失保险业务。是指保险公司以有形财产为保险标的而从事的保险业务。财产损失保险业务的特点在于,投保人按照约定向保险公司支付保险费,在被保险财产发生保险事故而受到损失时,保险公司按照约定向被保险人给付保险赔偿金。

(2)责任保险业务。是指保险公司以被保险人依法应当对第三人承担的赔偿责任为保险标的而从事的保险业务。责任保险业务的特点在于,投保人按照约定向保险公司支付保险费,被保险人应当向第三人承担赔偿责任时,由保险公司按照约定向被保险人给付保险赔偿金。

(3)信用保险业务。是指保险公司对被保险人的信用或者履约能力提供担保而从事的保险业务。信用保险业务的特点在于,投保人按照约定向保险公司支付保险费,在被保险人不能偿付其支付款项的义务时,由保险公司按照约定对被保险人承担赔偿责任。

2.人身保险业务包括哪些类别?

人身保险业务,是以人的寿命和身体为保险对象的保险业务,在本条划分为人寿保险、健康保险以及意外伤害保险等人身保险业务。

(1)人寿保险业务。保险公司以被保险人在保险期限内死亡、残废或者在保险期限届满时仍生存作为给付保险金条件而从事的保险业务。人寿保险业务又可以具体划分为死亡保险、生存保险、生死两全保险、简易人身保险、年金保险业务等。人寿保险的保险标的为被保险人的寿命,或为被保险人的死亡或残废,或者为被保险人的生存,或者为被保险人的死亡和生存二者。开展人寿保险业务的期间一般较长,保险公司承担的给付保险金的责任期间相应较长,保险公司应当留存足够的人寿保险准备金。

(2)健康保险业务。健康保险业务又称为疾病保险业务。保险公司对被保险人在保险期限内发生疾病、分娩或由此引起的残废、死亡承担给付保险金责任而开展的保险业务。健康保险业务为综合性保险业务,保险公司不仅承保被保险人的疾病和因疾病致残的风险,而且承保被保险人因病死亡风险。健康保险具有综合附加险和短期险的特征,国外有的将其称为"第三领域"的保险,允许财产公司开展这方面的业务。

(3)意外伤害保险业务。保险公司对被保险人遭受的意外伤害或者因意外伤害致残、死亡承担给付保险金责任而开展的保险业务。意外伤害保险业务,可以具体分为一般意外伤害保险、旅客意外伤害保险和职业伤害保险等三大类业务。意外伤害保险既可以作为财产综合险中的附加险,也有短期险的特征,也是所谓"第三领域"的保险。

第九十六条 【再保险业务】经国务院保险监督管理机构批准,保险公司可以经营本法第九十五条规定的保险业务的下列再保险业务:

(一)分出保险;

(二)分入保险。

链接《再保险业务管理规定》

第九十七条 【保证金】保险公司应当按照其注册资本总额的百分之二十提取保证金,存入国务院保险监督管理机构指定的银行,除公司清算时用于清偿债务外,不得动用。

[注释]保证金,是指保险公司设立后,应当依法提取并向保险监督管理机构指定的金融机构缴存的、用于担保保险公司的偿付能力的资金。

第九十八条 【责任准备金】保险公司应当根据保障被保险人利益、保证偿付能力的原则,提取各项责任准备金。

保险公司提取和结转责任准备金的具体办法,由国务院保险监督管理机构制定。

[注释]保险责任准备金,是指保险公司为保证其如约履行保险赔偿或给付义务而提取的、与其所承担的保险责任相对应的基金。保险责任准备金包括未决赔款准备金、已发生未报告赔款准备金、未到期责任准备金、长期责任准备金、寿险责任准备金、长期健康险责任准备金等。保险公司提存的各项保险责任准备金必须真实、充足。

第九十九条 【公积金】保险公司应当依法提取公积金。

第一百条 【保险保障基金】保险公司应当缴纳保险保障基金。

保险保障基金应当集中管理,并在下列情形下统筹使用:

(一)在保险公司被撤销或者被宣告破产时,向投保人、被保险人或者受益人提供救济;

(二)在保险公司被撤销或者被宣告破产时,向依法接受其人寿保险合同的保险公司提供救济;

(三)国务院规定的其他情形。

保险保障基金筹集、管理和使用的具体办法,由国务院制定。

[注释]保险保障基金,即保险行业风险基金,是指根据法律规定,由保险公司缴纳形成,在保险公司被撤销、被宣告破产或在保险业遇到重大危机的特定情况下,用于向投保方或者保单受让公司等提供救济的法定基金。它与未到期责任准备金和未决赔款准备金不同。未到期责任准备金和未决赔款准备金是保险组织的负债,用于正常情况下的赔款,而保险保障基金则属于保险组织的资本,主要是应付巨大灾害事故的特大赔款,只有在当年业务收入和其他准备金不足以赔付时方能运用。

第一百零一条 【最低偿付能力】保险公司应当具有与其业务规模和风险程度相适应的最低偿付能力。保险公司的认可资产减去认可负债的差额不得低于国务院保险监督管理机构规定的数额;低于规定数额的,应当按照国务院保险监督管理机构的要求采取相应措施达到规定的数额。

[注释]保险公司的偿付能力,是指保险公司对被保险人、受益人履行合同约定的赔偿或者给付保险金责任的能力。保险公司必须具备充足的偿付能力,才能及时、足额地赔偿或者给付保险金,保障投保人、被保险人、受益人的利益,维持自身的稳健经营,促进社会的安定团结。对保险公司偿付能力的监管涉及公司经营的方方面面,包括资本和盈余要求,定价和产品,准备金,再保险,投资方向和比例,关联交易和公司管理等。保险监管机构通过对保险公司偿付能力的有效监管,了解保险公司的财务状况,及时提醒偿付能力不足的保险公司采取积极有效的措施,以恢复偿付能力充足性,切实保障投保人、被保险人、受益人的合法权益。

第一百零二条 【财产保险公司自留保险费】经营财产保险业务的保险公司当年自留保险费,不得超过其实有资本金加公积金总和的四倍。

第一百零三条 【最大损失责任的赔付要求】保险公司对每一危险单位,即对一次保险事故可能造成的最大损失范围所承担的责任,不得超过其实有资本金加公积金总和的百分之十;超过的部分应当办理再保险。

保险公司对危险单位的划分应当符合国务院保险监督管理机构的规定。

[实务问答]如何理解"危险单位"?

危险单位,是指一次保险事故可能造成的最大损失范围所承担的责任。危险单位确定或计算办法,既可按投保单位划定为一个危险单位,如一只船,包括船中货物和船本体本身为投保单位,视作一个危险单位;亦可以将一个具体标的视为一个危险单位,如我们可以视船本体本身为一个危险单位,可以视船中货物为另一个危险单位。

第一百零四条 【危险单位划分方法和巨灾风险安排方案】保险公司对危险单位的划分方法和巨灾风险安排方案,应当报国务院保险监督管理机构备案。

[实务问答]如何理解"巨灾"?

所谓巨灾,是指人力难以抗拒的、无法有效控制的造成众多人员伤亡或大量财产损失的自然灾害或意外事故。巨灾按其发生的原因可以分为两大类：一是自然灾害风险。比如：气象气候灾害中的大风、暴雨、冰雹、寒潮、干旱、洪水等；地质灾害中的地震、地裂等；地貌灾害中的泥石流、雪崩、滑坡等；生物灾害中的植物病虫害、森林火灾、流行病等。自然灾害造成的损失通常会涉及某一地区的大量人群；灾害造成的损失程度不仅取决于该自然灾害的强度，也取决于受灾地区的抗灾能力、防灾措施等人为因素。二是人为灾难风险。例如，重大火灾、爆炸，航空航天灾难、航运灾难、公路灾难、铁路灾难，建筑物、桥梁倒塌，以及恐怖活动等。人为巨灾风险一般只是小范围内某一大型标的物受到影响，而这一标的物只为少数几张保险单所保障；此类风险一旦发生，将对承保的保险公司的偿付能力造成严重冲击。

第一百零五条 【再保险】保险公司应当按照国务院保险监督管理机构的规定办理再保险，并审慎选择再保险接受人。

第一百零六条 【资金运用的原则和形式】保险公司的资金运用必须稳健，遵循安全性原则。

保险公司的资金运用限于下列形式：

（一）银行存款；

（二）买卖债券、股票、证券投资基金份额等有价证券；

（三）投资不动产；

（四）国务院规定的其他资金运用形式。

保险公司资金运用的具体管理办法，由国务院保险监督管理机构依照前两款的规定制定。

注释 保险公司的资金运用又称保险投资或保险资产运用，是保险公司将自有资金和保险准备金，通过法律允许的各种渠道进行投资或运用来获取投资收益的经营活动。保险公司资金运用的重要性体现在，一方面，保险公司的资金运用以取得盈利而使保险基金增值为目的，是保险公司的主要利润来源之一；另一方面，保险公司的资金主要由各种责任准备金组成，其运用成效直接影响保险公司的偿付能力，进而影响到投保人、被保险人、受益人的利益，甚至影响整个社会的安定。

实务问答 如何理解保险公司资金运用的三大原则？

保险公司的资金运用应当遵循三大原则：一是安全性原则，即保险资金在运用过程中不能发生贬损；二是效益性原则，即保险公司资金运用要在保值的基础上实现增值；三是流动性原则，即运用保险公司的资金所作的投资，应当能够及时、方便变现，以及时履行保险责任。其中，为了保证保险公司的偿付能力充足性，保险公司资金运用的安全性原则最为重要，本法特别予以强调。保险公司运用保险资金的主要目标是追求利润最大化，投资必有风险，为防止保险公司在追求利润最大化的同时而形成的投资风险，保险公司必须稳健经营，其资金运用首先应当保证资金的安全性，注意防范和分散风险，避免受到损失。

链接《保险资金境外投资管理暂行办法》；《保险资金间接投资基础设施项目管理办法》；《中国保监会关于保险资金股票投资有关问题的通知》；《保险机构投资者股票投资管理暂行办法》；《保险公司管理规定》

第一百零七条 【保险资产管理公司】经国务院保险监督管理机构会同国务院证券监督管理机构批准，保险公司可以设立保险资产管理公司。

保险资产管理公司从事证券投资活动，应当遵守《中华人民共和国证券法》等法律、行政法规的规定。

保险资产管理公司的管理办法，由国务院保险监督管理机构会同国务院有关部门制定。

第一百零八条 【关联交易管理和信息披露制度】保险公司应当按照国务院保险监督管理机构的规定，建立对关联交易的管理和信息披露制度。

第一百零九条 【关联交易的禁止】保险公司的控股股东、实际控制人、董事、监事、高级管理人员不得利用关联交易损害公司的利益。

第一百一十条 【重大事项披露】保险公司应当按照国务院保险监督管理机构的规定，真实、准确、完整地披露财务会计报告、风险管理状况、保险产品经营情况等重大事项。

第一百一十一条 【保险销售人员任职资格】保险公司从事保险销售的人员应当品行良好，具有保险销售所需的专业能力。保险销售人员的行为规范和管理办法，由国务院保险监督管理机构规定。

第一百一十二条 【保险代理人登记制度】保险公司应当建立保险代理人登记管理制度，加强对保险代理人的培训和管理，不得唆使、诱导保险代理人进行违背诚信义务的活动。

第一百一十三条 【依法使用经营保险业务许可证】保险公司及其分支机构应当依法使用经

营保险业务许可证,不得转让、出租、出借经营保险业务许可证。

第一百一十四条 【公平合理拟订保险条款和保险费率并及时履行义务】保险公司应当按照国务院保险监督管理机构的规定,公平、合理拟订保险条款和保险费率,不得损害投保人、被保险人和受益人的合法权益。

保险公司应当按照合同约定和本法规定,及时履行赔偿或者给付保险金义务。

第一百一十五条 【公平竞争原则】保险公司开展业务,应当遵循公平竞争的原则,不得从事不正当竞争。

第一百一十六条 【保险业务行为禁止】保险公司及其工作人员在保险业务活动中不得有下列行为:

(一)欺骗投保人、被保险人或者受益人;

(二)对投保人隐瞒与保险合同有关的重要情况;

(三)阻碍投保人履行本法规定的如实告知义务,或者诱导其不履行本法规定的如实告知义务;

(四)给予或者承诺给予投保人、被保险人、受益人保险合同约定以外的保险费回扣或者其他利益;

(五)拒不依法履行保险合同约定的赔偿或者给付保险金义务;

(六)故意编造未曾发生的保险事故、虚构保险合同或者故意夸大已经发生的保险事故的损失程度进行虚假理赔,骗取保险金或者牟取其他不正当利益;

(七)挪用、截留、侵占保险费;

(八)委托未取得合法资格的机构从事保险销售活动;

(九)利用开展保险业务为其他机构或者个人牟取不正当利益;

(十)利用保险代理人、保险经纪人或者保险评估机构,从事以虚构保险中介业务或者编造退保等方式套取费用等违法活动;

(十一)以捏造、散布虚假事实等方式损害竞争对手的商业信誉,或者以其他不正当竞争行为扰乱保险市场秩序;

(十二)泄露在业务活动中知悉的投保人、被保险人的商业秘密;

(十三)违反法律、行政法规和国务院保险监督管理机构规定的其他行为。

第五章 保险代理人和保险经纪人

第一百一十七条 【保险代理人】保险代理人是根据保险人的委托,向保险人收取佣金,并在保险人授权的范围内代为办理保险业务的机构或者个人。

保险代理机构包括专门从事保险代理业务的保险专业代理机构和兼营保险代理业务的保险兼业代理机构。

注释 保险代理人,是指根据保险人的委托,在保险人授权的范围内代为办理保险业务,并依法向保险人收取佣金的单位或个人。保险代理人可以是单位,也可以是个人。保险代理人主要分为三大类:第一类是专业保险代理机构,是指经保险监督管理机构批准设立并办理工商登记的,根据保险人的委托,在保险人授权的范围内专门办理保险业务的企业;第二类是兼营保险代理机构,是指经保险监督管理机构核准,接受保险人的委托,在从事自身业务的同时,为保险人代办保险业务的企业;第三类是个人保险代理人,是指接受保险人委托,代为办理保险业务的自然人。无论是保险代理机构,还是保险个人代理人,都应当具备保险监督管理机构规定的资格条件,并取得保险监督管理机构颁发的经营保险代理业务许可证,向工商行政管理机关办理登记,领取营业执照。

第一百一十八条 【保险经纪人】保险经纪人是基于投保人的利益,为投保人与保险人订立保险合同提供中介服务,并依法收取佣金的机构。

实务问答 如何区分保险经纪人与保险代理人?

(1)保险经纪人是基于投保人的利益,向保险人或其代理人洽定保险合同,而保险代理人则是根据保险人的委托而代为办理保险业务。

(2)保险经纪人虽然一般也像保险代理人一样,向保险人收取佣金,但有的时候他也可以向委托人收取佣金,如经纪人为其提供风险咨询、充当风险管理顾问等。

(3)保险经纪人收取佣金的行为,对保险人无约束力,即法律上不视为保险人已经收到,被保险人不能以此为由主张保险合同业已成立,但是在投保人或被保险人授权的情况下,其在授权范围内所为的行为则对投保人或被保险人有约束力;而保险代理人收取保险费后,即使实际尚未交付给保险人,在法律上则视为保险人已收到。

(4)保险经纪人的业务范围要比保险代理人广,如他也可受被保险人的委托,为被保险人提供防灾、防损或风险评估、风险管理咨询服务等,也可以代理被保险人进行损失的勘察和理赔。

第一百一十九条 【保险代理机构、保险经纪人的资格条件及从业许可】保险代理机构、保险经纪人应当具备国务院保险监督管理机构规定的条件,取得保险监督管理机构颁发的经营保险代理业务许可证、保险经纪业务许可证。

第一百二十条 【以公司形式设立的保险专业代理机构、保险经纪人的注册资本】以公司形式设立保险专业代理机构、保险经纪人,其注册资本最低限额适用《中华人民共和国公司法》的规定。

国务院保险监督管理机构根据保险专业代理机构、保险经纪人的业务范围和经营规模,可以调整其注册资本的最低限额,但不得低于《中华人民共和国公司法》规定的限额。

保险专业代理机构、保险经纪人的注册资本或者出资额必须为实缴货币资本。

第一百二十一条 【保险专业代理机构、保险经纪人的高级管理人员的经营管理能力与任职资格】保险专业代理机构、保险经纪人的高级管理人员,应当品行良好,熟悉保险法律、行政法规,具有履行职责所需的经营管理能力,并在任职前取得保险监督管理机构核准的任职资格。

第一百二十二条 【个人保险代理人、保险代理机构的代理从业人员、保险经纪人的经纪从业人员的任职资格】个人保险代理人、保险代理机构的代理从业人员、保险经纪人的经纪从业人员,应当品行良好,具有从事保险代理业务或者保险经纪业务所需的专业能力。

第一百二十三条 【经营场所与账簿记载】保险代理机构、保险经纪人应当有自己的经营场所,设立专门账簿记载保险代理业务、经纪业务的收支情况。

第一百二十四条 【保险代理机构、保险经纪人缴存保证金或者投保职业责任保险】保险代理机构、保险经纪人应当按照国务院保险监督管理机构的规定缴存保证金或者投保职业责任保险。

第一百二十五条 【个人保险代理人代为办理人寿保险业务接受委托的限制】个人保险代理人在代为办理人寿保险业务时,不得同时接受两个以上保险人的委托。

第一百二十六条 【保险业务委托代理协议】保险人委托保险代理人代为办理保险业务,应当与保险代理人签订委托代理协议,依法约定双方的权利和义务。

第一百二十七条 【保险代理责任承担】保险代理人根据保险人的授权代为办理保险业务的行为,由保险人承担责任。

保险代理人没有代理权、超越代理权或者代理权终止后以保险人名义订立合同,使投保人有理由相信其有代理权的,该代理行为有效。保险人可以依法追究越权的保险代理人的责任。

注释 这里所说的"有理由相信",是指投保人不知道或者不应当知道保险代理人超越了代理权,而且投保人尽了必要的注意义务,即投保人不存在疏忽大意的过失。同时,根据合同法的有关规定,除超越代理权这种情形外,保险代理人没有代理权或者代理权终止后以保险人的名义订立保险合同,投保人有理由相信保险代理人有代理权的,该代理行为也有效,由此产生的保险责任由保险人承担。当然,保险代理人应当对自己超越代理权的行为承担相应的责任。如果保险代理人超越职权的行为,造成保险人多承担了责任,或者给保险人造成了其他损害,保险人可以就该损害要求保险代理人予以赔偿。此为表见代理制度在保险代理中的体现。

实务问答 什么情况下不能免除保险公司对善意投保人应当承担的法律责任?

投保人通过保险公司设立的营销部购买机动车第三者责任险,营销部营销人员为侵吞保费,将自己伪造的、内容和形式与真保单一致的假保单填写后,加盖伪造的保险公司业务专用章,通过营销部的销售员在该营销部内销售并交付投保人。作为不知情的善意投保人有理由相信其购买的保险是真实的,保单的内容也并不违反有关法律的规定,营销部的行为在民法上应当视为保险公司的行为。因此,虽然投保人持有的保单是假的,但并不能据此免除保险公司根据保险合同依法应当承担的民事责任。(参见"刘某诉汪某某、朱某某、某保险盐城中心支公司交通事故人身损害赔偿纠纷案",载《最高人民法院公报》2012年第3期)

第一百二十八条 【保险经纪人的赔偿责任】保险经纪人因过错给投保人、被保险人造成损失的,依法承担赔偿责任。

第一百二十九条 【保险事故的评估和鉴定】保险活动当事人可以委托保险公估机构等依法设立的独立评估机构或者具有相关专业知识的人员,对保险事故进行评估和鉴定。

接受委托对保险事故进行评估和鉴定的机构和人员,应当依法、独立、客观、公正地进行评估和鉴定,任何单位和个人不得干涉。

前款规定的机构和人员,因故意或者过失给保险人或者被保险人造成损失的,依法承担赔偿责任。

注释 接受保险人或者被保险人的委托,办理保险事故的勘验、鉴定、评估以及赔款理算的中介机构或者个人,通常被称为保险公估人。

保险公估人对其过错行为应当依法承担赔偿责任。保险公估人承担过错赔偿责任应当具备下列条件:(1)保险公估人必须具有主观上的过错。过错指的是保险公估人在从事保险事故评估、鉴定业务中的一种主观状态,包括故意和过失两个方面。故意指的是保险公估人知道或者应当知道其行为会给保险人或者被保险人造成损害,而希望或者放任这种损害后果的发生。过失指的是保险公估人对其行为会给保险人或者被保险人造成损害的后果应当预见而没有预见到,或者虽然已经预见但轻信该后果能够避免。(2)保险公估人的过错行为给保险人或者被保险人造成了损失。这种损失在保险评估、鉴定业务中一般是经济上的损失,包括直接损失和间接损失。直接损失是指保险人或者被保险人现有财产和利益的减少。间接损失是指保险人或者被保险人应当得到或者能够得到的利益而没有得到。(3)保险人或者被保险人的损失与保险公估人的过错行为之间存在因果关系。因果关系是一定的事实与一定的行为之间存在客观的、必然的联系。如果保险人、被保险人的损失不是由于保险公估人的过错行为造成的,保险公估人就不存在承担赔偿责任的问题。

第一百三十条 【保险佣金的支付】保险佣金只限于向保险代理人、保险经纪人支付,不得向其他人支付。

第一百三十一条 【保险代理人、保险经纪人及其从业人员的禁止行为】保险代理人、保险经纪人及其从业人员在办理保险业务活动中不得有下列行为:

(一)欺骗保险人、投保人、被保险人或者受益人;

(二)隐瞒与保险合同有关的重要情况;

(三)阻碍投保人履行本法规定的如实告知义务,或者诱导其不履行本法规定的如实告知义务;

(四)给予或者承诺给予投保人、被保险人或者受益人保险合同约定以外的利益;

(五)利用行政权力、职务或者职业便利以及其他不正当手段强迫、引诱或者限制投保人订立保险合同;

(六)伪造、擅自变更保险合同,或者为保险合同当事人提供虚假证明材料;

(七)挪用、截留、侵占保险费或者保险金;

(八)利用业务便利为其他机构或者个人牟取不正当利益;

(九)串通投保人、被保险人或者受益人,骗取保险金;

(十)泄露在业务活动中知悉的保险人、投保人、被保险人的商业秘密。

第一百三十二条 【准用条款】本法第八十六条第一款、第一百一十三条的规定,适用于保险代理机构和保险经纪人。

第六章 保险业监督管理

第一百三十三条 【保险监督管理机构职责】保险监督管理机构依照本法和国务院规定的职责,遵循依法、公开、公正的原则,对保险业实施监督管理,维护保险市场秩序,保护投保人、被保险人和受益人的合法权益。

第一百三十四条 【国务院保险监督管理机构立法权限】国务院保险监督管理机构依照法律、行政法规制定并发布有关保险业监督管理的规章。

第一百三十五条 【保险条款与保险费率的审批与备案】关系社会公众利益的保险险种、依法实行强制保险的险种和新开发的人寿保险险种等的保险条款和保险费率,应当报国务院保险监督管理机构批准。国务院保险监督管理机构审批时,应当遵循保护社会公众利益和防止不正当竞争的原则。其他保险险种的保险条款和保险费率,应当报保险监督管理机构备案。

保险条款和保险费率审批、备案的具体办法,由国务院保险监督管理机构依照前款规定制定。

第一百三十六条 【对违法、违规保险条款和费率采取的措施】保险公司使用的保险条款和保险费率违反法律、行政法规或者国务院保险监督管理机构的有关规定的,由保险监督管理机构责令停止使用,限期修改;情节严重的,可以在一定期限内禁止申报新的保险条款和保险费率。

注释 强制保险险种,又称法定保险,是指保险标的或者保险对象的范围直接由法律、法规规定,对于规定范围内的保险标的或者对象必须向保险人投保的保险。

链接《财产保险公司保险条款和保险费率管理办法》

第一百三十七条 【对保险公司偿付能力的监控】国务院保险监督管理机构应当建立健全保险公司偿付能力监管体系,对保险公司的偿付能力实施监控。

链接《保险公司管理规定》第60条

第一百三十八条 【对偿付能力不足的保险公司采取的措施】对偿付能力不足的保险公司,国务院保险监督管理机构应当将其列为重点监管对象,并可以根据具体情况采取下列措施:

(一)责令增加资本金、办理再保险;
(二)限制业务范围;
(三)限制向股东分红;
(四)限制固定资产购置或者经营费用规模;
(五)限制资金运用的形式、比例;
(六)限制增设分支机构;
(七)责令拍卖不良资产、转让保险业务;
(八)限制董事、监事、高级管理人员的薪酬水平;
(九)限制商业性广告;
(十)责令停止接受新业务。

第一百三十九条 【责令保险公司改正违法行为】保险公司未依照本法规定提取或者结转各项责任准备金,或者未依照本法规定办理再保险,或者严重违反本法关于资金运用的规定的,由保险监督管理机构责令限期改正,并可以责令调整负责人及有关管理人员。

第一百四十条 【保险公司整顿】保险监督管理机构依照本法第一百三十九条的规定作出限期改正的决定后,保险公司逾期未改正的,国务院保险监督管理机构可以决定选派保险专业人员和指定该保险公司的有关人员组成整顿组,对公司进行整顿。

整顿决定应当载明被整顿公司的名称、整顿理由、整顿组成员和整顿期限,并予以公告。

第一百四十一条 【整顿组职权】整顿组有权监督被整顿保险公司的日常业务。被整顿公司的负责人及有关管理人员应当在整顿组的监督下行使职权。

第一百四十二条 【被整顿保险公司的业务运作】整顿过程中,被整顿保险公司的原有业务继续进行。但是,国务院保险监督管理机构可以责令被整顿公司停止部分原有业务、停止接受新业务,调整资金运用。

第一百四十三条 【保险公司结束整顿】被整顿保险公司经整顿已纠正其违反本法规定的行为,恢复正常经营状况的,由整顿组提出报告,经国务院保险监督管理机构批准,结束整顿,并由国务院保险监督管理机构予以公告。

第一百四十四条 【保险公司接管】保险公司有下列情形之一的,国务院保险监督管理机构可以对其实行接管:

(一)公司的偿付能力严重不足的;
(二)违反本法规定,损害社会公共利益,可能严重危及或者已经严重危及公司的偿付能力的。

被接管的保险公司的债权债务关系不因接管而变化。

注释 保险公司的接管,是指由保险监督管理机构指派接管组织直接介入保险公司的日常经营管理,并由接管组织负责保险公司的全部经营活动的监管活动。对保险公司实施接管是一种比较严厉的行政监管措施。

第一百四十五条 【国务院保险监督管理机构决定并公告接管组的组成和接管的实施办法】接管组的组成和接管的实施办法,由国务院保险监督管理机构决定,并予以公告。

第一百四十六条 【接管保险公司期限】接管期限届满,国务院保险监督管理机构可以决定延长接管期限,但接管期限最长不得超过二年。

第一百四十七条 【终止接管】接管期限届满,被接管的保险公司已恢复正常经营能力的,由国务院保险监督管理机构决定终止接管,并予以公告。

第一百四十八条 【被整顿、被接管的保险公司的重整及破产清算】被整顿、被接管的保险公司有《中华人民共和国企业破产法》第二条规定情形的,国务院保险监督管理机构可以依法向人民法院申请对该保险公司进行重整或者破产清算。

第一百四十九条 【保险公司的撤销及清算】保险公司因违法经营被依法吊销经营保险业务许可证的，或者偿付能力低于国务院保险监督管理机构规定标准，不予撤销将严重危害保险市场秩序、损害公共利益的，由国务院保险监督管理机构予以撤销并公告，依法及时组织清算组进行清算。

第一百五十条 【提供信息资料】国务院保险监督管理机构有权要求保险公司股东、实际控制人在指定的期限内提供有关信息和资料。

第一百五十一条 【股东利用关联交易严重损害公司利益，危及公司偿付能力的处理措施】保险公司的股东利用关联交易严重损害公司利益，危及公司偿付能力的，由国务院保险监督管理机构责令改正。在按照要求改正前，国务院保险监督管理机构可以限制其股东权利；拒不改正的，可以责令其转让所持的保险公司股权。

第一百五十二条 【保险公司业务活动和风险管理重大事项说明】保险监督管理机构根据履行监督管理职责的需要，可以与保险公司董事、监事和高级管理人员进行监督管理谈话，要求其就公司的业务活动和风险管理的重大事项作出说明。

第一百五十三条 【保险公司被整顿、接管、撤销清算期间及出现重大风险时对董事、监事、高级管理人员和其他责任人员采取的措施】保险公司在整顿、接管、撤销清算期间，或者出现重大风险时，国务院保险监督管理机构可以对该公司直接负责的董事、监事、高级管理人员和其他直接责任人员采取以下措施：

（一）通知出境管理机关依法阻止其出境；

（二）申请司法机关禁止其转移、转让或者以其他方式处分财产，或者在财产上设定其他权利。

第一百五十四条 【保险监督管理机构的履职措施及程序】保险监督管理机构依法履行职责，可以采取下列措施：

（一）对保险公司、保险代理人、保险经纪人、保险资产管理公司、外国保险机构的代表机构进行现场检查；

（二）进入涉嫌违法行为发生场所调查取证；

（三）询问当事人及与被调查事件有关的单位和个人，要求其对与被调查事件有关的事项作出说明；

（四）查阅、复制与被调查事件有关的财产权登记等资料；

（五）查阅、复制保险公司、保险代理人、保险经纪人、保险资产管理公司、外国保险机构的代表机构以及与被调查事件有关的单位和个人的财务会计资料及其他相关文件和资料；对可能被转移、隐匿或者毁损的文件和资料予以封存；

（六）查询涉嫌违法经营的保险公司、保险代理人、保险经纪人、保险资产管理公司、外国保险机构的代表机构以及与涉嫌违法事项有关的单位和个人的银行账户；

（七）对有证据证明已经或者可能转移、隐匿违法资金等涉案财产或者隐匿、伪造、毁损重要证据的，经保险监督管理机构主要负责人批准，申请人民法院予以冻结或者查封。

保险监督管理机构采取前款第（一）项、第（二）项、第（五）项措施的，应当经保险监督管理机构负责人批准；采取第（六）项措施的，应当经国务院保险监督管理机构负责人批准。

保险监督管理机构依法进行监督检查或者调查，其监督检查、调查的人员不得少于二人，并应当出示合法证件和监督检查、调查通知书；监督检查、调查的人员少于二人或者未出示合法证件和监督检查、调查通知书的，被检查、调查的单位和个人有权拒绝。

注释 现场检查包括常规检查、临时检查和稽核调查等。常规检查是纳入年度现场检查计划的检查。按检查范围可以分为风险管理及内控有效性等综合性检查，对某些业务领域或区域进行的专项检查，对被查机构以往现场检查中发现的重大问题整改落实情况进行的后续检查。临时检查是在年度现场检查计划之外，根据重大工作部署或临时工作任务开展的检查。稽核调查是适用简化现场检查流程对特定事项进行专门调查的活动。

检查过程中，检查人员有权查阅与检查事项有关的文件资料和信息系统、查看经营管理场所、采集数据信息、测试有关系统设备设施、访谈或询问相关人员，并可以根据需要，收集原件、原物，进行复制、记录、录音、录像、照相等。对可能被转移、隐匿或者毁损的文件、资料，可以按照有关法律法规进行封存。根据工作需要，可以采取线上检查、函询稽核等新型检查方法。线上检查是运用信息技术和网络技术分析筛查疑点业务和机构并实施的穿透式检查。函询稽核是对重大风险或问题通过下发质询函等方式检查核实的活动。

实务问答 60. 如何进行现场检查？

银保监会及其派出机构组织实施现场检查可以采取以下方式：(1)由立项单位组织实施；(2)由上级部门部署下级部门实施；(3)对专业性强的领域，可以要求银行业和保险业机构选聘符合条件的第三方机构进行检查，并将检查结果报告监管部门；(4)必要时可以按照相关程序，聘请资信良好、符合条件的会计师事务所等第三方机构参与检查工作，具体办法由银保监会另行制定；(5)采用符合法律法规及规章规定的其他方式实施。

链接《中国银保监会现场检查办法(试行)》

第一百五十五条 【配合检查、调查】保险监督管理机构依法履行职责，被检查、调查的单位和个人应当配合。

第一百五十六条 【保险监督管理机构工作人员行为准则】保险监督管理机构工作人员应当忠于职守，依法办事，公正廉洁，不得利用职务便利牟取不正当利益，不得泄露所知悉的有关单位和个人的商业秘密。

第一百五十七条 【金融监督管理机构监督管理信息共享机制】国务院保险监督管理机构应当与中国人民银行、国务院其他金融监督管理机构建立监督管理信息共享机制。

保险监督管理机构依法履行职责，进行监督检查、调查时，有关部门应当予以配合。

第七章　法律责任

第一百五十八条 【擅自设立保险公司、保险资产管理公司或非法经营商业保险业务的法律责任】违反本法规定，擅自设立保险公司、保险资产管理公司或者非法经营商业保险业务的，由保险监督管理机构予以取缔，没收违法所得，并处违法所得一倍以上五倍以下的罚款；没有违法所得或者违法所得不足二十万元的，处二十万元以上一百万元以下的罚款。

第一百五十九条 【擅自设立保险代理机构、保险经纪人或者未取得许可从事保险业务的法律责任】违反本法规定，擅自设立保险专业代理机构、保险经纪人，或者未取得经营保险代理业务许可证、保险经纪业务许可证从事保险代理业务、保险经纪业务的，由保险监督管理机构予以取缔，没收违法所得，并处违法所得一倍以上五倍以下的罚款；没有违法所得或者违法所得不足五万元的，处五万元以上三十万元以下的罚款。

第一百六十条 【保险公司超出业务范围经营的法律责任】保险公司违反本法规定，超出批准的业务范围经营的，由保险监督管理机构责令限期改正，没收违法所得，并处违法所得一倍以上五倍以下的罚款；没有违法所得或者违法所得不足十万元的，处十万元以上五十万元以下的罚款。逾期不改正或者造成严重后果的，责令停业整顿或者吊销业务许可证。

第一百六十一条 【保险公司在保险业务活动中从事禁止性行为的法律责任】保险公司有本法第一百一十六条规定行为之一的，由保险监督管理机构责令改正，处五万元以上三十万元以下的罚款；情节严重的，限制其业务范围、责令停止接受新业务或者吊销业务许可证。

第一百六十二条 【保险公司未经批准变更公司登记事项的法律责任】保险公司违反本法第八十四条规定的，由保险监督管理机构责令改正，处一万元以上十万元以下的罚款。

第一百六十三条 【超额承保及为无民事行为能力人承保以死亡为给付保险金条件的保险的法律责任】保险公司违反本法规定，有下列行为之一的，由保险监督管理机构责令改正，处五万元以上三十万元以下的罚款：

(一)超额承保，情节严重的；

(二)为无民事行为能力人承保以死亡为给付保险金条件的保险的。

第一百六十四条 【违反保险业务规则和保险组织机构管理规定的法律责任】违反本法规定，有下列行为之一的，由保险监督管理机构责令改正，处五万元以上三十万元以下的罚款；情节严重的，可以限制其业务范围、责令停止接受新业务或者吊销业务许可证：

(一)未按照规定提存保证金或者违反规定动用保证金的；

(二)未按照规定提取或者结转各项责任准备金的；

(三)未按照规定缴纳保险保障基金或者提取公积金的；

(四)未按照规定办理再保险的；

(五)未按照规定运用保险公司资金的；

（六）未经批准设立分支机构的；

（七）未按照规定申请批准保险条款、保险费率的。

第一百六十五条 【保险代理机构、保险经纪人违反诚信原则办理保险业务的法律责任】保险代理机构、保险经纪人有本法第一百三十一条规定行为之一的，由保险监督管理机构责令改正，处五万元以上三十万元以下的罚款；情节严重的，吊销业务许可证。

第一百六十六条 【不按规定缴存保证金或者投保职业责任保险、设立收支账簿的法律责任】保险代理机构、保险经纪人违反本法规定，有下列行为之一的，由保险监督管理机构责令改正，处二万元以上十万元以下的罚款；情节严重的，责令停业整顿或者吊销业务许可证：

（一）未按照规定缴存保证金或者投保职业责任保险的；

（二）未按照规定设立专门账簿记载业务收支情况的。

第一百六十七条 【违法聘任不具有任职资格的人员的法律责任】违反本法规定，聘任不具有任职资格的人员的，由保险监督管理机构责令改正，处二万元以上十万元以下的罚款。

第一百六十八条 【违法转让、出租、出借业务许可证的法律责任】违反本法规定，转让、出租、出借业务许可证的，由保险监督管理机构处一万元以上十万元以下的罚款；情节严重的，责令停业整顿或者吊销业务许可证。

第一百六十九条 【不按规定披露保险业务相关信息的法律责任】违反本法规定，有下列行为之一的，由保险监督管理机构责令限期改正；逾期不改正的，处一万元以上十万元以下的罚款：

（一）未按照规定报送或者保管报告、报表、文件、资料的，或者未按照规定提供有关信息、资料的；

（二）未按照规定报送保险条款、保险费率备案的；

（三）未按照规定披露信息的。

第一百七十条 【提供保险业务相关信息不实、拒绝或者妨碍监督检查、不按规定使用保险条款、保险费率的法律责任】违反本法规定，有下列行为之一的，由保险监督管理机构责令改正，处十万元以上五十万元以下的罚款；情节严重的，可以限制其业务范围、责令停止接受新业务或者吊销业务许可证：

（一）编制或者提供虚假的报告、报表、文件、资料的；

（二）拒绝或者妨碍依法监督检查的；

（三）未按照规定使用经批准或者备案的保险条款、保险费率的。

第一百七十一条 【董事、监事、高级管理人员的法律责任】保险公司、保险资产管理公司、保险专业代理机构、保险经纪人违反本法规定的，保险监督管理机构除分别依照本法第一百六十条至第一百七十条的规定对该单位给予处罚外，对其直接负责的主管人员和其他直接责任人员给予警告，并处一万元以上十万元以下的罚款；情节严重的，撤销任职资格。

第一百七十二条 【个人保险代理人的法律责任】个人保险代理人违反本法规定的，由保险监督管理机构给予警告，可以并处二万元以下的罚款；情节严重的，处二万元以上十万元以下的罚款。

第一百七十三条 【外国保险机构违法从事保险活动的法律责任】外国保险机构未经国务院保险监督管理机构批准，擅自在中华人民共和国境内设立代表机构的，由国务院保险监督管理机构予以取缔，处五万元以上三十万元以下的罚款。

外国保险机构在中华人民共和国境内设立的代表机构从事保险经营活动的，由保险监督管理机构责令改正，没收违法所得，并处违法所得一倍以上五倍以下的罚款；没有违法所得或者违法所得不足二十万元的，处二十万元以上一百万元以下的罚款；对其首席代表可以责令撤换；情节严重的，撤销其代表机构。

第一百七十四条 【投保人、被保险人或受益人进行保险诈骗活动的法律责任】投保人、被保险人或者受益人有下列行为之一，进行保险诈骗活动，尚不构成犯罪的，依法给予行政处罚：

（一）投保人故意虚构保险标的，骗取保险金的；

（二）编造未曾发生的保险事故，或者编造虚假的事故原因或者夸大损失程度，骗取保险金的；

（三）故意造成保险事故，骗取保险金的。

保险事故的鉴定人、评估人、证明人故意提供虚假的证明文件，为投保人、被保险人或者受益人进行保险诈骗提供条件的，依照前款规定给予处罚。

第一百七十五条 【侵权民事责任的规定】违反本法规定,给他人造成损害的,依法承担民事责任。

注释 由于违反保险法规定,给他人造成损害的情况比较复杂,法律不可能将所有的违法行为一一列举出来,因此,本条只是原则规定,违反保险法,"给他人造成损害的,依法承担民事责任"。这样规定有三个好处:一是可以避免法律条文过于烦琐;二是可以防止挂一漏万;三是可以给受到损害的当事人提供全面保护。

第一百七十六条 【拒绝、阻碍监督检查、调查的行政责任】拒绝、阻碍保险监督管理机构及其工作人员依法行使监督检查、调查职权,未使用暴力、威胁方法的,依法给予治安管理处罚。

第一百七十七条 【禁止从业的规定】违反法律、行政法规的规定,情节严重的,国务院保险监督管理机构可以禁止有关责任人员一定期限直至终身进入保险业。

第一百七十八条 【保险监督人员的法律责任】保险监督管理机构从事监督管理工作的人员有下列情形之一的,依法给予处分:

(一)违反规定批准机构的设立的;
(二)违反规定进行保险条款、保险费率审批的;
(三)违反规定进行现场检查的;
(四)违反规定查询账户或者冻结资金的;
(五)泄露其知悉的有关单位和个人的商业秘密的;
(六)违反规定实施行政处罚的;
(七)滥用职权、玩忽职守的其他行为。

第一百七十九条 【刑事责任的规定】违反本法规定,构成犯罪的,依法追究刑事责任。

第八章 附 则

第一百八十条 【保险行业协会的规定】保险公司应当加入保险行业协会。保险代理人、保险经纪人、保险公估机构可以加入保险行业协会。

保险行业协会是保险业的自律性组织,是社会团体法人。

第一百八十一条 【其他保险组织的商业保险业务适用本法】保险公司以外的其他依法设立的保险组织经营的商业保险业务,适用本法。

第一百八十二条 【海上保险的法律适用】海上保险适用《中华人民共和国海商法》的有关规定;《中华人民共和国海商法》未规定的,适用本法的有关规定。

注释 海上保险,是指保险人依照保险合同约定,对海上保险事故造成的保险标的损失及产生的责任负赔偿责任的保险。

《海商法》设专章对海上保险予以规范。主要内容包括:海上保险责任范围,海上保险合同的主要条款,保险标的及其保险价值的计算,海上保险合同的订立、解除和转让,被保险人的义务与保险人的责任,保险标的的损失和委付,保险赔偿的支付等。海商法的上述规范相对于保险法来讲属于对海上保险的特别规定,应当适用。但是海商法并没有也不可能解决海上保险的所有问题,海上保险依然属于商业保险范畴,因此,保险法作为商业保险的基本法,其有关从事商业保险活动应遵循的基本原则和规范应当适用于海上保险。此外,海商法未作规定的有关事项,依照本条规定,应当适用保险法的有关规定,如有关对保险业的监督管理及法律责任等。

第一百八十三条 【合资保险公司、外资公司法律适用规定】中外合资保险公司、外资独资保险公司、外国保险公司分公司适用本法规定;法律、行政法规另有规定的,适用其规定。

第一百八十四条 【农业保险和强制保险的规定】国家支持发展为农业生产服务的保险事业。农业保险由法律、行政法规另行规定。

强制保险,法律、行政法规另有规定的,适用其规定。

注释 1.农业保险是以生长期和收获期的农作物、经济作物、畜禽和水产养殖动物为保险标的,在保险标的遭受自然灾害或意外事故损害时,由保险人承担赔偿责任的保险。农业保险的业务分散,承保的危险复杂,多数危险属于巨灾,经营成本和赔付率都很高,难以按照商业保险的一般规则从事经营。目前,世界上许多国家和地区解决农业保险问题主要采取政策倾斜和财政补贴的办法。

我国幅员辽阔,又是农业大国,每年受各种自然灾害影响,农业损失巨大。虽然农民有参加农业保险的客观需求,但是普遍承受不起按照商业保险原则确定的高额保费。因此,保险法确立的商业保险活动的规范难以完全适用于农业保险,仅靠国家有限的财力也难以解决农业赈灾扶困的根本问题。如何解决我国农业保险问题,还需要结合国家扶持农业发展的方针由法律、行政法规另行规定。但是国家支持发展为农业生产服务的保险事业的政策不会改变。本条的规定为发展我国农业保险提供了法律依据。

2. 商业保险的基本原则是自愿原则。对于危险范围广，对社会公众利益影响较大的个别险种，法律也规定实行强制保险。强制保险，一般应适用保险法的规定。如我国保险法规定的诚实信用原则、损失补偿原则，以及依法实行强制保险险种的保险条款和费率应当报国务院保险监督管理机构批准的规定等。同时，由于强制保险的险种具有特殊性，为了维护公共利益，也需要由法律、行政法规在保险法之外另行规定有关规则。如国务院根据道路交通安全法和保险法制定的《机动车交通事故责任强制保险条例》，从有利于道路交通事故受害人获得及时有效的经济保障和医疗救治，减轻交通事故肇事的经济负担，促进道路交通安全出发，做出了具有经营机动车交通事故责任强制保险资格的保险公司不得拒绝承保、保险公司办理强制保险以不盈利或微利为原则、保险合同不得随意解除原则、多部门联合监管的规定，并实行责任限额法定的原则。根据我国强制保险的实践和国际上的通行做法，本条规定，强制保险，法律、行政法规另有规定的，适用其规定。

链接 《农业保险条例》；《机动车交通事故责任强制保险条例》

第一百八十五条 【施行日期】本法自2009年10月1日起施行。

中华人民共和国消费者权益保护法

- 1993年10月31日第八届全国人民代表大会常务委员会第四次会议通过
- 根据2009年8月27日第十一届全国人民代表大会常务委员会第十次会议《关于修改部分法律的决定》第一次修正
- 根据2013年10月25日第十二届全国人民代表大会常务委员会第五次会议《关于修改〈中华人民共和国消费者权益保护法〉的决定》第二次修正

第一章 总 则

第一条 为保护消费者的合法权益，维护社会经济秩序，促进社会主义市场经济健康发展，制定本法。

第二条 消费者为生活消费需要购买、使用商品或者接受服务，其权益受本法保护；本法未作规定的，受其他有关法律、法规保护。

第三条 经营者为消费者提供其生产、销售的商品或者提供服务，应当遵守本法；本法未作规定的，应当遵守其他有关法律、法规。

第四条 经营者与消费者进行交易，应当遵循自愿、平等、公平、诚实信用的原则。

第五条 国家保护消费者的合法权益不受侵害。

国家采取措施，保障消费者依法行使权利，维护消费者的合法权益。

国家倡导文明、健康、节约资源和保护环境的消费方式，反对浪费。

第六条 保护消费者的合法权益是全社会的共同责任。

国家鼓励、支持一切组织和个人对损害消费者合法权益的行为进行社会监督。

大众传播媒介应当做好维护消费者合法权益的宣传，对损害消费者合法权益的行为进行舆论监督。

第二章 消费者的权利

第七条 消费者在购买、使用商品和接受服务时享有人身、财产安全不受损害的权利。

消费者有权要求经营者提供的商品和服务，符合保障人身、财产安全的要求。

第八条 消费者享有知悉其购买、使用的商品或者接受的服务的真实情况的权利。

消费者有权根据商品或者服务的不同情况，要求经营者提供商品的价格、产地、生产者、用途、性能、规格、等级、主要成份、生产日期、有效期限、检验合格证明、使用方法说明书、售后服务，或者服务的内容、规格、费用等有关情况。

第九条 消费者享有自主选择商品或者服务的权利。

消费者有权自主选择提供商品或者服务的经营者，自主选择商品品种或者服务方式，自主决定购买或者不购买任何一种商品、接受或者不接受任何一项服务。

消费者在自主选择商品或者服务时，有权进

行比较、鉴别和挑选。

第十条　消费者享有公平交易的权利。

消费者在购买商品或者接受服务时,有权获得质量保障、价格合理、计量正确等公平交易条件,有权拒绝经营者的强制交易行为。

第十一条　消费者因购买、使用商品或者接受服务受到人身、财产损害的,享有依法获得赔偿的权利。

第十二条　消费者享有依法成立维护自身合法权益的社会组织的权利。

第十三条　消费者享有获得有关消费和消费者权益保护方面的知识的权利。

消费者应当努力掌握所需商品或者服务的知识和使用技能,正确使用商品,提高自我保护意识。

第十四条　消费者在购买、使用商品和接受服务时,享有人格尊严、民族风俗习惯得到尊重的权利,享有个人信息依法得到保护的权利。

第十五条　消费者享有对商品和服务以及保护消费者权益工作进行监督的权利。

消费者有权检举、控告侵害消费者权益的行为和国家机关及其工作人员在保护消费者权益工作中的违法失职行为,有权对保护消费者权益工作提出批评、建议。

第三章　经营者的义务

第十六条　经营者向消费者提供商品或者服务,应当依照本法和其他有关法律、法规的规定履行义务。

经营者和消费者有约定的,应当按照约定履行义务,但双方的约定不得违背法律、法规的规定。

经营者向消费者提供商品或者服务,应当恪守社会公德,诚信经营,保障消费者的合法权益;不得设定不公平、不合理的交易条件,不得强制交易。

第十七条　经营者应当听取消费者对其提供的商品或者服务的意见,接受消费者的监督。

第十八条　经营者应当保证其提供的商品或者服务符合保障人身、财产安全的要求。对可能危及人身、财产安全的商品和服务,应当向消费者作出真实的说明和明确的警示,并说明和标明正确使用商品或者接受服务的方法以及防止危害发生的方法。

宾馆、商场、餐馆、银行、机场、车站、港口、影剧院等经营场所的经营者,应当对消费者尽到安全保障义务。

第十九条　经营者发现其提供的商品或者服务存在缺陷,有危及人身、财产安全危险的,应当立即向有关行政部门报告和告知消费者,并采取停止销售、警示、召回、无害化处理、销毁、停止生产或者服务等措施。采取召回措施的,经营者应当承担消费者因商品被召回支出的必要费用。

第二十条　经营者向消费者提供有关商品或者服务的质量、性能、用途、有效期限等信息,应当真实、全面,不得作虚假或者引人误解的宣传。

经营者对消费者就其提供的商品或者服务的质量和使用方法等问题提出的询问,应当作出真实、明确的答复。

经营者提供商品或者服务应当明码标价。

第二十一条　经营者应当标明其真实名称和标记。

租赁他人柜台或者场地的经营者,应当标明其真实名称和标记。

第二十二条　经营者提供商品或者服务,应当按照国家有关规定或者商业惯例向消费者出具发票等购货凭证或者服务单据;消费者索要发票等购货凭证或者服务单据的,经营者必须出具。

第二十三条　经营者应当保证在正常使用商品或者接受服务的情况下其提供的商品或者服务应当具有的质量、性能、用途和有效期限;但消费者在购买该商品或者接受该服务前已经知道其存在瑕疵,且存在该瑕疵不违反法律强制性规定的除外。

经营者以广告、产品说明、实物样品或者其他方式表明商品或者服务的质量状况的,应当保证其提供的商品或者服务的实际质量与表明的质量状况相符。

经营者提供的机动车、计算机、电视机、电冰箱、空调器、洗衣机等耐用商品或者装饰装修等服务,消费者自接受商品或者服务之日起六个月内发现瑕疵,发生争议的,由经营者承担有关瑕疵的举证责任。

第二十四条　经营者提供的商品或者服务不符合质量要求的,消费者可以依照国家规定、当事人约定退货,或者要求经营者履行更换、修理等义务。没有国家规定和当事人约定的,消费者可以自收到商品之日起七日内退货;七日后符合法定解除合同条件的,消费者可以及时退货,不符合法定解除合同条件的,可以要求经营者履行更换、修理等义务。

依照前款规定进行退货、更换、修理的,经营者应当承担运输等必要费用。

第二十五条 经营者采用网络、电视、电话、邮购等方式销售商品,消费者有权自收到商品之日起七日内退货,且无需说明理由,但下列商品除外:

（一）消费者定作的；
（二）鲜活易腐的；
（三）在线下载或者消费者拆封的音像制品、计算机软件等数字化商品；
（四）交付的报纸、期刊。

除前款所列商品外,其他根据商品性质并经消费者在购买时确认不宜退货的商品,不适用无理由退货。

消费者退货的商品应当完好。经营者应当自收到退回商品之日起七日内返还消费者支付的商品价款。退回商品的运费由消费者承担；经营者和消费者另有约定的,按照约定。

第二十六条 经营者在经营活动中使用格式条款的,应当以显著方式提请消费者注意商品或者服务的数量和质量、价款或者费用、履行期限和方式、安全注意事项和风险警示、售后服务、民事责任等与消费者有重大利害关系的内容,并按照消费者的要求予以说明。

经营者不得以格式条款、通知、声明、店堂告示等方式,作出排除或者限制消费者权利、减轻或者免除经营者责任、加重消费者责任等对消费者不公平、不合理的规定,不得利用格式条款并借助技术手段强制交易。

格式条款、通知、声明、店堂告示等含有前款所列内容的,其内容无效。

第二十七条 经营者不得对消费者进行侮辱、诽谤,不得搜查消费者的身体及其携带的物品,不得侵犯消费者的人身自由。

第二十八条 采用网络、电视、电话、邮购等方式提供商品或者服务的经营者,以及提供证券、保险、银行等金融服务的经营者,应当向消费者提供经营地址、联系方式、商品或者服务的数量和质量、价款或者费用、履行期限和方式、安全注意事项和风险警示、售后服务、民事责任等信息。

第二十九条 经营者收集、使用消费者个人信息,应当遵循合法、正当、必要的原则,明示收集、使用信息的目的、方式和范围,并经消费者同意。经营者收集、使用消费者个人信息,应当公开其收集、使用规则,不得违反法律、法规的规定和双方的约定收集、使用信息。

经营者及其工作人员对收集的消费者个人信息必须严格保密,不得泄露、出售或者非法向他人提供。经营者应当采取技术措施和其他必要措施,确保信息安全,防止消费者个人信息泄露、丢失。在发生或者可能发生信息泄露、丢失的情况时,应当立即采取补救措施。

经营者未经消费者同意或者请求,或者消费者明确表示拒绝的,不得向其发送商业性信息。

第四章　国家对消费者合法权益的保护

第三十条 国家制定有关消费者权益的法律、法规、规章和强制性标准,应当听取消费者和消费者协会等组织的意见。

第三十一条 各级人民政府应当加强领导,组织、协调、督促有关行政部门做好保护消费者合法权益的工作,落实保护消费者合法权益的职责。

各级人民政府应当加强监督,预防危害消费者人身、财产安全行为的发生,及时制止危害消费者人身、财产安全的行为。

第三十二条 各级人民政府工商行政管理部门和其他有关行政部门应当依照法律、法规的规定,在各自的职责范围内,采取措施,保护消费者的合法权益。

有关行政部门应当听取消费者和消费者协会等组织对经营者交易行为、商品和服务质量问题的意见,及时调查处理。

第三十三条 有关行政部门在各自的职责范围内,应当定期或者不定期对经营者提供的商品和服务进行抽查检验,并及时向社会公布抽查检验结果。

有关行政部门发现并认定经营者提供的商品或者服务存在缺陷,有危及人身、财产安全危险的,应当立即责令经营者采取停止销售、警示、召回、无害化处理、销毁、停止生产或者服务等措施。

第三十四条 有关国家机关应当依照法律、法规的规定,惩处经营者在提供商品和服务中侵害消费者合法权益的违法犯罪行为。

第三十五条 人民法院应当采取措施,方便消费者提起诉讼。对符合《中华人民共和国民事诉讼法》起诉条件的消费者权益争议,必须受理,及时审理。

第五章 消费者组织

第三十六条 消费者协会和其他消费者组织是依法成立的对商品和服务进行社会监督的保护消费者合法权益的社会组织。

第三十七条 消费者协会履行下列公益性职责:

(一)向消费者提供消费信息和咨询服务,提高消费者维护自身合法权益的能力,引导文明、健康、节约资源和保护环境的消费方式;

(二)参与制定有关消费者权益的法律、法规、规章和强制性标准;

(三)参与有关行政部门对商品和服务的监督、检查;

(四)就有关消费者合法权益的问题,向有关部门反映、查询,提出建议;

(五)受理消费者的投诉,并对投诉事项进行调查、调解;

(六)投诉事项涉及商品和服务质量问题的,可以委托具备资格的鉴定人鉴定,鉴定人应当告知鉴定意见;

(七)就损害消费者合法权益的行为,支持受损害的消费者提起诉讼或者依照本法提起诉讼;

(八)对损害消费者合法权益的行为,通过大众传播媒介予以揭露、批评。

各级人民政府对消费者协会履行职责应当予以必要的经费等支持。

消费者协会应当认真履行保护消费者合法权益的职责,听取消费者的意见和建议,接受社会监督。

依法成立的其他消费者组织依照法律、法规及其章程的规定,开展保护消费者合法权益的活动。

第三十八条 消费者组织不得从事商品经营和营利性服务,不得以收取费用或者其他牟取利益的方式向消费者推荐商品和服务。

第六章 争议的解决

第三十九条 消费者和经营者发生消费者权益争议的,可以通过下列途径解决:

(一)与经营者协商和解;

(二)请求消费者协会或者依法成立的其他调解组织调解;

(三)向有关行政部门投诉;

(四)根据与经营者达成的仲裁协议提请仲裁机构仲裁;

(五)向人民法院提起诉讼。

第四十条 消费者在购买、使用商品时,其合法权益受到损害的,可以向销售者要求赔偿。销售者赔偿后,属于生产者的责任或者属于向销售者提供商品的其他销售者的责任的,销售者有权向生产者或者其他销售者追偿。

消费者或者其他受害人因商品缺陷造成人身、财产损害的,可以向销售者要求赔偿,也可以向生产者要求赔偿。属于生产者责任的,销售者赔偿后,有权向生产者追偿。属于销售者责任的,生产者赔偿后,有权向销售者追偿。

消费者在接受服务时,其合法权益受到损害的,可以向服务者要求赔偿。

第四十一条 消费者在购买、使用商品或者接受服务时,其合法权益受到损害,因原企业分立、合并的,可以向变更后承受其权利义务的企业要求赔偿。

第四十二条 使用他人营业执照的违法经营者提供商品或者服务,损害消费者合法权益的,消费者可以向其要求赔偿,也可以向营业执照的持有人要求赔偿。

第四十三条 消费者在展销会、租赁柜台购买商品或者接受服务,其合法权益受到损害的,可以向销售者或者服务者要求赔偿。展销会结束或者柜台租赁期满后,也可以向展销会的举办者、柜台的出租者要求赔偿。展销会的举办者、柜台的出租者赔偿后,有权向销售者或者服务者追偿。

第四十四条 消费者通过网络交易平台购买商品或者接受服务,其合法权益受到损害的,可以向销售者或者服务者要求赔偿。网络交易平台提供者不能提供销售者或者服务者的真实名称、地址和有效联系方式的,消费者也可以向网络交易平台提供者要求赔偿;网络交易平台提供者作出更有利于消费者的承诺的,应当履行承诺。网络交易平台提供者赔偿后,有权向销售者或者服务者追偿。

网络交易平台提供者明知或者应知销售者或者服务者利用其平台侵害消费者合法权益，未采取必要措施的，依法与该销售者或者服务者承担连带责任。

第四十五条 消费者因经营者利用虚假广告或者其他虚假宣传方式提供商品或者服务，其合法权益受到损害的，可以向经营者要求赔偿。广告经营者、发布者发布虚假广告的，消费者可以请求行政主管部门予以惩处。广告经营者、发布者不能提供经营者的真实名称、地址和有效联系方式的，应当承担赔偿责任。

广告经营者、发布者设计、制作、发布关系消费者生命健康商品或者服务的虚假广告，造成消费者损害的，应当与提供该商品或者服务的经营者承担连带责任。

社会团体或者其他组织、个人在关系消费者生命健康商品或者服务的虚假广告或者其他虚假宣传中向消费者推荐商品或者服务，造成消费者损害的，应当与提供该商品或者服务的经营者承担连带责任。

第四十六条 消费者向有关行政部门投诉的，该部门应当自收到投诉之日起七个工作日内，予以处理并告知消费者。

第四十七条 对侵害众多消费者合法权益的行为，中国消费者协会以及在省、自治区、直辖市设立的消费者协会，可以向人民法院提起诉讼。

第七章　法律责任

第四十八条 经营者提供商品或者服务有下列情形之一的，除本法另有规定外，应当依照其他有关法律、法规的规定，承担民事责任：

（一）商品或者服务存在缺陷的；

（二）不具备商品应当具备的使用性能而出售时未作说明的；

（三）不符合在商品或者其包装上注明采用的商品标准的；

（四）不符合商品说明、实物样品等方式表明的质量状况的；

（五）生产国家明令淘汰的商品或者销售失效、变质的商品的；

（六）销售的商品数量不足的；

（七）服务的内容和费用违反约定的；

（八）对消费者提出的修理、重作、更换、退货、补足商品数量、退还货款和服务费用或者赔偿损失的要求，故意拖延或者无理拒绝的；

（九）法律、法规规定的其他损害消费者权益的情形。

经营者对消费者未尽到安全保障义务，造成消费者损害的，应当承担侵权责任。

第四十九条 经营者提供商品或者服务，造成消费者或者其他受害人人身伤害的，应当赔偿医疗费、护理费、交通费等为治疗和康复支出的合理费用，以及因误工减少的收入。造成残疾的，还应当赔偿残疾生活辅助具费和残疾赔偿金。造成死亡的，还应当赔偿丧葬费和死亡赔偿金。

第五十条 经营者侵害消费者的人格尊严、侵犯消费者人身自由或者侵害消费者个人信息依法得到保护的权利的，应当停止侵害、恢复名誉、消除影响、赔礼道歉，并赔偿损失。

第五十一条 经营者有侮辱诽谤、搜查身体、侵犯人身自由等侵害消费者或者其他受害人人身权益的行为，造成严重精神损害的，受害人可以要求精神损害赔偿。

第五十二条 经营者提供商品或者服务，造成消费者财产损害的，应当依照法律规定或者当事人约定承担修理、重作、更换、退货、补足商品数量、退还货款和服务费用或者赔偿损失等民事责任。

第五十三条 经营者以预收款方式提供商品或者服务的，应当按照约定提供。未按照约定提供的，应当按照消费者的要求履行约定或者退回预付款；并应当承担预付款的利息、消费者必须支付的合理费用。

第五十四条 依法经有关行政部门认定为不合格的商品，消费者要求退货的，经营者应当负责退货。

第五十五条 经营者提供商品或者服务有欺诈行为的，应当按照消费者的要求增加赔偿其受到的损失，增加赔偿的金额为消费者购买商品的价款或者接受服务的费用的三倍；增加赔偿的金额不足五百元的，为五百元。法律另有规定的，依照其规定。

经营者明知商品或者服务存在缺陷，仍然向消费者提供，造成消费者或者其他受害人死亡或者健康严重损害的，受害人有权要求经营者依照本法第四十九条、第五十一条等法律规定赔偿损失,并有权要求所受损失二倍以下的惩罚性赔偿。

第五十六条 经营者有下列情形之一,除承担相应的民事责任外,其他有关法律、法规对处罚机关和处罚方式有规定的,依照法律、法规的规定执行;法律、法规未作规定的,由工商行政管理部门或者其他有关行政部门责令改正,可以根据情节单处或者并处警告、没收违法所得、处以违法所得一倍以上十倍以下的罚款,没有违法所得的,处以五十万元以下的罚款;情节严重的,责令停业整顿、吊销营业执照:

(一)提供的商品或者服务不符合保障人身、财产安全要求的;

(二)在商品中掺杂、掺假,以假充真,以次充好,或者以不合格商品冒充合格商品的;

(三)生产国家明令淘汰的商品或者销售失效、变质的商品的;

(四)伪造商品的产地,伪造或者冒用他人的厂名、厂址,篡改生产日期,伪造或者冒用认证标志等质量标志的;

(五)销售的商品应当检验、检疫而未检验、检疫或者伪造检验、检疫结果的;

(六)对商品或者服务作虚假或者引人误解的宣传的;

(七)拒绝或者拖延有关行政部门责令对缺陷商品或者服务采取停止销售、警示、召回、无害化处理、销毁、停止生产或者服务等措施的;

(八)对消费者提出的修理、重作、更换、退货、补足商品数量、退还货款和服务费用或者赔偿损失的要求,故意拖延或者无理拒绝的;

(九)侵害消费者人格尊严、侵犯消费者人身自由或者侵害消费者个人信息依法得到保护的权利的;

(十)法律、法规规定的对损害消费者权益应当予以处罚的其他情形。

经营者有前款规定情形的,除依照法律、法规规定予以处罚外,处罚机关应当记入信用档案,向社会公布。

第五十七条 经营者违反本法规定提供商品或者服务,侵害消费者合法权益,构成犯罪的,依法追究刑事责任。

第五十八条 经营者违反本法规定,应当承担民事赔偿责任和缴纳罚款、罚金,其财产不足以同时支付的,先承担民事赔偿责任。

第五十九条 经营者对行政处罚决定不服的,可以依法申请行政复议或者提起行政诉讼。

第六十条 以暴力、威胁等方法阻碍有关行政部门工作人员依法执行职务的,依法追究刑事责任;拒绝、阻碍有关行政部门工作人员依法执行职务,未使用暴力、威胁方法的,由公安机关依照《中华人民共和国治安管理处罚法》的规定处罚。

第六十一条 国家机关工作人员玩忽职守或者包庇经营者侵害消费者合法权益的行为的,由其所在单位或者上级机关给予行政处分;情节严重,构成犯罪的,依法追究刑事责任。

第八章 附 则

第六十二条 农民购买、使用直接用于农业生产的生产资料,参照本法执行。

第六十三条 本法自1994年1月1日起施行。

最高人民法院关于适用《中华人民共和国公司法》若干问题的规定(一)

- 2006年3月27日最高人民法院审判委员会第1382次会议通过
- 根据2014年2月17日最高人民法院审判委员会第1607次会议《关于修改关于适用〈中华人民共和国公司法〉若干问题的规定的决定》修正
- 2014年2月20日发布
- 法释〔2014〕2号

为正确适用2005年10月27日十届全国人大常委会第十八次会议修订的《中华人民共和国公司法》,对人民法院在审理相关的民事纠纷案件中,具体适用公司法的有关问题规定如下:

第一条 公司法实施后,人民法院尚未审结的和新受理的民事案件,其民事行为或事件发生在公司法实施以前的,适用当时的法律法规和司法解释。

第二条 因公司法实施前有关民事行为或者事件发生纠纷起诉到人民法院的,如当时的法律法规和司法解释没有明确规定时,可参照适用公司法的有关规定。

第三条　原告以公司法第二十二条第二款、第七十四条第二款规定事由,向人民法院提起诉讼时,超过公司法规定期限的,人民法院不予受理。

第四条　公司法第一百五十一条规定的180日以上连续持股期间,应为股东向人民法院提起诉讼时,已期满的持股时间;规定的合计持有公司百分之一以上股份,是指两个以上股东持股份额的合计。

第五条　人民法院对公司法实施前已经终审的案件依法进行再审时,不适用公司法的规定。

第六条　本规定自公布之日起实施。

最高人民法院关于适用《中华人民共和国公司法》若干问题的规定(二)

- 2008年5月5日最高人民法院审判委员会第1447次会议通过
- 根据2014年2月17日最高人民法院审判委员会第1607次会议《关于修改关于适用〈中华人民共和国公司法〉若干问题的规定的决定》第一次修正
- 根据2020年12月23日最高人民法院审判委员会第1823次会议通过的《最高人民法院关于修改〈最高人民法院关于破产企业国有划拨土地使用权应否列入破产财产等问题的批复〉等二十九件商事类司法解释的决定》第二次修正
- 2020年12月29日最高人民法院公告公布
- 自2021年1月1日起施行
- 法释〔2020〕18号

为正确适用《中华人民共和国公司法》,结合审判实践,就人民法院审理公司解散和清算案件适用法律问题作出如下规定。

第一条　单独或者合计持有公司全部股东表决权百分之十以上的股东,以下列事由之一提起解散公司诉讼,并符合公司法第一百八十二条规定的,人民法院应予受理:

（一）公司持续两年以上无法召开股东会或者股东大会,公司经营管理发生严重困难的;

（二）股东表决时无法达到法定或者公司章程规定的比例,持续两年以上不能做出有效的股东会或者股东大会决议,公司经营管理发生严重困难的;

（三）公司董事长期冲突,且无法通过股东会或者股东大会解决,公司经营管理发生严重困难的;

（四）经营管理发生其他严重困难,公司继续存续会使股东利益受到重大损失的情形。

股东以知情权、利润分配请求权等权益受到损害,或者公司亏损、财产不足以偿还全部债务,以及公司被吊销企业法人营业执照未进行清算等为由,提起解散公司诉讼的,人民法院不予受理。

第二条　股东提起解散公司诉讼,同时又申请人民法院对公司进行清算的,人民法院对其提出的清算申请不予受理。人民法院可以告知原告,在人民法院判决解散公司后,依据民法典第七十条、公司法第一百八十三条和本规定第七条的规定,自行组织清算或者另行申请人民法院对公司进行清算。

第三条　股东提起解散公司诉讼时,向人民法院申请财产保全或者证据保全的,在股东提供担保且不影响公司正常经营的情形下,人民法院可予以保全。

第四条　股东提起解散公司诉讼应当以公司为被告。

原告以其他股东为被告一并提起诉讼的,人民法院应当告知原告将其他股东变更为第三人;原告坚持不予变更的,人民法院应当驳回原告对其他股东的起诉。

原告提起解散公司诉讼应当告知其他股东,或者由人民法院通知其参加诉讼。其他股东或者有关利害关系人申请以共同原告或者第三人身份参加诉讼的,人民法院应予准许。

第五条　人民法院审理解散公司诉讼案件,应当注重调解。当事人协商同意由公司或者股东收购股份,或者以减资等方式使公司存续,且不违反法律、行政法规强制性规定的,人民法院应予支持。当事人不能协商一致使公司存续的,人民法院应当及时判决。

经人民法院调解公司收购原告股份的,公司应当自调解书生效之日起六个月内将股份转让或者注销。股份转让或者注销之前,原告不得以公司收购其股份为由对抗公司债权人。

第六条　人民法院关于解散公司诉讼作出的

判决,对公司全体股东具有法律约束力。

人民法院判决驳回解散公司诉讼请求后,提起该诉讼的股东或者其他股东又以同一事实和理由提起解散公司诉讼的,人民法院不予受理。

第七条 公司应当依照民法典第七十条、公司法第一百八十三条的规定,在解散事由出现之日起十五日内成立清算组,开始自行清算。

有下列情形之一,债权人、公司股东、董事或其他利害关系人申请人民法院指定清算组进行清算的,人民法院应予受理:

(一)公司解散逾期不成立清算组进行清算的;

(二)虽然成立清算组但故意拖延清算的;

(三)违法清算可能严重损害债权人或者股东利益的。

第八条 人民法院受理公司清算案件,应当及时指定有关人员组成清算组。

清算组成员可以从下列人员或者机构中产生:

(一)公司股东、董事、监事、高级管理人员;

(二)依法设立的律师事务所、会计师事务所、破产清算事务所等社会中介机构;

(三)依法设立的律师事务所、会计师事务所、破产清算事务所等社会中介机构中具备相关专业知识并取得执业资格的人员。

第九条 人民法院指定的清算组成员有下列情形之一的,人民法院可以根据债权人、公司股东、董事或其他利害关系人的申请,或者依职权更换清算组成员:

(一)有违反法律或者行政法规的行为;

(二)丧失执业能力或者民事行为能力;

(三)有严重损害公司或者债权人利益的行为。

第十条 公司依法清算结束并办理注销登记前,有关公司的民事诉讼,应当以公司的名义进行。

公司成立清算组的,由清算组负责人代表公司参加诉讼;尚未成立清算组的,由原法定代表人代表公司参加诉讼。

第十一条 公司清算时,清算组应当按照公司法第一百八十五条的规定,将公司解散清算事宜书面通知全体已知债权人,并根据公司规模和营业地域范围在全国或者公司注册登记地省级有影响的报纸上进行公告。

清算组未按照前款规定履行通知和公告义务,导致债权人未及时申报债权而未获清偿,债权人主张清算组成员对因此造成的损失承担赔偿责任的,人民法院应依法予以支持。

第十二条 公司清算时,债权人对清算组核定的债权有异议的,可以要求清算组重新核定。清算组不予重新核定,或者债权人对重新核定的债权仍有异议,债权人以公司为被告向人民法院提起诉讼请求确认的,人民法院应予受理。

第十三条 债权人在规定的期限内未申报债权,在公司清算程序终结前补充申报的,清算组应予登记。

公司清算程序终结,是指清算报告经股东会、股东大会或者人民法院确认完毕。

第十四条 债权人补充申报的债权,可以在公司尚未分配财产中依法清偿。公司尚未分配财产不能全额清偿,债权人主张股东以其在剩余财产分配中已经取得的财产予以清偿的,人民法院应予支持;但债权人因重大过错未在规定期限内申报债权的除外。

债权人或者清算组,以公司尚未分配财产和股东在剩余财产分配中已经取得的财产,不能全额清偿补充申报的债权为由,向人民法院提出破产清算申请的,人民法院不予受理。

第十五条 公司自行清算的,清算方案应当报股东会或者股东大会决议确认;人民法院组织清算的,清算方案应当报人民法院确认。未经确认的清算方案,清算组不得执行。

执行未经确认的清算方案给公司或者债权人造成损失,公司、股东、董事、公司其他利害关系人或者债权人主张清算组成员承担赔偿责任的,人民法院应依法予以支持。

第十六条 人民法院组织清算的,清算组应当自成立之日起六个月内清算完毕。

因特殊情况无法在六个月内完成清算的,清算组应当向人民法院申请延长。

第十七条 人民法院指定的清算组在清理公司财产、编制资产负债表和财产清单时,发现公司财产不足清偿债务的,可以与债权人协商制作有关债务清偿方案。

债务清偿方案经全体债权人确认且不损害其他利害关系人利益的,人民法院可依清算组的申请裁定予以认可。清算组依据该清偿方案清偿债务后，应当向人民法院申请裁定终结清算程序。

债权人对债务清偿方案不予确认或者人民法院不予认可的，清算组应当依法向人民法院申请宣告破产。

第十八条 有限责任公司的股东、股份有限公司的董事和控股股东未在法定期限内成立清算组开始清算，导致公司财产贬值、流失、毁损或者灭失，债权人主张其在造成损失范围内对公司债务承担赔偿责任的，人民法院应依法予以支持。

有限责任公司的股东、股份有限公司的董事和控股股东因怠于履行义务，导致公司主要财产、账册、重要文件等灭失，无法进行清算，债权人主张其对公司债务承担连带清偿责任的，人民法院应依法予以支持。

上述情形系实际控制人原因造成，债权人主张实际控制人对公司债务承担相应民事责任的，人民法院应依法予以支持。

第十九条 有限责任公司的股东、股份有限公司的董事和控股股东，以及公司的实际控制人在公司解散后，恶意处置公司财产给债权人造成损失，或者未经依法清算，以虚假的清算报告骗取公司登记机关办理法人注销登记，债权人主张其对公司债务承担相应赔偿责任的，人民法院应依法予以支持。

第二十条 公司解散应当在依法清算完毕后，申请办理注销登记。公司未经清算即办理注销登记，导致公司无法进行清算，债权人主张有限责任公司的股东、股份有限公司的董事和控股股东，以及公司的实际控制人对公司债务承担清偿责任的，人民法院应依法予以支持。

公司未经依法清算即办理注销登记，股东或者第三人在公司登记机关办理注销登记时承诺对公司债务承担责任，债权人主张其对公司债务承担相应民事责任的，人民法院应依法予以支持。

第二十一条 按照本规定第十八条和第二十条第一款的规定应当承担责任的有限责任公司的股东、股份有限公司的董事和控股股东，以及公司的实际控制人为二人以上的，其中一人或者数人依法承担民事责任后，主张其他人员按照过错大小分担责任的，人民法院应依法予以支持。

第二十二条 公司解散时，股东尚未缴纳的出资均应作为清算财产。股东尚未缴纳的出资，包括到期应缴未缴的出资，以及依照公司法第二十六条和第八十条的规定分期缴纳尚未届满缴纳期限的出资。

公司财产不足以清偿债务时，债权人主张未缴出资股东，以及公司设立时的其他股东或者发起人在未缴出资范围内对公司债务承担连带清偿责任的，人民法院应依法予以支持。

第二十三条 清算组成员从事清算事务时，违反法律、行政法规或者公司章程给公司或者债权人造成损失，公司或者债权人主张其承担赔偿责任的，人民法院应依法予以支持。

有限责任公司的股东、股份有限公司连续一百八十日以上单独或者合计持有公司百分之一以上股份的股东，依据公司法第一百五十一条第三款的规定，以清算组成员有前款所述行为为由向人民法院提起诉讼的，人民法院应予受理。

公司已经清算完毕注销，上述股东参照公司法第一百五十一条第三款的规定，直接以清算组成员为被告、其他股东为第三人向人民法院提起诉讼的，人民法院应予受理。

第二十四条 解散公司诉讼案件和公司清算案件由公司住所地人民法院管辖。公司住所地是指公司主要办事机构所在地。公司办事机构所在地不明确的，由其注册地人民法院管辖。

基层人民法院管辖县、县级市或者区的公司登记机关核准登记公司的解散诉讼案件和公司清算案件；中级人民法院管辖地区、地级市以上的公司登记机关核准登记公司的解散诉讼案件和公司清算案件。

最高人民法院关于适用《中华人民共和国公司法》若干问题的规定（三）

- 2010年12月6日最高人民法院审判委员会第1504次会议通过
- 根据2014年2月17日最高人民法院审判委员会第1607次会议《关于修改关于适用〈中华人民共和国公司法〉若干问题的规定的决定》第一次修正
- 根据2020年12月23日最高人民法院审判委员会第1823次会议通过的《最高人民法院关于修改〈最高人民法院关于破产企业国有划拨土地使用权应否列入破产财产等问题的批复〉等二十九件商事类司法解释的决定》第二次修正
- 2020年12月29日最高人民法院公告公布
- 自2021年1月1日起施行
- 法释〔2020〕18号

为正确适用《中华人民共和国公司法》，结合审判实践，就人民法院审理公司设立、出资、股权确认等纠纷案件适用法律问题作出如下规定。

第一条 为设立公司而签署公司章程、向公司认购出资或者股份并履行公司设立职责的人，应当认定为公司的发起人，包括有限责任公司设立时的股东。

第二条 发起人为设立公司以自己名义对外签订合同，合同相对人请求该发起人承担合同责任的，人民法院应予支持；公司成立后合同相对人请求公司承担合同责任的，人民法院应予支持。

第三条 发起人以设立中公司名义对外签订合同，公司成立后合同相对人请求公司承担合同责任的，人民法院应予支持。

公司成立后有证据证明发起人利用设立中公司的名义为自己的利益与相对人签订合同，公司以此为由主张不承担合同责任的，人民法院应予支持，但相对人为善意的除外。

第四条 公司因故未成立，债权人请求全体或者部分发起人对设立公司行为所产生的费用和债务承担连带清偿责任的，人民法院应予支持。

部分发起人依照前款规定承担责任后，请求其他发起人分担的，人民法院应当判令其他发起人按照约定的责任承担比例分担责任；没有约定责任承担比例的，按照约定的出资比例分担责任；没有约定出资比例的，按照均等份额分担责任。

因部分发起人的过错导致公司未成立，其他发起人主张其承担设立行为所产生的费用和债务的，人民法院应当根据过错情况，确定过错一方的责任范围。

第五条 发起人因履行公司设立职责造成他人损害，公司成立后受害人请求公司承担侵权赔偿责任的，人民法院应予支持；公司未成立，受害人请求全体发起人承担连带赔偿责任的，人民法院应予支持。

公司或者无过错的发起人承担赔偿责任后，可以向有过错的发起人追偿。

第六条 股份有限公司的认股人未按期缴纳所认股份的股款，经公司发起人催缴后在合理期间内仍未缴纳，公司发起人对该股份另行募集的，人民法院应当认定该募集行为有效。认股人延期缴纳股款给公司造成损失，公司请求该认股人承担赔偿责任的，人民法院应予支持。

第七条 出资人以不享有处分权的财产出资，当事人之间对于出资行为效力产生争议的，人民法院可以参照民法典第三百一十一条的规定予以认定。

以贪污、受贿、侵占、挪用等违法犯罪所得的货币出资后取得股权的，对违法犯罪行为予以追究、处罚时，应当采取拍卖或者变卖的方式处置其股权。

第八条 出资人以划拨土地使用权出资，或者以设定权利负担的土地使用权出资，公司、其他股东或者公司债权人主张认定出资人未履行出资义务的，人民法院应当责令当事人在指定的合理期间内办理土地变更手续或者解除权利负担；逾期未办理或者未解除的，人民法院应当认定出资人未依法全面履行出资义务。

第九条 出资人以非货币财产出资，未依法评估作价，公司、其他股东或者公司债权人请求认定出资人未履行出资义务的，人民法院应当委托具有合法资格的评估机构对该财产评估作价。评估确定的价额显著低于公司章程所定价额的，人民法院应当认定出资人未依法全面履行出资义务。

第十条 出资人以房屋、土地使用权或者需要办理权属登记的知识产权等财产出资,已经交付公司使用但未办理权属变更手续,公司、其他股东或者公司债权人主张认定出资人未履行出资义务的,人民法院应当责令当事人在指定的合理期间内办理权属变更手续;在前述期间内办理了权属变更手续的,人民法院应当认定其已经履行了出资义务;出资人主张自其实际交付财产给公司使用时享有相应股东权利的,人民法院应予支持。

出资人以前款规定的财产出资,已经办理权属变更手续但未交付给公司使用,公司或者其他股东主张其向公司交付、并在实际交付之前不享有相应股东权利的,人民法院应予支持。

第十一条 出资人以其他公司股权出资,符合下列条件的,人民法院应当认定出资人已履行出资义务:

(一)出资的股权由出资人合法持有并依法可以转让;

(二)出资的股权无权利瑕疵或者权利负担;

(三)出资人已履行关于股权转让的法定手续;

(四)出资的股权已依法进行了价值评估。

股权出资不符合前款第(一)、(二)、(三)项的规定,公司、其他股东或者公司债权人请求认定出资人未履行出资义务的,人民法院应当责令该出资人在指定的合理期间内采取补正措施,以符合上述条件;逾期未补正的,人民法院应当认定其未依法全面履行出资义务。

股权出资不符合本条第一款第(四)项的规定,公司、其他股东或者公司债权人请求认定出资人未履行出资义务的,人民法院应当按照本规定第九条的规定处理。

第十二条 公司成立后,公司、股东或者公司债权人以相关股东的行为符合下列情形之一且损害公司权益为由,请求认定该股东抽逃出资的,人民法院应予支持:

(一)制作虚假财务会计报表虚增利润进行分配;

(二)通过虚构债权债务关系将其出资转出;

(三)利用关联交易将出资转出;

(四)其他未经法定程序将出资抽回的行为。

第十三条 股东未履行或者未全面履行出资义务,公司或者其他股东请求其向公司依法全面履行出资义务的,人民法院应予支持。

公司债权人请求未履行或者未全面履行出资义务的股东在未出资本息范围内对公司债务不能清偿的部分承担补充赔偿责任的,人民法院应予支持;未履行或者未全面履行出资义务的股东已经承担上述责任,其他债权人提出相同请求的,人民法院不予支持。

股东在公司设立时未履行或者未全面履行出资义务,依照本条第一款或者第二款提起诉讼的原告,请求公司的发起人与被告股东承担连带责任的,人民法院应予支持;公司的发起人承担责任后,可以向被告股东追偿。

股东在公司增资时未履行或者未全面履行出资义务,依照本条第一款或者第二款提起诉讼的原告,请求未尽公司法第一百四十七条第一款规定的义务而使出资未缴足的董事、高级管理人员承担相应责任的,人民法院应予支持;董事、高级管理人员承担责任后,可以向被告股东追偿。

第十四条 股东抽逃出资,公司或者其他股东请求其向公司返还出资本息、协助抽逃出资的其他股东、董事、高级管理人员或者实际控制人对此承担连带责任的,人民法院应予支持。

公司债权人请求抽逃出资的股东在抽逃出资本息范围内对公司债务不能清偿的部分承担补充赔偿责任、协助抽逃出资的其他股东、董事、高级管理人员或者实际控制人对此承担连带责任的,人民法院应予支持;抽逃出资的股东已经承担上述责任,其他债权人提出相同请求的,人民法院不予支持。

第十五条 出资人以符合法定条件的非货币财产出资后,因市场变化或者其他客观因素导致出资财产贬值,公司、其他股东或者公司债权人请求该出资人承担补足出资责任的,人民法院不予支持。但是,当事人另有约定的除外。

第十六条 股东未履行或者未全面履行出资义务或者抽逃出资,公司根据公司章程或者股东会决议对其利润分配请求权、新股优先认购权、剩余财产分配请求权等股东权利作出相应的合理限制,该股东请求认定该限制无效的,人民法院不予支持。

第十七条 有限责任公司的股东未履行出资义务或者抽逃全部出资,经公司催告缴纳或者返还，其在合理期间内仍未缴纳或者返还出资，公司以股东会决议解除该股东的股东资格，该股东请求确认该解除行为无效的，人民法院不予支持。

在前款规定的情形下，人民法院在判决时应当释明，公司应当及时办理法定减资程序或者由其他股东或者第三人缴纳相应的出资。在办理法定减资程序或者其他股东或者第三人缴纳相应的出资之前，公司债权人依照本规定第十三条或者第十四条请求相关当事人承担相应责任的，人民法院应予支持。

第十八条 有限责任公司的股东未履行或者未全面履行出资义务即转让股权，受让人对此知道或者应当知道，公司请求该股东履行出资义务、受让人对此承担连带责任的，人民法院应予支持；公司债权人依照本规定第十三条第二款向该股东提起诉讼，同时请求前述受让人对此承担连带责任的，人民法院应予支持。

受让人根据前款规定承担责任后，向该未履行或者未全面履行出资义务的股东追偿的，人民法院应予支持。但是，当事人另有约定的除外。

第十九条 公司股东未履行或者未全面履行出资义务或者抽逃出资，公司或者其他股东请求其向公司全面履行出资义务或者返还出资，被告股东以诉讼时效为由进行抗辩的，人民法院不予支持。

公司债权人的债权未过诉讼时效期间，其依照本规定第十三条第二款、第十四条第二款的规定请求未履行或者未全面履行出资义务或者抽逃出资的股东承担赔偿责任，被告股东以出资义务或者返还出资义务超过诉讼时效期间为由进行抗辩的，人民法院不予支持。

第二十条 当事人之间对是否已履行出资义务发生争议，原告提供对股东履行出资义务产生合理怀疑证据的，被告股东应当就其已履行出资义务承担举证责任。

第二十一条 当事人向人民法院起诉请求确认其股东资格的，应当以公司为被告，与案件争议股权有利害关系的人作为第三人参加诉讼。

第二十二条 当事人之间对股权归属发生争议，一方请求人民法院确认其享有股权的，应当证明以下事实之一：

（一）已经依法向公司出资或者认缴出资，且不违反法律法规强制性规定；

（二）已经受让或者以其他形式继受公司股权，且不违反法律法规强制性规定。

第二十三条 当事人依法履行出资义务或者依法继受取得股权后，公司未根据公司法第三十一条、第三十二条的规定签发出资证明书、记载于股东名册并办理公司登记机关登记，当事人请求公司履行上述义务的，人民法院应予支持。

第二十四条 有限责任公司的实际出资人与名义出资人订立合同，约定由实际出资人出资并享有投资权益，以名义出资人为名义股东，实际出资人与名义股东对该合同效力发生争议的，如无法律规定的无效情形，人民法院应当认定该合同有效。

前款规定的实际出资人与名义股东因投资权益的归属发生争议，实际出资人以其实际履行了出资义务为由向名义股东主张权利的，人民法院应予支持。名义股东以公司股东名册记载、公司登记机关登记为由否认实际出资人权利的，人民法院不予支持。

实际出资人未经公司其他股东半数以上同意，请求公司变更股东、签发出资证明书、记载于股东名册、记载于公司章程并办理公司登记机关登记的，人民法院不予支持。

第二十五条 名义股东将登记于其名下的股权转让、质押或者以其他方式处分，实际出资人以其对于股权享有实际权利为由，请求认定处分股权行为无效的，人民法院可以参照民法典第三百一十一条的规定处理。

名义股东处分股权造成实际出资人损失，实际出资人请求名义股东承担赔偿责任的，人民法院应予支持。

第二十六条 公司债权人以登记于公司登记机关的股东未履行出资义务为由，请求其对公司债务不能清偿的部分在未出资本息范围内承担补充赔偿责任，股东以其仅为名义股东而非实际出资人为由进行抗辩的，人民法院不予支持。

名义股东根据前款规定承担赔偿责任后，向实际出资人追偿的，人民法院应予支持。

第二十七条 股权转让后尚未向公司登记机关办理变更登记，原股东将仍登记于其名下的股权转让、质押或者以其他方式处分，受让股东以其对于股权享有实际权利为由，请求认定处分股权行为无效的,人民法院可以参照民法典第三百一十一条的规定处理。

原股东处分股权造成受让股东损失,受让股东请求原股东承担赔偿责任、对于未及时办理变更登记有过错的董事、高级管理人员或者实际控制人承担相应责任的,人民法院应予支持;受让股东对于未及时办理变更登记也有过错的,可以适当减轻上述董事、高级管理人员或者实际控制人的责任。

第二十八条 冒用他人名义出资并将该他人作为股东在公司登记机关登记的,冒名登记行为人应当承担相应责任;公司、其他股东或者公司债权人以未履行出资义务为由,请求被冒名登记为股东的承担补足出资责任或者对公司债务不能清偿部分的赔偿责任的,人民法院不予支持。

最高人民法院关于适用《中华人民共和国公司法》若干问题的规定(四)

- 2016年12月5日最高人民法院审判委员会第1702次会议通过
- 根据2020年12月23日最高人民法院审判委员会第1823次会议通过的《最高人民法院关于修改〈最高人民法院关于破产企业国有划拨土地使用权应否列入破产财产等问题的批复〉等二十九件商事类司法解释的决定》修正
- 2020年12月29日最高人民法院公告公布
- 自2021年1月1日起施行
- 法释〔2020〕18号

为正确适用《中华人民共和国公司法》,结合人民法院审判实践,现就公司决议效力、股东知情权、利润分配权、优先购买权和股东代表诉讼等案件适用法律问题作出如下规定。

第一条 公司股东、董事、监事等请求确认股东会或者股东大会、董事会决议无效或者不成立的,人民法院应当依法予以受理。

第二条 依据民法典第八十五条、公司法第二十二条第二款请求撤销股东会或者股东大会、董事会决议的原告,应当在起诉时具有公司股东资格。

第三条 原告请求确认股东会或者股东大会、董事会决议不成立、无效或者撤销决议的案件,应当列公司为被告。对决议涉及的其他利害关系人,可以依法列为第三人。

一审法庭辩论终结前,其他有原告资格的人以相同的诉讼请求申请参加前款规定诉讼的,可以列为共同原告。

第四条 股东请求撤销股东会或者股东大会、董事会决议,符合民法典第八十五条、公司法第二十二条第二款规定的,人民法院应当予以支持,但会议召集程序或者表决方式仅有轻微瑕疵,且对决议未产生实质影响的,人民法院不予支持。

第五条 股东会或者股东大会、董事会决议存在下列情形之一,当事人主张决议不成立的,人民法院应当予以支持:

(一)公司未召开会议的,但依据公司法第三十七条第二款或者公司章程规定可以不召开股东会或者股东大会而直接作出决定,并由全体股东在决定文件上签名、盖章的除外;

(二)会议未对决议事项进行表决的;

(三)出席会议的人数或者股东所持表决权不符合公司法或者公司章程规定的;

(四)会议的表决结果未达到公司法或者公司章程规定的通过比例的;

(五)导致决议不成立的其他情形。

第六条 股东会或者股东大会、董事会决议被人民法院判决确认无效或者撤销的,公司依据该决议与善意相对人形成的民事法律关系不受影响。

第七条 股东依据公司法第三十三条、第九十七条或者公司章程的规定,起诉请求查阅或者复制公司特定文件材料的,人民法院应当依法予以受理。

公司有证据证明前款规定的原告在起诉时不具有公司股东资格的,人民法院应当驳回起诉,但原告有初步证据证明在持股期间其合法权益受到损害,请求依法查阅或者复制其持股期间的公司特定文件材料的除外。

第八条 有限责任公司有证据证明股东存在下列情形之一的,人民法院应当认定股东有公司法第三十三条第二款规定的"不正当目的":

(一)股东自营或者为他人经营与公司主营业务有实质性竞争关系业务的,但公司章程另有规定或者全体股东另有约定的除外；

（二）股东为了向他人通报有关信息查阅公司会计账簿，可能损害公司合法利益的；

（三）股东在向公司提出查阅请求之日前的三年内，曾通过查阅公司会计账簿，向他人通报有关信息损害公司合法利益的；

（四）股东有不正当目的的其他情形。

第九条 公司章程、股东之间的协议等实质性剥夺股东依据公司法第三十三条、第九十七条规定查阅或者复制公司文件材料的权利，公司以此为由拒绝股东查阅或者复制的，人民法院不予支持。

第十条 人民法院审理股东请求查阅或者复制公司特定文件材料的案件，对原告诉讼请求予以支持的，应当在判决中明确查阅或者复制公司特定文件材料的时间、地点和特定文件材料的名录。

股东依据人民法院生效判决查阅公司文件材料的，在该股东在场的情况下，可以由会计师、律师等依法或者依据执业行为规范负有保密义务的中介机构执业人员辅助进行。

第十一条 股东行使知情权后泄露公司商业秘密导致公司合法利益受到损害，公司请求该股东赔偿相关损失的，人民法院应当予以支持。

根据本规定第十条辅助股东查阅公司文件材料的会计师、律师等泄露公司商业秘密导致公司合法利益受到损害，公司请求其赔偿相关损失的，人民法院应当予以支持。

第十二条 公司董事、高级管理人员等未依法履行职责，导致公司未依法制作或者保存公司法第三十三条、第九十七条规定的公司文件材料，给股东造成损失，股东依法请求负有相应责任的公司董事、高级管理人员承担民事赔偿责任的，人民法院应当予以支持。

第十三条 股东请求公司分配利润案件，应当列公司为被告。

一审法庭辩论终结前，其他股东基于同一分配方案请求分配利润并申请参加诉讼的，应当列为共同原告。

第十四条 股东提交载明具体分配方案的股东会或者股东大会的有效决议，请求公司分配利润，公司拒绝分配利润且其关于无法执行决议的抗辩理由不成立的，人民法院应当判决公司按照决议载明的具体分配方案向股东分配利润。

第十五条 股东未提交载明具体分配方案的股东会或者股东大会决议，请求公司分配利润的，人民法院应当驳回其诉讼请求，但违反法律规定滥用股东权利导致公司不分配利润，给其他股东造成损失的除外。

第十六条 有限责任公司的自然人股东因继承发生变化时，其他股东主张依据公司法第七十一条第三款规定行使优先购买权的，人民法院不予支持，但公司章程另有规定或者全体股东另有约定的除外。

第十七条 有限责任公司的股东向股东以外的人转让股权，应就其股权转让事项以书面或者其他能够确认收悉的合理方式通知其他股东征求同意。其他股东半数以上不同意转让，不同意的股东不购买的，人民法院应当认定视为同意转让。

经股东同意转让的股权，其他股东主张转让股东应当向其以书面或者其他能够确认收悉的合理方式通知转让股权的同等条件的，人民法院应当予以支持。

经股东同意转让的股权，在同等条件下，转让股东以外的其他股东主张优先购买的，人民法院应当予以支持，但转让股东依据本规定第二十条放弃转让的除外。

第十八条 人民法院在判断是否符合公司法第七十一条第三款及本规定所称的"同等条件"时，应当考虑转让股权的数量、价格、支付方式及期限等因素。

第十九条 有限责任公司的股东主张优先购买转让股权的，应当在收到通知后，在公司章程规定的行使期间内提出购买请求。公司章程没有规定行使期间或者规定不明确的，以通知确定的期间为准，通知确定的期间短于三十日或者未明确行使期间的，行使期间为三十日。

第二十条 有限责任公司的转让股东，在其他股东主张优先购买后又不同意转让股权的，对其他股东优先购买的主张，人民法院不予支持，但公司章程另有规定或者全体股东另有约定的除外。其他股东主张转让股东赔偿其损失合理的，人民法院应当予以支持。

第二十一条 有限责任公司的股东向股东以外的人转让股权，未就其股权转让事项征求其他股东意见，或者以欺诈、恶意串通等手段，损害其他股东优先购买权,其他股东主张按照同等条件购买该转让股权的,人民法院应当予以支持,但其他股东自知道或者应当知道行使优先购买权的同等条件之日起三十日内没有主张,或者自股权变更登记之日起超过一年的除外。

前款规定的其他股东仅提出确认股权转让合同及股权变动效力等请求,未同时主张按照同等条件购买转让股权的,人民法院不予支持,但其他股东非因自身原因导致无法行使优先购买权,请求损害赔偿的除外。

股东以外的股权受让人,因股东行使优先购买权而不能实现合同目的的,可以依法请求转让股东承担相应民事责任。

第二十二条 通过拍卖向股东以外的人转让有限责任公司股权的,适用公司法第七十一条第二款、第三款或者第七十二条规定的"书面通知""通知""同等条件"时,根据相关法律、司法解释确定。

在依法设立的产权交易场所转让有限责任公司国有股权的,适用公司法第七十一条第二款、第三款或者第七十二条规定的"书面通知""通知""同等条件"时,可以参照产权交易场所的交易规则。

第二十三条 监事会或者不设监事会的有限责任公司的监事依据公司法第一百五十一条第一款规定对董事、高级管理人员提起诉讼的,应当列公司为原告,依法由监事会主席或者不设监事会的有限责任公司的监事代表公司进行诉讼。

董事会或者不设董事会的有限责任公司的执行董事依据公司法第一百五十一条第一款规定对监事提起诉讼的,或者依据公司法第一百五十一条第三款规定对他人提起诉讼的,应当列公司为原告,依法由董事长或者执行董事代表公司进行诉讼。

第二十四条 符合公司法第一百五十一条第一款规定条件的股东,依据公司法第一百五十一条第二款、第三款规定,直接对董事、监事、高级管理人员或者他人提起诉讼的,应当列公司为第三人参加诉讼。

一审法庭辩论终结前,符合公司法第一百五十一条第一款规定条件的其他股东,以相同的诉讼请求申请参加诉讼的,应当列为共同原告。

第二十五条 股东依据公司法第一百五十一条第二款、第三款规定直接提起诉讼的案件,胜诉利益归属于公司。股东请求被告直接向其承担民事责任的,人民法院不予支持。

第二十六条 股东依据公司法第一百五十一条第二款、第三款规定直接提起诉讼的案件,其诉讼请求部分或者全部得到人民法院支持的,公司应当承担股东因参加诉讼支付的合理费用。

第二十七条 本规定自2017年9月1日起施行。

本规定施行后尚未终审的案件,适用本规定;本规定施行前已经终审的案件,或者适用审判监督程序再审的案件,不适用本规定。

最高人民法院关于适用《中华人民共和国公司法》若干问题的规定(五)

- 2019年4月22日最高人民法院审判委员会第1766次会议审议通过
- 根据2020年12月23日最高人民法院审判委员会第1823次会议通过的《最高人民法院关于修改〈最高人民法院关于破产企业国有划拨土地使用权应否列入破产财产等问题的批复〉等二十九件商事类司法解释的决定》修正
- 2020年12月29日最高人民法院公告公布
- 自2021年1月1日起施行
- 法释〔2020〕18号

为正确适用《中华人民共和国公司法》,结合人民法院审判实践,就股东权益保护等纠纷案件适用法律问题作出如下规定。

第一条 关联交易损害公司利益,原告公司依据民法典第八十四条、公司法第二十一条规定请求控股股东、实际控制人、董事、监事、高级管理人员赔偿所造成的损失,被告仅以该交易已经履行了信息披露、经股东会或者股东大会同意等法律、行政法规或者公司章程规定的程序为由抗辩的,人民法院不予支持。

公司没有提起诉讼的,符合公司法第一百五十一条第一款规定条件的股东,可以依据公司法第一百五十一条第二款、第三款规定向人民法院提起诉讼。

第二条 关联交易合同存在无效、可撤销或者对公司不发生效力的情形,公司没有起诉合同相对方的,符合公司法第一百五十一条第一款规定条件的股东,可以依据公司法第一百五十一条第二款、第三款规定向人民法院提起诉讼。

第三条 董事任期届满前被股东会或者股东大会有效决议解除职务,其主张解除不发生法律效力的,人民法院不予支持。

董事职务被解除后,因补偿与公司发生纠纷提起诉讼的,人民法院应当依据法律、行政法规、公司章程的规定或者合同的约定,综合考虑解除的原因、剩余任期、董事薪酬等因素,确定是否补偿以及补偿的合理数额。

第四条 分配利润的股东会或者股东大会决议作出后,公司应当在决议载明的时间内完成利润分配。决议没有载明时间的,以公司章程规定的为准。决议、章程中均未规定时间或者时间超过一年的,公司应当自决议作出之日起一年内完成利润分配。

决议中载明的利润分配完成时间超过公司章程规定时间的,股东可以依据民法典第八十五条、公司法第二十二条第二款规定请求人民法院撤销决议中关于该时间的规定。

第五条 人民法院审理涉及有限责任公司股东重大分歧案件时,应当注重调解。当事人协商一致以下列方式解决分歧,且不违反法律、行政法规的强制性规定的,人民法院应予支持:

(一)公司回购部分股东股份;
(二)其他股东受让部分股东股份;
(三)他人受让部分股东股份;
(四)公司减资;
(五)公司分立;
(六)其他能够解决分歧,恢复公司正常经营,避免公司解散的方式。

第六条 本规定自2019年4月29日起施行。

本规定施行后尚未终审的案件,适用本规定;本规定施行前已经终审的案件,或者适用审判监督程序再审的案件,不适用本规定。

本院以前发布的司法解释与本规定不一致的,以本规定为准。

最高人民法院关于审理证券市场虚假陈述侵权民事赔偿案件的若干规定

- 2021年12月30日最高人民法院审判委员会第1860次会议通过
- 2022年1月21日最高人民法院公告公布
- 自2022年1月22日起施行
- 法释〔2022〕2号

为正确审理证券市场虚假陈述侵权民事赔偿案件,规范证券发行和交易行为,保护投资者合法权益,维护公开、公平、公正的证券市场秩序,根据《中华人民共和国民法典》《中华人民共和国证券法》《中华人民共和国公司法》《中华人民共和国民事诉讼法》等法律规定,结合审判实践,制定本规定。

一、一般规定

第一条 信息披露义务人在证券交易场所发行、交易证券过程中实施虚假陈述引发的侵权民事赔偿案件,适用本规定。

按照国务院规定设立的区域性股权市场中发生的虚假陈述侵权民事赔偿案件,可以参照适用本规定。

第二条 原告提起证券虚假陈述侵权民事赔偿诉讼,符合民事诉讼法第一百二十二条规定,并提交以下证据或者证明材料的,人民法院应当受理:

(一)证明原告身份的相关文件;
(二)信息披露义务人实施虚假陈述的相关证据;
(三)原告因虚假陈述进行交易的凭证及投资损失等相关证据。

人民法院不得仅以虚假陈述未经监管部门行政处罚或者人民法院生效刑事判决的认定为由裁定不予受理。

第三条 证券虚假陈述侵权民事赔偿案件,由发行人住所地的省、自治区、直辖市人民政府所在的市、计划单列市和经济特区中级人民法院或者专门人民法院管辖。《最高人民法院关于证券纠纷代表人诉讼若干问题的规定》等对管辖另有规定的，从其规定。

省、自治区、直辖市高级人民法院可以根据本辖区的实际情况，确定管辖第一审证券虚假陈述侵权民事赔偿案件的其他中级人民法院，报最高人民法院备案。

二、虚假陈述的认定

第四条 信息披露义务人违反法律、行政法规、监管部门制定的规章和规范性文件关于信息披露的规定，在披露的信息中存在虚假记载、误导性陈述或者重大遗漏的，人民法院应当认定为虚假陈述。

虚假记载，是指信息披露义务人披露的信息中对相关财务数据进行重大不实记载，或者对其他重要信息作出与真实情况不符的描述。

误导性陈述，是指信息披露义务人披露的信息隐瞒了与之相关的部分重要事实，或者未及时披露相关更正、确认信息，致使已经披露的信息因不完整、不准确而具有误导性。

重大遗漏，是指信息披露义务人违反关于信息披露的规定，对重大事件或者重要事项等应当披露的信息未予披露。

第五条 证券法第八十五条规定的"未按照规定披露信息"，是指信息披露义务人未按照规定的期限、方式等要求及时、公平披露信息。

信息披露义务人"未按照规定披露信息"构成虚假陈述的，依照本规定承担民事责任；构成内幕交易的，依照证券法第五十三条的规定承担民事责任；构成公司法第一百五十二条规定的损害股东利益行为的，依照该法承担民事责任。

第六条 原告以信息披露文件中的盈利预测、发展规划等预测性信息与实际经营情况存在重大差异为由主张发行人实施虚假陈述的，人民法院不予支持，但有下列情形之一的除外：

（一）信息披露文件未对影响该预测实现的重要因素进行充分风险提示的；

（二）预测性信息所依据的基本假设、选用的会计政策等编制基础明显不合理的；

（三）预测性信息所依据的前提发生重大变化时，未及时履行更正义务的。

前款所称的重大差异，可以参照监管部门和证券交易场所的有关规定认定。

第七条 虚假陈述实施日，是指信息披露义务人作出虚假陈述或者发生虚假陈述之日。

信息披露义务人在证券交易场所的网站或者符合监管部门规定条件的媒体上公告发布具有虚假陈述内容的信息披露文件的，以披露日为实施日；通过召开业绩说明会、接受新闻媒体采访等方式实施虚假陈述的，以该虚假陈述的内容在具有全国性影响的媒体上首次公布之日为实施日。信息披露文件或者相关报导内容在交易日收市后发布的，以其后的第一个交易日为实施日。

因未及时披露相关更正、确认信息构成误导性陈述，或者未及时披露重大事件或者重要事项等构成重大遗漏的，以应当披露相关信息期限届满后的第一个交易日为实施日。

第八条 虚假陈述揭露日，是指虚假陈述在具有全国性影响的报刊、电台、电视台或监管部门网站、交易场所网站、主要门户网站、行业知名的自媒体等媒体上，首次被公开揭露并为证券市场知悉之日。

人民法院应当根据公开交易市场对相关信息的反应等证据，判断投资者是否知悉了虚假陈述。

除当事人有相反证据足以反驳外，下列日期应当认定为揭露日：

（一）监管部门以涉嫌信息披露违法为由对信息披露义务人立案调查的信息公开之日；

（二）证券交易场所等自律管理组织因虚假陈述对信息披露义务人等责任主体采取自律管理措施的信息公布之日。

信息披露义务人实施的虚假陈述呈连续状态的，以首次被公开揭露并为证券市场知悉之日为揭露日。信息披露义务人实施多个相互独立的虚假陈述的，人民法院应当分别认定其揭露日。

第九条 虚假陈述更正日，是指信息披露义务人在证券交易场所网站或者符合监管部门规定条件的媒体上，自行更正虚假陈述之日。

三、重大性及交易因果关系

第十条 有下列情形之一的，人民法院应当认定虚假陈述的内容具有重大性：

（一）虚假陈述的内容属于证券法第八十条第二款、第八十一条第二款规定的重大事件；

（二）虚假陈述的内容属于监管部门制定的规章和规范性文件中要求披露的重大事件或者重要事项；

（三）虚假陈述的实施、揭露或者更正导致相关证券的交易价格或者交易量产生明显的变化。

前款第一项、第二项所列情形，被告提交证据足以证明虚假陈述并未导致相关证券交易价格或者交易量明显变化的，人民法院应当认定虚假陈述的内容不具有重大性。

被告能够证明虚假陈述不具有重大性，并以此抗辩不应当承担民事责任的，人民法院应当予以支持。

第十一条 原告能够证明下列情形的，人民法院应当认定原告的投资决定与虚假陈述之间的交易因果关系成立：

（一）信息披露义务人实施了虚假陈述；

（二）原告交易的是与虚假陈述直接关联的证券；

（三）原告在虚假陈述实施日之后、揭露日或更正日之前实施了相应的交易行为，即在诱多型虚假陈述中买入了相关证券，或者在诱空型虚假陈述中卖出了相关证券。

第十二条 被告能够证明下列情形之一的，人民法院应当认定交易因果关系不成立：

（一）原告的交易行为发生在虚假陈述实施前，或者是在揭露或更正之后；

（二）原告在交易时知道或者应当知道存在虚假陈述，或者虚假陈述已经被证券市场广泛知悉；

（三）原告的交易行为是受到虚假陈述实施后发生的上市公司的收购、重大资产重组等其他重大事件的影响；

（四）原告的交易行为构成内幕交易、操纵证券市场等证券违法行为的；

（五）原告的交易行为与虚假陈述不具有交易因果关系的其他情形。

四、过错认定

第十三条 证券法第八十五条、第一百六十三条所称的过错，包括以下两种情形：

（一）行为人故意制作、出具存在虚假陈述的信息披露文件，或者明知信息披露文件存在虚假陈述而不予指明、予以发布；

（二）行为人严重违反注意义务，对信息披露文件中虚假陈述的形成或者发布存在过失。

第十四条 发行人的董事、监事、高级管理人员和其他直接责任人员主张对虚假陈述没有过错的，人民法院应当根据其工作岗位和职责、在信息披露资料的形成和发布等活动中所起的作用、取得和了解相关信息的渠道、为核验相关信息所采取的措施等实际情况进行审查认定。

前款所列人员不能提供勤勉尽责的相应证据，仅以其不从事日常经营管理、无相关职业背景和专业知识、相信发行人或者管理层提供的资料、相信证券服务机构出具的专业意见等理由主张其没有过错的，人民法院不予支持。

第十五条 发行人的董事、监事、高级管理人员依照证券法第八十二条第四款的规定，以书面方式发表附具体理由的意见并依法披露的，人民法院可以认定其主观上没有过错，但在审议、审核信息披露文件时投赞成票的除外。

第十六条 独立董事能够证明下列情形之一的，人民法院应当认定其没有过错：

（一）在签署相关信息披露文件之前，对不属于自身专业领域的相关具体问题，借助会计、法律等专门职业的帮助仍然未能发现问题的；

（二）在揭露日或更正日之前，发现虚假陈述后及时向发行人提出异议并监督整改或者向证券交易场所、监管部门书面报告的；

（三）在独立意见中对虚假陈述事项发表保留意见、反对意见或者无法表示意见并说明具体理由的，但在审议、审核相关文件时投赞成票的除外；

（四）因发行人拒绝、阻碍其履行职责，导致无法对相关信息披露文件是否存在虚假陈述作出判断，并及时向证券交易场所、监管部门书面报告的；

（五）能够证明勤勉尽责的其他情形。

独立董事提交证据证明其在履职期间能够按照法律、监管部门制定的规章和规范性文件以及公司章程的要求履行职责的，或者在虚假陈述被揭露后及时督促发行人整改且效果较为明显的，人民法院可以结合案件事实综合判断其过错情况。

外部监事和职工监事，参照适用前两款规定。

第十七条 保荐机构、承销机构等机构及其直接责任人员提交的尽职调查工作底稿、尽职调查报告、内部审核意见等证据能够证明下列情形的，人民法院应当认定其没有过错：

（一）已经按照法律、行政法规、监管部门制定的规章和规范性文件、相关行业执业规范的要求，对信息披露文件中的相关内容进行了审慎尽职调查；

（二）对信息披露文件中没有证券服务机构专业意见支持的重要内容，经过审慎尽职调查和独立判断，有合理理由相信该部分内容与真实情况相符；

（三）对信息披露文件中证券服务机构出具专业意见的重要内容，经过审慎核查和必要的调查、复核，有合理理由排除了职业怀疑并形成合理信赖。

在全国中小企业股份转让系统从事挂牌和定向发行推荐业务的证券公司，适用前款规定。

第十八条 会计师事务所、律师事务所、资信评级机构、资产评估机构、财务顾问等证券服务机构制作、出具的文件存在虚假陈述的，人民法院应当按照法律、行政法规、监管部门制定的规章和规范性文件，参考行业执业规范规定的工作范围和程序要求等内容，结合其核查、验证工作底稿等相关证据，认定其是否存在过错。

证券服务机构的责任限于其工作范围和专业领域。证券服务机构依赖保荐机构或者其他证券服务机构的基础工作或者专业意见致使其出具的专业意见存在虚假陈述，能够证明其对所依赖的基础工作或者专业意见经过审慎核查和必要的调查、复核，排除了职业怀疑并形成合理信赖的，人民法院应当认定其没有过错。

第十九条 会计师事务所能够证明下列情形之一的，人民法院应当认定其没有过错：

（一）按照执业准则、规则确定的工作程序和核查手段并保持必要的职业谨慎，仍未发现被审计的会计资料存在错误的；

（二）审计业务必须依赖的金融机构、发行人的供应商、客户等相关单位提供不实证明文件，会计师事务所保持了必要的职业谨慎仍未发现的；

（三）已对发行人的舞弊迹象提出警告并在审计业务报告中发表了审慎审计意见的；

（四）能够证明没有过错的其他情形。

五、责任主体

第二十条 发行人的控股股东、实际控制人组织、指使发行人实施虚假陈述，致使原告在证券交易中遭受损失的，原告起诉请求直接判令该控股股东、实际控制人依照本规定赔偿损失的，人民法院应当予以支持。

控股股东、实际控制人组织、指使发行人实施虚假陈述，发行人在承担赔偿责任后要求该控股股东、实际控制人赔偿实际支付的赔偿款、合理的律师费、诉讼费用等损失的，人民法院应当予以支持。

第二十一条 公司重大资产重组的交易对方所提供的信息不符合真实、准确、完整的要求，导致公司披露的相关信息存在虚假陈述，原告起诉请求判令该交易对方与发行人等责任主体赔偿由此导致的损失的，人民法院应当予以支持。

第二十二条 有证据证明发行人的供应商、客户，以及为发行人提供服务的金融机构等明知发行人实施财务造假活动，仍然为其提供相关交易合同、发票、存款证明等予以配合，或者故意隐瞒重要事实致使发行人的信息披露文件存在虚假陈述，原告起诉请求判令其与发行人等责任主体赔偿由此导致的损失的，人民法院应当予以支持。

第二十三条 承担连带责任的当事人之间的责任分担与追偿，按照民法典第一百七十八条的规定处理，但本规定第二十条第二款规定的情形除外。

保荐机构、承销机构等责任主体以存在约定为由，请求发行人或者其控股股东、实际控制人补偿其因虚假陈述所承担的赔偿责任的，人民法院不予支持。

六、损失认定

第二十四条 发行人在证券发行市场虚假陈述，导致原告损失的，原告有权请求按照本规定第二十五条的规定赔偿损失。

第二十五条 信息披露义务人在证券交易市场承担民事赔偿责任的范围，以原告因虚假陈述而实际发生的损失为限。原告实际损失包括投资差额损失、投资差额损失部分的佣金和印花税。

第二十六条 投资差额损失计算的基准日，是指在虚假陈述揭露或更正后，为将原告应获赔偿限定在虚假陈述所造成的损失范围内，确定损失计算的合理期间而规定的截止日期。

在采用集中竞价的交易市场中，自揭露日或更正日起，被虚假陈述影响的证券集中交易累计成交量达到可流通部分100%之日为基准日。

自揭露日或更正日起，集中交易累计换手率在10个交易日内达到可流通部分100%的，以第10个交易日为基准日；在30个交易日内未达到可流通部分100%的，以第30个交易日为基准日。

虚假陈述揭露日或更正日起至基准日期间每个交易日收盘价的平均价格，为损失计算的基准价格。

无法依前款规定确定基准价格的，人民法院可以根据有专门知识的人的专业意见，参考对相关行业进行投资时的通常估值方法，确定基准价格。

第二十七条　在采用集中竞价的交易市场中，原告因虚假陈述买入相关股票所造成的投资差额损失，按照下列方法计算：

（一）原告在实施日之后、揭露日或更正日之前买入，在揭露日或更正日之后、基准日之前卖出的股票，按买入股票的平均价格与卖出股票的平均价格之间的差额，乘以已卖出的股票数量；

（二）原告在实施日之后、揭露日或更正日之前买入，基准日之前未卖出的股票，按买入股票的平均价格与基准价格之间的差额，乘以未卖出的股票数量。

第二十八条　在采用集中竞价的交易市场中，原告因虚假陈述卖出相关股票所造成的投资差额损失，按照下列方法计算：

（一）原告在实施日之后、揭露日或更正日之前卖出，在揭露日或更正日之后、基准日之前买回的股票，按买回股票的平均价格与卖出股票的平均价格之间的差额，乘以买回的股票数量；

（二）原告在实施日之后、揭露日或更正日之前卖出，基准日之前未买回的股票，按基准价格与卖出股票的平均价格之间的差额，乘以未买回的股票数量。

第二十九条　计算投资差额损失时，已经除权的证券，证券价格和证券数量应当复权计算。

第三十条　证券公司、基金管理公司、保险公司、信托公司、商业银行等市场参与主体依法设立的证券投资产品，在确定因虚假陈述导致的损失时，每个产品应当单独计算。

投资者及依法设立的证券投资产品开立多个证券账户进行投资的，应当将各证券账户合并，所有交易按照成交时间排序，以确定其实际交易及损失情况。

第三十一条　人民法院应当查明虚假陈述与原告损失之间的因果关系，以及导致原告损失的其他原因等案件基本事实，确定赔偿责任范围。

被告能够举证证明原告的损失部分或者全部是由他人操纵市场、证券市场的风险、证券市场对特定事件的过度反应、上市公司内外部经营环境等其他因素所导致的，对其关于相应减轻或者免除责任的抗辩，人民法院应当予以支持。

七、诉讼时效

第三十二条　当事人主张以揭露日或更正日起算诉讼时效的，人民法院应当予以支持。揭露日与更正日不一致的，以在先的为准。

对于虚假陈述责任人中的一人发生诉讼时效中断效力的事由，应当认定对其他连带责任人也发生诉讼时效中断的效力。

第三十三条　在诉讼时效期间内，部分投资者向人民法院提起人数不确定的普通代表人诉讼的，人民法院应当认定该起诉行为对所有具有同类诉讼请求的权利人发生时效中断的效果。

在普通代表人诉讼中，未向人民法院登记权利的投资者，其诉讼时效自权利登记期间届满后重新开始计算。向人民法院登记权利后申请撤回权利登记的投资者，其诉讼时效自撤回权利登记之次日重新开始计算。

投资者保护机构依照证券法第九十五条第三款的规定作为代表人参加诉讼后，投资者声明退出诉讼的，其诉讼时效自声明退出之次日起重新开始计算。

八、附　则

第三十四条　本规定所称证券交易场所，是指证券交易所、国务院批准的其他全国性证券交易场所。

本规定所称监管部门，是指国务院证券监督管理机构、国务院授权的部门及有关主管部门。

本规定所称发行人，包括证券的发行人、上市公司或者挂牌公司。

本规定所称实施日之后、揭露日或更正日之后、基准日之前，包括该日；所称揭露日或更正日之前，不包括该日。

第三十五条　本规定自2022年1月22日起施行。《最高人民法院关于受理证券市场因虚假陈述引发的民事侵权纠纷案件有关问题的通知》《最高人民法院关于审理证券市场因虚假陈述引发的民事赔偿案件的若干规定》同时废止。《最高人民法院关于审理涉及会计师事务所在审计业务活动中民事侵权赔偿案件的若干规定》与本规定不一致的,以本规定为准。

本规定施行后尚未终审的案件,适用本规定。本规定施行前已经终审,当事人申请再审或者按照审判监督程序决定再审的案件,不适用本规定。

最高人民法院关于审理独立保函纠纷案件若干问题的规定

- 2016年7月11日最高人民法院审判委员会第1688次会议通过
- 根据2020年12月23日最高人民法院审判委员会第1823次会议通过的《最高人民法院关于修改〈最高人民法院关于破产企业国有划拨土地使用权应否列入破产财产等问题的批复〉等二十九件商事类司法解释的决定》修正
- 2020年12月29日最高人民法院公告公布
- 自2021年1月1日起施行
- 法释〔2020〕18号

为正确审理独立保函纠纷案件,切实维护当事人的合法权益,服务和保障"一带一路"建设,促进对外开放,根据《中华人民共和国民法典》《中华人民共和国涉外民事关系法律适用法》《中华人民共和国民事诉讼法》等法律,结合审判实际,制定本规定。

第一条 本规定所称的独立保函,是指银行或非银行金融机构作为开立人,以书面形式向受益人出具的,同意在受益人请求付款并提交符合保函要求的单据时,向其支付特定款项或在保函最高金额内付款的承诺。

前款所称的单据,是指独立保函载明的受益人应提交的付款请求书、违约声明、第三方签发的文件、法院判决、仲裁裁决、汇票、发票等表明发生付款到期事件的书面文件。

独立保函可以依保函申请人的申请而开立,也可以依另一金融机构的指示而开立。开立人依指示开立独立保函的,可以要求指示人向其开立用以保障追偿权的独立保函。

第二条 本规定所称的独立保函纠纷,是指在独立保函的开立、撤销、修改、转让、付款、追偿等环节产生的纠纷。

第三条 保函具有下列情形之一,当事人主张保函性质为独立保函的,人民法院应予支持,但保函未载明据以付款的单据和最高金额的除外:

(一)保函载明见索即付;

(二)保函载明适用国际商会《见索即付保函统一规则》等独立保函交易示范规则;

(三)根据保函文本内容,开立人的付款义务独立于基础交易关系及保函申请法律关系,其仅承担相符交单的付款责任。

当事人以独立保函记载了对应的基础交易为由,主张该保函性质为一般保证或连带保证的,人民法院不予支持。

当事人主张独立保函适用民法典关于一般保证或连带保证规定的,人民法院不予支持。

第四条 独立保函的开立时间为开立人发出独立保函的时间。

独立保函一经开立即生效,但独立保函载明生效日期或事件的除外。

独立保函未载明可撤销,当事人主张独立保函开立后不可撤销的,人民法院应予支持。

第五条 独立保函载明适用《见索即付保函统一规则》等独立保函交易示范规则,或开立人和受益人在一审法庭辩论终结前一致援引的,人民法院应当认定交易示范规则的内容构成独立保函条款的组成部分。

不具有前款情形,当事人主张独立保函适用相关交易示范规则的,人民法院不予支持。

第六条 受益人提交的单据与独立保函条款之间、单据与单据之间表面相符,受益人请求开立人依据独立保函承担付款责任的,人民法院应予支持。

开立人以基础交易关系或独立保函申请关系对付款义务提出抗辩的,人民法院不予支持,但有本规定第十二条情形的除外。

第七条 人民法院在认定是否构成表面相符时,应当根据独立保函载明的审单标准进行审查;独立保函未载明的,可以参照适用国际商会确定的相关审单标准。

单据与独立保函条款之间、单据与单据之间

表面上不完全一致,但并不导致相互之间产生歧义的,人民法院应当认定构成表面相符。

第八条 开立人有独立审查单据的权利与义务,有权自行决定单据与独立保函条款之间、单据与单据之间是否表面相符,并自行决定接受或拒绝接受不符点。

开立人已向受益人明确表示接受不符点,受益人请求开立人承担付款责任的,人民法院应予支持。

开立人拒绝接受不符点,受益人以保函申请人已接受不符点为由请求开立人承担付款责任的,人民法院不予支持。

第九条 开立人依据独立保函付款后向保函申请人追偿的,人民法院应予支持,但受益人提交的单据存在不符点的除外。

第十条 独立保函未同时载明可转让和据以确定新受益人的单据,开立人主张受益人付款请求权的转让对其不发生效力的,人民法院应予支持。独立保函对受益人付款请求权的转让有特别约定的,从其约定。

第十一条 独立保函具有下列情形之一,当事人主张独立保函权利义务终止的,人民法院应予支持:

(一)独立保函载明的到期日或到期事件届至,受益人未提交符合独立保函要求的单据;

(二)独立保函项下的应付款项已经全部支付;

(三)独立保函的金额已减额至零;

(四)开立人收到受益人出具的免除独立保函项下付款义务的文件;

(五)法律规定或者当事人约定终止的其他情形。

独立保函具有前款权利义务终止的情形,受益人以其持有独立保函文本为由主张享有付款请求权的,人民法院不予支持。

第十二条 具有下列情形之一的,人民法院应当认定构成独立保函欺诈:

(一)受益人与保函申请人或其他人串通,虚构基础交易的;

(二)受益人提交的第三方单据系伪造或内容虚假的;

(三)法院判决或仲裁裁决认定基础交易债务人没有付款或赔偿责任的;

(四)受益人确认基础交易债务已得到完全履行或者确认独立保函载明的付款到期事件并未发生的;

(五)受益人明知其没有付款请求权仍滥用该权利的其他情形。

第十三条 独立保函的申请人、开立人或指示人发现有本规定第十二条情形的,可以在提起诉讼或申请仲裁前,向开立人住所地或其他对独立保函欺诈纠纷案件具有管辖权的人民法院申请中止支付独立保函项下的款项,也可以在诉讼或仲裁过程中提出申请。

第十四条 人民法院裁定中止支付独立保函项下的款项,必须同时具备下列条件:

(一)止付申请人提交的证据材料证明本规定第十二条情形的存在具有高度可能性;

(二)情况紧急,不立即采取止付措施,将给止付申请人的合法权益造成难以弥补的损害;

(三)止付申请人提供了足以弥补被申请人因止付可能遭受损失的担保。

止付申请人以受益人在基础交易中违约为由请求止付的,人民法院不予支持。

开立人在依指示开立的独立保函项下已经善意付款的,对保障该开立人追偿权的独立保函,人民法院不得裁定止付。

第十五条 因止付申请错误造成损失,当事人请求止付申请人赔偿的,人民法院应予支持。

第十六条 人民法院受理止付申请后,应当在四十八小时内作出书面裁定。裁定应当列明申请人、被申请人和第三人,并包括初步查明的事实和是否准许止付申请的理由。

裁定中止支付的,应当立即执行。

止付申请人在止付裁定作出后三十日内未依法提起独立保函欺诈纠纷诉讼或申请仲裁的,人民法院应当解除止付裁定。

第十七条 当事人对人民法院就止付申请作出的裁定有异议的,可以在裁定书送达之日起十日内向作出裁定的人民法院申请复议。复议期间不停止裁定的执行。

人民法院应当在收到复议申请后十日内审查,并询问当事人。

第十八条 人民法院审理独立保函欺诈纠纷案件或处理止付申请,可以就当事人主张的本规定第十二条的具体情形,审查认定基础交易的相关事实。

第十九条 保函申请人在独立保函欺诈诉讼中仅起诉受益人的,独立保函的开立人、指示人可以作为第三人申请参加,或由人民法院通知其参加。

第二十条 人民法院经审理独立保函欺诈纠纷案件,能够排除合理怀疑地认定构成独立保函欺诈,并且不存在本规定第十四条第三款情形的,应当判决开立人终止支付独立保函项下被请求的款项。

第二十一条 受益人和开立人之间因独立保函而产生的纠纷案件,由开立人住所地或被告住所地人民法院管辖,独立保函载明由其他法院管辖或提交仲裁的除外。当事人主张根据基础交易合同争议解决条款确定管辖法院或提交仲裁的,人民法院不予支持。

独立保函欺诈纠纷案件由被请求止付的独立保函的开立人住所地或被告住所地人民法院管辖,当事人书面协议由其他法院管辖或提交仲裁的除外。当事人主张根据基础交易合同或独立保函的争议解决条款确定管辖法院或提交仲裁的,人民法院不予支持。

第二十二条 涉外独立保函未载明适用法律,开立人和受益人在一审法庭辩论终结前亦未就适用法律达成一致的,开立人和受益人之间因涉外独立保函而产生的纠纷适用开立人经常居所地法律;独立保函由金融机构依法登记设立的分支机构开立的,适用分支机构登记地法律。

涉外独立保函欺诈纠纷,当事人就适用法律不能达成一致的,适用被请求止付的独立保函的开立人经常居所地法律;独立保函由金融机构依法登记设立的分支机构开立的,适用分支机构登记地法律;当事人有共同经常居所地的,适用共同经常居所地法律。

涉外独立保函止付保全程序,适用中华人民共和国法律。

第二十三条 当事人约定在国内交易中适用独立保函,一方当事人以独立保函不具有涉外因素为由,主张保函独立性的约定无效的,人民法院不予支持。

第二十四条 对于按照特户管理并移交开立人占有的独立保函开立保证金,人民法院可以采取冻结措施,但不得扣划。保证金账户内的款项丧失开立保证金的功能时,人民法院可以依法采取扣划措施。

开立人已履行对外支付义务的,根据该开立人的申请,人民法院应当解除对开立保证金相应部分的冻结措施。

第二十五条 本规定施行后尚未终审的案件,适用本规定;本规定施行前已经终审的案件,当事人申请再审或者人民法院按照审判监督程序再审的,不适用本规定。

第二十六条 本规定自 2016 年 12 月 1 日起施行。

最高人民法院关于审理存单纠纷案件的若干规定

- 1997 年 11 月 25 日最高人民法院审判委员会第 946 次会议通过
- 根据 2020 年 12 月 23 日最高人民法院审判委员会第 1823 次会议通过的《最高人民法院关于修改〈最高人民法院关于破产企业国有划拨土地使用权应否列入破产财产等问题的批复〉等二十九件商事类司法解释的决定》修正

为正确审理存单纠纷案件,根据《中华人民共和国民法典》的有关规定和在总结审判经验的基础上,制定本规定。

第一条 存单纠纷案件的范围
(一)存单持有人以存单为重要证据向人民法院提起诉讼的纠纷案件;
(二)当事人以进账单、对账单、存款合同等凭证为主要证据向人民法院提起诉讼的纠纷案件;
(三)金融机构向人民法院起诉要求确认存单、进账单、对账单、存款合同等凭证无效的纠纷案件;
(四)以存单为表现形式的借贷纠纷案件。

第二条 存单纠纷案件的案由
人民法院可将本规定第一条所列案件,一律以存单纠纷为案由。实际审理时应以存单纠纷案件中真实法律关系为基础依法处理。

第三条 存单纠纷案件的受理与中止
存单纠纷案件当事人向人民法院提起诉讼,人民法院应当依照《中华人民共和国民事诉讼法》

第一百一十九条的规定予以审查,符合规定的,均应受理。

人民法院在受理存单纠纷案件后,如发现犯罪线索,应将犯罪线索及时书面告知公安或检察机关。如案件当事人因伪造、变造、虚开存单或涉嫌诈骗,有关国家机关已立案侦查,存单纠纷案件确须待刑事案件结案后才能审理的,人民法院应当中止审理。对于追究有关当事人的刑事责任不影响对存单纠纷案件审理的,人民法院应对存单纠纷案件有关当事人是否承担民事责任以及承担民事责任的大小依法及时进行认定和处理。

第四条　存单纠纷案件的管辖

依照《中华人民共和国民事诉讼法》第二十三条的规定,存单纠纷案件由被告住所地人民法院或出具存单、进账单、对账单或与当事人签订存款合同的金融机构住所地人民法院管辖。住所地与经常居住地不一致的,由经常居住地人民法院管辖。

第五条　对一般存单纠纷案件的认定和处理

（一）认定

当事人以存单或进账单、对账单、存款合同等凭证为主要证据向人民法院提起诉讼的存单纠纷案件和金融机构向人民法院提起的确认存单或进账单、对账单、存款合同等凭证无效的存单纠纷案件,为一般存单纠纷案件。

（二）处理

人民法院在审理一般存单纠纷案件中,除应审查存单、进账单、对账单、存款合同等凭证的真实性外,还应审查持有人与金融机构间存款关系的真实性,并以存单、进账单、对账单、存款合同等凭证的真实性以及存款关系的真实性为依据,作出正确处理。

1.持有人以上述真实凭证为证据提起诉讼的,金融机构应当对持有人与金融机构间是否存在存款关系负举证责任。如金融机构有充分证据证明持有人未向金融机构交付上述凭证所记载的款项的,人民法院应当认定持有人与金融机构间不存在存款关系,并判决驳回原告的诉讼请求。

2.持有人以上述真实凭证为证据提起诉讼的,如金融机构不能提供证明存款关系不真实的证据,或仅以金融机构底单的记载内容与上述凭证记载内容不符为由进行抗辩的,人民法院应认定持有人与金融机构间存款关系成立,金融机构应当承担兑付款项的义务。

3.持有人以在样式、印鉴、记载事项上有别于真实凭证,但无充分证据证明系伪造或变造的瑕疵凭证提起诉讼的,持有人应对瑕疵凭证的取得提供合理的陈述。如持有人对瑕疵凭证的取得提供了合理陈述,而金融机构否认存款关系存在的,金融机构应当对持有人与金融机构间是否存在存款关系负举证责任。如金融机构有充分证据证明持有人未向金融机构交付上述凭证所记载的款项的,人民法院应当认定持有人与金融机构间不存在存款关系,判决驳回原告的诉讼请求;如金融机构不能提供证明存款关系不真实的证据,或仅以金融机构底单的记载内容与上述凭证记载内容不符为由进行抗辩的,人民法院应认定持有人与金融机构间存款关系成立,金融机构应当承担兑付款项的义务。

4.存单纠纷案件的审理中,如有充足证据证明存单、进账单、对账单、存款合同等凭证系伪造、变造,人民法院应在查明案件事实的基础上,依法确认上述凭证无效,并可驳回持上述凭证起诉的原告的诉讼请求或根据实际存款数额进行判决。如有本规定第三条中止审理情形的,人民法院应当中止审理。

第六条　对以存单为表现形式的借贷纠纷案件的认定和处理

（一）认定

在出资人直接将款项交与用资人使用,或通过金融机构将款项交与用资人使用,金融机构向出资人出具存单或进账单、对账单或与出资人签订存款合同,出资人从用资人或从金融机构取得或约定取得高额利差的行为中发生的存单纠纷案件,为以存单为表现形式的借贷纠纷案件。但符合本规定第七条所列委托贷款和信托贷款的除外。

（二）处理

以存单为表现形式的借贷,属于违法借贷,出资人收取的高额利差应充抵本金,出资人、金融机构与用资人因参与违法借贷均应当承担相应的民事责任。可分以下几种情况处理:

1.出资人将款项或票据(以下统称资金)交付给金融机构,金融机构给出资人出具存单或进账单、对账单或与出资人签订存款合同,并将资金自行转给用资人的,金融机构与用资人对偿还出资人本金及利息承担连带责任;利息按人民银行同期存款利率计算至给付之日。

2. 出资人未将资金交付给金融机构,而是依照金融机构的指定将资金直接转给用资人,金融机构给出资人出具存单或进账单、对账单或与出资人签订存款合同的,首先由用资人偿还出资人本金及利息,金融机构对用资人不能偿还出资人本金及利息部分承担补充赔偿责任;利息按人民银行同期存款利率计算至给付之日。

3. 出资人将资金交付给金融机构,金融机构给出资人出具存单或进账单、对账单或与出资人签订存款合同,出资人再指定金融机构将资金转给用资人的,首先由用资人返还出资人本金和利息。利息按人民银行同期存款利率计算至给付之日。金融机构因其帮助违法借贷的过错,应当对用资人不能偿还出资人本金部分承担赔偿责任,但不超过不能偿还本金部分的百分之四十。

4. 出资人未将资金交付给金融机构,而是自行将资金直接转给用资人,金融机构给出资人出具存单或进账单、对账单或与出资人签订存款合同的,首先由用资人返还出资人本金和利息。利息按人民银行同期存款利率计算至给付之日。金融机构因其帮助违法借贷的过错,应当对用资人不能偿还出资人本金部分承担赔偿责任,但不超过不能偿还本金部分的百分之二十。

本条中所称交付,指出资人向金融机构转移现金的占有或出资人向金融机构交付注明出资人或金融机构(包括金融机构的下属部门)为收款人的票据。出资人向金融机构交付有资金数额但未注明收款人的票据的,亦属于本条中所称交付。

如以存单为表现形式的借贷行为确已发生,即使金融机构向出资人出具的存单、进账单、对账单或与出资人签订的存款合同存在虚假、瑕疵,或金融机构工作人员超越权限出具上述凭证等情形,亦不影响人民法院按以上规定对案件进行处理。

(三)当事人的确定

出资人起诉金融机构的,人民法院应通知用资人作为第三人参加诉讼;出资人起诉用资人的,人民法院应通知金融机构作为第三人参加诉讼;公款私存的,人民法院在查明款项的真实所有人基础上,应通知款项的真实所有人为权利人参加诉讼,与存单记载的个人为共同诉讼人。该个人申请退出诉讼的,人民法院可予准许。

第七条 对存单纠纷案件中存在的委托贷款关系和信托贷款关系的认定和纠纷的处理

(一)认定

存单纠纷案件中,出资人与金融机构、用资人之间按有关委托贷款的要求签订有委托贷款协议的,人民法院应认定出资人与金融机构间成立委托贷款关系。金融机构向出资人出具的存单或进账单、对账单或与出资人签订的存款合同,均不影响金融机构与出资人间委托贷款关系的成立。出资人与金融机构间签订委托贷款协议后,由金融机构自行确定用资人的,人民法院应认定出资人与金融机构间成立信托贷款关系。

委托贷款协议和信托贷款协议应当用书面形式。口头委托贷款或信托贷款,当事人无异议的,人民法院可予以认定;有其他证据能够证明金融机构与出资人之间确系委托贷款或信托贷款关系的,人民法院亦予以认定。

(二)处理

构成委托贷款的,金融机构出具的存单或进账单、对账单或与出资人签订的存款合同不作为存款关系的证明,借款方不能偿还贷款的风险应当由委托人承担。如有证据证明金融机构出具上述凭证是对委托贷款进行担保的,金融机构对偿还贷款承担连带担保责任。委托贷款中约定的利率超过人民银行规定的部分无效。构成信托贷款的,按人民银行有关信托贷款的规定处理。

第八条 对存单质押的认定和处理

存单可以质押。存单持有人以伪造、变造的虚假存单质押的,质押合同无效。接受虚假存单质押的当事人如以该存单质押为由起诉金融机构,要求兑付存款优先受偿的,人民法院应当判决驳回其诉讼请求,并告知其可另案起诉出质人。

存单持有人以金融机构开具的、未有实际存款或与实际存款不符的存单进行质押,以骗取或占用他人财产的,该质押关系无效。接受存单质押的人起诉的,该存单持有人与开具存单的金融机构为共同被告。利用存单骗取或占用他人财产的存单持有人对侵犯他人财产权承担赔偿责任,开具存单的金融机构因其过错致他人财产权受损,对所造成的损失承担连带赔偿责任。接受存单质押的人在审查存单的真实性上有重大过失的,开具存单的金融机构仅对所造成的损失承担补充赔偿责任。明知存单虚假而接受存单质押的，开具存单的金融机构不承担民事赔偿责任。

以金融机构核押的存单出质的，即便存单系伪造、变造、虚开，质押合同均为有效，金融机构应当依法向质权人兑付存单所记载的款项。

第九条　其他

在存单纠纷案件的审理中，有关当事人如有违法行为，依法应当给予民事制裁的，人民法院可依法对有关当事人实施民事制裁。案件审理中发现的犯罪线索，人民法院应及时书面告知公安或检查机关，并将有关材料及时移送公安或检察机关。

最高人民法院关于审理票据纠纷案件若干问题的规定

- 2000年2月24日最高人民法院审判委员会第1102次会议通过
- 根据2020年12月23日最高人民法院审判委员会第1823次会议通过的《最高人民法院关于修改〈最高人民法院关于破产企业国有划拨土地使用权应否列入破产财产等问题的批复〉等二十九件商事类司法解释的决定》修正

为了正确适用《中华人民共和国票据法》（以下简称票据法），公正、及时审理票据纠纷案件，保护票据当事人的合法权益，维护金融秩序和金融安全，根据票据法及其他有关法律的规定，结合审判实践，现对人民法院审理票据纠纷案件的若干问题规定如下：

一、受理和管辖

第一条　因行使票据权利或者票据法上的非票据权利而引起的纠纷，人民法院应当依法受理。

第二条　依照票据法第十条的规定，票据债务人（即出票人）以在票据未转让时的基础关系违法、双方不具有真实的交易关系和债权债务关系、持票人应付对价而未付对价为由，要求返还票据而提起诉讼的，人民法院应当依法受理。

第三条　依照票据法第三十六条的规定，票据被拒绝承兑、被拒绝付款或者汇票、支票超过提示付款期限后，票据持有人背书转让的，被背书人以背书人为被告行使追索权而提起诉讼的，人民法院应当依法受理。

第四条　持票人不先行使付款请求权而先行使追索权遭拒绝提起诉讼的，人民法院不予受理。除有票据法第六十一条第二款和本规定第三条所列情形外，持票人只能在首先向付款人行使付款请求权而得不到付款时，才可以行使追索权。

第五条　付款请求权是持票人享有的第一顺序权利，追索权是持票人享有的第二顺序权利，即汇票到期被拒绝付款或者具有票据法第六十一条第二款所列情形的，持票人请求背书人、出票人以及汇票的其他债务人支付票据法第七十条第一款所列金额和费用的权利。

第六条　因票据纠纷提起的诉讼，依法由票据支付地或者被告住所地人民法院管辖。

票据支付地是指票据上载明的付款地，票据上未载明付款地的，汇票付款人或者代理付款人的营业场所、住所或者经常居住地，本票出票人的营业场所，支票付款人或者代理付款人的营业场所所在地为票据付款地。代理付款人即付款人的委托代理人，是指根据付款人的委托代为支付票据金额的银行、信用合作社等金融机构。

二、票据保全

第七条　人民法院在审理、执行票据纠纷案件时，对具有下列情形之一的票据，经当事人申请并提供担保，可以依法采取保全措施或者执行措施：

（一）不履行约定义务，与票据债务人有直接债权债务关系的票据当事人所持有的票据；

（二）持票人恶意取得的票据；

（三）应付对价而未付对价的持票人持有的票据；

（四）记载有"不得转让"字样而用于贴现的票据；

（五）记载有"不得转让"字样而用于质押的票据；

（六）法律或者司法解释规定有其他情形的票据。

三、举证责任

第八条　票据诉讼的举证责任由提出主张的一方当事人承担。

依照票据法第四条第二款、第十条、第十二条、第二十一条的规定，向人民法院提起诉讼的持票人有责任提供诉争票据。该票据的出票、承兑、交付、背书转让涉嫌欺诈、偷盗、胁迫、恐吓、暴力等非法行为的，持票人对持票的合法性应当负责举证。

第九条　票据债务人依照票据法第十三条的规定，对与其有直接债权债务关系的持票人提出抗辩，人民法院合并审理票据关系和基础关系的，持票人应当提供相应的证据证明已经履行了约定义务。

第十条　付款人或者承兑人被人民法院依法宣告破产的，持票人因行使追索权而向人民法院提起诉讼时，应当向受理法院提供人民法院依法作出的宣告破产裁定书或者能够证明付款人或者承兑人破产的其他证据。

第十一条　在票据诉讼中，负有举证责任的票据当事人应当在一审人民法院法庭辩论结束以前提供证据。因客观原因不能在上述举证期限以内提供的，应当在举证期限届满以前向人民法院申请延期。延长的期限由人民法院根据案件的具体情况决定。

票据当事人在一审人民法院审理期间隐匿票据、故意有证不举，应当承担相应的诉讼后果。

四、票据权利及抗辩

第十二条　票据法第十七条第一款第（一）、（二）项规定的持票人对票据的出票人和承兑人的权利，包括付款请求权和追索权。

第十三条　票据债务人以票据法第十条、第二十一条的规定为由，对业经背书转让票据的持票人进行抗辩的，人民法院不予支持。

第十四条　票据债务人依照票据法第十二条、第十三条的规定，对持票人提出下列抗辩的，人民法院应予支持：

（一）与票据债务人有直接债权债务关系并且不履行约定义务的；

（二）以欺诈、偷盗或者胁迫等非法手段取得票据，或者明知有前列情形，出于恶意取得票据的；

（三）明知票据债务人与出票人或者与持票人的前手之间存在抗辩事由而取得票据的；

（四）因重大过失取得票据的；

（五）其他依法不得享有票据权利的。

第十五条　票据债务人依照票据法第九条、第十七条、第十八条、第二十二条和第三十一条的规定，对持票人提出下列抗辩的，人民法院应予支持：

（一）欠缺法定必要记载事项或者不符合法定格式的；

（二）超过票据权利时效的；

（三）人民法院作出的除权判决已经发生法律效力的；

（四）以背书方式取得但背书不连续的；

（五）其他依法不得享有票据权利的。

第十六条　票据出票人或者背书人被宣告破产的，而付款人或者承兑人不知其事实而付款或者承兑，因此所产生的追索权可以登记为破产债权，付款人或者承兑人为债权人。

第十七条　票据法第十七条第一款第（三）、（四）项规定的持票人对前手的追索权，不包括对票据出票人的追索权。

第十八条　票据法第四十条第二款和第六十五条规定的持票人丧失对其前手的追索权，不包括对票据出票人的追索权。

第十九条　票据法第十七条规定的票据权利时效发生中断的，只对发生时效中断事由的当事人有效。

第二十条　票据法第六十六条第一款规定的书面通知是否逾期，以持票人或者其前手发出书面通知之日为准；以信函通知的，以信函投寄邮戳记载之日为准。

第二十一条　票据法第七十条、第七十一条所称中国人民银行规定的利率，是指中国人民银行规定的企业同期流动资金贷款利率。

第二十二条　代理付款人在人民法院公示催告公告发布以前按照规定程序善意付款后，承兑人或者付款人以已经公示催告为由拒付代理付款人已经垫付的款项的，人民法院不予支持。

五、失票救济

第二十三条　票据丧失后，失票人直接向人民法院申请公示催告或者提起诉讼的，人民法院应当依法受理。

第二十四条　出票人已经签章的授权补记的支票丧失后，失票人依法向人民法院申请公示催告的，人民法院应当依法受理。

第二十五条　票据法第十五条第三款规定的

可以申请公示催告的失票人,是指按照规定可以背书转让的票据在丧失票据占有以前的最后合法持票人。

第二十六条　出票人已经签章但未记载代理付款人的银行汇票丧失后,失票人依法向付款人即出票银行所在地人民法院申请公示催告的,人民法院应当依法受理。

第二十七条　超过付款提示期限的票据丧失以后,失票人申请公示催告的,人民法院应当依法受理。

第二十八条　失票人通知票据付款人挂失止付后三日内向人民法院申请公示催告的,公示催告申请书应当载明下列内容:

(一)票面金额;
(二)出票人、持票人、背书人;
(三)申请的理由、事实;
(四)通知票据付款人或者代理付款人挂失止付的时间;
(五)付款人或者代理付款人的名称、通信地址、电话号码等。

第二十九条　人民法院决定受理公示催告申请,应当同时通知付款人及代理付款人停止支付,并自立案之日起三日内发出公告。

第三十条　付款人或者代理付款人收到人民法院发出的止付通知,应当立即停止支付,直至公示催告程序终结。非经发出止付通知的人民法院许可擅自解付的,不得免除票据责任。

第三十一条　公告应当在全国性报纸或者其他媒体上刊登,并于同日公布于人民法院公告栏内。人民法院所在地有证券交易所的,还应当同日在该交易所公布。

第三十二条　依照《中华人民共和国民事诉讼法》(以下简称民事诉讼法)第二百一十九条的规定,公告期间不得少于六十日,且公示催告期间届满日不得早于票据付款日后十五日。

第三十三条　依照民事诉讼法第二百二十条第二款的规定,在公示催告期间,以公示催告的票据质押、贴现,因质押、贴现而接受该票据的持票人主张票据权利的,人民法院不予支持,但公示催告期间届满以后人民法院作出除权判决以前取得该票据的除外。

第三十四条　票据丧失后,失票人在票据权利时效届满以前请求出票人补发票据,或者请求债务人付款,在提供相应担保的情况下因债务人拒绝付款或者出票人拒绝补发票据提起诉讼的,由被告住所地或者票据支付地人民法院管辖。

第三十五条　失票人因请求出票人补发票据或者请求债务人付款遭到拒绝而向人民法院提起诉讼的,被告为与失票人具有票据债权债务关系的出票人、拒绝付款的票据付款人或者承兑人。

第三十六条　失票人为行使票据所有权,向非法持有票据人请求返还票据的,人民法院应当依法受理。

第三十七条　失票人向人民法院提起诉讼的,应向人民法院说明曾经持有票据及丧失票据的情形,人民法院应当根据案件的具体情况,决定当事人是否应当提供担保以及担保的数额。

第三十八条　对于伪报票据丧失的当事人,人民法院在查明事实,裁定终结公示催告或者诉讼程序后,可以参照民事诉讼法第一百一十一条的规定,追究伪报人的法律责任。

六、票据效力

第三十九条　依照票据法第一百零八条以及经国务院批准的《票据管理实施办法》的规定,票据当事人使用的不是中国人民银行规定的统一格式票据的,按照《票据管理实施办法》的规定认定,但在中国境外签发的票据除外。

第四十条　票据出票人在票据上的签章上不符合票据法以及下述规定的,该签章不具有票据法上的效力:

(一)商业汇票上的出票人的签章,为该法人或者该单位的财务专用章或者公章加其法定代表人、单位负责人或者其授权的代理人的签名或者盖章;

(二)银行汇票上的出票人的签章和银行承兑汇票的承兑人的签章,为该银行汇票专用章加其法定代表人或者其授权的代理人的签名或者盖章;

(三)银行本票上的出票人的签章,为该银行的本票专用章加其法定代表人或者其授权的代理人的签名或者盖章;

(四)支票上的出票人的签章,出票人为单位的,为与该单位在银行预留签章一致的财务专用章或者公章加其法定代表人或者其授权的代理人的签名或者盖章;出票人为个人的,为与该个人在银行预留签章一致的签名或者盖章。

第四十一条　银行汇票、银行本票的出票人以及银行承兑汇票的承兑人在票据上未加盖规定的专用章而加盖该银行的公章，支票的出票人在票据上未加盖与该单位在银行预留签章一致的财务专用章而加盖该出票人公章的，签章人应当承担票据责任。

第四十二条　依照票据法第九条以及《票据管理实施办法》的规定，票据金额的中文大写与数码不一致，或者票据载明的金额、出票日期或者签发日期、收款人名称更改，或者违反规定加盖银行部门印章代替专用章，付款人或者代理付款人对此类票据付款的，应当承担责任。

第四十三条　因更改银行汇票的实际结算金额引起纠纷而提起诉讼，当事人请求认定汇票效力的，人民法院应当认定该银行汇票无效。

第四十四条　空白授权票据的持票人行使票据权利时未对票据必须记载事项补充完全，因付款人或者代理付款人拒绝接收该票据而提起诉讼的，人民法院不予支持。

第四十五条　票据的背书人、承兑人、保证人在票据上的签章不符合票据法以及《票据管理实施办法》规定的，或者无民事行为能力人、限制民事行为能力人在票据上签章的，其签章无效，但不影响人民法院对票据上其他签章效力的认定。

七、票据背书

第四十六条　因票据质权人以质押票据再行背书质押或者背书转让引起纠纷而提起诉讼的，人民法院应当认定背书行为无效。

第四十七条　依照票据法第二十七条的规定，票据的出票人在票据上记载"不得转让"字样，票据持有人背书转让的，背书行为无效。背书转让后的受让人不得享有票据权利，票据的出票人、承兑人对受让人不承担票据责任。

第四十八条　依照票据法第二十七条和第三十条的规定，背书人未记载被背书人名称即将票据交付他人的，持票人在票据被背书人栏内记载自己的名称与背书人记载具有同等法律效力。

第四十九条　依照票据法第三十一条的规定，连续背书的第一背书人应当是在票据上记载的收款人，最后的票据持有人应当是最后一次背书的被背书人。

第五十条　依照票据法第三十四条和第三十五条的规定，背书人在票据上记载"不得转让""委托收款""质押"字样，其后手再背书转让、委托收款或者质押的，原背书人对后手的被背书人不承担票据责任，但不影响出票人、承兑人以及原背书人之前手的票据责任。

第五十一条　依照票据法第五十七条第二款的规定，贷款人恶意或者有重大过失从事票据质押贷款的，人民法院应当认定质押行为无效。

第五十二条　依照票据法第二十七条的规定，出票人在票据上记载"不得转让"字样，其后手以此票据进行贴现、质押的，通过贴现、质押取得票据的持票人主张票据权利的，人民法院不予支持。

第五十三条　依照票据法第三十四条和第三十五条的规定，背书人在票据上记载"不得转让"字样，其后手以此票据进行贴现、质押的，原背书人对后手的被背书人不承担票据责任。

第五十四条　依照票据法第三十五条第二款的规定，以汇票设定质押时，出质人在汇票上只记载了"质押"字样未在票据上签章的，或者出质人未在汇票、粘单上记载"质押"字样而另行签订质押合同、质押条款的，不构成票据质押。

第五十五条　商业汇票的持票人向其非开户银行申请贴现，与向自己开立存款账户的银行申请贴现具有同等法律效力。但是，持票人有恶意或者与贴现银行恶意串通的除外。

第五十六条　违反规定区域出票，背书转让银行汇票，或者违反票据管理规定跨越票据交换区域出票，背书转让银行本票、支票的，不影响出票人、背书人依法应当承担的票据责任。

第五十七条　依照票据法第三十六条的规定，票据被拒绝承兑、被拒绝付款或者超过提示付款期限，票据持有人背书转让的，背书人应当承担票据责任。

第五十八条　承兑人或者付款人依照票据法第五十三条第二款的规定对逾期提示付款的持票人付款与按照规定的期限付款具有同等法律效力。

八、票据保证

第五十九条　国家机关、以公益为目的的事业单位、社会团体作为票据保证人的，票据保证无效,但经国务院批准为使用外国政府或者国际经济组织贷款进行转贷,国家机关提供票据保证的除外。

第六十条 票据保证无效的,票据的保证人应当承担与其过错相应的民事责任。

第六十一条 保证人未在票据或者粘单上记载"保证"字样而另行签订保证合同或者保证条款的,不属于票据保证,人民法院应当适用《中华人民共和国民法典》的有关规定。

九、法律适用

第六十二条 人民法院审理票据纠纷案件,适用票据法的规定;票据法没有规定的,适用《中华人民共和国民法典》等法律以及国务院制定的行政法规。

中国人民银行制定并公布施行的有关行政规章与法律、行政法规不抵触的,可以参照适用。

第六十三条 票据当事人因对金融行政管理部门的具体行政行为不服提起诉讼的,适用《中华人民共和国行政处罚法》、票据法以及《票据管理实施办法》等有关票据管理的规定。

中国人民银行制定并公布施行的有关行政规章与法律、行政法规不抵触的,可以参照适用。

第六十四条 人民法院对票据法施行以前已经作出终审裁决的票据纠纷案件进行再审,不适用票据法。

十、法律责任

第六十五条 具有下列情形之一的票据,未经背书转让的,票据债务人不承担票据责任;已经背书转让的,票据无效不影响其他真实签章的效力:

(一)出票人签章不真实的;

(二)出票人为无民事行为能力人的;

(三)出票人为限制民事行为能力人的。

第六十六条 依照票据法第十四条、第一百零二条、第一百零三条的规定,伪造、变造票据者除应当依法承担刑事、行政责任外,给他人造成损失的,还应当承担民事赔偿责任。被伪造签章者不承担票据责任。

第六十七条 对票据未记载事项或者未完全记载事项作补充记载,补充事项超出授权范围的,出票人对补充后的票据应当承担票据责任。给他人造成损失的,出票人还应当承担相应的民事责任。

第六十八条 付款人或者代理付款人未能识别出伪造、变造的票据或者身份证件而错误付款,属于票据法第五十七条规定的"重大过失",给持票人造成损失的,应当依法承担民事责任。付款人或者代理付款人承担责任后有权向伪造者、变造者依法追偿。

持票人有过错的,也应当承担相应的民事责任。

第六十九条 付款人及其代理付款人有下列情形之一的,应当自行承担责任:

(一)未依照票据法第五十七条的规定对提示付款人的合法身份证明或者有效证件以及汇票背书的连续性履行审查义务而错误付款的;

(二)公示催告期间对公示催告的票据付款的;

(三)收到人民法院的止付通知后付款的;

(四)其他以恶意或者重大过失付款的。

第七十条 票据法第六十三条所称"其他有关证明"是指:

(一)人民法院出具的宣告承兑人、付款人失踪或者死亡的证明、法律文书;

(二)公安机关出具的承兑人、付款人逃匿或者下落不明的证明;

(三)医院或者有关单位出具的承兑人、付款人死亡的证明;

(四)公证机构出具的具有拒绝证明效力的文书。

承兑人自己作出并发布的表明其没有支付票款能力的公告,可以认定为拒绝证明。

第七十一条 当事人因申请票据保全错误而给他人造成损失的,应当依法承担民事责任。

第七十二条 因出票人签发空头支票、与其预留本名的签名式样或者印鉴不符的支票给他人造成损失的,支票的出票人和背书人应当依法承担民事责任。

第七十三条 人民法院在审理票据纠纷案件时,发现与本案有牵连但不属同一法律关系的票据欺诈犯罪嫌疑线索的,应当及时将犯罪嫌疑线索提供给有关公安机关,但票据纠纷案件不应因此而中止审理。

第七十四条 依据票据法第一百零四条的规定,由于金融机构工作人员在票据业务中玩忽职守,对违反票据法规定的票据予以承兑、付款、贴现或者保证,给当事人造成损失的,由该金融机构与直接责任人员依法承担连带责任。

第七十五条 依照票据法第一百零六条的规定,由于出票人制作票据,或者其他票据债务人未按照法定条件在票据上签章,给他人造成损失的,除应当按照所记载事项承担票据责任外,还应当承担相应的民事责任。

持票人明知或者应当知道前款情形而接受的,可以适当减轻出票人或者票据债务人的责任。

最高人民法院关于审理期货纠纷案件若干问题的规定

- 2003年5月16日最高人民法院审判委员会第1270次会议通过
- 根据2020年12月23日最高人民法院审判委员会第1823次会议通过的《最高人民法院关于修改〈最高人民法院关于破产企业国有划拨土地使用权应否列入破产财产等问题的批复〉等二十九件商事类司法解释的决定》修正

为了正确审理期货纠纷案件,根据《中华人民共和国民法典》《中华人民共和国民事诉讼法》等有关法律、行政法规的规定,结合审判实践经验,对审理期货纠纷案件的若干问题制定本规定。

一、一般规定

第一条 人民法院审理期货纠纷案件,应当依法保护当事人的合法权益,正确确定其应承担的风险责任,并维护期货市场秩序。

第二条 人民法院审理期货合同纠纷案件,应当严格按照当事人在合同中的约定确定违约方承担的责任,当事人的约定违反法律、行政法规强制性规定的除外。

第三条 人民法院审理期货侵权纠纷和无效的期货交易合同纠纷案件,应当根据各方当事人是否有过错,以及过错的性质、大小,过错和损失之间的因果关系,确定过错方承担的民事责任。

二、管 辖

第四条 人民法院应当依据民事诉讼法第二十三条、第二十八条和第三十四条的规定确定期货纠纷案件的管辖。

第五条 在期货公司的分公司、营业部等分支机构进行期货交易的,该分支机构住所地为合同履行地。

因实物交割发生纠纷的,期货交易所住所地为合同履行地。

第六条 侵权与违约竞合的期货纠纷案件,依当事人选择的诉由确定管辖。当事人既以违约又以侵权起诉的,以当事人起诉状中在先的诉讼请求确定管辖。

第七条 期货纠纷案件由中级人民法院管辖。

高级人民法院根据需要可以确定部分基层人民法院受理期货纠纷案件。

三、承担责任的主体

第八条 期货公司的从业人员在本公司经营范围内从事期货交易行为产生的民事责任,由其所在的期货公司承担。

第九条 期货公司授权非本公司人员以本公司的名义从事期货交易行为的,期货公司应当承担由此产生的民事责任;非期货公司人员以期货公司名义从事期货交易行为,具备民法典第一百七十二条所规定的表见代理条件的,期货公司应当承担由此产生的民事责任。

第十条 公民、法人受期货公司或者客户的委托,作为居间人为其提供订约的机会或者订立期货经纪合同的中介服务的,期货公司或者客户应当按照约定向居间人支付报酬。居间人应当独立承担基于居间经纪关系所产生的民事责任。

第十一条 不以真实身份从事期货交易的单位或者个人,交易行为符合期货交易所交易规则的,交易结果由其自行承担。

第十二条 期货公司设立的取得营业执照和经营许可证的分公司、营业部等分支机构超出经营范围开展经营活动所产生的民事责任,该分支机构不能承担的,由期货公司承担。

客户有过错的,应当承担相应的民事责任。

四、无效合同责任

第十三条 有下列情形之一的,应当认定期货经纪合同无效:

(一)没有从事期货经纪业务的主体资格而从

事期货经纪业务的；

（二）不具备从事期货交易主体资格的客户从事期货交易的；

（三）违反法律、行政法规的强制性规定的。

第十四条 因期货经纪合同无效给客户造成经济损失的，应当根据无效行为与损失之间的因果关系确定责任的承担。一方的损失系对方行为所致，应当由对方赔偿损失；双方有过错的，根据过错大小各自承担相应的民事责任。

第十五条 不具有主体资格的经营机构因从事期货经纪业务而导致期货经纪合同无效，该机构按客户的交易指令入市交易的，收取的佣金应当返还给客户，交易结果由客户承担。

该机构未按客户的交易指令入市交易，客户没有过错的，该机构应当返还客户的保证金并赔偿客户的损失。赔偿损失的范围包括交易手续费、税金及利息。

五、交易行为责任

第十六条 期货公司在与客户订立期货经纪合同时，未提示客户注意《期货交易风险说明书》内容，并由客户签字或者盖章，对于客户在交易中的损失，应当依据民法典第五百条第三项的规定承担相应的赔偿责任。但是，根据以往交易结果记载，证明客户已有交易经历的，应当免除期货公司的责任。

第十七条 期货公司接受客户全权委托进行期货交易的，对交易产生的损失，承担主要赔偿责任，赔偿额不超过损失的百分之八十，法律、行政法规另有规定的除外。

第十八条 期货公司与客户签订的期货经纪合同对下达交易指令的方式未作约定或者约定不明确的，期货公司不能证明其所进行的交易是依据客户交易指令进行的，对该交易造成客户的损失，期货公司应当承担赔偿责任，客户予以追认的除外。

第十九条 期货公司执行非受托人的交易指令造成客户损失的，应当由期货公司承担赔偿责任，非受托人承担连带责任，客户予以追认的除外。

第二十条 客户下达的交易指令没有品种、数量、买卖方向，期货公司未予拒绝而进行交易造成客户的损失，由期货公司承担赔偿责任，客户予以追认的除外。

第二十一条 客户下达的交易指令数量和买卖方向明确，没有有效期限的，应当视为当日有效；没有成交价格的，应当视为按市价交易；没有开平仓方向的，应当视为开仓交易。

第二十二条 期货公司错误执行客户交易指令，除客户认可的以外，交易的后果由期货公司承担，并按下列方式分别处理：

（一）交易数量发生错误的，多于指令数量的部分由期货公司承担，少于指令数量的部分，由期货公司补足或者赔偿直接损失；

（二）交易价格超出客户指令价位范围的，交易差价损失或者交易结果由期货公司承担。

第二十三条 期货公司不当延误执行客户交易指令给客户造成损失的，应当承担赔偿责任，但由于市场原因致客户交易指令未能全部或者部分成交的，期货公司不承担责任。

第二十四条 期货公司超出客户指令价位的范围，将高于客户指令价格卖出或者低于客户指令价格买入后的差价利益占为己有的，客户要求期货公司返还的，人民法院应予支持，期货公司与客户另有约定的除外。

第二十五条 期货交易所未按交易规则规定的期限、方式，将交易或者持仓头寸的结算结果通知期货公司，造成期货公司损失的，由期货交易所承担赔偿责任。

期货公司未按期货经纪合同约定的期限、方式，将交易或者持仓头寸的结算结果通知客户，造成客户损失的，由期货公司承担赔偿责任。

第二十六条 期货公司与客户对交易结算结果的通知方式未作约定或者约定不明确，期货公司未能提供证据证明已经发出上述通知的，对客户因继续持仓而造成扩大的损失，应当承担主要赔偿责任，赔偿额不超过损失的百分之八十。

第二十七条 客户对当日交易结算结果的确认，应当视为对该日之前所有持仓和交易结算结果的确认，所产生的交易后果由客户自行承担。

第二十八条 期货公司对交易结算结果提出异议，期货交易所未及时采取措施导致损失扩大的，对造成期货公司扩大的损失应当承担赔偿责任。

客户对交易结算结果提出异议，期货公司未及时采取措施导致损失扩大的，期货公司对造成客户扩大的损失应当承担赔偿责任。

第二十九条　期货公司对期货交易所或者客户对期货公司的交易结算结果有异议，而未在期货交易所交易规则规定或者期货经纪合同约定的时间内提出的，视为期货公司或者客户对交易结算结果已予以确认。

第三十条　期货公司进行混码交易的，客户不承担责任，但期货公司能够举证证明其已按照客户交易指令入市交易的，客户应当承担相应的交易结果。

六、透支交易责任

第三十一条　期货交易所在期货公司没有保证金或者保证金不足的情况下，允许期货公司开仓交易或者继续持仓，应当认定为透支交易。

期货公司在客户没有保证金或者保证金不足的情况下，允许客户开仓交易或者继续持仓，应当认定为透支交易。

审查期货公司或者客户是否透支交易，应当以期货交易所规定的保证金比例为标准。

第三十二条　期货公司的交易保证金不足，期货交易所未按规定通知期货公司追加保证金的，由于行情向持仓不利的方向变化导致期货公司透支发生的扩大损失，期货交易所应当承担主要赔偿责任，赔偿额不超过损失的百分之六十。

客户的交易保证金不足，期货公司未按约定通知客户追加保证金的，由于行情向持仓不利的方向变化导致客户透支发生的扩大损失，期货公司应当承担主要赔偿责任，赔偿额不超过损失的百分之八十。

第三十三条　期货公司的交易保证金不足，期货交易所履行了通知义务，而期货公司未及时追加保证金，期货公司要求保留持仓并经书面协商一致的，对保留持仓期间造成的损失，由期货公司承担；穿仓造成的损失，由期货交易所承担。

客户的交易保证金不足，期货公司履行了通知义务而客户未及时追加保证金，客户要求保留持仓并经书面协商一致的，对保留持仓期间造成的损失，由客户承担；穿仓造成的损失，由期货公司承担。

第三十四条　期货交易所允许期货公司开仓透支交易的，对透支交易造成的损失，由期货交易所承担主要赔偿责任，赔偿额不超过损失的百分之六十。

期货公司允许客户开仓透支交易的，对透支交易造成的损失，由期货公司承担主要赔偿责任，赔偿额不超过损失的百分之八十。

第三十五条　期货交易所允许期货公司透支交易，并与其约定分享利益，共担风险的，对透支交易造成的损失，期货交易所承担相应的赔偿责任。

期货公司允许客户透支交易，并与其约定分享利益，共担风险的，对透支交易造成的损失，期货公司承担相应的赔偿责任。

七、强行平仓责任

第三十六条　期货公司的交易保证金不足，又未能按期货交易所规定的时间追加保证金的，按交易规则的规定处理；规定不明确的，期货交易所有权就其未平仓的期货合约强行平仓，强行平仓所造成的损失，由期货公司承担。

客户的交易保证金不足，又未能按期货经纪合同约定的时间追加保证金的，按期货经纪合同的约定处理；约定不明确的，期货公司有权就其未平仓的期货合约强行平仓，强行平仓造成的损失，由客户承担。

第三十七条　期货交易所因期货公司违规超仓或者其他违规行为而必须强行平仓的，强行平仓所造成的损失，由期货公司承担。

期货公司因客户违规超仓或者其他违规行为而必须强行平仓的，强行平仓所造成的损失，由客户承担。

第三十八条　期货公司或者客户交易保证金不足，符合强行平仓条件后，应当自行平仓而未平仓造成的扩大损失，由期货公司或者客户自行承担。法律、行政法规另有规定或者当事人另有约定的除外。

第三十九条　期货交易所或者期货公司强行平仓数额应当与期货公司或者客户需追加的保证金数额基本相当。因超量平仓引起的损失，由强行平仓者承担。

第四十条　期货交易所对期货公司、期货公司对客户未按期货交易所交易规则规定或者期货经纪合同约定的强行平仓条件、时间、方式进行强行平仓，造成期货公司或者客户损失的，期货交易所或者期货公司应当承担赔偿责任。

第四十一条　期货交易所依法或依交易规则强行平仓发生的费用，由被平仓的期货公司承担；

期货公司承担责任后有权向有过错的客户追偿。

期货公司依法或依约定强行平仓所发生的费用,由客户承担。

八、实物交割责任

第四十二条 交割仓库未履行货物验收职责或者因保管不善给仓单持有人造成损失的,应当承担赔偿责任。

第四十三条 期货公司没有代客户履行申请交割义务的,应当承担违约责任;造成客户损失的,应当承担赔偿责任。

第四十四条 在交割日,卖方期货公司未向期货交易所交付标准仓单,或者买方期货公司未向期货交易所账户交付足额货款,构成交割违约。

构成交割违约的,违约方应当承担违约责任;具有民法典第五百六十三条第一款第四项规定情形的,对方有权要求终止交割或者要求违约方继续交割。

征购或者竞卖失败的,应当由违约方按照交易所有关赔偿办法的规定承担赔偿责任。

第四十五条 在期货合约交割期内,买方或者卖方客户违约的,期货交易所应当代期货公司、期货公司应当代客户向对方承担违约责任。

第四十六条 买方客户未在期货交易所交易规则规定的期限内对货物的质量、数量提出异议的,应视为其对货物的数量、质量无异议。

第四十七条 交割仓库不能在期货交易所交易规则规定的期限内,向标准仓单持有人交付符合期货合约要求的货物,造成标准仓单持有人损失的,交割仓库应当承担责任,期货交易所承担连带责任。

期货交易所承担责任后,有权向交割仓库追偿。

九、保证合约履行责任

第四十八条 期货公司未按照每日无负债结算制度的要求,履行相应的金钱给付义务,期货交易所亦未代期货公司履行,造成交易对方损失的,期货交易所应当承担赔偿责任。

期货交易所代期货公司履行义务或者承担赔偿责任后,有权向不履行义务的一方追偿。

第四十九条 期货交易所未代期货公司履行期货合约,期货公司应当根据客户请求向期货交易所主张权利。

期货公司拒绝代客户向期货交易所主张权利的,客户可直接起诉期货交易所,期货公司可作为第三人参加诉讼。

第五十条 因期货交易所的过错导致信息发布、交易指令处理错误,造成期货公司或者客户直接经济损失的,期货交易所应当承担赔偿责任,但其能够证明系不可抗力的除外。

第五十一条 期货交易所依据有关规定对期货市场出现的异常情况采取合理的紧急措施造成客户损失的,期货交易所不承担赔偿责任。

期货公司执行期货交易所的合理的紧急措施造成客户损失的,期货公司不承担赔偿责任。

十、侵权行为责任

第五十二条 期货交易所、期货公司故意提供虚假信息误导客户下单的,由此造成客户的经济损失由期货交易所、期货公司承担。

第五十三条 期货公司私下对冲、与客户对赌等不将客户指令入市交易的行为,应当认定为无效,期货公司应当赔偿由此给客户造成的经济损失;期货公司与客户均有过错的,应当根据过错大小,分别承担相应的赔偿责任。

第五十四条 期货公司擅自以客户的名义进行交易,客户对交易结果不予追认的,所造成的损失由期货公司承担。

第五十五条 期货公司挪用客户保证金,或者违反有关规定划转客户保证金造成客户损失的,应当承担赔偿责任。

十一、举证责任

第五十六条 期货公司应当对客户的交易指令是否入市交易承担举证责任。

确认期货公司是否将客户下达的交易指令入市交易,应当以期货交易所的交易记录、期货公司通知的交易结算结果与客户交易指令记录中的品种、买卖方向是否一致,价格、交易时间是否相符为标准,指令交易数量可以作为参考。但客户有相反证据证明其交易指令未入市交易的除外。

第五十七条 期货交易所通知期货公司追加保证金,期货公司否认收到上述通知的,由期货交易所承担举证责任。

期货公司向客户发出追加保证金的通知,客户否认收到上述通知的,由期货公司承担举证责任。

十二、保全和执行

第五十八条　人民法院保全与会员资格相应的会员资格费或者交易席位,应当依法裁定不得转让该会员资格,但不得停止该会员交易席位的使用。人民法院在执行过程中,有权依法采取强制措施转让该交易席位。

第五十九条　期货交易所、期货公司为债务人的,人民法院不得冻结、划拨期货公司在期货交易所或者客户在期货公司保证金账户中的资金。

有证据证明该保证金账户中有超出期货公司、客户权益资金的部分,期货交易所、期货公司在人民法院指定的合理期限内不能提出相反证据的,人民法院可以依法冻结、划拨该账户中属于期货交易所、期货公司的自有资金。

第六十条　期货公司为债务人的,人民法院不得冻结、划拨专用结算账户中未被期货合约占用的用于担保期货合约履行的最低限额的结算准备金;期货公司已经结清所有持仓并清偿客户资金的,人民法院可以对结算准备金依法予以冻结、划拨。

期货公司有其他财产的,人民法院应当依法先行冻结、查封、执行期货公司的其他财产。

第六十一条　客户、自营会员为债务人的,人民法院可以对其保证金、持仓依法采取保全和执行措施。

十三、其　它

第六十二条　本规定所称期货公司是指经依法批准代理投资者从事期货交易业务的经营机构及其分公司、营业部等分支机构。客户是指委托期货公司从事期货交易的投资者。

第六十三条　本规定自2003年7月1日起施行。

2003年7月1日前发生的期货交易行为或者侵权行为,适用当时的有关规定;当时规定不明确的,参照本规定处理。

最高人民法院关于审理期货纠纷案件若干问题的规定(二)

- 2010年12月27日最高人民法院审判委员会第1507次会议通过
- 根据2020年12月23日最高人民法院审判委员会第1823次会议通过的《最高人民法院关于修改〈最高人民法院关于破产企业国有划拨土地使用权应否列入破产财产等问题的批复〉等二十九件商事类司法解释的决定》修正

为解决相关期货纠纷案件的管辖、保全与执行等法律适用问题,根据《中华人民共和国民事诉讼法》等有关法律、行政法规的规定以及审判实践的需要,制定本规定。

第一条　以期货交易所为被告或者第三人的因期货交易所履行职责引起的商事案件,由期货交易所所在地的中级人民法院管辖。

第二条　期货交易所履行职责引起的商事案件是指:

(一)期货交易所会员及其相关人员、保证金存管银行及其相关人员、客户、其他期货市场参与者,以期货交易所违反法律法规以及国务院期货监督管理机构的规定,履行监督管理职责不当,造成其损害为由提起的商事诉讼案件;

(二)期货交易所会员及其相关人员、保证金存管银行及其相关人员、客户、其他期货市场参与者,以期货交易所违反其章程、交易规则、实施细则的规定以及业务协议的约定,履行监督管理职责不当,造成其损害为由提起的商事诉讼案件;

(三)期货交易所因履行职责引起的其他商事诉讼案件。

第三条　期货交易所为债务人,债权人请求冻结、划拨以下账户中资金或者有价证券的,人民法院不予支持:

(一)期货交易所会员在期货交易所保证金账户中的资金;

(二)期货交易所会员向期货交易所提交的用于充抵保证金的有价证券。

第四条　期货公司为债务人,债权人请求冻结、划拨以下账户中资金或者有价证券的,人民法院不予支持：

（一）客户在期货公司保证金账户中的资金；

（二）客户向期货公司提交的用于充抵保证金的有价证券。

第五条 实行会员分级结算制度的期货交易所的结算会员为债务人，债权人请求冻结、划拨结算会员以下资金或者有价证券的，人民法院不予支持：

（一）非结算会员在结算会员保证金账户中的资金；

（二）非结算会员向结算会员提交的用于充抵保证金的有价证券。

第六条 有证据证明保证金账户中有超过上述第三条、第四条、第五条规定的资金或者有价证券部分权益的，期货交易所、期货公司或者期货交易所结算会员在人民法院指定的合理期限内不能提出相反证据的，人民法院可以依法冻结、划拨超出部分的资金或者有价证券。

有证据证明期货交易所、期货公司、期货交易所结算会员自有资金与保证金发生混同，期货交易所、期货公司或者期货交易所结算会员在人民法院指定的合理期限内不能提出相反证据的，人民法院可以依法冻结、划拨相关账户内的资金或者有价证券。

第七条 实行会员分级结算制度的期货交易所或者其结算会员为债务人，债权人请求冻结、划拨期货交易所向其结算会员依法收取的结算担保金的，人民法院不予支持。

有证据证明结算会员在结算担保金专用账户中有超过交易所要求的结算担保金数额部分的，结算会员在人民法院指定的合理期限内不能提出相反证据的，人民法院可以依法冻结、划拨超出部分的资金。

第八条 人民法院在办理案件过程中，依法需要通过期货交易所、期货公司查询、冻结、划拨资金或者有价证券的，期货交易所、期货公司应当予以协助。应当协助而拒不协助的，按照《中华人民共和国民事诉讼法》第一百一十四条之规定办理。

第九条 本规定施行前已经受理的上述案件不再移送。

第十条 本规定施行前本院作出的有关司法解释与本规定不一致的，以本规定为准。

最高人民法院关于审理信用证纠纷案件若干问题的规定

- 2005年10月24日最高人民法院审判委员会第1368次会议通过
- 根据2020年12月23日最高人民法院审判委员会第1823次会议通过的《最高人民法院关于修改〈最高人民法院关于破产企业国有划拨土地使用权应否计入破产财产等问题的批复〉等二十九件商事类司法解释的决定》修正

根据《中华人民共和国民法典》《中华人民共和国涉外民事关系法律适用法》《中华人民共和国民事诉讼法》等法律，参照国际商会《跟单信用证统一惯例》等相关国际惯例，结合审判实践，就审理信用证纠纷案件的有关问题，制定本规定。

第一条 本规定所指的信用证纠纷案件，是指在信用证开立、通知、修改、撤销、保兑、议付、偿付等环节产生的纠纷。

第二条 人民法院审理信用证纠纷案件时，当事人约定适用相关国际惯例或者其他规定的，从其约定；当事人没有约定的，适用国际商会《跟单信用证统一惯例》或者其他相关国际惯例。

第三条 开证申请人与开证行之间因申请开立信用证而产生的欠款纠纷、委托人和受托人之间因委托开立信用证产生的纠纷、担保人为申请开立信用证或者委托开立信用证提供担保而产生的纠纷以及信用证项下融资产生的纠纷，适用本规定。

第四条 因申请开立信用证而产生的欠款纠纷、委托开立信用证纠纷和因此产生的担保纠纷以及信用证项下融资产生的纠纷应当适用中华人民共和国相关法律。涉外合同当事人对法律适用另有约定的除外。

第五条 开证行在作出付款、承兑或者履行信用证项下其他义务的承诺后，只要单据与信用证条款、单据与单据之间在表面上相符，开证行应当履行在信用证规定的期限内付款的义务。当事人以开证申请人与受益人之间的基础交易提出抗辩的，人民法院不予支持。具有本规定第八条的情形除外。

第六条 人民法院在审理信用证纠纷案件中涉及单证审查的，应当根据当事人约定适用的相关国际惯例或者其他规定进行；当事人没有约定的，应当按照国际商会《跟单信用证统一惯例》以及国际商会确定的相关标准，认定单据与信用证条款、单据与单据之间是否在表面上相符。

信用证项下单据与信用证条款之间、单据与单据之间在表面上不完全一致，但并不导致相互之间产生歧义的，不应认定为不符点。

第七条 开证行有独立审查单据的权利和义务，有权自行作出单据与信用证条款、单据与单据之间是否在表面上相符的决定，并自行决定接受或者拒绝接受单据与信用证条款、单据与单据之间的不符点。

开证行发现信用证项下存在不符点后，可以自行决定是否联系开证申请人接受不符点。开证申请人决定是否接受不符点，并不影响开证行最终决定是否接受不符点。开证行和开证申请人另有约定的除外。

开证行向受益人明确表示接受不符点的，应当承担付款责任。

开证行拒绝接受不符点时，受益人以开证申请人已接受不符点为由要求开证行承担信用证项下付款责任的，人民法院不予支持。

第八条 凡有下列情形之一的，应当认定存在信用证欺诈：

（一）受益人伪造单据或者提交记载内容虚假的单据；

（二）受益人恶意不交付货物或者交付的货物无价值；

（三）受益人和开证申请人或者其他第三方串通提交假单据，而没有真实的基础交易；

（四）其他进行信用证欺诈的情形。

第九条 开证申请人、开证行或者其他利害关系人发现有本规定第八条的情形，并认为将会给其造成难以弥补的损害时，可以向有管辖权的人民法院申请中止支付信用证项下的款项。

第十条 人民法院认定存在信用证欺诈的，应当裁定中止支付或者判决终止支付信用证项下款项，但有下列情形之一的除外：

（一）开证行的指定人、授权人已按照开证行的指令善意地进行了付款；

（二）开证行或者其指定人、授权人已对信用证项下票据善意地作出了承兑；

（三）保兑行善意地履行了付款义务；

（四）议付行善意地进行了议付。

第十一条 当事人在起诉前申请中止支付信用证项下款项符合下列条件的，人民法院应予受理：

（一）受理申请的人民法院对该信用证纠纷案件享有管辖权；

（二）申请人提供的证据材料证明存在本规定第八条的情形；

（三）如不采取中止支付信用证项下款项的措施，将会使申请人的合法权益受到难以弥补的损害；

（四）申请人提供了可靠、充分的担保；

（五）不存在本规定第十条的情形。

当事人在诉讼中申请中止支付信用证项下款项的，应当符合前款第（二）、（三）、（四）、（五）项规定的条件。

第十二条 人民法院接受中止支付信用证项下款项申请后，必须在四十八小时内作出裁定；裁定中止支付的，应当立即开始执行。

人民法院作出中止支付信用证项下款项的裁定，应当列明申请人、被申请人和第三人。

第十三条 当事人对人民法院作出中止支付信用证项下款项的裁定有异议的，可以在裁定书送达之日起十日内向上一级人民法院申请复议。上一级人民法院应当自收到复议申请之日起十日内作出裁定。

复议期间，不停止原裁定的执行。

第十四条 人民法院在审理信用证欺诈案件过程中，必要时可以将信用证纠纷与基础交易纠纷一并审理。

当事人以基础交易欺诈为由起诉的，可以将与案件有关的开证行、议付行或者其他信用证法律关系的利害关系人列为第三人；第三人可以申请参加诉讼，人民法院也可以通知第三人参加诉讼。

第十五条 人民法院通过实体审理，认定构成信用证欺诈并且不存在本规定第十条的情形的，应当判决终止支付信用证项下的款项。

第十六条 保证人以开证行或者开证申请人接受不符点未征得其同意为由请求免除保证责任的，人民法院不予支持。保证合同另有约定的除外。

第十七条 开证申请人与开证行对信用证进行修改未征得保证人同意的，保证人只在原保证合同约定的或者法律规定的期间和范围内承担保证责任。保证合同另有约定的除外。

第十八条 本规定自2006年1月1日起施行。

最高人民法院关于审理与企业改制相关的民事纠纷案件若干问题的规定

- 2002年12月3日最高人民法院审判委员会第1259次会议通过
- 根据2020年12月23日最高人民法院审判委员会第1823次会议通过的《最高人民法院关于修改〈最高人民法院关于破产企业国有划拨土地使用权应否列入破产财产等问题的批复〉等二十九件商事类司法解释的决定》修正

为了正确审理与企业改制相关的民事纠纷案件,根据《中华人民共和国民法典》《中华人民共和国公司法》《中华人民共和国全民所有制工业企业法》《中华人民共和国民事诉讼法》等法律、法规的规定,结合审判实践,制定本规定。

一、案件受理

第一条 人民法院受理以下平等民事主体间在企业产权制度改造中发生的民事纠纷案件:
(一)企业公司制改造中发生的民事纠纷;
(二)企业股份合作制改造中发生的民事纠纷;
(三)企业分立中发生的民事纠纷;
(四)企业债权转股权纠纷;
(五)企业出售合同纠纷;
(六)企业兼并合同纠纷;
(七)与企业改制相关的其他民事纠纷。

第二条 当事人起诉符合本规定第一条所列情形,并符合民事诉讼法第一百一十九条规定的起诉条件的,人民法院应当予以受理。

第三条 政府主管部门在对企业国有资产进行行政性调整、划转过程中发生的纠纷,当事人向人民法院提起民事诉讼的,人民法院不予受理。

二、企业公司制改造

第四条 国有企业依公司法整体改造为国有独资有限责任公司的,原企业的债务,由改造后的有限责任公司承担。

第五条 企业通过增资扩股或者转让部分产权,实现他人对企业的参股,将企业整体改造为有限责任公司或者股份有限公司的,原企业债务由改造后的新设公司承担。

第六条 企业以其部分财产和相应债务与他人组建新公司,对所转移的债务债权人认可的,由新组建的公司承担民事责任;对所转移的债务未通知债权人或者虽通知债权人,而债权人不予认可的,由原企业承担民事责任。原企业无力偿还债务,债权人就此向新设公司主张债权的,新设公司在所接收的财产范围内与原企业承担连带民事责任。

第七条 企业以其优质财产与他人组建新公司,而将债务留在原企业,债权人以新设公司和原企业作为共同被告提起诉讼主张债权的,新设公司应当在所接收的财产范围内与原企业共同承担连带责任。

三、企业股份合作制改造

第八条 由企业职工买断企业产权,将原企业改造为股份合作制的,原企业的债务,由改造后的股份合作制企业承担。

第九条 企业向其职工转让部分产权,由企业与职工共同组建股份合作制企业的,原企业的债务由改造后的股份合作制企业承担。

第十条 企业通过其职工投资增资扩股,将原企业改造为股份合作制企业的,原企业的债务由改造后的股份合作制企业承担。

第十一条 企业在进行股份合作制改造时,参照公司法的有关规定,公告通知了债权人。企业股份合作制改造后,债权人就原企业资产管理人(出资人)隐瞒或者遗漏的债务起诉股份合作制企业的,如债权人在公告期内申报过该债权,股份合作制企业在承担民事责任后,可再向原企业资产管理人(出资人)追偿。如债权人在公告期内未申报过该债权,则股份合作制企业不承担民事责任,人民法院可告知债权人另行起诉原企业资产管理人(出资人)。

四、企业分立

第十二条 债权人向分立后的企业主张债权,企业分立时对原企业的债务承担有约定,并经债权人认可的,按照当事人的约定处理;企业分立时对原企业债务承担没有约定或者约定不明,或者虽然有约定但债权人不予认可的,分立后的企业应当承担连带责任。

第十三条 分立的企业在承担连带责任后，各分立的企业间对原企业债务承担有约定的，按照约定处理；没有约定或者约定不明的，根据企业分立时的资产比例分担。

五、企业债权转股权

第十四条 债权人与债务人自愿达成债权转股权协议，且不违反法律和行政法规强制性规定的，人民法院在审理相关的民事纠纷案件中，应当确认债权转股权协议有效。

政策性债权转股权，按照国务院有关部门的规定处理。

第十五条 债务人以隐瞒企业资产或者虚列企业资产为手段，骗取债权人与其签订债权转股权协议，债权人在法定期间内行使撤销权的，人民法院应当予以支持。

债权转股权协议被撤销后，债权人有权要求债务人清偿债务。

第十六条 部分债权人进行债权转股权的行为，不影响其他债权人向债务人主张债权。

六、国有小型企业出售

第十七条 以协议转让形式出售企业，企业出售合同未经有审批权的地方人民政府或其授权的职能部门审批的，人民法院在审理相关的民事纠纷案件时，应当确认该企业出售合同不生效。

第十八条 企业出售中，当事人双方恶意串通，损害国家利益的，人民法院在审理相关的民事纠纷案件时，应当确认该企业出售行为无效。

第十九条 企业出售中，出卖人实施的行为具有法律规定的撤销情形，买受人在法定期限内行使撤销权的，人民法院应当予以支持。

第二十条 企业出售合同约定的履行期限届满，一方当事人拒不履行合同，或者未完全履行合同义务，致使合同目的不能实现，对方当事人要求解除合同并要求赔偿损失的，人民法院应当予以支持。

第二十一条 企业出售合同约定的履行期限届满，一方当事人未完全履行合同义务，对方当事人要求继续履行合同并要求赔偿损失的，人民法院应当予以支持。双方当事人均未完全履行合同义务的，应当根据当事人的过错，确定各自应当承担的民事责任。

第二十二条 企业出售时，出卖人对所售企业的资产负债状况、损益状况等重大事项未履行如实告知义务，影响企业出售价格，买受人就此向人民法院起诉主张补偿的，人民法院应当予以支持。

第二十三条 企业出售合同被确认无效或者被撤销的，企业售出后买受人经营企业期间发生的经营盈亏，由买受人享有或者承担。

第二十四条 企业售出后，买受人将所购企业资产纳入本企业或者将所购企业变更为所属分支机构的，所购企业的债务，由买受人承担。但买卖双方另有约定，并经债权人认可的除外。

第二十五条 企业售出后，买受人将所购企业资产作价入股与他人重新组建新公司，所购企业法人予以注销的，对所购企业出售前的债务，买受人应当以其所有财产，包括在新组建公司中的股权承担民事责任。

第二十六条 企业售出后，买受人将所购企业重新注册为新的企业法人，所购企业法人被注销的，所购企业出售前的债务，应当由新注册的企业法人承担。但买卖双方另有约定，并经债权人认可的除外。

第二十七条 企业售出后，应当办理而未办理企业法人注销登记，债权人起诉该企业的，人民法院应当根据企业资产转让后的具体情况，告知债权人追加责任主体，并判令责任主体承担民事责任。

第二十八条 出售企业时，参照公司法的有关规定，出卖人公告通知了债权人。企业售出后，债权人就出卖人隐瞒或者遗漏的原企业债务起诉买受人的，如债权人在公告期内申报过该债权，买受人在承担民事责任后，可再行向出卖人追偿。如债权人在公告期内未申报过该债权，则买受人不承担民事责任。人民法院可告知债权人另行起诉出卖人。

第二十九条 出售企业的行为具有民法典第五百三十八条、第五百三十九条规定的情形，债权人在法定期限内行使撤销权的，人民法院应当予以支持。

七、企业兼并

第三十条 企业兼并协议自当事人签字盖章之日起生效。需经政府主管部门批准的，兼并协议自批准之日起生效；未经批准的，企业兼并协议不生效。但当事人在一审法庭辩论终结前补办报批手续的,人民法院应当确认该兼并协议有效。

第三十一条 企业吸收合并后,被兼并企业的债务应当由兼并方承担。

第三十二条 企业新设合并后,被兼并企业的债务由新设合并后的企业法人承担。

第三十三条 企业吸收合并或新设合并后,被兼并企业应当办理而未办理工商注销登记,债权人起诉被兼并企业的,人民法院应当根据企业兼并后的具体情况,告知债权人追加责任主体,并判令责任主体承担民事责任。

第三十四条 以收购方式实现对企业控股的,被控股企业的债务,仍由其自行承担。但因控股企业抽逃资金、逃避债务,致被控股企业无力偿还债务的,被控股企业的债务则由控股企业承担。

八、附　则

第三十五条 本规定自二○○三年二月一日起施行。在本规定施行前,本院制定的有关企业改制方面的司法解释与本规定相抵触的,不再适用。

最高人民法院关于破产企业国有划拨土地使用权应否列入破产财产等问题的批复

- 2002年10月11日最高人民法院审判委员会第1245次会议通过
- 根据2020年12月23日最高人民法院审判委员会第1823次会议通过的《最高人民法院关于修改〈最高人民法院关于破产企业国有划拨土地使用权应否列入破产财产等问题的批复〉等二十九件商事类司法解释的决定》修正
- 2020年12月29日最高人民法院公告公布
- 自2021年1月1日起施行
- 法释〔2020〕18号

湖北省高级人民法院:

你院鄂高法〔2002〕158号《关于破产企业国有划拨土地使用权应否列入破产财产以及有关抵押效力认定等问题的请示》收悉。经研究,答复如下:

一、根据《中华人民共和国土地管理法》第五十八条第一款第(三)项及《城镇国有土地使用权出让和转让暂行条例》第四十七条的规定,破产企业以划拨方式取得的国有土地使用权不属于破产财产,在企业破产时,有关人民政府可以予以收回,并依法处置。纳入国家兼并破产计划的国有企业,其依法取得的国有土地使用权,应依据国务院有关文件规定办理。

二、企业对其以划拨方式取得的国有土地使用权无处分权,以该土地使用权设定抵押,未经有审批权限的人民政府或土地行政管理部门批准的,不影响抵押合同效力;履行了法定的审批手续,并依法办理抵押登记的,抵押权自登记时设立。根据《中华人民共和国城市房地产管理法》第五十一条的规定,抵押权人只有在以抵押标的物折价或拍卖、变卖所得价款缴纳相当于土地使用权出让金的款项后,对剩余部分方可享有优先受偿权。但纳入国家兼并破产计划的国有企业,其用以划拨方式取得的国有土地使用权设定抵押的,应依据国务院有关文件规定办理。

三、国有企业以关键设备、成套设备、建筑物设定抵押的,如无其他法定的无效情形,不应当仅以未经政府主管部门批准为由认定抵押合同无效。

本批复自公布之日起施行,正在审理或者尚未审理的案件,适用本批复,但对提起再审的判决、裁定已经发生法律效力的案件除外。

此复。

最高人民法院关于审理军队、武警部队、政法机关移交、撤销企业和与党政机关脱钩企业相关纠纷案件若干问题的规定

- 2001年2月6日最高人民法院审判委员会第1158次会议通过
- 根据2020年12月23日最高人民法院审判委员会第1823次会议通过的《最高人民法院关于修改〈最高人民法院关于破产企业国有划拨土地使用权应否列入破产财产等问题的批复〉等二十九件商事类司法解释的决定》修正

为依法准确审理军队、武警部队、政法机关移交、撤销企业和与党政机关脱钩的企业所发生的债务纠纷案件和破产案件,根据《中华人民共和国

民法典》《中华人民共和国公司法》《中华人民共和国民事诉讼法》《中华人民共和国企业破产法》的有关规定，作如下规定：

一、移交、撤销、脱钩企业债务纠纷的处理

第一条 军队、武警部队、政法机关和党政机关开办的企业（以下简称被开办企业）具备法人条件并领取了企业法人营业执照的，根据民法典第六十条的规定，应当以其全部财产独立承担民事责任。

第二条 被开办企业领取了企业法人营业执照，虽然实际投入的资金与注册资金不符，但已达到了《中华人民共和国企业法人登记管理条例施行细则》第十二条第七项规定数额的，应当认定其具备法人资格，开办单位应当在该企业实际投入资金与注册资金的差额范围内承担民事责任。

第三条 被开办企业虽然领取了企业法人营业执照，但投入的资金未达到《中华人民共和国企业法人登记管理条例施行细则》第十二条第七项规定数额的，或者不具备企业法人其他条件的，应当认定其不具备法人资格，其民事责任由开办单位承担。

第四条 开办单位抽逃、转移资金或者隐匿财产以逃避被开办企业债务的，应当将所抽逃、转移的资金或者隐匿的财产退回，用以清偿被开办企业的债务。

第五条 开办单位或其主管部门在被开办企业撤销时，向工商行政管理机关出具证明文件，自愿对被开办企业的债务承担责任的，应当按照承诺对被开办企业的债务承担民事责任。

第六条 开办单位已经在被开办企业注册资金不实的范围内承担了民事责任的，应视为开办单位的注册资金已经足额到位，不再继续承担注册资金不实的责任。

二、移交、撤销、脱钩企业破产案件的处理

第七条 被开办企业或者债权人向人民法院申请破产的，不论开办单位的注册资金是否足额到位，人民法院均应当受理。

第八条 被开办企业被宣告破产的，开办单位对其没有投足的注册资金、收取的资金和实物、转移的资金或者隐匿的财产，都应当由清算组负责收回。

第九条 被开办企业向社会或者向企业内部职工集资未清偿的，在破产财产分配时，应当按照《中华人民共和国企业破产法》第一百一十三条第一款第一项的规定予以清偿。

三、财产保全和执行

第十条 人民法院在审理有关移交、撤销、脱钩的企业的案件时，认定开办单位应当承担民事责任的，不得对开办单位的国库款、军费、财政经费账户、办公用房、车辆等其他办公必需品采取查封、扣押、冻结、拍卖等保全和执行措施。

四、适用范围

第十一条 本规定仅适用于审理此次军队、武警部队、政法机关移交、撤销企业和与党政机关脱钩的企业所发生的债务纠纷案件和破产案件。

最高人民法院关于适用《中华人民共和国企业破产法》若干问题的规定（一）

- 2011年8月29日最高人民法院审判委员会第1527次会议通过
- 2011年9月9日最高人民法院公告公布
- 自2011年9月26日起施行
- 法释〔2011〕22号

为正确适用《中华人民共和国企业破产法》，结合审判实践，就人民法院依法受理企业破产案件适用法律问题作出如下规定。

第一条 债务人不能清偿到期债务并且具有下列情形之一的，人民法院应当认定其具备破产原因：

（一）资产不足以清偿全部债务；

（二）明显缺乏清偿能力。

相关当事人以对债务人的债务负有连带责任的人未丧失清偿能力为由，主张债务人不具备破产原因的，人民法院应不予支持。

第二条 下列情形同时存在的，人民法院应当认定债务人不能清偿到期债务：

（一）债权债务关系依法成立；

（二）债务履行期限已经届满；

（三）债务人未完全清偿债务。

第三条 债务人的资产负债表，或者审计报告、资产评估报告等显示其全部资产不足以偿付全部负债的，人民法院应当认定债务人资产不足以清偿全部债务，但有相反证据足以证明债务人资产能够偿付全部负债的除外。

第四条 债务人账面资产虽大于负债，但存在下列情形之一的，人民法院应当认定其明显缺乏清偿能力：

（一）因资金严重不足或者财产不能变现等原因，无法清偿债务；

（二）法定代表人下落不明且无其他人员负责管理财产，无法清偿债务；

（三）经人民法院强制执行，无法清偿债务；

（四）长期亏损且经营扭亏困难，无法清偿债务；

（五）导致债务人丧失清偿能力的其他情形。

第五条 企业法人已解散但未清算或者未在合理期限内清算完毕，债权人申请债务人破产清算的，除债务人在法定异议期限内举证证明其未出现破产原因外，人民法院应当受理。

第六条 债权人申请债务人破产的，应当提交债务人不能清偿到期债务的有关证据。债务人对债权人的申请未在法定期限内向人民法院提出异议，或者异议不成立的，人民法院应当依法裁定受理破产申请。

受理破产申请后，人民法院应当责令债务人依法提交其财产状况说明、债务清册、债权清册、财务会计报告等有关材料，债务人拒不提交的，人民法院可以对债务人的直接责任人员采取罚款等强制措施。

第七条 人民法院收到破产申请时，应当向申请人出具收到申请及所附证据的书面凭证。

人民法院收到破产申请后应当及时对申请人的主体资格、债务人的主体资格和破产原因，以及有关材料和证据等进行审查，并依据企业破产法第十条的规定作出是否受理的裁定。

人民法院认为申请人应当补充、补正相关材料的，应当自收到破产申请之日起五日内告知申请人。当事人补充、补正相关材料的期间不计入企业破产法第十条规定的期限。

第八条 破产案件的诉讼费用，应根据企业破产法第四十三条的规定，从债务人财产中拨付。

相关当事人以申请人未预先交纳诉讼费用为由，对破产申请提出异议的，人民法院不予支持。

第九条 申请人向人民法院提出破产申请，人民法院未接收其申请，或者未按本规定第七条执行的，申请人可以向上一级人民法院提出破产申请。

上一级人民法院接到破产申请后，应当责令下级法院依法审查并及时作出是否受理的裁定；下级法院仍不作出是否受理裁定的，上一级人民法院可以径行作出裁定。

上一级人民法院裁定受理破产申请的，可以同时指令下级人民法院审理该案件。

最高人民法院关于适用《中华人民共和国企业破产法》若干问题的规定（二）

- 2013年7月29日最高人民法院审判委员会第1586次会议通过
- 根据2020年12月23日最高人民法院审判委员会第1823次会议通过的《最高人民法院关于修改〈最高人民法院关于破产企业国有划拨土地使用权应否列入破产财产等问题的批复〉等二十九件商事类司法解释的决定》修正

根据《中华人民共和国民法典》《中华人民共和国企业破产法》等相关法律，结合审判实践，就人民法院审理企业破产案件中认定债务人财产相关的法律适用问题，制定本规定。

第一条 除债务人所有的货币、实物外，债务人依法享有的可以用货币估价并可以依法转让的债权、股权、知识产权、用益物权等财产和财产权益，人民法院均应认定定为债务人财产。

第二条 下列财产不应认定为债务人财产：

（一）债务人基于仓储、保管、承揽、代销、借用、寄存、租赁等合同或者其他法律关系占有、使用的他人财产；

（二）债务人在所有权保留买卖中尚未取得所有权的财产；

（三）所有权专属于国家且不得转让的财产；

（四）其他依照法律、行政法规不属于债务人的财产。

第三条 债务人已依法设定担保物权的特定财产,人民法院应当认定为债务人财产。

对债务人的特定财产在担保物权消灭或者实现担保物权后的剩余部分,在破产程序中可用以清偿破产费用、共益债务和其他破产债权。

第四条 债务人对按份享有所有权的共有财产的相关份额,或者共同享有所有权的共有财产的相应财产权利,以及依法分割共有财产所得部分,人民法院均应认定为债务人财产。

人民法院宣告债务人破产清算,属于共有财产分割的法定事由。人民法院裁定债务人重整或者和解的,共有财产的分割应当依据民法典第三百零三条的规定进行;基于重整或者和解的需要必须分割共有财产,管理人请求分割的,人民法院应予准许。

因分割共有财产导致其他共有人损害产生的债务,其他共有人请求作为共益债务清偿的,人民法院应予支持。

第五条 破产申请受理后,有关债务人财产的执行程序未依照企业破产法第十九条的规定中止的,采取执行措施的相关单位应当依法予以纠正。依法执行回转的财产,人民法院应当认定为债务人财产。

第六条 破产申请受理后,对于可能因有关利益相关人的行为或者其他原因,影响破产程序依法进行的,受理破产申请的人民法院可以根据管理人的申请或者依职权,对债务人的全部或者部分财产采取保全措施。

第七条 对债务人财产已采取保全措施的相关单位,在知悉人民法院已裁定受理有关债务人的破产申请后,应当依照企业破产法第十九条的规定及时解除对债务人财产的保全措施。

第八条 人民法院受理破产申请后至破产宣告前裁定驳回破产申请,或者依据企业破产法第一百零八条的规定裁定终结破产程序的,应当及时通知原已采取保全措施并已依法解除保全措施的单位按照原保全顺位恢复相关保全措施。

在已依法解除保全的单位恢复保全措施或者表示不再恢复之前,受理破产申请的人民法院不得解除对债务人财产的保全措施。

第九条 管理人依据企业破产法第三十一条和第三十二条的规定提起诉讼,请求撤销涉及债务人财产的相关行为并由相对人返还债务人财产的,人民法院应予支持。

管理人因过错未依法行使撤销权导致债务人财产不当减损,债权人提起诉讼主张管理人对其损失承担相应赔偿责任的,人民法院应予支持。

第十条 债务人经过行政清理程序转入破产程序的,企业破产法第三十一条和第三十二条规定的可撤销行为的起算点,为行政监管机构作出撤销决定之日。

债务人经过强制清算程序转入破产程序的,企业破产法第三十一条和第三十二条规定的可撤销行为的起算点,为人民法院裁定受理强制清算申请之日。

第十一条 人民法院根据管理人的请求撤销涉及债务人财产的以明显不合理价格进行的交易的,买卖双方应当依法返还从对方获取的财产或者价款。

因撤销该交易,对于债务人应返还受让人已支付价款所产生的债务,受让人请求作为共益债务清偿的,人民法院应予支持。

第十二条 破产申请受理前一年内债务人提前清偿的未到期债务,在破产申请受理前已经到期,管理人请求撤销该清偿行为的,人民法院不予支持。但是,该清偿行为发生在破产申请受理前六个月内且债务人有企业破产法第二条第一款规定情形的除外。

第十三条 破产申请受理后,管理人未依据企业破产法第三十一条的规定请求撤销债务人无偿转让财产、以明显不合理价格交易、放弃债权行为的,债权人依据民法典第五百三十八条、第五百三十九条等规定提起诉讼,请求撤销债务人上述行为并将因此追回的财产归入债务人财产的,人民法院应予受理。

相对人以债权人行使撤销权的范围超出债权人的债权抗辩的,人民法院不予支持。

第十四条 债务人对以自有财产设定担保物权的债权进行的个别清偿,管理人依据企业破产法第三十二条的规定请求撤销的,人民法院不予支持。但是,债务清偿时担保财产的价值低于债权额的除外。

第十五条 债务人经诉讼、仲裁、执行程序对债权人进行的个别清偿,管理人依据企业破产法第三十二条的规定请求撤销的,人民法院不予支持。但是,债务人与债权人恶意串通损害其他债

第十六条 债务人对债权人进行的以下个别清偿,管理人依据企业破产法第三十二条的规定请求撤销的,人民法院不予支持:

(一)债务人为维系基本生产需要而支付水费、电费等的;

(二)债务人支付劳动报酬、人身损害赔偿金的;

(三)使债务人财产受益的其他个别清偿。

第十七条 管理人依据企业破产法第三十三条的规定提起诉讼,主张被隐匿、转移财产的实际占有人返还债务人财产,或者主张债务人虚构债务或者承认不真实债务的行为无效并返还债务人财产的,人民法院应予支持。

第十八条 管理人代表债务人依据企业破产法第一百二十八条的规定,以债务人的法定代表人和其他直接责任人员对所涉债务人财产的相关行为存在故意或者重大过失,造成债务人财产损失为由提起诉讼,主张上述责任人员承担相应赔偿责任的,人民法院应予支持。

第十九条 债务人对外享有债权的诉讼时效,自人民法院受理破产申请之日起中断。

债务人无正当理由未对其到期债权及时行使权利,导致其对外债权在破产申请受理前一年内超过诉讼时效期间的,人民法院受理破产申请之日起重新计算上述债权的诉讼时效期间。

第二十条 管理人代表债务人提起诉讼,主张出资人向债务人依法缴付未履行的出资或者返还抽逃的出资本息,出资人以认缴出资尚未届至公司章程规定的缴纳期限或者违反出资义务已经超过诉讼时效为由抗辩的,人民法院不予支持。

管理人依据公司法的相关规定代表债务人提起诉讼,主张公司的发起人和负有监督股东履行出资义务的董事、高级管理人员,或者协助抽逃出资的其他股东、董事、高级管理人员、实际控制人等,对股东违反出资义务或者抽逃出资承担相应责任,并将财产归入债务人财产的,人民法院应予支持。

第二十一条 破产申请受理前,债权人就债务人财产提起下列诉讼,破产申请受理时案件尚未审结的,人民法院应当中止审理:

(一)主张次债务人代替债务人直接向其偿还债务的;

(二)主张债务人的出资人、发起人和负有监督股东履行出资义务的董事、高级管理人员,或者协助抽逃出资的其他股东、董事、高级管理人员、实际控制人等直接向其承担出资不实或者抽逃出资责任的;

(三)以债务人的股东与债务人法人人格严重混同为由,主张债务人的股东直接向其偿还债务人对其所负债务的;

(四)其他就债务人财产提起的个别清偿诉讼。

债务人破产宣告后,人民法院应当依照企业破产法第四十四条的规定判决驳回债权人的诉讼请求。但是,债权人一审中变更其诉讼请求为追收的相关财产归入债务人财产的除外。

债务人破产宣告前,人民法院依据企业破产法第十二条或者第一百零八条的规定裁定驳回破产申请或者终结破产程序的,上述中止审理的案件应当依法恢复审理。

第二十二条 破产申请受理前,债权人就债务人财产向人民法院提起本规定第二十一条第一款所列诉讼,人民法院已经作出生效民事判决书或者调解书但尚未执行完毕的,破产申请受理后,相关执行行为应当依据企业破产法第十九条的规定中止,债权人应当依法向管理人申报相关债权。

第二十三条 破产申请受理后,债权人就债务人财产向人民法院提起本规定第二十一条第一款所列诉讼的,人民法院不予受理。

债权人通过债权人会议或者债权人委员会,要求管理人依法向次债务人、债务人的出资人等追收债务人财产,管理人无正当理由拒绝追收,债权人会议依据企业破产法第二十二条的规定,申请人民法院更换管理人的,人民法院应予支持。

管理人不予追收,个别债权人代表全体债权人提起相关诉讼,主张次债务人或者债务人的出资人等向债务人清偿或者返还债务人财产,或者依法申请合并破产的,人民法院应予受理。

第二十四条 债务人有企业破产法第二条第一款规定的情形时,债务人的董事、监事和高级管理人员利用职权获取的以下收入,人民法院应当认定为企业破产法第三十六条规定的非正常收入:

(一)绩效奖金;

(二)普遍拖欠职工工资情况下获取的工资性收入;

(三)其他非正常收入。

债务人的董事、监事和高级管理人员拒不向管理人返还上述债务人财产,管理人主张上述人员予以返还的,人民法院应予支持。

债务人的董事、监事和高级管理人员因返还第一款第(一)项、第(三)项非正常收入形成的债权,可以作为普通破产债权清偿。因返还第一款第(二)项非正常收入形成的债权,依据企业破产法第一百一十三条第三款的规定,按照该企业职工平均工资计算的部分作为拖欠职工工资清偿;高出该企业职工平均工资计算的部分,可以作为普通破产债权清偿。

第二十五条 管理人拟通过清偿债务或者提供担保取回质物、留置物,或者与质权人、留置权人协议以质物、留置物折价清偿债务等方式,进行对债权人利益有重大影响的财产处分行为的,应当及时报告债权人委员会。未设立债权人委员会的,管理人应当及时报告人民法院。

第二十六条 权利人依据企业破产法第三十八条的规定行使取回权,应当在破产财产变价方案或者和解协议、重整计划草案提交债权人会议表决前向管理人提出。权利人在上述期限后主张取回相关财产的,应当承担迟延行使取回权增加的相关费用。

第二十七条 权利人依据企业破产法第三十八条的规定向管理人主张取回相关财产,管理人不予认可,权利人以债务人为被告向人民法院提起诉讼请求行使取回权的,人民法院应予受理。

权利人依据人民法院或者仲裁机关的相关生效法律文书向管理人主张取回所涉争议财产,管理人以生效法律文书错误为由拒绝其行使取回权的,人民法院不予支持。

第二十八条 权利人行使取回权时未依法向管理人支付相关的加工费、保管费、托运费、委托费、代销费等费用,管理人拒绝其取回相关财产的,人民法院应予支持。

第二十九条 对债务人占有的权属不清的鲜活易腐等不易保管的财产或者不及时变现价值将严重贬损的财产,管理人及时变价并提存变价款后,有关权利人就该变价款行使取回权的,人民法院应予支持。

第三十条 债务人占有的他人财产被违法转让给第三人,依据民法典第三百一十一条的规定第三人已善意取得财产所有权,原权利人无法取回该财产的,人民法院应当按照以下规定处理:

(一)转让行为发生在破产申请受理前的,原权利人因财产损失形成的债权,作为普通破产债权清偿;

(二)转让行为发生在破产申请受理后的,因管理人或者相关人员执行职务导致原权利人损害产生的债务,作为共益债务清偿。

第三十一条 债务人占有的他人财产被违法转让给第三人,第三人已向债务人支付了转让价款,但依据民法典第三百一十一条的规定未取得财产所有权,原权利人依法追回转让财产的,对因第三人已支付对价而产生的债务,人民法院应当按照以下规定处理:

(一)转让行为发生在破产申请受理前的,作为普通破产债权清偿;

(二)转让行为发生在破产申请受理后的,作为共益债务清偿。

第三十二条 债务人占有的他人财产毁损、灭失,因此获得的保险金、赔偿金、代偿物尚未交付给债务人,或者代偿物虽已交付给债务人但能与债务人财产予以区分的,权利人主张取回就此获得的保险金、赔偿金、代偿物的,人民法院应予支持。

保险金、赔偿金已经交付给债务人,或者代偿物已经交付给债务人且不能与债务人财产予以区分的,人民法院应当按照以下规定处理:

(一)财产毁损、灭失发生在破产申请受理前的,权利人因财产损失形成的债权,作为普通破产债权清偿;

(二)财产毁损、灭失发生在破产申请受理后的,因管理人或者相关人员执行职务导致权利人损害产生的债务,作为共益债务清偿。

债务人占有的他人财产毁损、灭失,没有获得相应的保险金、赔偿金、代偿物,或者保险金、赔偿金、代偿物不足以弥补其损失的部分,人民法院应当按照本条第二款的规定处理。

第三十三条 管理人或者相关人员在执行职务过程中,因故意或者重大过失不当转让他人财产或者造成他人财产毁损、灭失,导致他人损害产生的债务作为共益债务,由债务人财产随时清偿不足弥补损失,权利人向管理人或者相关人员主张承担补充赔偿责任的,人民法院应予支持。

上述债务作为共益债务由债务人财产随时清偿后,债权人以管理人或者相关人员执行职务不当导致债务人财产减少给其造成损失为由提起诉讼,主张管理人或者相关人员承担相应赔偿责任的,人民法院应予支持。

第三十四条 买卖合同双方当事人在合同中约定标的物所有权保留,在标的物所有权未依法转移给买受人前,一方当事人破产的,该买卖合同属于双方均未履行完毕的合同,管理人有权依据企业破产法第十八条的规定决定解除或者继续履行合同。

第三十五条 出卖人破产,其管理人决定继续履行所有权保留买卖合同的,买受人应当按照原买卖合同的约定支付价款或者履行其他义务。

买受人未依约支付价款或者履行完毕其他义务,或者将标的物出卖、出质或者作出其他不当处分,给出卖人造成损害,出卖人管理人依法主张取回标的物的,人民法院应予支持。但是,买受人已经支付标的物总价款百分之七十五以上或者第三人善意取得标的物所有权或者其他物权的除外。

因本条第二款规定未能取回标的物,出卖人管理人依法主张买受人继续支付价款、履行完毕其他义务,以及承担相应赔偿责任的,人民法院应予支持。

第三十六条 出卖人破产,其管理人决定解除所有权保留买卖合同,并依据企业破产法第十七条的规定要求买受人向其交付买卖标的物的,人民法院应予支持。

买受人以其不存在未依约支付价款或者履行完毕其他义务,或者将标的物出卖、出质或者作出其他不当处分情形抗辩的,人民法院不予支持。

买受人依法履行合同义务并依据本条第一款将买卖标的物交付出卖人管理人后,买受人已支付价款损失形成的债权作为共益债务清偿。但是,买受人违反合同约定,出卖人管理人主张上述债权作为普通破产债权清偿的,人民法院应予支持。

第三十七条 买受人破产,其管理人决定继续履行所有权保留买卖合同的,原买卖合同中约定的买受人支付价款或者履行其他义务的期限在破产申请受理时视为到期,买受人管理人应当及时向出卖人支付价款或者履行其他义务。

买受人管理人无正当理由未及时支付价款或者履行完毕其他义务,或者将标的物出卖、出质或者作出其他不当处分,给出卖人造成损害,出卖人依据民法典第六百四十一条等规定主张取回标的物的,人民法院应予支持。但是,买受人已支付标的物总价款百分之七十五以上或者第三人善意取得标的物所有权或者其他物权的除外。

因本条第二款规定未能取回标的物,出卖人依法主张买受人继续支付价款、履行完毕其他义务,以及承担相应赔偿责任的,人民法院应予支持。对因买受人未支付价款或者未履行完毕其他义务,以及买受人管理人将标的物出卖、出质或者作出其他不当处分导致出卖人损害产生的债务,出卖人主张作为共益债务清偿的,人民法院应予支持。

第三十八条 买受人破产,其管理人决定解除所有权保留买卖合同,出卖人依据企业破产法第三十八条的规定主张取回买卖标的物的,人民法院应予支持。

出卖人取回买卖标的物,买受人管理人主张出卖人返还已支付价款的,人民法院应予支持。取回的标的物价值明显减少给出卖人造成损失的,出卖人可从买受人已支付价款中优先予以抵扣后,将剩余部分返还给买受人;对买受人已支付价款不足以弥补出卖人标的物价值减损损失形成的债权,出卖人主张作为共益债务清偿的,人民法院应予支持。

第三十九条 出卖人依据企业破产法第三十九条的规定,通过通知承运人或者实际占有人中止运输、返还货物、变更到达地,或者将货物交给其他收货人等方式,对在运途中标的物主张了取回权但未能实现,或者在货物未达管理人前已向管理人主张取回在运途中标的物,在买卖标的物到达管理人后,出卖人向管理人主张取回的,管理人应予准许。

出卖人对在运途中标的物未及时行使取回权,在买卖标的物到达管理人后向管理人行使在运途中标的物取回权的,管理人不应准许。

第四十条 债务人重整期间,权利人要求取回债务人合法占有的权利人的财产,不符合双方事先约定条件的,人民法院不予支持。但是,因管理人或者自行管理的债务人违反约定,可能导致取回物被转让、毁损、灭失或者价值明显减少的除外。

第四十一条 债权人依据企业破产法第四十条的规定行使抵销权,应当向管理人提出抵销主张。

管理人不得主动抵销债务人与债权人的互负债务,但抵销使债务人财产受益的除外。

第四十二条 管理人收到债权人提出的主张债务抵销的通知后,经审查无异议的,抵销自管理人收到通知之日起生效。

管理人对抵销主张有异议的,应当在约定的异议期限内或者自收到主张债务抵销的通知之日起三个月内向人民法院提起诉讼。无正当理由逾期提起的,人民法院不予支持。

人民法院判决驳回管理人提起的抵销无效诉讼请求的,该抵销自管理人收到主张债务抵销的通知之日起生效。

第四十三条 债权人主张抵销,管理人以下列理由提出异议的,人民法院不予支持:

(一)破产申请受理时,债务人对债权人负有的债务尚未到期;

(二)破产申请受理时,债权人对债务人负有的债务尚未到期;

(三)双方互负债务标的物种类、品质不同。

第四十四条 破产申请受理前六个月内,债务人有企业破产法第二条第一款规定的情形,债务人与个别债权人以抵销方式对个别债权人清偿,其抵销的债权债务属于企业破产法第四十条第(二)、(三)项规定的情形之一,管理人在破产申请受理之日起三个月内向人民法院提起诉讼,主张该抵销无效的,人民法院应予支持。

第四十五条 企业破产法第四十条所列不得抵销情形的债权人,主张以其对债务人特定财产享有优先受偿权的债权,与债务人对其不享有优先受偿权的债权抵销,债务人管理人以抵销存在企业破产法第四十条规定的情形提出异议的,人民法院不予支持。但是,用以抵销的债权大于债权人享有优先受偿权财产价值的除外。

第四十六条 债务人的股东主张以下列债权与债务人对其负有的债务抵销,债务人管理人提出异议的,人民法院应予支持:

(一)债务人股东因欠缴债务人的出资或者抽逃出资对债务人所负的债务;

(二)债务人股东滥用股东权利或者关联关系损害公司利益对债务人所负的债务。

第四十七条 人民法院受理破产申请后,当事人提起的有关债务人的民事诉讼案件,应当依据企业破产法第二十一条的规定,由受理破产申请的人民法院管辖。

受理破产申请的人民法院管辖的有关债务人的第一审民事案件,可以依据民事诉讼法第三十八条的规定,由上级人民法院提审,或者报请上级人民法院批准后交下级人民法院审理。

受理破产申请的人民法院,如对有关债务人的海事纠纷、专利纠纷、证券市场因虚假陈述引发的民事赔偿纠纷等案件不能行使管辖权的,可以依据民事诉讼法第三十七条的规定,由上级人民法院指定管辖。

第四十八条 本规定施行前本院发布的有关企业破产的司法解释,与本规定相抵触的,自本规定施行之日起不再适用。

最高人民法院关于适用《中华人民共和国企业破产法》若干问题的规定(三)

- 2019年2月25日最高人民法院审判委员会第1762次会议通过
- 根据2020年12月23日最高人民法院审判委员会第1823次会议通过的《最高人民法院关于修改〈最高人民法院关于破产企业国有划拨土地使用权应否列入破产财产等问题的批复〉等二十九件商事类司法解释的决定》修正

为正确适用《中华人民共和国企业破产法》,结合审判实践,就人民法院审理企业破产案件中有关债权人权利行使等相关法律适用问题,制定本规定。

第一条 人民法院裁定受理破产申请的,此前债务人尚未支付的公司强制清算费用、未终结的执行程序中产生的评估费、公告费、保管费等执行费用,可以参照企业破产法关于破产费用的规定,由债务人财产随时清偿。

此前债务人尚未支付的案件受理费、执行申请费,可以作为破产债权清偿。

第二条 破产申请受理后,经债权人会议决议通过,或者第一次债权人会议召开前经人民法院许可,管理人或者自行管理的债务人可以为债务人继续营业而借款。提供借款的债权人主张参照企业破产法第四十二条第四项的规定优先于普通破产债权清偿的,人民法院应予支持,但其主张优先于此前已就债务人特定财产享有担保的债权清偿的,人民法院不予支持。

管理人或者自行管理的债务人可以为前述借款设定抵押担保,抵押物在破产申请受理前已为其他债权人设定抵押的,债权人主张按照民法典第四百一十四条规定的顺序清偿,人民法院应予支持。

第三条 破产申请受理后,债务人欠缴款项产生的滞纳金,包括债务人未履行生效法律文书应当加倍支付的迟延利息和劳动保险金的滞纳金,债权人作为破产债权申报的,人民法院不予确认。

第四条 保证人被裁定进入破产程序的,债权人有权申报其对保证人的保证债权。

主债务未到期的,保证债权在保证人破产申请受理时视为到期。一般保证的保证人主张行使先诉抗辩权的,人民法院不予支持,但债权人在一般保证人破产程序中的分配额应予提存,待一般保证人应承担的保证责任确定后再按照破产清偿比例予以分配。

保证人被确定应当承担保证责任的,保证人的管理人可以就保证人实际承担的清偿额向主债务人或其他债务人行使求偿权。

第五条 债务人、保证人均被裁定进入破产程序的,债权人有权向债务人、保证人分别申报债权。

债权人向债务人、保证人均申报全部债权的,从一方破产程序中获得清偿后,其对另一方的债权额不作调整,但债权人的受偿额不得超出其债权总额。保证人履行保证责任后不再享有求偿权。

第六条 管理人应当依照企业破产法第五十七条的规定对所申报的债权进行登记造册,详尽记载申报人的姓名、单位、代理人、申报债权额、担保情况、证据、联系方式等事项,形成债权申报登记册。

管理人应当依照企业破产法第五十七条的规定对债权的性质、数额、担保财产、是否超过诉讼时效期间、是否超过强制执行期间等情况进行审查、编制债权表并提交债权人会议核查。

债权表、债权申报登记册及债权申报材料在破产期间由管理人保管,债权人、债务人、债务人职工及其他利害关系人有权查阅。

第七条 已经生效法律文书确定的债权,管理人应当予以确认。

管理人认为债权人据以申报债权的生效法律文书确定的债权错误,或者有证据证明债权人与债务人恶意通过诉讼、仲裁或者公证机关赋予强制执行力公证文书的形式虚构债权债务的,应当依法通过审判监督程序向作出该判决、裁定、调解书的人民法院或者上一级人民法院申请撤销生效法律文书,或者向受理破产申请的人民法院申请撤销或者不予执行仲裁裁决、不予执行公证债权文书后,重新确定债权。

第八条 债务人、债权人对债权表记载的债权有异议的,应当说明理由和法律依据。经管理人解释或调整后,异议人仍然不服的,或者管理人不予解释或调整的,异议人应当在债权人会议核查结束后十五日内向人民法院提起债权确认的诉讼。当事人之间在破产申请受理前订立有仲裁条款或仲裁协议的,应当向选定的仲裁机构申请确认债权债务关系。

第九条 债务人对债权表记载的债权有异议向人民法院提起诉讼的,应将被异议债权人列为被告。债权人对债权表记载的他人债权有异议的,应将被异议债权人列为被告;债权人对债权表记载的本人债权有异议的,应将债务人列为被告。

对同一笔债权存在多个异议人,其他异议人申请参加诉讼的,应列为共同原告。

第十条 单个债权人有权查阅债务人财产状况报告、债权人会议决议、债权人委员会决议、管理人监督报告等参与破产程序所必需的债务人财务和经营信息资料。管理人无正当理由不予提供的,债权人可以请求人民法院作出决定;人民法院应当在五日内作出决定。

上述信息资料涉及商业秘密的,债权人应当依法承担保密义务或者签署保密协议;涉及国家秘密的应当依照相关法律规定处理。

第十一条 债权人会议的决议除现场表决外,可以由管理人事先将相关决议事项告知债权人,采取通信、网络投票等非现场方式进行表决。采取非现场方式表决的,管理人应当在债权人会议召开后的三日内，以信函、电子邮件、公告等方式将表决结果告知参与表决的债权人。

根据企业破产法第八十二条规定，对重整计划草案进行分组表决时，权益因重整计划草案受到调整或者影响的债权人或者股东，有权参加表决；权益未受到调整或者影响的债权人或者股东，参照企业破产法第八十三条的规定，不参加重整计划草案的表决。

第十二条 债权人会议的决议具有以下情形之一，损害债权人利益，债权人申请撤销的，人民法院应予支持：

（一）债权人会议的召开违反法定程序；

（二）债权人会议的表决违反法定程序；

（三）债权人会议的决议内容违法；

（四）债权人会议的决议超出债权人会议的职权范围。

人民法院可以裁定撤销全部或者部分事项决议，责令债权人会议依法重新作出决议。

债权人申请撤销债权人会议决议的，应当提出书面申请。债权人会议采取通信、网络投票等非现场方式进行表决的，债权人申请撤销的期限自债权人收到通知之日起算。

第十三条 债权人会议可以依照企业破产法第六十八条第一款第四项的规定，委托债权人委员会行使企业破产法第六十一条第一款第二、三、五项规定的债权人会议职权。债权人会议不得作出概括性授权，委托其行使债权人会议所有职权。

第十四条 债权人委员会决定所议事项应获得全体成员过半数通过，并作成议事记录。债权人委员会成员对所议事项的决议有不同意见的，应当在记录中载明。

债权人委员会行使职权应当接受债权人会议的监督，以适当的方式向债权人会议及时汇报工作，并接受人民法院的指导。

第十五条 管理人处分企业破产法第六十九条规定的债务人重大财产的，应当事先制作财产管理或者变价方案并提交债权人会议进行表决。债权人会议表决未通过的，管理人不得处分。

管理人实施处分前，应当根据企业破产法第六十九条的规定，提前十日书面报告债权人委员会或者人民法院。债权人委员会可以依照企业破产法第六十八条第二款的规定，要求管理人对处分行为作出相应说明或者提供有关文件依据。

债权人委员会认为管理人实施的处分行为不符合债权人会议通过的财产管理或变价方案的，有权要求管理人纠正。管理人拒绝纠正的，债权人委员会可以请求人民法院作出决定。

人民法院认为管理人实施的处分行为不符合债权人会议通过的财产管理或变价方案的，应当责令管理人停止处分行为。管理人应当予以纠正，或者提交债权人会议重新表决通过后实施。

第十六条 本规定自2019年3月28日起实施。

实施前本院发布的有关企业破产的司法解释，与本规定相抵触的，自本规定实施之日起不再适用。

最高人民法院关于对因资不抵债无法继续办学被终止的民办学校如何组织清算问题的批复

- 2010年12月16日最高人民法院审判委员会第1506次会议通过
- 根据2020年12月23日最高人民法院审判委员会第1823次会议通过的《最高人民法院关于修改〈最高人民法院关于破产企业国有划拨土地使用权应否列入破产财产等问题的批复〉等二十九件商事类司法解释的决定》修正

贵州省高级人民法院：

你院《关于遵义县中山中学被终止后人民法院如何受理"组织清算"的请示》[（2010）黔高研请字第1号]收悉。经研究，答复如下：

依照《中华人民共和国民办教育促进法》第十条批准设立的民办学校因资不抵债无法继续办学被终止，当事人依照《中华人民共和国民办教育促进法》第五十八条第二款规定向人民法院申请清算的，人民法院应当依法受理。人民法院组织民办学校破产清算，参照适用《中华人民共和国企业破产法》规定的程序，并依照《中华人民共和国民办教育促进法》第五十九条规定的顺序清偿。

最高人民法院关于适用《中华人民共和国保险法》若干问题的解释(一)

- 2009年9月14日最高人民法院审判委员会第1473次会议通过
- 2009年9月21日最高人民法院公告公布
- 自2009年10月1日起施行
- 法释〔2009〕12号

为正确审理保险合同纠纷案件,切实维护当事人的合法权益,现就人民法院适用2009年2月28日第十一届全国人大常委会第七次会议修订的《中华人民共和国保险法》(以下简称保险法)的有关问题规定如下:

第一条 保险法施行后成立的保险合同发生的纠纷,适用保险法的规定。保险法施行前成立的保险合同发生的纠纷,除本解释另有规定外,适用当时的法律规定;当时的法律没有规定的,参照适用保险法的有关规定。

认定保险合同是否成立,适用合同订立时的法律。

第二条 对于保险法施行前成立的保险合同,适用当时的法律认定无效而适用保险法认定有效的,适用保险法的规定。

第三条 保险合同成立于保险法施行前而保险标的转让、保险事故、理赔、代位求偿等行为或事件,发生于保险法施行后的,适用保险法的规定。

第四条 保险合同成立于保险法施行前,保险法施行后,保险人以投保人未履行如实告知义务或者申报被保险人年龄不真实为由,主张解除合同的,适用保险法的规定。

第五条 保险法施行前成立的保险合同,下列情形下的期间自2009年10月1日起计算:

(一)保险法施行前,保险人收到赔偿或者给付保险金的请求,保险法施行后,适用保险法第二十三条规定的三十日的;

(二)保险法施行前,保险人知道解除事由,保险法施行后,按照保险法第十六条、第三十二条的规定行使解除权,适用保险法第十六条规定的三十日的;

(三)保险法施行后,保险人按照保险法第十六条第二款的规定请求解除合同,适用保险法第十六条规定的二年的;

(四)保险法施行前,保险人收到保险标的转让通知,保险法施行后,以保险标的转让导致危险程度显著增加为由请求按照合同约定增加保险费或者解除合同,适用保险法第四十九条规定的三十日的。

第六条 保险法施行前已经终审的案件,当事人申请再审或者按照审判监督程序提起再审的案件,不适用保险法的规定。

最高人民法院关于适用《中华人民共和国保险法》若干问题的解释(二)

- 2013年5月6日最高人民法院审判委员会第1577次会议通过
- 根据2020年12月23日最高人民法院审判委员会第1823次会议通过的《最高人民法院关于修改〈最高人民法院关于破产企业国有划拨土地使用权应否列入破产财产等问题的批复〉等二十九件商事类司法解释的决定》修正

为正确审理保险合同纠纷案件,切实维护当事人的合法权益,根据《中华人民共和国民法典》《中华人民共和国保险法》《中华人民共和国民事诉讼法》等法律规定,结合审判实践,就保险法中关于保险合同一般规定部分有关法律适用问题解释如下:

第一条 财产保险中,不同投保人就同一保险标的分别投保,保险事故发生后,被保险人在其保险利益范围内依据保险合同主张保险赔偿的,人民法院应予支持。

第二条 人身保险中,因投保人对被保险人不具有保险利益导致保险合同无效,投保人主张保险人退还扣减相应手续费后的保险费的,人民法院应予支持。

第三条 投保人或者投保人的代理人订立保险合同时没有亲自签字或者盖章,而由保险人或者保险人的代理人代为签字或者盖章的,对投保人不生效。但投保人已经交纳保险费的，视为其对代签字或者盖章行为的追认。

保险人或者保险人的代理人代为填写保险单证后经投保人签字或者盖章确认的，代为填写的内容视为投保人的真实意思表示。但有证据证明保险人或者保险人的代理人存在保险法第一百一十六条、第一百三十一条相关规定情形的除外。

第四条 保险人接受了投保人提交的投保单并收取了保险费，尚未作出是否承保的意思表示，发生保险事故，被保险人或者受益人请求保险人按照保险合同承担赔偿或者给付保险金责任，符合承保条件的，人民法院应予支持；不符合承保条件的，保险人不承担保险责任，但应当退还已经收取的保险费。

保险人主张不符合承保条件的，应承担举证责任。

第五条 保险合同订立时，投保人明知的与保险标的或者被保险人有关的情况，属于保险法第十六条第一款规定的投保人"应当如实告知"的内容。

第六条 投保人的告知义务限于保险人询问的范围和内容。当事人对询问范围及内容有争议的，保险人负举证责任。

保险人以投保人违反了对投保单询问表中所列概括性条款的如实告知义务为由请求解除合同的，人民法院不予支持。但该概括性条款有具体内容的除外。

第七条 保险人在保险合同成立后知道或者应当知道投保人未履行如实告知义务，仍然收取保险费，又依照保险法第十六条第二款的规定主张解除合同的，人民法院不予支持。

第八条 保险人未行使合同解除权，直接以存在保险法第十六条第四款、第五款规定的情形为由拒绝赔偿的，人民法院不予支持。但当事人就拒绝赔偿事宜及保险合同存续另行达成一致的情况除外。

第九条 保险人提供的格式合同文本中的责任免除条款、免赔额、免赔率、比例赔付或者给付等免除或者减轻保险人责任的条款，可以认定为保险法第十七条第二款规定的"免除保险人责任的条款"。

保险人因投保人、被保险人违反法定或者约定义务，享有解除合同权利的条款，不属于保险法第十七条第二款规定的"免除保险人责任的条款"。

第十条 保险人将法律、行政法规中的禁止性规定情形作为保险合同免责条款的免责事由，保险人对该条款作出提示后，投保人、被保险人或者受益人以保险人未履行明确说明义务为由主张该条款不成为合同内容的，人民法院不予支持。

第十一条 保险合同订立时，保险人在投保单或者保险单等其他保险凭证上，对保险合同中免除保险人责任的条款，以足以引起投保人注意的文字、字体、符号或者其他明显标志作出提示的，人民法院应当认定其履行了保险法第十七条第二款规定的提示义务。

保险人对保险合同中有关免除保险人责任条款的概念、内容及其法律后果以书面或者口头形式向投保人作出常人能够理解的解释说明的，人民法院应当认定保险人履行了保险法第十七条第二款规定的明确说明义务。

第十二条 通过网络、电话等方式订立的保险合同，保险人以网页、音频、视频等形式对免除保险人责任条款予以提示和明确说明的，人民法院可以认定其履行了提示和明确说明义务。

第十三条 保险人对其履行了明确说明义务负举证责任。

投保人对保险人履行了符合本解释第十一条第二款要求的明确说明义务在相关文书上签字、盖章或者以其他形式予以确认的，应当认定保险人履行了该项义务。但另有证据证明保险人未履行明确说明义务的除外。

第十四条 保险合同中记载的内容不一致的，按照下列规则认定：

（一）投保单与保险单或者其他保险凭证不一致的，以投保单为准。但不一致的情形系经保险人说明并经投保人同意的，以投保人签收的保险单或者其他保险凭证载明的内容为准；

（二）非格式条款与格式条款不一致的，以非格式条款为准；

（三）保险凭证记载的时间不同的，以形成时间在后的为准；

（四）保险凭证存在手写和打印两种方式的，以双方签字、盖章的手写部分的内容为准。

第十五条 保险法第二十三条规定的三十日核定期间，应自保险人初次收到索赔请求及投保人、被保险人或者受益人提供的有关证明和资料之日起算。

保险人主张扣除投保人、被保险人或者受益人补充提供有关证明和资料期间的,人民法院应予支持。扣除期间自保险人根据保险法第二十二条规定作出的通知到达投保人、被保险人或者受益人之日起,至投保人、被保险人或者受益人按照通知要求补充提供的有关证明和资料到达保险人之日止。

第十六条 保险人应以自己的名义行使保险代位求偿权。

根据保险法第六十条第一款的规定,保险人代位求偿权的诉讼时效期间应自其取得代位求偿权之日起算。

第十七条 保险人在其提供的保险合同格式条款中对非保险术语所作的解释符合专业意义,或者虽不符合专业意义,但有利于投保人、被保险人或者受益人的,人民法院应予认可。

第十八条 行政管理部门依据法律规定制作的交通事故认定书、火灾事故认定书等,人民法院应当依法审查并确认其相应的证明力,但有相反证据能够推翻的除外。

第十九条 保险事故发生后,被保险人或者受益人起诉保险人,保险人以被保险人或者受益人未要求第三者承担责任为由抗辩不承担保险责任的,人民法院不予支持。

财产保险事故发生后,被保险人就其所受损失从第三者取得赔偿后的不足部分提起诉讼,请求保险人赔偿的,人民法院应予依法受理。

第二十条 保险公司依法设立并取得营业执照的分支机构属于《中华人民共和国民事诉讼法》第四十八条规定的其他组织,可以作为保险合同纠纷案件的当事人参加诉讼。

第二十一条 本解释施行后尚未终审的保险合同纠纷案件,适用本解释;本解释施行前已经终审,当事人申请再审或者按照审判监督程序决定再审的案件,不适用本解释。

最高人民法院关于适用《中华人民共和国保险法》若干问题的解释(三)

- 2015年9月21日最高人民法院审判委员会第1661次会议通过
- 根据2020年12月23日最高人民法院审判委员会第1823次会议通过的《最高人民法院关于修改〈最高人民法院关于破产企业国有划拨土地使用权应否列入破产财产等问题的批复〉等二十九件商事类司法解释的决定》修正

为正确审理保险合同纠纷案件,切实维护当事人的合法权益,根据《中华人民共和国民法典》《中华人民共和国保险法》《中华人民共和国民事诉讼法》等法律规定,结合审判实践,就保险法中关于保险合同章人身保险部分有关法律适用问题解释如下:

第一条 当事人订立以死亡为给付保险金条件的合同,根据保险法第三十四条的规定,"被保险人同意并认可保险金额"可以采取书面形式、口头形式或者其他形式;可以在合同订立时作出,也可以在合同订立后追认。

有下列情形之一的,应认定为被保险人同意投保人为其订立保险合同并认可保险金额:

(一)被保险人明知他人代其签名同意而未表示异议的;

(二)被保险人同意投保人指定的受益人的;

(三)有证据足以认定被保险人同意投保人为其投保的其他情形。

第二条 被保险人以书面形式通知保险人和投保人撤销其依据保险法第三十四条第一款规定所作出的同意意思表示的,可认定为保险合同解除。

第三条 人民法院审理人身保险合同纠纷案件时,应主动审查投保人订立保险合同时是否具有保险利益,以及以死亡为给付保险金条件的合同是否经过被保险人同意并认可保险金额。

第四条 保险合同订立后,因投保人丧失对被保险人的保险利益,当事人主张保险合同无效的,人民法院不予支持。

第五条 保险人在合同订立时指定医疗机构对被保险人体检,当事人主张投保人如实告知义务免除的,人民法院不予支持。

保险人知道被保险人的体检结果,仍以投保人未就相关情况履行如实告知义务为由要求解除合同的,人民法院不予支持。

第六条 未成年人父母之外的其他履行监护职责的人为未成年人订立以死亡为给付保险金条件的合同,当事人主张参照保险法第三十三条第二款、第三十四条第三款的规定认定该合同有效的,人民法院不予支持,但经未成年人父母同意的除外。

第七条 当事人以被保险人、受益人或者他人已经代为支付保险费为由,主张投保人对应的交费义务已经履行的,人民法院应予支持。

第八条 保险合同效力依照保险法第三十六条规定中止,投保人提出恢复效力申请并同意补交保险费的,除被保险人的危险程度在中止期间显著增加外,保险人拒绝恢复效力的,人民法院不予支持。

保险人在收到恢复效力申请后,三十日内未明确拒绝的,应认定为同意恢复效力。

保险合同自投保人补交保险费之日恢复效力。保险人要求投保人补交相应利息的,人民法院应予支持。

第九条 投保人指定受益人未经被保险人同意的,人民法院应认定指定行为无效。

当事人对保险合同约定的受益人存在争议,除投保人、被保险人在保险合同之外另有约定外,按以下情形分别处理:

(一)受益人约定为"法定"或者"法定继承人"的,以民法典规定的法定继承人为受益人;

(二)受益人仅约定为身份关系的,投保人与被保险人为同一主体时,根据保险事故发生时与被保险人的身份关系确定受益人;投保人与被保险人为不同主体时,根据保险合同成立时与被保险人的身份关系确定受益人;

(三)约定的受益人包括姓名和身份关系,保险事故发生时身份关系发生变化的,认定为未指定受益人。

第十条 投保人或者被保险人变更受益人,当事人主张变更行为自变更意思表示发出时生效的,人民法院应予支持。

投保人或者被保险人变更受益人未通知保险人,保险人主张变更对其不发生效力的,人民法院应予支持。

投保人变更受益人未经被保险人同意,人民法院应认定变更行为无效。

第十一条 投保人或者被保险人在保险事故发生后变更受益人,变更后的受益人请求保险人给付保险金的,人民法院不予支持。

第十二条 投保人或者被保险人指定数人为受益人,部分受益人在保险事故发生前死亡、放弃受益权或者依法丧失受益权的,该受益人应得的受益份额按照保险合同的约定处理;保险合同没有约定或者约定不明的,该受益人应得的受益份额按照以下情形分别处理:

(一)未约定受益顺序及受益份额的,由其他受益人平均享有;

(二)未约定受益顺序但约定受益份额的,由其他受益人按照相应比例享有;

(三)约定受益顺序但未约定受益份额的,由同顺序的其他受益人平均享有;同一顺序没有其他受益人的,由后一顺序的受益人平均享有;

(四)约定受益顺序及受益份额的,由同顺序的其他受益人按照相应比例享有;同一顺序没有其他受益人的,由后一顺序的受益人按照相应比例享有。

第十三条 保险事故发生后,受益人将与本次保险事故相对应的全部或者部分保险金请求权转让给第三人,当事人主张该转让行为有效的,人民法院应予支持,但根据合同性质、当事人约定或者法律规定不得转让的除外。

第十四条 保险金根据保险法第四十二条规定作为被保险人遗产,被保险人的继承人要求保险人给付保险金,保险人以其已向持有保险单的被保险人的其他继承人给付保险金为由抗辩的,人民法院应予支持。

第十五条 受益人与被保险人存在继承关系,在同一事件中死亡且不能确定死亡先后顺序的,人民法院应依据保险法第四十二条第二款推定受益人死亡在先,并按照保险法及本解释的相关规定确定保险金归属。

第十六条 人身保险合同解除时,投保人与被保险人、受益人为不同主体,被保险人或者受益人要求退还保险单的现金价值的,人民法院不予支持,但保险合同另有约定的除外。

投保人故意造成被保险人死亡、伤残或者疾病,保险人依照保险法第四十三条规定退还保险单的现金价值的,其他权利人按照被保险人、被保险人的继承人的顺序确定。

第十七条 投保人解除保险合同,当事人以其解除合同未经被保险人或者受益人同意为由主张解除行为无效的,人民法院不予支持,但被保险人或者受益人已向投保人支付相当于保险单现金价值的款项并通知保险人的除外。

第十八条 保险人给付费用补偿型的医疗费用保险金时,主张扣减被保险人从公费医疗或者社会医疗保险取得的赔偿金额的,应当证明该保险产品在厘定医疗费用保险费率时已经将公费医疗或者社会医疗保险部分相应扣除,并按照扣减后的标准收取保险费。

第十九条 保险合同约定按基本医疗保险的标准核定医疗费用,保险人以被保险人的医疗支出超出基本医疗保险范围为由拒绝给付保险金的,人民法院不予支持;保险人有证据证明被保险人支出的费用超过基本医疗同类医疗费用标准,要求对超出部分拒绝给付保险金的,人民法院应予支持。

第二十条 保险人以被保险人未在保险合同约定的医疗服务机构接受治疗为由拒绝给付保险金的,人民法院应予支持,但被保险人因情况紧急必须立即就医的除外。

第二十一条 保险人以被保险人自杀为由拒绝承担给付保险金责任的,由保险人承担举证责任。

受益人或者被保险人的继承人以被保险人自杀时无民事行为能力为由抗辩的,由其承担举证责任。

第二十二条 保险法第四十五条规定的"被保险人故意犯罪"的认定,应当以刑事侦查机关、检察机关和审判机关的生效法律文书或者其他结论性意见为依据。

第二十三条 保险人主张根据保险法第四十五条的规定不承担给付保险金责任的,应当证明被保险人的死亡、伤残结果与其实施的故意犯罪或者抗拒依法采取的刑事强制措施的行为之间存在因果关系。

被保险人在羁押、服刑期间因意外或者疾病造成伤残或者死亡,保险人主张根据保险法第四十五条的规定不承担给付保险金责任的,人民法院不予支持。

第二十四条 投保人为被保险人订立以死亡为给付保险金条件的人身保险合同,被保险人被宣告死亡后,当事人要求保险人按照保险合同约定给付保险金的,人民法院应予支持。

被保险人被宣告死亡之日在保险责任期间之外,但有证据证明下落不明之日在保险责任期间之内,当事人要求保险人按照保险合同约定给付保险金的,人民法院应予支持。

第二十五条 被保险人的损失系由承保事故或者非承保事故、免责事由造成难以确定,当事人请求保险人给付保险金的,人民法院可以按照相应比例予以支持。

第二十六条 本解释施行后尚未终审的保险合同纠纷案件,适用本解释;本解释施行前已经终审,当事人申请再审或者按照审判监督程序决定再审的案件,不适用本解释。

最高人民法院关于适用《中华人民共和国保险法》若干问题的解释(四)

- 2018年5月14日最高人民法院审判委员会第1738次会议通过
- 根据2020年12月23日最高人民法院审判委员会第1823次会议通过的《最高人民法院关于修改〈最高人民法院关于破产企业国有划拨土地使用权应否列入破产财产等问题的批复〉等二十九件商事类司法解释的决定》修正

为正确审理保险合同纠纷案件,切实维护当事人的合法权益,根据《中华人民共和国民法典》《中华人民共和国保险法》《中华人民共和国民事诉讼法》等法律规定,结合审判实践,就保险法中财产保险合同部分有关法律适用问题解释如下:

第一条 保险标的已交付受让人,但尚未依法办理所有权变更登记,承担保险标的毁损灭失风险的受让人,依照保险法第四十八条、第四十九条的规定主张行使被保险人权利的,人民法院应予支持。

第二条 保险人已向投保人履行了保险法规定的提示和明确说明义务，保险标的受让人以保险标的转让后保险人未向其提示或者明确说明为由，主张免除保险人责任的条款不成为合同内容的，人民法院不予支持。

第三条 被保险人死亡，继承保险标的的当事人主张承继被保险人的权利和义务的，人民法院应予支持。

第四条 人民法院认定保险标的是否构成保险法第四十九条、第五十二条规定的"危险程度显著增加"时，应当综合考虑以下因素：

（一）保险标的的用途的改变；

（二）保险标的使用范围的改变；

（三）保险标的所处环境的变化；

（四）保险标的因改装等原因引起的变化；

（五）保险标的使用人或者管理人的改变；

（六）危险程度增加持续的时间；

（七）其他可能导致危险程度显著增加的因素。

保险标的危险程度虽然增加，但增加的危险属于保险合同订立时保险人预见或者应当预见的保险合同承保范围的，不构成危险程度显著增加。

第五条 被保险人、受让人依法及时向保险人发出保险标的转让通知后，保险人作出答复前，发生保险事故，被保险人或者受让人主张保险人按照保险合同承担赔偿保险金的责任的，人民法院应予支持。

第六条 保险事故发生后，被保险人依照保险法第五十七条的规定，请求保险人承担为防止或者减少保险标的的损失所支付的必要、合理费用，保险人以被保险人采取的措施未产生实际效果为由抗辩的，人民法院不予支持。

第七条 保险人依照保险法第六十条的规定，主张代位行使被保险人因第三者侵权或者违约等享有的请求赔偿的权利的，人民法院应予支持。

第八条 投保人和被保险人为不同主体，因投保人对保险标的的损害而造成保险事故，保险人依法主张代位行使被保险人对投保人请求赔偿的权利的，人民法院应予支持，但法律另有规定或者保险合同另有约定的除外。

第九条 在保险人以第三者为被告提起的代位求偿权之诉中，第三者以被保险人在保险合同订立前已放弃对其请求赔偿的权利为由进行抗辩，人民法院认定上述放弃行为合法有效，保险人就相应部分主张行使代位求偿权的，人民法院不予支持。

保险合同订立时，保险人就是否存在上述放弃情形提出询问，投保人未如实告知，导致保险人不能代位行使请求赔偿的权利，保险人请求返还相应保险金的，人民法院应予支持，但保险人知道或者应当知道上述情形仍同意承保的除外。

第十条 因第三者对保险标的的损害而造成保险事故，保险人获得代位请求赔偿的权利的情况未通知第三者或者通知到达第三者前，第三者在被保险人已经从保险人处获赔的范围内又向被保险人作出赔偿，保险人主张代位行使被保险人对第三者请求赔偿的权利的，人民法院不予支持。保险人就相应保险金主张被保险人返还的，人民法院应予支持。

保险人获得代位请求赔偿的权利的情况已经通知到第三者，第三者又向被保险人作出赔偿，保险人主张代位行使请求赔偿的权利，第三者以其已经向被保险人赔偿为由抗辩的，人民法院不予支持。

第十一条 被保险人因故意或者重大过失未履行保险法第六十三条规定的义务，致使保险人未能行使或者未能全部行使代位请求赔偿的权利，保险人主张在其损失范围内扣减或者返还相应保险金的，人民法院应予支持。

第十二条 保险人以造成保险事故的第三者为被告提起代位求偿权之诉的，以被保险人与第三者之间的法律关系确定管辖法院。

第十三条 保险人提起代位求偿权之诉时，被保险人已经向第三者提起诉讼的，人民法院可以依法合并审理。

保险人行使代位求偿权时，被保险人已经向第三者提起诉讼，保险人向受理该案的人民法院申请变更当事人，代位行使被保险人对第三者请求赔偿的权利，被保险人同意的，人民法院应予准许；被保险人不同意的，保险人可以作为共同原告参加诉讼。

第十四条 具有下列情形之一的，被保险人可以依照保险法第六十五条第二款的规定请求保险人直接向第三者赔偿保险金：

（一）被保险人对第三者所负的赔偿责任经人

民法院生效裁判、仲裁裁决确认；

（二）被保险人对第三者所负的赔偿责任经被保险人与第三者协商一致；

（三）被保险人对第三者应负的赔偿责任能够确定的其他情形。

前款规定的情形下，保险人主张按照保险合同确定保险赔偿责任的，人民法院应予支持。

第十五条 被保险人对第三者应负的赔偿责任确定后，被保险人不履行赔偿责任，且第三者以保险人为被告或者以保险人与被保险人为共同被告提起诉讼时，被保险人尚未向保险人提出直接向第三者赔偿保险金的请求的，可以认定为属于保险法第六十五条第二款规定的"被保险人怠于请求"的情形。

第十六条 责任保险的被保险人因共同侵权依法承担连带责任，保险人以该连带责任超出被保险人应承担的责任份额为由，拒绝赔付保险金的，人民法院不予支持。保险人承担保险责任后，主张就超出被保险人责任份额的部分向其他连带责任人追偿的，人民法院应予支持。

第十七条 责任保险的被保险人对第三者所负的赔偿责任已经生效判决确认并已进入执行程序，但未获得清偿或者未获得全部清偿，第三者依法请求保险人赔偿保险金，保险人以前述生效判决已进入执行程序为由抗辩的，人民法院不予支持。

第十八条 商业责任险的被保险人向保险人请求赔偿保险金的诉讼时效期间，自被保险人对第三者应负的赔偿责任确定之日起计算。

第十九条 责任保险的被保险人与第三者就被保险人的赔偿责任达成和解协议且经保险人认可，被保险人主张保险人在保险合同范围内依据和解协议承担保险责任的，人民法院应予支持。

被保险人与第三者就被保险人的赔偿责任达成和解协议，未经保险人认可，保险人主张对保险责任范围以及赔偿数额重新予以核定的，人民法院应予支持。

第二十条 责任保险的保险人在被保险人向第三者赔偿之前向被保险人赔偿保险金，第三者依照保险法第六十五条第二款的规定行使保险金请求权时，保险人以其已向被保险人赔偿为由拒绝赔偿保险金的，人民法院不予支持。保险人向第三者赔偿后，请求被保险人返还相应保险金的，

人民法院应予支持。

第二十一条 本解释自2018年9月1日起施行。

本解释施行后人民法院正在审理的一审、二审案件，适用本解释；本解释施行前已经终审，当事人申请再审或者按照审判监督程序决定再审的案件，不适用本解释。

最高人民法院关于适用《中华人民共和国涉外民事关系法律适用法》若干问题的解释（一）

- 2012年12月10日最高人民法院审判委员会第1563次会议通过
- 根据2020年12月23日最高人民法院审判委员会第1823次会议通过的《最高人民法院关于修改〈最高人民法院关于破产企业国有划拨土地使用权应否列入破产财产等问题的批复〉等二十九件商事类司法解释的决定》修正

为正确审理涉外民事案件，根据《中华人民共和国涉外民事关系法律适用法》的规定，对人民法院适用该法的有关问题解释如下：

第一条 民事关系具有下列情形之一的，人民法院可以认定为涉外民事关系：

（一）当事人一方或双方是外国公民、外国法人或者其他组织、无国籍人；

（二）当事人一方或双方的经常居所地在中华人民共和国领域外；

（三）标的物在中华人民共和国领域外；

（四）产生、变更或者消灭民事关系的法律事实发生在中华人民共和国领域外；

（五）可以认定为涉外民事关系的其他情形。

第二条 涉外民事关系法律适用法实施以前发生的涉外民事关系，人民法院应当根据该涉外民事关系发生时的有关法律规定确定应当适用的法律；当时法律没有规定的，可以参照涉外民事关系法律适用法的规定确定。

第三条 涉外民事关系法律适用法与其他法律对同一涉外民事关系法律适用规定不一致的，适用涉外民事关系法律适用法的规定，但《中华人民共和国票据法》《中华人民共和国海商法》《中华

人民共和国民用航空法》等商事领域法律的特别规定以及知识产权领域法律的特别规定除外。

涉外民事关系法律适用法对涉外民事关系的法律适用没有规定而其他法律有规定的，适用其他法律的规定。

第四条 中华人民共和国法律没有明确规定当事人可以选择涉外民事关系适用的法律，当事人选择适用法律的，人民法院应认定该选择无效。

第五条 一方当事人以双方协议选择的法律与系争的涉外民事关系没有实际联系为由主张选择无效的，人民法院不予支持。

第六条 当事人在一审法庭辩论终结前协议选择或者变更选择适用的法律的，人民法院应予准许。

各方当事人援引相同国家的法律且未提出法律适用异议的，人民法院可以认定当事人已经就涉外民事关系适用的法律做出了选择。

第七条 当事人在合同中援引尚未对中华人民共和国生效的国际条约的，人民法院可以根据该国际条约的内容确定当事人之间的权利义务，但违反中华人民共和国社会公共利益或中华人民共和国法律、行政法规强制性规定的除外。

第八条 有下列情形之一，涉及中华人民共和国社会公共利益、当事人不能通过约定排除适用、无需通过冲突规范指引而直接适用于涉外民事关系的法律、行政法规的规定，人民法院应当认定为涉外民事关系法律适用法第四条规定的强制性规定：

（一）涉及劳动者权益保护的；

（二）涉及食品或公共卫生安全的；

（三）涉及环境安全的；

（四）涉及外汇管制等金融安全的；

（五）涉及反垄断、反倾销的；

（六）应当认定为强制性规定的其他情形。

第九条 一方当事人故意制造涉外民事关系的连结点，规避中华人民共和国法律、行政法规的强制性规定的，人民法院应认定为不发生适用外国法律的效力。

第十条 涉外民事争议的解决须以另一涉外民事关系的确认为前提时，人民法院应当根据该先决问题自身的性质确定其应当适用的法律。

第十一条 案件涉及两个或者两个以上的涉外民事关系时，人民法院应当分别确定应当适用的法律。

第十二条 当事人没有选择涉外仲裁协议适用的法律，也没有约定仲裁机构或者仲裁地，或者约定不明的，人民法院可以适用中华人民共和国法律认定该仲裁协议的效力。

第十三条 自然人在涉外民事关系产生或者变更、终止时已经连续居住一年以上且作为其生活中心的地方，人民法院可以认定为涉外民事关系法律适用法规定的自然人的经常居所地，但就医、劳务派遣、公务等情形除外。

第十四条 人民法院应当将法人的设立登记地认定为涉外民事关系法律适用法规定的法人的登记地。

第十五条 人民法院通过由当事人提供、已对中华人民共和国生效的国际条约规定的途径、中外法律专家提供等合理途径仍不能获得外国法律的，可以认定为不能查明外国法律。

根据涉外民事关系法律适用法第十条第一款的规定，当事人应当提供外国法律，其在人民法院指定的合理期限内无正当理由未提供该外国法律的，可以认定为不能查明外国法律。

第十六条 人民法院应当听取各方当事人对应当适用的外国法律的内容及其理解与适用的意见，当事人对该外国法律的内容及其理解与适用均无异议的，人民法院可以予以确认；当事人有异议的，由人民法院审查认定。

第十七条 涉及香港特别行政区、澳门特别行政区的民事关系的法律适用问题，参照适用本规定。

第十八条 涉外民事关系法律适用法施行后发生的涉外民事纠纷案件，本解释施行后尚未终审的，适用本解释；本解释施行前已经终审，当事人申请再审或者按照审判监督程序决定再审的，不适用本解释。

第十九条 本院以前发布的司法解释与本解释不一致的，以本解释为准。

最高人民法院关于适用《中华人民共和国涉外民事关系法律适用法》若干问题的解释（二）

·2023 年 11 月 30 日

法释〔2023〕12 号

为正确适用《中华人民共和国涉外民事关系法律适用法》，结合审判实践，就人民法院审理涉外民商事案件查明外国法律制定本解释。

第一条 人民法院审理涉外民商事案件适用外国法律的，应当根据涉外民事关系法律适用法第十条第一款的规定查明该国法律。

当事人选择适用外国法律的，应当提供该国法律。

当事人未选择适用外国法律的，由人民法院查明该国法律。

第二条 人民法院可以通过下列途径查明外国法律：

（一）由当事人提供；

（二）通过司法协助渠道由对方的中央机关或者主管机关提供；

（三）通过最高人民法院请求我国驻该国使领馆或者该国驻我国使领馆提供；

（四）由最高人民法院建立或者参与的法律查明合作机制参与方提供；

（五）由最高人民法院国际商事专家委员会专家提供；

（六）由法律查明服务机构或者中外法律专家提供；

（七）其他适当途径。

人民法院通过前款规定的其中一项途径无法获得外国法律或者获得的外国法律内容不明确、不充分的，应当通过该款规定的不同途径补充查明。

人民法院依据本条第一款第一项的规定要求当事人协助提供外国法律的，不得仅以当事人未予协助提供为由认定外国法律不能查明。

第三条 当事人提供外国法律的，应当提交该国法律的具体规定并说明获得途径、效力情况、与案件争议的关联性等。外国法律为判例法的，还应当提交判例全文。

第四条 法律查明服务机构、法律专家提供外国法律的，除提交本解释第三条规定的材料外，还应当提交法律查明服务机构的资质证明、法律专家的身份及资历证明，并附与案件无利害关系的书面声明。

第五条 查明的外国法律的相关材料均应当在法庭上出示。人民法院应当听取各方当事人对外国法律的内容及其理解与适用的意见。

第六条 人民法院可以召集庭前会议或者以其他适当方式，确定需要查明的外国法律的范围。

第七条 人民法院认为有必要的，可以通知提供外国法律的法律查明服务机构或者法律专家出庭接受询问。当事人申请法律查明服务机构或者法律专家出庭，人民法院认为有必要的，可以准许。

法律查明服务机构或者法律专家现场出庭确有困难的，可以在线接受询问，但法律查明服务机构或者法律专家所在国法律对跨国在线参与庭审有禁止性规定的除外。

出庭的法律查明服务机构或者法律专家只围绕外国法律及其理解发表意见，不参与其他法庭审理活动。

第八条 人民法院对外国法律的内容及其理解与适用，根据以下情形分别作出处理：

（一）当事人对外国法律的内容及其理解与适用均无异议的，人民法院可以予以确认；

（二）当事人对外国法律的内容及其理解与适用有异议的，应当说明理由。人民法院认为有必要的，可以补充查明或者要求当事人补充提供材料。经过补充查明或者补充提供材料，当事人仍有异议的，由人民法院审查认定；

（三）外国法律的内容已为人民法院生效裁判所认定的，人民法院应当予以确认，但有相反证据足以推翻的除外。

第九条 人民法院应当根据外国法律查明办理相关手续等所需时间确定当事人提供外国法律的期限。当事人有具体理由说明无法在人民法院确定的期限内提供外国法律而申请适当延长期限的，人民法院视情可予准许。

当事人选择适用外国法律，其在人民法院确定的期限内无正当理由未提供该外国法律的，人民法院可以认定为不能查明外国法律。

第十条　人民法院依法适用外国法律审理案件，应当在裁判文书中载明外国法律的查明过程及外国法律的内容；人民法院认定外国法律不能查明的，应当载明不能查明的理由。

第十一条　对查明外国法律的费用负担，当事人有约定的，从其约定；没有约定的，人民法院可以根据当事人的诉讼请求和具体案情，在作出裁判时确定上述合理费用的负担。

第十二条　人民法院查明香港特别行政区、澳门特别行政区的法律，可以参照适用本解释。有关法律和司法解释对查明香港特别行政区、澳门特别行政区的法律另有规定的，从其规定。

第十三条　本解释自2024年1月1日起施行。

本解释公布施行后，最高人民法院以前发布的司法解释与本解释不一致的，以本解释为准。

最高人民法院关于审理涉台民商事案件法律适用问题的规定

- 2010年4月26日最高人民法院审判委员会第1486次会议通过
- 根据2020年12月23日最高人民法院审判委员会第1823次会议通过的《最高人民法院关于修改〈最高人民法院关于破产企业国有划拨土地使用权应否列入破产财产等问题的批复〉等二十九件商事类司法解释的决定》修正

为正确审理涉台民商事案件，准确适用法律，维护当事人的合法权益，根据相关法律，制定本规定。

第一条　人民法院审理涉台民商事案件，应当适用法律和司法解释的有关规定。

根据法律和司法解释中选择适用法律的规则，确定适用台湾地区民事法律的，人民法院予以适用。

第二条　台湾地区当事人在人民法院参与民事诉讼，与大陆当事人有同等的诉讼权利和义务，其合法权益受法律平等保护。

第三条　根据本规定确定适用有关法律违反国家法律的基本原则或者社会公共利益的，不予适用。

最高人民法院关于审理海上保险纠纷案件若干问题的规定

- 2006年11月13日最高人民法院审判委员会第1405次会议通过
- 根据2020年12月23日最高人民法院审判委员会第1823次会议通过的《最高人民法院关于修改〈最高人民法院关于破产企业国有划拨土地使用权应否列入破产财产等问题的批复〉等二十九件商事类司法解释的决定》修正
- 2020年12月29日最高人民法院公告公布
- 自2021年1月1日起施行
- 法释〔2020〕18号

为正确审理海上保险纠纷案件，依照《中华人民共和国海商法》《中华人民共和国保险法》《中华人民共和国海事诉讼特别程序法》和《中华人民共和国民事诉讼法》的相关规定，制定本规定。

第一条　审理海上保险合同纠纷案件，适用海商法的规定；海商法没有规定的，适用保险法的有关规定；海商法、保险法均没有规定的，适用民法典等其他相关法律的规定。

第二条　审理非因海上事故引起的港口设施或者码头作为保险标的的保险合同纠纷案件，适用保险法等法律的规定。

第三条　审理保险人因发生船舶触碰港口设施或者码头等保险事故，行使代位请求赔偿权利向造成保险事故的第三人追偿的案件，适用海商法的规定。

第四条　保险人知道被保险人未如实告知海商法第二百二十二条第一款规定的重要情况，仍收取保险费或者支付保险赔偿，保险人又以被保险人未如实告知重要情况为由请求解除合同的，人民法院不予支持。

第五条　被保险人未按照海商法第二百三十四条的规定向保险人支付约定的保险费的，保险责任开始前，保险人有权解除保险合同，但保险人已经签发保险单证的除外；保险责任开始后，保险人以被保险人未支付保险费请求解除合同的，人民法院不予支持。

第六条　保险人以被保险人违反合同约定的

保证条款未立即书面通知保险人为由,要求从违反保证条款之日起解除保险合同的,人民法院应予支持。

第七条 保险人收到被保险人违反合同约定的保证条款书面通知后仍支付保险赔偿,又以被保险人违反合同约定的保证条款为由请求解除合同的,人民法院不予支持。

第八条 保险人收到被保险人违反合同约定的保证条款的书面通知后,就修改承保条件、增加保险费等事项与被保险人协商未能达成一致的,保险合同于违反保证条款之日解除。

第九条 在航次之中发生船舶转让的,未经保险人同意转让的船舶保险合同至航次终了时解除。船舶转让时起至航次终了时止的保险合同的权利、义务由船舶出让人享有、承担,也可以由船舶受让人继受。

船舶受让人根据前款规定向保险人请求赔偿时,应当提交有效的保险单证及船舶转让合同的证明。

第十条 保险人与被保险人在订立保险合同时均不知道保险标的已经发生保险事故而遭受损失,或者保险标的已经不可能因发生保险事故而遭受损失的,不影响保险合同的效力。

第十一条 海上货物运输中因承运人无正本提单交付货物造成的损失不属于保险人的保险责任范围。保险合同当事人另有约定的,依约定。

第十二条 发生保险事故后,被保险人为防止或者减少损失而采取的合理措施没有效果,要求保险人支付由此产生的合理费用的,人民法院应予支持。

第十三条 保险人在行使代位请求赔偿权利时,未依照海事诉讼特别程序法的规定,向人民法院提交其已经向被保险人实际支付保险赔偿凭证的,人民法院不予受理;已经受理的,裁定驳回起诉。

第十四条 受理保险人行使代位请求赔偿权利纠纷案件的人民法院应当仅就造成保险事故的第三人与被保险人之间的法律关系进行审理。

第十五条 保险人取得代位请求赔偿权利后,以被保险人向第三人提起诉讼、提交仲裁、申请扣押船舶或者第三人同意履行义务为由主张诉讼时效中断的,人民法院应予支持。

第十六条 保险人取得代位请求赔偿权利后,主张享有被保险人因申请扣押船舶取得的担保权利的,人民法院应予支持。

第十七条 本规定自2007年1月1日起施行。

最高人民法院关于审理无正本提单交付货物案件适用法律若干问题的规定

- 2009年2月16日最高人民法院审判委员会第1463次会议通过
- 根据2020年12月23日最高人民法院审判委员会第1823次会议通过的《最高人民法院关于修改〈最高人民法院关于破产企业国有划拨土地使用权应否列入破产财产等问题的批复〉等二十九件商事类司法解释的决定》修正

为正确审理无正本提单交付货物案件,根据《中华人民共和国民法典》《中华人民共和国海商法》等法律,制定本规定。

第一条 本规定所称正本提单包括记名提单、指示提单和不记名提单。

第二条 承运人违反法律规定,无正本提单交付货物,损害正本提单持有人提单权利的,正本提单持有人可以要求承运人承担由此造成损失的民事责任。

第三条 承运人因无正本提单交付货物造成正本提单持有人损失的,正本提单持有人可以要求承运人承担违约责任,或者承担侵权责任。

正本提单持有人要求承运人承担无正本提单交付货物民事责任的,适用海商法规定;海商法没有规定的,适用其他法律规定。

第四条 承运人因无正本提单交付货物承担民事责任的,不适用海商法第五十六条关于限制赔偿责任的规定。

第五条 提货人凭伪造的提单向承运人提取了货物,持有正本提单的收货人可以要求承运人承担无正本提单交付货物的民事责任。

第六条 承运人因无正本提单交付货物造成正本提单持有人损失的赔偿额,按照货物装船时的价值加运费和保险费计算。

第七条 承运人依照提单载明的卸货港所在

地法律规定，必须将承运到港的货物交付给当地海关或者港口当局的，不承担无正本提单交付货物的民事责任。

第八条 承运到港的货物超过法律规定期限无人向海关申报，被海关提取并依法变卖处理，或者法院依法裁定拍卖承运人留置的货物，承运人主张免除交付货物责任的，人民法院应予支持。

第九条 承运人按照记名提单托运人的要求中止运输、返还货物、变更到达地或者将货物交给其他收货人，持有记名提单的收货人要求承运人承担无正本提单交付货物民事责任的，人民法院不予支持。

第十条 承运人签发一式数份正本提单，向最先提交正本提单的人交付货物后，其他持有相同正本提单的人要求承运人承担无正本提单交付货物民事责任的，人民法院不予支持。

第十一条 正本提单持有人可以要求无正本提单交付货物的承运人与无正本提单提取货物的人承担连带赔偿责任。

第十二条 向承运人实际交付货物并持有指示提单的托运人，虽然在正本提单上没有载明其托运人身份，因承运人无正本提单交付货物，要求承运人依据海上货物运输合同承担无正本提单交付货物民事责任的，人民法院应予支持。

第十三条 在承运人未凭正本提单交付货物后，正本提单持有人与无正本提单提取货物的人就货款支付达成协议，在协议款项得不到赔付时，不影响正本提单持有人就其遭受的损失，要求承运人承担无正本提单交付货物的民事责任。

第十四条 正本提单持有人以承运人无正本提单交付货物为由提起的诉讼，适用海商法第二百五十七条的规定，时效期间为一年，自承运人应当交付货物之日起计算。

正本提单持有人以承运人与无正本提单提取货物的人共同实施无正本提单交付货物行为为由提起的侵权诉讼，诉讼时效适用本条前款规定。

第十五条 正本提单持有人以承运人无正本提单交付货物为由提起的诉讼，时效中断适用海商法第二百六十七条的规定。

正本提单持有人以承运人与无正本提单提取货物的人共同实施无正本提单交付货物行为为由提起的侵权诉讼，时效中断适用本条前款规定。

最高人民法院关于审理海事赔偿责任限制相关纠纷案件的若干规定

· 2010 年 3 月 22 日最高人民法院审判委员会第 1484 次会议通过
· 根据 2020 年 12 月 23 日最高人民法院审判委员会第 1823 次会议通过的《最高人民法院关于修改〈最高人民法院关于破产企业国有划拨土地使用权应否列入破产财产等问题的批复〉等二十九件商事类司法解释的决定》修正

为正确审理海事赔偿责任限制相关纠纷案件，依照《中华人民共和国海事诉讼特别程序法》《中华人民共和国海商法》的规定，结合审判实际，制定本规定。

第一条 审理海事赔偿责任限制相关纠纷案件，适用海事诉讼特别程序法、海商法的规定；海事诉讼特别程序法、海商法没有规定的，适用其他相关法律、行政法规的规定。

第二条 同一海事事故中，不同的责任人在起诉前依据海事诉讼特别程序法第一百零二条的规定向不同的海事法院申请设立海事赔偿责任限制基金的，后立案的海事法院应当依照民事诉讼法的规定，将案件移送先立案的海事法院管辖。

第三条 责任人在诉讼中申请设立海事赔偿责任限制基金的，应当向受理相关海事纠纷案件的海事法院提出。

相关海事纠纷由不同海事法院受理，责任人申请设立海事赔偿责任限制基金的，应当依据诉讼管辖协议向最先立案的海事法院提出；当事人之间未订立诉讼管辖协议的，向最先立案的海事法院提出。

第四条 海事赔偿责任限制基金设立后，设立基金的海事法院对海事请求人就与海事事故相关纠纷向责任人提起的诉讼具有管辖权。

海事请求人向其他海事法院提起诉讼的，受理案件的海事法院应当依照民事诉讼法的规定，将案件移送设立海事赔偿责任限制基金的海事法院，但当事人之间订有诉讼管辖协议的除外。

第五条 海事诉讼特别程序法第一百零六条第二款规定的海事法院在十五日内作出裁定的期间，

自海事法院受理设立海事赔偿责任限制基金申请的最后一次公告发布之次日起第三十日开始计算。

第六条 海事诉讼特别程序法第一百一十二条规定的申请债权登记期间的届满之日，为海事法院受理设立海事赔偿责任限制基金申请的最后一次公告发布之次日起第六十日。

第七条 债权人申请登记债权，符合有关规定的，海事法院应当在海事赔偿责任限制基金设立后，依照海事诉讼特别程序法第一百一十四条的规定作出裁定；海事赔偿责任限制基金未依法设立的，海事法院应当裁定终结债权登记程序。债权人已经交纳的申请费由申请设立海事赔偿责任限制基金的人负担。

第八条 海事赔偿责任限制基金设立后，海事请求人基于责任人依法不能援引海事赔偿责任限制抗辩的海事赔偿请求，可以对责任人的财产申请保全。

第九条 海事赔偿责任限制基金设立后，海事请求人就同一海事事故产生的属于海商法第二百零七条规定的可以限制赔偿责任的海事赔偿请求，以行使船舶优先权为由申请扣押船舶的，人民法院不予支持。

第十条 债权人提起确权诉讼时，依据海商法第二百零九条的规定主张责任人无权限制赔偿责任的，应当以书面形式提出。案件的审理不适用海事诉讼特别程序法规定的确权诉讼程序，当事人对海事法院作出的判决、裁定可以依法提起上诉。

两个以上债权人主张责任人无权限制赔偿责任的，海事法院可以将相关案件合并审理。

第十一条 债权人依据海事诉讼特别程序法第一百一十六条第一款的规定提起确权诉讼后，需要判定碰撞船舶过失程度比例的，案件的审理不适用海事诉讼特别程序法规定的确权诉讼程序，当事人对海事法院作出的判决、裁定可以依法提起上诉。

第十二条 海商法第二百零四条规定的船舶经营人是指登记的船舶经营人，或者接受船舶所有人委托实际使用和控制船舶并应当承担船舶责任的人，但不包括无船承运业务经营者。

第十三条 责任人未申请设立海事赔偿责任限制基金，不影响其在诉讼中对海商法第二百零七条规定的海事请求提出海事赔偿责任限制抗辩。

第十四条 责任人未提出海事赔偿责任限制抗辩的，海事法院不应主动适用海商法关于海事赔偿责任限制的规定进行裁判。

第十五条 责任人在一审判决作出前未提出海事赔偿责任限制抗辩，在二审、再审期间提出的，人民法院不予支持。

第十六条 责任人对海商法第二百零七条规定的海事赔偿请求未提出海事赔偿责任限制抗辩，债权人依据有关生效裁判文书或者仲裁裁决书，申请执行责任人海事赔偿责任限制基金以外的财产的，人民法院应予支持，但债权人以上述文书作为债权证据申请登记债权并经海事法院裁定准了的除外。

第十七条 海商法第二百零七条规定的可以限制赔偿责任的海事赔偿请求不包括因沉没、遇难、搁浅或者被弃船舶的起浮、清除、拆毁或者使之无害提起的索赔，或者因船上货物的清除、拆毁或者使之无害提起的索赔。

由于船舶碰撞致使责任人遭受前款规定的索赔，责任人就因此产生的损失向对方船舶追偿时，被请求人主张依据海商法第二百零七条的规定限制赔偿责任的，人民法院应予支持。

第十八条 海商法第二百零九条规定的"责任人"是指海事事故的责任人本人。

第十九条 海事请求人以发生海事事故的船舶不适航为由主张责任人无权限制赔偿责任，但不能证明引起赔偿请求的损失是由于责任人本人的故意或者明知可能造成损失而轻率地作为或者不作为造成的，人民法院不予支持。

第二十条 海事赔偿责任限制基金应当以人民币设立，其数额按法院准予设立基金的裁定生效之日的特别提款权对人民币的换算办法计算。

第二十一条 海商法第二百一十三条规定的利息，自海事事故发生之日起至基金设立之日止，按同期全国银行间同业拆借中心公布的贷款市场报价利率计算。

以担保方式设立海事赔偿责任限制基金的，基金设立期间的利息按同期全国银行间同业拆借中心公布的贷款市场报价利率计算。

第二十二条 本规定施行前已经终审的案件，人民法院进行再审时，不适用本规定。

第二十三条 本规定施行前本院发布的司法解释与本规定不一致的，以本规定为准。

最高人民法院关于审理海上货运代理纠纷案件若干问题的规定

- 2012年1月9日最高人民法院审判委员会第1538次会议通过
- 根据2020年12月23日最高人民法院审判委员会第1823次会议通过的《最高人民法院关于修改〈最高人民法院关于破产企业国有划拨土地使用权应否列入破产财产等问题的批复〉等二十九件商事类司法解释的决定》修正

为正确审理海上货运代理纠纷案件,依法保护当事人合法权益,根据《中华人民共和国民法典》《中华人民共和国海商法》《中华人民共和国民事诉讼法》和《中华人民共和国海事诉讼特别程序法》等有关法律规定,结合审判实践,制定本规定。

第一条 本规定适用于货运代理企业接受委托人委托处理与海上货物运输有关的货运代理事务时发生的下列纠纷:

(一)因提供订舱、报关、报检、报验、保险服务所发生的纠纷;

(二)因提供货物的包装、监装、监卸、集装箱装拆箱、分拨、中转服务所发生的纠纷;

(三)因缮制、交付有关单证、费用结算所发生的纠纷;

(四)因提供仓储、陆路运输服务所发生的纠纷;

(五)因处理其他海上货运代理事务所发生的纠纷。

第二条 人民法院审理海上货运代理纠纷案件,认定货运代理企业因处理海上货运代理事务与委托人之间形成代理、运输、仓储等不同法律关系的,应分别适用相关的法律规定。

第三条 人民法院应根据书面合同约定的权利义务的性质,并综合考虑货运代理企业取得报酬的名义和方式、开具发票的种类和收费项目、当事人之间的交易习惯以及合同实际履行的其他情况,认定海上货运代理合同关系是否成立。

第四条 货运代理企业在处理海上货运代理事务过程中以自己的名义签发提单、海运单或者其他运输单证,委托人据此主张货运代理企业承担承运人责任的,人民法院应予支持。

货运代理企业以承运人代理人名义签发提单、海运单或者其他运输单证,但不能证明取得承运人授权,委托人据此主张货运代理企业承担承运人责任的,人民法院应予支持。

第五条 委托人与货运代理企业约定了转委托权限,当事人就权限范围内的海上货运代理事务主张委托人同意转委托的,人民法院应予支持。

没有约定转委托权限,货运代理企业或第三人以委托人知道货运代理企业将海上货运代理事务转委托或部分转委托第三人处理而未表示反对为由,主张委托人同意转委托的,人民法院不予支持,但委托人的行为明确表明其接受转委托的除外。

第六条 一方当事人根据双方的交易习惯,有理由相信行为人有权代表对方当事人订立海上货运代理合同,该方当事人依据民法典第一百七十二条的规定主张合同成立的,人民法院应予支持。

第七条 海上货运代理合同约定货运代理企业交付处理海上货运代理事务取得的单证以委托人支付相关费用为条件,货运代理企业以委托人未支付相关费用为由拒绝交付单证的,人民法院应予支持。

合同未约定或约定不明确,货运代理企业以委托人未支付相关费用为由拒绝交付单证的,人民法院应予支持,但提单、海运单或者其他运输单证除外。

第八条 货运代理企业接受契约托运人的委托办理订舱事务,同时接受实际托运人的委托向承运人交付货物,实际托运人请求货运代理企业交付其取得的提单、海运单或者其他运输单证的,人民法院应予支持。

契约托运人是指本人或者委托他人以本人名义或者委托他人为本人与承运人订立海上货物运输合同的人。

实际托运人是指本人或者委托他人以本人名义或者委托他人为本人将货物交给与海上货物运输合同有关的承运人的人。

第九条 货运代理企业按照概括委托权限完成海上货运代理事务,请求委托人支付相关合理费用的,人民法院应予支持。

第十条 委托人以货运代理企业处理海上货运代理事务给委托人造成损失为由,主张由货运代理企业承担相应赔偿责任的,人民法院应予支持,但货运代理企业证明其没有过错的除外。

第十一条 货运代理企业未尽谨慎义务,与未在我国交通主管部门办理提单登记的无船承运业务经营者订立海上货物运输合同,造成委托人损失的,应承担相应的赔偿责任。

第十二条 货运代理企业接受未在我国交通主管部门办理提单登记的无船承运业务经营者的委托签发提单,当事人主张由货运代理企业和无船承运业务经营者对提单项下的损失承担连带责任的,人民法院应予支持。

货运代理企业承担赔偿责任后,有权向无船承运业务经营者追偿。

第十三条 因本规定第一条所列纠纷提起的诉讼,由海事法院管辖。

第十四条 人民法院在案件审理过程中,发现不具有无船承运业务经营资格的货运代理企业违反《中华人民共和国国际海运条例》的规定,以自己的名义签发提单、海运单或者其他运输单证的,应当向有关交通主管部门发出司法建议,建议交通主管部门予以处罚。

第十五条 本规定不适用于与沿海、内河货物运输有关的货运代理纠纷案件。

第十六条 本规定施行前本院作出的有关司法解释与本规定相抵触的,以本规定为准。

本规定施行后,案件尚在一审或者二审阶段的,适用本规定;本规定施行前已经终审的案件,本规定施行后当事人申请再审或者按照审判监督程序决定再审的案件,不适用本规定。

最高人民法院关于审理船舶碰撞和触碰案件财产损害赔偿的规定

- 1995年10月18日最高人民法院审判委员会第735次会议讨论通过
- 根据2020年12月23日最高人民法院审判委员会第1823次会议通过的《最高人民法院关于修改〈最高人民法院关于破产企业国有划拨土地使用权应否列入破产财产等问题的批复〉等二十九件商事类司法解释的决定》修正

根据《中华人民共和国民法典》和《中华人民共和国海商法》的有关规定,结合我国海事审判实践并参照国际惯例,对审理船舶碰撞和触碰案件的财产损害赔偿规定如下:

一、请求人可以请求赔偿对船舶碰撞或者触碰所造成的财产损失,船舶碰撞或者触碰后相继发生的有关费用和损失,为避免或者减少损害而产生的合理费用和损失,以及预期可得利益的损失。

因请求人的过错造成的损失或者使损失扩大的部分,不予赔偿。

二、赔偿应当尽量达到恢复原状,不能恢复原状的折价赔偿。

三、船舶损害赔偿分为全损赔偿和部分损害赔偿。

(一)船舶全损的赔偿包括:

船舶价值损失;

未包括在船舶价值内的船舶上的燃料、物料、备件、供应品,渔船上的捕捞设备、网具、渔具等损失;

船员工资、遣返费及其他合理费用。

(二)船舶部分损害的赔偿包括:合理的船舶临时修理费、永久修理费及辅助费用、维持费用,但应满足下列条件:

船舶应就近修理,除非请求人能证明在其他地方修理更能减少损失和节省费用,或者有其他合理的理由。如果船舶经临时修理可继续营运,请求人有责任进行临时修理;

船舶碰撞部位的修理,同请求人为保证船舶适航,或者因另外事故所进行的修理,或者与船舶例行的检修一起进行时,赔偿仅限于修理本次船舶碰撞的受损部位所需的费用和损失。

(三)船舶损害赔偿还包括:

合理的救助费,沉船的勘查、打捞和清除费用,设置沉船标志费用;

拖航费用,本航次的租金或者运费损失,共同海损分摊;

合理的船期损失;

其他合理的费用。

四、船上财产的损害赔偿包括:

船上财产的灭失或者部分损坏引起的贬值损失;

合理的修复或者处理费用;

合理的财产救助、打捞和清除费用,共同海损分摊;

其他合理费用。

五、船舶触碰造成设施损害的赔偿包括:

设施的全损或者部分损坏修复费用;

设施修复前不能正常使用所产生的合理的收

益损失。

六、船舶碰撞或者触碰造成第三人财产损失的,应予赔偿。

七、除赔偿本金外,利息损失也应赔偿。

八、船舶价值损失的计算,以船舶碰撞发生地当时类似船舶的市价确定;碰撞发生地无类似船舶市价的,以船舶船籍港类似船舶的市价确定,或者以其他地区类似船舶市价的平均价确定;没有市价的,以原船舶的造价或者购置价,扣除折旧(折旧率按年 4—10%)计算;折旧后没有价值的按残值计算。

船舶被打捞后尚有残值的,船舶价值应扣除残值。

九、船上财产损失的计算:

(一)货物灭失的,按照货物的实际价值,即以货物装船时的价值加运费加请求人已支付的货物保险费计算,扣除可节省的费用;

(二)货物损坏的,以修复所需的费用,或者以货物的实际价值扣除残值和可节省的费用计算;

(三)由于船舶碰撞在约定的时间内迟延交付所产生的损失,按迟延交付货物的实际价值加预期可得利润与到岸时的市价的差价计算,但预期可得利润不得超过货物实际价值的 10%;

(四)船上捕捞的鱼货,以实际的鱼货价值计算。鱼货价值参照海事发生时当地市价,扣除可节省的费用。

(五)船上渔具、网具的种类和数量,以本次出海捕捞作业所需量扣减现存量计算,但所需量超过渔政部门规定或者许可的种类和数量的,不予认定;渔具、网具的价值,按原购置价或者原造价扣除折旧费用和残值计算;

(六)旅客行李、物品(包括自带行李)的损失,属本船旅客的损失,依照海商法的规定处理;属他船旅客的损失,可参照旅客运输合同中有关旅客行李灭失或者损坏的赔偿规定处理;

(七)船员个人生活必需品的损失,按实际损失适当予以赔偿;

(八)承运人与旅客书面约定由承运人保管的货币、金银、珠宝、有价证券或者其他贵重物品的损失,依海商法的规定处理;船员、旅客、其他人员个人携带的货币、金银、珠宝、有价证券或者其他贵重物品的损失,不予认定;

(九)船上其他财产的损失,按其实际价值计算。

十、船期损失的计算:

期限:船舶全损的,以找到替代船所需的合理期间为限,但最长不得超过两个月;船舶部分损害的修船期限,以实际修复所需的合理期间为限,其中包括联系、住坞、验船等所需的合理时间;渔业船舶,按上述期限扣除休渔期为限,或者以一个渔汛期为限。

船期损失,一般以船舶碰撞前后各两个航次的平均净盈利计算;无前后各两个航次可参照的,以其他相应航次的平均净盈利计算。

渔船渔汛损失,以该渔船前 3 年的同期渔汛平均净收益计算,或者以本年内同期同类渔船的平均净收益计算。计算渔汛损失时,应当考虑到碰撞渔船在对船捕渔作业或者围网灯光捕渔作业中的作用等因素。

十一、租金或者运费损失的计算:

碰撞导致期租合同承租人停租或者不付租金的,以停租或者不付租金额,扣除可节省的费用计算。

因货物灭失或者损坏导致到付运费损失的,以尚未收取的运费金额扣除可节省的费用计算。

十二、设施损害赔偿的计算:

期限:以实际停止使用期间扣除常规检修的期间为限;

设施部分损坏或者全损,分别以合理的修复费用或者重新建造的费用,扣除已使用年限的折旧费计算;

设施使用的收益损失,以实际减少的净收益,即按停止使用前 3 个月的平均净盈利计算;部分使用并有收益的,应当扣减。

十三、利息损失的计算:

船舶价值的损失利息,从船期损失停止计算之日起至判决或者调解指定的应付之日止;

其他各项损失的利息,从损失发生之日或者费用产生之日起计算至判决或者调解指定的应付之日止;

利息按本金性质的同期利率计算。

十四、计算损害赔偿的货币,当事人有约定的,依约定;没有约定的,按以下相关的货币计算:

按船舶营运或者生产经营所使用的货币计算;

船载进、出口货物的价值,按买卖合同或者提单、运单记明的货币计算;

以特别提款权计算损失的,按法院判决或者

调解之日的兑换率换算成相应的货币。

十五、本规定不包括对船舶碰撞或者触碰责任的确定,不影响船舶所有人或者承运人依法享受免责和责任限制的权利。

十六、本规定中下列用语的含义:

"船舶"是指所有用作或者能够用作水上运输工具的各类水上船筏,包括非排水船舶和水上飞机。但是用于军事的和政府公务的船舶除外。

"设施"是指人为设置的固定或者可移动的构造物,包括固定平台、浮鼓、码头、堤坝、桥梁、敷设或者架设的电缆、管道等。

"船舶碰撞"是指在海上或者与海相通的可航水域,两艘或者两艘以上的船舶之间发生接触或者没有直接接触,造成财产损害的事故。

"船舶触碰"是指船舶与设施或者障碍物发生接触并造成财产损害的事故。

"船舶全损"是指船舶实际全部损失,或者损坏已达到相当严重的程度,以至于救助、打捞、修理费等费用之和达到或者超过碰撞或者触碰发生前的船舶价值。

"辅助费用"是指为进行修理而产生的合理费用,包括必要的进坞费、清舱除气费、排放油污水处理费、港口使费、引航费、检验费以及修船期间所产生的住坞费、码头费等费用,但不限于上述费用。

"维持费用"是指船舶修理期间,船舶和船员日常消耗的费用,包括燃料、物料、淡水及供应品的消耗和船员工资等。

十七、本规定自发布之日起施行。

最高人民法院关于审理船舶油污损害赔偿纠纷案件若干问题的规定

- 2011年1月10日最高人民法院审判委员会第1509次会议通过
- 根据2020年12月23日最高人民法院审判委员会第1823次会议通过的《最高人民法院关于修改〈最高人民法院关于破产企业国有划拨土地使用权应否列入破产财产等问题的批复〉等二十九件商事类司法解释的决定》修正

为正确审理船舶油污损害赔偿纠纷案件,依照《中华人民共和国民法典》《中华人民共和国海洋环境保护法》《中华人民共和国海商法》《中华人民共和国民事诉讼法》《中华人民共和国海事诉讼特别程序法》等法律法规以及中华人民共和国缔结或者参加的有关国际条约,结合审判实践,制定本规定。

第一条 船舶发生油污事故,对中华人民共和国领域和管辖的其他海域造成油污损害或者形成油污损害威胁,人民法院审理相关船舶油污损害赔偿纠纷案件,适用本规定。

第二条 当事人就油轮装载持久性油类造成的油污损害提起诉讼、申请设立油污损害赔偿责任限制基金,由船舶油污事故发生地海事法院管辖。

油轮装载持久性油类引起的船舶油污事故,发生在中华人民共和国领域和管辖的其他海域外,对中华人民共和国领域和管辖的其他海域造成油污损害或者形成油污损害威胁,当事人就船舶油污事故造成的损害提起诉讼、申请设立油污损害赔偿责任限制基金,由油污损害结果地或者采取预防油污措施地海事法院管辖。

第三条 两艘或者两艘以上船舶泄漏油类造成油污损害,受损害人请求各泄漏油船舶所有人承担赔偿责任,按照泄漏油数量及泄漏油类对环境的危害性等因素能够合理分开各自造成的损害,由各泄漏油船舶所有人分别承担责任;不能合理分开各自造成的损害,各泄漏油船舶所有人承担连带责任。但泄漏油船舶所有人依法免予承担责任的除外。

各泄漏油船舶所有人对受损害人承担连带责任的,相互之间根据各自责任大小确定相应的赔偿数额;难以确定责任大小的,平均承担赔偿责任。泄漏油船舶所有人支付超出自己应赔偿的数额,有权向其他泄漏油船舶所有人追偿。

第四条 船舶互有过失碰撞引起油类泄漏造成油污损害的,受损害人可以请求泄漏油船舶所有人承担全部赔偿责任。

第五条 油轮装载的持久性油类造成油污损害的,应依照《防治船舶污染海洋环境管理条例》《1992年国际油污损害民事责任公约》的规定确定赔偿限额。

油轮装载的非持久性燃油或者非油轮装载的燃油造成油污损害的,应依照海商法关于海事赔偿责任限制的规定确定赔偿限额。

第六条 经证明油污损害是由于船舶所有人

的故意或者明知可能造成此种损害而轻率地作为或者不作为造成的，船舶所有人主张限制赔偿责任，人民法院不予支持。

第七条　油污损害是由于船舶所有人故意造成的，受损害人请求船舶油污损害责任保险人或者财务保证人赔偿，人民法院不予支持。

第八条　受损害人直接向船舶油污损害责任保险人或者财务保证人提起诉讼，船舶油污损害责任保险人或者财务保证人可以对受损害人主张船舶所有人的抗辩。

除船舶所有人故意造成油污损害外，船舶油污损害责任保险人或者财务保证人向受损害人主张其对船舶所有人的抗辩，人民法院不予支持。

第九条　船舶油污损害赔偿范围包括：

（一）为防止或者减轻船舶油污损害采取预防措施所发生的费用，以及预防措施造成的进一步灭失或者损害；

（二）船舶油污事故造成该船舶之外的财产损害以及由此引起的收入损失；

（三）因油污造成环境损害所引起的收入损失；

（四）对受污染的环境已采取或将要采取合理恢复措施的费用。

第十条　对预防措施费用以及预防措施造成的进一步灭失或者损害，人民法院应当结合污染范围、污染程度、油类泄漏量、预防措施的合理性、参与清除油污人员及投入使用设备的费用等因素合理认定。

第十一条　对遇险船舶实施防污措施，作业开始时的主要目的仅是为防止、减轻油污损害的，所发生的费用应认定为预防措施费用。

作业具有救助遇险船舶、其他财产和防止、减轻油污损害的双重目的，应根据目的的主次比例合理划分预防措施费用与救助措施费用；无合理依据区分主次目的，相关费用应平均分摊。但污染危险消除后发生的费用不应列为预防措施费用。

第十二条　船舶泄漏油类污染其他船舶、渔具、养殖设施等财产，受损害人请求油污责任人赔偿因清洗、修复受污染财产支付的合理费用，人民法院应予支持。

受污染财产无法清洗、修复，或者清洗、修复成本超过其价值的，受损害人请求油污责任人赔偿合理的更换费用，人民法院应予支持，但应参照受污染财产实际使用年限与预期使用年限的比例作合理扣除。

第十三条　受损害人因其财产遭受船舶油污，不能正常生产经营的，其收入损失应以财产清洗、修复或者更换所需合理期间为限进行计算。

第十四条　海洋渔业、滨海旅游业及其他用海、临海经营单位或者个人请求因环境污染所遭受的收入损失，具备下列全部条件，由此证明收入损失与环境污染之间具有直接因果关系的，人民法院应予支持：

（一）请求人的生产经营活动位于或者接近污染区域；

（二）请求人的生产经营活动主要依赖受污染资源或者海岸线；

（三）请求人难以找到其他替代资源或者商业机会；

（四）请求人的生产经营业务属于当地相对稳定的产业。

第十五条　未经相关行政主管部门许可，受损害人从事海上养殖、海洋捕捞，主张收入损失的，人民法院不予支持；但请求赔偿清洗、修复、更换养殖或者捕捞设施的合理费用，人民法院应予支持。

第十六条　受损害人主张因其财产受污染或者因环境污染造成的收入损失，应以其前三年同期平均净收入扣减受损期间的实际净收入计算，并适当考虑影响收入的其他相关因素予以合理确定。

按照前款规定无法认定收入损失的，可以参考政府部门的相关统计数据和信息，或者同区域同类生产经营者的同期平均收入合理认定。

受损害人采取合理措施避免收入损失，请求赔偿合理措施的费用，人民法院应予支持，但以其避免发生的收入损失数额为限。

第十七条　船舶油污事故造成环境损害的，对环境损害的赔偿应限于已实际采取或者将要采取的合理恢复措施的费用。恢复措施的费用包括合理的监测、评估、研究费用。

第十八条　船舶取得有效的油污损害民事责任保险或者具有相应财务保证的，油污损害人主张船舶优先权的，人民法院不予支持。

第十九条　对油轮装载的非持久性燃油、非油轮装载的燃油造成油污损害的赔偿请求，适用海商法关于海事赔偿责任限制的规定。

同一海事事故造成前款规定的油污损害和海商法第二百零七条规定的可以限制赔偿责任的其他损害,船舶所有人依照海商法第十一章的规定主张在同一赔偿限额内限制赔偿责任的,人民法院应予支持。

第二十条 为避免油轮装载的非持久性燃油、非油轮装载的燃油造成油污损害,对沉没、搁浅、遇难船舶采取起浮、清除或者使之无害措施,船舶所有人对由此发生的费用主张依照海商法第十一章的规定限制赔偿责任的,人民法院不予支持。

第二十一条 对油轮装载持久性油类造成的油污损害,船舶所有人,或者船舶油污责任保险人、财务保证人主张责任限制的,应当设立油污损害赔偿责任限制基金。

油污损害赔偿责任限制基金以现金方式设立的,基金数额为《防治船舶污染海洋环境管理条例》《1992年国际油污损害民事责任公约》规定的赔偿限额。以担保方式设立基金的,担保数额为基金数额及其在基金设立期间的利息。

第二十二条 船舶所有人、船舶油污损害责任保险人或者财务保证人申请设立油污损害赔偿责任限制基金,利害关系人对船舶所有人主张限制赔偿责任有异议的,应当在海事诉讼特别程序法第一百零六条第一款规定的异议期内以书面形式提出,但提出该异议不影响基金的设立。

第二十三条 对油轮装载持久性油类造成的油污损害,利害关系人没有在异议期内对船舶所有人主张限制赔偿责任提出异议,油污损害赔偿责任限制基金设立后,海事法院应当解除对船舶所有人的财产采取的保全措施或者发还为解除保全措施而提供的担保。

第二十四条 对油轮装载持久性油类造成的油污损害,利害关系人在异议期内对船舶所有人主张限制赔偿责任提出异议,人民法院在认定船舶所有人有权限制赔偿责任的裁决生效后,应当解除对船舶所有人的财产采取的保全措施或发还为解除保全措施而提供的担保。

第二十五条 对油轮装载持久性油类造成的油污损害,受损害人提起诉讼时主张船舶所有人无权限制赔偿责任的,海事法院对船舶所有人是否有权限制赔偿责任的争议,可以先行审理并作出判决。

第二十六条 对油轮装载持久性油类造成的油污损害,受损害人没有在规定的债权登记期间申请债权登记的,视为放弃在油污损害赔偿责任限制基金中受偿的权利。

第二十七条 油污损害赔偿责任限制基金不足以清偿有关油污损害的,应根据确认的赔偿数额依法按比例分配。

第二十八条 对油轮装载持久性油类造成的油污损害,船舶所有人、船舶油污损害责任保险人或者财务保证人申请设立油污损害赔偿责任限制基金、受损害人申请债权登记与受偿,本规定没有规定的,适用海事诉讼特别程序法及相关司法解释的规定。

第二十九条 在油污损害赔偿责任限制基金分配以前,船舶所有人、船舶油污损害责任保险人或者财务保证人,已先行赔付油污损害的,可以书面申请从基金中代位受偿。代位受偿应限于赔付的范围,并不超过接受赔付的人依法可获得的赔偿数额。

海事法院受理代位受偿申请后,应书面通知所有对油污损害赔偿责任限制基金提出主张的利害关系人。利害关系人对申请人主张代位受偿的权利有异议的,应在收到通知之日起十五日内书面提出。

海事法院经审查认定申请人代位受偿权利成立,应裁定予以确认;申请人主张代位受偿的权利缺乏事实或者法律依据的,裁定驳回其申请。当事人对裁定不服的,可以在收到裁定书之日起十日内提起上诉。

第三十条 船舶所有人为主动防止、减轻油污损害而支出的合理费用或者所作的合理牺牲,请求参与油污损害赔偿责任限制基金分配的,人民法院应予支持,比照本规定第二十九条第二款、第三款的规定处理。

第三十一条 本规定中下列用语的含义是:

(一)船舶,是指非用于军事或者政府公务的海船和其他海上移动式装置,包括航行于国际航线和国内航线的油轮和非油轮。其中,油轮是指为运输散装持久性货油而建造或者改建的船舶,以及实际装载散装持久性货油的其他船舶。

(二)油类,是指烃类矿物油及其残余物,限于装载于船上作为货物运输的持久性货油、装载用于本船运行的持久性和非持久性燃油，不包括装载于船上作为货物运输的非持久性货油。

（三）船舶油污事故，是指船舶泄漏油类造成油污损害，或者虽未泄漏油类但形成严重和紧迫油污损害威胁的一个或者一系列事件。一系列事件因同一原因而发生的，视为同一事故。

（四）船舶油污损害责任保险人或者财务保证人，是指海事事故中泄漏油类或者直接形成油污损害威胁的船舶一方的油污责任保险人或者财务保证人。

（五）油污损害赔偿责任限制基金，是指船舶所有人、船舶油污损害责任保险人或者财务保证人，对油轮装载持久性油类造成的油污损害申请设立的赔偿责任限制基金。

第三十二条 本规定实施前本院发布的司法解释与本规定不一致的，以本规定为准。

本规定施行前已经终审的案件，人民法院进行再审时，不适用本规定。

最高人民法院关于审理船舶碰撞纠纷案件若干问题的规定

- 2008年4月28日最高人民法院审判委员会第1446次会议通过
- 根据2020年12月23日最高人民法院审判委员会第1823次会议通过的《最高人民法院关于修改〈最高人民法院关于破产企业国有划拨土地使用权应否列入破产财产等问题的批复〉等二十九件商事类司法解释的决定》修正

为正确审理船舶碰撞纠纷案件，依照《中华人民共和国民法典》《中华人民共和国民事诉讼法》《中华人民共和国海商法》《中华人民共和国海事诉讼特别程序法》等法律，制定本规定。

第一条 本规定所称船舶碰撞，是指海商法第一百六十五条所指的船舶碰撞，不包括内河船舶之间的碰撞。

海商法第一百七十条所指的损害事故，适用本规定。

第二条 审理船舶碰撞纠纷案件，依照海商法第八章的规定确定碰撞船舶的赔偿责任。

第三条 因船舶碰撞导致船舶触碰引起的侵权纠纷，依照海商法第八章的规定确定碰撞船舶的赔偿责任。

非因船舶碰撞导致船舶触碰引起的侵权纠纷，依照民法通则的规定确定触碰船舶的赔偿责任，但不影响海商法第八章之外其他规定的适用。

第四条 船舶碰撞产生的赔偿责任由船舶所有人承担，碰撞船舶在光船租赁期间并经依法登记的，由光船承租人承担。

第五条 因船舶碰撞发生的船上人员的人身伤亡属于海商法第一百六十九条第三款规定的第三人的人身伤亡。

第六条 碰撞船舶互有过失造成船载货物损失，船载货物的权利人对承运货物的本船提起违约赔偿之诉，或者对碰撞船舶一方或者双方提起侵权赔偿之诉的，人民法院应当依法予以受理。

第七条 船载货物的权利人因船舶碰撞造成其货物损失向承运货物的本船提起诉讼的，承运船舶可以依照海商法第一百六十九条第二款的规定主张按照过失程度的比例承担赔偿责任。

前款规定不影响承运人和实际承运人援用海商法第四章关于承运人抗辩理由和限制赔偿责任的规定。

第八条 碰撞船舶船载货物权利人或者第三人向碰撞船舶一方或者双方就货物或其他财产损失提出赔偿请求的，由碰撞船舶方提供证据证明过失程度的比例。无正当理由拒不提供证据的，由碰撞船舶一方承担全部赔偿责任或者由双方承担连带赔偿责任。

前款规定的证据指具有法律效力的判决书、裁定书、调解书和仲裁裁决书。对于碰撞船舶提交的国外的判决书、裁定书、调解书和仲裁裁决书，依照民事诉讼法第二百八十二条和第二百八十三条规定的程序审查。

第九条 因起浮、清除、拆毁由船舶碰撞造成的沉没、遇难、搁浅或被弃船舶及船上货物或者使其无害的费用提出的赔偿请求，责任人不能依照海商法第十一章的规定享受海事赔偿责任限制。

第十条 审理船舶碰撞纠纷案件时，人民法院根据当事人的申请进行证据保全取得的或者向有关部门调查收集的证据，应当在当事人完成举证并出具完成举证说明书后出示。

第十一条 船舶碰撞事故发生后，主管机关依法进行调查取得并经过事故当事人和有关人员确认的碰撞事实调查材料,可以作为人民法院认定案件事实的证据,但有相反证据足以推翻的除外。

2. 知识产权类

中华人民共和国商标法

- 1982年8月23日第五届全国人民代表大会常务委员会第二十四次会议通过
- 根据1993年2月22日第七届全国人民代表大会常务委员会第三十次会议《关于修改〈中华人民共和国商标法〉的决定》第一次修正
- 根据2001年10月27日第九届全国人民代表大会常务委员会第二十四次会议《关于修改〈中华人民共和国商标法〉的决定》第二次修正
- 根据2013年8月30日第十二届全国人民代表大会常务委员会第四次会议《关于修改〈中华人民共和国商标法〉的决定》第三次修正
- 根据2019年4月23日第十三届全国人民代表大会常务委员会第十次会议《关于修改〈中华人民共和国建筑法〉等八部法律的决定》第四次修正

第一章 总 则

第一条 【立法宗旨】为了加强商标管理,保护商标专用权,促使生产、经营者保证商品和服务质量,维护商标信誉,以保障消费者和生产、经营者的利益,促进社会主义市场经济的发展,特制定本法。

第二条 【行政主管部门】国务院工商行政管理部门商标局主管全国商标注册和管理的工作。

国务院工商行政管理部门设立商标评审委员会,负责处理商标争议事宜。

第三条 【注册商标及其分类与保护】经商标局核准注册的商标为注册商标,包括商品商标、服务商标和集体商标、证明商标;商标注册人享有商标专用权,受法律保护。

本法所称集体商标,是指以团体、协会或者其他组织名义注册,供该组织成员在商事活动中使用,以表明使用者在该组织中的成员资格的标志。

本法所称证明商标,是指由对某种商品或者服务具有监督能力的组织所控制,而由该组织以外的单位或者个人使用于其商品或者服务,用以证明该商品或者服务的原产地、原料、制造方法、质量或者其他特定品质的标志。

集体商标、证明商标注册和管理的特殊事项,由国务院工商行政管理部门规定。

第四条 【商标注册申请】自然人、法人或者其他组织在生产经营活动中,对其商品或者服务需要取得商标专用权的,应当向商标局申请商标注册。不以使用为目的的恶意商标注册申请,应当予以驳回。

本法有关商品商标的规定,适用于服务商标。

第五条 【注册商标共有】两个以上的自然人、法人或者其他组织可以共同向商标局申请注册同一商标,共同享有和行使该商标专用权。

第六条 【商标强制注册】法律、行政法规规定必须使用注册商标的商品,必须申请商标注册,未经核准注册的,不得在市场销售。

第七条 【诚实信用原则和商品质量】申请注册和使用商标,应当遵循诚实信用原则。

商标使用人应当对其使用商标的商品质量负责。各级工商行政管理部门应当通过商标管理,制止欺骗消费者的行为。

第八条 【商标的构成要素】任何能够将自然人、法人或者其他组织的商品与他人的商品区别开的标志,包括文字、图形、字母、数字、三维标志、颜色组合和声音等,以及上述要素的组合,均可以作为商标申请注册。

第九条 【申请注册的商标应具备的条件】申请注册的商标,应当有显著特征,便于识别,并不得与他人在先取得的合法权利相冲突。

商标注册人有权标明"注册商标"或者注册标记。

第十条 【禁止作为商标使用的标志】下列标志不得作为商标使用:

(一)同中华人民共和国的国家名称、国旗、国徽、国歌、军旗、军徽、军歌、勋章等相同或者近似的,以及同中央国家机关的名称、标志、所在地特定地点的名称或者标志性建筑物的名称、图形相同的;

(二)同外国的国家名称、国旗、国徽、军旗相同或者近似的,但经该国政府同意的除外;

(三)同政府间国际组织的名称、旗帜、徽记等相同或者近似的,但经该组织同意或者不易误导公众的除外;

(四)与表明实施控制、予以保证的官方标志、检验印记相同或者近似的,但经授权的除外;

(五)同"红十字"、"红新月"的名称、标志相同或者近似的;

(六)带有民族歧视性的;

(七)带有欺骗性,容易使公众对商品的质量等特点或者产地产生误认的;

(八)有害于社会主义道德风尚或者有其他不良影响的。

县级以上行政区划的地名或者公众知晓的外国地名,不得作为商标。但是,地名具有其他含义或者作为集体商标、证明商标组成部分的除外;已经注册的使用地名的商标继续有效。

第十一条 【不得作为商标注册的标志】 下列标志不得作为商标注册:

(一)仅有本商品的通用名称、图形、型号的;

(二)仅直接表示商品的质量、主要原料、功能、用途、重量、数量及其他特点的;

(三)其他缺乏显著特征的。

前款所列标志经过使用取得显著特征,并便于识别的,可以作为商标注册。

第十二条 【三维标志申请注册商标的限制条件】 以三维标志申请注册商标的,仅由商品自身的性质产生的形状、为获得技术效果而需有的商品形状或者使商品具有实质性价值的形状,不得注册。

第十三条 【驰名商标的保护】 为相关公众所熟知的商标,持有人认为其权利受到侵害时,可以依照本法规定请求驰名商标保护。

就相同或者类似商品申请注册的商标是复制、摹仿或者翻译他人未在中国注册的驰名商标,容易导致混淆的,不予注册并禁止使用。

就不相同或者不相类似商品申请注册的商标是复制、摹仿或者翻译他人已经在中国注册的驰名商标,误导公众,致使该驰名商标注册人的利益可能受到损害的,不予注册并禁止使用。

第十四条 【驰名商标的认定】 驰名商标应当根据当事人的请求,作为处理涉及商标案件需要认定的事实进行认定。认定驰名商标应当考虑下列因素:

(一)相关公众对该商标的知晓程度;

(二)该商标使用的持续时间;

(三)该商标的任何宣传工作的持续时间、程度和地理范围;

(四)该商标作为驰名商标受保护的记录;

(五)该商标驰名的其他因素。

在商标注册审查、工商行政管理部门查处商标违法案件过程中,当事人依照本法第十三条规定主张权利的,商标局根据审查、处理案件的需要,可以对商标驰名情况作出认定。

在商标争议处理过程中,当事人依照本法第十三条规定主张权利的,商标评审委员会根据处理案件的需要,可以对商标驰名情况作出认定。

在商标民事、行政案件审理过程中,当事人依照本法第十三条规定主张权利的,最高人民法院指定的人民法院根据审理案件的需要,可以对商标驰名情况作出认定。

生产、经营者不得将"驰名商标"字样用于商品、商品包装或者容器上,或者用于广告宣传、展览以及其他商业活动中。

第十五条 【恶意注册他人商标】 未经授权,代理人或者代表人以自己的名义将被代理人或者被代表人的商标进行注册,被代理人或者被代表人提出异议的,不予注册并禁止使用。

就同一种商品或者类似商品申请注册的商标与他人在先使用的未注册商标相同或者近似,申请人与该他人具有前款规定以外的合同、业务往来关系或者其他关系而明知该他人商标存在,该他人提出异议的,不予注册。

第十六条 【地理标志】 商标中有商品的地理标志,而该商品并非来源于该标志所标示的地区,误导公众的,不予注册并禁止使用;但是,已经善意取得注册的继续有效。

前款所称地理标志,是指标示某商品来源于某地区,该商品的特定质量、信誉或者其他特征,主要由该地区的自然因素或者人文因素所决定的标志。

第十七条 【外国人在中国申请商标注册】 外国人或者外国企业在中国申请商标注册的,应当按其所属国和中华人民共和国签订的协议或者共同参加的国际条约办理,或者按对等原则办理。

第十八条 【商标代理机构】 申请商标注册或者办理其他商标事宜,可以自行办理,也可以委托依法设立的商标代理机构办理。

外国人或者外国企业在中国申请商标注册和办理其他商标事宜的,应当委托依法设立的商标

第十九条 【商标代理机构的行为规范】商标代理机构应当遵循诚实信用原则,遵守法律、行政法规,按照被代理人的委托办理商标注册申请或者其他商标事宜;对在代理过程中知悉的被代理人的商业秘密,负有保密义务。

委托人申请注册的商标可能存在本法规定不得注册情形的,商标代理机构应当明确告知委托人。

商标代理机构知道或者应当知道委托人申请注册的商标属于本法第四条、第十五条和第三十二条规定情形的,不得接受其委托。

商标代理机构除对其代理服务申请商标注册外,不得申请注册其他商标。

第二十条 【商标代理行业组织对会员的管理】商标代理行业组织应当按照章程规定,严格执行吸纳会员的条件,对违反行业自律规范的会员实行惩戒。商标代理行业组织对其吸纳的会员和对会员的惩戒情况,应当及时向社会公布。

第二十一条 【商标国际注册】商标国际注册遵循中华人民共和国缔结或者参加的有关国际条约确立的制度,具体办法由国务院规定。

第二章 商标注册的申请

第二十二条 【商标注册申请的提出】商标注册申请人应当按规定的商品分类表填报使用商标的商品类别和商品名称,提出注册申请。

商标注册申请人可以通过一份申请就多个类别的商品申请注册同一商标。

商标注册申请等有关文件,可以以书面方式或者数据电文方式提出。

第二十三条 【注册申请的另行提出】注册商标需要在核定使用范围之外的商品上取得商标专用权的,应当另行提出注册申请。

第二十四条 【注册申请的重新提出】注册商标需要改变其标志的,应当重新提出申请。

第二十五条 【优先权及其手续】商标注册申请人自其商标在外国第一次提出商标注册申请之日起六个月内,又在中国就相同商品以同一商标提出商标注册申请的,依照该外国同中国签订的协议或者共同参加的国际条约,或者按照相互承认优先权的原则,可以享有优先权。

依照前款要求优先权的,应当在提出商标注册申请的时候提出书面声明,并且在三个月内提交第一次提出的商标注册申请文件的副本;未提出书面声明或者逾期未提交商标注册申请文件副本的,视为未要求优先权。

第二十六条 【国际展览会中的临时保护】商标在中国政府主办的或者承认的国际展览会展出的商品上首次使用的,自该商品展出之日起六个月内,该商标的注册申请人可以享有优先权。

依照前款要求优先权的,应当在提出商标注册申请的时候提出书面声明,并且在三个月内提交展出其商品的展览会名称、在展出商品上使用该商标的证据、展出日期等证明文件;未提出书面声明或者逾期未提交证明文件的,视为未要求优先权。

第二十七条 【申报事项和材料的真实、准确、完整】为申请商标注册所申报的事项和所提供的材料应当真实、准确、完整。

第三章 商标注册的审查和核准

第二十八条 【初步审定并公告】对申请注册的商标,商标局应当自收到商标注册申请文件之日起九个月内审查完毕,符合本法有关规定的,予以初步审定公告。

第二十九条 【商标注册申请内容的说明和修正】在审查过程中,商标局认为商标注册申请内容需要说明或者修正的,可以要求申请人做出说明或者修正。申请人未做出说明或者修正的,不影响商标局做出审查决定。

第三十条 【商标注册申请的驳回】申请注册的商标,凡不符合本法有关规定或者同他人在同一种商品或者类似商品上已经注册的或者初步审定的商标相同或者近似的,由商标局驳回申请,不予公告。

第三十一条 【申请在先原则】两个或者两个以上的商标注册申请人,在同一种商品或者类似商品上,以相同或者近似的商标申请注册的,初步审定并公告申请在先的商标;同一天申请的,初步审定并公告使用在先的商标,驳回其他人的申请,不予公告。

第三十二条 【在先权利与恶意抢注】申请商标注册不得损害他人现有的在先权利,也不得以不正当手段抢先注册他人已经使用并有一定影响的商标。

第三十三条 【商标异议和核准注册】对初步审定公告的商标,自公告之日起三个月内,在先权利人、利害关系人认为违反本法第十三条第二款和第三款、第十五条、第十六条第一款、第三十条、第三十一条、第三十二条规定的,或者任何人认为违反本法第四条、第十条、第十一条、第十二条、第十九条第四款规定的,可以向商标局提出异议。公告期满无异议的,予以核准注册,发给商标注册证,并予公告。

第三十四条 【驳回商标申请的处理】对驳回申请、不予公告的商标,商标局应当书面通知商标注册申请人。商标注册申请人不服的,可以自收到通知之日起十五日内向商标评审委员会申请复审。商标评审委员会应当自收到申请之日起九个月内做出决定,并书面通知申请人。有特殊情况需要延长的,经国务院工商行政管理部门批准,可以延长三个月。当事人对商标评审委员会的决定不服的,可以自收到通知之日起三十日内向人民法院起诉。

第三十五条 【商标异议的处理】对初步审定公告的商标提出异议的,商标局应当听取异议人和被异议人陈述事实和理由,经调查核实后,自公告期满之日起十二个月内做出是否准予注册的决定,并书面通知异议人和被异议人。有特殊情况需要延长的,经国务院工商行政管理部门批准,可以延长六个月。

商标局做出准予注册决定的,发给商标注册证,并予公告。异议人不服的,可以依照本法第四十四条、第四十五条的规定向商标评审委员会请求宣告该注册商标无效。

商标局做出不予注册决定,被异议人不服的,可以自收到通知之日起十五日内向商标评审委员会申请复审。商标评审委员会应当自收到申请之日起十二个月内做出复审决定,并书面通知异议人和被异议人。有特殊情况需要延长的,经国务院工商行政管理部门批准,可以延长六个月。被异议人对商标评审委员会的决定不服的,可以自收到通知之日起三十日内向人民法院起诉。人民法院应当通知异议人作为第三人参加诉讼。

商标评审委员会在依照前款规定进行复审的过程中,所涉及的在先权利的确定必须以人民法院正在审理或者行政机关正在处理的另一案件的结果为依据的,可以中止审查。中止原因消除后,应当恢复审查程序。

第三十六条 【有关决定的生效及效力】法定期限届满,当事人对商标局做出的驳回申请决定、不予注册决定不申请复审或者对商标评审委员会做出的复审决定不向人民法院起诉的,驳回申请决定、不予注册决定或者复审决定生效。

经审查异议不成立而准予注册的商标,商标注册申请人取得商标专用权的时间自初步审定公告三个月期满之日起计算。自该商标公告期满之日起至准予注册决定做出前,对他人在同一种或者类似商品上使用与该商标相同或者近似的标志的行为不具有追溯力;但是,因该使用人的恶意给商标注册人造成的损失,应当给予赔偿。

第三十七条 【及时审查原则】对商标注册申请和商标复审申请应当及时进行审查。

第三十八条 【商标申请文件或注册文件错误的更正】商标注册申请人或者注册人发现商标申请文件或者注册文件有明显错误的,可以申请更正。商标局依法在其职权范围内作出更正,并通知当事人。

前款所称更正错误不涉及商标申请文件或者注册文件的实质性内容。

第四章 注册商标的续展、变更、转让和使用许可

第三十九条 【注册商标的有效期限】注册商标的有效期为十年,自核准注册之日起计算。

第四十条 【续展手续的办理】注册商标有效期满,需要继续使用的,商标注册人应当在期满前十二个月内按照规定办理续展手续;在此期间未能办理的,可以给予六个月的宽展期。每次续展注册的有效期为十年,自该商标上一届有效期满次日起计算。期满未办理续展手续的,注销其注册商标。

商标局应当对续展注册的商标予以公告。

第四十一条 【注册商标的变更】注册商标需要变更注册人的名义、地址或者其他注册事项的,应当提出变更申请。

第四十二条 【注册商标的转让】转让注册商标的,转让人和受让人应当签订转让协议,并共同向商标局提出申请。受让人应当保证使用该注册商标的商品质量。

转让注册商标的,商标注册人对其在同一种

商品上注册的近似的商标,或者在类似商品上注册的相同或者近似的商标,应当一并转让。

对容易导致混淆或者有其他不良影响的转让,商标局不予核准,书面通知申请人并说明理由。

转让注册商标经核准后,予以公告。受让人自公告之日起享有商标专用权。

第四十三条 【注册商标的使用许可】商标注册人可以通过签订商标使用许可合同,许可他人使用其注册商标。许可人应当监督被许可人使用其注册商标的商品质量。被许可人应当保证使用该注册商标的商品质量。

经许可使用他人注册商标的,必须在使用该注册商标的商品上标明被许可人的名称和商品产地。

许可他人使用其注册商标的,许可人应当将其商标使用许可报商标局备案,由商标局公告。商标使用许可未经备案不得对抗善意第三人。

第五章 注册商标的无效宣告

第四十四条 【注册不当商标的处理】已经注册的商标,违反本法第四条、第十条、第十一条、第十二条、第十九条第四款规定的,或者是以欺骗手段或者其他不正当手段取得注册的,由商标局宣告该注册商标无效;其他单位或者个人可以请求商标评审委员会宣告该注册商标无效。

商标局做出宣告注册商标无效的决定,应当书面通知当事人。当事人对商标局的决定不服的,可以自收到通知之日起十五日内向商标评审委员会申请复审。商标评审委员会应当自收到申请之日起九个月内做出决定,并书面通知当事人。有特殊情况需要延长的,经国务院工商行政管理部门批准,可以延长三个月。当事人对商标评审委员会的决定不服的,可以自收到通知之日起三十日内向人民法院起诉。

其他单位或者个人请求商标评审委员会宣告注册商标无效的,商标评审委员会收到申请后,应当书面通知有关当事人,并限期提出答辩。商标评审委员会应当自收到申请之日起九个月内做出维持注册商标或者宣告注册商标无效的裁定,并书面通知当事人。有特殊情况需要延长的,经国务院工商行政管理部门批准,可以延长三个月。当事人对商标评审委员会的裁定不服的,可以自收到通知之日起三十日内向人民法院起诉。人民法院应当通知商标裁定程序的对方当事人作为第三人参加诉讼。

第四十五条 【对与他人在先权利相冲突的注册商标的处理】已经注册的商标,违反本法第十三条第二款和第三款、第十五条、第十六条第一款、第三十条、第三十一条、第三十二条规定的,自商标注册之日起五年内,在先权利人或者利害关系人可以请求商标评审委员会宣告该注册商标无效。对恶意注册的,驰名商标所有人不受五年的时间限制。

商标评审委员会收到宣告注册商标无效的申请后,应当书面通知有关当事人,并限期提出答辩。商标评审委员会应当自收到申请之日起十二个月内做出维持注册商标或者宣告注册商标无效的裁定,并书面通知当事人。有特殊情况需要延长的,经国务院工商行政管理部门批准,可以延长六个月。当事人对商标评审委员会的裁定不服的,可以自收到通知之日起三十日内向人民法院起诉。人民法院应当通知商标裁定程序的对方当事人作为第三人参加诉讼。

商标评审委员会在依照前款规定对无效宣告请求进行审查的过程中,所涉及的在先权利的确定必须以人民法院正在审理或者行政机关正在处理的另一案件的结果为依据的,可以中止审查。中止原因消除后,应当恢复审查程序。

第四十六条 【有关宣告注册商标无效或维持的决定、裁定生效】法定期限届满,当事人对商标局宣告注册商标无效的决定不申请复审或者对商标评审委员会的复审决定、维持注册商标或者宣告注册商标无效的裁定不向人民法院起诉的,商标局的决定或者商标评审委员会的复审决定、裁定生效。

第四十七条 【宣告注册商标无效的法律效力】依照本法第四十四条、第四十五条的规定宣告无效的注册商标,由商标局予以公告,该注册商标专用权视为自始即不存在。

宣告注册商标无效的决定或者裁定,对宣告无效前人民法院做出并已执行的商标侵权案件的判决、裁定、调解书和工商行政管理部门做出并已执行的商标侵权案件的处理决定以及已经履行的商标转让或者使用许可合同不具有追溯力。但是,因商标注册人的恶意给他人造成的损失,应当给予赔偿。

依照前款规定不返还商标侵权赔偿金、商标转让费、商标使用费，明显违反公平原则的，应当全部或者部分返还。

第六章　商标使用的管理

第四十八条　【商标的使用】本法所称商标的使用，是指将商标用于商品、商品包装或者容器以及商品交易文书上，或者将商标用于广告宣传、展览以及其他商业活动中，用于识别商品来源的行为。

第四十九条　【违法使用注册商标】商标注册人在使用注册商标的过程中，自行改变注册商标、注册人名义、地址或者其他注册事项的，由地方工商行政管理部门责令限期改正；期满不改正的，由商标局撤销其注册商标。

注册商标成为其核定使用的商品的通用名称或者没有正当理由连续三年不使用的，任何单位或者个人可以向商标局申请撤销该注册商标。商标局应当自收到申请之日起九个月内做出决定。有特殊情况需要延长的，经国务院工商行政管理部门批准，可以延长三个月。

第五十条　【对被撤销、宣告无效或者注销的商标的管理】注册商标被撤销、被宣告无效或者期满不再续展的，自撤销、宣告无效或者注销之日起一年内，商标局对与该商标相同或者近似的商标注册申请，不予核准。

第五十一条　【对强制注册商标的管理】违反本法第六条规定的，由地方工商行政管理部门责令限期申请注册，违法经营额五万元以上的，可以处违法经营额百分之二十以下的罚款，没有违法经营额或者违法经营额不足五万元的，可以处一万元以下的罚款。

第五十二条　【对未注册商标的管理】将未注册商标冒充注册商标使用的，或者使用未注册商标违反本法第十条规定的，由地方工商行政管理部门予以制止，限期改正，并可以予以通报，违法经营额五万元以上的，可以处违法经营额百分之二十以下的罚款，没有违法经营额或者违法经营额不足五万元的，可以处一万元以下的罚款。

第五十三条　【违法使用驰名商标的责任】违反本法第十四条第五款规定的，由地方工商行政管理部门责令改正，处十万元罚款。

第五十四条　【对撤销或不予撤销注册商标决定的复审】对商标局撤销或者不予撤销注册商标的决定，当事人不服的，可以自收到通知之日起十五日内向商标评审委员会申请复审。商标评审委员会应当自收到申请之日起九个月内做出决定，并书面通知当事人。有特殊情况需要延长的，经国务院工商行政管理部门批准，可以延长三个月。当事人对商标评审委员会的决定不服的，可以自收到通知之日起三十日内向人民法院起诉。

第五十五条　【撤销注册商标决定的生效】法定期限届满，当事人对商标局做出的撤销注册商标的决定不申请复审或者对商标评审委员会做出的复审决定不向人民法院起诉的，撤销注册商标的决定、复审决定生效。

被撤销的注册商标，由商标局予以公告，该注册商标专用权自公告之日起终止。

第七章　注册商标专用权的保护

第五十六条　【注册商标专用权的保护范围】注册商标的专用权，以核准注册的商标和核定使用的商品为限。

第五十七条　【商标侵权行为】有下列行为之一的，均属侵犯注册商标专用权：

（一）未经商标注册人的许可，在同一种商品上使用与其注册商标相同的商标的；

（二）未经商标注册人的许可，在同一种商品上使用与其注册商标近似的商标，或者在类似商品上使用与其注册商标相同或者近似的商标，容易导致混淆的；

（三）销售侵犯注册商标专用权的商品的；

（四）伪造、擅自制造他人注册商标标识或者销售伪造、擅自制造的注册商标标识的；

（五）未经商标注册人同意，更换其注册商标并将该更换商标的商品又投入市场的；

（六）故意为侵犯他人商标专用权行为提供便利条件，帮助他人实施侵犯商标专用权行为的；

（七）给他人的注册商标专用权造成其他损害的。

第五十八条　【不正当竞争】将他人注册商标、未注册的驰名商标作为企业名称中的字号使用，误导公众，构成不正当竞争行为的，依照《中华人民共和国反不正当竞争法》处理。

第五十九条　【注册商标专用权行使限制】注

册商标中含有的本商品的通用名称、图形、型号、或者直接表示商品的质量、主要原料、功能、用途、重量、数量及其他特点，或者含有的地名，注册商标专用权人无权禁止他人正当使用。

三维标志注册商标中含有的商品自身的性质产生的形状、为获得技术效果而需有的商品形状或者使商品具有实质性价值的形状，注册商标专用权人无权禁止他人正当使用。

商标注册人申请商标注册前，他人已经在同一种商品或者类似商品上先于商标注册人使用与注册商标相同或者近似并有一定影响的商标的，注册商标专用权人无权禁止该使用人在原使用范围内继续使用该商标，但可以要求其附加适当区别标识。

第六十条【侵犯注册商标专用权的责任】 有本法第五十七条所列侵犯注册商标专用权行为之一，引起纠纷的，由当事人协商解决；不愿协商或者协商不成的，商标注册人或者利害关系人可以向人民法院起诉，也可以请求工商行政管理部门处理。

工商行政管理部门处理时，认定侵权行为成立的，责令立即停止侵权行为，没收、销毁侵权商品和主要用于制造侵权商品、伪造注册商标标识的工具，违法经营额五万元以上的，可以处违法经营额五倍以下的罚款，没有违法经营额或者违法经营额不足五万元的，可以处二十五万元以下的罚款。对五年内实施两次以上商标侵权行为或者有其他严重情节的，应当从重处罚。销售不知道是侵犯注册商标专用权的商品，能证明该商品是自己合法取得并说明提供者的，由工商行政管理部门责令停止销售。

对侵犯商标专用权的赔偿数额的争议，当事人可以请求进行处理的工商行政管理部门调解，也可以依照《中华人民共和国民事诉讼法》向人民法院起诉。经工商行政管理部门调解，当事人未达成协议或者调解书生效后不履行的，当事人可以依照《中华人民共和国民事诉讼法》向人民法院起诉。

第六十一条【对侵犯注册商标专用权的处理】 对侵犯注册商标专用权的行为，工商行政管理部门有权依法查处；涉嫌犯罪的，应当及时移送司法机关依法处理。

第六十二条【商标侵权行为的查处】 县级以上工商行政管理部门根据已经取得的违法嫌疑证据或者举报，对涉嫌侵犯他人注册商标专用权的行为进行查处时，可以行使下列职权：

（一）询问有关当事人，调查与侵犯他人注册商标专用权有关的情况；

（二）查阅、复制当事人与侵权活动有关的合同、发票、账簿以及其他有关资料；

（三）对当事人涉嫌从事侵犯他人注册商标专用权活动的场所实施现场检查；

（四）检查与侵权活动有关的物品；对有证据证明是侵犯他人注册商标专用权的物品，可以查封或者扣押。

工商行政管理部门依法行使前款规定的职权时，当事人应当予以协助、配合，不得拒绝、阻挠。

在查处商标侵权案件过程中，对商标权属存在争议或者权利人同时向人民法院提起商标侵权诉讼的，工商行政管理部门可以中止案件的查处。中止原因消除后，应当恢复或者终结案件查处程序。

第六十三条【侵犯商标专用权的赔偿数额的确定】 侵犯商标专用权的赔偿数额，按照权利人因被侵权所受到的实际损失确定；实际损失难以确定的，可以按照侵权人因侵权所获得的利益确定；权利人的损失或者侵权人获得的利益难以确定的，参照该商标许可使用费的倍数合理确定。对恶意侵犯商标专用权，情节严重的，可以在按照上述方法确定数额的一倍以上五倍以下确定赔偿数额。赔偿数额应当包括权利人为制止侵权行为所支付的合理开支。

人民法院为确定赔偿数额，在权利人已经尽力举证，而与侵权行为相关的账簿、资料主要由侵权人掌握的情况下，可以责令侵权人提供与侵权行为相关的账簿、资料；侵权人不提供或者提供虚假的账簿、资料的，人民法院可以参考权利人的主张和提供的证据判定赔偿数额。

权利人因被侵权所受到的实际损失、侵权人因侵权所获得的利益、注册商标许可使用费难以确定的，由人民法院根据侵权行为的情节判决给予五百万元以下的赔偿。

人民法院审理商标纠纷案件，应权利人请求，对属于假冒注册商标的商品，除特殊情况外，责令销毁；对主要用于制造假冒注册商标的商品的材料、工具，责令销毁，且不予补偿；或者在特殊情况下，责令禁止前述材料、工具进入商业渠道，且不予补偿。

假冒注册商标的商品不得在仅去除假冒注册商标后进入商业渠道。

第六十四条　【商标侵权纠纷中的免责情形】注册商标专用权人请求赔偿，被控侵权人以注册商标专用权人未使用注册商标提出抗辩的，人民法院可以要求注册商标专用权人提供此前三年内实际使用该注册商标的证据。注册商标专用权人不能证明此前三年内实际使用过该注册商标，也不能证明因侵权行为受到其他损失的，被控侵权人不承担赔偿责任。

销售不知道是侵犯注册商标专用权的商品，能证明该商品是自己合法取得并说明提供者的，不承担赔偿责任。

第六十五条　【诉前临时保护措施】商标注册人或者利害关系人有证据证明他人正在实施或者即将实施侵犯其注册商标专用权的行为，如不及时制止将会使其合法权益受到难以弥补的损害的，可以依法在起诉前向人民法院申请采取责令停止有关行为和财产保全的措施。

第六十六条　【诉前证据保全】为制止侵权行为，在证据可能灭失或者以后难以取得的情况下，商标注册人或者利害关系人可以依法在起诉前向人民法院申请保全证据。

第六十七条　【刑事责任】未经商标注册人许可，在同一种商品上使用与其注册商标相同的商标，构成犯罪的，除赔偿被侵权人的损失外，依法追究刑事责任。

伪造、擅自制造他人注册商标标识或者销售伪造、擅自制造的注册商标标识，构成犯罪的，除赔偿被侵权人的损失外，依法追究刑事责任。

销售明知是假冒注册商标的商品，构成犯罪的，除赔偿被侵权人的损失外，依法追究刑事责任。

第六十八条　【商标代理机构的法律责任】商标代理机构有下列行为之一的，由工商行政管理部门责令限期改正，给予警告，处一万元以上十万元以下的罚款；对直接负责的主管人员和其他直接责任人员给予警告，处五千元以上五万元以下的罚款；构成犯罪的，依法追究刑事责任：

（一）办理商标事宜过程中，伪造、变造或者使用伪造、变造的法律文件、印章、签名的；

（二）以诋毁其他商标代理机构等手段招徕商标代理业务或者以其他不正当手段扰乱商标代理市场秩序的；

（三）违反本法第四条、第十九条第三款和第四款规定的。

商标代理机构有前款规定行为的，由工商行政管理部门记入信用档案；情节严重的，商标局、商标评审委员会并可以决定停止受理其办理商标代理业务，予以公告。

商标代理机构违反诚实信用原则，侵害委托人合法利益的，应当依法承担民事责任，并由商标代理行业组织按照章程规定予以惩戒。

对恶意申请商标注册的，根据情节给予警告、罚款等行政处罚；对恶意提起商标诉讼的，由人民法院依法给予处罚。

第六十九条　【商标监管机构及其人员的行为要求】从事商标注册、管理和复审工作的国家机关工作人员必须秉公执法，廉洁自律，忠于职守，文明服务。

商标局、商标评审委员会以及从事商标注册、管理和复审工作的国家机关工作人员不得从事商标代理业务和商品生产经营活动。

第七十条　【工商行政管理部门的内部监督】工商行政管理部门应当建立健全内部监督制度，对负责商标注册、管理和复审工作的国家机关工作人员执行法律、行政法规和遵守纪律的情况，进行监督检查。

第七十一条　【相关工作人员的法律责任】从事商标注册、管理和复审工作的国家机关工作人员玩忽职守、滥用职权、徇私舞弊，违法办理商标注册、管理和复审事项，收受当事人财物，牟取不正当利益，构成犯罪的，依法追究刑事责任；尚不构成犯罪的，依法给予处分。

第八章　附　则

第七十二条　【商标规费】申请商标注册和办理其他商标事宜的，应当缴纳费用，具体收费标准另定。

第七十三条　【时间效力】本法自1983年3月1日起施行。1963年4月10日国务院公布的《商标管理条例》同时废止；其他有关商标管理的规定，凡与本法抵触的，同时失效。

本法施行前已经注册的商标继续有效。

中华人民共和国专利法

- 1984年3月12日第六届全国人民代表大会常务委员会第四次会议通过
- 根据1992年9月4日第七届全国人民代表大会常务委员会第二十七次会议《关于修改〈中华人民共和国专利法〉的决定》第一次修正
- 根据2000年8月25日第九届全国人民代表大会常务委员会第十七次会议《关于修改〈中华人民共和国专利法〉的决定》第二次修正
- 根据2008年12月27日第十一届全国人民代表大会常务委员会第六次会议《关于修改〈中华人民共和国专利法〉的决定》第三次修正
- 根据2020年10月17日第十三届全国人民代表大会常务委员会第二十二次会议《关于修改〈中华人民共和国专利法〉的决定》第四次修正

第一章 总 则

第一条 为了保护专利权人的合法权益,鼓励发明创造,推动发明创造的应用,提高创新能力,促进科学技术进步和经济社会发展,制定本法。

第二条 本法所称的发明创造是指发明、实用新型和外观设计。

发明,是指对产品、方法或者其改进所提出的新的技术方案。

实用新型,是指对产品的形状、构造或者其结合所提出的适于实用的新的技术方案。

外观设计,是指对产品的整体或者局部的形状、图案或者其结合以及色彩与形状、图案的结合所作出的富有美感并适于工业应用的新设计。

第三条 国务院专利行政部门负责管理全国的专利工作;统一受理和审查专利申请,依法授予专利权。

省、自治区、直辖市人民政府管理专利工作的部门负责本行政区域内的专利管理工作。

第四条 申请专利的发明创造涉及国家安全或者重大利益需要保密的,按照国家有关规定办理。

第五条 对违反法律、社会公德或者妨害公共利益的发明创造,不授予专利权。

对违反法律、行政法规的规定获取或者利用遗传资源,并依赖该遗传资源完成的发明创造,不授予专利权。

第六条 执行本单位的任务或者主要是利用本单位的物质技术条件所完成的发明创造为职务发明创造。职务发明创造申请专利的权利属于该单位,申请被批准后,该单位为专利权人。该单位可以依法处置其职务发明创造申请专利的权利和专利权,促进相关发明创造的实施和运用。

非职务发明创造,申请专利的权利属于发明人或者设计人;申请被批准后,该发明人或者设计人为专利权人。

利用本单位的物质技术条件所完成的发明创造,单位与发明人或者设计人订有合同,对申请专利的权利和专利权的归属作出约定的,从其约定。

第七条 对发明人或者设计人的非职务发明创造专利申请,任何单位或者个人不得压制。

第八条 两个以上单位或者个人合作完成的发明创造、一个单位或者个人接受其他单位或者个人委托所完成的发明创造,除另有协议的以外,申请专利的权利属于完成或者共同完成的单位或者个人;申请被批准后,申请的单位或者个人为专利权人。

第九条 同样的发明创造只能授予一项专利权。但是,同一申请人同日对同样的发明创造既申请实用新型专利又申请发明专利,先获得的实用新型专利权尚未终止,且申请人声明放弃该实用新型专利权的,可以授予发明专利权。

两个以上的申请人分别就同样的发明创造申请专利的,专利权授予最先申请的人。

第十条 专利申请权和专利权可以转让。

中国单位或者个人向外国人、外国企业或者外国其他组织转让专利申请权或者专利权的,应当依照有关法律、行政法规的规定办理手续。

转让专利申请权或者专利权的,当事人应当订立书面合同,并向国务院专利行政部门登记,由国务院专利行政部门予以公告。专利申请权或者专利权的转让自登记之日起生效。

第十一条 发明和实用新型专利权被授予后,除本法另有规定的以外,任何单位或者个人未经专利权人许可,都不得实施其专利,即不得为生产经营目的制造、使用、许诺销售、销售、进口其专利产品,或者使用其专利方法以及使用、许诺销售、销售、进口依照该专利方法直接获得的产品。

外观设计专利权被授予后，任何单位或者个人未经专利权人许可，都不得实施其专利，即不得为生产经营目的制造、许诺销售、销售、进口其外观设计专利产品。

第十二条 任何单位或者个人实施他人专利的，应当与专利权人订立实施许可合同，向专利权人支付专利使用费。被许可人无权允许合同规定以外的任何单位或者个人实施该专利。

第十三条 发明专利申请公布后，申请人可以要求实施其发明的单位或者个人支付适当的费用。

第十四条 专利申请权或者专利权的共有人对权利的行使有约定的，从其约定。没有约定的，共有人可以单独实施或者以普通许可方式许可他人实施该专利；许可他人实施该专利的，收取的使用费应当在共有人之间分配。

除前款规定的情形外，行使共有的专利申请权或者专利权应当取得全体共有人的同意。

第十五条 被授予专利权的单位应当对职务发明创造的发明人或者设计人给予奖励；发明创造专利实施后，根据其推广应用的范围和取得的经济效益，对发明人或者设计人给予合理的报酬。

国家鼓励被授予专利权的单位实行产权激励，采取股权、期权、分红等方式，使发明人或者设计人合理分享创新收益。

第十六条 发明人或者设计人有权在专利文件中写明自己是发明人或者设计人。

专利权人有权在其专利产品或者该产品的包装上标明专利标识。

第十七条 在中国没有经常居所或者营业所的外国人、外国企业或者外国其他组织在中国申请专利的，依照其所属国同中国签订的协议或者共同参加的国际条约，或者依照互惠原则，根据本法办理。

第十八条 在中国没有经常居所或者营业所的外国人、外国企业或者外国其他组织在中国申请专利和办理其他专利事务的，应当委托依法设立的专利代理机构办理。

中国单位或者个人在国内申请专利和办理其他专利事务的，可以委托依法设立的专利代理机构办理。

专利代理机构应当遵守法律、行政法规，按照被代理人的委托办理专利申请或者其他专利事务；对被代理人发明创造的内容，除专利申请已经公布或者公告的以外，负有保密责任。专利代理机构的具体管理办法由国务院规定。

第十九条 任何单位或者个人将在中国完成的发明或者实用新型向外国申请专利的，应当事先报经国务院专利行政部门进行保密审查。保密审查的程序、期限等按照国务院的规定执行。

中国单位或者个人可以根据中华人民共和国参加的有关国际条约提出专利国际申请。申请人提出专利国际申请的，应当遵守前款规定。

国务院专利行政部门依照中华人民共和国参加的有关国际条约、本法和国务院有关规定处理专利国际申请。

对违反本条第一款规定向外国申请专利的发明或者实用新型，在中国申请专利的，不授予专利权。

第二十条 申请专利和行使专利权应当遵循诚实信用原则。不得滥用专利权损害公共利益或者他人合法权益。

滥用专利权，排除或者限制竞争，构成垄断行为的，依照《中华人民共和国反垄断法》处理。

第二十一条 国务院专利行政部门应当按照客观、公正、准确、及时的要求，依法处理有关专利的申请和请求。

国务院专利行政部门应当加强专利信息公共服务体系建设，完整、准确、及时发布专利信息，提供专利基础数据，定期出版专利公报，促进专利信息传播与利用。

在专利申请公布或者公告前，国务院专利行政部门的工作人员及有关人员对其内容负有保密责任。

第二章 授予专利权的条件

第二十二条 授予专利权的发明和实用新型，应当具备新颖性、创造性和实用性。

新颖性，是指该发明或者实用新型不属于现有技术；也没有任何单位或者个人就同样的发明或者实用新型在申请日以前向国务院专利行政部门提出过申请，并记载在申请日以后公布的专利申请文件或者公告的专利文件中。

创造性，是指与现有技术相比，该发明具有突出的实质性特点和显著的进步，该实用新型具有实质性特点和进步。

实用性,是指该发明或者实用新型能够制造或者使用,并且能够产生积极效果。

本法所称现有技术,是指申请日以前在国内外为公众所知的技术。

第二十三条 授予专利权的外观设计,应当不属于现有设计;也没有任何单位或者个人就同样的外观设计在申请日以前向国务院专利行政部门提出过申请,并记载在申请日以后公告的专利文件中。

授予专利权的外观设计与现有设计或者现有设计特征的组合相比,应当具有明显区别。

授予专利权的外观设计不得与他人在申请日以前已经取得的合法权利相冲突。

本法所称现有设计,是指申请日以前在国内外为公众所知的设计。

第二十四条 申请专利的发明创造在申请日以前六个月内,有下列情形之一的,不丧失新颖性:

(一)在国家出现紧急状态或者非常情况时,为公共利益目的首次公开的;

(二)在中国政府主办或者承认的国际展览会上首次展出的;

(三)在规定的学术会议或者技术会议上首次发表的;

(四)他人未经申请人同意而泄露其内容的。

第二十五条 对下列各项,不授予专利权:

(一)科学发现;

(二)智力活动的规则和方法;

(三)疾病的诊断和治疗方法;

(四)动物和植物品种;

(五)原子核变换方法以及用原子核变换方法获得的物质;

(六)对平面印刷品的图案、色彩或者二者的结合作出的主要起标识作用的设计。

对前款第(四)项所列产品的生产方法,可以依照本法规定授予专利权。

第三章 专利的申请

第二十六条 申请发明或者实用新型专利的,应当提交请求书、说明书及其摘要和权利要求书等文件。

请求书应当写明发明或者实用新型的名称,发明人的姓名,申请人姓名或者名称、地址,以及其他事项。

说明书应当对发明或者实用新型作出清楚、完整的说明,以所属技术领域的技术人员能够实现为准;必要的时候,应当有附图。摘要应当简要说明发明或者实用新型的技术要点。

权利要求书应当以说明书为依据,清楚、简要地限定要求专利保护的范围。

依赖遗传资源完成的发明创造,申请人应当在专利申请文件中说明该遗传资源的直接来源和原始来源;申请人无法说明原始来源的,应当陈述理由。

第二十七条 申请外观设计专利的,应当提交请求书、该外观设计的图片或者照片以及对该外观设计的简要说明等文件。

申请人提交的有关图片或者照片应当清楚地显示要求专利保护的产品的外观设计。

第二十八条 国务院专利行政部门收到专利申请文件之日为申请日。如果申请文件是邮寄的,以寄出的邮戳日为申请日。

第二十九条 申请人自发明或者实用新型在外国第一次提出专利申请之日起十二个月内,或者自外观设计在外国第一次提出专利申请之日起六个月内,又在中国就相同主题提出专利申请的,依照该外国同中国签订的协议或者共同参加的国际条约,或者依照相互承认优先权的原则,可以享有优先权。

申请人自发明或者实用新型在中国第一次提出专利申请之日起十二个月内,或者自外观设计在中国第一次提出专利申请之日起六个月内,又向国务院专利行政部门就相同主题提出专利申请的,可以享有优先权。

第三十条 申请人要求发明、实用新型专利优先权的,应当在申请的时候提出书面声明,并且在第一次提出申请之日起十六个月内,提交第一次提出的专利申请文件的副本。

申请人要求外观设计专利优先权的,应当在申请的时候提出书面声明,并且在三个月内提交第一次提出的专利申请文件的副本。

申请人未提出书面声明或者逾期未提交专利申请文件副本的,视为未要求优先权。

第三十一条 一件发明或者实用新型专利申请应当限于一项发明或者实用新型。属于一个总的发明构思的两项以上的发明或者实用新型,可以作为一件申请提出。

一件外观设计专利申请应当限于一项外观设计。同一产品两项以上的相似外观设计，或者用于同一类别并且成套出售或者使用的产品的两项以上外观设计，可以作为一件申请提出。

第三十二条 申请人可以在被授予专利权之前随时撤回其专利申请。

第三十三条 申请人可以对其专利申请文件进行修改，但是，对发明和实用新型专利申请文件的修改不得超出原说明书和权利要求书记载的范围，对外观设计专利申请文件的修改不得超出原图片或者照片表示的范围。

第四章 专利申请的审查和批准

第三十四条 国务院专利行政部门收到发明专利申请后，经初步审查认为符合本法要求的，自申请日起满十八个月，即行公布。国务院专利行政部门可以根据申请人的请求早日公布其申请。

第三十五条 发明专利申请自申请日起三年内，国务院专利行政部门可以根据申请人随时提出的请求，对其申请进行实质审查；申请人无正当理由逾期不请求实质审查的，该申请即被视为撤回。

国务院专利行政部门认为必要的时候，可以自行对发明专利申请进行实质审查。

第三十六条 发明专利的申请人请求实质审查的时候，应当提交在申请日前与其发明有关的参考资料。

发明专利已经在外国提出过申请的，国务院专利行政部门可以要求申请人在指定期限内提交该国为审查其申请进行检索的资料或者审查结果的资料；无正当理由逾期不提交的，该申请即被视为撤回。

第三十七条 国务院专利行政部门对发明专利申请进行实质审查后，认为不符合本法规定的，应当通知申请人，要求其在指定的期限内陈述意见，或者对其申请进行修改；无正当理由逾期不答复的，该申请即被视为撤回。

第三十八条 发明专利申请经申请人陈述意见或者进行修改后，国务院专利行政部门仍然认为不符合本法规定的，应当予以驳回。

第三十九条 发明专利申请经实质审查没有发现驳回理由的，由国务院专利行政部门作出授予发明专利权的决定，发给发明专利证书，同时予以登记和公告。发明专利权自公告之日起生效。

第四十条 实用新型和外观设计专利申请经初步审查没有发现驳回理由的，由国务院专利行政部门作出授予实用新型专利权或者外观设计专利权的决定，发给相应的专利证书，同时予以登记和公告。实用新型专利权和外观设计专利权自公告之日起生效。

第四十一条 专利申请人对国务院专利行政部门驳回申请的决定不服的，可以自收到通知之日起三个月内向国务院专利行政部门请求复审。国务院专利行政部门复审后，作出决定，并通知专利申请人。

专利申请人对国务院专利行政部门的复审决定不服的，可以自收到通知之日起三个月内向人民法院起诉。

第五章 专利权的期限、终止和无效

第四十二条 发明专利权的期限为二十年，实用新型专利权的期限为十年，外观设计专利权的期限为十五年，均自申请日起计算。

自发明专利申请日起满四年，且自实质审查请求之日起满三年后授予发明专利权的，国务院专利行政部门应专利权人的请求，就发明专利在授权过程中的不合理延迟给予专利权期限补偿，但由申请人引起的不合理延迟除外。

为补偿新药上市审评审批占用的时间，对在中国获得上市许可的新药相关发明专利，国务院专利行政部门应专利权人的请求给予专利权期限补偿。补偿期限不超过五年，新药批准上市后总有效专利权期限不超过十四年。

第四十三条 专利权人应当自被授予专利权的当年开始缴纳年费。

第四十四条 有下列情形之一的，专利权在期限届满前终止：

（一）没有按照规定缴纳年费的；

（二）专利权人以书面声明放弃其专利权的。

专利权在期限届满前终止的，由国务院专利行政部门登记和公告。

第四十五条 自国务院专利行政部门公告授予专利权之日起，任何单位或者个人认为该专利权的授予不符合本法有关规定的，可以请求国务院专利行政部门宣告该专利权无效。

第四十六条 国务院专利行政部门对宣告专利权无效的请求应当及时审查和作出决定,并通知请求人和专利权人。宣告专利权无效的决定,由国务院专利行政部门登记和公告。

对国务院专利行政部门宣告专利权无效或者维持专利权的决定不服的,可以自收到通知之日起三个月内向人民法院起诉。人民法院应当通知无效宣告请求程序的对方当事人作为第三人参加诉讼。

第四十七条 宣告无效的专利权视为自始即不存在。

宣告专利权无效的决定,对在宣告专利权无效前人民法院作出并已执行的专利侵权的判决、调解书,已经履行或者强制执行的专利侵权纠纷处理决定,以及已经履行的专利实施许可合同和专利权转让合同,不具有追溯力。但是因专利权人的恶意给他人造成的损失,应当给予赔偿。

依照前款规定不返还专利侵权赔偿金、专利使用费、专利权转让费,明显违反公平原则的,应当全部或者部分返还。

第六章 专利实施的特别许可

第四十八条 国务院专利行政部门、地方人民政府管理专利工作的部门应当会同同级相关部门采取措施,加强专利公共服务,促进专利实施和运用。

第四十九条 国有企业事业单位的发明专利,对国家利益或者公共利益具有重大意义的,国务院有关主管部门和省、自治区、直辖市人民政府报经国务院批准,可以决定在批准的范围内推广应用,允许指定的单位实施,由实施单位按照国家规定向专利权人支付使用费。

第五十条 专利权人自愿以书面方式向国务院专利行政部门声明愿意许可任何单位或者个人实施其专利,并明确许可使用费支付方式、标准的,由国务院专利行政部门予以公告,实行开放许可。就实用新型、外观设计专利提出开放许可声明的,应当提供专利权评价报告。

专利权人撤回开放许可声明的,应当以书面方式提出,并由国务院专利行政部门予以公告。开放许可声明被公告撤回的,不影响在先给予的开放许可的效力。

第五十一条 任何单位或者个人有意愿实施开放许可的专利的,以书面方式通知专利权人,并依照公告的许可使用费支付方式、标准支付许可使用费后,即获得专利实施许可。

开放许可实施期间,对专利权人缴纳专利年费相应给予减免。

实行开放许可的专利权人可以与被许可人就许可使用费进行协商后给予普通许可,但不得就该专利给予独占或者排他许可。

第五十二条 当事人就实施开放许可发生纠纷的,由当事人协商解决;不愿协商或者协商不成的,可以请求国务院专利行政部门进行调解,也可以向人民法院起诉。

第五十三条 有下列情形之一的,国务院专利行政部门根据具备实施条件的单位或者个人的申请,可以给予实施发明专利或者实用新型专利的强制许可:

(一)专利权人自专利权被授予之日起满三年,且自提出专利申请之日起满四年,无正当理由未实施或者未充分实施其专利的;

(二)专利权人行使专利权的行为被依法认定为垄断行为,为消除或者减少该行为对竞争产生的不利影响的。

第五十四条 在国家出现紧急状态或者非常情况时,或者为了公共利益的目的,国务院专利行政部门可以给予实施发明专利或者实用新型专利的强制许可。

第五十五条 为了公共健康目的,对取得专利权的药品,国务院专利行政部门可以给予制造并将其出口到符合中华人民共和国参加的有关国际条约规定的国家或者地区的强制许可。

第五十六条 一项取得专利权的发明或者实用新型比前已经取得专利权的发明或者实用新型具有显著经济意义的重大技术进步,其实施又有赖于前一发明或者实用新型的实施的,国务院专利行政部门根据后一专利权人的申请,可以给予实施前一发明或者实用新型的强制许可。

在依照前款规定给予实施强制许可的情形下,国务院专利行政部门根据前一专利权人的申请,也可以给予实施后一发明或者实用新型的强制许可。

第五十七条 强制许可涉及的发明创造为半导体技术的,其实施限于公共利益的目的和本法第五十三条第(二)项规定的情形。

第五十八条 除依照本法第五十三条第（二）项、第五十五条规定给予的强制许可外，强制许可的实施应当主要为了供应国内市场。

第五十九条 依照本法第五十三条第（一）项、第五十六条规定申请强制许可的单位或者个人应当提供证据，证明其以合理的条件请求专利权人许可其实施专利，但未能在合理的时间内获得许可。

第六十条 国务院专利行政部门作出的给予实施强制许可的决定，应当及时通知专利权人，并予以登记和公告。

给予实施强制许可的决定，应当根据强制许可的理由规定实施的范围和时间。强制许可的理由消除并不再发生时，国务院专利行政部门应当根据专利权人的请求，经审查后作出终止实施强制许可的决定。

第六十一条 取得实施强制许可的单位或者个人不享有独占的实施权，并且无权允许他人实施。

第六十二条 取得实施强制许可的单位或者个人应当付给专利权人合理的使用费，或者依照中华人民共和国参加的有关国际条约的规定处理使用费问题。付给使用费的，其数额由双方协商；双方不能达成协议的，由国务院专利行政部门裁决。

第六十三条 专利权人对国务院专利行政部门关于实施强制许可的决定不服的，专利权人和取得实施强制许可的单位或者个人对国务院专利行政部门关于实施强制许可的使用费的裁决不服的，可以自收到通知之日起三个月内向人民法院起诉。

第七章 专利权的保护

第六十四条 发明或者实用新型专利权的保护范围以其权利要求的内容为准，说明书及附图可以用于解释权利要求的内容。

外观设计专利权的保护范围以表示在图片或者照片中的该产品的外观设计为准，简要说明可以用于解释图片或者照片所表示的该产品的外观设计。

第六十五条 未经专利权人许可，实施其专利，即侵犯其专利权，引起纠纷的，由当事人协商解决；不愿协商或者协商不成的，专利权人或者利害关系人可以向人民法院起诉，也可以请求管理专利工作的部门处理。管理专利工作的部门处理时，认定侵权行为成立的，可以责令侵权人立即停止侵权行为，当事人不服的，可以自收到处理通知之日起十五日内依照《中华人民共和国行政诉讼法》向人民法院起诉；侵权人期满不起诉又不停止侵权行为的，管理专利工作的部门可以申请人民法院强制执行。进行处理的管理专利工作的部门应当事人的请求，可以就侵犯专利权的赔偿数额进行调解；调解不成的，当事人可以依照《中华人民共和国民事诉讼法》向人民法院起诉。

第六十六条 专利侵权纠纷涉及新产品制造方法的发明专利的，制造同样产品的单位或者个人应当提供其产品制造方法不同于专利方法的证明。

专利侵权纠纷涉及实用新型专利或者外观设计专利的，人民法院或者管理专利工作的部门可以要求专利权人或者利害关系人出具由国务院专利行政部门对相关实用新型或者外观设计进行检索、分析和评价后作出的专利权评价报告，作为审理、处理专利侵权纠纷的证据；专利权人、利害关系人或者被控侵权人也可以主动出具专利权评价报告。

第六十七条 在专利侵权纠纷中，被控侵权人有证据证明其实施的技术或者设计属于现有技术或者现有设计的，不构成侵犯专利权。

第六十八条 假冒专利的，除依法承担民事责任外，由负责专利执法的部门责令改正并予公告，没收违法所得，可以处违法所得五倍以下的罚款；没有违法所得或者违法所得在五万元以下的，可以处二十五万元以下的罚款；构成犯罪的，依法追究刑事责任。

第六十九条 负责专利执法的部门根据已经取得的证据，对涉嫌假冒专利行为进行查处时，有权采取下列措施：

（一）询问有关当事人，调查与涉嫌违法行为有关的情况；

（二）对当事人涉嫌违法行为的场所实施现场检查；

（三）查阅、复制与涉嫌违法行为有关的合同、发票、账簿以及其他有关资料；

（四）检查与涉嫌违法行为有关的产品；

（五）对有证据证明是假冒专利的产品，可以查封或者扣押。

管理专利工作的部门应专利权人或者利害关系人的请求处理专利侵权纠纷时，可以采取前款第(一)项、第(二)项、第(四)项所列措施。

负责专利执法的部门、管理专利工作的部门依法行使前两款规定的职权时，当事人应当予以协助、配合，不得拒绝、阻挠。

第七十条　国务院专利行政部门可以应专利权人或者利害关系人的请求处理在全国有重大影响的专利侵权纠纷。

地方人民政府管理专利工作的部门应专利权人或者利害关系人请求处理专利侵权纠纷，对在本行政区域内侵犯其同一专利权的案件可以合并处理；对跨区域侵犯其同一专利权的案件可以请求上级地方人民政府管理专利工作的部门处理。

第七十一条　侵犯专利权的赔偿数额按照权利人因被侵权所受到的实际损失或者侵权人因侵权所获得的利益确定；权利人的损失或者侵权人获得的利益难以确定的，参照该专利许可使用费的倍数合理确定。对故意侵犯专利权，情节严重的，可以在按照上述方法确定数额的一倍以上五倍以下确定赔偿数额。

权利人的损失、侵权人获得的利益和专利许可使用费均难以确定的，人民法院可以根据专利权的类型、侵权行为的性质和情节等因素，确定给予三万元以上五百万元以下的赔偿。

赔偿数额还应当包括权利人为制止侵权行为所支付的合理开支。

人民法院为确定赔偿数额，在权利人已经尽力举证，而与侵权行为相关的账簿、资料主要由侵权人掌握的情况下，可以责令侵权人提供与侵权行为相关的账簿、资料；侵权人不提供或者提供虚假的账簿、资料的，人民法院可以参考权利人的主张和提供的证据判定赔偿数额。

第七十二条　专利权人或者利害关系人有证据证明他人正在实施或者即将实施侵犯专利权、妨碍其实现权利的行为，如不及时制止将会使其合法权益受到难以弥补的损害的，可以在起诉前依法向人民法院申请采取财产保全、责令作出一定行为或者禁止作出一定行为的措施。

第七十三条　为了制止专利侵权行为，在证据可能灭失或者以后难以取得的情况下，专利权人或者利害关系人可以在起诉前依法向人民法院申请保全证据。

第七十四条　侵犯专利权的诉讼时效为三年，自专利权人或者利害关系人知道或者应当知道侵权行为以及侵权人之日起计算。

发明专利申请公布后至专利权授予前使用该发明未支付适当使用费的，专利权人要求支付使用费的诉讼时效为三年，自专利权人知道或者应当知道他人使用其发明之日起计算，但是，专利权人于专利权授予之日前即已知道或者应当知道的，自专利权授予之日起计算。

第七十五条　有下列情形之一的，不视为侵犯专利权：

（一）专利产品或者依照专利方法直接获得的产品，由专利权人或者经其许可的单位、个人售出后，使用、许诺销售、销售、进口该产品的；

（二）在专利申请日前已经制造相同产品、使用相同方法或者已经作好制造、使用的必要准备，并且仅在原有范围内继续制造、使用的；

（三）临时通过中国领陆、领水、领空的外国运输工具，依照其所属国同中国签订的协议或者共同参加的国际条约，或者依照互惠原则，为运输工具自身需要而在其装置和设备中使用有关专利的；

（四）专为科学研究和实验而使用有关专利的；

（五）为提供行政审批所需要的信息，制造、使用、进口专利药品或者专利医疗器械的，以及专门为其制造、进口专利药品或者专利医疗器械的。

第七十六条　药品上市审评审批过程中，药品上市许可申请人与有关专利权人或者利害关系人，因申请注册的药品相关的专利权产生纠纷的，相关当事人可以向人民法院起诉，请求就申请注册的药品相关技术方案是否落入他人药品专利权保护范围作出判决。国务院药品监督管理部门在规定的期限内，可以根据人民法院生效裁判作出是否暂停批准相关药品上市的决定。

药品上市许可申请人与有关专利权人或者利害关系人也可以就申请注册的药品相关的专利权纠纷，向国务院专利行政部门请求行政裁决。

国务院药品监督管理部门会同国务院专利行政部门制定药品上市许可审批与药品上市许可申请阶段专利权纠纷解决的具体衔接办法，报国务院同意后实施。

第七十七条 为生产经营目的使用、许诺销售或者销售不知道是未经专利权人许可而制造并售出的专利侵权产品，能证明该产品合法来源的，不承担赔偿责任。

第七十八条 违反本法第十九条规定向外国申请专利，泄露国家秘密的，由所在单位或者上级主管机关给予行政处分；构成犯罪的，依法追究刑事责任。

第七十九条 管理专利工作的部门不得参与向社会推荐专利产品等经营活动。

管理专利工作的部门违反前款规定的，由其上级机关或者监察机关责令改正，消除影响，有违法收入的予以没收；情节严重的，对直接负责的主管人员和其他直接责任人员依法给予处分。

第八十条 从事专利管理工作的国家机关工作人员以及其他有关国家机关工作人员玩忽职守、滥用职权、徇私舞弊，构成犯罪的，依法追究刑事责任；尚不构成犯罪的，依法给予处分。

第八章 附 则

第八十一条 向国务院专利行政部门申请专利和办理其他手续，应当按照规定缴纳费用。

第八十二条 本法自1985年4月1日起施行。

中华人民共和国著作权法

- 1990年9月7日第七届全国人民代表大会常务委员会第十五次会议通过
- 根据2001年10月27日第九届全国人民代表大会常务委员会第二十四次会议《关于修改〈中华人民共和国著作权法〉的决定》第一次修正
- 根据2010年2月26日第十一届全国人民代表大会常务委员会第十三次会议《关于修改〈中华人民共和国著作权法〉的决定》第二次修正
- 根据2020年11月11日第十三届全国人民代表大会常务委员会第二十三次会议《关于修改〈中华人民共和国著作权法〉的决定》第三次修正

第一章 总 则

第一条 为保护文学、艺术和科学作品作者的著作权，以及与著作权有关的权益，鼓励有益于社会主义精神文明、物质文明建设的作品的创作和传播，促进社会主义文化和科学事业的发展与繁荣，根据宪法制定本法。

第二条 中国公民、法人或者非法人组织的作品，不论是否发表，依照本法享有著作权。

外国人、无国籍人的作品根据其作者所属国或者经常居住地国同中国签订的协议或者共同参加的国际条约享有的著作权，受本法保护。

外国人、无国籍人的作品首先在中国境内出版的，依照本法享有著作权。

未与中国签订协议或者共同参加国际条约的国家的作者以及无国籍人的作品首次在中国参加的国际条约的成员国出版的，或者在成员国和非成员国同时出版的，受本法保护。

第三条 本法所称的作品，是指文学、艺术和科学领域内具有独创性并能以一定形式表现的智力成果，包括：

（一）文字作品；

（二）口述作品；

（三）音乐、戏剧、曲艺、舞蹈、杂技艺术作品；

（四）美术、建筑作品；

（五）摄影作品；

（六）视听作品；

（七）工程设计图、产品设计图、地图、示意图等图形作品和模型作品；

（八）计算机软件；

（九）符合作品特征的其他智力成果。

第四条 著作权人和与著作权有关的权利人行使权利，不得违反宪法和法律，不得损害公共利益。国家对作品的出版、传播依法进行监督管理。

第五条 本法不适用于：

（一）法律、法规，国家机关的决议、决定、命令和其他具有立法、行政、司法性质的文件，及其官方正式译文；

（二）单纯事实消息；

（三）历法、通用数表、通用表格和公式。

第六条 民间文学艺术作品的著作权保护办法由国务院另行规定。

第七条 国家著作权主管部门负责全国的著作权管理工作；县级以上地方主管著作权的部门负责本行政区域的著作权管理工作。

第八条 著作权人和与著作权有关的权利人可以授权著作权集体管理组织行使著作权或者与

著作权有关的权利。依法设立的著作权集体管理组织是非营利法人，被授权后可以以自己的名义为著作权人和与著作权有关的权利人主张权利，并可以作为当事人进行涉及著作权或者与著作权有关的权利的诉讼、仲裁、调解活动。

著作权集体管理组织根据授权向使用者收取使用费。使用费的收取标准由著作权集体管理组织和使用者代表协商确定，协商不成的，可以向国家著作权主管部门申请裁决，对裁决不服的，可以向人民法院提起诉讼；当事人也可以直接向人民法院提起诉讼。

著作权集体管理组织应当将使用费的收取和转付、管理费的提取和使用、使用费的未分配部分等总体情况定期向社会公布，并应当建立权利信息查询系统，供权利人和使用者查询。国家著作权主管部门应当依法对著作权集体管理组织进行监督、管理。

著作权集体管理组织的设立方式、权利义务、使用费的收取和分配，以及对其监督和管理等由国务院另行规定。

第二章 著 作 权

第一节 著作权人及其权利

第九条 著作权人包括：

（一）作者；

（二）其他依照本法享有著作权的自然人、法人或者非法人组织。

第十条 著作权包括下列人身权和财产权：

（一）发表权，即决定作品是否公之于众的权利；

（二）署名权，即表明作者身份，在作品上署名的权利；

（三）修改权，即修改或者授权他人修改作品的权利；

（四）保护作品完整权，即保护作品不受歪曲、篡改的权利；

（五）复制权，即以印刷、复印、拓印、录音、录像、翻录、翻拍、数字化等方式将作品制作一份或者多份的权利；

（六）发行权，即以出售或者赠与方式向公众提供作品的原件或者复制件的权利；

（七）出租权，即有偿许可他人临时使用视听作品、计算机软件的原件或者复制件的权利，计算机软件不是出租的主要标的的除外；

（八）展览权，即公开陈列美术作品、摄影作品的原件或者复制件的权利；

（九）表演权，即公开表演作品，以及用各种手段公开播送作品的表演的权利；

（十）放映权，即通过放映机、幻灯机等技术设备公开再现美术、摄影、视听作品等的权利；

（十一）广播权，即以有线或者无线方式公开传播或者转播作品，以及通过扩音器或者其他传送符号、声音、图像的类似工具向公众传播广播的作品的权利，但不包括本款第十二项规定的权利；

（十二）信息网络传播权，即以有线或者无线方式向公众提供，使公众可以在其选定的时间和地点获得作品的权利；

（十三）摄制权，即以摄制视听作品的方法将作品固定在载体上的权利；

（十四）改编权，即改变作品，创作出具有独创性的新作品的权利；

（十五）翻译权，即将作品从一种语言文字转换成另一种语言文字的权利；

（十六）汇编权，即将作品或者作品的片段通过选择或者编排，汇集成新作品的权利；

（十七）应当由著作权人享有的其他权利。

著作权人可以许可他人行使前款第五项至第十七项规定的权利，并依照约定或者本法有关规定获得报酬。

著作权人可以全部或者部分转让本条第一款第五项至第十七项规定的权利，并依照约定或者本法有关规定获得报酬。

第二节 著作权归属

第十一条 著作权属于作者，本法另有规定的除外。

创作作品的自然人是作者。

由法人或者非法人组织主持，代表法人或者非法人组织意志创作，并由法人或者非法人组织承担责任的作品，法人或者非法人组织视为作者。

第十二条 在作品上署名的自然人、法人或者非法人组织为作者，且该作品上存在相应权利，但有相反证明的除外。

作者等著作权人可以向国家著作权主管部门认定的登记机构办理作品登记。

与著作权有关的权利参照适用前两款规定。

第十三条 改编、翻译、注释、整理已有作品而产生的作品,其著作权由改编、翻译、注释、整理人享有,但行使著作权时不得侵犯原作品的著作权。

第十四条 两人以上合作创作的作品,著作权由合作作者共同享有。没有参加创作的人,不能成为合作作者。

合作作品的著作权由合作作者通过协商一致行使;不能协商一致,又无正当理由的,任何一方不得阻止他方行使除转让、许可他人专有使用、出质以外的其他权利,但是所得收益应当合理分配给所有合作作者。

合作作品可以分割使用的,作者对各自创作的部分可以单独享有著作权,但行使著作权时不得侵犯合作作品整体的著作权。

第十五条 汇编若干作品、作品的片段或者不构成作品的数据或者其他材料,对其内容的选择或者编排体现独创性的作品,为汇编作品,其著作权由汇编人享有,但行使著作权时,不得侵犯原作品的著作权。

第十六条 使用改编、翻译、注释、整理、汇编已有作品而产生的作品进行出版、演出和制作录音录像制品,应当取得该作品的著作权人和原作品的著作权人许可,并支付报酬。

第十七条 视听作品中的电影作品、电视剧作品的著作权由制作者享有,但编剧、导演、摄影、作词、作曲等作者享有署名权,并有权按照与制作者签订的合同获得报酬。

前款规定以外的视听作品的著作权归属由当事人约定;没有约定或者约定不明确的,由制作者享有,但作者享有署名权和获得报酬的权利。

视听作品中的剧本、音乐等可以单独使用的作品的作者有权单独行使其著作权。

第十八条 自然人为完成法人或者非法人组织工作任务所创作的作品是职务作品,除本条第二款的规定以外,著作权由作者享有,但法人或者非法人组织有权在其业务范围内优先使用。作品完成两年内,未经单位同意,作者不得许可第三人以与单位使用的相同方式使用该作品。

有下列情形之一的职务作品,作者享有署名权,著作权的其他权利由法人或者非法人组织享有,法人或者非法人组织可以给予作者奖励:

(一)主要是利用法人或者非法人组织的物质技术条件创作,并由法人或者非法人组织承担责任的工程设计图、产品设计图、地图、示意图、计算机软件等职务作品;

(二)报社、期刊社、通讯社、广播电台、电视台的工作人员创作的职务作品;

(三)法律、行政法规规定或者合同约定著作权由法人或者非法人组织享有的职务作品。

第十九条 受委托创作的作品,著作权的归属由委托人和受托人通过合同约定。合同未作明确约定或者没有订立合同的,著作权属于受托人。

第二十条 作品原件所有权的转移,不改变作品著作权的归属,但美术、摄影作品原件的展览权由原件所有人享有。

作者将未发表的美术、摄影作品的原件所有权转让给他人,受让人展览该原件不构成对作者发表权的侵犯。

第二十一条 著作权属于自然人的,自然人死亡后,其本法第十条第一款第五项至第十七项规定的权利在本法规定的保护期内,依法转移。

著作权属于法人或者非法人组织的,法人或者非法人组织变更、终止后,其本法第十条第一款第五项至第十七项规定的权利在本法规定的保护期内,由承受其权利义务的法人或者非法人组织享有;没有承受其权利义务的法人或者非法人组织的,由国家享有。

第三节 权利的保护期

第二十二条 作者的署名权、修改权、保护作品完整权的保护期不受限制。

第二十三条 自然人的作品,其发表权、本法第十条第一款第五项至第十七项规定的权利的保护期为作者终生及其死亡后五十年,截止于作者死亡后第五十年的12月31日;如果是合作作品,截止于最后死亡的作者死亡后第五十年的12月31日。

法人或者非法人组织的作品、著作权(署名权除外)由法人或者非法人组织享有的职务作品,其发表权的保护期为五十年,截止于作品创作完成后第五十年的12月31日;本法第十条第一款第五项至第十七项规定的权利的保护期为五十年,截止于作品首次发表后第五十年的12月31日,但作品自创作完成后五十年内未发表的,本法不再保护。

视听作品，其发表权的保护期为五十年，截止于作品创作完成后第五十年的12月31日；本法第十条第一款第五项至第十七项规定的权利的保护期为五十年，截止于作品首次发表后第五十年的12月31日，但作品自创作完成后五十年内未发表的，本法不再保护。

第四节 权利的限制

第二十四条 在下列情况下使用作品，可以不经著作权人许可，不向其支付报酬，但应当指明作者姓名或者名称、作品名称，并且不得影响该作品的正常使用，也不得不合理地损害著作权人的合法权益：

（一）为个人学习、研究或者欣赏，使用他人已经发表的作品；

（二）为介绍、评论某一作品或者说明某一问题，在作品中适当引用他人已经发表的作品；

（三）为报道新闻，在报纸、期刊、广播电台、电视台等媒体中不可避免地再现或者引用已经发表的作品；

（四）报纸、期刊、广播电台、电视台等媒体刊登或者播放其他报纸、期刊、广播电台、电视台等媒体已经发表的关于政治、经济、宗教问题的时事性文章，但著作权人声明不许刊登、播放的除外；

（五）报纸、期刊、广播电台、电视台等媒体刊登或者播放在公众集会上发表的讲话，但作者声明不许刊登、播放的除外；

（六）为学校课堂教学或者科学研究，翻译、改编、汇编、播放或者少量复制已经发表的作品，供教学或者科研人员使用，但不得出版发行；

（七）国家机关为执行公务在合理范围内使用已经发表的作品；

（八）图书馆、档案馆、纪念馆、博物馆、美术馆、文化馆等为陈列或者保存版本的需要，复制本馆收藏的作品；

（九）免费表演已经发表的作品，该表演未向公众收取费用，也未向表演者支付报酬，且不以营利为目的；

（十）对设置或者陈列在公共场所的艺术作品进行临摹、绘画、摄影、录像；

（十一）将中国公民、法人或者非法人组织已经发表的以国家通用语言文字创作的作品翻译成少数民族语言文字作品在国内出版发行；

（十二）以阅读障碍者能够感知的无障碍方式向其提供已经发表的作品；

（十三）法律、行政法规规定的其他情形。

前款规定适用于对与著作权有关的权利的限制。

第二十五条 为实施义务教育和国家教育规划而编写出版教科书，可以不经著作权人许可，在教科书中汇编已经发表的作品片段或者短小的文字作品、音乐作品或者单幅的美术作品、摄影作品、图形作品，但应当按照规定向著作权人支付报酬，指明作者姓名或者名称、作品名称，并且不得侵犯著作权人依照本法享有的其他权利。

前款规定适用于对与著作权有关的权利的限制。

第三章 著作权许可使用和转让合同

第二十六条 使用他人作品应当同著作权人订立许可使用合同，本法规定可以不经许可的除外。

许可使用合同包括下列主要内容：

（一）许可使用的权利种类；

（二）许可使用的权利是专有使用权或者非专有使用权；

（三）许可使用的地域范围、期间；

（四）付酬标准和办法；

（五）违约责任；

（六）双方认为需要约定的其他内容。

第二十七条 转让本法第十条第一款第五项至第十七项规定的权利，应当订立书面合同。

权利转让合同包括下列主要内容：

（一）作品的名称；

（二）转让的权利种类、地域范围；

（三）转让价金；

（四）交付转让价金的日期和方式；

（五）违约责任；

（六）双方认为需要约定的其他内容。

第二十八条 以著作权中的财产权出质的，由出质人和质权人依法办理出质登记。

第二十九条 许可使用合同和转让合同中著作权人未明确许可、转让的权利，未经著作权人同意，另一方当事人不得行使。

第三十条 使用作品的付酬标准可以由当事人约定，也可以按照国家著作权主管部门会同有关部门制定的付酬标准支付报酬。当事人约定不明确的，按照国家著作权主管部门会同有关部门制定的付酬标准支付报酬。

第三十一条 出版者、表演者、录音录像制作者、广播电台、电视台等依照本法有关规定使用他人作品的，不得侵犯作者的署名权、修改权、保护作品完整权和获得报酬的权利。

第四章 与著作权有关的权利

第一节 图书、报刊的出版

第三十二条 图书出版者出版图书应当和著作权人订立出版合同，并支付报酬。

第三十三条 图书出版者对著作权人交付出版的作品，按照合同约定享有的专有出版权受法律保护，他人不得出版该作品。

第三十四条 著作权人应当按照合同约定期限交付作品。图书出版者应当按照合同约定的出版质量、期限出版图书。

图书出版者不按合同约定期限出版，应当依照本法第六十一条的规定承担民事责任。

图书出版者重印、再版作品的，应当通知著作权人，并支付报酬。图书脱销后，图书出版者拒绝重印、再版，著作权人有权终止合同。

第三十五条 著作权人向报社、期刊社投稿的，自稿件发出之日起十五日内未收到报社通知决定刊登，或者自稿件发出之日起三十日内未收到期刊社通知决定刊登的，可以将同一作品向其他报社、期刊社投稿。双方另有约定的除外。

作品刊登后，除著作权人声明不得转载、摘编的外，其他报刊可以转载或者作为文摘、资料刊登，但应当按照规定向著作权人支付报酬。

第三十六条 图书出版者经作者许可，可以对作品修改、删节。

报社、期刊社可以对作品作文字性修改、删节。对内容的修改，应当经作者许可。

第三十七条 出版者有权许可或者禁止他人使用其出版的图书、期刊的版式设计。

前款规定的权利的保护期为十年，截止于使用该版式设计的图书、期刊首次出版后第十年的12月31日。

第二节 表演

第三十八条 使用他人作品演出，表演者应当取得著作权人许可，并支付报酬。演出组织者组织演出，由该组织者取得著作权人许可，并支付报酬。

第三十九条 表演者对其表演享有下列权利：

（一）表明表演者身份；

（二）保护表演形象不受歪曲；

（三）许可他人从现场直播和公开传送其现场表演，并获得报酬；

（四）许可他人录音录像，并获得报酬；

（五）许可他人复制、发行、出租录有其表演的录音录像制品，并获得报酬；

（六）许可他人通过信息网络向公众传播其表演，并获得报酬。

被许可人以前款第三项至第六项规定的方式使用作品，还应当取得著作权人许可，并支付报酬。

第四十条 演员为完成本演出单位的演出任务进行的表演为职务表演，演员享有表明身份和保护表演形象不受歪曲的权利，其他权利归属由当事人约定。当事人没有约定或者约定不明确的，职务表演的权利由演出单位享有。

职务表演的权利由演员享有的，演出单位可以在其业务范围内免费使用该表演。

第四十一条 本法第三十九条第一款第一项、第二项规定的权利的保护期不受限制。

本法第三十九条第一款第三项至第六项规定的权利的保护期为五十年，截止于该表演发生后第五十年的12月31日。

第三节 录音录像

第四十二条 录音录像制作者使用他人作品制作录音录像制品，应当取得著作权人许可，并支付报酬。

录音制作者使用他人已经合法录制为录音制品的音乐作品制作录音制品，可以不经著作权人许可，但应当按照规定支付报酬；著作权人声明不许使用的不得使用。

第四十三条 录音录像制作者制作录音录像制品，应当同表演者订立合同，并支付报酬。

第四十四条 录音录像制作者对其制作的录音录像制品，享有许可他人复制、发行、出租、通过信息网络向公众传播并获得报酬的权利；权利的保护期为五十年，截止于该制品首次制作完成后第五十年的12月31日。

被许可人复制、发行、通过信息网络向公众传播录音录像制品，应当同时取得著作权人、表演者许可，并支付报酬；被许可人出租录音录像制品，还应当取得表演者许可，并支付报酬。

第四十五条 将录音制品用于有线或者无线公开传播，或者通过传送声音的技术设备向公众公开播送的，应当向录音制作者支付报酬。

第四节 广播电台、电视台播放

第四十六条 广播电台、电视台播放他人未发表的作品，应当取得著作权人许可，并支付报酬。

广播电台、电视台播放他人已发表的作品，可以不经著作权人许可，但应当按照规定支付报酬。

第四十七条 广播电台、电视台有权禁止未经其许可的下列行为：

（一）将其播放的广播、电视以有线或者无线方式转播；

（二）将其播放的广播、电视录制以及复制；

（三）将其播放的广播、电视通过信息网络向公众传播。

广播电台、电视台行使前款规定的权利，不得影响、限制或者侵害他人行使著作权或者与著作权有关的权利。

本条第一款规定的权利的保护期为五十年，截止于该广播、电视首次播放后第五十年的12月31日。

第四十八条 电视台播放他人的视听作品、录像制品，应当取得视听作品著作权人或者录像制作者许可，并支付报酬；播放他人的录像制品，还应当取得著作权人许可，并支付报酬。

第五章 著作权和与著作权有关的权利的保护

第四十九条 为保护著作权和与著作权有关的权利，权利人可以采取技术措施。

未经权利人许可，任何组织或者个人不得故意避开或者破坏技术措施，不得以避开或者破坏技术措施为目的制造、进口或者向公众提供有关装置或者部件，不得故意为他人避开或者破坏技术措施提供技术服务。但是，法律、行政法规规定可以避开的情形除外。

本法所称的技术措施，是指用于防止、限制未经权利人许可浏览、欣赏作品、表演、录音录像制品或者通过信息网络向公众提供作品、表演、录音录像制品的有效技术、装置或者部件。

第五十条 下列情形可以避开技术措施，但不得向他人提供避开技术措施的技术、装置或者部件，不得侵犯权利人依法享有的其他权利：

（一）为学校课堂教学或者科学研究，提供少量已经发表的作品，供教学或者科研人员使用，而该作品无法通过正常途径获取；

（二）不以营利为目的，以阅读障碍者能够感知的无障碍方式向其提供已经发表的作品，而该作品无法通过正常途径获取；

（三）国家机关依照行政、监察、司法程序执行公务；

（四）对计算机及其系统或者网络的安全性能进行测试；

（五）进行加密研究或者计算机软件反向工程研究。

前款规定适用于对与著作权有关的权利的限制。

第五十一条 未经权利人许可，不得进行下列行为：

（一）故意删除或者改变作品、版式设计、表演、录音录像制品或者广播、电视上的权利管理信息，但由于技术上的原因无法避免的除外；

（二）知道或者应当知道作品、版式设计、表演、录音录像制品或者广播、电视上的权利管理信息未经许可被删除或者改变，仍然向公众提供。

第五十二条 有下列侵权行为的，应当根据情况，承担停止侵害、消除影响、赔礼道歉、赔偿损失等民事责任：

（一）未经著作权人许可，发表其作品的；

（二）未经合作作者许可，将与他人合作创作的作品当作自己单独创作的作品发表的；

（三）没有参加创作，为谋取个人名利，在他人作品上署名的；

（四）歪曲、篡改他人作品的；

（五）剽窃他人作品的；

（六）未经著作权人许可，以展览、摄制视听作品的方法使用作品，或者以改编、翻译、注释等方式使用作品的，本法另有规定的除外；

（七）使用他人作品，应当支付报酬而未支付的；

（八）未经视听作品、计算机软件、录音录像制品的著作权人、表演者或者录音录像制作者许可，出租其作品或者录音录像制品的原件或者复制件的，本法另有规定的除外；

（九）未经出版者许可，使用其出版的图书、期刊的版式设计的；

（十）未经表演者许可，从现场直播或者公开传送其现场表演，或者录制其表演的；

（十一）其他侵犯著作权以及与著作权有关的权利的行为。

第五十三条　有下列侵权行为的，应当根据情况，承担本法第五十二条规定的民事责任；侵权行为同时损害公共利益的，由主管著作权的部门责令停止侵权行为，予以警告，没收违法所得，没收、无害化销毁处理侵权复制品以及主要用于制作侵权复制品的材料、工具、设备等，违法经营额五万元以上的，可以并处违法经营额一倍以上五倍以下的罚款；没有违法经营额、违法经营额难以计算或者不足五万元的，可以并处二十五万元以下的罚款；构成犯罪的，依法追究刑事责任：

（一）未经著作权人许可，复制、发行、表演、放映、广播、汇编、通过信息网络向公众传播其作品的，本法另有规定的除外；

（二）出版他人享有专有出版权的图书的；

（三）未经表演者许可，复制、发行录有其表演的录音录像制品，或者通过信息网络向公众传播其表演的，本法另有规定的除外；

（四）未经录音录像制作者许可，复制、发行、通过信息网络向公众传播其制作的录音录像制品的，本法另有规定的除外；

（五）未经许可，播放、复制或者通过信息网络向公众传播广播、电视的，本法另有规定的除外；

（六）未经著作权人或者与著作权有关的权利人许可，故意避开或者破坏技术措施的，故意制造、进口或者向他人提供主要用于避开、破坏技术措施的装置或者部件的，或者故意为他人避开或者破坏技术措施提供技术服务的，法律、行政法规另有规定的除外；

（七）未经著作权人或者与著作权有关的权利人许可，故意删除或者改变作品、版式设计、表演、录音录像制品或者广播、电视上的权利管理信息的，知道或者应当知道作品、版式设计、表演、录音录像制品或者广播、电视上的权利管理信息未经许可被删除或者改变，仍然向公众提供的，法律、行政法规另有规定的除外；

（八）制作、出售假冒他人署名的作品的。

第五十四条　侵犯著作权或者与著作权有关的权利的，侵权人应当按照权利人因此受到的实际损失或者侵权人的违法所得给予赔偿；权利人的实际损失或者侵权人的违法所得难以计算的，可以参照该权利使用费给予赔偿。对故意侵犯著作权或者与著作权有关的权利，情节严重的，可以在按照上述方法确定数额的一倍以上五倍以下给予赔偿。

权利人的实际损失、侵权人的违法所得、权利使用费难以计算的，由人民法院根据侵权行为的情节，判决给予五百元以上五百万元以下的赔偿。

赔偿数额还应当包括权利人为制止侵权行为所支付的合理开支。

人民法院为确定赔偿数额，在权利人已经尽了必要举证责任，而与侵权行为相关的账簿、资料等主要由侵权人掌握的，可以责令侵权人提供与侵权行为相关的账簿、资料等；侵权人不提供，或者提供虚假的账簿、资料等的，人民法院可以参考权利人的主张和提供的证据确定赔偿数额。

人民法院审理著作权纠纷案件，应权利人请求，对侵权复制品，除特殊情况外，责令销毁；对主要用于制造侵权复制品的材料、工具、设备等，责令销毁，且不予补偿；或者在特殊情况下，责令禁止前述材料、工具、设备等进入商业渠道，且不予补偿。

第五十五条　主管著作权的部门对涉嫌侵犯著作权和与著作权有关的权利的行为进行查处时，可以询问有关当事人，调查与涉嫌违法行为有关的情况；对当事人涉嫌违法行为的场所和物品实施现场检查；查阅、复制与涉嫌违法行为有关的合同、发票、账簿以及其他有关资料；对于涉嫌违法行为的场所和物品，可以查封或者扣押。

主管著作权的部门依法行使前款规定的职权时，当事人应当予以协助、配合，不得拒绝、阻挠。

第五十六条　著作权人或者与著作权有关的权利人有证据证明他人正在实施或者即将实施侵犯其权利、妨碍其实现权利的行为，如不及时制止将会使其合法权益受到难以弥补的损害的，可以在起诉前依法向人民法院申请采取财产保全、责令作出一定行为或者禁止作出一定行为等措施。

第五十七条　为制止侵权行为，在证据可能

灭失或者以后难以取得的情况下，著作权人或者与著作权有关的权利人可以在起诉前依法向人民法院申请保全证据。

第五十八条 人民法院审理案件，对于侵犯著作权或者与著作权有关的权利的，可以没收违法所得、侵权复制品以及进行违法活动的财物。

第五十九条 复制品的出版者、制作者不能证明其出版、制作有合法授权的，复制品的发行者或者视听作品、计算机软件、录音录像制品的复制品的出租者不能证明其发行、出租的复制品有合法来源的，应当承担法律责任。

在诉讼程序中，被诉侵权人主张其不承担侵权责任的，应当提供证据证明已经取得权利人的许可，或者具有本法规定的不经权利人许可而可以使用的情形。

第六十条 著作权纠纷可以调解，也可以根据当事人达成的书面仲裁协议或者著作权合同中的仲裁条款，向仲裁机构申请仲裁。

当事人没有书面仲裁协议，也没有在著作权合同中订立仲裁条款的，可以直接向人民法院起诉。

第六十一条 当事人因不履行合同义务或者履行合同义务不符合约定而承担民事责任，以及当事人行使诉讼权利、申请保全等，适用有关法律的规定。

第六章 附 则

第六十二条 本法所称的著作权即版权。

第六十三条 本法第二条所称的出版，指作品的复制、发行。

第六十四条 计算机软件、信息网络传播权的保护办法由国务院另行规定。

第六十五条 摄影作品，其发表权、本法第十条第一款第五项至第十七项规定的权利的保护期在2021年6月1日前已经届满，但依据本法第二十三条第一款的规定仍在保护期内的，不再保护。

第六十六条 本法规定的著作权人和出版者、表演者、录音录像制作者、广播电台、电视台的权利，在本法施行之日尚未超过本法规定的保护期的，依照本法予以保护。

本法施行前发生的侵权或者违约行为，依照侵权或者违约行为发生时的有关规定处理。

第六十七条 本法自1991年6月1日起施行。

最高人民法院关于审理商标案件有关管辖和法律适用范围问题的解释

- 2001年12月25日最高人民法院审判委员会第1203次会议通过
- 根据2020年12月23日最高人民法院审判委员会第1823次会议通过的《最高人民法院关于修改〈最高人民法院关于审理侵犯专利权纠纷案件应用法律若干问题的解释（二）〉等十八件知识产权类司法解释的决定》修正

《全国人民代表大会常务委员会关于修改〈中华人民共和国商标法〉的决定》（以下简称商标法修改决定）已由第九届全国人民代表大会常务委员会第二十四次会议通过，自2001年12月1日起施行。为了正确审理商标案件，根据《中华人民共和国商标法》（以下简称商标法）、《中华人民共和国民事诉讼法》和《中华人民共和国行政诉讼法》（以下简称行政诉讼法）的规定，现就人民法院审理商标案件有关管辖和法律适用范围等问题，作如下解释：

第一条 人民法院受理以下商标案件：

1. 不服国家知识产权局作出的复审决定或者裁定的行政案件；

2. 不服国家知识产权局作出的有关商标的其他行政行为的案件；

3. 商标权权属纠纷案件；

4. 侵害商标权纠纷案件；

5. 确认不侵害商标权纠纷案件；

6. 商标权转让合同纠纷案件；

7. 商标使用许可合同纠纷案件；

8. 商标代理合同纠纷案件；

9. 申请诉前停止侵害注册商标专用权案件；

10. 申请停止侵害注册商标专用权损害责任案件；

11. 申请诉前财产保全案件；

12. 申请诉前证据保全案件；

13. 其他商标案件。

第二条 本解释第一条所列第1项第一审案件，由北京市高级人民法院根据最高人民法院的授权确定其辖区内有关中级人民法院管辖。

本解释第一条所列第2项第一审案件,根据行政诉讼法的有关规定确定管辖。

商标民事纠纷第一审案件,由中级以上人民法院管辖。

各高级人民法院根据本辖区的实际情况,经最高人民法院批准,可以在较大城市确定1-2个基层人民法院受理第一审商标民事纠纷案件。

第三条 商标注册人或者利害关系人向国家知识产权局就侵犯商标权行为请求处理,又向人民法院提起侵害商标权诉讼请求损害赔偿的,人民法院应当受理。

第四条 国家知识产权局在商标法修改决定施行前受理的案件,于该决定施行后作出复审决定或裁定,当事人对复审决定或裁定不服向人民法院起诉的,人民法院应当受理。

第五条 除本解释另行规定外,对商标法修改决定施行前发生,属于修改后商标法第四条、第五条、第八条、第九条第一款、第十条第一款第(二)、(三)、(四)项、第十条第二款、第十一条、第十二条、第十三条、第十五条、第十六条、第二十四条、第二十五条、第三十一条所列举的情形,国家知识产权局于商标法修改决定施行后作出复审决定或者裁定,当事人不服向人民法院起诉的行政案件,适用修改后商标法的相应规定进行审查;属于其他情形的,适用修改前商标法的相应规定进行审查。

第六条 当事人就商标法修改决定施行时已满一年的注册商标发生争议,不服国家知识产权局作出的裁定向人民法院起诉的,适用修改前商标法第二十七条第二款规定的提出申请的期限处理;商标法修改决定施行时商标注册不满一年的,适用修改后商标法第四十一条第二款、第三款规定的提出申请的期限处理。

第七条 对商标法修改决定施行前发生的侵犯商标专用权行为,商标注册人或者利害关系人于该决定施行后在起诉前向人民法院提出申请采取责令停止侵权行为或者保全证据措施的,适用修改后商标法第五十七条、第五十八条的规定。

第八条 对商标法修改决定施行前发生的侵犯商标专用权行为起诉的案件,人民法院于该决定施行时尚未作出生效判决的,参照修改后商标法第五十六条的规定处理。

第九条 除本解释另行规定外,商标法修改决定施行后人民法院受理的商标民事纠纷案件,涉及该决定施行前发生的民事行为的,适用修改前商标法的规定;涉及该决定施行后发生的民事行为的,适用修改后商标法的规定;涉及该决定施行前发生,持续到该决定施行后的民事行为的,分别适用修改前、后商标法的规定。

第十条 人民法院受理的侵犯商标权纠纷案件,已经过行政管理部门处理的,人民法院仍应当就当事人民事争议的事实进行审查。

最高人民法院关于审理商标民事纠纷案件适用法律若干问题的解释

· 2002年10月12日最高人民法院审判委员会第1246次会议通过
· 根据2020年12月23日最高人民法院审判委员会第1823次会议通过的《最高人民法院关于修改〈最高人民法院关于审理侵犯专利权纠纷案件应用法律若干问题的解释(二)〉等十八件知识产权类司法解释的决定》修正

为了正确审理商标纠纷案件,根据《中华人民共和国民法典》《中华人民共和国商标法》《中华人民共和国民事诉讼法》等法律的规定,就适用法律若干问题解释如下:

第一条 下列行为属于商标法第五十七条第(七)项规定的给他人注册商标专用权造成其他损害的行为:

(一)将与他人注册商标相同或者相近似的文字作为企业的字号在相同或者类似商品上突出使用,容易使相关公众产生误认的;

(二)复制、摹仿、翻译他人注册的驰名商标或其主要部分在不相同或者不相类似商品上作为商标使用,误导公众,致使该驰名商标注册人的利益可能受到损害的;

(三)将与他人注册商标相同或者相近似的文字注册为域名,并且通过该域名进行相关商品交易的电子商务,容易使相关公众产生误认的。

第二条 依据商标法第十三条第二款的规定,复制、摹仿、翻译他人未在中国注册的驰名商标或其主要部分,在相同或者类似商品上作为商标使用,容易导致混淆的,应当承担停止侵害的民事法律责任。

第三条 商标法第四十三条规定的商标使用许可包括以下三类：

（一）独占使用许可，是指商标注册人在约定的期间、地域和以约定的方式，将该注册商标仅许可一个被许可人使用，商标注册人依约定不得使用该注册商标；

（二）排他使用许可，是指商标注册人在约定的期间、地域和以约定的方式，将该注册商标仅许可一个被许可人使用，商标注册人依约定可以使用该注册商标但不得另行许可他人使用该注册商标；

（三）普通使用许可，是指商标注册人在约定的期间、地域和以约定的方式，许可他人使用其注册商标，并可自行使用该注册商标和许可他人使用其注册商标。

第四条 商标法第六十条第一款规定的利害关系人，包括注册商标使用许可合同的被许可人、注册商标财产权利的合法继承人等。

在发生注册商标专用权被侵害时，独占使用许可合同的被许可人可以向人民法院提起诉讼；排他使用许可合同的被许可人可以和商标注册人共同起诉，也可以在商标注册人不起诉的情况下，自行提起诉讼；普通使用许可合同的被许可人经商标注册人明确授权，可以提起诉讼。

第五条 商标注册人或者利害关系人在注册商标续展宽展期内提出续展申请，未获核准前，以他人侵犯其注册商标专用权提起诉讼的，人民法院应当受理。

第六条 因侵犯注册商标专用权行为提起的民事诉讼，由商标法第十三条、第五十七条所规定侵权行为的实施地、侵权商品的储藏地或者查封扣押地、被告住所地人民法院管辖。

前款规定的侵权商品的储藏地，是指大量或者经常性储存、隐匿侵权商品所在地；查封扣押地，是指海关等行政机关依法查封、扣押侵权商品所在地。

第七条 对涉及不同侵权行为实施地的多个被告提起的共同诉讼，原告可以选择其中一个被告的侵权行为实施地人民法院管辖；仅对其中某一被告提起的诉讼，该被告侵权行为实施地的人民法院有管辖权。

第八条 商标法所称相关公众，是指与商标所标识的某类商品或者服务有关的消费者和与前述商品或者服务的营销有密切关系的其他经营者。

第九条 商标法第五十七条第（一）（二）项规定的商标相同，是指被控侵权的商标与原告的注册商标相比较，二者在视觉上基本无差别。

商标法第五十七条第（二）项规定的商标近似，是指被控侵权的商标与原告的注册商标相比较，其文字的字形、读音、含义或者图形的构图及颜色，或者其各要素组合后的整体结构相似，或者其立体形状、颜色组合近似，易使相关公众对商品的来源产生误认或者认为其来源与原告注册商标的商品有特定的联系。

第十条 人民法院依据商标法第五十七条第（一）（二）项的规定，认定商标相同或者近似按照以下原则进行：

（一）以相关公众的一般注意力为标准；

（二）既要进行对商标的整体比对，又要进行对商标主要部分的比对，比对应当在比对对象隔离的状态下分别进行；

（三）判断商标是否近似，应当考虑请求保护注册商标的显著性和知名度。

第十一条 商标法第五十七条第（二）项规定的类似商品，是指在功能、用途、生产部门、销售渠道、消费对象等方面相同，或者相关公众一般认为其存在特定联系、容易造成混淆的商品。

类似服务，是指在服务的目的、内容、方式、对象等方面相同，或者相关公众一般认为存在特定联系、容易造成混淆的服务。

商品与服务类似，是指商品和服务之间存在特定联系，容易使相关公众混淆。

第十二条 人民法院依据商标法第五十七条第（二）项的规定，认定商品或者服务是否类似，应当以相关公众对商品或者服务的一般认识综合判断；《商标注册用商品和服务国际分类表》《类似商品和服务区分表》可以作为判断类似商品或者服务的参考。

第十三条 人民法院依据商标法第六十三条第一款的规定确定侵权人的赔偿责任时，可以根据权利人选择的计算方法计算赔偿数额。

第十四条 商标法第六十三条第一款规定的侵权所获得的利益，可以根据侵权商品销售量与该商品单位利润乘积计算；该商品单位利润无法查明的,按照注册商标商品的单位利润计算。

第十五条 商标法第六十三条第一款规定的因被侵权所受到的损失,可以根据权利人因侵权所造成商品销售减少量或者侵权商品销售量与该注册商标商品的单位利润乘积计算。

第十六条 权利人因被侵权所受到的实际损失、侵权人因侵权所获得的利益、注册商标使用许可费均难以确定的,人民法院可以根据当事人的请求或者依职权适用商标法第六十三条第三款的规定确定赔偿数额。

人民法院在适用商标法第六十三条第三款规定确定赔偿数额时,应当考虑侵权行为的性质、期间、后果,侵权人的主观过错程度,商标的声誉及制止侵权行为的合理开支等因素综合确定。

当事人按照本条第一款的规定就赔偿数额达成协议的,应当准许。

第十七条 商标法第六十三条第一款规定的制止侵权行为所支付的合理开支,包括权利人或者委托代理人对侵权行为进行调查、取证的合理费用。

人民法院根据当事人的诉讼请求和案件具体情况,可以将符合国家有关部门规定的律师费用计算在赔偿范围内。

第十八条 侵犯注册商标专用权的诉讼时效为三年,自商标注册人或者利害权利人知道或者应当知道权利受到损害以及义务人之日起计算。商标注册人或者利害关系人超过三年起诉的,如果侵权行为在起诉时仍在持续,在该注册商标专用权有效期限内,人民法院应当判决被告停止侵权行为,侵权损害赔偿数额应自权利人向人民法院起诉之日向前推算三年计算。

第十九条 商标使用许可合同未经备案的,不影响该许可合同的效力,但当事人另有约定的除外。

第二十条 注册商标的转让不影响转让前已经生效的商标使用许可合同的效力,但商标使用许可合同另有约定的除外。

第二十一条 人民法院在审理侵犯注册商标专用权纠纷案件中,依据民法典第一百七十九条、商标法第六十条的规定和案件具体情况,可以判决侵权人承担停止侵害、排除妨碍、消除危险、赔偿损失、消除影响等民事责任,还可以作出罚款、收缴侵权商品、伪造的商标标识和主要用于生产侵权商品的材料、工具、设备等财物的民事制裁决定。罚款数额可以参照商标法第六十条第二款的有关规定确定。

行政管理部门对同一侵犯注册商标专用权行为已经给予行政处罚的,人民法院不再予以民事制裁。

第二十二条 人民法院在审理商标纠纷案件中,根据当事人的请求和案件的具体情况,可以对涉及的注册商标是否驰名依法作出认定。

认定驰名商标,应当依照商标法第十四条的规定进行。

当事人对曾经被行政主管机关或者人民法院认定的驰名商标请求保护的,对方当事人对涉及的商标驰名不持异议,人民法院不再审查。提出异议的,人民法院依照商标法第十四条的规定审查。

第二十三条 本解释有关商品商标的规定,适用于服务商标。

第二十四条 以前的有关规定与本解释不一致的,以本解释为准。

最高人民法院关于审理注册商标、企业名称与在先权利冲突的民事纠纷案件若干问题的规定

- 2008年2月18日最高人民法院审判委员会第1444次会议通过
- 根据2020年12月23日最高人民法院审判委员会第1823次会议通过的《最高人民法院关于修改〈最高人民法院关于审理侵犯专利权纠纷案件应用法律若干问题的解释(二)〉等十八件知识产权类司法解释的决定》修正

为正确审理注册商标、企业名称与在先权利冲突的民事纠纷案件,根据《中华人民共和国民法典》《中华人民共和国商标法》《中华人民共和国反不正当竞争法》和《中华人民共和国民事诉讼法》等法律的规定,结合审判实践,制定本规定。

第一条 原告以他人注册商标使用的文字、图形等侵犯其著作权、外观设计专利权、企业名称权等在先权利为由提起诉讼,符合民事诉讼法第一百一十九条规定的,人民法院应当受理。

原告以他人使用在核定商品上的注册商标与其在先的注册商标相同或者近似为由提起诉讼的,人民法院应当根据民事诉讼法第一百二十四条第(三)项的规定,告知原告向有关行政主管机关申请解决。但原告以他人超出核定商品的范围或者以改变显著特征、拆分、组合等方式使用的注册商标,与其注册商标相同或者近似为由提起诉讼的,人民法院应当受理。

第二条 原告以他人企业名称与其在先的企业名称相同或者近似,足以使相关公众对其商品的来源产生混淆,违反反不正当竞争法第六条第(二)项的规定为由提起诉讼,符合民事诉讼法第一百一十九条规定的,人民法院应当受理。

第三条 人民法院应当根据原告的诉讼请求和争议民事法律关系的性质,按照民事案件案由规定,确定注册商标或者企业名称与在先权利冲突的民事纠纷案件的案由,并适用相应的法律。

第四条 被诉企业名称侵犯注册商标专用权或者构成不正当竞争的,人民法院可以根据原告的诉讼请求和案件具体情况,确定被告承担停止使用、规范使用等民事责任。

最高人民法院关于审理涉及驰名商标保护的民事纠纷案件应用法律若干问题的解释

- 2009年4月22日最高人民法院审判委员会第1467次会议通过
- 根据2020年12月23日最高人民法院审判委员会第1823次会议通过的《最高人民法院关于修改〈最高人民法院关于审理侵犯专利权纠纷案件应用法律若干问题的解释(二)〉等十八件知识产权类司法解释的决定》修正

为在审理侵犯商标权等民事纠纷案件中依法保护驰名商标,根据《中华人民共和国商标法》《中华人民共和国反不正当竞争法》《中华人民共和国民事诉讼法》等有关法律规定,结合审判实际,制定本解释。

第一条 本解释所称驰名商标,是指在中国境内为相关公众所熟知的商标。

第二条 在下列民事纠纷案件中,当事人以商标驰名作为事实根据,人民法院根据案件具体情况,认为确有必要的,对所涉商标是否驰名作出认定:

(一)以违反商标法第十三条的规定为由,提起的侵犯商标权诉讼;

(二)以企业名称与其驰名商标相同或者近似为由,提起的侵犯商标权或者不正当竞争诉讼;

(三)符合本解释第六条规定的抗辩或者反诉的诉讼。

第三条 在下列民事纠纷案件中,人民法院对于所涉商标是否驰名不予审查:

(一)被诉侵犯商标权或者不正当竞争行为的成立不以商标驰名为事实根据的;

(二)被诉侵犯商标权或者不正当竞争行为因不具备法律规定的其他要件而不成立的。

原告以被告注册、使用的域名与其注册商标相同或者近似,并通过该域名进行相关商品交易的电子商务,足以造成相关公众误认为由,提起的侵权诉讼,按照前款第(一)项的规定处理。

第四条 人民法院认定商标是否驰名,应当以证明其驰名的事实为依据,综合考虑商标法第十四条第一款规定的各项因素,但是根据案件具体情况无需考虑该条规定的全部因素即足以认定商标驰名的情形除外。

第五条 当事人主张商标驰名的,应当根据案件具体情况,提供下列证据,证明被诉侵犯商标权或者不正当竞争行为发生时,其商标已属驰名:

(一)使用该商标的商品的市场份额、销售区域、利税等;

(二)该商标的持续使用时间;

(三)该商标的宣传或者促销活动的方式、持续时间、程度、资金投入和地域范围;

(四)该商标曾被作为驰名商标受保护的记录;

(五)该商标享有的市场声誉;

(六)证明该商标已属驰名的其他事实。

前款所涉及的商标使用的时间、范围、方式等,包括其核准注册前持续使用的情形。

对于商标使用时间长短、行业排名、市场调查报告、市场价值评估报告、是否曾被认定为著名商标等证据,人民法院应当结合认定商标驰名的其他证据,客观、全面地进行审查。

第六条　原告以被诉商标的使用侵犯其注册商标专用权为由提起民事诉讼，被告以原告的注册商标复制、摹仿或者翻译其在先未注册驰名商标为由提出抗辩或者提起反诉的，应当对其在先未注册商标驰名的事实负举证责任。

第七条　被诉侵犯商标权或者不正当竞争行为发生前，曾被人民法院或者行政管理部门认定驰名的商标，被告对该商标驰名的事实不持异议的，人民法院应当予以认定。被告提出异议的，原告仍应当对该商标驰名的事实负举证责任。

除本解释另有规定外，人民法院对于商标驰名的事实，不适用民事诉讼证据的自认规则。

第八条　对于在中国境内为社会公众所熟知的商标，原告已提供其商标驰名的基本证据，或者被告不持异议的，人民法院对该商标驰名的事实予以认定。

第九条　足以使相关公众对使用驰名商标和被诉商标的商品来源产生误认，或者足以使相关公众认为使用驰名商标和被诉商标的经营者之间具有许可使用、关联企业关系等特定联系的，属于商标法第十三条第二款规定的"容易导致混淆"。

足以使相关公众认为被诉商标与驰名商标具有相当程度的联系，而减弱驰名商标的显著性、贬损驰名商标的市场声誉，或者不正当利用驰名商标的市场声誉，属于商标法第十三条第三款规定的"误导公众，致使该驰名商标注册人的利益可能受到损害"。

第十条　原告请求禁止被告在不相类似商品上使用与原告驰名的注册商标相同或者近似的商标或者企业名称的，人民法院应当根据案件具体情况，综合考虑以下因素后作出裁判：

（一）该驰名商标的显著程度；

（二）该驰名商标在使用被诉商标或者企业名称的商品的相关公众中的知晓程度；

（三）使用驰名商标的商品与使用被诉商标或者企业名称的商品之间的关联程度；

（四）其他相关因素。

第十一条　被告使用的注册商标违反商标法第十三条的规定，复制、摹仿或者翻译原告驰名商标，构成侵犯商标权的，人民法院应当根据原告的请求，依法判决禁止被告使用该商标，但被告的注册商标有下列情形之一的，人民法院对原告的请求不予支持：

（一）已经超过商标法第四十五条第一款规定的请求宣告无效期限的；

（二）被告提出注册申请时，原告的商标并不驰名的。

第十二条　当事人请求保护的未注册驰名商标，属于商标法第十条、第十一条、第十二条规定不得作为商标使用或者注册情形的，人民法院不予支持。

第十三条　在涉及驰名商标保护的民事纠纷案件中，人民法院对于商标驰名的认定，仅作为案件事实和判决理由，不写入判决主文；以调解方式审结的，在调解书中对商标驰名的事实不予认定。

第十四条　本院以前有关司法解释与本解释不一致的，以本解释为准。

最高人民法院关于商标法修改决定施行后商标案件管辖和法律适用问题的解释

- 2014年2月10日最高人民法院审判委员会第1606次会议通过
- 根据2020年12月23日最高人民法院审判委员会第1823次会议通过的《最高人民法院关于修改〈最高人民法院关于审理侵犯专利权纠纷案件应用法律若干问题的解释（二）〉等十八件知识产权类司法解释的决定》修正

为正确审理商标案件，根据2013年8月30日第十二届全国人民代表大会常务委员会第四次会议《关于修改〈中华人民共和国商标法〉的决定》和重新公布的《中华人民共和国商标法》《中华人民共和国民事诉讼法》和《中华人民共和国行政诉讼法》等法律的规定，就人民法院审理商标案件有关管辖和法律适用等问题，制定本解释。

第一条　人民法院受理以下商标案件：

1. 不服国家知识产权局作出的复审决定或者裁定的行政案件；

2. 不服国家知识产权局作出的有关商标的其他行政行为的案件；

3. 商标权权属纠纷案件；

4. 侵害商标权纠纷案件；

5. 确认不侵害商标权纠纷案件；
6. 商标权转让合同纠纷案件；
7. 商标使用许可合同纠纷案件；
8. 商标代理合同纠纷案件；
9. 申请诉前停止侵害注册商标专用权案件；
10. 申请停止侵害注册商标专用权损害责任案件；
11. 申请诉前财产保全案件；
12. 申请诉前证据保全案件；
13. 其他商标案件。

第二条 不服国家知识产权局作出的复审决定或者裁定的行政案件及国家知识产权局作出的有关商标的行政行为案件，由北京市有关中级人民法院管辖。

第三条 第一审商标民事案件，由中级以上人民法院及最高人民法院指定的基层人民法院管辖。

涉及对驰名商标保护的民事、行政案件，由省、自治区人民政府所在地市、计划单列市、直辖市辖区中级人民法院及最高人民法院指定的其他中级人民法院管辖。

第四条 在行政管理部门查处侵害商标权行为过程中，当事人就相关商标提起商标权权属或者侵害商标权民事诉讼的，人民法院应当受理。

第五条 对于在商标法修改决定施行前提出的商标注册及续展申请，国家知识产权局于决定施行后作出对该商标申请不予受理或者不予续展的决定，当事人提起行政诉讼的，人民法院审查时适用修改后的商标法。

对于在商标法修改决定施行前提出的商标异议申请，国家知识产权局于决定施行后作出对该异议不予受理的决定，当事人提起行政诉讼的，人民法院审查时适用修改前的商标法。

第六条 对于在商标法修改决定施行前当事人就尚未核准注册的商标申请复审，国家知识产权局于决定施行后作出复审决定或者裁定，当事人提起行政诉讼的，人民法院审查时适用修改后的商标法。

对于在商标法修改决定施行前受理的商标复审申请，国家知识产权局于决定施行后作出核准注册决定，当事人提起行政诉讼的，人民法院不予受理；国家知识产权局于决定施行后作出不予核准注册决定，当事人提起行政诉讼的，人民法院审查相关诉权和主体资格问题时，适用修改前的商标法。

第七条 对于在商标法修改决定施行前已经核准注册的商标，国家知识产权局于决定施行前受理、在决定施行后作出复审决定或者裁定，当事人提起行政诉讼的，人民法院审查相关程序问题适用修改后的商标法，审查实体问题适用修改前的商标法。

第八条 对于在商标法修改决定施行前受理的相关商标案件，国家知识产权局于决定施行后作出决定或者裁定，当事人提起行政诉讼的，人民法院认定该决定或者裁定是否符合商标法有关审查时限规定时，应当从修改决定施行之日起计算该审查时限。

第九条 除本解释另行规定外，商标法修改决定施行后人民法院受理的商标民事案件，涉及该决定施行前发生的行为的，适用修改前商标法的规定；涉及该决定施行前发生、持续到该决定施行后的行为的，适用修改后商标法的规定。

最高人民法院关于审理商标授权确权行政案件若干问题的规定

- 2016年12月12日最高人民法院审判委员会第1703次会议通过
- 根据2020年12月23日最高人民法院审判委员会第1823次会议通过的《最高人民法院关于修改〈最高人民法院关于审理侵犯专利权纠纷案件应用法律若干问题的解释（二）〉等十八件知识产权类司法解释的决定》修正

为正确审理商标授权确权行政案件，根据《中华人民共和国商标法》《中华人民共和国行政诉讼法》等法律规定，结合审判实践，制定本规定。

第一条 本规定所称商标授权确权行政案件，是指相对人或者利害关系人因不服国家知识产权局作出的商标驳回复审、商标不予注册复审、商标撤销复审、商标无效宣告及无效宣告复审等行政行为，向人民法院提起诉讼的案件。

第二条 人民法院对商标授权确权行政行为进行审查的范围，一般应根据原告的诉讼请求及理由确定。原告在诉讼中未提出主张，但国家知识产权局相关认定存在明显不当的,人民法院在各方当事人陈述意见后,可以对相关事由进行审查并作出裁判。

第三条 商标法第十条第一款第(一)项规定的同中华人民共和国的国家名称等"相同或者近似",是指商标标志整体上与国家名称等相同或者近似。

对于含有中华人民共和国的国家名称等,但整体上并不相同或者不相近似的标志,如果该标志作为商标注册可能导致损害国家尊严的,人民法院可以认定属于商标法第十条第一款第(八)项规定的情形。

第四条 商标标志或者其构成要素带有欺骗性,容易使公众对商品的质量等特点或者产地产生误认,国家知识产权局认定其属于2001年修正的商标法第十条第一款第(七)项规定情形的,人民法院予以支持。

第五条 商标标志或者其构成要素可能对我国社会公共利益和公共秩序产生消极、负面影响的,人民法院可以认定其属于商标法第十条第一款第(八)项规定的"其他不良影响"。

将政治、经济、文化、宗教、民族等领域公众人物姓名等申请注册为商标,属于前款所指的"其他不良影响"。

第六条 商标标志由县级以上行政区划的地名或者公众知晓的外国地名和其他要素组成,如果整体上具有区别于地名的含义,人民法院应当认定其不属于商标法第十条第二款所指情形。

第七条 人民法院审查诉争商标是否具有显著特征,应当根据商标所指定使用商品的相关公众的通常认识,判断该商标整体上是否具有显著特征。商标标志中含有描述性要素,但不影响其整体具有显著特征的;或者描述性标志以独特方式加以表现,相关公众能够以其识别商品来源的,应当认定其具有显著特征。

第八条 诉争商标为外文标志时,人民法院应当根据中国境内相关公众的通常认识,对该外文商标是否具有显著特征进行审查判断。标志中外文的固有含义可能影响其在指定使用商品上的显著特征,但相关公众对该固有含义的认知程度较低,能够以该标志识别商品来源的,可以认定其具有显著特征。

第九条 仅以商品自身形状或者自身形状的一部分作为三维标志申请注册商标,相关公众一般情况下不易将其识别为指示商品来源标志的,该三维标志不具有作为商标的显著特征。

该形状系申请人所独创或者最早使用并不能当然导致其具有作为商标的显著特征。

第一款所称标志经过长期或者广泛使用,相关公众能够通过该标志识别商品来源的,可以认定该标志具有显著特征。

第十条 诉争商标属于法定的商品名称或者约定俗成的商品名称的,人民法院应当认定其属于商标法第十一条第一款第(一)项所指的通用名称。依据法律规定或者国家标准、行业标准属于商品通用名称的,应当认定为通用名称。相关公众普遍认为某一名称能够指代一类商品的,应当认定为约定俗成的通用名称。被专业工具书、辞典等列为商品名称的,可以作为认定约定俗成的通用名称的参考。

约定俗成的通用名称一般以全国范围内相关公众的通常认识为判断标准。对于由于历史传统、风土人情、地理环境等原因形成的相关市场固定的商品,在该相关市场内通用的称谓,人民法院可以认定为通用名称。

诉争商标申请人明知或者应知其申请注册的商标为部分区域内约定俗成的商品名称的,人民法院可以视其申请注册的商标为通用名称。

人民法院审查判断诉争商标是否属于通用名称,一般以商标申请日时的事实状态为准。核准注册时事实状态发生变化的,以核准注册时的事实状态判断其是否属于通用名称。

第十一条 商标标志只是或者主要是描述、说明所使用商品的质量、主要原料、功能、用途、重量、数量、产地等的,人民法院应当认定其属于商标法第十一条第一款第(二)项规定的情形。商标标志或者其构成要素暗示商品的特点,但不影响其识别商品来源功能的,不属于该项所规定的情形。

第十二条 当事人依据商标法第十三条第二款主张诉争商标构成对其未注册的驰名商标的复制、摹仿或者翻译而不应予以注册或者应予无效的,人民法院应当综合考量如下因素以及因素之间的相互影响,认定是否容易导致混淆:

(一)商标标志的近似程度;

(二)商品的类似程度;

（三）请求保护商标的显著性和知名程度；
（四）相关公众的注意程度；
（五）其他相关因素。
商标申请人的主观意图以及实际混淆的证据可以作为判断混淆可能性的参考因素。

第十三条 当事人依据商标法第十三条第三款主张诉争商标构成对其已注册的驰名商标的复制、摹仿或者翻译而不应予以注册或者应予无效的，人民法院应当综合考虑如下因素，以认定诉争商标的使用是否足以使相关公众认为其与驰名商标具有相当程度的联系，从而误导公众，致使驰名商标注册人的利益可能受到损害：
（一）引证商标的显著性和知名程度；
（二）商标标志是否足够近似；
（三）指定使用的商品情况；
（四）相关公众的重合程度及注意程度；
（五）与引证商标近似的标志被其他市场主体合法使用的情况或者其他相关因素。

第十四条 当事人主张诉争商标构成对其已注册的驰名商标的复制、摹仿或者翻译而不应予以注册或者应予无效，国家知识产权局依据商标法第三十条规定裁决支持其主张的，如果诉争商标注册未满五年，人民法院在当事人陈述意见之后，可以按照商标法第三十条规定进行审理；如果诉争商标注册已满五年，应当适用商标法第十三条第三款进行审理。

第十五条 商标代理人、代表人或者经销、代理等销售代理关系意义上的代理人、代表人未经授权，以自己的名义将与被代理人或者被代表人的商标相同或者近似的商标在相同或者类似商品上申请注册的，人民法院适用商标法第十五条第一款的规定进行审理。

在为建立代理或者代表关系的磋商阶段，前款规定的代理人或者代表人将被代理人或者被代表人的商标申请注册的，人民法院适用商标法第十五条第一款的规定进行审理。

商标申请人与代理人或者代表人之间存在亲属关系等特定身份关系的，可以推定其商标注册行为系与该代理人或者代表人恶意申通，人民法院适用商标法第十五条第一款的规定进行审理。

第十六条 以下情形可以认定为商标法第十五条第二款中规定的"其他关系"：
（一）商标申请人与在先使用人之间具有亲属关系；
（二）商标申请人与在先使用人之间具有劳动关系；
（三）商标申请人与在先使用人营业地址邻近；
（四）商标申请人与在先使用人曾就达成代理、代表关系进行过磋商，但未形成代理、代表关系；
（五）商标申请人与在先使用人曾就达成合同、业务往来关系进行过磋商，但未达成合同、业务往来关系。

第十七条 地理标志利害关系人依据商标法第十六条主张他人商标不应予以注册或者应予无效，如果诉争商标指定使用的商品与地理标志产品并非相同商品，而地理标志利害关系人能够证明诉争商标使用在该产品上仍然容易导致相关公众误认为该产品来源于该地区并因此具有特定的质量、信誉或者其他特征的，人民法院予以支持。

如果该地理标志已经注册为集体商标或者证明商标，集体商标或者证明商标的权利人或者利害关系人可选择依据该条或者另行依据商标法第十三条、第三十条等主张权利。

第十八条 商标法第三十二条规定的在先权利，包括当事人在诉争商标申请日之前享有的民事权利或者其他应予保护的合法权益。诉争商标核准注册时在先权利已不存在的，不影响诉争商标的注册。

第十九条 当事人主张诉争商标损害其在先著作权的，人民法院应当依照著作权法等相关规定，对所主张的客体是否构成作品、当事人是否为著作权人或者其他有权主张著作权的利害关系人以及诉争商标是否构成对著作权的侵害等进行审查。

商标标志构成受著作权法保护的作品的，当事人提供的涉及商标标志的设计底稿、原件、取得权利的合同、诉争商标申请日之前的著作权登记证书等，均可以作为证明著作权归属的初步证据。

商标公告、商标注册证等可以作为确定商标申请人为有权主张商标标志著作权的利害关系人的初步证据。

第二十条 当事人主张诉争商标损害其姓名权，如果相关公众认为该商标标志指代了该自然人，容易认为标记有该商标的商品系经过该自然人许可或者与该自然人存在特定联系的,人民法院应当认定该商标损害了该自然人的姓名权。

当事人以其笔名、艺名、译名等特定名称主张姓名权的,该特定名称具有一定的知名度,与该自然人建立了稳定的对应关系,相关公众以其指代该自然人的,人民法院予以支持。

第二十一条 当事人主张的字号具有一定的市场知名度,他人未经许可申请注册与该字号相同或者近似的商标,容易导致相关公众对商品来源产生混淆,当事人以此主张构成在先权益的,人民法院予以支持。

当事人以具有一定市场知名度并已与企业建立稳定对应关系的企业名称的简称为依据提出主张的,适用前款规定。

第二十二条 当事人主张诉争商标损害角色形象著作权的,人民法院按照本规定第十九条进行审查。

对于著作权保护期限内的作品,如果作品名称、作品中的角色名称等具有较高知名度,将其作为商标使用在相关商品上容易导致相关公众误认为其经过权利人的许可或者与权利人存在特定联系,当事人以此主张构成在先权益的,人民法院予以支持。

第二十三条 在先使用人主张商标申请人以不正当手段抢先注册其在先使用并有一定影响的商标的,如果在先使用商标已经有一定影响,而商标申请人明知或者应知该商标,即可推定其构成"以不正当手段抢先注册"。但商标申请人举证证明其没有利用在先使用商标商誉的恶意的除外。

在先使用人举证证明其在先商标有一定的持续使用时间、区域、销售量或者广告宣传的,人民法院可以认定为有一定影响。

在先使用人主张商标申请人在与其不相类似的商品上申请注册其在先使用并有一定影响的商标,违反商标法第三十二条规定的,人民法院不予支持。

第二十四条 以欺骗手段以外的其他方式扰乱商标注册秩序、损害公共利益、不正当占用公共资源或者谋取不正当利益的,人民法院可以认定其属于商标法第四十四条第一款规定的"其他不正当手段"。

第二十五条 人民法院判断诉争商标申请人是否"恶意注册"他人驰名商标,应综合考虑引证商标的知名度、诉争商标申请人申请诉争商标的理由以及使用诉争商标的具体情形来判断其主观意图。引证商标知名度高、诉争商标申请人没有正当理由的,人民法院可以推定其注册构成商标法第四十五条第一款所指的"恶意注册"。

第二十六条 商标权人自行使用、他人经许可使用以及其他不违背商标权人意志的使用,均可认定为商标法第四十九条第二款所称的使用。

实际使用的商标标志与核准注册的商标标志有细微差别,但未改变其显著特征的,可以视为注册商标的使用。

没有实际使用注册商标,仅有转让或者许可行为;或者仅是公布商标注册信息、声明享有注册商标专用权的,不认定为商标使用。

商标权人有真实使用商标的意图,并且有实际使用的必要准备,但因其他客观原因尚未实际使用注册商标的,人民法院可以认定其有正当理由。

第二十七条 当事人主张国家知识产权局下列情形属于行政诉讼法第七十条第(三)项规定的"违反法定程序"的,人民法院予以支持:

(一)遗漏当事人提出的评审理由,对当事人权利产生实际影响的;

(二)评审程序中未告知合议组成员,经审查确有应当回避事由而未回避的;

(三)未通知适格当事人参加评审,该方当事人明确提出异议的;

(四)其他违反法定程序的情形。

第二十八条 人民法院审理商标授权确权行政案件的过程中,国家知识产权局对诉争商标予以驳回、不予核准注册或者予以无效宣告的事由不复存在的,人民法院可以依据新的事实撤销国家知识产权局相关裁决,并判令其根据变更后的事实重新作出裁决。

第二十九条 当事人依据在原行政行为之后新发现的证据,或者在原行政程序中因客观原因无法取得或在规定的期限内不能提供的证据,或者新的法律依据提出的评审申请,不属于以"相同的事实和理由"再次提出评审申请。

在商标驳回复审程序中,国家知识产权局以申请商标与引证商标不构成使用在同一种或者类似商品上的相同或者近似商标为由准予申请商标初步审定公告后,以下情形不视为"以相同的事实和理由"再次提出评审申请：

（一）引证商标所有人或者利害关系人依据该引证商标提出异议，国家知识产权局予以支持，被异议商标申请人申请复审的；

（二）引证商标所有人或者利害关系人在申请商标获准注册后依据该引证商标申请宣告其无效的。

第三十条 人民法院生效裁判对于相关事实和法律适用已作出明确认定，相对人或者利害关系人对于国家知识产权局依据该生效裁判重新作出的裁决提起诉讼的，人民法院依法裁定不予受理；已经受理的，裁定驳回起诉。

第三十一条 本规定自2017年3月1日起施行。人民法院依据2001年修正的商标法审理的商标授权确权行政案件可参照适用本规定。

最高人民法院关于人民法院对注册商标权进行财产保全的解释

- 2000年11月22日最高人民法院审判委员会第1144次会议通过
- 根据2020年12月23日最高人民法院审判委员会第1823次会议通过的《最高人民法院关于修改〈最高人民法院关于审理侵犯专利权纠纷案件应用法律若干问题的解释（二）〉等十八件知识产权类司法解释的决定》修正

为了正确实施对注册商标权的财产保全措施，避免重复保全，现就人民法院对注册商标权进行财产保全有关问题解释如下：

第一条 人民法院根据民事诉讼法有关规定采取财产保全措施时，需要对注册商标权进行保全的，应当向国家知识产权局商标局（以下简称商标局）发出协助执行通知书，载明要求商标局协助保全的注册商标的名称、注册人、注册证号码、保全期限以及协助执行保全的内容，包括禁止转让、注销注册商标、变更注册事项和办理商标权质押登记等事项。

第二条 对注册商标权保全的期限一次不得超过一年，自商标局收到协助执行通知书之日起计算。如果仍然需要对该注册商标权继续采取保全措施的，人民法院应当在保全期限届满前向商标局重新发出协助执行通知书，要求继续保全。否则，视为自动解除对该注册商标权的财产保全。

第三条 人民法院对已经进行保全的注册商标权，不得重复进行保全。

最高人民法院关于审理侵犯专利权纠纷案件应用法律若干问题的解释（二）

- 2016年1月25日最高人民法院审判委员会第1676次会议通过
- 根据2020年12月23日最高人民法院审判委员会第1823次会议通过的《最高人民法院关于修改〈最高人民法院关于审理侵犯专利权纠纷案件应用法律若干问题的解释（二）〉等十八件知识产权类司法解释的决定》修正

为正确审理侵犯专利权纠纷案件，根据《中华人民共和国民法典》《中华人民共和国专利法》《中华人民共和国民事诉讼法》等有关法律规定，结合审判实践，制定本解释。

第一条 权利要求书有两项以上权利要求的，权利人应当在起诉状中载明据以起诉被诉侵权人侵犯其专利权的权利要求。起诉状对此未记载或者记载不明的，人民法院应当要求权利人明确。经释明，权利人仍不予明确的，人民法院可以裁定驳回起诉。

第二条 权利人在专利侵权诉讼中主张的权利要求被国务院专利行政部门宣告无效的，审理侵犯专利权纠纷案件的人民法院可以裁定驳回权利人基于该无效权利要求的起诉。

有证据证明宣告上述权利要求无效的决定被生效的行政判决撤销的，权利人可以另行起诉。

专利权人另行起诉的，诉讼时效期间从本条第二款所称行政判决书送达之日起计算。

第三条 因明显违反专利法第二十六条第三款、第四款导致说明书无法用于解释权利要求，且不属于本解释第四条规定的情形，专利权因此被请求宣告无效的，审理侵犯专利权纠纷案件的人民法院一般应当裁定中止诉讼；在合理期限内专利权未被请求宣告无效的，人民法院可以根据权利要求的记载确定专利权的保护范围。

第四条 权利要求书、说明书及附图中的语法、文字、标点、图形、符号等存有歧义，但本领域普通技术人员通过阅读权利要求书、说明书及附图可以得出唯一理解的，人民法院应当根据该唯一理解予以认定。

第五条 在人民法院确定专利权的保护范围时，独立权利要求的前序部分、特征部分以及从属权利要求的引用部分、限定部分记载的技术特征均有限定作用。

第六条 人民法院可以运用与涉案专利存在分案申请关系的其他专利及其专利审查档案、生效的专利授权确权裁判文书解释涉案专利的权利要求。

专利审查档案，包括专利审查、复审、无效程序中专利申请人或者专利权人提交的书面材料，国务院专利行政部门制作的审查意见通知书、会晤记录、口头审理记录、生效的专利复审请求审查决定书和专利权无效宣告请求审查决定书等。

第七条 被诉侵权技术方案在包含封闭式组合物权利要求全部技术特征的基础上增加其他技术特征的，人民法院应当认定被诉侵权技术方案未落入专利权的保护范围，但该增加的技术特征属于不可避免的常规数量杂质的除外。

前款所称封闭式组合物权利要求，一般不包括中药组合物权利要求。

第八条 功能性特征，是指对于结构、组分、步骤、条件或其之间的关系等，通过其在发明创造中所起的功能或者效果进行限定的技术特征，但本领域普通技术人员仅通过阅读权利要求即可直接、明确地确定实现上述功能或者效果的具体实施方式的除外。

与说明书及附图记载的实现前款所称功能或者效果不可缺少的技术特征相比，被诉侵权技术方案的相应技术特征是以基本相同的手段，实现相同的功能，达到相同的效果，且本领域普通技术人员在被诉侵权行为发生时无需经过创造性劳动就能够联想到的，人民法院应当认定该相应技术特征与功能性特征相同或者等同。

第九条 被诉侵权技术方案不能适用于权利要求中使用环境特征所限定的使用环境的，人民法院应当认定被诉侵权技术方案未落入专利权的保护范围。

第十条 对于权利要求中以制备方法界定产品的技术特征，被诉侵权产品的制备方法与其不相同也不等同的，人民法院应当认定被诉侵权技术方案未落入专利权的保护范围。

第十一条 方法权利要求未明确记载技术步骤的先后顺序，但本领域普通技术人员阅读权利要求书、说明书及附图后直接、明确地认为该技术步骤应当按照特定顺序实施的，人民法院应当认定该步骤顺序对于专利权的保护范围具有限定作用。

第十二条 权利要求采用"至少""不超过"等用语对数值特征进行界定，且本领域普通技术人员阅读权利要求书、说明书及附图后认为专利技术方案特别强调该用语对技术特征的限定作用，权利人主张与其不相同的数值特征属于等同特征的，人民法院不予支持。

第十三条 权利人证明专利申请人、专利权人在专利授权确权程序中对权利要求书、说明书及附图的限缩性修改或者陈述被明确否定的，人民法院应当认定该修改或者陈述未导致技术方案的放弃。

第十四条 人民法院在认定一般消费者对于外观设计所具有的知识水平和认知能力时，一般应当考虑被诉侵权行为发生时授权外观设计所属相同或者相近种类产品的设计空间。设计空间较大的，人民法院可以认定一般消费者通常不容易注意到不同设计之间的较小区别；设计空间较小的，人民法院可以认定一般消费者通常更容易注意到不同设计之间的较小区别。

第十五条 对于成套产品的外观设计专利，被诉侵权设计与其一项外观设计相同或者近似的，人民法院应当认定被诉侵权设计落入专利权的保护范围。

第十六条 对于组装关系唯一的组件产品的外观设计专利，被诉侵权设计与其组合状态下的外观设计相同或者近似的，人民法院应当认定被诉侵权设计落入专利权的保护范围。

对于各构件之间无组装关系或者组装关系不唯一的组件产品的外观设计专利，被诉侵权设计与其全部单个构件的外观设计均相同或者近似的，人民法院应当认定被诉侵权设计落入专利权的保护范围；被诉侵权设计缺少其单个构件的外观设计或者与之不相同也不近似的，人民法院应当认定被诉侵权设计未落入专利权的保护范围。

第十七条 对于变化状态产品的外观设计专利,被诉侵权设计与变化状态图所示各种使用状态下的外观设计均相同或者近似的,人民法院应当认定被诉侵权设计落入专利权的保护范围;被诉侵权设计缺少其一种使用状态下的外观设计或者与之不相同也不近似的,人民法院应当认定被诉侵权设计未落入专利权的保护范围。

第十八条 权利人依据专利法第十三条诉请在发明专利申请公布日至授权公告日期间实施该发明的单位或者个人支付适当费用的,人民法院可以参照有关专利许可使用费合理确定。

发明专利申请公布时申请人请求保护的范围与发明专利公告授权时的专利权保护范围不一致,被诉技术方案均落入上述两种范围的,人民法院应当认定被告在前款所称期间内实施了该发明;被诉技术方案仅落入其中一种范围的,人民法院应当认定被告在前款所称期间内未实施该发明。

发明专利公告授权后,未经专利权人许可,为生产经营目的使用、许诺销售、销售在本条第一款所称期间内已由他人制造、销售、进口的产品,且该他人已支付或者书面承诺支付专利法第十三条规定的适当费用的,对于权利人关于上述使用、许诺销售、销售行为侵犯专利权的主张,人民法院不予支持。

第十九条 产品买卖合同依法成立的,人民法院应当认定属于专利法第十一条规定的销售。

第二十条 对于将依照专利方法直接获得的产品进一步加工、处理而获得的后续产品,进行再加工、处理的,人民法院应当认定不属于专利法第十一条规定的"使用依照该专利方法直接获得的产品"。

第二十一条 明知有关产品系专门用于实施专利的材料、设备、零部件、中间物等,未经专利权人许可,为生产经营目的将该产品提供给他人实施了侵犯专利权的行为,权利人主张该提供者的行为属于民法典第一千一百六十九条规定的帮助他人实施侵权行为的,人民法院应予支持。

明知有关产品、方法被授予专利权,未经专利权人许可,为生产经营目的积极诱导他人实施了侵犯专利权的行为,权利人主张该诱导者的行为属于民法典第一千一百六十九条规定的教唆他人实施侵权行为的,人民法院应予支持。

第二十二条 对于被诉侵权人主张的现有技术抗辩或者现有设计抗辩,人民法院应当依照专利申请日时施行的专利法界定现有技术或者现有设计。

第二十三条 被诉侵权技术方案或者外观设计落入在先的涉案专利权的保护范围,被诉侵权人以其技术方案或者外观设计被授予专利权为由抗辩不侵犯涉案专利权的,人民法院不予支持。

第二十四条 推荐性国家、行业或者地方标准明示所涉必要专利的信息,被诉侵权人以实施该标准无需专利权人许可为由抗辩不侵犯该专利权的,人民法院一般不予支持。

推荐性国家、行业或者地方标准明示所涉必要专利的信息,专利权人、被诉侵权人协商该专利的实施许可条件时,专利权人故意违反其在标准制定中承诺的公平、合理、无歧视的许可义务,导致无法达成专利实施许可合同,且被诉侵权人在协商中无明显过错的,对于权利人请求停止标准实施行为的主张,人民法院一般不予支持。

本条第二款所称实施许可条件,应当由专利权人、被诉侵权人协商确定。经充分协商,仍无法达成一致的,可以请求人民法院确定。人民法院在确定上述实施许可条件时,应当根据公平、合理、无歧视的原则,综合考虑专利的创新程度及其在标准中的作用、标准所属的技术领域、标准的性质、标准实施的范围和相关的许可条件等因素。

法律、行政法规对实施标准中的专利另有规定的,从其规定。

第二十五条 为生产经营目的使用、许诺销售或者销售不知道是未经专利权人许可而制造并售出的专利侵权产品,且举证证明该产品合法来源的,对于权利人请求停止上述使用、许诺销售、销售行为的主张,人民法院应予支持,但被诉侵权产品的使用者举证证明其已支付该产品的合理对价的除外。

本条第一款所称不知道,是指实际不知道且不应当知道。

本条第一款所称合法来源,是指通过合法的销售渠道、通常的买卖合同等正常商业方式取得产品。对于合法来源,使用者、许诺销售者或者销售者应当提供符合交易习惯的相关证据。

第二十六条 被告构成对专利权的侵犯,权

利人请求判令其停止侵权行为的，人民法院应予支持，但基于国家利益、公共利益的考量，人民法院可以不判令被告停止被诉行为，而判令其支付相应的合理费用。

第二十七条　权利人因被侵权所受到的实际损失难以确定的，人民法院应当依照专利法第六十五条第一款的规定，要求权利人对侵权人因侵权所获得的利益进行举证；在权利人已经提供侵权人所获利益的初步证据，而与专利侵权行为相关的账簿、资料主要由侵权人掌握的情况下，人民法院可以责令侵权人提供该账簿、资料；侵权人无正当理由拒不提供或者提供虚假的账簿、资料的，人民法院可以根据权利人的主张和提供的证据认定侵权人因侵权所获得的利益。

第二十八条　权利人、侵权人依法约定专利侵权的赔偿数额或者赔偿计算方法，并在专利侵权诉讼中主张依据该约定确定赔偿数额的，人民法院应予支持。

第二十九条　宣告专利权无效的决定作出后，当事人根据该决定依法申请再审，请求撤销专利权无效宣告前人民法院作出但未执行的专利侵权的判决、调解书的，人民法院可以裁定中止再审查，并中止原判决、调解书的执行。

专利权人向人民法院提供充分、有效的担保，请求继续执行前款所称判决、调解书的，人民法院应当继续执行；侵权人向人民法院提供充分、有效的反担保，请求中止执行的，人民法院应当准许。人民法院生效裁判未撤销宣告专利权无效的决定的，专利权人应当赔偿因继续执行给对方造成的损失；宣告专利权无效的决定被人民法院生效裁判撤销，专利权仍有效的，人民法院可以依据前款所称判决、调解书直接执行上述反担保财产。

第三十条　在法定期限内对宣告专利权无效的决定不向人民法院起诉或者起诉后生效裁判未撤销该决定，当事人根据该决定依法申请再审，请求撤销宣告专利权无效前人民法院作出但未执行的专利侵权的判决、调解书的，人民法院应当再审。当事人根据该决定，依法申请终结执行宣告专利权无效前人民法院作出但未执行的专利侵权的判决、调解书的，人民法院应当裁定终结执行。

第三十一条　本解释自 2016 年 4 月 1 日起施行。最高人民法院以前发布的相关司法解释与本解释不一致的，以本解释为准。

最高人民法院关于审理专利纠纷案件适用法律问题的若干规定

- 2001 年 6 月 19 日最高人民法院审判委员会第 1180 次会议通过
- 根据 2013 年 2 月 25 日最高人民法院审判委员会第 1570 次会议通过的《最高人民法院关于修改〈最高人民法院关于审理专利纠纷案件适用法律问题的若干规定〉的决定》第一次修正
- 根据 2015 年 1 月 19 日最高人民法院审判委员会第 1641 次会议通过的《最高人民法院关于修改〈最高人民法院关于审理专利纠纷案件适用法律问题的若干规定〉的决定》第二次修正
- 根据 2020 年 12 月 23 日最高人民法院审判委员会第 1823 次会议通过的《最高人民法院关于修改〈最高人民法院关于审理侵犯专利权纠纷案件应用法律若干问题的解释（二）〉等十八件知识产权类司法解释的决定》第三次修正

为了正确审理专利纠纷案件，根据《中华人民共和国民法典》《中华人民共和国专利法》《中华人民共和国民事诉讼法》和《中华人民共和国行政诉讼法》等法律的规定，作如下规定：

第一条　人民法院受理下列专利纠纷案件：

1. 专利申请权权属纠纷案件；
2. 专利权权属纠纷案件；
3. 专利合同纠纷案件；
4. 侵害专利权纠纷案件；
5. 假冒他人专利纠纷案件；
6. 发明专利临时保护期使用费纠纷案件；
7. 职务发明创造发明人、设计人奖励、报酬纠纷案件；
8. 诉前申请行为保全纠纷案件；
9. 诉前申请财产保全纠纷案件；
10. 因申请行为保全损害责任纠纷案件；
11. 因申请财产保全损害责任纠纷案件；
12. 发明创造发明人、设计人署名纠纷案件；
13. 确认不侵害专利权纠纷案件；
14. 专利权宣告无效后返还费用纠纷案件；

15. 因恶意提起专利权诉讼损害责任纠纷案件;

16. 标准必要专利使用费纠纷案件;

17. 不服国务院专利行政部门维持驳回申请复审决定案件;

18. 不服国务院专利行政部门专利权无效宣告请求决定案件;

19. 不服国务院专利行政部门实施强制许可决定案件;

20. 不服国务院专利行政部门实施强制许可使用费裁决案件;

21. 不服国务院专利行政部门行政复议决定案件;

22. 不服国务院专利行政部门作出的其他行政决定案件;

23. 不服管理专利工作的部门行政决定案件;

24. 确认是否落入专利权保护范围纠纷案件;

25. 其他专利纠纷案件。

第二条 因侵犯专利权行为提起的诉讼,由侵权行为地或者被告住所地人民法院管辖。

侵权行为地包括:被诉侵犯发明、实用新型专利权的产品的制造、使用、许诺销售、销售、进口等行为的实施地;专利方法使用行为的实施地,依照该专利方法直接获得的产品的使用、许诺销售、销售、进口等行为的实施地;外观设计专利产品的制造、许诺销售、销售、进口等行为的实施地;假冒他人专利的行为实施地。上述侵权行为的侵权结果发生地。

第三条 原告仅对侵权产品制造者提起诉讼,未起诉销售者,侵权产品制造地与销售地不一致的,制造地人民法院有管辖权;以制造者与销售者为共同被告起诉的,销售地人民法院有管辖权。

销售者是制造者分支机构,原告在销售地起诉侵权产品制造者制造、销售行为的,销售地人民法院有管辖权。

第四条 对申请日在 2009 年 10 月 1 日前(不含该日)的实用新型专利提起侵犯专利权诉讼,原告可以出具由国务院专利行政部门作出的检索报告;对申请日在 2009 年 10 月 1 日以后的实用新型或者外观设计专利提起侵犯专利权诉讼,原告可以出具由国务院专利行政部门作出的专利权评价报告。根据案件审理需要,人民法院可以要求原告提交检索报告或者专利权评价报告。原告无正当理由不提交的,人民法院可以裁定中止诉讼或者判令原告承担可能的不利后果。

侵犯实用新型、外观设计专利纠纷案件的被告请求中止诉讼的,应当在答辩期内对原告的专利权提出宣告无效的请求。

第五条 人民法院受理的侵犯实用新型、外观设计专利纠纷案件,被告在答辩期间内请求宣告该项专利权无效的,人民法院应当中止诉讼,但具备下列情形之一的,可以不中止诉讼:

(一)原告出具的检索报告或者专利权评价报告未发现导致实用新型或者外观设计专利权无效的事由的;

(二)被告提供的证据足以证明其使用的技术已经公知的;

(三)被告请求宣告该项专利权无效所提供的证据或者依据的理由明显不充分的;

(四)人民法院认为不应当中止诉讼的其他情形。

第六条 人民法院受理的侵犯实用新型、外观设计专利纠纷案件,被告在答辩期间届满后请求宣告该项专利权无效的,人民法院不应中止诉讼,但经审查认为有必要中止诉讼的除外。

第七条 人民法院受理的侵犯发明专利权纠纷案件或者经国务院专利行政部门审查维持专利权的侵犯实用新型、外观设计专利权纠纷案件,被告在答辩期间内请求宣告该项专利权无效的,人民法院可以不中止诉讼。

第八条 人民法院决定中止诉讼,专利权人或者利害关系人请求责令被告停止有关行为或者采取其他制止侵权损害继续扩大的措施,并提供了担保,人民法院经审查符合有关法律规定的,可以在裁定中止诉讼的同时一并作出有关裁定。

第九条 人民法院对专利权进行财产保全,应当向国务院专利行政部门发出协助执行通知书,载明要求协助执行的事项,以及对专利权保全的期限,并附人民法院作出的裁定书。

对专利权保全的期限一次不得超过六个月,自国务院专利行政部门收到协助执行通知书之日起计算。如果仍然需要对该专利权继续采取保全措施的,人民法院应当在保全期限届满前向国务院专利行政部门另行送达继续保全的协助执行通知书。保全期限届满前未送达的,视为自动解除对该专利权的财产保全。

人民法院对出质的专利权可以采取财产保全措施，质权人的优先受偿权不受保全措施的影响；专利权人与被许可人已经签订的独占实施许可合同，不影响人民法院对该专利权进行财产保全。

人民法院对已经进行保全的专利权，不得重复进行保全。

第十条 2001年7月1日以前利用本单位的物质技术条件所完成的发明创造，单位与发明人或者设计人订有合同，对申请专利的权利和专利权的归属作出约定的，从其约定。

第十一条 人民法院受理的侵犯专利权纠纷案件，涉及权利冲突的，应当保护在先依法享有权利的当事人的合法权益。

第十二条 专利法第二十三条第三款所称的合法权利，包括就作品、商标、地理标志、姓名、企业名称、肖像，以及有一定影响的商品名称、包装、装潢等享有的合法权利或者权益。

第十三条 专利法第五十九条第一款所称的"发明或者实用新型专利权的保护范围以其权利要求的内容为准，说明书及附图可以用于解释权利要求的内容"，是指专利权的保护范围应当以权利要求记载的全部技术特征所确定的范围为准，也包括与该技术特征相等同的特征所确定的范围。

等同特征，是指与所记载的技术特征以基本相同的手段，实现基本相同的功能，达到基本相同的效果，并且本领域普通技术人员在被诉侵权行为发生时无需经过创造性劳动就能够联想到的特征。

第十四条 专利法第六十五条规定的权利人因被侵权所受到的实际损失可以根据专利权人的专利产品因侵权所造成销售量减少的总数乘以每件专利产品的合理利润所得之积计算。权利人销售量减少的总数难以确定的，侵权产品在市场上销售的总数乘以每件专利产品的合理利润所得之积可以视为权利人因被侵权所受到的实际损失。

专利法第六十五条规定的侵权人因侵权所获得的利益可以根据该侵权产品在市场上销售的总数乘以每件侵权产品的合理利润所得之积计算。侵权人因侵权所获得的利益一般按照侵权人的营业利润计算，对于完全以侵权为业的侵权人，可以按照销售利润计算。

第十五条 权利人的损失或者侵权人获得的利益难以确定，有专利许可使用费可以参照的，人民法院可以根据专利权的类型、侵权行为的性质和情节、专利许可的性质、范围、时间等因素，参照该专利许可使用费的倍数合理确定赔偿数额；没有专利许可使用费可以参照或者专利许可使用费明显不合理的，人民法院可以根据专利权的类型、侵权行为的性质和情节等因素，依照专利法第六十五条第二款的规定确定赔偿数额。

第十六条 权利人主张其为制止侵权行为所支付合理开支的，人民法院可以在专利法第六十五条确定的赔偿数额之外另行计算。

第十七条 侵犯专利权的诉讼时效为三年，自专利权人或者利害关系人知道或者应当知道权利受到损害以及义务人之日起计算。权利人超过三年起诉的，如果侵权行为在起诉时仍在继续，在该项专利权有效期内，人民法院应当判决被告停止侵权行为，侵权损害赔偿数额应当自权利人向人民法院起诉之日起向前推算三年计算。

第十八条 专利法第十一条、第六十九条所称的许诺销售，是指以做广告、在商店橱窗中陈列或者在展销会上展出等方式作出销售商品的意思表示。

第十九条 人民法院受理的侵犯专利权纠纷案件，已经过管理专利工作的部门作出侵权或者不侵权认定，人民法院仍应当就当事人的诉讼请求进行全面审查。

第二十条 以前的有关司法解释与本规定不一致的，以本规定为准。

最高人民法院关于审理技术合同纠纷案件适用法律若干问题的解释

- 2004年11月30日最高人民法院审判委员会第1335次会议通过
- 根据2020年12月23日最高人民法院审判委员会第1823次会议通过的《最高人民法院关于修改〈最高人民法院关于审理侵犯专利权纠纷案件应用法律若干问题的解释（二）〉等十八件知识产权类司法解释的决定》修正

为了正确审理技术合同纠纷案件，根据《中华人民共和国民法典》《中华人民共和国专利法》和

《中华人民共和国民事诉讼法》等法律的有关规定，结合审判实践，现就有关问题作出以下解释。

一、一般规定

第一条 技术成果，是指利用科学技术知识、信息和经验作出的涉及产品、工艺、材料及其改进等的技术方案，包括专利、专利申请、技术秘密、计算机软件、集成电路布图设计、植物新品种等。

技术秘密，是指不为公众所知悉、具有商业价值并经权利人采取相应保密措施的技术信息。

第二条 民法典第八百四十七条第二款所称"执行法人或者非法人组织的工作任务"，包括：

（一）履行法人或者非法人组织的岗位职责或者承担其交付的其他技术开发任务；

（二）离职后一年内继续从事与其原所在法人或者非法人组织的岗位职责或者交付的任务有关的技术开发工作，但法律、行政法规另有规定的除外。

法人或者非法人组织与其职工就职工在职期间或者离职以后所完成的技术成果的权益有约定的，人民法院应当依约定确认。

第三条 民法典第八百四十七条第二款所称"物质技术条件"，包括资金、设备、器材、原材料、未公开的技术信息和资料等。

第四条 民法典第八百四十七条第二款所称"主要是利用法人或者非法人组织的物质技术条件"，包括职工在技术成果的研究开发过程中，全部或者大部分利用了法人或者非法人组织的资金、设备、器材或者原材料等物质条件，并且这些物质条件对形成该技术成果具有实质性的影响；还包括该技术成果实质性内容是在法人或者非法人组织尚未公开的技术成果、阶段性技术成果基础上完成的情形。但下列情况除外：

（一）对利用法人或者非法人组织提供的物质技术条件，约定返还资金或者交纳使用费的；

（二）在技术成果完成后利用法人或者非法人组织的物质技术条件对技术方案进行验证、测试的。

第五条 个人完成的技术成果，属于执行原所在法人或者非法人组织的工作任务，又主要利用了现所在法人或者非法人组织的物质技术条件的，应当按照该自然人原所在和现所在法人或者非法人组织达成的协议确认权益。不能达成协议的，根据对完成该项技术成果的贡献大小由双方合理分享。

第六条 民法典第八百四十七条所称"职务技术成果的完成人"、第八百四十八条所称"完成技术成果的个人"，包括对技术成果单独或者共同作出创造性贡献的人，也即技术成果的发明人或者设计人。人民法院在对创造性贡献进行认定时，应当分解所涉及技术成果的实质性技术构成。提出实质性技术构成并由此实现技术方案的人，是作出创造性贡献的人。

提供资金、设备、材料、试验条件，进行组织管理，协助绘制图纸、整理资料、翻译文献等人员，不属于职务技术成果的完成人、完成技术成果的个人。

第七条 不具有民事主体资格的科研组织订立的技术合同，经法人或者非法人组织授权或者认可的，视为法人或者非法人组织订立的合同，由法人或者非法人组织承担责任；未经法人或者非法人组织授权或者认可的，由该科研组织成员共同承担责任，但法人或者非法人组织因该合同受益的，应当在其受益范围内承担相应责任。

前款所称不具有民事主体资格的科研组织，包括法人或者非法人组织设立的从事技术研究开发、转让等活动的课题组、工作室等。

第八条 生产产品或者提供服务依法须经有关部门审批或者取得行政许可，而未经审批或者许可的，不影响当事人订立的相关技术合同的效力。

当事人对办理前款所称审批或者许可的义务没有约定或者约定不明确的，人民法院应当判令由实施技术的一方负责办理，但法律、行政法规另有规定的除外。

第九条 当事人一方采取欺诈手段，就其现有技术成果作为研究开发标的与他人订立委托开发合同收取研究开发费用，或者就同一研究开发课题先后与两个或者两个以上的委托人分别订立委托开发合同重复收取研究开发费用，使对方在违背真实意思的情况下订立的合同，受损害方依照民法典第一百四十八条规定请求撤销合同的，人民法院应当予以支持。

第十条 下列情形，属于民法典第八百五十条所称的"非法垄断技术"：

（一）限制当事人一方在合同标的技术基础上

进行新的研究开发或者限制其使用所改进的技术，或者双方交换改进技术的条件不对等，包括要求一方将其自行改进的技术无偿提供给对方、非互惠性转让给对方、无偿独占或者共享该改进技术的知识产权；

（二）限制当事人一方从其他来源获得与技术提供方类似技术或者与其竞争的技术；

（三）阻碍当事人一方根据市场需求，按照合理方式充分实施合同标的技术，包括明显不合理地限制技术接受方实施合同标的技术生产产品或者提供服务的数量、品种、价格、销售渠道和出口市场；

（四）要求技术接受方接受并非实施技术必不可少的附带条件，包括购买非必需的技术、原材料、产品、设备、服务以及接收非必需的人员等；

（五）不合理地限制技术接受方购买原材料、零部件、产品或者设备等的渠道或者来源；

（六）禁止技术接受方对合同标的技术知识产权的有效性提出异议或者对提出异议附加条件。

第十一条 技术合同无效或者被撤销后，技术开发合同研究开发人、技术转让合同让与人、技术许可合同许可人、技术咨询合同和技术服务合同的受托人已经履行或者部分履行了约定的义务，并且造成合同无效或者被撤销的过错在对方的，对其已履行部分应当收取的研究开发经费、技术使用费、提供咨询服务的报酬，人民法院可以认定为因对方原因导致合同无效或者被撤销给其造成的损失。

技术合同无效或者被撤销后，因履行合同所完成新的技术成果或者在他人技术成果基础上完成后续改进技术成果的权利归属和利益分享，当事人不能重新协议确定的，人民法院可以判决由完成技术成果的一方享有。

第十二条 根据民法典第八百五十条的规定，侵害他人技术秘密的技术合同被确认无效后，除法律、行政法规另有规定的以外，善意取得该技术秘密的一方当事人可以在其取得时的范围内继续使用该技术秘密，但应当向权利人支付合理的使用费并承担保密义务。

当事人双方恶意串通或者一方知道或者应当知道另一方侵权仍与其订立或者履行合同的，属于共同侵权，人民法院应当判令侵权人承担连带赔偿责任和保密义务，因此取得技术秘密的当事人不得继续使用该技术秘密。

第十三条 依照前条第一款规定可以继续使用技术秘密的人与权利人就使用费支付发生纠纷的，当事人任何一方都可以请求人民法院予以处理。继续使用技术秘密但又拒不支付使用费的，人民法院可以根据权利人的请求判令使用人停止使用。

人民法院在确定使用费时，可以根据权利人通常对外许可该技术秘密的使用费或者使用人取得该技术秘密所支付的使用费，并考虑该技术秘密的研究开发成本、成果转化和应用程度以及使用人的使用规模、经济效益等因素合理确定。

不论使用人是否继续使用技术秘密，人民法院均应当判令其向权利人支付已使用期间的使用费。使用人已向无效合同的让与人或者许可人支付的使用费应当由让与人或者许可人负责返还。

第十四条 对技术合同的价款、报酬和使用费，当事人没有约定或者约定不明确的，人民法院可以按照以下原则处理：

（一）对于技术开发合同和技术转让合同、技术许可合同，根据有关技术成果的研究开发成本、先进性、实施转化和应用的程度，当事人享有的权益和承担的责任，以及技术成果的经济效益等合理确定；

（二）对于技术咨询合同和技术服务合同，根据有关咨询服务工作的技术含量、质量和数量，以及已经产生和预期产生的经济效益等合理确定。

技术合同价款、报酬、使用费中包含非技术性款项的，应当分项计算。

第十五条 技术合同当事人一方迟延履行主要债务，经催告后在30日内仍未履行，另一方依据民法典第五百六十三条第一款第（三）项的规定主张解除合同的，人民法院应当予以支持。

当事人在催告通知中附有履行期限且该期限超过30日的，人民法院应当认定该履行期限为民法典第五百六十三条第一款第（三）项规定的合理期限。

第十六条 当事人以技术成果向企业出资但未明确约定权属，接受出资的企业主张该技术成果归其享有的，人民法院一般应当予以支持，但是该技术成果价值与该技术成果所占出资额比例明显不合理损害出资人利益的除外。

当事人对技术成果的权属约定有比例的，视

为共同所有,其权利使用和利益分配,按共有技术成果的有关规定处理,但当事人另有约定的,从其约定。

当事人对技术成果的使用权约定有比例的,人民法院可以视为当事人对实施该项技术成果所获收益的分配比例,但当事人另有约定的,从其约定。

二、技术开发合同

第十七条 民法典第八百五十一条第一款所称"新技术、新产品、新工艺、新品种或者新材料及其系统",包括当事人在订立技术合同时尚未掌握的产品、工艺、材料及其系统等技术方案,但对技术上没有创新的现有产品的改型、工艺变更、材料配方调整以及对技术成果的验证、测试和使用除外。

第十八条 民法典第八百五十一条第四款规定的"当事人之间就具有实用价值的科技成果实施转化订立的"技术转化合同,是指当事人之间就具有实用价值但尚未实现工业化应用的科技成果包括阶段性技术成果,以实现该科技成果工业化应用为目标,约定后续试验、开发和应用等内容的合同。

第十九条 民法典第八百五十五条所称"分工参与研究开发工作",包括当事人按照约定的计划和分工,共同或者分别承担设计、工艺、试验、试制等工作。

技术开发合同当事人一方仅提供资金、设备、材料等物质条件或者承担辅助协作事项,另一方进行研究开发工作的,属于委托开发合同。

第二十条 民法典第八百六十一条所称"当事人均有使用和转让的权利",包括当事人均有不经对方同意而自己使用或者以普通使用许可的方式许可他人使用技术秘密,并独占由此所获利益的权利。当事人一方将技术秘密成果的转让权让与他人,或者以独占或者排他使用许可的方式许可他人使用技术秘密,未经对方当事人同意或者追认的,应当认定该让与或许可行为无效。

第二十一条 技术开发合同当事人依照民法典的规定或者约定自行实施专利或使用技术秘密,但因其不具备独立实施专利或者使用技术秘密的条件,以一个普通许可方式许可他人实施或者使用的,可以准许。

三、技术转让合同和技术许可合同

第二十二条 就尚待研究开发的技术成果或者不涉及专利、专利申请或者技术秘密的知识、技术、经验和信息所订立的合同,不属于民法典第八百六十二条规定的技术转让合同或者技术许可合同。

技术转让合同中关于让与人向受让人提供实施技术的专用设备、原材料或者提供有关的技术咨询、技术服务的约定,属于技术转让合同的组成部分。因此发生的纠纷,按照技术转让合同处理。

当事人以技术入股方式订立联营合同,但技术入股人不参与联营体的经营管理,并且以保底条款形式约定联营体或者联营对方支付其技术价款或者使用费的,视为技术转让合同或者技术许可合同。

第二十三条 专利申请权转让合同当事人以专利申请被驳回或者被视为撤回为由请求解除合同,该事实发生在依照专利法第十条第三款的规定办理专利申请权转让登记之前的,人民法院应当予以支持;发生在转让登记之后的,不予支持,但当事人另有约定的除外。

专利申请因专利申请权转让合同成立时即存在尚未公开的同样发明创造的在先专利申请被驳回,当事人依据民法典第五百六十三条第一款第(四)项的规定请求解除合同的,人民法院应当予以支持。

第二十四条 订立专利权转让合同或者专利申请权转让合同前,让与人自己已经实施发明创造,在合同生效后,受让人要求让与人停止实施的,人民法院应当予以支持,但当事人另有约定的除外。

让与人与受让人订立的专利权、专利申请权转让合同,不影响在合同成立前让与人与他人订立的相关专利实施许可合同或者技术秘密转让合同的效力。

第二十五条 专利实施许可包括以下方式:

(一)独占实施许可,是指许可人在约定许可实施专利的范围内,将该专利仅许可一个被许可人实施,许可人依约定不得实施该专利;

(二)排他实施许可,是指许可人在约定许可实施专利的范围内,将该专利仅许可一个被许可人实施,但许可人依约定可以自行实施该专利;

(三)普通实施许可,是指许可人在约定许可实施专利的范围内许可他人实施该专利,并且可以自行实施该专利。

当事人对专利实施许可方式没有约定或者约定不明确的,认定为普通实施许可。专利实施许可合同约定被许可人可以再许可他人实施专利的,认定该再许可为普通实施许可,但当事人另有约定的除外。

技术秘密的许可使用方式,参照本条第一、二款的规定确定。

第二十六条 专利实施许可合同许可人负有在合同有效期内维持专利权有效的义务,包括依法缴纳专利年费和积极应对他人提出宣告专利权无效的请求,但当事人另有约定的除外。

第二十七条 排他实施许可合同许可人不具备独立实施其专利的条件,以一个普通许可的方式许可他人实施专利的,人民法院可以认定为许可人自己实施专利,但当事人另有约定的除外。

第二十八条 民法典第八百六十四条所称"实施专利或者使用技术秘密的范围",包括实施专利或者使用技术秘密的期限、地域、方式以及接触技术秘密的人员等。

当事人对实施专利或者使用技术秘密的期限没有约定或者约定不明确的,受让人、被许可人实施专利或者使用技术秘密不受期限限制。

第二十九条 当事人之间就申请专利的技术成果所订立的许可使用合同,专利申请公开以前,适用技术秘密许可合同的有关规定;发明专利申请公开以后、授权以前,参照适用专利实施许可合同的有关规定;授权以后,原合同即为专利实施许可合同,适用专利实施许可合同的有关规定。

人民法院不以当事人就已经申请专利但尚未授权的技术订立专利实施许可合同为由,认定合同无效。

四、技术咨询合同和技术服务合同

第三十条 民法典第八百七十八条第一款所称"特定技术项目",包括有关科学技术与经济社会协调发展的软科学研究项目,促进科技进步和管理现代化、提高经济效益和社会效益等运用科学知识和技术手段进行调查、分析、论证、评价、预测的专业性技术项目。

第三十一条 当事人对技术咨询合同委托人提供的技术资料和数据或者受托人提出的咨询报告和意见未约定保密义务,当事人一方引用、发表或者向第三人提供的,不认定为违约行为,但侵害对方当事人对此享有的合法权益的,应当依法承担民事责任。

第三十二条 技术咨询合同受托人发现委托人提供的资料、数据等有明显错误或者缺陷,未在合理期限内通知委托人的,视为其对委托人提供的技术资料、数据等予以认可。委托人在接到受托人的补正通知后未在合理期限内答复并予补正的,发生的损失由委托人承担。

第三十三条 民法典第八百七十八条第二款所称"特定技术问题",包括需要运用专业技术知识、经验和信息解决的有关改进产品结构、改良工艺流程、提高产品质量、降低产品成本、节约资源能耗、保护资源环境、实现安全操作、提高经济效益和社会效益等专业技术问题。

第三十四条 当事人一方以技术转让或者技术许可的名义提供已进入公有领域的技术,或者在技术转让合同、技术许可合同履行过程中合同标的技术进入公有领域,但是技术提供方进行技术指导、传授技术知识,为对方解决特定技术问题符合约定条件的,按照技术服务合同处理,约定的技术转让费、使用费可以视为提供技术服务的报酬和费用,但是法律、行政法规另有规定的除外。

依照前款规定,技术转让费或者使用费视为提供技术服务的报酬和费用明显不合理的,人民法院可以根据当事人的请求合理确定。

第三十五条 技术服务合同受托人发现委托人提供的资料、数据、样品、材料、场地等工作条件不符合约定,未在合理期限内通知委托人的,视为其对委托人提供的工作条件予以认可。委托人在接到受托人的补正通知后未在合理期限内答复并予补正的,发生的损失由委托人承担。

第三十六条 民法典第八百八十七条规定的"技术培训合同",是指当事人一方委托另一方对指定的学员进行特定项目的专业技术训练和技术指导所订立的合同,不包括职业培训、文化学习和按照行业、法人或者非法人组织的计划进行的职工业余教育。

第三十七条 当事人对技术培训必需的场地、设施和试验条件等工作条件的提供和管理责任没有约定或者约定不明确的,由委托人负责提供和管理。

技术培训合同委托人派出的学员不符合约定条件,影响培训质量的,由委托人按照约定支付报酬。

受托人配备的教员不符合约定条件,影响培训质量,或者受托人未按照计划和项目进行培训,导致不能实现约定培训目标的,应当减收或者免收报酬。

受托人发现学员不符合约定条件或者委托人发现教员不符合约定条件,未在合理期限内通知对方,或者接到通知的一方未在合理期限内按约定改派的,应当由负有履行义务的当事人承担相应的民事责任。

第三十八条 民法典第八百八十七条规定的"技术中介合同",是指当事人一方以知识、技术、经验和信息为另一方与第三人订立技术合同进行联系、介绍以及对履行合同提供专门服务所订立的合同。

第三十九条 中介人从事中介活动的费用,是指中介人在委托人和第三人订立技术合同前,进行联系、介绍活动所支出的通信、交通和必要的调查研究等费用。中介人的报酬,是指中介人为委托人与第三人订立技术合同以及对履行该合同提供服务应当得到的收益。

当事人对中介人从事中介活动的费用负担没有约定或者约定不明确的,由中介人承担。当事人约定该费用由委托人承担但未约定具体数额或者计算方法的,由委托人支付中介人从事中介活动支出的必要费用。

当事人对中介人的报酬数额没有约定或者约定不明确的,应当根据中介人所进行的劳务合理确定,并由委托人承担。仅在委托人与第三人订立的技术合同中约定中介条款,但未约定给付中介人报酬或者约定不明确的,应当支付的报酬由委托人和第三人平均承担。

第四十条 中介人未促成委托人与第三人之间的技术合同成立的,其要求支付报酬的请求,人民法院不予支持;其要求委托人支付其从事中介活动必要费用的请求,应当予以支持,但当事人另有约定的除外。

中介人隐瞒与订立技术合同有关的重要事实或者提供虚假情况,侵害委托人利益的,应当根据情况免收报酬并承担赔偿责任。

第四十一条 中介人对造成委托人与第三人之间的技术合同的无效或者被撤销没有过错,并且该技术合同的无效或者被撤销不影响有关中介条款或者技术中介合同继续有效,中介人要求按照约定或者本解释的有关规定给付从事中介活动的费用和报酬的,人民法院应当予以支持。

中介人收取从事中介活动的费用和报酬不应当被视为委托人与第三人之间的技术合同纠纷中一方当事人的损失。

五、与审理技术合同纠纷有关的程序问题

第四十二条 当事人将技术合同和其他合同内容或者将不同类型的技术合同内容订立在一个合同中的,应当根据当事人争议的权利义务内容,确定案件的性质和案由。

技术合同名称与约定的权利义务关系不一致的,应当按照约定的权利义务内容,确定合同的类型和案由。

技术转让合同或者技术许可合同中约定让与人或者许可人负责包销或者回购受让人、被许可人实施合同标的技术制造的产品,仅因让与人或者许可人不履行或者不能全部履行包销或者回购义务引起纠纷,不涉及技术问题的,应当按照包销或者回购条款约定的权利义务内容确定案由。

第四十三条 技术合同纠纷案件一般由中级以上人民法院管辖。

各高级人民法院根据本辖区的实际情况并报经最高人民法院批准,可以指定若干基层人民法院管辖第一审技术合同纠纷案件。

其他司法解释对技术合同纠纷案件管辖另有规定的,从其规定。

合同中既有技术合同内容,又有其他合同内容,当事人就技术合同内容和其他合同内容均发生争议的,由具有技术合同纠纷案件管辖权的人民法院受理。

第四十四条 一方当事人以诉讼争议的技术合同侵害他人技术成果为由请求确认合同无效,或者人民法院在审理技术合同纠纷中发现可能存在该无效事由的,人民法院应当依法通知有关利害关系人,其可以作为有独立请求权的第三人参加诉讼或者依法向有管辖权的人民法院另行起诉。

利害关系人在接到通知后15日内不提起诉讼的,不影响人民法院对案件的审理。

第四十五条 第三人向受理技术合同纠纷案件的人民法院就合同标的技术提出权属或者侵权请求时，受诉人民法院对此也有管辖权的，可以将权属或者侵权纠纷与合同纠纷合并审理；受诉人民法院对此没有管辖权的，应当告知其向有管辖权的人民法院另行起诉或者将已经受理的权属或者侵权纠纷案件移送有管辖权的人民法院。权属或者侵权纠纷另案受理后，合同纠纷应当中止诉讼。

专利实施许可合同诉讼中，被许可人或者第三人向国家知识产权局请求宣告专利权无效的，人民法院可以不中止诉讼。在案件审理过程中专利权被宣告无效的，按照专利法第四十七条第二款和第三款的规定处理。

六、其　他

第四十六条 计算机软件开发等合同争议，著作权法以及其他法律、行政法规另有规定的，依照其规定；没有规定的，适用民法典第三编第一分编的规定，并可以参照民法典第三编第二分编第二十章和本解释的有关规定处理。

第四十七条 本解释自2005年1月1日起施行。

最高人民法院关于审理著作权民事纠纷案件适用法律若干问题的解释

- 2002年10月12日最高人民法院审判委员会第1246次会议通过
- 根据2020年12月23日最高人民法院审判委员会第1823次会议通过的《最高人民法院关于修改〈最高人民法院关于审理侵犯专利权纠纷案件应用法律若干问题的解释（二）〉等十八件知识产权类司法解释的决定》修正

为了正确审理著作权民事纠纷案件，根据《中华人民共和国民法典》《中华人民共和国著作权法》《中华人民共和国民事诉讼法》等法律的规定，就适用法律若干问题解释如下：

第一条 人民法院受理以下著作权民事纠纷案件：

（一）著作权及与著作权有关权益权属、侵权、合同纠纷案件；

（二）申请诉前停止侵害著作权、与著作权有关权益行为，申请诉前财产保全、诉前证据保全案件；

（三）其他著作权、与著作权有关权益纠纷案件。

第二条 著作权民事纠纷案件，由中级以上人民法院管辖。

各高级人民法院根据本辖区的实际情况，可以报请最高人民法院批准，由若干基层人民法院管辖第一审著作权民事纠纷案件。

第三条 对著作权行政管理部门查处的侵害著作权行为，当事人向人民法院提起诉讼追究该行为人民事责任的，人民法院应当受理。

人民法院审理已经过著作权行政管理部门处理的侵害著作权行为的民事纠纷案件，应当对案件事实进行全面审查。

第四条 因侵害著作权行为提起的民事诉讼，由著作权法第四十七条、第四十八条所规定侵权行为的实施地、侵权复制品储藏地或者查封扣押地、被告住所地人民法院管辖。

前款规定的侵权复制品储藏地，是指大量或者经常性储存、隐匿侵权复制品所在地；查封扣押地，是指海关、版权等行政机关依法查封、扣押侵权复制品所在地。

第五条 对涉及不同侵权行为实施地的多个被告提起的共同诉讼，原告可以选择向其中一个被告的侵权行为实施地人民法院提起诉讼；仅对其中某一被告提起的诉讼，该被告侵权行为实施地的人民法院有管辖权。

第六条 依法成立的著作权集体管理组织，根据著作权人的书面授权，以自己的名义提起诉讼，人民法院应当受理。

第七条 当事人提供的涉及著作权的底稿、原件、合法出版物、著作权登记证书、认证机构出具的证明、取得权利的合同等，可以作为证据。

在作品或者制品上署名的自然人、法人或者非法人组织视为著作权、与著作权有关权益的权利人，但有相反证明的除外。

第八条 当事人自行或者委托他人以定购、现场交易等方式购买侵权复制品而取得的实物、发票等，可以作为证据。

公证人员在未向涉嫌侵权的一方当事人表明身份的情况下，如实对另一方当事人按照前款规定的方式取得的证据和取证过程出具的公证书，应当作为证据使用，但有相反证据的除外。

第九条　著作权法第十条第(一)项规定的"公之于众",是指著作权人自行或者经著作权人许可将作品向不特定的人公开,但不以公众知晓为构成条件。

第十条　著作权法第十五条第二款所指的作品,著作权人是自然人的,其保护期适用著作权法第二十一条第一款的规定;著作权人是法人或非法人组织的,其保护期适用著作权法第二十一条第二款的规定。

第十一条　因作品署名顺序发生的纠纷,人民法院按照下列原则处理:有约定的按约定确定署名顺序;没有约定的,可以按照创作作品付出的劳动、作品排列、作者姓氏笔画等确定署名顺序。

第十二条　按照著作权法第十七条规定委托作品著作权属于受托人的情形,委托人在约定的使用范围内享有使用作品的权利;双方没有约定使用作品范围的,委托人可以在委托创作的特定目的范围内免费使用该作品。

第十三条　除著作权法第十一条第三款规定的情形外,由他人执笔,本人审阅定稿并以本人名义发表的报告、讲话等作品,著作权归报告人或者讲话人享有。著作权人可以支付执笔人适当的报酬。

第十四条　当事人合意以特定人物经历为题材完成的自传体作品,当事人对著作权权属有约定的,依其约定;没有约定的,著作权归该特定人物享有,执笔人或整理人对作品完成付出劳动的,著作权人可以向其支付适当的报酬。

第十五条　由不同作者就同一题材创作的作品,作品的表达系独立完成并且有创作性的,应当认定作者各自享有独立著作权。

第十六条　通过大众传播媒介传播的单纯事实消息属于著作权法第五条第(二)项规定的时事新闻。传播报道他人采编的时事新闻,应当注明出处。

第十七条　著作权法第三十三条第二款规定的转载,是指报纸、期刊登载其他报刊已发表作品的行为。转载未注明被转载作品的作者和最初登载的报刊出处的,应当承担消除影响、赔礼道歉等民事责任。

第十八条　著作权法第二十二条第(十)项规定的室外公共场所的艺术作品,是指设置或者陈列在室外社会公众活动处所的雕塑、绘画、书法等艺术作品。

对前款规定艺术作品的临摹、绘画、摄影、录像人,可以对其成果以合理的方式和范围再行使用,不构成侵权。

第十九条　出版者、制作者应当对其出版、制作有合法授权承担举证责任,发行者、出租者应当对其发行或者出租的复制品有合法来源承担举证责任。举证不能的,依据著作权法第四十七条、第四十八条的相应规定承担法律责任。

第二十条　出版物侵害他人著作权的,出版者应当根据其过错、侵权程度及损害后果等承担赔偿损失的责任。

出版者对其出版行为的授权、稿件来源和署名、所编辑出版物的内容等未尽到合理注意义务的,依据著作权法第四十九条的规定,承担赔偿损失的责任。

出版者应对其已尽合理注意义务承担举证责任。

第二十一条　计算机软件用户未经许可或者超过许可范围商业使用计算机软件的,依据著作权法第四十八条第(一)项、《计算机软件保护条例》第二十四条第(一)项的规定承担民事责任。

第二十二条　著作权转让合同未采取书面形式的,人民法院依据民法典第四百九十条的规定审查合同是否成立。

第二十三条　出版者将著作权人交付出版的作品丢失、毁损致使出版合同不能履行的,著作权人有权依据民法典第一百八十六条、第二百三十八条、第一千一百八十四条等规定要求出版者承担相应的民事责任。

第二十四条　权利人的实际损失,可以根据权利人因侵权所造成复制品发行减少量或者侵权复制品销售量与权利人发行该复制品单位利润乘积计算。发行减少量难以确定的,按照侵权复制品市场销售量确定。

第二十五条　权利人的实际损失或者侵权人的违法所得无法确定的,人民法院根据当事人的请求或者依职权适用著作权法第四十九条第二款的规定确定赔偿数额。

人民法院在确定赔偿数额时,应当考虑作品类型、合理使用费、侵权行为性质、后果等情节综合确定。

当事人按照本条第一款的规定就赔偿数额达成协议的,应当准许。

第二十六条　著作权法第四十九条第一款规

定的制止侵权行为所支付的合理开支，包括权利人或者委托代理人对侵权行为进行调查、取证的合理费用。

人民法院根据当事人的诉讼请求和具体案情，可以将符合国家有关部门规定的律师费用计算在赔偿范围内。

第二十七条 侵害著作权的诉讼时效为三年，自著作权人知道或者应当知道权利受到损害以及义务人之日起计算。权利人超过三年起诉的，如果侵权行为在起诉时仍在持续，在该著作权保护期内，人民法院应当判决被告停止侵权行为；侵权损害赔偿数额应当自权利人向人民法院起诉之日起向前推算三年计算。

第二十八条 人民法院采取保全措施的，依据民事诉讼法及《最高人民法院关于审查知识产权纠纷行为保全案件适用法律若干问题的规定》的有关规定办理。

第二十九条 除本解释另行规定外，人民法院受理的著作权民事纠纷案件，涉及著作权法修改前发生的民事行为的，适用修改前著作权法的规定；涉及著作权法修改以后发生的民事行为的，适用修改后著作权法的规定；涉及著作权法修改前发生，持续到著作权法修改后的民事行为的，适用修改后著作权法的规定。

第三十条 以前的有关规定与本解释不一致的，以本解释为准。

最高人民法院关于审理侵害信息网络传播权民事纠纷案件适用法律若干问题的规定

- 2012年11月26日最高人民法院审判委员会第1561次会议通过
- 根据2020年12月23日最高人民法院审判委员会第1823次会议通过的《最高人民法院关于修改〈最高人民法院关于审理侵犯专利权纠纷案件应用法律若干问题的解释（二）〉等十八件知识产权类司法解释的决定》修正

为正确审理侵害信息网络传播权民事纠纷案件，依法保护信息网络传播权，促进信息网络产业健康发展，维护公共利益，根据《中华人民共和国民法典》《中华人民共和国著作权法》《中华人民共和国民事诉讼法》等有关法律规定，结合审判实际，制定本规定。

第一条 人民法院审理侵害信息网络传播权民事纠纷案件，在依法行使裁量权时，应当兼顾权利人、网络服务提供者和社会公众的利益。

第二条 本规定所称信息网络，包括以计算机、电视机、固定电话机、移动电话机等电子设备为终端的计算机互联网、广播电视网、固定通信网、移动通信网等信息网络，以及向公众开放的局域网络。

第三条 网络用户、网络服务提供者未经许可，通过信息网络提供权利人享有信息网络传播权的作品、表演、录音录像制品，除法律、行政法规另有规定外，人民法院应当认定其构成侵害信息网络传播权行为。

通过上传到网络服务器、设置共享文件或者利用文件分享软件等方式，将作品、表演、录音录像制品置于信息网络中，使公众能够在个人选定的时间和地点下载、浏览或者其他方式获得的，人民法院应当认定其实施了前款规定的提供行为。

第四条 有证据证明网络服务提供者与他人以分工合作等方式共同提供作品、表演、录音录像制品，构成共同侵权行为的，人民法院应当判令其承担连带责任。网络服务提供者能够证明其仅提供自动接入、自动传输、信息存储空间、搜索、链接、文件分享技术等网络服务，主张其不构成共同侵权行为的，人民法院应予支持。

第五条 网络服务提供者以提供网页快照、缩略图等方式实质替代其他网络服务提供者向公众提供相关作品的，人民法院应当认定其构成提供行为。

前款规定的提供行为不影响相关作品的正常使用，且未不合理损害权利人对该作品的合法权益，网络服务提供者主张其未侵害信息网络传播权的，人民法院应予支持。

第六条 原告有初步证据证明网络服务提供者提供了相关作品、表演、录音录像制品，但网络服务提供者能够证明其仅提供网络服务，且无过错的，人民法院不应认定为构成侵权。

第七条 网络服务提供者在提供网络服务时教唆或者帮助网络用户实施侵害信息网络传播权

行为的,人民法院应当判令其承担侵权责任。

网络服务提供者以言语、推介技术支持、奖励积分等方式诱导、鼓励网络用户实施侵害信息网络传播权行为的,人民法院应当认定其构成教唆侵权行为。

网络服务提供者明知或者应知网络用户利用网络服务侵害信息网络传播权,未采取删除、屏蔽、断开链接等必要措施,或者提供技术支持等帮助行为的,人民法院应当认定其构成帮助侵权行为。

第八条 人民法院应当根据网络服务提供者的过错,确定其是否承担教唆、帮助侵权责任。网络服务提供者的过错包括对于网络用户侵害信息网络传播权行为的明知或者应知。

网络服务提供者未对网络用户侵害信息网络传播权的行为主动进行审查的,人民法院不应据此认定其具有过错。

网络服务提供者能够证明已采取合理、有效的技术措施,仍难以发现网络用户侵害信息网络传播权行为的,人民法院应当认定其不具有过错。

第九条 人民法院应当根据网络用户侵害信息网络传播权的具体事实是否明显,综合考虑以下因素,认定网络服务提供者是否构成应知:

(一)基于网络服务提供者提供服务的性质、方式及其引发侵权的可能性大小,应当具备的管理信息的能力;

(二)传播的作品、表演、录音录像制品的类型、知名度及侵权信息的明显程度;

(三)网络服务提供者是否主动对作品、表演、录音录像制品进行了选择、编辑、修改、推荐等;

(四)网络服务提供者是否积极采取了预防侵权的合理措施;

(五)网络服务提供者是否设置便捷程序接收侵权通知并及时对侵权通知作出合理的反应;

(六)网络服务提供者是否针对同一网络用户的重复侵权行为采取了相应的合理措施;

(七)其他相关因素。

第十条 网络服务提供者在提供网络服务时,对热播影视作品等以设置榜单、目录、索引、描述性段落、内容简介等方式进行推荐,且公众可以在其网页上直接以下载、浏览或者其他方式获得的,人民法院可以认定其应知网络用户侵害信息网络传播权。

第十一条 网络服务提供者从网络用户提供的作品、表演、录音录像制品中直接获得经济利益的,人民法院应当认定其对该网络用户侵害信息网络传播权的行为负有较高的注意义务。

网络服务提供者针对特定作品、表演、录音录像制品投放广告获取收益,或者获取与其传播的作品、表演、录音录像制品存在其他特定联系的经济利益,应当认定为前款规定的直接获得经济利益。网络服务提供者因提供网络服务而收取一般性广告费、服务费等,不属于本款规定的情形。

第十二条 有下列情形之一的,人民法院可以根据案件具体情况,认定提供信息存储空间服务的网络服务提供者应知网络用户侵害信息网络传播权:

(一)将热播影视作品等置于首页或者其他主要页面等能够为网络服务提供者明显感知的位置的;

(二)对热播影视作品等的主题、内容主动进行选择、编辑、整理、推荐,或者为其设立专门的排行榜的;

(三)其他可以明显感知相关作品、表演、录音录像制品为未经许可提供,仍未采取合理措施的情形。

第十三条 网络服务提供者接到权利人以书信、传真、电子邮件等方式提交的通知及构成侵权的初步证据,未及时根据初步证据和服务类型采取必要措施的,人民法院应当认定其明知相关侵害信息网络传播权行为。

第十四条 人民法院认定网络服务提供者转送通知、采取必要措施是否及时,应当根据权利人提交通知的形式,通知的准确程度,采取措施的难易程度,网络服务的性质,所涉作品、表演、录音录像制品的类型、知名度、数量等因素综合判断。

第十五条 侵害信息网络传播权民事纠纷案件由侵权行为地或者被告住所地人民法院管辖。侵权行为地包括实施被诉侵权行为的网络服务器、计算机终端等设备所在地。侵权行为地和被告住所地均难以确定或者在境外的,原告发现侵权内容的计算机终端等设备所在地可以视为侵权行为地。

第十六条 本规定施行之日起,《最高人民法院关于审理涉及计算机网络著作权纠纷案件适用法律若干问题的解释》(法释[2006]11号)同时废止。

本规定施行之后尚未终审的侵害信息网络传播权民事纠纷案件，适用本规定。本规定施行前已经终审，当事人申请再审或者按照审判监督程序决定再审的，不适用本规定。

最高人民法院关于审理植物新品种纠纷案件若干问题的解释

- 2000年12月25日最高人民法院审判委员会第1154次会议通过
- 根据2020年12月23日最高人民法院审判委员会第1823次会议通过的《最高人民法院关于修改〈最高人民法院关于审理侵犯专利权纠纷案件应用法律若干问题的解释（二）〉等十八件知识产权类司法解释的决定》修正

为依法受理和审判植物新品种纠纷案件，根据《中华人民共和国民法典》《中华人民共和国种子法》《中华人民共和国民事诉讼法》《中华人民共和国行政诉讼法》《全国人民代表大会常务委员会关于在北京、上海、广州设立知识产权法院的决定》和《全国人民代表大会常务委员会关于专利等知识产权案件诉讼程序若干问题的决定》的有关规定，现就有关问题解释如下：

第一条 人民法院受理的植物新品种纠纷案件主要包括以下几类：

（一）植物新品种申请驳回复审行政纠纷案件；

（二）植物新品种权无效行政纠纷案件；

（三）植物新品种权更名行政纠纷案件；

（四）植物新品种权强制许可纠纷案件；

（五）植物新品种权实施强制许可使用费纠纷案件；

（六）植物新品种申请权权属纠纷案件；

（七）植物新品种权权属纠纷案件；

（八）植物新品种申请权转让合同纠纷案件；

（九）植物新品种权转让合同纠纷案件；

（十）侵害植物新品种权纠纷案件；

（十一）假冒他人植物新品种权纠纷案件；

（十二）植物新品种培育人署名权纠纷案件；

（十三）植物新品种临时保护期使用费纠纷案件；

（十四）植物新品种行政处罚纠纷案件；

（十五）植物新品种行政复议纠纷案件；

（十六）植物新品种行政赔偿纠纷案件；

（十七）植物新品种行政奖励纠纷案件；

（十八）其他植物新品种权纠纷案件。

第二条 人民法院在依法审查当事人涉及植物新品种权的起诉时，只要符合《中华人民共和国民事诉讼法》第一百一十九条、《中华人民共和国行政诉讼法》第四十九条规定的民事案件或者行政案件的起诉条件，均应当依法予以受理。

第三条 本解释第一条所列第一至五类案件，由北京知识产权法院作为第一审人民法院审理；第六至十八类案件，由知识产权法院，各省、自治区、直辖市人民政府所在地和最高人民法院指定的中级人民法院作为第一审人民法院审理。

当事人对植物新品种纠纷民事、行政案件第一审判决、裁定不服，提起上诉的，由最高人民法院审理。

第四条 以侵权行为地确定人民法院管辖的侵害植物新品种权的民事案件，其所称的侵权行为地，是指未经品种权所有人许可，生产、繁殖或者销售该授权植物新品种的繁殖材料的所在地，或者为商业目的将该授权品种的繁殖材料重复使用于生产另一品种的繁殖材料的所在地。

第五条 关于植物新品种申请驳回复审行政纠纷案件、植物新品种权无效或者更名行政纠纷案件，应当以植物新品种审批机关为被告；关于植物新品种强制许可纠纷案件，应当以植物新品种审批机关为被告；关于实施强制许可使用费纠纷案件，应当根据原告所请求的事项和所起诉的当事人确定被告。

第六条 人民法院审理侵害植物新品种权纠纷案件，被告在答辩期间内向植物新品种审批机关请求宣告该植物新品种权无效的，人民法院一般不中止诉讼。

最高人民法院关于审理侵害植物新品种权纠纷案件具体应用法律问题的若干规定

- 2006年12月25日最高人民法院审判委员会第1411次会议通过
- 根据2020年12月23日最高人民法院审判委员会第1823次会议通过的《最高人民法院关于修改〈最高人民法院关于审理侵犯专利权纠纷案件应用法律若干问题的解释(二)〉等十八件知识产权类司法解释的决定》修正

为正确处理侵害植物新品种权纠纷案件,根据《中华人民共和国民法典》《中华人民共和国种子法》《中华人民共和国民事诉讼法》《全国人民代表大会常务委员会关于在北京、上海、广州设立知识产权法院的决定》和《全国人民代表大会常务委员会关于专利等知识产权案件诉讼程序若干问题的决定》等有关规定,结合侵害植物新品种权纠纷案件的审判经验和实际情况,就具体应用法律的若干问题规定如下:

第一条 植物新品种权所有人(以下称品种权人)或者利害关系人认为植物新品种权受到侵害的,可以依法向人民法院提起诉讼。

前款所称利害关系人,包括植物新品种实施许可合同的被许可人、品种权财产权利的合法继承人等。

独占实施许可合同的被许可人可以单独向人民法院提起诉讼;排他实施许可合同的被许可人可以和品种权人共同起诉,也可以在品种权人不起诉时,自行提起诉讼;普通实施许可合同的被许可人经品种权人明确授权,可以提起诉讼。

第二条 未经品种权人许可,生产、繁殖或者销售授权品种的繁殖材料,或者为商业目的将授权品种的繁殖材料重复使用于生产另一品种的繁殖材料的,人民法院应当认定为侵害植物新品种权。

被诉侵权物的特征、特性与授权品种的特征、特性相同,或者特征、特性的不同是因非遗传变异所致的,人民法院一般应当认定被诉侵权物属于生产、繁殖或者销售授权品种的繁殖材料。

被诉侵权人重复以授权品种的繁殖材料为亲本与其他亲本另行繁殖的,人民法院一般应当认定属于为商业目的将授权品种的繁殖材料重复使用于生产另一品种的繁殖材料。

第三条 侵害植物新品种权纠纷案件涉及的专门性问题需要鉴定的,由双方当事人协商确定的有鉴定资格的鉴定机构、鉴定人鉴定;协商不成的,由人民法院指定的有鉴定资格的鉴定机构、鉴定人鉴定。

没有前款规定的鉴定机构、鉴定人的,由具有相应品种检测技术水平的专业机构、专业人员鉴定。

第四条 对于侵害植物新品种权纠纷案件涉及的专门性问题可以采取田间观察检测、基因指纹图谱检测等方法鉴定。

对采取前款规定方法作出的鉴定意见,人民法院应当依法质证,认定其证明力。

第五条 品种权人或者利害关系人向人民法院提起侵害植物新品种权诉讼前,可以提出行为保全或者证据保全请求,人民法院经审查作出裁定。

人民法院采取证据保全措施时,可以根据案件具体情况,邀请有关专业技术人员按照相应的技术规程协助取证。

第六条 人民法院审理侵害植物新品种权纠纷案件,应当依照民法典第一百七十九条、第一千一百八十五条、种子法第七十三条的规定,结合案件具体情况,判决侵权人承担停止侵害、赔偿损失等民事责任。

人民法院可以根据权利人的请求,按照权利人因被侵权所受实际损失或者侵权人因侵权所得利益确定赔偿数额。权利人的损失或者侵权人获得的利益难以确定的,可以参照该植物新品种权许可使用费的倍数合理确定。权利人为制止侵权行为所支付的合理开支应当另行计算。

依照前款规定难以确定赔偿数额的,人民法院可以综合考虑侵权的性质、期间、后果,植物新品种权许可使用费的数额,植物新品种实施许可的种类、时间、范围及权利人调查、制止侵权所支付的合理费用等因素,在300万元以下确定赔偿数额。

故意侵害他人植物新品种权,情节严重的,可以按照第二款确定数额的一倍以上三倍以下确定赔偿数额。

第七条 权利人和侵权人均同意将侵权物折价抵扣权利人所受损失的，人民法院应当准许。权利人或者侵权人不同意折价抵扣的，人民法院依照当事人的请求，责令侵权人对侵权物作消灭活性等使其不能再被用作繁殖材料的处理。

侵权物正处于生长期或者销毁侵权物将导致重大不利后果的，人民法院可以不采取责令销毁侵权物的方法，而判令其支付相应的合理费用。但法律、行政法规另有规定的除外。

第八条 以农业或者林业种植为业的个人、农村承包经营户接受他人委托代为繁殖侵害品种权的繁殖材料，不知道代繁物是侵害品种权的繁殖材料并说明委托人的，不承担赔偿责任。

最高人民法院关于审理侵害植物新品种权纠纷案件具体应用法律问题的若干规定（二）

- 2021年6月29日最高人民法院审判委员会第1843次会议通过
- 2021年7月5日最高人民法院公告公布
- 自2021年7月7日起施行
- 法释〔2021〕14号

为正确审理侵害植物新品种权纠纷案件，根据《中华人民共和国民法典》《中华人民共和国种子法》《中华人民共和国民事诉讼法》等法律规定，结合审判实践，制定本规定。

第一条 植物新品种权（以下简称品种权）或者植物新品种申请权的共有人对权利行使有约定的，人民法院按其约定处理。没有约定或者约定不明的，共有人主张其可以单独实施或者以普通许可方式许可他人实施的，人民法院应予支持。

共有人单独实施该品种权，其他共有人主张该实施收益在共有人之间分配的，人民法院不予支持，但是其他共有人有证据证明其不具备实施能力或者实施条件的除外。

共有人之一许可他人实施该品种权，其他共有人主张收取的许可费在共有人之间分配的，人民法院应予支持。

第二条 品种权转让未经国务院农业、林业主管部门登记、公告，受让人以品种权人名义提起侵害品种权诉讼的，人民法院不予受理。

第三条 受品种权保护的繁殖材料应当具有繁殖能力，且繁殖出的新个体与该授权品种的特征、特性相同。

前款所称的繁殖材料不限于以品种权申请文件所描述的繁殖方式获得的繁殖材料。

第四条 以广告、展陈等方式作出销售授权品种的繁殖材料的意思表示的，人民法院可以以销售行为认定处理。

第五条 种植授权品种的繁殖材料的，人民法院可以根据案件具体情况，以生产、繁殖行为认定处理。

第六条 品种权人或者利害关系人（以下合称权利人）举证证明被诉侵权品种繁殖材料使用的名称与授权品种相同的，人民法院可以推定该被诉侵权品种繁殖材料属于授权品种的繁殖材料；有证据证明不属于该授权品种的繁殖材料的，人民法院可以认定被诉侵权人构成假冒品种行为，并参照假冒注册商标行为的有关规定确定民事责任。

第七条 受托人、被许可人超出与品种权人约定的规模或者区域生产、繁殖授权品种的繁殖材料，或者超出与品种权人约定的规模销售授权品种的繁殖材料，品种权人请求判令受托人、被许可人承担侵权责任的，人民法院依法予以支持。

第八条 被诉侵权人知道或者应当知道他人实施侵害品种权的行为，仍然提供收购、存储、运输、以繁殖为目的的加工处理等服务或者提供相关证明材料等条件的，人民法院可以依据民法典第一千一百六十九条的规定认定为帮助他人实施侵权行为。

第九条 被诉侵权物既可以作为繁殖材料又可以作为收获材料，被诉侵权人主张被诉侵权物系作为收获材料用于消费而非用于生产、繁殖的，应当承担相应的举证责任。

第十条 授权品种的繁殖材料经品种权人或者经其许可的单位、个人售出后，权利人主张他人生产、繁殖、销售该繁殖材料构成侵权的，人民法院一般不予支持，但是下列情形除外：

（一）对该繁殖材料生产、繁殖后获得的繁殖材料进行生产、繁殖、销售；

（二）为生产、繁殖目的将该繁殖材料出口到不保护该品种所属植物属或者种的国家或者地区。

第十一条 被诉侵权人主张对授权品种进行的下列生产、繁殖行为属于科研活动的,人民法院应予支持:

(一)利用授权品种培育新品种;

(二)利用授权品种培育形成新品种后,为品种权申请、品种审定、品种登记需要而重复利用授权品种的繁殖材料。

第十二条 农民在其家庭农村土地承包经营合同约定的土地范围内自繁自用授权品种的繁殖材料,权利人对此主张构成侵权的,人民法院不予支持。

对前款规定以外的行为,被诉侵权人主张其行为属于种子法规定的农民自繁自用授权品种的繁殖材料,人民法院应当综合考虑被诉侵权行为的目的、规模、是否营利等因素予以认定。

第十三条 销售不知道也不应当知道是未经品种权人许可而售出的被诉侵权品种繁殖材料,且举证证明具有合法来源的,人民法院可以不判令销售者承担赔偿责任,但应当判令其停止销售并承担权利人为制止侵权行为所支付的合理开支。

对于前款所称合法来源,销售者一般应当举证证明购货渠道合法、价格合理、存在实际的具体供货方、销售行为符合相关生产经营许可制度等。

第十四条 人民法院根据已经查明侵害品种权的事实,认定侵权行为成立的,可以先行判决停止侵害,并可以依据当事人的请求和具体案情,责令采取消灭活性等阻止被诉侵权物扩散、繁殖的措施。

第十五条 人民法院为确定赔偿数额,在权利人已经尽力举证,而与侵权行为相关的账簿、资料主要由被诉侵权人掌握的情况下,可以责令被诉侵权人提供与侵权行为相关的账簿、资料;被诉侵权人不提供或者提供虚假账簿、资料的,人民法院可以参考权利人的主张和提供的证据判定赔偿数额。

第十六条 被诉侵权人有抗拒保全或者擅自拆封、转移、毁损被保全物等举证妨碍行为,致使案件相关事实无法查明的,人民法院可以推定权利人就该证据所涉证明事项的主张成立。构成民事诉讼法第一百一十一条规定情形的,依法追究法律责任。

第十七条 除有关法律和司法解释规定的情形以外,以下情形也可以认定为侵权行为情节严重:

(一)因侵权被行政处罚或者法院裁判担责任后,再次实施相同或者类似侵权行为;

(二)以侵害品种权为业;

(三)伪造品种权证书;

(四)以无标识、标签的包装销售授权品种;

(五)违反种子法第七十七条第一款第一项、第二项、第四项的规定;

(六)拒不提供被诉侵权物的生产、繁殖、销售和储存地点。

存在前款第一项至第五项情形的,在依法适用惩罚性赔偿时可以按照计算基数的二倍以上确定惩罚性赔偿数额。

第十八条 品种权终止后依法恢复权利,权利人要求实施品种权的单位或者个人支付终止期间实施品种权的费用的,人民法院可以参照有关品种权实施许可费,结合品种类型、种植时间、经营规模、当时的市场价值等因素合理确定。

第十九条 他人未经许可,自品种权初步审查合格公告之日起至被授予品种权之日止,生产、繁殖或者销售该授权品种的繁殖材料,或者为商业目的将该授权品种的繁殖材料重复使用于生产另一品种的繁殖材料,权利人对此主张追偿利益损失的,人民法院可以按照临时保护期使用费纠纷处理,并参照有关品种权实施许可费,结合品种类型、种植时间、经营规模、当时的市场价值等因素合理确定该使用费数额。

前款规定的被诉行为延续到品种授权之后,权利人对品种权临时保护期使用费和侵权损害赔偿均主张权利的,人民法院可以合并审理,但应当分别计算处理。

第二十条 侵害品种权纠纷案件涉及的专门性问题需要鉴定的,由当事人在相关领域鉴定人名录或者国务院农业、林业主管部门向人民法院推荐的鉴定人中协商确定;协商不成的,由人民法院从中指定。

第二十一条 对于没有基因指纹图谱等分子标记检测方法进行鉴定的品种,可以采用行业通用方法对授权品种与被诉侵权物的特征、特性进行同一性判断。

第二十二条 对鉴定意见有异议的一方当事人向人民法院申请复检、补充鉴定或者重新鉴定,但未提出合理理由和证据的,人民法院不予准许。

第二十三条 通过基因指纹图谱等分子标记检测方法进行鉴定,待测样品与对照样品的差异位点小于但接近临界值,被诉侵权人主张二者特征、特性不同的,应当承担举证责任;人民法院也可以根据当事人的申请,采取扩大检测位点进行加测或者提取授权品种标准样品进行测定等方法,并结合其他相关因素作出认定。

第二十四条 田间观察检测与基因指纹图谱等分子标记检测的结论不同的,人民法院应当以田间观察检测结论为准。

第二十五条 本规定自2021年7月7日起施行。本院以前发布的相关司法解释与本规定不一致的,按照本规定执行。

最高人民法院关于审理涉及计算机网络域名民事纠纷案件适用法律若干问题的解释

- 2001年6月26日最高人民法院审判委员会第1182次会议通过
- 根据2020年12月23日最高人民法院审判委员会第1823次会议通过的《最高人民法院关于修改〈最高人民法院关于审理侵犯专利权纠纷案件应用法律若干问题的解释(二)〉等十八件知识产权类司法解释的决定》修正

为了正确审理涉及计算机网络域名注册、使用等行为的民事纠纷案件(以下简称域名纠纷案件),根据《中华人民共和国民法典》《中华人民共和国反不正当竞争法》和《中华人民共和国民事诉讼法》(以下简称民事诉讼法)等法律的规定,作如下解释:

第一条 对于涉及计算机网络域名注册、使用等行为的民事纠纷,当事人向人民法院提起诉讼,经审查符合民事诉讼法第一百一十九条规定的,人民法院应当受理。

第二条 涉及域名的侵权纠纷案件,由侵权行为地或者被告住所地的中级人民法院管辖。对难以确定侵权行为地和被告住所地的,原告发现该域名的计算机终端等设备所在地可以视为侵权行为地。

涉外域名纠纷案件包括当事人一方或者双方是外国人、无国籍人、外国企业或组织、国际组织,或者域名注册地在外国的域名纠纷案件。在中华人民共和国领域内发生的涉外域名纠纷案件,依照民事诉讼法第四编的规定确定管辖。

第三条 域名纠纷案件的案由,根据双方当事人争议的法律关系的性质确定,并在其前冠以计算机网络域名;争议的法律关系的性质难以确定的,可以通称为计算机网络域名纠纷案件。

第四条 人民法院审理域名纠纷案件,对符合以下各项条件的,应当认定被告注册、使用域名等行为构成侵权或者不正当竞争:

(一)原告请求保护的民事权益合法有效;

(二)被告域名或其主要部分构成对原告驰名商标的复制、模仿、翻译或音译;或者与原告的注册商标、域名等相同或近似,足以造成相关公众的误认;

(三)被告对该域名或其主要部分不享有权益,也无注册、使用该域名的正当理由;

(四)被告对该域名的注册、使用具有恶意。

第五条 被告的行为被证明具有下列情形之一的,人民法院应当认定其具有恶意:

(一)为商业目的将他人驰名商标注册为域名的;

(二)为商业目的注册、使用与原告的注册商标、域名等相同或近似的域名,故意造成与原告提供的产品、服务或者原告网站的混淆,误导网络用户访问其网站或其他在线站点的;

(三)曾要约高价出售、出租或者以其他方式转让该域名获取不正当利益的;

(四)注册域名后自己并不使用也未准备使用,而有意阻止权利人注册该域名的;

(五)具有其他恶意情形的。

被告举证证明在纠纷发生前其所持有的域名已经获得一定的知名度,且能与原告的注册商标、域名等相区别,或者具有其他情形足以证明其不具有恶意的,人民法院可以不认定被告具有恶意。

第六条 人民法院审理域名纠纷案件,根据当事人的请求以及案件的具体情况,可以对涉及的注册商标是否驰名依法作出认定。

第七条 人民法院认定域名注册、使用等行为构成侵权或者不正当竞争的,可以判令被告停止侵权、注销域名,或者依原告的请求判令由原告注册使用该域名;给权利人造成实际损害的,可以判令被告赔偿损失。

侵权人故意侵权且情节严重,原告有权向人民法院请求惩罚性赔偿。

最高人民法院关于涉网络知识产权侵权纠纷几个法律适用问题的批复

- 2020 年 8 月 24 日最高人民法院审判委员会第 1810 次会议通过
- 2020 年 9 月 12 日最高人民法院公告公布
- 自 2020 年 9 月 14 日起施行
- 法释〔2020〕9 号

各省、自治区、直辖市高级人民法院,解放军军事法院,新疆维吾尔自治区高级人民法院生产建设兵团分院:

近来,有关方面就涉网络知识产权侵权纠纷法律适用的一些问题提出建议,部分高级人民法院也向本院提出了请示。经研究,批复如下:

一、知识产权权利人主张其权利受到侵害并提出保全申请,要求网络服务提供者、电子商务平台经营者迅速采取删除、屏蔽、断开链接等下架措施的,人民法院应当依法审查并作出裁定。

二、网络服务提供者、电子商务平台经营者收到知识产权权利人依法发出的通知后,应当及时将权利人的通知转送相关网络用户、平台内经营者,并根据构成侵权的初步证据和服务类型采取必要措施;未依法采取必要措施,权利人主张网络服务提供者、电子商务平台经营者对损害的扩大部分与网络用户、平台内经营者承担连带责任的,人民法院可以依法予以支持。

三、在依法转送的不存在侵权行为的声明到达知识产权权利人后的合理期限内,网络服务提供者、电子商务平台经营者未收到权利人已经投诉或者提起诉讼通知的,应当及时终止所采取的删除、屏蔽、断开链接等下架措施。因办理公证、认证手续等权利人无法控制的特殊情况导致的延迟,不计入上述期限,但该期限最长不超过 20 个工作日。

四、因恶意提交声明导致电子商务平台经营者终止必要措施并造成知识产权权利人损害,权利人依照有关法律规定请求相应惩罚性赔偿的,人民法院可以依法予以支持。

五、知识产权权利人发出的通知内容与客观事实不符,但其在诉讼中主张该通知系善意提交并请求免责,且能够举证证明的,人民法院依法审查属实后应当予以支持。

六、本批复作出时尚未终审的案件,适用本批复;本批复作出时已经终审,当事人申请再审或者按照审判监督程序决定再审的案件,不适用本批复。

最高人民法院关于审理侵害知识产权民事案件适用惩罚性赔偿的解释

- 2021 年 2 月 7 日最高人民法院审判委员会第 1831 次会议通过
- 2021 年 3 月 2 日最高人民法院公告公布
- 自 2021 年 3 月 3 日起施行
- 法释〔2021〕4 号

为正确实施知识产权惩罚性赔偿制度,依法惩处严重侵害知识产权行为,全面加强知识产权保护,根据《中华人民共和国民法典》《中华人民共和国著作权法》《中华人民共和国商标法》《中华人民共和国专利法》《中华人民共和国反不正当竞争法》《中华人民共和国种子法》《中华人民共和国民事诉讼法》等有关法律规定,结合审判实践,制定本解释。

第一条 原告主张被告故意侵害其依法享有的知识产权且情节严重,请求判令被告承担惩罚性赔偿责任的,人民法院应当依法审查处理。

本解释所称故意,包括商标法第六十三条第一款和反不正当竞争法第十七条第三款规定的恶意。

第二条 原告请求惩罚性赔偿的,应当在起诉时明确赔偿数额、计算方式以及所依据的事实和理由。

原告在一审法庭辩论终结前增加惩罚性赔偿请求的,人民法院应当准许;在二审中增加惩罚性赔偿请求的,人民法院可以根据当事人自愿的原则进行调解,调解不成的,告知当事人另行起诉。

第三条 对于侵害知识产权的故意的认定,人民法院应当综合考虑被侵害知识产权客体类型、权利状态和相关产品知名度、被告与原告或者利害关系人之间的关系等因素。

对于下列情形,人民法院可以初步认定被告具有侵害知识产权的故意:

(一)被告经原告或者利害关系人通知、警告后,仍继续实施侵权行为的;

(二)被告或其法定代表人、管理人是原告或者利害关系人的法定代表人、管理人、实际控制人的;

(三)被告与原告或者利害关系人之间存在劳动、劳务、合作、许可、经销、代理、代表等关系,且接触过被侵害的知识产权的;

(四)被告与原告或者利害关系人之间有业务往来或者为达成合同等进行过磋商,且接触过被侵害的知识产权的;

(五)被告实施盗版、假冒注册商标行为的;

(六)其他可以认定为故意的情形。

第四条 对于侵害知识产权情节严重的认定,人民法院应当综合考虑侵权手段、次数,侵权行为的持续时间、地域范围、规模、后果,侵权人在诉讼中的行为等因素。

被告有下列情形的,人民法院可以认定为情节严重:

(一)因侵权被行政处罚或者法院裁判承担责任后,再次实施相同或者类似侵权行为的;

(二)以侵害知识产权为业;

(三)伪造、毁坏或者隐匿侵权证据;

(四)拒不履行保全裁定;

(五)侵权获利或者权利人受损巨大;

(六)侵权行为可能危害国家安全、公共利益或者人身健康;

(七)其他可以认定为情节严重的情形。

第五条 人民法院确定惩罚性赔偿数额时,应当分别依照相关法律,以原告实际损失数额、被告违法所得数额或者因侵权所获得的利益作为计算基数。该基数不包括原告为制止侵权所支付的合理开支;法律另有规定的,依照其规定。

前款所称实际损失数额、违法所得数额、因侵权所获得的利益均难以计算的,人民法院依法参照该权利许可使用费的倍数合理确定,并以此作为惩罚性赔偿数额的计算基数。

人民法院依法责令被告提供其掌握的与侵权行为相关的账簿、资料,被告无正当理由拒不提供或者提供虚假账簿、资料的,人民法院可以参考原告的主张和证据确定惩罚性赔偿数额的计算基数。构成民事诉讼法第一百一十一条规定情形的,依法追究法律责任。

第六条 人民法院依法确定惩罚性赔偿的倍数时,应当综合考虑被告主观过错程度、侵权行为的情节严重程度等因素。

因同一侵权行为已经被处以行政罚款或者刑事罚金且执行完毕,被告主张减免惩罚性赔偿责任的,人民法院不予支持,但在确定前款所称倍数时可以综合考虑。

第七条 本解释自2021年3月3日起施行。最高人民法院以前发布的相关司法解释与本解释不一致的,以本解释为准。

最高人民法院关于知识产权侵权诉讼中被告以原告滥用权利为由请求赔偿合理开支问题的批复

- 2021年5月31日最高人民法院审判委员会第1840次会议通过
- 2021年6月3日最高人民法院公告公布
- 自2021年6月3日起施行
- 法释〔2021〕11号

上海市高级人民法院:

你院《关于知识产权侵权诉讼中被告以原告滥用权利为由请求赔偿合理开支问题的请示》(沪高法〔2021〕215号)收悉。经研究,批复如下:

在知识产权侵权诉讼中,被告提交证据证明原告的起诉构成法律规定的滥用权利损害其合法权益,依法请求原告赔偿其因该诉讼所支付的合理的律师费、交通费、食宿费等开支的,人民法院依法予以支持。被告也可以另行起诉请求原告赔偿上述合理开支。

最高人民法院关于审理申请注册的药品相关的专利权纠纷民事案件适用法律若干问题的规定

- 2021年5月24日最高人民法院审判委员会第1839次会议通过
- 2021年7月4日最高人民法院公告公布
- 自2021年7月5日起施行
- 法释〔2021〕13号

为正确审理申请注册的药品相关的专利权纠纷民事案件,根据《中华人民共和国专利法》《中华人民共和国民事诉讼法》等有关法律规定,结合知识产权审判实际,制定本规定。

第一条 当事人依据专利法第七十六条规定提起的确认是否落入专利权保护范围纠纷的第一审案件,由北京知识产权法院管辖。

第二条 专利法第七十六条所称相关的专利,是指适用国务院有关行政部门关于药品上市许可审批与药品上市许可申请阶段专利权纠纷解决的具体衔接办法(以下简称衔接办法)的专利。

专利法第七十六条所称利害关系人,是指前款所称专利的被许可人、相关药品上市许可持有人。

第三条 专利权人或者利害关系人依据专利法第七十六条起诉的,应当按照民事诉讼法第一百一十九条第三项的规定提交下列材料:

(一)国务院有关行政部门依据衔接办法所设平台中登记的相关专利信息,包括专利名称、专利号、相关的权利要求等;

(二)国务院有关行政部门依据衔接办法所设平台中公示的申请注册药品的相关信息,包括药品名称、药品类型、注册类别以及申请注册药品与所涉及的上市药品之间的对应关系等;

(三)药品上市许可申请人依据衔接办法作出的四类声明及声明依据。

药品上市许可申请人应当在一审答辩期内,向人民法院提交其向国家药品审评机构申报的、与认定是否落入专利权保护范围对应的必要技术资料副本。

第四条 专利权人或者利害关系人在衔接办法规定的期限内未向人民法院提起诉讼的,药品上市许可申请人可以向人民法院起诉,请求确认申请注册药品未落入相关专利权保护范围。

第五条 当事人以国务院专利行政部门已经受理专利法第七十六条所称行政裁决请求为由,主张不应当受理专利法第七十六条所称诉讼或者申请中止诉讼的,人民法院不予支持。

第六条 当事人依据专利法第七十六条起诉后,以国务院专利行政部门已经受理宣告相关专利权无效的请求为由,申请中止诉讼的,人民法院一般不予支持。

第七条 药品上市许可申请人主张具有专利法第八十七条、第七十五条第二项等规定情形的,人民法院经审查属实,可以判决确认申请注册的药品相关技术方案未落入相关专利权保护范围。

第八条 当事人对其在诉讼中获取的商业秘密或者其他需要保密的商业信息负有保密义务,擅自披露或者在该诉讼活动之外使用、允许他人使用的,应当依法承担民事责任。构成民事诉讼法第一百一十一条规定情形的,人民法院应当依法处理。

第九条 药品上市许可申请人向人民法院提交的申请注册的药品相关技术方案,与其向国家药品审评机构申报的技术资料明显不符,妨碍人民法院审理案件的,人民法院依照民事诉讼法第一百一十一条的规定处理。

第十条 专利权人或者利害关系人在专利法第七十六条所称诉讼中申请行为保全,请求禁止药品上市许可申请人在相关专利权有效期内实施专利法第十一条规定的行为的,人民法院依照专利法、民事诉讼法有关规定处理;请求禁止药品上市申请行为或者审评审批行为的,人民法院不予支持。

第十一条 在针对同一专利权和申请注册药品的侵害专利权或者确认不侵害专利权诉讼中,当事人主张依据专利法第七十六条所称诉讼的生效判决认定涉案药品技术方案是否落入相关专利权保护范围的,人民法院一般予以支持。但是,有证据证明被诉侵权药品技术方案与申请注册的药品相关技术方案不一致或者新主张的事由成立的除外。

第十二条 专利权人或者利害关系人知道或者应当知道其主张的专利权应当被宣告无效或者

申请注册药品的相关技术方案未落入专利权保护范围，仍提起专利法第七十六条所称诉讼或者请求行政裁决的，药品上市许可申请人可以向北京知识产权法院提起损害赔偿之诉。

第十三条 人民法院依法向当事人在国务院有关行政部门依据衔接办法所设平台登载的联系人、通讯地址、电子邮件等进行的送达，视为有效送达。当事人向人民法院提交送达地址确认书后，人民法院也可以向该确认书载明的送达地址送达。

第十四条 本规定自2021年7月5日起施行。本院以前发布的相关司法解释与本规定不一致的，以本规定为准。

最高人民法院关于适用《中华人民共和国反不正当竞争法》若干问题的解释

- 2022年1月29日最高人民法院审判委员会第1862次会议通过
- 2022年3月16日最高人民法院公告公布
- 自2022年3月20日起施行
- 法释〔2022〕9号

为正确审理因不正当竞争行为引发的民事案件，根据《中华人民共和国民法典》《中华人民共和国反不正当竞争法》《中华人民共和国民事诉讼法》等有关法律规定，结合审判实践，制定本解释。

第一条 经营者扰乱市场竞争秩序，损害其他经营者或者消费者合法权益，且属于违反反不正当竞争法第二章及专利法、商标法、著作权法等规定之外情形的，人民法院可以适用反不正当竞争法第二条予以认定。

第二条 与经营者在生产经营活动中存在可能的争夺交易机会、损害竞争优势等关系的市场主体，人民法院可以认定为反不正当竞争法第二条规定的"其他经营者"。

第三条 特定商业领域普遍遵循和认可的行为规范，人民法院可以认定为反不正当竞争法第二条规定的"商业道德"。

人民法院应当结合案件具体情况，综合考虑行业规则或者商业惯例，经营者的主观状态、交易相对人的选择意愿、对消费者权益、市场竞争秩序、社会公共利益的影响等因素，依法判断经营者是否违反商业道德。

人民法院认定经营者是否违反商业道德时，可以参考行业主管部门、行业协会或者自律组织制定的从业规范、技术规范、自律公约等。

第四条 具有一定的市场知名度并具有区别商品来源的显著特征的标识，人民法院可以认定为反不正当竞争法第六条规定的"有一定影响的"标识。

人民法院认定反不正当竞争法第六条规定的标识是否具有一定的市场知名度，应当综合考虑中国境内相关公众的知悉程度，商品销售的时间、区域、数额和对象，宣传的持续时间、程度和地域范围，标识受保护的情况等因素。

第五条 反不正当竞争法第六条规定的标识有下列情形之一的，人民法院应当认定其不具有区别商品来源的显著特征：

（一）商品的通用名称、图形、型号；

（二）仅直接表示商品的质量、主要原料、功能、用途、重量、数量及其他特点的标识；

（三）仅由商品自身的性质产生的形状，为获得技术效果而需有的商品形状以及使商品具有实质性价值的形状；

（四）其他缺乏显著特征的标识。

前款第一项、第二项、第四项规定的标识经过使用取得显著特征，并具有一定的市场知名度，当事人请求依据反不正当竞争法第六条规定予以保护的，人民法院应予支持。

第六条 因客观描述、说明商品而正当使用下列标识，当事人主张属于反不正当竞争法第六条规定的情形的，人民法院不予支持：

（一）含有本商品的通用名称、图形、型号；

（二）直接表示商品的质量、主要原料、功能、用途、重量、数量以及其他特点；

（三）含有地名。

第七条 反不正当竞争法第六条规定的标识或者其显著识别部分属于商标法第十条第一款规定的不得作为商标使用的标志，当事人请求依据反不正当竞争法第六条规定予以保护的，人民法院不予支持。

第八条 由经营者营业场所的装饰、营业用具的式样、营业人员的服饰等构成的具有独特风格的整体营业形象，人民法院可以认定为反不正当竞争法第六条第一项规定的"装潢"。

第九条 市场主体登记管理部门依法登记的企业名称，以及在中国境内进行商业使用的境外企业名称，人民法院可以认定为反不正当竞争法第六条第二项规定的"企业名称"。

有一定影响的个体工商户、农民专业合作社（联合社）以及法律、行政法规规定的其他市场主体的名称（包括简称、字号等），人民法院可以依照反不正当竞争法第六条第二项予以认定。

第十条 在中国境内将有一定影响的标识用于商品、商品包装或者容器以及商品交易文书上，或者广告宣传、展览以及其他商业活动中，用于识别商品来源的行为，人民法院可以认定为反不正当竞争法第六条规定的"使用"。

第十一条 经营者擅自使用与他人有一定影响的企业名称（包括简称、字号等）、社会组织名称（包括简称等）、姓名（包括笔名、艺名、译名等）、域名主体部分、网站名称、网页等近似的标识，引人误认为是他人商品或者与他人存在特定联系，当事人主张属于反不正当竞争法第六条第二项、第三项规定的情形的，人民法院应予支持。

第十二条 人民法院认定与反不正当竞争法第六条规定的"有一定影响的"标识相同或者近似，可以参照商标相同或者近似的判断原则和方法。

反不正当竞争法第六条规定的"引人误认为是他人商品或者与他人存在特定联系"，包括误认为与他人具有商业联合、许可使用、商业冠名、广告代言等特定联系。

在相同商品上使用相同或者视觉上基本无差别的商品名称、包装、装潢等标识，应当视为足以造成与他人有一定影响的标识相混淆。

第十三条 经营者实施下列混淆行为之一，足以引人误认为是他人商品或者与他人存在特定联系的，人民法院可以依照反不正当竞争法第六条第四项予以认定：

（一）擅自使用反不正当竞争法第六条第一项、第二项、第三项规定以外"有一定影响的"标识；

（二）将他人注册商标、未注册的驰名商标作为企业名称中的字号使用，误导公众。

第十四条 经营者销售带有违反反不正当竞争法第六条规定的标识的商品，引人误认为是他人商品或者与他人存在特定联系，当事人主张构成反不正当竞争法第六条规定的情形的，人民法院应予支持。

销售不知道是前款规定的侵权商品，能证明该商品是自己合法取得并说明提供者，经营者主张不承担赔偿责任的，人民法院应予支持。

第十五条 故意为他人实施混淆行为提供仓储、运输、邮寄、印制、隐匿、经营场所等便利条件，当事人请求依据民法典第一千一百六十九条第一款予以认定的，人民法院应予支持。

第十六条 经营者在商业宣传过程中，提供不真实的商品相关信息，欺骗、误导相关公众的，人民法院应当认定为反不正当竞争法第八条第一款规定的虚假的商业宣传。

第十七条 经营者具有下列行为之一，欺骗、误导相关公众的，人民法院可以认定为反不正当竞争法第八条第一款规定的"引人误解的商业宣传"：

（一）对商品作片面的宣传或者对比；

（二）将科学上未定论的观点、现象等当作定论的事实用于商品宣传；

（三）使用歧义性语言进行商业宣传；

（四）其他足以引人误解的商业宣传行为。

人民法院应当根据日常生活经验、相关公众一般注意力、发生误解的事实和被宣传对象的实际情况等因素，对引人误解的商业宣传行为进行认定。

第十八条 当事人主张经营者违反反不正当竞争法第八条第一款的规定并请求赔偿损失的，应当举证证明其因虚假或者引人误解的商业宣传行为受到损失。

第十九条 当事人主张经营者实施了反不正当竞争法第十一条规定的商业诋毁行为的，应当举证证明其为该商业诋毁行为的特定损害对象。

第二十条 经营者传播他人编造的虚假信息或者误导性信息，损害竞争对手的商业信誉、商品声誉的，人民法院应当依照反不正当竞争法第十一条予以认定。

第二十一条 未经其他经营者和用户同意而直接发生的目标跳转，人民法院应当认定为反不正当竞争法第十二条第二款第一项规定的"强制进行目标跳转"。

仅插入链接，目标跳转由用户触发的，人民法院应当综合考虑插入链接的具体方式、是否具有合理理由以及对用户利益和其他经营者利益的影响等因素，认定该行为是否违反反不正当竞争法第十二条第二款第一项的规定。

第二十二条　经营者事前未明确提示并经用户同意，以误导、欺骗、强迫用户修改、关闭、卸载等方式，恶意干扰或者破坏其他经营者合法提供的网络产品或者服务，人民法院应当依照反不正当竞争法第十二条第二款第二项予以认定。

第二十三条　对于反不正当竞争法第二条、第八条、第十一条、第十二条规定的不正当竞争行为，权利人因被侵权所受到的实际损失、侵权人因侵权所获得的利益难以确定，当事人主张依据反不正当竞争法第十七条第四款确定赔偿数额的，人民法院应予支持。

第二十四条　对于同一侵权人针对同一主体在同一时间和地域范围实施的侵权行为，人民法院已经认定侵害著作权、专利权或者注册商标专用权等并判令承担民事责任，当事人又以该行为构成不正当竞争为由请求同一侵权人承担民事责任的，人民法院不予支持。

第二十五条　依据反不正当竞争法第六条的规定，当事人主张判令被告停止使用或者变更其企业名称的诉讼请求依法应予支持的，人民法院应当判令停止使用该企业名称。

第二十六条　因不正当竞争行为提起的民事诉讼，由侵权行为地或者被告住所地人民法院管辖。

当事人主张仅以网络购买者可以任意选择的收货地作为侵权行为地的，人民法院不予支持。

第二十七条　被诉不正当竞争行为发生在中华人民共和国领域外，但侵权结果发生在中华人民共和国领域内，当事人主张由该侵权结果发生地人民法院管辖的，人民法院应予支持。

第二十八条　反不正当竞争法修改决定施行以后人民法院受理的不正当竞争民事案件，涉及该决定施行前发生的行为的，适用修改前的反不正当竞争法；涉及该决定施行前发生、持续到该决定施行以后的行为的，适用修改后的反不正当竞争法。

第二十九条　本解释自2022年3月20日起施行。《最高人民法院关于审理不正当竞争民事案件应用法律若干问题的解释》（法释〔2007〕2号）同时废止。

本解释施行以后尚未终审的案件，适用本解释；施行以前已经终审的案件，不适用本解释再审。

最高人民法院关于审理因垄断行为引发的民事纠纷案件应用法律若干问题的规定

- 2012年1月30日最高人民法院审判委员会第1539次会议通过
- 根据2020年12月23日最高人民法院审判委员会第1823次会议通过的《最高人民法院关于修改〈最高人民法院关于审理侵犯专利权纠纷案件应用法律若干问题的解释（二）〉等十八件知识产权类司法解释的决定》修正

为正确审理因垄断行为引发的民事纠纷案件，制止垄断行为，保护和促进市场公平竞争，维护消费者利益和社会公共利益，根据《中华人民共和国民法典》《中华人民共和国反垄断法》和《中华人民共和国民事诉讼法》等法律的相关规定，制定本规定。

第一条　本规定所称因垄断行为引发的民事纠纷案件（以下简称垄断民事纠纷案件），是指因垄断行为受到损失以及因合同内容、行业协会的章程等违反反垄断法而发生争议的自然人、法人或者非法人组织，向人民法院提起的民事诉讼案件。

第二条　原告直接向人民法院提起民事诉讼，或者在反垄断执法机构认定构成垄断行为的处理决定发生法律效力后向人民法院提起民事诉讼，并符合法律规定的其他受理条件的，人民法院应当受理。

第三条　第一审垄断民事纠纷案件，由知识产权法院，省、自治区、直辖市人民政府所在地的市、计划单列市中级人民法院以及最高人民法院指定的中级人民法院管辖。

第四条　垄断民事纠纷案件的地域管辖，根据案件具体情况，依照民事诉讼法及相关司法解释有关侵权纠纷、合同纠纷等的管辖规定确定。

第五条 民事纠纷案件立案时的案由并非垄断纠纷，被告以原告实施了垄断行为为由提出抗辩或者反诉且有证据支持，或者案件需要依据反垄断法作出裁判，但受诉人民法院没有垄断民事纠纷案件管辖权的，应当将案件移送有管辖权的人民法院。

第六条 两个或者两个以上原告因同一垄断行为向有管辖权的同一法院分别提起诉讼的，人民法院可以合并审理。

两个或者两个以上原告因同一垄断行为向有管辖权的不同法院分别提起诉讼的，后立案的法院在得知有关法院先立案的情况后，应当在七日内裁定将案件移送先立案的法院；受移送的法院可以合并审理。被告应当在答辩阶段主动向受诉人民法院提供其因同一行为在其他法院涉诉的相关信息。

第七条 被诉垄断行为属于反垄断法第十三条第一款第一项至第五项规定的垄断协议的，被告应对该协议不具有排除、限制竞争的效果承担举证责任。

第八条 被诉垄断行为属于反垄断法第十七条第一款规定的滥用市场支配地位的，原告应当对被告在相关市场内具有支配地位和其滥用市场支配地位承担举证责任。

被告以其行为具有正当性为由进行抗辩的，应当承担举证责任。

第九条 被诉垄断行为属于公用企业或者其他依法具有独占地位的经营者滥用市场支配地位的，人民法院可以根据市场结构和竞争状况的具体情况，认定被告在相关市场内具有支配地位，但有相反证据足以推翻的除外。

第十条 原告可以以被告对外发布的信息作为证明其具有市场支配地位的证据。被告对外发布的信息能够证明其在相关市场内具有支配地位的，人民法院可以据此作出认定，但有相反证据足以推翻的除外。

第十一条 证据涉及国家秘密、商业秘密、个人隐私或者其他依法应当保密的内容的，人民法院可以依职权或者当事人的申请采取不公开开庭、限制或者禁止复制、仅对代理律师展示、责令签署保密承诺书等保护措施。

第十二条 当事人可以向人民法院申请一至二名具有相应专门知识的人员出庭，就案件的专门性问题进行说明。

第十三条 当事人可以向人民法院申请委托专业机构或者专业人员就案件的专门性问题作出市场调查或者经济分析报告。经人民法院同意，双方当事人可以协商确定专业机构或者专业人员；协商不成的，由人民法院指定。

人民法院可以参照民事诉讼法及相关司法解释有关鉴定意见的规定，对前款规定的市场调查或者经济分析报告进行审查判断。

第十四条 被告实施垄断行为，给原告造成损失的，根据原告的诉讼请求和查明的事实，人民法院可以依法判令被告承担停止侵害、赔偿损失等民事责任。

根据原告的请求，人民法院可以将原告因调查、制止垄断行为所支付的合理开支计入损失赔偿范围。

第十五条 被诉合同内容、行业协会的章程等违反反垄断法或者其他法律、行政法规的强制性规定的，人民法院应当依法认定其无效。但是，该强制性规定不导致该民事法律行为无效的除外。

第十六条 因垄断行为产生的损害赔偿请求权诉讼时效期间，从原告知道或者应当知道权益受到损害以及义务人之日起计算。

原告向反垄断执法机构举报被诉垄断行为的，诉讼时效从其举报之日起中断。反垄断执法机构决定不立案、撤销案件或者决定终止调查的，诉讼时效期间从原告知道或者应当知道不立案、撤销案件或者终止调查之日起重新计算。反垄断执法机构调查后认定构成垄断行为的，诉讼时效期间从原告知道或者应当知道反垄断执法机构认定构成垄断行为的处理决定发生法律效力之日起重新计算。

原告知道或者应当知道权益受到损害以及义务人之日起超过三年，如果起诉时被诉垄断行为仍然持续，被告提出诉讼时效抗辩的，损害赔偿应当自原告向人民法院起诉之日起向前推算三年计算。自权利受到损害之日起超过二十年的，人民法院不予保护，有特殊情况的，人民法院可以根据权利人的申请决定延长。

图书在版编目（CIP）数据

中华人民共和国民法典注释法典／中国法制出版社编．—北京：中国法制出版社，2023.12
（注释法典）
ISBN 978-7-5216-3443-3

Ⅰ．①中⋯ Ⅱ．①中⋯ Ⅲ．①民法-法律解释-中国 Ⅳ．①D923.05

中国国家版本馆 CIP 数据核字（2023）第 082864 号

责任编辑：张 僚　　　　　　　　　　　　　　封面设计：周黎明

中华人民共和国民法典注释法典
ZHONGHUA RENMIN GONGHEGUO MINFADIAN ZHUSHI FADIAN

经销/新华书店
印刷/三河市国英印务有限公司
开本/710 毫米×1000 毫米　16 开　　　印张/ 42.75　字数/ 1158 千
版次/2023 年 12 月第 1 版　　　　　　　2023 年 12 月第 1 次印刷

中国法制出版社出版
书号 ISBN 978-7-5216-3443-3　　　　　　　　　定价：98.00 元

北京市西城区西便门西里甲 16 号西便门办公区
邮政编码：100053　　　　　　　　　　　　传真：010-63141600
网址：http://www.zgfzs.com　　　　　　编辑部电话：010-63141663
市场营销部电话：010-63141612　　　　　印务部电话：010-63141606

（如有印装质量问题，请与本社印务部联系。）